Dizionario tascabile Oxford

ITALIANO–INGLESE
INGLESE–ITALIANO

A cura di Debora Mazza per Lexus

Supplementi di grammatica e di civiltà aggiornati da Loredana Riu

OXFORD
UNIVERSITY PRESS

Great Clarendon Street, Oxford OX2 6DP

Oxford University Press is a department of the University of Oxford. It furthers the University's objective of excellence in research, scholarship, and education by publishing worldwide in

Oxford New York

Auckland Bangkok Buenos Aires Cape Town Chennai Dar es Salaam Delhi Hong Kong Istanbul Karachi Kolkata Kuala Lumpur Madrid Melbourne Mexico City Mumbai Nairobi São Paulo Shanghai Singapore Taipei Tokyo Toronto

and an associated company in Berlin

Oxford is a registered trade mark of Oxford University Press in the UK and in certain other countries

Published in the United States by Oxford University Press Inc., New York

First published as the *Oxford Paperback Plus Dictionary* 1997
This revised edition first published as the *Dizionario tascabile Oxford* 2002

British Library Cataloguing in Publication Data
Data available

Library of Congress Cataloging in Publication Data
Data available

ISBN 0-19-860567-6

10 9 8 7 6 5 4 3 2 1

Printed in Great Britain by Mackays of Chatham plc, Chatham, Kent

Indice

Prefazione

Questa nuova edizione del *Dizionario tascabile Oxford* è stata ideata per soddisfare le esigenze di tutti coloro che utilizzano la lingua inglese quotidianamente, sia nel mondo scolastico ed universitario che nel mondo degli affari. Completamente rivista ed aggiornata, riflette l'uso dell'inglese e dell'italiano contemporanei, includendo espressioni idiomatiche e linguaggio tecnico. Contiene inoltre chiare indicazioni per aiutare il lettore nella scelta del termine più adatto e per guidarlo nell'uso della grammatica e dello stile. Questo dizionario, facile da utilizzare, rappresenta uno strumento di consultazione rapido, sicuro e pratico.

Introduzione

Il trattino ondulato (~) viene usato per sostituire un lemma o la parte di un lemma che precede la barra verticale (|). Sia in inglese che in italiano figurano solamente i plurali irregolari. Il plurale regolare in inglese si forma aggiungendo la lettera *s* al sostantivo singolare, ma si aggiunge *es* quando una parola finisce in *ch*, *sh*, *s*, *ss*, *us*, *x*, o *z* (p.es. *sash*, *sashes*). Nel caso di una parola che finisce in *y* preceduta da una consonante, *y* diventa *ies* (p.es. *baby*, *babies*). Nella sezione inglese-italiano solamente la forma maschile di un aggettivo italiano viene indicata. In generale i verbi regolari inglesi formano il tempo passato e participio passato con l'aggiunta della desinenza *ed* all'infinito (p.es. *last*, *lasted*). Nel caso di verbi che finiscono con e muta, questi aggiungono solamente *d* (p.es. *move*, *moved*). Nei verbi che finiscono in *y*, la *y* diventa *i* prima di aggiungere *ed* (p.es. *carry*, *carried*). I verbi irregolari si trovano nella nomenclatura in ordine alfabetico con rimando all'infinito.

Marchi registrati

Questo dizionario include alcune parole che sono o vengono considerate marchi registrati. La loro presenza non implica che abbiano acquisito legalmente un significato generale, né si suggerisce alcun altro giudizio riguardo il loro stato giuridico. Qualor il redattore abbia trovato testimonianza dell'uso di una parola come marchio registrato, quest'ultima è stata contrassegnata dal simbolo ®, ma nessun giudizio riguardo lo stato giuridico di tale parola viene espresso o suggerito in tal modo.

Pronuncia inglese

Simboli fonetici

Vocali e dittonghi

ɪ	si*t*
i:	s*ee*
e	w*e*t
æ	b*a*d
ɑ:	c*ar*
ɒ	g*o*t
ɔ:	d*oo*r
ʊ	p*u*t
u:	t*oo*
ʌ	c*u*p
ə	*a*go
ɜ:	w*or*k
eɪ	m*a*de
əʊ	h*o*me
aɪ	f*i*ve
aɪə	f*ir*e
aʊ	n*ow*
aʊə	fl*ou*r
ʊɔɪ	c*oi*n
ɪə	h*e*re
eə	h*ai*r
ʊə	p*oo*r

Consonanti

p	*p*en
b	*b*oy
t	*t*en
d	*d*ay
k	*c*oat
g	*g*o
f	*f*oot
v	*v*erb
θ	*th*ree
ð	*th*is
s	*s*peak
z	hi*s*
ʃ	*sh*ip
tʃ	mu*ch*
j	*y*es
ʒ	plea*s*ure
dʒ	pa*g*e
h	*h*e
m	*m*an
n	*n*ew
ŋ	thi*ng*
l	*l*eg
r	*r*un
w	*w*et

Abbreviazioni

Inglese	*Abbreviazioni*	*Italiano*
adjective	*a*	aggettivo
abbreviation	*abbr*	abbreviazione
administration	*Admin*	amministrazione
adverb	*adv*	avverbio
aeronautics	*Aeron*	aeronautica
American	*Am*	americano
anatomy	*Anat*	anatomia
archaeology	*Archaeol*	archeologia
architecture	*Archit*	architettura
attributive	*attrib*	attributivo
astrology	*Astr*	astrologia
automobiles	*Auto*	automobile
auxiliary	*aux*	ausiliare
biology	*Biol*	biologia
botany	*Bot*	botanica
British English	*Br*	inglese britannico
Chemistry	*Chem*	chimica
commerce	*Comm*	commercio
computers	*Comput*	informatica
conjunction	*conj*	congiunzione
cooking	*Culin*	cucina
definite article	*def art*	articolo determinativo
	ecc	eccetera
electricity	*Electr*	elettricità
et cetera	*etc*	
feminine	*f*	femminile
familiar	*fam*	familiare
figurative	*fig*	figurato
formal	*fml*	formale
geography	*Geog*	geografia
geology	*Geol*	geologia
grammar	*Gram*	grammatica
humorous	*hum*	umoristico
indefinite article	*indef art*	articolo indeterminativo
interjection	*int*	interiezione
interrogative	*inter*	interrogativo
invariable	*inv*	invariabile
(*no plural form*)		
law	*Jur*	legge/giuridico
literary	*liter*	letterario
masculine	*m*	maschile
mathematics	*Math*	matematica
mechanics	*Mech*	meccanica
medicine	*Med*	medicina
masculine or feminine	*mf*	maschile o femminile

Inglese	*Abbreviazioni*	*Italiano*
military	*Mil*	militare
music	*Mus*	musica
noun	*n*	sostantivo
nautical	*Naut*	nautica
pejorative	*pej*	peggiorativo
personal	*pers*	personale
photography	*Phot*	fotografia
physics	*Phys*	fisica
plural	*pl*	plurale
politics	*Pol*	politica
possessive	*poss*	possessivo
past participle	*pp*	participio passato
prefix	*pref*	prefisso
preposition	*prep*	preposizione
present tense	*pres*	presente
pronoun	*pron*	pronome
psychology	*Psych*	psicologia
past tense	*pt*	tempo passato
	qcno	qualcuno
	qcsa	qualcosa
proprietary term	®	marchio registrato
rail	*Rail*	ferrovia
reflexive	*refl*	riflessivo
religion	*Relig*	religione
relative pronoun	*rel pron*	pronome relativo
somebody	*sb*	
school	*Sch*	scuola
singular	*sg*	singolare
slang	*sl*	gergo
something	*sth*	
technical	*Techn*	tecnico
telephone	*Teleph*	telefono
theatrical	*Theat*	teatrale
television	*TV*	televisione
typography	*Typ*	tipografia
university	*Univ*	università
auxiliary verb	*v aux*	verbo ausiliare
intransitive verb	*vi*	verbo intransitivo
reflexive verb	vr	verbo riflessivo
transitive verb	*vt*	verbo transitivo
transitive and intransitive	*vt/i*	verbo transitivo e intransitivo
vulgar	*vulg*	volgare
cultural equivalent	≈	equivalenza culturale

Aa

a (**ad** *before vowel*) *prep* to; (*stato in luogo, tempo, età*) at; (*con mese, città*) in; (*mezzo, modo*) by; **dire qcsa a qcno** tell sb sth; **alle tre** at three o'clock; **a vent'anni** at the age of twenty; **a Natale** at Christmas; **a dicembre** in December; **ero al cinema** I was at the cinema; **vivo a Londra** I live in London; **a due a due** two by two; **a piedi** on *o* by foot; **maglia a maniche lunghe** long-sleeved sweater; **casa a tre piani** house with three floors; **giocare a tennis** play tennis; **50 km all'ora** 50 km an hour; **2 000 lire al chilo** 2,000 lire a kilo; **al mattino/alla sera** in the morning/evening; **a venti chilometri/due ore da qui** twenty kilometres/two hours away
a'bate *nm* abbot
abbacchi'ato *a* downhearted
ab'bacchio *nm* [young] lamb
abbagli'ante *a* dazzling ● *nm* headlight, high beam
abbagli'are *vt* dazzle. **ab'baglio** *nm* blunder; **prendere un ~** make a blunder
abbai'are *vi* bark
abba'ino *nm* dormer window
abbando'na|re *vt* abandon; leave ‹*luogo*›; give up ‹*piani ecc*›. **~rsi** *vr* let oneself go; **~rsi a** give oneself up to ‹*ricordi ecc*›. **~to** *a* abandoned. **abban'dono** *nm* abandoning; *fig* abandon; (*stato*) neglect
abbassa'mento *nm* (*di temperatura, acqua, prezzi*) drop
abbas'sar|e *vt* lower; turn down ‹*radio, TV*›; **~e i fari** dip the headlights. **~si** *vr* stoop; ‹*sole ecc:*› sink; *fig* demean oneself
ab'basso *adv* below ● *int* down with
abba'stanza *adv* enough; (*alquanto*) quite
ab'batter|e *vt* demolish; shoot down ‹*aereo*›; put down ‹*animale*›; topple ‹*regime*›; (*fig: demoralizzare*) dishearten. **~si** *vr* (*cadere*) fall; *fig* be discouraged
abbatti'mento *nm* (*morale*) despondency
abbat'tuto *a* despondent, down-in-the-mouth
abba'zia *nf* abbey
abbel'lir|e *vt* embellish. **~si** *vr* adorn oneself
abbeve'ra|re *vt* water. **~'toio** *nm* drinking trough
abbi'ente *a* well-to-do
abbiglia'mento *nm* clothes *pl*; (*industria*) clothing industry, rag trade
abbigli'ar|e *vt* dress. **~si** *vr* dress up
abbina'mento *nm* combining
abbi'nare *vt* combine; match ‹*colori*›
abbindo'lare *vt* cheat
abbocca'mento *nm* interview; (*conversazione*) talk
abboc'care *vi* bite; ‹*tubi:*› join; *fig* swallow the bait
abboc'cato *a* ‹*vino*› fairly sweet
abbof'farsi *vr* stuff oneself
abbona'mento *nm* subscription; (*ferroviario ecc*) season-ticket; **fare l'~** take out a subscription
abbo'na|re *vt* make a subscriber. **~rsi** *vr* subscribe (**a** to); take out a season-ticket (**a** for) ‹*teatro, stadio*›. **~to, -a** *nmf* subscriber
abbon'dan|te *a* abundant; ‹*quantità*› copious; ‹*nevicata*› heavy; ‹*vestiario*› roomy. **~te di** abounding in. **~te'mente** *adv* ‹*mangiare*› copiously. **~za** *nf* abundance
abbon'dare *vi* abound
abbor'da|bile *a* ‹*persona*› approachable; ‹*prezzo*› reasonable. **~ggio** *nm* *Mil* boarding. **~re** *vt* board ‹*nave*›; approach ‹*persona*›; (*fam: attaccar bottone a*) chat up; tackle ‹*compito ecc*›
abbotto'na|re *vt* button up. **~'tura** *nf* [row of] buttons. **~to** *a fig* tight-lipped
abboz'zare *vt* sketch [out]; **~ un sorriso** give a hint of a smile. **ab'bozzo** *nm* sketch
abbracci'are *vt* embrace; hug, embrace ‹*persona*›; take up ‹*professione*›; *fig* include. **ab'braccio** *nm* hug
abbrevi'a|re *vt* shorten; (*ridurre*) curtail; abbreviate ‹*parola*›. **~zi'one** *nf* abbreviation

abbron'zante *nm* sun-tan lotion
abbron'za|re *vt* bronze; tan ‹*pelle*›. **~rsi** *vr* get a tan. **~to** *a* tanned. **~'tura** *nf* [sun-]tan
abbrusto'lire *vt* toast; roast ‹*caffè ecc*›
abbruti'mento *nm* brutalization. **abbru'tire** *vt* brutalize. **abbru'tirsi** *vr* become brutalized
abbuf'fa|rsi *vr fam* stuff oneself. **~ta** *nf* blowout
abbuo'nare *vt* reduce
abbu'ono *nm* allowance; *Sport* handicap
abdi'ca|re *vi* abdicate. **~zi'one** *nf* abdication
aber'rante *a* aberrant
aberrazi'one *nf* aberration
a'bete *nm* fir
abi'etto *a* despicable
'abil|e *a* able; (*idoneo*) fit; (*astuto*) clever. **~ità** *nf inv* ability; (*idoneità*) fitness; (*astuzia*) cleverness. **~'mente** *adv* ably; (*con astuzia*) cleverly
abili'ta|re *vt* qualify. **~to** *a* qualified. **~zi'one** *nf* qualification; (*titolo*) diploma
abis'sale *a* abysmal. **a'bisso** *nm* abyss
abi'tabile *a* inhabitable
abi'tacolo *nm Auto* passenger compartment
abi'tante *nmf* inhabitant
abi'ta|re *vi* live. **~to** *a* inhabited ● *nm* built-up area. **~zi'one** *nf* house
'abito *nm* (*da donna*) dress; (*da uomo*) suit. **~ da cerimonia/da sera** formal/evening dress
abitu'al|e *a* usual, habitual. **~'mente** *adv* usually
abitu'ar|e *vt* accustom. **~si a** *vr* get used to
abitudi'nario, -a *a* of fixed habits ● *nmf* person of fixed habits
abi'tudine *nf* habit; **d'~** usually; **per ~** out of habit; **avere l'~ di fare qcsa** be in the habit of doing sth
abnegazi'one *nf* self-sacrifice
ab'norme *a* abnormal
abo'li|re *vt* abolish; repeal ‹*legge*›. **~zi'one** *nf* abolition; repeal
abomi'nevole *a* abominable
abo'rigeno, -a *a* & *nmf* aboriginal
abor'rire *vt* abhor
abor'ti|re *vi* miscarry; (*volontariamente*) have an abortion; *fig* fail. **~vo** *a* abortive. **a'borto** *nm* miscarriage; (*volontario*) abortion. **~sta** *a* pro-choice
abras|i'one *nf* abrasion. **abra'sivo** *a* & *nm* abrasive
abro'ga|re *vt* repeal. **~zi'one** *nf* repeal
'abside *nf* apse
abu'lia *nf* apathy. **a'bulico** *a* apathetic
abu's|are *vi* **~ di** abuse; over-indulge in ‹*alcol*›; (*approfittare di*) take advantage of; (*violentare*) rape. **~ivo** *a* illegal
a'buso *nm* abuse. **~ di confidenza** breach of confidence
a.C. *abbr* (**avanti Cristo**) BC
'acca *nf fam* **non ho capito un'~** I understood damn all
acca'demi|a *nf* academy. **A~a di Belle Arti** Academy of Fine Arts. **~co, -a** *a* academic ● *nmf* academician
acca'd|ere *vi* happen; **accada quel che accada** come what may. **~uto** *nm* event
accalappi'are *vt* catch; *fig* allure
accal'carsi *vr* crowd
accal'da|rsi *vr* get overheated; *fig* get excited. **~to** *a* overheated
accalo'rarsi *vr* get excited
accampa'mento *nm* camp. **accam'pare** *vt fig* put forth. **accam'parsi** *vr* camp
accani'mento *nm* tenacity; (*odio*) rage
acca'ni|rsi *vr* persist; (*infierire*) rage. **~to** *a* persistent; ‹*odio*› fierce; *fig* inveterate
ac'canto *adv* near; **~ a** *prep* next to
accanto'nare *vt* set aside; *Mil* billet
accaparra'mento *nm* hoarding; *Comm* cornering
accapar'ra|re *vt* hoard. **~rsi** *vr* grab; corner ‹*mercato*›. **~'tore, ~'trice** *nmf* hoarder
accapigli'arsi *vr* scuffle; (*litigare*) squabble
accappa'toio *nm* bathrobe; (*per spiaggia*) beachrobe
accappo'nare *vt* **fare ~ la pelle a qcno** make sb's flesh creep
accarez'zare *vt* caress, stroke; *fig* cherish
accartocci'ar|e *vt* scrunch up. **~si** *vr* curl up
acca'sarsi *vr* get married
accasci'arsi *vr* flop down; *fig* lose heart
accata'stare *vt* pile up
accatti'vante *a* beguiling
accatti'varsi *vr* **~ le simpatie/la stima/l'affetto di qcno** gain sb's sympathy/respect/affection
accatto'naggio *nm* begging. **accat'tone, -a** *nmf* beggar

accaval'lar|e *vt* cross ‹*gambe*›. **~si** *vr* pile up; *fig* overlap
acce'cante *a* ‹*luce*› blinding
acce'care *vt* blind ● *vi* go blind
ac'cedere *vi* **~ a** enter; (*acconsentire*) comply with
accele'ra|re *vi* accelerate ● *vt* speed up, accelerate; **~re il passo** quicken one's pace. **~to** *a* rapid. **~'tore** *nm* accelerator. **~zi'one** *nf* acceleration
ac'cender|e *vt* light; turn on ‹*luce, TV ecc*›; *fig* inflame; **ha da ~e?** have you got a light?. **~si** *vr* catch fire; (*illuminarsi*) light up; *fig* become inflamed
accendi'gas *nm inv* gas lighter; (*su cucina*) automatic ignition
accen'dino *nm* lighter
accendi'sigari *nm* cigar-lighter
accen'nare *vt* indicate; hum ‹*melodia*› ● *vi* **~ a** beckon to; *fig* hint at; (*far l'atto di*) make as if to; **accenna a piovere** it looks like rain. **ac'cenno** *nm* gesture; (*con il capo*) nod; *fig* hint
accensi'one *nf* lighting; (*di motore*) ignition
accen'ta|re *vt* accent; (*con accento tonico*) stress. **~zi'one** *nf* accentuation. **ac'cento** *nm* accent; (*tonico*) stress
accentra'mento *nm* centralizing
accen'trare *vt* centralize
accentu'a|re *vt* accentuate. **~rsi** *vr* become more noticeable. **~to** *a* marked
accerchia'mento *nm* surrounding
accerchi'are *vt* surround
accerta'mento *nm* check
accer'tare *vt* ascertain; (*controllare*) check; assess ‹*reddito*›
ac'ceso *a* lighted; ‹*radio, TV ecc*› on; ‹*colore*› bright
acces'sibile *a* accessible; ‹*persona*› approachable; ‹*spesa*› reasonable
ac'cesso *nm* access; (*Med: di rabbia*) fit; **vietato l'~** no entry
acces'sorio *a* accessory; (*secondario*) of secondary importance ● *nm* accessory; **accessori** *pl* (*rifiniture*) fittings
ac'cetta *nf* hatchet
accet'tabile *a* acceptable
accet'tare *vt* accept; (*aderire a*) agree to
accettazi'one *nf* acceptance; (*luogo*) reception. **~ [bagagli]** check-in. **[banco] ~** check-in [desk]
ac'cetto *a* agreeable; **essere bene ~** be very welcome
accezi'one *nf* meaning
acchiap'pare *vt* catch
acchito *nm* **di primo ~** at first
acciac'ca|re *vt* crush; *fig* prostrate. **~to, -a** *a* **essere ~to** ache all over.
acci'acco *nm* infirmity; (*pl: afflizioni*) aches and pains
acciaie'ria *nf* steelworks
acci'aio *nm* steel; **~ inossidabile** stainless steel
acciden'ta|le *a* accidental. **~l'mente** *adv* accidentally. **~to** *a* ‹*terreno*› uneven
acci'dente *nm* accident; *Med* stroke; **non capisce/non vede un ~** *fam* he doesn't understand/can't see a damn thing. **acci'denti!** *int* damn!
accigli'a|rsi *vr* frown. **~to** *a* frowning
ac'cingersi *vr* **~ a** be about to
acci'picchia *int* good Lord!
acciuf'fare *vt* catch
acci'uga *nf* anchovy
accla'ma|re *vt* applaud; (*eleggere*) acclaim. **~zi'one** *nf* applause
acclima'tar|e *vt* acclimatize. **~si** *vr* get acclimatized
ac'clu|dere *vt* enclose. **~so** *a* enclosed
accocco'larsi *vr* squat
accogli'en|te *a* welcoming; (*confortevole*) cosy. **~za** *nf* welcome
ac'cogliere *vt* receive; (*conpiacere*) welcome; (*contenere*) hold
accol'larsi *vr* take on ‹*responsabilità, debiti, doveri*›. **accol'lato** *a* high-necked
accoltel'lare *vt* knife
accomia'tar|e *vt* dismiss. **~si** *vr* take one's leave (**da** of)
accomo'dante *a* accommodating
accomo'dar|e *vt* (*riparare*) mend; (*disporre*) arrange. **~si** *vr* make oneself at home; **si accomodi!** come in!; (*si sieda*) take a seat!
accompagna'mento *nm* accompaniment; (*seguito*) retinue
accompa'gna|re *vt* accompany; **~re qcno a casa** see sb home; **~re qcno alla porta** show sb out. **~'tore, ~'trice** *nmf* companion; (*di comitiva*) escort; *Mus* accompanist
accomu'nare *vt* pool
acconci'a|re *vt* arrange. **~'tura** *nf* hair-style; (*ornamento*) head-dress
accondiscen'den|te *a* too obliging. **~za** *nf* excessive desire to please
accondi'scendere *vi* **~ a** condescend; comply with ‹*desiderio*›; (*acconsentire*) consent to
acconsen'tire *vi* consent

acconten'tar|e *vt* satisfy. **~si** *vr* be content (**di** with)
ac'conto *nm* deposit; **in ~** on account; **lasciare un ~** leave a deposit
accop'pare *vt fam* bump off
accoppia'mento *nm* coupling; (*di animali*) mating
accoppi'a|re *vt* couple; mate ‹*animali*›. **~rsi** *vr* pair off; mate. **~ta** *nf* (*scommessa*) *bet placed on two horses for first and second place*
acco'rato *a* sorrowful
accorci'ar|e *vt* shorten. **~si** *vr* get shorter
accor'dar|e *vt* concede; match ‹*colori ecc*›; *Mus* tune. **~si** *vr* agree
ac'cordo *nm* agreement; *Mus* chord; (*armonia*) harmony; **andare d'~** get on well; **d'~!** agreed!; **essere d'~** agree; **prendere accordi con qcno** make arrangements with sb
ac'corgersi *vr* **~ di** notice; (*capire*) realize
accorgi'mento *nm* shrewdness; (*espediente*) device
ac'correre *vi* hasten
accor'tezza *nf* (*previdenza*) forethought
ac'corto *a* shrewd; **mal ~** incautious
accosta'mento *nm* (*di colori*) combination
acco'star|e *vt* draw close to; approach ‹*persona*›; set ajar ‹*porta ecc*›. **~si** *vr* **~si a** come near to
accovacci'a|rsi *vr* crouch, squat down. **~to** *a* squatting
accoz'zaglia *nf* jumble; (*di persone*) mob
accoz'zare *vt* **~ colori** mix colours that clash
accredita'mento *nm* credit; **~ tramite bancogiro** Bank Giro Credit
accredi'tare *vt* confirm ‹*notizia*›; *Comm* credit
ac'cresc|ere *vt* increase. **~ersi** *vr* grow larger. **~i'tivo** *a* augmentative
accucci'arsi *vr* ‹*cane:*› lie down; ‹*persona:*› crouch
accu'dire *vi* **~ a** attend to
accumu'la|re *vt* accumulate. **~rsi** *vr* pile up, accumulate. **~'tore** *nm* accumulator; *Auto* battery. **~zi'one** *nf* accumulation. **ac'cumulo** *nm* (*di merce*) build-up
accura'tezza *nf* care
accu'rato *a* careful
ac'cusa *nf* accusation; *Jur* charge; **essere in stato di ~** *Jur* have been charged; **la Pubblica A~** *Jur* the public prosecutor
accu'sa|re *vt* accuse; *Jur* charge; complain of ‹*dolore*›; **~re ricevuta di** *Comm* acknowledge receipt of. **~to, -a** *nmf* accused. **~'tore** *nm Jur* prosecutor
a'cerbo *a* sharp; (*immaturo*) unripe
'acero *nm* maple
a'cerrimo *a* implacable
ace'tone *nm* nail polish remover
a'ceto *nm* vinegar
A.C.I. *abbr* (**Automobile Club d'Italia**) Italian Automobile Association
acidità *nf* acidity. **~ di stomaco** acid stomach
'acido *a* acid; ‹*persona*› sour ● *nm* acid
a'cidulo *a* slightly sour
'acino *nm* berry; (*chicco*) grape
'acne *nf* acne
'acqua *nf* water; **fare ~** *Naut* leak; **~ in bocca!** *fig* mum's the word!. **~ di Colonia** eau de Cologne. **~ corrente** running water. **~ dolce** fresh water. **~ minerale** mineral water. **~ minerale gassata** fizzy mineral water. **~ naturale** still mineral water. **~ potabile** drinking water. **~ salata** salt water. **~ tonica** tonic water
acqua'forte *nf* etching
ac'quaio *nm* sink
acquama'rina *a* aquamarine
acqua'rello *nm* = **acquerello**
ac'quario *nm* aquarium; *Astr* Aquarius
acqua'santa *nf* holy water
acqua'scooter *nm inv* water-scooter
ac'quatico *a* aquatic
acquat'tarsi *vr* crouch
acqua'vite *nf* brandy
acquaz'zone *nm* downpour
acque'dotto *nm* aqueduct
'acqueo *a* **vapore ~** water vapour
acque'rello *nm* water-colour
acqui'rente *nmf* purchaser
acqui'si|re *vt* acquire. **~to** *a* acquired. **~zi'one** *nf* attainment
acqui'st|are *vt* purchase; (*ottenere*) acquire. **ac'quisto** *nm* purchase; **uscire per ~i** go shopping; **fare ~i** shop
acqui'trino *nm* marsh
acquo'lina *nf* **far venire l'~ in bocca a qcno** make sb's mouth water
ac'quoso *a* watery
'acre *a* acrid; (*al gusto*) sour; *fig* harsh
a'crilico *nm* acrylic
a'croba|ta *nmf* acrobat. **~'zia** *nf* acrobatics *pl*
a'cronimo *nm* acronym

acu'ir|e *vt* sharpen. **~si** *vr* become more intense
a'culeo *nm* sting; *Bot* prickle
a'cume *nm* acumen
acumi'nato *a* pointed
a'custic|a *nf* acoustics *pl*. **~o** *a* acoustic
acu'tezza *nf* acuteness
acutiz'zarsi *vr* become worse
a'cuto *a* sharp; ‹*suono*› shrill; ‹*freddo, odore*› intense; *Gram, Math, Med* acute ● *nm Mus* high note
adagi'ar|e *vt* lay down. **~si** *vr* lie down
a'dagio *adv* slowly ● *nm Mus* adagio; (*proverbio*) adage
adattabilità *nf* adaptability
adatta'mento *nm* adaptation; **avere spirito di ~** be adaptable
adat'ta|re *vt* adapt; (*aggiustare*) fit. **~rsi** *vr* adapt. **~'tore** *nm* adaptor. **a'datto** *a* suitable (**a** for); (*giusto*) right
addebita'mento *nm* debit. **~ diretto** direct debit
addebi'tare *vt* debit; *fig* ascribe ‹*colpa*›
ad'debito *nm* charge
addensa'mento *nm* thickening; (*di persone*) gathering
adden'sar|e *vt* thicken. **~si** *vr* thicken; (*affollarsi*) gather
adden'tare *vt* bite
adden'trarsi *vr* penetrate
ad'dentro *adv* deeply; **essere ~ in** be in on
addestra'mento *nm* training
adde'strar|e *vt* train. **~si** *vr* train
ad'detto, -a *a* assigned ● *nmf* employee; (*diplomatico*) attaché; **addetti** *pl* **ai lavori** persons involved in the work. **~ stampa** information officer, press officer
addiaccio *nm* **dormire all'~** sleep in the open
addi'etro *adv* (*indietro*) back; (*nel passato*) before
ad'dio *nm & int* goodbye. **~ al celibato** stag night, stag party
addirit'tura *adv* (*perfino*) even; (*assolutamente*) absolutely; **~!** really!
ad'dirsi *vr* **~ a** suit
addi'tare *vt* point at; (*in mezzo a un gruppo*) point out; *fig* point to
addi'tivo *a & nm* additive
addizio'nal|e *a* additional. **~'mente** *adv* additionally
addizio'nare *vt* add [up]. **addizi'one** *nf* addition
addob'bare *vt* decorate. **ad'dobbo** *nm* decoration
addol'cir|e *vt* sweeten; tone down ‹*colore*›; *fig* soften. **~si** *vr fig* mellow
addolo'ra|re *vt* grieve. **~rsi** *vr* be upset (**per** by). **~to** *a* pained, distressed
ad'dom|e *nm* abdomen. **~i'nale** *a* abdominal; **[muscoli] addominali** *pl* abdominals
addomesti'ca|re *vt* tame. **~'tore** *nm* tamer
addormen'ta|re *vt* put to sleep. **~rsi** *vr* go to sleep. **~to** *a* asleep; *fig* slow
addos'sar|e *vt* **~e a** (*appoggiare*) lean against; (*attribuire*) lay on. **~si** *vr* (*ammassarsi*) crowd; shoulder ‹*responsabilità ecc*›
ad'dosso *adv* on; **~ a** *prep* on; (*molto vicino*) right next to; **mettere gli occhi ~ a qcno/qcsa** hanker after sb/sth; **non mettermi le mani ~!** keep your hands off me!; **stare ~ a qcno** *fig* be on sb's back
ad'durre *vt* produce ‹*prova, documento*›; give ‹*pretesto, esempio*›
adegua'mento *nm* adjustment
adegu'a|re *vt* adjust. **~rsi** *vr* conform. **~to** *a* adequate; (*conforme*) consistent
a'dempi|ere *vt* fulfil. **~'mento** *nm* fulfilment
ade'noidi *nfpl* adenoids
ade'ren|te *a* adhesive; ‹*vestito*› tight ● *nmf* follower. **~za** *nf* adhesion. **~ze** *npl* connections
ade'rire *vi* **~ a** stick to, adhere to; support ‹*sciopero, petizione*›; agree to ‹*richiesta*›
adesca'mento *nm Jur* soliciting
ade'scare *vt* bait; *fig* entice
adesi'one *nf* adhesion; *fig* agreement
ade'sivo *a* adhesive ● *nm* sticker; *Auto* bumper sticker
a'desso *adv* now; (*poco fa*) just now; (*tra poco*) any moment now; **da ~ in poi** from now on; **per ~** for the moment
adia'cente *a* adjacent; **~ a** next to
adi'bire *vt* **~ a** put to use as
'adipe *nm* adipose tissue
adi'ra|rsi *vr* get irate. **~to** *a* irate
a'dire *vt* resort to; **~ le vie legali** take legal proceedings
'adito *nm* **dare ~ a** give rise to
adocchi'are *vt* eye; (*con desiderio*) covet
adole'scen|te *a & nmf* adolescent. **~za** *nf* adolescence. **~zi'ale** *a* adolescent

adom'brar|e *vt* darken; *fig* veil. **~si** *vr* (*offendersi*) take offence
adope'rar|e *vt* use. **~si** *vr* take trouble
ado'rabile *a* adorable
ado'ra|re *vt* adore. **~zi'one** *nf* adoration
ador'nare *vt* adorn
adot't|are *vt* adopt. **~ivo** *a* adoptive. **adozi'one** *nf* adoption
ad *prep* = **a** (*davanti a vocale*)
adrena'lina *nf* adrenalin
adri'atico *a* Adriatic ● *nm* **l'A~** the Adriatic
adu'la|re *vt* flatter. **~'tore, ~'trice** *nmf* flatterer. **~zi'one** *nf* flattery
adulte'ra|re *vt* adulterate. **~to** *a* adulterated
adul'terio *nm* adultery. **a'dultero, -a** *a* adulterous ● *nm* adulterer ● *nf* adulteress
a'dulto, -a *a & nmf* adult; (*maturo*) mature
adu'nanza *nf* assembly
adu'na|re *vt* gather. **~ta** *nf Mil* parade
a'dunco *a* hooked
ae'rare *vt* air ‹*stanza*›
a'ereo *a* aerial; (*dell'aviazione*) air *attrib* ● *nm* aeroplane, plane
ae'robic|a *nf* aerobics. **~o** *a* aerobic
aerodi'namic|a *nf* aerodynamics *sg*. **~o** *a* aerodynamic
aero'nautic|a *nf* aeronautics *sg*; *Mil* Air Force. **~o** *a* aeronautical
aero'plano *nm* aeroplane
aero'porto *nm* airport
aero'scalo *nm* cargo and servicing area
aero'sol *nm inv* aerosol
'afa *nf* sultriness
af'fabil|e *a* affable. **~ità** *nf* affability
affaccen'da|rsi *vr* busy oneself (**a** with). **~to** *a* busy
affacci'arsi *vr* show oneself; **~ alla finestra** appear at the window
affa'ma|re *vt* starve [out]. **~to** *a* starving
affan'na|re *vt* leave breathless. **~rsi** *vr* busy oneself; (*agitarsi*) get worked up. **~to** *a* breathless; **dal respiro ~to** wheezy. **af'fanno** *nm* breathlessness; *fig* worry
af'fare *nm* matter; *Comm* transaction, deal; (*occasione*) bargain; **affari** *pl* business; **non sono affari tuoi** *fam* it's none of your business. **affa'rista** *nmf* wheeler-dealer
affasci'nante *a* fascinating; ‹*persona, sorriso*› bewitching
affasci'nare *vt* bewitch; *fig* charm
affatica'mento *nm* fatigue
affati'car|e *vt* tire; (*sfinire*) exhaust. **~si** *vr* tire oneself out; (*affannarsi*) strive
af'fatto *adv* completely; **non... ~** not... at all; **niente ~!** not at all!
affer'ma|re *vt* affirm; (*sostenere*) assert. **~rsi** *vr* establish oneself
affermativa'mente *adv* in the affirmative
afferma'tivo *a* affirmative
affermazi'one *nf* assertion; (*successo*) achievement
affer'rar|e *vt* seize; catch ‹*oggetto*›; (*capire*) grasp; **~e al volo** *fig* be quick on the uptake. **~si** *vr* **~si a** grasp at
affet'ta|re *vt* slice; (*ostentare*) affect. **~to** *a* sliced; ‹*sorriso, maniere*› affected ● *nm* cold meat, sliced meat. **~zi'one** *nf* affectation
affet'tivo *a* affective; **rapporto ~** emotional tie
af'fetto[1] *nm* affection; **con ~** affectionately
af'fetto[2] *a* **~ da** suffering from
affettuosità *nf inv* (*gesto*) affectionate gesture
affettu'oso *a* affectionate
affezio'na|rsi *vr* **~rsi a** grow fond of. **~to** *a* devoted (**a** to)
affian'car|e *vt* put side by side; *Mil* flank; *fig* support. **~si** *vr* come side by side; *fig* stand together; **~si a qcno** *fig* help sb out
affiata'mento *nm* harmony
affia'ta|rsi *vr* get on well together. **~to** *a* close-knit; **una coppia ~ta** a very close couple
affibbi'are *vt* **~ qcsa a qcno** saddle sb with sth; **~ un pugno a qcno** let fly at sb
affi'dabil|e *a* dependable. **~ità** *nf* dependability
affida'mento *nm* (*Jur: dei minori*) custody; **fare ~ su qcno** rely on sb; **non dare ~** not inspire confidence
affi'dar|e *vt* entrust. **~si** *vr* **~si a** rely on
affievo'lirsi *vr* grow weak
af'figgere *vt* affix
affi'lare *vt* sharpen
affili'ar|e *vt* affiliate. **~si** *vr* become affiliated
affi'nare *vt* sharpen; (*perfezionare*) refine

affinché *conj* so that, in order that
af'fin|e *a* similar. **~ità** *nf* affinity
affiora'mento *nm* emergence; *Naut* surfacing
affio'rare *vi* emerge; *fig* come to light
af'fisso *nm* bill; *Gram* affix
affitta'camere *nm inv* landlord ● *nf inv* landlady
affit'tare *vt* (*dare in affitto*) let; (*prendere in affitto*) rent; **'affittasi'** 'to let', 'for rent'
af'fitt|o *nm* rent; **contratto d'~o** lease; **dare in ~o** let; **prendere in ~o** rent. **~u'ario , -a** *nmf Jur* lessee
af'fligger|e *vt* torment. **~si** *vr* distress oneself
af'fli|tto *a* distressed; **~tto da** suffering from. **~zi'one** *nf* distress; *fig* affliction
afflosci'arsi *vr* become floppy; (*accasciarsi*) flop down; ‹*morale:*› decline
afflu'en|te *a & nm* tributary. **~za** *nf* flow; (*di gente*) crowd
afflu'ire *vi* flow; *fig* pour in
af'flusso *nm* influx
affo'ga|re *vt/i* drown; *Culin* poach; **~re in** *fig* be swamped with. **~to** *a* ‹*persona*› drowned; ‹*uova*› poached. **~to al caffè** *nm ice cream with hot espresso poured over it*
affol'la|re *vt*, **~rsi** *vr* crowd. **~to** *a* crowded
affonda'mento *nm* sinking
affon'dare *vt/i* sink
affossa'mento *nm* pothole
affran'ca|re *vt* redeem ‹*bene*›; stamp ‹*lettera*›; free ‹*schiavo*›. **~rsi** *vr* free oneself. **~'tura** *nf* stamping; (*di spedizione*) postage
af'franto *a* prostrated; (*esausto*) worn out
af'fresco *nm* fresco
affret'ta|re *vt* speed up. **~rsi** *vr* hurry. **~ta'mente** *adv* hastily. **~to** *a* hasty
affron'tar|e *vt* face; confront ‹*il nemico*›; meet ‹*le spese*›. **~si** *vr* clash
af'fronto *nm* affront, insult; **fare un ~ a qcno** insult sb
affumi'ca|re *vt* fill with smoke; *Culin* smoke. **~to** *a* ‹*prosciutto, formaggio*› smoked
affuso'la|re *vt* taper [off]. **~to** *a* tapering
afo'risma *nm* aphorism
a'foso *a* sultry
'Africa *nf* Africa. **afri'cano, -a** *a & nmf* African
afrodi'siaco *a & nm* aphrodisiac
a'genda *nf* diary
agen'dina *nf* pocket-diary
a'gente *nm* agent; **agenti** *pl* **atmosferici** atmospheric agents. **~ di cambio** stockbroker. **~ di polizia** policeman
agen'zia *nf* agency; (*filiale*) branch office; (*di banca*) branch. **~ di viaggi** travel agency. **~ immobiliare** estate agency
agevo'la|re *vt* facilitate. **~zi'one** *nf* facilitation
a'gevol|e *a* easy; ‹*strada*› smooth. **~'mente** *adv* easily
agganci'ar|e *vt* hook up; *Rail* couple. **~si** *vr* ‹*vestito:*› hook up
ag'geggio *nm* gadget
agget'tivo *nm* adjective
agghiacci'ante *a* terrifying
agghiacci'ar|e *vt fig* **~ qcno** make sb's blood run cold. **~si** *vr* freeze
agghin'da|re *vt fam* dress up. **~rsi** *vr fam* doll oneself up. **~to** *a* dressed up
aggiorna'mento *nm* up-date
aggior'na|re *vt* (*rinviare*) postpone; (*mettere a giorno*) bring up to date. **~rsi** *vr* get up to date. **~to** *a* up-to-date; ‹*versione*› updated
aggi'rar|e *vt* surround; (*fig: ingannare*) trick. **~si** *vr* hang about; **~si su** ‹*discorso ecc:*› be about; (*approssimarsi*) be around
aggiudi'car|e *vt* award; (*all'asta*) knock down. **~si** *vr* win
aggi'un|gere *vt* add. **~ta** *nf* addition. **~'tivo** *a* supplementary. **~to** *a* added ● *a & nm* (*assistente*) assistant
aggiu'star|e *vt* mend; (*sistemare*) settle; (*fam: mettere a posto*) fix. **~si** *vr* adapt; (*mettersi in ordine*) tidy oneself up; (*decidere*) sort things out; ‹*tempo:*› clear up
agglomera'mento *nm* conglomeration
agglome'rato *nm* built-up area
aggrap'par|e *vt* grasp. **~si** *vr* **~si a** cling to
aggra'vante *Jur nf* aggravation ● *a* aggravating
aggra'var|e *vt* (*peggiorare*) make worse; increase ‹*pena*›; (*appesantire*) weigh down. **~si** *vr* worsen
aggrazi'ato *a* graceful
aggre'dire *vt* attack
aggre'ga|re *vt* add; (*associare a un gruppo ecc*) admit. **~rsi** *vr* **~rsi a** join. **~to** a associated ● *nm* aggregate; (*di case*) block

aggressi'one *nf* aggression; (*atto*) attack
aggres's|ivo *a* aggressive. **~ività** *nf* aggressiveness. **~ore** *nm* aggressor
aggrin'zare, aggrin'zire *vt* wrinkle
aggrot'tare *vt* **~ le ciglia/la fronte** frown
aggrovigli'a|re *vt* tangle. **~rsi** *vr* get entangled; *fig* get complicated. **~to** *a* entangled; *fig* confused
agguan'tare *vt* catch
aggu'ato *nm* ambush; (*tranello*) trap; **stare in ~** lie in wait
agguer'rito *a* fierce
agia'tezza *nf* comfort
agi'ato *a* ‹*persona*› well off; ‹*vita*› comfortable
a'gibil|e *a* ‹*palazzo*› fit for human habitation. **~ità** *nf* fitness for human habitation
'agil|e *a* agile. **~ità** *nf* agility
'agio *nm* ease; **mettersi a proprio ~** make oneself at home
a'gire *vi* act; (*comportarsi*) behave; (*funzionare*) work; **~ su** affect
agi'ta|re *vt* shake; wave ‹*mano*›; (*fig: turbare*) trouble. **~rsi** *vr* toss about; (*essere inquieto*) be restless; ‹*mare:*› get rough. **~to** *a* restless; ‹*mare*› rough. **~'tore, ~'trice** *nmf* (*persona*) agitator. **~zi'one** *nf* agitation; **mettere in ~zione qcno** make sb worried
'agli = **a** + **gli**
'aglio *nm* garlic
a'gnello *nm* lamb
agno'lotti *nmpl* ravioli *sg*
a'gnostico, -a *a & nmf* agnostic
'ago *nm* needle
ago'ni|a *nf* agony. **~z'zare** *vi* be on one's deathbed
ago'nistic|a *nf* competition. **~o** *a* competitive
agopun'tura *nf* acupuncture
a'gosto *nm* August
a'grari|a *nf* agriculture. **~o** *a* agricultural ● *nm* landowner
a'gricol|o *a* agricultural. **~'tore** *nm* farmer. **~'tura** *nf* agriculture
agri'foglio *nm* holly
agritu'rismo *nm* farm holidays, agrotourism
'agro *a* sour
agroalimen'tare *a* food *attrib*
agro'dolce *a* bitter-sweet; *Culin* sweet-and-sour; **in ~** sweet and sour
agrono'mia *nf* agronomy
a'grume *nm* citrus fruit; (*pianta*) citrus tree
aguz'zare *vt* sharpen; **~ le orecchie** prick up one's ears; **~ la vista** look hard
aguz'zino *nm* slave-driver; (*carceriere*) jailer
ahimè *int* alas
'ai = **a** + **i**
'Aia *nf* **L'~** The Hague
'aia *nf* threshing-floor
Aids *nmf* Aids
ai'rone *nm* heron
ai'tante *a* sturdy
aiu'ola *nf* flower-bed
aiu'tante *nmf* assistant ● *nm Mil* adjutant. **~ di campo** aide-de-camp
aiu'tare *vt* help
ai'uto *nm* help, aid; (*assistente*) assistant
aiz'zare *vt* incite; **~ contro** set on
al = **a** + **il**
'ala *nf* wing; **fare ~** make way
ala'bastro *nm* alabaster
'alacre *a* brisk
a'lano *nm* Great Dane
'alba *nf* dawn
Alba'n|ia *nf* Albania. **a~ese** *a & nmf* Albanian
albeggi'are *vi* dawn
albe'ra|to *a* wooded; ‹*viale*› tree-lined. **~'tura** *nf Naut* masts *pl*. **albe'rello** *nm* sapling
al'berg|o *nm* hotel. **~o diurno** *hotel where rooms are rented during the daytime*. **~a'tore, ~a'trice** *nmf* hotel-keeper. **~hi'ero** *a* hotel *attrib*
'albero *nm* tree; *Naut* mast; *Mech* shaft. **~ genealogico** family tree. **~ maestro** *Naut* mainmast. **~ di Natale** Christmas tree
albi'cocc|a *nf* apricot. **~o** *nm* apricot-tree
al'bino *nm* albino
'albo *nm* register; (*libro ecc*) album; (*per avvisi*) notice board
'album *nm* album. **~ da disegno** sketch-book
al'bume *nm* albumen
'alce *nm* elk
'alcol *nm* alcohol; *Med* spirit; (*liquori forti*) spirits *pl*; **darsi all'~** take to drink. **al'colici** *nmpl* alcoholic drinks. **al'colico** *a* alcoholic. **alco'lismo** *nm* alcoholism. **~iz'zato, -a** *a & nmf* alcoholic
alco'test® *nm inv* Breathalyser®
al'cova *nf* alcove

al'cun, al'cuno *a & pron* any; **non ha ~ amico** he hasn't any friends, he has no friends. **alcuni** *pl* some, a few; **~i suoi amici** some of his friends
alea'torio *a* unpredictable
a'letta *nf Mech* fin
alfa'betico *a* alphabetical
alfabetizzazi'one *nf* **~ della popolazione** teaching people to read and write
alfa'beto *nm* alphabet
alfi'ere *nm* (*scacchi*) bishop
al'fine *adv* eventually, in the end
'alga *nf* seaweed
'algebra *nf* algebra
Alge'ri|a *nf* Algeria. **a~no, -a** *a & nmf* Algerian
ali'ante *nm* glider
'alibi *nm inv* alibi
alie'na|re *vt* alienate. **~rsi** *vr* become estranged; **~rsi le simpatie di qcno** lose sb's good will. **~to, -a** *a* alienated ● *nmf* lunatic
a'lieno, -a *nmf* alien ● *a* **è ~ da invidia** envy is foreign to him
alimen'ta|re *vt* feed; *fig* foment ● *a* food *attrib*; ‹*abitudine*› dietary. **~ri** *nmpl* food-stuffs. **~'tore** *nm* power unit. **~zi'one** *nf* feeding
ali'mento *nm* food; **alimenti** *pl* food; *Jur* alimony
a'liquota *nf* share; (*di imposta*) rate
ali'scafo *nm* hydrofoil
'alito *nm* breath
'alla = a + la
allaccia'mento *nm* connection
allacci'ar|e *vt* fasten ‹*cintura*›; lace up ‹*scarpe*›; do up ‹*vestito*›; (*collegare*) connect; form ‹*amicizia*›. **~si** *vr* do up, fasten ‹*vestito, cintura*›
allaga'mento *nm* flooding
alla'gar|e *vt* flood. **~si** *vr* become flooded
allampa'nato *a* lanky
allarga'mento *nm* (*di una strada, delle ricerche*) widening
allar'gar|e *vt* widen; open ‹*braccia, gambe*›; let out ‹*vestito ecc*›; *fig* extend. **~si** *vr* widen
allar'mante *a* alarming
allar'ma|re *vt* alarm. **~to** *a* panicky
al'larme *nm* alarm; **dare l'~** raise the alarm; **falso ~** *fig* false alarm. **~ aereo** air raid warning
allar'mis|mo *nm* alarmism. **~ta** *nmf* alarmist
allatta'mento *nm* (*di animale*) suckling; (*di neonato*) feeding
allat'tare *vt* suckle ‹*animale*›; feed ‹*neonato*›
'alle = a + le
alle'a|nza *nf* alliance. **~to, -a** *a* allied ● *nmf* ally
alle'ar|e *vt* unite. **~si** *vr* form an alliance
alle'gare¹ *vt Jur* allege
alle'ga|re² *vt* (*accludere*) enclose; set on edge ‹*denti*›. **~to** *a* enclosed ● *nm* enclosure; **in ~to** attached, appended. **~zi'one** *nf Jur* allegation
allegge'rir|e *vt* lighten; *fig* alleviate. **~si** *vr* become lighter; (*vestirsi leggero*) put on lighter clothes
allego'ria *nf* allegory. **alle'gorico** *a* allegorical
allegra'mente *adv* breezily
alle'gria *nf* gaiety
al'legro *a* cheerful; ‹*colore*› bright; (*brillo*) tipsy ● *nm Mus* allegro
alle'luia *int* hallelujah!
allena'mento *nm* training
alle'na|re *vt*, **~rsi** *vr* train. **~'tore, ~'trice** *nmf* trainer, coach
allen'tar|e *vt* loosen; *fig* relax. **~si** *vr* become loose; *Mech* work loose
aller'gia *nf* allergy. **al'lergico** *a* allergic
allerta *nf o nm inv* **stare ~** be on the alert
allesti'mento *nm* preparation. **~ scenico** *Theat* set
alle'stire *vt* prepare; stage ‹*spettacolo*›; *Naut* fit out
allet'tante *a* alluring
allet'tare *vt* entice
alleva'mento *nm* breeding; (*processo*) bringing up; (*luogo*) farm; (*per piante*) nursery; **pollo di ~** battery hen *or* chicken
alle'vare *vt* bring up ‹*bambini*›; breed ‹*animali*›; grow ‹*piante*›
allevi'are *vt* alleviate; *fig* lighten
alli'bito *a* astounded
allibra'tore *nm* bookmaker
allie'tar|e *vt* gladden. **~si** *vr* rejoice
alli'evo, -a *nmf* pupil ● *nm Mil* cadet
alliga'tore *nm* alligator
allinea'mento *nm* alignment
alline'ar|e *vt* line up; *Typ* align; *Fin* adjust. **~si** *vr* fall into line
'allo = a + lo
al'locco *nm* tawny owl; *fig* dunce
al'lodola *nf* [sky]lark
alloggi'are *vt* ‹*persona:*› put up; ‹*casa:*› provide accommodation for; *Mil* billet ● *vi* put up, stay; *Mil* be billeted.

al'loggio *nm* (*appartamento*) flat; *Mil* billet
allontana'mento *nm* removal
allonta'nar|e *vt* move away; (*licenziare*) dismiss; avert ‹*pericolo*›. **~si** *vr* go away
al'lora *adv* then; (*in quel tempo*) at that time; (*in tal caso*) in that case; **d'~ in poi** from then on; **e ~?** what now?; (*e con ciò?*) so what?; **fino ~** until then
al'loro *nm* laurel; *Culin* bay
'alluce *nm* big toe
alluci'na|nte *a fam* incredible; **sostanza ~nte** hallucinogen. **~to, -a** *nmf fam* space cadet. **~zi'one** *nf* hallucination
allucino'geno *a* ‹*sostanza*› hallucinatory
al'ludere *vi* **~ a** allude to
allu'minio *nm* aluminium
allun'gar|e *vt* lengthen; stretch [out] ‹*gamba*›; extend ‹*tavolo*›; (*diluire*) dilute; **~e il collo** crane one's neck. **~e le mani su qcno** touch sb up. **~e il passo** quicken one's step. **~si** *vr* grow longer; (*crescere*) grow taller; (*sdraiarsi*) lie down
allusi'one *nf* allusion
allu'sivo *a* allusive
alluvio'nale *a* alluvial
alluvi'one *nf* flood
al'meno *adv* at least; **[se] ~ venisse il sole!** if only the sun would come out!
a'logeno *nm* halogen ● *a* **lampada alogena** halogen lamp
a'lone *nm* halo
'Alpi *nfpl* **le ~** the Alps
alpi'nis|mo *nm* mountaineering. **~ta** *nmf* mountaineer
al'pino *a* Alpine ● *nm Mil* **gli alpini** the Alpine troops
al'quanto *a* a certain amount of ● *adv* rather
alt *int* stop
alta'lena *nf* swing; (*tavola in bilico*) see-saw
altale'nare *vi fig* vacillate
alta'mente *adv* highly
al'tare *nm* altar
alta'rino *nm* **scoprire gli altarini di qcno** reveal sb's guilty secrets
alte'ra|re *vt* alter; adulterate ‹*vino*›; (*falsificare*) falsify. **~rsi** *vr* be altered; ‹*cibo*:› go bad; ‹*merci*:› deteriorate; (*arrabbiarsi*) get angry. **~to** *a* ‹*vino*› adulterated. **~zi'one** *nf* alteration; (*di vino*) adulteration
al'terco *nm* altercation
alter'nanza *nf* alternation
alter'na|re *vt*, **~rsi** *vr* alternate. **~'tiva** *nf* alternative. **~'tivo** *a* alternate. **~to** *a* alternating. **~'tore** *nm Electr* alternator
al'tern|o *a* alternate; **a giorni ~i** every other day
al'tero *a* haughty
al'tezza *nf* height; (*profondità*) depth; (*suono*) pitch; (*di tessuto*) width; (*titolo*) Highness; **essere all'~ di** be on a level with; *fig* be up to
altezzos|a'mente *adv* haughtily. **~ità** *nf* haughtiness
altez'zoso *a* haughty
al'ticcio *a* tipsy, merry
altipi'ano *nm* plateau
alti'tudine *nf* altitude
'alto *a* high; (*di statura*) tall; (*profondo*) deep; ‹*suono*› high-pitched; ‹*tessuto*› wide; *Geog* northern; **a notte alta** in the middle of the night; **avere degli alti e bassi** have some ups and downs; **ad alta fedeltà** high-fidelity; **a voce alta**, **ad alta voce** in a loud voice; ‹*leggere*› aloud; **essere in ~ mare** be on the high seas. **alta finanza** *nf* high finance. **alta moda** *nf* high fashion. **alta tensione** *nf* high voltage ● *adv* high; **in ~** at the top; ‹*guardare*› up; **mani in ~!** hands up!
alto'forno *nm* blast-furnace
altolà *int* halt there!
altolo'cato *a* highly placed
altopar'lante *nm* loudspeaker
altopi'ano *nm* plateau
altret'tanto *a & pron* as much; (*pl*) as many ● *adv* likewise; **buona fortuna! grazie, ~** good luck! thank you, the same to you
altri'menti *adv* otherwise
'altro *a* other; **un ~, un'altra** another; **l'altr'anno** last year; **domani l'~** the day after tomorrow; **l'ho visto l'~ giorno** I saw him the other day ● *pron* other [one]; **un ~, un'altra** another [one]; **ne vuoi dell'~?** would you like some more?; **l'un l'~** one another; **nessun ~** nobody else; **gli altri** (*la gente*) other people ● *nm* something else; **non fa ~ che lavorare** he does nothing but work; **desidera ~?** (*in negozio*) anything else?; **più che ~, sono stanco** I'm tired more than anything; **se non ~** at least; **senz'~** certainly; **tra l'~** what's more; **~ che!** and how!
altroi'eri *nm* **l'~** the day before yesterday

al'tronde *adv* **d'~** on the other hand
al'trove *adv* elsewhere
al'trui *a* other people's ● *nm* other people's belongings *pl*
altru'is|mo *nm* altruism. **~ta** *nmf* altruist
al'tura *nf* high ground; *Naut* deep sea
a'lunno, -a *nmf* pupil
alve'are *nm* hive
al'za|re *vt* lift, raise; (*costruire*) build; *Naut* hoist; **~re le spalle** shrug one's shoulders; **~re i tacchi** *fig* take to one's heels. **~rsi** *vr* rise; (*in piedi*) stand up; (*da letto*) get up; **~rsi in piedi** get to one's feet. **~ta** *nf* lifting; (*aumento*) rise; (*da letto*) getting up; *Archit* elevation. **~to** *a* up
a'mabile *a* lovable; ‹*vino*› sweet
a'maca *nf* hammock
amalga'mar|e *vt*, **~si** *vr* amalgamate
a'mante *a* **~ di** fond of ● *nm* lover ● *nf* mistress, lover
ama'rena *nf* sour black cherry
ama'retto *nm* macaroon
a'ma|re *vt* love; be fond of, like ‹*musica, sport ecc*›. **~to, -a** *a* loved ● *nmf* beloved
ama'rezza *nf* bitterness; (*dolore*) sorrow
a'maro *a* bitter ● *nm* bitterness; (*liquore*) bitters *pl*
ama'rognolo *a* rather bitter
ama'tore, -'trice *nmf* lover
ambasci'a|ta *nf* embassy; (*messaggio*) message. **~'tore, ~'trice** *nm* ambassador ● *nf* ambassadress
ambe'due *a & pron* both
ambien'ta|le *a* environmental. **~'lista** *a & nmf* environmentalist
ambien'tar|e *vt* acclimatize; set ‹*personaggio, film ecc*›. **~si** *vr* get acclimatized
ambi'ente *nm* environment; (*stanza*) room; *fig* milieu
ambiguità *nf inv* ambiguity; (*di persona*) shadiness
am'biguo *a* ambiguous; ‹*persona*› shady
am'bire *vi* **~ a** aspire to
'ambito *nm* sphere
ambiva'len|te *a* ambivalent. **~za** *nf* ambivalence
ambizi'o|ne *nf* ambition. **~so** *a* ambitious
'ambra *nf* amber. **am'brato** *a* amber
ambu'lante *a* wandering; **venditore ~** hawker
ambu'lanza *nf* ambulance
ambula'torio *nm* (*di medico*) surgery; (*di ospedale*) out-patients' [department]
a'meba *nf* amoeba
'amen *int* amen
a'meno *a* pleasant
A'merica *nf* America. **~ del Sud** South America. **ameri'cano, -a** *a & nmf* American
ame'tista *nf* amethyst
ami'anto *nm* asbestos
ami'chevole *a* friendly
ami'cizia *nf* friendship; **fare ~ con qcno** make friends with sb; **amicizie** *pl* (*amici*) friends
a'mico, -a *nmf* friend; **~ del cuore** bosom friend
'amido *nm* starch
ammac'ca|re *vt* dent; bruise ‹*frutto*›. **~rsi** *vr* ‹*metallo:*› get dented; ‹*frutto:*› bruise. **~to** *a* dented; ‹*frutto*› bruised. **~'tura** *nf* dent; (*livido*) bruise
ammae'stra|re *vt* (*istruire*) teach; train ‹*animale*›. **~to** *a* trained
ammai'nare *vt* lower ‹*bandiera*›; furl ‹*vele*›
amma'la|rsi *vr* fall ill. **~to, -a** *a* ill ● *nmf* sick person; (*paziente*) patient
ammali'are *vt* bewitch
am'manco *nm* deficit
ammanet'tare *vt* handcuff
ammani'cato *a* **essere ~** have connections
amma'raggio *nm* splashdown
amma'rare *vi* put down on the sea; ‹*nave spaziale:*› splash down
ammas'sar|e *vt* amass. **~si** *vr* crowd together. **am'masso** *nm* mass; (*mucchio*) pile
ammat'tire *vi* go mad
ammaz'zar|e *vt* kill. **~si** *vr* (*suicidarsi*) kill oneself; (*rimanere ucciso*) be killed
am'menda *nf* amends *pl*; (*multa*) fine; **fare ~ di qcsa** make amends for sth
am'messo *pp di* **ammettere** ● *conj* **~ che** supposing that
am'mettere *vt* admit; (*riconoscere*) acknowledge; (*supporre*) suppose
ammic'care *vi* wink
ammini'stra|re *vt* administer; (*gestire*) run. **~'tivo** *a* administrative. **~'tore, ~'trice** *nmf* administrator; (*di azienda*) manager; (*di società*) director. **~tore delegato** managing director. **~zi'one** *nf* administration; **fatti di ordinaria ~zione** *fig* routine matters
ammi'ragli|o *nm* admiral. **~'ato** *nm* admiralty
ammi'ra|re *vt* admire. **~to** *a* **restare/**

essere ~to be full of admiration. **~'tore, ~'trice** *nmf* admirer. **~zi'one** *nf* admiration. **ammi'revole** *a* admirable

ammis'sibile *a* admissible

ammissi'one *nf* admission; (*approvazione*) acknowledgement

ammobili'a|re *vt* furnish. **~to** *a* furnished

am'modo *a* proper ● *adv* properly

am'mollo *nm* **in ~** soaking

ammo'niaca *nf* ammonia

ammoni'mento *nm* warning; (*di rimprovero*) admonishment

ammo'ni|re *vt* warn; (*rimproverare*) admonish. **~'tore** *a* admonishing. **~zi'one** *nf Sport* warning

ammon'tare *vi* **~ a** amount to ● *nm* amount

ammonticchi'are *vt* heap up

ammorbi'dente *nm* (*per panni*) softener

ammorbi'dir|e *vt,* **~si** *vr* soften

ammorta'mento *nm Comm* amortization

ammor'tare *vt* pay off ‹*spesa*›; *Comm* amortize ‹*debito*›

ammortiz'za|re *vt Comm* = **ammortare**; *Mech* damp. **~'tore** *nm* shock-absorber

ammosci'ar|e *vt* make flabby. **~si** *vi* get flabby

ammucchi'a|re *vt,* **~rsi** *vr* pile up. **~ta** *nf* (*sl: orgia*) orgy

ammuf'fi|re *vi* go mouldy. **~to** *a* mouldy

ammutina'mento *nm* mutiny

ammuti'narsi *vr* mutiny

ammuto'lire *vi* be struck dumb

amne'sia *nf* amnesia

amni'stia *nf* amnesty

'amo *nm* hook; *fig* bait

amo'rale *a* amoral

a'more *nm* love; **fare l'~** make love; **per l'amor di Dio/del cielo!** for heaven's sake!; **andare d'~ e d'accordo** get on like a house on fire; **~ proprio** self-respect; **è un ~** ‹*persona*› he/she is a darling; **per ~ di** for the sake of; **amori** *pl* love affairs. **~ggi'are** *vi* flirt. **amo'revole** *a* loving

a'morfo *a* shapeless; ‹*persona*› colourless, grey

amo'roso *a* loving; ‹*sguardo ecc*› amorous; ‹*lettera, relazione*› love

ampi'ezza *nf* (*di esperienza*) breadth; (*di stanza*) spaciousness; (*di gonna*) fullness; (*importanza*) scale

'ampio *a* ample; ‹*esperienza*› wide; ‹*stanza*› spacious; ‹*vestito*› loose; ‹*gonna*› full; ‹*pantaloni*› baggy

am'plesso *nm* embrace

amplia'mento *nm* (*di casa, porto*) enlargement; (*di strada*) widening

ampli'are *vt* broaden ‹*conoscenze*›

amplifi'ca|re *vt* amplify; *fig* magnify. **~'tore** *nm* amplifier. **~zi'one** *nf* amplification

am'polla *nf* cruet

ampol'loso *a* pompous

ampu'ta|re *vt* amputate. **~zi'one** *nf* amputation

amu'leto *nm* amulet

anabbagli'ante *a Auto* dipped ● *nmpl* **anabbaglianti** dipped headlights

anacro'nis|mo *nm* anachronism. **~tico** *a* **essere ~** be an anachronism

a'nagrafe *nf* (*ufficio*) registry office; (*registro*) register of births, marriages and deaths

ana'grafico *a* **dati** *nmpl* **anagrafici** personal data

ana'gramma *nm* anagram

anal'colico *a* non-alcoholic ● *nm* soft drink, non-alcoholic drink

a'nale *a* anal

analfa'be|ta *a & nmf* illiterate. **~'tismo** *nm* illiteracy

anal'gesico *nm* painkiller

a'nalisi *nf inv* analysis; *Med* test. **~ grammaticale/del periodo/logica** parsing. **~ del sangue** blood test

ana'li|sta *nmf* analyst. **~tico** *a* analytical. **~z'zare** *vt* analyse; *Med* test

anal'lergico *a* hypoallergenic

analo'gia *nf* analogy. **a'nalogo** *a* analogous

'ananas *nm inv* pineapple

anar'chi|a *nf* anarchy. **a'narchico, -a** *a* anarchic ● *nmf* anarchist. **~smo** *nm* anarchism

A.N.A.S. *nf abbr* (**Azienda Nazionale Autonoma delle Strade**) *national road maintenance authority*

anato'mia *nf* anatomy. **ana'tomico** *a* anatomical; ‹*sedia*› contoured, ergonomic

'anatra *nf* duck

ana'troccolo *nm* duckling

'anca *nf* hip; (*di animale*) flank

ance'strale *a* ancestral

'anche *conj* also, too; (*persino*) even; **~ se** even if; **~ domani** tomorrow also *o* too, also tomorrow

anchilo'sato *a fig* stiff

an'cora *adv* still, yet; (*di nuovo*) again; (*di più*) some more; **~ una volta** once more

'anco|ra *nf* anchor; **gettare l'~ra** drop anchor. **~'raggio** *nm* anchorage. **~'rare** *vt* anchor

anda'mento *nm* (*del mercato, degli affari*) trend

an'dante *a* (*corrente*) current; (*di poco valore*) cheap ● *nm Mus* andante

an'da|re *vi* go; (*funzionare*) work; **~ via** (*partire*) leave; ‹*macchia:*› come out; **~ [bene]** (*confarsi*) suit; ‹*taglia:*› fit; **ti va bene alle tre?** does three o'clock suit you?; **non mi va di mangiare** I don't feel like eating; **~ di fretta** be in a hurry; **~ fiero di** be proud of; **~ di moda** be in fashion; **va per i 20 anni** he's nearly 20; **ma va' [là]!** come on!; **come va?** how are things?; **~ a male** go off; **~ a fuoco** go up in flames; **va spedito [entro] stamattina** it must be sent this morning; **ne va del mio lavoro** my job is at stake; **come è andata a finire?** how did it turn out?; **cosa vai dicendo?** what are you talking about?. **~rsene** go away; (*morire*) pass away ● *nm* going; **a lungo ~re** eventually

'andito *nm* passage

an'drone *nm* entrance

a'neddoto *nm* anecdote

ane'lare *vt* **~ a** long for. **a'nelito** *nm* longing

a'nello *nm* ring; (*di catena*) link

ane'mia *nf* anaemia. **a'nemico** *a* anaemic

a'nemone *nm* anemone

aneste'si|a *nf* anaesthesia; (*sostanza*) anaesthetic. **~'sta** *nmf* anaesthetist. **ane'stetico** *a & nm* anaesthetic

an'fibi *nmpl* (*stivali*) army boots

an'fibio *nm* (*animale*) amphibian ● *a* amphibious

anfite'atro *nm* amphitheatre

'anfora *nf* amphora

an'fratto *nm* ravine

an'gelico *a* angelic

'angelo *nm* angel. **~ custode** guardian angel

angli'c|ano *a* Anglican. **~ismo** *nm* Anglicism

an'glofilo, -a *a & nmf* Anglophile

an'glofono, -a *nmf* English-speaker

anglo'sassone *a & nmf* Anglo-Saxon

ango'la|re *a* angular. **~zi'one** *nf* angle shot

'angolo *nm* corner; *Math* angle. **~ [di] cottura** kitchenette

ango'loso *a* angular

an'gosci|a *nf* anguish. **~'are** *vt* torment. **~'ato** *a* agonized. **~'oso** *a* (*disperato*) anguished; (*che dà angoscia*) distressing

angu'illa *nf* eel

an'guria *nf* water-melon

an'gusti|a *nf* (*ansia*) anxiety; (*penuria*) poverty. **~'are** *vt* distress. **~'arsi** *vr* be very worried (**per** about)

an'gusto *a* narrow

'anice *nm* anise; *Culin* aniseed; (*liquore*) anisette

ani'dride *nf* **~ carbonica** carbon dioxide

'anima *nf* soul; **non c'era ~ viva** there was not a soul about; **all'~!** good grief!; **un'~ in pena** a soul in torment. **~ gemella** soul mate

ani'ma|le *a & nm* animal; **~li domestici** *pl* pets. **~'lesco** *a* animal

ani'ma|re *vt* give life to; (*ravvivare*) enliven; (*incoraggiare*) encourage. **~rsi** *vr* come to life; (*accalorarsi*) become animated. **~to** *a* animate; ‹*discussione*› animated; ‹*strada, paese*› lively. **~'tore, ~'trice** *nmf* leading spirit; *Cinema* animator. **~zi'one** *nf* animation

'animo *nm* (*mente*) mind; (*indole*) disposition; (*cuore*) heart; **perdersi d'~** lose heart; **farsi ~** take heart. **~sità** *nf* animosity

ani'moso *a* brave; (*ostile*) hostile

'anitra *nf* = **anatra**

annac'qua|re *vt anche fig* water down. **~to** *a* watered down

annaffi'a|re *vt* water. **~'toio** *nm* watering-can

an'nali *nmpl* annals

anna'spare *vi* flounder

an'nata *nf* year; (*importo annuale*) annual amount; (*di vino*) vintage

annebbia'mento *nm* fog build-up; *fig* clouding

annebbi'ar|e *vt* cloud ‹*vista, mente*›. **~si** *vr* become foggy; ‹*vista, mente:*› grow dim

annega'mento *nm* drowning

anne'ga|re *vt/i* drown

anne'rir|e *vt/i* blacken. **~si** *vr* become black

annessi'one *nf* (*di nazione*) annexation

an'nesso *pp di* **annettere** ● *a* attached; ‹*Stato*› annexed

an'nettere *vt* add; (*accludere*) enclose; annex ‹*Stato*›
annichi'lire *vt* annihilate
anni'darsi *vr* nest
annienta'mento *nm* annihilation
annien'tar|e *vt* annihilate. **~si** *vr* abase oneself
anniver'sario *a* & *nm* anniversary. **~ di matrimonio** wedding anniversary
'anno *nm* year; **Buon A~!** Happy New Year!; **quanti anni ha?** how old are you?; **Tommaso ha dieci anni** Thomas is ten [years old]. **~ bisestile** leap year
anno'dar|e *vt* knot; do up ‹*cintura*›; *fig* form. **~si** *vr* become knotted
annoi'a|re *vt* bore; (*recare fastidio*) annoy. **~rsi** *vr* get bored; (*condizione*) be bored. **~to** *a* bored
anno'ta|re *vt* note down; annotate ‹*testo*›. **~zi'one** *nf* note
annove'rare *vt* number
annu'a|le *a* annual, yearly. **~rio** *nm* year-book
annu'ire *vi* nod; (*acconsentire*) agree
annulla'mento *nm* annulment; (*di appuntamento*) cancellation
annul'lar|e *vt* annul; cancel ‹*appuntamento*›; (*togliere efficacia a*) undo; disallow ‹*gol*›; (*distruggere*) destroy. **~si** *vr* cancel each other out
annunci'a|re *vt* announce; (*preannunciare*) foretell. **~'tore, ~'trice** *nmf* announcer. **~zi'one** *nf* Annunciation
an'nuncio *nm* announcement; (*pubblicitario*) advertisement; (*notizia*) news. **annunci** *pl* **economici** classified advertisements
'annuo *a* annual, yearly
annu'sare *vt* sniff
annuvo'lar|e *vt* cloud. **~si** *vr* cloud over
'ano *nm* anus
anoma'lia *nf* anomaly
a'nomalo *a* anomalous
anoni'mato *nm* **mantenere l'~** remain anonymous
a'nonimo, -a *a* anonymous ● *nmf* (*pittore, scrittore*) anonymous painter/writer
anores'sia *nf Med* anorexia
ano'ressico, -a *nmf* anorexic
anor'mal|e *a* abnormal ● *nmf* deviant, abnormal person. **~ità** *nf inv* abnormality
'ansa *nf* handle; (*di fiume*) bend
an'sare *vi* pant
'ansia, **ansietà** *nf* anxiety; **stare/essere in ~ per** be anxious about
ansi'oso *a* anxious
antago'nis|mo *nm* antagonism. **~ta** *nmf* antagonist
an'tartico *a* & *nm* Antarctic
antece'dente *a* preceding ● *nm* precedent
ante'fatto *nm* prior event
ante'guerra *a* pre-war ● *nm* pre-war period
ante'nato, -a *nmf* ancestor
an'tenna *nf Radio, TV* aerial; (*di animale*) antenna; *Naut* yard. **~ parabolica** satellite dish
ante'porre *vt* put before
ante'prima *nf* preview; **vedere qcsa in ~** have a sneak preview of sth
anteri'ore *a* front *attrib*; (*nel tempo*) previous
antiade'rente *a* ‹*padella*› nonstick
antia'ereo *a* anti-aircraft *attrib*
antial'lergico *a* hypoallergenic
antia'tomico *a* **rifugio ~** fallout shelter
antibi'otico *a* & *nm* antibiotic
anti'caglia *nf* (*oggetto*) piece of old junk
antica'mente *adv* in ancient times, long ago
anti'camera *nf* ante-room; **far ~** be kept waiting
antichità *nf inv* antiquity; (*oggetto*) antique
antici'clone *nm* anticyclone
antici'pa|re *vt* advance; *Comm* pay in advance; (*prevedere*) anticipate; (*prevenire*) forestall ● *vi* be early. **~ta'mente** *adv* in advance. **~zi'one** *nf* anticipation; (*notizia*) advance news
an'ticipo *nm* advance; (*caparra*) deposit; **in ~** early; (*nel lavoro*) ahead of schedule
an'tico *a* ancient; ‹*mobile ecc*› antique; (*vecchio*) old; **all'antica** old-fashioned ● *nmpl* **gli antichi** the ancients
anticoncezio'nale *a* & *nm* contraceptive
anticonfor'mis|mo *nm* unconventionality. **~ta** *nmf* nonconformist. **~tico** *a* unconventional, nonconformist
anticonge'lante *a* & *nm* anti-freeze
anti'corpo *nm* antibody
anticostituzio'nale *a* unconstitutional
anti'crimine *a inv* ‹*squadra*› crime *attrib*
antidemo'cratico *a* undemocratic
antidolo'rifico *nm* painkiller
an'tidoto *nm* antidote

anti'droga *a inv* ‹*campagna*› anti-drugs; ‹*squadra*› drug *attrib*
antie'stetico *a* ugly
antifa'scismo *nm* anti-fascism
antifa'scista *a & nmf* anti-fascist
anti'forfora *a inv* dandruff *attrib*
anti'furto *nm* anti-theft device; (*allarme*) alarm ● *a inv* ‹*sistema*› anti-theft
anti'gelo *nm* antifreeze; (*parabrezza*) defroster
antigi'enico *a* unhygienic
An'tille *nfpl* **le ~** the West Indies
an'tilope *nf* antelope
antin'cendio *a inv* **allarme ~** fire alarm; **porta ~** fire door
anti'nebbia *nm inv Auto* [**faro**] **~** foglamp, foglight
antinfiamma'torio *a & nm* anti-inflammatory
antinucle'are *a* anti-nuclear
antio'rario *a* anti-clockwise
anti'pasto *nm* hors d'oeuvre, starter
antipa'tia *nf* antipathy. **anti'patico** *a* unpleasant
an'tipodi *nmpl* antipodes; **essere agli ~** *fig* be poles apart
antiquari'ato *nm* antique trade
anti'quario, -a *nmf* antique dealer
anti'quato *a* antiquated
anti'ruggine *nm inv* rust-inhibitor
anti'rughe *a inv* anti-wrinkle *attrib*
anti'scippo *a inv* theft-proof
antise'mita *a* anti-Semitic
anti'settico *a & nm* antiseptic
antisoci'ale *a* anti-social
antista'minico *nm* antihistamine
anti'stante a *prep* in front of
anti'tarlo *nm inv* woodworm treatment
antiterro'ristico *a* antiterrorist *attrib*
an'titesi *nf inv* antithesis
antolo'gia *nf* anthology
'antro *nm* cavern
antropolo'gia *nf* anthropology. **antro'pologo, -a** *nmf* anthropologist
anu'lare *nm* ring-finger
'anzi *conj* in fact; (*o meglio*) or better still; (*al contrario*) on the contrary
anzianità *nf* old age; (*di servizio*) seniority
anzi'ano, -a *a* old, elderly; (*di grado ecc*) senior ● *nmf* elderly person
anziché *conj* rather than
anzi'tempo *adv* prematurely
anzi'tutto *adv* first of all
a'orta *nf* aorta
apar'titico *a* unaligned
apa'tia *nf* apathy. **a'patico** *a* apathetic
'ape *nf* bee; **nido** *nm* **di api** honeycomb
aperi'tivo *nm* aperitif
aperta'mente *adv* openly
a'perto *a* open; **all'aria aperta** in the open air; **all'~** open-air
aper'tura *nf* opening; (*inizio*) beginning; (*ampiezza*) spread; (*di arco*) span; *Pol* overtures *pl*; *Phot* aperture; **~ mentale** openness
'apice *nm* apex
apicol'tura *nf* beekeeping
ap'nea *nf* **immersione in ~** free diving
a'polide *a* stateless ● *nmf* stateless person
a'postolo *nm* apostle
apostro'fare *vt* (*mettere un apostrofo a*) write with an apostrophe; reprimand ‹*persona*›
a'postrofo *nm* apostrophe
appaga'mento *nm* fulfilment
appa'ga|re *vt* satisfy. **~rsi** *vr* **~rsi di** be satisfied with
appai'are *vt* pair; mate ‹*animali*›
appallotto'lare *vt* roll into a ball
appalta'tore *nm* contractor
ap'palto *nm* contract; **dare in ~** contract out
appan'naggio *nm* (*in denaro*) annuity; *fig* prerogative
appan'nar|e *vt* mist ‹*vetro*›; dim ‹*vista*›. **~si** *vr* mist over; ‹*vista:*› grow dim
appa'rato *nm* apparatus; (*pompa*) display
apparecchi'a|re *vt* prepare ● *vi* lay the table. **~'tura** *nf* (*impianti*) equipment
appa'recchio *nm* apparatus; (*congegno*) device; (*radio, TV ecc*) set; (*aeroplano*) aircraft. **~ acustico** hearing aid
appa'ren|te *a* apparent. **~te'mente** *adv* apparently. **~za** *nf* appearance; **in ~za** apparently.
appa'ri|re *vi* appear; (*sembrare*) look. **~'scente** *a* striking; *pej* gaudy. **~zi'one** *nf* apparition
apparta'mento *nm* flat, apartment *Am*
appar'ta|rsi *vr* withdraw. **~to** *a* secluded
apparte'nenza *nf* membership
apparte'nere *vi* belong
appassio'nante *a* ‹*storia, argomento*› exciting
appassio'na|re *vt* excite; (*commuovere*) move. **~rsi** *vr* **~rsi a** become

excited by. **~to** *a* passionate; **~to di** (*entusiastico*) fond of
appas'sir|e *vi* wither. **~si** *vr* fade
appel'larsi *vr* **~ a** appeal to
ap'pello *nm* appeal; (*chiamata per nome*) rollcall; (*esami*) exam session; **fare l'~** call the roll
ap'pena *adv* just; (*a fatica*) hardly ● *conj* **[non] ~** as soon as, no sooner... than
ap'pendere *vt* hang [up]
appendi'abiti *nm inv* hat-stand
appen'dice *nf* appendix. **appendi'cite** *nf* appendicitis
Appen'nini *nmpl* **gli ~** the Apennines
appesan'tir|e *vt* weigh down. **~si** *vr* become heavy
ap'peso *pp di* **appendere** ● *a* hanging; (*impiccato*) hanged
appe'ti|to *nm* appetite; **aver ~to** be hungry; **buon ~to!** enjoy your meal!. **~'toso** *a* appetizing; *fig* tempting
appezza'mento *nm* plot of land
appia'nar|e *vt* level; *fig* smooth over. **~si** *vr* improve
appiat'tir|e *vt* flatten. **~si** *vr* flatten oneself
appic'care *vt* **~ il fuoco a** set fire to
appicci'car|e *vt* stick; **~e a** (*fig: appioppare*) palm off on ● *vi* be sticky. **~si** *vr* stick; ‹*cose:*› stick together; **~si a qcno** *fig* stick to sb like glue
appiccica'ticcio *a* sticky; *fig* clingy
appicci'coso *a* sticky; *fig* clingy
appie'dato *a* **sono ~** I don't have the car; **sono rimasto ~** I was stranded
appi'eno *adv* fully
appigli'arsi *vr* **~ a** get hold of; *fig* stick to. **ap'piglio** *nm* fingerhold; (*per piedi*) foothold; *fig* pretext
appiop'pare *vt* **~ a** palm off on; (*fam: dare*) give
appiso'larsi *vr* doze off
applau'dire *vt/i* applaud. **ap'plauso** *nm* applause
appli'cabile *a* applicable
appli'ca|re *vt* apply; enforce ‹*legge ecc*›. **~rsi** *vr* apply oneself. **~'tore** *nm* applicator. **~zi'one** *nf* application; (*di legge*) enforcement
appoggi'ar|e *vt* lean (**a** against); (*mettere*) put; (*sostenere*) back. **~si** *vr* **~si a** lean against; *fig* rely on. **ap'poggio** *nm* support
appollai'arsi *vr fig* perch
ap'porre *vt* affix
appor'tare *vt* bring; (*causare*) cause. **ap'porto** *nm* contribution
apposita'mente *adv* (*specialmente*) especially
ap'posito *a* proper
ap'posta *adv* on purpose; (*espressamente*) specially
apposta'mento *nm* ambush; (*caccia*) lying in wait
appo'star|e *vt* post ‹*soldati*›. **~si** *vr* lie in wait
ap'prend|ere *vt* understand; (*imparare*) learn. **~i'mento** *nm* learning
appren'di|sta *nmf* apprentice. **~'stato** *nm* apprenticeship
apprensi'one *nf* apprehension; **essere in ~ per** be anxious about. **appren'sivo** *a* apprehensive
ap'presso *adv & prep* (*vicino*) near; (*dietro*) behind; **come ~** as follows
appre'star|e *vt* prepare. **~si** *vr* get ready
apprez'za|bile *a* appreciable. **~'mento** *nm* appreciation; (*giudizio*) opinion
apprez'za|re *vt* appreciate. **~to** *a* appreciated
ap'proccio *nm* approach
appro'dare *vi* land; **~ a** *fig* come to; **non ~ a nulla** come to nothing. **ap'prodo** *nm* landing; (*luogo*) landing-stage
approfit'ta|re *vi* take advantage (**di** of), profit (**di** by). **~'tore, ~'trice** *nmf* chancer
approfondi'mento *nm* deepening; **di ~** ‹*fig: corso*› advanced
approfon'di|re *vt* deepen. **~rsi** *vr* ‹*divario:*› widen. **~to** *a* ‹*studio, ricerca*› in-depth
appropri'a|rsi *vr* take possession (**di** of); (*essere adatto a*) suit. **~to** *a* appropriate. **~zi'one** *nf Jur* appropriation. **~zione indebita** *Jur* embezzlement
approssi'ma|re *vt* **~re per eccesso/difetto** round up/down. **~rsi** *vr* draw near. **~tiva'mente** *adv* approximately. **~'tivo** *a* approximate. **~zi'one** *nf* approximation
appro'va|re *vt* approve of; approve ‹*legge*›. **~zi'one** *nf* approval
approvvigiona'mento *nm* supplying; **approvvigionamenti** *pl* provisions
approvvigio'nar|e *vt* supply. **~si** *vr* stock up
appunta'mento *nm* appointment, date *fam*; **fissare un ~** make an appointment; **darsi ~** decide to meet
appun'tar|e *vt* (*annotare*) take notes; (*fissare*) fix; (*con spillo*) pin; (*appuntire*)

sharpen. **~si** *vr* **~si su** ‹*teoria:*› be based on

appun'ti|re *vt* sharpen. **~to** *a* ‹*mento*› pointed

ap'punto¹ *nm* note; (*piccola critica*) niggle

ap'punto² *adv* exactly; **per l'~!** exactly!; **stavo ~ dicendo...** I was just saying...

appu'rare *vt* verify

a'pribile *a* that can be opened

apribot'tiglie *nm inv* bottle-opener

a'prile *nm* April; **il primo d'~** April Fools' Day

a'prir|e *vt* open; turn on ‹*luce, acqua ecc*›; (*con chiave*) unlock; open up ‹*ferita ecc*›. **~si** *vr* open; (*spaccarsi*) split; (*confidarsi*) confide (**con** in)

apri'scatole *nf inv* tin-opener

aqua'planing *nm* **andare in ~** aquaplane

'aquil|a *nf* eagle; **non è un'~a!** he is no genius!. **~'lino** *a* aquiline

aqui'lone *nm* (*giocattolo*) kite

ara'besco *nm* arabesque; *hum* scribble

A'rabia Sau'dita *nf* **l'~** Saudi Arabia

'arabo, -a *a* Arab; ‹*lingua*› Arabic • *nmf* Arab • *nm* (*lingua*) Arabic

a'rachide *nf* peanut

ara'gosta *nf* lobster

a'ranci|a *nf* orange. **~'ata** *nf* orangeade. **~o** *nm* orange-tree; (*colore*) orange. **~'one** *a & nm* orange

a'ra|re *vt* plough. **~tro** *nm* plough

ara'tura *nf* ploughing

a'razzo *nm* tapestry

arbi'trar|e *vt* arbitrate in; *Sport* referee. **~ietà** *nf* arbitrariness. **~io** *a* arbitrary

ar'bitrio *nm* will; **è un ~** it's very high-handed

'arbitro *nm* arbiter; *Sport* referee; (*nel baseball*) umpire

ar'busto *nm* shrub

'arca *nf* ark; (*cassa*) chest

ar'ca|ico *a* archaic. **~'ismo** *nm* archaism

ar'cangelo *nm* archangel

ar'cata *nf* arch; (*serie di archi*) arcade

arche|olo'gia *nf* archaeology. **~o'logico** *a* archaeological. **~'ologo, -a** *nmf* archaeologist

ar'chetto *nm Mus* bow

architet'tare *vt fig* devise; **cosa state architettando?** *fig* what are you plotting?

archi'tet|to *nm* architect. **~'tonico** *a* architectural. **~'tura** *nf* architecture

archivi'are *vt* file; *Jur* close

ar'chivio *nm* archives *pl*; *Comput* file

archi'vista *nmf* filing clerk

ar'cigno *a* grim

arci'pelago *nm* archipelago

arci'vescovo *nm* archbishop

'arco *nm* arch; *Math* arc; (*arma, Mus*) bow; **nell'~ di una giornata/due mesi** in the space of a day/two months

arcoba'leno *nm* rainbow

arcu'a|re *vt* bend. **~rsi** *vr* bend. **~to** *a* bent, curved; ‹*schiena di gatto*› arched

ar'dente *a* burning; *fig* ardent. **~'mente** *adv* ardently

'ardere *vt/i* burn

ar'desia *nf* slate

ar'di|re *vi* dare. **~to** *a* daring; (*coraggioso*) bold; (*sfacciato*) impudent

ar'dore *nm* (*calore*) heat; *fig* ardour

'arduo *a* arduous; (*ripido*) steep

'area *nf* area. **~ di rigore** (*in calcio*) penalty area. **~ di servizio** service area

a'rena *nf* arena

are'narsi *vr* run aground; ‹*fig: trattative*› reach deadlock; **mi sono arenato** I'm stuck

'argano *nm* winch

argen'tato *a* silver-plated

argente'ria *nf* silver[ware]

ar'gento *nm* silver

ar'gil|la *nf* clay. **~'loso** *a* ‹*terreno*› clayey

argi'nare *vt* embank; *fig* hold in check, contain

'argine *nm* embankment; (*diga*) dike

argomen'tare *vi* argue

argo'mento *nm* argument; (*motivo*) reason; (*soggetto*) subject

argu'ire *vt* deduce

ar'gu|to *a* witty. **~zia** *nf* wit; (*battuta*) witticism

'aria *nf* air; (*aspetto*) appearance; *Mus* tune; **andare all'~** *fig* come to nothing; **avere l'~...** look...; **corrente** *nf* **d'~** draught; **mandare all'~ qcsa** *fig* ruin sth

aridità *nf* dryness

'arido *a* arid

arieggi'a|re *vt* air. **~to** *a* airy

ari'ete *nm* ram. **A~** *Astr* Aries

ari'etta *nf* (*brezza*) breeze

a'ringa *nf* herring

ari'oso *a* ‹*locale*› light and airy

aristo'cra|tico, -a *a* aristocratic • *nmf* aristocrat. **~'zia** *nf* aristocracy

arit'metica *nf* arithmetic
arlec'chino *nm* Harlequin; *fig* buffoon
'arma *nf* weapon; **armi** *pl* arms; (*forze armate*) [armed] forces; **chiamare alle armi** call up; **sotto le armi** in the army; **alle prime armi** *fig* inexperienced, fledg[e]ling. **~ da fuoco** firearm. **~ impropria** makeshift weapon. **~ a doppio taglio** *fig* double-edged sword
armadi'etto *nm* locker, cupboard
ar'madio *nm* cupboard; (*guardaroba*) wardrobe
armamen'tario *nm* tools *pl*; *fig* paraphernalia
arma'mento *nm* armament; *Naut* fitting out
ar'ma|re *vt* arm; (*equipaggiare*) fit out; *Archit* reinforce. **~rsi** *vr* arm oneself (**di** with). **~ta** *nf* army; (*flotta*) fleet. **~'tore** *nm* shipowner. **~'tura** *nf* framework; (*impalcatura*) scaffolding; (*di guerriero*) armour
armeggi'are *vi fig* manoeuvre
armi'stizio *nm* armistice
armo'ni|a *nf* harmony. **ar'monica** *nf* **~ [a bocca]** mouth organ. **ar'monico** *a* harmonic. **~'oso** *a* harmonious
armoniz'zar|e *vt* harmonize ● *vi* match. **~si** *vr* ‹*colori:*› go together, match
ar'nese *nm* tool; (*oggetto*) thing; (*congegno*) gadget; **male in ~** in bad condition
'arnia *nf* beehive
a'roma *nm* aroma; **aromi** *pl* herbs. **~tera'pia** *nf* aromatherapy
aro'matico *a* aromatic
aromatiz'zare *vt* flavour
'arpa *nf* harp
ar'peggio *nm* arpeggio
ar'pia *nf* harpy
arpi'one *nm* hook; (*pesca*) harpoon
arrabat'tarsi *vr* do all one can
arrabbi'a|rsi *vr* get angry. **~to** *a* angry. **~'tura** *nf* rage; **prendersi un'~tura** fly into a rage
arraf'fare *vt* grab
arrampi'ca|rsi *vr* climb [up]. **~ta** *nf* climb. **~'tore, ~'trice** *nmf* climber. **~'tore sociale** social climber
arran'care *vi* limp, hobble; *fig* struggle, limp along
arrangia'mento *nm* arrangement
arrangi'ar|e *vt* arrange. **~si** *vr* manage; **~si alla meglio** get by; **ar'rangiati!** get on with it!
arra'parsi *vr fam* get randy
arre'care *vt* bring; (*causare*) cause
arreda'mento *nm* interior decoration; (*l'arredare*) furnishing; (*mobili ecc*) furnishings *pl*
arre'da|re *vt* furnish. **~'tore, ~'trice** *nmf* interior designer. **ar'redo** *nm* furnishings *pl*
ar'rendersi *vr* surrender
arren'devo|le *a* ‹*persona*› yielding. **~'lezza** *nf* softness
arre'star|e *vt* arrest; (*fermare*) stop. **~si** *vr* halt. **ar'resto** *nm* stop; *Med, Jur* arrest; **la dichiaro in [stato d']arresto** you are under arrest; **mandato di arresto** warrant. **arresti** *pl* **domiciliari** *Jur* house arrest
arre'tra|re *vt/i* withdraw; pull back ‹*giocatore*›. **~to** *a* ‹*paese ecc*› backward; ‹*Mil: posizione*› rear; **numero** *nm* **~to** (*di rivista*) back number; **del lavoro ~to** a backlog of work ● *nm* (*di stipendio*) back pay
arre'trati *nmpl* arrears
arricchi'mento *nm* enrichment
arric'chi|re *vt* enrich. **~rsi** *vr* get rich. **~to, -a** *nmf* nouveau riche
arricci'are *vt* curl; **~ il naso** turn up one's nose
ar'ringa *nf* harangue; *Jur* closing address
arrischi'a|rsi *vr* dare. **~to** *a* risky; (*imprudente*) rash
arri'va|re *vi* arrive; **~re a** (*raggiungere*) reach; (*ridursi*) be reduced to. **~to, -a** *a* successful; **ben ~to!** welcome! ● *nmf* successful person
arrive'derci *int* goodbye; **~ a domani** see you tomorrow
arri'vis|mo *nm* social climbing; (*nel lavoro*) careerism. **~ta** *nmf* social climber; (*nel lavoro*) careerist
ar'rivo *nm* arrival; *Sport* finish
arro'gan|te *a* arrogant. **~za** *nf* arrogance
arro'garsi *vr* **~ il diritto di fare qcsa** take it upon oneself to do sth
arrossa'mento *nm* reddening
arros'sar|e *vt* make red, redden ‹*occhi*›. **~si** *vr* go red
arros'sire *vi* blush, go red
arro'stire *vt* roast; toast ‹*pane*›; (*ai ferri*) grill. **ar'rosto** *a & nm* roast
arroto'lare *vt* roll up
arroton'dar|e *vt* round; *Math ecc* round off. **~si** *vr* become round; ‹*persona:*› get plump

arrovel'larsi *vr* **~ il cervello** rack one's brains
arroven'ta|re *vt* make red-hot. **~rsi** *vr* become red-hot. **~to** *a* red-hot
arruf'fa|re *vt* ruffle; *fig* confuse. **~to** *a* ‹*capelli*› ruffled
arruffianarsi *vr* **~ qcno** *fig* butter sb up
arruggi'ni|re *vt* rust. **~rsi** *vr* go rusty; *fig* (*fisicamente*) stiffen up; ‹*conoscenze:*› go rusty. **~to** *a* rusty
arruola'mento *nm* enlistment
arruo'lar|e *vt/i*, **~si** *vr* enlist
arse'nale *nm* arsenal; (*cantiere*) [naval] dockyard
ar'senico *nm* arsenic
'arso *pp di* **ardere** ● *a* burnt; (*arido*) dry. **ar'sura** *nf* burning heat; (*sete*) parching thirst
'arte *nf* art; (*abilità*) craftsmanship; **le belle arti** the fine arts. **arti figurative** figurative arts
arte'fa|re *vt* adulterate ‹*vino*›; disguise ‹*voce*›. **~tto** *a* fake; ‹*vino*› adulterated
ar'tefice *nmf* craftsman; craftswoman; *fig* author
ar'teria *nf* artery. **~ [stradale]** arterial road
arterioscle'rosi *nf* arteriosclerosis, hardening of the arteries
'artico *a & nm* Arctic
artico'la|re *a* articular ● *vt* articulate; (*suddividere*) divide. **~rsi** *vr fig* **~rsi in** consist of. **~to** *a Auto* articulated; *fig* well-constructed. **~zi'one** *nf Anat* articulation
ar'ticolo *nm* article. **~ di fondo** leader
artifici'ale *a* artificial
arti'fici|o *nm* artifice; (*affettazione*) affectation. **~'oso** *a* artful; (*affettato*) affected
artigia'nal|e *a* made by hand; *hum* amateurish. **~'mente** *adv* with craftsmanship; *hum* amateurishly
artigi|a'nato *nm* craftsmanship; (*ceto*) craftsmen *pl*. **~'ano, -a** *nm* craftsman ● *nf* craftswoman
artigli|'ere *nm* artilleryman. **~e'ria** *nf* artillery
ar'tiglio *nm* claw; *fig* clutch
ar'tist|a *nmf* artist. **~ica'mente** *adv* artistically. **~ico** *a* artistic
'arto *nm* limb
ar'trite *nf* arthritis
ar'trosi *nf* rheumatism
arzigogo'lato *a* fantastic, bizarre
ar'zillo *a* sprightly
a'scella *nf* armpit
ascen'den|te *a* ascending ● *nm* (*antenato*) ancestor; (*influenza*) ascendancy; *Astr* ascendant
ascensi'one *nf* ascent; **l'A~** the Ascension
ascen'sore *nm* lift, elevator *Am*
a'scesa *nf* ascent; (*al trono*) accession; (*al potere*) rise
a'scesso *nm* abscess
a'sceta *nmf* ascetic
'ascia *nf* axe
asciugabianche'ria *nm inv* (*stenditoio*) clothes horse
asciugaca'pelli *nm inv* hair dryer, hairdrier
asciuga'mano *nm* towel
asciu'gar|e *vt* dry. **~si** *vr* dry oneself; (*diventare asciutto*) dry up
asci'utto *a* dry; (*magro*) wiry; ‹*risposta*› curt; **essere all'~** *fig* be hard up
ascol'ta|re *vt* listen to ● *vi* listen. **~'tore, ~'trice** *nmf* listener
a'scolto *nm* listening; **dare ~ a** pay attention to; **mettersi in ~** *Radio* tune in
asfal'tare *vt* asphalt
a'sfalto *nm* asphalt
asfis'si|a *nf* asphyxia. **~'ante** *a* ‹*caldo*› oppressive; ‹*fig: persona*› annoying. **~'are** *vt* asphyxiate; *fig* annoy
'Asia *nf* Asia. **asi'atico, -a** *a & nmf* Asian
a'silo *nm* shelter; (*d'infanzia*) nursery school. **~ nido** day nursery. **~ politico** political asylum
asim'metrico *a* asymmetrical
'asino *nm* donkey; (*fig: persona stupida*) ass
'asma *nf* asthma. **a'smatico** *a* asthmatic
asoci'ale *a* asocial
'asola *nf* buttonhole
a'sparagi *nmpl* asparagus *sg*
a'sparago *nm* asparagus spear
asperità *nf inv* harshness; (*di terreno*) roughness
aspet'ta|re *vt* wait for; (*prevedere*) expect; **~re un bambino** be expecting [a baby]; **fare ~re qcno** keep sb waiting ● *vi* wait. **~rsi** *vr* expect. **~'tiva** *nf* expectation
a'spetto[1] *nm* appearance; (*di problema*) aspect; **di bell'~** good-looking
a'spetto[2] *nm* **sala** *nf* **d'~** waiting room
aspi'rante *a* aspiring; ‹*pompa*› suction *attrib* ● *nmf* (*a un posto*) applicant;

(*al trono*) aspirant; **gli aspiranti al titolo** the contenders for the title

aspira'polvere *nm inv* vacuum cleaner

aspi'ra|re *vt* inhale; *Mech* suck in ● *vi* **~re a** aspire to. **~'tore** *nm* extractor fan. **~zi'one** *nf* inhalation; *Mech* suction; (*ambizione*) ambition

aspi'rina *nf* aspirin

aspor'tare *vt* take away

aspra'mente *adv* (*duramente*) severely

a'sprezza *nf* (*al gusto*) sourness; (*di clima*) severity; (*di suono*) harshness; (*di odore*) pungency

'aspro *a* (*al gusto*) sour; ‹*clima*› severe; ‹*suono, parole*› harsh; ‹*odore*› pungent; ‹*litigio*› bitter

assag|gi'are *vt* taste. **~'gini** *nmpl Culin* samples. **as'saggio** *nm* tasting; (*piccola quantità*) taste

as'sai *adv* very; (*moltissimo*) very much; (*abbastanza*) enough

assa'li|re *vt* attack. **~'tore, ~'trice** *nmf* assailant

as'salto *nm* attack; **prendere d'~** storm ‹*città*›; *fig* mob ‹*persona*›; hold up ‹*banca*›

assapo'rare *vt* savour

assassi'nare *vt* murder, assassinate; *fig* murder

assas'sin|io *nm* murder, assassination. **~o, -a** *a* murderous ● *nm* murderer ● *nf* murderess

'asse *nf* board ● *nm Techn* axle; *Math* axis. **~ da stiro** ironing board

assecon'dare *vt* satisfy; (*favorire*) support

assedi'are *vt* besiege. **as'sedio** *nm* siege

assegna'mento *nm* allotment; **fare ~ su** rely on

asse'gna|re *vt* allot; award ‹*premio*›. **~'tario** *nmf* recipient. **~zi'one** *nf* (*di alloggio, denaro, borsa di studio*) allocation

as'segno *nm* allowance; (*bancario*) cheque; **contro ~** cash on delivery. **~ circolare** bank draft. **assegni** *pl* **familiari** family allowance. **~ non trasferibile** cheque made out to 'account payee only'

assem'blea *nf* assembly; (*adunanza*) gathering

assembra'mento *nm* gathering

assen'nato *a* sensible

as'senso *nm* assent

assen'tarsi *vr* go away; (*da stanza*) leave the room

as'sen|te *a* absent; (*distratto*) absent-minded ● *nmf* absentee. **~te'ismo** *nm* absenteeism. **~te'ista** *nmf* frequent absentee. **~za** *nf* absence; (*mancanza*) lack

asse'r|ire *vt* assert. **~'tivo** *a* assertive. **~zi'one** *nf* assertion

assesso'rato *nm* department

asses'sore *nm* councillor

assesta'mento *nm* settlement

asse'star|e *vt* arrange; **~e un colpo** deal a blow. **~si** *vr* settle oneself

asse'tato *a* parched

as'setto *nm* order; *Naut, Aeron* trim

assicu'ra|re *vt* assure; *Comm* insure; register ‹*posta*›; (*fissare*) secure; (*accertare*) ensure. **~rsi** *vr* (*con contratto*) insure oneself; (*legarsi*) fasten oneself; **~rsi che** make sure that. **~'tivo** *a* insurance *attrib*. **~'tore, ~'trice** *nmf* insurance agent ● *a* insurance *attrib*. **~zi'one** *nf* assurance; (*contratto*) insurance

assidera'mento *nm* exposure. **asside'rato** *a Med* suffering from exposure; *fam* frozen

assidu|a'mente *adv* assiduously. **~ità** *nf* assiduity

as'siduo *a* assiduous; ‹*cliente*› regular

assil'lante *a* ‹*persona, pensiero*› nagging

assil'lare *vt* pester

as'sillo *nm* worry

assimi'la|re *vt* assimilate. **~zi'one** *nf* assimilation

as'sise *nfpl* assizes; **Corte d'A~** Court of Assize[s]

assi'sten|te *nmf* assistant. **~te sociale** social worker. **~te di volo** flight attendant. **~za** *nf* assistance; (*presenza*) presence. **~za sociale** social work

assistenzi'a|le *a* welfare *attrib*. **~'lismo** *nm* welfare

as'sistere *vt* assist; (*curare*) nurse ● *vi* **~ a** (*essere presente*) be present at; watch ‹*spettacolo ecc*›

'asso *nm* ace; **piantare in ~** leave in the lurch

associ'a|re *vt* join; (*collegare*) associate. **~rsi** *vr* join forces; *Comm* enter into partnership. **~rsi a** join; subscribe to ‹*giornale ecc*›. **~zi'one** *nf* association

assogget'tar|e *vt* subject. **~si** *vr* submit

asso'lato *a* sunny

assol'dare *vt* recruit

as'solo *nm Mus* solo
as'solto *pp di* **assolvere**
assoluta'mente *adv* absolutely
assolu'tismo *nm* absolutism
asso'lu|to *a* absolute. **~zi'one** *nf* acquittal; *Relig* absolution
as'solvere *vt* perform ‹*compito*›; *Jur* acquit; *Relig* absolve
assomigli'ar|e *vi* **~e a** be like, resemble. **~si** *vr* resemble each other
assom'marsi *vr* combine; **~ a qcsa** add to sth
asso'nanza *nf* assonance
asson'nato *a* drowsy
asso'pirsi *vr* doze off
assor'bente *a & nm* absorbent. **~ igienico** sanitary towel
assor'bire *vt* absorb
assor'da|re *vt* deafen. **~nte** *a* deafening
assorti'mento *nm* assortment
assor'ti|re *vt* match ‹*colori*›. **~to** *a* assorted; ‹*colori, persone*› matched
as'sorto *a* engrossed
assottigli'ar|e *vt* make thin; (*aguzzare*) sharpen; (*ridurre*) reduce. **~si** *vr* grow thin; ‹*finanze:*› be whittled away
assue'fa|re *vt* accustom. **~rsi** *vr* **~rsi a** get used to. **~tto** *a* (*a caffè, aspirina*) immune to the effects; (*a droga*) addicted. **~zi'one** *nf* (*a caffè, aspirina*) immunity to the effects; (*a droga*) addiction
as'sumere *vt* assume; take on ‹*impiegato*›; **~ informazioni** make inquiries
as'sunto *pp di* **assumere** ● *nm* task. **assunzi'one** *nf* (*di impiegato*) employment
assurdità *nf inv* absurdity; **~** *pl* nonsense
as'surdo *a* absurd
'asta *nf* pole; *Mech* bar; *Comm* auction; **a mezz'~** at half-mast
a'stemio *a* abstemious
aste'n|ersi *vr* abstain (**da** from). **~si'one** *nf* abstention
aste'nuto, -a *nmf* abstainer
aste'risco *nm* asterisk
astig'ma|tico *a* astigmatic. **~'tismo** *nm* astigmatism
asti'nenza *nf* abstinence; **crisi di ~** cold turkey
'asti|o *nm* rancour; **avere ~o contro qcno** bear sb a grudge. **~'oso** *a* resentful
a'stratto *a* abstract
astrin'gente *a & nm* astringent
'astro *nm* star
astrolo'gia *nf* astrology. **a'strologo, -a** *nmf* astrologer
astro'nauta *nmf* astronaut
astro'nave *nf* spaceship
astr|ono'mia *nf* astronomy. **~o'nomico** *a* astronomical. **a'stronomo** *nm* astronomer
astrusità *nf* abstruseness
a'stuccio *nm* case
a'stu|to *a* shrewd; (*furbo*) cunning. **~zia** *nf* shrewdness; (*azione*) trick
ate'ismo *nm* atheism
A'tene *nf* Athens
'ateo, -a *a & nmf* atheist
a'tipico *a* atypical
at'lant|e *nm* atlas. **~ico** *a* Atlantic; **l'[Oceano] A~ico** the Atlantic [Ocean]
at'let|a *nmf* athlete. **~ica** *nf* athletics *sg*. **~ica leggera** track and field events. **~ica pesante** *weight-lifting, boxing, wrestling, etc*. **~ico** *a* athletic
atmo'sfer|a *nf* atmosphere. **~ico** *a* atmospheric
a'tomic|a *nf* atom bomb. **~o** *a* atomic
'atomo *nm* atom
'atrio *nm* entrance hall
a'troc|e *a* atrocious; (*terrible*) dreadful. **~ità** *nf inv* atrocity
atrofiz'zarsi *vr Med, fig* atrophy
attaccabot'toni *nmf inv* [crashing] bore
attacca'brighe *nmf inv* troublemaker
attacca'mento *nm* attachment
attacca'panni *nm inv* [coat-]hanger; (*a muro*) clothes hook
attac'car|e *vt* attach; (*legare*) tie; (*appendere*) hang; (*cucire*) sew on; (*contagiare*) pass on; (*assalire*) attack; (*iniziare*) start ● *vi* stick; (*diffondersi*) catch on. **~si** *vr* cling; (*affezionarsi*) become attached; (*litigare*) quarrel
attacca'ticcio *a* sticky
at'tacco *nm* attack; (*punto d'unione*) junction
attar'darsi *vr* stay late; (*indugiare*) linger
attec'chire *vi* take; ‹*moda ecc:*› catch on
atteggia'mento *nm* attitude
atteggi'ar|e *vt* assume. **~si** *vr* **~si a** pose as
attem'pato *a* elderly
at'tender|e *vt* wait for ● *vi* **~e a** attend to. **~si** *vr* expect
atten'dibil|e *a* reliable. **~ità** *nf* reliability
atte'nersi *vr* **~ a** stick to

attenta'mente *adv* attentively
atten'ta|re *vi* **~re a** make an attempt on. **~to** *nm* act of violence; (*contro politico ecc*) assassination attempt. **~'tore, ~'trice** *nmf* (*a scopo politico*) terrorist
at'tento *a* attentive; (*accurato*) careful; **~!** look out!; **stare ~** pay attention
attenu'ante *nf* extenuating circumstance
attenu'a|re *vt* attenuate; (*minimizzare*) minimize; subdue ‹*colori ecc*›; calm ‹*dolore*›; soften ‹*colpo*›. **~rsi** *vr* diminish. **~zi'one** *nf* lessening
attenzi'one *nf* attention; **~!** watch out!
atter'ra|ggio *nm* landing. **~re** *vt* knock down ● *vi* land
atter'rir|e *vt* terrorize. **~si** *vr* be terrified
at'tes|a *nf* waiting; (*aspettativa*) expectation; **in ~a di** waiting for. **~o** *pp di* **attendere**
atte'sta|re *vt* state; (*certificare*) certify. **~to** *nm* certificate. **~zi'one** *nf* certificate; (*dichiarazione*) declaration
'attico *nm* attic
at'tiguo *a* adjacent
attil'lato *a* ‹*vestito*› close-fitting; (*elegante*) dressed up
'attimo *nm* moment
atti'nente *a* **~ a** pertaining to
at'tingere *vt* draw; *fig* obtain
atti'rare *vt* attract
atti'tudine *nf* (*disposizione*) aptitude; (*atteggiamento*) attitude
atti'v|are *vt* activate. **~ismo** *nm* activism. **~ista** *nmf* activist. **attività** *nf inv* activity; *Comm* assets *pl*. **~o** *a* active; *Comm* productive ● *nm* assets *pl*
attiz'za|re *vt* poke; *fig* stir up. **~'toio** *nm* poker
'atto *nm* act; (*azione*) action; *Comm, Jur* deed; (*certificato*) certificate; **atti** *pl* (*di società ecc*) proceedings; **mettere in ~** put into effect
at'tonito *a* astonished
attorcigli'ar|e *vt* twist. **~si** *vr* get twisted
at'tore *nm* actor
attorni'ar|e *vt* surround. **~si** *vr* **~si di** surround oneself with
at'torno *adv* around, about ● *prep* **~ a** around, about
attrac'care *vt/i* dock
attra'ente *a* attractive
at'tra|rre *vt* attract. **~rsi** *vr* be attracted to each other. **~t'tiva** *nf* charm
attraversa'mento *nm* (*di strada*) crossing. **~ pedonale** pedestrian crossing, crosswalk *Am*
attraver'sare *vt* cross; (*passare*) go through
attra'verso *prep* through; (*obliquamente*) across
attrazi'on|e *nf* attraction. **~i turistiche** tourist attractions
attrez'za|re *vt* equip; *Naut* rig. **~rsi** *vr* kit oneself out; **~'tura** *nf* equipment; *Naut* rigging
at'trezzo *nm* tool; **attrezzi** *pl* equipment; *Sport* appliances *pl*; *Theat* props *pl*
attribu'ir|e *vt* attribute. **~si** *vr* ascribe to oneself; **~si il merito di** claim credit for
attri'bu|to *nm* attribute. **~zi'one** *nf* attribution
at'trice *nf* actress
at'trito *nm* friction
attu'abile *a* feasible
attu'al|e *a* present; (*di attualità*) topical; (*effettivo*) actual. **~ità** *nf* topicality; (*avvenimento*) news; **programma di ~ità** current affairs programme. **~iz'zare** *vt* update. **~'mente** *adv* at present
attu'a|re *vt* carry out. **~rsi** *vr* be realized. **~zi'one** *nf* carrying out
attu'tire *vt* deaden; **~ il colpo** soften the blow
au'dac|e *a* daring, bold; (*insolente*) audacious;. **~ia** *nf* daring, boldness; (*insolenza*) audacity
'audience *nf inv* (*telespettatori*) audience
'audio *nm* audio
audiovi'sivo *a* audiovisual
audi'torio *nm* auditorium
audizi'one *nf* audition; *Jur* hearing
'auge *nm* height; **essere in ~** be popular
augu'rar|e *vt* wish. **~si** *vr* hope. **au'gurio** *nm* wish; (*presagio*) omen; **auguri!** all the best!; (*a Natale*) Happy Christmas!; **tanti auguri** best wishes
'aula *nf* classroom; (*università*) lecture-hall; (*sala*) hall. **~ magna** (*in università*) great hall. **~ del tribunale** courtroom
aumen'tare *vt/i* increase. **au'mento** *nm* increase; (*di stipendio*) [pay] rise
au'reola *nf* halo
au'rora *nf* dawn
auscul'tare *vt Med* auscultate
ausili'are *a & nmf* auxiliary

auspicabile *a* **è ~ che...** it is to be hoped that...
auspi'care *vt* hope for
au'spicio *nm* omen; **auspici** (*pl: protezione*) auspices
austerità *nf* austerity
au'stero *a* austere.
Au'strali|a *nf* Australia. **a~'ano, -a** *a & nmf* Australian
'Austria *nf* Austria. **au'striaco, -a** *a & nmf* Austrian
autar'chia *nf* autarchy. **au'tarchico** *a* autarchic
autenti'c|are *vt* authenticate. **~ità** *nf* authenticity
au'tentico *a* authentic; (*vero*) true
au'tista *nm* driver
'auto *nf inv* car
'auto+ *pref* self+
autoabbron'zante *nm* self-tan ● *a* self-tanning
autoambu'lanza *nf* ambulance
autoartico'lato *nm* articulated lorry
autobio|gra'fia *nf* autobiography. **~'grafico** *a* autobiographical
auto'botte *nf* tanker
'autobus *nm inv* bus
auto'carro *nm* lorry
autocommiserazi'one *nf* self-pity
autoconcessio'nario *nm* car dealer
auto'critica *nf* self-criticism
autodi'datta *nmf* self-educated person, autodidact
autodi'fesa *nf* self-defence
auto'gol *nm inv* own goal
au'tografo *a & nm* autograph
autolesio'nis|mo *nm fig* selfdestruction. **~tico** *a* self-destructive
auto'linea *nf* bus line
au'toma *nm* robot
automatica'mente *adv* automatically
auto'matico *a* automatic ● *nm* (*bottone*) press-stud; (*fucile*) automatic
automatiz'za|re *vt* automate. **~zi'one** *nf* automation
auto'mezzo *nm* motor vehicle
auto'mobi|le *nf* [motor] car. **~'lismo** *nm* motoring. **~'lista** *nmf* motorist. **~'listico** *a* ‹*industria*› automobile *attrib*
autonoma'mente *adv* autonomously
autono'mia *nf* autonomy; *Auto* range; (*di laptop, cellulare*) battery life. **au'tonomo** *a* autonomous
auto'psia *nf* autopsy
auto'radio *nf inv* car radio; (*veicolo*) radio car
au'tore, -'trice *nmf* author; (*di pitture*) painter; (*di furto ecc*) perpetrator; **quadro d'~** genuine master
auto'revo|le *a* authoritative; (*che ha influenza*) influential. **~'lezza** *nf* authority
autori'messa *nf* garage
autori|tà *nf inv* authority. **~'tario** *a* autocratic. **~ta'rismo** *nm* authoritarianism
autori'tratto *nm* self-portrait
autoriz'za|re *vt* authorize. **~zi'one** *nf* authorization
auto'scontro *nm inv* bumper car
autoscu'ola *nf* driving school
auto'stop *nm* hitch-hiking; **fare l'~** hitch-hike. **~'pista** *nmf* hitch-hiker
auto'strada *nf* motorway
autostra'dale *a* motorway *attrib*
autosuffici'en|te *a* self-sufficient. **~za** *nf* self-sufficiency
autotrasporta'|tore, ~'trice *nmf* haulier, carrier
auto'treno *nm* articulated lorry, roadtrain
autove'icolo *nm* motor vehicle
auto'velox *nm inv* speed camera
autovet'tura *nf* motor vehicle
autun'nale *a* autumn[al]
au'tunno *nm* autumn
aval'lare *vt* endorse, back ‹*cambiale*›; *fig* endorse
a'vallo *nm* endorsement
avam'braccio *nm* forearm
avangu'ardia *nf* vanguard; *fig* avant-garde; **essere all'~** be in the forefront; *Techn* be at the leading edge
a'vanti *adv* (*in avanti*) forward; (*davanti*) in front; (*prima*) before; **~!** (*entrate*) come in!; (*suvvia*) come on!; (*su semaforo*) cross now, walk *Am*; **va' ~!** go ahead!; **andare ~** (*precedere*) go ahead; ‹*orologio:*› be fast; **~ e indietro** backwards and forwards ● *a* (*precedente*) before ● *prep* **~ a** before; (*in presenza di*) in the presence of
avanti'eri *adv* the day before yesterday
avanza'mento *nm* progress; (*promozione*) promotion
avan'za|re *vi* advance; (*progredire*) progress; (*essere d'avanzo*) be left [over] ● *vt* advance; (*superare*) surpass; (*promuovere*) promote. **~rsi** *vr* advance; (*avvicinarsi*) approach. **~ta** *nf* advance. **~to** *a* advanced; (*nella notte*) late; **in**

età **~ta** elderly. **a'vanzo** *nm* remainder; *Comm* surplus; **avanzi** *pl* (*rovine*) remains; (*di cibo*) left-overs

ava'ri|a *nf* (*di motore*) engine failure. **~'ato** *a* ‹*frutta, verdura*› rotten; ‹*carne*› tainted

ava'rizia *nf* avarice. **a'varo, -a** *a* stingy ● *nmf* miser

a'vena *nf* oats *pl*

a'vere *vt* have; (*ottenere*) get; (*indossare*) wear; (*provare*) feel; **ho trent'anni** I'm thirty; **ha avuto il posto** he got the job; **~ fame/freddo** be hungry/cold; **ho mal di denti** I've got toothache; **cos'ha a che fare con lui?** what has it got to do with him?; **~ da fare** be busy; **che hai?** what's the matter with you?; **nei hai per molto?** will you be long?; **quanti ne abbiamo oggi?** what date is it today?; **avercela con qcno** have it in for sb ● *v aux* have; **non l'ho visto** I haven't seen him; **lo hai visto?** have you seen him?; **l'ho visto ieri** I saw him yesterday ● *nm* **averi** *pl* wealth *sg*

avia|'tore *nm* flyer, aviator. **~zi'one** *nf* aviation; *Mil* Air Force

avidità *nf* avidness. **'avido** *a* avid

avio'getto *nm* jet

'avo, -a *nmf* ancestor

avo'cado *nm inv* avocado

a'vorio *nm* ivory

Avv. *abbr* **avvocato**

avva'lersi *vr* avail oneself (**of** di)

avvalla'mento *nm* depression

avvalo'rare *vt* bear out ‹*tesi*›; endorse ‹*documento*›; (*accrescere*) enhance

avvam'pare *vi* flare up; (*arrossire*) blush

avvantaggi'ar|e *vt* favour. **~si** *vr* **~si di** benefit from; (*approfittare*) take advantage of

avve'd|ersi *vr* (*accorgersi*) notice; (*capire*) realize. **~uto** *a* shrewd

avvelena'mento *nm* poisoning

avvele'na|re *vt* poison. **~rsi** *vr* poison oneself. **~to** *a* poisoned

avve'nente *a* attractive

avveni'mento *nm* event

avve'nire[1] *vi* happen; (*aver luogo*) take place

avve'ni|re[2] *nm* future. **~'ristico** *a* futuristic

avven'ta|rsi *vr* fling oneself. **~to** *a* ‹*decisione*› rash

av'vento *nm* advent; *Relig* Advent

avven'tore *nm* regular customer

avven'tu|ra *nf* adventure; (*amorosa*) affair; **d'~** ‹*film*› adventure *attrib.* **~'rarsi** *vr* venture. **~ri'ero, -a** *nm* adventurer ● *nf* adventuress. **~'roso** *a* adventurous

avve'ra|bile *a* ‹*previsione*› that may come true. **~rsi** *vr* come true

av'verbio *nm* adverb

avver'sar|e *vt* oppose. **~io, -a** *a* opposing ● *nmf* opponent

avversi|'one *nf* aversion. **~tà** *nf inv* adversity

av'verso *a* (*sfavorevole*) adverse; (*contrario*) averse

avver'tenza *nf* (*cura*) care; (*avvertimento*) warning; (*avviso*) notice; (*premessa*) foreword; **avvertenze** *pl* (*istruzioni*) instructions

avverti'mento *nm* warning

avver'tire *vt* warn; (*informare*) inform; (*sentire*) feel

avvez'zar|e *vt* accustom. **~si** *vr* accustom oneself. **av'vezzo** *a* **avvezzo a** used to

avvia'mento *nm* starting; *Comm* goodwill

avvi'a|re *vt* start. **~rsi** *vr* set out. **~to** *a* under way; **bene ~to** thriving

avvicenda'mento *nm* (*in agricoltura*) rotation; (*nel lavoro*) replacement

avvicen'darsi *vr* take turns, alternate

avvicina'mento *nm* approach

avvici'nar|e *vt* bring near; approach ‹*persona*›. **~si** *vr* come nearer, approach; **~si a** come nearer to, approach

avvi'lente *a* demoralizing; (*umiliante*) humiliating

avvili'mento *nm* despondency; (*degradazione*) degradation

avvi'li|re *vt* dishearten; (*degradare*) degrade. **~rsi** *vr* lose heart; (*degradarsi*) degrade oneself. **~to** *a* disheartened; (*degradato*) degraded

avvilup'par|e *vt* envelop. **~si** *vr* wrap oneself up; (*aggrovigliarsi*) get entangled

avvinaz'zato *a* drunk

avvin'cente *a* ‹*libro ecc*› enthralling. **av'vincere** *vt* enthral

avvinghi'ar|e *vt* clutch. **~si** *vr* cling

av'vio *nm* start-up; **dare l'~ a qcsa** get sth under way; **prendere l'~** get under way

avvi'sare *vt* inform; (*mettere in guardia*) warn

av'viso *nm* notice; (*annuncio*) announcement; (*avvertimento*) warning; (*pubblicitario*) advertisement; **a mio ~**

in my opinion. **~ di garanzia** *Jur notification that one is to be the subject of a legal enquiry*
avvi'stare *vt* catch sight of
avvi'tare *vt* screw in; screw down ‹*coperchio*›
avviz'zire *vi* wither
avvo'ca|to *nm* lawyer; *fig* advocate. **~'tura** *nf* legal profession
av'volger|e *vt* wrap [up]. **~si** *vr* wrap oneself up
avvol'gibile *nm* roller blind
avvol'toio *nm* vulture
aza'lea *nf* azalea
azi'en|da *nf* business, firm. **~ agricola** farm. **~ di soggiorno** tourist bureau. **~'dale** *a* ‹*politica, dirigente*› company *attrib*; ‹*giornale*› in-house
aziona'mento *nm* operation
azio'nare *vt* operate
azio'nario *a* share *attrib*
azi'one *nf* action; *Fin* share; **d'~** ‹*romanzo, film*› action[-packed]. **azio'nista** *nmf* shareholder
a'zoto *nm* nitrogen
azzan'nare *vt* seize with its teeth; sink its teeth into ‹*gamba*›
azzar'd|are *vt* risk. **~arsi** *vr* dare. **~ato** *a* risky; (*precipitoso*) rash. **az'zardo** *nm* hazard; **gioco d'azzardo** game of chance
azzec'care *vt* hit; (*fig: indovinare*) guess
azzuf'farsi *vr* come to blows
az'zur|ro *a & nm* blue; **il principe ~** Prince Charming. **~'rognolo** *a* bluish

Bb

bab'beo *a* foolish ● *nm* idiot
'babbo *nm fam* dad, daddy. **B~ Natale** Father Christmas
bab'buccia *nf* slipper
babbu'ino *nm* baboon
ba'bordo *nm Naut* port side
'babysitter *nmf inv* baby-sitter; **fare la ~** babysit
ba'cato *a* wormeaten
'bacca *nf* berry
baccalà *nm inv* dried salted cod
bac'cano *nm* din
bac'cello *nm* pod
bac'chetta *nf* rod; (*magica*) wand; (*di direttore d'orchestra*) baton; (*di tamburo*) drumstick
ba'checa *nf* showcase; (*in ufficio*) notice board. **~ elettronica** *Comput* bulletin board
bacia'mano *nm* kiss on the hand; **fare il ~ a qcno** kiss sb's hand
baci'ar|e *vt* kiss. **~si** *vr* kiss [each other]
ba'cillo *nm* bacillus
baci'nella *nf* basin
ba'cino *nm* basin; *Anat* pelvis; (*di porto*) dock; (*di minerali*) field
'bacio *nm* kiss
'baco *nm* worm. **~ da seta** silkworm
ba'cucco *a* **un vecchio ~** a senile old man
'bada *nf* **tenere qcno a ~** keep sb at bay
ba'dare *vi* take care (**a** of); (*fare attenzione*) look out; **bada ai fatti tuoi!** mind your own business!
ba'dia *nf* abbey
ba'dile *nm* shovel
'badminton *nm* badminton
'baffi *nmpl* moustache *sg*; (*di animale*) whiskers; **mi fa un baffo** I don't give a damn; **ridere sotto i ~** laugh up one's sleeve
baf'futo *a* moustached
ba'gagli *nmpl* luggage, baggage. **~'aio** *nm Rail* luggage van; *Auto* boot
ba'gaglio *nm* luggage; **un ~** a piece of luggage. **~ a mano** hand luggage, hand baggage
baggia'nata *nf* **non dire baggianate** don't talk nonsense
bagli'ore *nm* glare; (*improvviso*) flash; (*fig: di speranza*) glimmer
ba'gnante *nmf* bather
ba'gna|re *vt* wet; (*inzuppare*) soak; (*immergere*) dip; (*innaffiare*) water; ‹*mare, lago:*› wash; ‹*fiume:*› flow through. **~rsi** *vr* get wet; (*al mare ecc*) swim, bathe

bagnasci'uga *nm inv* edge of the water, waterline
ba'gnato *a* wet
ba'gnino, -a *nmf* life guard
'bagno *nm* bath; (*stanza*) bathroom; (*gabinetto*) toilet; (*in casa*) toilet, bathroom; (*al mare*) swim, bathe; **bagni** *pl* (*stabilimento*) lido; **fare il ~** have a bath; (*nel mare ecc*) [have a] swim *or* bathe; **andare in ~** go to the bathroom *or* toilet; **mettere a ~** soak. **~ turco** Turkish bath
bagnoma'ria *nm* **cuocere a ~** cook in a double saucepan
bagnoschi'uma *nm inv* bubble bath
'baia *nf* bay
baio'netta *nf* bayonet
'baita *nf* mountain chalet
bala'ustra, balaus'trata *nf* balustrade
balbet't|are *vt/i* stammer; ‹*bambino:*› babble. **~io** *nm* stammering; babble
bal'buzi|e *nf* stutter. **~'ente** *a* stuttering ● *nmf* stutterer
Bal'can|i *nmpl* Balkans. **b~ico** *a* Balkan
balco'nata *nf Theat* balcony, dress circle
balcon'cino *nm* **reggiseno a ~** underwired bra
bal'cone *nm* balcony
baldac'chino *nm* canopy; **letto a ~** four-poster bed
bal'dan|za *nf* boldness. **~'zoso** *a* bold
bal'doria *nf* revelry; **far ~** have a riotous time
Bale'ari *nfpl* **le [isole] ~** the Balearics, the Balearic Islands
ba'lena *nf* whale
bale'nare *vi* lighten; *fig* flash; **mi è balenata un'idea** I've just had an idea
bale'niera *nf* whaler
ba'leno *nm* **in un ~** in a flash
ba'lera *nf* dance hall
'balia *nf* wetnurse
ba'lia *nf* **in ~ di** at the mercy of
ba'listico *a* ballistic; **perito ~** ballistics expert
'balla *nf* bale; (*fam: frottola*) tall story
bal'labile *a* good for dancing to
bal'la|re *vi* dance. **~ta** *nf* ballad
balla'toio *nm* (*nelle scale*) landing
balle'rino, -a *nmf* dancer; (*classico*) ballet dancer; **ballerina** (*classica*) ballet dancer, ballerina
bal'letto *nm* ballet
bal'lista *nmf fam* bull-shitter
'ballo *nm* dance; (*il ballare*) dancing; **sala da ~** ballroom; **essere in ~** ‹*lavoro, vita:*› be at stake; ‹*persona:*› be committed; **tirare qcno in ~** involve sb
ballonzo'lare *vi* skip about
ballot'taggio *nm* second count (*of votes*)
balne'a|re *a* bathing *attrib.* **stagione ~** swimming season. **stazione ~** seaside resort. **~zi'one** *nf* **è vietata la ~zione** no swimming
ba'lordo *a* foolish; (*stordito*) stunned; **tempo ~** nasty weather
'balsamo *nm* balsam; (*per capelli*) conditioner; (*lenimento*) remedy
'baltico *a* Baltic. **il [mar] B~** the Baltic [Sea]
balu'ardo *nm* bulwark
'balza *nf* crag; (*di abito*) flounce
bal'zano *a* (*idea*) weird
bal'zare *vi* bounce; (*saltare*) jump; **~ in piedi** leap to one's feet. **'balzo** *nm* bounce; (*salto*) jump; **prendere la palla al balzo** seize an opportunity
bam'bagia *nf* cotton wool; **vivere nella ~** *fig* be in clover
bambi'nata *nf* childish thing to do/say
bam'bi|no, -a *nmf* child; (*appena nato*) baby; **avere un ~no** have a baby. **~'none, -a** *nmf pej* overgrown child
bam'boccio *nm* chubby child; (*sciocco*) simpleton; (*fantoccio*) rag doll
'bambo|la *nf* doll. **~'lotto** *nm* male doll
bambù *nm* bamboo
ba'nal|e *a* banal; **~ità** *nf inv* banality; **~iz'zare** *vt* trivialize
ba'nan|a *nf* banana. **~o** *nm* banana-tree
'banca *nf* bank. **~ [di] dati** databank
banca'rella *nf* stall
ban'cario, -a *a* banking *attrib*; **trasferimento ~** bank transfer ● *nmf* bank employee
banca'rotta *nf* bankruptcy; **fare ~** go bankrupt
banchet'tare *vi* banquet. **ban'chetto** *nm* banquet
banchi'ere *nm* banker
ban'china *nf Naut* quay; (*in stazione*) platform; (*di strada*) path; **~ non transitabile** soft verge
ban'chisa *nf* floe
'banco *nm* (*di scuola*) desk; (*di negozio*) counter; (*di officina*) bench; (*di gioco, banca*) bank; (*di mercato*) stall; (*degli imputati*) dock; **sotto ~** under the counter; **medicinale da ~** over the

counter medicines. **~ informazioni** information desk. **~ di nebbia** fog bank
'bancomat® *nm inv* autobank, cashpoint; (*carta*) bank card, cash card
ban'cone *nm* counter; (*in bar*) bar
banco'nota *nf* banknote, bill *Am*; **banco'note** *pl* paper currency
'banda *nf* band; (*di delinquenti*) gang. **~ d'atterraggio** *Aeron* landing strip. **~ rumorosa** rumble strip
banderu'ola *nf* weathercock; *Naut* pennant
bandi'e|ra *nf* flag; **cambiare ~ra** change sides, switch allegiances. **~'rina** *nf* (*nel calcio*) corner flag. **~'rine** *pl* bunting *sg*
ban'di|re *vt* banish; (*pubblicare*) publish; *fig* dispense with ‹*formalità, complimenti*›. **~to** *nm* bandit. **~'tore** *nm* (*di aste*) auctioneer
'bando *nm* proclamation; **~ di concorso** job advertisement (*published in an official gazette for a job for which a competitive examination has to be taken*)
bar *nm inv* bar
'bara *nf* coffin
ba'rac|ca *nf* hut; (*catapecchia*) hovel; **mandare avanti la ~ca** keep the ship afloat. **~'cato** *nm person living in a makeshift shelter*. **~'chino** *nm* (*di gelati, giornali*) kiosk; *Radio* CB radio. **~'cone** *nm* (*roulotte*) circus caravan; (*in luna park*) booth. **~'copoli** *nf inv* shanty town
bara'onda *nf* chaos; **non fare ~** don't make a mess
ba'rare *vi* cheat
bar'atro *nm* chasm
barat'tare *vt* barter. **ba'ratto** *nm* barter
ba'rattolo *nm* jar; (*di latta*) tin
'barba *nf* beard; (*fam: noia*) bore; **farsi la ~** shave; **è una ~** (*noia*) it's boring
barbabi'etola *nf* beetroot. **~ da zucchero** sugar-beet
bar'barico *a* barbaric. **bar'barie** *nf* barbarity. **'barbaro** *a* barbarous ● *nm* barbarian
'barbecue *nm inv* barbecue
barbi'ere *nm* barber; (*negozio*) barber's
barbi'turico *nm* barbiturate
bar'bone *nm* (*vagabondo*) vagrant; (*cane*) poodle
bar'boso *a fam* boring
barbu'gliare *vi* mumble
bar'buto *a* bearded
'barca *nf* boat; **una ~ di** *fig* a lot of. **~ a motore** motorboat. **~ da pesca** fishing boat. **~ a remi** rowing boat, rowboat *Am*. **~ di salvataggio** lifeboat. **~ a vela** sailing boat, sailboat *Am*. **~i'olo** *nm* boatman
barcame'narsi *vr* manage
barcol'lare *vi* stagger
bar'cone *nm* barge; (*di ponte*) pontoon
bar'dar|e *vt* harness. **~si** *vr hum* dress up
ba'rel|la *nf* stretcher. **~li'ere** *nm* stretcher-bearer
'Barents: **il mare di ~** the Barents Sea
bari'centro *nm* centre of gravity
ba'ri|le *nm* barrel. **~'lotto** *nm fig* tub of lard
ba'rista *nm* barman ● *nf* barmaid
ba'ritono *nm* baritone
bar'lume *nm* glimmer; **un ~ di speranza** a glimmer of hope
'barman *nm inv* barman
'baro *nm* cardsharper
ba'rocco *a & nm* baroque
ba'rometro *nm* barometer
ba'rone *nm* baron; **i baroni** *fig* the top brass. **baro'nessa** *nf* baroness
'barra *nf* bar; (*lineetta*) oblique; *Naut* tiller. **~ spazio** *Comput* space bar. **~ strumenti** *Comput* tool bar
bar'rare *vt* block off ‹*strada*›
barri'ca|re *vt* barricade. **~ta** *nf* barricade
barri'era *nf* barrier; (*stradale*) roadblock; *Geol* reef. **~ razziale** colour bar
bar'ri|re *vi* trumpet. **~to** *nm* trumpeting
barzel'letta *nf* joke; **~ sporca** *o* **spinta** dirty joke
basa'mento *nm* base
ba'sar|e *vt* base. **~si** *vr* **~si su** be based on; **mi baso su ciò che ho visto** I'm going on [the basis of] what I saw
'basco, -a *nmf & a* Basque ● *nm* (*copricapo*) beret
'base *nf* basis; (*fondamento*) foundation; *Mil* base; *Pol* rank and file; **a ~ di** containing; **in ~ a** on the basis of. **~ dati** database
'baseball *nm* baseball
ba'setta *nf* sideburn
basi'lare *a* basic
ba'silica *nf* basilica
ba'silico *nm* basil
ba'sista *nm* grass roots politician; (*di un crimine*) mastermind
'basket *nm* basketball

bas'sezza *nf* lowness; (*di statura*) shortness; (*viltà*) vileness
bas'sista *nmf* bassist
'basso *a* low; (*di statura*) short; ‹*acqua*› shallow; ‹*televisione*› quiet; (*vile*) despicable; **parlare a bassa voce** speak quietly, speak in a low voice; **la bassa Italia** southern Italy ● *nm* lower part; *Mus* bass. **guardare in ~** look down
basso'fondo *nm* (*pl* **bassi'fondi**) shallows *pl*; **bassifondi** *pl* (*quartieri poveri*) slums
bassorili'evo *nm* bas-relief
bas'sotto *nm* dachshund
ba'stardo, -a *a* bastard; (*di animale*) mongrel ● *nmf* bastard; (*animale*) mongrel
ba'stare *vi* be enough; (*durare*) last; **basta!** that's enough!, that'll do!; **basta che** (*purchè*) provided that; **basta così** that's enough; **basta così?** is that enough?, will that do?; (*in negozio*) will there be anything else?; **basta andare alla posta** you only have to go to the post office
Basti'an con'trario *nm* contrary old so-and-so
basti'one *nm* bastion
basto'nare *vt* beat
baston'cino *nm* (*da sci*) ski pole. **~ di pesce** fish finger, fish stick *Am*
ba'stone *nm* stick; (*da golf*) club; (*da passeggio*) walking stick
ba'tosta *nf* blow
bat'tagli|a *nf* battle; (*lotta*) fight. **~'are** *vi* battle; *fig* fight
bat'taglio *nm* (*di campana*) clapper; (*di porta*) knocker
battagli'one *nm* battalion
bat'tello *nm* boat; (*motonave*) steamer
bat'tente *nm* (*di porta*) wing; (*di finestra*) shutter; (*battaglio*) knocker
'batter|e *vt* beat; (*percorrere*) scour; thresh ‹*grano*›; break ‹*record*› ● *vi* (*bussare, urtare*) knock; ‹*cuore:*› beat; ‹*ali ecc:*› flap; *Tennis* serve; **~e a macchina** type; **~e gli occhi** blink; **~e le mani** clap [one's hands]; **~e le ore** strike the hours. **~si** *vr* fight
bat'teri *nmpl* bacteria
batte'ria *nf* battery; *Mus* drums *pl*
bat'terio *nm* bacterium. **~'logico** *a* bacteriological
batte'rista *nmf* drummer
bat'tesimo *nm* baptism, christening
battez'zare *vt* baptize, christen
battiba'leno *nm* **in un ~** in a flash
batti'becco *nm* squabble
batticu'ore *nm* palpitation; **mi venne il ~** I was scared
bat'tigia *nf* water's edge
batti'mano *nm* applause
batti'panni *nm inv* carpetbeater
batti'stero *nm* baptistery
batti'strada *nm inv* outrider; (*di pneumatico*) tread; *Sport* pacesetter
battitap'peto *nm inv* carpet sweeper
'battito *nm* (*del cuore*) [heart]beat; (*alle tempie*) throbbing; (*di orologio*) ticking; (*della pioggia*) beating
bat'tuta *nf* beat; (*colpo*) knock; (*spiritosaggine*) wisecrack; (*osservazione*) remark; *Mus* bar; *Tennis* service; *Theat* cue; (*dattilografia*) stroke
ba'tuffolo *nm* flock
ba'ule *nm* trunk
'bava *nf* dribble; (*di cane ecc*) slobber; **aver la ~ alla bocca** foam at the mouth
bava'glino *nm* bib
ba'vaglio *nm* gag
'bavero *nm* collar
ba'zar *nm inv* bazaar
baz'zecola *nf* trifle
bazzi'care *vt/i* haunt
be'arsi *vr* delight (**di** in)
beati'tudine *nf* bliss. **be'ato** *a* blissful; *Relig* blessed; **beato te!** lucky you!
beauty-'case *nm inv* toilet bag
bebè *nm inv* baby
bec'caccia *nf* woodcock
bec'ca|re *vt* peck; *fig* catch. **~rsi** *vr* (*litigare*) quarrel. **~ta** *nf* peck
beccheggi'are *vi* pitch
bec'chino *nm* grave-digger
'bec|co *nm* beak; (*di caffettiera ecc*) spout. **~'cuccio** *nm* spout
be'fana *nf* Epiphany; (*donna brutta*) old witch
'beffa *nf* hoax; **farsi beffe di qcno** mock sb. **bef'fardo** *a* derisory; ‹*persona*› mocking
bef'far|e *vt* mock. **~si** *vr* **~si di** make fun of
'bega *nf* quarrel; **è una bella ~** it's really annoying
be'gonia *nf* begonia
'beige *a & nm* beige
be'la|re *vi* bleat. **~to** *nm* bleating
'belga *a & nmf* Belgian
'Belgio *nm* Belgium
'bella *nf* (*in carte, Sport*) decider
bel'lezza *nf* beauty; **che ~!** how lovely!; **chiudere/finire in ~** end on a high note

'belli|co *a* war *attrib*. **~'coso** *a* warlike. **~ge'rante** *a & nmf* belligerent
'bello *a* nice; (*di aspetto*) beautiful; ‹*uomo*› handsome; (*moralmente*) good; **cosa fai di ~ stasera?** what are you up to tonight?; **oggi fa ~** it's a nice day; **una bella cifra** a lot; **un bel piatto di pasta** a big plate of pasta; **nel bel mezzo** right in the middle; **un bel niente** absolutely nothing; **bell'e fatto** over and done with; **bell'amico!** [a] fine friend he is/you are!; **questa è bella!** that's a good one!; **scamparla bella** have a narrow escape ● *nm* (*bellezza*) beauty; (*innamorato*) sweetheart; **sul più ~** at the crucial moment; **il ~ è che...** the funny thing is that...
'belva *nf* wild beast
be'molle *nm Mus* flat
ben *vedi* **bene**
benché *conj* though, although
'benda *nf* bandage; (*per occhi*) blindfold. **ben'dare** *vt* bandage; blindfold ‹*occhi*›
'bene *adv* well; **ben ~** thoroughly; **~!** good!; **star ~** (*di salute*) be well; ‹*vestito, stile:*› suit; (*finanziariamente*) be well off; **non sta ~** (*non è educato*) it's not nice; **sta/va ~!** all right!; **ti sta ~!** [it] serves you right!; **ti auguro ~** I wish you well; **di ~ in meglio** better and better; **fare ~** (*aver ragione*) do the right thing; **fare ~ a** ‹*cibo:*› be good for; **una persona per ~** a good person; **per ~** ‹*fare*› properly; **è ben difficile** it's very difficult; **come tu ben sai** as you well know; **lo credo ~!** I can well believe it! ● *nm* good; **per il tuo ~** for your own good. **beni** *nmpl* (*averi*) property *sg*; **un ~ di famiglia** a family heirloom
bene'detto *a* blessed
bene'di|re *vt* bless. **~zi'one** *nf* blessing
benedu'cato *a* well-mannered
benefat|'tore, -'trice *nm* benefactor ● *nf* benefactress
benefi'care *vt* help
benefi'cenza *nf* charity
benefici'ar|e *vi* **~e di** profit by. **~io, -a** *a & nmf* beneficiary. **bene'ficio** *nm* benefit. **be'nefico** *a* beneficial; (*di beneficenza*) charitable
bene'placito *nm* consent, approval
be'nessere *nm* well-being
bene'stante *a* well-off ● *nmf* well-off person
bene'stare *nm* consent
benevo'lenza *nf* benevolence. **be'nevolo** *a* benevolent
ben'fatto *a* well-made
'beni *nmpl* property *sg*; *Fin* assets; **~ di consumo** consumer goods
benia'mino *nm* favourite
be'nigno *a* kindly; *Med* benign
beninfor'mato *a* well-informed
benintenzio'nato, -a *a* well-meaning ● *nmf* well-meaning person
benin'teso *adv* needless to say, of course
benpen'sante *a & nmf* self-righteous
benser'vito *nm* **dare il ~ a qcno** give sb the sack
bensì *conj* but rather
benve'nuto *a & nm* welcome
ben'visto *a* **essere ~** go down well (**da** with)
benvo'lere *vt* **farsi ~ da qcno** win sb's affection; **prendere qcno in ~** take a liking to sb; **essere benvoluto da tutti** to be well-liked by everyone
ben'zina *nf* petrol, gas *Am*; **far ~** get petrol. **~ verde** unleaded petrol. **benzi'naio, -a** *nmf* petrol station attendant
'bere *vt* drink; (*assorbire*) absorb; *fig* swallow ● *nm* drinking; (*bevande*) drinks *pl*
berga'motto *nm* bergamot
ber'lina *nf Auto* saloon
Ber'lino *nm* Berlin
ber'muda *nfpl* (*pantaloni*) Bermuda shorts
ber'noccolo *nm* bump; (*disposizione*) flair
ber'retto *nm* beret, cap
bersagli'are *vt fig* bombard. **ber'saglio** *nm* target
be'stemmi|a *nf* swear-word; (*maledizione*) oath; (*sproposito*) blasphemy. **~'are** *vi* swear
'besti|a *nf* animal; (*persona brutale*) beast; (*persona sciocca*) fool; **andare in ~a** *fam* blow one's top. **~'ale** *a* bestial; ‹*espressione, violenza*› brutal; ‹*fam: freddo, fame*› terrible. **~alità** *nf inv* bestiality; *fig* nonsense. **~'ame** *nm* livestock
'bettola *nf fig* dive
be'tulla *nf* birch
be'vanda *nf* drink
bevi|'tore, -'trice *nmf* drinker
be'vut|a *nf* drink. **~o** *pp di* **bere**
bi'ada *nf* fodder
bianche'ria *nf* linen. **~ intima** underwear
bi'anco *a* white; ‹*foglio, pagina*› blank

● *nm* white; **mangiare in ~** not eat fried or heavy foods; **andare in ~** *fam* not score; **in ~ e nero** ‹*film, fotografia*› black and white, monochrome; **passare una notte in ~** have a sleepless night
bian'core *nm* (*bianchezza*) whiteness
bianco'spino *nm* hawthorn
biasci'care *vt* (*mangiare*) eat noisily; (*parlare*) mumble
biasi'mare *vt* blame. **bi'asimo** *nm* blame
'Bibbia *nf* Bible
bibe'ron *nm inv* [baby's] bottle
'bibita *nf* [soft] drink
'biblico *a* biblical
bibliogra'fia *nf* bibliography
biblio'te|ca *nf* library; (*mobile*) bookcase. **~'cario, -a** *nmf* librarian
bicarbo'nato *nm* bicarbonate. **~ di sodio** bicarbonate of soda
bicchi'ere *nm* glass
bicchie'rino *nm fam* tipple
bici'cletta *nf* bicycle; **andare in ~** ride a bicycle
bico'lore *a* two-coloured
bidè *nm inv* bidet
bi'dello, -a *nmf* janitor, [school] caretaker
bido'nata *nf fam* swindle
bi'done *nm* bin; (*fam: truffa*) swindle; **fare un ~ a qcno** *fam* stand sb up
bien'nale *a* biennial
bi'ennio *nm* two-year period
bi'etola *nf* beet
bifo'cale *a* bifocal
bi'folco, -a *nmf fig* boor
bifor'c|arsi *vr* fork. **~azi'one** *nf* fork. **~uto** *a* forked
biga'mia *nf* bigamy. **'bigamo, -a** *a* bigamous ● *nmf* bigamist
bighello'nare *vi* loaf around. **bighel'lone** *nm* loafer
bigiotte'ria *nf* costume jewellery; (*negozio*) jeweller's
bigliet't|aio *nm* booking clerk; (*sui treni*) ticket-collector. **~e'ria** *nf* ticket-office; *Theat* box-office
bigli'et|to *nm* ticket; (*lettera breve*) note; (*cartoncino*) card; (*di banca*) banknote. **~to da visita** business card. **~'tone** *nm* (*fam: soldi*) big one
bignè *nm inv* cream puff
bigo'dino *nm* roller
bi'gotto *nm* bigot
bi'kini *nm inv* bikini
bi'lanci|a *nf* scales *pl*; (*di orologio, Comm*) balance. **B~a** *Astr* Libra. **~'are** *vt* balance; *fig* weigh. **~o** *nm* budget; *Comm* balance sheet; **fare il ~o** balance the books; *fig* take stock
'bil|e *nf* bile; *fig* rage
bili'ardo *nm* billiards *sg*
'bilico *nm* equilibrium; **in ~** in the balance
bi'lingue *a* bilingual
bili'one *nm* billion
bilo'cale *a* two-room
'bimbo, -a *nmf* child
bimen'sile *a* fortnightly
bime'strale *a* bimonthly
bi'nario *nm* track; (*piattaforma*) platform
bi'nocolo *nm* binoculars *pl*
bio'chimica *nf* biochemistry
biodegra'dabile *a* biodegradable
bio'etica *nf* bioethics
bio'fisica *nf* biophysics
biogra'fia *nf* biography. **bio'grafico** *a* biographical. **bi'ografo, -a** *nmf* biographer
biolo'gia *nf* biology. **bio'logico** *a* biological; (*alimento, agricoltura*) organic. **bi'ologo, -a** *nmf* biologist
bi'ond|a *nf* blonde. **~o** *a* blond ● *nm* fair colour; (*uomo*) fair-haired man
bio'sfera *nf* biosphere
bi'ossido *nm* **~ di carbonio** carbon dioxide
biparti'tismo *nm* two-party system
'birba *nf*, **bir'bante** *nm* rascal, rogue. **bir'bone** *a* wicked
biri'chino, -a *a* naughty ● *nmf* little devil
bi'rillo *nm* skittle
'birr|a *nf* beer; **a tutta ~a** *fig* flat out. **~a chiara** lager. **~a scura** brown ale. **~e'ria** *nf* beer-house; (*fabbrica*) brewery
bis *nm inv* encore
bi'saccia *nf* haversack
bi'sbetic|a *nf* shrew. **~o** *a* bad-tempered
bisbigli'are *vt/i* whisper. **bi'sbiglio** *nm* whisper
'bisca *nf* gambling-house
'biscia *nf* snake
bi'scotto *nm* biscuit
bisessu'ale *a & nmf* bisexual
bise'stile *a* **anno ~** leap year
bisettima'nale *a* fortnightly
bis'nonno, -a *nmf* great-grandfather; great-grandmother
biso'gn|are *vi* **~a agire subito** we must act at once; **~a farlo** it is necessary to do it; **non ~a venire** you don't

have to come. **~o** *nm* need; (*povertà*) poverty; **aver ~o di** need. **~oso** *a* needy; (*povero*) poor; **~oso di** in need of

bi'sonte *nm* bison

bi'stecca *nf* steak

bisticci'are *vi* quarrel. **bi'sticcio** *nm* quarrel; (*gioco di parole*) pun

bistrat'tare *vt* mistreat

'bisturi *nm inv* scalpel

bi'torzolo *nm* lump

'bitter *nm inv* (*bitter*) aperitif

bi'vacco *nm* bivouac

'bivio *nm* crossroads; (*di strada*) fork

bizan'tino *a* Byzantine

'bizza *nf* tantrum; **fare le bizze** ‹*bambini:*› play up

biz'zarro *a* bizarre

biz'zeffe *adv* **a ~** galore

blan'dire *vt* soothe; (*allettare*) flatter. **'blando** *a* mild

bla'sone *nm* coat of arms

blate'rare *vi* blether, blather

'blatta *nf* cockroach

blin'da|re *vt* armour-plate. **~to** *a* armoured

blitz *nm inv* blitz

bloc'car|e *vt* block; (*isolare*) cut off; *Mil* blockade; *Comm* freeze. **~si** *vr Mech* jam

blocca'sterzo *nm* steering lock

'blocco *nm* block; *Mil* blockade; (*dei fitti*) restriction; (*di carta*) pad; (*unione*) coalition; **in ~** *Comm* in bulk. **~ stradale** road-block

bloc-'notes *nm inv* writing pad

blu *a & nm* blue

blue-'jeans *nmpl* jeans

'bluff *nm inv* (*carte, fig*) bluff. **bluf'fare** *vi* (*carte, fig*) bluff

'blusa *nf* blouse

'boa *nm* boa [constrictor]; (*sciarpa*) [feather] boa ● *nf Naut* buoy

bo'ato *nm* rumbling

bo'bina *nf* spool; (*di film*) reel; *Electr* coil

'bocca *nf* mouth; **a ~ aperta** *fig* dumbfounded; **in ~ al lupo!** break a leg!; **fare la respirazione ~ a ~ a qcno** give sb mouth to mouth resuscitation *or* the kiss of life

boc'caccia *nf* grimace; **far boccacce** make faces

boc'caglio *nm* nozzle

boc'cale *nm* jug; (*da birra*) tankard

bocca'porto *nm Naut* hatch

boc'cata *nf* (*di fumo*) puff; **prendere una ~ d'aria** get a breath of fresh air

boc'cetta *nf* small bottle

boccheggi'are *vi* gasp

boc'chino *nm* cigarette holder; (*di pipa, Mus*) mouthpiece

'bocc|ia *nf* (*palla*) bowl; **~e** *pl* (*gioco*) bowls *sg*

bocci'a|re *vt* (*agli esami*) fail; (*respingere*) reject; (*alle bocce*) hit; **essere ~to** fail; (*ripetere*) repeat a year. **~'tura** *nf* failure

bocci'olo *nm* bud

boccon'cino *nm* morsel

boc'cone *nm* mouthful; (*piccolo pasto*) snack

boc'coni *adv* face downwards

'boia *nm* executioner

boi'ata *nf fam* rubbish

boicot'tare *vt* boycott

bo'lero *nm* bolero

'bolgia *nf* (*caos*) bedlam

'bolide *nm* meteor; **passare come un ~** shoot past [like a rocket]

Bo'livi|a *nf* Bolivia. **b~'ano, -a** *a & nmf* Bolivian

'bolla *nf* bubble; (*pustola*) blister

bol'la|re *vt* stamp; *fig* brand. **~to** *a fig* branded; **carta ~ta** *paper with stamp showing payment of duty*

bol'lente *a* boiling [hot]

bol'let|ta *nf* bill; **essere in ~ta** be hard up. **~'tino** *nm* bulletin; *Comm* list

bol'lino *nm* coupon

bol'li|re *vt/i* boil. **~to** *nm* boiled meat. **~'tore** *nm* boiler; (*per l'acqua*) kettle. **~'tura** *nf* boiling

'bollo *nm* stamp

bol'lore *nm* boil; (*caldo*) intense heat; *fig* ardour

'bomba *nf* bomb; **a prova di ~** bomb-proof

bombarda'mento *nm* shelling; (*con aerei*) bombing; *fig* bombardment. **~ aereo** air raid

bombar'd|are *vt* shell; (*con aerei*) bomb; *fig* bombard. **~i'ere** *nm* bomber

bom'betta *nf* bowler [hat]

'bombola *nf* cylinder. **~ di gas** gas bottle, gas cylinder

bombo'lone *nm* doughnut

bomboni'era *nf* wedding keep-sake

bo'naccia *nf Naut* calm

bonacci'one, -a *nmf* good-natured person ● *a* good-natured

bo'nario *a* kindly

bo'nifica *nf* land reclamation. **bonifi'care** *vt* reclaim

bo'nifico *nm Comm* discount; (*bancario*) [credit] transfer

bontà *nf* goodness; (*gentilezza*) kindness
'bora *nf* bora (*cold north-east wind in the upper Adriatic*)
borbot't|are *vi* mumble; ‹*stomaco:*› rumble. **~io** *nm* mumbling; (*di stomaco*) rumbling
'borchi|a *nf* stud. **~'ato** *a* studded
bor'da|re *vt* border. **~'tura** *nf* border
bor'deaux *a inv* (*colore*) claret
bor'dello *nm* brothel; *fig* bedlam; (*disordine*) mess
'bordo *nm* border; (*estremità*) edge; **a ~** *Naut, Aeron* on board
bor'gata *nf* hamlet
bor'ghese *a* bourgeois; ‹*abito*› civilian; **in ~** in civilian dress; ‹*poliziotto*› in plain clothes
borghe'sia *nf* middle classes *pl*
'borgo *nm* village; (*quartiere*) district
'bori|a *nf* conceit. **~'oso** *a* conceited
bor'lotto *nm* borlotto bean
boro'talco *nm* talcum powder
bor'raccia *nf* flask
'bors|a *nf* bag; (*borsetta*) handbag; (*valori*) Stock Exchange. **~a dell'acqua calda** hot-water bottle. **~a frigo** coolbox. **~a della spesa** shopping bag. **~a di studio** scholarship. **~ai'olo** *nm* pickpocket. **~el'lino** *nm* purse. **bor'sista** *nmf Fin* speculator; *Sch* scholarship holder
bor'se|llo *nm* (*portamonete*) purse; (*borsetto*) man's handbag. **~tta** *nf* handbag. **~tto** *nm* man's handbag
bo'scaglia *nf* woodlands *pl*
boscai'olo *nm* woodman; (*guardaboschi*) forester
'bosco *nm* wood. **bo'scoso** *a* wooded
'Bosnia *nf* Bosnia
'bossolo *nm* cartridge case
bo'tanic|a *nf* botany. **~o** *a* botanical
● *nm* botanist
'botola *nf* trapdoor
'botta *nf* blow; (*rumore*) bang; **fare a botte** come to blows. **~ e risposta** *fig* thrust and counter-thrust
'botte *nf* barrel
bot'te|ga *nf* shop; (*di artigiano*) workshop. **~'gaio, -a** *nmf* shopkeeper. **~'ghino** *nm Theatr* box-office; (*del lotto*) lottery-shop
bot'tigli|a *nf* bottle; **in ~a** bottled. **~e'ria** *nf* wine shop
bot'tino *nm* loot; *Mil* booty
'botto *nm* bang; **di ~** all of a sudden
bot'tone *nm* button; *Bot* bud
bo'vino *a* bovine; **bovini** *pl* cattle
box *nm inv* (*per cavalli*) loosebox; (*recinto per bambini*) play-pen
'boxe *nf* boxing
'bozza *nf* draft; *Typ* proof; (*bernoccolo*) bump. **boz'zetto** *nm* sketch
'bozzolo *nm* cocoon
brac'care *vt* hunt
brac'cetto *nm* **a ~** arm in arm
bracci'a|le *nm* bracelet; (*fascia*) armband. **~'letto** *nm* bracelet; (*di orologio*) watch-strap
bracci'ante *nm* day labourer
bracci'ata *nf* (*nel nuoto*) stroke
'bracci|o *nm* (*pl nf* **braccia**) arm; (*di fiume, pl* **bracci**) arm. **~'olo** *nm* (*di sedia*) arm[rest]; (*da nuoto*) armband
'bracco *nm* hound
bracconi'ere *nm* poacher
'brac|e *nf* embers *pl*; **alla ~e** chargrilled. **~i'ere** *nm* brazier. **~'ola** *nf* chop
'brado *a* **allo stato ~** in the wild
'brama *nf* longing. **bra'mare** *vt* long for. **bramo'sia** *nf* yearning
'branca *nf* branch
'branchia *nf* gill
'branco *nm* (*di cani*) pack; (*pej: di persone*) gang
branco'lare *vi* grope
'branda *nf* camp-bed
bran'dello *nm* scrap; **a brandelli** in tatters
bran'dire *vt* brandish
'brano *nm* piece; (*di libro*) passage
Bra'sil|e *nm* Brazil. **b~i'ano, -a** *a & nmf* Brazilian
bra'vata *nf* bragging
'bravo *a* good; (*abile*) clever; (*coraggioso*) brave; **~!** well done!. **bra'vura** *nf* skill
'breccia *nf* breach; **sulla ~** *fig* very successful, at the top
bre'saola *nf dried, salted beef sliced thinly and eaten cold*
bre'tella *nf* shoulder-strap; **bretelle** *pl* (*di calzoni*) braces
'breve *a* brief, short; **in ~** briefly; **tra ~** shortly
brevet'tare *vt* patent. **bre'vetto** *nm* patent; (*attestato*) licence
brevità *nf* shortness
'brezza *nf* breeze
'bricco *nm* jug
bric'cone *nm* blackguard; *hum* rascal
'briciol|a *nf* crumb; *fig* grain. **~o** *nm* fragment
'briga *nf* (*fastidio*) trouble; (*lite*) quarrel; **attaccar ~** pick a quarrel;

prendersi la ~ di fare qcsa go to the trouble of doing sth

brigadi'ere *nm* (*dei carabinieri*) sergeant

bri'gante *nm* bandit; *hum* rogue

bri'gare *vi* intrigue

bri'gata *nf* brigade; (*gruppo*) group

briga'tista *nmf Pol* member of the Red Brigades

'briglia *nf* rein; **a ~ sciolta** at breakneck speed

bril'lante *a* brilliant; (*scintillante*) sparkling ● *nm* diamond

bril'lare *vi* shine; ‹*metallo:*› glitter; (*scintillare*) sparkle

'brillo *a* tipsy

'brina *nf* hoar-frost

brin'dare *vi* toast; **~ a qcno** drink a toast to sb

'brindisi *nm inv* toast

bri'tannico *a* British

'brivido *nm* shiver; (*di paura ecc*) shudder; (*di emozione*) thrill

brizzo'lato *a* greying

'brocca *nf* jug

broc'cato *nm* brocade

'broccoli *nmpl* broccoli *sg*

bro'daglia *nf pej* dishwater

'brodo *nm* broth; (*per cucinare*) stock. **~ ristretto** consommé

'broglio *nm* **~ elettorale** gerrymandering

bron'chite *nf* bronchitis

'broncio *nm* sulk; **fare il ~** sulk

bronto'l|are *vi* grumble; ‹*tuono ecc:*› rumble. **~io** *nm* grumbling; (*di tuono*) rumbling. **~one, -a** *nmf* grumbler

'bronzo *nm* bronze

bros'sura *nf* **edizione in ~** paperback

bru'care *vt* ‹*pecora:*› graze

bruciacchi'are *vt* scorch

brucia'pelo *adv* **a ~** point-blank

bruci'a|re *vt* burn; (*scottare*) scald; (*incendiare*) set fire to ● *vi* burn; (*scottare*) scald. **~rsi** *vr* burn oneself. **~to** *a* burnt; *fig* burnt-out. **~'tore** *nm* burner. **~'tura** *nf* burn. **bruci'ore** *nm* burning sensation

'bruco *nm* grub

'brufolo *nm* spot

brughi'era *nf* heath

bruli'c|are *vi* swarm. **~hio** *nm* swarming

'brullo *a* bare

'bruma *nf* mist

'bruno *a* brown; ‹*occhi, capelli*› dark

brusca'mente *adv* (*di colpo*) suddenly

bru'schetta *nf toasted bread rubbed with garlic and sprinkled with olive oil*

'brusco *a* sharp; ‹*persona*› brusque, abrupt; (*improvviso*) sudden

bru'sio *nm* buzzing

bru'tal|e *a* brutal. **~ità** *nf inv* brutality. **~iz'zare** *vt* brutalize. **'bruto** *a & nm* brute

brut'tezza *nf* ugliness

'brut|to *a* ugly; ‹*tempo, tipo, situazione, affare*› nasty; (*cattivo*) bad; **~ta copia** rough copy; **~to tiro** dirty trick. **~'tura** *nf* ugly thing

'buca *nf* hole; (*avvallamento*) hollow. **~ delle lettere** (*a casa*) letter-box

buca'neve *nm inv* snowdrop

bu'car|e *vt* make a hole in; (*pungere*) prick; punch ‹*biglietti*› ● *vi* have a puncture. **~si** *vr* prick oneself; (*con droga*) shoot up

bu'cato *nm* washing

'buccia *nf* peel, skin

bucherel'lare *vt* riddle

'buco *nm* hole

bu'dello *nm* (*pl nf* **budella**) bowel

'budget *nm inv* budget

bu'dino *nm* pudding

'bue *nm* (*pl* **buoi**) ox; **carne di ~** beef

'bufalo *nm* buffalo

bu'fera *nf* storm; (*di neve*) blizzard

buf'fetto *nm* cuff

'buffo *a* funny; *Theat* comic ● *nm* funny thing. **~'nata** *nf* (*scherzo*) joke. **buf'fone** *nm* buffoon; **fare il buffone** play the fool

bu'gi|a *nf* lie; **~a pietosa** white lie. **~'ardo, -a** *a* lying ● *nmf* liar

bugi'gattolo *nm* cubby-hole

'buio *a* dark ● *nm* darkness; **al ~** in the dark; **~ pesto** pitch dark

'bulbo *nm* bulb; (*dell'occhio*) eyeball

Bulga'ria *nf* Bulgaria. **'bulgaro, -a** *a & nmf* Bulgarian

buli'mia *nf* bulimia. **bu'limico** *a* bulimic

'bullo *nm* bully

bul'lone *nm* bolt

'bunker *nm inv* bunker

buona'fede *nf* good faith

buona'notte *int* good night

buona'sera *int* good evening

buon'giorno *int* good morning; (*di pomeriggio*) good afternoon

buon'grado: **di ~** *adv* willingly

buongu'staio, -a *nmf* gourmet. **buon'gusto** *nm* good taste

bu'ono *a* good; ‹*momento*› right; **dar ~** (*convalidare*) accept; **alla buona** easy-going; ‹*cena*› informal; **buona notte/sera** good night/evening; **buon compleanno/Natale!** happy birthday/merry Christmas!; **~ senso** common sense; **di buon'ora** early; **una buona volta** once and for all; **buona parte di** the best part of; **tre ore buone** three good hours ● *nm* good; (*in film*) goody; (*tagliando*) voucher; (*titolo*) bond; **con le buone** gently; **~ sconto** money-off coupon ● *nmf* **buono, -a a nulla** dead loss

buontem'pone, -a *nmf* happy-go-lucky person

buonu'more *nm* good temper

buonu'scita *nf* retirement bonus; (*di dirigente*) golden handshake

burat'tino *nm* puppet

'burbero *a* surly; (*nei modi*) rough

bu'rocra|te *nm* bureaucrat. **buro'cratico** *a* bureaucratic. **~'zia** *nf* bureaucracy

bur'ra|sca *nf* storm. **~'scoso** *a* stormy

'burro *nm* butter

bur'rone *nm* ravine

bu'scar|e *vt*, **~si** *vr* catch; **~le** *fam* get a hiding

bus'sare *vt* knock

'bussola *nf* compass; **perdere la ~** lose one's bearings

'busta *nf* envelope; (*astuccio*) case. **~ paga** pay packet. **~'rella** *nf* bribe. **bu'stina** *nf* (*di tè*) tea bag; (*per medicine*) sachet

'busto *nm* bust; (*indumento*) girdle

but'tar|e *vt* throw; **~e giù** (*demolire*) knock down; (*inghiottire*) gulp down; scribble down ‹*scritto*›; *fam* put on ‹*pasta*›; (*scoraggiare*) dishearten; **~e via** throw away. **~si** *vr* throw oneself; (*saltare*) jump

butte'rato *a* pock-marked

buz'zurro *nm fam* yokel

Cc

caba'ret *nm inv* cabaret

ca'bina *nf Naut, Aeron* cabin; (*balneare*) beach hut. **~ elettorale** polling booth. **~ di pilotaggio** cockpit. **~ telefonica** telephone box. **cabi'nato** *nm* cabin cruiser

ca'cao *nm* cocoa

'cacca *nf fam* pooh

'caccia *nf* hunt; (*con fucile*) shooting; (*inseguimento*) chase; (*selvaggina*) game ● *nm inv Aeron* fighter; *Naut* destroyer

cacciabombardi'ere *nm* fighter-bomber

cacciagi'one *nf* game

cacci'a|re *vt* hunt; (*mandar via*) chase away; (*scacciare*) drive out; (*ficcare*) shove ● *vi* go hunting. **~rsi** *vr* (*nascondersi*) hide; (*andare a finire*) get to; **~rsi nei guai** get into trouble; **alla ~'tora** *a Culin* chasseur. **~'tore, ~'trice** *nmf* hunter. **~tore di frodo** poacher

caccia'vite *nm inv* screwdriver

ca'chet *nm inv Med* capsule; (*colorante*) colour rinse; (*stile*) cachet

'cachi *nm inv* (*albero, frutta*) persimmon

'cacio *nm* (*formaggio*) cheese

'caco *nm fam* (*frutto*) persimmon

'cactus *nm inv* cactus

ca'da|vere *nm* corpse. **~'verico** *a fig* deathly pale

ca'dente *a* falling; ‹*casa*› crumbling

ca'denza *nf* cadence; (*ritmo*) rhythm; *Mus* cadenza

ca'dere *vi* fall; ‹*capelli ecc:*› fall out; (*capitombolare*) tumble; ‹*vestito ecc:*› hang; **far ~** (*di mano*) drop; **~ dal sonno** feel very sleepy; **lasciar ~** drop; **~ dalle nuvole** *fig* be taken aback

ca'detto *nm* cadet

ca'duta *nf* fall; (*di capelli*) loss; *fig* downfall

caffè *nm inv* coffee; (*locale*) café. **~ corretto** espresso coffee with a dash of liqueur. **~ lungo** weak black coffee. **~ macchiato** coffee with a dash of milk.

~ ristretto extra-strong espresso coffee. **~ solubile** instant coffee. **~'ina** *nf* caffeine. **~l'latte** *nm inv* white coffee.

caffetti'era *nf* coffee-pot

cafo'naggine *nf* boorishness

cafo'nata *nf* boorishness

ca'fone, -a *nmf* boor

ca'gare *vi fam* crap

cagio'nare *vt* cause

cagio'nevole *a* delicate

cagli'ar|e *vi,* **~si** *vr* curdle

'cagna *nf* bitch

ca'gnara *nf fam* din

ca'gnesco *a* **guardare qcno in ~** scowl at sb

'cala *nf* creek

cala'brone *nm* hornet

cala'maio *nm* inkpot

cala'mari *nmpl* squid

cala'mita *nf* magnet

calamità *nf inv* calamity

ca'lar|e *vi* come down; ‹*vento:*› drop; (*diminuire*) fall; (*tramontare*) set ● *vt* (*abbassare*) lower; (*nei lavori a maglia*) decrease ● *nm* (*di luna*) waning. **~si** *vr* lower oneself

'calca *nf* throng

cal'cagno *nm* heel

cal'care[1] *nm* limestone

cal'care[2] *vt* tread; (*premere*) press [down]; **~ la mano** exaggerate; **~ le orme di qcno** *fig* follow in sb's footsteps

'calce[1] *nf* lime

'calce[2] *nm* **in ~** at the foot of the page

calce'struzzo *nm* concrete

cal'cetto *nm Sport* five-a-side [football]

calci'a|re *vt* kick. **~'tore** *nm* footballer

cal'cina *nf* mortar

calci'naccio *nm* (*pezzo di intonaco*) flake of plaster

'calcio[1] *nm* kick; *Sport* football; (*di arma da fuoco*) butt; **dare un ~ a** kick. **~ d'angolo** corner [kick]

'calcio[2] *nm* (*chimica*) calcium

'calco *nm* (*con carta*) tracing; (*arte*) cast

calco'la|re *vt* calculate; (*considerare*) consider. **~'tore** *a* calculating ● *nm* calculator; (*macchina elettronica*) computer

'calcolo *nm* calculation; *Med* stone

cal'daia *nf* boiler

caldar'rosta *nf* roast chestnut

caldeggi'are *vt* support

'caldo *a* warm; (*molto caldo*) hot ● *nm* heat; **avere ~** be warm/hot; **fa ~** it is warm/hot

calen'dario *nm* calendar

'calibro *nm* calibre; (*strumento*) callipers *pl*; **di grosso ~** ‹*persona*› top *attrib*

'calice *nm* goblet; *Relig* chalice

ca'ligine *nm* fog; (*industriale*) smog

calligra'fia *nf* handwriting; ‹*cinese*› calligraphy

cal'lista *nmf* chiropodist. **'callo** *nm* corn; **fare il callo a** become hardened to. **cal'loso** *a* callous

'calma *nf* calm. **cal'mante** *a* calming ● *nm* sedative. **cal'mare** *vt* calm [down]; (*lenire*) soothe. **cal'marsi** *vr* calm down; ‹*vento:*› drop; ‹*dolore:*› die down. **calmo** *a* calm

'calo *nm Comm* fall; (*di volume*) shrinkage; (*di peso*) loss

calorosa'mente *adv* (*cordialmente*) warmly

ca'lore *nm* heat; (*moderato*) warmth; **in ~** ‹*animale*› on heat. **calo'roso** *a* warm

calo'ria *nf* calorie

ca'lorico *a* calorific

calo'rifero *nm* radiator

calpe'stare *vt* trample [down]; *fig* trample on ‹*diritti, sentimenti*›; **vietato ~ l'erba** keep off the grass

calpe'stio *nm* (*passi*) footsteps

ca'lunni|a *nf* slander. **~'are** *vt* slander. **~'oso** *a* slanderous

ca'lura *nf* heat

cal'vario *nm* Calvary; *fig* trial

cal'vizie *nf* baldness. **'calvo** *a* bald

'calz|a *nf* (*da donna*) stocking; (*da uomo*) sock. **~a'maglia** *nf* tights *pl*; (*per danza*) leotard

cal'zante *a fig* fitting

cal'za|re *vt* (*indossare*) wear; (*mettersi*) put on ● *vi* fit

calza'scarpe *nm inv* shoehorn

calza'tura *nf* footwear

calzaturi'ficio *nm* shoe factory

cal'zetta *nf* **è una mezza ~** *fig* he's no use

calzet'tone *nm* knee-length woollen sock. **cal'zino** *nm* sock

calzo'l|aio *nm* shoemaker. **~e'ria** *nf* (*negozio*) shoe shop

calzon'cini *nmpl* shorts. **~ da bagno** swimming trunks

cal'zone *nm Culin folded pizza with tomato and mozzarella or ricotta inside*

cal'zoni *nmpl* trousers, pants *Am*

camale'onte *nm* chameleon

cambi'ale *nf* bill of exchange
cambia'mento *nm* change
cambi'ar|e *vt/i* change; move ‹*casa*›; (*fare cambio di*) exchange; **~e rotta** *Naut* alter course. **~si** *vr* change. **'cambio** *nm* change; (*Comm, scambio*) exchange; *Mech* gear; **dare il ~ a qcno** relieve sb; **in ~ di** in exchange for
'camera *nf* room; (*mobili*) [bedroom] suite; *Phot* camera; **C~** *Pol, Comm* Chamber. **~ ardente** funeral parlour. **~ d'aria** inner tube. **C~ di Commercio** Chamber of Commerce. **C~ dei Deputati** *Pol* ≈ House of Commons. **~ doppia** double room. **~ da letto** bedroom. **~ matrimoniale** double room. **~ oscura** darkroom. **~ singola** single room
came'rata¹ *nf* (*dormitorio*) dormitory; *Mil* barrack room
came'ra|ta² *nmf* (*amico*) mate; *Pol* comrade. **~'tismo** *nm* comradeship
cameri'era *nf* maid; (*di ristorante*) waitress; (*in albergo*) chamber-maid; (*di bordo*) stewardess
cameri'ere *nm* manservant; (*di ristorante*) waiter; (*di bordo*) steward
came'rino *nm* dressing-room
'camice *nm* overall. **cami'cetta** *nf* blouse. **ca'micia** *nf* shirt; **uovo in ~** poached egg. **camicia da notte** nightdress
cami'netto *nm* fireplace
ca'mino *nm* chimney; (*focolare*) fireplace
'camion *nm inv* lorry *Br*, truck
camion'cino *nm* van
camio'netta *nf* jeep
camio'nista *nm* lorry driver *Br*, truck driver
cam'mello *nm* camel; (*tessuto*) camelhair ● *a inv* (*colore*) camel
cam'meo *nm* cameo
cammi'na|re *vi* walk; ‹*auto, orologio:*› go. **~ta** *nf* walk; **fare una ~ta** go for a walk. **cam'mino** *nm* way; **essere in ~** be on the way; **mettersi in ~** set out
camo'milla *nf* camomile; (*bevanda*) camomile tea
ca'morra *nf local mafia*
ca'moscio *nm* chamois; (*pelle*) suede
cam'pagna *nf* country; (*paesaggio*) countryside; *Comm, Mil* campaign; **in ~** in the country. **~ elettorale** election campaign. **~ pubblicitaria** marketing campaign. **campa'gnolo, -a** *a* rustic ● *nm* countryman ● *nf* countrywoman
cam'pale *a* field *attrib*; **giornata ~** *fig* strenuous day
cam'pa|na *nf* bell; (*di vetro*) belljar. **~'nella** *nf* (*di tenda*) curtain ring. **~'nello** *nm* door-bell; (*cicalino*) buzzer
campa'nile *nm* belfry
campani'lismo *nm* parochialism
campani'lista *nmf* person with a parochial outlook
cam'panula *nf Bot* campanula
cam'pare *vi* live; (*a stento*) get by
cam'pato *a* **~ in aria** unfounded
campeggi'a|re *vi* camp; (*spiccare*) stand out. **~'tore, ~'trice** *nmf* camper. **cam'peggio** *nm* camping; (*terreno*) campsite
cam'pestre *a* rural
'camping *nm inv* campsite
campio'nari|o *nm* [set of] samples ● *a* samples; **fiera ~a** trade fair
campio'nato *nm* championship
campiona'tura *nf* (*di merce*) range of samples
campi'on|e *nm* champion; *Comm* sample; (*esemplare*) specimen. **~'essa** *nf* ladies' champion
'campo *nm* field; (*accampamento*) camp. **~ da calcio** football pitch. **~ di concentramento** concentration camp. **~ da golf** golf course. **~ da tennis** tennis court
campo'santo *nm* cemetery
camuf'far|e *vt* disguise. **~si** *vr* disguise oneself
'Cana|da *nm* Canada. **~'dese** *a & nmf* Canadian
ca'naglia *nf* scoundrel; (*plebaglia*) rabble
ca'nal|e *nm* channel; (*artificiale*) canal. **~iz'zare** *vt* channel ‹*acque*›. **~izzazi'one** *nf* channelling; (*rete*) pipes *pl*
'canapa *nf* hemp
cana'rino *nm* canary
cancel'la|re *vt* cross out; (*con la gomma*) rub out; *fig* wipe out; (*annullare*) cancel; *Comput* delete, erase. **~'tura** *nf* erasure. **~zi'one** *nf* cancellation; *Comput* deletion
cancelle'ria *nf* chancellery; (*articoli per scrivere*) stationery
cancelli'ere *nm* chancellor; (*di tribunale*) clerk
can'cello *nm* gate
cance'ro|geno *nm* carcinogen ● *a* carcinogenic. **~'roso** *a* cancerous
can'crena *nf* gangrene
'cancro *nm* cancer. **C~** *Astr* Cancer

candeg'gi|na *nf* bleach. **~'are** *vt* bleach. **can'deggio** *nm* bleaching

can'de|la *nf* candle; *Auto* spark plug; **~'labro** *nm* candelabra. **~li'ere** *nm* candlestick

cande'lotto *nm* (*di dinamite*) stick

candida'mente *adv* candidly

candi'da|rsi *vr* stand as a candidate. **~to, -a** *nmf* candidate. **~'tura** *nf Pol* candidacy; (*per lavoro*) application

'candido *a* snow-white; (*sincero*) candid; (*puro*) pure

can'dito *a* candied

can'dore *nm* whiteness; *fig* innocence

'cane *nm* dog; (*di arma da fuoco*) cock; **un tempo da cani** foul weather. **~ da caccia** hunting dog

ca'nestro *nm* basket

cangi'ante *a* iridescent; **seta ~** shot silk

can'guro *nm* kangaroo

ca'nile *nm* kennel; (*di allevamento*) kennels *pl*. **~ municipale** dog pound

ca'nino *a & nm* canine

'canna *nf* reed; (*da zucchero*) cane; (*di fucile*) barrel; (*bastone*) stick; (*di bicicletta*) crossbar; (*asta*) rod; (*fam: hascish*) joint; **povero in ~** destitute. **~ da pesca** fishing-rod

can'nella *nf* cinnamon

can'neto *nm* bed of reeds

can'niba|le *nm* cannibal. **~'lismo** *nm* cannibalism

cannocchi'ale *nm* telescope

canno'nata *nf* cannon shot; **è una ~** *fig* it's brilliant

cannon'cino *nm* (*dolce*) cream horn

can'none *nm* cannon; *fig* ace

can'nuccia *nf* [drinking] straw; (*di pipa*) stem

ca'noa *nf* canoe

'canone *nm* canon; (*affitto*) rent; **equo ~** fair rents act

ca'noni|co *nm* canon. **~z'zare** *vt* canonize. **~zzazi'one** *nf* canonization

ca'noro *a* melodious

ca'notta *nf* (*estiva*) vest top

canot'taggio *nm* canoeing; (*voga*) rowing

canotti'era *nf* singlet

canotti'ere *nm* oarsman

ca'notto *nm* [rubber] dinghy

cano'vaccio *nm* (*trama*) plot; (*straccio*) duster

can'tante *nmf* singer

can't|are *vt/i* sing. **~au'tore, ~a'trice** *nmf* singer-songwriter. **~icchi'are** *vt* sing softly; (*a bocca chiusa*) hum

canti'ere *nm* yard; *Naut* shipyard; (*di edificio*) construction site. **~ navale** naval dockyard

canti'lena *nf* singsong; (*ninna-nanna*) lullaby

can'tina *nf* cellar; (*osteria*) wine shop

'canto¹ *nm* singing; (*canzone*) song; *Relig* chant; (*poesia*) poem

'canto² *nm* (*angolo*) corner; (*lato*) side; **dal ~ mio** for my part; **d'altro ~** on the other hand

canto'nata *nf* **prendere una ~** *fig* be sadly mistaken

can'tone *nm* canton; (*angolo*) corner

can'tuccio *nm* nook

canzo'na|re *vt* tease. **~'torio** *a* teasing. **~'tura** *nf* teasing

can'zo|ne *nf* song. **~'netta** *nf fam* pop song. **~ni'ere** *nm* songbook

'caos *nm* chaos. **ca'otico** *a* chaotic

C.A.P. *nm abbr* (**Codice di Avviamento Postale**) post code, zip code *Am*

ca'pac|e *a* able; (*esperto*) skilled; ‹*stadio, contenitore*› big; **~e di** (*disposto a*) capable of. **~ità** *nf inv* ability; (*attitudine*) skill; (*capienza*) capacity

capaci'tarsi *vr* **~ di** (*rendersi conto*) understand; (*accorgersi*) realize

ca'panna *nf* hut

capan'nello *nm* **fare ~ intorno a qcno/qcsa** gather round sb/sth

capan'none *nm* shed; *Aeron* hangar

ca'parbio *a* obstinate

ca'parra *nf* deposit

capa'tina *nf* short visit; **fare una ~ in città/da qcno** pop into town/in on sb

ca'pel|lo *nm* hair; **~li** *pl* (*capigliatura*) hair *sg*. **~'lone** *nm* hippie. **~'luto** *a* hairy

capez'zale *nm* bolster; *fig* bedside

ca'pezzolo *nm* nipple

capi'en|te *a* capacious. **~za** *nf* capacity

capiglia'tura *nf* hair

ca'pire *vt* understand; **~ male** misunderstand; **si capisce!** naturally!; **sì, ho capito** yes, I see

capi'ta|le *a Jur* capital; (*principale*) main ● *nf* (*città*) capital ● *nm Comm* capital. **~'lismo** *nm* capitalism. **~'lista** *nmf* capitalist. **~'listico** *a* capitalist

capitane'ria *nf* **~ di porto** port authorities *pl*

capi'tano *nm* captain

capi'tare *vi* (*giungere per caso*) come; (*accadere*) happen

capi'tello *nm Archit* capital

capito'la|re *vi* capitulate. **~zi'one** *nf* capitulation
ca'pitolo *nm* chapter
capi'tombolo *nm* headlong fall; **fare un ~** tumble down
'capo *nm* head; (*chi comanda*) boss *fam*; (*di vestiario*) item; *Geog* cape; (*in tribù*) chief; (*parte estrema*) top; **a ~** (*in dettato*) new paragraph; **da ~** over again; **in ~ a un mese** within a month; **giramento di ~** dizziness; **mal di ~** headache; **~ d'abbigliamento** item of clothing. **~ d'accusa** *Jur* charge, count. **~ di bestiame** head of cattle
capo'banda *nm Mus* bandmaster; (*di delinquenti*) ringleader
ca'poccia *nm* (*fam: testa*) nut
capocci'one, -a *nmf fam* brainbox
capo'danno *nm* New Year's Day
capofa'miglia *nm* head of the family
capo'fitto *nm* **a ~** headlong
capo'giro *nm* giddiness
capola'voro *nm* masterpiece
capo'linea *nm* terminus
capo'lino *nm* **fare ~** peep in
capolu'ogo *nm* main town
capo'rale *nm* lance-corporal
capo'squadra *nmf Sport* team captain
capo'stipite *nmf* (*di famiglia*) progenitor
capo'tavola *nmf* head of the table
capo'treno *nm* guard
capouf'ficio *nmf* head clerk
capo'verso *nm* first line
capo'vol|gere *vt* overturn; *fig* reverse. **~gersi** *vr* overturn; ‹*barca:*› capsize; *fig* be reversed. **~to** *pp di* **capovolgere** ● *a* upside-down
'cappa *nf* cloak; (*di camino*) cowl; (*di cucina*) hood
cap'pel|la *nf* chapel. **~'lano** *nm* chaplain
cap'pello *nm* hat. **~ a cilindro** top hat
'cappero *nm* caper
'cappio *nm* noose
cap'pone *nm* capon
cap'potto *nm* [over]coat
cappuc'cino *nm* (*frate*) Capuchin; (*bevanda*) white coffee
cap'puccio *nm* hood; (*di penna stilografica*) cap
'capra *nf* goat. **ca'pretto** *nm* kid
ca'pricci|o *nm* whim; (*bizzarria*) freak; **fare i capricci** have tantrums. **~'oso** *a* capricious; ‹*bambino*› naughty
Capri'corno *nm Astr* Capricorn
capri'ola *nf* somersault
capri'olo *nm* roe-deer
'capro *nm* [billy-]goat. **~ espiatorio** scapegoat. **ca'prone** *nm* [billy] goat
'capsula *nf* capsule; (*di proiettile*) cap; (*di dente*) crown
cap'tare *vt Radio, TV* pick up; catch ‹*attenzione*›
cara'bina *nf* carbine
carabini'ere *nm* carabiniere; **carabini'eri** *pl Italian police force (which is a branch of the army)*
ca'raffa *nf* carafe
Ca'raibi *nmpl* (*zona*) Caribbean *sg*; (*isole*) Caribbean Islands; **il mar dei ~** the Caribbean [Sea]
cara'mella *nf* sweet
cara'mello *nm* caramel
ca'rato *nm* carat
ca'ratte|re *nm* character; (*caratteristica*) characteristic; *Typ* type; **di buon ~re** good-natured. **~'ristico, -a** *a* characteristic; (*pittoresco*) quaint ● *nf* characteristic. **~riz'zare** *vt* characterize
carbon'cino *nm* (*per disegno*) charcoal
car'bone *nm* coal
carboniz'zare *vt* burn to a cinder
carbu'rante *nm* fuel
carbura'tore *nm* carburettor
car'cassa *nf* carcass; *fig* old wreck
carce'ra|rio *a* prison *attrib*. **~to, -a** *nmf* prisoner. **~zi'one** *nf* imprisonment. **~zione preventiva** preventive detention
'carcer|e *nm* prison; (*punizione*) imprisonment. **~i'ere, -a** *nmf* gaoler
carci'ofo *nm* artichoke
car'diaco *a* cardiac
cardi'nale *a & nm* cardinal
'cardine *nm* hinge
cardio|chi'rurgo *nm* heart surgeon. **~lo'gia** *nf* cardiology. **cardi'ologo** *nm* heart specialist. **~'tonico** *nm* heart stimulant
'cardo *nm* thistle
ca'rena *nf Naut* bottom
ca'ren|te *a* **~te di** lacking in. **~za** *nf* lack; (*scarsità*) scarcity
care'stia *nf* famine; (*mancanza*) dearth
ca'rezza *nf* caress; **fare una ~ a** caress
cari'a|rsi *vi* decay. **~to** *a* decayed
'carica *nf* office; *Mil, Electr* charge; *fig* drive. **cari'care** *vt* load; *Mil, Electr* charge; wind up ‹*orologio*›. **~'tore** *nm* (*per proiettile*) magazine

carica'tu|ra *nf* caricature. **~'rale** *a* grotesque. **~'rista** *nmf* caricaturist
'carico *a* loaded (**di** with); ‹*colore*› strong; ‹*orologio*› wound [up]; ‹*batteria*› charged ● *nm* load; (*di nave*) cargo; (*il caricare*) loading; **a ~ di** *Comm* to be charged to; ‹*persona*› dependent on
'carie *nf* [tooth] decay
ca'rino *a* pretty; (*piacevole*) agreeable
ca'risma *nm* charisma. **cari'smatico** *a* charismatic
carit|à *nf* charity; **per ~à!** (*come rifiuto*) God forbid!. **~a'tevole** *a* charitable
carnagi'one *nf* complexion
car'naio *nm fig* shambles
car'nale *a* carnal; **cugino ~** first cousin
'carne *nf* flesh; (*alimento*) meat; **~ di manzo/maiale/vitello** beef/pork/veal
car'nefi|ce *nm* executioner. **~'cina** *nf* slaughter
carne'va|le *nm* carnival. **~'lesco** *a* carnival
car'nivoro *nm* carnivore ● *a* carnivorous
car'noso *a* fleshy
'caro, -a *a* dear; **cari saluti** kind regards ● *nmf fam* darling, dear; **i miei cari** my nearest and dearest
ca'rogna *nf* carcass; *fig* bastard
caro'sello *nm* merry-go-round
ca'rota *nf* carrot
caro'vana *nf* caravan; (*di veicoli*) convoy
caro'vita *nm* high cost of living
'carpa *nf* carp
carpenti'ere *nm* carpenter
car'pire *vt* seize; (*con difficoltà*) extort
car'pone, car'poni *adv* on all fours
car'rabile *a* suitable for vehicles; **passo ~** *vedi* **carraio**
car'raio *a* **passo** *nm* **~** *entrance to driveway, garage etc where parking is forbidden*
carreggi'ata *nf* roadway; **doppia ~** dual carriageway, divided highway *Am*
carrel'lata *nf TV* pan
car'rello *nm* trolley; (*di macchina da scrivere*) carriage; *Aeron* undercarriage; *Cinema, TV* dolly. **~ d'atterraggio** *Aeron* landing gear
car'retto *nm* cart
carri'e|ra *nf* career; **di gran ~ra** at full speed; **fare ~ra** get on. **~'rismo** *nm* careerism
carri'ola *nf* wheelbarrow
'carro *nm* cart. **~ armato** tank. **~ attrezzi** breakdown vehicle, wrecker *Am*. **~ funebre** hearse. **~ merci** truck
car'rozza *nf* carriage; *Rail* car, coach. **~ cuccette** sleeping car. **~ ristorante** restaurant car
carroz'zella *nf* (*per bambini*) pram; (*per invalidi*) wheelchair
carrozze'ria *nf* bodywork; (*officina*) bodyshop
carroz'zina *nf* pram; (*pieghevole*) push-chair, stroller *Am*
carroz'zone *nm* (*di circo*) caravan
'carta *nf* paper; (*da gioco*) card; (*statuto*) charter; *Geog* map. **~ d'argento** ≈ senior citizens' railcard. **~ assorbente** blotting-paper. **~ di credito** credit card. **~ geografica** map. **~ d'identità** identity card. **~ igienica** toilet-paper. **~ di imbarco** boarding card. **~ da lettere** writing-paper. **~ da parati** wallpaper. **~ stagnola** silver paper; *Culin* aluminium foil. **~ straccia** waste paper. **~ stradale** road map. **~ velina** tissue-paper. **~ verde** *Auto* green card. **~ vetrata** sandpaper
cartacar'bone *nf* carbon paper
car'taccia *nf* waste paper
carta'modello *nm* pattern
cartamo'neta *nf* paper money
carta'pesta *nf* papier mâché
carta'straccia *nf* waste paper
cartave'trare *vt* sand [down]
car'tel|la *nf* (*per documenti ecc*) briefcase; (*di cartone*) folder; (*di scolaro*) satchel. **~la clinica** medical record. **~'lina** *nf* document wallet, folder
cartel'lino *nm* label; (*dei prezzi*) price-tag; (*di presenza*) time-card; **timbrare il ~** clock in; (*all'uscita*) clock out
car'tel|lo *nm* sign; (*pubblicitario*) poster; (*stradale*) road sign; (*di protesta*) placard: *Comm* cartel. **~'lone** *nm* poster; *Theat* bill
carti'era *nf* paper-mill
carti'lagine *nf* cartilage
car'tina *nf* map
car'toccio *nm* paper bag; **al ~** *Culin* baked in foil
carto'|laio, -a *nmf* stationer. **~le'ria** *nf* stationer's [shop]. **~libre'ria** *nf* stationer's and book shop
carto'lina *nf* postcard. **~ postale** postcard
carto'mante *nmf* fortune-teller
carton'cino *nm* (*materiale*) card
car'tone *nm* cardboard; (*arte*) cartoon. **~ animato** [animated] cartoon
car'tuccia *nf* cartridge

'casa *nf* house; (*abitazione propria*) home; (*ditta*) firm; **amico di ~** family friend; **andare a ~** go home; **essere di ~** be like one of the family; **fatto in ~** home-made; **padrone di ~** (*di pensione ecc*) landlord; (*proprietario*) house owner. **~ di cura** nursing home. **~ popolare** council house. **~ dello studente** hall of residence

ca'sacca *nf* military coat; (*giacca*) jacket

ca'saccio *adv* **a ~** at random

casa'ling|a *nf* housewife. **~o** *a* domestic; (*fatto in casa*) home-made; (*amante della casa*) home-loving; (*semplice*) homely

ca'scante *a* falling; (*floscio*) flabby

ca'sca|re *vi* fall [down]. **~ta** *nf* (*di acqua*) waterfall

ca'schetto *nm* [**capelli a**] **~** bob

ca'scina *nf* farm building

'casco *nm* crash-helmet; (*asciuga-capelli*) [hair-]drier; **~ di banane** bunch of bananas

caseggi'ato *nm* block of flats *Br*, apartment block

casei'ficio *nm* dairy

ca'sella *nf* pigeon-hole. **~ postale** post office box; *Comput* mailbox

casel'lante *nmf* (*per treni*) signalman

casel'lario *nm* **~ giudiziario** record of convictions; **avere il ~ giudiziario vergine** have no criminal record

ca'sello [autostra'dale] *nm* [motorway] toll booth

case'reccio *a* home-made

ca'serma *nf* barracks *pl*; (*dei carabinieri*) [police] station

casi'nista *nmf fam* muddler. **ca'sino** *nm fam* (*bordello*) brothel; (*fig: confusione*) racket; (*disordine*) mess; **un casino di** loads of

casinò *nm inv* casino

ca'sistica *nf* (*classificazione*) case records *pl*

'caso *nm* chance; (*fatto, circostanza, Med, Gram*) case; **a ~** at random; **~ mai** if need be; **far ~ a** pay attention to; **non far ~ a** take no account of; **per ~** by chance. **~ [giudiziario]** [legal] case

caso'lare *nm* farmhouse

'caspita *int* good gracious!

'cassa *nf* till; *Comm* cash; (*luogo di pagamento*) cash desk; (*mobile*) chest; (*istituto bancario*) bank. **~ automatica prelievi** cash dispenser, automatic teller. **~ da morto** coffin. **~ toracica** ribcage

cassa'forte *nf* safe

cassa'panca *nf* linen chest

casseru'ola *nf* saucepan

cas'setta *nf* case; (*per registratore*) cassette. **~ delle lettere** postbox, letterbox. **~ di sicurezza** strong-box

cas'set|to *nm* drawer. **~'tone** *nm* chest of drawers

cassi'ere, -a *nmf* cashier; (*di supermercato*) checkout assistant, checkout operator; (*di banca*) teller

'casta *nf* caste

ca'stagn|a *nf* chestnut. **casta'gneto** *nm* chestnut grove. **~o** *nm* chestnut[-tree]

ca'stano *a* chestnut

ca'stello *nm* castle; (*impalcatura*) scaffold

casti'gare *vt* punish

casti'gato *a* (*casto*) chaste

ca'stigo *nm* punishment

castità *nf* chastity. **'casto** *a* chaste

ca'storo *nm* beaver

ca'strare *vt* castrate

casu'al|e *a* chance *attrib*. **~'mente** *adv* by chance

ca'supola *nf* little house

cata'clisma *nm fig* upheaval

cata'comba *nf* catacomb

cata'fascio *nm* **andare a ~** go to rack and ruin

cata'litico *a* **marmitta catalitica** *Auto* catalytic converter

cataliz'za|re *vt fig* heighten. **~'tore** *nm Auto* catalytic converter

catalo'gare *vt* catalogue. **ca'talogo** *nm* catalogue

catama'rano *nm* (*da diporto*) catamaran

cata'pecchia *nf* hovel; *fam* dump

catapul'tar|e *vt* (*scaraventare fuori*) eject. **~si** *vr* (*precipitarsi*) dive

catarifran'gente *nm* reflector

ca'tarro *nm* catarrh

ca'tasta *nf* pile

ca'tasto *nm* land register

ca'tastrofe *nf* catastrophe. **cata'strofico** *a* catastrophic

cate'chismo *nm* catechism

cate|go'ria *nf* category. **~'gorico** *a* categorical

ca'tena *nf* chain. **~ montuosa** mountain range. **catene** *pl* **da neve** tyre-chains. **cate'naccio** *nm* bolt

cate'|nella *nf* (*collana*) chain. **~'nina** *nf* chain

cate'ratta *nf* cataract

ca'terva *nf* **una ~ di** heaps of

cati'nell|a *nf* basin; **piovere a ~e** bucket down
ca'tino *nm* basin
ca'torcio *nm fam* old wreck
ca'trame *nm* tar
'cattedra *nf* (*tavolo di insegnante*) desk; (*di università*) chair
catte'drale *nf* cathedral
catti'veria *nf* wickedness; (*azione*) wicked action
cattività *nf* captivity
cat'tivo *a* bad; ‹*bambino*› naughty
cattoli'cesimo *nm* Catholicism
cat'tolico, -a *a & nmf* [Roman] Catholic
cat'tu|ra *nf* capture. **~'rare** *vt* capture
caucciù *nm* rubber
'causa *nf* cause; *Jur* lawsuit; **far ~ a qcno** sue sb. **cau'sare** *vt* cause
'caustico *a* caustic
cauta'mente *adv* cautiously
cau'tela *nf* caution
caute'lar|e *vt* protect. **~si** *vr* take precautions
cauteriz'z|are *vt* cauterize. **~i'one** *nf* cauterization
'cauto *a* cautious
cauzi'one *nf* security; (*per libertà provvisoria*) bail
'cava *nf* quarry; *fig* mine
caval'ca|re *vt* ride; (*stare a cavalcioni*) sit astride. **~ta** *nf* ride; (*corteo*) cavalcade. **~'via** *nm* flyover
cavalci'oni *adv* **a ~** astride
cavali'ere *nm* rider; (*titolo*) knight; (*accompagnatore*) escort; (*al ballo*) partner
cavalle|'resco *a* chivalrous. **~'ria** *nf* chivalry; *Mil* cavalry. **~'rizzo, -a** *nm* horseman ● *nf* horsewoman
caval'letta *nf* grasshopper
caval'letto *nm* trestle; (*di macchina fotografica*) tripod; (*di pittore*) easel
caval'lina *nf* (*ginnastica*) horse
ca'vallo *nm* horse; (*misura di potenza*) horsepower; (*scacchi*) knight; (*dei pantaloni*) crotch; **a ~** on horseback; **andare a ~** go horse-riding. **~ a dondolo** rocking-horse
caval'lone *nm* (*ondata*) roller
caval'luccio ma'rino *nm* sea horse
ca'var|e *vt* take out; (*di dosso*) take off; **~sela** get away with it; **se la cava bene** he's/she's doing all right
cava'tappi *nm inv* corkscrew
ca'ver|na *nf* cave. **~'noso** *a* ‹*voce*› deep
'cavia *nf* guinea-pig
cavi'ale *nm* caviar
ca'viglia *nf* ankle
cavil'lare *vi* quibble. **ca'villo** *nm* quibble
cavità *nf inv* cavity
'cavo *a* hollow ● *nm* cavity; (*di metallo*) cable; *Naut* rope
cavo'lata *nf fam* rubbish
cavo'letto *nm* **~ di Bruxelles** Brussels sprout
cavolfi'ore *nm* cauliflower
'cavolo *nm* cabbage; **~!** *fam* sugar!
caz'zo *int vulg* fuck!
caz'zott|o *nm* punch; **prendere qcno a ~i** beat sb up
cazzu'ola *nf* trowel
c/c *abbr* (**conto corrente**) c/a
CD-Rom *nm inv* CD-Rom
ce *pron pers* (*a noi*) (to) us ● *adv* there; **~ ne sono molti** there are many
'cece *nm* chick-pea
cecità *nf* blindness
ceco, -a *a & nmf* Czech; **la Repubblica Ceca** the Czech Republic
Cecoslo'vacc|hia *nf* Czechoslovakia. **c~o, -a** *a & nmf* Czechoslovak
'cedere *vi* (*arrendersi*) surrender; (*concedere*) yield; (*sprofondare*) subside ● *vt* give up; make over ‹*proprietà ecc*›. **ce'devole** *a* ‹*terreno ecc*› soft; *fig* yielding. **cedi'mento** *nm* (*di terreno*) subsidence
'cedola *nf* coupon
'cedro *nm* (*albero*) cedar; (*frutto*) citron
C.E.E. *nf abbr* (**Communità Economica Europea**) E[E]C
'ceffo *nm* (*muso*) snout; (*pej: persona*) mug
cef'fone *nm* slap
ce'lar|e *vt* conceal. **~si** *vr* hide
cele'bra|re *vt* celebrate. **~zi'one** *nf* celebration
'celebr|e *a* famous. **~ità** *nf inv* celebrity
'celere *a* swift
ce'leste *a* (*divino*) heavenly ● *a & nm* (*colore*) sky-blue
celi'bato *nm* celibacy
'celibe *a* single ● *nm* bachelor
'cella *nf* cell
'cellofan *nm inv* cellophane; *Culin* cling film
'cellula *nf* cell. **~ fotoelettrica** electronic eye
cellu'lare *nm* (*telefono*) cellular phone ● *a* **furgone ~** police van; **telefono ~** cellular phone

cellu'lite *nf* cellulite
cellu'loide *a* celluloid
cellu'losa *nf* cellulose
'celt|a *nm* Celt. **~ico** *a* Celtic
cemen'tare *vt* cement. **ce'mento** *nm* cement. **cemento armato** reinforced concrete
'cena *nf* dinner; (*leggera*) supper
ce'nare *vi* have dinner
'cenci|o *nm* rag; (*per spolverare*) duster. **~'oso** *a* in rags
'cenere *nf* ash; (*di carbone ecc*) cinders
ce'netta *nf* (*cena semplice*) informal dinner
'cenno *nm* sign; (*col capo*) nod; (*con la mano*) wave; (*allusione*) hint; (*breve resoconto*) mention
ce'none *nm* **il ~ di Capodanno/Natale** *special New Year's Eve/Christmas Eve dinner*
censi'mento *nm* census
cen's|ore *nm* censor. **~ura** *nf* censorship. **~u'rare** *vt* censor
'cent *nm inv* cent
centelli'nare *vt* sip
cente'n|ario, -a *a & nmf* centenarian ● *nm* (*commemorazione*) centenary. **~'nale** *a* centennial
cen'tesimo *a* hundredth ● *nm* (*di moneta*) cent; **non avere un ~** be penniless
cen'ti|grado *a* centigrade. **~metro** *nm* centimetre
centi'naio *nm* hundred
'cento *a & nm* a *or* one hundred; **per ~** per cent
centome'trista *nmf Sport* one hundred metres runner
cento'mila *nm* a *or* one hundred thousand
cen'trale *a* central ● *nf* (*di società ecc*) head office. **~ atomica** atomic power station. **~ elettrica** power station. **~ nucleare** nuclear power station. **~ telefonica** [telephone] exchange
centra'li|na *nf Teleph* switchboard. **~'nista** *nmf* operator
centra'lino *nm Teleph* exchange; (*di albergo ecc*) switchboard
centra'li|smo *nm* centralism. **~z'zare** *vt* centralize
cen'trare *vt* **~ qcsa** hit sth in the centre; (*fissare nel centro*) centre; *fig* hit on the head ‹*idea*›
cen'trifu|ga *nf* spin-drier. **~ [asciugaverdure]** shaker. **~'gare** *vt Techn* centrifuge; ‹*lavatrice:*› spin
cen'trino *nm* doily
'centro *nm* centre. **~ [città]** city centre. **~ commerciale** shopping centre, mall. **~ sociale** community centre
'ceppo *nm* (*di albero*) stump; (*da ardere*) log; (*fig: gruppo*) stock
'cera *nf* wax; (*aspetto*) look. **~ per il pavimento** floor-polish
ce'ramica *nf* (*arte*) ceramics; (*materia*) pottery; (*oggetto*) piece of pottery
ce'rato *a* ‹*tela*› waxed
cerbi'atto *nm* fawn
'cerca *nf* **andare in ~ di** look for
cercaper'sone *nm inv* beeper
cer'care *vt* look for ● *vi* **~ di** try to
'cerchi|a *nf* circle. **~'are** *vt* circle ‹*parola*›. **~'ato** *a* ‹*occhi*› black-ringed. **~'etto** *nm* (*per capelli*) hairband
'cerchi|o *nm* circle; (*giocattolo*) hoop. **~'one** *nm* alloy wheel
cere'ale *nm* cereal
cere'brale *a* cerebral
'cereo *a* waxen
ce'retta *nf* depilatory wax
ceri'moni|a *nf* ceremony. **~'ale** *nm* ceremonial. **~'oso** *a* ceremonious
ce'rino *nm* [wax] match
cerni'era *nf* hinge; (*di borsa*) clasp. **~ lampo** zip[-fastener], zipper *Am*
'cernita *nf* selection
'cero *nm* candle
ce'rone *nm* grease-paint
ce'rotto *nm* [sticking] plaster
certa'mente *adv* certainly
cer'tezza *nf* certainty
certifi'ca|re *vt* certify. **~to** *nm* certificate
'certo *a* certain; ‹*notizia*› definite; (*indeterminativo*) some; **sono ~ di riuscire** I am certain to succeed; **a una certa età** at a certain age; **certi giorni** some days; **un ~ signor Giardini** a Mr Giardini; **una certa Anna** somebody called Anna; **certa gente** *pej* some people; **ho certi dolori!** I'm in such pain!. **certi** *pron pl* some; (*alcune persone*) some people ● *adv* of course; **sapere per ~** know for certain, know for sure; **di ~** surely; **~ che sì!** of course!
cer'vel|lo *nm* brain. **~'lone, -a** *nmf hum* genius. **~'lotico** *a* (*macchinoso*) over-elaborate
'cervo *nm* deer
ce'sareo *a Med* Caesarean
cesel'la|re *vt* chisel. **~to** *a* chiselled. **ce'sello** *nm* chisel
ce'soie *nfpl* shears
ce'spugli|o *nm* bush. **~'oso** *a* ‹*terreno*› bushy

ces'sa|re *vi* stop, cease ● *vt* stop. **~re** *nm* **il fuoco** ceasefire. **~zi'one** *nf* cessation

cessi'one *nf* handover

'cesso *nm sl* (*gabinetto*) bog, john *Am*; (*fig: locale, luogo*) dump

'cesta *nf* [large] basket. **ce'stello** *nm* (*per lavatrice*) drum

cesti'nare *vt* throw away. **ce'stino** *nm* [small] basket; (*per la carta straccia*) waste-paper basket. **'cesto** *nm* basket

'ceto *nm* [social] class

'cetra *nf* lyre

cetrio'lino *nm* gherkin. **cetri'olo** *nm* cucumber

cfr *abbr* (**confronta**) cf.

chat'tare *vi Comput* chat

che *pron rel* (*persona: soggetto*) who; (*persona: oggetto*) that, who, whom *fml*; (*cosa, animale*) that, which; **questa è la casa ~ ho comprato** this is the house [that] I've bought; **il ~ mi sorprende** which surprises me; **dal ~ deduco che...** from which I gather that...; **avere di ~ vivere** have enough to live on; **grazie! – non c'è di! ~** thank you! – don't mention it!; **il giorno ~ ti ho visto** *fam* the day I saw you ● *a inter* what; (*esclamativo: con aggettivo*) how; (*con nome*) what a; **~ macchina prendiamo, la tua o la mia?** which car are we taking, yours or mine?; **~ bello!** how nice!; **~ idea!** what an idea!; **~ bella giornata!** what a lovely day! ● *pron inter* what; **a ~ pensi?** what are you thinking about? ● *conj* that; (*con comparazioni*) than; **credo ~ abbia ragione** I think [that] he is right; **era così commosso ~ non riusciva a parlare** he was so moved [that] he couldn't speak; **aspetto ~ telefoni** I'm waiting for him to phone; **è da un po' ~ non lo vedo** it's been a while since I saw him; **mi piace più Roma ~ Milano** I like Rome better than Milan; **~ ti piaccia o no** whether you like it or not; **~ io sappia** as far as I know

checché *pron indef* whatever

chemiotera'pia *nf* chemotherapy

chero'sene *nm* paraffin

cheru'bino *nm* cherub

cheti'chella: **alla ~** *adv* silently

'cheto *a* quiet

chi *pron rel* whoever; (*coloro che*) people who; **ho trovato ~ ti può aiutare** I found somebody who can help you; **c'è ~ dice che...** some people say that...; **senti ~ parla!** listen to who's talking! ● *pron inter* (*soggetto*) who; (*oggetto, con preposizione*) who, whom *fml*; (*possessivo*) **di ~** whose; **~ sei?** who are you?; **~ hai incontrato?** who did you meet?; **di ~ sono questi libri?** whose books are these?; **con ~ parli?** who are you talking to?; **a ~ lo dici!** tell me about it!

chi'acchie|ra *nf* chat; (*pettegolezzo*) gossip. **~'rare** *vi* chat; (*far pettegolezzi*) gossip. **~'rato** *a* **essere ~rato** ‹*persona:*› be the subject of gossip; **~re** *pl* chitchat; **far quattro ~re** have a chat. **~'rone, -a** *a* talkative ● *nmf* chatterer

chia'ma|re *vt* call; (*far venire*) send for; **~re alle armi** call up. **~rsi** *vr* be called; **come ti chiami?** what's your name? **~ta** *nf* call; *Mil* call-up

chi'appa *nf fam* cheek

chiara'mente *adv* clearly

chia'rezza *nf* clarity; (*limpidezza*) clearness

chiarifi'ca|re *vt* clarify. **~'tore** *a* clarificatory. **~zi'one** *nf* clarification

chiari'mento *nm* clarification

chia'rir|e *vt* make clear; (*spiegare*) clear up. **~si** *vr* become clear

chi'aro *a* clear; (*luminoso*) bright; ‹*colore*› light. **chia'rore** *nm* glimmer

chiaroveg'gente *a* clear-sighted ● *nmf* clairvoyant

chi'as|so *nm* din. **~'soso** *a* rowdy

chi'av|e *nf* key; **chiudere a ~e** lock. **~e inglese** monkey-wrench. **~i'stello** *nm* latch

chiaz|za *nf* stain. **~'zare** *vt* stain

chic *a inv* chic

chicches'sia *pron* anybody

'chicco *nm* grain; (*di caffe*) bean; (*d'uva*) grape

chi'eder|e *vt* ask; (*per avere*) ask for; (*esigere*) demand. **~si** *vr* wonder

chi'esa *nf* church

chi'esto *pp di* **chiedere**

'chiglia *nf* keel

'chilo *nm* kilo

chilo'grammo *nm* kilogram[me]

chilome'traggio *nm Auto* ≈ mileage

chilo'metrico *a* in kilometres

chi'lometro *nm* kilometre

chi'mera *nf fig* illusion

'chimic|a *nf* chemistry. **~o, -a** *a* chemical ● *nmf* chemist

'china *nf* (*declivio*) slope; **inchiostro di ~** Indian ink

chi'nar|e *vt* lower. **~si** *vr* stoop

chincaglie'rie *nfpl* knick-knacks

chinesitera'pia *nf* physiotherapy
chi'nino *nm* quinine
'chino *a* bent
chi'notto *nm sparkling soft drink*
chi'occia *nf* sitting hen
chi'occiola *nf* snail; *Comput* at sign, @; **scala a ~** spiral staircase
chi'odo *nm* nail; (*idea fissa*) obsession. **~ di garofano** clove
chi'oma *nf* head of hair; (*fogliame*) foliage
chi'osco *nm* kiosk; (*per giornali*) news-stand
chi'ostro *nm* cloister
chiro'man|te *nmf* palmist. **~'zia** *nf* palmistry
chirur'gia *nf* surgery. **chi'rurgico** *a* surgical. **chi'rurgo** *nm* surgeon
chissà *adv* who knows; **~ quando arriverà** I wonder when he will arrive
chi'tar|ra *nf* guitar. **~'rista** *nmf* guitarist
chi'uder|e *vt* shut, close; (*con la chiave*) lock; turn off ‹*luce, acqua ecc*›; (*per sempre*) close down ‹*negozio, fabbrica ecc*›; (*recingere*) enclose ● *vi* shut, close. **~si** *vr* shut; ‹*tempo:*› cloud over; ‹*ferita:*› heal over; *fig* withdraw into oneself
chi'unque *pron indef* anyone, anybody ● *pron rel* whoever
chi'usa *nf* enclosure; (*di canale*) lock; (*conclusione*) close
chi'u|so *pp di* **chiudere** ● *a* shut; ‹*tempo*› overcast; ‹*persona*› reserved. **~'sura** *nf* closing; (*sistema*) lock; (*allacciatura*) fastener. **~sura lampo** zip, zipper *Am*
ci *pron* (*personale*) us; (*riflessivo*) ourselves; (*reciproco*) each other; (*a ciò, di ciò ecc*) about it; **non ci disturbare** don't disturb us; **aspettateci** wait for us; **ci ha detto tutto** he told us everything; **ce lo manderanno** they'll send it to us; **ci consideriamo...** we consider ourselves...; **ci laviamo le mani** we wash our hands; **ci odiamo** we hate each other; **non ci penso mai** I never think about it; **pensaci!** think about it! ● *adv* (*qui*) here; (*lì*) there; (*moto per luogo*) through it; **ci siamo** we are here; **ci siete?** are you there?; **ci siamo passati tutti** we all went through it; **c'è** there is; **ce ne sono molti** there are many; **ci vuole pazienza** it takes patience; **non ci vedo/sento** I can't see/hear
cia'bat|ta *nf* slipper. **~'tare** *vi* shuffle
ciabat'tino *nm* cobbler
ci'alda *nf* wafer
cial'trone *nm* (*mascalzone*) scoundrel
ciam'bella *nf Culin* ring-shaped cake; (*salvagente*) lifebelt; (*gonfiabile*) rubber ring
cianci'are *vi* gossip
cianfru'saglie *nfpl* knick-knacks
cia'notico *a* ‹*colorito*› puce
ci'ao *int fam* (*all' arrivo*) hello!, hi!; (*alla partenza*) bye-bye!, cheerio!
ciar'la|re *vi* chat. **~'tano** *nm* charlatan
cias'cuno *a* each ● *pron* everyone, everybody; (*distributivo*) each [one]; **per ~** each
ci'bar|e *vt* feed. **~ie** *nfpl* provisions. **~si** *vr* eat; **~si di** live on
ciber'netico *a* cybernetic
'cibo *nm* food
ci'cala *nf* cicada
cica'lino *nm* buzzer
cica'tri|ce *nf* scar. **~z'zante** *nm* ointment
cicatriz'zarsi *vr* heal [up]. **cicatrizzazi'one** *nf* healing
'cicca *nf* cigarette end; (*fam: sigaretta*) fag; (*fam: gomma*) [chewing] gum
cic'chetto *nm* (*bicchierino*) nip; (*rimprovero*) telling-off
'cicci|a *nf fam* fat, flab. **~'one, -a** *nmf fam* fatty, fatso
cice'rone *nm* guide
cicla'mino *nm* cyclamen
ci'clis|mo *nm* cycling. **~ta** *nmf* cyclist
'ciclo *nm* cycle; (*di malattia*) course
ciclomo'tore *nm* moped
ci'clone *nm* cyclone
ci'cogna *nf* stork
ci'coria *nf* chicory
ci'eco, -a *a* blind ● *nm* blind man ● *nf* blind woman
ci'elo *nm* sky; *Relig* heaven; **santo ~!** good heavens!
'cifra *nf* figure; (*somma*) sum; (*monogramma*) monogram; (*codice*) code
ci'fra|re *vt* embroider with a monogram; (*codificare*) code. **~to** *a* monogrammed; coded
'ciglio *nm* (*bordo*) edge; (*pl nf* **ciglia**: *delle palpebre*) eyelash
'cigno *nm* swan
cigo'l|are *vt* squeak. **~io** *nm* squeak
'Cile *nm* Chile
ci'lecca *nf* **far ~** miss
ci'leno, -a *a & nmf* Chilean
cili'egi|a *nf* cherry. **~o** *nm* cherry [tree]

cilin'drata *nf* cubic capacity, c.c.; **macchina di alta ~** highpowered car
ci'lindro *nm* cylinder; (*cappello*) top hat
'cima *nf* top; (*fig: persona*) genius; **da ~ a fondo** from top to bottom
ci'melio *nm* relic
cimen'tar|e *vt* put to the test. **~si** *vr* (*provare*) try one's hand
'cimice *nf* bug; (*puntina*) drawing pin, thumbtack *Am*
cimini'era *nf* chimney; *Naut* funnel
cimi'tero *nm* cemetery
ci'murro *nm* distemper
'Cina *nf* China
cin cin! *int* cheers!
cincischi'are *vi* fiddle
'cine *nm fam* cinema
cine'asta *nmf* film maker
'cinema *nm inv* cinema. **cine'presa** *nf* cine-camera
ci'nese *a & nmf* Chinese
cine'teca *nf* (*raccolta*) film collection
ci'netico *a* kinetic
'cingere *vt* (*circondare*) surround
'cinghia *nf* strap; (*cintura*) belt
cinghi'ale *nm* wild boar; **pelle di ~** pigskin
cinguet't|are *vi* twitter. **~io** *nm* twittering
'cinico *a* cynical
ci'niglia *nf* (*tessuto*) chenille
ci'nismo *nm* cynicism
ci'nofilo *a* ‹*unità*› dog-loving
cin'quanta *a & nm* fifty. **cinquan'tenne** *a & nmf* fifty-year-old. **cinquan'tesimo** *a* fiftieth. **cinquan'tina** *nf* **una cinquantina** about fifty
'cinque *a & nm* five
cinquecen'tesco *a* sixteenth-century
cinque'cento *a* five hundred ● *nm* **il C~** the sixteenth century
cinque'mila *a & nm* five thousand
'cinta *nf* (*di pantaloni*) belt; **muro di ~** [boundary] wall. **cin'tare** *vt* enclose
'cintola *nf* (*di pantaloni*) belt
cin'tura *nf* belt. **~ di salvataggio** lifebelt. **~ di sicurezza** *Aeron, Auto* seat-belt
cintu'rino *nm* **~ dell'orologio** watch-strap
ciò *pron* this; that; **~ che** what; **~ nondimeno** nevertheless
ci'occa *nf* lock
ciocco'la|ta *nf* chocolate; (*bevanda*) [hot] chocolate. **~'tino** *nm* chocolate. **~to** *nm* chocolate. **~to al latte/fondente** milk/plain chocolate
cioè *adv* that is
ciondo'l|are *vi* dangle. **ci'ondolo** *nm* pendant. **~oni** *adv fig* hanging about
ciononos'tante *adv* nonetheless
ci'otola *nf* bowl
ci'ottolo *nm* pebble
ci'polla *nf* onion; (*bulbo*) bulb
ci'presso *nm* cypress
'cipria *nf* [face] powder
'Cipro *nm* Cyprus. **cipri'ota** *a & nmf* Cypriot
'circa *adv & prep* about
'circo *nm* circus
circo'la|re *a* circular ● *nf* circular; (*di metropolitana*) circle line ● *vi* circulate. **~'torio** *a Med* circulatory. **~zi'one** *nf* circulation; (*traffico*) traffic
'circolo *nm* circle; (*società*) club
circon'ci|dere *vt* circumcise. **~si'one** *nf* circumcision
circon'dar|e *vt* surround. **~io** *nm* (*amministrativo*) administrative district. **~si di** *vr* surround oneself with
circonfe'renza *nf* circumference. **~ dei fianchi** hip measurement
circonvallazi'one *nf* ring road
circo'scritto *a* limited
circoscrizi'one *nf* area. **~ elettorale** constituency
circo'spetto *a* wary
circospezi'one *nf* **con ~** warily
circo'stante *a* surrounding
circo'stanza *nf* circumstance; (*occasione*) occasion
circu'ire *vt* (*ingannare*) trick
cir'cuito *nm* circuit
circumnavi'ga|re *vt* circumnavigate. **~zi'one** *nf* circumnavigation
'ciste *nf inv* cyst
ci'sterna *nf* cistern; (*serbatoio*) tank
'cisti *nf inv* cyst
ci'ta|re *vt* (*riportare brani ecc*) quote; (*come esempio*) cite; *Jur* summons. **~zi'one** *nf* quotation; *Jur* summons *sg*
citofo'nare *vt* buzz. **ci'tofono** *nm* entry phone; (*in ufficio, su aereo ecc*) intercom
ci'trullo *nmf fam* dimwit
città *nf inv* town; (*grande*) city
citta'della *nf* citadel
citta|di'nanza *nf* citizenship; (*popolazione*) citizens *pl*. **~'dino, -a** *nmf* citizen; (*abitante di città*) city dweller
ciucci'are *vt fam* suck. **ci'uccio** *nm fam* dummy
ci'uco *nm* ass

ci'uffo *nm* tuft
ci'urma *nf Naut* crew
ci'vet|ta *nf* owl; (*fig: donna*) flirt; [**auto**] **~ta** unmarked police car. **~'tare** *vi* flirt. **~te'ria** *nf* coquettishness
'civico *a* civic
ci'vil|e *a* civil. **~iz'zare** *vt* civilize. **~iz'zato** *a* ‹*paese*› civilized. **~izzazi'one** *nf* civilization. **~'mente** *adv* civilly
civiltà *nf inv* civilization; (*cortesia*) civility
'clacson *nm inv* horn. **clacso'nare** *vi* beep the horn, hoot
cla'mo|re *nm* clamour; **fare ~re** cause a sensation. **~rosa'mente** *adv* ‹*sbagliare*› sensationally. **~'roso** *a* noisy; ‹*sbaglio*› sensational
clan *nm inv* clan; *fig* clique
clandestin|a'mente *adv* secretly. **~ità** *nf* secrecy
clande'stino *a* clandestine; **movimento ~** underground movement; **passeggero ~** stowaway
clari'netto *nm* clarinet
'classe *nf* class. **~ turistica** tourist class
classi'cis|mo *nm* classicism. **~ta** *nmf* classicist
'classico *a* classical; (*tipico*) classic ● *nm* classic
clas'sifi|ca *nf* classification; *Sport* results *pl*. **~'care** *vt* classify. **~'carsi** *vr* be placed. **~ca'tore** *nm* (*cartella*) folder. **~cazi'one** *nf* classification
clas'sista *nmf* class-conscious person
'clausola *nf* clause
claustro|fo'bia *nf* claustrophobia. **~'fobico** *a* claustrophobic
clau'sura *nf Relig* enclosed order
clavi'cembalo *nm* harpsichord
cla'vicola *nf* collar-bone
cle'men|te *a* merciful; ‹*tempo*› mild. **~za** *nf* mercy
cleri'cale *a* clerical. **'clero** *nm* clergy
clic *nm Comput* click; **fare ~ su** click on; **fare doppio ~ su** double-click on
clic'care *vi* click (**su** on)
cli'en|te *nmf* client; (*di negozio*) customer. **~'tela** *nf* customers *pl*
'clima *nm* climate. **cli'matico** *a* climatic
'clinica *nf* clinic. **clinico** *a* clinical ● *nm* clinician
clo'na|re *vt* clone. **~'zione** *nf* cloning
'cloro *nm* chlorine. **~'formio** *nm* chloroform
clou *a inv* **momenti ~** highlights
coabi'ta|re *vi* live together. **~zi'one** *nf* cohabitation
coagu'la|re *vt*, **~rsi** *vr* coagulate. **~zi'one** *nf* coagulation
coaliz|i'one *nf* coalition. **~'zarsi** *vr* unite
co'atto *a Jur* compulsory
'cobra *nm inv* cobra
coca'ina *nf* cocaine. **cocai'nomane** *nmf* cocaine addict
cocci'nella *nf* ladybird
'coccio *nm* earthenware; (*frammento*) fragment
cocci|u'taggine *nf* stubbornness. **~'uto** *a* stubborn
'cocco *nm* coconut palm; *fam* love; **noce di ~** coconut
cocco'drillo *nm* crocodile
cocco'lare *vt* cuddle
co'cente *a* ‹*sole*› burning
'cocktail *nm inv* (*ricevimento*) cocktail party
co'comero *nm* watermelon
co'cuzzolo *nm* top; (*di testa, cappello*) crown
'coda *nf* tail; (*di abito*) train; (*fila*) queue; **fare la ~** queue [up], stand in line *Am*. **~ di cavallo** (*acconciatura*) ponytail. **~ dell'occhio** corner of one's eye **~ di paglia** guilty conscience
co'dardo, -a *a* cowardly ● *nmf* coward
'codice *nm* code. **~ di avviamento postale** postal code, zip code *Am*. **~ a barre** bar-code. **~ fiscale** tax code. **~ della strada** highway code.
codifi'care *vt* codify
coe'ren|te *a* consistent. **~za** *nf* consistency
coesi'one *nf* cohesion
coe'sistere *vi* coexist
coe'taneo, -a *a & nmf* contemporary
cofa'netto *nm* casket. **'cofano** *nm* (*forziere*) chest; *Auto* bonnet, hood *Am*
'cogliere *vt* pick; (*sorprendere*) catch; (*afferrare*) seize; (*colpire*) hit
co'gnato, -a *nmf* brother-in-law; sister-in-law
cognizi'one *nf* knowledge
co'gnome *nm* surname
'coi = con + i
coinci'denza *nf* coincidence; (*di treno ecc*) connection
coin'cidere *vi* coincide
coinqui'lino *nm* flatmate
coin'vol|gere *vt* involve. **~gi'mento** *nm* involvement. **~to** *a* involved
'coito *nm* coitus

col = **con** + **il**
colà *adv* there
cola|'brodo *nm inv* strainer; **ridotto a un ~brodo** *fam* full of holes. **~'pasta** *nm inv* colander
co'la|re *vt* strain; (*versare lentamente*) drip ● *vi* (*gocciolare*) drip; (*perdere*) leak; **~re a picco** *Naut* sink. **~ta** *nf* (*di metallo*) casting; (*di lava*) flow
colazi'one *nf* (*del mattino*) breakfast; (*di mezzogiorno*) lunch; **prima ~** breakfast; **far ~** have breakfast/lunch. **~ al sacco** packed lunch
co'lei *pron f* the one
co'lera *nm* cholera
coleste'rolo *nm* cholesterol
colf *nf abbr* (**collaboratrice familiare**) home help
'colica *nf* colic
co'lino *nm* [tea] strainer
'colla *nf* glue; (*di farina*) paste. **~ di pesce** gelatine
collabo'ra|re *vi* collaborate. **~'tore, ~'trice** *nmf* collaborator. **~zi'one** *nf* collaboration
col'lana *nf* necklace; (*serie*) series
col'lant *nm* tights *pl*
col'lare *nm* collar
col'lasso *nm* collapse
collau'dare *vt* test. **col'laudo** *nm* test
'colle *nm* hill
col'lega *nmf* colleague
collega'mento *nm* connection; *Mil* liaison; *Radio ecc* link. **colle'gar|e** *vt* connect. **~si** *vr TV, Radio* link up
collegi'ale *nmf* boarder ● *a* ‹*responsabilità, decisione*› collective
col'legio *nm* (*convitto*) boarding-school. **~ elettorale** constituency
'collera *nf* anger; **andare in ~** get angry. **col'lerico** *a* irascible
col'letta *nf* collection
collet|tività *nf inv* community. **~'tivo** *a* collective; ‹*interesse*› general; **biglietto ~tivo** group ticket
col'letto *nm* collar
collezi|o'nare *vt* collect. **~'one** *nf* collection. **~o'nista** *nmf* collector
colli'mare *vi* coincide
col'li|na *nf* hill. **~'noso** *a* ‹*terreno*› hilly
col'lirio *nm* eyewash
collisi'one *nf* collision
'collo *nm* neck; (*pacco*) package; **a ~ alto** high-necked. **~ del piede** instep
colloca'mento *nm* placing; (*impiego*) employment
collo'ca|re *vt* place. **~rsi** *vr* take one's place. **~zi'one** *nf* placing
colloqui'ale *a* ‹*termine*› colloquial.
col'loquio *nm* conversation; (*udienza ecc*) interview; (*esame*) oral [exam]
collusi'one *nf* collusion
colluttazi'one *nf* scuffle
col'mare *vt* fill [to the brim]; bridge ‹*divario*›; **~ qcno di gentilezze** overwhelm sb with kindness. **'colmo** *a* full ● *nm* top; *fig* height; **al colmo della disperazione** in the depths of despair; **questo è il colmo!** (*con indignazione*) this is the last straw!; (*con stupore*) I don't believe it!
co'lomb|a *nf* dove. **~o** *nm* pigeon
co'loni|a¹ *nf* colony; **~a [estiva]** (*per bambini*) holiday camp. **~'ale** *a* colonial
co'lonia² *nf* **[acqua di] ~** [eau de] Cologne
co'lonico *a* ‹*terreno, casa*› farm
coloniz'za|re *vt* colonize. **~'tore, ~'trice** *nmf* colonizer
co'lon|na *nf* column. **~ sonora** soundtrack. **~ vertebrale** spine. **~'nato** *nm* colonnade
colon'nello *nm* colonel
co'lono *nm* tenant farmer
colo'rante *nm* colouring
colo'rare *vt* colour; colour in ‹*disegno*›
co'lore *nm* colour; **a colori** in colour; **di ~** coloured. **colo'rito** *a* coloured; ‹*viso*› rosy; ‹*racconto*› colourful ● *nm* complexion
co'loro *pron pl* the ones
colos'sale *a* colossal. **co'losso** *nm* colossus
'colpa *nf* fault; (*biasimo*) blame; (*colpevolezza*) guilt; (*peccato*) sin; **dare la ~ a** blame; **essere in ~** be at fault; **per ~ di** because of. **col'pevole** *a* guilty ● *nmf* culprit
col'pire *vt* hit, strike; **~ nel segno** hit the nail on the head
'colpo *nm* blow; (*di arma da fuoco*) shot; (*urto*) knock; (*emozione*) shock; *Med, Sport* stroke; (*furto*) raid; **di ~** suddenly; **far ~** make a strong impression; **far venire un ~ a qcno** *fig* give sb a fright; **perdere colpi** ‹*motore:*› keep missing; **a ~ d'occhio** at a glance; **a ~ sicuro** for certain. **~ d'aria** chill. **~ basso** blow below the belt. **~ di scena** coup de théâtre. **~ di sole** sunstroke; **colpi** *pl* **di sole** (*su capelli*) highlights. **~ di stato** coup [d'état]. **~**

di telefono ring; **dare un ~ di telefono a qn** give sb a ring. **~ di testa** [sudden] impulse. **~ di vento** gust of wind

col'poso *a* **omicidio ~** manslaughter

coltel'lata *nf* stab. **col'tello** *nm* knife

colti'va|re *vt* cultivate. **~'tore, ~'trice** *nmf* farmer. **~zi'one** *nf* farming; (*di piante*) growing

'colto *pp di* **cogliere** ● *a* cultured

'coltre *nf* blanket

col'tura *nf* cultivation

co'lui *pron inv m* the one

'coma *nm inv* coma; **in ~** in a coma

comanda'mento *nm* commandment

coman'dante *nm* commander; *Naut, Aeron* captain

coman'dare *vt* command; *Mech* control ● *vi* be in charge. **co'mando** *nm* command; (*di macchina*) control

co'mare *nf* (*madrina*) godmother

combaci'are *vi* fit together; ‹*testimonianze:*› concur

combat'tente *a* fighting ● *nm* combatant. **ex ~** ex-serviceman

com'bat|tere *vt/i* fight. **~ti'mento** *nm* fight; *Mil* battle; **fuori ~timento** ‹*pugilato*› knocked out. **~'tuto** *a* ‹*gara*› hard fought

combi'na|re *vt/i* arrange; (*mettere insieme*) combine; (*fam: fare*) do; **cosa stai ~ndo?** what are you doing?. **~rsi** *vr* combine; (*mettersi d'accordo*) come to an agreement. **~zi'one** *nf* combination; (*caso*) coincidence; **per ~zione** by chance

com'briccola *nf* gang

combu'sti|bile *a* combustible ● *nm* fuel. **~'one** *nf* combustion

com'butta *nf* gang; **in ~** in league

'come *adv* like; (*in qualità di*) as; (*interrogativo, esclamativo*) how; **questo vestito è ~ il tuo** this dress is like yours; **~ stai?** how are you?; **~ va?** how are things?; **~ mai?** how come?; **~?** what?; **non sa ~ fare** he doesn't know what to do; **~ sta bene!** how well he looks!; **~ no!** that will be right!; **~ tu sai** as you know; **fa ~ vuoi** do as you like; **~ se** as if ● *conj* (*non appena*) as soon as

co'meta *nf* comet

'comico, -a *a* comic[al]; ‹*teatro*› comic ● *nm* funny side ● *nmf* (*attore*) comedian, comic actor ● *nf* (*a torte in faccia*) slapstick sketch

co'mignolo *nm* chimney-pot

cominci'are *vt/i* begin, start; **a ~ da oggi** from today; **per ~** to begin with

comi'tato *nm* committee

comi'tiva *nf* party, group

co'mizio *nm* meeting

com'mando *nm inv* commando

com'medi|a *nf* comedy; (*opera teatrale*) play; *fig* sham. **~a musicale** musical. **~'ante** *nmf* comedian; *fig pej* phoney. **~'ografo, -a** *nmf* playwright

commemo'ra|re *vt* commemorate. **~zi'one** *nf* commemoration

commen'sale *nmf* fellow diner

commen't|are *vt* comment on; (*annotare*) annotate. **~ario** *nm* commentary. **~a'tore, ~a'trice** *nmf* commentator. **com'mento** *nm* comment

commerci'a|le *a* commercial; ‹*relazioni, trattative*› trade; ‹*attività*› business. **centro ~le** shopping centre. **~'lista** *nmf* business consultant; (*contabile*) accountant. **~liz'zare** *vt* market. **~lizzazi'one** *nf* marketing

commerci'ante *nmf* trader, merchant; (*negoziante*) shopkeeper. **~ all'ingrosso** wholesaler

commerci'are *vi* **~ in** deal in

com'mercio *nm* commerce; (*internazionale*) trade; (*affari*) business; **in ~** ‹*prodotto*› on sale. **~ all'ingrosso** wholesale trade. **~ al minuto** retail trade

com'messo, -a *pp di* **commettere** ● *nmf* shop assistant. **~ viaggiatore** commercial traveller ● *nf* (*ordine*) order

comme'stibile *a* edible. **commestibili** *nmpl* groceries

com'mettere *vt* commit; make ‹*sbaglio*›

commi'ato *nm* leave; **prendere ~ da** take leave of

commise'rar|e *vt* commiserate with. **~si** *vr* feel sorry for oneself

commissari'ato *nm* (*di polizia*) police station

commis's|ario *nm* ≈ [police] superintendent; (*membro di commissione*) commissioner; *Sport* steward; *Comm* commission agent. **~ario d'esame** examiner. **~i'one** *nf* (*incarico*) errand; (*comitato ecc*) commission; (*Comm: di merce*) order; **~ioni** *pl* (*acquisti*) **fare ~ioni** go shopping. **~ione d'esame** board of examiners. **C~ione Europea** European Commission

commit'tente *nmf* purchaser

com'mo|sso *pp di* **commuovere** ● *a* moved. **~'vente** *a* moving

commozi'one *nf* emotion. **~ cerebrale** concussion

commu'over|e *vt* touch, move. **~si** *vr* be touched

commu'tare *vt* change; *Jur* commute

comò *nm inv* chest of drawers

comoda'mente *adv* comfortably

como'dino *nm* bedside table

comodità *nf inv* comfort; (*convenienza*) convenience

'comodo *a* comfortable; (*conveniente*) convenient; (*spazioso*) roomy; (*facile*) easy; **stia ~!** don't get up!; **far ~** be useful ● *nm* comfort; **fare il proprio ~** do as one pleases

compae'sano, -a *nmf* fellow countryman

com'pagine *nf* (*squadra*) team

compa'gnia *nf* company; (*gruppo*) party; **fare ~ a qcno** keep sb company; **essere di ~** be sociable. **~ aerea** airline

com'pagno, -a *nmf* companion, mate; *Comm, Sport* partner; *Pol* comrade. **~ di scuola** schoolmate

compa'rabile *a* comparable

compa'ra|re *vt* compare. **~'tivo** *a & nm* comparative. **~zi'one** *nf* comparison

com'pare *nm* (*padrino*) godfather; (*testimone di matrimonio*) witness

compa'rire *vi* appear; (*spiccare*) stand out; **~ in giudizio** appear in court

com'parso, -a *pp di* **comparire** ● *nf* appearance; *Cinema* extra; *Theat* walk-on

compartecipazi'one *nf* sharing; (*quota*) share

comparti'mento *nm* compartment; (*amministrativo*) department

compas'sato *a* calm and collected

compassi'o|ne *nf* compassion; **aver ~ per** feel pity for; **far ~** arouse pity. **~'nevole** *a* compassionate

com'passo *nm* [pair of] compasses *pl*

compa'tibil|e *a* (*conciliabile*) compatible; (*scusabile*) excusable. **~ità** *nf* compatibility. **~'mente** *adv* **~mente con i miei impegni** if my commitments allow

compa'tire *vt* pity; (*scusare*) make allowances for

compatri'ota *nmf* compatriot

compat'tezza *nf* (*di materia*) compactness. **com'patto** *a* compact; (*denso*) dense; (*solido*) solid; *fig* united

compene'trare *vt* pervade

compen'sar|e *vt* compensate; (*supplire*) make up for. **~si** *vr* balance each other out

compen'sato *nm* (*legno*) plywood

compensazi'one *nf* compensation

com'penso *nm* compensation; (*retribuzione*) remuneration; **in ~** (*in cambio*) in return; (*d'altra parte*) on the other hand; (*invece*) instead

'comper|a *nf* purchase; **far ~e** do some shopping

compe'rare *vt* buy

compe'ten|te *a* competent. **~za** *nf* competence; (*responsabilità*) responsibility

com'petere *vi* compete; **~ a** ‹*compito:*› be the responsibility of

competi|tività *nf* competitiveness. **~'tivo** *a* ‹*prezzo, carattere*› competitive. **~'tore, ~'trice** *nmf* competitor. **~zi'one** *nf* competition

compia'cen|te *a* obliging. **~za** *nf* obligingness

compia'c|ere *vt/i* please. **~ersi** *vr* (*congratularsi*) congratulate. **~ersi di** (*degnarsi*) condescend. **~i'mento** *nm* satisfaction. **~i'uto** *a* ‹*aria, sorriso*› smug

compi'an|gere *vt* pity; (*per lutto ecc*) sympathize with. **~to** *a* lamented ● *nm* grief

'compier|e *vt* (*concludere*) complete; commit ‹*delitto*›; **~e gli anni** have one's birthday. **~si** *vr* end; (*avverarsi*) come true

compi'la|re *vt* compile; fill in ‹*modulo*›. **~zi'one** *nf* compilation

compi'mento *nm* **portare a ~ qcsa** conclude sth

com'pire *vt* = **compiere**

compi'tare *vt* spell

com'pito[1] *a* polite

'compito[2] *nm* task; *Sch* homework

compi'ut|o *a* **avere 30 anni ~i** be over 30

comple'anno *nm* birthday

complemen'tare *a* complementary; (*secondario*) subsidiary

comple'mento *nm* complement; *Mil* draft. **~ oggetto** direct object

comples|sità *nf* complexity. **~siva'mente** *adv* on the whole. **~'sivo** *a* comprehensive; (*totale*) total. **com'plesso** *a* complex; (*difficile*) complicated ● *nm* complex; (*di cantanti ecc*) group; (*di circostanze, fattori*) combination; **in ~so** on the whole

completa'mente *adv* completely

comple'tare *vt* complete

com'pleto *a* complete; (*pieno*) full [up]; **essere al ~** ‹*teatro:*› be sold out;

la famiglia al ~ the whole family ● *nm* (*vestito*) suit; (*insieme di cose*) set
compli'ca|re *vt* complicate. **~rsi** *vr* become complicated. **~to** complicated. **~zi'one** *nf* complication; **salvo ~zioni** all being well
'complic|e *nmf* accomplice ● *a* ‹*sguardo*› knowing. **~ità** *nf* complicity
complimen'tar|e *vt* compliment. **~si** *vr* **~si con** congratulate
compli'menti *nmpl* (*ossequi*) regards; (*congratulazioni*) congratulations; **far ~** stand on ceremony
compli'mento *nm* compliment
complot'tare *vi* plot. **com'plotto** *nm* plot
compo'nente *a & nm* component ● *nmf* member
compo'nibile *a* ‹*cucina*› fitted; ‹*mobili*› modular
componi'mento *nm* composition; (*letterario*) work
com'por|re *vt* compose; (*ordinare*) put in order; *Typ* set. **~si** *vr* **~si di** be made up of
comporta'mento *nm* behaviour
compor'tar|e *vt* involve; (*consentire*) allow. **~si** *vr* behave
composi|'tore, -'trice *nmf* composer; *Typ* compositor. **~zi'one** *nf* composition
com'posta *nf* stewed fruit; (*concime*) compost
compo'stezza *nf* composure
com'posto *pp di* **comporre** ● *a* composed; (*costituito*) comprising; **stai ~!** sit properly! ● *nm Chem* compound
com'pra|re *vt* buy. **~'tore, ~'trice** *nmf* buyer
compra'vendita *nf* buying and selling
com'pren|dere *vt* understand; (*includere*) comprise. **~'sibile** *a* understandable. **~sibil'mente** *adv* understandably. **~si'one** *nf* understanding. **~'sivo** *a* understanding; (*che include*) inclusive. **com'preso** *pp di* **comprendere** ● *a* included; **tutto compreso** ‹*prezzo*› all-in
com'pressa *nf* compress; (*pastiglia*) tablet
compressi'one *nf* compression. **com'presso** *pp di* **comprimere** ● *a* compressed
com'primere *vt* press; (*reprimere*) repress
compro'me|sso *pp di* **compromettere** ● *nm* compromise. **~t'tente** *a* compromising. **~ttere** *vt* compromise
comproprietà *nf* multiple ownership
compro'vare *vt* prove
com'punto *a* contrite
compu'tare *vt* calculate
com'puter *nm* computer. **~iz'zare** *vt* computerize. **~iz'zato** *a* computerized
computiste'ria *nf* book-keeping.
'computo *nm* calculation
comu'nale *a* municipal
co'mune *a* common; (*condiviso*) mutual; (*ordinario*) ordinary ● *nm* borough, council; (*amministrativo*) commune; **fuori del ~** out of the ordinary. **~'mente** *adv* commonly
comuni'ca|re *vt* communicate; pass on ‹*malattia*›; *Relig* administer Communion to. **~rsi** *vr* receive Communion. **~'tiva** *nf* communicativeness. **~'tivo** *a* communicative. **~to** *nm* communiqué. **~to stampa** press release. **~zi'one** *nf* communication; *Teleph* [phone] call; **avere la ~zione** get through; **dare la ~zione a qcno** put sb through
comuni'one *nf* communion; *Relig* [Holy] Communion
comu'nis|mo *nm* communism. **~ta** *a & nmf* communist
comunità *nf inv* community. **C~ [Economica] Europea** European [Economic] Community
co'munque *conj* however ● *adv* anyhow
con *prep* with; (*mezzo*) by; **~ facilità** easily; **~ mia grande gioia** to my great delight; **è gentile ~ tutti** he is kind to everyone; **col treno** by train; **~ questo tempo** in this weather
co'nato *nm* **~ di vomito** retching
'conca *nf* basin; (*valle*) dell
concate'na|re *vt* link together. **~zi'one** *nf* connection
'concavo *a* concave
con'ceder|e *vt* grant; award ‹*premio*›; (*ammettere*) admit. **~si** *vr* allow oneself ‹*pausa*›
concentra'mento *nm* concentration
concen'tra|re *vt*, **~rsi** *vr* concentrate. **~to** *a* concentrated ● *nm* **~to di pomodoro** tomato pureé. **~zi'one** *nf* concentration
concepi'mento *nm* conception
conce'pire *vt* conceive ‹*bambino*›; (*capire*) understand; (*figurarsi*) conceive of; devise ‹*piano ecc*›
con'cernere *vt* concern

concer'tar|e *vt Mus* harmonize; (*organizzare*) arrange. **~si** *vr* agree
concer'tista *nmf* concert performer.
con'certo *nm* concert; (*composizione*) concerto
concessio'nario *nm* agent
concessi'one *nf* concession
con'cesso *pp di* **concedere**
con'cetto *nm* concept; (*opinione*) opinion
concezi'one *nf* conception; (*idea*) concept
con'chiglia *nf* [sea] shell
'concia *nf* tanning; (*di tabacco*) curing
conci'a|re *vt* tan; cure ‹*tabacco*›; **~re qcno per le feste** give sb a good hiding. **~rsi** *vr* (*sporcarsi*) get dirty; (*vestirsi male*) dress badly. **~to** *a* ‹*pelle, cuoio*› tanned
concili'abile *a* compatible
concili'ante *a* conciliatory
concili'a|re *vt* reconcile; settle ‹*contravvenzione*›; (*favorire*) induce. **~rsi** *vr* go together; (*mettersi d'accordo*) become reconciled. **~zi'one** *nf* reconciliation; *Jur* settlement
con'cilio *nm Relig* council; (*riunione*) assembly
conci'mare *vt* feed ‹*pianta*›. **con'cime** *nm* manure; (*chimico*) fertilizer
concisi'one *nf* conciseness. **con'ciso** *a* concise
conci'tato *a* excited
concitta'dino, -a *nmf* fellow citizen
con'clu|dere *vt* conclude; (*finire con successo*) achieve. **~dersi** *vr* come to an end. **~si'one** *nf* conclusion; **in ~sione** (*insomma*) in short. **~'sivo** *a* conclusive. **~so** *pp di* **concludere**
concomi'tanza *nf* (*di circostanze, fatti*) combination
concor'da|nza *nf* agreement. **~re** *vt* agree; *Gram* make agree. **~to** *nm* agreement; *Jur, Comm* arrangement
con'cord|e *a* in agreement; (*unanime*) unanimous
concor'ren|te *a* concurrent; (*rivale*) competing ● *nmf Comm, Sport* competitor; (*candidato*) candidate. **~za** *nf* competition. **~zi'ale** *a* competitive
con'cor|rere *vi* (*contribuire*) concur; (*andare insieme*) go together; (*competere*) compete. **~so** *pp di* **concorrere** ● *nm* competition; **fuori ~so** not in the official competition. **~so di bellezza** beauty contest
concreta'mente *adv* concretely
concre|'tare *vt* (*concludere*) achieve. **~tiz'zare** *vt* put into concrete form ‹*idea, progetto*›
con'creto *a* concrete; **in ~** in concrete terms
concussi'one *nf* extortion
con'danna *nf* sentence; **pronunziare una ~** pass a sentence. **condan'nare** *vt* condemn; *Jur* sentence. **condan'nato, -a** *nmf* convict
conden'sa|re *vt,* **~rsi** *vr* condense. **~zi'one** *nf* condensation
condi'mento *nm* seasoning; (*salsa*) dressing. **con'dire** *vt* flavour; dress ‹*insalata*›
condiscen'den|te *a* indulgent; *pej* condescending. **~za** *nf* indulgence; *pej* condescension
condi'videre *vt* share
condizio'na|le *a & nm* conditional ● *nf Jur* suspended sentence. **~'mento** *nm Psych* conditioning
condizio'na|re *vt* condition. **~to** *a* conditional. **~'tore** *nm* air conditioner
condizi'one *nf* condition; **a ~ che** on condition that
condogli'anze *nfpl* condolences; **fare le ~ a** offer condolences to
condomini'ale *a* ‹*spese*› common. **condo'minio** *nm* joint ownership; (*edificio*) condominium
condo'nare *vt* remit. **con'dono** *nm* remission
con'dotta *nf* conduct, (*circoscrizione di medico*) district; (*di gara ecc*) management; (*tubazione*) piping
con'dotto *pp di* **condurre** ● *a* **medico ~** district doctor ● *nm* pipe; *Anat* duct
condu'cente *nm* driver
con'du|rre *vt* lead; drive ‹*veicoli*›; (*accompagnare*) take; conduct ‹*gas, elettricità ecc*›; (*gestire*) run. **~rsi** *vr* behave. **~'tore, ~'trice** *nmf TV* presenter; (*di veicolo*) driver ● *nm Electr* conductor. **~t'tura** *nf* duct
confabu'lare *vi* have a confab
confa'cente *a* suitable. **con'farsi** *vr* **confarsi a** suit
confederazi'one *nf* confederation
confe'renz|a *nf* (*discorso*) lecture; (*congresso*) conference. **~a stampa** news conference. **~i'ere, -a** *nmf* lecturer
confe'rire *vt* (*donare*) give ● *vi* confer
con'ferma *nf* confirmation. **confer'mare** *vt* confirm
confes's|are *vt,* **~arsi** *vr* confess.

~io'nale *a & nm* confessional. **~i'one** *nf* confession. **~ore** *nm* confessor

con'fetto *nm* sugared almond

confet'tura *nf* jam

confezio'na|re *vt* manufacture; make ‹*abiti*›; package ‹*merci*›. **~to** *a* ‹*vestiti*› off-the-peg; ‹*gelato*› wrapped

confezi'one *nf* manufacture; (*di abiti*) tailoring; (*di pacchi*) packaging; **confezioni** *pl* clothes. **~ regalo** gift pack

confic'car|e *vt* thrust. **~si** *vr* run into

confi'd|are *vi* **~are in** trust ● *vt* confide. **~arsi** *vr* **~arsi con** confide in. **~ente** *a* confident ● *nmf* confidant

confi'denz|a *nf* confidence; (*familiarità*) familiarity; **prendersi delle ~e** take liberties. **~i'ale** *a* confidential; ‹*rapporto, tono*› familiar

configu'ra|re *vt Comput* configure. **~zi'one** *nf* configuration

confi'nante *a* neighbouring

confi'na|re *vi* (*relegare*) confine ● *vi* **~re con** border on. **~rsi** *vr* withdraw. **~to** *a* confined

con'fin|e *nm* border; (*tra terreni*) boundary. **~o** *nm* political exile

con'fi|sca *nf* (*di proprietà*) forfeiture. **~'scare** *vt* confiscate

con'flitt|o *nm* conflict. **~u'ale** *a* adversarial

conflu'enza *nf* confluence; (*di strade*) junction

conflu'ire *vi* ‹*fiumi:*› flow together; ‹*strade:*› meet

con'fonder|e *vt* confuse; (*turbare*) confound; (*imbarazzare*) embarrass. **~si** *vr* (*mescolarsi*) mingle; (*turbarsi*) become confused; *vr* (*sbagliarsi*) be mistaken

confor'ma|re *vt* adapt. **~rsi** *vr* conform. **~zi'one** *nf* conformity (**a** with); (*del terreno*) composition

con'forme *a* according. **~'mente** *adv* accordingly

confor'mi|smo *nm* conformity. **~sta** *nmf* conformist. **~tà** *nf* (*a norma*) conformity

confor'tante *a* comforting

confor't|are *vt* comfort. **~evole** *a* (*comodo*) comfortable. **con'forto** *nm* comfort

confron'tare *vt* compare

con'fronto *nm* comparison; **in ~ a** by comparison with; **nei tuoi confronti** towards you; **senza ~** far and away

confusi|o'nario *a* ‹*persona*› muddle-headed. **~'one** *nf* confusion; (*baccano*) racket; (*disordine*) mess; (*imbarazzo*) embarrassment. **con'fuso** *pp di* **confondere** ● *a* confused; (*indistinto*) indistinct; (*imbarazzato*) embarrassed

confu'tare *vt* confute

conge'dar|e *vt* dismiss; *Mil* discharge. **~si** *vr* take one's leave

con'gedo *nm* leave; **essere in ~** be on leave. **~ malattia** sick leave. **~ maternità** maternity leave

conge'gnare *vt* devise; (*mettere insieme*) assemble. **con'gegno** *nm* device

congela'mento *nm* freezing; *Med* frost-bite

conge'la|re *vt* freeze. **~to** *a* ‹*cibo*› deep-frozen. **~'tore** *nm* freezer

congeni'ale *a* congenial

con'genito *a* congenital

congestio'na|re *vt* congest. **~to** *a* ‹*traffico*› congested; ‹*viso*› flushed. **congesti'one** *nf* congestion

conget'tura *nf* conjecture

congi'unger|e *vt* join; combine ‹*sforzi*›. **~si** *vr* join

congiunti'vite *nf* conjunctivitis

congiun'tivo *nm* subjunctive

congi'unto *pp di* **congiungere** ● *a* joined ● *nm* relative

congiun'tu|ra *nf* joint; (*circostanza*) juncture; (*situazione*) situation. **~'rale** *a* economic

congiunzi'one *nf Gram* conjunction

congi'u|ra *nf* conspiracy. **~'rare** *vi* conspire

conglome'rato *nm* conglomerate; *fig* conglomeration; (*da costruzione*) concrete

congratu'la|rsi *vr* **~rsi con qcno per** congratulate sb on. **~zi'oni** *nfpl* congratulations

con'grega *nf* band

congre'ga|re *vt,* **~rsi** *vr* congregate. **~zi'one** *nf* congregation

con'gresso *nm* congress

'congruo *a* proper; (*giusto*) fair

conguagli'are *vt* balance. **congu'aglio** *nm* balance

coni'are *vt* coin

'conico *a* conical

co'nifera *nf* conifer

co'niglio *nm* rabbit

coniu'gale *a* marital; ‹*vita*› married

coniu'ga|re *vt* conjugate. **~rsi** *vr* get married. **~zi'one** *nf* conjugation

'coniuge *nmf* spouse

connazio'nale *nmf* compatriot

connessi'one *nf* connection. **con'nesso** *pp di* **connettere**

con'nettere *vt* connect ● *vi* think rationally
conni'vente *a* conniving
conno'ta|re *vt* connote. **~to** *nm* distinguishing feature; **~ti** *pl* description
con'nubio *nm fig* union
'cono *nm* cone
cono'scen|te *nmf* acquaintance. **~za** *nf* knowledge; (*persona*) acquaintance; (*sensi*) consciousness; **perdere ~za** lose consciousness; **riprendere ~za** regain consciousness, come to
co'nosc|ere *vt* know; (*essere a conoscenza di*) be acquainted with; (*fare la conoscenza di*) meet. **~i'tore, ~i'trice** *nmf* connoisseur. **~i'uto** *pp di* **conoscere** ● *a* well-known
con'quist|a *nf* conquest. **conqui'stare** *vt* conquer; *fig* win
consa'cra|re *vt* consecrate; ordain ‹*sacerdote*›; (*dedicare*) dedicate. **~rsi** *vr* devote oneself. **~zi'one** *nf* consecration
consangu'ineo, -a *nmf* blood-relation
consa'pevo|le *a* conscious. **~'lezza** *nf* consciousness. **~l'mente** *adv* consciously
'conscio *a* conscious
consecu'tivo *a* consecutive; (*seguente*) next
con'segna *nf* delivery; (*merce*) consignment; (*custodia*) care; (*di prigioniero*) handover; (*Mil: ordine*) orders *pl*; (*Mil: punizione*) confinement; **pagamento alla ~** cash on delivery
conse'gnare *vt* deliver; (*affidare*) give in charge; *Mil* confine to barracks
consegu'en|te *a* consequent. **~za** *nf* consequence; **di ~za** (*perciò*) consequently
consegui'mento *nm* achievement
consegu'ire *vt* achieve ● *vi* follow
con'senso *nm* consent
consensu'ale *a* consensus-based
consen'tire *vi* consent ● *vt* allow
con'serto *a* **a braccia conserte** with one's arms folded
con'serva *nf* preserve; (*di frutta*) jam; (*di agrumi*) marmalade. **~ di pomodoro** tomato sauce
conser'var|e *vt* preserve; (*mantenere*) keep. **~si** *vr* keep; **~si in salute** keep well
conserva|'tore, -'trice *nmf Pol* conservative
conserva'torio *nm* conservatory
conservazi'one *nf* preservation; **a lunga ~** long-life
conside'ra|re *vt* consider; (*stimare*) regard. **~to** *a* (*stimato*) esteemed. **~zi'one** *nf* consideration; (*osservazione, riflessione*) remark
conside'revole *a* considerable
consigli'abile *a* advisable
consigli|'are *vt* advise; (*raccomandare*) recommend. **~'arsi** *vr* **~arsi con qcno** ask sb's advice. **~'ere, -a** *nmf* adviser; (*membro di consiglio*) councillor
con'siglio *nm* advice; (*ente*) council. **~ d'amministrazione** board of directors. **C~ dei Ministri** Cabinet
consi'sten|te *a* substantial; (*spesso*) thick; (*fig: argomento*) valid. **~za** *nf* consistency; (*spessore*) thickness
con'sistere *vi* **~ in** consist of
consoci'ata *nf* (*azienda*) associate company
conso'lar|e[1] *vt* console; (*rallegrare*) cheer. **~si** *vr* console oneself
conso'la|re[2] *a* consular. **~to** *nm* consulate
consolazi'one *nf* consolation; (*gioia*) joy
con'sole *nf inv* (*tastiera*) console
'console *nm* consul
consoli'dar|e *vt*, **~si** *vr* consolidate
conso'nante *nf* consonant
'consono *a* consistent
con'sorte *nmf* consort
con'sorzio *nm* consortium
con'stare *vi* **~ di** consist of; (*risultare*) appear; **a quanto mi consta** as far as I know; **mi consta che** it appears that
consta'ta|re *vt* ascertain. **~zi'one** *nf* observation
consu'e|to *a* & *nm* usual. **~tudi'nario** *a* ‹*diritto*› common; ‹*persona*› set in one's ways. **~'tudine** *nf* habit; (*usanza*) custom
consu'len|te *nmf* consultant. **~za** *nf* consultancy
consul'ta|re *vt* consult. **~rsi con** consult with. **~zi'one** *nf* consultation
consul't|ivo *a* consultative. **~orio** *nm* clinic
consu'ma|re *vt* (*usare*) consume; wear out ‹*abito, scarpe*›; consummate ‹*matrimonio*›; commit ‹*delitto*›. **~rsi** *vr* consume; ‹*abito, scarpe:*› wear out; (*struggersi*) pine
consu'mato *a* ‹*politico*› seasoned; ‹*scarpe, tappeto*› worn
consuma|'tore, -'trice *nmf* consumer. **~zi'one** *nf* (*bibita*) drink; (*spuntino*) snack

consu'mis|mo *nm* consumerism. **~ta** *nmf* consumerist

con'sumo *nm* consumption; (*di abito, scarpe*) wear; (*uso*) use; **generi di ~** consumer goods. **~ [di carburante]** [fuel] consumption

consun'tivo *nm* **[bilancio] ~** final statement

conta'balle *nmf fam* storyteller

con'tabil|e *a* book-keeping ● *nmf* accountant. **~ità** *nf* accounting; **tenere la ~ità** keep the accounts

contachi'lometri *nm inv* mileometer, odometer *Am*

conta'dino, -a *nmf* farm-worker; (*medievale*) peasant

contagi|'are *vt* infect. **con'tagio** *nm* infection. **~'oso** *a* infectious

conta'gocce *nm inv* dropper

contami'na|re *vt* contaminate. **~zi'one** *nf* contamination

con'tante *nm* cash; **pagare in contanti** pay cash

con'tare *vt/i* count; (*tenere conto di*) take into account; (*proporsi*) intend

conta'scatti *nm inv Teleph* time-unit counter

conta'tore *nm* meter

contat'tare *vt* contact. **con'tatto** *nm* contact

'conte *nm* count

conteggi'are *vt* put on the bill ● *vi* calculate. **con'teggio** *nm* calculation. **conteggio alla rovescia** countdown

con'te|gno *nm* behaviour; (*atteggiamento*) attitude. **~'gnoso** *a* dignified

contem'pla|re *vt* contemplate; (*fissare*) gaze at. **~zi'one** *nf* contemplation

con'tempo *nm* **nel ~** in the meantime

contempo|ranea'mente *adv* at once. **~'raneo, -a** *a & nmf* contemporary

conten'dente *nmf* competitor. **con'tendere** *vi* compete; (*litigare*) quarrel ● *vt* contend

conte'n|ere *vt* contain; (*reprimere*) repress. **~ersi** *vr* contain oneself. **~i'tore** *nm* container

conten'tarsi *vr* **~ di** be content with

conten'tezza *nf* joy

conten'tino *nm* placebo

con'tento *a* glad; (*soddisfatto*) contented

conte'nuto *nm* contents *pl*; (*soggetto*) content

contenzi'oso *nm* legal department

con'tes|a *nf* disagreement; *Sport* contest. **~o** *pp di* **contendere** ● *a* contested

con'tessa *nf* countess

conte'sta|re *vt* contest; *Jur* notify. **~'tario** *a* anti-establishment. **~'tore, ~'trice** *nmf* protester. **~zi'one** *nf* (*disputa*) dispute

con'testo *nm* context

con'tiguo *a* adjacent

continen'tale *a* continental. **conti'nente** *nm* continent

conti'nenza *nf* continence

contin'gen|te *nm* contingent; (*quota*) quota. **~za** *nf* contingency

continua'mente *adv* (*senza interruzione*) continuously; (*frequentemente*) continually

continu|'are *vt/i* continue; (*riprendere*) resume. **~a'tivo** *a* permanent. **~azi'one** *nf* continuation. **~ità** *nf* continuity

con'tinu|o *a* continuous; (*molto frequente*) continual. **corrente ~a** direct current; **di ~o** continually

'conto *nm* calculation; (*in banca, negozio*) account; (*di ristorante ecc*) bill; (*stima*) consideration; **a conti fatti** all things considered; **far ~ di** (*supporre*) suppose; (*proporsi*) intend; **far ~ su** rely on; **in fin dei conti** when all is said and done; **per ~ di** on behalf of; **per ~ mio** (*a mio parere*) in my opinion; (*da solo*) on my own; **starsene per ~ proprio** be on one's own; **rendersi ~ di qcsa** realize sth; **sul ~ di qcno** ‹*voci, informazioni*› about sb; **tener ~ di qcsa** take sth into account; **tenere da ~ qcsa** look after sth; **fare i conti con qcno** *fig* sort sb out. **~ corrente** current account, checking account *Am*. **~ alla rovescia** countdown

con'torcer|e *vt* twist. **~si** *vr* twist about

contor'nare *vt* surround

con'torno *nm* contour; *Culin* vegetables *pl*

contorsi'one *nf* contortion. **con'torto** *pp di* **contorcere** ● *a* twisted

contrabban|'dare *vt* smuggle. **~di'ere, -a** *nmf* smuggler. **contrab'bando** *nm* contraband

contrab'basso *nm* double bass

contraccambi'are *vt* return. **contrac'cambio** *nm* return

contracce|t'tivo *nm* contraceptive. **~zi'one** *nf* contraception

contrac'col|po *nm* rebound; (*di arma da fuoco*) recoil; *fig* repercussion

con'trada *nf* (*rione*) district
contrad'detto *pp di* **contraddire**
contrad'di|re *vt* contradict. **~t'torio** *a* contradictory. **~zi'one** *nf* contradiction
contraddi'stin|guere *vt* differentiate. **~to** *a* distinct
contra'ente *nmf* contracting party
contra'ereo *a* anti-aircraft
contraf'fa|re *vt* disguise; (*imitare*) imitate; (*falsificare*) forge. **~tto** *a* forged. **~zi'one** *nf* disguising; (*imitazione*) imitation; (*falsificazione*) forgery
con'tralto *nm* countertenor ● *nf* contralto
contrap'peso *nm* counterbalance
contrap'por|re *vt* counter; (*confrontare*) compare. **~si** *vr* contrast; **~si a** be opposed to
contraria'mente *adv* contrary (**a** to)
contrari|'are *vt* oppose; (*infastidire*) annoy. **~'arsi** *vr* get annoyed. **~età** *nf inv* adversity; (*ostacolo*) set-back
con'trario *a* contrary, opposite; ‹*direzione*› opposite; (*sfavorevole*) unfavourable ● *nm* contrary, opposite; **al ~** on the contrary
con'trarre *vt* contract
contras|se'gnare *vt* mark. **~'segno** *nm* mark; **[in] ~segno** (*spedizione*) cash on delivery, COD
contra'stante *a* contrasting
contra'stare *vt* oppose; (*contestare*) contest ● *vi* clash. **con'trasto** *nm* contrast; (*litigio*) dispute
contrattac'care *vt* counter-attack. **contrat'tacco** *nm* counter-attack
contrat'ta|re *vt/i* negotiate; (*mercanteggiare*) bargain. **~zi'one** *nf* (*salariale*) bargaining
contrat'tempo *nm* hitch
con'tratt|o *pp di* **contrarre** ● *nm* contract. **~o a termine** fixed-term contract. **~u'ale** *a* contractual
contravve'n|ire *vi* contravene. **~zi'one** *nf* contravention; (*multa*) fine
contrazi'one *nf* contraction; (*di prezzi*) reduction
contribu'ente *nmf* contributor; (*del fisco*) taxpayer
contribu|'ire *vi* contribute. **contri'buto** *nm* contribution
'contro *prep* against; **~ di me** against me ● *nm* **il pro e il ~** the pros and cons *pl*
contro'battere *vt* counter
controbilanci'are *vt* counterbalance
controcor'rente *a* ‹*idee, persona*› non-conformist ● *adv* upriver; *fig* upstream
controffen'siva *nf* counter-offensive
controfi'gura *nf* stand-in
controfir'mare *vt* countersign
controindicazi'one *nf Med* contraindication
control'la|re *vt* control; (*verificare*) check; (*collaudare*) test. **~rsi** *vr* have self-control. **~to** *a* controlled
con'trol|lo *nm* control; (*verifica*) check; *Med* check-up. **~lo delle nascite** birth control. **~'lore** *nm* controller; (*sui treni ecc*) [ticket] inspector. **~lore di volo** air-traffic controller
contro'luce *nf* **in ~** against the light
contro'mano *adv* in the wrong direction
contromi'sura *nf* countermeasure
contropi'ede *nm* **prendere in ~** catch off guard
controprodu'cente *a* self-defeating
con'trordin|e *nm* counter order; **salvo ~i** unless I/you hear to the contrary
contro'senso *nm* contradiction in terms
controspio'naggio *nm* counterespionage
contro'vento *adv* against the wind
contro'vers|ia *nf* controversy; *Jur* dispute. **~o** *a* controversial
contro'voglia *adv* unwillingly
contu'macia *nf* default; **in ~** in one's absence
contun'dente *a* ‹*corpo, arma*› blunt
contur'ba|nte *a* perturbing
contusi'one *nf* bruise
convale'scen|te *a* convalescent. **~za** *nf* convalescence; **essere in ~za** be convalescing
con'vali|da *nf* validation. **~'dare** *vt* confirm; validate ‹*atto, biglietto*›
con'vegno *nm* meeting; (*congresso*) congress
conve'nevol|e *a* suitable; **~i** *pl* pleasantries
conveni'en|te *a* convenient; ‹*prezzo*› attractive; (*vantaggioso*) advantageous. **~za** *nf* convenience; (*interesse*) advantage; (*di prezzo*) attractiveness
conve'nire *vi* (*riunirsi*) gather; (*concordare*) agree; (*ammettere*) admit; (*essere opportuno*) be convenient ● *vt* agree on; **ci conviene andare** it is better to

go; **non mi conviene stancarmi** I'd better not tire myself out
con'vento *nm* (*di suore*) convent; (*di frati*) monastery
conve'nuto *a* fixed
convenzi|o'nale *a* conventional. **~'one** *nf* convention
conver'gen|te *a* converging. **~za** *nf fig* confluence
con'vergere *vi* converge
conver'sa|re *vi* converse. **~zi'one** *nf* conversation
conversi'one *nf* conversion
con'verso *pp di* **convergere**
conver'tibile *nf Auto* convertible
conver'ti|re *vt* convert. **~rsi** *vr* be converted. **~to, -a** *nmf* convert
con'vesso *a* convex
convin'cente *a* convincing
con'vin|cere *vt* convince. **~to** *a* convinced. **~zi'one** *nf* conviction
con'vitto *nm* boarding school
convi'ven|te *nm* common-law husband ● *nf* common-law wife. **~za** *nf* cohabitation. **con'vivere** *vi* live together
convivi'ale *a* convivial
convo'ca|re *vt* convene. **~zi'one** *nf* convening
convogli'are *vt* convey; ‹*navi:*› convoy. **con'voglio** *nm* convoy; (*ferroviario*) train
convulsi'one *nf* convulsion. **con'vulso** *a* convulsive; (*febbrile*) feverish
coope'ra|re *vi* co-operate. **~'tiva** *nf* co-operative. **~zi'one** *nf* co-operation
coordina'mento *nm* co-ordination
coordi'na|re *vt* co-ordinate. **~ta** *nf Math* coordinate. **~zi'one** *nf* co-ordination
co'perchio *nm* lid; (*copertura*) cover
co'perta *nf* blanket; (*copertura*) cover; *Naut* deck
coper'tina *nf* cover; (*di libro*) dust-jacket
co'perto *pp di* **coprire** ● *a* covered; ‹*cielo*› overcast ● *nm* (*a tavola*) place; (*prezzo del coperto*) cover charge; **al ~** under cover
coper'tone *nm* tarpaulin; (*gomma*) tyre
coper'tura *nf* covering; *Comm, Fin* cover
'copia *nf* copy; **bella/brutta ~** fair/rough copy. **~ su carta** hardcopy. **copi'are** *vt* copy
copi'one *nm* script
copi'oso *a* plentiful
'coppa *nf* (*calice*) goblet; (*per gelato ecc*) dish; *Sport* cup. **~ [di] gelato** ice-cream (*served in a dish*)
cop'petta *nf* (*di ceramica, vetro*) bowl; (*di gelato*) small tub
'coppia *nf* couple; (*in carte*) pair
co'prente *a* (*cipria, vernice*) covering
copri'capo *nm* headgear
coprifu'oco *nm* curfew
copri'letto *nm* bedspread
copripiu'mino *nm* duvet cover
co'prir|e *vt* cover; drown ‹*suono*›; hold ‹*carica*›. **~si** *vr* (*vestirsi*) cover up; *fig* cover oneself; ‹*cielo:*› become overcast
coque *sf* **alla ~** ‹*uovo*› soft-boiled
co'raggi|o *nm* courage; (*sfacciataggine*) nerve; **~o!** come on. **~'oso** *a* courageous
co'rale *a* choral
co'rallo *nm* coral
co'rano *nm* Koran
co'raz|za *nf* armour; (*di animali*) shell. **~'zata** *nf* battleship. **~'zato** *a* ‹*nave*› armour-clad
corbelle'ria *nf* nonsense; (*sproposito*) blunder
'corda *nf* cord; (*spago, Mus*) string; (*fune*) rope; (*cavo*) cable; **essere giù di ~** be depressed; **dare ~ a qcno** encourage sb. **corde** *pl* **vocali** vocal cords
cordi'al|e *a* cordial ● *nm* (*bevanda*) cordial; **saluti ~i** best wishes. **~ità** *nf* cordiality
'cordless *nm inv Teleph* cordless
cor'doglio *nm* grief; (*lutto*) mourning
cor'done *nm* cord; (*schieramento*) cordon. **~ ombelicale** umbilical cord
core|ogra'fia *nf* choreography. **~'ografo, -a** *nmf* choreographer
cori'andoli *nmpl* confetti *sg*
cori'andolo *nm* (*spezia*) coriander
cori'car|e *vt* put to bed. **~si** *vr* go to bed
co'rista *nmf* choir member
cor'nacchia *nf* crow
corna *vedi* **corno**
corna'musa *nf* bagpipes *pl*
'cornea *nf* cornea
cor'nett|a *nf Mus* cornet; (*del telefono*) receiver. **~o** *nm* (*brioche*) croissant
cor'ni|ce *nf* frame. **~ci'one** *nm* cornice
'corno *nm* (*pl nf* **corna**) horn; **fare le corna a qcno** be unfaithful to sb; **fare le corna** (*per scongiuro*) touch wood. **cor'nuto** *a* horned ● *nm* (*fam: marito tradito*) cuckold; (*insulto*) bastard
'coro *nm* chorus; *Relig* choir
co'rolla *nf* corolla

co'rona *nf* crown; (*di fiori*) wreath; (*rosario*) rosary. **~'mento** *nm* (*di impresa*) crowning. **coro'nare** *vt* crown; ‹*sogno*› fulfil

cor'petto *nm* bodice

'corpo *nm* body; (*Mil, diplomatico*) corps *inv*; **a ~ a ~** man to man; **andare di ~** move one's bowels. **~ di ballo** corps de ballet. **~ insegnante** teaching staff. **~ del reato** incriminating item

corpo'rale *a* corporal

corporati'vismo *nm* corporatism

corpora'tura *nf* build

corporazi'one *nf* corporation

cor'poreo *a* bodily

cor'poso *a* full-bodied

corpu'lento *a* stout

cor'puscolo *nm* corpuscle

corre'dare *vt* equip

corre'dino *nm* (*per neonato*) layette

cor'redo *nm* (*nuziale*) trousseau

cor'reggere *vt* correct; lace ‹*bevanda*›

corre'lare *vt* correlate

cor'rente *a* running; (*in vigore*) current; (*frequente*) everyday; ‹*inglese ecc*› fluent ● *nf* current; (*d'aria*) draught; **essere al ~** be up to date. **~'mente** *adv* ‹*parlare*› fluently

'correre *vi* run; (*affrettarsi*) hurry; *Sport* race; ‹*notizie:*› circulate; **~ dietro a** run after ● *vt* run; **~ un pericolo** run a risk; **lascia ~!** don't bother!

corre|tta'mente *adv* correctly. **cor'retto** *pp di* **correggere** ● *a* correct; ‹*caffè*› with a drop of alcohol. **~zi'one** *nf* correction. **~zione di bozze** proofreading

cor'rida *nf* bullfight

corri'doio *nm* corridor; *Aeron* aisle

corri'|dore, -'trice *nmf* racer; (*a piedi*) runner

corri'era *nf* coach, bus

corri'ere *nm* courier; (*posta*) mail; (*spedizioniere*) carrier

corri'mano *nm* bannister

corrispet'tivo *nm* amount due

corrispon'den|te *a* corresponding ● *nmf* correspondent. **~za** *nf* correspondence; **scuola/corsi per ~za** correspondence course; **vendite per ~za** mail-order [shopping]. **corri'spondere** *vi* correspond; ‹*stanza:*› communicate; **corrispondere a** (*contraccambiare*) return

corri'sposto *a* ‹*amore*› reciprocated

corrobo'rare *vt* strengthen; *fig* corroborate

cor'roder|e *vt*, **~si** *vr* corrode

cor'rompere *vt* corrupt; (*con denaro*) bribe

corrosi'one *nf* corrosion. **corro'sivo** *a* corrosive

cor'roso *pp di* **corrodere**

cor'rotto *pp di* **corrompere** ● *a* corrupt

corrucci'a|rsi *vr* be vexed. **~to** *a* upset

corru'gare *vt* wrinkle; **~ la fronte** knit one's brows

corruzi'one *nf* corruption; (*con denaro*) bribery

'corsa *nf* running; (*rapida*) dash; *Sport* race; (*di treno ecc*) journey; **di ~** at a run; **fare una ~** run

cor'sia *nf* gangway; (*di ospedale*) ward; *Auto* lane; (*di supermercato*) aisle

cor'sivo *nm* italics *pl*

'corso *pp di* **correre** ● *nm* course; (*strada*) main street; *Comm* circulation; **lavori in ~** work in progress; **nel ~ di** during. **~ d'acqua** watercourse

'corte *nf* [court]yard; (*Jur, regale*) court; **fare la ~ a qcno** court sb. **~ d'appello** court of appeal

cor'teccia *nf* bark

corteggia'mento *nm* courtship

coretggi'a|re *vt* court. **~'tore** *nm* admirer

cor'teo *nm* procession

cor'te|se *a* courteous. **~'sia** *nf* courtesy; **per ~sia** please

cortigi'ano, -a *nmf* courtier ● *nf* courtesan

cor'tile *nm* courtyard

cor'tina *nf* curtain; (*schermo*) screen

'corto *a* short; **per farla corta** in short; **essere a ~ di** be short of. **~ circuito** *nm* short [circuit]

cortome'traggio *nm Cinema* short

cor'vino *a* jet-black

'corvo *nm* raven

'cosa *nf* thing; (*faccenda*) matter; *inter, rel* what; [**che**] **~** what; **nessuna ~** nothing; **ogni ~** everything; **per prima ~** first of all; **tante cose** so many things; (*augurio*) all the best

'cosca *nf* clan

'coscia *nf* thigh; *Culin* leg

cosci'en|te *a* conscious. **~za** *nf* conscience; (*consapevolezza*) consciousness

co'scri|tto *nm* conscript. **~zi'one** *nf* conscription

così *adv* so; (*in questo modo*) like this, like that; (*perciò*) therefore; **le cose stanno ~** that's how things stand; **fermo ~!** hold it; **proprio ~!** exactly!; **basta ~!** that will do!; **ah, è ~?** it's like that, is it?; **~ ~** so-so; **e ~ via** and so on; **per ~ dire** so to speak; **più di ~** any more; **una ~ cara ragazza!** such a nice girl!; **è stato ~ generoso da aiutarti** he was kind enough to help you ● *conj* (*allora*) so ● *a inv* (*tale*) like that, such; **una ragazza ~** a girl like that, such a girl

cosicché *conj* and so

cosid'detto *a* so-called

co'smesi *nf* cosmetics

co'smetico *a & nm* cosmetic

'cosmico *a* cosmic

'cosmo *nm* cosmos

cosmopo'lita *a* cosmopolitan

co'spargere *vt* sprinkle; (*disseminare*) scatter

co'spetto *nm* **al ~ di** in the presence of

co'spicuo *a* conspicuous; ‹*somma ecc*› considerable

cospi'ra|re *vi* conspire. **~'tore, ~'trice** *nmf* conspirator. **~zi'one** *nf* conspiracy

'costa *nf* coast, coastline; *Anat* rib

costà *adv* there

co'stan|te *a & nf* constant. **~za** *nf* constancy

co'stare *vi* cost; **quanto costa?** how much is it?

co'stata *nf* chop

costeggi'are *vt* (*per mare*) coast; (*per terra*) skirt

co'stei *pron vedi* **costui**

costellazi'one *nf* constellation

coster'na|to *a* dismayed. **~zi'one** *nf* consternation

costi'er|a *nf* stretch of coast. **~o** *a* coastal

costi'pa|to *a* constipated. **~zi'one** *nf* constipation; (*raffreddore*) bad cold

costitu'ir|e *vt* constitute; (*formare*) form; (*nominare*) appoint. **~si** *vr Jur* give oneself up

costituzio'nale *a* constitutional. **costituzi'one** *nf* constitution; (*fondazione*) setting up

'costo *nm* cost; **ad ogni ~** at all costs; **a nessun ~** on no account

'costola *nf* rib; (*di libro*) spine

costo'letta *nf* cutlet

co'storo *pron vedi* **costui**

co'stoso *a* costly

co'stretto *pp di* **costringere**

co'stri|ngere *vt* compel; (*stringere*) constrict. **~t'tivo** *a* coercive. **~zi'one** *nf* constraint

costru|'ire *vt* build, construct. **~t'tivo** *a* constructive. **~zi'one** *nf* building, construction

co'stui, co'stei, *pl* **co'storo** *prons* (*soggetto*) he, she, *pl* they; (*complemento*) him, her, *pl* them

co'stume *nm* (*usanza*) custom; (*condotta*) morals *pl*; (*indumento*) costume. **~ da bagno** swim-suit; (*da uomo*) swimming trunks

co'tenna *nf* pigskin; (*della pancetta*) rind

coto'letta *nf* cutlet

co'tone *nm* cotton. **~ idrofilo** cotton wool, absorbent cotton *Am*

'cotta *nf* (*fam: innamoramento*) crush

'cottimo *nm* **lavorare a ~** do piece-work

'cotto *pp di* **cuocere** ● *a* done; (*infatuato*) in love; (*sbronzo*) drunk; **ben ~** ‹*carne*› well done

cotton fi'oc® *nm inv* cotton bud

cot'tura *nf* cooking

co'vare *vt* hatch; sicken for ‹*malattia*›; harbour ‹*odio*› ● *vi* smoulder

'covo *nm* den

co'vone *nm* sheaf

'cozza *nf* mussel

coz'zare *vi* **~ contro** bump into. **'cozzo** *nm fig* clash

C.P. *abbr* (**Casella Postale**) PO Box

'crampo *nm* cramp

'cranio *nm* skull

cra'tere *nm* crater

cra'vatta *nf* tie; (*a farfalla*) bow-tie

cre'anza *nf* politeness; **mala ~** bad manners

cre'a|re *vt* create; (*causare*) cause. **~tività** *nf* creativity. **~'tivo** *a* creative. **~to** *nm* creation. **~'tore, ~'trice** *nmf* creator. **~zi'one** *nf* creation

crea'tura *nf* creature; (*bambino*) baby; **povera ~!** poor thing!

cre'den|te *nmf* believer. **~za** *nf* belief; *Comm* credit; (*mobile*) sideboard. **~zi'ali** *nfpl* credentials

'creder|e *vt* believe; (*pensare*) think ● *vi* **~e in** believe in; **credo di sì** I think so; **non ti credo** I don't believe you. **~si** *vr* think oneself to be; **si crede uno scrittore** he flatters himself he is a writer. **cre'dibile** *a* credible. **credibilità** *nf* credibility

'credi|to *nm* credit; (*stima*) esteem;

comprare a ~to buy on credit. **~'tore, ~'trice** *nmf* creditor
'credo *nm inv* credo
credulità *nf* credulity
'credu|lo *a* credulous. **~'lone, -a** *nmf* simpleton
'crema *nf* cream; (*di uova e latte*) custard. **~ idratante** moisturizer. **~ pasticciera** egg custard. **~ solare** suntan lotion
cre'ma|re *vt* cremate. **~'torio** *nm* crematorium. **~zi'one** *nf* cremation
crème cara'mel *nf* crème caramel
creme'ria *nf* dairy (*also selling ice cream and cakes*)
Crem'lino *nm* Kremlin
'crepa *nf* crack
cre'paccio *nm* cleft; (*di ghiacciaio*) crevasse
crepacu'ore *nm* heart-break
crepa'pelle *adv* **a ~** fit to burst; **ridere a ~** split one's sides with laughter
cre'pare *vi* crack; (*fam: morire*) kick the bucket; **~ dal ridere** laugh fit to burst
crepa'tura *nf* crevice
crêpe *nf inv* pancake
crepi'tare *vi* crackle
cre'puscolo *nm* twilight
cre'scendo *nm* crescendo
'cresc|ere *vi* grow; (*aumentare*) increase ● *vt* (*allevare*) bring up; (*aumentare*) raise. **~ita** *nf* growth; (*aumento*) increase. **~i'uto** *pp di* **crescere**
'cresi|ma *nf* confirmation. **~'mare** *vt* confirm
'crespo *a* ‹*capelli*› frizzy ● *nm* crêpe
'cresta *nf* crest; (*cima*) peak
'creta *nf* clay
'Creta *nf* Crete
cre'tino, -a *a* stupid ● *nmf* idiot
cric *nm* jack
cri'ceto *nm* hamster
crimi'nal|e *a & nmf* criminal. **~ità** *nf* crime. **'crimine** *nm* crime
crimi'noso *a* criminal
'crin|e *nm* horsehair. **~i'era** *nf* mane
'cripta *nf* crypt
crisan'temo *nm* chrysanthemum
'crisi *nf inv* crisis; *Med* fit
cristal'lino *nm* crystalline
cristalliz'zar|e *vt*, **~si** *vr* crystallize; ‹*fig: parola, espressione:*› become part of the language
cri'stallo *nm* crystal
Cristia'nesimo *nm* Christianity
cristi'ano, -a *a & nmf* Christian
'Cristo *nm* Christ; **un povero c~** a poor beggar
cri'terio *nm* criterion; (*buon senso*) [common] sense
'criti|ca *nf* criticism; (*recensione*) review. **criti'care** *vt* criticize. **~co** *a* critical ● *nm* critic. **~cone, -a** *nmf* faultfinder
crivel'lare *vt* riddle (**di** with)
cri'vello *nm* sieve
Cro'azia *nf* Croatia
croc'cante *a* crisp ● *nm type of crunchy nut biscuit*
croc'chetta *nf* croquette
'croce *nf* cross; **a occhio e ~** roughly; **fare testa e ~** spin a coin. **C~ Rossa** Red Cross
croce'via *nm inv* crossroads *sg*
croci'ata *nf* crusade
cro'cicchio *nm* crossroads *sg*
croci'era *nf* cruise; *Archit* crossing
croci'fi|ggere *vt* crucify. **~ssi'one** *nf* crucifixion. **~sso** *pp di* **crocifiggere** ● *a* crucified ● *nm* crucifix
crogio'larsi *vr* bask
crogi[u]'olo *nm* crucible; *fig* melting pot
crol'lare *vi* collapse; ‹*prezzi:*› slump. **'crollo** *nm* collapse; (*dei prezzi*) slump
cro'mato *a* chromium-plated. **'cromo** *nm* chrome. **cromo'soma** *nm* chromosome
'cronaca *nf* chronicle; (*di giornale*) news; *TV, Radio* commentary; **fatto di ~** news item. **~ nera** crime news
'cronico *a* chronic
cro'nista *nmf* reporter
crono'logico *a* chronological
cronome'traggio *nm* timing
cronome'trare *vt* time
cro'nometro *nm* chronometer
'crosta *nf* crust; (*di formaggio*) rind; (*di ferita*) scab; (*quadro*) daub
cro'staceo *nm* shellfish
cro'stata *nf* tart
cro'stino *nm* croûton
crucci'arsi *vr* worry. **'cruccio** *nm* worry
cruci'ale *a* crucial
cruci'verba *nm inv* crossword [puzzle]
cru'del|e *a* cruel. **~tà** *nf inv* cruelty
'crudo *a* raw; (*rigido*) harsh
cru'ento *a* bloody
cru'miro *nm* blackleg, scab
'crusca *nf* bran
cru'scotto *nm* dashboard
'Cuba *nf* Cuba

cu'betto *nm* **~ di ghiaccio** ice cube
'cubico *a* cubic
cubi'tal|e *a* **a caratteri ~i** in enormous letters
'cubo *nm* cube
cuc'cagna *nf* abundance; (*baldoria*) merry-making; **paese della ~** land of plenty
cuc'cetta *nf* (*su un treno*) couchette; *Naut* berth
cucchia'ino *nm* teaspoon
cucchi'a|io *nm* spoon; **al ~io** ‹*dolce*› creamy. **~i'ata** *nf* spoonful
'cuccia *nf* dog's bed; **fa la ~!** lie down!
cuccio'lata *nf* litter
'cucciolo *nm* puppy
cu'cina *nf* kitchen; (*il cucinare*) cooking; (*cibo*) food; (*apparecchio*) cooker; **far da ~** cook; **libro di ~** cook[ery] book. **~ a gas** gas cooker
cuci'n|are *vt* cook. **~ino** *nm* kitchenette
cu'ci|re *vt* sew; **macchina per ~re** sewing-machine. **~to** *nm* sewing. **~'tura** *nf* seam
cucù *nm inv* cuckoo
'cuculo *nm* cuckoo
'cuffia *nf* bonnet; (*da bagno*) bathing-cap; (*ricevitore*) headphones *pl*
cu'gino, -a *nmf* cousin
'cui *pron rel* (*persona: con prep*) who, whom *fml*; (*cose, animali: con prep*) which; (*tra articolo e nome*) whose; **la persona con ~ ho parlato** the person [who] I spoke to; **la ditta per ~ lavoro** the company I work for, the company for which I work; **l'amico il ~ libro è stato pubblicato** the friend whose book was published; **in ~** (*dove*) where; (*quando*) that; **per ~** (*perciò*) so; **la città in ~ vivo** the city I live in, the city where I live; **il giorno in ~ l'ho visto** the day [that] I saw him
culi'nari|a *nf* cookery. **~o** *a* culinary
'culla *nf* cradle. **cul'lare** *vt* rock
culmi'na|nte *a* culminating. **~re** *vi* culminate. **'culmine** *nm* peak
'culo *nm vulg* arse; (*fortuna*) luck
'culto *nm* cult; *Relig* religion; (*adorazione*) worship
cul'tu|ra *nf* culture. **~ra generale** general knowledge. **~'rale** *a* cultural
cultu'ris|mo *nm* body-building. **~ta** *nmf* body builder
cumula'tivo *a* cumulative; **biglietto ~** group ticket
'cumulo *nm* pile; (*mucchio*) heap; (*nuvola*) cumulus
'cuneo *nm* wedge
cu'netta *nf* gutter
cu'ocere *vt/i* cook; fire ‹*ceramica*›
cu'oco, -a *nmf* cook
cu'oio *nm* leather. **~ capelluto** scalp
cu'ore *nm* heart; **cuori** *pl* (*carte*) hearts; **nel profondo del ~** in one's heart of hearts; **di [buon] ~** ‹*persona*› kind-hearted; **nel ~ della notte** in the middle of the night; **stare a ~ a qcno** be very important to sb
cupi'digia *nf* greed
'cupo *a* gloomy; ‹*suono*› deep
'cupola *nf* dome
'cura *nf* care; (*amministrazione*) management; *Med* treatment; **a ~ di** edited by; **in ~** under treatment. **~ dimagrante** [slimming] diet. **cu'rante** *a* **medico curante** GP, doctor
cu'rar|e *vt* take care of; *Med* treat; (*guarire*) cure; edit ‹*testo*›. **~si** *vr* take care of oneself; *Med* follow a treatment; **~si di** (*badare a*) mind
cu'rato *nm* parish priest
cura'tore, -'trice *nmf* trustee; (*di testo*) editor
'curia *nf* curia
curio's|are *vi* be curious; (*mettere il naso*) pry (**in** into); (*nei negozi*) look around. **~ità** *nf inv* curiosity. **curi'oso** *a* curious; (*strano*) odd
cur'sore *nm Comput* cursor
'curva *nf* curve; (*stradale*) bend. **~ a gomito** U-bend. **cur'vare** *vt* curve; ‹*strada:*› bend. **cur'varsi** *vr* bend. **'curvo** *a* curved; (*piegato*) bent
cusci'netto *nm* pad; *Mech* bearing
cu'scino *nm* cushion; (*guanciale*) pillow. **~ d'aria** air cushion
'cuspide *nf* spire
cu'stod|e *nm* caretaker. **~e giudiziario** official receiver. **~ia** *nf* care; *Jur* custody; (*astuccio*) case. **~ia cautelare** remand. **custo'dire** *vt* keep; (*badare*) look after
cu'taneo *a* skin *attrib*
'cute *nf* skin
cu'ticola *nf* cuticle

Dd

da *prep* from; (*con verbo passivo*) by; (*moto a luogo*) to; (*moto per luogo*) through; (*stato in luogo*) at; (*temporale*) since; (*continuativo*) for; (*causale*) with; (*in qualità di*) as; (*con caratteristica*) with; (*come*) like; **da Roma a Milano** from Rome to Milan; **staccare un quadro dalla parete** take a picture off the wall; **i bambini dai 5 ai 10 anni** children between 5 and 10; **vedere qcsa da vicino/lontano** see sth from up close/from a distance; **scritto da** written by; **andare dal panettiere** go to the baker's; **passo da te più tardi** I'll come over to your place later; **passiamo da qui** let's go this way; **un appuntamento dal dentista** an appointment at the dentist's; **il treno passa da Venezia** the train goes through Venice; **dall'anno scorso** since last year; **vivo qui da due anni** I've been living here for two years; **da domani** from tomorrow; **piangere dal dolore** cry with pain; **ho molto da fare** I have a lot to do; **occhiali da sole** sunglasses; **qualcosa da mangiare** something to eat; **un uomo dai capelli scuri** a man with dark hair; **è un oggetto da poco** it's not worth much; **l'ho fatto da solo** I did it by myself; **si è fatto da sé** he is a self-made man; **non è da lui** it's not like him

dac'capo *adv* again; (*dall'inizio*) from the beginning

dacché *conj* since

'dado *nm* dice; *Culin* stock cube; *Techn* nut

daf'fare *nm* work

'dagli = **da** + **gli.** **'dai** = **da** + **i**

'dai *int* come on!

'daino *nm* deer; (*pelle*) buckskin

dal = **da** + **il.** **'dalla** = **da** + **la.** **'dalle** = **da** + **le.** **'dallo** = **da** + **lo**

'dalia *nf* dahlia

dal'tonico *a* colour-blind

'dama *nf* lady; (*nei balli*) partner; (*gioco*) draughts *sg*

dami'gella *nf* (*di sposa*) bridesmaid

damigi'ana *nf* demijohn

dam'meno *adv* **non essere ~ (di qcno)** be no less good (than sb)

da'naro *nm* = **denaro**

dana'roso *a* (*fam: ricco*) loaded

da'nese *a* Danish ● *nmf* Dane ● *nm* (*lingua*) Danish

Dani'marca *nf* Denmark

dan'na|re *vt* damn; **far ~re qcno** drive sb mad. **~to** *a* damned. **~zi'one** *nf* damnation

danneggi|a'mento *nm* damage. **~'are** *vt* damage; (*nuocere*) harm

'danno *nm* damage; (*a persona*) harm. **dan'noso** *a* harmful

Da'nubio *nm* Danube

'danza *nf* dance; (*il danzare*) dancing. **dan'zare** *vi* dance

dapper'tutto *adv* everywhere

dap'poco *a* worthless

dap'prima *adv* at first

'dardo *nm* dart

'dar|e *vt* give; sit ‹*esame*›; have ‹*festa*›; **~e qcsa a qcno** give sb sth; **~e da mangiare a qcno** give sb something to eat; **~e il benvenuto a qcno** welcome sb; **~e la buonanotte a qcno** say good night to sb; **~e del tu/del lei a qcno** address sb as "tu"/"lei"; **~e del cretino a qcno** call sb an idiot; **~e qcsa per scontato** take sth for granted; **cosa danno alla TV stasera?** what's on TV tonight? ● *vi* **~e nell'occhio** be conspicuous; **~e alla testa** go to one's head; **~e su** ‹*finestra, casa:*› look on to; **~e sui** *o* **ai nervi a qcno** get on sb's nerves ● *nm Comm* debit. **~si** *vr* (*scambiarsi*) give each other; **~si da fare** get down to it; **si è dato tanto da fare!** he went to so much trouble!; **~si a** (*cominciare*) take up; **~si al bere** take to drink; **~si per** ‹*malato, assente*› pretend to be; **~si per vinto** give up; **può ~si** maybe

'darsena *nf* dock

'data *nf* date. **~ di emissione** date of issue. **~ di nascita** date of birth. **~ di scadenza** cut-off date

da'ta|re *vt* date; **a ~re da** as from. **~to** *a* dated

'dato *a* given; (*dedito*) addicted; **~ che** seeing that, given that ● *nm* datum. **~ di fatto** well-established fact; **dati** *pl* data. **da'tore** *nm* giver. **datore, datrice** *nmf* **di lavoro** employer
'dattero *nm* date
dattilogra'f|are *vt* type. **~ia** *nf* typing. **datti'lografo, -a** *nmf* typist
dattilo'scritto *a* ‹*copia*› typewritten
dat'torno *adv* **togliersi ~** clear off
da'vanti *adv* before; (*dirimpetto*) opposite; (*di fronte*) in front ● *a inv* front ● *nm* front; **~ a** *prep* before, in front of
davan'zale *nm* window sill
da'vanzo *adv* more than enough
dav'vero *adv* really; **per ~** in earnest; **dici ~?** honestly?
'dazio *nm* duty; (*ufficio*) customs *pl*
d.C. *abbr* (**dopo Cristo**) AD
'dea *nf* goddess
debel'lare *vt* defeat
debili'ta|nte *a* weakening. **~re** *vt* weaken. **~rsi** *vr* become debilitated. **~zi'one** *nf* debilitation
debita'mente *adv* duly
'debi|to *a* due; **a tempo ~** in due course ● *nm* debt. **~'tore, ~'trice** *nmf* debtor
'debo|le *a* weak; ‹*luce*› dim; ‹*suono*› faint ● *nm* weak point; (*preferenza*) weakness. **~'lezza** *nf* weakness
debor'dare *vi* overflow
debosci'ato *a* debauched
debut'ta|nte *nm* (*attore*) actor making his début ● *nf* actress making her début. **~re** *vi* make one's début. **de'butto** *nm* début
deca'den|te *a* decadent. **~'tismo** *nm* decadence. **~za** *nf* decline; *Jur* loss. **deca'dere** *vi* lapse. **decadi'mento** *nm* (*delle arti*) decline
decaffei'nato *a* decaffeinated ● *nm* decaffeinated coffee, decaf *fam*
decan'tare *vt* (*lodare*) praise
decapi'ta|re *vt* decapitate; behead ‹*condannato*›. **~zi'one** *nf* decapitation; beheading
decappot'tabile *a* convertible
de'ce|dere *vi* (*morire*) die. **~'duto** *a* deceased
decele'rare *vt* decelerate, slow down
decen'nale *a* ten-yearly. **de'cennio** *nm* decade
de'cen|te *a* decent. **~te'mente** *adv* decently. **~za** *nf* decency
decentra'mento *nm* decentralization
de'cesso *nm* death; **atto di ~** death certificate
de'cider|e *vt* decide; settle ‹*questione*›. **~si** *vr* make up one's mind
deci'frare *vt* decipher; (*documenti cifrati*) decode
deci'male *a* decimal
deci'mare *vt* decimate
'decimo *a* tenth
de'cina *nf Math* ten; **una ~ di** (*circa dieci*) about ten
decisa'mente *adv* definitely, decidedly
decisio'nale *a* decision-making
deci|si'one *nf* decision. **~'sivo** *a* decisive. **de'ciso** *pp di* **decidere** ● *a* decided
decla'ma|re *vt/i* declaim. **~'torio** *a* ‹*stile*› declamatory
declas'sare *vt* downgrade
decli'na|re *vt* decline; **~re ogni responsabilità** disclaim all responsibility ● *vi* go down; (*tramontare*) set. **~zi'one** *nf Gram* declension. **de'clino** *nm* decline; **in declino** ‹*popolarità:*› on the decline
decodificazi'one *nf* decoding
decol'lare *vi* take off
décolle'té *nm inv* décolleté, low neckline
de'collo *nm* take-off
decolo'ra|nte *nm* bleach. **~re** *vt* bleach
decolorazi'one *nf* bleaching
decom'po|rre *vt*, **~rsi** *vr* decompose. **~sizi'one** *nf* decomposition
deconcen'trarsi *vr* become distracted
deconge'lare *vt* defrost
decongestio'nare *vt Med, fig* relieve congestion in
deco'ra|re *vt* decorate. **~'tivo** *a* decorative. **~to** *a* (*ornato*) decorated. **~'tore, ~'trice** *nmf* decorator. **~zi'one** *nf* decoration
de'coro *nm* decorum
decorosa'mente *adv* decorously. **decoroso** *a* dignified
decor'renza *nf* **~ dal...** starting from...
de'correre *vi* pass; **a ~ da** with effect from. **de'corso** *pp di* **decorrere** ● *nm* passing; *Med* course
de'crepito *a* decrepit
decre'scente *a* decreasing. **de'crescere** *vi* decrease; ‹*prezzi:*› go down; ‹*acque:*› subside
decre'tare *vt* decree. **de'creto** *nm* de-

cree. **decreto legge** *decree which has the force of law*

'dedalo *nm* maze

'dedica *nf* dedication

dedi'car|e *vt* dedicate. **~si** *vr* dedicate oneself

'dedi|to *a* **~ a** given to; (*assorto*) engrossed in; addicted to ‹*vizi*›. **~zi'one** *nf* dedication

de'dotto *pp di* **dedurre**

dedu'cibile *a* ‹*tassa*› allowable

de'du|rre *vt* deduce; (*sottrarre*) deduct. **~t'tivo** *a* deductive. **~zi'one** *nf* deduction

defal'care *vt* deduct

defe'rire *vt Jur* remit

defezi|o'nare *vi* (*abbandonare*) defect. **~'one** *nf* defection

defici'en|te *a* (*mancante*) deficient; *Med* mentally deficient ● *nmf* mental defective; *pej* half-wit. **~za** *nf* deficiency; (*lacuna*) gap; *Med* mental deficiency

'defici|t *nm inv* deficit. **~'tario** *a* ‹*bilancio*› deficit *attrib*

defi'larsi *vr* (*scomparire*) slip away

défilé *nm inv* fashion show

defi'ni|re *vt* define; (*risolvere*) settle. **~tiva'mente** *adv* for good. **~'tivo** *a* definitive. **~to** *a* definite. **~zi'one** *nf* definition; (*soluzione*) settlement

deflazi'one *nf* deflation

deflet'tore *nm Auto* quarterlight

deflu'ire *vi* ‹*liquidi:*› flow away; ‹*persone:*› stream out

de'flusso *nm* (*di marea*) ebb

defor'mar|e *vt* deform ‹*arto*›; *fig* distort. **~si** *vr* lose its shape. **de'form|e** *a* deformed. **~ità** *nf* deformity

defor'ma|to *a* warped. **~zi'one** *nf* (*di fatti*) distortion; **è una ~zione professionale** put it down to the job

defrau'dare *vt* defraud

de'funto, -a *a & nmf* deceased

degene'ra|re *vi* degenerate. **~to** *a* degenerate. **~zi'one** *nf* degeneration. **de'genere** *a* degenerate

de'gen|te *a* bedridden ● *nmf* patient. **~za** *nf* confinement

'degli = **di** + **gli**

deglu'tire *vt* swallow

de'gnar|e *vt* **~e qcno di uno sguardo** deign to look at sb. **~si** *vr* deign, condescend

'degno *a* worthy; (*meritevole*) deserving

degrada'mento *nm* degradation

degra'dante *a* demeaning

degra'da|re *vt* degrade. **~rsi** *vr* lower oneself; ‹*città:*› fall into a state of disrepair. **~zi'one** *nf* degradation

de'grado *nm* damage; **~ ambientale** *nm* environmental damage

degu'sta|re *vt* taste. **~zi'one** *nf* tasting

'dei = **di** + **i.** **'del** = **di** + **il**

dela|'tore, -'trice *nmf* [police] informer. **~zi'one** *nf* informing

'delega *nf* proxy

dele'ga|re *vt* delegate. **~to** *nm* delegate. **~zi'one** *nf* delegation

dele'terio *a* harmful

del'fino *nm* dolphin; (*stile di nuoto*) butterfly [stroke]

de'libera *nf* bylaw

delibe'ra|re *vt/i* deliberate; **~ su/in** rule on/in. **~to** *a* deliberate

delicata'mente *adv* delicately

delica'tezza *nf* delicacy; (*fragilità*) frailty; (*tatto*) tact

deli'cato *a* delicate; ‹*salute*› frail; ‹*suono, colore*› soft

delimi'tare *vt* delimit

deline'a|re *vt* outline. **~rsi** *vr* be outlined; *fig* take shape. **~to** *a* defined

delin'quen|te *nmf* delinquent. **~za** *nf* delinquency

deli'rante *a Med* delirious; (*assurdo*) insane

deli'rare *vi* be delirious. **de'lirio** *nm* delirium; *fig* frenzy

de'litt|o *nm* crime. **~u'oso** *a* criminal

de'lizi|a *nf* delight. **~'are** *vt* delight. **~'oso** *a* delightful; (*cibo*) delicious

'della = **di** + **la.** **'delle** = **di** + **le.** **'dello** = **di** + **lo**

'delta *nm inv* delta

delta'plano *nm* hang-glider; **fare ~** go hang-gliding

delucidazi'one *nf* clarification

delu'dente *a* disappointing

de'lu|dere *vt* disappoint. **~si'one** *nf* disappointment. **de'luso** *a* disappointed

dema'gogico *a* popularity-seeking, demagogic

demar'ca|re *vt* demarcate. **~zi'one** *nf* demarcation

de'men|te *a* demented. **~za** *nf* dementia. **~zi'ale** *a* (*assurdo*) zany

demilitariz'za|re *vt* demilitarize. **~zi'one** *nf* demilitarization

demistificazi'one *nf* debunking

demo'cra|tico *a* democratic. **~'zia** *nf* democracy

democristi'ano, -a *a & nmf* Christian Democrat
demogra'fia *nf* demography. **demo'grafico** *a* demographic
demo'li|re *vt* demolish. **~zi'one** *nf* demolition
'demone *nm* demon. **de'monio** *nm* demon
demoraliz'zar|e *vt* demoralize. **~si** *vr* become demoralized
de'mordere *vi* give up
demoti'vato *a* demotivated
de'nari *nmpl* (*nelle carte*) diamonds
de'naro *nm* money
deni'gra|re *vt* denigrate. **~'torio** *a* denigratory
denomi'na|re *vt* name. **~'tore** *nm* denominator. **~zi'one** *nf* denomination; **~zione di origine controllata** *mark guaranteeing the quality of a wine*
deno'tare *vt* denote
densità *nf inv* density. **'denso** *a* thick, dense
den'ta|le *a* dental. **~rio** *a* dental. **~ta** *nf* bite. **~'tura** *nf* teeth *pl*
'dente *nm* tooth; (*di forchetta*) prong; **al ~** *Culin* just slightly firm. **~ del giudizio** wisdom tooth. **~ di latte** milk tooth. **denti'era** *nf* dentures *pl*, false teeth *pl*
denti'fricio *nm* toothpaste
den'tista *nmf* dentist
'dentro *adv* in, inside; (*in casa*) indoors; **da ~** from within; **qui ~** in here ● *prep* in, inside; (*di tempo*) within, by ● *nm* inside
denuclearizzazi'one *nf* denuclearization
denu'dar|e *vt* bare. **~si** *vr* strip
de'nunci|a, de'nunzia *nf* denunciation; (*alla polizia*) reporting; (*dei redditi*) [income] tax return. **~'are** *vt* denounce; (*accusare*) report
denu'tri|to *a* underfed. **~zi'one** *nf* malnutrition
deodo'rante *a & nm* deodorant
dépendance *nf inv* outbuilding
depe'ri|bile *a* perishable. **~'mento** *nm* wasting away; (*di merci*) deterioration. **~re** *vi* waste away
depi'la|re *vt* depilate. **~rsi** *vr* shave ‹*gambe*›; pluck ‹*sopracciglia*›. **~'torio** *nm* depilatory
deplo'rabile *a* deplorable
deplo'r|are *vt* deplore; (*dolersi di*) grieve over. **~evole** *a* deplorable
de'porre *vt* put down; lay down ‹*armi*›; lay ‹*uova*›; (*togliere da una carica*) depose; (*testimoniare*) testify
depor'ta|re *vt* deport. **~to, -a** *nmf* deportee. **~zi'one** *nf* deportation
deposi'tar|e *vt* deposit; (*lasciare in custodia*) leave; (*in magazzino*) store. **~io, -a** *nmf* (*di segreto*) repository. **~si** *vr* settle
de'posi|to *nm* deposit; (*luogo*) warehouse; *Mil* depot. **~to bagagli** left-luggage office. **~zi'one** *nf* deposition; (*da una carica*) removal
depra'va|re *vt* deprave. **~to** *a* depraved. **~zi'one** *nf* depravity
depre'ca|bile *a* appalling. **~re** *vt* deprecate
depre'dare *vt* plunder
depressi'one *nf* depression. **de'presso** *pp di* **deprimere** ● *a* depressed
deprez'zar|e *vt* depreciate. **~si** *vr* depreciate
depri'mente *a* depressing
de'primer|e *vt* depress. **~si** *vr* become depressed
depu'ra|re *vt* purify. **~'tore** *nm* purifier
depu'ta|re *vt* delegate. **~to, -a** *nmf* deputy, Member of Parliament
deraglia'mento *nm* derailment
deragli'are *vi* go off the lines; **far ~** derail
'derby *nm inv Sport* local Derby
deregolamentazi'one *nf* deregulation
dere'litto *a* derelict
dere'tano *nm* backside, bottom
de'ri|dere *vt* deride. **~si'one** *nf* derision. **~'sorio** *a* derisory
de'riva *nf* drift; **andare alla ~** drift
deri'va|re *vi* **~re da** (*provenire*) derive from ● *vt* derive; (*sviare*) divert. **~zi'one** *nf* derivation; (*di fiume*) diversion
dermato|lo'gia *nf* dermatology. **~'logico** *a* dermatological. **derma'tologo, -a** *nmf* dermatologist
'deroga *nf* dispensation. **dero'gare** *vi* **derogare a** depart from
der'rat|a *nf* merchandise. **~e alimentari** foodstuffs
deru'bare *vt* rob
descrit'tivo *a* descriptive. **des'critto** *pp di* **descrivere**
des'cri|vere *vt* describe. **~'vibile** *a* describable. **~zi'one** *nf* description
de'serto *a* uninhabited ● *nm* desert
deside'rabile *a* desirable
deside'rare *vt* wish; (*volere*) want;

(*intensamente*) long for; (*bramare*) desire; **desidera?** what would you like?, can I help you?; **lasciare a ~** leave a lot to be desired

desi'de|rio *nm* wish; (*brama*) desire; (*intenso*) longing. **~'roso** *a* desirous; (*bramoso*) longing

desi'gnare *vt* designate; (*fissare*) fix

desi'nenza *nf* ending

de'sistere *vi* **~ da** desist from

desktop publishing *nm inv* desktop publishing

deso'lante *a* distressing

deso'la|re *vt* distress. **~to** desolate; (*spiacente*) sorry. **~zi'one** *nf* desolation

'despota *nm* despot

de'star|e *vt* waken; *fig* awaken. **~si** *vr* waken; *fig* awaken

desti'na|re *vt* destine; (*nominare*) appoint; (*assegnare*) assign; (*indirizzare*) address. **~'tario** *nm* (*di lettera, pacco*) addressee. **~zi'one** *nf* destination; *fig* purpose

de'stino *nm* destiny; (*fato*) fate

destitu|'ire *vt* dismiss. **~zi'one** *nf* dismissal

'desto *a liter* awake

'destra *nf* (*parte*) right; (*mano*) right hand; **prendere a ~** turn right

destreggi'ar|e *vi*, **~si** *vr* manoeuvre

de'strezza *nf* dexterity; (*abilità*) skill

'destro *a* right; (*abile*) skilful

detei'nato *a* tannin-free

dete'n|ere *vt* hold; ‹*polizia:*› detain. **~uto, -a** *nmf* prisoner. **~zi'one** *nf* detention

deter'gente *a* cleaning; ‹*crema*› cleansing ● *nm* detergent; (*per la pelle*) cleanser

deteriora'mento *nm* deterioration

deterio'rar|e *vt* cause to deteriorate. **~si** *vr* deteriorate

determi'nante *a* decisive

determi'na|re *vt* determine. **~rsi** *vr* **~rsi a** resolve to. **~'tezza** *nf* determination. **~'tivo** *a Gram* definite. **~to** *a* (*risoluto*) determined; (*particolare*) specific. **~zi'one** *nf* determination; (*decisione*) decision

deter'rente *a & nm* deterrent

deter'sivo *nm* detergent. **~ per i piatti** washing-up liquid

dete'stare *vt* detest, hate

deto'nare *vi* detonate

de'tra|rre *vt* deduct (**da** from). **~zi'one** *nf* deduction

detri'mento *nm* detriment; **a ~ di** to the detriment of

de'trito *nm* debris

'detta *nf* **a ~ di** according to

dettagli'ante *nmf Comm* retailer

dettagli'a|re *vt* detail. **~ta'mente** *adv* in detail

det'taglio *nm* detail; **al ~** *Comm* retail

det'ta|re *vt* dictate; **~re legge** *fig* lay down the law. **~to** *nm*, **~'tura** *nf* dictation

'detto *a* said; (*chiamato*) called; (*soprannominato*) nicknamed; **~ fatto** no sooner said than done ● *nm* saying

detur'pare *vt* disfigure

deva'sta|re *vt* devastate. **~to** *a* devastated. **~zi'one** *nf* devastation; *fig* ravages *pl*

devi'a|re *vi* deviate ● *vt* divert. **~zi'one** *nf* deviation; (*stradale*) diversion

devitaliz'zare *vt* deaden ‹*dente*›

devo'lu|to *pp di* **devolvere** ● *a* devolved. **~zi'one** *nf* devolution

de'volvere *vt* devolve

de'vo|to *a* devout; (*affezionato*) devoted. **~zi'one** *nf* devotion

di *prep* of; (*partitivo*) some; (*scritto da*) by; ‹*parlare, pensare ecc*› about; (*con causa, mezzo*) with; (*con provenienza*) from; (*in comparazioni*) than; (*con infinito*) to; **la casa di mio padre/dei miei genitori** my father's house/my parents' house; **compra del pane** buy some bread; **hai del pane?** do you have any bread?; **un film di guerra** a war film; **piangere di dolore** cry with pain; **coperto di neve** covered with snow; **sono di Genova** I'm from Genoa; **uscire di casa** leave one's house; **più alto di te** taller than you; **è ora di partire** it's time to go; **crede di aver ragione** he thinks he's right; **dire di sì** say yes; **di domenica** on Sundays; **di sera** in the evening; **una pausa di un'ora** an hour's break; **un corso di due mesi** a two-month course

dia'bet|e *nm* diabetes. **~ico, -a** *a & nmf* diabetic

dia'bolico *a* diabolical

dia'dema *nm* diadem; (*di donna*) tiara

di'afano *a* diaphanous

dia'framma *nm* diaphragm; (*divisione*) screen

di'agnos|i *nf* diagnosis. **~ti'care** *vt* diagnose

diago'nale *a & nf* diagonal

dia'gramma *nm* diagram

dialet'tale *a* dialect. **dia'letto** *nm* dialect

dialo'gante *a* **unità ~** *Comput* interactive terminal

di'alogo *nm* dialogue
dia'mante *nm* diamond
di'ametro *nm* diameter
di'amine *int* **che ~...** what on earth...
diaposi'tiva *nf* slide
di'ario *nm* diary
diar'rea *nf* diarrhoea
di'avolo *nm* devil; **va al ~** go to hell!; **che ~ fai?** what the hell are you doing?
di'batt|ere *vt* debate. **~ersi** *vr* struggle. **~ito** *nm* debate; (*meno formale*) discussion
dica'stero *nm* office
di'cembre *nm* December
dice'ria *nf* rumour
dichia'ra|re *vt* state; (*ufficialmente*) declare. **~rsi** *vr* **si dichiara innocente** he says he's innocent. **~zi'one** *nf* statement; (*documento, di guerra*) declaration
dician'nove *a & nm* nineteen
dicias'sette *a & nm* seventeen
dici'otto *a & nm* eighteen
dici'tura *nf* wording
didasca'lia *nf* (*di film*) subtitle; (*di illustrazione*) caption
di'dattic|a *nf* didactics *sg*. **~o** *a* didactic; ‹*televisione*› educational
di'dentro *adv* inside
didi'etro *adv* behind ● *nm hum* hindquarters *pl*
di'eci *a & nm* ten
die'cina = **decina**
'diesel *a & nf inv* diesel
di'esis *nm inv* sharp
di'eta *nf* diet; **essere a ~** be on a diet. **die'tetico** *a* diet. **die'tista** *nmf* dietician. **die'tologo** *nmf* dietician
di'etro *adv* behind ● *prep* behind; (*dopo*) after ● *a* back; (*di zampe*) hind ● *nm* back; **le stanze di ~** the back rooms; **le zampe di ~** the hind legs
dietro'front *nm inv* about-turn; *fig* U-turn
di'fatti *adv* in fact
di'fen|dere *vt* defend. **~dersi** *vr* defend oneself. **~'siva** *nf* **stare sulla ~siva** be on the defensive. **~'sivo** *a* defensive. **~'sore** *nm* defender; **avvocato ~sore** defence counsel
di'fes|a *nf* defence; **prendere le ~e di qcno** come to sb's defence. **~o** *pp di* **difendere**
difet't|are *vi* be defective; **~are di** lack. **~ivo** *a* defective
di'fet|to *nm* defect; (*morale*) fault, flaw; (*mancanza*) lack; (*in tessuto, abito*) flaw; **essere in ~to** be at fault; **far ~to** be lacking. **~'toso** *a* defective; ‹*abto*› flawed
diffa'ma|re *vt* (*con parole*) slander; (*per iscritto*) libel. **~'torio** *a* slanderous; (*per iscritto*) libellous. **~zi'one** *nf* slander; (*scritta*) libel
diffe'ren|te *a* different. **~za** *nf* difference; **a ~za di** unlike; **non fare ~za** make no distinction (**fra** between). **~zi'ale** *a & nm* differential
differenzi'ar|e *vt* differentiate. **~si** *vr* **~si da** differ from
diffe'ri|re *vt* postpone ● *vi* be different. **~ta** *nf* **in ~ta** *TV* prerecorded
dif'ficil|e *a* difficult; (*duro*) hard; (*improbabile*) unlikely ● *nm* difficulty. **~'mente** *adv* with difficulty
difficoltà *nf inv* difficulty
dif'fida *nf* warning
diffi'd|are *vi* **~are di** distrust ● *vt* warn. **~ente** *a* mistrustful. **~enza** *nf* mistrust
dif'fonder|e *vt* spread; diffuse ‹*calore, luce ecc*›. **~si** *vr* spread. **diffusi'one** *nf* diffusion; (*di giornale*) circulation
dif'fu|so *pp di* **diffondere** ● *a* common; ‹*malattia*› widespread; ‹*luce*› diffuse. **~'sore** *nm* (*per asciugacapelli*) diffuser
difi'lato *adv* straight; (*subito*) straightaway
'diga *nf* dam; (*argine*) dike
dige'ribile *a* digestible
dige|'rire *vt* digest; *fam* stomach. **~sti'one** *nf* digestion. **~'stivo** *a* digestive ● *nm* digestive; (*dopo cena*) liqueur
digi'tale *a* digital; (*delle dita*) finger *attrib* ● *nf* (*fiore*) foxglove
digi'tare *vt* key in
digiu'nare *vi* fast
digi'uno *a* **essere ~** have an empty stomach ● *nm* fast; **a ~** on an empty stomach
digni|tà *nf* dignity. **~'tario** *nm* dignitary. **~'toso** *a* dignified
digressi'one *nf* digression
digri'gnare *vi* **~ i denti** grind one's teeth
dila'gare *vi* flood; *fig* spread
dilani'are *vt* tear to pieces
dilapi'dare *vt* squander
dila'ta|re *vt*, **~rsi** *vr* dilate; ‹*metallo, gas:*› expand. **~zi'one** *nf* dilation
dilazio'nabile *a* postponable
dilazi|o'nare *vt* delay. **~'one** *nf* delay
dilegu'ar|e *vt* disperse. **~si** *vr* disappear
di'lemma *nm* dilemma

dilet'tan|te *nmf* amateur. **~'tistico** *a* amateurish
dilet'tare *vt* delight
di'letto, -a *a* beloved ● *nm* (*piacere*) delight ● *nmf* (*persona*) beloved
dili'gen|te *a* diligent; ‹*lavoro*› accurate. **~za** *nf* diligence
dilu'ire *vt* dilute
dilun'gar|e *vt* prolong. **~si** *vr* **~si su** dwell on ‹*argomento*›
diluvi'are *vi* pour [down]. **di'luvio** *nm* downpour; *fig* flood
dima'gr|ante *a* slimming, diet. **~i'mento** *nm* loss of weight. **~ire** *vi* slim
dime'nar|e *vt* wave; wag ‹*coda*›. **~si** *vr* be agitated
dimensi'one *nf* dimension; (*misura*) size
dimenti'canza *nf* forgetfulness; (*svista*) oversight
dimenti'car|e *vt*, **~si** *vr* **~** [**di**] forget. **dimentico** *a* **dimentico di** (*che non ricorda*) forgetful of
di'messo *pp di* **dimettere** ● *a* humble; (*trasandato*) shabby; ‹*voce*› low
dimesti'chezza *nf* familiarity
di'metter|e *vt* dismiss; (*da ospedale ecc*) discharge. **~si** *vr* resign
dimez'zare *vt* halve
diminu|'ire *vt/i* diminish; (*in maglia*) decrease. **~'tivo** *a & nm* diminutive. **~zi'one** *nf* decrease; (*riduzione*) reduction
dimissi'oni *nfpl* resignation *sg*; **dare le ~** resign
di'mo|ra *nf* residence. **~'rare** *vi* reside
dimo'strante *nmf* demonstrator
dimo'stra|re *vt* demonstrate; (*provare*) prove; (*mostrare*) show. **~rsi** *vr* prove [to be]. **~'tivo** *a* demonstrative. **~zi'one** *nf* demonstration; *Math* proof
di'namico, -a *a* dynamic ● *nf* dynamics *sg*. **dina'mismo** *nm* dynamism
dinami'tardo *a* **attentato ~** bomb attack
dina'mite *nf* dynamite
'dinamo *nf inv* dynamo
di'nanzi *adv* in front ● *prep* **~ a** in front of
dina'stia *nf* dynasty
dini'ego *nm* denial
dinocco'lato *a* lanky
dino'sauro *nm* dinosaur
din'torn|i *nmpl* outskirts; **nei ~i di** in the vicinity of. **~o** *adv* around
'dio *nm* (*pl* **'dei**) god; **D~** God
di'ocesi *nf inv* diocese
dipa'nare *vt* wind into a ball; *fig* unravel
diparti'mento *nm* department
dipen'den|te *a* depending ● *nmf* employee. **~za** *nf* dependence; (*edificio*) annexe
di'pendere *vi* **~ da** depend on; (*provenire*) derive from; **dipende** it depends
di'pinger|e *vt* paint; (*descrivere*) describe. **~si** *vr* (*truccarsi*) make up. **di'pinto** *pp di* **dispingere** ● *a* painted ● *nm* painting
di'plo|ma *nm* diploma. **~'marsi** *vr* graduate
diplo'matico *a* diplomatic ● *nm* diplomat; (*pasticcino*) millefeuille (*with alcohol*)
diplo'mato *nmf person with school qualification* ● *a* qualified
diploma'zia *nf* diplomacy
di'porto *nm* **imbarcazione da ~** pleasure craft
dira'dar|e *vt* thin out; make less frequent ‹*visite*›. **~si** *vr* thin out; ‹*nebbia:*› clear
dira'ma|re *vt* issue ● *vi*, **~rsi** *vr* branch out; (*diffondersi*) spread. **~zi'one** *nf* (*di strada*) fork
'dire *vt* say; (*raccontare, riferire*) tell; **~ quello che si pensa** speak one's mind; **voler ~** mean; **volevo ben ~!** I wondered!; **~ di sì/no** say yes/no; **si dice che...** rumour has it that...; **come si dice "casa" in inglese?** what's the English for "casa"?; **questo nome mi dice qualcosa** the name rings a bell; **che ne dici di...?** how about...?; **non c'è che ~** there's no disputing that; **e ~ che...** to think that...; **a dir poco/tanto** at least/most ● *vi* **~ bene/male di** speak highly/ill of sb; **dica pure** (*in negozio*) how can I help you?; **dici sul serio?** are you serious?; **per modo di ~** in a manner of speaking
diretta'mente *adv* directly
diret'tissima *nf* **processare per ~** *Jur* try as speedily as possible
diret'tissimo *nm* fast train
diret'tiva *nf* directive
di'retto *pp di* **dirigere** ● *a* direct. **~ a** (*inteso*) meant for. **essere ~ a** be heading for. **in diretta** ‹*trasmissione*› live ● *nm* (*treno*) through train
diret|'tore, -'trice *nmf* manager; manageress; (*di scuola*) headmaster; headmistress. **~tore d'orchestra** conductor
direzi'one *nf* direction; (*di società*)

management; *Sch* headmaster's/headmistress's office (*primary school*)
diri'gen|te *a* ruling ● *nmf* executive; *Pol* leader. **~za** *nf* management. **~zi'ale** *a* management *attrib*, managerial
di'riger|e *vt* direct; conduct ‹*orchestra*›; run ‹*impresa*›. **~si** *vr* **~si verso** head for
dirim'petto *adv* opposite ● *prep* **~ a** facing
di'ritto[1], **dritto** *a* straight; (*destro*) right ● *adv* straight; **andare ~** go straight on ● *nm* right side; *Tennis* forehand; **fare un ~** (*a maglia*) knit one
di'ritt|o[2] *nm* right; *Jur* law. **~i d'autore** royalties
dirit'tura *nf* straight line; *fig* honesty. **~ d'arrivo** *Sport* home straight
diroc'cato *a* tumbledown
dirom'pente *a fig* explosive
dirot'ta|re *vt* reroute ‹*treno, aereo*›; (*illegalmente*) hijack; divert ‹*traffico*› ● *vi* alter course. **~'tore, ~'trice** *nmf* hijacker
di'rotto *a* ‹*pioggia*› pouring; ‹*pianto*› uncontrollable; **piovere a ~** rain heavily
di'rupo *nm* precipice
dis'abile *nmf* disabled person
disabi'tato *a* uninhabited
disabitu'arsi *vr* **~ a** get out of the habit of
disac'cordo *nm* disagreement
disadat'tato, -a *a* maladjusted ● *nmf* misfit
disa'dorno *a* unadorned
disa'gevole *a* (*scomodo*) uncomfortable
disagi'ato *a* poor; ‹*vita*› hard
di'sagio *nm* discomfort; (*difficoltà*) inconvenience; (*imbarazzo*) embarrassment; **sentirsi a ~** feel uncomfortable; **disagi** *pl* (*privazioni*) hardships
disappro'va|re *vt* disapprove of. **~zi'one** *nf* disapproval
disap'punto *nm* disappointment
disar'mante *a fig* disarming
disar'mare *vt/i* disarm. **di'sarmo** *nm* disarmament
disa'strato, -a *a* devastated ● *nmf* disaster victim
di'sastro *nm* disaster; (*fam: grande confusione*) mess; (*fig: persona*) disaster area. **disa'stroso** *a* disastrous
disat'ten|to *a* inattentive. **~zi'one** *nf* inattention; (*svista*) oversight
disatti'vare *vt* de-activate
disa'vanzo *nm* deficit
disavven'tura *nf* misadventure
dis'brigo *nm* dispatch
dis'capito *nm* **a ~ di** to the detriment of
dis'carica *nf* scrap-yard
discen'den|te *a* descending ● *nmf* descendant. **~za** *nf* descent; (*discendenti*) descendants *pl*
di'scendere *vt/i* descend; (*dal treno*) get off; (*da cavallo*) dismount; (*sbarcare*) land. **~ da** (*trarre origine da*) be a descendant of
di'scepolo, -a *nmf* disciple
di'scernere *vt* discern
di'sces|a *nf* descent; (*pendio*) slope; **~a in picchiata** (*di aereo*) nosedive; **essere in ~a** ‹*strada:*› go downhill. **~a libera** (*in sci*) downhill race. **disce'sista** *nmf* (*sciatore*) downhill skier. **~o** *pp di* **discendere**
dis'chetto *nm Comput* diskette
dischi'uder|e *vt* open; (*svelare*) disclose. **~si** *vr* open up
disci'oglier|e *vt*, **~si** *vr* dissolve; ‹*neve:*› thaw; (*fondersi*) melt. **disci'olto** *pp di* **disciogliere**
disci'pli|na *nf* discipline. **~'nare** *a* disciplinary ● *vt* discipline. **~'nato** *a* disciplined
'disco *nm* disc; *Comput* disk; *Sport* discus; *Mus* record; **ernia del ~** slipped disc. **~ fisso** *Comput* hard disk. **~ volante** flying saucer
discogra'fia *nf* (*insieme di incisioni*) discography. **disco'grafico** *a* ‹*industria*› record, recording; **casa discografica** record company, recording company
'discolo *nmf* rascal ● *a* unruly
discol'par|e *vt* clear. **~si** *vr* clear oneself
disco'noscere *vt* disown ‹*figlio*›
discontinuità *nf* (*nel lavoro*) irregularity. **discon'tinuo** *a* intermittent; ‹*fig: impegno, rendimento*› uneven
discor'dan|te *a* discordant. **~za** *nf* mismatch
discor'dare *vi* ‹*opinioni:*› conflict. **dis'corde** *a* clashing. **dis'cordia** *nf* discord; (*dissenso*) dissension
dis'cor|rere *vi* talk (**di** about). **~'sivo** *a* colloquial. **dis'corso** *pp di* **discorrere** ● *nm* speech; (*conversazione*) talk
dis'costo *a* distant ● *adv* far away; **stare ~** stand apart
disco'te|ca *nf* disco; (*raccolta*) record library. **~'caro** *nmf pej* disco freak

discre'pan|te *a* contradictory. **~za** *nf* discrepancy
dis'cre|to *a* discreet; (*moderato*) moderate; (*abbastanza buono*) fairly good. **~zi'one** *nf* discretion; (*giudizio*) judgement; **a ~zione di** at the discretion of
discrimi'nante *a* extenuating
discrimi'na|re *vt* discriminate. **~'torio** *a* ‹*atteggiamento*› discriminatory. **~zi'one** *nf* discrimination
discussi'one *nf* discussion; (*alterco*) argument. **dis'cusso** *pp di* **discutere** ● *a* controversial
dis'cutere *vt* discuss; (*formale*) debate; (*litigare*) argue; **~ sul prezzo** bargain. **discu'tibile** *a* debatable; ‹*gusto*› questionable
disde'gnare *vt* disdain. **dis'degno** *nm* disdain
dis'dett|a *nf* retraction; (*sfortuna*) bad luck; *Comm* cancellation. **~o** *pp di* **disdire**
disdi'cevole *a* unbecoming
dis'dire *vt* retract; (*annullare*) cancel
diseduca'tivo *a* boorish, uncouth
dise'gna|re *vt* draw; (*progettare*) design. **~'tore, ~'trice** *nmf* designer. **di'segno** *nm* drawing; (*progetto, linea*) design
diser'bante *nm* herbicide, weed-killer ● *a* herbicidal, weed-killing
disere'da|re *vt* disinherit. **~to** *a* dispossessed ● *nmf* **i ~ti** the dispossessed
diser|'tare *vt/i* desert; **~tare la scuola** stay away from school. **~'tore** *nm* deserter. **~zi'one** *nf* desertion
disfaci'mento *nm* decay
dis'fa|re *vt* undo; strip ‹*letto*›; (*smantellare*) take down; (*annientare*) defeat; **~re le valigie** unpack [one's bags]. **~rsi** *vr* fall to pieces; (*sciogliersi*) melt; **~rsi di** (*liberarsi di*) get rid of; **~rsi in lacrime** dissolve into tears. **~tta** *nf* defeat. **~tto** *a fig* worn out
disfat'tis|mo *nm* defeatism. **~ta** *a & nmf* defeatist
disfunzi'one *nf* disorder
dis'gelo *nm* thaw
dis'grazi|a *nf* misfortune; (*incidente*) accident; (*sfavore*) disgrace. **~ata'mente** *adv* unfortunately. **~'ato, -a** *a* unfortunate ● *nmf* wretch
disgre'gar|e *vt* break up. **~si** *vr* disintegrate
disgu'ido *nm* **~ postale** mistake in delivery
disgu'st|are *vt* disgust. **~arsi** *vr* **~arsi di** be disgusted by. **dis'gusto** *nm* disgust. **~oso** *a* disgusting
disidra'ta|re *vt* dehydrate. **~to** *a* dehydrated
disil'lu|dere *vt* disenchant. **~si'one** *nf* disenchantment. **~so** *a* disillusioned
disimbal'lare *vt* unpack
disimpa'rare *vt* forget
disimpe'gnar|e *vt* release; (*compiere*) fulfil; redeem ‹*oggetto dato in pegno*›. **~si** *vr* disengage oneself; (*cavarsela*) manage. **disim'pegno** *nm* (*locale*) vestibule
disincan'tato *a* (*disilluso*) disillusioned
disinfe'sta|re *vt* disinfest. **~zi'one** *nf* disinfestation
disinfet'tante *a & nm* disinfectant
disinfe|t'tare *vt* disinfect. **~zi'one** *nf* disinfection
disinfor'mato *a* uninformed
disini'bito *a* uninhibited
disinne'scare *vt* defuse ‹*mina*›. **disin'nesco** *nm* (*di bomba*) bomb disposal
disinse'rire *vt* disconnect
disinte'gra|re *vt*, **~rsi** *vr* disintegrate. **~zi'one** *nf* disintegration
disinteres'sarsi *vr* **~ di** take no interest in. **disinte'resse** *nm* indifference; (*oggettività*) disinterestedness
disintossi'ca|re *vt* detoxify. **~rsi** *vr* come off drugs. **~zi'one** *nf* giving up alcohol/drugs
disin'volto *a* natural. **disinvol'tura** *nf* confidence
disles'sia *nf* dyslexia. **dis'lessico** *a* dyslexic
disli'vello *nm* difference in height; *fig* inequality
dislo'care *vt Mil* post
dismenor'rea *nf* dysmenorrhoea
dismi'sura *nf* excess; **a ~** excessively
disobbedi'ente *a* disobedient
disobbe'dire *vt* disobey
disoccu'pa|to, -a *a* unemployed ● *nmf* unemployed person. **~zi'one** *nf* unemployment
disonestà *nf* dishonesty. **diso'nesto** *a* dishonest
disono'rare *vt* dishonour. **diso'nore** *nm* dishonour
di'sopra *adv* above ● *a* upper ● *nm* top
disordi'na|re *vt* disarrange. **~ta'mente** *adv* untidily. **~to** *a* untidy; (*sregolato*) immoderate. **di'sordine** *nm* disorder, untidiness; (*sregolatezza*) debauchery

disorganiz'za|re *vt* disorganize. **~to** *a* disorganized. **~zi'one** *nf* disorganization
disorienta'mento *nm* disorientation
disorien'ta|re *vt* disorientate. **~rsi** *vr* lose one's bearings. **~to** *a fig* bewildered
di'sotto *adv* below ● *a* lower ● *nm* bottom
dis'paccio *nm* dispatch
dispa'rato *a* disparate
'dispari *a* odd, uneven. **~tà** *nf inv* disparity
dis'parte *adv* **in ~** apart; **stare in ~** stand aside
dis'pendi|o *nm* (*spreco*) waste. **~'oso** *a* expensive
dis'pen|sa *nf* pantry; (*distribuzione*) distribution; (*mobile*) cupboard; *Jur* exemption; *Relig* dispensation; (*pubblicazione periodica*) number. **~'sare** *vt* distribute; (*esentare*) exonerate
dispe'ra|re *vi* despair (**di** of). **~rsi** *vr* despair. **~ta'mente** ‹*piangere*› desperately. **~to** *a* desperate. **~zi'one** *nf* despair
dis'per|dere *vt*, **~dersi** *vr* scatter, disperse. **~si'one** *nf* dispersion; (*di truppe*) dispersal. **~'sivo** *a* disorganized. **~so** *pp di* **disperdere** ● *a* scattered; (*smarrito*) lost ● *nm* missing soldier
dis'pet|to *nm* spite; **a ~to di** in spite of; **fare un ~to a qcno** spite sb. **~'toso** *a* spiteful
dispia'c|ere *nm* upset; (*rammarico*) regret; (*dolore*) sorrow; (*preoccupazione*) worry ● *vi* **mi dispiace** I'm sorry; **non mi dispiace** I don't dislike it; **se non ti dispiace** if you don't mind. **~i'uto** *a* upset; (*dolente*) sorry
dispo'nibil|e *a* available; (*gentile*) helpful. **~ità** *nf* availability; (*gentilezza*) helpfulness
dis'por|re *vt* arrange ● *vi* dispose; (*stabilire*) order; **~re di** have at one's disposal. **~si** *vr* (*in fila*) line up
disposi'tivo *nm* device
disposizi'one *nf* disposition; (*ordine*) order; (*libera disponibilità*) disposal. **dis'posto** *pp di* **disporre** ● *a* ready; (*incline*) disposed; **essere ben disposto verso** be favourably disposed towards
di'spotico *a* despotic. **dispo'tismo** *nm* despotism
dispregia'tivo *a* disparaging
disprez'zare *vt* despise. **dis'prezzo** *nm* contempt
'disputa *nf* dispute
dispu'tar|e *vi* dispute; (*gareggiare*) compete. **~si** *vr* **~si qcsa** contend for sth
dissacra'torio *a* debunking
dissangua'mento *nm* loss of blood
dissangu'a|re *vt*, **~rsi** *vr* bleed. **~rsi** *vr fig* become impoverished. **~to** *a* bloodless; *fig* impoverished
dissa'pore *nm* disagreement
dissec'car|e *vt*, **~si** *vr* dry up
dissemi'nare *vt* disseminate; (*notizie*) spread
dis'senso *nm* dissent; (*disaccordo*) disagreement
dissente'ria *nf* dysentery
dissen'tire *vi* disagree (**da** with)
dissertazi'one *nf* dissertation
disser'vizio *nm* poor service
disse'sta|re *vt* upset; *Comm* damage. **~to** *a* ‹*strada*› uneven. **dis'sesto** *nm* ruin
disse'tante *a* thirst-quenching
disse'ta|re *vt* **~re qcno** quench sb's thirst
dissi'dente *a & nmf* dissident
dis'sidio *nm* disagreement
dis'simile *a* unlike, dissimilar
dissimu'lare *vt* conceal; (*fingere*) dissimulate
dissi'pa|re *vt* dissipate; (*sperperare*) squander. **~rsi** *vr* ‹*nebbia:*› clear; ‹*dubbio:*› disappear. **~to** *a* dissipated. **~zi'one** *nf* squandering
dissoci'ar|e *vt*, **~si** *vr* dissociate
disso'dare *vt* till
dis'solto *pp di* **dissolvere**
disso'luto *a* dissolute
dis'solver|e *vt*, **~si** *vr* dissolve; (*disperdere*) dispel
disso'nanza *nf* dissonance
dissua|'dere *vt* dissuade. **~si'one** *nf* dissuasion. **~'sivo** *a* dissuasive
distac'car|e *vt* detach; *Sport* leave behind. **~si** *vr* be detached. **di'stacco** *nm* detachment; (*separazione*) separation; *Sport* lead
di'stan|te *a* far away; ‹*fig: person*› detached ● *adv* far away. **~za** *nf* distance. **~zi'are** *vt* space out; *Sport* outdistance
di'stare *vi* be distant; **quanto dista?** how far is it?
di'sten|dere *vt* stretch out ‹*parte del corpo*›; (*spiegare*) spread; (*deporre*) lay. **~dersi** *vr* stretch; (*sdraiarsi*) lie down; (*rilassarsi*) relax. **~si'one** *nf* stretch-

ing; (*rilassamento*) relaxation; *Pol* détente. **~'sivo** *a* relaxing

di'steso, -a *pp di* **distendere** ● *nf* expanse

distil'l|are *vt/i* distil. **~azi'one** *nf* distillation. **~e'ria** *nf* distillery

di'stinguer|e *vt* distinguish. **~si** *vr* distinguish oneself. **distin'guibile** *a* distinguishable

di'stinta *nf Comm* list. **~ di pagamento** receipt. **~ di versamento** paying-in slip

distinta'mente *adv* (*separatamente*) individually, separately; (*chiaramente*) clearly

distin'tivo *a* distinctive ● *nm* badge

di'stin|to, -a *pp di* **distinguere** ● *a* distinct; (*signorile*) distinguished; **~ti saluti** Yours faithfully. **~zi'one** *nf* distinction

di'stogliere *vt* **~ da** (*allontanare*) remove from; (*dissuadere*) dissuade from. **di'stolto** *pp di* **distogliere**

di'storcere *vt* twist

distorsi'one *nf Med* sprain; (*alterazione*) distortion

di'stra|rre *vt* distract; (*divertire*) amuse. **~rsi** *vr* get distracted; (*svagarsi*) amuse oneself; **non ti distrarre!** pay attention!. **~rsi** *vr* (*deconcentrarsi*) be distracted. **~tta'mente** *adv* absently. **~tto** *pp di* **distrarre** ● *a* absent-minded; (*disattento*) inattentive. **~zi'one** *nf* absent-mindedness; (*errore*) inattention; (*svago*) amusement

di'stretto *nm* district

distribu|'ire *vt* distribute; (*disporre*) arrange; deal ‹*carte*›. **~'tore** *nm* distributor; (*di benzina*) petrol pump; (*automatico*) slot-machine. **~zi'one** *nf* distribution

distri'car|e *vt* disentangle; **~si** *vr fig* get out of it

di'stru|ggere *vt* destroy. **~t'tivo** *a* destructive; ‹*critica*› negative. **~tto** *pp di* **distruggere** ● *a* destroyed; **un uomo ~tto** a broken man. **~zi'one** *nf* destruction

distur'bar|e *vt* disturb; (*sconvolgere*) upset. **~si** *vr* trouble oneself. **di'sturbo** *nm* bother; (*indisposizione*) trouble; *Med* problem; *Radio, TV* interference; **disturbi** *pl Radio, TV* static. **disturbi di stomaco** stomach trouble

disubbidi'en|te *a* disobedient. **~za** *nf* disobedience

disubbi'dire *vi* **~ a** disobey

disugu|agli'anza *nf* disparity. **~'ale** *a* unequal; (*irregolare*) irregular

disu'mano *a* inhuman

di'suso *nm* **cadere in ~** fall into disuse

di'tale *nm* thimble

di'tata *nf* poke; (*impronta*) finger-mark

'dito *nm* (*pl nf* **dita**) finger; (*di vino, acqua*) finger. **~ del piede** toe

'ditta *nf* firm

dit'tafono *nm* dictaphone

ditta'tor|e *nm* dictator. **~i'ale** *a* dictatorial. **ditta'tura** *nf* dictatorship

dit'tongo *nm* diphthong

di'urno *a* daytime; **spettacolo ~** matinée

'diva *nf* diva

diva'ga|re *vi* digress. **~zi'one** *nf* digression

divam'pare *vi* burst into flames; *fig* spread like wildfire

di'vano *nm* settee, sofa. **~ letto** sofa bed

divari'care *vt* open

di'vario *nm* discrepancy; **un ~ di opinioni** a difference of opinion

dive'n|ire *vi* = **diventare. ~uto** *pp di* **divenire**

diven'tare *vi* become; (*lentamente*) grow; (*rapidamente*) turn

di'verbio *nm* squabble

diver'gen|te *a* divergent. **~za** *nf* divergence; **~za di opinioni** difference of opinion. **di'vergere** *vi* diverge

diversa'mente *adv* (*altrimenti*) otherwise; (*in modo diverso*) differently

diversifi'ca|re *vt* diversify. **~rsi** *vr* differ, be different. **~zi'one** *nf* diversification

diver|si'one *nf* diversion. **~sità** *nf inv* difference. **~'sivo** *nm* diversion. **di'verso** *a* different; **diversi** *pl* (*parecchi*) several ● *pron* several [people]

diver'tente *a* amusing. **diverti'mento** *nm* amusement

diver'tir|e *vt* amuse. **~si** *vr* enjoy oneself

divi'dendo *nm* dividend

di'vider|e *vt* divide; (*condividere*) share. **~si** *vr* (*separarsi*) separate

divi'eto *nm* prohibition; **~ di sosta** no parking

divinco'larsi *vr* wriggle

divinità *nf inv* divinity. **di'vino** *a* divine

di'visa *nf* uniform; *Comm* currency

divisi'one *nf* division

di'vismo *nm* worship; (*atteggiamento*) superstar mentality
di'vi|so *pp di* **dividere. ~'sore** *nm* divisor. **~'sorio** *a* dividing; **muro ~sorio** partition wall
'divo, -a *nmf* star
divo'rar|e *vt* devour. **~si** *vr* **~si da** be consumed with
divorzi'a|re *vi* divorce. **~to, -a** *nmf* divorcee. **di'vorzio** *nm* divorce
divul'ga|re *vt* divulge; (*rendere popolare*) popularize. **~rsi** *vr* spread. **~'tivo** *a* popular. **~zi'one** *nf* popularization
dizio'nario *nm* dictionary
dizi'one *nf* diction
do *nm Mus* (*chiave, nota*) C
'doccia *nf* shower; (*grondaia*) gutter; **fare la ~** have a shower
do'cen|te *a* teaching ● *nmf* teacher; (*di università*) lecturer. **~za** *nf* university teacher's qualification
'docile *a* docile
documen'tar|e *vt* document. **~si** *vr* gather information (**su** about)
documen'tario *a & nm* documentary
documen'ta|to *a* well-documented; ‹*persona*› well-informed. **~zi'one** *nf* documentation
docu'mento *nm* document
dodi'cesimo *a & nm* twelfth. **'dodici** *a & nm* twelve
do'gan|a *nf* customs *pl;* (*dazio*) duty. **doga'nale** *a* customs. **~i'ere** *nm* customs officer
'doglie *nfpl* labour pains
'dogma *nm* dogma. **dog'matico** *a* dogmatic. **~'tismo** *nm* dogmatism
'dolce *a* sweet; ‹*clima*› mild; ‹*voce, consonante*› soft; ‹*acqua*› fresh ● *nm* (*portata*) dessert; (*torta*) cake; **non mangio dolci** I don't eat sweet things. **~'mente** *adv* sweetly. **dol'cezza** *nf* sweetness; (*di clima*) mildness
dolce'vita *a inv* (*maglione*) rollneck
dolci'ario *a* confectionery
dolci'astro *a* sweetish
dolcifi'cante *nm* sweetener ● *a* sweetening
dolci'umi *nmpl* sweets
do'lente *a* painful; (*spiacente*) sorry
do'le|re *vi* ache, hurt; (*dispiacere*) regret. **~rsi** *vr* regret; (*protestare*) complain; **~rsi di** be sorry for
'dollaro *nm* dollar
'dolo *nm Jur* malice; (*truffa*) fraud
Dolo'miti *nfpl* **le ~** the Dolomites
do'lore *nm* pain; (*morale*) sorrow. **dolo'roso** *a* painful
do'loso *a* malicious
do'manda *nf* question; (*richiesta*) request; (*scritta*) application; *Comm* demand; **fare una ~ (a qcno)** ask (sb) a question. **~ di impiego** job application
doman'dar|e *vt* ask; (*esigere*) demand; **~e qcsa a qcno** ask sb for sth. **~si** *vr* wonder
do'mani *adv* tomorrow; **~ sera** tomorrow evening ● *nm* **il ~** the future; **a ~** see you tomorrow
do'ma|re *vt* tame; *fig* control ‹*emozioni*›. **~'tore** *nm* tamer
domat'tina *adv* tomorrow morning
do'meni|ca *nf* Sunday. **~'cale** *a* Sunday *attrib*
do'mestico, -a *a* domestic ● *nm* servant ● *nf* maid
domicili'are *a* **arresti domiciliari** *Jur* house arrest
domicili'arsi *vr* settle
domi'cilio *nm* domicile; (*abitazione*) home; **recapitiamo a ~** we do home deliveries
domi'na|re *vt* dominate; (*controllare*) control ● *vi* rule over; (*prevalere*) be dominant. **~rsi** *vr* control oneself. **~'tore, ~'trice** *nmf* ruler **~zi'one** *nf* domination
do'minio *nm* control; *Pol* dominion; (*ambito*) field; **di ~ pubblico** common knowledge
don *nm inv* (*ecclesiastico*) Father
do'na|re *vt* give; donate ‹*sangue, organo*› ● *vi* **~re a** (*giovare esteticamente*) suit. **~'tore, ~'trice** *nmf* donor. **~zi'one** *nf* donation
dondo'l|are *vt* swing; (*cullare*) rock ● *vi* sway. **~arsi** *vr* swing. **~io** *nm* rocking. **'dondolo** *nm* swing; **cavallo/sedia a dondolo** rocking-horse/chair
dongio'vanni *nm inv* Romeo
'donna *nf* woman. **~ di servizio** domestic help
don'naccia *nf pej* whore
donnai'olo *nm* philanderer
'donnola *nf* weasel
'dono *nm* gift
'dopo *prep* after; (*a partire da*) since ● *adv* after, afterwards; (*più tardi*) later; (*in seguito*) later on; **~ di me** after me
dopo'barba *nm inv* aftershave
dopo'cena *nm inv* evening
dopodiché *adv* after which
dopodo'mani *adv* the day after tomorrow
dopogu'erra *nm inv* post-war period

dopo'pranzo *nm inv* afternoon
dopo'sci *a & nm inv* après-ski
doposcu'ola *nm inv* after-school activities *pl*
dopo-'shampoo *nm inv* conditioner ● *a inv* conditioning
dopo'sole *nm inv* aftersun cream ● *a inv* aftersun
dopo'tutto *adv* after all
doppi'aggio *nm* dubbing
doppia'mente *adv* (*in misura doppia*) doubly
doppi'a|re *vt Naut* double; *Sport* lap; *Cinema* dub. **~'tore, ~'trice** *nmf* dubber
'doppio *a & adv* double. **~ clic** *nm Comput* double click. **~ fallo** *nm Tennis* double fault. **~ gioco** *nm* double-dealing. **~ mento** *nm* double chin. **~ senso** *nm* double entendre. **doppi vetri** *nmpl* double glazing ● *nm* double, twice the quantity; *Tennis* doubles *pl*. **~ misto** *nm Tennis* mixed doubles ● *adv* double
doppi'one *nm* duplicate
doppio'petto *a* double-breasted
dop'pista *nmf Tennis* doubles player
do'ra|re *vt* gild; *Culin* brown. **~to** *a* gilt; (*color oro*) golden. **~'tura** *nf* gilding
dormicchi'are *vi* doze
dormigli'one, -a *nmf* sleepyhead; *fig* lazy-bones
dor'mi|re *vi* sleep; (*essere addormentato*) be asleep; *fig* be asleep. **~ta** *nf* good sleep. **~'tina** *nf* nap. **~'torio** *nm* dormitory
dormi'veglia *nm* **essere in ~** be half asleep
dor'sale *a* dorsal ● *nf* (*di monte*) ridge
'dorso *nm* back; (*di libro*) spine; (*di monte*) crest; (*nel nuoto*) backstroke
do'saggio *nm* dosage
do'sare *vt* dose; *fig* measure; **~ le parole** weigh one's words
dosa'tore *nm* measuring jug
'dose *nf* dose; **in buona ~** *fig* in good measure. **~ eccessiva** overdose
dossi'er *nm inv* (*raccolta di dati, fascicolo*) file
'dosso *nm* (*dorso*) back; **levarsi di ~ gli abiti** take off one's clothes
do'ta|re *vt* endow; (*di accessori*) equip. **~to** *a* ‹*persona*› gifted; (*fornito*) equipped. **~zi'one** *nf* (*attrezzatura*) equipment; **in ~zione** at one's disposal
'dote *nf* dowry; (*qualità*) gift
'dotto *a* learned ● *nm* scholar; *Anat* duct
dotto|'rato *nm* doctorate. **dot'tore, ~'ressa** *nmf* doctor
dot'trina *nf* doctrine
'dove *adv* where; **di ~ sei?** where do you come from; **fin ~?** how far?; **per ~?** which way?
do'vere *vi* (*obbligo*) have to, must; **devo andare** I have to go, I must go; **devo venire anch'io?** do I have to come too?; **avresti dovuto dirmelo** you should have told me, you ought to have told me; **devo sedermi un attimo** I must sit down for a minute, I need to sit down for a minute; **dev'essere successo qualcosa** something must have happened; **come si deve** properly ● *vt* (*essere debitore di, derivare*) owe; **essere dovuto a** be due to ● *nm* duty; **per ~** out of duty.
dove'roso *a* only right and proper
do'vunque *adv* (*dappertutto*) everywhere; (*in qualsiasi luogo*) anywhere ● *conj* wherever
do'vuto *a* due; (*debito*) proper
doz'zi|na *nf* dozen. **~'nale** *a* cheap
dra'gare *vt* dredge
'drago *nm* dragon
'dramm|a *nm* drama. **dram'matico** *a* dramatic. **~atiz'zare** *vt* dramatize. **~a'turgo** *nm* playwright. **dram'mone** *nm* (*film*) tear-jerker
drappeggi'are *vt* drape. **drap'peggio** *nm* drapery
drap'pello *nm Mil* squad; (*gruppo*) band
'drastico *a* drastic
dre'na|ggio *nm* drainage. **~re** *vt* drain
drib'blare *vt* (*in calcio*) dribble. **'dribbling** *nm inv* (*in calcio*) dribble
'dritta *nf* (*mano destra*) right hand; *Naut* starboard; (*informazione*) pointer, tip; **a ~ e a manca** (*dappertutto*) left, right and centre
'dritto *a* = **diritto**[1] ● *nmf fam* crafty so-and-so
driz'zar|e *vt* straighten; (*rizzare*) prick up. **~si** *vr* straighten [up]; (*alzarsi*) raise
'dro|ga *nf* drug. **~'gare** *vt* drug. **~'garsi** *vr* take drugs. **~'gato, -a** *nmf* drug addict
drogh|e'ria *nf* grocery. **~i'ere, -a** *nmf* grocer
drome'dario *nm* dromedary
'dubbi|o *a* doubtful; (*ambiguo*) dubious ● *nm* doubt; (*sospetto*) suspicion; **met-**

tere in ~o doubt; **essere fuori ~o** be beyond doubt; **essere in ~o** be doubtful. **~'oso** *a* doubtful

dubi'ta|re *vi* doubt; **~re di** doubt; (*diffidare*) mistrust; **dubito che venga** I doubt whether he'll come. **~'tivo** *a* (*ambiguo*) ambiguous

'duca, du'chessa *nmf* duke; duchess

'due *a & nm* two

due'cento *a & nm* two hundred

du'ello *nm* duel

due'mila *a & nm* two thousand

due'pezzi *nm inv* (*bikini*) bikini

du'etto *nm* duo; *Mus* duet

'duna *nf* dune

'dunque *conj* therefore; (*allora*) well [then]

'duo *nm inv* duo; *Mus* duet

du'omo *nm* cathedral

'duplex *nm Teleph* party line

dupli'ca|re *vt* duplicate. **~to** *nm* duplicate. **'duplice** *a* double; **in duplice** in duplicate

dura'mente *adv* ‹*lavorare*› hard; ‹*rimproverare*› harshly

du'rante *prep* during

du'r|are *vi* last; ‹*cibo:*› keep; (*resistere*) hold out. **~ata** *nf* duration. **~a'turo, ~evole** *a* lasting, enduring

du'rezza *nf* hardness; (*di carne*) toughness; (*di voce, padre*) harshness

'duro, -a *a* hard; ‹*persona, carne*› tough; ‹*voce*› harsh; ‹*pane*› stale; **tieni ~!** (*resistere*) hang in there! ● *nmf* (*persona*) tough person, toughie *fam*

du'rone *nm* hardened skin

'duttile *a* ‹*materiale*› ductile; ‹*carattere*› malleable

Ee

e, ed *conj* and

'ebano *nm* ebony

eb'bene *conj* well [then]

eb'brezza *nf* inebriation; (*euforia*) elation; **guida in stato di ~** drink-driving. **'ebbro** *a* inebriated; **ebbro di gioia** delirious with joy

'ebete *a* stupid

ebollizi'one *nf* boiling

e'braico *a* Hebrew ● *nm* (*lingua*) Hebrew. **e'br|eo, -a** *a* Jewish ● *nmf* Jew; Jewess

'Ebridi *nfpl* **le ~** the Hebrides

eca'tombe *nf* **fare un'~** wreak havoc

ecc *abbr* (**eccetera**) etc

ecce'den|te *a* ‹*peso, bagaglio*› excess. **~za** *nf* excess; (*d'avanzo*) surplus; **avere qcsa in ~za** have an excess of sth; **bagagli in ~za** excess baggage. **~za di cassa** surplus. **ec'cedere** *vt* exceed ● *vi* go too far; **eccedere nel mangiare** overeat; **eccedere nel bere** drink to excess

eccel'len|te *a* excellent. **~za** *nf* excellence; (*titolo*) Excellency; **per ~za** par excellence. **ec'cellere** *vi* excel (**in** at)

eccentricità *nf* eccentricity. **ec'centrico, -a** *a & nmf* eccentric

eccessiva'mente *adv* excessively.

ecces'sivo *a* excessive

ec'cesso *nm* excess; **andare agli eccessi** go to extremes; **all'~** to excess. **~ di velocità** speeding

ec'cetera *adv* et cetera

ec'cetto *prep* except; **~ che** (*a meno che*) unless. **eccettu'are** *vt* except

eccezio'nal|e *a* exceptional. **~'mente** *adv* exceptionally; (*contrariamente alla regola*) as an exception

eccezi'one *nf* exception; *Jur* objection; **a ~ di** with the exception of

eccita'mento *nm* excitement. **ecci'tante** *a* exciting; ‹*sostanza*› stimulant ● *nm* stimulant

ecci'ta|re *vt* excite. **~rsi** *vr* get excited. **~to** *a* excited

eccitazi'one *nf* excitement

ecclesi'astico *a* ecclesiastical ● *nm* priest

'ecco *adv* (*qui*) here; (*là*) there; **~!** exactly!; **~ fatto** there we are; **~ la tua borsa** here is your bag; **~ [lì] mio figlio** there is my son; **~mi** here I am; **~ tutto** that is all

ec'come *adv & int* and how!

echeggi'are *vi* echo

e'clissi *nf inv* eclipse

'eco *nmf* (*pl m* **echi**) echo
ecogra'fia *nf* scan
ecolo'gia *nf* ecology. **eco'logico** *a* ecological; ‹*prodotto*› environmentally friendly
e commerci'ale *nf* ampersand
econo'm|ia *nf* economy; (*scienza*) economics *sg*; **fare ~ia** economize (**di** on). **eco'nomico** *a* economic; (*a buon prezzo*) cheap. **~ista** *nmf* economist. **~iz'zare** *vt/i* economize; save ‹*tempo, denaro*›. **e'conomo, -a** *a* thrifty ● *nmf* (*di collegio*) bursar
écru *a inv* raw
'Ecu *nm inv* ECU, ecu
ec'zema *nm* eczema
ed *conj vedi* **e**
'edera *nf* ivy
e'dicola *nf* [newspaper] kiosk
edifi'cabile *a* ‹*area, terreno*› *classified as suitable for development*
edifi'cante *a* edifying
edifi'care *vt* build; (*indurre al bene*) edify
edi'ficio *nm* building; *fig* structure
e'dile *a* building *attrib*
edi'lizi|a *nf* building trade. **~o** *a* building *attrib*
edi|'tore, -'trice *a* publishing ● *nmf* publisher; (*curatore*) editor. **~to'ria** *nf* publishing. **~tori'ale** *a* publishing ● *nm* (*articolo*) editorial, leader
edizi'one *nf* edition; (*di manifestazione*) performance. **~ ridotta** abridg[e]ment. **~ della sera** (*del telegiornale*) evening news
edu'ca|re *vt* educate; (*allevare*) bring up. **~'tivo** *a* educational. **~to** *a* polite. **~'tore, ~'trice** *nmf* educator. **~zi'one** *nf* education; (*di bambini*) upbringing; (*buone maniere*) [good] manners *pl*. **~zione fisica** physical education
e'felide *nf* freckle
effemi'nato *a* effeminate
efferve'scente *a* effervescent; (*frizzante*) fizzy; ‹*aspirina*› soluble
effettiva'mente *adv* **è troppo tardi – ~** it's too late – so it is
effet'tivo *a* actual; (*efficace*) effective; ‹*personale*› permanent; *Mil* regular ● *nm* (*somma totale*) sum total
ef'fett|o *nm* effect; (*impressione*) impression; **in ~i** in fact; **a tutti gli ~i** to all intents and purposes; **~i personali** personal belongings. **~u'are** *vt* effect; carry out ‹*controllo, sondaggio*›. **~u'arsi** *vr* take place
effi'cac|e *a* effective. **~ia** *nf* effectiveness
effici'en|te *a* efficient. **~za** *nf* efficiency
ef'fimero *a* ephemeral
effusi'one *nf* effusion
E'geo *nm* **l'~** the Aegean [Sea]
E'gitto *nm* Egypt. **egizi'ano, -a** *a & nmf* Egyptian
'egli *pron* he; **~ stesso** he himself
ego'centrico, -a *a* egocentric ● *nmf* egocentric person
ego'is|mo *nm* selfishness. **~ta** *a* selfish ● *nmf* selfish person. **~tico** *a* selfish
e'gregio *a* distinguished; **E~ Signore** Dear Sir
eguali'tario *a & nm* egalitarian
eiaculazi'one *nf* ejaculation
elabo'ra|re *vt* elaborate; process ‹*dati*›. **~to** *a* elaborate. **~zi'one** *nf* elaboration; (*di dati*) processing. **~zione [di] testi** word processing
elar'gire *vt* lavish
elastici|tà *nf* elasticity. **~z'zato** *a* ‹*stoffa*› elasticated. **e'lastico** *a* elastic; ‹*tessuto*› stretch; ‹*orario, mente*› flexible; ‹*persona*› easy-going ● *nm* elastic; (*fascia*) rubber band
ele'fante *nm* elephant
ele'gan|te *a* elegant. **~za** *nf* elegance
e'leggere *vt* elect. **eleg'gibile** *a* eligible
elemen'tare *a* elementary; **scuola ~** primary school
ele'mento *nm* element; **elementi** *pl* (*fatti*) data; (*rudimenti*) elements
ele'mosina *nf* charity; **chiedere l'~** beg. **elemosi'nare** *vt/i* beg
elen'care *vt* list
e'lenco *nm* list. **~ abbonati** telephone directory. **~ telefonico** telephone directory
elet'tivo *a* ‹*carica*› elective. **e'letto, -a** *pp di* **eleggere** ● *a* chosen ● *nmf* (*nominato*) elected member; **per pochi eletti** for the chosen few
eletto'ra|le *a* electoral. **~to** *nm* electorate
elet|'tore, -'trice *nmf* voter
elet'trauto *nm garage for electrical repairs*
elettri'cista *nm* electrician
elettri|cità *nf* electricity. **e'lettrico** *a* electric. **~z'zante** *a* ‹*notizia, gara*› electrifying. **~z'zare** *vt fig* electrify. **~z'zato** *a fig* electrified

elettrocardio'gramma *nm* electrocardiogram
e'lettrodo *nm* electrode
elettrodo'mestico *nm* [electrical] household appliance
elet'trone *nm* electron
elet'tronico, -a *a* electronic ● *nf* electronics
ele'va|re *vt* raise; (*promuovere*) promote; (*erigere*) erect; (*fig: migliorare*) better; **~ al quadrato/cubo** square/cube. **~rsi** *vr* rise; ‹*edificio:*› stand. **~to** *a* high. **~zi'one** *nf* elevation
elezi'one *nf* election
'elica *nf Naut* screw, propeller; *Aeron* propeller; (*del ventilatore*) blade
eli'cottero *nm* helicopter
elimi'na|re *vt* eliminate. **~'toria** *nf Sport* preliminary heat. **~zi'one** *nf* elimination
éli|te *nf inv* élite. **~'tista** *a* élitist
'ella *pron* she
el'metto *nm* helmet
elogi'are *vt* praise. **e'logio** *nm* praise; (*discorso, scritto*) eulogy
elo'quen|te *a* eloquent; *fig* tell-tale. **~za** *nf* eloquence
e'lu|dere *vt* elude; evade ‹*sorveglianza, controllo*›. **~'sivo** *a* elusive
el'vetico *a* Swiss
emaci'ato *a* emaciated
e-mail *nf* e-mail; **indirizzo ~** e-mail address
ema'na|re *vt* give off; pass ‹*legge*› ● *vi* emanate. **~zi'one** *nf* giving off; (*di legge*) enactment
emanci'pa|re *vt* emancipate. **~rsi** *vr* become emancipated. **~to** *a* emancipated. **~zi'one** *nf* emancipation
emargi'na|to *nm* marginalized person. **~zi'one** *nf* marginalization
ema'toma *nm* haematoma
em'bargo *nm* embargo
em'ble|ma *nm* emblem. **~'matico** *a* emblematic
embo'lia *nf* embolism
embrio'nale *a Biol, fig* embryonic. **embri'one** *nm* embryo
emen|da'mento *nm* amendment. **~'dare** *vt* amend
emer'gen|te *a* emergent. **~za** *nf* emergency; **in caso di ~za** in an emergency
e'mergere *vi* emerge; ‹*sottomarino:*› surface; (*distinguersi*) stand out
e'merito *a* ‹*professore*› emeritus; **un ~ imbecille** a prize idiot
e'merso *pp di* **emergere**
e'messo *pp di* **emettere**
e'mettere *vt* emit; give out ‹*luce, suono*›; let out ‹*grido*›; (*mettere in circolazione*) issue
emi'crania *nf* migraine
emi'gra|re *vi* emigrate. **~to, -a** *nmf* immigrant. **~zi'one** *nf* emigration
emi'nen|te *a* eminent. **~za** *nf* eminence
e'miro *nm* emir
emis'fero *nm* hemisphere
emis'sario *nm* emissary
emissi'one *nf* emission; (*di denaro*) issue; (*trasmissione*) broadcast
emit'tente *a* issuing; (*trasmittente*) broadcasting ● *nf Radio* transmitter
emorra'gia *nf* haemorrhage
emor'roidi *nfpl* piles
emotività *nf* emotional make-up. **emo'tivo** *a* emotional
emozio'na|nte *a* exciting; (*commovente*) moving. **~re** *vt* excite; (*commuovere*) move. **~rsi** *vr* become excited; (*commuoversi*) be moved. **~to** *a* excited; (*commosso*) moved. **emozi'one** *nf* emotion; (*agitazione*) excitement
'empio *a* impious; (*spietato*) pitiless; (*malvagio*) wicked
em'pirico *a* empirical
em'porio *nm* emporium; (*negozio*) general store
emu'la|re *vt* emulate. **~zi'one** *nf* emulation
emulsi'one *nf* emulsion
en'ciclica *nf* encyclical
enciclope'dia *nf* encyclopaedia
encomi'are *vt* commend. **en'comio** *nm* commendation
en'demico *a* endemic
endo've|na *nf* intravenous injection. **~'noso** *a* intravenous; **per via ~nosa** intravenously
E.N.I.T. *nm abbr* (**Ente Nazionale Italiano per il Turismo**) Italian State Tourist Office
e'nergetico *a* ‹*risorse, crisi*› energy *attrib*; ‹*alimento*› energy-giving
ener'gia *nf* energy. **e'nergico** *a* energetic; (*efficace*) strong
ener'gumeno *nm* Neanderthal
'enfasi *nf* emphasis
en'fati|co *a* emphatic. **~z'zare** *vt* emphasize
e'nigma *nm* enigma. **enig'matico** *a* enigmatic. **enig'mistica** *nf* puzzles *pl*
en'nesimo *a Math* nth; *fam* umpteenth
e'norm|e *a* enormous. **~e'mente** *adv*

massively. **~ità** *nf inv* enormity; (*assurdità*) absurdity
eno'teca *nf* wine-tasting shop
'ente *nm* board; (*società*) company; (*filosofia*) being
entità *nf inv* (*filosofia*) entity; (*gravità*) seriousness; (*dimensione*) extent
entou'rage *nm inv* entourage
en'trambi *a & pron* both
en'tra|re *vi* go in, enter; **~re in** go into; (*stare, trovar posto*) fit into; (*arruolarsi*) join; **~rci** (*avere a che fare*) have to do with; **tu che c'entri?** what has it got to do with you? **~ta** *nf* entry, entrance; **~te** *pl Comm* takings; (*reddito*) income *sg*
'entro *prep* (*tempo*) within
entro'terra *nm inv* hinterland
entusias'mante *a* fascinating, exciting
entusias'mar|e *vt* arouse enthusiasm in. **~si** *vr* be enthusiastic (**per** about)
entusi'as|mo *nm* enthusiasm. **~ta** *a* enthusiastic ● *nmf* enthusiast. **~tico** *a* enthusiastic
enume'ra|re *vt* enumerate. **~zi'one** *nf* enumeration
enunci'a|re *vt* enunciate. **~zi'one** *nf* enunciation
epa'tite *nf* hepatitis
'epico *a* epic
epide'mia *nf* epidemic
epi'dermide *nf* epidermis
Epifa'nia *nf* Epiphany
epi'gramma *nm* epigram
epil|es'sia *nf* epilepsy. **epi'lettico, -a** *a & nmf* epileptic
e'pilogo *nm* epilogue
epi'sodi|co *a* episodic; **caso ~co** one-off case. **~o** *nm* episode
e'piteto *nm* epithet
'epoca *nf* age; (*periodo*) period; **a quell'~** in those days; **auto d'~** vintage car
ep'pure *conj* [and] yet
epu'rare *vt* purge
equa'tore *nm* equator. **equatori'ale** *a* equatorial
equazi'one *nf* equation
e'questre *a* equestrian; **circo ~** circus
equi'latero *a* equilateral
equili'bra|re *vt* balance. **~to** *a* ‹*persona*› well-balanced. **equi'librio** *nm* balance; (*buon senso*) common sense; (*di bilancia*) equilibrium
equili'brismo *nm* **fare ~** do a balancing act
e'quino *a* horse *attrib*
equi'nozio *nm* equinox
equipaggia'mento *nm* equipment
equipaggi'are *vt* equip; (*di persone*) man
equi'paggio *nm* crew; *Aeron* cabin crew
equipa'rare *vt* make equal
équipe *nf inv* team
equità *nf* equity
equitazi'one *nf* riding
equiva'len|te *a & nm* equivalent. **~za** *nf* equivalence
equiva'lere *vi* **~ a** be equivalent to
equivo'care *vi* misunderstand
e'quivoco *a* equivocal; (*sospetto*) suspicious; **un tipo ~** a shady character ● *nm* misunderstanding
'equo *a* fair, just
'era *nf* era
'erba *nf* grass; (*aromatica, medicinale*) herb. **~ cipollina** chives *pl*. **er'baccia** *nf* weed. **er'baceo** *a* herbaceous
erbi'cida *nm* weed-killer
erbo'rist|a *nmf* herbalist. **~e'ria** *nf* herbalist's shop
er'boso *a* grassy
er'culeo *a* ‹*forza*› herculean
e'red|e *nmf* heir; heiress. **~ità** *nf inv* inheritance; *Biol* heredity. **~i'tare** *vt* inherit. **~itarietà** *nf* heredity. **~i'tario** *a* hereditary
ere'mita *nm* hermit
ere'sia *nf* heresy. **e'retico, -a** *a* heretical ● *nmf* heretic
e're|tto *pp di* **erigere** ● *a* erect. **~zi'one** *nf* erection; (*costruzione*) building
er'gastolo *nm* life sentence; (*luogo*) prison
'erica *nf* heather
e'rigere *vt* erect; (*fig: fondare*) found
eri'tema *nm* (*cutaneo*) inflammation; (*solare*) sunburn
ermel'lino *nm* ermine
ermetica'mente *adv* hermetically. **er'metico** *a* hermetic; (*a tenuta d'aria*) airtight
'ernia *nf* hernia
e'rodere *vi* erode
e'ro|e *nm* hero. **~ico** *a* heroic. **~'ismo** *nm* heroism
ero'ga|re *vt* distribute; (*fornire*) supply. **~zi'one** *nf* supply
ero'ina *nf* heroine; (*droga*) heroin
erosi'one *nf* erosion

e'rotico *a* erotic. **ero'tismo** *nm* eroticism
er'rante *a* wandering. **er'rare** *vi* wander; (*sbagliare*) be mistaken
er'rato *a* (*sbagliato*) mistaken
'erre *nf* **~ moscia** burr
erronea'mente *adv* mistakenly
er'rore *nm* error, mistake; (*di stampa*) misprint; **essere in ~** be wrong
'erta *nf* **stare all'~** be on the alert
eru'di|rsi *vr* get educated. **~to** *a* learned
erut'tare *vt* ‹*vulcano:*› erupt ● *vi* (*ruttare*) belch. **eruzi'one** *nf* eruption; *Med* rash
esacer'bare *vt* exacerbate
esage'ra|re *vt* exaggerate ● *vi* exaggerate; (*nel comportamento*) go over the top; **~re nel mangiare** eat too much. **~ta'mente** *adv* excessively. **~to** *a* exaggerated; ‹*prezzo*› exorbitant ● *nm* person who goes to extremes. **~zi'one** *nf* exaggeration; **è costato un'~zione** it cost the earth
esa'lare *vt/i* exhale
esal'ta|re *vt* exalt; (*entusiasmare*) elate. **~to** *a* (*fanatico*) fanatical ● *nm* fanatic. **~zi'one** *nf* exaltation; (*in discorso*) fervour
e'same *nm* examination, exam; **dare un ~** take an exam; **prendere in ~** examine. **~ del sangue** blood test. **esami** *pl* **di maturità** ≈ A-levels
esami'na|re *vt* examine. **~'tore, ~'trice** *nmf* examiner
e'sangue *a* bloodless
e'sanime *a* lifeless
esaspe'rante *a* exasperating
esaspe'ra|re *vt* exasperate. **~rsi** *vr* get exasperated. **~zi'one** *nf* exasperation
esat|ta'mente *adv* exactly. **~'tezza** *nf* exactness; (*precisione*) precision; (*di risposta, risultato*) accuracy
e'satto *pp di* **esigere** ● *a* exact; ‹*risposta, risultato*› correct; ‹*orologio*› right; **hai l'ora esatta?** do you have the right time?; **sono le due esatte** it's two o'clock exactly
esat'tore *nm* collector
esau'dire *vt* grant; fulfil ‹*speranze*›
esauri'ente *a* exhaustive
esau'ri|re *vt* exhaust. **~rsi** *vr* exhaust oneself; ‹*merci ecc:*› run out. **~to** *a* exhausted; ‹*merci*› sold out; ‹*libro*› out of print; **fare il tutto ~to** ‹*spettacolo:*› play to a full house
'esca *nf* bait
escande'scenz|a *nf* outburst; **dare in ~e** lose one's temper
escla'ma|re *vi* exclaim. **~'tivo** *a* exclamatory. **~zi'one** *nf* exclamation
es'clu|dere *vt* exclude; rule out ‹*possibilità, ipotesi*›. **~si'one** *nf* exclusion. **~'siva** *nf* exclusive right, sole right; **in ~siva** exclusive. **~siva'mente** *adv* exclusively. **~'sivo** *a* exclusive. **~so** *pp di* **escludere** ● *a* **non è ~so che ci sia** it's not out of the question that he'll be there
escogi'tare *vt* contrive
escre'mento *nm* excrement
escursi'one *nf* excursion; (*scorreria*) raid; (*di temperatura*) range
ese'cra|bile *a* abominable. **~re** *vt* abhor
esecu|'tivo *a & nm* executive. **~'tore, ~'trice** *nmf* executor; *Mus* performer. **~zi'one** *nf* execution; *Mus* performance
esegu'ire *vt* carry out; *Jur* execute; *Mus* perform
e'sempio *nm* example; **ad** *o* **per ~** for example; **dare l'~ a qcno** set sb an example; **fare un ~** give an example. **esem'plare** *a* examplary ● *nm* specimen; (*di libro*) copy. **esemplifi'care** *vt* exemplify
esen'tar|e *vt* exempt. **~si** *vr* free oneself. **e'sente** *a* exempt. **esente da imposta** duty-free. **esente da IVA** VAT-exempt
esen'tasse *a* duty-free
e'sequie *nfpl* funeral rites
eser'cente *nmf* shopkeeper
eserci'ta|re *vt* exercise; (*addestrare*) train; (*fare uso di*) exert; (*professione*) practise. **~rsi** *vr* practise. **~zi'one** *nf* exercise; *Mil* drill
e'sercito *nm* army
eser'cizio *nm* exercise; (*pratica*) practice; *Comm* financial year; (*azienda*) business; **essere fuori ~** be out of practice
esi'bi|re *vt* show off; produce ‹*documenti*›. **~rsi** *vr Theat* perform; *fig* show off. **~zi'one** *nf* production; *Theat* performance
esibizio'nis|mo *nm* showing off. **~ta** *nmf* exhibitionist
esi'gen|te *a* exacting; (*pignolo*) fastidious. **~za** *nf* demand; (*bisogno*) need. **e'sigere** *vt* demand; (*riscuotere*) collect
e'siguo *a* meagre
esila'ra|nte *a* exhilarating
'esile *a* slender; ‹*voce*› thin

esili'a|re *vt* exile. **~'rsi** *vr* go into exile. **~to, -a** *a* exiled ● *nmf* exile. **e'silio** *nm* exile
e'simer|e *vt* release. **~si** *vr* **~si da** get out of
esi'sten|te *a* existing. **~za** *nf* existence. **~zi'ale** *a* existential. **~zia'lismo** *nm* existentialism
e'sistere *vi* exist
esi'tante *a* hesitating; ‹*voce*› faltering
esi'ta|re *vi* hesitate. **~zi'one** *nf* hesitation
'esito *nm* result; **avere buon ~** be a success
'esodo *nm* exodus
e'sofago *nm* oesophagus
esone'rare *vt* exempt. **e'sonero** *nm* exemption
esorbi'tante *a* exorbitant
esorciz'zare *vt* exorcize
esordi'ente *nmf person making his/her début*. **e'sordio** *nm* opening; (*di attore*) début. **esor'dire** *vi* début
esor'tare *vt* (*pregare*) beg; (*incitare*) urge
eso'terico *a* esoteric
e'sotico *a* exotic
espa'drillas *nfpl* espadrilles
es'pan|dere *vt* expand. **~dersi** *vr* expand; (*diffondersi*) extend. **~si'one** *nf* expansion. **~'sivo** *a* expansive; ‹*persona*› friendly
espatri'are *vi* leave one's country. **es'patrio** *nm* expatriation
espedi'ent|e *nm* expedient; **vivere di ~i** live by one's wits
es'pellere *vt* expel
esperi|'enza *nf* experience; **parlare per ~enza** speak from experience. **~'mento** *nm* experiment
es'perto, -a *a & nmf* expert
espi'a|re *vt* atone for. **~'torio** *a* expiatory
espi'rare *vt/i* breathe out
espli'care *vt* carry on
esplicita'mente *adv* explicitly. **es'plicito** *a* explicit
es'plodere *vi* explode ● *vt* fire
esplo'ra|re *vt* explore. **~'tore, ~'trice** *nmf* explorer; **giovane ~tore** boy scout. **~zi'one** *nf* exploration
esplo|si'one *nf* explosion. **~'sivo** *a & nm* explosive
espo'nente *nm* exponent
es'por|re *vt* expose; display ‹*merci*›; (*spiegare*) expound; exhibit ‹*quadri ecc*›. **~si** *vr* (*compromettersi*) compromise oneself; (*al sole*) expose oneself; (*alle critiche*) lay oneself open
espor'ta|re *vt* export. **~'tore, ~'trice** *nmf* exporter. **~zi'one** *nf* export
esposizi'one *nf* (*mostra*) exhibition; (*in vetrina*) display; (*spiegazione ecc*) exposition; (*posizione, fotografia*) exposure. **es'posto** *pp di* **esporre** ● *a* exposed; **esposto a** (*rivolto*) facing ● *nm Jur ecc* statement
espressa'mente *adv* expressly; **non l'ha detto ~** he didn't put it in so many words
espres|si'one *nf* expression. **~'sivo** *a* expressive
es'presso *pp di* **esprimere** ● *a* express ● *nm* (*lettera*) express letter; (*treno*) express train; (*caffè*) espresso; **per ~** ‹*spedire*› [by] express [post]
es'primer|e *vt* express. **~si** *vr* express oneself
espropri'a|re *vt* dispossess. **~zi'one** *nf Jur* expropriation. **es'proprio** *nm* expropriation
espulsi'one *nf* expulsion. **es'pulso** *pp di* **espellere**
es'senz|a *nf* essence. **~i'ale** *a* essential ● *nm* important thing. **~ial'mente** *a* essentially
'essere *vi* be; **c'è** there is; **ci sono** there are; **che ora è? – sono le dieci** what time is it? – it's ten o'clock; **chi è? – sono io** who is it? – it's me; **ci sono!** (*ho capito*) I've got it!; **ci siamo!** (*siamo arrivati*) here we are at last!; **è stato detto che** it has been said that; **siamo in due** there are two of us; **questa camicia è da lavare** this shirt is to be washed; **non è da te** it's not like you; **~ di** (*provenire da*) be from; **~ per** (*favorevole*) be in favour of; **se fossi in te,...** if I were you,...; **sarà!** if you say so!; **come sarebbe a dire?** what are you getting at? ● *v aux* have; (*in passivi*) be; **siamo arrivati** we have arrived; **ci sono stato ieri** I was there yesterday; **sono nato a Torino** I was born in Turin; **è riconosciuto come...** he is recognized as... ● *nm* being. **~ umano** human being. **~ vivente** living creature
essic'cato *a Culin* desiccated
'esso, -a *pron* he, she; (*cosa, animale*) it
est *nm* east
'estasi *nf* ecstasy; **andare in ~ per** go into raptures over. **~'are** *vt* enrapture
e'state *nf* summer
e'sten|dere *vt* extend. **~dersi** *vr*

spread; (*allungarsi*) stretch. **~si'one** *nf* extension; (*ampiezza*) expanse; *Mus* range. **~'sivo** *a* extensive
estenu'ante *a* exhausting
estenu'a|re *vt* wear out; deplete ‹*risorse, casse*›. **~rsi** *vr* wear oneself out
esteri'or|e *a & nm* exterior. **~'mente** *adv* externally; (*di persone*) outwardly
esterna'mente *adv* on the outside
ester'nare *vt* express, show
e'sterno *a* external; **per uso ~** for external use only ● *nm* (*allievo*) day-boy; *Archit* exterior; (*scala*) outside; (*in film*) location shot
'estero *a* foreign ● *nm* foreign countries *pl*; **all'~** abroad
esterre'fatto *a* horrified
e'steso *pp di* **estendere** ● *a* extensive; (*diffuso*) widespread; **per ~** ‹*scrivere*› in full
e'stetic|a *nf* aesthetics *sg*. **~a'mente** *adv* aesthetically. **~o, -a** *a* aesthetic; ‹*chirurgia, chirurgo*› plastic. **este'tista** *nf* beautician
'estimo *nm* estimate
e'stin|guere *vt* extinguish. **~guersi** *vr* die out. **~to, -a** *pp di* **estinguere** ● *nmf* deceased. **~'tore** *nm* [fire] extinguisher. **~zi'one** *nf* extinction; (*di incendio*) putting out
estir'pa|re *vt* uproot; extract ‹*dente*›; *fig* eradicate ‹*crimine, malattia*›. **~zi'one** *nf* eradication; (*di dente*) extraction
e'stivo *a* summer
e'stor|cere *vt* extort. **~si'one** *nf* extortion. **~to** *pp di* **estorcere**
estradizi'one *nf* extradition
e'straneo, -a *a* extraneous; (*straniero*) foreign ● *nmf* stranger
estrani'ar|e *vt* estrange. **~si** *vr* become estranged
e'stra|rre *vt* extract; (*sorteggiare*) draw. **~tto** *pp di* **estrarre** ● *nm* extract; (*brano*) excerpt; (*documento*) abstract. **~tto conto** statement [of account], bank statement. **~zi'one** *nf* extraction; (*a sorte*) draw
estrema'mente *adv* extremely
estre'mis|mo *nm* extremism. **~ta** *nmf* extremist
estremità *nf inv* extremity; (*di una corda*) end ● *nfpl Anat* extremities
e'stremo *a* extreme; (*ultimo*) last; **misure estreme** drastic measures; **l'E~ Oriente** the Far East ● *nm* (*limite*) extreme. **estremi** *pl* (*di documento*) main points; (*di reato*) essential elements; **essere agli estremi** be at the end of one's tether
'estro *nm* (*disposizione artistica*) talent; (*ispirazione*) inspiration; (*capriccio*) whim. **e'stroso** *a* talented; (*capriccioso*) unpredictable
estro'mettere *vt* expel
estro'verso *a* extroverted ● *nm* extrovert
estu'ario *nm* estuary
esube'ran|te *a* exuberant. **~za** *nf* exuberance
'esule *nmf* exile
esul'tante *a* exultant
esul'tare *vi* rejoice
esu'mare *vt* exhume
età *nf inv* age; **raggiungere la maggiore ~** come of age; **un uomo di mezz'~** a middle-aged man
'etere *nm* ether. **e'tereo** *a* ethereal
eterna'mente *adv* eternally
eternità *nf* eternity; **è un'~ che non la vedo** I haven't seen her for ages
e'terno *a* eternal; ‹*questione, problema*› age-old; **in ~** *fam* for ever
etero'geneo *a* diverse, heterogeneous
eterosessu'ale *nmf* heterosexual
'etica *nf* ethics
eti'chetta[1] *nf* label; (*con il prezzo*) price-tag
eti'chetta[2] *nf* (*cerimoniale*) etiquette
etichet'tare *vt* label
'etico *a* ethical
eti'lometro *nm* Breathalyzer®
etimolo'gia *nf* etymology
Eti'opia *nf* Ethiopia
'etnico *a* ethnic. **etnolo'gia** *nf* ethnology
e'trusco *a & nmf* Etruscan
'ettaro *nm* hectare
'etto, etto'grammo *nm* hundred grams, ≈ quarter pound
euca'lipto *nm* eucalyptus
eucari'stia *nf* Eucharist
eufe'mismo *nm* euphemism
eufo'ria *nf* elation; *Med* euphoria. **eu'forico** *a* elated; *Med* euphoric
'euro *nm inv Fin* euro
Euro'city *nm* international Intercity
eurodepu'tato *nm* Euro MP, MEP
Eu'ropa *nf* Europe. **euro'peo, -a** *a & nmf* European
eutana'sia *nf* euthanasia
evacu'a|re *vt* evacuate. **~zi'one** *nf* evacuation
e'vadere *vt* evade; (*sbrigare*) deal with ● *vi* **~ da** escape from

evane'scente *a* vanishing
evan'gel|ico *a* evangelical. **evange'lista** *nm* evangelist. **~o** *nm* = **vangelo**
evapo'ra|re *vi* evaporate. **~zi'one** *nf* evaporation
evasi'one *nf* escape; (*fiscale*) evasion; *fig* escapism. **eva'sivo** *a* evasive
e'vaso *pp di* **evadere** ● *nm* fugitive
eva'sore *nm* **~ fiscale** tax evader
eveni'enza *nf* eventuality
e'vento *nm* event
eventu'al|e *a* possible. **~ità** *nf inv* eventuality
evi'den|te *a* evident; **è ~te che** it is obvious that. **~te'mente** *adv* evidently. **~za** *nf* evidence; **mettere in ~za** emphasize; **mettersi in ~za** make oneself conspicuous
evidenzi'a|re *vt* highlight. **~'tore** *nm* (*penna*) highlighter
evi'tare *vt* avoid; (*risparmiare*) spare
evo'care *vt* evoke
evo'lu|to *pp di* **evolvere** ● *a* evolved; (*progredito*) progressive; ‹*civiltà, nazione*› advanced; **una donna evoluta** a modern woman. **~zi'one** *nf* evolution; (*di ginnasta, aereo*) circle
e'volver|e *vt* develop. **~si** *vr* evolve
ev'viva *int* hurray; **~ il Papa!** long live the Pope!; **gridare ~** cheer
ex+ *pref* ex+, former
'extra *a inv* extra; ‹*qualità*› first-class ● *nm inv* extra
extracomuni'tario *a* non-EC
extraconiu'gale *a* extramarital
extrater'restre *nmf* extra-terrestrial

fa¹ *nm inv Mus* (*chiave, nota*) F
fa² *adv* ago; **due mesi ~** two months ago
fabbi'sogno *nm* requirements *pl*, needs *pl*
'fabbri|ca *nf* factory
fabbri'cabile *a* ‹*area, terreno*› that can be built on
fabbri'cante *nm* manufacturer
fabbri'ca|re *vt* build; (*produrre*) manufacture; (*fig: inventare*) fabricate. **~to** *nm* building. **~zi'one** *nf* manufacturing; (*costruzione*) building
'fabbro *nm* blacksmith
fac'cend|a *nf* matter; **~e** *pl* (*lavori domestici*) housework *sg*. **~i'ere** *nm* wheeler-dealer
fac'chino *nm* porter
'facci|a *nf* face; (*di foglio*) side; **~a a ~a** face to face; **~a tosta** cheek; **voltar ~a** change sides; **di ~a** ‹*palazzo*› opposite; **alla ~a di** (*fam: a dispetto di*) in spite of. **~'ata** *nf* façade; (*di foglio*) side; (*fig: esteriorità*) outward appearance
fa'ceto *a* facetious; **tra il serio e il ~** half joking
fa'chiro *nm* fakir
'facil|e *a* easy; (*affabile*) easy-going; **essere ~e alle critiche** be quick to criticize; **essere ~e al riso** laugh a lot; **~e a farsi** easy to do; **è ~e che piova** it's likely to rain. **~ità** *nf inv* ease; (*disposizione*) aptitude; **avere ~ità di parola** express oneself well
facili'ta|re *vt* facilitate. **~zi'one** *nf* facility; **~zioni** *pl* special terms
facil'mente *adv* (*con facilità*) easily; (*probabilmente*) probably
faci'lone *a* slapdash. **~'ria** *nf* slapdash attitude
facino'roso *a* violent
facoltà *nf inv* faculty; (*potere*) power. **~'tivo** *a* optional; **fermata ~tiva** request stop
facol'toso *a* wealthy
fac'simile *nm* facsimile
fac'totum *nmf* man/girl Friday, factotum
'faggio *nm* beech
fagi'ano *nm* pheasant
fagio'lino *nm* French bean
fagi'olo *nm* bean; **a ~** ‹*arrivare, capitare*› at the right time
fagoci'tare *vt* gobble up ‹*società*›
fa'gotto *nm* bundle; *Mus* bassoon
'faida *nf* feud
fai da te *nm* do-it-yourself, DIY
fal'cata *nf* stride
'falc|e *nf* scythe. **fal'cetto** *nm* sickle.

~i'are *vt* cut; *fig* mow down. **~ia'trice** *nf* [lawn-]mower
'falco *nm* hawk
fal'cone *nm* falcon
'falda *nf* stratum; (*di neve*) flake; (*di cappello*) brim; (*pendio*) slope
fale'gname *nm* carpenter. **~'ria** *nf* carpentry
'falla *nf* leak
fal'lace *a* deceptive
'fallico *a* phallic
fallimen'tare *a* disastrous; *Jur* bankruptcy. **falli'mento** *nm Fin* bankruptcy; *fig* failure
fal'li|re *vi Fin* go bankrupt; *fig* fail ● *vt* miss ‹*colpo*›. **~to, -a** *a* unsuccessful; *Fin* bankrupt ● *nmf* failure; *Fin* bankrupt
'fallo *nm* fault; (*errore*) mistake; *Sport* foul; (*imperfezione*) flaw; **senza ~** without fail
falò *nm inv* bonfire
fal'sar|e *vt* alter; (*falsificare*) falsify. **~io, -a** *nmf* forger; (*di documenti*) counterfeiter
falsifi'ca|re *vt* fake; (*contraffare*) forge. **~zi'one** *nf* (*di documento*) falsification
falsità *nf* falseness
'falso *a* false; (*sbagliato*) wrong; ‹*opera d'arte ecc*› fake; ‹*gioielli, oro*› imitation ● *nm* forgery; **giurare il ~** commit perjury
'fama *nf* fame; (*reputazione*) reputation
'fame *nf* hunger; **aver ~** be hungry; **fare la ~** barely scrape a living. **fa'melico** *a* ravenous
famige'rato *a* infamous
fa'miglia *nf* family
famili'ar|e *a* family *attrib*; (*ben noto*) familiar; (*senza cerimonie*) informal ● *nmf* relative, relation **~ità** *nf* familiarity; (*informalità*) informality. **~iz'zarsi** *vr* familiarize oneself
fa'moso *a* famous
fa'nale *nm* lamp; *Auto ecc* light. **fanali** *pl* **posteriori** *Auto* rear lights
fa'natico, -a *a* fanatical; **essere ~ di calcio/cinema** be a football/cinema fanatic ● *nmf* fanatic. **fana'tismo** *nm* fanaticism
fanci'ul|la *nf* young girl. **~'lezza** *nf* childhood. **~lo** *nm* young boy
fan'donia *nf* lie; **fandonie!** nonsense!
fan'fara *nf* fanfare; (*complesso*) brass band
fanfaro'nata *nf* brag. **fanfa'rone, -a** *nmf* braggart
fan'ghiglia *nf* mud. **'fango** *nm* mud. **fan'goso** *a* muddy
fannul'lone, -a *nmf* idler
fantasci'enza *nf* science fiction
fanta'si|a *nf* fantasy; (*immaginazione*) imagination; (*capriccio*) fancy; (*di tessuto*) pattern. **~'oso** *a* ‹*stilista, ragazzo*› imaginative; ‹*resoconto*› improbable
fan'tasma *nm* ghost
fantasti'c|are *vi* day-dream. **~he'ria** *nf* day-dream. **fan'tastico** *a* fantastic; ‹*racconto*› fantasy
'fante *nm* infantryman; (*carte*) jack. **~'ria** *nm* infantry
fan'tino *nm* jockey
fan'toccio *nm* puppet
fanto'matico *a* (*inafferrabile*) phantom *attrib*
fara'butto *nm* trickster
fara'ona *nf* (*uccello*) guinea-fowl
far'ci|re *vt* stuff; fill ‹*torta*›. **~to** *a* stuffed; ‹*dolce*› filled
far'dello *nm* bundle; *fig* burden
'fare *vt* do; make ‹*dolce, letto ecc*›; (*recitare la parte di*) play; (*trascorrere*) spend; **~ una pausa/un sogno** have a break/a dream; **~ colpo su** impress; **~ paura a** frighten; **~ piacere a** please; **farla finita** put an end to it; **~ l'insegnante** be a teacher; **~ lo scemo** play the idiot; **~ una settimana al mare** spend a week at the seaside; **3 più 3 fa 6** 3 and 3 makes 6; **quanto fa? – fanno 10 000 lira** how much is it? – it's 10,000 lire; **far ~ qcsa a qcno** get sb to do sth; (*costringere*) make sb do sth; **~ vedere** show; **fammi parlare** let me speak; **niente a che ~ con** nothing to do with; **non c'è niente da ~** (*per problema*) there is nothing we/you/etc. can do; **fa caldo/buio** it's warm/dark; **non fa niente** it doesn't matter; **strada facendo** on the way. **farcela** (*riuscire*) manage ● *vi* **fai in modo di venire** try and come; **~ da** act as; **~ per** make as if to; **~ presto** be quick; **non fa per me** it's not for me ● *nm* way; **sul far del giorno** at daybreak. **farsi** *vr* (*diventare*) get; (*sl: drogarsi*) shoot up; **farsi avanti** come forward; **farsi i fatti propri** mind one's own business; **farsi la barba** shave; **farsi la villa** *fam* buy a villa; **farsi il ragazzo** *fam* find a boyfriend; **farsi due risate** have a laugh; **farsi male** hurt oneself; **farsi strada** (*aver successo*) make one's way in the world
fa'retto *nm* spot[light]
far'falla *nf* butterfly

farfal'lino *nm* (*cravatta*) bow tie
farfugli'are *vt* mutter
fa'rina *nf* flour. **fari'nacei** *nmpl* starchy food *sg*
fa'ringe *nf* pharynx
fari'noso *a* ‹*neve*› powdery; ‹*mela*› soft; ‹*patata*› floury
farma|'ceutico *a* pharmaceutical. **~'cia** *nf* pharmacy; (*negozio*) chemist's [shop]. **~cia di turno** duty chemist. **~'cista** *nmf* chemist. **'farmaco** *nm* drug
'faro *nm Auto* headlight; *Aeron* beacon; (*costruzione*) lighthouse
'farsa *nf* farce
'fasci|a *nf* band; (*zona*) area; (*ufficiale*) sash; (*benda*) bandage. **~'are** *vt* bandage; cling to ‹*fianchi*›. **~a'tura** *nf* dressing; (*azione*) bandaging
fa'scicolo *nm* file; (*di rivista*) issue; (*libretto*) booklet
'fascino *nm* fascination
'fascio *nm* bundle; (*di fiori*) bunch
fa'scis|mo *nm* fascism. **~ta** *nmf* fascist
'fase *nf* phase
fa'stidi|o *nm* nuisance; (*scomodo*) inconvenience; **dar ~o a qcno** bother sb; **~i** *pl* (*preoccupazioni*) worries; (*disturbi*) troubles. **~'oso** *a* tiresome
'fasto *nm* pomp. **fa'stoso** *a* sumptuous
fa'sullo *a* bogus
'fata *nf* fairy
fa'ta|le *a* fatal; (*inevitabile*) fated
fata'l|ismo *nm* fatalism. **~ista** *nmf* fatalist. **~ità** *nf inv* fate; (*caso sfortunato*) misfortune. **~'mente** *adv* inevitably
fa'tica *nf* effort; (*lavoro faticoso*) hard work; (*stanchezza*) fatigue; **a ~** with great difficulty; **è ~ sprecata** it's a waste of time; **fare ~ a fare qcsa** find it difficult to do sth; **fare ~ a finire qcsa** struggle to finish sth. **fati'caccia** *nf* pain
fati'ca|re *vi* toil; **~re a** (*stentare*) find it difficult to. **~ta** *nf* effort; (*sfacchinata*) grind. **fati'coso** *a* tiring; (*difficile*) difficult
'fato *nm* fate
fat'taccio *nm hum* foul deed
fat'tezze *nfpl* features
fat'tibile *a* feasible
'fatto *pp di* **fare** ● *a* done, made; **~ a mano/in casa** handmade/home-made ● *nm* fact; (*azione*) action; (*avvenimento*) event; **bada ai fatti tuoi!** mind your own business; **sa il ~ suo** he knows his business; **di ~** in fact; **in ~ di** as regards
fat'to|re *nm* (*causa, Math*) factor; (*di fattoria*) farm manager. **~'ria** *nf* farm; (*casa*) farmhouse
fatto'rino *nm* messenger [boy]
fattucchi'era *nf* witch
fat'tura *nf* (*stile*) cut; (*lavorazione*) workmanship; *Comm* invoice
fattu'ra|re *vt* invoice; (*adulterare*) adulterate. **~to** *nm* turnover, sales *pl*. **~zi'one** *nf* invoicing, billing
'fatuo *a* fatuous
'fauna *nf* fauna
fau'tore *nm* supporter
'fava *nf* broad bean
fa'vella *nf* speech
fa'villa *nf* spark
'favo|la *nf* fable; (*fiaba*) story; (*oggetto di pettegolezzi*) laughing-stock; (*meraviglia*) dream. **~'loso** *a* fabulous
fa'vore *nm* favour; **essere a ~ di** be in favour of; **per ~** please; **di ~** ‹*condizioni, trattamento*› preferential. **~ggia'mento** *nm Jur* aiding and abetting. **favo'revole** *a* favourable. **~vol'mente** *adv* favourably
favo'ri|re *vt* favour; (*promuovere*) promote; **vuol ~re?** (*accettare*) will you have some?; (*entrare*) will you come in?. **~to, -a** *a* & *nmf* favourite
fax *nm inv* fax. **fa'xare** *vt* fax
fazi'one *nf* faction
faziosità *nf* bias. **fazi'oso** *nm* sectarian
fazzolet'tino *nm* **~ [di carta]** [paper] tissue
fazzo'letto *nm* handkerchief; (*da testa*) headscarf
feb'braio *nm* February
'febbre *nf* fever; **avere la ~** have *o* run a temperature. **~ da fieno** hay fever. **febbrici'tante** *a* fevered. **feb'brile** *a* feverish
'feccia *nf* dregs *pl*
'fecola *nf* potato flour
fecon'da|re *vt* fertilize. **~'tore** *nm* fertilizer. **~zi'one** *nf* fertilization. **~zione artificiale** artificial insemination. **fe'condo** *a* fertile
'fede *nf* faith; (*fiducia*) trust; (*anello*) wedding-ring; **in buona/mala ~** in good/bad faith; **prestar ~ a** believe; **tener ~ alla parola** keep one's word. **fe'dele** *a* faithful ● *nmf* believer; (*seguace*) follower. **~l'mente** *adv* faithfully. **~ltà** *nf* faithfulness; **alta ~ltà** high fidelity

'federa *nf* pillowcase
fede'ra|le *a* federal. **~'lismo** *nm* federalism. **~zi'one** *nf* federation
fe'dina *nf* **avere la ~ penale sporca/pulita** have a/no criminal record
'fegato *nm* liver; *fig* guts *pl*
'felce *nf* fern
fe'lic|e *a* happy; (*fortunato*) lucky. **~ità** *nf* happiness
felici'ta|rsi *vr* **~rsi con** congratulate. **~zi'oni** *nfpl* congratulations
fe'lino *a* feline
'felpa *nf* (*indumento*) sweatshirt
fel'pato *a* brushed; ‹*passo*› stealthy
'feltro *nm* felt; (*cappello*) felt hat
'femmin|a *nf* female. **femmi'nile** *a* feminine; ‹*rivista, abbigliamento*› women's; ‹*sesso*› female ● *nm* feminine. **~ilità** *nf* femininity. **femmi'nismo** *nm* feminism
'femore *nm* femur
'fend|ere *vt* split. **~i'tura** *nf* split; (*nella roccia*) crack
feni'cottero *nm* flamingo
fenome'nale *a* phenomenal. **fe'nomeno** *nm* phenomenon
'feretro *nm* coffin
feri'ale *a* weekday; **giorno ~** weekday
'ferie *nfpl* holidays; (*di università, tribunale ecc*) vacation *sg*; **andare in ~** go on holiday
feri'mento *nm* wounding
fe'ri|re *vt* wound; (*in incidente*) injure; *fig* hurt. **~rsi** *vr* injure oneself. **~ta** *nf* wound. **~to** *a* wounded ● *nm* wounded person; *Mil* casualty
'ferma *nf Mil* period of service
fermaca'pelli *nm inv* hairslide
ferma'carte *nm inv* paperweight
fermacra'vatta *nm inv* tiepin
fer'maglio *nm* clasp; (*spilla*) brooch; (*per capelli*) hair slide
ferma'mente *adv* firmly
fer'ma|re *vt* stop; (*fissare*) fix; *Jur* detain ● *vi* stop. **~rsi** *vr* stop. **~ta** *nf* stop. **~ta dell'autobus** bus-stop. **~ta a richiesta** request stop
fermen'ta|re *vi* ferment. **~zi'one** *nf* fermentation. **fer'mento** *nm* ferment; (*lievito*) yeast
fer'mezza *nf* firmness
'fermo *a* still; ‹*veicolo*› stationary; (*stabile*) steady; ‹*orologio*› not working ● *nm Jur* detention; *Mech* catch; **in stato di ~** in custody
fe'roc|e *a* ferocious; ‹*bestia*› wild; ‹*freddo, dolore*› unbearable. **~e'mente** *adv* fiercely, ferociously. **~ia** *nf* ferocity
fer'raglia *nf* scrap iron
ferra'gosto *nm* 15 August (*bank holiday in Italy*); (*periodo*) August holidays *pl*
ferra'menta *nfpl* ironmongery *sg*; **negozio di ~** ironmonger's
fer'ra|re *vt* shoe ‹*cavallo*›. **~to** *a* **~to in** (*preparato in*) well up in
'ferreo *a* iron
'ferro *nm* iron; (*attrezzo*) tool; (*di chirurgo*) instrument; **bistecca ai ferri** grilled steak; **di ~** ‹*memoria*› excellent; ‹*alibi*› cast-iron; **salute di ~** iron constitution. **~ battuto** wrought iron. **~ da calza** knitting needle. **~ di cavallo** horseshoe. **~ da stiro** iron
ferro'vecchio *nm* scrap merchant
ferro'vi|a *nf* railway. **~'ario** *a* railway. **~'ere** *nm* railwayman
'fertil|e *a* fertile. **~ità** *nf* fertility. **~iz'zante** *nm* fertilizer
fer'vente *a* blazing; *fig* fervent
'fervere *vi* ‹*preparativi:*› be well under way
'fervid|o *a* fervent; **~i auguri** best wishes
fer'vore *nm* fervour
fesse'ria *nf* nonsense
'fesso *pp di* **fendere** ● *a* cracked; (*fam: sciocco*) foolish ● *nm* (*fam: idiota*) fool; **far ~ qcno** *fam* con sb
fes'sura *nf* crack; (*per gettone ecc*) slot
'festa *nf* feast; (*giorno festivo*) holiday; (*compleanno*) birthday; (*ricevimento*) party; *fig* joy; **fare ~ a qcno** welcome sb; **essere in ~** be on holiday; **far ~** celebrate. **~i'olo** *a* festive
festeggia'mento *nm* celebration; (*manifestazione*) festivity
festeggi'are *vt* celebrate; (*accogliere festosamente*) give a hearty welcome to
fe'stino *nm* party
festività *nfpl* festivities. **fe'stivo** *a* holiday; (*lieto*) festive. **festivi** *nmpl* public holidays
fe'stone *nm* (*nel cucito*) scallop, scollop
fe'stoso *a* merry
fe'tente *a* evil smelling; *fig* revolting ● *nmf fam* bastard
fe'ticcio *nm* fetish
'feto *nm* foetus
fe'tore *nm* stench
'fetta *nf* slice; **a fette** sliced. **~ biscottata** *slices of crispy toast-like bread*
fet'tuccia *nf* tape; (*con nome*) name tape
feu'dale *a* feudal. **'feudo** *nm* feud

FFSS *abbr* (**Ferrovie dello Stato**) Italian state railways
fi'aba *nf* fairy-tale. **fia'besco** *a* fairy-tale
fi'acc|a *nf* weariness; (*indolenza*) laziness; **battere la ~a** be sluggish. **fiac'care** *vt* weaken. **~o** *a* weak; (*indolente*) slack; (*stanco*) weary; ‹*partita*› dull
fi'acco|la *nf* torch. **~'lata** *nf* torchlight procession
fi'ala *nf* phial
fi'amma *nf* flame; *Naut* pennant; **in fiamme** aflame. **andare in fiamme** go up in flames. **~ ossidrica** blowtorch
fiam'ma|nte *a* flaming; **nuovo ~nte** brand new. **~ta** *nf* blaze
fiammeggi'are *vi* blaze
fiam'mifero *nm* match
fiam'mingo, -a *a* Flemish ● *nmf* Fleming ● *nm* (*lingua*) Flemish
fiancheggi'are *vt* border; *fig* support
fi'anco *nm* side; (*di persona*) hip; (*di animale*) flank; *Mil* wing; **al mio ~** by my side; **~ a ~** ‹*lavorare*› side by side
fi'asco *nm* flask; *fig* fiasco; **fare ~** be a fiasco
fia'tare *vi* breathe; (*parlare*) breathe a word
fi'ato *nm* breath; (*vigore*) stamina; **strumenti a ~** wind instruments; **senza ~** breathlessly; **tutto d'un ~** ‹*bere, leggere*› all in one go
'fibbia *nf* buckle
'fibra *nf* fibre; **fibre** *pl* (*alimentari*) roughage. **~ ottica** optical fibre
ficca'naso *nmf* nosey parker
fic'car|e *vt* thrust; drive ‹*chiodo ecc*›; (*fam: mettere*) shove. **~si** *vr* thrust oneself; (*nascondersi*) hide; **~si nei guai** get oneself into trouble
fiche *nf* (*gettone*) chip
'fico *nm* (*albero*) fig-tree; (*frutto*) fig. **~ d'India** prickly pear
'fico, -a *fam nmf* cool sort ● *a* cool
fidanza'mento *nm* engagement
fidan'za|rsi *vr* become engaged. **~to, -a** *nmf* fiancé; fiancée
fi'da|rsi *vr* **~rsi di** trust. **~to** *a* trustworthy
'fido *nm* devoted follower; *Comm* credit
fi'duci|a *nf* confidence; **degno di ~a** trustworthy; **di ~a** ‹*fornitore, banca*› regular, usual; **persona di ~a** reliable person. **~'oso** *a* trusting
fi'ele *nm* bile; *fig* bitterness
fie'nile *nm* barn. **fi'eno** *nm* hay
fi'era *nf* fair
fie'rezza *nf* (*dignità*) pride. **fi'ero** *a* proud
fi'evole *a* faint; ‹*luce*› dim
'fifa *nf fam* jitters; **aver ~** have the jitters. **fi'fone, -a** *nmf fam* chicken
'figli|a *nf* daughter; **~a unica** only child. **~'astra** *nf* stepdaughter. **~'astro** *nm* stepson. **~o** *nm* son; (*generico*) child. **~o di papà** spoilt brat. **~o unico** only child
figli'occi|a *nf* goddaughter. **~o** *nm* godson
figli'o|la *nf* girl. **~'lanza** *nf* offspring. **~lo** *nm* boy
'figo, -a *vedi* **fico, -a**
fi'gura *nf* figure; (*aspetto esteriore*) shape; (*illustrazione*) illustration; **far bella/brutta ~** make a good/bad impression; **mi hai fatto fare una brutta ~** you made me look a fool; **che ~!** how embarrassing!. **figu'raccia** *nf* bad impression
figu'ra|re *vt* represent; (*simboleggiare*) symbolize; (*immaginare*) imagine ● *vi* (*far figura*) cut a fine figure; (*in lista*) appear, figure. **~rsi** *vr* (*immaginarsi*) imagine; **~ti!** imagine that!; **posso? – [ma] ~ti!** may I? – of course!. **~'tivo** *a* figurative
figu'rina *nf* (*da raccolta*) ≈ cigarette card
figu|ri'nista *nmf* dress designer. **~'rino** *nm* fashion sketch. **~'rone** *nm* **fare un ~rone** make an excellent impression
'fila *nf* line; (*di soldati ecc*) file; (*di oggetti*) row; (*coda*) queue; **di ~** in succession; **fare la ~** queue [up], stand in line *Am*; **in ~ indiana** single file
fila'mento *nm* filament
filantro'pia *nf* philanthropy
fi'lare *vt* spin; *Naut* pay out ● *vi* (*andarsene*) run away; ‹*liquido:*› trickle; **fila!** scram!; **~ con** (*fam: amoreggiare*) go out with; **~ dritto** toe the line
filar'monica *nf* (*orchestra*) orchestra
fila'strocca *nf* rigmarole; (*per bambini*) nursery rhyme
filate'lia *nf* philately
fi'la|to *a* spun; (*ininterrotto*) running; (*continuato*) uninterrupted; **di ~to** (*subito*) immediately ● *nm* yarn. **~'tura** *nf* spinning; (*filanda*) spinning mill
fil di 'ferro *nm* wire
fi'letto *nm* (*bordo*) border; (*di vite*) thread; *Culin* fillet
fili'ale *a* filial ● *nf Comm* branch

fili'grana *nf* filigree; (*su carta*) watermark

film *nm inv* film. **~ giallo** thriller. **~ a lungo metraggio** feature film

fil'ma|re *vt* film. **~to** *nm* short film. **fil'mino** *nm* cine film

'filo *nm* thread; (*tessile*) yarn; (*metallico*) wire; (*di lama*) edge; (*venatura*) grain; (*di perle*) string; (*d'erba*) blade; (*di luce*) ray; **con un ~ di voce** in a whisper; **per ~ e per segno** in detail; **fare il ~ a qcno** fancy sb; **perdere il ~** lose the thread. **~ spinato** barbed wire

'filobus *nm inv* trolleybus

filodiffusi'one *nf* rediffusion

fi'lone *nm* vein; (*di pane*) long loaf

filoso'fia *nf* philosophy. **fi'losofo, -a** *nmf* philosopher

fil'trare *vt* filter. **'filtro** *nm* filter

'filza *nf* string

fin *vedi* **fine, fino¹**

fi'nal|e *a* final ● *nm* end ● *nf Sport* final. **fina'lista** *nmf* finalist. **~ità** *nf inv* finality; (*scopo*) aim. **~'mente** *adv* at last; (*in ultimo*) finally

fi'nanz|a *nf* finance; **~i'ario** *a* financial. **~i'ere** *nm* financier; (*guardia di finanza*) customs officer. **~ia'mento** *nm* funding

finanzi'a|re *vt* fund, finance. **~'tore, ~'trice** *nmf* backer

finché *conj* until; (*per tutto il tempo che*) as long as

'fine *a* fine; (*sottile*) thin; ‹*udito, vista*› keen; (*raffinato*) refined ● *nf* end; **alla ~** in the end; **alla fin ~** after all; **in fin dei conti** when all's said and done; **te lo dico a fin di bene** I'm telling you for your own good; **senza ~** endless ● *nm* aim. **~ settimana** weekend

fi'nestra *nf* window. **fine'strella** *nf* **di aiuto** *Comput* help window, help box. **fine'strino** *nm Rail, Auto* window

fi'nezza *nf* fineness; (*sottigliezza*) thinness; (*raffinatezza*) refinement

'finger|e *vt* pretend; feign ‹*affetto ecc*›. **~si** *vr* pretend to be

fini'menti *nmpl* finishing touches; (*per cavallo*) harness *sg*

fini'mondo *nm* end of the world; *fig* pandemonium

fi'ni|re *vt/i* finish, end; (*smettere*) stop; (*diventare, andare a finire*) end up; **~scila!** stop it!. **~to** *a* finished; (*abile*) accomplished. **~'tura** *nf* finish

finlan'dese *a* Finnish ● *nmf* Finn ● *nm* (*lingua*) Finnish

Fin'landia *nf* Finland

'fino¹ *prep* **~ a** till, until; (*spazio*) as far as; **~ all'ultimo** to the last; **fin da** (*tempo*) since; (*spazio*) from; **fin qui** as far as here; **fin troppo** too much; **~ a che punto** how far

'fino² *a* fine; (*acuto*) subtle; (*puro*) pure

fi'nocchio *nm* fennel; (*fam: omosessuale*) poof

fi'nora *adv* so far, up till now

'finta *nf* pretence, sham; *Sport* feint; **far ~ di** pretend to; **far ~ di niente** act as if nothing had happened; **per ~** (*per scherzo*) for a laugh

'fint|o, -a *pp di* **fingere** ● *a* false; (*artificiale*) artificial; **fare il ~o tonto** act dumb

finzi'one *nf* pretence

fi'occo *nm* bow; (*di neve*) flake; (*nappa*) tassel; **coi fiocchi** *fig* excellent. **~ di neve** snowflake

fi'ocina *nf* harpoon

fi'oco *a* weak; ‹*luce*› dim

fi'onda *nf* catapult

fio'raio, -a *nmf* florist

fiorda'liso *nm* cornflower

fi'ordo *nm* fiord

fi'ore *nm* flower; (*parte scelta*) cream; **fiori** *pl* (*nelle carte*) clubs; **a fior d'acqua** on the surface of the water; **fior di** (*abbondanza*) a lot of; **ha i nervi a fior di pelle** his nerves are on edge; **a fiori** flowery

fioren'tino *a* Florentine

fio'retto *nm* (*scherma*) foil; *Relig* act of mortification

fio'rire *vi* flower; ‹*albero:*› blossom; *fig* flourish

fio'rista *nmf* florist

fiori'tura *nf* (*di albero*) blossoming

fi'otto *nm* **scorrere a fiotti** pour out; **piove a fiotti** the rain is pouring down

Fi'renze *nf* Florence

'firma *nf* signature; (*nome*) name

fir'ma|re *vt* sign. **~'tario, -a** *nmf* signatory. **~to** *a* ‹*abito, borsa*› designer *attrib*

fisar'monica *nf* accordion

fi'scale *a* fiscal

fischi'are *vi* whistle ● *vt* whistle; (*in segno di disapprovazione*) boo

fischiet't|are *vt* whistle. **~io** *nm* whistling

fischi'etto *nm* whistle. **'fischio** *nm* whistle

'fisco *nm* treasury; (*tasse*) taxation; **il ~** the taxman

'fisica *nf* physics

fisica'mente *adv* physically

'fisico, -a *a* physical ● *nmf* physicist ● *nm* physique
'fisima *nf* whim
fisio|lo'gia *nf* physiology. **~'logico** *a* physiological
fisiono'mia *nf* features, face; (*di paesaggio*) appearance
fisiotera'pi|a *nf* physiotherapy. **~sta** *nmf* physiotherapist
fis'sa|re *vt* fix, fasten; (*guardare fissamente*) stare at; arrange ‹*appuntamento, ora*›. **~rsi** *vr* (*stabilirsi*) settle; (*fissare lo sguardo*) stare; **~rsi su** (*ostinarsi*) set one's mind on; **~rsi di fare qcsa** become obsessed with doing sth. **~to** *nm* (*persona*) person with an obsession. **~zi'one** *nf* fixation; (*osessione*) obsession
'fisso *a* fixed; **un lavoro ~** a regular job; **senza fissa dimora** of no fixed abode
'fitta *nf* sharp pain
fit'tizio *a* fictitious
'fitto[1] *a* thick; **~ di** full of ● *nm* depth
fitto[2] *nm* (*affitto*) rent; **dare a ~** let; **prendere a ~** rent; (*noleggiare*) hire
fiu'mana *nf* swollen river; *fig* stream
fi'ume *nm* river; *fig* stream
fiu'tare *vt* smell. **fi'uto** *nm* [sense of] smell; *fig* nose
'flaccido *a* flabby
fla'cone *nm* bottle
fla'gello *nm* scourge
fla'grante *a* flagrant; **in ~** in the act
fla'nella *nf* flannel
'flash *nm inv Journ* newsflash
'flauto *nm* flute
'flebile *a* feeble
'flemma *nf* calm; *Med* phlegm. **flem'matico** *a* phlegmatic
fles'sibil|e *a* flexible. **~ità** *nf* flexibility
flessi'one *nf* (*del busto in avanti*) forward bend
'flesso *pp di* **flettere**
flessu'oso *a* supple
'flettere *vt* bend
flir'tare *vi* flirt
F.lli *abbr* (**fratelli**) Bros
floppy disk *nm inv* floppy disk
'flora *nf* flora
'florido *a* flourishing
'floscio *a* limp; (*flaccido*) flabby
'flotta *nf* fleet. **flot'tiglia** *nf* flotilla
flu'ente *a* fluent
flu'ido *nm* fluid
flu'ire *vi* flow
fluore'scente *a* fluorescent
flu'oro *nm* fluorine
'flusso *nm* flow; *Med* flux; (*del mare*) flood[-tide]; **~ e riflusso** ebb and flow
fluttu'ante *a* fluctuating
fluttu'a|re *vi* ‹*prezzi, moneta:*› fluctuate. **~zi'one** *nf* fluctuation
fluvi'ale *a* river
fo'bia *nf* phobia
'foca *nf* seal
fo'caccia *nf* (*pane*) flat bread; (*dolce*) ≈ raisin bread
fo'cale *a* ‹*distanza, punto*› focal. **focaliz'zare** *vt* get into focus ‹*fotografia*›; focus ‹*attenzione*›; define ‹*problema*›
'foce *nf* mouth
foco'laio *nm Med* focus; *fig* centre
foco'lare *nm* hearth; (*caminetto*) fireplace; *Techn* furnace
fo'coso *a* fiery
'foder|a *nf* lining; (*di libro*) dust-jacket; (*di poltrona ecc*) loose cover. **fode'rare** *vt* line; cover ‹*libro*›. **~o** *nm* sheath
'foga *nf* impetuosity
'foggi|a *nf* fashion; (*maniera*) manner; (*forma*) shape. **~'are** *vt* mould
'fogli|a *nf* leaf; (*di metallo*) foil. **~'ame** *nm* foliage
fogli'etto *nm* (*pezzetto di carta*) piece of paper
'foglio *nm* sheet; (*pagina*) leaf. **~ elettronico** *Comput* spreadsheet. **~ rosa** ≈ provisional driving licence
'fogna *nf* sewer. **~'tura** *nf* sewerage
fo'lata *nf* gust
fol'clo|re *nm* folklore. **~'ristico** *a* folk; (*bizzarro*) weird
folgo'ra|re *vi* (*splendere*) shine ● *vt* (*con un fulmine*) strike. **~zi'one** *nf* (*da fulmine, elettrica*) electrocution; (*idea*) brainwave
'folgore *nf* thunderbolt
'folla *nf* crowd
'folle *a* mad; **in ~** *Auto* in neutral; **andare in ~** *Auto* coast
folle'mente *adv* madly
fol'lia *nf* madness; **alla ~** ‹*amare*› to distraction
'folto *a* thick
fomen'tare *vt* stir up
fond'ale *nm Theat* backcloth
fonda'men|ta *nfpl* foundations. **~'tale** *a* fundamental. **~to** *nm* (*di principio, teoria*) foundation
fon'da|re *vt* establish; base ‹*ragionamento, accusa*›. **~to** *a* ‹*ragionamento*› well-founded. **~zi'one** *nf* establishment; **~zioni** *pl* (*di edificio*) foundations

fon'delli *nmpl* **prendere qcno per i ~** pull sb's leg
fon'dente *a* ‹*cioccolato*› dark
'fonder|e *vt/i* melt; ‹*colori:*› blend. **~si** *vr* melt; *Comm* merge. **fonde'ria** *nf* foundry
'fondi *nmpl* (*denaro*) funds; (*di caffè*) grounds
'fondo *a* deep; **è notte fonda** it's the middle of the night ● *nm* bottom; (*fine*) end; (*sfondo*) background; (*indole*) nature; (*somma di denaro*) fund; (*feccia*) dregs *pl*; **andare a ~** ‹*nave:*› sink; **da cima a ~** from beginning to end; **in ~** after all; **in ~ in ~** deep down; **fino in ~** right to the end; ‹*capire*› thoroughly. **~ d'investimento** investment trust
fondo'tinta *nm* foundation cream
fon'duta *nf fondue made with cheese, milk and eggs*
fo'netic|a *nf* phonetics *sg*. **~o** *a* phonetic
fon'tana *nf* fountain
'fonte *nf* spring; *fig* source ● *nm* font
fo'raggio *nm* forage
fo'rar|e *vt* pierce; punch ‹*biglietto*› ● *vi* puncture. **~si** *vr* ‹*gomma, pallone:*› go soft
'forbici *nfpl* scissors
forbi'cine *nfpl* (*per le unghie*) nail scissors
for'bito *a* erudite
'forca *nf* fork; (*patibolo*) gallows *pl*
for'cella *nf* fork; (*per capelli*) hairpin
for'chet|ta *nf* fork. **~'tata** *nf* (*quantità*) forkful
for'cina *nf* hairpin
'forcipe *nm* forceps *pl*
for'cone *nm* pitchfork
fo'resta *nf* forest. **fore'stale** *a* forest *attrib*
foresti'ero, -a *a* foreign ● *nmf* foreigner
for'fait *nm inv* fixed price; **dare ~** (*abbandonare*) give up
'forfora *nf* dandruff
'forgi|a *nf* forge. **~'are** *vt* forge
'forma *nf* form; (*sagoma*) shape; *Culin* mould; (*da calzolaio*) last; **essere in ~** be in good form: **a ~ di** in the shape of; **forme** *pl* (*del corpo*) figure *sg*; (*convenzioni*) appearances
formag'gino *nm* processed cheese. **for'maggio** *nm* cheese
for'mal|e *a* formal. **~ità** *nf inv* formality. **~iz'zarsi** *vr* stand on ceremony. **~'mente** *adv* formally
for'ma|re *vt* form. **~rsi** *vr* form; (*svilupparsi*) develop. **~to** *nm* size; (*di libro*) format; **~to tessera** ‹*fotografia*› passport-size
format'tare *vt* format
formazi'one *nf* formation; *Sport* line-up. **~ professionale** vocational training
for'mi|ca *nf* ant. **~'caio** *nm* anthill
'formica® *nf* (*laminato plastico*) Formica®
formico'l|are *vi* ‹*braccio ecc:*› tingle; **~are di** be swarming with; **mi ~a la mano** I have pins and needles in my hand. **~io** *nm* swarming; (*di braccio ecc*) pins and needles *pl*
formi'dabile *a* (*tremendo*) formidable; (*eccezionale*) tremendous
for'mina *nf* mould
for'moso *a* shapely
'formula *nf* formula. **formu'lare** *vt* formulate; (*esprimere*) express
for'nace *nf* furnace; (*per laterizi*) kiln
for'naio *nm* baker; (*negozio*) bakery
for'nello *nm* stove; (*di pipa*) bowl
for'ni|re *vt* supply (**di** with). **~'tore** *nm* supplier. **~'tura** *nf* supply
'forno *nm* oven; (*panetteria*) bakery; **al ~** roast. **~ a microonde** microwave [oven]
'foro *nm* hole; (*romano*) forum; (*tribunale*) [law] court
'forse *adv* perhaps, maybe; **essere in ~** be in doubt
forsen'nato, -a *a* mad ● *nmf* madman; madwoman
'forte *a* strong; ‹*colore*› bright; ‹*suono*› loud; (*resistente*) tough; ‹*spesa*› considerable; ‹*dolore*› severe; ‹*pioggia*› heavy; (*a tennis, calcio*) good; (*fam: simpatico*) great; ‹*taglia*› large ● *adv* strongly; ‹*parlare*› loudly; (*velocemente*) fast; ‹*piovere*› heavily ● *nm* (*fortezza*) fort; (*specialità*) strong point
for'tezza *nf* fortress; (*forza morale*) fortitude
fortifi'care *vt* fortify
for'tino *nm Mil* blockhouse
for'tuito *a* fortuitous; **incontro ~** chance encounter
for'tuna *nf* fortune; (*successo*) success; (*buona sorte*) luck. **atterraggio di ~** forced landing; **aver ~** be lucky; **buona ~!** good luck!; **di ~** makeshift; **per ~** luckily. **fortu'nato** *a* lucky, fortunate; ‹*impresa*› successful. **~ta'mente** *adv* fortunately
fo'runcolo *nm* pimple; (*grosso*) boil
'forza *nf* strength; (*potenza*) power;

(*fisica*) force; **di ~** by force; **a ~ di** by dint of; **con ~** hard; **~!** come on!; **~ di volontà** will-power; **~ maggiore** circumstances beyond one's control; **la ~ pubblica** the police; **per ~** against one's will; (*naturalmente*) of course; **farsi ~** bear up; **mare ~ 8** force 8 gale; **bella ~!** *fam* big deal!. **~ di gravità** [force of] gravity. **le forze armate** the armed forces

for'za|re *vt* force; (*scassare*) break open; (*sforzare*) strain. **~to** *a* forced; ‹*sorriso*› strained ● *nm* convict

forzi'ere *nm* coffer

for'zuto *a* strong

fo'schia *nf* haze

'fosco *a* dark

fo'sfato *nm* phosphate

'fosforo *nm* phosphorus

'fossa *nf* pit; (*tomba*) grave. **~ biologica** cesspool. **fos'sato** *nm* (*di fortificazione*) moat

fos'setta *nf* dimple

'fossile *nm* fossil

'fosso *nm* ditch; *Mil* trench

'foto *nf inv fam* photo; **fare delle ~** take some photos

foto'cellula *nf* photocell

fotocomposizi'one *nf* filmsetting, photocomposition

foto'copi|a *nf* photocopy. **~'are** *vt* photocopy. **~a'trice** *nf* photocopier

foto'finish *nm inv* photo finish

foto'genico *a* photogenic

fotogra|'fare *vt* photograph. **~'fia** *nf* (*arte*) photography; (*immagine*) photograph; **fare ~fie** take photographs. **foto'grafico** *a* photographic; **macchina fotografica** camera. **fo'tografo, -a** *nmf* photographer

foto'gramma *nm* frame

fotomo'dello *nm* [photographer's] model

fotomon'taggio *nm* photomontage

fotoro'manzo *nm* photo story

'fotter|e *vt* (*fam: rubare*) nick; *vulg* fuck, screw. **~sene** *vr vulg* not give a fuck

fot'tuto *a* (*fam: maledetto*) bloody

fou'lard *nm inv* scarf

fra *prep* (*in mezzo a due*) between; (*in un insieme*) among; (*tempo, distanza*) in; **detto ~ noi** between you and me; **~ sé e sé** to oneself; **~ l'altro** what's more; **~ breve** soon; **~ quindici giorni** in two weeks' time; **~ tutti, siamo in venti** there are twenty of us altogether

fracas'sar|e *vt* smash. **~si** *vr* shatter

fra'casso *nm* din; (*di cose che cadono*) crash

'fradicio *a* (*bagnato*) soaked; (*guasto*) rotten; **ubriaco ~** blind drunk

'fragil|e *a* fragile; *fig* frail. **~ità** *nf* fragility; *fig* frailty

'fragola *nf* strawberry

fra'go|re *nm* uproar; (*di cose rotte*) clatter; (*di tuono*) rumble. **~'roso** *a* uproarious; ‹*tuono*› rumbling; ‹*suono*› clanging

fra'gran|te *a* fragrant. **~za** *nf* fragrance

frain'te|ndere *vt* misunderstand. **~ndersi** *vr* be at cross-purposes. **~so** *pp di* **fraintendere**

frammen'tario *a* fragmentary. **fram'mento** *nm* fragment

'frana *nf* landslide; (*fam: persona*) walking disaster area. **fra'nare** *vi* slide down

franca'mente *adv* frankly

fran'cese *a* French ● *nmf* Frenchman; Frenchwoman ● *nm* (*lingua*) French

fran'chezza *nf* frankness

'Francia *nf* France

'franco[1] *a* frank; *Comm* free; **farla franca** get away with sth

'franco[2] *nm* (*moneta*) franc

franco'bollo *nm* stamp

fran'gente *nm* (*onda*) breaker; (*scoglio*) reef; (*fig: momento difficile*) crisis; **in quel ~** given the situation

'frangia *nf* fringe

fra'noso *a* subject to landslides

fran'toio *nm* olive-press

frantu'mar|e *vt*, **~si** *vr* shatter. **fran'tumi** *nmpl* splinters; **andare in frantumi** be smashed to smithereens

frappé *nm inv* milkshake

frap'por|re *vt* interpose. **~si** *vr* intervene

fra'sario *nm* vocabulary; (*libro*) phrase book

'frase *nf* sentence; (*espressione*) phrase. **~ fatta** cliché

'frassino *nm* ash[-tree]

frastagli'a|re *vt* make jagged. **~to** *a* jagged

frastor'na|re *vt* daze. **~to** *a* dazed

frastu'ono *nm* racket

'frate *nm* friar; (*monaco*) monk

fratel'la|nza *nf* brotherhood. **~stro** *nm* half-brother

fra'tell|i *nmpl* (*fratello e sorella*) brother and sister. **~o** *nm* brother

fraterniz'zare *vi* fraternize. **fra'terno** *a* brotherly

frat'taglie *nfpl* (*di pollo ecc*) giblets
frat'tanto *adv* in the meantime
frat'tempo *nm* **nel ~** meanwhile, in the meantime
frat'tu|ra *nf* fracture. **~'rare** *vt*, **~'rarsi** *vr* break
fraudo'lento *a* fraudulent
frazi'one *nf* fraction; (*borgata*) hamlet
'frecci|a *nf* arrow; *Auto* indicator. **~'ata** *nf* (*osservazione pungente*) cutting remark
fredda'mente *adv* coldly
fred'dare *vt* cool; (*fig: con sguardo, battuta*) cut down; (*uccidere*) kill
fred'dezza *nf* coldness
'freddo *a* & *nm* cold; **aver ~** be cold; **fa ~** it's cold
freddo'loso *a* sensitive to cold, chilly
fred'dura *nf* pun
fre'ga|re *vt* rub; (*fam: truffare*) cheat; (*fam: rubare*) swipe. **~rsene** *fam* not give a damn; **chi se ne frega!** what the heck!. **~si** *vr* rub ‹*occhi*›. **~ta** *nf* rub. **~'tura** *nf fam* (*truffa*) swindle; (*delusione*) letdown
'fregio *nm Archit* frieze; (*ornamento*) decoration
fre'mente *a* quivering
'frem|ere *vi* quiver. **~ito** *nm* quiver
fre'na|re *vt* brake; *fig* restrain; hold back ‹*lacrime, impazienza*› ● *vi* brake. **~rsi** *vr* check oneself. **~ta** *nf* **fare una ~ta brusca** hit the brakes
frene'sia *nf* frenzy; (*desiderio smodato*) craze. **fre'netico** *a* frenzied
'freno *nm* brake; *fig* check; **togliere il ~** release the brake; **usare il ~** apply the brake; **tenere a ~** restrain. **~ a mano** handbrake
frequen'tare *vt* frequent; attend ‹*scuola ecc*›; mix with ‹*persone*›
fre'quen|te *a* frequent; **di ~te** frequently. **~za** *nf* frequency; (*assiduità*) attendance
fre'schezza *nf* freshness; (*di temperatura*) coolness
'fresco *a* fresh; ‹*temperatura*› cool; **stai ~!** you're for it! ● *nm* coolness; **far ~** be cool; **mettere/tenere in ~** put/keep in a cool place
'fretta *nf* hurry, haste; **aver ~** be in a hurry; **far ~ a qcno** hurry sb; **in ~ e furia** in a great hurry. **frettolosa'mente** *adv* hurriedly. **fretto'loso** *a* ‹*persona*› in a hurry; ‹*lavoro*› rushed, hurried
fri'abile *a* crumbly
'friggere *vt* fry; **vai a farti ~!** get lost! ● *vi* sizzle
friggi'trice *nf* chip pan
frigidità *nf* frigidity. **'frigido** *a* frigid
fri'gnare *vi* whine
'frigo *nm* fridge
frigo'bar *nm inv* minibar
frigo'rifero *a* refrigerating ● *nm* refrigerator
fringu'ello *nm* chaffinch
frit'tata *nf* omelette
frit'tella *nf* fritter; (*fam: macchia d'unto*) grease stain
'fritto *pp di* **friggere** ● *a* fried; **essere ~** be done for ● *nm* fried food. **~ misto** mixed fried fish/vegetables. **frit'tura** *nf* (*pietanza*) fried dish
frivo'lezza *nf* frivolity. **'frivolo** *a* frivolous
frizio'nare *vt* rub. **frizi'one** *nf* friction; *Mech* clutch; (*di pelle*) rub
friz'zante *a* fizzy; ‹*vino*› sparkling; ‹*aria*› bracing
'frizzo *nm* gibe
fro'dare *vt* defraud
'frode *nf* fraud. **~ fiscale** tax evasion
'frollo *a* tender; ‹*selvaggina*› high; ‹*persona*› spineless; **pasta frolla** short[crust] pastry
'fronda *nf* [leafy] branch; *fig* rebellion. **fron'doso** *a* leafy
fron'tale *a* frontal; ‹*scontro*› head-on
'fronte *nf* forehead; (*di edificio*) front; **di ~** opposite; **di ~ a** opposite, facing; (*a paragone*) compared with; **far ~ a** face ● *nm Mil, Pol* front. **~ggi'are** *vt* face
fronte'spizio *nm* title page
fronti'era *nf* frontier, border
fron'tone *nm* pediment
'fronzolo *nm* frill
'frotta *nf* swarm; (*di animali*) flock
'frottola *nf* fib; **frottole** *pl* nonsense *sg*
fru'gale *a* frugal
fru'gare *vi* rummage ● *vt* search
frul'la|re *vt Culin* whisk ● *vi* ‹*ali:*› whirr. **~to** *nm* **~to di frutta** *fruit drink with milk and crushed ice.* **~'tore** *nm* [electric] mixer. **frul'lino** *nm* whisk
fru'mento *nm* wheat
frusci'are *vi* rustle
fru'scio *nm* rustle; (*radio, giradischi*) background noise; (*di acque*) murmur
'frusta *nf* whip; (*frullino*) whisk
fru'sta|re *vt* whip. **~ta** *nf* lash. **fru'stino** *nm* riding crop
fru'stra|re *vt* frustrate. **~to** *a* frustrated. **~zi'one** *nf* frustration
'frutt|a *nf* fruit; (*portata*) dessert. **frut'tare** *vi* bear fruit ● *vt* yield. **frut'teto**

nm orchard. **~i'vendolo, -a** *nmf* greengrocer. **~o** *nm anche fig* fruit; *Fin* yield; **~i di bosco** fruits of the forest. **~i di mare** seafood *sg*. **~u'oso** *a* profitable

f.to *abbr* (**firmato**) signed

fu *a* (*defunto*) late; **il ~ signor Rossi** the late Mr Rossi

fuci'la|re *vt* shoot. **~ta** *nf* shot

fu'cile *nm* rifle

fu'cina *nf* forge

'fucsia *nf* fuchsia

'fuga *nf* escape; (*perdita*) leak; *Mus* fugue; **darsi alla ~** take to flight

fu'gace *a* fleeting

fug'gevole *a* short-lived

fuggi'asco, -a *nmf* fugitive

fuggi'fuggi *nm* stampede

fug'gi|re *vi* flee; ‹*innamorati:*› elope; *fig* fly. **~'tivo, -a** *nmf* fugitive

'fulcro *nm* fulcrum

ful'gore *nm* splendour

fu'liggine *nf* soot

fulmi'nar|e *vt* strike by lightning; (*con sguardo*) look daggers at; (*con scarica elettrica*) electrocute. **~si** *vr* burn out. **'fulmine** *nm* lightning. **ful'mineo** *a* rapid

'fulvo *a* tawny

fumai'olo *nm* funnel; (*di casa*) chimney

fu'ma|re *vt/i* smoke; (*in ebollizione*) steam. **~'tore, ~'trice** *nmf* smoker; **non fumatori** non-smoker, non-smoking

fu'metto *nm* comic strip; **fumetti** *pl* comics

'fumo *nm* smoke; (*vapore*) steam; *fig* hot air; **andare in ~** vanish. **fu'moso** *a* ‹*ambiente*› smoky; ‹*discorso*› vague

fu'nambolo, -a *nmf* tightrope walker

'fune *nf* rope; (*cavo*) cable

'funebre *a* funeral; (*cupa*) gloomy

fune'rale *nm* funeral

fu'nereo *a* ‹*aria*› funereal

fu'nesto *a* sad

'fungere *vi* **~ da** act as

'fungo *nm* mushroom; *Bot, Med* fungus

funico'lare *nf* funicular [railway]

funi'via *nf* cableway

funzio'nal|e *a* functional. **~ità** *nf* functionality

funziona'mento *nm* functioning

funzio'nare *vi* work, function; **~ da** (*fungere da*) act as

funzio'nario *nm* official

funzi'one *nf* function; (*carica*) office; *Relig* service; **entrare in ~** take up office

fu'oco *nm* fire; (*fisica, fotografia*) focus; **far ~** fire; **dar ~ a** set fire to; **prendere ~** catch fire. **fuochi** *pl* **d'artificio** fireworks. **~ di paglia** nine-days' wonder

fuorché *prep* except

fu'ori *adv* out; (*all'esterno*) outside; (*all'aperto*) outdoors; **andare di ~** (*traboccare*) spill over; **essere ~ di sé** be beside oneself; **essere in ~** (*sporgere*) stick out; **far ~** *fam* do in; **~ mano** out of the way; **~ moda** old-fashioned; **~ pasto** between meals; **~ pericolo** out of danger; **~ questione** out of the question; **~ uso** out of use ● *nm* outside

fuori'bordo *nm* speedboat (*with outboard motor*)

fuori'classe *nmf inv* champion

fuorigi'oco *nm & adv* offside

fuori'legge *nmf* outlaw

fuori'serie *a* custom-made ● *nf* custom-built model

fuori'strada *nm* off-road vehicle

fuorvi'are *vt* lead astray ● *vi* go astray

furbacchi'one *nm* crafty old devil

furbe'ria *nf* cunning. **fur'bizia** *nf* cunning

'furbo *a* cunning; (*intelligente*) clever; (*astuto*) shrewd; **bravo ~!** nice one!; **fare il ~** try to be clever

fu'rente *a* furious

fur'fante *nm* scoundrel

furgon'cino *nm* delivery van. **fur'gone** *nm* van

'furi|a *nf* fury; (*fretta*) haste; **a ~a di** by dint of. **~'bondo, ~'oso** *a* furious

fu'rore *nm* fury; (*veemenza*) frenzy; **far ~** be all the rage. **~ggi'are** *vi* be a great success

furtiva'mente *adv* covertly. **fur'tivo** *a* furtive

'furto *nm* theft; (*con scasso*) burglary

'fusa *nfpl* **fare le ~** purr

fu'scello *nm* (*di legno*) twig; (*di paglia*) straw; **sei un ~** you're as light as a feather

fu'seaux *mpl* leggings

fu'sibile *nm* fuse

fusi'one *nf* fusion; *Comm* merger

'fuso *pp di* **fondere** ● *a* melted ● *nm* spindle. **~ orario** time zone

fusoli'era *nf* fuselage

fu'stagno *nm* corduroy

fu'stino *nm* (*di detersivo*) box

'fusto *nm* stem; (*tronco*) trunk; (*di metallo*) drum; (*di legno*) barrel

'futile *a* futile

fu'turo *a & nm* future

Gg

gab'bar|e *vt* cheat. **~si** *vr* **~si di** make fun of
'gabbia *nf* cage; (*da imballaggio*) crate. **~ degli imputati** dock. **~ toracica** rib cage
gabbi'ano *nm* [sea]gull
gabi'netto *nm* (*di medico*) consulting room; *Pol* cabinet; (*toletta*) lavatory; (*laboratorio*) laboratory
'gaffe *nf inv* blunder
gagli'ardo *a* vigorous
gai'ezza *nf* gaiety. **'gaio** *a* cheerful
'gala *nf* gala
ga'lante *a* gallant. **~'ria** *nf* gallantry. **galantu'omo** *nm* (*pl* **galantuomini**) gentleman
ga'lassia *nf* galaxy
gala'teo *nm* [good] manners *pl*; (*trattato*) book of etiquette
gale'otto *nm* (*rematore*) galley-slave; (*condannato*) convict
ga'lera *nf* (*nave*) galley; *fam* prison
'galla *nf Bot* gall; **a ~** *adv* afloat; **venire a ~** surface
galleggi'ante *a* floating ● *nm* craft; (*boa*) float
galleggi'are *vi* float
galle'ria *nf* (*traforo*) tunnel; (*d'arte*) gallery; *Theat* circle; (*arcata*) arcade. **~ d'arte** art gallery
'Galles *nm* Wales. **gal'lese** *a* welsh ● *nm* Welshman; (*lingua*) Welsh ● *nf* Welshwoman
gal'letto *nm* cockerel; **fare il ~** show off
gal'lina *nf* hen
gal'lismo *nm* machismo
'gallo *nm* cock
gal'lone *nm* stripe; (*misura*) gallon
galop'pare *vi* gallop. **ga'loppo** *nm* gallop; **al galoppo** at a gallop
galvaniz'zare *vt* galvanize
'gamba *nf* leg; (*di lettera*) stem; **a quattro gambe** on all fours; **darsela a gambe** take to one's heels; **essere in ~** (*essere forte*) be strong; (*capace*) be smart
gamba'letto *nm* pop sock
gambe'retto *nm* shrimp. **'gambero** *nm* prawn; (*di fiume*) crayfish
'gambo *nm* stem; (*di pianta*) stalk
'gamma *nf Mus* scale; *fig* range
ga'nascia *nf* jaw; **ganasce** *pl* **del freno** brake shoes
'gancio *nm* hook
'ganghero *nm* **uscire dai gangheri** *fig* get into a temper
'gara *nf* competition; (*di velocità*) race; **fare a ~** compete. **~ d'appalto** call for tenders
ga'rage *nm inv* garage
ga'ran|te *nmf* guarantor. **~'tire** *vt* guarantee; (*rendersi garante*) vouch for; (*assicurare*) assure. **~'zia** *nf* guarantee; **in ~zia** under guarantee
gar'ba|re *vi* like; **non mi garba** I don't like it. **~to** *a* courteous
'garbo *nm* courtesy; (*grazia*) grace; **con ~** graciously
gareggi'are *vi* compete
garga'nella *nf* **a ~** from the bottle
garga'rismo *nm* gargle; **fare i gargarismi** gargle
ga'rofano *nm* carnation
gar'rire *vi* chirp
'garza *nf* gauze
gar'zone *nm* boy. **~ di stalla** stable-boy
gas *nm inv* gas; **dare ~** *Auto* accelerate; **a tutto ~** flat out. **~ lacrimogeno** tear gas. **~ di scarico** *pl* exhaust fumes
gas'dotto *nm* natural gas pipeline
ga'solio *nm* diesel oil
ga'sometro *nm* gasometer
gas's|are *vt* aerate; (*uccidere col gas*) gas. **~ato** *a* gassy. **~oso, -a** *a* gassy; ‹*bevanda*› fizzy ● *nf* lemonade
'gastrico *a* gastric. **ga'strite** *nf* gastritis
gastro|no'mia *nf* gastronomy. **~'nomico** *a* gastronomic. **ga'stronomo, -a** *nmf* gourmet
'gatta *nf* **una ~ da pelare** a headache
gatta'buia *nf hum* clink
gat'tino, -a *nmf* kitten

'gatto, -a *nmf* cat. **~ delle nevi** snowmobile
gat'toni *adv* on all fours
ga'vetta *nf* mess tin; **fare la ~** rise through the ranks
gay *a inv* gay
'gazza *nf* magpie
gaz'zarra *nf* racket
gaz'zella *nf* gazelle; *Auto* police car
gaz'zetta *nf* gazette
gaz'zosa *nf* clear lemonade
'geco *nm* gecko
ge'la|re *vt/i* freeze. **~ta** *nf* frost
gela't|aio, -a *nmf* ice-cream seller; (*negozio*) ice-cream shop. **~e'ria** *nf* ice-cream parlour. **~i'era** *nf* ice-cream maker
gela'ti|na *nf* gelatine; (*dolce*) jelly. **~na di frutta** fruit jelly. **~'noso** *a* gelatinous
ge'lato *a* frozen ● *nm* ice-cream
'gelido *a* freezing
'gelo *nm* (*freddo intenso*) freezing cold; (*brina*) frost; *fig* chill
ge'lone *nm* chilblain
gelosa'mente *adv* jealously
gelo'sia *nf* jealousy. **ge'loso** *a* jealous
'gelso *nm* mulberry[-tree]
gelso'mino *nm* jasmine
gemel'laggio *nm* twinning
ge'mello, -a *a* & *nmf* twin; (*di polsino*) cuff-link; **Gemelli** *pl Astr* Gemini *sg*
'gem|ere *vi* groan; (*tubare*) coo. **~ito** *nm* groan
'gemma *nf* gem; *Bot* bud
'gene *nm* gene
genealo'gia *nf* genealogy
gene'ral|e[1] *a* general; **spese ~i** overheads
gene'rale[2] *nm Mil* general
generalità *nf* (*qualità*) generality, general nature; **~** *pl* (*dati personali*) particulars
generaliz'za|re *vt* generalize. **~zi'one** *nf* generalization. **general'mente** *adv* generally
gene'ra|re *vt* give birth to; (*causare*) breed; *Techn* generate. **~'tore** *nm Techn* generator. **~zi'one** *nf* generation
'genere *nm* kind; *Biol* genus; *Gram* gender; (*letterario, artistico*) genre; (*prodotto*) product; **il ~ umano** mankind; **in ~** generally. **generi** *pl* **alimentari** provisions
generica'mente *adv* generically. **ge'nerico** *a* generic; **medico generico** general practitioner
'genero *nm* son-in-law
generosità *nf* generosity. **gene'roso** *a* generous
'genesi *nf* genesis
ge'netico, -a *a* genetic ● *nf* genetics *sg*
gen'giva *nf* gum
geni'ale *a* ingenious; (*congeniale*) congenial
'genio *nm* genius; **andare a ~** be to one's taste. **~ civile** civil engineering. **~ [militare]** Engineers
geni'tale *a* genital. **genitali** *nmpl* genitals
geni'tore *nm* parent
gen'naio *nm* January
'Genova *nf* Genoa
gen'taglia *nf* rabble
'gente *nf* people *pl*
gen'til|e *a* kind; **G~e Signore** Dear Sir. **genti'lezza** *nf* kindness; **per gentilezza** (*per favore*) please. **~'mente** *adv* kindly. **~u'omo** (*pl* **~u'omini**) *nm* gentleman
genu'ino *a* genuine; ‹*cibo, prodotto*› natural
geogra'fia *nf* geography. **geo'grafico** *a* geographical. **ge'ografo** *nm* geographer
geolo'gia *nf* geology. **geo'logico** *a* geological. **ge'ologo, -a** *nmf* geologist
ge'ometra *nmf* surveyor
geom|e'tria *nf* geometry. **geo'metrico** *a* geometric[al]
ge'ranio *nm* geranium
gerar'chia *nf* hierarchy. **ge'rarchico** hierarchic[al]
ge'rente *nm* manager ● *nf* manageress
'gergo *nm* slang; (*di professione ecc*) jargon
geria'tria *nf* geriatrics *sg*
Ger'mania *nf* Germany
'germe *nm* germ; (*fig: principio*) seed
germogli'are *vi* sprout. **ger'moglio** *nm* sprout
gero'glifico *nm* hieroglyph
'gesso *nm* chalk; (*Med, scultura*) plaster
gestazi'one *nf* gestation
gestico'lare *vi* gesticulate
gesti'one *nf* management
ge'stir|e *vi* manage. **~si** *vr* budget one's time and money
'gesto *nm* gesture; (*azione pl nf* **gesta**) deed
ge'store *nm* manager
Gesù *nm* Jesus. **~ bambino** baby Jesus
gesu'ita *nm* Jesuit

get'ta|re *vt* throw; (*scagliare*) fling; (*emettere*) spout; *Techn, fig* cast; **~re via** throw away. **~rsi** *vr* throw oneself; **~rsi in** ‹*fiume:*› flow into. **~ta** *nf* throw; *Techn* casting

get'tito *nm* **~ fiscale** tax revenue

'getto *nm* throw; (*di liquidi, gas*) jet; **a ~ continuo** in a continuous stream; **di ~** straight off

getto'nato *a* ‹*canzone*› popular. **get'tone** *nm* token; (*per giochi*) counter

ghe'pardo *nm* cheetah

ghettiz'zare *vt* ghettoize. **'ghetto** *nm* ghetto

ghiacci'aio *nm* glacier

ghiacci'a|re *vt/i* freeze. **~to** *a* frozen; (*freddissimo*) ice-cold

ghi'acci|o *nm* ice; *Auto* black ice. **~'olo** *nm* icicle; (*gelato*) ice lolly

ghi'aia *nf* gravel

ghi'anda *nf* acorn

ghi'andola *nf* gland

ghigliot'tina *nf* guillotine

ghi'gnare *vi* sneer. **'ghigno** *nm* sneer

ghi'ot|to *a* greedy, gluttonous; (*appetitoso*) appetizing. **~'tone, -a** *nmf* glutton. **~tone'ria** *nf* (*qualità*) gluttony; (*cibo*) tasty morsel

ghir'landa *nf* (*corona*) wreath; (*di fiori*) garland

'ghiro *nm* dormouse; **dormire come un ~** sleep like a log

'ghisa *nf* cast iron

già *adv* already; (*un tempo*) formerly; **~!** indeed!; **~ da ieri** since yesterday

gi'acca *nf* jacket. **~ a vento** windcheater

giacché *conj* since

giac'cone *nm* jacket

gia'cere *vi* lie

giaci'mento *nm* deposit. **~ di petrolio** oil deposit

gia'cinto *nm* hyacinth

gi'ada *nf* jade

giaggi'olo *nm* iris

giagu'aro *nm* jaguar

gial'lastro *a* yellowish

gi'allo *a & nm* yellow; [**libro**] **~** thriller

Giap'pone *nm* Japan. **giappo'nese** *a & nmf* Japanese

giardi'n|aggio *nm* gardening. **~i'ere, -a** *nmf* gardener ● *nf Auto* estate car; (*sottaceti*) pickles *pl*

giar'dino *nm* garden. **~ d'infanzia** kindergarten. **~ pensile** roof-garden. **~ zoologico** zoo

giarretti'era *nf* garter

giavel'lotto *nm* javelin

gi'gan|te *a* gigantic ● *nm* giant. **~'tesco** *a* gigantic

gigantogra'fia *nf* blow-up

'giglio *nm* lily

gilè *nm inv* waistcoat

gin *nm inv* gin

gineco|lo'gia *nf* gynaecology. **~'logico** *a* gynaecological. **gine'cologo, -a** *nmf* gynaecologist

gi'nepro *nm* juniper

gi'nestra *nf* broom

gingil'larsi *vr* fiddle; (*perder tempo*) potter. **gin'gillo** *nm* plaything; (*ninnolo*) knick-knack

gin'nasio *nm* (*scuola*) ≈ grammar school

gin'nast|a *nmf* gymnast. **~ica** *nf* gymnastics; (*esercizi*) exercises *pl*

ginocchi'ata *nf* **prendere una ~** bang one's knee

gi'nocchi|o *nm* (*pl nm* **ginocchi** *o nf* **ginocchia**) knee; **in ~o** on one's knees; **mettersi in ~o** kneel down; (*per supplicare*) go down on one's knees; **al ~o** ‹*gonna*› knee-length. **~'oni** *adv* kneeling

gio'ca|re *vt/i* play; (*giocherellare*) toy; (*d'azzardo*) gamble; (*puntare*) stake; (*ingannare*) trick. **~rsi la carriera** throw one's career away. **~'tore, ~'trice** *nmf* player; (*d'azzardo*) gambler

gio'cattolo *nm* toy

giocherel'l|are *vi* toy; (*nervosamente*) fiddle. **~one** *a* skittish

gi'oco *nm* game; (*di bambini, Techn*) play; (*d'azzardo*) gambling; (*scherzo*) joke; (*insieme di pezzi ecc*) set; **essere in ~** be at stake; **fare il doppio ~ con qcno** double-cross sb

giocoli'ere *nm* juggler

gio'coso *a* playful

gi'ogo *nm* yoke

gi'oia *nf* joy; (*gioiello*) jewel; (*appellativo*) sweetie

gioiell|e'ria *nf* jeweller's [shop]. **~i'ere, -a** *nmf* jeweller; (*negozio*) jeweller's. **gioi'ello** *nm* jewel; **gioielli** *pl* jewellery

gioi'oso *a* joyous

gio'ire *vi* **~ per** rejoice at

Gior'dania *nf* Jordan

giorna'laio, -a *nmf* newsagent, newsdealer

gior'nale *nm* [news]paper; (*diario*) journal. **~ di bordo** logbook. **~ radio** news bulletin

giornali'ero *a* daily ● *nm* (*per sciare*) day pass
giorna'lino *nm* comic
giorna'lis|mo *nm* journalism. **~ta** *nmf* journalist
giornal'mente *adv* daily
gior'nata *nf* day; **in ~** today; **vivere alla ~** live from day to day
gi'orno *nm* day; **al ~** per day; **al ~ d'oggi** nowadays; **di ~** by day; **in pieno ~** in broad daylight; **un ~ sì, un ~ no** every other day
gi'ostra *nf* merry-go-round
giova'mento *nm* **trarre ~ da** derive benefit from
gi'ova|ne *a* young; (*giovanile*) youthful ● *nm* youth, young man ● *nf* girl, young woman. **~'nile** *a* youthful. **~'notto** *nm* young man
gio'var|e *vi* **~e a** be useful to; (*far bene*) be good for. **~si** *vr* **~si di** avail oneself of
giovedì *nm inv* Thursday. **~ grasso** *last Thursday before Lent*
gioventù *nf* youth; (*i giovani*) young people *pl*
giovi'ale *a* jovial
giovi'nezza *nf* youth
gira'dischi *nm inv* record-player
gi'raffa *nf* giraffe; *Cinema* boom
gi'randola *nf* (*fuoco d'artificio*) Catherine wheel; (*giocattolo*) windmill; (*banderuola*) weathercock
gi'ra|re *vt* turn; (*andare intorno, visitare*) go round; *Comm* endorse; *Cinema* shoot ● *vi* turn; ‹*aerei, uccelli:*› circle; (*andare in giro*) wander; **far ~re le scatole a qcno** *fam* drive sb round the twist; **~re al largo** steer clear. **~rsi** *vr* turn [round]; **mi gira la testa** I feel dizzy
girar'rosto *nm* spit
gira'sole *nm* sunflower
gi'rata *nf* turn; *Comm* endorsement; (*in macchina ecc*) ride; **fare una ~** (*a piedi*) go for a walk; (*in macchina*) go for a ride
gira'volta *nf* spin; *fig* U-turn
gi'rello *nm* (*per bambini*) babywalker; *Culin* topside
gi'revole *a* revolving
gi'rino *nm* tadpole
'giro *nm* turn; (*circolo*) circle; (*percorso*) round; (*viaggio*) tour; (*passeggiata*) short walk; (*in macchina*) drive; (*in bicicletta*) ride; (*circolazione di denaro*) circulation; **nel ~ di un mese** within a month; **prendere in ~ qcno** pull sb's leg; **senza giri di parole** without beating about the bush; **a ~ di posta** by return mail. **~ d'affari** *Comm* turnover. **~ [della] manica** armhole. **giri** *pl* **al minuto** rpm. **~ turistico** sightseeing tour. **~ vita** waist measurement
giro'collo *nm* choker; **a ~** crewneck
gi'rone *nm* round
gironzo'lare *vi* wander about
giro'tondo *nm* ring-a-ring-o'-roses
girova'gare *vi* wander about. **gi'rovago** *nm* wanderer
'gita *nf* trip; **andare in ~** go on a trip. **~ scolastica** school trip. **gi'tante** *nmf* tripper
giù *adv* down; (*sotto*) below; (*dabbasso*) downstairs; **a testa in ~** (*a capofitto*) headlong; **essere ~** be down; (*di salute*) be run down; **~ di corda** down; **~ di lì, su per ~** more or less; **non andare ~ a qcno** stick in sb's craw
gi'ub|ba *nf* jacket; *Mil* tunic. **~'botto** *nm* bomber jacket, jerkin
giudi'care *vt* judge; (*ritenere*) consider
gi'udice *nm* judge. **~ conciliatore** justice of the peace. **~ di gara** umpire. **~ di linea** linesman
giu'dizi|o *nm* judg[e]ment; (*opinione*) opinion; (*senno*) wisdom; (*processo*) trial; (*sentenza*) sentence; **mettere ~o** become wise. **~'oso** *a* sensible
gi'ugno *nm* June
giu'menta *nf* mare
gi'unco *nm* reed
gi'ungere *vi* arrive; **~ a** (*riuscire*) succeed in ● *vt* (*unire*) join
gi'ungla *nf* jungle
gi'unta *nf* addition; *Mil* junta; **per ~** in addition. **~ comunale** district council
gi'unto *pp di* **giungere** ● *nm Mech* joint
giun'tura *nf* joint
giuo'care, giu'oco = **giocare, gioco**
giura'mento *nm* oath; **prestare ~** take the oath
giu'ra|re *vt/i* swear. **~to, -a** *a* sworn ● *nmf* juror
giu'ria *nf* jury
giu'ridico *a* legal
giurisdizi'one *nf* jurisdiction
giurispru'denza *nf* jurisprudence
giu'rista *nmf* jurist
giustifi'ca|re *vt* justify. **~zi'one** *nf* justification
giu'stizi|a *nf* justice. **~'are** *vt* execute. **~'ere** *nm* executioner
gi'usto *a* just, fair; (*adatto*) right; (*esatto*) exact ● *nm* (*uomo retto*) just

man; (*cosa giusta*) right ● *adv* exactly; **~ ora** just now

glaci'ale *a* glacial

gla'diolo *nm* gladiolus

'glassa *nf Culin* icing

gli *def art mpl* (*before vowel and s + consonant, gn, ps, z*) the; *vedi* **il** ● *pron* (*a lui*) [to] him; (*a esso*) [to] it; (*a loro*) [to] them

glice'rina *nf* glycerine

'glicine *nm* wisteria

gli'e|lo, -a *pron* [to] him/her/them; (*forma di cortesia*) [to] you; **~ chiedo** I'll ask him/her/them/you; **gliel'ho prestato** I've lent it to him/her/them/you. **~ne** *pron* (*di ciò*) [of] it; **~ne ho dato un po'** I gave him/her/them/you some

glo'bal|e *a* global; *fig* overall. **~izza'zione** *f* globalization. **~'mente** *adv* globally

'globo *nm* globe. **~ oculare** eyeball. **~ terrestre** globe

'globulo *nm* globule; *Med* corpuscle. **~ rosso** red cell, red corpuscle

'glori|a *nf* glory. **~'arsi** *vr* **~arsi di** be proud of. **~'oso** *a* glorious

glos'sario *nm* glossary

glu'cosio *nm* glucose

'gluteo *nm* buttock

'gnomo *nm* gnome

'gnorri *nm* **fare lo ~** play dumb

'gobb|a *nf* hump. **~o, -a** *a* hunchbacked ● *nmf* hunchback

'gocci|a *nf* drop; (*di sudore*) bead; **è stata l'ultima ~a** it was the last straw. **~o'lare** *vi* drip. **~o'lio** *nm* dripping

go'der|e *vi* (*sessualmente*) come; **~e di** enjoy. **~sela** have a good time. **~si** *vr* **~si qcsa** enjoy sth

godi'mento *nm* enjoyment

goffa'mente *adv* awkwardly. **'goffo** *a* awkward

'gola *nf* throat; (*ingordigia*) gluttony; *Geog* gorge; (*di camino*) flue; **avere mal di ~** have a sore throat; **far ~ a qcno** tempt sb

golf *nm inv* jersey; *Sport* golf

'golfo *nm* gulf

golosità *nf inv* greediness; (*cibo*) tasty morsel. **go'loso** *a* greedy

'golpe *nm inv* coup

gomi'tata *nf* nudge

'gomito *nm* elbow; **alzare il ~** raise one's elbow

go'mitolo *nm* ball

'gomma *nf* rubber; (*colla, da masticare*) gum; (*pneumatico*) tyre. **~ da masticare** chewing gum

gommapi'uma *nf* foam rubber

gom'mista *nm* tyre specialist

gom'mone *nm* [rubber] dinghy

gom'moso *a* chewy

'gondol|a *nf* gondola. **~i'ere** *nm* gondolier

gonfa'lone *nm* banner

gonfi'abile *a* inflatable

gonfi'ar|e *vi* swell ● *vt* blow up; pump up ‹*pneumatico*›; (*esagerare*) exaggerate. **~si** *vr* swell; ‹*acque:*› rise. **'gonfio** *a* swollen; ‹*pneumatico*› inflated; **a gonfie vele** splendidly. **gonfi'ore** *nm* swelling

gongo'la|nte *a* overjoyed. **~re** *vi* be overjoyed

'gonna *nf* skirt. **~ pantalone** culottes *pl*

gorgheggi'are *vi* warble. **gor'gheggio** *nm* warble

'gorgo *nm* whirlpool

gorgogli'are *vi* gurgle

go'rilla *nm inv* gorilla; (*guardia del corpo*) bodyguard, minder

'gotico *a & nm* Gothic

gover'nante *nf* housekeeper

gover'na|re *vt* govern; (*dominare*) rule; (*dirigere*) manage; (*curare*) look after. **~'tivo** *a* government. **~'tore** *nm* governor

go'verno *nm* government; (*dominio*) rule; **al ~** in power

gracchi'are *vi* caw; ‹*persona:*› screech

graci'dare *vi* croak

'gracile *a* delicate

gra'dasso *nm* braggart

gradata'mente *adv* gradually

gradazi'one *nf* gradation. **~ alcoolica** alcohol[ic] content

gra'devol|e *a* agreeable. **~'mente** *adv* pleasantly, agreeably

gradi'mento *nm* liking; **indice di ~** *Radio, TV* popularity rating; **non è di mio ~** it's not to my liking

gradi'nata *nf* flight of steps; (*di stadio*) stand; (*di teatro*) tiers *pl*

gra'dino *nm* step

gra'di|re *vt* like; (*desiderare*) wish. **~to** *a* pleasant; (*bene accetto*) welcome

'grado *nm* degree; (*rango*) rank; **di buon ~** willingly; **essere in ~ di fare qcsa** be in a position to do sth: (*essere capace a*) be able to do sth

gradu'ale *a* gradual

gradu'a|re *vt* graduate. **~to** *a* graded; (*provvisto di scala graduata*) graduated

● *nm Mil* noncommissioned officer. **~'toria** *nf* list. **~zi'one** *nf* graduation
'graffa *nf* clip; (*segno grafico*) brace
graf'fetta *nf* staple
graffi'a|re *vt* scratch. **~'tura** *nf* scratch
'graffio *nm* scratch
gra'fia *nf* [hand]writing; (*ortografia*) spelling
'grafic|a *nf* graphics; **~a pubblicitaria** commercial art. **~a'mente** *adv* in graphics, graphically. **~o** *a* graphic ● *nm* graph; (*persona*) graphic designer
gra'migna *nf* weed
gram'mati|ca *nf* grammar. **~'cale** *a* grammatical
'grammo *nm* gram[me]
gran *a vedi* **grande**
'grana *nf* grain; (*formaggio*) parmesan; (*fam: seccatura*) trouble; (*fam: soldi*) readies *pl*
gra'naio *nm* barn
gra'nat|a *nf Mil* grenade; (*frutto*) pomegranate. **~i'ere** *nm Mil* grenadier
Gran Bre'tagna *nf* Great Britain
'granchio *nm* crab; (*fig: errore*) blunder; **prendere un ~** make a blunder
grandango'lare *nm* wide-angle lens
'grande (*a volte* **gran**) *a* (*ampio*) large; (*grosso*) big; (*alto*) tall; (*largo*) wide; (*fig: senso morale*) great; (*grandioso*) grand; (*adulto*) grown-up; **ho una gran fame** I'm very hungry; **fa un gran caldo** it is very hot; **in ~** on a large scale; **in gran parte** to a great extent; **non è un gran che** it is nothing much; **un gran ballo** a grand ball ● *nmf* (*persona adulta*) grown-up; (*persona eminente*) great man/woman. **~ggi'are** *vi* **~ggiare su** tower over; (*darsi arie*) show off
gran'dezza *nf* greatness; (*ampiezza*) largeness; (*larghezza*) width, breadth; (*dimensione*) size; (*fasto*) grandeur; (*prodigalità*) lavishness; **a ~ naturale** life-size
grandi'nare *vi* hail; **grandina** it's hailing. **'grandine** *nf* hail
grandiosità *nf* grandeur. **grandi'oso** *a* grand
gran'duca *nm* grand duke
gra'nello *nm* grain; (*di frutta*) pip
gra'nita *nf crushed ice drink*
gra'nito *nm* granite
'grano *nm* grain; (*frumento*) wheat
gran'turco *nm* maize
'granulo *nm* granule
'grappa *nf* grappa; (*morsa*) cramp
'grappolo *nm* bunch. **~ d'uva** bunch of grapes
gras'setto *nm* bold [type]
gras'sezza *nf* fatness
'gras|so *a* fat; ‹*cibo*› fatty; (*unto*) greasy; ‹*terreno*› rich; (*grossolano*) coarse ● *nm* fat; (*sostanza*) grease. **~'soccio** *a* plump
'grata *nf* grating. **gra'tella, gra'ticola** *nf Culin* grill
gra'tifica *nf* bonus. **~zi'one** *nf* satisfaction
grati'na|re *vt* cook au gratin. **~to** *a* au gratin
'gratis *adv* free
grati'tudine *nf* gratitude. **'grato** *a* grateful; (*gradito*) pleasant
gratta'capo *nm* trouble
grattaci'elo *nm* skyscraper
'gratta e 'vinci *nm inv* scratch card
grat'tar|e *vt* scratch; (*raschiare*) scrape; (*grattugiare*) grate; (*fam: rubare*) pinch ● *vi* grate. **~si** *vr* scratch oneself
grat'tugi|a *nf* grater. **~'are** *vt* grate
gratuita'mente *adv* free [of charge]. **gra'tuito** *a* free [of charge]; (*ingiustificato*) gratuitous
gra'vare *vt* burden ● *vi* **~ su** weigh on
'grave *a* (*pesante*) heavy; (*serio*) serious; (*difficile*) hard; ‹*voce, suono*› low; (*fonetica*) grave; **essere ~** (*gravemente ammalato*) be seriously ill. **~'mente** *adv* seriously, gravely
gravi'danza *nf* pregnancy. **'gravido** *a* pregnant
gravità *nf* seriousness; *Phys* gravity
gravi'tare *vi* gravitate
gra'voso *a* onerous
'grazi|a *nf* grace; (*favore*) favour; *Jur* pardon; **entrare nelle ~e di qcno** get into sb's good books. **~'are** *vt* pardon
'grazie *int* thank you!, thanks!; **~ mille!** many thanks!, thanks a lot!
grazi'oso *a* charming; (*carino*) pretty
'Grec|ia *nf* Greece. **g~o, -a** *a & nmf* Greek
'gregge *nm* flock
'greggio *a* raw ● *nm* (*petrolio*) crude [oil]
grembi'ale, grembi'ule *nm* apron
'grembo *nm* lap; (*utero*) womb; *fig* bosom
gre'mi|re *vt* pack. **~rsi** *vr* become crowded (**di** with). **~to** *a* packed
'gretto *a* stingy; (*di vedute ristrette*) narrow-minded
'grezzo *a* = **greggio**

gri'dare *vi* shout; (*di dolore*) scream; ‹*animale:*› cry ● *vt* shout
'grido *nm* (*pl m* **gridi** *o f* **grida**) shout, cry; (*di animale*) cry; **l'ultimo ~** the latest fashion; **scrittore di ~** celebrated writer
'grigio *a & nm* grey
'griglia *nf* grill; **alla ~** grilled
gril'letto *nm* trigger
'grillo *nm* cricket; (*fig: capriccio*) whim
grimal'dello *nm* picklock
'grinfia *nf fig* clutch
'grin|ta *nf* grit. **~'toso** *a* determined
'grinza *nf* wrinkle; (*di stoffa*) crease
grip'pare *vi Mech* seize
gris'sino *nm* bread-stick
'gronda *nf* eaves *pl*
gron'daia *nf* gutter
gron'dare *vi* pour; (*essere bagnato fradicio*) be dripping
'groppa *nf* back
'groppo *nm* knot; **avere un ~ alla gola** have a lump in one's throat
gros'sezza *nf* size; (*spessore*) thickness
gros'sista *nmf* wholesaler
'grosso *a* big, large; (*spesso*) thick; (*grossolano*) coarse; (*grave*) serious ● *nm* big part; (*massa*) bulk; **farla grossa** do a stupid thing
grosso|lanità *nf inv* (*qualità*) coarseness; (*di errore*) grossness; (*azione, parola*) coarse thing. **~'lano** *a* coarse; ‹*errore*› gross
grosso'modo *adv* roughly
'grotta *nf* cave, grotto
grot'tesco *a & nm* grotesque
grovi'era *nmf* Gruyère
gro'viglio *nm* tangle; *fig* muddle
gru *nf inv* (*uccello, edilizia*) crane
'gruccia *nf* (*stampella*) crutch; (*per vestito*) hanger
gru'gni|re *vi* grunt. **~to** *nm* grunt
'grugno *nm* snout
'grullo *a* silly
'grumo *nm* clot; (*di farina ecc*) lump. **gru'moso** *a* lumpy
'gruppo *nm* group; (*comitiva*) party. **~ sanguigno** blood group
gruvi'era *nmf* Gruyère
'gruzzolo *nm* nest-egg
guada'gnare *vt* earn; gain ‹*tempo, forza ecc*›. **gua'dagno** *nm* gain; (*profitto*) profit; (*entrate*) earnings *pl*
gu'ado *nm* ford; **passare a ~** ford
gua'ina *nf* sheath; (*busto*) girdle
gu'aio *nm* trouble; **che ~!** that's just brilliant!; **essere nei guai** be in a fix; **guai a te se lo tocchi!** don't you dare touch it!
gua'i|re *vi* yelp. **~to** *nm* yelp
gu'anci|a *nf* cheek. **~'ale** *nm* pillow
gu'anto *nm* glove. **guantoni** *pl* [**da boxe**] boxing gloves
guarda'coste *nm inv* coastguard
guarda'linee *nm inv Sport* linesman
guar'dar|e *vt* look at; (*osservare*) watch; (*badare a*) look after; (*dare su*) look out on ● *vi* look; (*essere orientato verso*) face. **~si** *vr* look at oneself; **~si da** beware of; (*astenersi*) refrain from
guarda'rob|a *nm inv* wardrobe; (*di locale pubblico*) cloakroom. **~i'ere, -a** *nmf* cloakroom attendant
gu'ardia *nf* guard; (*poliziotto*) policeman; (*vigilanza*) watch; **essere di ~** be on guard; ‹*medico:*› be on duty; **fare la ~ a** keep guard over; **mettere in ~ qcno** warn sb; **stare in ~** be on one's guard. **~ carceraria** prison warder. **~ del corpo** bodyguard, minder. **~ di finanza** ≈ Fraud Squad. **~ forestale** forest ranger. **~ medica** duty doctor
guardi'ano, -a *nmf* caretaker. **~ notturno** night watchman
guar'dingo *a* cautious
guardi'ola *nf* gatekeeper's lodge
guarigi'one *nf* recovery
gua'rire *vt* cure ● *vi* recover; ‹*ferita:*› heal [up]
guarnigi'one *nf* garrison
guar'ni|re *vt* trim; *Culin* garnish. **~zi'one** *nf* trimming; *Culin* garnish; *Mech* gasket
guasta'feste *nmf inv* spoilsport
gua'star|e *vt* spoil; (*rovinare*) ruin; break ‹*meccanismo*›. **~si** *vr* spoil; (*andare a male*) go bad; ‹*tempo:*› change for the worse; ‹*meccanismo:*› break down. **gu'asto** *a* broken; ‹*ascensore, telefono*› out of order; ‹*auto*› broken down; ‹*cibo, dente*› bad ● *nm* breakdown; (*danno*) damage
guazza'buglio *nm* muddle
guaz'zare *vi* wallow
gu'ercio *a* cross-eyed
gu'err|a *nf* war; (*tecnica bellica*) warfare. **~ fredda** Cold War. **~ mondiale** world war. **~afon'daio** *nm* warmonger. **~eggi'are** *vi* wage war. **guer'resco** *a* (*di guerra*) war; (*bellicoso*) warlike. **~i'ero** *nm* warrior
guer'rigli|a *nf* guerrilla warfare. **~'ero, -a** *nmf* guerrilla
'gufo *nm* owl
'guglia *nf* spire

gu'id|a *nf* guide; (*direzione*) guidance; (*comando*) leadership; *Auto* driving; (*tappeto*) runner; **~a a destra/sinistra** right-/left-hand drive. **~a telefonica** telephone directory. **~a turistica** tourist guide. **gui'dare** *vt* guide; *Auto* drive; steer ‹*nave*›. **~a'tore, ~a'trice** *nmf* driver

guin'zaglio *nm* leash

guiz'zare *vi* dart; ‹*luce:*› flash. **gu'izzo** *nm* dart; (*di luce*) flash

'guscio *nm* shell

gu'stare *vt* taste ● *vi* like. **'gusto** *nm* taste; (*piacere*) liking; **mangiare di gusto** eat heartily; **prenderci gusto** come to enjoy it, develop a taste for it. **gu'stoso** *a* tasty; *fig* delightful

guttu'rale *a* guttural

habitué *nmf inv* regular [customer]

ham'burger *nm inv* hamburger

'handicap *nm inv Sport* handicap

handicap'pa|re *vt* handicap. **~to, -a** *nmf* disabled person ● *a* disabled

'harem *nm inv* harem

'hascisc *nm* hashish

henné *nm* henna

hi-fi *nm inv* hi-fi

'hippy *a* hippy

hockey *nm* hockey. **~ su ghiaccio** ice hockey. **~ su prato** hockey

hollywoodi'ano *a* Hollywood *attrib*

ho'tel *nm inv* hotel

Ii

i *def art mpl* the; *vedi* **il**

i'ato *nm* hiatus

iber'na|re *vi* hibernate. **~zi'one** *nf* hibernation

i'bisco *nm* hibiscus

'ibrido *a & nm* hybrid

'iceberg *nm inv* iceberg

i'cona *nf* icon

Id'dio *nm* God

i'dea *nf* idea; (*opinione*) opinion; (*ideale*) ideal; (*indizio*) inkling; (*piccola quantità*) hint; (*intenzione*) intention; **cambiare ~** change one's mind; **neanche per ~!** not on your life!; **chiarirsi le idee** get one's ideas straight. **~ fissa** obsession

ide'a|le *a & nm* ideal. **~'lista** *nmf* idealist. **~liz'zare** *vt* idealize

ide'a|re *vt* conceive. **~'tore, ~'trice** *nmf* originator

'idem *adv* the same

i'dentico *a* identical

identifi'cabile *a* identifiable

identifi'ca|re *vt* identify. **~zi'one** *nf* identification

identi'kit *nm inv* identikit®

identità *nf inv* identity

ideolo'gia *nf* ideology. **ideo'logico** *a* ideological

i'dilli|co *a* idyllic. **~o** *nm* idyll

idi'oma *nm* idiom. **idio'matico** *a* idiomatic

idi'ota *a* idiotic ● *nmf* idiot. **idio'zia** *nf* (*cosa stupida*) idiocy

idola'trare *vt* worship

idoleggi'are *vt* idolize. **'idolo** *nm* idol

idoneità *nf* suitability; *Mil* fitness; **esame di ~** qualifying examination. **i'doneo** *a* **idoneo a** suitable for; *Mil* fit for

i'drante *nm* hydrant

idra'ta|re *vt* hydrate; ‹*cosmetico:*› moisturize. **~nte** *a* ‹*crema, gel*› moisturizing. **~zi'one** *nf* moisturizing

i'draulico *a* hydraulic ● *nm* plumber
'idrico *a* water *attrib*
idrocar'buro *nm* hydrocarbon
idroe'lettrico *a* hydroelectric
i'drofilo *a vedi* **cotone**
i'drogeno *nm* hydrogen
idromas'saggio *nm* (*sistema*) whirlpool bath
idrovo'lante *nm* seaplane
i'ella *nf* bad luck; **portare ~** be bad luck. **iel'lato** *a* plagued by bad luck
i'ena *nf* hyena
i'eri *adv* yesterday; **~ l'altro, l'altro ~** the day before yesterday; **~ pomeriggio** yesterday afternoon; **il giornale di ~** yesterday's paper
ietta|'tore, -'trice *nmf* jinx. **~'tura** *nf* (*sfortuna*) bad luck
igi'en|e *nf* hygiene. **~ico** *a* hygienic. **igie'nista** *nmf* hygienist
i'gnaro *a* unaware
i'gnobile *a* base; (*non onorevole*) dishonourable
igno'ran|te *a* ignorant ● *nmf* ignoramus. **~za** *nf* ignorance
igno'rare *vt* (*non sapere*) be unaware of; (*trascurare*) ignore
i'gnoto *a* unknown
il *def art m* the; **il latte fa bene** milk is good for you; **il signor Magnetti** Mr Magnetti; **il dottor Piazza** Dr Piazza; **ha il naso storto** he has a bent nose; **mettiti il cappello** put your hat on; **il lunedì** on Mondays; **il 1986** 1986; **5 000 lire il chilo** 5,000 lire the *o* a kilo
'ilar|e *a* merry. **~ità** *nf* hilarity
illazi'one *nf* inference
illecita'mente *adv* illicitly. **il'lecito** *a* illicit
ille'gal|e *a* illegal. **~ità** *nf* illegality. **~'mente** *adv* illegally
illeg'gibile *a* illegible; ‹*libro*› unreadable
illegittimità *nf* illegitimacy. **ille'gittimo** *a* illegitimate
il'leso *a* unhurt
illette'rato, -a *a* & *nmf* illiterate
illi'bato *a* chaste
illimi'tato *a* unlimited
illivi'dire *vt* bruise ● *vi* (*per rabbia*) turn livid
il'logico *a* illogical
il'luder|e *vt* deceive. **~si** *vr* deceive oneself
illumi'na|re *vt* light [up]; *fig* enlighten; **~re a giorno** floodlight. **~rsi** *vr* light up. **~zi'one** *nf* lighting; *fig* enlightenment
Illumi'nismo *nm* Enlightenment
illusi'one *nf* illusion; **farsi illusioni** delude oneself
illusio'nis|mo *nm* conjuring. **~ta** *nmf* conjurer
il'lu|so, -a *pp di* **illudere** ● *a* deluded ● *nmf* day-dreamer. **~'sorio** *a* illusory
illu'stra|re *vt* illustrate. **~'tivo** *a* illustrative. **~'tore, ~'trice** *nmf* illustrator. **~zi'one** *nf* illustration
il'lustre *a* distinguished
imbacuc'ca|re *vt*, **~rsi** *vr* wrap up. **~to** *a* wrapped up
imbal'la|ggio *nm* packing. **~re** *vt* pack; *Auto* race
imbalsa'ma|re *vt* embalm; stuff ‹*animale*›. **~to** *a* embalmed; ‹*animale*› stuffed
imbambo'lato *a* vacant
imbaraz'zante *a* embarrassing
imbaraz'za|re *vt* embarrass; (*ostacolare*) encumber. **~to** *a* embarrassed
imba'razzo *nm* embarrassment; (*ostacolo*) hindrance; **trarre qcno d'~** help sb out of a difficulty; **avere l'~ della scelta** be spoilt for choice. **~ di stomaco** indigestion
imbarca'dero *nm* landing-stage
imbar'ca|re *vt* embark; (*fam: rimorchiare*) score. **~rsi** *vr* embark, go on board. **~zi'one** *nf* boat. **~zione di salvataggio** lifeboat. **im'barco** *nm* embarkation, boarding; (*banchina*) landing-stage
imba'sti|re *vt* tack; *fig* sketch. **~'tura** *nf* tacking, basting
im'battersi *vr* **~ in** run into
imbat't|ibile *a* unbeatable. **~uto** *a* unbeaten
imbavagli'are *vt* gag
imbec'cata *nf Theat* prompt
imbe'cille *a* stupid ● *nmf Med* imbecile
imbel'lire *vt* embellish
im'berbe *a* beardless; *fig* inexperienced
imbestia'li|re *vi*, **~rsi** *vr* fly into a rage. **~to** *a* enraged
im'bever|e *vt* imbue (**di** with). **~si** *vr* absorb
imbe'v|ibile *a* undrinkable. **~uto** *a* **~uto di** ‹*acqua*› soaked in; ‹*nozioni*› imbued with
imbian'c|are *vt* whiten ● *vi* turn white. **~hino** *nm* house painter
imbizzar'rir|e *vi*, **~si** *vr* become restless; (*arrabbiarsi*) become angry
imboc'ca|re *vt* feed; (*entrare*) enter;

fig prompt. **~'tura** *nf* opening; (*ingresso*) entrance; (*Mus: di strumento*) mouthpiece. **im'bocco** *nm* entrance

imbo'scar|e *vt* hide. **~si** *vr Mil* shirk military service

imbo'scata *nf* ambush

imbottigli'a|re *vt* bottle. **~rsi** *vr* get snarled up in a traffic jam. **~to** *a* ‹*vino, acqua*› bottled

imbot'ti|re *vt* stuff; pad ‹*giacca*›; *Culin* fill. **~rsi** *vr* **~rsi di** (*fig: di pasticche*) stuff oneself with. **~ta** *nf* quilt. **~to** *a* ‹*spalle*› padded; ‹*cuscino*› stuffed; ‹*panino*› filled. **~'tura** *nf* stuffing; (*di giacca*) padding; *Culin* filling

imbracci'are *vt* shoulder ‹*fucile*›

imbra'nato *a* clumsy

imbrat'tar|e *vt* mark. **~si** *vr* dirty oneself

imbroc'car|e *vt* hit; **~la giusta** hit the nail on the head

imbrogli|'are *vt* muddle; (*raggirare*) cheat. **~arsi** *vr* get tangled; (*confondersi*) get confused. **im'broglio** *nm* tangle; (*pasticcio*) mess; (*inganno*) trick. **~'one, -a** *nmf* cheat

imbronci'a|re *vi*, **~rsi** *vr* sulk. **~to** *a* sulky

imbru'nire *vi* get dark; **all'~** at dusk

imbrut'tire *vt* make ugly ● *vi* become ugly

imbu'care *vt* post, mail; (*nel biliardo*) pot

imbur'rare *vt* butter

im'buto *nm* funnel

imi'ta|re *vt* imitate. **~'tore, ~'trice** *nmf* imitator, impersonator. **~zi'one** *nf* imitation

immaco'lato *a* immaculate, spotless

immagazzi'nare *vt* store

immagi'na|re *vt* imagine; (*supporre*) suppose; **s'immagini!** imagine that!. **~rio** *a* imaginary. **~zi'one** *nf* imagination. **im'magine** *nf* image; (*rappresentazione, idea*) picture

imman'cabil|e *a* unfailing. **~'mente** *adv* without fail

im'mane *a* huge; (*orribile*) terrible

imma'nente *a* immanent

immangi'abile *a* inedible

immatrico'la|re *vt* register. **~rsi** *vr* ‹*studente:*› matriculate. **~zi'one** *nf* registration; (*di studente*) matriculation

immaturità *nf* immaturity. **imma'turo** *a* unripe; ‹*persona*› immature; (*precoce*) premature

immedesi'ma|rsi *vr* **~rsi in** identify oneself with. **~zi'one** *nf* identification

immedia|ta'mente *adv* immediately. **~'tezza** *nf* immediacy. **immedi'ato** *a* immediate

immemo'rabile *a* immemorial

immens|a'mente *adv* enormously. **~ità** *nf* immensity. **im'menso** *a* immense

immensu'rabile *a* immeasurable

im'merger|e *vt* immerse. **~si** *vr* plunge; ‹*sommergibile:*› dive; **~si in** immerse oneself in

immeri't|ato *a* undeserved. **~evole** *a* undeserving

immersi'one *nf* immersion; (*di sommergibile*) dive. **im'merso** *pp di* **immergere**

immi'gra|nte *a* & *nmf* immigrant. **~re** *vi* immigrate. **~to, -a** *nmf* immigrant. **~zi'one** *nf* immigration

immi'nen|te *a* imminent. **~za** *nf* imminence

immischi'ar|e *vt* involve. **~si** *vr* **~si in** meddle in

immis'sario *nm* tributary

immissi'one *nf* insertion

im'mobile *a* motionless

im'mobili *nmpl* real estate. **~'are** *a* **società ~are** building society, savings and loan *Am*

immobili|tà *nf* immobility. **~z'zare** *vt* immobilize; *Comm* tie up

immo'desto *a* immodest

immo'lare *vt* sacrifice

immondez'zaio *nm* rubbish tip. **immon'dizia** *nf* filth; (*spazzatura*) rubbish. **im'mondo** *a* filthy

immo'ral|e *a* immoral. **~ità** *nf* immorality

immorta'lare *vt* immortalize. **immor'tale** *a* immortal

immoti'vato *a* ‹*gesto*› unjustified

im'mun|e *a* exempt; *Med* immune. **~ità** *nf* immunity. **~iz'zare** *vt* immunize. **~izzazi'one** *nf* immunization

immunodefici'enza *nf* immunodeficiency

immuso'ni|rsi *vr* sulk. **~to** *a* sulky

immu'ta|bile *a* unchangeable. **~to** *a* unchanging

impacchet'tare *vt* wrap up

impacci'a|re *vt* hamper; (*disturbare*) inconvenience; (*imbarazzare*) embarrass. **~to** *a* embarrassed; (*goffo*) awkward. **im'paccio** *nm* embarrassment; (*ostacolo*) hindrance; (*situazione difficile*) awkward situation

im'pacco *nm* compress

impadro'nirsi *vr* **~ di** take possession of; (*fig: imparare*) master
impa'gabile *a* priceless
impagi'na|re *vt* paginate. **~zi'one** *nf* pagination
impagli'are *vt* stuff ‹*animale*›
impa'lato *a fig* stiff
impalca'tura *nf* scaffolding; *fig* structure
impalli'dire *vi* turn pale; (*fig: perdere d'importanza*) pale into insignificance
impa'nare *vt Culin* roll in breadcrumbs
impanta'narsi *vr* get bogged down
impape'rarsi *vr*, **impappi'narsi** *vr* falter, stammer
impa'rare *vt* learn
impareggi'abile *a* incomparable
imparen'ta|rsi *vr* **~ con** become related to. **~to** *a* related
'impari *a* unequal; (*dispari*) odd
impar'tire *vt* impart
imparzi'al|e *a* impartial. **~ità** *nf* impartiality
impas'sibile *a* impassive
impa'sta|re *vt Culin* knead; blend ‹*colori*›. **~'tura** *nf* kneading. **im'pasto** *nm Culin* dough; (*miscuglio*) mixture
impastic'carsi *vr* pop pills
im'patto *nm* impact
impau'rir|e *vt* frighten. **~si** *vr* become frightened
im'pavido *a* fearless
impazi'en|te *a* impatient; **~te di fare qcsa** eager to do sth. **~'tirsi** *vr* lose patience. **~za** *nf* impatience
impaz'zata *nf* **all'~** at breakneck speed
impaz'zire *vi* go mad; ‹*maionese:*› separate; **far ~ qcno** drive sb mad; **~ per** be crazy about; **da ~** ‹*mal di testa*› blinding
impec'cabile *a* impeccable
impedi'mento *nm* hindrance; (*ostacolo*) obstacle
impe'dire *vt* **~ di** prevent from; (*impacciare*) hinder; (*ostruire*) obstruct; **~ a qcno di fare qcsa** prevent sb [from] doing sth
impe'gna|re *vt* (*dare in pegno*) pawn; (*vincolare*) bind; (*prenotare*) reserve; (*assorbire*) take up. **~rsi** *vr* apply oneself; **~rsi a fare qcsa** commit oneself to doing sth. **~'tiva** *nf* referral. **~'tivo** *a* binding; ‹*lavoro*› demanding. **~ato** *a* engaged; *Pol* committed. **im'pegno** *nm* engagement; *Comm* commitment; (*zelo*) care
impel'lente *a* pressing
impene'trabile *a* impenetrable
impen'na|rsi *vr* ‹*cavallo:*› rear; *fig* bristle. **~ta** *nf* (*di prezzi*) sharp rise; (*di cavallo*) rearing; (*di moto*) wheelie
impen'sa|bile *a* unthinkable. **~to** *a* unexpected
impensie'rir|e *vt*, **~si** *vr* worry
impe'ra|nte *a* prevailing. **~re** *vi* reign; ‹*tendenza:*› prevail, hold sway
impera'tivo *a & nm* imperative
impera'tore, -'trice *nm* emperor ● *nf* empress
impercet'tibile *a* imperceptible
imperdo'nabile *a* unforgivable
imper'fe|tto *a & nm* imperfect. **~zi'one** *nf* imperfection
imperi'a|le *a* imperial. **~'lismo** *nm* imperialism. **~'lista** *a* imperialist. **~'listico** *a* imperialistic
imperi'oso *a* imperious; (*impellente*) urgent
impe'rizia *nf* lack of skill
imperme'abile *a* waterproof ● *nm* raincoat
imperni'ar|e *vt* pivot; (*fondare*) base. **~si** *vr* **~si su** be based on
im'pero *nm* empire; (*potere*) rule
imperscru'tabile *a* inscrutable
imperso'nale *a* impersonal
imperso'nare *vt* personify; (*interpretare*) act [the part of]
imper'territo *a* undaunted
imperti'nen|te *a* impertinent. **~za** *nf* impertinence
impertur'ba|bile *a* imperturbable. **~to** *a* unperturbed
imperver'sare *vi* rage
im'pervio *a* inaccessible
'impet|o *nm* impetus; (*impulso*) impulse; (*slancio*) transport. **~u'oso** *a* impetuous; ‹*vento*› blustering
impet'tito *a* stiff
impian'tare *vt* install; set up ‹*azienda*›
impi'anto *nm* plant; (*sistema*) system; (*operazione*) installation. **~ radio** *Auto* car stereo system
impia'strare *vt* plaster; (*sporcare*) dirty. **impi'astro** *nm* poultice; (*persona noiosa*) bore; (*pasticcione*) cack-handed person
impic'car|e *vt* hang. **~si** *vr* hang oneself
impicci|'arsi *vr* meddle. **im'piccio** *nm* hindrance; (*seccatura*) bother. **~'one, -a** *nmf* nosey parker
impie'ga|re *vt* employ; (*usare*) use; spend ‹*tempo, denaro*›; *Fin* invest;

l'autobus ha ~to un'ora it took the bus an hour. **~rsi** *vr* get [oneself] a job

impiega'tizio *a* clerical

impie'gato, -a *nmf* employee. **~ di banca** bank clerk. **impi'ego** *nm* employment; (*posto*) job; *Fin* investment

impieto'sir|e *vt* move to pity. **~si** *vr* be moved to pity

impie'trito *a* petrified

impigli'ar|e *vt* entangle. **~si** *vr* get entangled

impi'grir|e *vt* make lazy. **~si** *vr* get lazy

impla'cabile *a* implacable

impli'ca|re *vt* implicate; (*sottintendere*) imply. **~rsi** *vr* become involved. **~zi'one** *nf* implication

implicita'mente *adv* implicitly. **im'plicito** *a* implicit

implo'ra|re *vt* implore. **~zi'one** *nf* entreaty

impolve'ra|re *vt* cover with dust. **~rsi** *vr* get covered with dust. **~to** *a* dusty

imponde'rabile *a* imponderable; ‹*causa, evento*› unpredictable

impo'nen|te *a* imposing. **~za** *nf* impressiveness

impo'nibile *a* taxable ● *nm* taxable income

impopo'lar|e *a* unpopular. **~ità** *nf* unpopularity

im'por|re *vt* impose; (*ordinare*) order. **~si** *vr* assert oneself; (*aver successo*) be successful; **~si di** (*prefiggersi*) set oneself the task of

impor'tan|te *a* important ● *nm* important thing. **~za** *nf* importance

impor'ta|re *vt Comm, Comput* import; (*comportare*) cause ● *vi* matter; (*essere necessario*) be necessary. **non ~!** it doesn't matter!; **non me ne ~ niente!** I couldn't care less!. **~'tore, ~'trice** *nmf* importer. **~zi'one** *nf* importation; (*merce importata*) import

im'porto *nm* amount

importu'nare *vt* pester. **impor'tuno** *a* troublesome; (*inopportuno*) untimely

imposizi'one *nf* imposition; (*imposta*) tax

imposses'sarsi *vr* **~ di** seize

impos'sibil|e *a* impossible ● *nm* **fare l'~e** do absolutely all one can. **~ità** *nf* impossibility

im'posta¹ *nf* tax; **~ sul reddito** income tax; **~ sul valore aggiunto** value added tax

im'posta² *nf* (*di finestra*) shutter

impo'sta|re *vt* (*progettare*) plan; (*basare*) base; *Mus* pitch; (*imbucare*) post, mail; set out ‹*domanda, problema*›. **~zi'one** *nf* planning; (*di voce*) pitching

im'posto *pp di* **imporre**

impo'store, -a *nmf* impostor

impo'ten|te *a* powerless; *Med* impotent. **~za** *nf* powerlessness; *Med* impotence

impove'rir|e *vt* impoverish. **~si** *vr* become poor

imprati'cabile *a* impracticable; ‹*strada*› impassable

imprati'chir|e *vt* train. **~si** *vr* **~si in** o **a** get practice in

impre'ca|re *vi* curse. **~zi'one** *nf* curse

impreci's|abile *a* indeterminable. **~ato** *a* indeterminate. **~i'one** *nf* inaccuracy. **impre'ciso** *a* inaccurate

impre'gnar|e *vt* impregnate; (*imbevere*) soak; *fig* imbue. **~si** *vr* become impregnated with

imprendi'tor|e, -'trice *nmf* entrepreneur. **~i'ale** *a* entrepreneurial

imprepa'rato *a* unprepared

im'presa *nf* undertaking; (*gesta*) exploit; (*azienda*) firm

impre'sario *nm* impresario; (*appaltatore*) contractor

imprescin'dibile *a* inescapable

impressio'na|bile *a* impressionable. **~nte** *a* impressive; (*spaventoso*) frightening

impressi|o'nare *vt* impress; (*spaventare*) frighten; expose ‹*foto*›. **~o'narsi** *vr* be affected; (*spaventarsi*) be frightened. **~'one** *nf* impression; (*sensazione*) sensation; (*impronta*) mark; **far ~one a qcno** upset sb

impressio'nis|mo *nm* impressionism. **~ta** *nmf* impressionist

im'presso *pp di* **imprimere** ● *a* printed

impre'stare *vt* lend

impreve'dibile *a* unforeseeable; ‹*persona*› unpredictable

imprevi'dente *a* improvident

impre'visto *a* unforeseen ● *nm* unforeseen event; **salvo imprevisti** all being well

imprigio|na'mento *nm* imprisonment. **~'nare** *vt* imprison

im'primere *vt* impress; (*stampare*) print; (*comunicare*) impart

impro'babil|e *a* unlikely, improbable. **~ità** *nf* improbability

improdut'tivo *a* unproductive

im'pronta *nf* impression; *fig* mark. **~ digitale** fingerprint. **~ del piede** footprint

impro'perio *nm* insult; **improperi** *pl* abuse *sg*

im'proprio *a* improper

improvvisa'mente *adv* suddenly

improvvi'sa|re *vt/i* improvise. **~rsi** *vr* turn oneself into a. **~ta** *nf* surprise. **~to** *a* ‹*discorso*› unrehearsed. **~zi'one** *nf* improvisation

improv'viso *a* sudden; **all'~** unexpectedly

impru'den|te *a* imprudent. **~za** *nf* imprudence

impu'gna|re *vt* grasp; *Jur* contest. **~'tura** *nf* grip; (*manico*) handle

impulsività *nf* impulsiveness. **impul'sivo** *a* impulsive

im'pulso *nm* impulse; **agire d'~** act on impulse

impune'mente *adv* with impunity. **impu'nito** *a* unpunished

impun'tarsi *vr* dig one's heels in

impun'tura *nf* stitching

impurità *nf inv* impurity. **im'puro** *a* impure

impu'tabile *a* attributable (**a** to)

impu'ta|re *vt* attribute; (*accusare*) charge. **~to, -a** *nmf* accused. **~zi'one** *nf* charge

imputri'dire *vi* rot

in *prep* in; (*moto a luogo*) to; (*su*) on; (*entro*) within; (*mezzo*) by; (*con materiale*) made of; **essere in casa/ufficio** be at home/at the office; **in mano/tasca** in one's hand/pocket; **andare in Francia/campagna** go to France/the country; **salire in treno** get on the train; **versa la birra nel bicchiere** pour the beer into the glass; **in alto** up there; **in giornata** within the day; **nel 1997** in 1997; **una borsa in pelle** a bag made of leather, a leather bag; **in macchina** ‹*viaggiare, venire*› by car; **in contanti** [in] cash; **in vacanza** on holiday; **di giorno in giorno** from day to day; **se fossi in te** if I were you; **siamo in sette** there are seven of us

inabbor'dabile *a* unapproachable

i'nabil|e *a* incapable; (*fisicamente*) unfit. **~ità** *nf* incapacity

inabi'tabile *a* uninhabitable

inacces'sibile *a* inaccessible; ‹*persona*› unapproachable

inaccet'tabil|e *a* unacceptable. **~ità** *nf* unacceptability

inacer'bi|re *vt* embitter; exacerbate ‹*rapporto*›. **~si** *vr* grow bitter

inaci'dir|e *vt* turn sour. **~si** *vr* go sour; ‹*persona:*› become embittered

ina'datto *a* unsuitable

inadegu'ato *a* inadequate

inadempi|'ente *nmf* defaulter. **~'mento** *nm* non-fulfilment

inaffer'rabile *a* elusive

ina'la|re *vt* inhale. **~'tore** *nm* inhaler. **~zi'one** *nf* inhalation

inalbe'rar|e *vt* hoist. **~si** *vr* ‹*cavallo:*› rear [up]; (*adirarsi*) lose one's temper

inalte'ra|bile *a* unchangeable; ‹*colore*› fast. **~to** *a* unchanged

inami'da|re *vt* starch. **~to** *a* starched

inammis'sibile *a* inadmissible

inamovi'bile *a* irremovable

inani'mato *a* inanimate; (*senza vita*) lifeless

inappa'ga|bile *a* unsatisfiable. **~to** *a* unfulfilled

inappel'labile *a* final

inappe'tenza *nf* lack of appetite

inappli'cabile *a* inapplicable

inappun'tabile *a* faultless

inar'car|e *vt* arch; raise ‹*sopracciglia*›. **~si** *vr* ‹*legno:*› warp; ‹*ripiano:*› sag; ‹*linea:*› curve

inari'dir|e *vt* parch; empty of feelings ‹*persona*›. **~si** *vr* dry up; ‹*persona:*› become empty of feelings

inartico'lato *a* inarticulate

inaspettata'mente *adv* unexpectedly. **inaspet'tato** *a* unexpected

inaspri'mento *nm* (*di carattere*) embitterment; (*di conflitto*) worsening

ina'sprir|e *vt* embitter. **~si** *vr* become embittered

inattac'cabile *a* unassailable; (*irreprensibile*) irreproachable

inatten'dibile *a* unreliable. **inat'teso** *a* unexpected

inattività *nf* inactivity. **inat'tivo** *a* inactive

inattu'abile *a* impracticable

inau'dito *a* unheard of

inaugu'rale *a* inaugural; **viaggio ~** maiden voyage

inaugu'ra|re *vt* inaugurate; open ‹*mostra*›; unveil ‹*statua*›; christen ‹*lavastoviglie*›. **~zi'one** *nf* inauguration; (*di mostra*) opening; (*di statua*) unveiling

inavver't|enza *nf* inadvertence. **~ita'mente** *adv* inadvertently

incagli'ar|e *vi* ground ● *vt* hinder. **~si** *vr* run aground

incalco'labile *a* incalculable

incal'li|rsi *vr* grow callous; (*abituarsi*) become hardened. **~to** *a* callous; (*abituato*) hardened

incal'za|nte *a* ‹*ritmo*› driving; ‹*richiesta*› urgent. **~re** *vt* pursue; *fig* press

incame'rare *vt* appropriate

incammi'nar|e *vt* get going; (*fig: guidare*) set off. **~si** *vr* set out

incana'lar|e *vt* canalize; *fig* channel. **~si** *vr* converge on

incande'scen|te *a* incandescent; ‹*discussione*› burning. **~za** *nf* incandescence

incan'ta|re *vt* enchant. **~rsi** *vr* stand spellbound; (*incepparsi*) jam. **~'tore, ~'trice** *nm* enchanter ● *nf* enchantress

incan'tesimo *nm* spell

incan'tevole *a* enchanting

in'canto *nm* spell; *fig* delight; (*asta*) auction; **come per ~** as if by magic

incanu'ti|re *vt* turn white. **~to** *a* white

inca'pac|e *a* incapable. **~ità** *nf* incapability

incapo'nirsi *vr* be set

incap'pare *vi* **~ in** run into

incappucci'arsi *vr* wrap up

incapricci'arsi *vr* **~ di** take a fancy to

incapsu'lare *vt* seal; crown ‹*dente*›

incarce'ra|re *vt* imprison. **~zi'one** *nf* imprisonment

incari'ca|re *vt* charge. **~rsi** *vr* take upon oneself; **me ne incarico io** I will see to it. **~to, -a** *a* in charge ● *nmf* representative. **in'carico** *nm* charge; **per incarico di** on behalf of

incar'na|re *vt* embody. **~rsi** *vr* become incarnate. **~zi'one** *nf* incarnation

incarta'mento *nm* documents *pl*. **incar'tare** *vt* wrap [in paper]

incasi'nato *a fam* ‹*vita*› screwed up; ‹*stanza*› messed up

incas'sa|re *vt* pack; *Mech* embed; box in ‹*mobile, frigo*›; (*riscuotere*) cash; take ‹*colpo*›. **~to** *a* set; ‹*fiume*› deeply embanked. **in'casso** *nm* collection; (*introito*) takings *pl*

incasto'na|re *vt* set. **~'tura** *nf* setting. **~to** *a* embedded; ‹*anello*› inset (**di** with)

inca'strar|e *vt* fit in; (*fam: in situazione*) corner. **~si** *vr* fit. **in'castro** *nm* joint; **a incastro** ‹*pezzi*› interlocking

incate'nare *vt* chain

incatra'mare *vt* tar

incatti'vire *vt* turn nasty

in'cauto *a* imprudent

inca'va|re *vt* hollow out. **~to** *a* hollow. **~'tura** *nf* hollow. **in'cavo** *nm* hollow; (*scanalatura*) groove

incavo'la|rsi *vr fam* get shirty. **~to** *a fam* shirty

incendi'ar|e *vt* set fire to; *fig* inflame. **~si** *vr* catch fire. **~io, -a** *a* incendiary; ‹*fig: discorso*› inflammatory; ‹*fig: bellezza*› sultry ● *nmf* arsonist. **in'cendio** *nm* fire. **incendio doloso** arson

incene'ri|re *vt* burn to ashes; (*cremare*) cremate. **~rsi** *vr* be burnt to ashes. **~'tore** *nm* incinerator

in'censo *nm* incense

incensu'rato *a* blameless; **essere ~** *Jur* have a clean record

incenti'vare *vt* motivate. **incen'tivo** *nm* incentive

incen'trarsi *vr* **~ su** centre on

incep'par|e *vt* block; *fig* hamper. **~si** *vr* jam

ince'rata *nf* oilcloth

incerot'tato *a* with a plaster on

incer'tezza *nf* uncertainty. **in'certo** *a* uncertain ● *nm* uncertainty

inces'sante *a* unceasing. **~'mente** *adv* incessantly

in'cest|o *nm* incest. **~u'oso** *a* incestuous

in'cetta *nf* buying up; **fare ~ di** stockpile

inchi'esta *nf* investigation

inchi'nar|e *vt*, **~si** *vr* bow. **in'chino** *nm* bow; (*di donna*) curtsy

inchio'dare *vt* nail; nail down ‹*coperchio*›; **~ a letto** ‹*malattia:*› confine to bed

inchi'ostro *nm* ink

inciam'pare *vi* stumble; **~ in** (*imbattersi*) run into. **inci'ampo** *nm* hindrance

inciden'tale *a* incidental

inci'den|te *nm* (*episodio*) incident; (*infortunio*) accident. **~za** *nf* incidence

in'cidere *vt* cut; (*arte*) engrave; (*registrare*) record ● *vi* **~ su** (*gravare*) weigh upon

in'cinta *a* pregnant

incipi'ente *a* incipient

incipri'ar|e *vt* powder. **~si** *vr* powder one's face

in'circa *adv* **all'~** more or less

incisi'one *nf* incision; (*arte*) engraving; (*acquaforte*) etching; (*registrazione*) recording

inci'sivo *a* incisive ● *nm* (*dente*) incisor

in'ciso *nm* **per ~** incidentally
incita'mento *nm* incitement. **inci'tare** *vt* incite
inci'vil|e *a* uncivilized; (*maleducato*) impolite. **~tà** *nf* barbarism; (*maleducazione*) rudeness
incle'men|te *a* harsh. **~za** *nf* harshness
incli'nabile *a* reclining
incli'na|re *vt* tilt ● *vi* **~re a** be inclined to. **~rsi** *vr* list. **~to** *a* tilted; ‹*terreno*› sloping. **~zi'one** *nf* slope, inclination. **in'cline** *a* inclined
in'clu|dere *vt* include; (*allegare*) enclose. **~si'one** *nf* inclusion. **~'sivo** *a* inclusive. **~so** *pp di* **includere** ● *a* included; (*compreso*) inclusive; (*allegato*) enclosed
incoe'ren|te *a* (*contraddittorio*) inconsistent. **~za** *nf* inconsistency
in'cognit|a *nf* unknown quantity. **~o** *a* unknown ● *nm* **in ~o** incognito
incol'lar|e *vt* stick; (*con colla liquida*) glue. **~si** *vr* stick to; **~si a qcno** stick close to sb
incolle'ri|rsi *vr* lose one's temper. **~to** *a* enraged
incol'mabile *a* ‹*differenza*› unbridgeable; ‹*vuoto*› unfillable
incolon'nare *vt* line up
inco'lore *a* colourless
incol'pare *vt* blame
in'colto *a* uncultivated; ‹*persona*› uneducated
in'colume *a* unhurt
incom'ben|te *a* impending. **~za** *nf* task
in'combere *vi* **~ su** hang over; **~ a** (*spettare*) be incumbent on
incominci'are *vt/i* begin, start
incomo'dar|e *vt* inconvenience. **~si** *vr* trouble. **in'comodo** *a* uncomfortable; (*inopportuno*) inconvenient ● *nm* inconvenience
incompa'rabile *a* incomparable
incompa'tibil|e *a* incompatible. **~ità** *nf* incompatibility
incompe'ten|te *a* incompetent. **~za** *nf* incompetence
incompi'uto *a* unfinished
incom'pleto *a* incomplete
incompren'si|bile *a* incomprehensible. **~'one** *nf* lack of understanding; (*malinteso*) misunderstanding. **incom'preso** *a* misunderstood
inconce'pibile *a* inconceivable
inconcili'abile *a* irreconcilable
inconclu'dente *a* inconclusive; ‹*persona*› ineffectual
incondizio|nata'mente *adv* unconditionally. **~'nato** *a* unconditional
inconfes'sabile *a* unmentionable
inconfon'dibile *a* unmistakable
inconfu'tabile *a* irrefutable
incongru'ente *a* inconsistent
in'congruo *a* inadequate
inconsa'pevol|e *a* unaware; (*inconscio*) unconscious. **~'mente** *adv* unwittingly
inconscia'mente *adv* unconsciously. **in'conscio** *a & nm Psych* unconscious
inconsi'sten|te *a* insubstantial; ‹*notizia ecc*› unfounded. **~za** *nf* (*di ragionamento, prove*) flimsiness
inconso'labile *a* inconsolable
inconsu'eto *a* unusual
incon'sulto *a* rash
incontami'nato *a* uncontaminated
inconte'nibile *a* irrepressible
inconten'tabile *a* insatiable; (*esigente*) hard to please
inconte'stabile *a* indisputable
inconti'nen|te *a* incontinent. **~za** *nf* incontinence
incon'trar|e *vt* meet; encounter, meet with ‹*difficoltà*›. **~si** *vr* meet (**con qcno** sb)
incon'trario: **all'~** *adv* the other way around; (*in modo sbagliato*) the wrong way around
incontra'sta|bile *a* incontrovertible. **~to** *a* undisputed
in'contro *nm* meeting; *Sport* match. **~ al vertice** summit meeting ● *prep* **~ a** towards; **andare ~ a qn** go to meet sb; *fig* meet sb half way
inconveni'ente *nm* drawback
incoraggi|a'mento *nm* encouragement. **~'ante** *a* encouraging. **~'are** *vt* encourage
incornici'a|re *vt* frame. **~'tura** *nf* framing
incoro'na|re *vt* crown. **~zi'one** *nf* coronation
incorpo'rar|e *vt* incorporate; (*mescolare*) blend. **~si** *vr* blend; ‹*territori:*› merge
incorreg'gibile *a* incorrigible
in'correre *vt* **~ in** incur; **~ nel pericolo di...** run the risk of...
incorrut'tibile *a* incorruptible
incosci'en|te *a* unconscious; (*irresponsabile*) reckless ● *nmf* irresponsi-

ble person. **~za** *nf* unconsciousness; recklessness

inco'stan|te *a* changeable; ‹*persona*› fickle. **~za** *nf* changeableness; (*di persona*) fickleness

incostituzio'nale *a* unconstitutional

incre'dibile *a* unbelievable, incredible

incredulità *nf* incredulity. **in'credulo** *a* incredulous

incremen'tare *vt* increase; (*intensificare*) step up. **incre'mento** *nm* increase. **incremento demografico** population growth

incresci'oso *a* regrettable

incre'spar|e *vt* ruffle; wrinkle ‹*tessuto*›; make frizzy ‹*capelli*›; **~e la fronte** frown. **~si** *vr* ‹*acqua:*› ripple; ‹*tessuto:*› wrinkle; ‹*capelli:*› go frizzy

incrimi'na|re *vt* indict; *fig* incriminate. **~zi'one** *nf* indictment

incri'na|re *vt* crack; *fig* affect ‹*amicizia*›. **~rsi** *vr* crack; ‹*amicizia:*› be affected. **~'tura** *nf* crack

incroci'a|re *vt* cross ● *vi Naut, Aeron* cruise. **~rsi** *vr* cross. **~'tore** *nm* cruiser

in'crocio *nm* crossing; (*di strade*) crossroads *sg*

incrol'labile *a* indestructible

incro'sta|re *vt* encrust. **~zi'one** *nf* encrustation

incuba|'trice *nf* incubator. **~zi'one** *nf* incubation

'incubo *nm* nightmare

in'cudine *nf* anvil

incu'rabile *a* incurable

incu'rante *a* careless

incurio'sir|e *vt* make curious. **~si** *vr* become curious

incursi'one *nf* raid. **~ aerea** air raid

incurva'mento *nm* bending

incur'va|re *vt*, **~rsi** *vr* bend. **~'tura** *nf* bending

in'cusso *pp di* **incutere**

incusto'dito *a* unguarded

in'cutere *vt* arouse; **~ spavento a qcno** strike fear into sb

'indaco *nm* indigo

indaffa'rato *a* busy

inda'gare *vt/i* investigate

in'dagine *nf* research; (*giudiziaria*) investigation. **~ di mercato** market survey

indebi'tar|e *vt*, **~si** *vr* get into debt

in'debito *a* undue

indeboli'mento *nm* weakening

indebo'lir|e *vt*, **~si** *vr* weaken

inde'cen|te *a* indecent. **~za** *nf* indecency; (*vergogna*) disgrace

indeci'frabile *a* indecipherable

indecisi'one *nf* indecision. **inde'ciso** *a* undecided

inde'fesso *a* tireless

indefi'ni|bile *a* indefinable. **~to** *a* indefinite

indefor'mabile *a* crushproof

in'degno *a* unworthy

inde'lebile *a* indelible

indelica'tezza *nf* indelicacy; (*azione*) tactless act. **indeli'cato** *a* indiscreet; (*grossolano*) indelicate

indemoni'ato *a* possessed

in'denn|e *a* uninjured; (*da malattia*) unaffected. **~ità** *nf inv* allowance; (*per danni*) compensation. **~ità di trasferta** travel allowance. **~iz'zare** *vt* compensate. **inden'nizzo** *nm* compensation

indero'gabile *a* binding

indescri'vibile *a* indescribable

indeside'ra|bile *a* undesirable. **~to** *a* ‹*figlio, ospite*› unwanted

indetermi'na|bile *a* indeterminable. **~'tezza** *nf* vagueness. **~to** *a* indeterminate

'Indi|a *nf* India. **i~'ano, -a** *a & nmf* Indian; **in fila i~ana** in single file

indiavo'lato *a* possessed; (*vivace*) wild

indi'ca|re *vt* show, indicate; (*col dito*) point at; (*far notare*) point out; (*consigliare*) advise. **~'tivo** *a* indicative ● *nm Gram* indicative. **~'tore** *nm* indicator; *Techn* gauge; (*prontuario*) directory. **~zi'one** *nf* indication; (*istruzione*) direction

'indice *nm* (*dito*) forefinger; (*lancetta*) pointer; (*di libro, statistica*) index; (*fig: segno*) sign

indi'cibile *a* inexpressible

indietreggi'are *vi* draw back; *Mil* retreat

indi'etro *adv* back, behind; **all'~** backwards; **avanti e ~** back and forth; **essere ~** be behind; (*mentalmente*) be backward; (*con pagamenti*) be in arrears; (*di orologio*) be slow; **fare marcia ~** reverse; **rimandare ~** send back; **rimanere ~** be left behind; **torna ~!** come back!

indi'feso *a* undefended; (*inerme*) helpless

indiffe'ren|te *a* indifferent; **mi è ~te** it is all the same to me. **~za** *nf* indifference

in'digeno, -a *a* indigenous ● *nmf* native
indi'gen|te *a* needy. **~za** *nf* poverty
indigesti'one *nf* indigestion. **indi'gesto** *a* indigestible
indi'gna|re *vt* make indignant. **~rsi** *vr* be indignant. **~to** *a* indignant. **~zi'one** *nf* indignation
indimenti'cabile *a* unforgettable
indipen'den|te *a* independent. **~te'mente** *adv* independently; **~temente dal tempo** regardless of the weather, whatever the weather. **~za** *nf* independence
in'dire *vt* announce
indiretta'mente *adv* indirectly. **indi'retto** *a* indirect
indiriz'zar|e *vt* address; (*mandare*) send; (*dirigere*) direct. **~si** *vr* direct one's steps. **indi'rizzo** *nm* address; (*direzione*) direction
indisci'pli|na *nf* lack of discipline. **~'nato** *a* undisciplined
indi'scre|to *a* indiscreet. **~zi'one** *nf* indiscretion
indiscrimi|nata'mente *adv* indiscriminately. **~'nato** *a* indiscriminate
indi'scusso *a* unquestioned
indiscu'tibil|e *a* unquestionable. **~'mente** *adv* unquestionably
indispen'sabile *a* essential, indispensable
indispet'tir|e *vt* irritate. **~si** *vr* get irritated
indi'spo|rre *vt* antagonize. **~sto** *pp di* **indisporre** ● *a* indisposed. **~sizi'one** *nf* indisposition
indisso'lubile *a* indissoluble
indissolubil'mente *adv* indissolubly
indistin'guibile *a* indiscernible
indistinta'mente *adv* without exception. **indi'stinto** *a* indistinct
indistrut'tibile *a* indestructible
indistur'bato *a* undisturbed
in'divia *nf* endive
individu'a|le *a* individual. **~'lista** *nmf* individualist. **~lità** *nf* individuality. **~re** *vt* individualize; (*localizzare*) locate; (*riconoscere*) single out
indi'viduo *nm* individual
indivi'sibile *a* indivisible. **indi'viso** *a* undivided
indizi'a|re *vt* throw suspicion on. **~to, -a** *a* suspected ● *nmf* suspect. **in'dizio** *nm* sign; *Jur* circumstantial evidence
'indole *nf* nature
indo'len|te *a* indolent. **~za** *nf* indolence
indolenzi'mento *nm* stiffness
indolen'zi|rsi *vr* go stiff. **~to** *a* stiff
indo'lore *a* painless
indo'mani *nm* **l'~** the following day
Indo'nesia *nf* Indonesia
indo'rare *vt* gild
indos'sa|re *vt* wear; (*mettere addosso*) put on. **~'tore, ~'trice** *nmf* model
in'dotto *pp di* **indurre**
indottri'nare *vt* indoctrinate
indovi'n|are *vt* guess; (*predire*) foretell. **~ato** *a* successful; (*scelta*) well-chosen. **~ello** *nm* riddle. **indo'vino, -a** *nmf* fortune-teller
indubbia'mente *adv* undoubtedly. **in'dubbio** *a* undoubted
indugi'ar|e *vi*, **~si** *vr* linger. **in'dugio** *nm* delay
indul'gen|te *a* indulgent. **~za** *nf* indulgence
in'dul|gere *vi* **~gere a** indulge in. **~to** *pp di* **indulgere** ● *nm Jur* pardon
indu'mento *nm* garment; **indumenti** *pl* clothes
induri'mento *nm* hardening
indu'rir|e *vt*, **~si** *vr* harden
in'durre *vt* induce
in'dustri|a *nf* industry. **~'ale** *a* industrial ● *nm* industrialist
industrializ'za|re *vt* industrialize. **~to** *a* industrialized. **~zi'one** *nf* industrialization
industrial'mente *adv* industrially
industri|'arsi *vr* try one's hardest. **~'oso** *a* industrious
induzi'one *nf* induction
inebe'tito *a* stunned
inebri'ante *a* intoxicating, exciting
inecce'pibile *a* unexceptionable
i'nedia *nf* starvation
i'nedito *a* unpublished
ineffi'cace *a* ineffective
ineffici'en|te *a* inefficient. **~za** *nf* inefficiency
ineguagli'abile *a* incomparable
inegu'ale *a* unequal; ‹*superficie*› uneven
inelut'tabile *a* inescapable
ine'rente *a* **~ a** concerning
i'nerme *a* unarmed; *fig* defenceless
inerpi'carsi *vr* **~ su** clamber up; ‹*pianta:*› climb up
i'ner|te *a* inactive; *Phys* inert. **~zia** *nf* inactivity; *Phys* inertia
inesat'tezza *nf* inaccuracy. **ine'satto**

a inaccurate; (*erroneo*) incorrect; (*non riscosso*) uncollected
inesau'ribile *a* inexhaustible
inesi'sten|te *a* non-existent. **~za** *nf* non-existence
ineso'rabile *a* inexorable
inesperi'enza *nf* inexperience. **ine'sperto** *a* inexperienced
inespli'cabile *a* inexplicable
ine'sploso *a* unexploded
inespri'mibile *a* inexpressible
inesti'mabile *a* inestimable
inetti'tudine *nf* ineptitude. **i'netto** *a* inept; **inetto a** unsuited to
ine'vaso *a* ‹*pratiche*› pending; ‹*corrispondenza*› unanswered
inevi'tabil|e *a* inevitable. **~'mente** *adv* inevitably
i'nezia *nf* trifle
infagot'tar|e *vt* wrap up. **~si** *vr* wrap [oneself] up
infal'libile *a* infallible
infa'ma|re *vt* defame. **~'torio** *a* defamatory
in'fam|e *a* infamous; (*fam: orrendo*) awful, shocking. **~ia** *nf* infamy
infan'garsi *vr* get muddy
infan'tile *a* ‹*letteratura, abbigliamento*› children's; ‹*ingenuità*› childlike; *pej* childish
in'fanzia *nf* childhood; (*bambini*) children *pl*; **prima ~** infancy
infar'cire *vi* pepper ‹*discorso*› (**di** with)
infari'na|re *vt* flour; **~re di** sprinkle with. **~'tura** *nf fig* smattering
in'farto *nm* coronary
infasti'dir|e *vt* irritate. **~si** *vr* get irritated
infati'cabile *a* untiring
in'fatti *conj* as a matter of fact; (*veramente*) indeed
infatu'a|rsi *vr* become infatuated (**di** with). **~to** *a* infatuated. **~zi'one** *nf* infatuation
in'fausto *a* ill-omened
infe'condo *a* infertile
infe'del|e *a* unfaithful. **~tà** *nf* unfaithfulness; **~** *pl* affairs
infe'lic|e *a* unhappy; (*inappropriato*) unfortunate; (*cattivo*) bad. **~ità** *nf* unhappiness
infel'tri|rsi *vr* get matted. **~to** *a* matted
inferi'or|e *a* (*più basso*) lower; ‹*qualità*› inferior ● *nmf* inferior. **~ità** *nf* inferiority
inferme'ria *nf* infirmary; (*di nave*) sick-bay
infermi'er|a *nf* nurse. **~e** *nm* [male] nurse
infermità *nf* sickness. **~ mentale** mental illness. **in'fermo, -a** *a* sick ● *nmf* invalid
infer'nale *a* infernal; (*spaventoso*) hellish
in'ferno *nm* hell; **va all'~!** go to hell!
infero'cirsi *vr* become fierce
inferri'ata *nf* grating
infervo'rar|e *vt* arouse enthusiasm in. **~si** *vr* get excited
infe'stare *vt* infest
infet't|are *vt* infect. **~arsi** *vr* become infected. **~ivo** *a* infectious. **in'fetto** *a* infected. **infezi'one** *nf* infection
infiac'chir|e *vt/i*, **~si** *vr* weaken
infiam'mabile *a* [in]flammable
infiam'ma|re *vt* set on fire; *Med, fig* inflame. **~rsi** *vr* catch fire; *Med* become inflamed. **~zi'one** *nf Med* inflammation
in'fido *a* treacherous
infie'rire *vi* (*imperversare*) rage; **~ su** attack furiously
in'figger|e *vt* drive. **~si** *vr* **~si in** penetrate
infi'lar|e *vt* thread; (*mettere*) insert; (*indossare*) put on. **~si** *vr* slip on ‹*vestito*›; **~si in** (*introdursi*) slip into
infil'tra|rsi *vr* infiltrate. **~zi'one** *nf* infiltration; (*d'acqua*) seepage; (*Med: iniezione*) injection
infil'zare *vt* pierce; (*infilare*) string; (*conficcare*) stick
'infimo *a* lowest
in'fine *adv* finally; (*insomma*) in short
infinità *nf* infinity; **un'~ di** masses of. **~'mente** *adv* infinitely. **infi'nito** *a* infinite; *Gram* infinitive ● *nm* infinite; *Gram* infinitive; *Math* infinity; **all'infinito** endlessly
infinocchi'are *vt fam* hoodwink
infischi'arsi *vr* **~ di** not care about; **me ne infischio** *fam* I couldn't care less
in'fisso *pp di* **infiggere** ● *nm* fixture; (*di porta, finestra*) frame
infit'tir|e *vt/i*, **~si** *vr* thicken
inflazi'one *nf* inflation
infles'sibil|e *a* inflexible. **~ità** *nf* inflexibility
inflessi'one *nf* inflexion
in'fli|ggere *vt* inflict. **~tto** *pp di* **infliggere**

influ'en|te *a* influential. **~za** *nf* influence; *Med* influenza
influen'za|bile *a* ‹*mente, opinione*› impressionable. **~re** *vt* influence. **~to** *a* (*malato*) with the flu
influ'ire *vi* **~ su** influence
in'flusso *nm* influence
info'carsi *vr* catch fire; ‹*viso:*› go red; ‹*discussione:*› become heated
info'gnarsi *vr fam* get into a mess
infol'tire *vt/i* thicken
infon'dato *a* unfounded
in'fondere *vt* instil
infor'care *vt* fork up; get on ‹*bici*›; put on ‹*occhiali*›
infor'male *a* informal
infor'ma|re *vt* inform. **~rsi** *vr* inquire (**di** about). **~'tivo** *a* informative.
infor'matic|a *nf* computing, IT. **~o** *a* computer *attrib*
infor'ma|tivo *a* informative. **infor'mato** *a* informed; **male informa** ill-informed. **~'tore, ~'trice** *nmf* (*di polizia*) informer. **~zi'one** *nf* information (*solo sg*); **un'~zione** a piece of information
in'forme *a* shapeless
infor'nare *vt* put into the oven
infortu'narsi *vr* have an accident.
infor'tu|nio *nm* accident. **~nio sul lavoro** industrial accident. **~'nistica** *nf* study of industrial accidents
infos'sa|rsi *vr* sink; ‹*guance, occhi:*› become hollow. **~to** *a* sunken, hollow
infradici'ar|e *vt* drench. **~si** *vr* get drenched; (*diventare marcio*) rot
infra'dito *nm inv* (*scarpa*) flip-flop
in'frang|ere *vt* break; (*in mille pezzi*) shatter. **~ersi** *vr* break. **~'gibile** *a* unbreakable
in'franto *pp di* **infrangere** ● *a* shattered; ‹*fig: cuore*› broken
infra'rosso *a* infra-red
infrastrut'tura *nf* infrastructure
infrazi'one *nf* offence
infredda'tura *nf* cold
infreddo'li|rsi *vr* feel cold. **~to** *a* cold
infruttu'oso *a* fruitless
infuo'ca|re *vt* make red-hot. **~to** *a* burning
infu'ori *adv* **all'~** outwards; **all'~ di** except
infuri'a|re *vi* rage. **~rsi** *vr* fly into a rage. **~to** *a* blustering
infusi'one *nf* infusion. **in'fuso** *pp di* **infondere** ● *nm* infusion
Ing. *abbr* **ingegnere**
ingabbi'are *vt* cage; (*fig: mettere in prigione*) jail
ingaggi'are *vt* engage; sign up ‹*calciatori ecc*›; begin ‹*lotta, battaglia*›. **in'gaggio** *nm* engagement; (*di calciatore*) signing [up]
ingan'nar|e *vt* deceive; (*essere infedele a*) be unfaithful to. **~si** *vr* deceive oneself; **se non m'inganno** if I am not mistaken
ingan'nevole *a* deceptive. **in'ganno** *nm* deceit; (*frode*) fraud
ingarbugli'a|re *vt* entangle; (*confondere*) confuse. **~rsi** *vr* get entangled; (*confondersi*) become confused. **~to** *a* confused
inge'gnarsi *vr* do one's best
inge'gnere *nm* engineer. **ingegne'ria** *nf* engineering
in'gegno *nm* brains *pl*; (*genio*) genius; (*abilità*) ingenuity. **~sa'mente** *adv* ingeniously
ingegnosità *nf* ingenuity. **inge'gnoso** *a* ingenious
ingelo'sir|e *vt* make jealous. **~si** *vr* become jealous
in'gente *a* huge
ingenu|a'mente *adv* artlessly. **~ità** *nf* ingenuousness. **in'genuo** *a* ingenuous; (*credulone*) naïve
inge'renza *nf* interference
inge'rire *vt* swallow
inges'sa|re *vt* put in plaster. **~'tura** *nf* plaster
Inghil'terra *nf* England
inghiot'tire *vt* swallow
in'ghippo *nm* trick
ingial'li|re *vi,* **~rsi** *vr* turn yellow. **~to** *a* yellowed
ingigan'tir|e *vt* magnify ● *vi,* **~si** *vr* grow to enormous proportions
inginocchi'a|rsi *vr* kneel [down]. **~to** *a* kneeling. **~'toio** *nm* prie-dieu
ingioiel'larsi *vr* put on one's jewels
ingiù *adv* down; **all'~** downwards; **a testa ~** head downwards
ingi'un|gere *vt* order. **~zi'one** *nf* injunction. **~zione di pagamento** final demand
ingi'uri|a *nf* insult; (*torto*) wrong; (*danno*) damage. **~'are** *vt* insult; (*fare un torto a*) wrong. **~'oso** *a* insulting
ingiusta'mente *adv* unjustly, unfairly. **ingiu'stizia** *nf* injustice. **ingi'usto** *a* unjust, unfair
in'glese *a* English ● *nm* Englishman; (*lingua*) English ● *nf* Englishwoman
ingoi'are *vt* swallow

ingol'far|e *vt* flood ‹*motore*›. **~si** *vr fig* get involved; ‹*motore:*› flood
ingom'bra|nte *a* cumbersome. **~re** *vt* clutter up; *fig* cram ‹*mente*›
in'gombro *nm* encumbrance; **essere d'~** be in the way
ingor'digia *nf* greed. **in'gordo** *a* greedy
ingor'gar|e *vt* block. **~si** *vr* be blocked [up]. **in'gorgo** *nm* blockage; (*del traffico*) jam
ingoz'zar|e *vt* gobble up; (*nutrire eccessivamente*) stuff; fatten ‹*animali*›. **~si** *vr* stuff oneself (**di** with)
ingra'na|ggio *nm* gear; *fig* mechanism. **~re** *vt* engage ● *vi* be in gear
ingrandi'mento *nm* enlargement
ingran'di|re *vt* enlarge; (*esagerare*) magnify. **~rsi** *vr* become larger; (*aumentare*) increase
ingras'sar|e *vt* fatten up; *Mech* grease ● *vi*, **~si** *vr* put on weight
ingrati'tudine *nf* ingratitude. **in'grato** *a* ungrateful; (*sgradevole*) thankless
ingrazi'arsi *vr* ingratiate oneself with
ingredi'ente *nm* ingredient
in'gresso *nm* entrance; (*accesso*) admittance; (*sala*) hall; **~ gratuito/libero** admission free; **vietato l'~** no entry; no admittance
ingros'sar|e *vt* make big; (*gonfiare*) swell ● *vi*, **~si** *vr* grow big; (*gonfiare*) swell
in'grosso *adv* **all'~** wholesale; (*pressappoco*) roughly
ingua'ribile *a* incurable
'inguine *nm* groin
ingurgi'tare *vt* gulp down
ini'bi|re *vt* inhibit; (*vietare*) forbid. **~to** *a* inhibited. **~zi'one** *nf* inhibition; (*divieto*) prohibition
iniet'tar|e *vt* inject. **~si** *vr* **~si di sangue** ‹*occhi:*› become bloodshot. **iniezi'one** *nf* injection
inimic'arsi *vr* make an enemy of. **inimi'cizia** *nf* enmity
inimi'tabile *a* inimitable
ininter|rotta'mente *adv* continuously. **~'rotto** *a* continuous
iniquità *nf* iniquity. **i'niquo** *a* iniquitous
inizi'al|e *a & nf* initial. **~'mente** *adv* initially
inizi'are *vt* begin; (*avviare*) open; **~ qcno a qcsa** initiate sb in sth ● *vi* begin
inizia'tiva *nf* initiative; **prendere l'~** take the initiative
inizi'a|to, -a *a* initiated ● *nmf* initiate; **gli ~ti** the initiated. **~'tore, ~'trice** *nmf* initiator. **~zi'one** *nf* initiation
i'nizio *nm* beginning, start; **dare ~ a** start; **avere ~** get under way
innaffi'a|re *vt* water. **~'toio** *nm* watering-can
innal'zar|e *vt* raise; (*erigere*) erect. **~si** *vr* rise
innamo'ra|rsi *vr* fall in love (**di** with). **~ta** *nf* girl-friend. **~to** *a* in love ● *nm* boy-friend
in'nanzi *adv* (*stato in luogo*) in front; (*di tempo*) ahead; (*avanti*) forward; (*prima*) before; **d'ora ~** from now on ● *prep* (*prima*) before; **~ a** in front of. **~'tutto** *adv* first of all; (*soprattutto*) above all
in'nato *a* innate
innatu'rale *a* unnatural
inne'gabile *a* undeniable
innervo'sir|e *vt* make nervous. **~si** *vr* get irritated
inne'scare *vt* prime. **in'nesco** *nm* primer
inne'stare *vt* graft; *Mech* engage; (*inserire*) insert. **in'nesto** *nm* graft; *Mech* clutch; *Electr* connection
inne'vato *a* covered in snow
'inno *nm* hymn. **~ nazionale** national anthem
inno'cen|te *a* innocent **~te'mente** *adv* innocently. **~za** *nf* innocence.
in'nocuo *a* innocuous
inno'va|re *vt* make changes in. **~'tivo** *a* innovative. **~'tore** *a* trail-blazing. **~zi'one** *nf* innovation
innume'revole *a* innumerable
ino'doro *a* odourless
inoffen'sivo *a* harmless
inol'trar|e *vt* forward. **~si** *vr* advance
inol'trato *a* late
i'noltre *adv* besides
inon'da|re *vt* flood. **~zi'one** *nf* flood
inope'roso *a* idle
inoppor'tuno *a* untimely
inorgo'glir|e *vt* make proud. **~si** *vr* become proud
inorri'dire *vt* horrify ● *vi* be horrified
inospi'tale *a* inhospitable
inosser'vato *a* unobserved; (*non rispettato*) disregarded; **passare ~** go unnoticed
inossi'dabile *a* stainless
'inox *a inv* ‹*acciaio*› stainless
inqua'dra|re *vt* frame; *fig* put in con-

text ‹*scrittore, problema*›. **~rsi** *vr* fit into. **~'tura** *nf* framing
inqualifi'cabile *a* unspeakable
inquie'tar|e *vt* worry. **~si** get worried; (*impazientirsi*) get cross. **inqui'eto** *a* restless; (*preoccupato*) worried. **inquie'tudine** *nf* anxiety
inqui'lino, -a *nmf* tenant
inquina'mento *nm* pollution
inqui'na|re *vt* pollute. **~to** *a* polluted
inqui'rente *a Jur* ‹*magistrato*› examining; **commissione ~** commission of enquiry
inqui'si|re *vt/i* investigate. **~to** *a* under investigation. **~'tore, ~'trice** *a* inquiring ● *nmf* inquisitor. **~zi'one** *nf* inquisition
insabbi'are *vt* shelve
insa'lat|a *nf* salad. **~a belga** endive. **~i'era** *nf* salad bowl
insa'lubre *a* unhealthy
insa'nabile *a* incurable
insangui'na|re *vt* cover with blood. **~to** *a* bloody
insapo'nare *vt* soap
insa'po|re *a* tasteless. **~'rire** *vt* flavour
insa'puta *nf* **all'~ di** unknown to
insazi'abile *a* insatiable
insce'nare *vt* stage
inscin'dibile *a* inseparable
insedia'mento *nm* installation
insedi'ar|e *vt* install. **~si** *vr* install oneself
in'segna *nf* sign; (*bandiera*) flag; (*decorazione*) decoration; (*emblema*) insignia *pl*; (*stemma*) symbol. **~ luminosa** neon sign
insegna'mento *nm* teaching. **inse'gnante** *a* teaching ● *nmf* teacher
inse'gnare *vt/i* teach; **~ qcsa a qcno** teach sb sth
insegui'mento *nmf* pursuit
insegu'i|re *vt* pursue. **~'tore, ~'trice** *nmf* pursuer
inselvati'chir|e *vt* make wild ● *vi*, **~si** *vr* grow wild
insemi'na|re *vt* inseminate. **~zi'one** *nf* insemination. **~zione artificiale** artificial insemination
insena'tura *nf* inlet
insen'sato *a* senseless; (*folle*) crazy
insen'sibil|e *a* insensitive; ‹*braccio ecc*› numb. **~ità** *nf* insensitivity
insepa'rabile *a* inseparable
inseri'mento *nm* insertion
inse'rir|e *vt* insert; place ‹*annuncio*›; *Electr* connect. **~si** *vr* **~si in** get into. **in'serto** *nm* file; (*in un film ecc*) insert
inservi'ente *nmf* attendant
inserzi'o|ne *nf* insertion; (*avviso*) advertisement. **~'nista** *nmf* advertiser
insetti'cida *nm* insecticide
in'setto *nm* insect
insicu'rezza *nf* insecurity. **insi'curo** *a* insecure
in'sidi|a *nf* trick; (*tranello*) snare. **~'are** *vt/i* lay a trap for. **~'oso** *a* insidious
insi'eme *adv* together; (*contemporaneamente*) at the same time ● *prep* **~ a** [together] with ● *nm* whole; (*completo*) outfit; *Theat* ensemble; *Math* set; **nell'~** as a whole; **tutto ~** all together; ‹*bere*› at one go
in'signe *a* renowned
insignifi'cante *a* insignificant
insi'gnire *vt* decorate
insinda'cabile *a* final
insinu'ante *a* insinuating
insinu'a|re *vt* insinuate. **~rsi** *vr* penetrate; **~rsi in** *fig* creep into. **~zi'one** *nf* insinuation
in'sipido *a* insipid
insi'sten|te *a* insistent. **~te'mente** *adv* repeatedly. **~za** *nf* insistence. **in'sistere** *vi* insist; (*perseverare*) persevere
insoddisfa'cente *a* unsatisfactory
insoddi'sfa|tto *a* unsatisfied; (*scontento*) dissatisfied. **~zi'one** *nf* dissatisfaction
insoffe'ren|te *a* intolerant. **~za** *nf* intolerance
insolazi'one *nf* sunstroke
inso'len|te *a* rude, insolent. **~za** *nf* rudeness, insolence; (*commento*) insolent remark
in'solito *a* unusual
inso'lubile *a* insoluble
inso'luto *a* unsolved; (*non pagato*) unpaid
insol'v|enza *nf* insolvency
in'somma *adv* in short; **~!** well really!; (*così così*) so so
in'sonne *a* sleepless. **~ia** *nf* insomnia
insonno'lito *a* sleepy
insonoriz'zato *a* soundproofed
insoppor'tabile *a* unbearable
insor'genza *nf* onset
in'sorgere *vi* revolt, rise up; (*sorgere*) arise; ‹*difficoltà*› crop up
insormon'tabile *a* ‹*ostacolo, difficoltà*› insurmountable

in'sorto *pp di* **insorgere** ● *a* rebellious ● *nm* rebel
insospet'tabile *a* unsuspected
insospet'tir|e *vt* make suspicious ● *vi*, **~si** *vr* become suspicious
insoste'nibile *a* untenable; (*insopportabile*) unbearable
insostitu'ibile *a* irreplaceable
inspe'ra|bile *a* **una sua vittoria è ~bile** there is no hope of him winning. **~to** *a* unhoped-for
inspie'gabile *a* inexplicable
inspi'rare *vt* breathe in
in'stabil|e *a* unstable; ‹*tempo*› changeable. **~ità** *nf* instability; (*di tempo*) changeability
instal'la|re *vt* install. **~rsi** *vr* settle in. **~zi'one** *nf* installation
instan'cabile *a* untiring
instau'ra|re *vt* found. **~rsi** *vr* become established. **~zi'one** *nf* foundation
instra'dare *vt* direct
insù *adv* **all'~** upwards
insubordinazi'one *nf* insubordination
insuc'cesso *nm* failure
insudici'ar|e *vt* dirty. **~si** *vr* get dirty
insuffici'en|te *a* insufficient; (*inadeguato*) inadequate ● *nf Sch* fail. **~za** *nf* insufficiency; (*inadeguatezza*) inadequacy; *Sch* fail. **~za cardiaca** heart failure. **~za di prove** lack of evidence
insu'lare *a* insular
insu'lina *nf* insulin
in'sulso *a* insipid; (*sciocco*) silly
insul'tare *vt* insult. **in'sulto** *nm* insult
insupe'rabile *a* insuperable; (*eccezionale*) incomparable
insurrezi'one *nf* insurrection
insussi'stente *a* groundless
intac'care *vt* nick; (*corrodere*) corrode; draw on ‹*un capitale*›; (*danneggiare*) damage
intagli'are *vt* carve. **in'taglio** *nm* carving
intan'gibile *a* untouchable
in'tanto *adv* meanwhile; (*per ora*) for the moment; (*avversativo*) but; **~ che** while
intarsi'a|re *vt* inlay. **~to** *a* **~to di** inset with. **in'tarsio** *nm* inlay
inta'sa|re *vt* clog; block ‹*traffico*›. **~rsi** *vr* get blocked. **~to** *a* blocked
inta'scare *vt* pocket
in'tatto *a* intact
intavo'lare *vt* start
inte'gra|le *a* whole; **edizione ~le** unabridged edition; **pane ~le** wholemeal bread. **~l'mente** *adv* fully. **~nte** *a* integral. **'integro** *a* complete; (*retto*) upright
inte'gra|re *vt* integrate; (*aggiungere*) supplement. **~rsi** *vr* integrate. **~'tivo** *a* ‹*corso*› supplementary. **~zi'one** *nf* integration
integrità *nf* integrity
intelaia'tura *nf* framework
intel'letto *nm* intellect
intellettu'al|e *a* & *nmf* intellectual. **~'mente** *adv* intellectually
intelli'gen|te *a* intelligent. **~te'mente** *adv* intelligently. **~za** *nf* intelligence
intelli'gibil|e *a* intelligible. **~'mente** *adv* intelligibly
intempe'ranza *nf* intemperance
intem'perie *nfpl* bad weather
inten'den|te *nm* superintendent. **~za** *nf* **~za di finanza** inland revenue office
in'tender|e *vt* (*comprendere*) understand; (*udire*) hear; (*avere intenzione*) intend; (*significare*) mean. **~sela con** have an understanding with; **~si** *vr* (*capirsi*) understand each other; **~si di** (*essere esperto*) have a good knowledge of
intendi|'mento *nm* understanding; (*intenzione*) intention. **~'tore, ~'trice** *nmf* connoisseur
intene'rir|e *vt* soften; (*commuovere*) touch. **~si** *vr* be touched
intensa'mente *adv* intensely
intensifi'car|e *vt*, **~si** *vr* intensify
intensità *nf inv* intensity. **inten'sivo** *a* intensive. **in'tenso** *a* intense
inten'tare *vt* start up; **~ causa contro qcno** bring *o* institute proceedings against sb
in'tento *a* engrossed (**a** in) ● *nm* purpose
intenzio'nato *a* **essere ~ a fare qcsa** have the intention of doing sth
intenzio|'nale *a* intentional. **intenzi'one** *nf* intention; **senza ~ne** unintentionally; **avere ~ne di fare qcsa** intend to do sth, have the intention of doing sth.
intera'gire *vi* interact
intera'mente *adv* completely, entirely
intera|t'tivo *a* interactive. **~zi'one** *nf* interaction
interca'lare[1] *nm* stock phrase
interca'lare[2] *vt* insert
intercambi'abile *a* interchangeable
interca'pedine *nf* cavity

inter'ce|dere *vi* intercede. **~ssi'one** *nf* intercession
intercet'ta|re *vt* intercept; tap ‹*telefono*›. **~zi'one** *nf* interception. **~zione telefonica** telephone tapping
inter'city *nm inv* inter-city
intercontinen'tale *a* intercontinental
inter'correre *vi* ‹*tempo:*› elapse; (*esistere*) exist
interco'stale *a* intercostal
inter'detto *pp di* **interdire** ● *a* astonished; (*proibito*) forbidden; **rimanere ~** be taken aback
inter'di|re *vt* forbid; *Jur* deprive of civil rights. **~zi'one** *nf* prohibition
interessa'mento *nm* interest
interes'sante *a* interesting; **essere in stato ~** be pregnant
interes'sa|re *vt* interest; (*riguardare*) concern ● *vi* **~re a** matter to. **~rsi** *vr* **~rsi a** take an interest in. **~rsi di** take care of. **~to, -a** *nmf* interested party ● *a* interested; **essere ~to** *pej* have an interest
inte'resse *nm* interest; **fare qcsa per ~** do sth out of self-interest
inter'faccia *nf Comput* interface
interfe'renza *nf* interference
interfe'r|ire *vi* interfere
interiezi'one *nf* interjection
interi'ora *nfpl* entrails
interi'ore *a* interior
inter'ludio *nm* interlude
intermedi'ario, -a *a & nmf* intermediary
inter'medio *a* in-between
inter'mezzo *nm Theat, Mus* intermezzo
intermi'nabile *a* interminable
intermit'ten|te *a* intermittent; ‹*luce*› flashing. **~za** *nf* **luce a ~za** flashing light
interna'mento *nm* internment; (*in manicomio*) committal
inter'nare *vt* intern; (*in manicomio*) commit [to a mental institution]
internazio'nale *a* international
'Internet *nf inv* Internet
in'terno *a* internal; *Geog* inland; (*interiore*) inner; ‹*politica*› national; **alunno ~** boarder ● *nm* interior; (*di condominio*) flat; *Teleph* extension; *Cinema* interior shot; **all'~** inside
in'tero *a* whole, entire; (*intatto*) intact; (*completo*) complete; **per ~** in full
interpel'lare *vt* consult
inter'por|re *vt* place ‹*ostacolo*›. **~si** *vr* come between
interpre'ta|re *vt* interpret; *Mus* perform. **~zi'one** *nf* interpretation; *Mus* performance. **in'terprete** *nmf* interpreter; *Mus* performer
inter'ra|re *vt* (*seppellire*) bury; plant ‹*pianta, seme*›. **~to** *nm* basement
interro'ga|re *vt* question; *Sch* test; examine ‹*studenti*›. **~tiva'mente** *adv* questioningly. **~'tivo** *a* interrogative; ‹*sguardo*› questioning; **punto ~tivo** question mark ● *nm* question **~'torio** *a & nm* questioning. **~zi'one** *nf* question; *Sch* oral [test]
inter'romper|e *vt* interrupt; (*sospendere*) stop; cut off ‹*collegamento*›. **~si** *vr* break off
interrut'tore *nm* switch
interruzi'one *nf* interruption; **senza ~** non-stop. **~ di gravidanza** termination of pregnancy
interse|'care *vt*, **~'carsi** *vr* intersect. **~zi'one** *nf* intersection
inter'stizio *nm* interstice
interur'ban|a *nf* long-distance call. **~o** *a* inter-city
interval'lare *vt* space out. **inter'vallo** *nm* interval; (*spazio*) space; *Sch* break. **intervallo pubblicitario** commercial break
interve'nire *vi* intervene; (*Med: operare*) operate; **~ a** take part in. **inter'vento** *nm* intervention; (*presenza*) presence; (*chirurgico*) operation; **pronto intervento** emergency services
inter'vista *nf* interview
intervi'sta|re *vt* interview. **~'tore, ~'trice** *nmf* interviewer
in'tes|a *nf* understanding; **cenno d'~a** acknowledgement. **~o** *pp di* **intendere** ● *a* **resta ~o che...** needless to say,...; **~i!** agreed!; **~o a** meant to; **non darsi per ~o** refuse to understand
inte'sta|re *vt* head; write one's name and address at the top of ‹*lettera*›; *Comm* register. **~rsi** *vr* **~rsi a fare qcsa** take it into one's head to do sth. **~'tario, -a** *nmf* holder. **~zi'one** *nf* heading; (*su carta da lettere*) letterhead
intesti'nale *a* intestinal
inte'stino *a* ‹*lotte*› internal ● *nm* intestine
intima'mente *adv* intimately
inti'ma|re *vt* order; **~re l'alt a qcno** order sb to stop. **~zi'one** *nf* order
intimida|'torio *a* threatening. **~zi'one** *nf* intimidation

intimi'dire *vt* intimidate
intimità *nf* cosiness. **'intimo** *a* intimate; (*interno*) innermost; ‹*amico*› close ● *nm* (*amico*) close friend; (*dell'animo*) heart
intimo'ri|re *vt* frighten. **~rsi** *vr* get frightened. **~to** *a* frightened
in'tingere *vt* dip
in'tingolo *nm* sauce; (*pietanza*) stew
intiriz'zi|re *vt* numb. **~rsi** *vr* grow numb. **~to** *a* **essere ~to** (*dal freddo*) be perished
intito'lar|e *vt* entitle; (*dedicare*) dedicate. **~si** *vr* be called
intolle'rabile *a* intolerable
intona'care *vt* plaster. **in'tonaco** *nm* plaster
into'na|re *vt* start to sing; tune ‹*strumento*›; (*accordare*) match. **~rsi** *vr* match. **~to** *a* ‹*persona*› able to sing in tune; ‹*colore*› matching
intonazi'one *nf* (*inflessione*) intonation; (*ironico*) tone
inton'ti|re *vt* daze; ‹*gas:*› make dizzy ● *vi* be dazed. **~to** *a* dazed
intop'pare *vi* **~ in** run into
in'toppo *nm* obstacle
in'torno *adv* around ● *prep* **~ a** around; (*circa*) about
intorpi'di|re *vt* numb. **~rsi** *vr* become numb. **~to** *a* torpid
intossi'ca|re *vt* poison. **~rsi** *vr* be poisoned. **~zi'one** *nf* poisoning
intralci'are *vt* hamper
in'tralcio *nm* hitch; **essere d'~** be a hindrance (**a** to)
intrallaz'zare *vi* intrigue. **intral'lazzo** *nm* racket
intramon'tabile *a* timeless
intramusco'lare *a* intramuscular
intransi'gen|te *a* intransigent, uncompromising. **~za** *nf* intransigence
intransi'tivo *a* intransitive
intrappo'lato *a* **rimanere ~** be trapped
intrapren'den|te *a* enterprising. **~za** *nf* initiative
intra'prendere *vt* undertake
intrat'tabile *a* very difficult
intratte'n|ere *vt* entertain. **~ersi** *vr* linger. **~i'mento** *nm* entertainment
intrave'dere *vt* catch a glimpse of; (*presagire*) foresee
intrecci'ar|e *vt* interweave; plait ‹*capelli, corda*›. **~si** *vr* intertwine; (*aggrovigliarsi*) become tangled; **~e le mani** clasp one's hands
in'treccio *nm* (*trama*) plot
in'trepido *a* intrepid
intri'cato *a* tangled
intri'gante *a* scheming; (*affascinante*) intriguing
intri'ga|re *vt* entangle; (*incuriosire*) intrigue ● *vi* intrigue, scheme. **~rsi** *vr* meddle. **in'trigo** *nm* plot; **intrighi** *pl* intrigues
in'trinseco *a* intrinsic
in'triso *a* **~ di** soaked in
intri'stirsi *vr* grow sad
intro'du|rre *vt* introduce; (*inserire*) insert; **~rre a** (*iniziare a*) introduce to. **~rsi** *vr* get in (**in** to). **~t'tivo** *a* ‹*pagine, discorso*› introductory. **~zi'one** *nf* introduction
in'troito *nm* income, revenue; (*incasso*) takings *pl*
intro'metter|e *vt* introduce. **~si** *vr* interfere; (*interporsi*) intervene. **intromissi'one** *nf* intervention
intro'vabile *a* that can't be found; ‹*prodotto*› unobtainable
intro'verso, -a *a* introverted ● *nmf* introvert
intrufo'larsi *vr* sneak in
in'truglio *nm* concoction
intrusi'one *nf* intrusion. **in'truso, -a** *nmf* intruder
intu'i|re *vt* perceive
intui|tiva'mente *adv* intuitively. **~'tivo** *a* intuitive. **in'tuito** *nm* intuition. **~zi'one** *nf* intuition
inuguagli'anza *nf* inequality
inu'mano *a* inhuman
inu'mare *vt* inter
inumi'dir|e *vt* dampen; moisten ‹*labbra*›. **~si** *vr* become damp
i'nutil|e *a* useless; (*superfluo*) unnecessary. **~ità** *nf* uselessness
inutiliz'za|bile *a* unusable. **~to** *a* unused
inutil'mente *adv* fruitlessly
inva'dente *a* intrusive
in'vadere *vt* invade; (*affollare*) overrun
invali'd|are *vt* invalidate. **~ità** *nf* disability; *Jur* invalidity. **in'valido, -a** *a* invalid; (*handicappato*) disabled ● *nmf* disabled person
in'vano *adv* in vain
invari'abil|e *a* invariable
invari'ato *a* unchanged
invasi'one *nf* invasion. **in'vaso** *pp di* **invadere**. **inva'sore** *a* invading ● *nm* invader
invecchia'mento *nm* (*di vino*) maturation
invecchi'are *vt/i* age

in'vece *adv* instead; (*anzi*) but; **~ di** instead of
inve'ire *vi* **~ contro** inveigh against
inven'd|ibile *a* unsaleable. **~uto** *a* unsold
inven'tare *vt* invent
inventari'are *vt* make an inventory of. **inven'tario** *nm* inventory
inven|'tivo, -a *a* inventive ● *nf* inventiveness. **~-'tore, ~'trice** *nmf* inventor. **~zi'one** *nf* invention
inver'nale *a* wintry. **in'verno** *nm* winter
invero'simile *a* improbable
inversa'mente *adv* inversely; **~ proporzionale** in inverse proportion
inversi'one *nf* inversion; *Mech* reversal. **in'verso** *a* inverse; (*opposto*) opposite ● *nm* opposite
inverte'brato *a & nm* invertebrate
inver'ti|re *vt* reverse; (*capovolgere*) turn upside down. **~to, -a** *nmf* homosexual
investi'ga|re *vt* investigate. **~'tore** *nm* investigator. **~zi'one** *nf* investigation
investi'mento *nm* investment; (*incidente*) crash
inve'sti|re *vt* invest; (*urtare*) collide with; (*travolgere*) run over; **~re qcno di** invest sb with. **~'tura** *nf* investiture
invet'tiva *nf* invective
invi'a|re *vt* send. **~to, -a** *nmf* envoy; (*di giornale*) correspondent
invidi|a *nf* envy. **~'are** *vt* envy. **~'oso** *a* envious
invigo'rir|e *vt* invigorate. **~si** *vr* become strong
invin'cibile *a* invincible
in'vio *nm* dispatch; *Comput* enter
invio'labile *a* inviolable
invipe'ri|rsi *vr* get nasty. **~to** *a* furious
invi'sibil|e *a* invisible. **~ità** *nf* invisibility
invi'tante *a* ‹*piatto, profumo*› enticing
invi'ta|re *vt* invite. **~to, -a** *nmf* guest. **in'vito** *nm* invitation
invo'ca|re *vt* invoke; (*implorare*) beg. **~zi'one** *nf* invocation
invogli'ar|e *vt* tempt; (*indurre*) induce. **~si** *vr* **~si di** take a fancy to
involon|taria'mente *adv* involuntarily. **~'tario** *a* involuntary
invol'tino *nm Culin* beef olive
in'volto *nm* parcel; (*fagotto*) bundle
in'volucro *nm* wrapping
invulne'rabile *a* invulnerable
inzacche'rare *vt* splash with mud
inzup'par|e *vt* soak; (*intingere*) dip. **~si** *vr* get soaked
'io *pron* I; **chi è? – [sono] io** who is it? – [it's] me; **l'ho fatto io [stesso]** I did it myself ● *nm* **l'~** the ego
i'odio *nm* iodine
I'onio *nm* **lo ~** the Ionian [Sea]
i'osa: **a ~** *adv* in abundance
iperat'tivo *a* hyperactive
ipermer'cato *nm* hypermarket
iper'metrope *a* long-sighted
ipersen'sibile *a* hypersensitive
ipertensi'one *nf* high blood pressure
ip'no|si *nf* hypnosis. **~tico** *a* hypnotic. **~'tismo** *nm* hypnotism. **~tiz'zare** *vt* hypnotize
ipoca'lorico *a* low-calorie
ipocon'driaco, -a *a & nmf* hypochondriac
ipocri'sia *nf* hypocrisy. **i'pocrita** *a* hypocritical ● *nmf* hypocrite
ipo'te|ca *nf* mortgage. **~'care** *vt* mortgage
i'potesi *nf inv* hypothesis; (*caso, eventualità*) eventuality. **ipo'tetico** *a* hypothetical. **ipotiz'zare** *vt* hypothesize
'ippico, -a *a* horse *attrib* ● *nf* riding
ippoca'stano *nm* horse-chestnut
ip'podromo *nm* racecourse
ippo'potamo *nm* hippopotamus
'ira *nf* anger. **~'scibile** *a* irascible
i'rato *a* irate
'iride *nf Anat* iris; (*arcobaleno*) rainbow
Ir'lan|da *nf* Ireland. **~da del Nord** Northern Ireland. **i~'dese** *a* Irish ● *nm* Irishman; (*lingua*) Irish ● *nf* Irishwoman
iro'nia *nf* irony. **i'ronico** *a* ironic[al]
irradi'a|re *vt/i* radiate. **~zi'one** *nf* radiation
irraggiun'gibile *a* unattainable
irragio'nevole *a* unreasonable; ‹*speranza, timore*› irrational; (*assurdo*) absurd
irrazio'nal|e *a* irrational. **~ità** *a* irrationality. **~'mente** *adv* irrationally
irre'a|le *a* unreal. **~'listico** *a* unrealistic. **~liz'zabile** *a* unattainable. **~ltà** *nf* unreality
irrecupe'rabile *a* irrecoverable
irrego'lar|e *a* irregular. **~ità** *nf inv* irregularity
irremo'vibile *a fig* adamant
irrepa'rabile *a* irreparable
irrepe'ribile *a* not to be found; **sarò ~** I won't be contactable
irrepren'sibile *a* irreproachable
irrepri'mibile *a* irrepressible

irrequi'eto *a* restless
irresi'stibile *a* irresistible
irrespon'sabil|e *a* irresponsible. **~ità** *nf* irresponsibility
irrever'sibile *a* irreversible
irrevo'cabile *a* irrevocable
irricono'scibile *a* unrecognizable
irri'ga|re *vt* irrigate; ‹*fiume:*› flow through. **~zi'one** *nf* irrigation
irrigidi'mento *nm* stiffening
irrigi'dir|e *vt,* **~si** *vr* stiffen
irrile'vante *a* unimportant
irrimedi'abile *a* irreparable
irripe'tibile *a* unrepeatable
irri'sorio *a* derisive; ‹*differenza, particolare, somma*› insignificant
irri'ta|bile *a* irritable. **~nte** *a* aggravating
irri'ta|re *vt* irritate. **~rsi** *vr* get annoyed. **~to** *a* irritated; ‹*gola*› sore. **~zi'one** *nf* irritation
irrobu'stir|e *vt* fortify. **~si** *vr* get stronger
ir'rompere *vi* burst (**in** into)
irro'rare *vt* sprinkle
irru'ente *a* impetuous
irruzi'one *nf* **fare ~ in** burst into
i'scritto, -a *pp di* **iscrivere** ● *a* registered ● *nmf* member; **per ~** in writing
i'scriver|e *vt* register. **~si** *vr* **~si a** register at, enrol at ‹*scuola*›; join ‹*circolo ecc*›. **iscrizi'one** *nf* registration; (*epigrafe*) inscription
i'sla|mico *a* Islamic. **~'mismo** *nm* Islam
I'slan|da *nf* Iceland. **i~'dese** *a* Icelandic ● *nmf* Icelander
'isola *nf* island. **le isole britanniche** the British Isles. **~ pedonale** pedestrian precinct. **~ spartitraffico** traffic island. **iso'lano, -a** *a* insular ● *nmf* islander
iso'lante *a* insulating ● *nm* insulator
iso'la|re *vt* isolate; *Mech, Electr* insulate; (*acusticamente*) soundproof. **~to** *a* isolated *nm* (*di appartamenti*) block
ispes'sir|e *vt,* **~si** *vr* thicken
ispetto'rato *nm* inspectorate. **ispet'tore** *nm* inspector. **ispezio'nare** *vt* inspect. **ispezi'one** *nf* inspection
'ispido *a* bristly
ispi'ra|re *vt* inspire; suggest ‹*idea, soluzione*›. **~rsi** *vr* **~rsi a** be based on. **~to** *a* inspired. **~zi'one** *nf* inspiration; (*idea*) idea
Isra'el|e *nm* Israel. **i~i'ano, -a** *a & nmf* Israeli
is'sare *vt* hoist
istan'taneo, -a *a* instantaneous ● *nf* snapshot
i'stante *nm* instant; **all'~** instantly
i'stanza *nf* petition
i'sterico *a* hysterical. **iste'rismo** *nm* hysteria
isti'ga|re *vt* instigate; **~re qcno al male** incite sb to evil. **~'tore, ~'trice** *nmf* instigator. **~zi'one** *nf* instigation
istin|tiva'mente *adv* instinctively. **~'tivo** *a* instinctive. **i'stinto** *nm* instinct; **d'istinto** instinctively
istitu'ire *vt* institute; (*fondare*) found; initiate ‹*manifestazione*›
isti'tu|to *nm* institute; (*universitario*) department; *Sch* secondary school. **~to di bellezza** beauty salon. **~'tore, ~'trice** *nmf* (*insegnante*) tutor; (*fondatore*) founder
istituzio'nale *a* institutional. **istituzi'one** *nf* institution
'istmo *nm* isthmus
'istrice *nm* porcupine
istru'i|re *vt* instruct; (*addestrare*) train; (*informare*) inform; *Jur* prepare. **~to** *a* educated
istrut't|ivo *a* instructive. **~ore, ~rice** *nmf* instructor; **giudice ~ore** examining magistrate. **~oria** *nf Jur* investigation. **istruzi'one** *nf* education; (*indicazione*) instruction
I'tali|a *nf* Italy. **i~'ano, -a** *a & nmf* Italian
itine'rario *nm* route, itinerary
itte'rizia *nf* jaundice
'ittico *a* fishing *attrib*
I.V.A. *nf abbr* (**imposta sul valore aggiunto**) VAT

Jj

jack *nm inv* jack
jazz *nm* jazz. **jaz'zista** *nmf* jazz player
jeep *nf inv* jeep
'jolly *nm inv* (*carta da gioco*) joker
Jugo'slav|ia *nf* Yugoslavia. **j~o, -a** *a & nmf* Yugoslav[ian]
ju'niores *nmfpl Sport* juniors

Kk

ka'jal *nm inv* kohl
kara'oke *nm inv* karaoke
ka'rate *nm* karate
kg *abbr* (**chilogrammo**) kg
km *abbr* (**chilometro**) km

Ll

l' *def art mf* (*before vowel*) the; *vedi* **il**
la *def art f* the; *vedi* **il** ● *pron* (*oggetto, riferito a persona*) her; (*riferito a cosa, animale*) it; (*forma di cortesia*) you ● *nm inv Mus* (*chiave, nota*) A
là *adv* there; **di là** (*in quel luogo*) in there; (*da quella parte*) that way; **eccolo là!** there he is!; **farsi più in là** (*far largo*) make way; **là dentro** in there; **là fuori** out there; **[ma] va là!** come off it!; **più in là** (*nel tempo*) later on; (*nello spazio*) further on
'labbro *nm* (*pl nf Anat* **labbra**) lip
labi'rinto *nm* labyrinth; (*di sentieri ecc*) maze
labora'torio *nm* laboratory; (*di negozio, officina ecc*) workshop
labori'oso *a* (*operoso*) industrious; (*faticoso*) laborious
labu'rista *a* Labour ● *nmf* member of the Labour Party
'lacca *nf* lacquer; (*per capelli*) hairspray, lacquer. **lac'care** *vt* lacquer
'laccio *nm* noose; (*lazo*) lasso; (*trappola*) snare; (*stringa*) lace
lace'rante *a* ‹*grido*› earsplitting
lace'ra|re *vt* tear; lacerate ‹*carne*›. **~rsi** *vr* tear. **~zi'one** *nf* laceration. **'lacero** *a* torn; (*cencioso*) ragged
la'conico *a* laconic
'lacri|ma *nf* tear; (*goccia*) drop. **~'mare** *vi* weep. **~'mevole** *a* tear-jerking
lacri'mogeno *a* **gas ~** tear gas
lacri'moso *a* tearful
la'cuna *nf* gap. **lacu'noso** *a* ‹*preparazione, resoconto*› incomplete
la'custre *a* lake *attrib*
lad'dove *conj* whereas
'ladro, -a *nmf* thief; **al ~!** stop thief! **~'cinio** *nm* theft. **la'druncolo** *nm* petty thief
'lager *nm inv* concentration camp

laggiù *adv* down there; (*lontano*) over there
'lagna *nf* (*fam: persona*) moaning Minnie; (*film*) bore
la'gna|nza *nf* complaint. **~rsi** *vr* moan; (*protestare*) complain (**di** about). **la'gnoso** *a* ‹*persona*› moaning
'lago *nm* lake
la'guna *nf* lagoon
'laico, -a *a* lay; ‹*vita*› secular ● *nm* layman ● *nf* laywoman
'lama *nf* blade ● *nm inv* (*animale*) llama
lambic'carsi *vr* **~ il cervello** rack one's brains
lam'bire *vt* lap
lamé *nm inv* lamé
lamen'tar|e *vt* lament. **~si** *vr* moan. **~si di** (*lagnarsi*) complain about
lamen'te|la *nf* complaint. **~vole** *a* mournful; (*pietoso*) pitiful. **la'mento** *nm* moan
la'metta *nf* **~** [**da barba**] razor blade
lami'era *nf* sheet metal
'lamina *nf* foil. **~ d'oro** gold leaf
lami'na|re *vt* laminate. **~to** *a* laminated ● *nm* laminate; (*tessuto*) lamé
'lampa|da *nf* lamp. **~da abbronzante** sunlamp. **~da a pila** torch. **~'dario** *nm* chandelier. **~'dina** *nf* light bulb
lam'pante *a* clear
lampeggi'a|re *vi* flash. **~'tore** *nm* *Auto* indicator
lampi'one *nm* street lamp
'lampo *nm* flash of lightning; (*luce*) flash; **lampi** *pl* lightning *sg*. **~ di genio** stroke of genius. [**cerniera**] **~** zip [fastener], zipper *Am*
lam'pone *nm* raspberry
'lana *nf* wool; **di ~** woollen. **~ d'acciaio** steel wool. **~ vergine** new wool. **~ di vetro** glass wool
lan'cetta *nf* pointer; (*di orologio*) hand
'lancia *nf* (*arma*) spear, lance; *Naut* launch
lanci'ar|e *vt* throw; (*da un aereo*) drop; launch ‹*missile, prodotto*›; give ‹*grido*›; **~e uno sguardo a** glance at. **~si** *vr* fling oneself; (*intraprendere*) launch out
lanci'nante *a* piercing
'lancio *nm* throwing; (*da aereo*) drop; (*di missile, prodotto*) launch. **~ del disco** discus [throwing]. **~ del giavellotto** javelin [throwing]. **~ del peso** putting the shot
'landa *nf* heath
'languido *a* languid
lani'ero *a* wool
lani'ficio *nm* woollen mill
lan'terna *nf* lantern; (*faro*) lighthouse
la'nugine *nf* down
lapi'dare *vt* stone; *fig* demolish
lapi'dario *a* (*conciso*) terse
'lapide *nf* tombstone; (*commemorativa*) memorial tablet
'lapis *nm inv* pencil
'lapsus *nm inv* lapse, error
'lardo *nm* lard
larga'mente *adv* (*ampiamente*) widely
lar'ghezza *nf* width, breadth; *fig* liberality. **~ di vedute** broadmindedness
'largo *a* wide; (*ampio*) broad; ‹*abito*› loose; (*liberale*) liberal; (*abbondante*) generous; **stare alla larga** keep away; **~ di manica** generous; **essere ~ di spalle/vedute** be broad-shouldered/ minded ● *nm* width; **andare al ~** *Naut* go out to sea; **fare ~** make room; **farsi ~** make one's way; **al ~ di** off the coast of
'larice *nm* larch
la'ringe *nf* larynx. **larin'gite** *nf* laryngitis
'larva *nf* larva; (*persona emaciata*) shadow
la'sagne *nfpl* lasagna *sg*
lasciapas'sare *nm inv* pass
lasci'ar|e *vt* leave; (*rinunciare*) give up; (*rimetterci*) lose; (*smettere di tenere*) let go [of]; (*concedere*) let; **~e di fare qcsa** (*smettere*) stop doing sth; **lascia perdere!** forget it!; **lascialo venire, lascia che venga** let him come. **~si** *vr* (*reciproco*) leave each other, split up; **~si andare** let oneself go
'lascito *nm* legacy
'laser *a & nm inv* [**raggio**] **~** laser [beam]
lassa'tivo *a & nm* laxative
'lasso *nm* **~ di tempo** period of time
lassù *adv* up there
'lastra *nf* slab; (*di ghiaccio*) sheet; (*di metallo, Phot*) plate; (*radiografia*) X-ray [plate]
lastri'ca|re *vt* pave. **~to, 'lastrico** *nm* pavement; **sul lastrico** on one's beam-ends
la'tente *a* latent
late'rale *a* side *attrib*; *Med, Techn ecc* lateral; **via ~** side street
late'rizi *nmpl* bricks
lati'fondo *nm* large estate
la'tino *a & nm* Latin
lati'tan|te *a* in hiding ● *nmf* fugitive [from justice]
lati'tudine *nf* latitude

'lato *a* (*ampio*) broad; **in senso ~** broadly speaking ● *nm* side; (*aspetto*) aspect; **a ~ di** beside; **dal ~ mio** (*punto di vista*) for my part; **d'altro ~** *fig* on the other hand
la'tra|re *vi* bark. **~to** *nm* barking
la'trina *nf* latrine
'latta *nf* tin, can
lat'taio *nm* milkman
lat'tante *a* breast-fed ● *nmf* suckling
'latt|e *nm* milk. **~e acido** sour milk. **~e condensato** condensed milk. **~e detergente** cleansing milk. **~e in polvere** powdered milk. **~e scremato** skimmed milk. **~eo** *a* milky. **~e'ria** *nf* dairy. **~i'cini** *nmpl* dairy products. **~i'era** *nf* milk jug
lat'tina *nf* can
lat'tuga *nf* lettuce
'laure|a *nf* degree; **prendere la ~a** graduate. **~'ando, -a** *nmf* final-year student
laure'a|rsi *vr* graduate. **~to, -a** *a & nmf* graduate
'lauro *nm* laurel
'lauto *a* lavish; **~ guadagno** handsome profit
'lava *nf* lava
la'vabile *a* washable
la'vabo *nm* wash-basin
la'vaggio *nm* washing. **~ automatico** (*per auto*) carwash. **~ del cervello** brainwashing. **~ a secco** dry-cleaning
la'vagna *nf* slate; *Sch* blackboard
la'van|da *nf* wash; *Bot* lavender; **fare una ~da gastrica** have one's stomach pumped. **~'daia** *nf* washerwoman. **~de'ria** *nf* laundry. **~deria automatica** launderette
lavan'dino *nm* sink; (*hum: persona*) bottomless pit
lavapi'atti *nmf inv* dishwasher
la'var|e *vt* wash; **~e i piatti** wash up. **~si** *vr* wash, have a wash; **~si i denti** brush one's teeth; **~si le mani** wash one's hands
lava'secco *nmf inv* dry-cleaner's
lavasto'viglie *nf inv* dishwasher
la'vata *nf* wash; **darsi una ~** have a wash; **~ di capo** *fig* scolding
lava'tivo, -a *nmf* idler
lava'trice *nf* washing-machine
lavo'rante *nmf* worker
lavo'ra|re *vi* work ● *vt* work; knead ‹*pasta ecc*›; till ‹*la terra*›; **~re a maglia** knit. **~'tivo** *a* working. **~to** *a* ‹*pietra, legno*› carved; ‹*cuoio*› tooled; ‹*metallo*› wrought. **~'tore, ~'trice** *nmf* worker ● *a* working. **~zi'one** *nf* manufacture; (*di terra*) working; (*artigianale*) workmanship; (*del terreno*) cultivation. **lavo'rio** *nm* intense activity
la'voro *nm* work; (*faticoso, sociale*) labour; (*impiego*) job; *Theat* play; **mettersi al ~** set to work (**su** on). **~ a maglia** knitting. **~ nero** moonlighting. **~ straordinario** overtime. **~ a tempo pieno** full-time job. **lavori** *pl* **di casa** housework. **lavori** *pl* **in corso** roadworks. **lavori** *pl* **forzati** hard labour. **lavori** *pl* **stradali** roadworks
le *def art fpl* the; *vedi* **il** ● *pron* (*oggetto*) them; (*a lei*) her; (*forma di cortesia*) you
le'al|e *a* loyal. **~'mente** *adv* loyally. **~tà** *nf* loyalty
'lebbra *nf* leprosy
'lecca 'lecca *nm inv* lollipop
leccapi'edi *nmf inv pej* bootlicker
lec'ca|re *vt* lick; *fig* suck up to. **~rsi** *vr* lick; (*fig: agghindarsi*) doll oneself up; **da ~rsi i baffi** mouth-watering. **~ta** *nf* lick
leccor'nia *nf* delicacy
'lecito *a* lawful; (*permesso*) permissible
'ledere *vt* damage; *Med* injure
'lega *nf* league; (*di metalli*) alloy; **far ~ con qcno** take up with sb
le'gaccio *nm* string; (*delle scarpe*) shoelace
le'gal|e *a* legal ● *nm* lawyer. **~ità** *nf* legality. **~iz'zare** *vt* authenticate; (*rendere legale*) legalize. **~'mente** *adv* legally
le'game *nm* tie; (*amoroso*) liaison; (*connessione*) link
lega'mento *nm Med* ligament
le'gar|e *vt* tie; tie up ‹*persona*›; tie together ‹*due cose*›; (*unire, rilegare*) bind; alloy ‹*metalli*›; (*connettere*) connect; **~sela al dito** bear a grudge ● *vi* (*far lega*) get on well. **~si** *vr* bind oneself; **~si a qcno** become attached to sb
le'gato *nm* legacy; *Relig* legate
lega'tura *nf* tying; (*di libro*) binding
le'genda *nf* legend
'legge *nf* law; (*parlamentare*) act; **a norma di ~** by law
leg'genda *nf* legend; (*didascalia*) caption. **leggen'dario** *a* legendary
'leggere *vt/i* read
legge'r|ezza *nf* lightness; (*frivolezza*) frivolity; (*incostanza*) fickleness. **~'mente** *adv* slightly
leg'gero *a* light; ‹*bevanda*› weak; (*lieve*) slight; (*frivolo*) frivolous; (*incostante*) fickle; **alla leggera** frivolously

leg'gibile *a* ‹*scrittura*› legible; ‹*stile*› readable
leg'gio *nm* lectern; *Mus* music stand
legife'rare *vi* legislate
legio'nario *nm* legionary. **legi'one** *nf* legion
legisla'tivo *a* legislative. **~'tore** *nm* legislator. **~'tura** *nf* legislature. **~zi'one** *nf* legislation
legittimità *nf* legitimacy. **le'gittimo** *a* legitimate; (*giusto*) proper; **legittima difesa** self-defence
'legna *nf* firewood
le'gname *nm* timber
le'gnata *nf* blow with a stick
'legno *nm* wood; **di ~** wooden. **~ compensato** plywood. **le'gnoso** *a* woody
le'gume *nm* pod
'lei *pron* (*soggetto*) she; (*oggetto, con prep*) her; (*forma di cortesia*) you; **lo ha fatto ~ stessa** she did it herself
'lembo *nm* edge; (*di terra*) strip
'lemma *nm* headword
'lena *nf* vigour
le'nire *vt* soothe
lenta'mente *adv* slowly
'lente *nf* lens. **~ a contatto** contact lens. **~ d'ingrandimento** magnifying glass
len'tezza *nf* slowness
len'ticchia *nf* lentil
len'tiggine *nf* freckle
'lento *a* slow; (*allentato*) slack; ‹*abito*› loose
'lenza *nf* fishing-line
len'zuolo *nm* (*pl f* **lenzuola**) *nm* sheet
le'one *nm* lion; *Astr* Leo
leo'pardo *nm* leopard
'lepre *nf* hare
'lercio *a* filthy
'lesbica *nf* lesbian
lesi'nare *vt* grudge ● *vi* be stingy
lesio'nare *vt* damage. **lesi'one** *nf* lesion
'leso *pp di* **ledere** ● *a* injured
les'sare *vt* boil
'lessico *nm* vocabulary
'lesso *a* boiled ● *nm* boiled meat
'lesto *a* quick; ‹*mente*› sharp
le'tale *a* lethal
leta'maio *nm* dunghill; *fig* pigsty. **le'tame** *nm* dung
le'targ|ico *a* lethargic. **~o** *nm* lethargy; (*di animali*) hibernation
le'tizia *nf* joy
'lettera *nf* letter; **alla ~** literally; **~ maiuscola** capital letter; **~ minuscola** small letter; **lettere** *pl* (*letteratura*) literature *sg*; *Univ* Arts; **dottore in lettere** BA, Bachelor of Arts
lette'rale *a* literal
lette'rario *a* literary
lette'rato *a* well-read
lettera'tura *nf* literature
let'tiga *nf* stretcher
let'tino *nm* cot; *Med* couch
'letto *nm* bed. **~ a castello** bunkbed. **~ a una piazza** single bed. **~ a due piazze** double bed. **~ matrimoniale** double bed
letto'rato *nm* (*corso*) ≈ tutorial
let'tore, -'trice *nmf* reader; *Univ* language assistant ● *nm Comput* disk drive. **~ di CD-ROM** CD-Rom drive
let'tura *nf* reading
leuce'mia *nf* leukaemia
'leva *nf* lever; *Mil* call-up; **far ~** lever. **~ del cambio** gear lever
le'vante *nm* East; (*vento*) east wind
le'va|re *vt* (*alzare*) raise; (*togliere*) take away; (*rimuovere*) take off; (*estrarre*) pull out; **~re di mezzo qcsa** get sth out of the way. **~rsi** *vr* rise; (*da letto*) get up; **~rsi di mezzo, ~rsi dai piedi** get out of the way. **~ta** *nf* rising; (*di posta*) collection
leva'taccia *nf* **fare una ~** get up at the crack of dawn
leva'toio *a* **ponte ~** drawbridge
levi'ga|re *vt* smooth; (*con carta vetro*) rub down. **~to** *a* ‹*superficie*› polished
levri'ero *nm* greyhound
lezi'one *nf* lesson; *Univ* lecture; (*rimprovero*) rebuke
lezi'oso *a* ‹*stile, modi*› affected
li *pron mpl* them
lì *adv* there; **fin lì** as far as there; **giù di lì** thereabouts; **lì per lì** there and then
Li'bano *nm* Lebanon
'libbra *nf* (*peso*) pound
li'beccio *nm* south-west wind
li'bellula *nf* dragon-fly
libe'rale *a* liberal; (*generoso*) generous ● *nmf* liberal
libe'ra|re *vt* free; release ‹*prigioniero*›; vacate ‹*stanza*›; (*salvare*) rescue. **~rsi** *vr* ‹*stanza:*› become vacant; *Teleph* become free; (*da impegno*) get out of it; **~rsi di** get rid of. **~'tore, ~'trice** *a* liberating ● *nmf* liberator. **~'torio** *a* liberating. **~zi'one** *nf* liberation; **la L~zione** (*ricorrenza*) Liberation Day
'liber|o *a* free; ‹*strada*› clear. **~o docente** qualified university lecturer. **~o professionista** self-employed person. **~tà** *nf inv* freedom; (*di pri-*

gioniero) release. **~tà provvisoria** *Jur* bail; **~tà** *pl* (*confidenze*) liberties

'liberty *nm & a inv* Art Nouveau

'Libi|a *nf* Libya. **l~co, -a** *a & nmf* Libyan

li'bidi|ne *nf* lust. **~'noso** *a* lustful. **li'bido** *nf* libido

libra'io *nm* bookseller

libre'ria *nf* (*negozio*) bookshop; (*mobile*) bookcase; (*biblioteca*) library

li'bretto *nm* booklet; *Mus* libretto. **~ degli assegni** cheque book. **~ di circolazione** logbook. **~ d'istruzioni** instruction booklet. **~ di risparmio** bankbook. **~ universitario** *book held by students which records details of their exam performances*

'libro *nm* book. **~ giallo** thriller. **~ paga** payroll

lice'ale *nmf* secondary-school student ● *a* secondary-school *attrib*

li'cenza *nf* licence; (*permesso*) permission; *Mil* leave; *Sch* school-leaving certificate; **essere in ~** be on leave

licenzia'mento *nm* dismissal

licenzi'a|re *vt* dismiss, sack *fam*. **~rsi** *vr* (*da un impiego*) resign; (*accomiatarsi*) take one's leave

li'ceo *nm* secondary school, high school. **~ classico** *secondary school with an emphasis on humanities*. **~ scientifico** *secondary school with an emphasis on sciences*

li'chene *nm* lichen

'lido *nm* beach

li'eto *a* glad; ‹*evento*› happy; **molto ~!** pleased to meet you!

li'eve *a* light; (*debole*) faint; (*trascurabile*) slight

lievi'tare *vi* rise ● *vt* leaven. **li'evito** *nm* yeast. **lievito in polvere** baking powder

'lifting *nm inv* face-lift

'ligio *a* **essere ~ al dovere** have a sense of duty

'lilla *nf Bot* lilac ● *nm* (*colore*) lilac

'lima *nf* file

limacci'oso *a* slimy

li'mare *vt* file

'limbo *nm* limbo

li'metta *nf* nail-file

limi'ta|re *nm* threshold ● *vt* limit. **~rsi** *vr* **~rsi a fare qcsa** restrict oneself to doing sth; **~rsi in qcsa** cut down on sth. **~'tivo** *a* limiting. **~to** *a* limited. **~zi'one** *nf* limitation

'limite *nm* limit; (*confine*) boundary. **~ di velocità** speed limit

li'mitrofo *a* neighbouring

limo'nata *nf* (*bibita*) lemonade; (*succo*) lemon juice

li'mone *nm* lemon; (*albero*) lemon tree

'limpido *a* clear; ‹*occhi*› limpid

'lince *nf* lynx

linci'are *vt* lynch

'lindo *a* neat; (*pulito*) clean

'linea *nf* line; (*di autobus, aereo*) route; (*di metro*) line; (*di abito*) cut; (*di automobile*) design; (*fisico*) figure; **in ~ d'aria** as the crow flies; **è caduta la ~** I've been cut off; **in ~ di massima** as a rule; **a grandi linee** in outline; **mantenere la ~** keep one's figure; **in prima ~** in the front line; **mettersi in ~** line up; **nave di ~** liner; **volo di ~** scheduled flight. **~ d'arrivo** finishing line. **~ continua** unbroken line

linea'menti *nmpl* features

line'are *a* linear; ‹*discorso*› to the point; ‹*ragionamento*› consistent

line'etta *nf* (*tratto lungo*) dash; (*d'unione*) hyphen

lin'gotto *nm* ingot

'lingu|a *nf* tongue; (*linguaggio*) language. **~'accia** *nf* (*persona*) backbiter. **~'aggio** *nm* language. **~'etta** *nf* (*di scarpa*) tongue; (*di strumento*) reed; (*di busta*) flap

lingu'ist|a *nmf* linguist. **~ica** *nf* linguistics *sg*. **~ico** *a* linguistic

'lino *nm Bot* flax; (*tessuto*) linen

li'noleum *nm* linoleum

liofiliz'za|re *vt* freeze-dry. **~to** *a* freeze-dried

liposuzi'one *nf* liposuction

lique'far|e *vt*, **~si** *vr* liquefy; (*sciogliersi*) melt

liqui'da|re *vt* liquidate; settle ‹*conto*›; pay off ‹*debiti*›; clear ‹*merce*›; (*fam: uccidere*) get rid of. **~zi'one** *nf* liquidation; (*di conti*) settling; (*di merce*) clearance sale

'liquido *a & nm* liquid

liqui'rizia *nf* liquorice

li'quore *nm* liqueur; **liquori** *pl* (*bevande alcooliche*) liquors

'lira *nf* lira; *Mus* lyre

'lirico, -a *a* lyrical; ‹*poesia*› lyric; ‹*cantante, musica*› opera *attrib* ● *nf* lyric poetry; *Mus* opera

'lisca *nf* fishbone; **avere la ~** (*fam: nel parlare*) have a lisp

lisci'are *vt* smooth; (*accarezzare*) stroke. **'liscio** *a* smooth; ‹*capelli*› straight; ‹*liquore*› neat; (*non gassato*) still; **passarla liscia** get away with it

'liso *a* worn [out]
'lista *nf* list; (*striscia*) strip. **~ di attesa** waiting list; **in ~ di attesa** *Aeron* stand-by. **~ elettorale** electoral register. **~ di nozze** wedding list. **li'stare** *vt* edge; *Comput* list
li'stino *nm* list. **~ prezzi** price list
Lit. *abbr* (**lire italiane**) Italian lire
'lite *nf* quarrel; (*baruffa*) row; *Jur* lawsuit
liti'gare *vi* quarrel. **li'tigio** *nm* quarrel. **litigi'oso** *a* quarrelsome
lito'rale *a* coastal ● *nm* coast
'litro *nm* litre
li'turgico *a* liturgical
li'vella *nf* level. **~ a bolla d'aria** spirit level
livel'lar|e *vt* level. **~si** *vr* level out
li'vello *nm* level; **passaggio a ~** level crossing; **sotto/sul ~ del mare** below/above sea level
'livido *a* livid; (*per il freddo*) blue; (*per una botta*) black and blue ● *nm* bruise
Li'vorno *nf* Leghorn
'lizza *nf* lists *pl*; **essere in ~ per qcsa** be in the running for sth
lo *def art m* (*before s + consonant, gn, ps, z*) the; *vedi* **il** ● *pron* (*riferito a persona*) him; (*riferito a cosa*) it; **non lo so** I don't know
'lobo *nm* lobe
lo'cal|e *a* local ● *nm* (*stanza*) room; (*treno*) local train; **~i** *pl* (*edifici*) premises. **~e notturno** night-club. **~ità** *nf inv* locality
localiz'zare *vt* localize; (*trovare*) locate
lo'cand|a *nf* inn
locan'dina *nf* bill, poster
loca|'tario, -a *nmf* tenant. **~'tore, ~'trice** *nm* landlord ● *nf* landlady. **~zi'one** *nf* tenancy
locomo|'tiva *nf* locomotive. **~zi'one** *nf* locomotion; **mezzi di ~zione** means of transport
'loculo *nm* burial niche
lo'custa *nf* locust
locuzi'one *nf* expression
lo'dare *vt* praise. **'lode** *nf* praise; **laurea con lode** first-class degree
'loden *nm inv* (*cappotto*) loden coat
lo'devole *a* praiseworthy
'lodola *nf* lark
'loggia *nf* loggia; (*massonica*) lodge
loggi'one *nm* gallery, the gods
'logica *nf* logic
logica'mente *adv* (*in modo logico*) logically; (*ovviamente*) of course
'logico *a* logical
lo'gistica *nf* logistics *sg*
logo'rante *a* ‹*esperienza*› wearing
logo'ra|re *vt* wear out; (*sciupare*) waste. **~rsi** *vr* wear out; ‹*persona:*› wear oneself out. **logo'rio** *nm* wear and tear. **'logoro** *a* worn-out
lom'baggine *nf* lumbago
Lombar'dia *nf* Lombardy
lom'bata *nf* loin. **'lombo** *nm Anat* loin
lom'brico *nm* earthworm
'Londra *nf* London
lon'gevo *a* long-lived
longi'lineo *a* tall and slim
longi'tudine *nf* longitude
lontana'mente *adv* distantly; (*vagamente*) vaguely; **neanche ~** not for a moment
lonta'nanza *nf* distance; (*separazione*) separation; **in ~** in the distance
lon'tano *a* far; (*distante*) distant; (*nel tempo*) far-off, distant; ‹*parente*› distant; (*vago*) vague; (*assente*) absent; **più ~** further ● *adv* far [away]; **da ~** from a distance; **tenersi ~ da** keep away from
'lontra *nf* otter
lo'quace *a* talkative
'lordo *a* dirty; ‹*somma, peso*› gross
'loro[1] *pron pl* (*soggetto*) they; (*oggetto*) them; (*forma di cortesia*) you; **sta a ~** it is up to them
'loro[2] (**il ~** *m*, **la ~** *f*, **i ~** *mpl*, **le ~** *fpl*) *a* their; (*forma di cortesia*) your; **un ~ amico** a friend of theirs; (*forma di cortesia*) a friend of yours ● *pron* theirs; (*forma di cortesia*) yours; **i ~** their folk
lo'sanga *nf* lozenge; **a losanghe** diamond-shaped
'losco *a* suspicious
'loto *nm* lotus
'lott|a *nf* fight, struggle; (*contrasto*) conflict; *Sport* wrestling. **lot'tare** *vi* fight, struggle; *Sport, fig* wrestle. **~a'tore** *nm* wrestler
lotte'ria *nf* lottery
'lotto *nm* [national] lottery; (*porzione*) lot; (*di terreno*) plot
lozi'one *nf* lotion
lubrifi'ca|nte *a* lubricating ● *nm* lubricant. **~re** *vt* lubricate
luc'chetto *nm* padlock
lucci'ca|nte *a* sparkling. **~re** *vi* sparkle. **lucci'chio** *nm* sparkle
'luccio *nm* pike
'lucciola *nf* glow-worm
'luce *nf* light; **far ~ su** shed light on; **dare alla ~** give birth to. **~ della luna** moonlight. **luci** *pl* **di posizione** sidelights. **~ del sole** sunlight

lu'cen|te *a* shining. **~'tezza** *nf* shine
lucer'nario *nm* skylight
lu'certola *nf* lizard
lucida'labbra *nm inv* lip gloss
luci'da|re *vt* polish. **~'trice** *nf* [floor-]polisher. **'lucido** *a* shiny; ‹*pavimento, scarpe*› polished; (*chiaro*) clear; ‹*persona, mente*› lucid; ‹*occhi*› watery ● *nm* shine. **lucido [da scarpe]** [shoe] polish
lucra'tivo *a* lucrative. **'lucro** *nm* lucre
'luglio *nm* July
'lugubre *a* gloomy
'lui *pron* (*soggetto*) he; (*oggetto, con prep*) him; **lo ha fatto ~ stesso** he did it himself
lu'maca *nf* (*mollusco*) slug; *fig* slowcoach
'lume *nm* lamp; (*luce*) light; **a ~ di candela** by candlelight
luminosità *nf* brightness. **lumi'noso** *a* luminous; ‹*stanza, cielo ecc*› bright
'luna *nf* moon; **chiaro di ~** moonlight; **avere la ~ storta** be in a bad mood. **~ di miele** honeymoon
luna park *nm inv* fairground
lu'nare *a* lunar
lu'nario *nm* almanac; **sbarcare il ~** make both ends meet
lu'natico *a* moody
lunedì *nm inv* Monday
lu'netta *nf* half-moon [shape]
lun'gaggine *nf* slowness
lun'ghezza *nf* length. **~ d'onda** wavelength
'lungi *adv* **ero [ben] ~ dall'immaginare che...** I never dreamt for a moment that...
lungimi'rante *a* far-seeing
'lungo *a* long; (*diluito*) weak; (*lento*) slow; **saperla lunga** be shrewd ● *nm* length; **di gran lunga** by far; **andare per le lunghe** drag on ● *prep* (*durante*) throughout; (*per la lunghezza di*) along
lungofi'ume *nm* riverside
lungo'lago *nm* lakeside
lungo'mare *nm* sea front
lungome'traggio *nm* feature film
lu'notto *nm* rear window
lu'ogo *nm* place; (*punto preciso*) spot; (*passo d'autore*) passage; **aver ~** take place; **dar ~ a** give rise to; **del ~** ‹*usanze*› local. **~ comune** platitude. **~ pubblico** public place
luogote'nente *nm Mil* lieutenant
lu'petto *nm* Cub [Scout]
'lupo *nm* wolf
'luppolo *nm* hop
'lurido *a* filthy. **luri'dume** *nm* filth
lu'singa *nf* flattery
lusin'g|are *vt* flatter. **~arsi** *vr* flatter oneself; (*illudersi*) fool oneself. **~hi'ero** *a* flattering
lus'sa|re *vt*, **~rsi** *vr* dislocate. **~zi'one** *nf* dislocation
Lussem'burgo *nm* Luxembourg
'lusso *nm* luxury; **di ~** luxury *attrib*
lussu'oso *a* luxurious
lussureggi'ante *a* luxuriant
lus'suria *nf* lust
lu'strare *vt* polish
lu'strino *nm* sequin
'lustro *a* shiny ● *nm* sheen; *fig* prestige; (*quinquennio*) five-year period
'lutt|o *nm* mourning; **~o stretto** deep mourning. **~u'oso** *a* mournful

Mm

m *abbr* (**metro**) m
ma *conj* but; (*eppure*) yet; **ma!** (*dubbio*) I don't know; (*indignazione*) really!; **ma davvero?** really?; **ma sì!** why not!; (*certo che sì*) of course!
'macabro *a* macabre
macché *int* of course not!
macche'roni *nmpl* macaroni *sg*
macche'ronico *a* ‹*italiano*› broken
'macchia[1] *nf* stain; (*di diverso colore*) spot; (*piccola*) speck; **senza ~** spotless
'macchia[2] *nf* (*boscaglia*) scrub; **darsi alla ~** take to the woods
macchi'a|re *vt*, **~rsi** *vr* stain. **~to** *a* ‹*caffè*› with a dash of milk; **~to di** (*sporco*) stained with
'macchina *nf* machine; (*motore*) engine; (*automobile*) car. **~ da cucire** sewing machine. **~ da presa** cine cam-

era, movie camera. **~ da scrivere** typewriter
macchinal'mente *adv* mechanically
macchi'nare *vt* plot
macchi'nario *nm* machinery
macchi'netta *nf* (*per i denti*) brace
macchi'nista *nm Rail* engine-driver; *Naut* engineer; *Theat* stagehand
macchi'noso *a* complicated
Mace'donia *nf* Macedonia
mace'donia *nf* fruit salad
macel'la|io *nm* butcher. **~re** *vt* slaughter. **macelle'ria** *nf* butcher's [shop]. **ma'cello** *nm* slaughterhouse; *fig* shambles *sg*; **andare al macello** *fig* go to the slaughter; **mandare al macello** *fig* send to his/her death
mace'rar|e *vt* macerate; *fig* distress. **~si** *vr* be consumed
ma'cerie *nfpl* rubble *sg*; (*rottami*) debris *sg*
ma'cigno *nm* boulder
'macina *nf* millstone
macinacaffè *nm inv* coffee mill
macina'pepe *nm inv* pepper mill
maci'na|re *vt* mill. **~to** *a* ground ● *nm* (*carne*) mince. **maci'nino** *nm* mill; (*hum: macchina*) old banger
maciul'lare *vt* (*stritolare*) crush
macrobiotic|a *nf* **negozio di ~a** health-food shop. **~o** *a* macrobiotic
macro'scopico *a* macroscopic
macu'lato *a* spotted
'madido *a* **~ di** moist with
Ma'donna *nf* Our Lady
mador'nale *a* gross
'madre *nf* mother. **~'lingua** *a inv* **inglese ~lingua** English native speaker. **~'patria** *nf* native land. **~'perla** *nf* mother-of-pearl
ma'drina *nf* godmother
maestà *nf* majesty
maestosità *nf* majesty. **mae'stoso** *a* majestic
mae'strale *nm* northwest wind
mae'stranza *nf* workers *pl*
mae'stria *nf* mastery
ma'estro, -a *nmf* teacher ● *nm* master; *Mus* maestro. **~ di cerimonie** master of ceremonies ● *a* (*principale*) chief; (*di grande abilità*) skilful
'mafi|a *nf* Mafia. **~'oso** *a* of the Mafia ● *nm* member of the Mafia, Mafioso
'maga *nf* sorceress
ma'gagna *nf* fault
ma'gari *adv* (*forse*) maybe ● *int* I wish! ● *conj* (*per esprimere desiderio*) if only; (*anche se*) even if
magazzini'ere *nm* storesman, warehouseman. **magaz'zino** *nm* warehouse; (*emporio*) shop; **grande magazzino** department store
'maggio *nm* May
maggio'lino *nm* May bug
maggio'rana *nf* marjoram
maggio'ranza *nf* majority
maggio'rare *vt* increase
maggior'domo *nm* butler
maggi'ore *a* (*di dimensioni, numero*) bigger, larger; (*superlativo*) biggest, largest; (*di età*) older; (*superlativo*) oldest; (*di importanza, Mus*) major; (*superlativo*) greatest; **la maggior parte di** most; **la maggior parte del tempo** most of the time ● *pron* (*di dimensioni*) the bigger, the larger; (*superlativo*) the biggest, the largest; (*di età*) the older; (*superlativo*) the oldest; (*di importanza*) the major; (*superlativo*) the greatest ● *nm Mil* major; *Aeron* squadron leader. **maggio'renne** *a* of age ● *nmf* adult
maggior|i'tario *a* ‹*sistema*› first-past-the-post *attrib.* **~'mente** *adv* [all] the more; (*più di tutto*) most
'Magi *nmpl* **i re ~** the Magi
ma'gia *nf* magic; (*trucco*) magic trick
magica'mente *adv* magically. **'magico** *a* magic
magi'stero *nm* (*insegnamento*) teaching; (*maestria*) skill; **facoltà di ~** arts faculty
magi'strale *a* masterly; **istituto ~e** teachers' training college
magi'stra|to *nm* magistrate. **~'tura** *nf* magistrature. **la ~tura** the Bench
'magli|a *nf* stitch; (*lavoro ai ferri*) knitting; (*tessuto*) jersey; (*di rete*) mesh; (*di catena*) link; (*indumento*) vest; **fare la ~a** knit. **~a diritta** knit. **~a rosa** (*ciclismo*) ≈ yellow jersey. **~a rovescia** purl. **~e'ria** *nf* knitwear. **~'etta** *nf* **~etta [a maniche corte]** tee-shirt. **~'ficio** *nm* knitwear factory. **ma'glina** *nf* (*tessuto*) jersey
magli'one *nm* sweater
'magma *nm* magma
ma'gnanimo *a* magnanimous
ma'gnate *nm* magnate
ma'gnesi|a *nf* magnesia. **~o** *nm* magnesium
ma'gne|te *nm* magnet. **~tico** *a* magnetic. **~'tismo** *nm* magnetism
magne'tofono *nm* tape recorder
magnifi|ca'mente *adv* magnificently. **~'cenza** *nf* magnificence;

(*generosità*) munificence. **ma'gnifico** *a* magnificent; (*generoso*) munificent
ma'gnolia *nf* magnolia
'mago *nm* magician
ma'gone *nm* **avere il ~** be down; **mi è venuto il ~** I've got a lump in my throat
'magr|a *nf* low water. **ma'grezza** *nf* thinness. **~o** *a* thin; ‹*carne*› lean; (*scarso*) meagre
'mai *adv* never; (*inter, talvolta*) ever; **caso ~** if anything; **caso ~ tornasse** in case he comes back; **come ~?** why?; **cosa ~?** what on earth?; **~ più** never again; **più che ~** more than ever; **quando ~?** whenever?; **quasi ~** hardly ever
mai'ale *nm* pig; (*carne*) pork
mai'olica *nf* majolica
maio'nese *nf* mayonnaise
'mais *nm* maize
mai'uscol|a *nf* capital [letter]. **~o** *a* capital
mal *vedi* **male**
'mala *nf* **la ~** *sl* the underworld
mala'fede *nf* bad faith
malaf'fare *nm* **gente di ~** shady characters *pl*
mala'lingua *nf* backbiter
mala'mente *adv* ‹*ridotto*› badly
malan'dato *a* in bad shape; (*di salute*) in poor health
ma'lanimo *nm* ill will
ma'lanno *nm* misfortune; (*malattia*) illness; **prendersi un ~** catch something
mala'pena: a ~ *adv* hardly
ma'laria *nf* malaria
mala'ticcio *a* sickly
ma'lato, -a *a* ill, sick; ‹*pianta*› diseased ● *nmf* sick person. **~ di mente** mentally ill person. **malat'tia** *nf* disease, illness; **ho preso due giorni di malattia** I had two days off sick. **malattia venerea** venereal disease
malaugu'rato *a* ill-omened. **malau'gurio** *nm* bad *o* ill omen
mala'vita *nf* underworld
mala'voglia *nf* unwillingness; **di ~** unwillingly
malcapi'tato *a* wretched
malce'lato *a* ill-concealed
mal'concio *a* battered
malcon'tento *nm* discontent
malco'stume *nm* immorality
mal'destro *a* awkward; (*inesperto*) inexperienced
maldi'cen|te *a* slanderous. **~za** *nf* slander
maldi'sposto *a* ill-disposed
'male *adv* badly; **funzionare ~** not work properly; **star ~** be ill; **star ~ a qcno** ‹*vestito ecc:*› not suit sb; **rimanerci ~** be hurt; **non c'è ~!** not bad at all! ● *nm* evil; (*dolore*) pain; (*malattia*) illness; (*danno*) harm. **distinguere il bene dal ~** know right from wrong; **andare a ~** go off; **aver ~ a** have a pain in; **dove hai ~?** where does it hurt?; **far ~ a qcno** (*provocare dolore*) hurt sb; ‹*cibo:*› be bad for sb; **le cipolle mi fanno ~** onions don't agree with me; **mi fa ~ la schiena** my back is hurting; **mal d'auto** car-sickness. **mal di denti** toothache. **mal di gola** sore throat. **mal di mare** sea-sickness; **avere il mal di mare** be sea-sick. **mal di pancia** stomach ache. **mal di testa** headache
male'detto *a* cursed; (*orribile*) awful
male'di|re *vt* curse. **~zi'one** *nf* curse; **~zione!** damn!
maledu|cata'mente *adv* rudely. **~'cato** *a* ill-mannered. **~cazi'one** *nf* rudeness
male'fatta *nf* misdeed
male'ficio *nm* witchcraft. **ma'lefico** *a* ‹*azione*› evil; (*nocivo*) harmful
maleodo'rante *a* foul-smelling
ma'lessere *nm* indisposition; *fig* uneasiness
ma'levolo *a* malevolent
malfa'mato *a* of ill repute
mal'fat|to *a* badly done; (*malformato*) ill-shaped. **~'tore** *nm* wrongdoer
mal'fermo *a* unsteady; ‹*salute*› poor
malfor'ma|to *a* misshapen. **~zi'one** *nf* malformation
malgo'verno *nm* misgovernment
mal'grado *prep* in spite of ● *conj* although
ma'lia *nf* spell
mali'gn|are *vi* malign. **~ità** *nf* malice; *Med* malignancy. **ma'ligno** *a* malicious; (*perfido*) evil; *Med* malignant
malinco'ni|a *nf* melancholy. **~ca'mente** *adv* melancholically. **malin'conico** *a* melancholy
malincu'ore: a ~ *adv* unwillingly, reluctantly
malinfor'mato *a* misinformed
malintenzio'nato, -a *nmf* miscreant
malin'teso *a* mistaken ● *nm* misunderstanding
ma'lizi|a *nf* malice; (*astuzia*) cunning; (*espediente*) trick. **~'oso** *a* malicious; (*birichino*) mischievous
malle'abile *a* malleable
mal'loppo *nm fam* loot

malme'nare *vt* ill-treat
mal'messo *a* (*vestito male*) shabbily dressed; ‹*casa*› poorly furnished; (*fig: senza soldi*) hard up
malnu'tri|to *a* undernourished. **~zi'one** *nf* malnutrition
'malo *a* **in ~ modo** badly
ma'locchio *nm* evil eye
ma'lora *nf* ruin; **della ~** awful; **andare in ~** go to ruin
ma'lore *nm* illness; **essere colto da ~** be suddenly taken ill
malri'dotto *a* ‹*persona*› in a sorry state
mal'sano *a* unhealthy
'malta *nf* mortar
mal'tempo *nm* bad weather
'malto *nm* malt
maltrat|ta'mento *nm* ill-treatment. **~'tare** *vt* ill-treat
malu'more *nm* bad mood; **di ~** in a bad mood
mal'vagi|o *a* wicked. **~tà** *nf* wickedness
malversazi'one *nf* embezzlement
mal'visto *a* unpopular (**da** with)
malvi'vente *nm* criminal
malvolenti'eri *adv* unwillingly
malvo'lere *vt* **farsi ~** make oneself unpopular
'mamma *nf* mummy, mum; **~ mia!** good gracious!
mam'mella *nf* breast
mam'mifero *nm* mammal
'mammola *nf* violet
ma'nata *nf* handful; (*colpo*) slap
'manca *nf vedi* **manco**
manca'mento *nm* **avere un ~** faint
man'can|te *a* missing. **~za** *nf* lack; (*assenza*) absence; (*insufficienza*) shortage; (*fallo*) fault; (*imperfezione*) defect; **in ~za d'altro** failing all else; **sento la sua ~za** I miss him
man'care *vi* be lacking; (*essere assente*) be missing; (*venir meno*) fail; (*morire*) pass away; **~ di** be lacking in; **~ a** fail to keep ‹*promessa*›; **mi manca casa** I miss home; **mi manchi** I miss you; **mi è mancato il tempo** I didn't have [the] time; **mi mancano 1000 lire** I'm 1,000 lire short; **quanto manca alla partenza?** how long before we leave?; **è mancata la corrente** there was a power failure; **sentirsi ~** feel faint; **sentirsi ~ il respiro** be unable to breathe [properly] ● *vt* miss ‹*bersaglio*›; **è mancato poco che cadesse** he nearly fell
'manche *nf inv* heat
man'chevole *a* defective
'mancia *nf* tip
manci'ata *nf* handful
man'cino *a* left-handed
'manco, -a *a* left ● *nf* left hand ● *adv* (*nemmeno*) not even
man'dante *nmf* (*di delitto*) instigator
manda'rancio *nm* clementine
man'dare *vt* send; (*emettere*) give off; utter ‹*suono*›; **~ a chiamare** send for; **~ avanti la casa** run the house; **~ giù** (*ingoiare*) swallow
manda'rino *nm Bot* mandarin
man'data *nf* consignment; (*di serratura*) turn; **chiudere a doppia ~** double lock
man'dato *nm* (*incarico*) mandate; *Jur* warrant; (*di pagamento*) money order. **~ di comparizione [in giudizio]** subpoena. **~ di perquisizione** search warrant
man'dibola *nf* jaw
mando'lino *nm* mandolin
'mandor|la *nf* almond; **a ~la** ‹*occhi*› almond-shaped. **~'lato** *nm* nut brittle (*type of nougat*). **~lo** *nm* almond[-tree]
'mandria *nf* herd
maneg'gevole *a* easy to handle. **maneggi'are** *vt* handle
ma'neggio *nm* handling; (*intrigo*) plot; (*scuola di equitazione*) riding school
ma'nesco *a* quick to hit out
ma'netta *nf* hand lever; **manette** *pl* handcuffs
man'forte *nm* **dare ~ a qcno** support sb
manga'nello *nm* truncheon
manga'nese *nm* manganese
mange'reccio *a* edible
mangia'dischi® *nm inv type of portable record player*
mangia'fumo *a inv* **candela** *nf* **~** *air-purifying candle*
mangia'nastri *nm inv* cassette player
mangi'a|re *vt/i* eat; (*consumare*) eat up; (*corrodere*) eat away; take ‹*scacchi, carte ecc*› ● *nm* eating; (*cibo*) food; (*pasto*) meal. **~rsi** *vr* **~rsi le parole** mumble; **~rsi le unghie** bite one's nails
mangi'ata *nf* big meal; **farsi una bella ~ di...** feast on...
mangia'toia *nf* manger
man'gime *nm* fodder
mangi'one, -a *nmf fam* glutton
mangiucchi'are *vt* nibble
'mango *nm* mango
ma'nia *nf* mania. **~ di grandezza** delu-

sions of grandeur. **~co, -a** *a* maniacal ● *nmf* maniac
'manica *nf* sleeve; (*fam: gruppo*) band; **a maniche lunghe** long-sleeved; **essere in maniche di camicia** be in shirt sleeves; **essere di ~ larga** be free with one's money. **~ a vento** wind sock
'Manica *nf* **la ~** the [English] Channel
manica'retto *nm* tasty dish
mani'chetta *nf* hose
mani'chino *nm* (*da sarto, vetrina*) dummy
'manico *nm* handle; *Mus* neck
mani'comio *nm* mental home; (*fam: confusione*) tip
mani'cotto *nm* muff; *Mech* sleeve
mani'cure *nf* manicure ● *nmf inv* (*persona*) manicurist
mani'e|ra *nf* manner; **in ~ra che** so that. **~'rato** *a* affected; ‹*stile*› mannered. **~'rismo** *nm* mannerism
manifat'tura *nf* manufacture; (*fabbrica*) factory
manife'stante *nmf* demonstrator
manife'sta|re *vt* show; (*esprimere*) express ● *vi* demonstrate. **~rsi** *vr* show oneself. **~zi'one** *nf* show; (*espressione*) expression; (*sintomo*) manifestation; (*dimostrazione pubblica*) demonstration
mani'festo *a* evident ● *nm* poster; (*dichiarazione pubblica*) manifesto
ma'niglia *nf* handle; (*sostegno, in autobus ecc*) strap
manipo'la|re *vt* handle; (*massaggiare*) massage; (*alterare*) adulterate; *fig* manipulate. **~'tore, ~'trice** *nmf* manipulator. **~zi'one** *nf* handling; (*massaggio*) massage; (*alterazione*) adulteration; *fig* manipulation
mani'scalco *nm* smith
man'naia *nf* (*scure*) axe; (*da macellaio*) cleaver
man'naro *a* **lupo** *nm* **~** werewolf
'mano *nf* hand; (*strato di vernice ecc*) coat; **alla ~** informal; **fuori ~** out of the way; **man ~** little by little; **man ~ che** as; **sotto ~** to hand
mano'dopera *nf* labour
ma'nometro *nm* gauge
mano'mettere *vt* tamper with; (*violare*) violate
ma'nopola *nf* (*di apparecchio*) knob; (*guanto*) mitten; (*su pullman*) handle
mano'scritto *a* handwritten ● *nm* manuscript
mano'vale *nm* labourer
mano'vella *nf* handle; *Techn* crank
ma'no|vra *nf* manoeuvre; *Rail* shunting; **fare le ~vre** manoeuvre. **~'vrabile** *a fig* easy to manipulate. **~'vrare** *vt* (*azionare*) operate; *fig* manipulate ‹*persona*› ● *vi* manoeuvre
manro'vescio *nm* slap
man'sarda *nf* attic
mansi'one *nf* task; (*dovere*) duty
mansu'eto *a* meek; ‹*animale*› do-cile
man'tell|a *nf* cape. **~o** *nm* cloak; (*soprabito, di animale*) coat; (*di neve*) mantle
mante'ner|e *vt* (*conservare*) keep; (*in buono stato, sostentare*) maintain. **~si** *vr* **~si in forma** keep fit. **manteni'mento** *nm* maintenance
'mantice *nm* bellows *pl*; (*di automobile*) hood
'manto *nm* cloak; (*coltre*) mantle
manto'vana *nf* pelmet
manu'al|e *a* & *nm* manual. **~e d'uso** user manual. **~'mente** *adv* manually
ma'nubrio *nm* handle; (*di bicicletta*) handlebars *pl*; (*per ginnastica*) dumbbell
manu'fatto *a* manufactured
manutenzi'one *nf* maintenance
'manzo *nm* steer; (*carne*) beef
'mappa *nf* map
mappa'mondo *nm* globe
mar *vedi* **mare**
ma'rasma *nm fig* decline
mara'to|na *nf* marathon. **~'neta** *nmf* marathon runner
'marca *nf* mark; *Comm* brand; (*fabbricazione*) make; (*scontrino*) ticket. **~ da bollo** revenue stamp
mar'ca|re *vt* mark; *Sport* score. **~ta'mente** *adv* markedly. **~to** *a* ‹*tratto, accento*› strong, marked. **~'tore** *nm* (*nel calcio*) scorer
mar'chese, -a *nm* marquis ● *nf* marchioness
marchi'are *vt* brand
'marchio *nm* brand; (*caratteristica*) mark. **~ di fabbrica** trademark. **~ registrato** registered trademark
'marcia *nf* march; *Auto* gear; *Sport* walk; **mettere in ~** put into gear; **mettersi in ~** start off. **~ funebre** funeral march. **~ indietro** reverse gear; **fare ~ indietro** reverse; *fig* back-pedal. **~ nuziale** wedding march
marciapi'ede *nm* pavement; (*di stazione*) platform
marci'a|re *vi* march; (*funzionare*) go, work. **~'tore, ~'trice** *nmf* walker
'marcio *a* rotten ● *nm* rotten part; *fig* corruption. **mar'cire** *vi* go bad, rot

'marco *nm* (*moneta*) mark
'mare *nm* sea; (*luogo di mare*) seaside; **sul ~** ‹*casa*› at the seaside; ‹*città*› on the sea; **in alto ~** on the high seas; **essere in alto ~** *fig* not know which way to turn. **~ Adriatico** Adriatic Sea. **mar Ionio** Ionian Sea. **mar Mediterraneo** Mediterranean. **mar Tirreno** Tyrrhenian Sea
ma'rea *nf* tide; **una ~ di** hundreds of; **alta/bassa ~** high/low tide
mareggi'ata *nf* [sea] storm
mare'moto *nm* tidal wave, seaquake
maresci'allo *nm* (*ufficiale*) marshal; (*sottufficiale*) warrant-officer
marga'rina *nf* margarine
marghe'rita *nf* marguerite. **margheri'tina** *nf* daisy
margi'nal|e *a* marginal. **~'mente** *adv* marginally
'margine *nm* margin; (*orlo*) brink; (*bordo*) border. **~ di errore** margin of error. **~ di sicurezza** safety margin
ma'rina *nf* navy; (*costa*) seashore; (*quadro*) seascape. **~ mercantile** merchant navy. **~ militare** navy
mari'naio *nm* sailor
mari'na|re *vt* marinate; **~re la scuola** play truant. **~ta** *nf* marinade. **~to** *a Culin* marinated
ma'rino *a* sea *attrib*, marine
mario'netta *nf* puppet
ma'rito *nm* husband
ma'rittimo *a* maritime
mar'maglia *nf* rabble
marmel'lata *nf* jam; (*di agrumi*) marmalade
mar'mitta *nf* pot; *Auto* silencer. **~ catalitica** catalytic converter
'marmo *nm* marble
mar'mocchio *nm fam* brat
mar'mor|eo *a* marble. **~iz'zato** *a* marbled
mar'motta *nf* marmot
Ma'rocco *nm* Morocco
ma'roso *nm* breaker
mar'rone *a* brown ● *nm* brown; (*castagna*) chestnut; **marroni** *pl* **canditi** marrons glacés
mar'sina *nf* tails *pl*
mar'supio *nm* (*borsa*) bumbag
marte'dì *nm inv* Tuesday. **~ grasso** Shrove Tuesday
martel'lante *a* ‹*mal di testa*› pounding
martel'la|re *vt* hammer ● *vi* throb. **~ta** *nf* hammer blow
martel'letto *nm* (*di giudice*) gavel
mar'tello *nm* hammer; (*di battente*) knocker. **~ pneumatico** pneumatic drill
marti'netto *nm Mech* jack
'martire *nmf* martyr. **mar'tirio** *nm* martyrdom
'martora *nf* marten
martori'are *vt* torment
mar'xis|mo *nm* Marxism. **~ta** *a & nmf* Marxist
marza'pane *nm* marzipan
marzi'ale *a* martial
marzi'ano, -a *nmf* Martian
'marzo *nm* March
mascal'zone *nm* rascal
ma'scara *nm inv* mascara
mascar'pone *nm full-fat cream cheese often used for desserts*
ma'scella *nf* jaw
'mascher|a *nf* mask; (*costume*) fancy dress; *Cinema, Theat* usher *m*, usherette *f*; (*nella commedia dell'arte*) stock character. **~a antigas** gas mask. **~a di bellezza** face pack. **~a ad ossigeno** oxygen mask. **~a'mento** *nm* masking; *Mil* camouflage. **masche'rare** *vt* mask; *fig* camouflage. **~arsi** *vr* put on a mask; **~arsi da** dress up as. **~ata** *nf* masquerade
maschi'accio *nm* (*ragazza*) tomboy
ma'schi|le *a* masculine; ‹*sesso*› male ● *nm* masculine [gender]. **~'lista** *a* sexist. **'maschio** *a* male; (*virile*) manly ● *nm* male; (*figlio*) son. **masco'lino** *a* masculine
ma'scotte *nf inv* mascot
maso'chis|mo *nm* masochism. **~ta** *a & nmf* masochist
'massa *nf* mass; *Electr* earth, ground *Am*; **communicazioni di ~** mass media
massa'cra|nte *a* gruelling. **~re** *vt* massacre. **mas'sacro** *nm* massacre; *fig* mess
massaggi'a|re *vt* massage. **mas'saggio** *nm* massage. **~'tore, ~'trice** *nm* masseur ● *nf* masseuse
mas'saia *nf* housewife
masse'rizie *nfpl* household effects
mas'siccio *a* massive; ‹*oro ecc*› solid; ‹*corporatura*› heavy ● *nm* massif
'massim|a *nf* maxim; (*temperatura*) maximum. **~o** *a* greatest; ‹*quantità*› maximum, greatest ● *nm* **il ~o** the maximum; **al ~o** at [the] most, as a maximum
'masso *nm* rock

mas'sone *nm* [Free]mason. **~'ria** Freemasonry
ma'stello *nm wooden box for the grape or olive harvest*
masti'care *vt* chew; (*borbottare*) mumble
'mastice *nm* mastic; (*per vetri*) putty
ma'stino *nm* mastiff
masto'dontico *a* gigantic
'mastro *nm* master; **libro ~** ledger
mastur'ba|rsi *vr* masturbate. **~zi'one** *nf* masturbation
ma'tassa *nf* skein
mate'matic|a *nf* mathematics, maths. **~o, -a** *a* mathematical ● *nmf* mathematician
materas'sino *nm* **~ gonfiabile** air bed
mate'rasso *nm* mattress. **~ a molle** spring mattress
ma'teria *nf* matter; (*materiale*) material; (*di studio*) subject. **~ prima** raw material
materi'a|le *a* material; (*grossolano*) coarse ● *nm* material. **~'lismo** *nm* materialism. **~'lista** *a* materialistic ● *nmf* materialist. **~liz'zarsi** *vr* materialize. **~l'mente** *adv* physically
maternità *nf* motherhood; **ospedale di ~** maternity hospital
ma'terno *a* maternal; **lingua materna** mother tongue
ma'tita *nf* pencil
ma'trice *nf* matrix; (*origini*) roots *pl*; *Comm* counterfoil
ma'tricola *nf* (*registro*) register; *Univ* fresher
ma'trigna *nf* stepmother
matrimoni'ale *a* matrimonial; **vita ~** married life. **matri'monio** *nm* marriage; (*cerimonia*) wedding
ma'trona *nf* matron
'matta *nf* (*nelle carte*) joker
mattacchi'one, -a *nmf* rascal
matta'toio *nm* slaughterhouse
matte'rello *nm* rolling-pin
mat'ti|na *nf* morning; **la ~na** in the morning. **~'nata** *nf* morning; *Theat* matinée. **~ni'ero** *a* **essere ~niero** be an early riser. **~no** *nm* morning
'matto, -a *a* mad, crazy; *Med* insane; (*falso*) false; (*opaco*) matt; **~ da legare** barking mad; **avere una voglia matta di** be dying for ● *nmf* madman; madwoman
mat'tone *nm* brick; (*libro*) bore
matto'nella *nf* tile
mattu'tino *a* morning *attrib*
matu'rare *vt* ripen. **maturità** *nf* maturity; *Sch* school-leaving certificate. **ma'turo** *a* mature; ‹*frutto*› ripe
ma'tusa *nm* old fogey
mauso'leo *nm* mausoleum
maxi+ *pref* maxi+
'mazza *nf* club; (*martello*) hammer; (*da baseball, cricket*) bat. **~ da golf** golf-club. **maz'zata** *nf* blow
maz'zetta *nf* (*di banconote*) bundle
'mazzo *nm* bunch; (*carte da gioco*) pack
me *pers pron* me; **me lo ha dato** he gave it to me; **fai come me** do as I do; **è più veloce di me** he is faster than me *o* faster than I am
me'andro *nm* meander
M.E.C. *nm abbr* (**Mercato Comune Europeo**) EEC
mec'canica *nf* mechanics *sg*
meccanica'mente *adv* mechanically
mec'canico *a* mechanical ● *nm* mechanic. **mecca'nismo** *nm* mechanism
mèche *nfpl* [**farsi**] **fare le ~** have one's hair streaked
me'dagli|a *nf* medal. **~'one** *nm* medallion; (*gioiello*) locket
me'desimo *a* same
'medi|a *nf* average; *Sch* average mark; *Math* mean; **essere nella ~a** be in the mid-range. **~'ano** *a* middle ● *nm* (*calcio*) half-back
medi'ante *prep* by
medi'a|re *vt* act as intermediary in. **~'tore, ~'trice** *nmf* mediator; *Comm* middleman. **~zi'one** *nf* mediation
medica'mento *nm* medicine
medi'ca|re *vt* treat; dress ‹*ferita*›. **~zi'one** *nf* medication; (*di ferita*) dressing
medi'c|ina *nf* medicine. **~ina legale** forensic medicine. **~i'nale** *a* medicinal ● *nm* medicine
'medico *a* medical ● *nm* doctor. **~ generico** general practitioner. **~ legale** forensic scientist. **~ di turno** duty doctor
medie'vale *a* medieval
'medio *a* average; ‹*punto*› middle; ‹*statura*› medium ● *nm* (*dito*) middle finger
medi'ocre *a* mediocre; (*scadente*) poor
medio'evo *nm* Middle Ages *pl*
medi'ta|re *vt* meditate; (*progettare*) plan; (*considerare attentamente*) think over ● *vi* meditate. **~zi'one** *nf* meditation
mediter'raneo *a* Mediterranean; **il** [**mar**] **M~** the Mediterranean [Sea]

me'dusa *nf* jellyfish
me'gafono *nm* megaphone
megaga'lattico *a fam* gigantic
mega'lomane *nmf* megalomaniac
me'gera *nf* hag
'meglio *adv* better; **tanto ~, ~ così** so much the better ● *a* better; (*superlativo*) best ● *nmf* best ● *nf* **avere la ~ su** have the better of; **fare qcsa alla [bell'e] ~** do sth as best one can ● *nm* **fare del proprio ~** do one's best; **fare qcsa il ~ possibile** make an excellent job of sth; **al ~** to the best of one's ability; **per il ~** for the best
'mela *nf* apple. **~ cotogna** quince
mela'grana *nf* pomegranate
mela'nina *nf* melanin
melan'zana *nf* aubergine, eggplant *Am*
me'lassa *nf* molasses *sg*
me'lenso *a* ‹*persona, film*› dull
mel'lifluo *a* ‹*parole*› honeyed; ‹*voce*› sugary
'melma *nf* slime. **mel'moso** *a* slimy
melo *nm* apple[-tree]
melo'di|a *nf* melody. **me'lodico** *a* melodic. **~'oso** *a* melodious
melo'dram|ma *nm* melodrama. **~'matico** *a* melodramatic
melo'grano *nm* pomegranate tree
me'lone *nm* melon
mem'brana *nf* membrane
'membro *nm* member; (*pl nf* **membra** *Anat*) limb
memo'rabile *a* memorable
'memore *a* mindful; (*riconoscente*) grateful
me'mori|a *nf* memory; (*oggetto ricordo*) souvenir. **imparare a ~a** learn by heart. **~a permanente** *Comput* non-volatile memory. **~a tampone** *Comput* buffer. **~a volatile** *Comput* volatile memory; **memorie** *pl* (*biografiche*) memoirs. **~'ale** *nm* memorial. **~z'zare** *vt* memorize; *Comput* save, store
mena'dito: a ~ *adv* perfectly
me'nare *vt* lead; (*fam: picchiare*) hit
mendi'ca|nte *nmf* beggar. **~re** *vt/i* beg
menefre'ghista *a* devil-may-care
me'ningi *nfpl* **spremersi le ~** rack one's brains
menin'gite *nf* meningitis
me'nisco *nm* meniscus
'meno *adv* less; (*superlativo*) least; (*in operazioni, con temperatura*) minus; **far qcsa alla ~ peggio** do sth as best one can; **fare a ~ di qcsa** do without sth; **non posso fare a ~ di ridere** I can't help laughing; **~ male!** thank goodness!; **sempre ~** less and less; **venir ~** (*svenire*) faint; **venir ~ a qcno** ‹*coraggio:*› fail sb; **sono le tre ~ un quarto** it's a quarter to three; **che tu venga o ~** whether you're coming or not; **quanto ~** at least ● *a inv* less; (*con nomi plurali*) fewer ● *nm* least; *Math* minus sign; **il ~ possibile** as little as possible; **per lo ~** at least ● *prep* except [for] ● *conj* **a ~ che** unless
meno'ma|re *vt* ‹*incidente:*› maim. **~to** *a* disabled
meno'pausa *nf* menopause
'mensa *nf* table; *Mil* mess; *Sch, Univ* refectory
men'sil|e *a* monthly ● *nm* (*stipendio*) [monthly] salary; (*rivista*) monthly. **~ità** *nf inv* monthly salary. **~'mente** *adv* monthly
'mensola *nf* bracket; (*scaffale*) shelf
'menta *nf* mint. **~ peperita** peppermint
men'tal|e *a* mental. **~ità** *nf inv* mentality
'mente *nf* mind; **a ~ fredda** in cold blood; **venire in ~ a qcno** occur to sb; **mi è uscito di ~** it slipped my mind
men'tina *nf* mint
men'tire *vi* lie
'mento *nm* chin
'mentre *conj* (*temporale*) while; (*invece*) whereas
menù *nm inv* menu. **~ fisso** set menu. **~ a tendina** *Comput* pulldown menu
menzio'nare *vt* mention. **menzi'one** *nf* mention
men'zogna *nf* lie
mera'viglia *nf* wonder; **a ~** marvellously; **che ~!** how wonderful!; **con mia grande ~** much to my amazement; **mi fa ~ che...** I am surprised that...
meravigli'ar|e *vt* surprise. **~si** *vr* **~si di** be surprised at
meravigli|osa'mente *adv* marvellously. **~'oso** *a* marvellous
mer'can|te *nm* merchant. **~teggi'are** *vi* trade; (*sul prezzo*) bargain. **~'tile** *a* mercantile ● *nm* merchant ship. **~'zia** *nf* merchandise, goods *pl*
mer'cato *nm* market; *Fin* market [-place]. **a buon ~** ‹*comprare*› cheap[ly]; ‹*articolo*› cheap. **~ dei cambi** foreign exchange market. **M~ Comune [Europeo]** [European] Common Market. **~ coperto** covered market. **~ libero** free market. **~ nero** black market

'merce *nf* goods *pl*
mercé *nf* **alla ~ di** at the mercy of
merce'nario *a & nm* mercenary
merce'ria *nf* haberdashery; (*negozio*) haberdasher's
mercoledì *nm inv* Wednesday. **~ delle Ceneri** Ash Wednesday
mer'curio *nm* mercury
me'renda *nf* afternoon snack; **far ~** have an afternoon snack
meridi'ana *nf* sundial
meridi'ano *a* midday ● *nm* meridian
meridio'nale *a* southern ● *nmf* southerner. **meridi'one** *nm* south
me'rin|ga *nf* meringue. **~'gata** *nf* meringue pie
meri'tare *vt* deserve. **meri'tevole** *a* deserving
'meri|to *nm* merit; (*valore*) worth; **in ~to a** as to; **per ~to di** thanks to. **~'torio** *a* meritorious
mer'letto *nm* lace
'merlo *nm* blackbird
mer'luzzo *nm* cod
'mero *a* mere
meschine'ria *nf* meanness. **me'schino** *a* wretched; (*gretto*) mean ● *nm* wretch
mesco|la'mento *nm* mixing. **~'lanza** *nf* mixture
mesco'la|re *vt* mix; shuffle ‹*carte*›; (*confondere*) mix up; blend ‹*tè, tabacco ecc*›. **~rsi** *vr* mix; (*immischiarsi*) meddle. **~ta** *nf* (*a carte*) shuffle; *Culin* stir
'mese *nm* month
me'setto *nm* **un ~** about a month
'messa[1] *nf* Mass
'messa[2] *nf* (*il mettere*) putting. **~ in moto** *Auto* starting. **~ in piega** (*di capelli*) set. **~ a punto** adjustment. **~ in scena** production. **~ a terra** earthing, grounding *Am*
messag'gero *nm* messenger. **mes'saggio** *nm* message
mes'sale *nm* missal
'messe *nf* harvest
Mes'sia *nm* Messiah
messi'cano, -a *a & nmf* Mexican
'Messico *nm* Mexico
messin'scena *nf* staging; *fig* act
'messo *pp di* **mettere** ● *nm* messenger
mesti'ere *nm* trade; (*lavoro*) job; **essere del ~** be an expert, know one's trade
'mesto *a* sad
'mestola *nf* (*di cuoco*) ladle
mestru'a|le *a* menstrual. **~zi'one** *nf* menstruation. **~zi'oni** *pl* period
'meta *nf* destination; *fig* aim
metà *nf inv* half; (*centro*) middle; **a ~ strada** half-way; **fare a ~ con qcno** go halves with sb
metabo'lismo *nm* metabolism
meta'done *nm* methadone
meta'fisico *a* metaphysical
me'tafora *nf* metaphor. **meta'forico** *a* metaphorical
me'talli|co *a* metallic. **~z'zato** *a* ‹*grigio*› metallic
me'tall|o *nm* metal. **~ur'gia** *nf* metallurgy
metalmec'canico *a* engineering ● *nm* engineering worker
meta'morfosi *nf* metamorphosis
me'tano *nm* methane. **~'dotto** *nm* methane pipeline
meta'nolo *nm* methanol
me'teora *nf* meteor. **meteo'rite** *nm* meteorite
meteoro|lo'gia *nf* meteorology. **~'logico** *a* meteorological
me'ticcio, -a *nmf* half-caste
metico'loso *a* meticulous
me'tod|ico *a* methodical. **'metodo** *nm* method. **~olo'gia** *nf* methodology
me'traggio *nm* length (*in metres*)
'metrico, -a *a* metric; (*in poesia*) metrical ● *nf* metrics *sg*
'metro *nm* metre; (*nastro*) tape measure ● *nf* (*fam: metropolitana*) tube *Br*, subway
me'tronomo *nm* metronome
metro'notte *nmf inv* night security guard
me'tropoli *nf inv* metropolis. **~'tana** *nf* subway, underground *Br*. **~'tano** *a* metropolitan
'metter|e *vt* put; (*indossare*) put on; (*fam: installare*) put in; **~e al mondo** bring into the world; **~e da parte** set aside; **~e fiducia** inspire trust; **~e qcsa in chiaro** make sth clear; **~e in mostra** display; **~e a posto** tidy up; **~e in vendita** put up for sale; **~e su** set up ‹*casa, azienda*›; **metter su famiglia** start a family; **ci ho messo un'ora** it took me an hour; **mettiamo che...** let's suppose that... **~si** *vr* (*indossare*) put on; (*diventare*) turn out; **~si a** start to; **~si con qcno** (*fam: formare una coppia*) start to go out with sb; **~si a letto** go to bed; **~si a sedere** sit down; **~si in viaggio** set out
'mezza *nf* **è la ~** it's half past twelve; **sono le quattro e ~** it's half past four
mezza'luna *nf* half moon; (*simbolo*

islamico) crescent; (*coltello*) two-handled chopping knife; **a ~** half-moon shaped

mezza'manica *nf* **a ~** ‹*maglia*› short-sleeved

mez'zano *a* middle

mezza'notte *nf* midnight

mezz'asta: a ~ *adv* at half mast

'mezzo *a* half; **di mezza età** middle-aged; **~ bicchiere** half a glass; **una mezza idea** a vague idea; **siamo mezzi morti** we're half dead; **sono le quattro e ~** it's half past four. **mezz'ora** *nf* half an hour. **mezza pensione** *nf* half board. **mezza stagione** *nf* **una giacca di mezza stagione** a spring/autumn jacket ● *adv* (*a metà*) half ● *nm* (*metà*) half; (*centro*) middle; (*per raggiungere un fine*) means *sg*; **uno e ~** one and a half; **tre anni e ~** three and a half years; **in ~ a** in the middle of; **il giusto ~** the happy medium; **levare di ~** clear away; **per ~ di** by means of; **a ~ posta** by mail; **via di ~** *fig* halfway house; (*soluzione*) middle way. **mezzi** *pl* (*denaro*) means *pl*. **mezzi** *pl* **pubblici** public transport. **mezzi** *pl* **di trasporto** [means of] transport.

mezzo'busto: a ~ *a* ‹*foto, ritratto*› half-length

mezzo'fondo *nm* middle-distance running

mezzogi'orno *nm* midday; (*sud*) South. **il M~** Southern Italy. **~ in punto** high noon

mi *pers pron* me; (*refl*) myself; **mi ha dato un libro** he gave me a book; **mi lavo le mani** I wash my hands; **eccomi** here I am ● *nm Mus* (*chiave, nota*) E

miago'l|are *vi* miaow. **~io** *nm* miaowing

'mica[1] *nf* mica

'mica[2] *adv fam* (*per caso*) by any chance; **hai ~ visto Paolo?** have you seen Paul, by any chance?; **non è ~ bello** it is not at all nice; **~ male** not bad

'miccia *nf* fuse

micidi'ale *a* deadly

'micio *nm* pussy-cat

'microbo *nm* microbe

micro'cosmo *nm* microcosm

micro'fiche *nf inv* microfiche

micro'film *nm inv* microfilm

mi'crofono *nm* microphone

microorga'nismo *nm* microorganism

microproces'sore *nm* microprocessor

micro'scopi|o *nm* microscope. **~co** *a* microscopic

micro'solco *nm* long-playing record

mi'dollo *nm* (*pl nf* **midolla,** *Anat*) marrow; **fino al ~** through and through. **~ osseo** bone marrow. **~ spinale** spinal cord

'mie, mi'ei *vedi* **mio**

mi'ele *nm* honey

mi'et|ere *vt* reap. **~i'trice** *nf Mech* harvester. **~i'tura** *nf* harvest

migli'aio *nm* (*pl nf* **migliaia**) thousand. **a migliaia** in thousands

'miglio *nm Bot* millet; (*pl nf* **miglia:** *misura*) mile

migliora'mento *nm* improvement

miglio'rare *vt/i* improve

migli'ore *a* better; (*superlativo*) the best ● *nmf* **il/la ~** the best

'mignolo *nm* little finger; (*del piede*) little toe

mi'gra|re *vi* migrate. **~zi'one** *nf* migration

'mila *vedi* **mille**

Mi'lano *nf* Milan

miliar'dario, -a *nm* millionaire; (*plurimiliardario*) billionaire ● *nf* millionairess; billionairess. **mili'ardo** *nm* billion

mili'are *a* **pietra** *nf* **~** milestone

milio'nario, -a *nm* millionaire ● *nf* millionairess

mili'one *nm* million

milio'nesimo *a* millionth

mili'tante *a & nmf* militant

mili'tare *vi* **~ in** be a member of ‹*partito ecc*› ● *a* military ● *nm* soldier; **fare il ~** do one's military service. **~ di leva** National Serviceman

'milite *nm* soldier. **mil'izia** *nf* militia

'mille *a & nm* (*pl* **mila**) a *o* one thousand; **due/tre mila** two/three thousand; **~ grazie!** thanks a lot!

mille'foglie *nm inv Culin* vanilla slice

mil'lennio *nm* millennium

millepi'edi *nm inv* centipede

mil'lesimo *a & nm* thousandth

milli'grammo *nm* milligram

mil'limetro *nm* millimetre

'milza *nf* spleen

mi'mare *vt* mimic ‹*persona*› ● *vi* mime

mi'metico *a* camouflage *attrib*

mimetiz'zar|e *vt* camouflage. **~si** *vr* camouflage oneself

'mim|ica *nf* mime. **~ico** *a* mimic. **~o** *nm* mime

mi'mosa *nf* mimosa

'mina *nf* mine; (*di matita*) lead

mi'naccia *nf* threat
minacci|'are *vt* threaten. **~'oso** *a* threatening
mi'nare *vt* mine; *fig* undermine
mina'tor|e *nm* miner. **~io** *a* threatening
mine'ra|le *a & nm* mineral. **~rio** *a* mining *attrib*
mi'nestra *nf* soup. **mine'strone** *nm* vegetable soup; (*fam: insieme confuso*) hotchpotch
mingher'lino *a* skinny
mini+ *pref* mini+
minia'tura *nf* miniature. **miniaturiz'zato** *a* miniaturized
mini'era *nf* mine
mini'golf *nm* miniature golf
mini'gonna *nf* miniskirt
minima'mente *adv* minimally
mini'market *nm inv* minimarket
minimiz'zare *vt* minimize
'minimo *a* least, slightest; (*il più basso*) lowest; ‹*salario, quantità ecc*› minimum ● *nm* minimum; **girare al ~** *Auto* idle
mini'stero *nm* ministry; (*governo*) government
mi'nistro *nm* minister. **M~ del Tesoro** Finance Minister, Chancellor of the Exchequer *Br*
mino'ranza *nf* minority *attrib*
mino'rato, -a *a* disabled ● *nmf* disabled person
mi'nore *a* ‹*gruppo, numero*› smaller; (*superlativo*) smallest; ‹*distanza*› shorter; (*superlativo*) shortest; ‹*prezzo*› lower; (*superlativo*) lowest; (*di età*) younger; (*superlativo*) youngest; (*di importanza*) minor; (*superlativo*) least important ● *nmf* younger; (*superlativo*) youngest; *Jur* minor; **il ~ dei mali** the lesser of two evils; **i minori di 14 anni** children under 14. **mino'renne** *a* under age ● *nmf* minor
minori'tario *a* minority *attrib*
minu'etto *nm* minuet
mi'nuscolo, -a *a* tiny ● *nf* small letter
mi'nuta *nf* rough copy
mi'nuto¹ *a* minute; ‹*persona*› delicate; ‹*ricerca*› detailed; ‹*pioggia, neve*› fine; **al ~** *Comm* retail
mi'nuto² *nm* (*di tempo*) minute; **spaccare il ~** be dead on time
mi'nuzi|a *nf* trifle. **~'oso** *a* detailed; ‹*persona*› meticulous
'mio (il mio *m*, **la mia** *f*, **i miei** *mpl*, **le mie** *fpl*) *a poss* my; **questa macchina è mia** this car is mine; **~ padre** my father; **un ~ amico** a friend of mine ● *poss pron* mine; **i miei** (*genitori ecc*) my folks
'miope *a* short-sighted. **mio'pia** *nf* short-sightedness
'mira *nf* aim; (*bersaglio*) target; **prendere la ~** take aim; **prendere di ~ qcno** *fig* have it in for sb
mi'racolo *nm* miracle. **~sa'mente** *adv* miraculously. **miraco'loso** *a* miraculous
mi'raggio *nm* mirage
mi'rar|e *vi* [take] aim. **~si** *vr* (*guardarsi*) look at oneself
mi'riade *nf* myriad
mi'rino *nm* sight; *Phot* view-finder
mir'tillo *nm* blueberry
mi'santropo, -a *nmf* misanthropist
mi'scela *nf* mixture; (*di caffè, tabacco*) blend. **~'tore** *nm* (*di acqua*) mixer tap
miscel'lanea *nf* miscellany
'mischia *nf* scuffle; (*nel rugby*) scrum
mischi'ar|e *vt* mix; shuffle ‹*carte da gioco*›. **~si** *vr* mix; (*immischiarsi*) interfere
misco'noscere *vt* not appreciate
mi'scuglio *nm* mixture; *fig* medley
mise'rabile *a* wretched
misera'mente *adv* ‹*finire*› miserably; ‹*vivere*› in abject poverty
mi'seria *nf* poverty; (*infelicità*) misery; **guadagnare una ~** earn a pittance; **porca ~!** hell!; **miserie** *pl* (*disgrazie*) misfortunes
miseri'cordi|a *nf* mercy. **~'oso** *a* merciful
'misero *a* (*miserabile*) wretched; (*povero*) poor; (*scarso*) paltry
mi'sfatto *nm* misdeed
mi'sogino *nm* misogynist
mis'saggio *nm* vision mixer
'missile *nm* missile
missio'nario, -a *nmf* missionary. **missi'one** *nf* mission
misteri|osa'mente *adv* mysteriously. **~'oso** *a* mysterious. **mi'stero** *nm* mystery
'misti|ca *nf* mysticism. **~'cismo** *nm* mysticism. **~co** *a* mystic[al] ● *nm* mystic
mistifi'ca|re *vt* distort ‹*verità*›. **~zi'one** *nf* (*della verità*) distortion
'misto *a* mixed; **~ lana/cotone** wool/cotton-mix; **scuola mista** mixed *o* co-educational school ● *nm* mixture
mi'sura *nf* measure; (*dimensione*) measurement; (*taglia*) size; (*limite*) limit; **su ~** ‹*abiti*› made to measure;

‹*mobile*› custom-made; **a ~** ‹*andare, calzare*› perfectly; **a ~ che** as. **~ di sicurezza** safety measure. **misu'rare** *vt* measure; try on ‹*indumenti*›; (*limitare*) limit. **misu'rarsi** *vr* **misurarsi con** (*gareggiare*) compete with. **misu'rato** *a* measured. **misu'rino** *nm* measuring spoon

'mite *a* mild; ‹*prezzo*› moderate

'mitico *a* mythical

miti'gar|e *vt* mitigate. **~si** *vr* calm down; ‹*clima:*› become mild

mitiz'zare *vt* mythicize

'mito *nm* myth. **~lo'gia** *nf* mythology. **~'logico** *a* mythological

mi'tomane *nmf* compulsive liar

'mitra *nf Relig* mitre ● *nm inv Mil* machine-gun

mitragli'a|re *vt* machine-gun; **~re di domande** fire questions at. **~'trice** *nf* machine-gun

mit'tente *nmf* sender

mne'monico *a* mnemonic

mo' *nm* **a ~ di** by way of ‹*esempio, consolazione*›

'mobile[1] *a* mobile; (*volubile*) fickle; (*che si può muovere*) movable; **beni mobili** personal estate; **squadra ~** flying squad

'mobi|le[2] *nm* piece of furniture; **mobili** *pl* furniture *sg*. **mo'bilia** *nf* furniture. **~li'ficio** *nm* furniture factory

mo'bilio *nm* furniture

mobilità *nf* mobility

mobili'ta|re *vt* mobilize. **~zi'one** *nf* mobilization

mocas'sino *nm* moccasin

mocci'oso, -a *nmf* brat

'moccolo *nm* (*di candela*) candle-end; (*moccio*) snot

'moda *nf* fashion; **di ~** in fashion; **alla ~** ‹*musica, vestiti*› up-to-date; **fuori ~** unfashionable

modalità *nf inv* formality; **~ d'uso** instruction

mo'della *nf* model. **model'lare** *vt* model

model'li|no *nm* model. **~sta** *nmf* designer

mo'dello *nm* model; (*stampo*) mould; (*di carta*) pattern; (*modulo*) form

'modem *nm inv* modem; **mandare per ~** modem, send by modem

mode'ra|re *vt* moderate; (*diminuire*) reduce. **~rsi** *vr* control oneself. **~ta'mente** *adv* moderately **~to** *a* moderate. **~'tore, ~'trice** *nmf* (*in tavola rotonda*) moderator. **~zi'one** *nf* moderation

modern|a'mente *adv* (*in modo moderno*) in a modern style. **~iz'zare** *vt* modernize. **mo'derno** *a* modern

mo'dest|ia *nf* modesty. **~o** *a* modest

'modico *a* reasonable

mo'difica *nf* modification

modifi'ca|re *vt* modify. **~zi'one** *nf* modification

mo'dista *nf* milliner

'modo *nm* way; (*garbo*) manners *pl*; (*occasione*) chance; *Gram* mood; **ad ogni ~** anyhow; **di ~ che** so that; **fare in ~ di** try to; **in che ~** (*inter*) how; **in qualche ~** somehow; **in questo ~** like this; **~ di dire** idiom; **per ~ di dire** so to speak

modu'la|re *vt* modulate. **~zi'one** *nf* modulation. **~zione di frequenza** frequency modulation. **~'tore** *nm* **~tore di frequenza** frequency modulator

'modulo *nm* form; (*lunare, di comando*) module. **~ continuo** continuous paper

'mogano *nm* mahogany

'mogio *a* dejected

'moglie *nf* wife

'mola *nf* millstone; *Mech* grindstone

mo'lare *nm* molar

'mole *nf* mass; (*dimensione*) size

mo'lecola *nf* molecule

mole'stare *vt* bother; (*più forte*) molest. **mo'lestia** *nf* nuisance. **mo'lesto** *a* bothersome

'molla *nf* spring; **molle** *pl* tongs

mol'lare *vt* let go; (*fam: lasciare*) leave; *fam* give ‹*ceffone*›; *Naut* cast off ● *vi* cease; **mollala!** *fam* stop that!

'molle *a* soft; (*bagnato*) wet

mol'letta *nf* (*per capelli*) hair-grip; (*per bucato*) clothes-peg; **mollette** *pl* (*per ghiaccio ecc*) tongs

mol'lezz|a *nf* softness; **~e** *pl fig* luxury

mol'lica *nf* crumb

mol'lusco *nm* mollusc

'molo *nm* pier; (*banchina*) dock

mol'teplic|e *a* manifold; (*numeroso*) numerous. **~ità** *nf* multiplicity

moltipli'ca|re *vt*, **~rsi** *vr* multiply. **~'tore** *nm* multiplier. **~'trice** *nf* calculating machine. **~zi'one** *nf* multiplication

molti'tudine *nf* multitude

'molto *a* a lot of; (*con negazione e interrogazione*) much, a lot of; (*con nomi plurali*) many, a lot of; **non ~ tempo** not much time, not a lot of time ● *adv* very; (*con verbi*) a lot; (*con avverbi*) much; **~ stupido** very stupid; **mangiare ~** eat a lot; **~ più veloce** much faster; **non mangiare ~** not eat a lot, not eat much ● *pron* a lot; (*molto tempo*) a lot of time; (*con negazione e interrogazione*) much, a lot; (*plurale*) many; **non ne ho ~** I don't have much, I don't have a lot; **non ne ho molti** I don't have many, I don't have a lot; **non ci metterò ~** I won't be long; **fra non ~** before long; **molti** (*persone*) a lot of people; **eravamo in molti** there were a lot of us

momentanea'mente *adv* momentarily; **è ~ assente** he's not here at the moment. **momen'taneo** *a* momentary

mo'mento *nm* moment; **a momenti** (*a volte*) sometimes; (*fra un momento*) in a moment; **dal ~ che** since; **per il ~** for the time being; **da un ~ all'altro** ‹*cambiare idea ecc*› from one moment to the next; ‹*aspettare qcno ecc*› at any moment

'monac|a *nf* nun. **~o** *nm* monk

'Monaco *nm* Monaco ● *nf* (*di Baviera*) Munich

mo'narc|a *nm* monarch. **monar'chia** *nf* monarchy. **~hico, -a** *a* monarchic ● *nmf* monarchist

mona'stero *nm* (*di monaci*) monastery; (*di monache*) convent. **mo'nastico** *a* monastic.

monche'rino *nm* stump

'monco *a* maimed; (*fig: troncato*) truncated; **~ di un braccio** one-armed

mon'dano *a* worldly; **vita mondana** social life

mondi'ale *a* world *attrib*; **di fama ~** world-famous

'mondo *nm* world; **il bel ~** fashionable society; **un ~** (*molto*) a lot

mondovisi'one *nf* **in ~** transmitted worldwide

mo'nello, -a *nmf* urchin

mo'neta *nf* coin; (*denaro*) money; (*denaro spicciolo*) [small] change. **~ estera** foreign currency. **~ legale** legal tender. **~ unica** single currency. **mone'tario** *a* monetary

mongolfi'era *nf* hot air balloon

mo'nile *nm* jewel

'monito *nm* warning

moni'tore *nm* monitor

mo'nocolo *nm* monocle

monoco'lore *a Pol* one-party

mono'dose *a inv* individually packaged

monogra'fia *nf* monograph

mono'gramma *nm* monogram

mono'kini *nm inv* monokini

mono'lingue *a* monolingual

monolo'cale *nm* studio flat, studio apartment *Am*

mo'nologo *nm* monologue

mono'pattino *nm* [child's] scooter

mono'poli|o *nm* monopoly. **~z'zare** *vt* monopolize

mono'sci *nm inv* monoski

monosil'labico *a* monosyllabic. **mono'sillabo** *nm* monosyllable

monoto'nia *nf* monotony. **mo'notono** *a* monotonous

mono'uso *a* disposable

monou'tente *a inv* single-user *attrib*

monsi'gnore *nm* monsignor

mon'sone *nm* monsoon

monta'carichi *nm inv* hoist

mon'taggio *nm Mech* assembly; *Cinema* editing; **catena di ~** production line

mon'ta|gna *nf* mountain; (*zona*) mountains *pl*; **montagne** *pl* **russe** big dipper. **~'gnoso** *a* mountainous. **~'naro, -a** *nmf* highlander. **~no** *a* mountain *attrib*

mon'tante *nm* (*di finestra, porta*) upright

mon'ta|re *vt/i* mount; get on ‹*veicolo*›; (*aumentare*) rise; *Mech* assemble; frame ‹*quadro*›; *Culin* whip; edit ‹*film*›; (*a cavallo*) ride; *fig* blow up; **~rsi la testa** get big-headed. **~to, -a** *nmf* poser. **~'tura** *nf Mech* assembling; (*di occhiali*) frame; (*di gioiello*) mounting; *fig* exaggeration

'monte *nm anche fig* mountain; **a ~** upstream; **andare a ~** be ruined; **mandare a ~ qcsa** ruin sth. **~ di pietà** pawnshop

Monte'negro *nm* Montenegro

monte'premi *nm inv* jackpot

mont'gomery *nm inv* duffle coat

mon'tone *nm* ram; **carne di ~** mutton

montu'oso *a* mountainous

monumen'tale *a* monumental. **monu'mento** *nm* monument

mo'quette *nf* (*tappeto*) fitted carpet

'mora *nf* (*del gelso*) mulberry; (*del rovo*) blackberry

mo'ral|e *a* moral ● *nf* morals *pl*; (*di storia*) moral ● *nm* morale. **mora'lista** *nmf* moralist. **~ità** *nf* morality; (*condotta*) morals *pl*. **~iz'zare** *vt/i* moralize. **~'mente** *adv* morally

morbi'dezza *nf* softness

'morbido *a* soft

mor'billo *nm* measles *sg*

'morbo *nm* disease. **~sità** *nf* (*qualità*) morbidity

mor'boso *a* morbid
mor'dace *a* cutting
mor'dente *a* biting. **'mordere** *vt* bite; (*corrodere*) bite into. **mordicchi'are** *vt* gnaw
mor'fina *nf* morphine. **morfi'nomane** *nmf* morphine addict
mori'bondo *a* dying; ‹*istituzione*› moribund
morige'rato *a* moderate
mo'rire *vi* die; *fig* die out; **fa un freddo da ~** it's freezing cold, it's perishing; **~ di noia** be bored to death; **c'era da ~ dal ridere** it was hilariously funny
mor'mone *nmf* Mormon
mormo'r|are *vt/i* murmur; (*brontolare*) mutter. **~io** *nm* murmuring; (*lamentela*) grumbling
'moro *a* dark ● *nm* Moor
mo'roso *a* in arrears
'morsa *nf* vice; *fig* grip
'morse *a* **alfabeto ~** Morse code
mor'setto *nm* clamp
morsi'care *vt* bite. **'morso** *nm* bite; (*di cibo, briglia*) bit; **i morsi della fame** hunger pangs
morta'della *nf* mortadella (*type of salted pork*)
mor'taio *nm* mortar
mor'tal|e *a* mortal; (*simile a morte*) deadly; **di una noia ~e** deadly. **~ità** *nf* mortality. **~'mente** *adv* ‹*ferito*› fatally; ‹*offeso*› mortally
morta'retto *nm* firecracker
'morte *nf* death
mortifi'cante *a* mortifying
mortifi'ca|re *vt* mortify. **~rsi** *vr* be mortified. **~to** *a* mortified. **~zi'one** *nf* mortification
'morto, -a *pp di* **morire** ● *a* dead; **~ di freddo** frozen to death; **stanco ~** dead tired ● *nm* dead man ● *nf* dead woman
mor'torio *nm* funeral
mo'saico *nm* mosaic
'Mosca *nf* Moscow
'mosca *nf* fly; (*barba*) goatee. **~ cieca** blindman's buff
mo'scato *a* muscat; **noce moscata** nutmeg ● *nm* muscatel
mosce'rino *nm* midge; (*fam: persona*) midget
mo'schea *nf* mosque
moschi'cida *a* fly *attrib*
'moscio *a* limp; **avere l'erre moscia** not be able to say one's r's properly
mo'scone *nm* bluebottle; (*barca*) pedalo
'moss|a *nf* movement; (*passo*) move. **~o** *pp di* **muovere** ● *a* ‹*mare*› rough; ‹*capelli*› wavy; ‹*fotografia*› blurred
mo'starda *nf* mustard
'mostra *nf* show; (*d'arte*) exhibition; **far ~ di** pretend; **in ~** on show; **mettersi in ~** make oneself conspicuous
mo'stra|re *vt* show; (*indicare*) point out; (*spiegare*) explain. **~rsi** *vr* show oneself; (*apparire*) appear
'mostro *nm* monster; (*fig: persona*) genius; **~ sacro** *fig* sacred cow
mostru|osa'mente *adv* tremendously. **~'oso** *a* monstrous; (*incredibile*) enormous
mo'tel *nm inv* motel
moti'va|re *vt* cause; *Jur* justify. **~to** *a* ‹*persona*› motivated. **~zi'one** *nf* motivation; (*giustificazione*) justification
mo'tivo *nm* reason; (*movente*) motive; (*in musica, letteratura*) theme; (*disegno*) motif
'moto *nm* motion; (*esercizio*) exercise; (*gesto*) movement; (*sommossa*) rising ● *nf inv* (*motocicletta*) motor bike; **mettere in ~** start ‹*motore*›
moto'carro *nm* three-wheeler
motoci'cl|etta *nf* motor cycle. **~ismo** *nm* motorcycling. **~ista** *nmf* motor-cyclist
moto'cros|s *nm* motocross. **~'sista** *nmf* scrambler
moto'lancia *nf* motor launch
moto'nave *nf* motor vessel
mo'tore *a* motor ● *nm* motor, engine. **moto'retta** *nf* motor scooter. **moto'rino** *nm* moped. **motorino d'avviamento** starter
motoriz'za|to *a Mil* motorized. **~zi'one** *nf* (*ufficio*) vehicle licensing office
moto'scafo *nm* motorboat
motove'detta *nf* patrol vessel
'motto *nm* motto; (*facezia*) witticism; (*massima*) saying
mountain bike *nf inv* mountain bike
mouse *nm inv Comput* mouse
mo'vente *nm* motive
movimen'ta|re *vt* enliven. **~to** *a* lively. **movi'mento** *nm* movement; **essere sempre in movimento** be always on the go
mozi'one *nf* motion
mozzafi'ato *a inv* nail-biting
moz'zare *vt* cut off; dock ‹*coda*›; **~ il fiato a qcno** take sb's breath away
mozza'rella *nf* mozzarella, *mild, white cheese*
mozzi'cone *nm* (*di sigaretta*) stub

'mozzo *nm Mech* hub; *Naut* ship's boy ● *a* ‹*coda*› truncated; ‹*testa*› severed
'mucca *nf* cow. **morbo della ~ pazza** mad cow disease
'mucchio *nm* heap, pile; **un ~ di** *fig* lots of
'muco *nm* mucus
'muffa *nf* mould; **fare la ~** go mouldy. **muf'fire** *vi* go mouldy
muf'fole *nfpl* mittens
mug'gi|re *vi* ‹*mucca:*› moo, low; ‹*toro:*› bellow. **~to** *nm* moo; bellow; (*azione*) mooing; bellowing
mu'ghetto *nm* lily of the valley
mugo'lare *vi* whine; ‹*persona:*› moan. **mugo'lio** *nm* whining
mugu'gnare *vt fam* mumble
mulatti'era *nf* mule track
mu'latto, -a *nmf* mulatto
muli'nello *nm* (*d'acqua*) whirl-pool; (*di vento*) eddy; (*giocattolo*) windmill
mu'lino *nm* mill. **~ a vento** windmill
'mulo *nm* mule
'multa *nf* fine. **mul'tare** *vt* fine
multico'lore *a* multicoloured
multi'lingue *a* multilingual
multi'media *mpl* multimedia
multimedi'ale *a* multimedia *attrib*
multimiliar'dario, -a *nmf* multi-millionaire
multinazio'nale *nf* multinational
'multiplo *a & nm* multiple
multiproprietà *nf inv* time-share
multi'uso *a* ‹*utensile*› all-purpose
'mummia *nf* mummy
'mungere *vt* milk
mungi'tura *nf* milking
munici'pal|e *a* municipal. **~ità** *nf inv* town council. **muni'cipio** *nm* town hall
mu'nifico *a* munificent
mu'nire *vt* fortify; **~ di** (*provvedere*) supply with
munizi'oni *nfpl* ammunition *sg*
'munto *pp di* **mungere**
mu'over|e *vt* move; (*suscitare*) arouse. **~si** *vr* move; **muoviti!** hurry up!, come on!
mura *nfpl* (*cinta di città*) walls
mu'raglia *nf* wall
mu'rale *a* mural; ‹*pittura*› wall *attrib*
mur'a|re *vt* wall up. **~'tore** *nm* bricklayer; (*con pietre*) mason; (*operaio edile*) builder. **~'tura** *nf* (*di pietra*) masonry, stonework; (*di mattoni*) brickwork
mu'rena *nf* moray eel
'muro *nm* wall; (*di nebbia*) bank; **a ~** ‹*armadio*› built-in. **~ portante** load-bearing wall. **~ del suono** sound barrier
'muschio *nm Bot* moss
musco'la|re *a* muscular. **~'tura** *nf* muscles *pl*. **'muscolo** *nm* muscle
mu'seo *nm* museum
museru'ola *nf* muzzle
'musi|ca *nf* music. **~cal** *nm inv* musical. **~'cale** *a* musical. **~'cista** *nmf* musician.
'muso *nm* muzzle; (*pej: di persona*) mug; (*di aeroplano*) nose; **fare il ~** sulk. **mu'sone, -a** *nmf* sulker
'mussola *nf* muslin
musul'mano, -a *nmf* Moslem
'muta *nf* (*cambio*) change; (*di penne*) moult; (*di cani*) pack; (*per immersione subacquea*) wetsuit
muta'mento *nm* change
mu'tan|de *nfpl* pants; (*da donna*) knickers. **~'doni** *nmpl* (*da uomo*) long johns; (*da donna*) bloomers
mu'tare *vt* change
mu'tevole *a* changeable
muti'la|re *vt* mutilate. **~to, -a** *nmf* disabled person. **~to di guerra** disabled ex-serviceman. **~zi'one** *nf* mutilation
mu'tismo *nm* dumbness; *fig* obstinate silence
'muto *a* dumb; (*silenzioso*) silent; (*fonetica*) mute
'mutu|a *nf* [**cassa** *nf*] **~** sickness benefit fund. **~'ato, -a** *nmf* NHS patient
'mutuo¹ *a* mutual
'mutuo² *nm* loan; (*per la casa*) mortgage; **fare un ~** take out a mortgage. **~ ipotecario** mortgage

Nn

'nacchera *nf* castanet
'nafta *nf* naphtha; (*per motori*) diesel oil
'naia *nf* cobra; (*sl: servizio militare*) national service
'nailon *nm* nylon
'nanna *nf* (*sl: infantile*) byebyes; **andare a ~** go byebyes; **fare la ~** sleep
'nano, -a *a & nmf* dwarf
napole'tano, -a *a & nmf* Neapolitan
'Napoli *nf* Naples
'nappa *nf* tassel; (*pelle*) soft leather
narci'sis|mo *nm* narcissism. **~ta** *a & nmf* narcissist
nar'ciso *nm* narcissus
nar'cotico *a & nm* narcotic
na'rice *nf* nostril
nar'ra|re *vt* tell. **~'tivo, -a** *a* narrative ● *nf* fiction. **~'tore, ~'trice** *nmf* narrator. **~zi'one** *nf* narration; (*racconto*) story
na'sale *a* nasal
'nasc|ere *vi* (*venire al mondo*) be born; (*germogliare*) sprout; (*sorgere*) rise; **~ere da** *fig* arise from. **~ita** *nf* birth. **~i'turo** *nm* unborn child
na'sconder|e *vt* hide. **~si** *vr* hide
nascon'di|glio *nm* hiding-place. **~no** *nm* hide-and-seek. **na'scosto** *pp di* **nascondere** ● *a* hidden; **di nascosto** secretly
na'sello *nm* (*pesce*) hake
'naso *nm* nose
'nastro *nm* ribbon; (*di registratore ecc*) tape. **~ adesivo** adhesive tape. **~ isolante** insulating tape. **~ trasportatore** conveyor belt
na'tal|e *a* ‹*paese*› of one's birth. **N~e** *nm* Christmas; **~i** *pl* parentage. **~ità** *nf* [number of] births. **nata'lizio** *a* (*del Natale*) Christmas *attrib*; (*di nascita*) of one's birth
na'tante *a* floating ● *nm* craft
'natica *nf* buttock
na'tio *a* native
Natività *nf* Nativity. **na'tivo, -a** *a & nmf* native
'nato *pp di* **nascere** ● *a* born; **uno scrittore ~** a born writer; **nata Rossi** née Rossi
NATO *nf* Nato, NATO
na'tura *nf* nature; **pagare in ~** pay in kind. **~ morta** still life
natu'ra|le *a* natural; **al ~le** ‹*alimento*› plain, natural; **~le!** naturally, of course. **~'lezza** *nf* naturalness. **~liz'zare** *vt* naturalize. **~l'mente** *adv* (*ovviamente*) naturally, of course
natu'rista *nmf* naturalist
naufra'gare *vi* be wrecked; ‹*persona:*› be shipwrecked. **nau'fragio** *nm* shipwreck; *fig* wreck. **'naufrago, -a** *nmf* survivor
'nause|a *nf* nausea; **avere la ~a** feel sick. **~a'bondo** *a* nauseating. **~'ante** *a* nauseating. **~'are** *vt* nauseate
'nautic|a *nf* navigation. **~o** *a* nautical
na'vale *a* naval
na'vata *nf* (*centrale*) nave; (*laterale*) aisle
'nave *nf* ship. **~ cisterna** tanker. **~ da guerra** warship. **~ spaziale** spaceship
na'vetta *nf* shuttle
navicella *nf* **~ spaziale** nose cone
navi'gabile *a* navigable
navi'ga|re *vi* sail; **~re in Internet** surf the Net. **~'tore, ~'trice** *mf* navigator. **~zi'one** *nf* navigation
na'viglio *nm* fleet; (*canale*) canal
nazio'na|le *a* national ● *nf* *Sport* national team. **~'lismo** *nm* nationalism. **~'lista** *nmf* nationalist **~lità** *nf inv* nationality. **~liz'zare** *vt* nationalize. **nazi'one** *nf* nation
na'zista *a nmf* Nazi
N.B. *abbr* (**nota bene**) N.B.
ne *pers pron* (*di lui*) about him; (*di lei*) about her; (*di loro*) about them; (*di ciò*) about it; (*da ciò*) from that; (*di un insieme*) of it; (*di un gruppo*) of them; **non ne conosco nessuno** I don't know any of them; **ne ho** I have some; **non ne ho più** I don't have any left ● *adv* from there; **ne vengo ora** I've just come from there; **me ne vado** I'm off
né *conj* **né... né...** neither... nor...; **non**

ne ho il tempo né la voglia I don't have either the time or the inclination; **né tu né io vogliamo andare** neither you nor I want to go; **né l'uno né l'altro** neither [of them/us]

ne'anche *adv* (*neppure*) not even; (*senza neppure*) without even ● *conj* (*e neppure*) neither... nor; **non parlo inglese, e lui ~** I don't speak English, neither does he *o* and he doesn't either

'nebbi|a *nf* mist; (*in città, su strada*) fog. **~'oso** *a* misty; foggy

necessaria'mente *adv* necessarily.

neces'sario *a* necessary

necessità *nf inv* necessity; (*bisogno*) need

necessi'tare *vi* **~ di** need; (*essere necessario*) be necessary

necro'logio *nm* obituary

ne'cropoli *nf inv* necropolis

ne'fando *a* wicked

ne'fasto *a* ill-omened

ne'ga|re *vt* deny; (*rifiutare*) refuse; **essere ~to per qcsa** be no good at sth. **~'tivo, -a** *a* negative ● *nf* negative. **~zi'one** *nf* negation; (*diniego*) denial; *Gram* negative

ne'gletto *a* neglected

'negli = **in** + **gli**

negli'gen|te *a* negligent. **~za** *nf* negligence

negozi'abile *a* negotiable

negozi'ante *nmf* dealer; (*bottegaio*) shopkeeper

negozi'a|re *vt* negotiate ● *vi* **~re in** trade in. **~ti** *nmpl* negotiations

ne'gozio *nm* shop

'negro, -a *a* Negro, black ● *nmf* Negro, black; (*scrittore*) ghost writer

'nei = **in** + **i. nel** = **in** + **il. 'nella** = **in** + **la. 'nelle** = **in** + **le. 'nello** = **in** + **lo**

'nembo *nm* nimbus

ne'mico, -a *a* hostile ● *nmf* enemy

nem'meno *conj* not even

'nenia *nf* dirge; (*per bambini*) lullaby; (*piagnucolio*) wail

'neo *nm* mole; (*applicato*) beauty spot

'neo+ *pref* neo+

neofa'scismo *nm* neofascism

neo'litico *a* Neolithic

neolo'gismo *nm* neologism

'neon *nm* neon

neo'nato, -a *a* newborn ● *nmf* newborn baby

neozelan'dese *a* New Zealand ● *nmf* New Zealander

nep'pure *conj* not even

'nerb|o *nm* (*forza*) strength; *fig* backbone. **~o'ruto** *a* brawny

ne'retto *nm Typ* bold [type]

'nero *a* black; (*fam: arrabbiato*) fuming ● *nm* black; **mettere ~ su bianco** put in writing

nerva'tura *nf* nerves *pl; Bot* veining; (*di libro*) band

'nervo *nm* nerve; *Bot* vein; **avere i nervi** be bad-tempered; **dare ai nervi a qcno** get on sb's nerves. **~'sismo** *nm* nerviness

ner'voso *a* nervous; (*irritabile*) bad-tempered; **avere il ~** be irritable; **esaurimento** *nm* **~** nervous breakdown

'nespol|a *nf* medlar. **~o** *nm* medlar[-tree]

'nesso *nm* link

nes'suno *a* no, not... any; (*qualche*) any; **non ho nessun problema** I don't have any problems, I have no problems; **non lo trovo da nessuna parte** I can't find it anywhere; **in nessun modo** on no account; **nessuna notizia?** any news? ● *pron* nobody, no one, not... anybody, not... anyone; (*qualcuno*) anybody, anyone; **hai delle domande? – nessuna** do you have any questions? – none; **~ di voi** none of you; **~ dei due** (*di voi due*) neither of you; **non ho visto ~ dei tuoi amici** I haven't seen any of your friends; **c'è ~?** is anybody there?

'nettare¹ *nm* nectar

net'tare² *vt* clean

net'tezza *nf* cleanliness. **~ urbana** cleansing department

'netto *a* clean; (*chiaro*) clear; *Comm* net; **di ~** just like that

nettur'bino *nm* dustman

neu'tral|e *a & nm* neutral. **~ità** *nf* neutrality. **~iz'zare** *vt* neutralize. **'neutro** *a* neutral; *Gram* neuter ● *nm Gram* neuter

neu'trone *nm* neutron

'neve *nf* snow

nevi|'care *vi* snow; **~ca** it is snowing. **~'cata** *nf* snowfall. **ne'vischio** *nm* sleet. **ne'voso** *a* snowy

nevral'gia *nf* neuralgia. **ne'vralgico** *a* neuralgic

ne'vro|si *nf inv* neurosis. **~tico** *a* neurotic

'nibbio *nm* kite

'nicchia *nf* niche

nicchi'are *vi* shilly-shally

'nichel *nm* nickel

nichi'lista *a & nmf* nihilist

nico'tina *nf* nicotine

nidi'ata *nf* brood. **'nido** *nm* nest; (*giardino d'infanzia*) crèche

ni'ente *pron* nothing, not... anything; (*qualcosa*) anything; **non ho fatto ~ di male** I didn't do anything wrong, I did nothing wrong; **grazie! – di ~!** thank you! – don't mention it!; **non serve a ~** it is no use; **vuoi ~?** do you want anything?; **da ~** (*poco importante*) minor; (*di poco valore*) worthless ● *a inv fam* **non ho ~ fame** I'm not the slightest bit hungry ● *adv* **non fa ~** (*non importa*) it doesn't matter; **per ~** at all; ‹*litigare*› over nothing; **~ affatto!** no way! ● *nm* **un bel ~** absolutely nothing

nientedi'meno, **niente'meno** *adv* **~ che** no less than ● *int* fancy that!

'ninfa *nf* nymph

nin'fea *nf* water-lily

ninna'nanna *nf* lullaby

'ninnolo *nm* plaything; (*fronzolo*) knick-knack

ni'pote *nm* (*di zii*) nephew; (*di nonni*) grandson, grandchild ● *nf* (*di zii*) niece; (*di nonni*) granddaughter, grandchild

'nisba *pron* (*sl: niente*) zilch

'nitido *a* neat; (*chiaro*) clear

ni'trato *nm* nitrate

ni'tri|re *vi* neigh. **~to** *nm* (*di cavallo*) neigh

n° *abbr* (**numero**) No

no *adv* no; (*con congiunzione*) not; **dire di no** say no; **credo di no** I don't think so; **perché no?** why not?; **io no** not me; **ha detto così, no?** he said so, didn't he?; **fa freddo, no?** it's cold, isn't it?

'nobil|e *a* noble ● *nm* noble, nobleman ● *nf* noble, noblewoman. **~i'are** *a* noble. **~tà** *nf* nobility

'nocca *nf* knuckle

nocci'ol|a *nf* hazel-nut. **~o** *nm* (*albero*) hazel

'nocciolo *nm* stone; *fig* heart

'noce *nf* walnut ● *nm* (*albero, legno*) walnut. **~ moscata** nutmeg. **~'pesca** *nf* nectarine

no'civo *a* harmful

'nodo *nm* knot; *fig* lump; *Comput* node; **fare il ~ della cravatta** do up one's tie. **~ alla gola** lump in the throat. **no'doso** *a* knotty. **'nodulo** *nm* nodule

'noi *pers pron* (*soggetto*) we; (*oggetto, con prep*) us; **chi è? – siamo ~** who is it? – it's us

'noia *nf* boredom; (*fastidio*) bother; (*persona*) bore; **dar ~** annoy

noi'altri *pers pron* we

noi'oso *a* boring; (*fastidioso*) tiresome

noleggi'are *vt* hire; (*dare a noleggio*) hire out; charter ‹*nave, aereo*›. **no'leggio** *nm* hire; (*di nave, aereo*) charter. **'nolo** *nm* hire; *Naut* freight; **a nolo** for hire

'nomade *a* nomadic ● *nmf* nomad

'nome *nm* name; *Gram* noun; **a ~ di** in the name of; **di ~** by name; **farsi un ~** make a name for oneself. **~ di famiglia** surname. **~ da ragazza** maiden name. **no'mea** *nf* reputation

nomencla'tura *nf* nomenclature

no'mignolo *nm* nickname

'nomina *nf* appointment. **nomi'nale** *a* nominal; *Gram* noun *attrib*

nomi'na|re *vt* name; (*menzionare*) mention; (*eleggere*) appoint. **~'tivo** *a* nominative; *Comm* registered ● *nm* nominative; (*nome*) name

non *adv* not; **~ ti amo** I do not *o* don't love you; **~ c'è di che** not at all

nonché *conj* (*tanto meno*) let alone; (*e anche*) as well as

noncu'ran|te *a* nonchalant; (*negligente*) indifferent. **~za** *nf* nonchalance; (*negligenza*) indifference

nondi'meno *conj* nevertheless

'nonna *nf* grandmother, grandma *fam*

'nonno *nm* grandfather, grandpa *fam*; **nonni** *pl* grandparents

non'nulla *nm inv* trifle

'nono *a* & *nm* ninth

nono'stante *prep* in spite of ● *conj* although

nontiscordardimé *nm inv* forget-me-not

nonvio'lento *a* nonviolent

nord *nm* north; **del ~** northern

nor'd-est *nm* northeast; **a ~** north-easterly

'nordico *a* northern

nordocciden'tale *a* northwestern

nordorien'tale *a* northeastern

nor'd-ovest *nm* northwest; **a ~** north-westerly

'norma *nf* rule; (*istruzione*) instruction; **a ~ di legge** according to law; **è buona ~** it's advisable

nor'mal|e *a* normal. **~ità** *nf* normality. **~iz'zare** *vt* normalize. **~'mente** *adv* normally

norve'gese *a* & *nmf* Norwegian. **Nor'vegia** *nf* Norway

nossi'gnore *adv* no way

nostal'gia *nf* (*di casa, patria*) homesickness; (*del passato*) nostalgia; **aver ~** be homesick; **aver ~ di qcno** miss sb.

no'stalgico, -a *a* nostalgic ● *nmf* reactionary

no'strano *a* local; (*fatto in casa*) homemade

'nostro (**il nostro** *m*, **la nostra** *f*, **i nostri** *mpl*, **le nostre** *fpl*) *poss a* our; **quella macchina è nostra** that car is ours; **~ padre** our father; **un ~ amico** a friend of ours ● *poss pron* ours

'nota *nf* (*segno*) sign; (*comunicazione, commento, Mus*) note; (*conto*) bill; (*lista*) list; **degno di ~** noteworthy; **prendere ~** take note. **note** *pl* **caratteristiche** distinguishing marks

no'tabile *a & nm* notable

no'taio *nm* notary

no'ta|re *vt* (*segnare*) mark; (*annotare*) note down; (*osservare*) notice; **far ~re qcsa** point sth out; **farsi ~re** get oneself noticed. **~zi'one** *nf* marking; (*annotazione*) notation

'notes *nm inv* notepad

no'tevole *a* (*degno di nota*) remarkable; (*grande*) considerable

no'tifica *nf* notification. **notifi'care** *vt* notify; *Comm* advise. **~zi'one** *nf* notification

no'tizi|a *nf* **una ~a** a piece of news, some news; (*informazione*) a piece of information, some information; **le ~e** the news *sg*. **~'ario** *nm* news *sg*

'noto *a* [well-]known; **rendere ~** (*far sapere*) announce

notorietà *nf* fame; **raggiungere la ~** become famous. **no'torio** *a* well-known; *pej* notorious

not'tambulo *nm* night-bird

not'tata *nf* night; **far ~** stay up all night

'notte *nf* night; **di ~** at night; **~ bianca** sleepless night; **peggio che andar di ~** worse than ever. **~'tempo** *adv* at night

not'turno *a* nocturnal; ‹*servizio ecc*› night

no'vanta *a & nm* ninety

novan't|enne *a & nmf* ninety-year-old. **~esimo** *a* ninetieth. **~ina** *nf* about ninety. **'nove** *a & nm* nine. **nove'cento** *a & nm* nine hundred. **il N~cento** the twentieth century

no'vella *nf* short story

novel'lino, -a *a* inexperienced ● *nmf* novice, beginner. **no'vello** *a* new

no'vembre *nm* November

novità *nf inv* novelty; (*notizie*) news *sg*; **l'ultima ~** (*moda*) the latest fashion

novizi'ato *nm Relig* novitiate; (*tirocinio*) apprenticeship

nozi'one *nf* notion; **nozioni** *pl* rudiments

'nozze *nfpl* marriage *sg*; (*cerimonia*) wedding *sg*. **~ d'argento/d'oro** silver/golden wedding [anniversary]

'nub|e *nf* cloud. **~e tossica** toxic cloud. **~i'fragio** *nm* cloudburst

'nubile *a* unmarried ● *nf* unmarried woman

'nuca *nf* nape

nucle'are *a* nuclear

'nucleo *nm* nucleus; (*unità*) unit

nu'di|smo *nm* nudism. **~sta** *nmf* nudist. **~tà** *nf inv* nudity, nakedness

'nudo *a* naked; ‹*spoglio*› bare; **a occhio ~** to the naked eye

'nugolo *nm* large number

'nulla *pron* = **niente**; **da ~** worthless

nulla'osta *nm inv* permit

nullate'nente *nm* **i nullatenenti** the have-nots

nullità *nf inv* (*persona*) nonentity

'nullo *a Jur* null and void

nume'ra|bile *a* countable. **~le** *a & nm* numeral

nume'ra|re *vt* number. **~zi'one** *nf* numbering. **nu'merico** *a* numerical

'numero *nm* number; (*romano, arabo*) numeral; (*di scarpe ecc*) size; **dare i numeri** be off one's head. **~ cardinale** cardinal [number]. **~ decimale** decimal. **~ ordinale** ordinal [number]. **~ di telefono** phone number. **~ verde** Freephone®. **nume'roso** *a* numerous

'nunzio *nm* nuncio

nu'ocere *vi* **~ a** harm

nu'ora *nf* daughter-in-law

nuo'ta|re *vi* swim; *fig* wallow; **~re nell'oro** be stinking rich, be rolling in it. **nu'oto** *nm* swimming. **~'tore, ~'trice** *nmf* swimmer

nu'ov|a *nf* (*notizia*) news *sg*. **~a'mente** *adv* again. **~o** *a* new; **di ~o** again; **rimettere a ~o** give a new lease of life to

nutri|'ente *a* nourishing. **~'mento** *nm* nourishment

nu'tri|re *vt* nourish; harbour ‹*sentimenti*›. **~rsi** eat; **~rsi di** *fig* live on. **~'tivo** *a* nourishing. **~zi'one** *nf* nutrition

'nuvola *nf* cloud. **nuvo'loso** *a* cloudy

nuzi'ale *a* nuptial; ‹*vestito, anello ecc*› wedding *attrib*

Oo

O *abbr* (**ovest**) W

o *conj* or; **~ l'uno ~ l'altro** one or the other, either

'oasi *nf inv* oasis

obbedi'ente ecc = **ubbidiente** ecc

obbli'ga|re *vt* force, oblige; **~rsi** *vr* **~rsi a** undertake to. **~to** *a* obliged. **~'torio** *a* compulsory. **~zi'one** *nf* obligation; *Comm* bond. **'obbligo** *nm* obligation; (*dovere*) duty; **avere obblighi verso** be under an obligation to; **d'obbligo** obligatory

obbligatoria'mente *adv* **fare qcsa ~** be obliged to do sth; **bisogna ~ farlo** you absolutely have to do it

ob'bro|brio *nm* disgrace. **~'brioso** *a* disgraceful

obe'lisco *nm* obelisk

obe'rare *vt* overburden

obesità *nf* obesity. **o'beso** *a* obese

obiet'tare *vt/i* object; **~ su** object to

obietti|va'mente *adv* objectively. **~vità** *nf* objectivity. **obiet'tivo** *a* objective ● *nm* objective; (*scopo*) object

obie|t'tore *nm* objector. **~ttore di coscienza** conscientious objector. **~zi'one** *nf* objection

obi'torio *nm* mortuary

o'blio *nm* oblivion

o'bliquo *a* oblique; *fig* underhand

oblite'rare *vt* obliterate

oblò *nm inv* porthole

'oboe *nm* oboe

obso'leto *a* obsolete

'oca *nf* (*pl* **oche**) goose; (*donna*) silly girl

occasio'nal|e *a* occasional. **~'mente** *adv* occasionally

occasi'one *nf* occasion; (*buon affare*) bargain; (*motivo*) cause; (*opportunità*) chance; **d'~** secondhand

occhi'aia *nf* eye socket; **occhiaie** *pl* shadows under the eyes

occhi'ali *nmpl* glasses, spectacles. **~ da sole** sunglasses. **~ da vista** glasses, spectacles

occhi'ata *nf* look; **dare un'~ a** have a look at

occhieggi'are *vt* ogle ● *vi* (*far capolino*) peep

occhi'ello *nm* buttonhole; (*asola*) eyelet

'occhio *nm* eye; **~!** watch out!; **a quattr'occhi** in private; **tenere d'~ qcno** keep an eye on sb; **a ~ [e croce]** roughly; **chiudere un'~** turn a blind eye; **dare nell'~** attract attention; **pagare** *o* **spendere un ~ [della testa]** pay an arm and a leg; **saltare agli occhi** be blindingly obvious. **~ nero** (*pesto*) black eye. **~ di pernice** (*callo*) corn. **~'lino** *nm* **fare l'~lino a qcno** wink at sb

occiden'tale *a* western ● *nmf* westerner. **occi'dente** *nm* west

oc'clu|dere *vt* obstruct. **~si'one** *nf* occlusion

occor'ren|te *a* necessary ● *nm* the necessary. **~za** *nf* need; **all'~za** if need be

oc'correre *vi* be necessary

occulta'mento *nm* **~ di prove** concealment of evidence

occul't|are *vt* hide. **~ismo** *nm* occult. **oc'culto** *a* hidden; (*magico*) occult

occu'pante *nmf* occupier; (*abusivo*) squatter

occu'pa|re *vt* occupy; spend ‹*tempo*›; take up ‹*spazio*›; (*dar lavoro a*) employ. **~rsi** *vr* occupy oneself; (*trovare lavoro*) find a job; **~rsi di** (*badare*) look after. **~to** *a* engaged; ‹*persona*› busy; ‹*posto*› taken. **~zi'one** *nf* occupation; **trovarsi un'~zione** (*interesse*) find oneself something to do

o'ceano *nm* ocean. **~ Atlantico** Atlantic [Ocean]. **~ Pacifico** Pacific [Ocean]

'ocra *nf* ochre

ocu'lare *a* ocular; ‹*testimone, bagno*› eye *attrib*

ocula'tezza *nf* care. **ocu'lato** *a* ‹*scelta*› wise

ocu'lista *nmf* optician; (*per malattie*) ophthalmologist

od *conj* or

'ode *nf* ode

odi'are *vt* hate

odi'erno *a* of today; (*attuale*) present
'odi|o *nm* hatred; **avere in ~o** hate. **~'oso** *a* hateful
odo'ra|re *vt* smell; (*profumare*) perfume ● *vi* **~re di** smell of. **~to** *nm* sense of smell. **o'dore** *nm* smell; (*profumo*) scent; **c'è odore di...** there's a smell of...; **sentire odore di** smell; **odori** *pl Culin* herbs. **odo'roso** *a* fragrant
of'fender|e *vt* offend; (*ferire*) injure. **~si** *vr* take offence
offen'siv|a *nf Mil* offensive. **~o** *a* offensive
offe'rente *nmf* offerer; (*in aste*) bidder
of'fert|a *nf* offer; (*donazione*) donation; *Comm* supply; (*nelle aste*) bid; **in ~a speciale** on special offer. **~o** *pp di* **offrire**
of'fes|a *nf* offence. **~o** *pp di* **offendere** ● *a* offended
offi'ciare *vt* officiate
offi'cina *nf* workshop; **~ [meccanica]** garage
of'frir|e *vt* offer. **~si** *vr* offer oneself; ‹*occasione:*› present itself; **~si di fare qcsa** offer to do sth
offu'scar|e *vt* darken; *fig* dull ‹*memoria, bellezza*›; blur ‹*vista*›. **~si** *vr* darken; ‹*fig: memoria, bellezza:*› fade away; ‹*vista:*› become blurred
of'talmico *a* ophthalmic
oggettività *nf* objectivity. **ogget'tivo** *a* objective
og'getto *nm* object; (*argomento*) subject; **oggetti** *pl* **smarriti** lost property, lost and found *Am*
'oggi *adv & nm* today; (*al giorno d'oggi*) nowadays; **da ~ in poi** from today on; **~ a otto** a week today; **dall'~ al domani** overnight; **il giornale di ~** today's paper; **al giorno d'~** these days, nowadays. **~gi'orno** *adv* nowadays
'ogni *a inv* every; (*qualsiasi*) any; **~ tre giorni** every three days; **ad ~ costo** at any cost; **ad ~ modo** anyway; **~ cosa** everything; **~ tanto** now and then; **~ volta che** every time, whenever
o'gnuno *pron* everyone, everybody; **~ di voi** each of you
ohimè *int* oh dear!
'ola *nf inv* Mexican wave
O'lan|da *nf* Holland. **o~'dese** *a* Dutch ● *nm* Dutchman; (*lingua*) Dutch ● *nf* Dutchwoman
ole'andro *nm* oleander
ole'at|o *a* oiled; **carta ~a** grease-proof paper
oleo'dotto *nm* oil pipeline. **ole'oso** *a* oily
ol'fatto *nm* sense of smell
oli'are *vt* oil
olim'piadi *nfpl* Olympic Games. **o'limpico** *a* Olympic. **olim'pionico** *a* ‹*primato, squadra*› Olympic
'olio *nm* oil; **sott'~** in oil; **colori a ~** oils; **quadro a ~** oil painting. **~ d'oliva** olive oil. **~ di semi** vegetable oil. **~ solare** sun-tan oil
o'liv|a *nf* olive. **oli'vastro** *a* olive. **oli'veto** *nm* olive grove. **~o** *nm* olive tree
'olmo *nm* elm
olo'gramma *nm* hologram
oltraggi'are *vt* offend. **ol'traggio** *nm* offence
ol'tranza *nf* **ad ~** to the bitter end
'oltre *adv* (*di luogo*) further; (*di tempo*) longer ● *prep* (*di luogo*) over; (*di tempo*) later than; (*più di*) more than; (*in aggiunta*) besides; **~ a** (*eccetto*) except, apart from; **per ~ due settimane** for more than two weeks; **una settimana e ~** a week and more. **~'mare** *adv* overseas. **~'modo** *adv* extremely
oltrepas'sare *vt* go beyond; (*eccedere*) exceed
o'maggio *nm* homage; (*dono*) gift; **in ~ con** free with; **omaggi** *pl* (*saluti*) respects
ombeli'cale *a* umbilical; **cordone ~** umbilical cord. **ombe'lico** *nm* navel
'ombr|a *nf* (*zona*) shade; (*immagine oscura*) shadow; **all'~a** in the shade. **~eggi'are** *vt* shade
om'brello *nm* umbrella. **ombrel'lone** *nm* beach umbrella
om'bretto *nm* eye-shadow
om'broso *a* shady; ‹*cavallo*› skittish
ome'lette *nf inv* omelette
ome'lia *nf Relig* sermon
omeopa'tia *nf* homoeopathy. **omeo'patico** *a* homoeopathic ● *nm* homoeopath
omertà *nf* conspiracy of silence
o'messo *pp di* **omettere**
o'mettere *vt* omit
OMG *nm abbr* (**organismo modificato geneticamente**) GMO
omi'cid|a *a* murderous ● *nmf* murderer. **~io** *nm* murder. **~io colposo** manslaughter
omissi'one *nf* omission
omogeneiz'zato *a* homogenized. **omo'geneo** *a* homogeneous
omolo'gare *vt* approve

o'monimo, -a *nmf* namesake ● *nm* (*parola*) homonym
omosessu'al|e *a & nmf* homosexual. **~ità** *nf* homosexuality
On. *abbr* (**onorevole**) M.P.
'oncia *nf* ounce
'onda *nf* wave; **andare in ~** *Radio* go on the air. **a ondate** in waves. **onde** *pl* **corte** short wave. **onde** *pl* **lunghe** long wave. **onde** *pl* **medie** medium wave. **on'data** *nf* wave
'onde *conj* so that ● *pron* whereby
ondeggi'are *vi* wave; ‹*barca:*› roll
ondula|'torio *a* undulating. **~zi'one** *nf* undulation; (*di capelli*) wave
'oner|e *nm* burden. **~'oso** *a* onerous
onestà *nf* honesty; (*rettitudine*) integrity. **o'nesto** *a* honest; (*giusto*) just
'onice *nf* onyx
onnipo'tente *a* omnipotent
onnipre'sente *a* ubiquitous; *Rel* omnipresent
ono'mastico *nm* name-day
ono'ra|bile *a* honourable. **~re** *vt* (*fare onore a*) be a credit to; honour ‹*promessa*›. **~rio** *a* honorary ● *nm* fee. **~rsi** *vr* **~rsi di** be proud of
o'nore *nm* honour; **in ~ di** ‹*festa, ricevimento*› in honour of; **fare ~ a** do justice to ‹*pranzo*›; **farsi ~ in** excel in; **fare gli onori di casa** do the honours
ono'revole *a* honourable ● *nmf* Member of Parliament
onorifi'cenza *nf* honour; (*decorazione*) decoration. **ono'rifico** *a* honorary
'onta *nf* shame
O.N.U. *nf abbr* (**Organizzazione delle Nazioni Unite**) UN
o'paco *a* opaque; ‹*colori ecc*› dull; ‹*fotografia, rossetto*› matt
o'pale *nf* opal
'opera *nf* (*lavoro*) work; (*azione*) deed; *Mus* opera; (*teatro*) opera house; (*ente*) institution; **mettere in ~** put into effect; **mettersi all'~** get to work; **opere** *pl* **pubbliche** public works. **~ d'arte** work of art. **~ lirica** opera
ope'raio, -a *a* working ● *nmf* worker; **~ specializzato** skilled worker
ope'ra|re *vt Med* operate on; **farsi ~re** have an operation ● *vi* operate; (*agire*) work. **~'tivo, ~'torio** *a* operating *attrib.* **~'tore, ~'trice** *nmf* operator; *TV* cameraman. **~tore turistico** tour operator. **~zi'one** *nf* operation; *Comm* transaction
ope'retta *nf* operetta
ope'roso *a* industrious
opini'one *nf* opinion; **rimanere della propria ~** still feel the same way. **~ pubblica** public opinion, vox pop
'oppio *nm* opium
oppo'nente *a* opposing ● *nmf* opponent
op'por|re *vt* oppose; (*obiettare*) object; **~re resistenza** offer resistance. **~si** *vr* **~si a** oppose
opportu'ni|smo *nm* expediency. **~sta** *nmf* opportunist. **~tà** *nf inv* opportunity; (*l'essere opportuno*) timeliness. **oppor'tuno** *a* opportune; (*adeguato*) appropriate; **ritenere opportuno fare qcsa** think it appropriate to do sth; **il momento opportuno** the right moment
opposi|'tore *nm* opposer. **~zi'one** *nf* opposition; **d'~zione** ‹*giornale, partito*› opposition
op'posto *pp di* **opporre** ● *a* opposite; ‹*opinioni*› opposing ● *nm* opposite; **all'~** on the contrary
oppres|si'one *nf* oppression. **~'sivo** *a* oppressive. **op'presso** *pp di* **opprimere** ● *a* oppressed. **~'sore** *nm* oppressor
oppri'me|nte *a* oppressive. **op'primere** *vt* oppress; (*gravare*) weigh down
op'pure *conj* otherwise, or [else]; **lunedì ~ martedì** Monday or Tuesday
op'tare *vi* **~ per** opt for
opu'lento *a* opulent
o'puscolo *nm* booklet; (*pubblicitario*) brochure
opzio'nale *a* optional. **opzi'one** *nf* option
'ora¹ *nf* time; (*unità*) hour; **di buon'~** early; **che ~ è?, che ore sono?** what time is it?; **mezz'~** half an hour; **a ore** ‹*lavorare, pagare*› by the hour; **50 km all'~** 50 km an hour; **a un'~ di macchina** one hour by car; **non vedo l'~ di vederti** I can't wait to see you; **fare le ore piccole** stay up until the small hours. **~ d'arrivo** arrival time. **l'~ esatta** *Teleph* speaking clock. **~ legale** daylight saving time. **~ di punta, ore** *pl* **di punta** peak time; (*per il traffico*) rush hour
'ora² *adv* now; (*tra poco*) presently; **~ come ~** just now, at the moment; **d'~ in poi** from now on; **per ~** for the time being, for now; **è ~ di finirla!** that's enough now! ● *conj* (*dunque*) now [then]; **~ che ci penso,...** now that I come to think about it,...

o'racolo *nm* oracle
'orafo *nm* goldsmith
o'rale *a & nm* oral; **per via ~** by mouth
ora'mai *adv* = **ormai**
o'rario *a* ‹*tariffa*› hourly; ‹*segnale*› time *attrib*; ‹*velocità*› per hour ● *nm* time; (*tabella dell'orario*) timetable, schedule *Am*; **essere in ~** be on time; **in senso ~** clockwise. **~ di chiusura** closing time. **~ flessibile** flexitime. **~ di sportello** banking hours. **~ d'ufficio** business hours. **~ di visita** *Med* consulting hours
o'rata *nf* gilthead
ora'tore, **-'trice** *nmf* speaker
ora'torio, -a *a* oratorical ● *nm Mus* oratorio ● *nmf* oratory. **orazi'one** *nf Relig* prayer
'orbita *nf* orbit; *Anat* [eye-]socket
or'chestra *nf* orchestra; (*parte del teatro*) pit
orche'stra|le *a* orchestral ● *nmf* member of an/the orchestra. **~re** *vt* orchestrate
orchi'dea *nf* orchid
'orco *nm* ogre
'orda *nf* horde
or'digno *nm* device; (*arnese*) tool. **~ esplosivo** explosive device
ordi'nale *a & nm* ordinal
ordina'mento *nm* order; (*leggi*) rules *pl*.
ordi'nanza *nf* (*del sindaco*) bylaw; **d'~** ‹*soldato*› on duty
ordi'na|re *vt* (*sistemare*) arrange; (*comandare*) order; (*prescrivere*) prescribe; *Relig* ordain
ordi'nario *a* ordinary; (*grossolano*) common; ‹*professore*› with a permanent position; **di ordinaria amministrazione** routine ● *nm* ordinary; *Univ* professor
ordi'nato *a* (*in ordine*) tidy
ordinazi'one *nf* order; **fare un'~** place an order
'ordine *nm* order; (*di avvocati, medici*) association; **mettere in ~** put in order; tidy up ‹*appartamento ecc*›; **di prim'~** first-class; **di terz'~e** ‹*film, albergo*› third- rate; **di ~ pratico/economico** ‹*problema*› of a practical/economic nature; **fino a nuovo ~** until further notice; **parola d'~** password. **~ del giorno** agenda. **ordini sacri** *pl* Holy Orders
or'dire *vt* (*tramare*) plot
orec'chino *nm* ear-ring
o'recchi|o *nm* (*pl nf* **orecchie**) ear; **avere ~o** have a good ear; **mi è giunto all'~o che...** I've heard that...; **parlare all'~o a qcno** whisper in sb's ear; **suonare a ~o** play by ear; **~'oni** *pl Med* mumps *sg*
o'refice *nm* jeweller. **~'ria** *nf* (*arte*) goldsmith's art; (*negozio*) goldsmith's [shop]
'orfano, -a *a* orphan ● *nmf* orphan. **~'trofio** *nm* orphanage
orga'netto *nm* barrel-organ; (*a bocca*) mouth-organ; (*fisarmonica*) accordion
or'ganico *a* organic ● *nm* personnel
orga'nismo *nm* organism; (*corpo umano*) body
orga'nista *nmf* organist
organiz'za|re *vt* organize. **~rsi** *vr* get organized. **~'tore, ~'trice** *nmf* organizer. **~zi'one** *nf* organization
'organo *nm* organ
or'gasmo *nm* orgasm; *fig* agitation
'orgia *nf* orgy
or'gogli|o *nm* pride. **~'oso** *a* proud
orien'tale *a* eastern; (*cinese ecc*) oriental
orienta'mento *nm* orientation; **perdere l'~** lose one's bearings; **senso dell'~** sense of direction
orien'ta|re *vt* orientate. **~rsi** *vr* find one's bearings; (*tendere*) tend
ori'ente *nm* east. **l'Estremo O~** the Far East. **il Medio O~** the Middle East
o'rigano *nm* oregano
origi'na|le *a* original; (*eccentrico*) odd ● *nm* original. **~lità** *nf* originality. **~re** *vt/i* originate. **~rio** *a* (*nativo*) native
o'rigine *nf* origin; **in ~** originally; **aver ~ da** originate from; **dare ~ a** give rise to
origli'are *vi* eavesdrop
o'rina *nf* urine. **ori'nale** *nm* chamber-pot. **ori'nare** *vi* urinate
ori'undo *a* native
orizzon'tale *a* horizontal
orizzon'tare *vt* = **orientare**. **oriz'zonte** *nm* horizon
or'la|re *vt* hem. **~'tura** *nf* hem. **'orlo** *nm* edge; (*di vestito ecc*) hem
'orma *nf* track; (*di piede*) footprint; (*impronta*) mark
or'mai *adv* by now; (*passato*) by then; (*quasi*) almost
ormeg'giare *vt* moor. **or'meggio** *nm* mooring
ormo'nale *a* hormonal. **or'mone** *nm* hormone
ornamen'tale *a* ornamental. **orna'mento** *nm* ornament

or'na|re *vt* decorate. **~rsi** *vr* deck oneself. **~to** *a* ‹*stile*› ornate
ornitolo'gia *nf* ornithology
'oro *nm* gold; **d'~** gold; *fig* golden; **una persona d'~** a wonderful person
orologi'aio, -a *nmf* clockmaker, watchmaker
oro'logio *nm* (*portatile*) watch; (*da tavolo, muro ecc*) clock. **~ a pendolo** grandfather clock. **~ da polso** wristwatch. **~ a sveglia** alarm clock
o'roscopo *nm* horoscope
or'rendo *a* awful, dreadful
or'ribile *a* horrible
orripi'lante *a* horrifying
or'rore *nm* horror; **avere qcsa in ~** hate sth
orsacchi'otto *nm* teddy bear
'orso *nm* bear; (*persona scontrosa*) hermit. **~ bianco** polar bear
or'taggio *nm* vegetable
or'tensia *nf* hydrangea
or'tica *nf* nettle. **orti'caria** *nf* nettlerash
orticol'tura *nf* horticulture. **'orto** *nm* vegetable plot
orto'dosso *a* orthodox
ortogo'nale *a* perpendicular
orto|gra'fia *nf* spelling. **~'grafico** *a* spelling *attrib*
orto'lano *nm* market gardener; (*negozio*) greengrocer's
orto|pe'dia *nf* orthopaedics *sg*. **~'pedico** *a* orthopaedic ● *nm* orthopaedist
orzai'olo *nm* sty
or'zata *nf* barley-water
osan'nato *a* praised to the skies
o'sare *vt/i* dare; (*avere audacia*) be daring
oscenità *nf inv* obscenity. **o'sceno** *a* obscene
oscil'la|re *vi* swing; ‹*prezzi ecc:*› fluctuate; *Tech* oscillate; (*fig: essere indeciso*) vacillate. **~zi'one** *nf* swinging; (*di prezzi*) fluctuation; *Tech* oscillation
oscura'mento *nm* darkening; (*fig: di vista, mente*) dimming; (*totale*) black-out
oscu'r|are *vt* darken; *fig* obscure. **~arsi** *vr* get dark. **~ità** *nf* darkness. **o'scuro** *a* dark; (*triste*) gloomy; (*incomprensibile*) obscure
ospe'dal|e *nm* hospital. **~i'ero** *a* hospital *attrib*
ospi'ta|le *a* hospitable. **~lità** *nf* hospitality. **~re** *vt* give hospitality to. **'ospite** *nm* (*chi ospita*) host; (*chi viene ospitato*) guest ● *nf* hostess; guest
o'spizio *nm* (*per vecchi*) [old people's] home
ossa'tura *nf* bone structure; (*di romanzo*) structure, framework. **'osseo** *a* bone *attrib*
ossequi|'are *vt* pay one's respects to. **os'sequio** *nm* homage; **ossequi** *pl* respects. **~'oso** *a* obsequious
osser'van|te *a* ‹*cattolico*› practising. **~za** *nf* observance
osser'va|re *vt* observe; (*notare*) notice; keep ‹*ordine, silenzio*›. **~'tore, ~'trice** *nmf* observer. **~'torio** *nm Astr* observatory; *Mil* observation post. **~zi'one** *nf* observation; (*rimprovero*) reproach
ossessio'na|nte *a* haunting; ‹*persona*› nagging. **~re** *vt* obsess; (*infastidire*) nag. **ossessi'one** *nf* obsession; (*assillo*) pain in the neck. **osses'sivo** *a* obsessive. **os'sesso** *a* obsessed
os'sia *conj* that is
ossi'dabile *a* liable to tarnish
ossi'dar|e *vt*, **~si** *vr* oxidize
'ossido *nm* oxide. **~ di carbonio** carbon monoxide
os'sidrico *a* **fiamma ossidrica** blowlamp
ossige'nar|e *vt* oxygenate; (*decolorare*) bleach; *fig* put back on its feet ‹*azienda*›. **~si** *vr* **~si i capelli** dye one's hair blonde. **os'sigeno** *nm* oxygen
'osso *nm* (*Anat: pl nf* **ossa**) bone; (*di frutto*) stone
osso'buco *nm* marrowbone
os'suto *a* bony
ostaco'lare *vt* hinder, obstruct. **o'stacolo** *nm* obstacle; *Sport* hurdle
o'staggio *nm* hostage; **prendere in ~** take hostage
o'stello *nm* **~ della gioventù** youth hostel
osten'ta|re *vt* show off; **~re indifferenza** pretend to be indifferent. **~zi'one** *nf* ostentation
oste'ria *nf* inn
o'stetrico, -a *a* obstetric ● *nmf* obstetrician
'ostia *nf* host; (*cialda*) wafer
'ostico *a* tough
o'stil|e *a* hostile. **~ità** *nf inv* hostility
osti'na|rsi *vr* persist (**a** in). **~to** *a* obstinate. **~zi'one** *nf* obstinacy
ostra'cismo *nm* ostracism
'ostrica *nf* oyster
ostro'goto *nm* **parlare ~** talk double Dutch

ostru|'ire *vt* obstruct. **~zi'one** *nf* obstruction
otorinolaringoi'atra *nmf* ear, nose and throat specialist
ottago'nale *a* octagonal. **ot'tagono** *nm* octagon
ot'tan|ta *a* & *nm* eighty. **~'tenne** *a* & *nmf* eighty-year-old. **~'tesimo** *a* eightieth. **~'tina** *nf* about eighty
ot'tav|a *nf* octave. **~o** *a* eighth
otte'nere *vt* obtain; (*più comune*) get; (*conseguire*) achieve
'ottico, -a *a* optic[al] ● *nmf* optician ● *nf* (*scienza*) optics *sg*; (*di lenti ecc*) optics *pl*
otti'ma|le *a* optimum. **~'mente** *adv* very well
otti'mis|mo *nm* optimism. **~ta** *nmf* optimist. **~tico** *a* optimistic
'ottimo *a* very good ● *nm* optimum
'otto *a* & *nm* eight
ot'tobre *nm* October
otto'cento *a* & *nm* eight hundred; **l'O~** the nineteenth century
ot'tone *nm* brass
ottuage'nario, -a *a* & *nmf* octogenarian
ottu'ra|re *vt* block; fill ‹*dente*›. **~rsi** *vr* clog. **~'tore** *nm Phot* shutter. **~zi'one** *nf* stopping; (*di dente*) filling
ot'tuso *pp di* **ottundere** ● *a* obtuse
o'vaia *nf* ovary
o'vale *a* & *nm* oval
o'vat|ta *nf* cotton wool. **~'tato** *a* ‹*suono, passi*› muffled
ovazi'one *nf* ovation
over'dose *nf inv* overdose
'ovest *nm* west
o'vi|le *nm* sheep-fold. **~no** *a* sheep *attrib*
ovo'via *nf two-seater cable car*
ovulazi'one *nf* ovulation
o'vunque *adv* = **dovunque**
ov'vero *conj* or; (*cioè*) that is
ovvia'mente *adv* obviously
ovvi'are *vi* **~ a qcsa** counter sth. **'ovvio** *a* obvious
ozi'are *vi* laze around. **'ozio** *nm* idleness; **stare in ozio** idle about. **ozi'oso** *a* idle; ‹*questione*› pointless
o'zono *nm* ozone; **buco nell'~** hole in the ozone layer

Pp

pa'ca|re *vt* quieten. **~to** *a* quiet
pac'chetto *nm* packet; (*postale*) parcel, package; (*di sigarette*) pack, packet. **~ software** software package
'pacchia *nf* (*fam: situazione*) bed of roses
pacchia'nata *nf* **è una ~** it's so garish. **pacchi'ano** *a* garish
'pacco *nm* parcel; (*involto*) bundle. **~ regalo** gift-wrapped package
paccot'tiglia *nf* (*roba scadente*) junk, rubbish
'pace *nf* peace; **darsi ~** forget it; **fare ~ con qcno** make it up with sb; **lasciare in ~ qcno** leave sb in peace
pachi'derma *nm* (*animale*) pachyderm
pachi'stano, -a *nmf* & *a* Pakistani
pacifi'ca|re *vt* reconcile; (*mettere pace*) pacify. **~zi'one** *nf* reconciliation
pa'cifico *a* pacific; (*calmo*) peaceful; **il P~** the Pacific
paci'fis|mo *nm* pacifism. **~ta** *nmf* pacifist
pacioc'cone, -a *nmf fam* chubby-chops
pa'dano *a* **pianura** *nf* **padana** Po Valley
pa'del|la *nf* frying-pan; (*per malati*) bedpan. **~'lata** *nf* **una ~lata di** a frying-panful of
padigli'one *nm* pavilion
'padr|e *nm* father; **~i** *pl* (*antenati*) forefathers. **pa'drino** *nm* godfather. **~e'nostro** *nm* **il ~enostro** the Lord's Prayer. **~e'terno** *nm* God Almighty
padro'nanza *nf* mastery. **~ di sé** self-control
pa'drone, -a *nmf* master; mistress; (*datore di lavoro*) boss; (*proprietario*) owner. **~ggi'are** *vt* master
pae'sag|gio *nm* scenery; (*pittura*) landscape. **~'gista** *nmf* landscape architect

pae'sano, -a *a* country ● *nmf* villager
pa'ese *nm* (*nazione*) country; (*territorio*) land; (*villaggio*) village; **il Bel P~** Italy; **va' a quel ~!** get lost!; **Paesi** *pl* **Bassi** Netherlands
paf'futo *a* plump
'paga *nf* pay, wages *pl*
pa'gabile *a* payable
pa'gaia *nf* paddle
paga'mento *nm* payment; **a ~** ‹*parcheggio*› which you have to pay to use. **~ anticipato** *Comm* advance payment. **~ alla consegna** cash on delivery, COD
paga'nesimo *nm* paganism
pa'gano, -a *a & nmf* pagan
pa'gare *vt/i* pay; **~ da bere a qcno** buy sb a drink; **te la faccio ~** you'll pay for this
pa'gella *nf* [school] report
'pagina *nf* page. **Pagine** *pl* **Gialle** Yellow Pages. **~ web** *Comput* web page
'paglia *nf* straw
pagliac'cetto *nm* (*per bambini*) rompers *pl*
pagliac'ciata *nf* farce
pagli'accio *nm* clown
pagli'aio *nm* haystack
paglie'riccio *nm* straw mattress
pagli'etta *nf* (*cappello*) boater; (*per pentole*) steel wool
pagli'uzza *nf* wisp of straw; (*di metallo*) particle
pa'gnotta *nf* [round] loaf
pa'goda *nf* pagoda
pail'lette *nf inv* sequin
'paio *nm* (*pl nf* **paia**) pair; **un ~** (*circa due*) a couple; **un ~ di** ‹*scarpe, forbici*› a pair of
'Pakistan *nm* Pakistan
'pala *nf* shovel; (*di remo, elica*) blade; (*di ruota*) paddle
pala'fitta *nf* pile-dwelling
pala'sport *nm inv* indoor sports arena
pa'late *nfpl* **a ~** ‹*fare soldi*› hand over fist
pa'lato *nm* palate
palaz'zetto *nm* **~ dello sport** indoor sports arena
palaz'zina *nf* villa
pa'lazzo *nm* palace; (*edificio*) building. **~ delle esposizioni** exhibition centre. **~ di giustizia** law courts *pl*, courthouse. **~ dello sport** indoor sports arena
'palco *nm* (*pedana*) platform; *Theat* box. **~['scenico]** *nm* stage
pale'sar|e *vt* disclose. **~si** *vr* reveal oneself. **pa'lese** *a* evident
Pale'sti|na *nf* Palestine. **~'nese** *nmf* Palestinian
pa'lestra *nf* gymnasium, gym; (*ginnastica*) gymnastics *pl*
pa'letta *nf* spade; (*per focolare*) shovel. **~ [della spazzatura]** dustpan
pa'letto *nm* peg
'palio *nm* (*premio*) prize. **il P~** horse-race held at Siena
paliz'zata *nf* fence
'palla *nf* ball; (*proiettile*) bullet; (*fam: bugia*) porkie; **che palle!** *vulg* this is a pain in the arse!. **~ di neve** snowball. **~ al piede** *fig* millstone round one's neck
pallaca'nestro *nf* basketball
palla'mano *nf* handball
pallanu'oto *nf* water polo
palla'volo *nf* volley-ball
palleggi'are *vi* (*calcio*) practise ball control; *Tennis* knock up
pallia'tivo *nm* palliative
'pallido *a* pale; **non ne ho la più pallida idea** I don't have the faintest idea
pal'lina *nf* (*di vetro*) marble
pal'lino *nm* **avere il ~ del calcio** be crazy about football
pallon'cino *nm* balloon; (*lanterna*) Chinese lantern; (*fam: etilometro*) Breathalyzer®
pal'lone *nm* ball; (*calcio*) football; (*aerostato*) balloon
pal'lore *nm* pallor
pal'loso *a sl* boring
pal'lottola *nf* pellet; (*proiettile*) bullet
'palm|a *nf Bot* palm. **~o** *nm Anat* palm; (*misura*) hand's-breadth; **restare con un ~o di naso** feel disappointed
'palo *nm* pole; (*di sostegno*) stake; (*in calcio*) goalpost; **fare il ~** ‹*ladro:*› keep a lookout. **~ della luce** lamppost
palom'baro *nm* diver
pal'pare *vt* feel
'palpebra *nf* eyelid
palpi'ta|re *vi* throb; (*fremere*) quiver. **~zi'one** *nf* palpitation. **'palpito** *nm* throb; (*del cuore*) beat
pa'lude *nf* marsh, swamp
palu'doso *a* marshy
pa'lustre *a* marshy; ‹*piante, uccelli*› marsh *attrib*
'pampino *nm* vine leaf
pana'cea *nf* panacea
'panca *nf* bench; (*in chiesa*) pew
pancarré *nm* sliced bread
pan'cetta *nf Culin* bacon; (*di una certa età*) paunch
pan'chetto *nm* [foot]stool

pan'china *nf* garden seat; (*in calcio*) bench
'pancia *nf* belly, tummy *fam*; **mal di ~** stomach-ache; **metter su ~** develop a paunch; **a ~ in giù** lying face down. **panci'era** *nf* corset
panci'olle: **stare in ~** lounge about
panci'one *nm* (*persona*) pot belly
panci'otto *nm* waistcoat
pande'monio *nm* pandemonium
pan'doro *nm kind of sponge cake eaten at Christmas*
'pane *nm* bread; (*pagnotta*) loaf; (*di burro*) block. **~ a cassetta** sliced bread. **pan grattato** breadcrumbs *pl*. **~ di segale** rye bread. **pan di Spagna** sponge cake. **~ tostato** toast
panett|e'ria *nf* bakery; (*negozio*) baker's [shop]. **~i'ere, -a** *nmf* baker
panet'tone *nf dome-shaped cake with sultanas and candied fruit eaten at Christmas*
'panfilo *nm* yacht
pan'forte *nm nougat-like spicy delicacy from Siena*
'panico *nm* panic; **lasciarsi prendere dal ~** panic
pani'ere *nm* basket; (*cesta*) hamper
pani'ficio *nm* bakery; (*negozio*) baker's [shop]
pani'naro *nm sl* ≈ preppie
pa'nino *nm* [bread] roll. **~ imbottito** filled roll. **~ al prosciutto** ham roll. **~'teca** *nf* sandwich bar
'panna *nf* cream. **~ da cucina** [single] cream. **~ montata** whipped cream
'panne *nf Mech* **in ~** broken down; **restare in ~** break down
pan'nello *nm* panel. **~ solare** solar panel
'panno *nm* cloth; **panni** *pl* (*abiti*) clothes; **mettersi nei panni di qcno** *fig* put oneself in sb's shoes
pan'nocchia *nf* (*di granoturco*) cob
panno'lino *nm* (*per bambini*) nappy; (*da donna*) sanitary towel
pano'ram|a *nm* panorama; *fig* overview. **~ico** *a* panoramic
pantacol'lant *nmpl* leggings
pantalon'cini *nmpl* **~ [corti]** shorts
panta'loni *nmpl* trousers, pants *Am*
pan'tano *nm* bog
pan'tera *nf* panther; (*auto della polizia*) high-speed police car
pan'tofo|la *nf* slipper. **~'laio, -a** *nmf fig* stay-at-home
pan'zana *nf* fib
pao'nazzo *a* purple
'papa *nm* Pope
papà *nm inv* dad[dy]
pa'pale *a* papal
papa'lina *nf* skull-cap
papa'razzo *nm* paparazzo
pa'pato *nm* papacy
pa'pavero *nm* poppy
'paper|a *nf* (*errore*) slip of the tongue. **~o** *nm* gosling
papil'lon *nm inv* bow tie
pa'piro *nm* papyrus
'pappa *nf* (*per bambini*) pap
pappa'gallo *nm* parrot
pappa'molle *nmf* wimp
'para *nf* **suole** *nfpl* **di ~** crêpe soles
pa'rabola *nf* parable; (*curva*) parabola
para'bolico *a* parabolic
para'brezza *nm inv* windscreen, windshield *Am*
paracadu'tar|e *vt* parachute. **~si** *vr* parachute
paraca'du|te *nm inv* parachute. **~'tismo** *nm* parachuting. **~'tista** *nmf* parachutist
para'carro *nm* roadside post
paradi'siaco *a* heavenly
para'diso *nm* paradise. **~ terrestre** Eden, earthly paradise
parados'sale *a* paradoxical. **para'dosso** *nm* paradox
para'fango *nm* mudguard
paraf'fina *nf* paraffin
parafra'sare *vt* paraphrase
para'fulmine *nm* lightning-conductor
pa'raggi *nmpl* neighbourhood *sg*
parago'na|bile *a* comparable (**a** to). **~re** *vt* compare. **para'gone** *nm* comparison; **a paragone di** in comparison with
pa'ragrafo *nm* paragraph
pa'ra|lisi *nf inv* paralysis. **~'litico, -a** *a & nmf* paralytic. **~liz'zare** *vt* paralyse. **~liz'zato** *a* (*dalla paura*) transfixed
paral'lel|a *nf* parallel line. **~a'mente** *adv* in parallel. **~o** *a & nm* parallel; **~e** *pl* parallel bars. **~o'gramma** *nm* parallelogram
para'lume *nm* lampshade
para'medico *nm* paramedic
pa'rametro *nm* parameter
para'noi|a *nf* paranoia. **~co, -a** *a & nmf* paranoid
paranor'male *a* ‹*fenomeno, facoltà*› paranormal
para'occhi *nmpl* blinkers. **parao'recchie** *nm* earmuffs
para'petto *nm* parapet

para'piglia *nm* turmoil
para'plegico, -a *a & nmf* paraplegic
pa'rar|e *vt* (*addobbare*) adorn; (*riparare*) shield; save ‹*tiro, pallone*›; ward off, parry ‹*schiaffo, pugno*› ● *vi* (*mirare*) lead up to. **~si** *vr* (*abbigliarsi*) dress up; (*da pioggia, pugni*) protect oneself; **~si dinanzi a qcno** appear in front of sb
para'sole *nm inv* parasol
paras'sita *a* parasitic ● *nm* parasite
parasta'tale *a* government-controlled
pa'rata *nf* parade; (*in calcio*) save; (*in scherma, pugilato*) parry
para'urti *nm inv Auto* bumper, fender *Am*
para'vento *nm* screen
par'cella *nf* bill
parcheggi'a|re *vt* park. **~'tore, ~'trice** *nmf* parking attendant. **~tore abusivo** *person who illegally earns money by looking after parked cars*
par'cheggio *nm* parking; (*posteggio*) carpark, parking lot *Am*
par'chimetro *nm* parking-meter
'parco¹ *a* sparing; (*moderato*) moderate
'parco² *nm* park. **~ di divertimenti** fun-fair. **~ giochi** playground. **~ naturale** wildlife park. **~ nazionale** national park. **~ regionale** [regional] wildlife park
pa'recchi *a* a good many ● *pron* several
pa'recchio *a* quite a lot of ● *pron* quite a lot ● *adv* rather; (*parecchio tempo*) quite a time
pareggi'are *vt* level; (*eguagliare*) equal; *Comm* balance ● *vi* draw
pa'reggio *nm Comm* balance; *Sport* draw
paren'tado *nm* relatives *pl*; (*vincolo di sangue*) relationship
pa'rente *nmf* relative. **~ stretto** close relation
paren'tela *nf* relatives *pl*; (*vincolo di sangue*) relationship
pa'rentesi *nf inv* parenthesis; (*segno grafico*) bracket; (*fig: pausa*) break. **~** *pl* **graffe** curly brackets. **~ quadre** square brackets. **~ tonde** round brackets
pa'reo *nm* (*copricostume*) sarong; **a ~** ‹*gonna*› wrap-around
pa'rere¹ *nm* opinion; **a mio ~** in my opinion
pa'rere² *vi* seem; (*pensare*) think; **che te ne pare?** what do you think of it?; **pare di sì** it seems so
pa'rete *nf* wall; (*in alpinismo*) face. **~ divisoria** partition wall
'pari *a inv* equal; ‹*numero*› even; **andare di ~ passo** keep pace; **essere ~** be even *o* quits; **arrivare ~** draw; **~ ~** ‹*copiare, ripetere*› word for word; **fare ~ o dispari** ≈ toss a coin ● *nmf inv* equal, peer; **ragazza alla ~** au pair [girl]; **mettersi in ~ con qcsa** catch up with sth ● *nm* (*titolo nobiliare*) peer
Pa'rigi *nf* Paris
pa'riglia *nf* pair
pari|tà *nf* equality; *Tennis* deuce. **~'tario** *a* parity *attrib*
parlamen'tare *a* parliamentary ● *nmf* Member of Parliament ● *vi* discuss. **parla'mento** *nm* Parliament. **il Parlamento europeo** the European Parliament
parlan'tina *nf* **avere la ~** be a chatterbox
par'la|re *vt/i* speak, talk; (*confessare*) talk; **~ bene/male di qcno** speak well/ill of somebody; **non parliamone più** let's forget about it; **non se ne parla nemmeno!** don't even mention it!. **~to** *a* ‹*lingua*› spoken. **~'torio** *nm* parlour; (*in prigione*) visiting room
parlot'tare *vi* mutter. **parlot'tio** *nm* muttering
parmigi'ano *nm* Parmesan
paro'dia *nf* parody
pa'rola *nf* word; (*facoltà*) speech; **è una ~!** it is easier said than done!; **parole** *pl* (*di canzone*) words, lyrics; **rivolgere la ~ a** address; **dare a qcno la propria ~** give sb one's word; **in parole povere** crudely speaking. **parole** *pl* **incrociate** crossword [puzzle] *sg*. **~ d'onore** word of honour. **~ d'ordine** password. **paro'laccia** *nf* swear-word
par'quet *nm inv* (*pavimento*) parquet flooring
par'rocchi|a *nf* parish. **~'ale** *a* parish *attrib*. **~'ano, -a** *nmf* parishioner. **'parr|oco** *nm* parish priest
par'rucca *nf* wig
parrucchi'ere, -a *nmf* hairdresser
parruc'chino *nm* toupée, hairpiece
parsi'moni|a *nf* thrift. **~'oso** *a* thrifty
'parso *pp di* **parere**
'parte *nf* part; (*lato*) side; (*partito*) party; (*porzione*) share; **a ~** apart from; **in ~** in part; **la maggior ~ di** the majority of; **d'altra ~** on the other hand; **da ~** aside; (*in disparte*) to one side; **farsi da ~** stand aside; **da ~ di** from; (*per conto di*) on behalf of; **è gentile da**

~ tua it is kind of you; **fare una brutta ~ a qcno** behave badly towards sb; **da che ~ è...?** whereabouts is...?; **da una ~..., dall'altra...** on the one hand..., on the other hand...; **dall'altra ~ di** on the other side of; **da nessuna ~** nowhere; **da tutte le parti** (*essere*) everywhere; **da questa ~** (*in questa direzione*) this way; **da un anno a questa ~** for about a year now; **essere dalla ~ di qcno** be on sb's side; **prendere le parti di qcno** take sb's side; **essere ~ in causa** be involved; **fare ~ di** (*appartenere a*) be a member of; **rendere ~ a** take part in. **~ civile** plaintiff

parteci'pante *nmf* participant

parteci'pa|re *vi* **~re a** participate in, take part in; (*condividere*) share in. **~zi'one** *nf* participation; (*annuncio*) announcement; *Fin* shareholding; (*presenza*) presence. **par'tecipe** *a* participating

parteggi'are *vi* **~ per** side with

par'tenza *nf* departure; *Sport* start; **in ~ per** leaving for

parti'cella *nf* particle

parti'cipio *nm* participle

partico'lar|e *a* particular; (*privato*) private ● *nm* detail, particular; **fin nei minimi ~i** down to the smallest detail. **~eggi'ato** *a* detailed. **~ità** *nf inv* particularity; (*dettaglio*) detail

partigi'ano, -a *a & nmf* partisan

par'tire *vi* leave; (*aver inizio*) start; **a ~ da** [beginning] from

par'tita *nf* game; (*incontro*) match; *Comm* lot; (*contabilità*) entry. **~ di calcio** football match. **~ a carte** game of cards

par'tito *nm* party; (*scelta*) choice; (*occasione di matrimonio*) match; **per ~ preso** out of sheer pig-headedness

'parto *nm* childbirth; **un ~ facile** an easy birth *o* labour; **dolori** *pl* **del ~** labour pains. **~ cesareo** Caesarian section. **~'rire** *vt* give birth to

par'venza *nf* appearance

parzi'al|e *a* partial. **~ità** *nf* partiality. **~'mente** *adv* (*non completamente*) partially; **~mente scremato** semi-skimmed

pasco'lare *vt* graze. **'pascolo** *nm* pasture

'Pasqua *nf* Easter. **pa'squale** *a* Easter *attrib*

'passa: **e ~** *adv* (*e oltre*) plus

pas'sabile *a* passable

pas'saggio *nm* passage; (*traversata*) crossing; *Sport* pass; (*su veicolo*) lift; **essere di ~** be passing through. **~ a livello** level crossing, grade crossing *Am*. **~ pedonale** pedestrian crossing

passamon'tagna *nm inv* balaclava

pas'sante *nmf* passer-by ● *nm* (*di cintura*) loop ● *a Tennis* passing

passa'porto *nm* passport

pas'sa|re *vi* pass; (*attraversare*) pass through; (*far visita*) call; (*andare*) go; (*essere approvato*) be passed; **~re alla storia** go down in history; **mi è ~to di mente** it slipped my mind; **~re per un genio/idiota** be taken for a genius/an idiot; **farsi ~re per qcno** pass oneself off as sb ● *vt* (*far scorrere*) pass over; (*sopportare*) go through; (*al telefono*) put through; *Culin* strain; **~re di moda** go out of fashion; **le passo il signor Rossi** I'll put you through to Mr Rossi; **~rsela bene** be well off; **come te la passi?** how are you doing?. **~ta** *nf* (*di vernice*) coat; (*spolverata*) dusting; (*occhiata*) look

passa'tempo *nm* pastime

pas'sato *a* past; **l'anno ~** last year; **sono le tre passate** it's past *o* after three o'clock ● *nm* past; *Culin* purée; *Gram* past tense. **~ prossimo** *Gram* present perfect. **~ remoto** *Gram* [simple] past. **~ di verdure** cream of vegetable soup

passaver'dure *nm inv* food mill

passeg'gero, -a *a* passing ● *nmf* passenger

passeggi'a|re *vi* walk, stroll. **~ta** *nf* walk, stroll; (*luogo*) public walk; (*in bicicletta*) ride; **fare una ~ta** go for a walk

passeg'gino *nm* pushchair, stroller *Am*

pas'seggio *nm* walk; (*luogo*) promenade; **andare a ~** go for a walk; **scarpe da ~** walking shoes

passe-partout *nm inv* master-key

passe'rella *nf* gangway; *Aeron* boarding bridge; (*per sfilate*) catwalk

'passero *nm* sparrow. **passe'rotto** *nm* (*passero*) sparrow

pas'sibile *a* **~ di** liable to

passio'nale *a* passionate. **passi'one** *nf* passion

pas'sivo *a* passive ● *nm* passive; *Comm* liabilities *pl*; **in ~** ‹*bilancio*› loss-making

'passo *nm* step; (*orma*) footprint; (*andatura*) pace; (*brano*) passage; (*valico*) pass; **a due passi da qui** a stone's throw away; **a ~ d'uomo** at walking pace; **di buon ~** at a spanking pace; **fare due passi** go for a stroll; **di pari ~** *fig* hand in hand. **~ carrabile, ~ carraio** driveway

'past|a *nf* (*impasto per pane ecc*) dough; (*per dolci, pasticcino*) pastry; (*pastasciutta*) pasta; (*massa molle*) paste; *fig* nature. **~a frolla** shortcrust pastry. **pa'stella** *nf* batter

pastasci'utta *nf* pasta

pa'stello *nm* pastel

pa'sticca *nf* pastille; (*fam: pastiglia*) pill

pasticc|e'ria *nf* cake shop, patisserie; (*pasticcini*) pastries *pl*; (*arte*) confectionery

pasticci'are *vi* make a mess ● *vt* make a mess of

pasticci'ere, -a *nmf* confectioner

pastic'cino *nm* little cake

pa'sticci|o *nm Culin* pie; (*lavoro disordinato*) mess; **mettersi nei pasticci** get into trouble. **~'one, -a** *nmf* bungler ● *a* bungling

pasti'ficio *nm* pasta factory

pa'stiglia *nf Med* pill, tablet; (*di menta*) sweet. **~ dei freni** brake pad

'pasto *nm* meal

pasto'rale *a* pastoral. **pa'store** *nm* shepherd; *Relig* pastor. **pastore tedesco** German shepherd, Alsatian

pastoriz'za|re *vt* pasteurize. **~to** *a* pasteurized. **~zi'one** *nf* pasteurization

pa'stoso *a* doughy; *fig* mellow

pa'stura *nf* pasture; (*per pesci*) bait

pa'tacca *nf* (*macchia*) stain; (*fig: oggetto senza valore*) piece of junk

pa'tata *nf* potato. **patate** *pl* **fritte** chips *Br*, French fries. **pata'tine** *nfpl* [potato] crisps, chips *Am*

pata'trac *nm inv* (*crollo*) crash

pâté *nm inv* pâté

pa'tella *nf* limpet

pa'tema *nm* anxiety

pa'tente *nf* licence. **~ di guida** driving licence, driver's license *Am*

pater'na|le *nf* scolding. **~'lista** *nm* paternalist

paternità *nf* paternity. **pa'terno** *a* paternal; ‹*affetto ecc*› fatherly

pa'tetico *a* pathetic. **'pathos** *nm* pathos

pa'tibolo *nm* gallows *sg*

'patina *nf* patina; (*sulla lingua*) coating

pa'ti|re *vt/i* suffer. **~to, -a** *a* suffering ● *nmf* fanatic. **~to della musica** music lover

patolo'gia *nf* pathology. **pato'logico** *a* pathological

'patria *nf* native land

patri'arca *nm* patriarch

pa'trigno *nm* stepfather

patrimoni'ale *a* property *attrib*. **patri'monio** *nm* estate

patri'o|ta *nmf* patriot. **~tico** *a* patriotic. **~'tismo** *nm* patriotism

pa'trizio, -a *a & nmf* patrician

patro|ci'nare *vt* support. **~'cinio** *nm* support

patro'nato *nm* patronage. **pa'trono** *nm Relig* patron saint; *Jur* counsel

'patta[1] *nf* (*di tasca*) flap

'patta[2] *nf* (*pareggio*) draw

patteggi|a'mento *nm* bargaining. **~'are** *vt/i* negotiate

patti'naggio *nm* skating. **~ su ghiaccio** ice skating. **~ a rotelle** roller skating

patti'na|re *vi* skate; ‹*auto:*› skid. **~'tore, ~'trice** *nmf* skater. **'pattino** *nm* skate; *Aeron* skid. **pattino da ghiaccio** iceskate. **pattino a rotelle** roller-skate

'patto *nm* deal; *Pol* pact; **a ~ che** on condition that

pat'tuglia *nf* patrol. **~ stradale** ≈ patrol car; police motorbike, highway patrol *Am*

pattu'ire *vt* negotiate

pattumi'era *nf* dustbin, trashcan *Am*

pa'ura *nf* fear; (*spavento*) fright; **aver ~** be afraid; **mettere ~ a** frighten. **pau'roso** *a* (*che fa paura*) frightening; (*che ha paura*) fearful; (*fam: enorme*) awesome

'pausa *nf* pause; (*nel lavoro*) break; **fare una ~** pause; (*nel lavoro*) have a break

pavimen'ta|re *vt* pave ‹*strada*›. **~zi'one** *nf* (*operazione*) paving. **pavi'mento** *nm* floor

pa'vone *nm* peacock. **~ggi'arsi** *vr* strut

pazien'tare *vi* be patient

pazi'ente *a & nmf* patient. **~'mente** *adv* patiently. **pazi'enza** *nf* patience; **pazienza!** never mind!

'pazza *nf* madwoman. **~'mente** *adv* madly

paz'z|esco *a* foolish; (*esagerato*) crazy. **~ia** *nf* madness; (*azione*) [act of] folly. **'pazzo** *a* mad; *fig* crazy ● *nm* madman; **essere pazzo di/per** be crazy about; **pazzo di gioia** mad with joy; **da pazzi** *fam* crackpot; **darsi alla pazza gioia** live it up. **paz'zoide** *a* whacky

'pecca *nf* fault; **senza ~** flawless. **peccami'noso** *a* sinful

pec'ca|re *vi* sin; **~re di** be guilty of ‹*ingratitudine*›. **~to** *nm* sin; **~to che...** it's a pity that...; [**che**] **~to!** [what a] pity!. **~'tore, ~'trice** *nmf* sinner

'pece *nf* pitch

'peco|ra *nf* sheep. **~ra nera** black sheep. **~'raio** *nm* shepherd. **~'rella** *nf* **cielo a ~relle** sky full of fluffy white clouds. **~'rino** *nm* (*formaggio*) sheep's milk cheese

peculi'ar|e *a* **~ di** peculiar to. **~ità** *nf inv* peculiarity

pe'daggio *nm* toll

pedago'gia *nf* pedagogy. **peda'gogico** *a* pedagogical

peda'lare *vi* pedal. **pe'dale** *nm* pedal. **pedalò** *nm inv* pedalo

pe'dana *nf* footrest; *Sport* springboard

pe'dante *a* pedantic. **~'ria** *nf* pedantry. **pedan'tesco** *a* pedantic

pe'data *nf* (*in calcio*) kick; (*impronta*) footprint

pede'rasta *nm* pederast

pe'destre *a* pedestrian

pedi'atra *nmf* paediatrician. **pedia'tria** *nf* paediatrics *sg*

pedi'cure *nmf inv* chiropodist, podiatrist *Am* ● *nm* (*cura dei piedi*) pedicure

pedi'gree *nm inv* pedigree

pe'dina *nf* (*alla dama*) piece; *fig* pawn. **~'mento** *nm* shadowing. **pedi'nare** *vt* shadow

pe'dofilo, -a *nmf* paedophile

pedo'nale *a* pedestrian. **pe'done, -a** *nmf* pedestrian

peeling *nm inv* exfoliation treatment

'peggio *adv* worse; **~ per te!** too bad!; **~ di così** any worse; **la persona ~ vestita** the worst dressed person ● *a* worse; **niente di ~** nothing worse ● *nm* **il ~ è che...** the worst of it is that...; **pensare al ~** think the worst ● *nf* **alla ~** at worst; **avere la ~** get the worst of it; **alla meno ~** as best I can

peggiora'mento *nm* worsening

peggio'ra|re *vt* make worse, worsen ● *vi* get worse, worsen. **~'tivo** *a* pejorative

peggi'ore *a* worse; (*superlativo*) worst; **nella ~ delle ipotesi** if the worst comes to the worst ● *nmf* **il/la ~** the worst

'pegno *nm* pledge; (*nei giochi di società*) forfeit; *fig* token

pelan'drone *nm* slob

pe'la|re *vt* (*spennare*) pluck; (*spellare*) skin; (*sbucciare*) peel; (*fam: spillare denaro*) fleece. **~rsi** *vr fam* lose one's hair. **~to** *a* bald. **~ti** *nmpl* (*pomodori*) peeled tomatoes

pel'lame *nm* skins *pl*

'pelle *nf* skin; (*cuoio*) leather; (*buccia*) peel; **avere la ~ d'oca** have goose-flesh

pellegri'naggio *nm* pilgrimage. **pelle'grino, -a** *nmf* pilgrim

pelle'rossa *nmf* Red Indian, Redskin

pellette'ria *nf* leather goods *pl*

pelli'cano *nm* pelican

pellicc|e'ria *nf* furrier's [shop]. **pel'licc|ia** *nf* fur; (*indumento*) fur coat. **~i'aio, -a** *nmf* furrier

pel'licola *nf Phot, Cinema* film. **~ [trasparente]** cling film

'pelo *nm* hair; (*di animale*) coat; (*di lana*) pile; **per un ~** by the skin of one's teeth; **cavarsela per un ~** have a narrow escape. **pe'loso** *a* hairy

'peltro *nm* pewter

pe'luche *nm inv* **giocattolo di ~** soft toy

pe'luria *nf* down

'pelvico *a* pelvic

'pena *nf* (*punizione*) punishment; (*sofferenza*) pain; (*dispiacere*) sorrow; (*disturbo*) trouble; **a mala ~** hardly; **mi fa ~** I pity him; **vale la ~ andare** it is worth [while] going. **~ di morte** death sentence

pe'nal|e *a* criminal; **diritto** *nm* **~e** criminal law. **~ità** *nf inv* penalty

penaliz'za|re *vt* penalize. **~zi'one** *nf* (*penalità*) penalty

pe'nare *vi* suffer; (*faticare*) find it difficult

pen'daglio *nm* pendant

pen'dant *nm inv* **fare ~ [con]** match

pen'den|te *a* hanging; *Comm* outstanding ● *nm* (*ciondolo*) pendant; **~ti** *pl* drop earrings. **~za** *nf* slope; *Comm* outstanding account

'pendere *vi* hang; ‹*superficie:*› slope; (*essere inclinato*) lean

pen'dio *nm* slope; **in ~** sloping

pendo'l|are *a* pendulum ● *nmf* commuter. **~ino** *nm* (*treno*) special, first class only, fast train

'pendolo *nm* pendulum

'pene *nm* penis

pene'trante *a* penetrating; ‹*freddo*› biting

pene'tra|re *vt/i* penetrate; (*trafiggere*) pierce ● *vt* ‹*odore:*› get into ● *vi* (*entrare furtivamente*) steal in. **~zi'one** *nf* penetration

penicil'lina *nf* penicillin
pe'nisola *nf* peninsula
peni'ten|te *a & nmf* penitent. **~za** *nf* penitence; (*punizione*) penance; (*in gioco*) forfeit. **~zi'ario** *nm* penitentiary
'penna *nf* (*da scrivere*) pen; (*di uccello*) feather. **~ a feltro** felt-tip[ped pen]. **~ a sfera** ball-point [pen]. **~ stilografica** fountain-pen
pen'nacchio *nm* plume
penna'rello *nm* felt-tip[ped pen]
pennel'la|re *vt* paint. **~ta** *nf* brushstroke. **pen'nello** *nm* brush; **a pennello** (*a perfezione*) perfectly
pen'nino *nm* nib
pen'none *nm* (*di bandiera*) flagpole
pen'nuto *a* feathered
pe'nombra *nf* half-light
pe'noso *a* (*fam: pessimo*) painful
pen'sa|re *vi* think; **penso di sì** I think so; **~re a** think of; remember to ‹*chiudere il gas ecc*›; **pensa ai fatti tuoi!** mind your own business!; **ci penso io** I'll take care of it; **~re di fare qcsa** think of doing sth; **~re tra sé e sé** think to oneself ● *vt* think. **~ta** *nf* idea
pensi'e|ro *nm* thought; (*mente*) mind; (*preoccupazione*) worry; **stare in ~ro per** be anxious about. **~'roso** *a* pensive
'pensi|le *a* hanging; **giardino ~le** roof-garden ● *nm* (*mobile*) wall unit. **~'lina** *nf* (*di fermata d'autobus*) bus shelter
pensio'nante *nmf* boarder; (*ospite pagante*) lodger
pensio'nato, -a *nmf* pensioner ● *nm* (*per anziani*) [old folks'] home; (*per studenti*) hostel. **pensi'one** *nf* pension; (*albergo*) boarding-house; (*vitto e alloggio*) board and lodging; **andare in pensione** retire; **mezza pensione** half board. **pensione completa** full board
pen'soso *a* pensive
pen'tagono *nm* pentagon
Pente'coste *nf* Whitsun
penti'mento *nm* repentance
pen'ti|rsi *vr* **~rsi di** repent of; (*rammaricarsi*) regret. **~'tismo** *nm turning informant*. **~to** *nm Mafioso turned informant*
'pentola *nf* saucepan; (*contenuto*) potful. **~ a pressione** pressure cooker
pe'nultimo *a* last but one
pe'nuria *nf* shortage
penzo'l|are *vi* dangle. **~oni** *adv* dangling
pe'pa|re *vt* pepper. **~to** *a* peppery
'pepe *nm* pepper; **grano di ~** peppercorn. **~ in grani** whole peppercorns. **~ macinato** ground pepper
pepero'n|ata *nf peppers cooked in olive oil with onion, tomato and garlic*. **~'cino** *nm* chilli pepper. **pepe'rone** *nm* pepper. **peperone verde** green pepper
pe'pita *nf* nugget
per *prep* for; (*attraverso*) through; (*stato in luogo*) in, on; (*distributivo*) per; (*mezzo, entro*) by; (*causa*) with; (*in qualità di*) as; **~ strada** on the street; **~ la fine del mese** by the end of the month; **in fila ~ due** in double file; **l'ho sentito ~ telefono** I spoke to him on the phone; **~ iscritto** in writing; **~ caso** by chance; **ho aspettato ~ ore** I've been waiting for hours; **~ tempo** in time; **~ sempre** forever; **~ scherzo** as a joke; **gridare ~ il dolore** scream with pain; **vendere ~ 10 milioni** sell for 10 million; **uno ~ volta** one at a time; **uno ~ uno** one by one; **venti ~ cento** twenty per cent; **~ fare qcsa** [in order to] do sth; **stare ~** be about to; **è troppo bello ~ essere vero** it's too good to be true
'pera *nf* pear; **farsi una ~** (*sl: di eroina*) shoot up
perbe'nis|mo *nm* prissiness. **~ta** *a inv* prissy
per'cento *adv* per cent. **percentu'ale** *nf* percentage
perce'pibile *a* perceivable; ‹*somma*› payable
perce'pi|re *vt* perceive; (*riscuotere*) cash
perce|t'tibile *a* perceptible. **~zi'one** *nf* perception
perché *conj* (*in interrogazioni*) why; (*per il fatto che*) because; (*affinché*) so that; **~ non vieni?** why don't you come?; **dimmi ~** tell me why; **~ no/sì!** because!; **la ragione ~ l'ho fatto** the reason [that] I did it, the reason why I did it; **è troppo difficile ~ lo possa capire** it's too difficult for me to understand ● *nm inv* reason [why]; **senza un ~** without any reason
perciò *conj* so
per'correre *vt* cover ‹*distanza*›; (*viaggiare*) travel. **per'corso** *pp di* **percorrere** ● *nm* (*tragitto*) course, route; (*distanza*) distance; (*viaggio*) journey
per'coss|a *nf* blow. **~o** *pp di* **percuotere**. **percu'otere** *vt* strike
percussi'o|ne *nf* percussion; **strumenti a ~ne** percussion instruments. **~'nista** *nmf* percussionist
per'dente *nmf* loser

'perder|e *vt* lose; (*sprecare*) waste; (*non prendere*) miss; ‹*fig: vizio:*› ruin; **~e tempo** waste time ● *vi* lose; ‹*recipiente:*› leak; **lascia ~e!** forget it!. **~si** *vr* get lost; (*reciproco*) lose touch

perdifi'ato: **a ~** *adv* ‹*gridare*› at the top of one's voice

perdigi'orno *nmf inv* idler

'perdita *nf* loss; (*spreco*) waste; (*falla*) leak; **a ~ d'occhio** as far as the eye can see. **~ di tempo** waste of time. **perdi'tempo** *nm* waste of time

perdo'nare *vt* forgive; (*scusare*) excuse. **per'dono** *nm* forgiveness; *Jur* pardon

perdu'rare *vi* last; (*perseverare*) persist

perduta'mente *adv* hopelessly. **per'duto** *pp di* **perdere** ● *a* lost; (*rovinato*) ruined

pe'renne *a* everlasting; *Bot* perennial; **nevi perenni** perpetual snow. **~'mente** *adv* perpetually

peren'torio *a* peremptory

per'fetto *a* perfect ● *nm Gram* perfect [tense]

perfezio'nar|e *vt* perfect; (*migliorare*) improve. **~si** *vr* improve oneself; (*specializzarsi*) specialize

perfezi'o|ne *nf* perfection; **alla ~ne** to perfection. **~'nismo** *nm* perfectionism. **~'nista** *nmf* perfectionist

per'fidia *nf* wickedness; (*atto*) wicked act. **'perfido** *a* treacherous; (*malvagio*) perverse

per'fino *adv* even

perfo'ra|re *vt* pierce; punch ‹*schede*›; *Mech* drill. **~'tore, ~'trice** *nmf* punchcard operator ● *nm* perforator. **~zi'one** *nf* perforation; (*di schede*) punching

per'formance *nf inv* performance

perga'mena *nf* parchment

perico'lante *a* precarious; ‹*azienda*› shaky

pe'rico|lo *nm* danger; (*rischio*) risk; **mettere in ~lo** endanger. **~lo pubblico** danger to society. **~'loso** *a* dangerous

perife'ria *nf* periphery; (*di città*) outskirts *pl*; *fig* fringes *pl*

peri'feric|a *nf* peripheral; (*strada*) ring road. **~o** *a* ‹*quartiere*› outlying

pe'rifrasi *nf inv* circumlocution

pe'rimetro *nm* perimeter

peri'odico *nm* periodical ● *a* periodical; ‹*vento, mal di testa, Math*› recurring. **pe'riodo** *nm* period; *Gram* sentence. **periodo di prova** trial period

peripe'zie *nfpl* misadventures

pe'rire *vi* perish

peri'scopio *nm* periscope

pe'ri|to, -a *a* skilled ● *nmf* expert

perito'nite *nf* peritonitis

pe'rizia *nf* skill; (*valutazione*) survey

'perla *nf* pearl. **per'lina** *nf* bead

perlo'meno *adv* at least

perlu'stra|re *vt* patrol. **~zi'one** *nf* patrol; **andare in ~zione** go on patrol

perma'loso *a* touchy

perma'ne|nte *a* permanent ● *nf* perm; **farsi [fare] la ~nte** have a perm. **~nza** *nf* permanence; (*soggiorno*) stay; **in ~nza** permanently. **~re** *vi* remain

perme'are *vt* permeate

per'messo *pp di* **permettere** ● *nm* permission; (*autorizzazione*) permit; *Mil* leave; **[è] ~?** (*posso entrare?*) may I come in?; (*posso passare?*) excuse me. **~ di lavoro** work permit

per'mettere *vt* allow, permit; **potersi ~ qcsa** (*finanziariamente*) be able to afford sth; **come si permette?** how dare you?. **permis'sivo** *a* permissive

permutazi'one *nf* exchange; *Math* permutation

per'nacchia *nf* (*sl: con la bocca*) raspberry *sl*

per'nic|e *nf* partridge. **~i'oso** *a* pernicious

'perno *nm* pivot

pernot'tare *vi* stay overnight

'pero *nm* pear-tree

però *conj* but; (*tuttavia*) however

pero'rare *vt* plead

perpendico'lare *a & nf* perpendicular

perpe'trare *vt* perpetrate

perpetu'are *vt* perpetuate. **per'petuo** *a* perpetual

perplessità *nf inv* perplexity; (*dubbio*) doubt. **per'plesso** *a* perplexed

perqui'si|re *vt* search. **~zi'one** *nf* search. **~zione domiciliare** search of the premises

persecu|'tore, -'trice *nmf* persecutor. **~zi'one** *nf* persecution

persegu'ire *vt* pursue

persegui'tare *vt* persecute

perseve'ra|nte *a* persevering. **~nza** *nf* perseverance. **~re** *vi* persevere

persi'ano, -a *a* Persian ● *nf* (*di finestra*) shutter. **'persico** *a* Persian

per'sino *adv* = **perfino**

persi'sten|te *a* persistent. **~za** *nf* persistence. **per'sistere** *vi* persist

'perso *pp di* **perdere** ● *a* lost; **a tempo ~** in one's spare time
per'sona *nf* person; (*un tale*) somebody; **di ~, in ~** in person, personally; **per ~** per person, a head; **per interposta ~** through an intermediary; **persone** *pl* people
perso'naggio *nm* (*persona di riguardo*) personality; *Theat ecc* character
perso'nal|e *a* personal ● *nm* staff. **~e di terra** ground crew. **~ità** *nf inv* personality. **~iz'zare** *vt* customize ‹*auto ecc*›; personalize ‹*penna ecc*›
personifi'ca|re *vt* personify. **~zi'one** *nf* personification
perspi'cac|e *a* shrewd. **~ia** *nf* shrewdness
persua|'dere *vt* convince; impress ‹*critici*›; **~dere qcno a fare qcsa** persuade sb to do sth. **~si'one** *nf* persuasion. **~'sivo** *a* persuasive. **persu'aso** *pp di* **persuadere**
per'tanto *conj* therefore
'pertica *nf* pole
perti'nente *a* relevant
per'tosse *nf* whooping cough
pertur'ba|re *vt* perturb. **~rsi** *vr* be perturbed. **~zi'one** *nf* disturbance. **~zione atmosferica** atmospheric disturbance
per'va|dere *vt* pervade. **~so** *pp di* **pervadere**
perven'ire *vi* reach; **far ~ qcsa a qcno** send sth to sb
pervers|'ione *nf* perversion. **~ità** *nf* perversity. **per'verso** *a* perverse
perver'ti|re *vt* pervert. **~to** *a* perverted ● *nm* pervert
per'vinca *nm* (*colore*) blue with a touch of purple
p. es. *abbr* (**per esempio**) e.g.
pesa *nf* weighing; (*bilancia*) weighing machine; (*per veicoli*) weighbridge
pe'sante *a* heavy; ‹*stomaco*› overfull ● *adv* ‹*vestirsi*› warmly. **~'mente** *adv* ‹*cadere*› heavily. **pesan'tezza** *nf* heaviness
pe'sar|e *vt/i* weigh; **~e su** *fig* lie heavy on; **~e le parole** weigh one's words. **~si** *vr* weigh oneself
'pesca¹ *nf* (*frutto*) peach
'pesca² *nf* fishing; **andare a ~** go fishing. **~ subaquea** underwater fishing. **pe'scare** *vt* (*andare a pesca di*) fish for; (*prendere*) catch; (*fig: trovare*) fish out. **~'tore** *nm* fisherman
'pesce *nm* fish. **~ d'aprile!** April Fool!. **~ grosso** *fig* big fish. **~ piccolo** *fig* small fry. **~ rosso** goldfish. **~ spada** swordfish. **Pesci** *Astr* Pisces
pesce'cane *nm* shark
pesche'reccio *nm* fishing boat
pesc|he'ria *nf* fishmonger's [shop]. **~hi'era** *nf* fish-pond. **~i'vendolo** *nm* fishmonger
'pesco *nm* peach-tree
'peso *nm* weight; **essere di ~ per qcno** be a burden to sb; **di poco ~** (*senza importanza*) not very important; **non dare ~ a qcsa** not attach any importance to sth
pessi'mis|mo *nm* pessimism. **~ta** *nmf* pessimist ● *a* pessimistic. **'pessimo** *a* very bad
pe'staggio *nm* beating-up. **pe'stare** *vt* tread on; (*schiacciare*) crush; (*picchiare*) beat; crush ‹*aglio, prezzemolo*›
'peste *nf* plague; (*persona*) pest
pe'stello *nm* pestle
pesti'cida *nm* pesticide. **pe'stifero** *a* (*fastidioso*) pestilential
pesti'len|za *nf* pestilence; (*fetore*) stench. **~zi'ale** *a* ‹*odore aria*› noxious
'pesto *a* ground; **occhio** *nm* **~** black eye ● *nm basil and garlic sauce*
'petalo *nm* petal
pe'tardo *nm* banger
petizi'one *nf* petition; **fare una ~** draw up a petition
petro|li'era *nf* [oil] tanker. **~'lifero** *a* oil-bearing. **pe'trolio** *nm* oil
pettego|'lare *vi* gossip. **~'lezzo** *nm* piece of gossip; **far ~lezzi** gossip
pet'tegolo, -a *a* gossipy ● *nmf* gossip
petti'na|re *vt* comb. **~rsi** *vr* comb one's hair. **~'tura** *nf* combing; (*acconciatura*) hair-style. **'pettine** *nm* comb
'petting *nm* petting
petti'nino *nm* (*fermaglio*) comb
petti'rosso *nm* robin [redbreast]
'petto *nm* chest; (*seno*) breast; **a doppio ~** double-breasted
petto|'rale *nm* (*in gare sportive*) number.. **~'rina** *nf* (*di salopette*) bib. **~'ruto** *a* ‹*donna*› full-breasted; ‹*uomo*› broad-chested
petu'lante *a* impertinent
'pezza *nf* cloth; (*toppa*) patch; (*rotolo di tessuto*) roll
pez'zente *nmf* tramp; (*avaro*) miser
'pezzo *nm* piece; (*parte*) part; **un bel ~ d'uomo** a fine figure of a man; **un ~** (*di tempo*) some time; (*di spazio*) a long way; **al ~** ‹*costare*› each; **essere a pezzi** (*stanco*) be shattered; **fare a pezzi** tear to shreds. **~ grosso** bigwig

pia'cente *a* attractive

pia'ce|re *nm* pleasure; (*favore*) favour; **a ~re** as much as one likes; **per ~re!** please!; **~re [di conoscerla]!** pleased to meet you!; **con ~re** with pleasure ● *vi* **la Scozia mi piace** I like Scotland; **mi piacciono i dolci** I like sweets; **faccio come mi pare e piace** I do as I please; **ti piace?** do you like it?; **lo spettacolo è piaciuto** the show was a success. **~vole** *a* pleasant

piaci'mento *nm* **a ~** as much as you like

pia'dina *nf unleavened focaccia bread*

pi'aga *nf* sore; *fig* scourge; (*fig: persona noiosa*) pain; (*fig: ricordo doloroso*) wound

piagni'steo *nm* whining

piagnuco'lare *vi* whimper

pi'alla *nf* plane. **pial'lare** *vt* plane

pi'ana *nf* (*pianura*) plane. **pianeggi'ante** *a* level

piane'rottolo *nm* landing

pia'neta *nm* planet

pi'angere *vi* cry; (*disperatamente*) weep ● *vt* (*lamentare*) lament; (*per un lutto*) mourn

pianifi'ca|re *vt* plan. **~zi'one** *nf* planning

pia'nista *nmf Mus* pianist

pi'ano *a* flat; (*a livello*) flush; (*regolare*) smooth; (*facile*) easy ● *adv* slowly; (*con cautela*) gently; **andarci ~** go carefully ● *nm* plain; (*di edificio*) floor; (*livello*) plane; (*progetto*) plan; *Mus* piano; **di primo ~** first-rate; **primo ~** *Phot* close-up; **in primo ~** in the foreground. **~ regolatore** town plan. **~ di studi** syllabus

piano'forte *nm* piano. **~ a coda** grand piano

piano'terra *nm inv* ground floor, first floor *Am*

pi'anta *nf* plant; (*del piede*) sole; (*disegno*) plan; **di sana ~** (*totalmente*) entirely; **in ~ stabile** permanently. **~ stradale** road map. **~gi'one** *nf* plantation

piantagrane *nmf fam* **è un/una ~** he's/she's bolshie

pian'tar|e *vt* plant; (*conficcare*) drive; (*fam: abbandonare*) dump; **piantala!** *fam* stop it!. **~si** *vr* plant oneself; (*fam: lasciarsi*) leave each other

pianter'reno *nm* ground floor, first floor *Am*

pi'anto *pp di* **piangere** ● *nm* crying; (*disperato*) weeping; (*lacrime*) tears *pl*

pian|to'nare *vt* guard. **~'tone** *nm* guard

pia'nura *nf* plain

p'iastra *nf* plate; (*lastra*) slab; *Culin* griddle. **~ elettronica** circuit board. **~ madre** *Comput* motherboard

pia'strella *nf* tile

pia'strina *nf Mil* identity disc; *Med* platelet; *Comput* chip

piatta'forma *nf* platform. **~ di lancio** launch pad

piat'tino *nm* saucer

pi'atto *a* flat ● *nm* plate; (*da portata, vivanda*) dish; (*portata*) course; (*parte piatta*) flat; (*di giradischi*) turntable; **piatti** *pl Mus* cymbals; **lavare i piatti** do the dishes, do the washing-up. **~ fondo** soup plate. **~ piano** [ordinary] plate

pi'azza *nf* square; *Comm* market; **letto a una ~** single bed; **letto a due piazze** double bed; **far ~ pulita** make a clean sweep. **~'forte** *nf* stronghold. **piaz'zale** *nm* large square. **~'mento** *nm* (*in classifica*) placing

piaz'za|re *vt* place. **~rsi** *vr Sport* be placed; **~rsi secondo** come second. **~to** *a* ‹*cavallo*› placed; **ben ~to** (*robusto*) well built

piaz'zista *nm* salesman

piaz'zuola *nf* **~ di sosta** pull-in

pic'cante *a* hot; (*pungente*) sharp; (*salace*) spicy

pic'carsi *vr* (*risentirsi*) take offence; **~ di** (*vantarsi di*) claim to

'picche *nfpl* (*in carte*) spades

picchet'tare *vt* stake; ‹*scioperanti:*› picket. **pic'chetto** *nm* picket

picchi'a|re *vt* beat, hit ● *vi* (*bussare*) knock; *Aeron* nosedive; **~re in testa** ‹*motore:*› knock. **~ta** *nf* beating; *Aeron* nosedive; **scendere in ~ta** nosedive

picchiet'tare *vt* tap; (*punteggiare*) spot

picchiet'tio *nm* tapping

'picchio *nm* woodpecker

pic'cino *a* tiny; (*gretto*) mean; (*di poca importanza*) petty ● *nm* little one, child

picci'one *nm* pigeon

'picco *nm* peak; **a ~** vertically; **colare a ~** sink

'piccolo, -a *a* small, little; (*di età*) young; (*di statura*) short; (*gretto*) petty ● *nmf* child, little one; **da ~** as a child

pic'co|ne *nm* pickaxe. **~zza** *nf* ice axe

pic'nic *nm inv* picnic

pi'docchio *nm* louse

piè *nm inv* **a ~ di pagina** at the foot of the page; **saltare a ~ pari** skip

pi'ede *nm* foot; **a piedi** on foot; **andare a piedi** walk; **a piedi nudi** barefoot; **a ~ libero** free; **in piedi** standing; **alzarsi in piedi** stand up; **in punta di piedi** on tiptoe; **ai piedi di** ‹*montagna*› at the foot of; **prendere ~** *fig* gain ground; ‹*moda:*› catch on; **mettere in piedi** (*allestire*) set up; **togliti dai piedi!** get out of the way!. **~ di porco** (*strumento*) jemmy
pie'dino *nm* **fare ~ a qcno** *fam* play footsie with sb
piedi'stallo *nm* pedestal
pi'ega *nf* (*piegatura*) fold; (*di gonna*) pleat; (*di pantaloni*) crease; (*grinza*) wrinkle; (*andamento*) turn; **non fare una ~** ‹*ragionamento:*› be flawless
pie'ga|re *vt* fold; (*flettere*) bend ● *vi* bend. **~rsi** *vr* bend. **~rsi a** *fig* yield to. **~'tura** *nf* folding
pieghet'ta|re *vt* pleat. **~to** *a* pleated. **pie'ghevole** *a* pliable; ‹*tavolo*› folding ● *nm* leaflet
piemon'tese *a* Piedmontese
pi'en|a *nf* (*di fiume*) flood; (*folla*) crowd. **~o** *a* full; (*massiccio*) solid; **in ~a estate** in the middle of summer; **a ~i voti** ‹*diplomarsi*› with A-grades, with first class honours ● *nm* (*colmo*) height; (*carico*) full load; **in ~o** (*completamente*) fully; **fare il ~o** (*di benzina*) fill up
pie'none *nm* **c'era il ~** the place was packed
'piercing *nm inv* body piercing
pietà *nf* pity; (*misericordia*) mercy; **senza ~** ‹*persona*› pitiless; (*spietatamente*) pitilessly; **avere ~ di qcno** take pity on sb; **far ~** (*far pena*) be pitiful
pie'tanza *nf* dish
pie'toso *a* pitiful, merciful; (*fam: pessimo*) terrible
pi'etr|a *nf* stone. **~a dura** semi-precious stone. **~a preziosa** precious stone. **~a dello scandalo** cause of the scandal. **pie'trame** *nm* stones *pl*. **~ifi'care** *vt* petrify. **pie'trina** *nf* (*di accendino*) flint. **pie'troso** *a* stony
pigi'ama *nm* pyjamas *pl*
'pigia 'pigia *nm inv* crowd, crush. **pigi'are** *vt* press
pigi'one *nf* rent; **dare a ~** let, rent out; **prendere a ~** rent
pigli'are *vt* (*fam: afferrare*) catch. **'piglio** *nm* air
pig'mento *nm* pigment
pig'meo, -a *a & nmf* pygmy
'pigna *nf* cone
pi'gnolo *a* pedantic
pigo'lare *vi* chirp. **pigo'lio** *nm* chirping
pi'grizia *nf* laziness. **'pigro** *a* lazy; ‹*intelletto*› slow
'pila *nf* pile; *Electr* battery; (*fam: lampadina tascabile*) torch; (*vasca*) basin; **a pile** battery operated, battery powered
pi'lastro *nm* pillar
'pillola *nf* pill; **prendere la ~** be on the pill
pi'lone *nm* pylon; (*di ponte*) pier
pi'lota *nmf* pilot ● *nm Auto* driver. **pilo'tare** *vt* pilot; drive ‹*auto*›
pinaco'teca *nf* art gallery
'Pinco Pallino *nm* so-and-so
pi'neta *nf* pine-wood
ping-'pong *nm* table tennis, ping-pong *fam*
'pingu|e *a* fat. **~'edine** *nf* fatness
pingu'ino *nm* penguin; (*gelato*) choc ice on a stick
'pinna *nf* fin; (*per nuotare*) flipper
'pino *nm* pine[-tree]. **pi'nolo** *nm* pine kernel. **~ marittimo** cluster pine
'pinta *nf* pint
'pinza *nf* pliers *pl*; *Med* forceps *pl*
pin'za|re *vt* (*con pinzatrice*) staple. **~'trice** *nf* stapler
pin'zette *nfpl* tweezers *pl*
pinzi'monio *nm* sauce for crudités
'pio *a* pious; (*benefico*) charitable
pi'oggia *nf* rain; (*fig: di pietre, insulti*) hail, shower; **sotto la ~** in the rain. **~ acida** acid rain
pi'olo *nm* (*di scala*) rung
piom'ba|re *vi* fall heavily; **~re su** fall upon ● *vt* fill ‹*dente*›. **~'tura** *nf* (*di dente*) filling. **piom'bino** *nm* (*sigillo*) [lead] seal; (*da pesca*) sinker; (*in gonne*) weight
pi'ombo *nm* lead; (*sigillo*) [lead] seal; **a ~** plumb; **senza ~** ‹*benzina*› lead-free
pioni'ere, -a *nmf* pioneer
pi'oppo *nm* poplar
pio'vano *a* **acqua piovana** rainwater
pi'ov|ere *vi* rain; **~e** it's raining; **~iggi'nare** *vi* drizzle. **pio'voso** *a* rainy
'pipa *nf* pipe
pipì *nf* **fare [la] ~** pee, piddle; **andare a fare [la] ~** go for a pee
pipi'strello *nm* bat
pi'ramide *nf* pyramid
pi'ranha *nm inv* piranha
pi'rat|a *nm* pirate. **~a della strada** road-hog ● *a inv* pirate. **~e'ria** *nf* piracy
piro'etta *nf* pirouette
pi'rofil|a *nf* (*tegame*) oven-proof dish. **~o** *a* heat-resistant
pi'romane *nmf* pyromaniac

pi'roscafo *nm* steamer. **~ di linea** liner

pisci'are *vi vulg* piss

pi'scina *nf* swimming pool. **~ coperta** indoor swimming pool. **~ scoperta** outdoor swimming pool

pi'sello *nm* pea; (*fam: pene*) willie

piso'lino *nm* nap; **fare un ~** have a nap

'pista *nf* track; *Aeron* runway; (*orma*) footprint; (*sci*) slope, piste. **~ d'atterraggio** airstrip. **~ da ballo** dance floor. **~ ciclabile** cycle track

pi'stacchio *nm* pistachio

pi'stola *nf* pistol; (*per spruzzare*) spray-gun. **~ a spruzzo** paint spray

pi'stone *nm* piston

pi'tone *nm* python

pit'to|re, -'trice *nmf* painter. **~'resco** *a* picturesque. **pit'torico** *a* pictorial

pit'tu|ra *nf* painting. **~'rare** *vt* paint

più *adv* more; (*superlativo*) most; *Math* plus; **~ importante** more important; **il ~ importante** the most important; **~ caro** dearer; **il ~ caro** the dearest; **di ~** more; **una coperta in ~** an extra blanket; **non ho ~ soldi** I don't have any more money; **non vive ~ a Milano** he no longer lives in Milan, he doesn't live in Milan any longer; **~ o meno** more or less; **il ~ lentamente possibile** as slow as possible; **per di ~** what's more; **mai ~!** never again!; **~ di** more than; **sempre ~** more and more ● *a* more; (*superlativo*) most; **~ tempo** more time; **la classe con ~ alunni** the class with most pupils; **~ volte** several times ● *nm* most; *Math* plus sign; **il ~ è fatto** the worst is over; **parlare del ~ e del meno** make small talk; **i ~** the majority

piuccheper'fetto *nm* pluperfect

pi'uma *nf* feather. **piu'maggio** *nm* plumage. **piu'mino** *nm* (*di cigni*) down; (*copriletto*) eiderdown; (*per cipria*) powder-puff; (*per spolverare*) feather duster; (*giacca*) down jacket. **piu'mone®** *nm* duvet, continental quilt

piut'tosto *adv* rather; (*invece*) instead

pi'vello *nm fam* greenhorn

'pizza *nf* pizza; *Cinema* reel.

pizzai'ola *nf slices of beef in tomato sauce, oregano and anchovies*

pizze'ria *nf* pizza restaurant, pizzeria

pizzi'c|are *vt* pinch; (*pungere*) sting; (*di sapore*) taste sharp; (*fam: sorprendere*) catch; *Mus* pluck ● *vi* scratch; ‹*cibo:*› be spicy **'pizzico** *nm*, **~otto** *nm* pinch

'pizzo *nm* lace; (*di montagna*) peak

pla'car|e *vt* placate; assuage ‹*fame, dolore*›. **~si** *vr* calm down

'placca *nf* plate; (*commemorativa, dentale*) plaque; *Med* patch

plac'ca|re *vt* plate. **~to** *a* **~to d'argento** silver-plated. **~to d'oro** gold-plated. **~'tura** *nf* plating

pla'centa *nf* placenta

'placido *a* placid

plagi'are *vt* plagiarize; pressure ‹*persona*›. **'plagio** *nm* plagiarism

plaid *nm inv* tartan rug

pla'nare *vi* glide

'plancia *nf Naut* bridge; (*passerella*) gangplank

plane'tario *a* planetary ● *nm* planetarium

pla'smare *vt* mould

'plastic|a *nf* (*arte*) plastic art; *Med* plastic surgery; (*materia*) plastic. **~o** *a* plastic ● *nm* plastic model

'platano *nm* plane[-tree]

pla'tea *nf* stalls *pl*; (*pubblico*) audience

'platino *nm* platinum

pla'tonico *a* platonic

plau'sibil|e *a* plausible. **~ità** *nf* plausibility

ple'baglia *nf pej* mob

pleni'lunio *nm* full moon

'plettro *nm* plectrum

pleu'rite *nf* pleurisy

'plico *nm* packet; **in ~ a parte** under separate cover

plissé *a inv* plissé; ‹*gonna*› accordeon-pleated

plo'tone *nm* platoon; (*di ciclisti*) group. **~ d'esecuzione** firing-squad

'plumbeo *a* leaden

plu'ral|e *a & nm* plural; **al ~e** in the plural. **~ità** *nf* (*maggioranza*) majority

pluridiscipli'nare *a* multi-disciplinary

plurien'nale *a* **~ esperienza** many years' experience

pluripar'titico *a Pol* multi-party

plu'tonio *nm* plutonium

pluvi'ale *a* rain *attrib*

pneu'matico *a* pneumatic ● *nm* tyre

pneu'monia *nf* pneumonia

po' *vedi* **poco**

po'chette *nf inv* clutch bag

po'chino *nm* **un ~** a little bit

'poco *a* little; ‹*tempo*› short; (*con nomi plurali*) few ● *pron* little; (*poco tempo*) a short time; (*plurale*) few ● *nm* little; **un po'** a little [bit]; **un po' di** a little, some; (*con nomi plurali*) a few; **a ~ a ~** little by little; **fra ~** soon; **per ~** (*a poco prezzo*) cheap; (*quasi*) nearly; **~ fa** a little while ago; **sono arrivato da ~** I have just arrived; **un bel po'** quite a lot; **un ~ di buono** a shady character ● *adv* (*con verbi*) not much; (*con avverbi*) not very; **parla ~** he doesn't speak much; **lo conosco ~** I don't know him very well; **~ spesso** not very often

po'dere *nm* farm

pode'roso *a* powerful

'podio *nm* dais; *Mus* podium

po'dis|mo *nm* walking. **~ta** *nmf* walker

po'e|ma *nm* poem. **~'sia** *nf* poetry; (*componimento*) poem. **~ta** *nm* poet. **~'tessa** *nf* poetess. **~tico** *a* poetic

poggiapi'edi *nm inv* footrest

poggi'a|re *vt* lean; (*posare*) place ● *vi* **~re su** be based on. **~'testa** *nm inv* head-rest

'poggio *nm* hillock

poggi'olo *nm* balcony

'poi *adv* (*dopo*) then; (*più tardi*) later [on]; (*finalmente*) finally. **d'ora in ~** from now on; **questa ~!** well!

poiché *conj* since

pois *nm inv* **a ~** polka-dot

'poker *nm* poker

po'lacco, -a *a* Polish ● *nmf* Pole ● *nm* (*lingua*) Polish

po'lar|e *a* polar. **~iz'zare** *vt* polarize

'polca *nf* polka

po'lemi|ca *nf* controversy. **~ca'mente** *adv* controversially. **~co** *a* controversial. **~z'zare** *vi* engage in controversy

po'lenta *nf cornmeal porridge*

poli'clinico *nm* general hospital

poli'estere *nm* polyester

poliga'mia *nf* polygamy. **po'ligamo** *a* polygamous

polio[mie'lite] *nf* polio[myelitis]

'polipo *nm* polyp

polisti'rolo *nm* polystyrene

poli'tecnico *nm* polytechnic

po'litic|a *nf* politics *sg*; (*linea di condotta*) policy; **fare ~a** be in politics. **~iz'zare** *vt* politicize. **~o, -a** *a* political ● *nmf* politician

poliva'lente *a* catch-all

poli'zi|a *nf* police. **~a giudiziaria** ≈ Criminal Investigation Department, CID. **~a stradale** traffic police. **~'esco** *a* police *attrib*; ‹*romanzo, film*› detective *attrib*. **~'otto** *nm* policeman

'polizza *nf* policy

pol'la|io *nm* chicken run; (*fam: luogo chiassoso*) mad house. **~me** *nm* poultry. **~'strello** *nm* spring chicken. **~stro** *nm* cockerel

'pollice *nm* thumb; (*unità di misura*) inch

'polline *nm* pollen; **allergia al ~** hay fever

polli'vendolo, -a *nmf* poulterer

'pollo *nm* chicken; (*fam: semplicione*) simpleton. **~ arrosto** roast chicken

polmo|'nare *a* pulmonary. **pol'mone** *nm* lung. **polmone d'acciaio** iron lung. **~'nite** *nf* pneumonia

'polo *nm* pole; *Sport* polo; (*maglietta*) polo top. **~ nord** North Pole. **~ sud** South Pole

Po'lonia *nf* Poland

'polpa *nf* pulp

pol'paccio *nm* calf

polpa'strello *nm* fingertip

pol'pet|ta *nf* meatball. **~'tone** *nm* meat loaf

'polpo *nm* octopus

pol'poso *a* fleshy

pol'sino *nm* cuff

'polso *nm* pulse; *Anat* wrist; *fig* authority; **avere ~** be strict

pol'tiglia *nf* mush

pol'trire *vi* lie around

pol'tron|a *nf* armchair; *Theat* seat in the stalls. **~e** *a* lazy

'polve|re *nf* dust; (*sostanza polverizzata*) powder; **in ~re** powdered; **sapone in ~re** soap powder. **~re da sparo** gun powder. **~'rina** *nf* (*medicina*) powder. **~riz'zare** *vt* pulverize; (*nebulizzare*) atomize. **~'rone** *nm* cloud of dust. **~'roso** *a* dusty

po'mata *nf* ointment, cream

po'mello *nm* knob; (*guancia*) cheek

pomeridi'ano *a* afternoon *attrib*; **alle tre pomeridiane** at three in the afternoon, at three p.m. **pome'riggio** *nm* afternoon

'pomice *nf* pumice

'pomo *nm* (*oggetto*) knob. **~ d'Adamo** Adam's apple

pomo'doro *nm* tomato

'pompa *nf* pump; (*sfarzo*) pomp. **pompe** *pl* **funebri** (*funzione*) funeral. **pom'pare** *vt* pump; (*gonfiare d'aria*) pump up; (*fig: esagerare*) exaggerate; **pompare fuori** pump out

pom'pelmo *nm* grapefruit

pompi'ere *nm* fireman; **i pompieri** the fire brigade

pom'pon *nm inv* pompom

pom'poso *a* pompous

ponde'rare *vt* ponder

po'nente *nm* west
'ponte *nm* bridge; *Naut* deck; (*impalcatura*) scaffolding; **fare il ~** *fig* make a long weekend of it
pon'tefice *nm* pontiff
pontifi'ca|re *vi* pontificate. **~to** *nm* pontificate
ponti'ficio *a* papal
pon'tile *nm* jetty
popò *nf inv fam* pooh
popo'lano *a* of the [common] people
popo'la|re *a* popular; (*comune*) common ● *vt* populate. **~rsi** *vr* get crowded. **~rità** *nf* popularity. **~zi'one** *nf* population. **'popolo** *nm* people. **popo'loso** *a* populous
'poppa *nf Naut* stern; (*mammella*) breast; **a ~** astern
pop'pa|re *vt* suck. **~ta** *nf* (*pasto*) feed. **~'toio** *nm* [feeding-]bottle
popu'lista *nmf* populist
por'cata *nf* load of rubbish; **porcate** *pl* (*fam: cibo*) junk food
porcel'lana *nf* porcelain, china
porcel'lino *nm* piglet. **~ d'India** guinea-pig
porche'ria *nf* dirt; (*fig: cosa orrenda*) piece of filth; (*fam: robaccia*) rubbish
por'ci|le *nm* pigsty. **~no** *a* pig *attrib* ● *nm* (*fungo*) edible mushroom. **'porco** *nm* pig; (*carne*) pork
porco'spino *nm* porcupine
'porgere *vt* give; (*offrire*) offer; **porgo distinti saluti** (*in lettera*) I remain, yours sincerely
porno|gra'fia *nf* pornography. **~'grafico** *a* pornographic
'poro *nm* pore. **po'roso** *a* porous
'porpora *nf* purple
'por|re *vt* put; (*collocare*) place; (*supporre*) suppose; ask ‹*domanda*›; present ‹*candidatura*›; **poniamo il caso che...** let us suppose that...; **~re fine** *o* **termine a** put an end to. **~si** *vr* put oneself; **~si a sedere** sit down; **~si in cammino** set out
'porro *nm Bot* leek; (*verruca*) wart
'porta *nf* door; *Sport* goal; (*di città*) gate; *Comput* port. **~ a ~** door-to-door; **mettere alla ~** show sb the door. **~ di servizio** tradesmen's entrance
portaba'gagli *nm inv* (*facchino*) porter; (*di treno ecc*) luggage rack; *Auto* boot, trunk *Am*; (*sul tetto di un'auto*) roof rack
portabot'tiglie *nm inv* bottle rack, wine rack
porta'cenere *nm inv* ashtray
portachi'avi *nm inv* keyring
porta'cipria *nm inv* compact
portadocu'menti *nm inv* document wallet
porta'erei *nf inv* aircraft carrier
portafi'nestra *nf* French window
porta'foglio *nm* wallet; (*per documenti*) portfolio; (*ministero*) ministry
portafor'tuna *nm inv* lucky charm ● *a inv* lucky
portagi'oie *nm inv* jewellery box
por'tale *nm* door
portama'tite *nm inv* pencil case
porta'mento *nm* carriage; (*condotta*) behaviour
porta'mina *nm inv* propelling pencil
portamo'nete *nm inv* purse
por'tante *a* bearing *attrib*
portaom'brelli *nm inv* umbrella stand
porta'pacchi *nm inv* roof rack; (*su bicicletta*) luggage rack
porta'penne *nm inv* pencil case
por'ta|re *vt* (*verso chi parla*) bring; (*lontano da chi parla*) take; (*sorreggere, Math*) carry; (*condurre*) lead; (*indossare*) wear; (*avere*) bear. **~rsi** *vr* (*trasferirsi*) move; (*comportarsi*) behave; **~rsi bene/male gli anni** look young/old for one's age
portari'viste *nm inv* magazine rack
porta'sci *nm inv* ski rack
portasiga'rette *nm inv* cigarette-case
porta'spilli *nm inv* pin-cushion
por'ta|ta *nf* (*di pranzo*) course; *Auto* carrying capacity; (*di arma*) range; (*fig: abilità*) capability; **a ~ta di mano** within reach; **alla ~ta di tutti** accessible to all; (*finanziariamente*) within everybody's reach. **por'tatile** *a* & *nm* portable. **~to** *a* ‹*indumento*› worn; (*dotato*› gifted; **essere ~to per qcsa** have a gift for sth; **essere ~to a** (*tendere a*) be inclined to. **~'tore, ~'trice** *nmf* bearer; **al ~tore** to the bearer. **~tore di handicap** disabled person
portatovagli'olo *nm* napkin ring
portau'ovo *nm inv* egg-cup
porta'voce *nm inv* spokesman ● *nf inv* spokeswoman
por'tento *nm* marvel; (*persona dotata*) prodigy
'portico *nm* portico
porti'er|a *nf* door; (*tendaggio*) door curtain. **~e** *nm* porter, doorman; *Sport* goalkeeper. **~e di notte** night porter
porti'n|aio, -a *nmf* caretaker, con-

cierge. **~e'ria** *nf* concierge's room; (*di ospedale*) porter's lodge

'porto *pp di* **porgere** ● *nm* harbour; (*complesso*) port; (*vino*) port [wine]; (*spesa di trasporto*) carriage; **andare in ~** succeed. **~ d'armi** gun licence

Porto'g|allo *nm* Portugal. **p~hese** *a & nmf* Portuguese

por'tone *nm* main door

portu'ale *nm* dockworker, docker

porzi'one *nf* portion

'posa *nf* laying; (*riposo*) rest; *Phot* exposure; (*atteggiamento*) pose; **mettersi in ~** pose

po'sa|re *vt* put; (*giù*) put [down] ● *vi* (*poggiare*) rest; (*per un ritratto*) pose. **~rsi** *vr* alight; (*sostare*) rest; *Aeron* land. **~ta** *nf* piece of cutlery; **~te** *pl* cutlery *sg*. **~to** *a* sedate

po'scritto *nm* postscript

posi'tivo *a* positive

posizio'nare *vt* position

posizi'one *nf* position; **farsi una ~** get ahead

posolo'gia *nf* dosage

po'spo|rre *vt* place after; (*posticipare*) postpone. **~sto** *pp di* **posporre**

posse'd|ere *vt* possess, own. **~i'mento** *nm* possession

posses|'sivo *a* possessive. **pos'sesso** *nm* ownership; (*bene*) possession. **~'sore** *nm* owner

pos'sibil|e *a* possible; **il più presto ~e** as soon as possible ● *nm* **fare [tutto] il ~e** do one's best. **~ità** *nf inv* possibility; (*occasione*) chance ● *nfpl* (*mezzi*) means

possi'dente *nmf* land-owner

'posta *nf* post, mail; (*ufficio postale*) post office; (*al gioco*) stake; **spese di ~** postage; **per ~** by post, by mail; **la ~ in gioco è...** *fig* what's at stake is...; **a bella ~** on purpose; **Poste e Telecomunicazioni** *pl* [Italian] Post Office. **~ elettronica** electronic mail, e-mail. **~ prioritaria** ≈ first-class mail. **~ vocale** voice-mail

posta'giro *nm* postal giro

po'stale *a* postal

postazi'one *nf* position

postda'tare *vt* postdate ‹*assegno*›

posteggi'a|re *vt/i* park. **~'tore, ~'trice** *nmf* parking attendant. **po'steggio** *nm* car-park, parking lot *Am*; (*di taxi*) taxi-rank

'posteri *nmpl* descendants. **~'ore** *a* rear; (*nel tempo*) later ● *nm fam* posterior, behind. **~tà** *nf* posterity

po'sticcio *a* artificial; ‹*baffi, barba*› false ● *nm* hair-piece

postici'pare *vt* postpone

po'stilla *nf* note; *Jur* rider

po'stino *nm* postman, mailman *Am*

'posto *pp di* **porre** ● *nm* place; (*spazio*) room; (*impiego*) job; *Mil* post; (*sedile*) seat; **a/fuori ~** in/out of place; **prendere ~** take up room; **sul ~** on-site; **essere a ~** ‹*casa, libri*› be tidy; **mettere a ~** tidy ‹*stanza*›; **fare ~ a** make room for; **al ~ di** (*invece di*) in place of, instead of. **~ di blocco** checkpoint. **~ di guida** driving seat. **~ di lavoro** workstation. **~ di polizia** police station. **posti** *pl* **in piedi** standing room. **posti** *pl* **a sedere** seating

post-partum *a* post-natal

'postumo *a* posthumous ● *nm* after-effect

po'tabile *a* drinkable; **acqua ~** drinking water

po'tare *vt* prune

po'tassio *nm* potassium

po'ten|te *a* powerful; (*efficace*) potent. **~za** *nf* power; (*efficacia*) potency. **~zi'ale** *a & nm* potential

po'tere *nm* power; **al ~** in power ● *vi* can, be able to; **posso entrare?** can I come in?; (*formale*) may I come in?; **posso fare qualche cosa?** can I do something?; **che tu possa essere felice!** may you be happy!; **non ne posso più** (*sono stanco*) I can't go on; (*sono stufo*) I can't take any more; **può darsi** perhaps; **può darsi che sia vero** perhaps it's true; **potrebbe aver ragione** he could be right, he might be right; **avresti potuto telefonare** you could have phoned, you might have phoned; **spero di poter venire** I hope to be able to come; **senza poter telefonare** without being able to phone

potestà *nf inv* power

'pover|o, -a *a* poor; (*semplice*) plain ● *nm* poor man ● *nf* poor woman; **i ~i** the poor. **~tà** *nf* poverty

'pozza *nf* pool. **poz'zanghera** *nf* puddle

'pozzo *nm* well; (*minerario*) pit. **~ petrolifero** oil-well

PP.TT. *abbr* (**Poste e Telegrafi**) [Italian] Post Office

prag'matico *a* pragmatic

prali'nato *a* ‹*mandorla, gelato*› praline-coated

pram'matica *nf* **essere di ~** be customary

pran'zare *vi* dine; (*a mezzogiorno*)

lunch. **'pranzo** *nm* dinner; (*a mezzogiorno*) lunch. **pranzo di nozze** wedding breakfast

'prassi *nf* standard procedure

prate'ria *nf* grassland

'prati|ca *nf* practice; (*esperienza*) experience; (*documentazione*) file; **avere ~ca di qcsa** be familiar with sth; **far ~ca** gain experience; **fare le pratiche per** gather the necessary papers for. **~'cabile** *a* practicable; ‹*strada*› passable. **~ca'mente** *adv* practically. **~'cante** *nmf* apprentice; *Relig* [regular] church-goer

prati'ca|re *vt* practise; (*frequentare*) associate with; (*fare*) make

praticità *nf* practicality. **'pratico** *a* practical; (*esperto*) experienced; **essere pratico di qcsa** know about sth

'prato *nm* meadow; (*di giardino*) lawn

pre'ambolo *nm* preamble

preannunci'are *vt* give advance notice of

preavvi'sare *vt* forewarn. **preav'viso** *nm* warning

pre'cario *a* precarious

precauzi'one *nf* precaution; (*cautela*) care

prece'den|te *a* previous ● *nm* precedent. **~te'mente** *adv* previously. **~za** *nf* precedence; (*di veicoli*) right of way; **dare la ~za** give way. **pre'cedere** *vt* precede

pre'cetto *nm* precept

precipi'ta|re *vt* **~re le cose** precipitate events; **~re qcno nella disperazione** cast sb into a state of despair ● *vi* fall headlong; ‹*situazione, eventi:*› come to a head. **~rsi** *vr* (*gettarsi*) throw oneself; (*affrettarsi*) rush; **~rsi a fare qcsa** rush to do sth. **~zi'one** *nf* (*fretta*) haste; (*atmosferica*) precipitation. **precipi'toso** *a* hasty; (*avventato*) reckless; ‹*caduta*› headlong

preci'pizio *nm* precipice; **a ~** headlong

precisa'mente *adv* precisely

preci'sa|re *vt* specify; (*spiegare*) clarify. **~zi'one** *nf* clarification

precisi'one *nf* precision. **pre'ciso** *a* precise; ‹*ore*› sharp; (*identico*) identical

pre'clu|dere *vt* preclude. **~so** *pp di* **precludere**

pre'coc|e *a* precocious; (*prematuro*) premature. **~ità** *nf* precociousness

precon'cetto *a* preconceived ● *nm* prejudice

pre'corr|ere *vt* **~ere i tempi** be ahead of one's time

precur'sore *nm* forerunner, precursor

'preda *nf* prey; (*bottino*) booty; **essere in ~ al panico** be panic-stricken; **in ~ alle fiamme** engulfed in flames. **pre'dare** *vt* plunder. **~'tore** *nm* predator

predeces'sore *nmf* predecessor

pre'del|la *nf* platform. **~'lino** *nm* step

predesti'na|re *vt* predestine. **~to** *a* *Relig* predestined, preordained

predetermi'nato *a* predetermined, preordained

pre'detto *pp di* **predire**

'predica *nf* sermon; *fig* lecture

predi'ca|re *vt* preach. **~to** *nm* predicate

predi'le|tto, -a *pp di* **prediligere** ● *a* favourite ● *nmf* pet. **~zi'one** *nf* predilection. **predi'ligere** *vt* prefer

pre'di|re *vt* foretell

predi'spo|rre *vt* arrange. **~rsi** *vr* **~rsi a** prepare oneself for. **~sizi'one** *nf* predisposition; (*al disegno ecc*) bent (**a** for). **~sto** *pp di* **predisporre**

predizi'one *nf* prediction

predomi'na|nte *a* predominant. **~re** *vi* predominate. **predo'minio** *nm* predominance

pre'done *nm* robber

prefabbri'cato *a* prefabricated ● *nm* prefabricated building

prefazi'one *nf* preface

prefe'renz|a *nf* preference; **di ~a** preferably. **~i'ale** *a* preferential; **corsia ~iale** bus and taxi lane

prefe'ribil|e *a* preferable. **~'mente** *adv* preferably

prefe'ri|re *vt* prefer. **~to, -a** *a & nmf* favourite

pre'fet|to *nm* prefect. **~'tura** *nf* prefecture

pre'figgersi *vr* be determined

pre'fisso *pp di* **prefiggere** ● *nm* prefix; *Teleph* [dialling] code

pre'gare *vt/i* pray; (*supplicare*) beg; **farsi ~** need persuading

pre'gevole *a* valuable

preghi'era *nf* prayer; (*richiesta*) request

pregi'ato *a* esteemed; (*prezioso*) valuable. **'pregio** *nm* esteem; (*valore*) value; (*di persona*) good point; **di pregio** valuable

pregiudi'ca|re *vt* prejudice; (*danneggiare*) harm. **~to** *a* prejudiced ● *nm Jur* previous offender

pregiu'dizio *nm* prejudice; (*danno*) detriment
'prego *int* (*non c'è di che*) don't mention it!; (*per favore*) please; **~?** I beg your pardon?
pregu'stare *vt* look forward to
prei'storia *nf* prehistory. **prei'storico** *a* prehistoric
pre'lato *nm* prelate
prela'vaggio *nm* prewash
preleva'mento *nm* withdrawal. **prele'vare** *vt* withdraw ‹*denaro*›; collect ‹*merci*›; *Med* take. **preli'evo** *nm* (*di soldi*) withdrawal. **prelievo di sangue** blood sample
prelimi'nare *a* preliminary ● *nm* **preliminari** *pl* preliminaries
pre'ludio *nm* prelude
prema'man *nm inv* maternity dress ● *a* maternity *attrib*
prematrimoni'ale *a* premarital
prema'turo, -a *a* premature ● *nmf* premature baby
premedi'ta|re *vt* premeditate. **~zi'one** *nf* premeditation
'premere *vt* press; *Comput* hit ‹*tasto*› ● *vi* **~ a** (*importare*) matter to; **mi preme sapere** I need to know; **~ su** press on; push ‹*pulsante*›
pre'messa *nf* introduction
pre'me|sso *pp di* **premettere. ~sso che** bearing in mind that. **~ttere** *vt* put forward; (*mettere prima*) put before.
premi'a|re *vt* give a prize to; (*ricompensare*) reward. **~zi'one** *nf* prize giving
premi'nente *a* pre-eminent
'premio *nm* prize; (*ricompensa*) reward; *Comm* premium. **~ di consolazione** booby prize
premoni|'tore *a* ‹*sogno, segno*› premonitory. **~zi'one** *nf* premonition
premu'nir|e *vt* fortify. **~si** *vr* take protective measures; **~si di** provide oneself with; **~si contro** protect oneself against
pre'mu|ra *nf* (*fretta*) hurry; (*cura*) care. **~'roso** *a* thoughtful
prena'tale *a* antenatal
'prender|e *vt* take; (*afferrare*) seize; catch ‹*treno, malattia, ladro, pesce*›; have ‹*cibo, bevanda*›; (*far pagare*) charge; (*assumere*) take on; (*ottenere*) get; (*occupare*) take up; **~e informazioni** make inquiries; **~e a calci/pugni** kick/punch; **che ti prende?** what's got into you?; **~e una persona per un'altra** mistake one person for somebody else ● *vi* (*voltare*) turn; (*attecchire*) take root; (*rapprendersi*) set; **~e a destra/sinistra** turn right/left; **~e a fare qcsa** start doing sth. **~si** *vr* **~si a pugni** come to blows; **~si cura di** take care of ‹*ammalato*›; **~sela** take it to heart
prendi'sole *nm* sundress
preno'ta|re *vt* book, reserve. **~to** *a* booked, reserved **~zi'one** *nf* booking, reservation
'prensile *a* prehensile
preoccu'pante *a* alarming
preoccu'pa|re *vt* worry. **~rsi** *vr* **~rsi** worry (**di** about); **~rsi di fare qcsa** take the trouble to do sth. **~to** *a* (*ansioso*) worried. **~zi'one** *nf* worry; (*apprensione*) concern
prepa'gato *a* prepaid
prepa'ra|re *vt* prepare. **~rsi** *vr* get ready. **~'tivi** *nmpl* preparations. **~to** *nm* (*prodotto*) preparation. **~'torio** *a* preparatory. **~zi'one** *nf* preparation
prepensiona'mento *nm* early retirement
preponde'ran|te *a* predominant. **~za** *nf* prevalence
pre'porre *vt* place before
preposizi'one *nf* preposition
pre'posto *pp di* **preporre** ● *a* **~ a** (*addetto a*) in charge of
prepo'ten|te *a* overbearing ● *nmf* bully. **~za** *nf* high-handedness
preroga'tiva *nf* prerogative
'presa *nf* taking; (*conquista*) capture; (*stretta*) hold; (*di cemento ecc*) setting; *Electr* socket; (*pizzico*) pinch; **essere alle prese con** be struggling *o* grappling with; **a ~ rapida** ‹*cemento, colla*› quick-setting; **fare ~ su qcno** influence sb. **~ d'aria** air vent. **~ in giro** legpull. **~ multipla** adaptor
pre'sagio *nm* omen. **presa'gire** *vt* foretell
'presbite *a* long-sighted
presbiteri'ano, -a *a* & *nmf* Presbyterian. **presbi'terio** *nm* presbytery
pre'scelto *a* selected
pre'scindere *vi* **~ da** leave aside; **a ~ da** apart from
presco'lare *a* **in età ~** preschool
pre'scri|tto *pp di* **prescrivere**
pre'scri|vere *vt* prescribe. **~zi'one** *nf* prescription; (*norma*) rule
preselezi'one *nf* **chiamare qcno in ~** call sb via the operator
presen'ta|re *vt* present; (*far conoscere*) introduce; show ‹*documento*›; (*inoltrare*) submit. **~rsi** *vr* present oneself;

(*farsi conoscere*) introduce oneself; (*a ufficio*) attend; (*alla polizia ecc*) report; (*come candidato*) stand, run; ‹*occasione:*› occur; **~rsi bene/male** ‹*persona:*› make a good/bad impression; ‹*situazione:*› look good/bad. **~'tore, ~'trice** *nmf* presenter; (*di notizie*) announcer. **~zi'one** *nf* presentation; (*per conoscersi*) introduction

pre'sente *a* present; (*attuale*) current; (*questo*) this; **aver ~** remember ● *nm* present; **i presenti** those present ● *nf* **allegato alla ~** (*in lettera*) enclosed

presenti'mento *nm* foreboding

pre'senza *nf* presence; (*aspetto*) appearance; **in ~ di, alla ~ di** in the presence of; **di bella ~** personable. **~ di spirito** presence of mind

presenzi'are *vi* **~ a** attend

pre'sepe *nm*, **pre'sepio** *nm* crib

preser'va|re *vt* preserve; (*proteggere*) protect (**da** from). **~'tivo** *nm* condom. **~zi'one** *nf* preservation

'preside *nm* headmaster; *Univ* dean ● *nf* headmistress; *Univ* dean

presi'den|te *nm* chairman; *Pol* president ● *nf* chairwoman; *Pol* president. **~ del consiglio** [**dei ministri**] Prime Minister. **~ della repubblica** President of the Republic. **~za** *nf* presidency; (*di assemblea*) chairmanship. **~zi'ale** *a* presidential

presidi'are *vt* garrison. **pre'sidio** *nm* garrison

presi'edere *vt* preside over

'preso *pp di* **prendere**

'pressa *nf Mech* press

pres'sante *a* urgent

pressap'poco *adv* about

pres'sare *vt* press

pressi'one *nf* pressure; **far ~ su** put pressure on. **~ del sangue** blood pressure

'presso *prep* near; (*a casa di*) with; (*negli indirizzi*) care of, c/o; ‹*lavorare*› for ● **pressi** *nmpl*: **nei pressi di...** in the neighbourhood *o* vicinity of...

pressoché *adv* almost

pressuriz'za|re *vt* pressurize. **~to** *a* pressurized

prestabi'li|re *vt* arrange in advance. **~to** *a* agreed

prestam'pato *a* printed ● *nm* (*modulo*) form

pre'stante *a* good-looking

pre'star|e *vt* lend; **~e attenzione** pay attention; **~e aiuto** lend a hand; **farsi ~e** borrow (**da** from). **~si** *vr* ‹*frase:*› lend itself; ‹*persona:*› offer

prestazi'one *nf* performance; **prestazioni** *pl* (*servizi*) services

prestigia'tore, -'trice *nmf* conjurer

pre'stigi|o *nm* prestige; **gioco di ~o** conjuring trick. **~'oso** *nm* prestigious

'prestito *nm* loan; **dare in ~** lend; **prendere in ~** borrow

'presto *adv* soon; (*di buon'ora*) early; (*in fretta*) quickly; **a ~** see you soon; **al più ~** as soon as possible; **~ o tardi** sooner or later; **far ~** be quick

pre'sumere *vt* presume; (*credere*) think

presu'mibile *a* **è ~ che...** presumably,...

pre'sunto *a* ‹*colpevole*› presumed

presun|tu'oso *a* presumptuous ● *nmf* presumptuous person. **~zi'one** *nf* presumption

presup'po|rre *vt* suppose; (*richiedere*) presuppose. **~sizi'one** *nf* presupposition. **~sto** *nm* essential requirement

'prete *nm* priest

preten'dente *nmf* pretender ● *nm* (*corteggiatore*) suitor

pre'ten|dere *vt* (*sostenere*) claim; (*esigere*) demand ● *vi* **~dere a** claim to; **~dere di** (*esigere*) demand to. **~si'one** *nf* pretension. **~zi'oso** *a* pretentious

pre'tes|a *nf* pretension; (*esigenza*) claim; **senza ~e** unpretentious. **~o** *pp di* **pretendere**

pre'testo *nm* pretext

pre'tore *nm* magistrate

pretta'mente *adv* decidedly

pre'tura *nf* magistrate's court

preva'le|nte *a* prevalent. **~nte'mente** *adv* primarily. **~nza** *nf* prevalence. **~re** *vi* prevail

pre'valso *pp di* **prevalere**

preve'dere *vt* foresee; forecast ‹*tempo*›; ‹*legge ecc:*› provide for

preve'nire *vt* precede; (*evitare*) prevent; (*avvertire*) forewarn

preven|ti'vare *vt* estimate; (*aspettarsi*) budget for. **~'tivo** *a* preventive ● *nm Comm* estimate

preve'n|uto *a* forewarned; (*mal disposto*) prejudiced. **~zi'one** *nf* prevention; (*preconcetto*) prejudice

previ'den|te *a* provident. **~za** *nf* foresight. **~za sociale** social security, welfare *Am*. **~zi'ale** *a* provident

'previo *a* **~ pagamento** on payment

previsi'one *nf* forecast; **in ~ di** in anticipation of

pre'visto *pp di* **prevedere** ● *a* foreseen ● *nm* **più/meno/prima del ~** more/less/earlier than expected
prezi'oso *a* precious
prez'zemolo *nm* parsley
'prezzo *nm* price. **~ di fabbrica** factory price. **~ all'ingrosso** wholesale price. [**a**] **metà ~** half price
prigi'on|e *nf* prison; (*pena*) imprisonment. **prigio'nia** *nf* imprisonment. **~i'ero, -a** *a* imprisoned ● *nmf* prisoner
'prima *adv* before; (*più presto*) earlier; (*in primo luogo*) first; **~, finiamo questo** let's finish this first; **puoi venire ~?** (*di giorni*) can't you come any sooner?; (*di ore*) can't you come any earlier?; **~ o poi** sooner or later; **quanto ~** as soon as possible ● *prep* **~ di** before; **~ d'ora** before now ● *conj* **~ che** before ● *nf* first class; *Theat* first night; *Auto* first [gear]
pri'mario *a* primary; (*principale*) principal
pri'mat|e *nm* primate. **~o** *nm* supremacy; *Sport* record
prima've|ra *nf* spring. **~'rile** *a* spring *attrib*
primeggi'are *vi* excel
primi'tivo *a* primitive; (*originario*) original
pri'mizie *nfpl* early produce *sg*
'primo *a* first; (*fondamentale*) principal; (*precedente di due*) former; (*iniziale*) early; (*migliore*) best ● *nm* first; **primi** *pl* (*i primi giorni*) the beginning; **in un ~ tempo** at first. **prima copia** master copy
primo'genito, -a *a & nmf* first-born
primordi'ale *a* primordial
'primula *nf* primrose
princi'pale *a* main ● *nm* head, boss *fam*
princi|'pato *nm* principality. **'principe** *nm* prince. **principe ereditario** crown prince. **~'pesco** *a* princely. **~'pessa** *nf* princess
principi'ante *nmf* beginner
prin'cipio *nm* beginning; (*concetto*) principle; (*causa*) cause; **per ~** on principle
pri'ore *nm* prior
priori|tà *nf inv* priority. **~'tario** *a* having priority
'prisma *nm* prism
pri'va|re *vt* deprive. **~rsi** *vr* deprive oneself
privatizzazi'one *nf* privatization.
pri'vato, -a *a* private ● *nmf* private citizen
privazi'one *nf* deprivation
privilegi'are *vt* privilege; (*considerare più importante*) favour. **privi'legio** *nm* privilege
'privo *a* **~ di** devoid of; (*mancante*) lacking in
pro *prep* for ● *nm* advantage; **a che ~?** what's the point?; **il ~ e il contro** the pros and cons
pro'babil|e *a* probable. **~ità** *nf inv* probability. **~'mente** *adv* probably
pro'ble|ma *nm* problem. **~'matico** *a* problematic
pro'boscide *nf* trunk
procacci'ar|e *vt*, **~si** *vr* obtain
pro'cace *a* ‹*ragazza*› provocative
pro'ced|ere *vi* proceed; (*iniziare*) start; **~ere contro** *Jur* start legal proceedings against. **~i'mento** *nm* process; *Jur* proceedings *pl*. **proce'dura** *nf* procedure
proces'sare *vt Jur* try
processi'one *nf* procession
pro'cesso *nm* process; *Jur* trial
proces'sore *nm Comput* processor
processu'ale *a* trial
pro'cinto *nm* **essere in ~ di** be about to
pro'clama *nm* proclamation
procla'ma|re *vt* proclaim. **~zi'one** *nf* proclamation
procrasti'na|re *vt liter* postpone
procreazi'one *nf* procreation
pro'cura *nf* power of attorney; **per ~** by proxy
procu'ra|re *vt/i* procure; (*causare*) cause; (*cercare*) try. **~'tore** *nm* attorney. **P~tore Generale** Attorney General. **~tore legale** lawyer. **~tore della repubblica** public prosecutor
'prode *a* brave. **pro'dezza** *nf* bravery
prodi'gar|e *vt* lavish. **~si** *vr* do one's best
pro'digi|o *nm* prodigy. **~'oso** *a* prodigious
pro'dotto *pp di* **produrre** ● *nm* product. **prodotti agricoli** farm produce *sg*. **~ derivato** by-product. **~ interno lordo** gross domestic product. **~ nazionale lordo** gross national product
pro'du|rre *vt* produce. **~rsi** *vr* ‹*attore*:› play; (*accadere*) happen. **~ttività** *nf* productivity. **~t'tivo** *a* productive. **~t'tore, ~t'trice** *nmf* producer. **~zi'one** *nf* production

profa'na|re *vt* desecrate. **~zi'one** *nf* desecration. **pro'fano** *a* profane
profe'rire *vt* utter
Prof.essa *abbr* (**Professoressa**) Prof.
profes'sare *vt* profess; practise ‹*professione*›
professio'nale *a* professional
professi'o|ne *nf* profession; **libera ~ne** profession. **~'nismo** *nm* professionalism. **~'nista** *nmf* professional
profes'sor|e, -'essa *nmf Sch* teacher; *Univ* lecturer; (*titolare di cattedra*) professor
pro'fe|ta *nm* prophet. **~tico** *a* prophetic. **~tiz'zare** *vt* prophesy. **~'zia** *nf* prophecy
pro'ficuo *a* profitable
profi'lar|e *vt* outline; (*ornare*) border; *Aeron* streamline. **~si** *vr* stand out
profi'lattico *a* prophylactic ● *nm* condom
pro'filo *nm* profile; (*breve studio*) outline; **di ~** in profile
profit'tare *vi* **~ di** (*avvantaggiarsi*) profit by; (*approfittare*) take advantage of. **pro'fitto** *nm* profit; (*vantaggio*) advantage
profond|a'mente *adv* deeply, profoundly. **~ità** *nf inv* depth
pro'fondo *a* deep; *fig* profound; ‹*cultura*› great
'profugo, -a *nmf* refugee
profu'mar|e *vt* perfume. **~si** *vr* put on perfume
profumata'mente *adv* **pagare ~** pay through the nose
profu'mato *a* ‹*fiore*› fragrant; ‹*fazzoletto ecc*› scented
profume'ria *nf* perfumery. **pro'fumo** *nm* perfume, scent
profusi'one *nf* profusion; **a ~** in profusion. **pro'fuso** *pp di* **profondere** ● *a* profuse
proget|'tare *vt* plan. **~'tista** *nmf* designer. **pro'getto** *nm* plan; (*di lavoro importante*) project. **progetto di legge** bill
prog'nosi *nf inv* prognosis; **in ~ riservata** on the danger list
pro'gramma *nm* programme; *Comput* program. **~ scolastico** syllabus
program'ma|re *vt* programme; *Comput* program. **~'tore, ~'trice** *nmf* [computer] programmer. **~zi'one** *nf* programming
progre'dire *vi* [make] progress
progres|'sione *nf* progression. **~'sivo** *a* progressive. **pro'gresso** *nm* progress
proi'bi|re *vt* forbid. **~'tivo** *a* prohibitive. **~to** *a* forbidden. **~zi'one** *nf* prohibition
proie|t'tare *vt* project; show ‹*film*›. **~t'tore** *nm* projector; *Auto* headlight
proi'ettile *nm* bullet
proiezi'one *nf* projection
'prole *nf* offspring. **proletari'ato** *nm* proletariat. **prole'tario** *a & nm* proletarian
prolife'rare *vi* proliferate. **pro'lifico** *a* prolific
pro'lisso *a* verbose, prolix
'prologo *nm* prologue
pro'lunga *nf Electr* extension
prolun'gar|e *vt* prolong; (*allungare*) lengthen; extend ‹*contratto, scadenza*›. **~si** *vr* continue; **~si su** (*dilungarsi*) dwell upon
prome'moria *nm* memo; (*per se stessi*) reminder, note; (*formale*) memorandum
pro'me|ssa *nf* promise. **~sso** *pp di* **promettere. ~ttere** *vt/i* promise
promet'tente *a* promising
promi'nente *a* prominent
promiscuità *nf* promiscuity. **pro'miscuo** *a* promiscuous
promon'torio *nm* promontory
pro'mo|sso *pp di* **promuovere** ● *a Sch* who has gone up a year; *Univ* who has passed an exam. **~'tore, ~'trice** *nmf* promoter
promozio'nale *a* promotional. **promozi'one** *nf* promotion
promul'gare *vt* promulgate
promu'overe *vt* promote; *Sch* move up a class
proni'pote *nm* (*di bisnonno*) great-grandson; (*di prozio*) great-nephew ● *nf* (*di bisnonno*) great-granddaughter; (*di prozio*) great-niece
pro'nome *nm* pronoun
pronosti'care *vt* forecast, predict. **pro'nostico** *nm* forecast
pron'tezza *nf* readiness; (*rapidità*) quickness
'pronto *a* ready; (*rapido*) quick; **~!** *Teleph* hallo!; **tenersi ~** be ready (**per** for); **pronti, via!** (*in gare*) ready! steady! go!. **~ soccorso** first aid; (*in ospedale*) accident and emergency
prontu'ario *nm* handbook
pro'nuncia *nf* pronunciation
pronunci'a|re *vt* pronounce; (*dire*) utter; deliver ‹*discorso*›. **~rsi** *vr* (*su un*

argomento) give one's opinion. **~to** *a* pronounced; (*prominente*) prominent
pro'nunzia ecc = **pronuncia** ecc
propa'ganda *nf* propaganda
propa'ga|re *vt* propagate. **~rsi** *vr* spread. **~zi'one** *nf* propagation
prope'deutico *a* introductory
pro'pen|dere *vi* **~dere per** be in favour of. **~si'one** *nf* inclination, propensity. **~so** *pp di* **propendere** ● *a* **essere ~so a fare qcsa** be inclined to do sth
propi'nare *vt* administer
pro'pizio *a* favourable
proponi'mento *nm* resolution
pro'por|re *vt* propose; (*suggerire*) suggest. **~si** *vr* set oneself ‹*obiettivo, meta*›; **~si di** intend to
proporzio'na|le *a* proportional. **~re** *vt* proportion. **~to** *a* proportioned. **proporzi'one** *nf* proportion
pro'posito *nm* purpose; **a ~** by the way; **a ~ di** with regard to; **di ~** (*apposta*) on purpose; **capitare a ~**, **giungere a ~** come at just the right time
proposizi'one *nf* clause; (*frase*) sentence
pro'post|a *nf* proposal. **~o** *pp di* **proporre**
proprietà *nf inv* property; (*diritto*) ownership; (*correttezza*) propriety. **~ immobiliare** property. **~ privata** private property. **proprie'taria** *nf* owner; (*di casa affittata*) landlady. **proprie'tario** *nm* owner; (*di casa affittata*) landlord
'proprio *a* one's [own]; (*caratteristico*) typical; (*appropriato*) proper ● *adv* just; (*veramente*) really; **non ~** not really, not exactly; (*affatto*) not... at all ● *pron* one's own ● *nm* one's [own]; **lavorare in ~** be one's own boss; **mettersi in ~** set up on one's own
propul|si'one *nf* propulsion. **~'sore** *nm* propeller
'proroga *nf* extension
proro'ga|bile *a* extendable. **~re** *vt* extend
pro'rompere *vi* burst out
'prosa *nf* prose. **pro'saico** *a* prosaic
pro'scio|gliere *vt* release; *Jur* acquit. **~lto** *pp di* **prosciogliere**
prosciu'gar|e *vt* dry up; (*bonificare*) reclaim. **~si** *vr* dry up
prosci'utto *nm* ham. **~ cotto** cooked ham. **~ crudo** type of dry-cured ham, Parma ham
pro'scri|tto, -a *pp di* **proscrivere** ● *nmf* exile
prosecuzi'one *nf* continuation
prosegui'mento *nm* continuation; **buon ~!** (*viaggio*) have a good journey!; (*festa*) enjoy the rest of the party!
prosegu'ire *vt* continue ● *vi* go on, continue
prospe'r|are *vi* prosper. **~ità** *nf* prosperity. **'prospero** *a* prosperous; (*favorevole*) favourable. **~oso** *a* flourishing; ‹*ragazza*› buxom
prospet'tar|e *vt* show. **~si** *vr* seem
prospet'tiva *nf* perspective; (*panorama*) view; *fig* prospect. **pro'spetto** *nm* (*vista*) view; (*facciata*) façade; (*tabella*) table
prospici'ente *a* facing
prossima'mente *adv* soon
prossimità *nf* proximity
'prossimo, -a *a* near; (*seguente*) next; (*molto vicino*) close; **l'anno ~** next year ● *nmf* neighbour
prosti'tu|ta *nf* prostitute. **~zi'one** *nf* prostitution
pro'stra|re *vt* prostrate. **~rsi** *vr* prostrate oneself. **~to** *a* prostrate
protago'nista *nmf* protagonist
pro'te|ggere *vt* protect; (*favorire*) favour
prote'ina *nf* protein
pro'tender|e *vt* stretch out. **~si** *vr* (*in avanti*) lean out. **pro'teso** *pp di* **protendere**
pro'te|sta *nf* protest; (*dichiarazione*) protestation. **~'stante** *a & nmf* Protestant. **~'stare** *vt/i* protest
prote|t'tivo *a* protective. **~tto** *pp di* **proteggere**. **~t'tore, ~t'trice** *nmf* protector; (*sostenitore*) patron ● *nm* (*di prostituta*) pimp. **~zi'one** *nf* protection
protocol'lare *a* ‹*visita*› protocol ● *vt* register
proto'collo *nm* protocol; (*registro*) register; **carta ~** official stamped paper
pro'totipo *nm* prototype
pro'tra|rre *vt* protract; (*differire*) postpone. **~rsi** *vr* go on, continue. **~tto** *pp di* **protrarre**
protube'ran|te *a* protuberant. **~za** *nf* protuberance
'prova *nf* test; (*dimostrazione*) proof; (*tentativo*) try; (*di abito*) fitting; *Sport* heat; *Theat* rehearsal; (*bozza*) proof; **fino a ~ contraria** until I'm told otherwise; **in ~** (*assumere*) for a trial period;

mettere alla ~ put to the test. **~ generale** dress rehearsal

pro'var|e *vt* test; (*dimostrare*) prove; (*tentare*) try; try on ‹*abiti ecc*›; (*sentire*) feel; *Theat* rehearse. **~si** *vr* try

proveni'enza *nf* origin. **prove'nire** *vi* **provenire da** come from

pro'vento *nm* proceeds *pl*

prove'nuto *pp di* **provenire**

pro'verbio *nm* proverb

pro'vetta *nf* test-tube; **bambino in ~** test-tube baby

pro'vetto *a* skilled

pro'vinci|a *nf* province; (*strada*) B road, secondary road. **~'ale** *a* provincial; **strada ~ale** B road, secondary road

pro'vino *nm* specimen; *Cinema* screen test

provo'ca|nte *a* provocative. **~re** *vt* provoke; (*causare*) cause. **~'tore, ~'trice** *nmf* trouble-maker. **~'torio** *a* provocative. **~zi'one** *nf* provocation

provve'd|ere *vi* **~ere a** provide for. **~i'mento** *nm* measure; (*previdenza*) precaution

provvi'denz|a *nf* providence. **~i'ale** *a* providential

provvigi'one *nf Comm* commission

provvi'sorio *a* provisional

prov'vista *nf* supply

pro'zio, -a *nm* great-uncle ● *nf* great-aunt

'prua *nf* prow

pru'den|te *a* prudent. **~za** *nf* prudence; **per ~za** as a precaution

'prudere *vi* itch

'prugn|a *nf* plum. **~a secca** prune. **~o** *nm* plum[-tree]

prurigi'noso *a* itchy. **pru'rito** *nm* itch

pseu'donimo *nm* pseudonym

psica'na|lisi *nf* psychoanalysis. **~'lista** *nmf* psychoanalyst. **~liz'zare** *vt* psychoanalyse

'psiche *nf* psyche

psichi'a|tra *nmf* psychiatrist. **~'tria** *nf* psychiatry. **~trico** *a* psychiatric

'psichico *a* mental

psico|lo'gia *nf* psychology. **~'logico** *a* psychological. **psi'cologo, -a** *nmf* psychologist

psico'patico, -a *a* psychopathic ● *nmf* psychopath

PT *abbr* (**Posta e Telecomunicazioni**) PO

pubbli'ca|re *vt* publish. **~zi'one** *nf* publication. **~zioni** *pl* (*di matrimonio*) banns

pubbli'cista *nmf Journ* correspondent

pubblicità *nf inv* publicity, advertising; (*annuncio*) advertisement, advert; **fare ~ a qcsa** advertise sth; **piccola ~** small advertisements. **pubblici'tario** *a* advertising

'pubblico *a* public; **scuola pubblica** state school ● *nm* public; (*spettatori*) audience; **grande ~** general public. **Pubblica Sicurezza** Police. **~ ufficiale** civil servant

'pube *nm* pubis

pubertà *nf* puberty

pu'dico *a* modest. **pu'dore** *nm* modesty

pue'rile *a* children's; *pej* childish

pugi'lato *nm* boxing. **'pugile** *nm* boxer

pugna'la|re *vt* stab. **~ta** *nf* stab. **pu'gnale** *nm* dagger

'pugno *nm* fist; (*colpo*) punch; (*manciata*) fistful; (*fig: numero limitato*) handful; **dare un ~ a** punch

'pulce *nf* flea; (*microfono*) bug

pul'cino *nm* chick; (*nel calcio*) junior

pu'ledra *nf* filly

pu'ledro *nm* colt

pu'li|re *vt* clean. **~re a secco** dry-clean. **~to** *a* clean. **~'tura** *nf* cleaning. **~'zia** *nf* (*il pulire*) cleaning; (*l'essere pulito*) cleanliness; **~zie** *pl* housework; **fare le ~zie** do the cleaning

'pullman *nm inv* bus, coach; (*urbano*) bus

pul'mino *nm* minibus

'pulpito *nm* pulpit

pul'sante *nm* button; *Electr* [push-]button. **~ di accensione** on/off switch

pul'sa|re *vi* pulsate. **~zi'one** *nf* pulsation

pul'viscolo *nm* dust

'puma *nm inv* puma

pun'gente *a* prickly; ‹*insetto*› stinging; ‹*odore ecc*› sharp

'punger|e *vt* prick; ‹*insetto:*› sting. **~si** *vr* **~si un dito** prick one's finger

pungigli'one *nm* sting

pu'ni|re *vt* punish. **~'tivo** *a* punitive. **~zi'one** *nf* punishment; *Sport* free kick

'punta *nf* point; (*estremità*) tip; (*di monte*) peak; (*un po'*) pinch; *Sport* forward; **doppie punte** (*di capelli*) split ends

pun'tare *vt* point; (*spingere con forza*) push; (*scommettere*) bet; (*fam: appuntare*) fasten ● *vi* **~ su** *fig* rely on; **~ verso** (*dirigersi*) head for; **~ a** aspire to

punta'spilli *nm inv* pincushion

pun'tat|a *nf* (*di una storia*) instalment;

(*televisiva*) episode; (*al gioco*) stake, bet; (*breve visita*) flying visit; **a puntate** serialized, in instalments; **fare una ~ a/in** pop over to ‹*luogo*›
punteggia'tura *nf* punctuation
pun'teggio *nm* score
puntel'lare *vt* prop. **pun'tello** *nm* prop
pun'tigli|o *nm* spite; (*ostinazione*) obstinacy. **~'oso** *a* punctilious, pernickety *pej*
pun'tin|a *nf* (*da disegno*) drawing pin, thumb tack *Am*; (*di giradischi*) stylus. **~o** *nm* dot; **a ~o** perfectly; ‹*cotto*› to a T
'punto *nm* point; (*in cucito, Med*) stitch; (*in punteggiatura*) full stop; **in che ~?** where, exactly?; **di ~ in bianco** all of a sudden; **due punti** colon; **in ~** sharp; **mettere a ~** put right; *fig* fine tune; tune up ‹*motore*›; **essere sul ~ di fare qcsa** be about to do sth, be on the point of doing sth. **punti** *pl* **cardinali** points of the compass. **~ debole** blind spot. **~ esclamativo** exclamation mark. **~ interrogativo** question mark. **~ nero** *Med* blackhead. **~ di riferimento** landmark; (*per la qualità*) benchmark. **~ di vendita** point of sale. **~ e virgola** semicolon. **~ di vista** point of view
puntu'al|e *a* punctual. **~ità** *nf* punctuality. **~'mente** *adv* punctually, on time
pun'tura *nf* (*di insetto*) sting; (*di ago ecc*) prick; *Med* puncture; (*iniezione*) injection; (*fitta*) stabbing pain
punzecchi'are *vt* prick; *fig* tease
'pupa *nf* doll. **pu'pazzo** *nm* puppet. **pupazzo di neve** snowman
pup'illa *nf Anat* pupil
pu'pillo, -a *nmf* (*di professore*) favourite
purché *conj* provided
'pure *adv* too, also; (*concessivo*) **fate ~!** please do! ● *conj* (*tuttavia*) yet; (*anche se*) even if; **pur di** just to
purè *nm inv* purée. **~ di patate** mashed potatoes, creamed potatoes
pu'rezza *nf* purity
'purga *nf* purge. **pur'gante** *nm* laxative. **pur'gare** *vt* purge
purga'torio *nm* purgatory
purifi'care *vt* purify
puri'tano, -a *a & nmf* Puritan
'puro *a* pure; ‹*vino ecc*› undiluted; **per ~ caso** by sheer chance, purely by chance
puro'sangue *a & nm* thoroughbred
pur'troppo *adv* unfortunately
pus *nm* pus. **'pustola** *nf* pimple
puti'ferio *nm* uproar
putre'far|e *vi*, **~si** *vr* putrefy
'putrido *a* putrid
put'tana *nf vulg* whore
'puzza *nf* = **puzzo**
puz'zare *vi* stink; **~ di bruciato** *fig* smell fishy
'puzzo *nm* stink, bad smell. **~la** *nf* polecat. **~'lente** *a* stinking
p.zza *abbr* (**piazza**) Sq.

Qq

qua *adv* here; **da un anno in ~** for the last year; **da quando in ~?** since when?; **di ~** this way; **di ~ di** on this side of; **~ dentro** in here; **~ sotto** under here; **~ vicino** near here; **~ e là** here and there
qua'derno *nm* exercise book; (*per appunti*) notebook
quadrango'lare *a* ‹*forma*› quadrangular. **qua'drangolo** *nm* quadrangle
qua'drante *nm* quadrant; (*di orologio*) dial
qua'dra|re *vt* square; (*contabilità*) balance ● *vi* fit in. **~to** *a* square; (*equilibrato*) levelheaded ● *nm* square; (*pugilato*) ring; **al ~to** squared
quadret'tato *a* squared; ‹*carta*› graph *attrib.* **qua'dretto** *nm* square; (*piccolo quadro*) small picture; **a quadretti** ‹*tessuto*› check
quadricro'mia *nf* four-colour printing
quadrien'nale *a* (*che dura quattro anni*) four-year
quadri'foglio *nm* four-leaf clover
quadri'latero *nm* quadrilateral
quadri'mestre *nm* (*periodo*) four-month period

'**quadro** *nm* picture, painting; (*quadrato*) square; (*fig: scena*) sight; (*tabella*) table; *Theat* scene; *Comm* executive **quadri** *pl* (*carte*) diamonds; **a quadri** ‹*tessuto, giacca, motivo*› check. **quadri** *pl* **direttivi** senior management
qua'drupede *nm* quadruped
quaggiù *adv* down here
'**quaglia** *nf* quail
'**qualche** *a* (*alcuni*) a few, some; (*un certo*) some; (*in interrogazioni*) any; **ho ~ problema** I have a few problems, I have some problems; **~ tempo fa** some time ago; **hai ~ libro italiano?** have you any Italian books?; **posso prendere ~ libro?** can I take some books?; **in ~ modo** somehow; **in ~ posto** somewhere; **~ volta** sometimes; **~ cosa** = **qualcosa**
qual'cos|a *pron* something; (*in interrogazioni*) anything; **~'altro** something else; **vuoi ~'altro?** would you like anything else?; **~a di strano** something strange; **vuoi ~a da mangiare?** would you like something to eat?
qual'cuno *pron* someone, somebody; (*in interrogazioni*) anyone, anybody; (*alcuni*) some; (*in interrogazioni*) any; **c'è ~?** is anybody in?; **qualcun altro** someone else, somebody else; **c'è qualcun altro che aspetta?** is anybody else waiting?; **ho letto ~ dei suoi libri** I've read some of his books; **conosci ~ dei suoi amici?** do you know any of his friends?
'**quale** *a* which; (*indeterminato*) what; (*come*) as, like; **~ macchina è la tua?** which car is yours?; **~ motivo avrà di parlare così?** what reason would he have to speak like that?; **~ onore!** what an honour!; **città quali Venezia** towns like Venice; **~ che sia la tua opinione** whatever you may think ● *pron inter* which [one]; **~ preferisci?** which [one] do you prefer? ● *pron rel* **il/la ~** (*persona*) who; (*animale, cosa*) that, which; (*oggetto: con prep*) whom; (*animale, cosa*) which; **ho incontrato tua madre, la ~ mi ha detto...** I met your mother, who told me...; **l'ufficio nel ~ lavoro** the office in which I work; **l'uomo con il ~ parlavo** the man to whom I was speaking ● *adv* (*come*) as
qua'lifica *nf* qualification; (*titolo*) title
qualifi'ca|re *vt* qualify; (*definire*) define. **~rsi** *vr* be placed. **~'tivo** *a* qualifying. **~to** *a* ‹*operaio*› semiskilled. **~zi'one** *nf* qualification
qualità *nf inv* quality; (*specie*) kind; **in ~ di** in one's capacity as. **~tiva'mente** *adv* qualitatively. **~'tivo** *a* qualitative
qua'lora *conj* in case
qual'siasi, qua'lunque *a* any; (*non importa quale*) whatever; (*ordinario*) ordinary; **dammi una penna ~** give me any pen [whatsoever]; **farei ~ cosa** I would do anything; **~ cosa io faccia** whatever I do; **~ persona** anyone; **in ~ caso** in any case; **uno ~** any one, whichever; **l'uomo qualunque** the man in the street; **vivo in una casa ~** I live in an ordinary house
qualunqu'ismo *nm* lack of political views
'**quando** *conj & adv* when; **da ~ ti ho visto** since I saw you; **da ~ esci con lui?** how long have you been going out with him?; **da ~ in qua?** since when?; **~... ~...** sometimes..., sometimes...
quantifi'care *vt* quantify
quantità *nf inv* quantity; **una ~ di** (*gran numero*) a great deal of. **~tiva'mente** *adv* quantitatively. **~'tivo** *nm* amount ● *a* quantitative
'**quanto** *a inter* how much; (*con nomi plurali*) how many; (*in esclamazione*) what a lot of; ‹*tempo*› how long; **quanti anni hai?** how old are you? ● *a rel* as much... as; ‹*tempo*› as long as; (*con nomi plurali*) as many... as; **prendi ~ denaro ti serve** take as much money as you need; **prendi quanti libri vuoi** take as many books as you like ● *pron inter* how much; (*quanto tempo*) how long; (*plurale*) how many; **quanti ne abbiamo oggi?** what date is it today? ● *pron rel* as much as; (*quanto tempo*) as long as; (*plurale*) as many as; **prendine ~/quanti ne vuoi** take as much/as many as you like; **stai ~ vuoi** stay as long as you like; **questo è ~** that's it ● *adv inter* how much; (*quanto tempo*) how long; **~ sei alto?** how tall are you?; **~ hai aspettato?** how long did you wait for?; **~ costa?** how much is it?; **~ mi dispiace!** I'm so sorry!; **~ è bello!** how nice! ● *adv rel* as much as; **lavoro ~ posso** I work as much as I can; **è tanto intelligente ~ bello** he's as intelligent as he's good-looking; **in ~** (*in qualità di*) as; (*poiché*) since; **in ~ a me** as far as I'm concerned; **per ~** however; **per ~ ne sappia** as far as I know; **per ~ mi riguarda** as far as I'm concerned; **per ~ mi sia simpatico** much as I like

him; **~ a** as for; **~ prima** (*al più presto*) as soon as possible
quan'tunque *conj* although
qua'ranta *a & nm* forty
quaran'tena *nf* quarantine
quaran'tenn|e *a* forty-year-old. **~io** *nm* period of forty years
quaran't|esimo *a* fortieth. **~ina** *nf* **una ~ina** about forty
qua'resima *nf* Lent
quar'tetto *nm* quartet
quarti'ere *nm* district; *Mil* quarters *pl*. **~ generale** headquarters
quarto *a* fourth ● *nm* fourth; (*quarta parte*) quarter; **le sette e un ~** a quarter past seven. **quarti** *pl* **di finale** quarterfinals. **~ d'ora** quarter of an hour. **quar'tultimo, -a** *nmf* fourth from the end, fourth last
'quarzo *nm* quartz
'quasi *adv* almost, nearly; **~ mai** hardly ever ● *conj* (*come se*) as if; **~ ~ sto a casa** I'm tempted to stay home
quassù *adv* up here
'quatto *a* crouching; (*silenzioso*) silent; **starsene ~ ~** keep very quiet
quat'tordici *a & nm* fourteen
quat'trini *nmpl* money *sg*, dosh *sg fam*
'quattro *a & nm* four; **dirne ~ a qcno** give sb a piece of one's mind; **farsi in ~ (per qcno/per fare qcsa)** go to a lot of trouble (for sb/to do sth); **in ~ e quattr'otto** in a flash. **~ per ~** *nm inv Auto* four-wheel drive [vehicle]
quat'trocchi: a ~ *adv* in private
quattro|'cento *a & nm* four hundred; **il ~cento** the fifteenth century
quattro'mila *a & nm* four thousand
'quell|o *a* that (*pl* those); **quell'albero** that tree; **quegli alberi** those trees; **quel cane** that dog; **quei cani** those dogs ● *pron* that [one] (*pl* those [ones]); **~o lì** that one over there; **~o che** the one that; (*ciò che*) what; **quelli che** the ones that, those that; **~o a destra** the one on the right
'quercia *nf* oak
que'rela *nf* [legal] action
quere'lare *vt* bring an action against
que'sito *nm* question
questio'nario *nm* questionnaire
quest'ione *nf* question; (*faccenda*) matter; (*litigio*) quarrel; **in ~** in doubt; **è fuori ~** it's out of the question; **è ~ di vita o di morte** it's a matter of life and death
'quest|o *a* this (*pl* these) ● *pron* this [one] (*pl* these [ones]); **~o qui, ~o qua** this one here; **~o è quello che a detto** that's what he said; **per ~o** for this *or* that reason. **quest'oggi** today
que'store *nm* chief of police
que'stura *nf* police headquarters
qui *adv* here; **da ~ in poi** from now on; **fin ~** (*di tempo*) up till now, until now; **~ dentro** in here; **~ sotto** under here; **~ vicino** *adv* near here ● *nm* **~ pro quo** misunderstanding
quie'scienza *nf* **trattamento di ~** retirement package
quie'tanza *nf* receipt
quie'tar|e *vt* calm. **~si** *vr* quieten down
qui'et|e *nf* quiet; **disturbo della ~e pubblica** breach of the peace. **~o** *a* quiet
'quindi *adv* then ● *conj* therefore
'quindi|ci *a & nm* fifteen. **~'cina** *nf* **una ~cina** about fifteen; **una ~cina di giorni** a fortnight *Br*, two weeks
quinquen'nale *a* (*che dura cinque anni*) five-year. **quin'quennio** *nm* [period of] five years
quin'tale *nm* a hundred kilograms
'quinte *nfpl Theat* wings
quin'tetto *nm* quintet
'quinto *a* fifth
quin'tuplo *a* quintuple
qui'squiglia *nf* **perdersi in quisquiglie** get bogged down in details
'quota *nf* quota; (*rata*) instalment; (*altitudine*) height; *Aeron* altitude, height; (*ippica*) odds *pl*; **perdere ~** lose altitude; **prendere ~** gain altitude. **~ di iscrizione** entry fee
quo'ta|re *vt Comm* quote. **~to** *a* quoted; **essere ~to in Borsa** be quoted on the Stock Exchange. **~zi'one** *nf* quotation
quotidi|ana'mente *adv* daily. **~'ano** *a* daily; (*ordinario*) everyday ● *nm* daily [paper]
quozi'ente *nm* quotient. **~ d'intelligenza** intelligence quotient, IQ

Rr

ra'barbaro *nm* rhubarb
'rabbia *nf* rage; (*ira*) anger; *Med* rabies *sg*; **che ~!** what a nuisance!; **mi fa ~** it makes me angry
rab'bino *nm* rabbi
rabbiosa'mente *adv* furiously. **rabbi'oso** *a* hot-tempered; *Med* rabid; (*violento*) violent
rabbo'nir|e *vt* pacify. **~si** *vr* calm down
rabbrivi'dire *vi* shudder; (*di freddo*) shiver
rabbui'arsi *vr* become dark
raccapez'zar|e *vt* put together. **~si** *vr* see one's way ahead
raccapricci'ante *a* horrifying
raccatta'palle *nm inv* ball boy ● *nf inv* ball girl
raccat'tare *vt* pick up
rac'chetta *nf* racket. **~ da ping pong** table-tennis bat. **~ da sci** ski stick, ski pole. **~ da tennis** tennis racket
'racchio *a fam* ugly
racchi'udere *vt* contain
rac'cogli|ere *vt* pick; (*da terra*) pick up; (*mietere*) harvest; (*collezionare*) collect; (*radunare*) gather; win ‹*voti ecc*›; (*dare asilo a*) take in. **~ersi** *vr* gather; (*concentrarsi*) collect one's thoughts. **~'mento** *nm* concentration. **~'tore, ~'trice** *nmf* collector ● *nm* (*cartella*) ring-binder
rac'colto, -a *pp di* **raccogliere** ● *a* (*rannicchiato*) hunched; (*intimo*) cosy; (*concentrato*) engrossed ● *nm* (*mietitura*) harvest ● *nf* collection; (*di scritti*) compilation; (*del grano ecc*) harvesting; (*adunata*) gathering
raccoman'dabile *a* recommendable; **poco ~** ‹*persona*› shady
raccoman'da|re *vt* recommend; (*affidare*) entrust. **~rsi** *vr* (*implorare*) beg. **~ta** *nf* registered letter; **~ta con ricevuta di ritorno** recorded delivery. **~-espresso** *nf guaranteed next-day delivery of recorded items.* **~zi'one** *nf* recommendation
raccon'tare *vt* tell. **rac'conto** *nm* story
raccorci'are *vt* shorten
raccor'dare *vt* join. **rac'cordo** *nm* connection; (*stradale*) feeder. **raccordo anulare** ring road. **raccordo ferroviario** siding
ra'chitico *a* rickety; (*poco sviluppato*) stunted
racimo'lare *vt* scrape together
racket *nm inv* racket
'radar *nm* radar
raddol'cir|e *vt* sweeten; *fig* soften. **~si** *vr* become milder; ‹*carattere:*› mellow
raddoppi'are *vt* double. **rad'doppio** *nm* doubling
raddriz'zare *vt* straighten
'rader|e *vt* shave; graze ‹*muro*›; **~e al suolo** raze [to the ground]. **~si** *vr* shave
radi'are *vt* strike off; **~ dall'albo** strike off
radia|'tore *nm* radiator. **~zi'one** *nf* radiation
'radica *nf* briar
radi'cale *a* radical ● *nm Gram* root; *Pol* radical
ra'dicchio *nm* chicory
ra'dice *nf* root; **mettere [le] radici** *fig* put down roots. **~ quadrata** square root
'radio *nf inv* radio; **via ~** by radio. **~ a transistor** transistor radio ● *nm Chem* radium.
radioama'tore, -'trice *nmf* [radio] ham
radioascolta'tore, -'trice *nmf* listener
radioat|tività *nf* radioactivity. **~'tivo** *a* radioactive
radio'cro|naca *nf* radio commentary; **fare la ~naca di** commentate on. **~'nista** *nmf* radio reporter
radiodiffusi'one *nf* broadcasting
radiogra|'fare *vt* X-ray. **~'fia** *nf* X-ray [photograph]; (*radiologia*) radiography; **fare una ~fia** ‹*paziente:*› have an X-ray; ‹*dottore:*› take an X-ray
radio'fonico *a* radio *attrib*
radio'lina *nf* transistor
radi'ologo, -a *nmf* radiologist
radi'oso *a* radiant

radio'sveglia *nf* radio alarm
radio'taxi *nm inv* radio taxi
radiote'lefono *nm* radio-telephone; (*privato*) cordless [phone]
radiotelevi'sivo *a* broadcasting *attrib*
'rado *a* sparse; (*non frequente*) rare; **di ~** seldom
radu'nar|e *vt*, **~si** *vr* gather [together]. **ra'duno** *nm* meeting; *Sport* rally
ra'dura *nf* clearing
'rafano *nm* horseradish
raffazzo'nato *a* ‹*discorso, lavoro*› botched
raf'fermo *a* stale
'raffica *nf* gust; (*di armi da fuoco*) burst; (*di domande*) barrage
raffigu'ra|re *vt* represent. **~zi'one** *nf* representation
raffi'na|re *vt* refine. **~ta'mente** *adv* elegantly. **~'tezza** *nf* refinement. **~to** *a* refined. **raffine'ria** *nf* refinery
rafforza|'mento *nm* reinforcement; (*di muscolatura*) strengthening. **~re** *vt* reinforce. **~'tivo** *nm Gram* intensifier
raffredda'mento *nm* (*processo*) cooling
raffred'd|are *vt* cool. **~arsi** *vr* get cold; (*prendere un raffreddore*) catch a cold. **~ore** *nm* cold. **~ore da fieno** hay fever
raf'fronto *nm* comparison
'rafia *nf* raffia
Rag. *abbr* **ragioniere**
ra'gaz|za *nf* girl; (*fidanzata*) girlfriend. **~za alla pari** au pair [girl]. **~'zata** *nf* prank. **~zo** *nm* boy; (*fidanzato*) boyfriend; **da ~zo** (*da giovane*) as a boy
ragge'lar|e *vt fig* freeze. **~si** *vr fig* turn to ice
raggi'ante *a* radiant; **~ di successo** flushed with success
raggi'era *nf* **a ~** with a pattern like spokes radiating from a centre
'raggio *nm* ray; *Math* radius; (*di ruota*) spoke; **~ d'azione** range. **~ laser** laser beam
raggi'rare *vt* trick. **rag'giro** *nm* trick
raggi'un|gere *vt* reach; (*conseguire*) achieve. **~'gibile** *a* ‹*luogo*› within reach
raggomito'lar|e *vt* wind. **~si** *vr* curl up
raggranel'lare *vt* scrape together
raggrin'zir|e *vt*, **~si** *vr* wrinkle
raggrup|pa'mento *nm* (*gruppo*) group; (*azione*) grouping. **~'pare** *vt* group together
ragguagli'are *vt* compare; (*informare*) inform. **raggu'aglio** *nm* comparison; (*informazione*) information
ragguar'devole *a* considerable
'ragia *nf* resin; **acqua** *nf* **~** turpentine
ragiona'mento *nm* reasoning; (*discussione*) discussion. **ragio'nare** *vi* reason; (*discutere*) discuss
ragi'one *nf* reason; (*ciò che è giusto*) right; **a ~ o a torto** rightly or wrongly; **aver ~** be right; **perdere la ~** go out of one's mind; **a ragion veduta** after due consideration
ragione'ria *nf* accountancy
ragio'nevol|e *a* reasonable. **~'mente** *adv* reasonably
ragioni'ere, -a *nmf* accountant
ragli'are *vi* bray
ragna'tela *nf* cobweb. **'ragno** *nm* spider
ragù *nm inv* meat sauce
RAI *nf abbr* (**Radio Audizioni Italiane**) *Italian public broadcasting company*
ralle'gra|re *vt* gladden. **~rsi** *vr* rejoice; **~rsi con qcno** congratulate sb. **~'menti** *nmpl* congratulations
rallenta'mento *nm* slowing down
rallen'ta|re *vt/i* slow down; (*allentare*) slacken. **~rsi** *vr* slow down. **~'tore** *nm* (*su strada*) speed bump; **al ~tore** in slow motion
raman'zina *nf* reprimand
ra'marro *nm type of lizard*
ra'mato *a* ‹*capelli*› copper[-coloured]
'rame *nm* copper
ramifi'ca|re *vi*, **~rsi** *vr* branch out; ‹*strada:*› branch. **~zi'one** *nf* ramification
rammari'carsi *vr* **~ di** regret; (*lamentarsi*) complain (**di** about). **ram'marico** *nm* regret
rammen'dare *vt* darn. **ram'mendo** *nm* darning
rammen'tar|e *vt* remember; **~e qcsa a qcno** (*richiamare alla memoria*) remind sb of sth. **~si** *vr* remember
rammol'li|re *vt* soften. **~rsi** *vr* go soft. **~to, -a** *nmf* wimp
'ramo *nm* branch. **~'scello** *nm* twig
'rampa *nf* (*di scale*) flight. **~ d'accesso** slip road. **~ di lancio** launch[ing] pad
ram'pante *a* **giovane ~** yuppie
rampi'cante *a* climbing ● *nm Bot* creeper

ram'pollo *nm hum* brat; (*discendente*) descendant
ram'pone *nm* harpoon; (*per scarpe*) crampon
'rana *nf* frog; (*nel nuoto*) breaststroke; **uomo ~** frogman
'rancido *a* rancid
ran'core *nm* resentment
ran'dagio *a* stray
'rango *nm* rank
rannicchi'arsi *vr* huddle up
rannuvola'mento *nm* clouding over. **rannuvo'larsi** *vr* cloud over
ra'nocchio *nm* frog
ranto'lare *vi* wheeze. **'rantolo** *nm* wheeze; (*di moribondo*) death-rattle
'rapa *nf* turnip
ra'pace *a* rapacious; ‹*uccello*› predatory
ra'pare *vt* crop
'rapida *nf* rapids *pl*. **~'mente** *adv* rapidly
rapidità *nf* speed
'rapido *a* swift ● *nm* (*treno*) express [train]
rapi'mento *nm* (*crimine*) kidnapping
ra'pina *nf* robbery; **~ a mano armata** armed robbery. **~ in banca** bank robbery. **rapi'nare** *vt* rob. **~'tore** *nm* robber
ra'pi|re *vt* abduct; (*a scopo di riscatto*) kidnap; (*estasiare*) ravish. **~'tore, ~'trice** *nmf* kidnapper
rappacifi'ca|re *vt* pacify. **~rsi** *vr* be reconciled, make it up. **~zi'one** *nf* reconciliation
rappor'tare *vt* reproduce ‹*disegno*›; (*confrontare*) compare
rap'porto *nm* report; (*connessione*) relation; (*legame*) relationship; *Math, Techn* ratio; **rapporti** *pl* relationship; **essere in buoni rapporti** be on good terms. **~ di amicizia** friendship. **~ di lavoro** working relationship. **rapporti** *pl* **sessuali** sexual intercourse
rap'prendersi *vr* set; ‹*latte:*› curdle
rappre'saglia *nf* reprisal
rappresen'tan|te *nmf* representative. **~te di classe** class representative. **~te di commercio** sales representative, [sales] rep *fam*. **~za** *nf* delegation; *Comm* agency; **spese** *nfpl* **di ~za** entertainment expenses; **di ~za** ‹*appartamento ecc*› company
rappresen'ta|re *vt* represent; *Theat* perform. **~'tivo** *a* representative. **~zi'one** *nf* representation; (*spettacolo*) performance
rap'preso *pp di* **rapprendersi**
rapso'dia *nf* rhapsody
'raptus *nm inv* fit of madness
rara'mente *adv* rarely, seldom
rare'fa|re *vt*, **~rsi** *vr* rarefy. **~tto** *a* rarefied
rarità *nf inv* rarity. **'raro** *a* rare
ra'sar|e *vt* shave; trim ‹*siepe ecc*›. **~si** *vr* shave
raschia'mento *nm Med* curettage
raschi'are *vt* scrape; (*togliere*) scrape off
rasen'tare *vt* go close to. **ra'sente** *prep* very close to
'raso *pp di* **radere** ● *a* smooth; (*colmo*) full to the brim; ‹*barba*› close-cropped; **~ terra** close to the ground; **un cucchiaio ~** a level spoonful ● *nm* satin
ra'soio *nm* razor
ras'segna *nf* review; (*mostra*) exhibition; (*musicale, cinematografica*) festival; **passare in ~** review; *Mil* inspect
rasse'gna|re *vt* present. **~rsi** *vr* resign oneself. **~to** *a* ‹*persona, aria, tono*› resigned. **~zi'one** *nf* resignation
rassere'nar|e *vt* clear; *fig* cheer up. **~si** *vr* become clear; *fig* cheer up
rasset'tare *vt* tidy up; (*riparare*) mend
rassicu'ra|nte *a* ‹*persona, parole, presenza*› reassuring. **~re** *vt* reassure. **~zi'one** *nf* reassurance
rasso'dare *vt* harden; *fig* strengthen
rassomigli'a|nza *nf* resemblance. **~re** *vi* **~re a** resemble
rastrella'mento *nm* (*di fieno*) raking; (*perlustrazione*) combing. **rastrel'lare** *vt* rake; (*perlustrare*) comb
rastrelli'era *nf* rack; (*per biciclette*) bicycle rack; (*scolapiatti*) [plate] rack. **ra'strello** *nm* rake
'rata *nf* instalment; **pagare a rate** pay by instalments; **comprare qcsa a rate** buy sth on hire purchase, buy sth on the installment plan *Am*. **rate'ale** *a* by instalments; **pagamento rateale** payment by instalments
rate'are, rateiz'zare *vt* divide into instalments
ra'tifica *nf Jur* ratification
ratifi'care *vt Jur* ratify
'ratto *nm* abduction; (*roditore*) rat
rattop'pare *vt* patch. **rat'toppo** *nm* patch
rattrap'pir|e *vt* make stiff. **~si** *vr* become stiff

rattri'star|e *vt* sadden. **~si** *vr* become sad
rau'cedine *nf* hoarseness. **'rauco** *a* hoarse
rava'nello *nm* radish
ravi'oli *nmpl* ravioli *sg*
ravve'dersi *vr* mend one's ways
ravvicina'mento *nm* (*tra persone*) reconciliation; *Pol* rapprochement
ravvici'nar|e *vt* bring closer; (*riconciliare*) reconcile. **~si** *vr* be reconciled
ravvi'sare *vt* recognize
ravvi'var|e *vt* revive; *fig* brighten up. **~si** *vr* revive
'rayon *nm* rayon
razio'cinio *nm* rational thought; (*buon senso*) common sense
razio'nal|e *a* rational. **~ità** *nf* (*raziocinio*) rationality; (*di ambiente*) functional nature. **~iz'zare** *vt* rationalize ‹*programmi, metodi, spazio*›. **~'mente** *adv* (*con raziocinio*) rationally
razio'nare *vt* ration. **razi'one** *nf* ration
'razza *nf* race; (*di cani ecc*) breed; (*genere*) kind; **che ~ di idiota!** *fam* what an idiot!
raz'zia *nf* raid
razzi'ale *a* racial
raz'zis|mo *nm* racism. **~ta** *a & nmf* racist
'razzo *nm* rocket. **~ da segnalazione** flare
razzo'lare *vi* ‹*polli:*› scratch about
re *nm inv* king; *Mus* (*chiave, nota*) D
rea'gire *vi* react
re'ale *a* real; (*di re*) royal
rea'lis|mo *nm* realism. **~ta** *nmf* realist; (*fautore del re*) royalist
realistica'mente *adv* realistically. **rea'listico** *a realistic*
realiz'zabile *a* ‹*programma*› feasible
realiz'za|re *vt* (*attuare*) carry out, realize; *Comm* make; score ‹*gol, canestro*›; (*rendersi conto di*) realize. **~rsi** *vr* come true; (*nel lavoro ecc*) fulfil oneself. **~zi'one** *nf* realization; (*di sogno, persona*) fulfilment. **~zione scenica** production
rea'lizzo *nm* (*vendita*) proceeds *pl*; (*riscossione*) yield
real'mente *adv* really
realtà *nf inv* reality. **~ virtuale** virtual reality
re'ato *nm* crime, criminal offence
reat'tivo *a* reactive
reat'tore *nm* reactor; *Aeron* jet [aircraft]
reazio'nario, -a *a & nmf* reactionary
reazi'one *nf* reaction. **~ a catena** chain reaction
'rebus *nm inv* rebus; (*enigma*) puzzle
recapi'tare *vt* deliver. **re'capito** *nm* address; (*consegna*) delivery. **recapito a domicilio** home delivery. **recapito telefonico** contact telephone number
re'car|e *vt* bear; (*produrre*) cause. **~si** *vr* go
re'cedere *vi* recede; *fig* give up
recensi'one *nf* review
recen's|ire *vt* review. **~ore** *nm* reviewer
re'cente *a* recent; **di ~** recently. **~'mente** *adv* recently
recessi'one *nf* recession
reces'sivo *a Biol* recessive. **re'cesso** *nm* recess
re'cidere *vt* cut off
reci'divo, -a *a Med* recurrent ● *nmf* repeat offender
recin|'tare *vt* close off. **re'cinto** *nm* enclosure; (*per animali*) pen; (*per bambini*) play-pen. **~zi'one** *nf* (*muro*) wall; (*rete*) wire fence; (*cancellata*) railings *pl*
recipi'ente *nm* container
re'ciproco *a* reciprocal
re'ciso *pp di* **recidere**
'recita *nf* performance. **reci'tare** *vt* recite; *Theat* act; play ‹*ruolo*›. **~zi'one** *nf* recitation; *Theat* acting
recla'mare *vi* protest ● *vt* claim
ré'clame *nf inv* advertising; (*avviso pubblicitario*) advertisement
re'clamo *nm* complaint; **ufficio reclami** complaints department
recli'na|bile *a* reclining; **sedile ~bile** reclining seat. **~re** *vt* tilt ‹*sedile*›; lean ‹*capo*›
reclusi'one *nf* imprisonment. **re'cluso, -a** *a* secluded ● *nmf* prisoner
'recluta *nf* recruit
reclu|ta'mento *nm* recruitment. **~'tare** *vt* recruit
'record *nm inv* record ● *a inv* ‹*cifra*› record *attrib*
recrimi'na|re *vi* recriminate. **~zi'one** *nf* recrimination
recupe'rare *vt* recover. **re'cupero** *nm* recovery; **corso di recupero** additional classes; **minuti di recupero** *Sport* injury time
redargu'ire *vt* rebuke
re'datto *pp di* **redigere**

redat'tore, -'trice *nmf* editor; (*di testo*) writer. **redazi'one** *nf* (*ufficio*) editorial office; (*di testi*) editing
reddi'tizio *a* profitable
'reddito *nm* income. **~ imponibile** taxable income
re'den|to *pp di* **redimere**. **~'tore** *nm* redeemer. **~zi'one** *nf* redemption
re'digere *vt* write; draw up ‹*documento*›
re'dimer|e *vt* redeem. **~si** *vr* redeem oneself
'redini *nfpl* reins
'reduce *a* **~ da** back from ● *nmf* survivor
refe'rendum *nm inv* referendum
refe'renza *nf* reference
refet'torio *nm* refectory
refrat'tario *a* refractory; **essere ~ a** have no aptitude for
refrige'ra|re *vt* refrigerate. **~zi'one** *nf* refrigeration
refur'tiva *nf* stolen goods *pl*
rega'lare *vt* give
re'gale *a* regal
re'galo *nm* present, gift
re'gata *nf* regatta
reg'gen|te *nmf* regent. **~za** *nf* regency
'regger|e *vt* (*sorreggere*) bear; (*tenere in mano*) hold; (*dirigere*) run; (*governare*) govern; *Gram* take ● *vi* (*resistere*) hold out; (*durare*) last; *fig* stand. **~si** *vr* stand
'reggia *nf* royal palace
reggi'calze *nm inv* suspender belt
reggi'mento *nm* regiment; (*fig: molte persone*) army
reggi'petto, reggi'seno *nm* bra
re'gia *nf Cinema* direction; *Theat* production
re'gime *nm* regime; (*dieta*) diet; *Mech* speed. **~ militare** military regime
re'gina *nf* queen
'regio *a* royal
regio'na|le *a* regional. **~'lismo** *nm* (*parola*) regionalism
regi'one *nf* region
re'gista *nmf Cinema* director; *Theat, TV* producer
regi'stra|re *vt* register; *Comm* enter; (*incidere su nastro*) tape, record; (*su disco*) record. **~'tore** *nm* recorder; (*magnetofono*) tape-recorder. **~tore di cassa** cash register. **~zi'one** *nf* registration; *Comm* entry; (*di programma*) recording
re'gistro *nm* register; (*ufficio*) registry. **~ di cassa** ledger
re'gnare *vi* reign
'regno *nm* kingdom; (*sovranità*) reign. **R~ Unito** United Kingdom
'regola *nf* rule; **essere in ~** be in order; ‹*persona:*› have one's papers in order. **rego'labile** *a* ‹*meccanismo*› adjustable. **~'mento** *nm* regulation; *Comm* settlement. **~mento di conti** settling of scores
rego'lar|e *a* regular ● *vt* regulate; (*ridurre, moderare*) limit; (*sistemare*) settle. **~si** *vr* (*agire*) act; (*moderarsi*) control oneself. **~ità** *nf inv* regularity. **~iz'zare** *vt* settle ‹*debito*›
rego'la|ta *nf* **darsi una ~ta** pull oneself together. **~'tore, ~'trice** *a* **piano ~tore** urban development plan
'regolo *nm* ruler
regre'dire *vi Biol, Psych* regress
regres|si'one *nf* regression. **~'sivo** *a* regressive. **re'gresso** *nm* decline
reinseri'mento *nm* (*di persona*) reintegration
reinser'irsi *vr* (*in ambiente*) reintegrate
reinte'grare *vt* restore
relativa'mente *adv* relatively; **~ a** as regards. **relatività** *nf* relativity. **rela'tivo** *a* relative
rela'tore, -'trice *nmf* (*in una conferenza*) speaker
re'lax *nm* relaxation
relazi'one *nf* relation[ship]; (*rapporto amoroso*) [love] affair; (*resoconto*) report; **pubbliche relazioni** *pl* public relations
rele'gare *vt* relegate
religi'o|ne *nf* religion. **~so, -a** *a* religious ● *nm* monk ● *nf* nun
re'liqui|a *nf* relic. **~'ario** *nm* reliquary
re'litto *nm* wreck
re'ma|re *vi* row. **~'tore, ~'trice** *nmf* rower
remini'scenza *nf* reminiscence
remissi'one *nf* remission; (*sottomissione*) submissiveness. **remis'sivo** *a* submissive
'remo *nm* oar
'remora *nf* **senza remore** without hesitation
re'moto *a* remote
remune'ra|re *vt* remunerate. **~'tivo** *a* remunerative. **~zi'one** *nf* remuneration
'render|e *vt* (*restituire*) return; (*esprimere*) render; (*fruttare*) yield; (*far diventare*) make. **~si** *vr* become; **~si**

conto di qcsa realize sth; **~si utile** make oneself useful
rendi'conto *nm* report
rendi'mento *nm* rendering; (*produzione*) yield
'rendita *nf* income; (*dello Stato*) revenue; **vivere di ~** *fig* rest on one's laurels
'rene *nm* kidney. **~ artificiale** kidney machine
'reni *nfpl* (*schiena*) back
reni'tente *a* **essere ~ a** ‹*consigli di qcno*› be unwilling to accept
'renna *nf* reindeer (*pl inv*); (*pelle*) buckskin
'Reno *nm* Rhine
'reo, -a *a* guilty ● *nmf* offender
re'parto *nm* department; *Mil* unit
repel'lente *a* repulsive
repen'taglio *nm* **mettere a ~** risk
repen'tino *a* sudden
reper'ibile *a* available; **non è ~** (*perduto*) it's not to be found
repe'rire *vt* trace ‹*fondi*›
re'perto *nm* **~ archeologico** find
reper'torio *nm* repertory; (*elenco*) index; **immagini** *pl* **di ~** archive footage
'replica *nf* reply; (*obiezione*) objection; (*copia*) replica; *Theat* repeat performance. **repli'care** *vt* reply; *Theat* repeat
repor'tage *nm inv* report
repres|si'one *nf* repression. **~'sivo** *a* repressive. **re'presso** *pp di* **reprimere**. **re'primere** *vt* repress
re'pubbli|ca *nf* republic. **~'cano, -a** *a* & *nmf* republican
repu'tare *vt* consider
reputazi'one *nf* reputation
requi'si|re *vt* requisition. **~to** *nm* requirement
requisi'toria *nf* (*arringa*) closing speech
requisizi'one *nf* requisition
'resa *nf* surrender; *Comm* rendering. **~ dei conti** rendering of accounts
'residence *nm inv* residential hotel
resi'den|te *a* & *nmf* resident. **~za** *nf* residence; (*soggiorno*) stay. **~zi'ale** *a* residential; **zona ~ziale** residential district
re'siduo *a* residual ● *nm* remainder
'resina *nf* resin
resi'sten|te *a* resistant; **~te all'acqua** water-resistant. **~za** *nf* resistance; (*fisica*) stamina; *Electr* resistor; **la R~za** the Resistance
re'sistere *vi* **~** [**a**] resist; (*a colpi, scosse*) stand up to; **~ alla pioggia/al vento** be rain-/wind-resistant
'reso *pp di* **rendere**
reso'conto *nm* report
respin'gente *nm Rail* buffer
re'spin|gere *vt* repel; (*rifiutare*) reject; (*bocciare*) fail. **~to** *pp di* **respingere**
respi'ra|re *vt/i* breathe. **~'tore** *nm* respirator. **~tore [a tubo]** snorkel **~'torio** *a* respiratory. **~zi'one** *nf* breathing; *Med* respiration. **~zione bocca a bocca** mouth-to-mouth rescuscitation, kiss of life. **re'spiro** *nm* breath; (*il respirare*) breathing; *fig* respite
respon'sabil|e *a* responsible (**di** for); *Jur* liable ● *nm* person responsible; **~ della produzione** production manager. **~ità** *nf inv* responsibility; *Jur* liability. **~ità civile** *Jur* civil liability. **~iz'zare** *vt* give responsibility to ‹*dipendente*›
re'sponso *nm* response
'ressa *nf* crowd
re'stante *a* remaining ● *nm* remainder
re'stare *vi* = **rimanere**
restau'ra|re *vt* restore. **~'tore, ~'trice** *nmf* restorer. **~zi'one** *nf* restoration. **re'stauro** *nm* (*riparazione*) repair
re'stio *a* restive; **~ a** reluctant to
restitu|'ire *vt* return; (*reintegrare*) restore. **~zi'one** *nf* return; *Jur* restitution
'resto *nm* remainder; (*saldo*) balance; (*denaro*) change; **resti** *pl* (*avanzi*) remains; **del ~** besides
re'stringer|e *vt* contract; take in ‹*vestiti*›; (*limitare*) restrict; shrink ‹*stoffa*›. **~si** *vr* contract; (*farsi più vicini*) close up; ‹*stoffa:*› shrink. **restringi'mento** *nm* (*di tessuto*) shrinkage
restri|t'tivo *a* ‹*legge, clausola*› restrictive. **~zi'one** *nf* restriction
resurrezi'one *nf* resurrection
resusci'tare *vt/i* revive
re'tata *nf* round-up
'rete *nf* net; (*sistema*) network; (*televisiva*) channel; (*in calcio, hockey*) goal; *fig* trap; (*per la spesa*) string bag. **~ locale** *Comput* local [area] network, LAN. **~ stradale** road network. **~ televisiva** television channel
reti'cen|te *a* reticent. **~za** *nf* reticence
retico'lato *nm* grid; (*rete metallica*) wire netting. **re'ticolo** *nm* network

'retina *nf* retina
re'tina *nf* (*per capelli*) hair net
re'torico, -a *a* rhetorical; **domanda retorica** rhetorical question ● *nf* rhetoric
retribu|'ire *vt* remunerate. **~zi'one** *nf* remuneration
'retro *adv* behind; **vedi ~** see over ● *nm inv* back. **~ di copertina** outside back cover
retroat'tivo *a* retroactive
retro'ce|dere *vi* retreat ● *vt Mil* demote; *Sport* relegate. **~ssi'one** *nf Sport* relegation
retroda'tare *vt* backdate
re'trogrado *a* retrograde; *fig* old-fashioned; *Pol* reactionary
retrogu'ardia *nf Mil* rearguard
retro'marcia *nf* reverse [gear]
retro'scena *nm inv Theat* backstage; *fig* background details *pl*
retrospet'tivo *a* retrospective
retro'stante *a* **il palazzo ~** the building behind
retrovi'sore *nm* rear-view mirror
'retta[1] *nf Math* straight line; (*di collegio, pensionato*) fee
'retta[2] *nf* **dar ~ a qcno** take sb's advice
rettango'lare *a* rectangular. **ret'tangolo** *a* right-angled ● *nm* rectangle
ret'tifi|ca *nf* rectification. **~'care** *vt* rectify
'rettile *nm* reptile
retti'lineo *a* rectilinear; (*retto*) upright ● *nm Sport* back straight
retti'tudine *nf* rectitude
'retto *pp di* **reggere** ● *a* straight; *fig* upright; (*giusto*) correct; **angolo ~** right angle
ret'tore *nm Relig* rector; *Univ* chancellor
reu'matico *a* rheumatic
reuma'tismi *nmpl* rheumatism
reve'rendo *a* reverend
rever'sibile *a* reversible
revisio'nare *vt* revise; *Comm* audit; *Auto* overhaul. **revisi'one** *nf* revision; *Comm* audit; *Auto* overhaul. **revi'sore** *nm* (*di conti*) auditor; (*di bozze*) proofreader; (*di traduzioni*) revisor
re'vival *nm inv* revival
'revoca *nf* repeal. **revo'care** *vt* repeal
riabili'ta|re *vt* rehabilitate. **~zi'one** *nf* rehabilitation
riabitu'ar|e *vt* reaccustom. **~si** *vr* reaccustom oneself
riac'cender|e *vt* rekindle ‹*fuoco*›. **~si** *vr* ‹*luce:*› come back on
riacqui'stare *vt* buy back; regain ‹*libertà, prestigio*›; recover ‹*vista, udito*›
riagganci'are *vt* replace ‹*ricevitore*›; **~ la cornetta** hang up ● *vi* hang up
riallac'ciare *vt* refasten; reconnect ‹*corrente*›; renew ‹*amicizia*›
rial'zare *vt* raise ● *vi* rise. **ri'alzo** *nm* rise
riani'mar|e *vt Med* resuscitate; (*ridare forza a*) revive; (*ridare coraggio a*) cheer up. **~si** *vr* regain consciousness; (*riprendere forza*) revive; (*riprendere coraggio*) cheer up
riaper'tura *nf* reopening
ria'prir|e *vt*, **~si** *vr* reopen
ri'armo *nm* rearmament
rias'sumere *vt* (*ricapitolare*) resume
riassun'tivo *a* summarizing. **rias'sunto** *pp di* **riassumere** ● *nm* summary
ria'ver|e *vt* get back; regain ‹*salute, vista*›. **~si** *vr* recover
riavvicina'mento *nm* (*tra persone*) reconciliation
riavvici'nar|e *vt* reconcile ‹*paesi, persone*›. **~si** *vr* (*riconciliarsi*) be reconciled, make it up
riba'dire *vt* (*confermare*) reaffirm
ri'balta *nf* flap; *Theat* footlights *pl*; *fig* limelight
ribal'tabile *a* tip-up
ribal'tar|e *vt/i*, **~si** *vr* tip over; *Naut* capsize
ribas'sare *vt* lower ● *vi* fall. **ri'basso** *nm* fall; (*sconto*) discount
ri'battere *vt* (*a macchina*) retype; (*controbattere*) deny ● *vi* answer back
ribel'l|arsi *vr* rebel. **ri'belle** *a* rebellious ● *nmf* rebel. **~'ione** *nf* rebellion
'ribes *nm inv* (*rosso*) redcurrant; (*nero*) blackcurrant
ribol'lire *vi* (*fermentare*) ferment; *fig* seethe
ri'brezzo *nm* disgust; **far ~ a** disgust
rica'dere *vi* fall back; (*nel peccato ecc*) lapse; (*pendere*) hang [down]; **~ su** (*riversarsi*) fall on. **rica'duta** *nf* relapse
rical'care *vt* trace
ricalci'trante *a* recalcitrant
rica'ma|re *vt* embroider. **~to** *a* embroidered
ri'cambi *nmpl* spare parts
ricambi'are *vt* return; reciprocate ‹*sentimento*›; **~ qcsa a qcno** repay sb for sth. **ri'cambio** *nm* replacement; *Biol*

metabolism; **pezzo di ricambio** spare [part]

ri'camo *nm* embroidery

ricapito'la|re *vt* sum up. **~zi'one** *nf* summary, recap *fam*

ri'carica *nf* (*di sveglia*) rewinding; *Teleph* top-up card

ricari'care *vt* reload ‹*macchina fotografica, fucile, camion*›; recharge ‹*batteria*›; *Comput* reboot

ricat'ta|re *vt* blackmail. **~'tore, ~'trice** *nmf* blackmailer. **ri'catto** *nm* blackmail

rica'va|re *vt* get; (*ottenere*) obtain; (*dedurre*) draw. **~to** *nm* proceeds *pl*. **ri'cavo** *nm* proceeds *pl*

'ricca *nf* rich woman. **~'mente** *adv* lavishly

ric'chezza *nf* wealth; *fig* richness; **ricchezze** *pl* riches

'riccio *a* curly ● *nm* curl; (*animale*) hedgehog. **~ di mare** sea-urchin. **~lo** *nm* curl. **~'luto** *a* curly. **ricci'uto** *a* ‹*barba*› curly

'ricco *a* rich ● *nm* rich man

ri'cerca *nf* search; (*indagine*) investigation; (*scientifica*) research; *Sch* project

ricer'ca|re *vt* search for; (*fare ricerche su*) research. **~ta** *nf* wanted woman. **~'tezza** *nf* refinement. **~to** *a* sought-after; (*raffinato*) refined; (*affettato*) affected ● *nm* (*polizia*) wanted man

ricetrasmit'tente *nf* transceiver

ri'cetta *nf Med* prescription; *Culin* recipe

ricet'tacolo *nm* receptacle

ricet'tario *nm* (*di cucina*) recipe book

ricetta|'tore, -'trice *nmf* fence, receiver of stolen goods. **~zi'one** *nf* receiving [stolen goods]

rice'vente *a* ‹*apparecchio, stazione*› receiving ● *nmf* receiver

ri'cev|ere *vt* receive; (*dare il benvenuto*) welcome; (*di albergo*) accommodate. **~i'mento** *nm* receiving; (*accoglienza*) welcome; (*trattenimento*) reception

ricevi'tor|e *nm* receiver. **~'ia** *nf* **~ia del lotto** *agency authorized to sell lottery tickets*

rice'vuta *nf* receipt. **~ fiscale** tax receipt

ricezi'one *nf Radio, TV* reception

richia'mare *vt* (*al telefono*) call back; (*far tornare*) recall; (*rimproverare*) rebuke; (*attirare*) draw; **~ alla mente** call to mind. **richi'amo** *nm* recall; (*attrazione*) call

richi'edere *vt* ask for; (*di nuovo*) ask again for; **~ a qcno di fare qcsa** ask *o* request sb to do sth. **richi'esta** *nf* request; *Comm* demand

ri'chiuder|e *vt* shut again, close again. **~si** *vr* ‹*ferita:*› heal

rici'claggio *nm* recycling

rici'clar|e *vt* recycle ‹*carta, vetro*›; launder ‹*denaro sporco*›

'ricino *nm* **olio di ~** castor oil

ricognizi'one *nf Mil* reconnaissance

ri'colmo *a* full

ricominci'are *vt/i* start again

ricompa'rire *vi* reappear

ricom'pen|sa *nf* reward. **~'sare** *vt* reward

ricom'por|re *vt* (*riscrivere*) rewrite; (*ricostruire*) reform; *Typ* reset. **~si** *vr* regain one's composure

riconcili'a|re *vt* reconcile. **~rsi** *vr* be reconciled. **~zi'one** *nf* reconciliation

ricono'scen|te *a* grateful. **~za** *nf* gratitude

rico'nosc|ere *vt* recognize; (*ammettere*) acknowledge. **~i'mento** *nm* recognition; (*ammissione*) acknowledgement; (*per la polizia*) identification. **~i'uto** *a* recognized

riconqui'stare *vt* retake, reconquer

riconside'rare *vt* rethink

rico'prire *vt* recover; (*rivestire*) coat; (*di insulti*) shower (**di** with); hold ‹*carica*›

ricor'dar|e *vt* remember; (*richiamare alla memoria*) recall; (*far ricordare*) remind; (*rassomigliare*) look like. **~si** *vr* **~si [di]** remember. **ri'cordo** *nm* memory; (*oggetto*) memento; (*di viaggio*) souvenir; **ricordi** *pl* (*memorie*) memoirs

ricor'ren|te *a* recurrent. **~za** *nf* recurrence; (*anniversario*) anniversary

ri'correre *vi* recur; (*accadere*) occur; ‹*data:*› fall; **~ a** have recourse to; (*rivolgersi a*) turn to. **ri'corso** *pp di* **ricorrere** ● *nm* recourse; *Jur* appeal

ricostitu'ente *nm* tonic

ricostitu'ire *vt* re-establish

ricostru|'ire *vt* reconstruct. **~zi'one** *nf* reconstruction

ricove'ra|re *vt* give shelter to; **~re in ospedale** admit to hospital, hospitalize. **~to, -a** *nmf* hospital patient. **ri'covero** *nm* shelter; (*ospizio*) home

ricre'a|re *vt* re-create; (*ristorare*) restore. **~rsi** *vr* amuse oneself. **~'tivo** *a* recreational. **~zi'one** *nf* recreation; *Sch* break

ri'credersi *vr* change one's mind

ricupe'rare *vt* recover; rehabilitate ‹*tossicodipendente*›; **~ il tempo perduto** make up for lost time. **ri'cupero** *nm* recovery; (*di tossicodipendente*) rehabilitation; (*salvataggio*) rescue; **[minuti** *nmpl* **di] ricupero** injury time

ri'curvo *a* bent

ridacchi'are *vi* giggle

ri'dare *vt* give back, return

ri'dente *a* (*piacevole*) pleasant

'ridere *vi* laugh; **~ di** (*deridere*) laugh at

ri'detto *pp di* **ridire**

ridicoliz'zare *vt* ridicule. **ri'dicolo** *a* ridiculous

ridimensio'nare *vt* reshape; *fig* see in the right perspective

ri'dire *vt* repeat; (*criticare*) find fault with; **trova sempre da ~** he's always finding fault

ridon'dante *a* redundant

ri'dotto *pp di* **ridurre** ● *nm Theat* foyer ● *a* reduced

ri'du|rre *vt* reduce. **~rsi** *vr* diminish. **~rsi a** be reduced to. **~t'tivo** *a* reductive. **~zi'one** *nf* reduction; (*per cinema, teatro*) adaptation

rieducazi'one *nf* (*di malato*) rehabilitation

riem'pi|re *vt* fill [up]; fill in ‹*moduli ecc*›. **~rsi** *vr* fill [up]. **~'tivo** *a* filling ● *nm* filler

rien'tranza *nf* recess

rien'trare *vi* go/come back in; (*tornare*) return; (*piegare indentro*) recede; **~ in** (*far parte*) fall within. **ri'entro** *nm* return; (*di astronave*) re-entry

riepilo'gare *vt* recapitulate. **rie'pilogo** *nm* roundup

riesami'nare *vt* reappraise

ri'essere *vi* **ci risiamo!** here we go again!

riesu'mare *vt* exhume

rievo'ca|re *vt* (*commemorare*) commemorate. **~zi'one** *nf* (*commemorazione*) commemoration

rifaci'mento *nm* remake

ri'fa|re *vt* do again; (*creare*) make again; (*riparare*) repair; (*imitare*) imitate; make ‹*letto*›. **~rsi** *vr* (*rimettersi*) recover; (*vendicarsi*) get even; **~rsi una vita/carriera** make a new life/career for oneself; **~rsi il trucco** touch up one's makeup; **~rsi di** make up for. **~tto** *pp di* **rifare**

riferi'mento *nm* reference

rife'rir|e *vt* report; **~e a** attribute to ● *vi* make a report. **~si** *vr* **~si a** refer to

rifi'lare *vt* (*tagliare a filo*) trim; (*fam: affibbiare*) saddle

rifi'ni|re *vt* finish off. **~'tura** *nf* finish

rifio'rire *vi* blossom again; *fig* flourish again

rifiu'tare *vt* refuse. **rifi'uto** *nm* refusal; **rifiuti** *pl* (*immondizie*) rubbish. **rifiuti** *pl* **urbani** urban waste

riflessi'one *nf* reflection; (*osservazione*) remark. **rifles'sivo** *a* thoughtful; *Gram* reflexive

ri'flesso *pp di* **riflettere** ● *nm* (*luce*) reflection; *Med* reflex; **per ~** indirectly

ri'fletter|e *vt* reflect ● *vi* think. **~si** *vr* be reflected

riflet'tore *nm* reflector; (*proiettore*) searchlight

ri'flusso *nm* ebb

rifocil'lar|e *vt* restore. **~si** *vr liter, hum* take some refreshment

ri'fondere *vt* (*rimborsare*) refund

ri'forma *nf* reform; *Relig* reformation; *Mil* exemption on medical grounds

rifor'ma|re *vt* reform; (*migliorare*) reform; *Mil* declare unfit for military service. **~to** *a* ‹*chiesa*› Reformed. **~'tore, ~'trice** *nmf* reformer. **~'torio** *nm* reformatory. **rifor'mista** *a* reformist

riforni'mento *nm* supply; (*scorta*) stock; (*di combustibile*) refuelling; **stazione** *nf* **di ~** petrol station

rifor'nir|e *vt* **~e di** provide with. **~si** *vr* restock, stock up (**di** with)

ri'fra|ngere *vt* refract. **~tto** *pp di* **rifangere. ~zi'one** *nf* refraction

rifug'gire *vi* **~ da** *fig* shun

rifugi'a|rsi *vr* take refuge. **~to, -a** *nmf* refugee

ri'fugio *nm* shelter; (*nascondiglio*) hideaway

'riga *nf* line; (*fila*) row; (*striscia*) stripe; (*scriminatura*) parting; (*regolo*) rule; **a righe** ‹*stoffa*› striped; ‹*quaderno*› ruled; **mettersi in ~** line up

ri'gagnolo *nm* rivulet

ri'gare *vt* rule ‹*foglio*› ● *vi* **~ dritto** behave well

rigatti'ere *nm* junk dealer

rigene'rare *vt* regenerate

riget'tare *vt* (*gettare indietro*) throw back; (*respingere*) reject; (*vomitare*) throw up. **ri'getto** *nm* rejection

ri'ghello *nm* ruler
rigid|a'mente *adv* rigidly. **~ità** *nf* rigidity; (*di clima*) severity; (*severità*) strictness. **'rigido** *a* rigid; (*freddo*) severe; (*severo*) strict
rigi'rar|e *vt* turn again; (*ripercorrere*) go round; *fig* twist ‹*argomentazione*› ● *vi* walk about. **~si** *vr* turn round; (*nel letto*) turn over. **ri'giro** *nm* (*imbroglio*) trick
'rigo *nm* line; *Mus* staff
ri'gogli|o *nm* bloom. **~'oso** *a* luxuriant
ri'gonfio *a* swollen
ri'gore *nm* rigours *pl*; **a ~** strictly speaking; **calcio di ~** penalty [kick]; **area di ~** penalty area; **essere di ~** be compulsory
rigo|rosa'mente *adv* ‹*giudicare*› severely. **~'roso** *a* (*severo*) strict; (*scrupoloso*) rigorous.
riguada'gnare *vt* regain ‹*quota, velocità*›
riguar'dar|e *vt* look at again; (*considerare*) regard; (*concernere*) concern; **per quanto riguarda** with regard to. **~si** *vr* take care of oneself. **rigu'ardo** *nm* care; (*considerazione*) consideration; **nei riguardi di** towards; **riguardo a** with regard to
ri'gurgito *nm* regurgitation
rilanci'are *vt* throw back ‹*palla*›; (*di nuovo*) throw again; increase ‹*offerta*›; revive ‹*moda*›; relaunch ‹*prodotto*› ● *vi* (*a carte*) raise the stakes
rilasci'ar|e *vt* (*concedere*) grant; (*liberare*) release; issue ‹*documento*›. **~si** *vr* relax. **ri'lascio** *nm* release; (*di documento*) issue
rilassa'mento *nm* (*relax*) relaxation
rilas'sa|re *vt*, **~rsi** *vr* relax. **~to** *a* ‹*ambiente*› relaxed
rile'ga|re *vt* bind ‹*libro*›. **~to** *a* bound. **~'tura** *nf* binding
ri'leggere *vt* reread
ri'lento: a ~ *adv* slowly
rileva'mento *nm* survey; *Comm* buyout
rile'van|te *a* considerable
rile'va|re *vt* (*trarre*) get; (*mettere in evidenza*) point out; (*notare*) notice; (*topografia*) survey; *Comm* take over; *Mil* relieve. **~zi'one** *nf* (*statistica*) survey
rili'evo *nm* relief; *Geog* elevation; (*topografia*) survey; (*importanza*) importance; (*osservazione*) remark; **mettere in ~ qcsa** point sth out

rilut'tan|te *a* reluctant. **~za** *nf* reluctance
'rima *nf* rhyme; **far ~ con qcsa** rhyme with sth
riman'dare *vt* (*posporre*) postpone; (*mandare indietro*) send back; (*mandare di nuovo*) send again; (*far ridare un esame*) make resit an examination. **ri'mando** *nm* return; (*in un libro*) cross-reference
rima'nen|te *a* remaining ● *nm* remainder. **~za** *nf* remainder; **~ze** *pl* remnants
rima'ne|re *vi* stay, remain; (*essere d'avanzo*) be left; (*venirsi a trovare*) be; (*restare stupito*) be astonished; (*restare d'accordo*) agree
rimar'chevole *a* remarkable
ri'mare *vt/i* rhyme
rimargi'nar|e *vt*, **~si** *vr* heal
ri'masto *pp di* **rimanere**
rima'sugli *nmpl* (*di cibo*) leftovers
rimbal'zare *vi* rebound; ‹*proiettile:*› ricochet; **far ~** bounce. **rim'balzo** *nm* rebound; (*di proiettile*) ricochet
rimbam'bi|re *vi* be in one's dotage ● *vt* stun. **~to** *a* in one's dotage
rimboc'care *vt* turn up; roll up ‹*maniche*›; tuck in ‹*coperte*›
rimbom'bare *vi* resound
rimbor'sare *vt* reimburse, repay. **rim'borso** *nm* reimbursement, repayment. **rimborso spese** reimbursement of expenses
rimedi'are *vi* **~ a** remedy; make up for ‹*errore*›; (*procurare*) scrape up. **ri'medio** *nm* remedy
rimesco'lare *vt* mix [up]; shuffle ‹*carte*›; (*rivangare*) rake up
ri'messa *nf* (*locale per veicoli*) garage; (*per aerei*) hangar; (*per autobus*) depot; (*di denaro*) remittance; (*di merci*) consignment
ri'messo *pp di* **rimettere**
ri'metter|e *vt* (*a posto*) put back; (*restituire*) return; (*affidare*) entrust; (*perdonare*) remit; (*rimandare*) put off; (*vomitare*) bring up; **~ci** (*fam: perdere*) lose [out]. **~si** *vr* (*ristabilirsi*) recover; ‹*tempo:*› clear up; **~si a** start again
'rimmel® *nm inv* mascara
rimoder'nare *vt* modernize
rimon'tare *vt* (*risalire*) go up; *Mech* reassemble ● *vi* remount; **~ a** (*risalire*) go back to
rimorchi'a|re *vt* tow; *fam* pick up ‹*ragazza*›. **~'tore** *nm* tug[boat]. **ri'morchio** *nm* tow; (*veicolo*) trailer

ri'morso *nm* remorse
rimo'stranza *nf* complaint
rimozi'one *nf* removal; (*da un incarico*) dismissal. **~ forzata** *illegally parked vehicles removed at owner's expense*
rim'pasto *nm Pol* reshuffle
rimpatri'are *vt/i* repatriate. **rim'patrio** *nm* repatriation
rim'pian|gere *vt* regret. **~to** *pp di* **rimpiangere** ● *nm* regret
rimpiat'tino *nm* hide-and-seek
rimpiaz'zare *vt* replace
rimpiccio'lire *vi* become smaller
rimpinz'ar|e *vt* **~e di** stuff with. **~si** *vr* stuff oneself
rimprove'rare *vt* reproach; **~ qcsa a qcno** reproach sb for sth. **rim'provero** *nm* reproach
rimugi'nare *vt* rummage; *fig* **~ su** brood over
rimune'ra|re *vt* remunerate. **~'tivo** *a* remunerative. **~zi'one** *nf* remuneration
ri'muovere *vt* remove
ri'nascere *vi* be reborn, be born again
rinascimen'tale *a* Renaissance. **Rinasci'mento** *nm* Renaissance
ri'nascita *nf* rebirth
rincal'zare *vt* (*sostenere*) support; (*rimboccare*) tuck in. **rin'calzo** *nm* support; **rincalzi** *pl Mil* reserves
rincantucci'arsi *vr* hide oneself away in a corner
rinca'rare *vt* increase the price of ● *vi* become more expensive. **rin'caro** *nm* price increase
rinca'sare *vi* return home
rinchi'uder|e *vt* shut up. **~si** *vr* shut oneself up
rin'correre *vt* run after
rin'cors|a *nf* run-up. **~o** *pp di* **rincorrere**
rin'cresc|ere *vi* **mi rincresce di non...** I'm sorry *o* I regret that I can't...; **se non ti ~e** if you don't mind. **~i'mento** *nm* regret. **~i'uto** *pp di* **rincrescere**
rincreti'nire *vi* be stupid
rincu'lare *vi* ‹*arma:*› recoil; ‹*cavallo:*› shy. **rin'culo** *nm* recoil
rincuo'rar|e *vt* encourage. **~si** *vr* take heart
rinfacci'are *vt* **~ qcsa a qcno** throw sth in sb's face
rinfor'zar|e *vt* strengthen; (*rendere più saldo*) reinforce. **~si** *vr* become stronger. **rin'forzo** *nm* reinforcement; *fig* support
rinfran'care *vt* reassure
rinfre'scante *a* cooling
rinfre'scar|e *vt* cool; (*rinnovare*) freshen up ● *vi* get cooler. **~si** *vr* freshen [oneself] up. **rin'fresco** *nm* light refreshment; (*ricevimento*) party
rin'fusa *nf* **alla ~** at random
ringhi'are *vi* snarl
ringhi'era *nf* railing; (*di scala*) banisters *pl*
ringiova'nire *vt* rejuvenate ‹*pelle, persona*›; ‹*vestito:*› make look younger ● *vi* become young again; (*sembrare*) look young again
ringrazi|a'mento *nm* thanks *pl*. **~'are** *vt* thank
rinne'ga|re *vt* disown. **~to, -a** *nmf* renegade
rinnova'mento *nm* renewal; (*di edifici*) renovation
rinno'var|e *vt* renew; renovate ‹*edifici*›. **~si** *vr* be renewed; (*ripetersi*) recur, happen again. **rin'novo** *nm* renewal
rinoce'ronte *nm* rhinoceros
rino'mato *a* renowned
rinsal'dare *vt* consolidate
rinsa'vire *vi* come to one's senses
rinsec'chi|re *vi* shrivel up. **~to** *a* shrivelled up
rinta'narsi *vr* hide oneself away; ‹*animale:*› retreat into its den
rintoc'care *vi* ‹*campana:*› toll; ‹*orologio:*› strike. **rin'tocco** *nm* toll; (*di orologio*) stroke
rinton'ti|re *vt anche fig* stun. **~to** *a* (*stordito*) dazed
rintracci'are *vt* trace
rintro'nare *vt* stun ● *vi* boom
ri'nuncia *nf* renunciation
rinunci'a|re *vi* **~re a** renounce, give up. **~'tario** *a* defeatist
ri'nunzia, rinunzi'are = **rinuncia, rinunciare**
rinveni'mento *nm* (*di reperti*) discovery; (*di refurtiva*) recovery. **rinve'nire** *vt* find ● *vi* (*riprendere i sensi*) come round; (*ridiventare fresco*) revive
rinvi'are *vt* put off; (*mandare indietro*) return; (*in libro*) refer; **~ a giudizio** indict
rin'vio *nm Sport* goal kick; (*in libro*) cross-reference; (*di appuntamento*) postponement; (*di merce*) return
rio'nale *a* local. **ri'one** *nm* district
riordi'nare *vt* tidy [up]; (*ordinare di*

nuovo) reorder; (*riorganizzare*) reorganize

riorganiz'zare *vt* reorganize

ripa'gare *vt* repay

ripa'ra|re *vt* (*proteggere*) shelter, protect; (*aggiustare*) repair; (*porre rimedio*) remedy ● *vi* **~re a** make up for. **~rsi** *vr* take shelter. **~to** *a* ‹*luogo*› sheltered. **~zi'one** *nf* repair; *fig* reparation. **ri'paro** *nm* shelter; (*rimedio*) remedy

ripar'ti|re *vt* (*dividere*) divide ● *vi* leave again. **~zi'one** *nf* division

ripas'sa|re *vt* recross; (*rivedere*) revise ● *vi* pass again. **~ta** *nf* (*di vernice*) second coat. **ri'passo** *nm* (*di lezione*) revision

ripensa'mento *nm* second thoughts *pl*

ripen'sare *vi* (*cambiare idea*) change one's mind; **~ a** think of; **ripensaci!** think again!

riper'correre *vt* (*con la memoria*) go back over

riper'cosso *pp di* **ripercuotere**

ripercu'oter|e *vt* strike again. **~si** *vr* ‹*suono:*› reverberate; **~si su** (*fig: avere conseguenze*) impact on. **ripercussi'one** *nf* repercussion

ripe'scare *vt* fish out ‹*oggetti*›

ripe'tente *nmf student repeating a year*

ri'pet|ere *vt* repeat. **~ersi** *vr* ‹*evento:*› recur. **~izi'one** *nf* repetition; (*di lezione*) revision; (*lezione privata*) private lesson. **~uta'mente** *adv* repeatedly

ri'piano *nm* (*di scaffale*) shelf; (*terreno pianeggiante*) terrace

ri'picc|a *nf* **fare qcsa per ~a** do sth out of spite. **~o** *nm* spite

'ripido *a* steep

ripie'gar|e *vt* refold; (*abbassare*) lower ● *vi* (*indietreggiare*) retreat. **~si** *vr* bend; ‹*sedile:*› fold. **ripi'ego** *nm* expedient; (*via d'uscita*) way out

ripi'eno *a* full; *Culin* stuffed ● *nm* filling; *Culin* stuffing

ripopo'lar|e *vt* repopulate. **~si** *vr* be repopulated

ri'porre *vt* put back; (*mettere da parte*) put away; (*collocare*) place; repeat ‹*domanda*›

ripor'tar|e *vt* (*restituire*) bring/take back; (*riferire*) report; (*subire*) suffer; *Math* carry; win ‹*vittoria*›; transfer ‹*disegno*›. **~si** *vr* go back; (*riferirsi*) refer. **ri'porto** *nm* **cane da riporto** gun dog

ripo'sante *a* ‹*colore*› restful, soothing

ripo'sa|re *vi* rest ● *vt* put back. **~rsi** *vr* rest. **~to** *a* ‹*mente*› fresh. **ri'poso** *nm* rest; **andare a riposo** retire; **riposo!** *Mil* at ease!; **giorno di riposo** day off

ripo'stiglio *nm* cupboard

ri'posto *pp di* **riporre**

ri'prender|e *vt* take again; (*prendere indietro*) take back; (*riconquistare*) recapture; (*ricuperare*) recover; (*ricominciare*) resume; (*rimproverare*) reprimand; take in ‹*cucitura*›; *Cinema* shoot. **~si** *vr* recover; (*correggersi*) correct oneself

ri'presa *nf* resumption; (*ricupero*) recovery; *Theat* revival; *Cinema* shot; *Auto* acceleration; *Mus* repeat. **~ aerea** bird's-eye view

ripresen'tar|e *vt* resubmit ‹*domanda, certificato*›. **~si** *vr* (*a ufficio*) go/come back again; (*come candidato*› stand *o* run again; ‹*occasione:*› arise again

ri'preso *pp di* **riprendere**

ripristi'nare *vt* restore

ripro'dotto *pp di* **riprodurre**

ripro'du|rre *vt*, **~rsi** *vr* reproduce. **~t'tivo** *a* reproductive. **~zi'one** *nf* reproduction

ripro'mettersi *vr* (*intendere*) intend

ri'prova *nf* confirmation

ripudi'are *vt* repudiate

ripu'gnan|te *a* repugnant. **~za** *nf* disgust. **ripu'gnare** *vi* **ripugnare a** disgust

ripu'li|re *vt* clean [up]; *fig* polish. **~ta** *nf* **darsi una ~ta** have a wash and brushup

ripuls|i'one *nf* repulsion. **~'ivo** *a* repulsive

ri'quadro *nm* square; (*pannello*) panel

ri'sacca *nf* undertow

ri'saia *nf* rice field, paddy field

risa'lire *vt* go back up ● *vi* **~ a** (*nel tempo*) go back to; (*essere datato a*) date back to, go back to

risal'tare *vi* (*emergere*) stand out. **ri'salto** *nm* prominence; (*rilievo*) relief

risa'nare *vt* heal; (*bonificare*) reclaim

risa'puto *a* well-known

risarci'mento *nm* compensation. **risar'cire** *vt* indemnify

ri'sata *nf* laugh

riscalda'mento *nm* heating. **~ autonomo** central heating (*for one apartment*)

riscal'dar|e *vt* heat; warm ‹*persona*›. **~si** *vr* warm up

riscat'tar|e *vt* ransom. **~si** *vr* redeem

oneself. **ri'scatto** *nm* ransom; (*morale*) redemption

rischia'rar|e *vt* light up; brighten ‹*colore*›. **~si** *vr* light up; ‹*cielo:*› clear up

rischi|'are *vt* risk ● *vi* run the risk. **'rischio** *nm* risk. **~'oso** *a* risky

risciac'quare *vt* rinse. **risci'acquo** *nm* rinse

riscon'trare *vt* (*confrontare*) compare; (*verificare*) check; (*rilevare*) find. **ri'scontro** *nm* comparison; check; (*Comm: risposta*) reply

ri'scossa *nf* revolt; (*riconquista*) recovery

riscossi'one *nf* collection

ri'scosso *pp di* **riscuotere**

riscu'oter|e *vt* shake; (*percepire*) draw; (*ottenere*) gain; cash ‹*assegno*›. **~si** *vr* rouse oneself

risen'ti|re *vt* hear again; (*provare*) feel ● *vi* **~re di** feel the effect of. **~rsi** *vr* (*offendersi*) take offence. **~to** *a* resentful

ri'serbo *nm* reserve; **mantenere il ~** remain tight-lipped

ri'serva *nf* reserve; (*di caccia, pesca*) preserve; *Sport* substitute, reserve. **~ di caccia** game reserve. **~ indiana** Indian reservation. **~ naturale** wildlife reserve

riser'va|re *vt* reserve; (*prenotare*) book; (*per occasione*) keep. **~rsi** *vr* (*ripromettersi*) plan for oneself ‹*cambiamento*›. **~'tezza** *nf* reserve. **~to** *a* reserved

ri'siedere *vi* **~ a** reside in

'riso¹ *pp di* **ridere** ● *nm* (*pl nf* **risa**) laughter; (*singolo*) laugh. **~'lino** *nm* giggle

'riso² *nm* (*cereale*) rice

ri'solto *pp di* **risolvere**

risolu|'tezza *nf* determination. **riso'luto** *a* resolute, determined. **~zi'one** *nf* resolution

ri'solver|e *vt* resolve; *Math* solve. **~si** *vr* (*decidersi*) decide; **~si in** turn into

riso'na|nza *nf* resonance; **aver ~nza** *fig* arouse great interest. **~re** *vi* resound; (*rimbombare*) echo

ri'sorgere *vi* rise again

risorgi'mento *nm* revival; (*storico*) Risorgimento

ri'sorsa *nf* resource; (*espediente*) resort

ri'sorto *pp di* **risorgere**

ri'sotto *nm* risotto

ri'sparmi *nmpl* (*soldi*) savings

risparmi'a|re *vt* save; (*salvare*) spare. **~'tore, ~'trice** *nmf* saver **ri'sparmio** *nm* saving

rispecchi'are *vt* reflect

rispet'tabil|e *a* respectable. **~ità** *nf* respectability

rispet'tare *vt* respect; **farsi ~** command respect

rispet'tivo *a* respective

ri'spetto *nm* respect; **~ a** as regards; (*in paragone a*) compared to

rispet|tosa'mente *adv* respectfully. **~'toso** *a* respectful

risplen'dente *a* shining. **ri'splendere** *vi* shine

rispon'den|te *a* **~te a** in keeping with. **~za** *nf* correspondence

ri'spondere *vi* answer; (*rimbeccare*) answer back; (*obbedire*) respond; **~ a** reply to; **~ di** (*rendersi responsabile*) answer for

ri'spost|a *nf* answer, reply; (*reazione*) response. **~o** *pp di* **rispondere**

'rissa *nf* brawl. **ris'soso** *a* pugnacious

ristabi'lir|e *vt* re-establish. **~si** *vr* (*in salute*) recover

rista'gnare *vi* stagnate; ‹*sangue:*› coagulate. **ri'stagno** *nm* stagnation

ri'stampa *nf* reprint; (*azione*) reprinting. **ristam'pare** *vt* reprint

risto'rante *nm* restaurant

risto'ra|re *vt* refresh. **~rsi** *vr liter* take some refreshment; (*riposarsi*) take a rest. **~'tore, ~'trice** *nmf* (*proprietario di ristorante*) restaurateur; (*fornitore*) caterer ● *a* refreshing. **ri'storo** *nm* refreshment; (*sollievo*) relief

ristret'tezza *nf* narrowness; (*povertà*) poverty; **vivere in ristrettezze** live in straitened circumstances

ri'stretto *pp di* **restringere** ● *a* narrow; (*condensato*) condensed; (*limitato*) restricted; **di idee ristrette** narrow-minded

ristruttu'rare *vt* restructure, reorganize ‹*ditta*›; refurbish ‹*casa*›

risucchi'are *vt* suck in. **ri'succhio** *nm* whirlpool; (*di corrente*) undertow

risul'ta|re *vi* result; (*riuscire*) turn out. **~to** *nm* result

risuo'nare *vi* ‹*grida, parola:*› echo; *Phys* resonate

risurrezi'one *nf* resurrection

risusci'tare *vt* resuscitate; *fig* revive ● *vi* return to life

risvegli'ar|e *vt* reawaken ‹*interesse*›. **~si** *vr* wake up; ‹*natura:*› awake; ‹*desiderio:*› be aroused. **ri'sveglio** *nm* waking up; (*dell'interesse*) revival; (*del desiderio*) arousal

ri'svolto *nm* (*di giacca*) lapel; (*di pantaloni*) turn-up, cuff *Am*; (*di manica*) cuff; (*di tasca*) flap; (*di libro*) inside flap
ritagli'are *vt* cut out. **ri'taglio** *nm* cutting; (*di stoffa*) scrap
ritar'da|re *vi* be late; ‹*orologio:*› be slow ● *vt* delay; slow down ‹*progresso*›; (*differire*) postpone. **~'tario, -a** *nmf* late-comer. **~to** *a Psych* retarded
ri'tardo *nm* delay; **essere in ~** be late; ‹*volo:*› be delayed
ri'tegno *nm* reserve
rite'n|ere *vt* retain; deduct ‹*somma*›; (*credere*) believe. **~uta** *nf* (*sul salario*) deduction
riti'ra|re *vt* throw back ‹*palla*›; (*prelevare*) withdraw; (*riscuotere*) draw; collect ‹*pacco*›. **~rsi** *vr* withdraw; ‹*stoffa:*› shrink; (*da attività*) retire; ‹*marea:*› recede. **~ta** *nf* retreat; (*WC*) toilet. **ri'tiro** *nm* withdrawal; *Relig* retreat; (*da attività*) retirement. **ritiro bagagli** baggage reclaim
'ritmo *nm* rhythm
'rito *nm* rite; **di ~** customary
ritoc'care *vt* (*correggere*) touch up. **ri'tocco** *nm* retouch
ritor'nare *vi* return; (*andare/venire indietro*) go/come back; (*ricorrere*) recur; (*ridiventare*) become again
ritor'nello *nm* refrain
ri'torno *nm* return
ritorsi'one *nf* retaliation
ri'trarre *vt* (*ritirare*) withdraw; (*distogliere*) turn away; (*rappresentare*) portray
ritrat'ta|re *vt* deal with again; retract ‹*dichiarazione*›. **~zi'one** *nf* withdrawal, retraction
ritrat'tista *nmf* portrait painter. **ri'tratto** *pp di* **ritrarre** ● *nm* portrait
ritro'sia *nf* shyness. **ri'troso** *a* backward; (*timido*) shy; **a ritroso** backwards; **ritroso a** reluctant to
ritrova'mento *nm* (*azione*) finding
ritro'va|re *vt* find [again]; regain ‹*salute*›. **~rsi** *vr* meet; (*di nuovo*) meet again; (*capitare*) find oneself; (*raccapezzarsi*) see one's way. **~to** *nm* discovery. **ri'trovo** *nm* meeting-place; (*notturno*) night-club
'ritto *a* upright; (*diritto*) straight
ritu'ale *a & nm* ritual
riunifi'ca|re *vt* reunify. **~rsi** *vr* be reunited. **~zi'one** *nf* reunification
riuni'one *nf* meeting; (*fra amici*) reunion
riu'nir|e *vt* (*unire*) join together; (*radunare*) gather. **~si** *vr* be reunited; (*adunarsi*) meet
riusc'i|re *vi* (*aver successo*) succeed; (*in matematica ecc*) be good (**in** at); (*aver esito*) turn out; **le è riuscito simpatico** she found him likeable. **~ta** *nf* (*esito*) result; (*successo*) success
'riva *nf* (*di mare, lago*) shore; (*di fiume*) bank
ri'val|e *nmf* rival. **~ità** *nf inv* rivalry
rivalutazi'one *nf* revaluation
rivan'gare *vt* dig up again
rive'dere *vt* see again; revise ‹*lezione*›; (*verificare*) check
rive'la|re *vt* reveal. **~rsi** *vr* (*dimostrarsi*) turn out. **~'tore** *a* revealing ● *nm Techn* detector. **~zi'one** *nf* revelation
ri'vendere *vt* resell
rivendi'ca|re *vt* claim. **~zi'one** *nf* claim
ri'vendi|ta *nf* (*negozio*) shop. **~'tore, ~'trice** *nmf* retailer. **~tore autorizzato** authorized dealer
ri'verbero *nm* reverberation; (*bagliore*) glare
rive'renza *nf* reverence; (*inchino*) curtsy; (*di uomo*) bow
rive'rire *vt* respect; (*ossequiare*) pay one's respects to
river'sar|e *vt* pour. **~si** *vr* ‹*fiume:*› flow
river'sibile *a* reversible
rivesti'mento *nm* covering
rive'sti|re *vt* (*rifornire di abiti*) clothe; (*ricoprire*) cover; (*internamente*) line; hold ‹*carica*›. **~rsi** *vr* get dressed again; (*per una festa*) dress up
rivi'era *nf* coast; **la ~ ligure** the Italian Riviera
ri'vincita *nf Sport* return match; (*vendetta*) revenge
rivis'suto *pp di* **rivivere**
ri'vista *nf* review; (*pubblicazione*) magazine; *Theat* revue; **passare in ~** review
ri'vivere *vi* come to life again; (*riprendere le forze*) revive ● *vt* relive
ri'volger|e *vt* turn; (*indirizzare*) address; **~e da** (*distogliere*) turn away from. **~si** *vr* turn round; **~si a** (*indirizzarsi*) turn to
ri'volta *nf* revolt
rivol'tante *a* disgusting
rivol'tar|e *vt* turn [over]; (*mettendo l'interno verso l'esterno*) turn inside out; (*sconvolgere*) upset. **~si** *vr* (*ribellarsi*) revolt
rivol'tella *nf* revolver

ri'volto *pp di* **rivolgere**
rivoluzio'nar|e *vt* revolutionize. **~io, -a** *a & nmf* revolutionary. **rivoluzi'one** *nf* revolution; (*fig: disordine*) chaos
riz'zar|e *vt* raise; (*innalzare*) erect; prick up ‹*orecchie*›. **~si** *vr* stand up; ‹*capelli:*› stand on end; ‹*orecchie:*› prick up
'roaming *nm inv Teleph* **~** [**internazionale**] roaming
'roba *nf* stuff; (*personale*) belongings *pl*, stuff; (*faccenda*) thing; (*sl: droga*) drugs *pl*; **~ da matti!** absolute madness!. **~ da mangiare** food, things to eat
ro'baccia *nf* rubbish
ro'bot *nm inv* robot. **~iz'zato** *a* robotic
robu'stezza *nf* sturdiness, robustness; (*forza*) strength. **ro'busto** *a* sturdy, robust; (*forte*) strong
'rocca *nf* fortress. **~'forte** *nf* stronghold
roc'chetto *nm* reel
'roccia *nf* rock
ro'da|ggio *nm* running in. **~re** *vt* run in
'roder|e *vt* gnaw; (*corrodere*) corrode. **~si** *vr* **~si da** (*logorarsi*) be consumed with. **rodi'tore** *nm* rodent
'rogna *nf* scabies *sg*; *fig* nuisance
ro'gnone *nm Culin* kidney
'rogo *nm* (*supplizio*) stake; (*per cadaveri*) pyre
'Roma *nf* Rome
Roma'nia *nf* Romania
ro'manico *a* Romanesque
ro'mano, -a *a & nmf* Roman
romanti'cismo *nm* romanticism. **ro'mantico** *a* romantic
ro'man|za *nf* romance. **~'zato** *a* romanticized. **~'zesco** *a* fictional; (*stravagante*) wild, unrealistic. **~zi'ere** *nm* novelist
ro'manzo *a* Romance ● *nm* novel. **~ d'appendice** serial story. **~ giallo** thriller
'rombo *nm* rumble; *Math* rhombus; (*pesce*) turbot
'romper|e *vt* break; break off ‹*relazione*›; **non ~e [le scatole]!** (*fam: seccare*) don't be a pain [in the neck]!. **~si** *vr* break; **~si una gamba** break one's leg
rompi'capo *nm* nuisance; (*indovinello*) puzzle
rompi'collo *nm* daredevil; **a ~** at breakneck speed
rompighi'accio *nm* ice-breaker
rompi'scatole *nmf inv fam* pain
'ronda *nf* rounds *pl*
ron'della *nf* washer
'rondine *nf* swallow
ron'done *nm* swift
ron'fare *vi* (*russare*) snore
ron'zare *vi* buzz; **~ attorno a qcno** *fig* hang about sb
ron'zino *nm* jade
ron'zio *nm* buzz
'rosa *nf* rose. **~ dei venti** wind rose ● *a & nm* (*colore*) pink. **ro'saio** *nm* rose-bush
ro'sario *nm* rosary
ro'sato *a* rosy ● *nm* (*vino*) rosé
'roseo *a* pink
ro'seto *nm* rose garden
rosicchi'are *vt* nibble; (*rodere*) gnaw
rosma'rino *nm* rosemary
'roso *pp di* **rodere**
roso'lare *vt* brown
roso'lia *nf* German measles
ro'sone *nm* rosette; (*apertura*) rose-window
'rospo *nm* toad
ros'setto *nm* (*per labbra*) lipstick
'rosso *a & nm* red; **passare con il ~** jump a red light. **~ d'uovo** [egg] yolk. **ros'sore** *nm* redness; (*della pelle*) flush
rosticce'ria *nf shop selling cooked meat and other prepared food*
ro'tabile *a* **strada ~** carriageway
ro'taia *nf* rail; (*solco*) rut
ro'ta|re *vt/i* rotate. **~zi'one** *nf* rotation
rote'are *vt/i* roll
ro'tella *nf* small wheel; (*di mobile*) castor
roto'lar|e *vt/i* roll. **~si** *vr* roll [about]. **'rotolo** *nm* roll; **andare a rotoli** go to rack and ruin
rotondità *nf* (*qualità*) roundness; **~** *pl* (*curve femminili*) curves. **ro'tondo, -a** *a* round ● *nf* (*spiazzo*) terrace
ro'tore *nm* rotor
'rotta¹ *nf Naut, Aeron* course; **far ~ per** make course for; **fuori ~** off course
'rotta² *nf* **a ~ di collo** at breakneck speed; **essere in ~ con** be on bad terms with
rot'tame *nm* scrap; *fig* wreck
'rotto *pp di* **rompere** ● *a* broken; (*stracciato*) torn
rot'tura *nf* break; **che ~ di scatole!** *fam* what a pain!
'rotula *nf* kneecap
rou'lette *nf inv* roulette
rou'lotte *nf inv* caravan, trailer *Am*
rou'tine *nf inv* routine; **di ~** ‹*operazioni, controlli*› routine
ro'vente *a* scorching

'rovere *nm* (*legno*) oak
rovesci'ar|e *vt* (*buttare a terra*) knock over; (*sottosopra*) turn upside down; (*rivoltare*) turn inside out; spill ‹*liquido*›; overthrow ‹*governo*›; reverse ‹*situazione*›. **~si** *vr* (*capovolgersi*) overturn; (*riversarsi*) pour. **ro'vescio** *a* (*contrario*) reverse; **alla rovescia** (*capovolto*) upside down; (*con l'interno all'esterno*) inside out ● *nm* reverse; (*nella maglia*) purl; (*di pioggia*) downpour; *Tennis* backhand
ro'vina *nf* ruin; (*crollo*) collapse
rovi'na|re *vt* ruin; (*guastare*) spoil ● *vi* crash. **~rsi** *vr* be ruined. **~to** *a* ‹*oggetto*› ruined. **rovi'noso** *a* ruinous
rovi'stare *vt* ransack
'rovo *nm* bramble
'rozzo *a* rough
R.R. *abbr* (**ricevuta di ritorno**) return receipt for registered mail
'ruba *nf* **andare a ~** sell like hot cakes
ru'bare *vt* steal
rubi'netto *nm* tap, faucet *Am*
ru'bino *nm* ruby
ru'brica *nf* (*in giornale*) column; (*in programma televisivo*) TV report; (*quaderno con indice*) address book. **~ telefonica** telephone and address book
'rude *a* rough
'rudere *nm* ruin
rudimen'tale *a* rudimentary. **ru-di'menti** *nmpl* rudiments
ruffi'an|a *nf* procuress. **~o** *nm* pimp; (*adulatore*) bootlicker
'ruga *nf* wrinkle
'ruggine *nf* rust; **fare la ~** go rusty
rug'gi|re *vi* roar. **~to** *nm* roar
rugi'ada *nf* dew
ru'goso *a* wrinkled
rul'lare *vi* roll; *Aeron* taxi
rul'lino *nm* film
rul'lio *nm* rolling; *Aeron* taxiing
'rullo *nm* roll; *Techn* roller
rum *nm inv* rum
ru'meno, -a *a & nmf* Romanian
rumi'nare *vt* ruminate
ru'mor|e *nm* noise; *fig* rumour. **~eggi'are** *vi* rumble. **rumo'roso** *a* noisy; (*sonoro*) loud
ru'olo *nm* roll; *Theat* role; **di ~** on the staff
ru'ota *nf* wheel; **andare a ~ libera** free-wheel. **~ di scorta** spare wheel
'rupe *nf* cliff
ru'rale *a* rural
ru'scello *nm* stream
'ruspa *nf* bulldozer
rus'sare *vi* snore
'Russ|ia *nf* Russia. **r~o, -a** *a & nmf* Russian; (*lingua*) Russian
'rustico *a* rural; ‹*carattere*› rough
rut'tare *vi* belch. **'rutto** *nm* belch
'ruvido *a* coarse
ruzzo'l|are *vi* tumble down. **~one** *nm* tumble; **cadere ruzzoloni** tumble down

Ss

'sabato *nm* Saturday
'sabbi|a *nf* sand. **~e** *pl* **mobili** quicksand. **~'oso** a sandy
sabo'ta|ggio *nm* sabotage. **~re** *vt* sabotage. **~'tore, ~'trice** *nmf* saboteur
'sacca *nf* bag. **~ da viaggio** travelling-bag
sacca'rina *nf* saccharin
sac'cente *a* pretentious ● *nmf* know-all
saccheggi'a|re *vt* sack; *hum* raid ‹*frigo*›. **~'tore, ~'trice** *nmf* plunderer. **sac'cheggio** *nm* sack
sac'chetto *nm* bag
'sacco *nm* sack; *Anat* sac; **mettere nel ~** *fig* swindle; **un ~** (*moltissimo*) a lot; **un ~ di** (*gran quantità*) lots of. **~ a pelo** sleeping-bag
sacer'do|te *nm* priest. **~zio** *nm* priesthood
sacra'mento *nm* sacrament
sacrifi'ca|re *vt* sacrifice. **~rsi** *vr* sacrifice oneself. **~to** *a* (*non valorizzato*) wasted. **sacri'ficio** *nm* sacrifice
sacri'legio *nm* sacrilege. **sa'crilego** *a* sacrilegious
'sacro *a* sacred ● *nm Anat* sacrum
sacro'santo *a* sacrosanct

'sadico, -a *a* sadistic ● *nmf* sadist. **sa'dismo** *nm* sadism

sa'etta *nf* arrow

sa'fari *nm inv* safari

'saga *nf* saga

sa'gace *a* shrewd

sag'gezza *nf* wisdom

saggi'are *vt* test

'saggio[1] *nm* (*scritto*) essay; (*prova*) proof; (*di metallo*) assay; (*campione*) sample; (*esempio*) example

'saggio[2] *a* wise ● *nm* (*persona*) sage

sag'gistica *nf* non-fiction

Sagit'tario *nm Astr* Sagittarius

'sagoma *nf* shape; (*profilo*) outline; **che ~!** *fam* what a character!. **sago'mato** *a* shaped

'sagra *nf* festival

sagre|'stano *nm* sacristan. **~'stia** *nf* sacristy

'sala *nf* hall; (*stanza*) room; (*salotto*) living room. **~ d'attesa** waiting room. **~ da ballo** ballroom. **~ d'imbarco** departure lounge. **~ macchine** engine room. **~ operatoria** operating theatre *Br*, operating room *Am*. **~ parto** delivery room. **~ da pranzo** dining room

sa'lame *nm* salami

sala'moia *nf* brine

sa'lare *vt* salt

sa'lario *nm* wages *pl*

sa'lasso *nm* **essere un ~** *fig* cost a fortune

sala'tini *nmpl* savouries (*eaten with aperitifs*)

sa'lato *a* salty; (*costoso*) dear

sal'ciccia *nf* = **salsiccia**

sal'dar|e *vt* weld; set ‹*osso*›; pay off ‹*debito*›; settle ‹*conto*›; **~e a stagno** solder. **~si** *vr* ‹*Med: osso:*› knit

salda'trice *nf* welder; (*a stagno*) soldering iron

salda'tura *nf* weld; (*azione*) welding; (*di osso*) knitting

'saldo *a* firm; (*resistente*) strong ● *nm* (*di conto*) settlement; (*svendita*) sale; *Comm* balance

'sale *nm* salt; **restare di ~** be struck dumb [with astonishment]. **~ fine** table salt. **~ grosso** cooking salt. **sali** *pl* **e tabacchi** tobacconist's shop

'salice *nm* willow. **~ piangente** weeping willow

sali'ente *a* outstanding; **i punti salienti di un discorso** the main points of a speech

sali'era *nf* salt-cellar

sa'lina *nf* salt-works *sg*

sa'li|re *vi* go/come up; (*levarsi*) rise; (*su treno ecc*) get on; (*in macchina*) get in ● *vt* go/come up ‹*scale*›. **~ta** *nf* climb; (*aumento*) rise; **in ~ta** uphill

sa'liva *nf* saliva

'salma *nf* corpse

'salmo *nm* psalm

sal'mone *nm & a inv* salmon

sa'lone *nm* hall; (*salotto*) living room; (*di parrucchiere*) salon. **~ di bellezza** beauty parlour

salo'pette *nf inv* dungarees *pl*

salot'tino *nm* bower

sa'lotto *nm* drawing room; (*soggiorno*) sitting room; (*mobili*) [three-piece] suite; **fare ~** chat

sal'pare *vt/i* sail; **~ l'ancora** weigh anchor

'salsa *nf* sauce. **~ di pomodoro** tomato sauce

sal'sedine *nf* saltiness

sal'siccia *nf* sausage

salsi'era *nf* sauce-boat

sal'ta|re *vi* jump; (*venir via*) come off; (*balzare*) leap; (*esplodere*) blow up; **~r fuori** spring from nowhere; ‹*oggetto cercato:*› turn up; **è ~to fuori che...** it emerged that...; **~re fuori con...** come out with...; **~re in aria** blow up; **~re in mente** spring to mind ● *vt* jump [over]; skip ‹*pasti, lezioni*›; *Culin* sauté. **~to** *a Culin* sautéed

saltel'lare *vi* hop; (*di gioia*) skip

saltim'banco *nm* acrobat

'salto *nm* jump; (*balzo*) leap; (*dislivello*) drop; (*fig: omissione, lacuna*) gap; **fare un ~ da** (*visitare*) drop in on; **in un ~** *fig* in a jiffy. **~ in alto** high jump. **~ con l'asta** pole-vault. **~ in lungo** long jump. **~ pagina** *Comput* page down

saltuaria'mente *adv* occasionally. **saltu'ario** *a* desultory; **lavoro saltuario** casual work

sa'lubre *a* healthy

salume'ria *nf* ≈ delicatessen. **sa'lumi** *nmpl* cold cuts

salu'tare *vt* greet; (*congedandosi*) say goodbye to; (*portare i saluti a*) give one's regards to; *Mil* salute ● *a* healthy

sa'lute *nf* health; **~!** (*dopo uno starnuto*) bless you!; (*a un brindisi*) cheers!

sa'luto *nm* greeting; (*di addio*) goodbye; *Mil* salute; **saluti** *pl* (*ossequi*) regards

'salva *nf* salvo; **sparare a salve** fire blanks
salvada'naio *nm* money box
salva'gente *nm* lifebelt; (*a giubbotto*) life-jacket; (*ciambella*) rubber ring; (*spartitraffico*) traffic island
salvaguar'dare *vt* safeguard. **salvagu'ardia** *nf* safeguard
sal'var|e *vt* save; (*proteggere*) protect. **~si** *vr* save oneself
salva'slip *nm inv* panty-liner
salva|'taggio *nm* rescue; *Naut* salvage; *Comput* saving; **battello di ~taggio** lifeboat. **~'tore, ~'trice** *nmf* saviour
sal'vezza *nf* safety; *Relig* salvation
'salvia *nf* sage
salvi'etta *nf* serviette
'salvo *a* safe ● *prep* except [for] ● *conj* **~ che** (*a meno che*) unless; (*eccetto che*) except that
samari'tano, -a *a & nmf* Samaritan
sam'buco *nm* elder
san *nm* **S~ Francesco** Saint Francis
sa'nare *vt* heal
sana'torio *nm* sanatorium
san'cire *vt* sanction
'sandalo *nm* sandal; *Bot* sandalwood
'sangu|e *nm* blood; **al ~e** ‹*carne*› rare; **farsi cattivo ~e per** worry about; **occhi iniettati di ~e** bloodshot eyes. **~e freddo** composure; **a ~e freddo** in cold blood. **~'igno** *a* blood
sangui'naccio *nm Culin* black pudding
sangui'nante *a* bleeding
sangui'nar|e *vi* bleed. **~io** *a* bloodthirsty
sangui'noso *a* bloody
sangui'suga *nf* leech
sanità *nf* soundness; (*salute*) health. **~ mentale** sanity, mental health
sani'tario *a* sanitary; **Servizio S~** National Health Service
'sano *a* sound; (*salutare*) healthy; **~ di mente** sane; **~ come un pesce** as fit as a fiddle
San Sil'vestro *nm* New Year's Eve
santifi'care *vt* sanctify
'santo *a* holy; (*con nome proprio*) saint ● *nm* saint. **san'tone** *nm* guru. **santu'ario** *nm* sanctuary
sanzi'one *nf* sanction
sa'pere *vt* know; (*essere capace di*) be able to; (*venire a sapere*) hear; **saperla lunga** know a thing or two ● *vi* **~ di** know about; (*aver sapore di*) taste of; (*aver odore di*) smell of; **saperci fare** have the know-how ● *nm* knowledge
sapi'en|te *a* wise; (*esperto*) expert ● *nm* (*uomo colto*) sage. **~za** *nf* wisdom
sa'pone *nm* soap. **~ da bucato** washing soap. **sapo'netta** *nf* bar of soap
sa'pore *nm* taste. **saporita'mente** *adv* ‹*dormire*› soundly. **sapo'rito** *a* tasty
sapu'tello, -a *a & nm sl* know-all, know-it-all *Am*
saraci'nesca *nf* roller shutter
sar'cas|mo *nm* sarcasm. **~tico** *a* sarcastic
Sar'degna *nf* Sardinia
sar'dina *nf* sardine
'sardo, -a *a & nmf* Sardinian
sar'donico *a* sardonic
'sarto, -a *nm* tailor ● *nf* dressmaker. **~'ria** *nf* tailor's; dressmaker's; (*arte*) couture
sas'sata *nf* blow with a stone; **prendere a sassate** stone. **'sasso** *nm* stone; (*ciottolo*) pebble
sassofo'nista *nmf* saxophonist. **sas'sofono** *nm* saxophone
sas'soso *a* stony
'Satana *nm* Satan. **sa'tanico** *a* satanic
sa'tellite *a inv & nm* satellite
sati'nato *a* glossy
'satira *nf* satire. **sa'tirico** *a* satirical
satu'ra|re *vt* saturate. **~zi'one** *nf* saturation. **'saturo** *a* saturated; (*pieno*) full
'sauna *nf* sauna
savoi'ardo *nm* (*biscotto*) sponge finger
sazi'ar|e *vt* satiate. **~si** *vr* **~si di** *fig* grow tired of
sazietà *nf* **mangiare a ~** eat one's fill. **'sazio** *a* satiated
sbaciucchi'ar|e *vt* smother with kisses. **~si** *vr* kiss and cuddle
sbada'ta|ggine *nf* carelessness; **è stata una ~ggine** it was careless. **~'mente** *adv* carelessly. **sba'dato** *a* careless
sbadigli'are *vi* yawn. **sba'diglio** *nm* yawn
sba'fa|re *vt* sponge. **~ta** *nf sl* nosh
'sbafo *nm* sponging; **a ~** (*gratis*) without paying
sbagli'ar|e *vi* make a mistake; (*aver torto*) be wrong ● *vt* make a mistake in; **~e strada** go the wrong way; **~e numero** get the number wrong; *Teleph* dial a wrong number. **~si** *vr* make a mistake. **'sbaglio** *nm* mistake; **per sbaglio** by mistake
sbal'l|are *vt* unpack; *fam* screw up ‹*conti*› ● *vi fam* go crazy. **~ato** *a*

(*squilibrato*) unbalanced. **'sballo** *nm fam* scream; (*per droga*) trip; **da sballo** *sl* terrific
sballot'tare *vt* toss about
sbalor'di|re *vt* stun ● *vi* be stunned. **~'tivo** *a* amazing. **~to** *a* stunned
sbal'zare *vt* throw; (*da una carica*) dismiss ● *vi* bounce; (*saltare*) leap. **'sbalzo** *nm* bounce; (*sussulto*) jolt; (*di temperatura*) sudden change; **a sbalzi** in spurts; **a sbalzo** (*lavoro a rilievo*) embossed
sban'care *vt* bankrupt; **~ il banco** break the bank
sbanda'mento *nm Auto* skid; *Naut* list; *fig* going off the rails
sban'da|re *vi Auto* skid; *Naut* list. **~rsi** *vr* (*disperdersi*) disperse. **~ta** *nf* skid; *Naut* list; **prendere una ~ta per** get a crush on. **~to, -a** *a* mixed-up ● *nmf* mixed-up person
sbandie'rare *vt* wave; *fig* display
sbarac'care *vt/i* clear up
sbaragli'are *vt* rout. **sba'raglio** *nm* rout; **mettere allo sbaraglio** rout
sbaraz'zar|e *vt* clear. **~si** *vr* **~si di** get rid of
sbaraz'zino, -a *a* mischievous ● *nmf* scamp
sbar'bar|e *vt*, **~si** *vr* shave
sbar'care *vt/i* disembark; **~ il lunario** make ends meet. **'sbarco** *nm* landing; (*di merci*) unloading
'sbarra *nf* bar; (*di passaggio a livello*) barrier. **~'mento** *nm* barricade. **sbar'rare** *vt* bar; (*ostruire*) block; cross ‹*assegno*›; (*spalancare*) open wide
sbatacchi'are *vt/i sl* bang, slam
'sbatter|e *vt* bang; slam, bang ‹*porta*›; (*urtare*) knock; *Culin* beat; flap ‹*ali*›; shake ‹*tappeto*› ● *vi* bang; ‹*porta:*› slam, bang. **~si** *vr sl* rush around; **~sene di qcsa** not give a damn about sth. **sbat'tuto** *a* tossed; *Culin* beaten; *fig* run down
sba'va|re *vi* dribble; ‹*colore:*› smear. **~'tura** *nf* smear; **senza ~ture** *fig* faultless
sbelli'carsi *vr* **~ dalle risa** split one's sides [with laughter]
'sberla *nf* slap
sbia'di|re *vt/i*, **~rsi** *vr* fade. **~to** *a* faded; *fig* colourless
sbian'car|e *vt/i*, **~si** *vr* whiten
sbi'eco *a* slanting; **di ~** on the slant; ‹*guardare*› sidelong; **guardare qcno di ~** look askance at sb; **tagliare di ~** cut on the bias
sbigot'ti|re *vt* dismay ● *vi*, **~rsi** *vr* be dismayed. **~to** *a* dismayed
sbilanci'ar|e *vt* unbalance ● *vi* (*perdere l'equilibrio*) overbalance. **~si** *vr* lose one's balance
sbirci'a|re *vt* cast sidelong glances at. **~ta** *nf* furtive glance. **~'tina** *nf* **dare una ~tina a** sneak a glance at
sbizzar'rirsi *vr* satisfy one's whims
sbloc'care *vt* unblock; *Mech* release; decontrol ‹*prezzi*›
sboc'care *vi* **~ in** ‹*fiume:*› flow into; ‹*strada:*› lead to; ‹*folla:*› pour into
sboc'cato *a* foul-mouthed
sbocci'are *vi* blossom
'sbocco *nm* flowing; (*foce*) mouth; *Comm* outlet
sbolo'gnare *vt fam* get rid of
'sbornia *nf* **prendere una ~** get drunk
sbor'sare *vt* pay out
sbot'tare *vi* burst out
sbotto'nar|e *vt* unbutton. **~si** *vr* (*fam: confidarsi*) open up; **~si la camicia** unbutton one's shirt
sbra'carsi *vr* put on something more comfortable; **~ dalle risate** *fam* kill oneself laughing
sbracci'a|rsi *vr* wave one's arms. **~to** *a* bare-armed; ‹*abito*› sleeveless
sbrai'tare *vi* bawl
sbra'nare *vt* tear to pieces
sbricio'lar|e *vt*, **~si** *vr* crumble
sbri'ga|re *vt* expedite; (*occuparsi di*) attend to. **~rsi** *vr* be quick. **~'tivo** *a* quick
sbrindel'la|re *vt* tear to shreds. **~to** *a* in rags
sbrodo'l|are *vt* stain. **~one** *nm* messy eater, dribbler
'sbronz|a *nf* **prendersi una ~a** get tight. **sbron'zarsi** *vr* get tight. **~o** *a* (*ubriaco*) tight
sbruffo'nata *nf* boast. **sbruf'fone, -a** *nmf* boaster
sbu'care *vi* come out
sbucci'ar|e *vt* peel; shell ‹*piselli*›. **~si** *vr* graze oneself
sbuf'fare *vi* snort; (*per impazienza*) fume. **'sbuffo** *nm* puff
'scabbia *nf* scabies *sg*
sca'broso *a* rough; *fig* difficult; ‹*scena*› indecent
scacci'are *vt* chase away
'scacc|o *nm* check; **~hi** *pl* (*gioco*) chess; (*pezzi*) chessmen; **dare ~o matto** checkmate; **a ~hi** ‹*tessuto*› checked. **~hi'era** *nf* chess-board
sca'dente *a* shoddy
sca'de|nza *nf* (*di contratto*) expiry;

Comm maturity; (*di progetto*) deadline; **a breve/lunga ~nza** short-/long-term. **~re** *vi* expire; ‹*valore:*› decline; ‹*debito:*› be due. **sca'duto** *a* ‹*biglietto*› out-of-date

sca'fandro *nm* diving suit; (*di astronauta*) spacesuit

scaf'fale *nm* shelf; (*libreria*) bookshelf

'scafo *nm* hull

scagion'are *vt* exonerate

'scaglia *nf* scale; (*di sapone*) flake; (*scheggia*) chip

scagli'ar|e *vt* fling. **~si** *vr* fling oneself; **~si contro** *fig* rail against

scagli|o'nare *vt* space out. **~'one** *nm* group; **a ~oni** in groups. **~one di reddito** tax bracket

'scala *nf* staircase; (*portatile*) ladder; (*Mus, misura, fig*) scale; **scale** *pl* stairs. **~ mobile** escalator; (*dei salari*) cost of living index

sca'la|re *vt* climb; layer ‹*capelli*›; (*detrarre*) deduct. **~ta** *nf* climb; (*dell'Everest ecc*) ascent; **fare delle ~te** go climbing. **~'tore, ~'trice** *nmf* climber

scalca'gnato *a* down at heel

scalci'are *vi* kick

scalci'nato *a* shabby

scalda'bagno *nm* water heater

scalda'muscoli *nm inv* leg-warmer

scal'dar|e *vt* heat. **~si** *vr* warm up; (*eccitarsi*) get excited

scal'fi|re *vt* scratch. **~t'tura** *nf* scratch

scali'nata *nf* flight of steps. **sca'lino** *nm* step; (*di scala a pioli*) rung

scalma'narsi *vr* get worked up

'scalo *nm* slipway; *Aeron, Naut* port of call; **fare ~ a** call at; *Aeron* land at

sca'lo|gna *nf* bad luck. **~'gnato** *a* unlucky

scalop'pina *nf* escalope

scal'pello *nm* chisel

scalpi'tare *vi* paw the ground; *fig* champ at the bit

'scalpo *nm* scalp

scal'pore *nm* noise; **far ~** *fig* cause a sensation

scal'trezza *nf* shrewdness. **scal'trirsi** *vr* get shrewder. **'scaltro** *a* shrewd

scal'zare *vt* bare the roots of ‹*albero*›; *fig* undermine; (*da una carica*) oust

'scalzo *a & adv* barefoot

scambi|'are *vt* exchange; **~are qcno per qualcun altro** mistake sb for somebody else. **~'evole** *a* reciprocal

'scambio *nm* exchange; *Comm* trade; **libero ~** free trade

scamosci'ato *a* suede

scampa'gnata *nf* trip to the country

scampa'nato *a* ‹*gonna*› flared

scampanel'lata *nf* [loud] ring

scam'pare *vt* save; (*evitare*) escape; **scamparla bella** have a lucky escape. **'scampo** *nm* escape

'scampolo *nm* remnant

scanala'tura *nf* groove

scandagli'are *vt* sound

scanda'listico *a* sensational

scandal|iz'zare *vt* scandalize. **~iz'zarsi** *vr* be scandalized

'scanda|lo *nm* scandal. **~'loso** *a* ‹*somma* ecc› scandalous; ‹*fortuna*› outrageous

Scandi'navia *nf* Scandinavia. **scan'dinavo, -a** *a & nmf* Scandinavian

scan'dire *vt* scan ‹*verso*›; pronounce clearly ‹*parole*›

scan'nare *vt* slaughter

scanneriz'zare *vt Comput* scan

scansafa'tiche *nmf inv* lazybones *sg*

scan'sar|e *vt* shift; (*evitare*) avoid. **~si** *vr* get out of the way

scansi'one *nf Comput* scanning

'scanso *nm* **a ~ di** in order to avoid; **a ~ di equivoci** to avoid any misunderstanding

scanti'nato *nm* basement

scanto'nare *vi* turn the corner; (*svignarsela*) sneak off

scanzo'nato *a* easy-going

scapacci'one *nm* smack

scape'strato *a* dissolute

'scapito *nm* loss; **a ~ di** to the detriment of

'scapola *nf* shoulder-blade

'scapolo *nm* bachelor

scappa'mento *nm Auto* exhaust

scap'pa|re *vi* escape; (*andarsene*) dash [off]; (*sfuggire*) slip; **mi ~ da ridere!** I want to burst out laughing; **mi ~ la pipì** I'm bursting, I need a pee. **~ta** *nf* short visit. **~'tella** *nf* escapade; (*infedeltà*) fling. **~'toia** *nf* way out

scappel'lotto *nm* cuff

scara'bocchio *nm* scribble

scara'faggio *nm* cockroach

scara'mantico *a* ‹*gesto*› to ward off the evil eye

scara'muccia *nf* skirmish

scarabocchi'are *vt* scribble

scaraven'tare *vt* hurl

scarce'rare *vt* release [from prison]

scardi'nare *vt* unhinge

'scarica *nf* discharge; (*di arma da fuoco*) volley; *fig* shower

scari'ca|re *vt* discharge; unload ‹*arma, merci*›; *Comput* download; *fig* unburden. **~rsi** *vr* ‹*fiume:*› flow; ‹*orologio, batteria:*› run down; *fig* unwind. **~'tore** *nm* loader; (*di porto*) docker. **'scarico** *a* unloaded; (*vuoto*) empty; ‹*orologio*› rundown; ‹*batteria*› flat; *fig* untroubled ● *nm* unloading; (*di rifiuti*) dumping; (*di acqua*) draining; (*di sostanze inquinanti*) discharge; (*luogo*) [rubbish] dump; *Auto* exhaust; (*idraulico*) drain; (*tubo*) waste pipe

scarlat'tina *nf* scarlet fever

scar'latto *a* scarlet

'scarno *a* thin; ‹*fig: stile*› bare

sca'ro|gna *nf fam* bad luck. **~'gnato** *a fam* unlucky

'scarpa *nf* shoe; (*fam: persona*) dead loss. **scarpe** *pl* **da ginnastica** trainers, gym shoes

scar'pata *nf* slope; (*burrone*) escarpment

scarpi'nare *vi* hike

scar'pone *nm* boot. **scarponi** *pl* **da sci** ski boot. **scarponi** *pl* **da trekking** walking boots

scarroz'zare *vt/i* drive around

scarseggi'are *vi* be scarce; **~ di** (*mancare*) be short of

scar'sezza *nf* scarcity, shortage. **scarsità** *nf* shortage. **'scarso** *a* scarce; (*manchevole*) short

scarta'mento *nm Rail* gauge. **~ ridotto** narrow gauge

scar'tare *vt* discard; unwrap ‹*pacco*›; (*respingere*) reject ● *vi* (*deviare*) swerve. **'scarto** *nm* scrap; (*in carte*) discard; (*deviazione*) swerve; (*distacco*) gap

scar'toffie *nfpl* bumf, bumph

scas'sa|re *vt* break. **~to** *a fam* clapped out

scassi'nare *vt* force open

scassina'tore, -'trice *nmf* burglar. **'scasso** *nm* (*furto*) house-breaking

scate'na|re *vt fig* stir up. **~rsi** *vr* break out; ‹*fig: temporale:*› break; (*fam: infiammarsi*) get excited. **~to** *a* crazy

'scatola *nf* box; (*di latta*) can, tin *Br*; **in ~** ‹*cibo*› canned, tinned *Br*; **rompere le scatole a qcno** *fam* get on sb's nerves

scat'tare *vi* go off; (*balzare*) spring up; (*adirarsi*) lose one's temper ● *vt* take ‹*foto*›. **'scatto** *nm* (*balzo*) spring; (*d'ira*) outburst; (*di telefono*) unit; (*dispositivo*) release; **a scatti** jerkily; **di scatto** suddenly

scatu'rire *vi* spring

scaval'care *vt* jump over ‹*muretto*›; climb over ‹*muro*›; (*fig: superare*) overtake

sca'vare *vt* dig ‹*buca*›; dig up ‹*tesoro*›; excavate ‹*città sepolta*›. **'scavo** *nm* excavation

scazzot'tata *nf fam* punch-up

'scegliere *vt* choose, select

scelle'rato *a* wicked

'scelt|a *nf* choice; (*di articoli*) range; **...a ~a** (*in menù*) choice of...; **prendine uno a ~a** take your choice *o* pick; **di prima ~a** top-grade, choice. **~o** *pp di* **scegliere** ● *a* select; (*merce ecc*) choice

sce'mare *vt/i* diminish

sce'menza *nf* silliness; (*azione*) silly thing to do/say. **'scemo** *a* silly

'scempio *nm* havoc; (*fig: di paesaggio*) ruination; **fare ~ di** play havoc with

'scena *nf* scene; (*palcoscenico*) stage; **entrare in ~** go/come on; *fig* enter the scene; **fare ~** put on an act; **fare una ~** make a scene; **andare in ~** *Theat* be staged, be put on. **sce'nario** *nm* scenery

sce'nata *nf* row, scene

'scendere *vi* go/come down; (*da treno, autobus*) get off; (*da macchina*) get out; ‹*strada:*› slope; ‹*notte, prezzi:*› fall ● *vt* go/come down ‹*scale*›

sceneggi'a|re *vt* dramatize. **~to** *nm* television serial. **~'tura** *nf* screenplay

'scenico *a* scenic

scervel'la|rsi *vr* rack one's brains. **~to** *a* brainless

'sceso *pp di* **scendere**

scetti'cismo *nm* scepticism. **'scettico, -a** *a* sceptical ● *nmf* sceptic

'scettro *nm* sceptre

'scheda *nf* card. **~ elettorale** ballotpaper. **~ di espansione** *Comput* expansion card. **~ perforata** punch card. **~ telefonica** phonecard. **sche'dare** *vt* file. **sche'dario** *nm* file; (*mobile*) filing cabinet

sche'dina *nf* pools coupon; **giocare la ~** do the pools

'scheggi|a *nf* fragment; (*di legno*) splinter. **~'arsi** *vr* chip; ‹*legno:*› splinter

'scheletro *nm* skeleton

'schema *nm* diagram; (*abbozzo*) outline. **sche'matico** *a* schematic. **~tiz'zare** *vt* schematize

'scherma *nf* fencing

scher'mirsi *vr* protect oneself

'schermo *nm* screen; **grande ~** big screen

scher'nire *vt* mock. **'scherno** *nm* mockery

scher'zare *vi* joke; (*giocare*) play

'scherzo *nm* joke; (*trucco*) trick; (*effetto*) play; *Mus* scherzo; **fare uno ~ a qcno** play a joke on sb; **per ~** for fun; **stare allo ~** take a joke. **scher'zoso** *a* playful

schiaccia'noci *nm inv* nutcrackers *pl*

schiacci'ante *a* damning

schiacci'are *vt* crush; *Sport* smash; press ‹*pulsante*›; crack ‹*noce*›; **~ un pisolino** grab forty winks

schiaffeggi'are *vt* slap. **schi'affo** *nm* slap; **dare uno schiaffo a** slap

schiamaz'zare *vi* make a racket; ‹*galline:*› cackle

schian'tar|e *vt* break. **~si** *vr* crash ● *vi* **schianto dalla fatica** I'm wiped out. **'schianto** *nm* crash; *fam* knock-out; (*divertente*) scream

schia'rir|e *vt* clear; (*sbiadire*) fade ● *vi*, **~si** *vr* brighten up; **~si la gola** clear one's throat

schiavitù *nf* slavery. **schi'avo, -a** *nmf* slave

schi'ena *nf* back; **mal di ~** backache. **schie'nale** *nm* (*di sedia*) back

schi'er|a *nf Mil* rank; (*moltitudine*) crowd. **~a'mento** *nm* lining up

schie'rar|e *vt* draw up. **~si** *vr* draw up; **~si con** (*parteggiare*) side with

schiet'tezza *nf* frankness. **schi'etto** *a* frank; (*puro*) pure

schi'fezza *nf* **una ~** rubbish. **schi-fil'toso** *a* fussy. **'schifo** *nm* disgust; **mi fa schifo** it makes me sick. **schi'foso** *a* disgusting; (*di cattiva qualità*) rubbishy

schioc'care *vt* crack; snap ‹*dita*›. **schi'occo** *nm* (*di frusta*) crack; (*di bacio*) smack; (*di dita, lingua*) click

schi'oppo *nm* **ad un tiro di ~** a stone's throw away

schi'uder|e *vt*, **~si** *vr* open

schi'u|ma *nf* foam; (*di sapone*) lather; (*feccia*) scum. **~ma da barba** shaving foam. **~'mare** *vt* skim ● *vi* foam

schi'uso *pp di* **schiudere**

schi'vare *vt* avoid. **'schivo** *a* bashful

schizo'frenico *a* schizophrenic

schiz'zare *vt* squirt; (*inzaccherare*) splash; (*abbozzare*) sketch ● *vi* spurt; **~ via** scurry away

schiz'zato, -a *a & nmf sl* loony

schizzi'noso *a* squeamish

'schizzo *nm* squirt; (*di fango*) splash; (*abbozzo*) sketch

sci *nm inv* ski; (*sport*) skiing. **~ d'acqua** water-skiing

'scia *nf* wake; (*di fumo ecc*) trail

sci'abola *nf* sabre

sciabor'dare *vt/i* lap

scia'callo *nm* jackal; *fig* profiteer

sciac'quar|e *vt* rinse. **~si** *vr* rinse oneself. **sci'acquo** *nm* mouthwash

scia'gu|ra *nf* disaster. **~'rato** *a* unfortunate; (*scellerato*) wicked

scialac'quare *vt* squander

scia'lare *vi* spend money like water

sci'albo *a* pale; *fig* dull

sci'alle *nm* shawl

scia'luppa *nf* dinghy. **~ di salvataggio** lifeboat

sci'ame *nm* swarm

sci'ampo *nm* shampoo

scian'cato *a* lame

sci'are *vi* ski

sci'arpa *nf* scarf

sci'atica *nf Med* sciatica

scia'tore, -'trice *nmf* skier

sci'atto *a* slovenly; ‹*stile*› careless. **sciat'tone, -a** *nmf* slovenly person

scienti'fico *a* scientific

sci'enz|a *nf* science; (*sapere*) knowledge. **~i'ato, -a** *nmf* scientist

'scimmi|a *nf* monkey. **~ot'tare** *vt* ape

scimpanzé *nm inv* chimpanzee, chimp

scimu'nito *a* idiotic

'scinder|e *vt*, **~si** *vr* split

scin'tilla *nf* spark. **scintil'lante** *a* sparkling. **scintil'lare** *vi* sparkle

scioc'ca|nte *a* shocking. **~re** *vt* shock

scioc'chezza *nf* foolishness; (*assurdità*) nonsense. **sci'occo** *a* foolish

sci'oglier|e *vt* untie; undo, untie ‹*nodo*›; (*liberare*) release; (*liquefare*) melt; dissolve ‹*contratto, qcsa nell'acqua*›; loosen up ‹*muscoli*›. **~si** *vr* release oneself; (*liquefarsi*) melt; ‹*contratto:*› be dissolved; ‹*pastiglia:*› dissolve

sciogli'lingua *nm inv* tongue-twister

scio'lina *nf* wax

sciol'tezza *nf* agility; (*disinvoltura*) ease

sci'olto *pp di* **sciogliere** ● *a* loose; (*agile*) agile; (*disinvolto*) easy; **versi sciolti** blank verse

sciope'ra|nte *nmf* striker. **~re** *vi* go on strike, strike. **sci'opero** *nm* strike. **sciopero a singhiozzo** on-off strike

sciori'nare *vt fig* show off

sci'pito *a* insipid

scip'pa|re *vt fam* snatch. **~'tore, ~'trice** *nmf* bag snatcher. **'scippo** *nm* bag-snatching

sci'rocco *nm* sirocco
scirop'pato *a* ‹*frutta*› in syrup. **sci'roppo** *nm* syrup
'scisma *nm* schism
scissi'one *nf* division
'scisso *pp di* **scindere**
sciu'par|e *vt* spoil; (*sperperare*) waste. **~si** *vr* get spoiled; (*deperire*) wear oneself out. **sciu'pio** *nm* waste
scivo'l|are *vi* slide; (*involontariamente*) slip. **'scivolo** *nm* slide; *Techn* chute. **~oso** *a* slippery
scle'rosi *nf* sclerosis
scoc'care *vt* shoot ● *vi* ‹*scintilla:*› shoot out; ‹*ora:*› strike
scocci'a|re *vt* (*dare noia a*) bother. **~rsi** *vr* be bothered. **~to** *a fam* narked. **~'tore, ~'trice** *nmf* bore. **~'tura** *nf* nuisance
sco'della *nf* bowl
scodinzo'lare *vi* wag its tail
scogli'era *nf* cliff; (*a fior d'acqua*) reef. **'scoglio** *nm* rock; (*fig: ostacolo*) stumbling block
scoi'attolo *nm* squirrel
scola|'pasta *nm inv* colander. **~pi'atti** *nm inv* dish drainer
sco'lara *nf* schoolgirl
sco'lare *vt* drain; strain ‹*pasta, verdura*› ● *vi* drip
sco'la|ro *nm* schoolboy. **~'resca** *nf* pupils *pl*. **~stico** *a* school *attrib*
scoli'osi *nf* curvature of the spine
scol'la|re *vt* cut away the neck of ‹*abito*›; (*staccare*) unstick. **~to** *a* ‹*abito*› low-necked. **~'tura** *nf* neckline
'scolo *nm* drainage
scolo'ri|re *vt*, **~rsi** *vr* fade. **~to** *a* faded
scol'pire *vt* carve; (*imprimere*) engrave
scombi'nare *vt* upset
scombusso'lare *vt* muddle up
scom'mess|a *nf* bet. **~o** *pp di* **scommettere**. **scom'mettere** *vt* bet
scomo'dar|e *vt*, **~si** *vr* trouble. **scomodità** *nf* discomfort. **'scomodo** *a* uncomfortable ● *nm* **essere di scomodo a qcno** be a trouble to sb
scompa'rire *vi* disappear; (*morire*) pass on. **scom'parsa** *nf* disappearance; (*morte*) passing, death. **scom'parso, -a** *pp di* **scomparire** ● *nmf* departed
scomparti'mento *nm* compartment. **scom'parto** *nf* compartment
scom'penso *nm* imbalance
scompigli'are *vt* disarrange. **scom'piglio** *nm* confusion
scom'po|rre *vt* take to pieces; (*fig: turbare*) upset. **~rsi** *vr* get flustered, lose one's composure. **~sto** *pp di* **scomporre** ● *a* (*sguaiato*) unseemly; (*disordinato*) untidy
sco'muni|ca *nf* excommunication. **~'care** *vt* excommunicate
sconcer'ta|re *vt* disconcert; (*rendere perplesso*) bewilder. **~to** *a* disconcerted; bewildered
scon'cezza *nf* obscenity. **'sconcio** *a* (*osceno*) dirty ● *nm* **è uno sconcio che...** it's a disgrace that...
sconclusio'nato *a* incoherent
scon'dito *a* unseasoned; (*insalata*) with no dressing
sconfes'sare *vt* disown
scon'figgere *vt* defeat
sconfi'na|re *vi* cross the border; (*in proprietà privata*) trespass. **~to** *a* unlimited
scon'fitt|a *nf* defeat. **~o** *pp di* **sconfiggere**
scon'forto *nm* dejection
sconge'lare *vt* thaw out ‹*cibo*›, defrost
scongi|u'rare *vt* beseech; (*evitare*) avert. **~'uro** *nm* **fare gli scongiuri** ≈ touch wood, knock on wood *Am*
scon'nesso *pp di* **sconnettere** ● *a fig* incoherent. **scon'nettere** *vt* disconnect
sconosci'uto, -a *a* unknown ● *nmf* stranger
sconquas'sare *vt* smash; (*sconvolgere*) upset
sconside'rato *a* inconsiderate
sconsigli'a|bile *a* not advisable. **~re** *vt* advise against
sconso'lato *a* disconsolate
scon'ta|re *vt* discount; (*dedurre*) deduct; (*pagare*) pay off; serve ‹*pena*›. **~to** *a* discount; (*ovvio*) expected; **~to del 10%** with 10% discount; **dare qcsa per ~to** take sth for granted
scon'tento *a* displeased ● *nm* discontent
'sconto *nm* discount; **fare uno ~** give a discount
scon'trarsi *vr* clash; (*urtare*) collide
scon'trino *nm* ticket; (*di cassa*) receipt
'scontro *nm* clash; (*urto*) collision
scon'troso *a* unsociable
sconveni'ente *a* unprofitable; (*scorretto*) unseemly
sconvol'gente *a* mind-blowing
scon'vol|gere *vt* upset; (*mettere in disordine*) disarrange. **~gi'mento** *nm* upheaval. **~to** *pp di* **sconvolgere** ● *a* distraught

'scopa *nf* broom. **sco'pare** *vt* sweep; *vulg* shag, screw
scoperchi'are *vt* take the lid off ‹*pentola*›; take the roof off ‹*casa*›
sco'pert|a *nf* discovery. **~o** *pp di* **scoprire** ● *a* uncovered; (*senza riparo*) exposed; (*conto*) overdrawn; (*spoglio*) bare
'scopo *nm* aim; **allo ~ di** in order to
scoppi'are *vi* burst; *fig* break out. **scoppiet'tare** *vi* crackle. **'scoppio** *nm* burst; (*di guerra*) outbreak; (*esplosione*) explosion
sco'prire *vt* discover; (*togliere la copertura a*) uncover
scoraggi'ante *a* discouraging
scoraggi'a|re *vt* discourage. **~rsi** *vr* lose heart
scor'butico *a* peevish
scorcia'toia *nf* short cut
'scorcio *nm* (*di epoca*) end; (*di cielo*) patch; (*in arte*) foreshortening; **di ~** ‹*vedere*› from an angle. **~ panoramico** panoramic view
scor'da|re *vt*, **~rsi** *vr* forget. **~to** *a Mus* out of tune
sco'reggi|a *nf fam* fart. **~'are** *vi fam* fart
'scorgere *vt* make out; (*notare*) notice
scoria *nf* waste; (*di metallo, carbone*) slag; **scorie** *pl* **radioattive** radioactive waste
scor'nato *a fig* hangdog. **'scorno** *nm* humiliation
scorpacci'ata *nf* bellyful; **fare una ~ di** stuff oneself with
scorpi'one *nm* scorpion; *Astr* Scorpio
scorraz'zare *vi* run about
'scorrere *vt* (*dare un'occhiata*) glance through ● *vi* run; (*scivolare*) slide; (*fluire*) flow; *Comput* scroll. **scor're-vole** *a* **porta scorrevole** sliding door
scorre'ria *nf* raid
scorret'tezza *nf* (*mancanza di educazione*) bad manners *pl*. **scor'retto** *a* incorrect; (*sconveniente*) improper
scorri'banda *nf* raid; *fig* excursion
'scors|a *nf* glance. **~o** *pp di* **scorrere** ● *a* last
scor'soio *a* **nodo ~** noose
'scor|ta *nf* escort; (*provvista*) supply. **~'tare** *vt* escort
scor'te|se *a* discourteous. **~'sia** *nf* discourtesy
scorti'ca|re *vt* skin. **~'tura** *nf* graze
'scorto *pp di* **scorgere**
'scorza *nf* peel; (*crosta*) crust; (*corteccia*) bark
sco'sceso *a* steep
'scossa *nf* shake; *Electr, fig* shock; **prendere la ~** get an electric shock. **~ elettrica** electric shock. **~ sismica** earth tremor
'scosso *pp di* **scuotere** ● *a* shaken; (*sconvolto*) upset
sco'stante *a* off-putting
sco'sta|re *vt* push away. **~rsi** *vr* stand aside
scostu'mato *a* dissolute; (*maleducato*) ill-mannered
scot'tante *a* ‹*argomento*› dangerous
scot'ta|re *vt* scald ● *vi* burn; ‹*bevanda:*› be too hot; ‹*sole, pentola:*› be very hot. **~rsi** *vr* burn oneself; (*al sole*) get sunburnt; *fig* get one's fingers burnt. **~'tura** *nf* burn; (*da liquido*) scald; **~tura solare** sunburn; *fig* painful experience
'scotto *a* overcooked
sco'vare *vt* (*scoprire*) discover
'Scoz|ia *nf* Scotland. **~'zese** *a* Scottish ● *nmf* Scot
scredi'tare *vt* discredit
scre'mare *vt* skim
screpo'la|re *vt*, **~rsi** *vr* crack. **~to** *a* ‹*labbra*› chapped. **~'tura** *nf* crack
screzi'ato *a* speckled
'screzio *nm* disagreement
scribac|chi'are *vt* scribble. **~'chino, -a** *nmf* scribbler; (*impiegato*) penpusher
scricchio'l|are *vi* creak. **~io** *nm* creaking
'scricciolo *nm* wren
'scrigno *nm* casket
scrimina'tura *nf* parting
'scrit|ta *nf* writing; (*su muro*) graffiti. **~to** *pp di* **scrivere** ● *a* written ● *nm* writing; (*lettera*) letter. **~'toio** *nm* writing-desk. **~'tore, ~'trice** *nmf* writer. **~'tura** *nf* writing; *Relig* scripture
scrittu'rare *vt* engage
scriva'nia *nf* desk
'scrivere *vt* write; (*descrivere*) write about; **~ a macchina** type
scroc'c|are *vt* **~are a** sponge off. **'scrocco** *nm fam* **a scrocco** *fam* without paying; **vivere a scrocco** sponge off other people. **~one, -a** *nmf* sponger
'scrofa *nf* sow
scrol'lar|e *vt* shake; **~e le spalle** shrug one's shoulders. **~si** *vr* shake oneself; **~si qcsa di dosso** shake sth off
scrosci'are *vi* roar; ‹*pioggia:*› pelt down. **'scroscio** *nm* roar; (*di pioggia*)

pelting; **uno scroscio di applausi** thunderous applause

scro'star|e *vt* scrape. **~si** *vr* peel off

'scrupo|lo *nm* scruple; (*diligenza*) care; **senza scrupoli** unscrupulous, without scruples. **~'loso** *a* scrupulous

scru'ta|re *vt* scan; (*indagare*) search. **~'tore** *nm* (*alle elezioni*) returning officer

scruti'nare *vt* scrutinize. **scru'tinio** *nm* (*di voti alle elezioni*) poll; *Sch* assessment of progress

scu'cire *vt* unstitch; **scuci i soldi!** *fam* cough up [the money]!

scude'ria *nf* stable

scu'detto *nm Sport* championship shield

'scudo *nm* shield

sculacci|'are *vt* spank. **~'ata** *nf* spanking. **~'one** *nm* spanking

sculet'tare *vi* wiggle one's hips

scul|'tore, -'trice *nm* sculptor ● *nf* sculptress. **~'tura** *nf* sculpture

scu'ola *nf* school. **~ elementare** primary school. **~ guida** driving school. **~ materna** day nursery. **~ media** secondary school. **~ media [inferiore]** secondary school (*10-13*). **~ [media] superiore** secondary school (*13-18*). **~ dell'obbligo** compulsory education

scu'oter|e *vt* shake. **~si** *vr* (*destarsi*) rouse oneself; **~si di dosso** shake off

'scure *nf* axe

scu'reggia *nf fam* fart. **scureggi'are** *vi fam* fart

scu'rire *vt/i* darken

'scuro *a* dark ● *nm* darkness; (*imposta*) shutter

scur'rile *a* scurrilous

'scusa *nf* excuse; (*giustificazione*) apology; **chiedere ~** apologize; **chiedo ~!** I'm sorry!

scu'sar|e *vt* excuse. **~si** *vr* **~si** apologize (**di** for); **[mi] scusi!** excuse me!; (*chiedendo perdono*) [I'm] sorry!

sdebi'tarsi *vr* (*disobbligarsi*) repay a kindness

sde'gna|re *vt* despise. **~rsi** *vr* get angry. **~to** *a* indignant. **'sdegno** *nm* disdain. **sde'gnoso** *a* disdainful

sden'tato *a* toothless

sdolci'nato *a* sentimental, schmaltzy

sdoppi'are *vt* halve

sdrai'arsi *vr* lie down. **'sdraio** *nm* **[sedia a] sdraio** deckchair

sdrammatiz'zare *vi* provide some comic relief

sdruccio'l|are *vi* slither. **~evole** *a* slippery

se *conj* if; (*interrogativo*) whether, if; **se mai** (*caso mai*) if need be; **se mai telefonasse,...** should he call,..., if he calls,...; **se no** otherwise, or else; **se non altro** at least, if nothing else; **se pure** (*sebbene*) even though; (*anche se*) even if; **non so se sia vero** I don't know whether it's true, I don't know if it's true; **come se** as if; **se lo avessi saputo prima!** if only I had known before!; **e se andassimo fuori a cena?** how about going out for dinner? ● *nm inv* if

sé *pron* oneself; (*lui*) himself; (*lei*) herself; (*esso, essa*) itself; (*loro*) themselves; **l'ha fatto da sé** he did it himself; **ha preso i soldi con sé** he took the money with him; **si sono tenuti le notizie per sé** they kept the news to themselves

seb'bene *conj* although

'secca *nf* shallows *pl*; **in ~** ‹*nave*› aground

sec'cante *a* annoying

sec'ca|re *vt* dry; (*importunare*) annoy ● *vi* dry up. **~rsi** *vr* dry up; (*irritarsi*) get annoyed; (*annoiarsi*) get bored. **~'tore, ~'trice** *nmf* nuisance. **~'tura** *nf* bother

secchi'ello *nm* pail

'secchio *nm* bucket. **~ della spazzatura** rubbish bin, trash can *Am*

'secco, -a *a* dry; (*disseccato*) dried; (*magro*) thin; (*brusco*) curt; (*preciso*) sharp; **restare a ~** be left penniless; **restarci ~** (*fam: morire di colpo*) be killed on the spot ● *nm* (*siccità*) drought; **lavare a ~** dry-clean

secessi'one *nf* secession

seco'lare *a* age-old; (*laico*) secular. **'secolo** *nm* century; (*epoca*) age; **è un secolo che non lo vedo** *fam* I haven't seen him for ages *o* yonks

se'cond|a *nf Sch, Rail* second class; *Auto* second [gear]. **~o** *a* second ● *nm* second; (*secondo piatto*) main course ● *prep* according to; **~o me** in my opinion

secondo'genito, -a *a & nm* second-born

secrezi'one *nf* secretion

'sedano *nm* celery

seda'tivo *a & nm* sedative

'sede *nf* seat; (*centro*) centre; *Relig* see; *Comm* head office. **~ sociale** registered office

seden'tario *a* sedentary

se'der|e *vi* sit. **~si** *vr* sit down ● *nm* (*deretano*) bottom
'sedia *nf* chair. **~ a dondolo** rocking chair. **~ a rotelle** wheelchair
sedi'cente *a* self-styled
'sedici *a & nm* sixteen
se'dile *nm* seat
sedizi'o|ne *nf* sedition. **~so** *a* seditious
se'dotto *pp di* **sedurre**
sedu'cente *a* seductive; (*allettante*) enticing
se'durre *vt* seduce
se'duta *nf* session; (*di posa*) sitting. **~ stante** *adv* here and now
seduzi'one *nf* seduction
'sega *nf* saw; *vulg* wank
'segala *nf* rye
se'gare *vt* saw
sega'tura *nf* sawdust
'seggio *nm* seat. **~ elettorale** polling station
seg'gio|la *nf* chair. **~'lino** *nm* seat; (*da bambino*) child's seat. **~'lone** *nm* (*per bambini*) high chair
seggio'via *nf* chair lift
seghe'ria *nf* sawmill
se'ghetto *nm* hacksaw
seg'mento *nm* segment
segna'lar|e *vt* signal; (*annunciare*) announce; (*indicare*) point out. **~si** *vr* distinguish oneself
se'gna|le *nm* signal; (*stradale*) sign. **~le acustico** beep. **~le orario** time signal. **~'letica** *nf* signals *pl*. **~letica stradale** road signs *pl*
segna'libro *nm* bookmark
se'gnar|e *vt* mark; (*prendere nota*) note; (*indicare*) indicate; *Sport* score. **~si** *vr* cross oneself. **'segno** *nm* sign; (*traccia, limite*) mark; (*bersaglio*) target; **far segno** (*col capo*) nod; (*con la mano*) beckon. **segno zodiacale** birth sign
segre'ga|re *vt* segregate. **~zi'one** *nf* segregation
segretari'ato *nm* secretariat
segre'tario, -a *nmf* secretary. **~ comunale** town clerk
segrete'ria *nf* (*uffico*) [administrative] office; (*segretariato*) secretariat. **~ telefonica** answering machine, answerphone
segre'tezza *nf* secrecy
se'greto *a & nm* secret; **in ~** in secret
segu'ace *nmf* follower
segu'ente *a* following, next
se'gugio *nm* bloodhound
segu'ire *vt/i* follow; (*continuare*) continue
segui'tare *vt/i* continue
'seguito *nm* retinue; (*sequela*) series; (*continuazione*) continuation; **di ~** in succession; **in ~** later on; **in ~ a** following; **al ~** in his/her wake; (*a causa di*) owing to; **fare ~ a** *Comm* follow up
'sei *a & nm* six. **sei'cento** *a & nm* six hundred; **il Seicento** the seventeenth century. **sei'mila** *a & nm* six thousand
sel'ciato *nm* paving
selet'tivo *a* selective. **selezio'nare** *vt* select. **selezi'one** *nf* selection
'sella *nf* saddle. **sel'lare** *vt* saddle
seltz *nm* soda water
'selva *nf* forest
selvag'gina *nf* game
sel'vaggio, -a *a* wild; (*primitivo*) savage ● *nmf* savage
sel'vatico *a* wild
se'maforo *nm* traffic lights *pl*
se'mantica *nf* semantics *sg*
sem'brare *vi* seem; (*assomigliare*) look like; **che te ne sembra?** what do you think?; **mi sembra che...** I think...
'seme *nm* seed; (*di mela*) pip; (*di carte*) suit; (*sperma*) semen
se'mestre *nm* half-year
semi'cerchio *nm* semicircle
semifi'nale *nf* semifinal
semi'freddo *nm ice cream and sponge dessert*
'semina *nf* sowing
semi'nare *vt* sow; *fam* shake off ‹*inseguitori*›
semi'nario *nm* seminar; *Relig* seminary
seminter'rato *nm* basement
se'mitico *a* Semitic
sem'mai *conj* in case ● *adv* **è lui, ~, che**... if anyone, it's him who...
'semola *nf* bran. **semo'lino** *nm* semolina
'sempli|ce *a* simple; **in parole semplici** in plain words. **~'cemente** *adv* simply. **~ci'otto, -a** *nmf* simpleton. **~'cistico** *a* simplistic. **~cità** *nf* simplicity. **~fi'care** *vt* simplify
'sempre *adv* always; (*ancora*) still; **per ~** for ever
sempre'verde *a & nm* evergreen
'senape *nf* mustard
se'nato *nm* senate. **sena'tore** *nm* senator
se'nil|e *a* senile. **~ità** *nf* senility
'senno *nm* sense

'seno *nm* (*petto*) breast; *Math* sine; **in ~ a** in the bosom of
sen'sato *a* sensible
sensazi|o'nale *a* sensational. **~'one** *nf* sensation
sen'sibil|e *a* sensitive; (*percepibile*) perceptible; (*notevole*) considerable. **~ità** *nf* sensitivity. **~iz'zare** *vt* make more aware (**a** of)
sensi'tivo, -a *a* sensory • *nmf* sensitive person; (*medium*) medium
'senso *nm* sense; (*significato*) meaning; (*direzione*) direction; **far ~ a qcno** make sb shudder; **non ha ~** it doesn't make sense; **senza ~** meaningless; **perdere i sensi** lose consciousness. **~ dell'umorismo** sense of humour. **~ unico** ‹*strada*› one-way; **~ vietato** no entry
sensu'al|e *a* sensual. **~ità** *nf* sensuality
sen'tenz|a *nf* sentence; (*massima*) saying. **~i'are** *vi Jur* pass judgment
senti'ero *nm* path
sentimen'tale *a* sentimental. **senti'mento** *nm* feeling
senti'nella *nf* sentry
sen'ti|re *vt* feel; (*udire*) hear; (*ascoltare*) listen to; (*gustare*) taste; (*odorare*) smell • *vi* feel; (*udire*) hear; **~re caldo/freddo** feel hot/cold. **~rsi** *vr* feel; **~rsi di fare qcsa** feel like doing sth; **~rsi bene** feel well; **~rsi poco bene** feel unwell; **~rsela di fare qcsa** feel up to doing sth. **~to** *a* (*sincero*) sincere; **per ~to dire** by hearsay
sen'tore *nm* inkling
'senza *prep* without; **~ correre** without running; **senz'altro** certainly; **~ ombrello** without an umbrella
senza'tetto *nm inv* **i ~** the homeless
sepa'ra|re *vt* separate. **~rsi** *vr* separate; ‹*amici:*› part; **~rsi da** be separated from. **~ta'mente** *adv* separately. **~zi'one** *nf* separation
se'pol|cro *nm* sepulchre. **~to** *pp di* **seppellire**. **~'tura** *nf* burial
seppel'lire *vt* bury
'seppia *nf* cuttle fish; **nero di ~** sepia
sep'pure *conj* even if
se'quenza *nf* sequence
seque'strare *vt* (*rapire*) kidnap; *Jur* impound; (*confiscare*) confiscate. **se'questro** *nm Jur* impounding; (*di persona*) kidnap[ping]
'sera *nf* evening; **di ~** in the evening. **se'rale** *a* evening. **se'rata** *nf* evening; (*ricevimento*) party
ser'bare *vt* keep; harbour ‹*odio*›; cherish ‹*speranza*›
serba'toio *nm* tank. **~ d'acqua** water tank; (*per una città*) reservoir
'Serbia *nf* Serbia
'serbo, -a *a & nmf* Serbian • *nm* (*lingua*) Serbian; **mettere in ~** put aside
sere'nata *nf* serenade
serenità *nf* serenity. **se'reno** *a* serene; ‹*cielo*› clear
ser'gente *nm* sergeant
seria'mente *adv* seriously
'serie *nf inv* series; (*complesso*) set; *Sport* division; **fuori ~** custom-built; **produzione in ~** mass production; **di ~ B** second-rate
serietà *nf* seriousness. **'serio** *a* serious; (*degno di fiducia*) reliable; **sul serio** seriously; (*davvero*) really
ser'mone *nm* sermon
'serpe *nf liter* viper. **~ggi'are** *vi* meander; (*diffondersi*) spread
ser'pente *nm* snake. **~ a sonagli** rattlesnake
'serra *nf* greenhouse; **effetto ~** greenhouse effect
ser'randa *nf* shutter
ser'ra|re *vt* shut; (*stringere*) tighten; (*incalzare*) press on. **~'tura** *nf* lock
ser'vir|e *vt* serve; (*al ristorante*) wait on • *vi* serve; (*essere utile*) be of use; **non serve** it's no good. **~si** *vr* (*di cibo*) help oneself; **~si da** buy from; **~si di** use
servitù *nf inv* servitude; (*personale di servizio*) servants *pl*
servizi'evole *a* obliging
ser'vizio *nm* service; (*da caffè ecc*) set; (*di cronaca, sportivo*) report; **servizi** *pl* bathroom; **essere di ~** be on duty; **fare ~** ‹*autobus ecc:*› run; **fuori ~** ‹*bus*› not in service; ‹*ascensore*› out of order; **~ compreso** service charge included. **~ in camera** room service. **~ civile** *civilian duties done instead of national service*. **~ militare** military service. **~ pubblico** utility company
'servo, -a *nmf* servant
servo'sterzo *nm* power steering
ses'san|ta *a & nm* sixty. **~'tina** *nf* **una ~tina** about sixty
sessi'one *nf* session
'sesso *nm* sex
sessu'al|e *a* sexual. **~ità** *nf* sexuality
'sesto[1] *a* sixth
'sesto[2] *nm* (*ordine*) order
'seta *nf* silk

setacci'are *vt* sieve. **se'taccio** *nm* sieve

'sete *nf* thirst; **avere ~** be thirsty

'setola *nf* bristle

'setta *nf* sect

set'tan|ta *a & nm* seventy. **~'tina** *nf* **una ~tina** about seventy

'sette *a & nm* seven. **~'cento** *a & nm* seven hundred; **il S~cento** the eighteenth century

set'tembre *nm* September

settentri|o'nale *a* northern ● *nmf* northerner. **~'one** *nm* north

setti'ma|na *nf* week. **~'nale** *a & nm* weekly

'settimo *a* seventh

set'tore *nm* sector

severità *nf* severity. **se'vero** *a* severe; (*rigoroso*) strict

se'vizi|a *nf* torture; **se'vizie** *pl* torture *sg*. **~'are** *vt* torture

sezio'nare *vt* divide; *Med* dissect. **sezi'one** *nf* section; (*reparto*) department; *Med* dissection

sfaccen'dato *a* idle

sfacchi'na|re *vi* toil. **~ta** *nf* drudgery

sfacci|a'taggine *nf* cheek, insolence. **~'ato** *a* cheeky, fresh *Am*

sfa'celo *nm* ruin; **in ~** in ruins

sfal'darsi *vr* flake off

sfa'mar|e *vt* feed. **~si** *vr* satisfy one's hunger, eat one's fill

'sfar|zo *nm* pomp. **~'zoso** *a* sumptuous

sfa'sato *a fam* confused; ‹*motore*› which needs tuning

sfasci'a|re *vt* unbandage; (*fracassare*) smash. **~rsi** *vr* fall to pieces. **~to** *a* beat-up

sfa'tare *vt* explode

sfati'cato *a* lazy

sfavil'la|nte *a* sparkling. **~re** *vi* sparkle

sfavo'revole *a* unfavourable

sfavo'rire *vt* disadvantage, put at a disadvantage

'sfer|a *nf* sphere. **~ico** *a* spherical

sfer'rare *vt* unshoe ‹*cavallo*›; (*scagliare*) land

sfer'zare *vt* whip

sfian'carsi *vr* wear oneself out

sfi'bra|re *vt* exhaust. **~to** *a* exhausted

'sfida *nf* challenge. **sfi'dare** *vt* challenge

sfi'duci|a *nf* mistrust. **~'ato** *a* discouraged

'sfiga *nf vulg* bloody bad luck

sfigu'rare *vt* disfigure ● *vi* (*far cattiva figura*) look out of place

sfilacci'ar|e *vt*, **~si** *vr* fray

sfi'la|re *vt* unthread; (*togliere di dosso*) take off ● *vi* ‹*truppe:*› march past; (*in parata*) parade. **~rsi** *vr* come unthreaded; ‹*collant:*› ladder; take off ‹*pantaloni*›. **~ta** *nf* parade; (*sfilza*) series. **~ta di moda** fashion show

'sfilza *nf* (*di errori, domande*) string

'sfinge *nf* sphinx

sfi'nito *a* worn out

sfio'rare *vt* skim; touch on ‹*argomento*›

sfio'rire *vi* wither; ‹*bellezza:*› fade

'sfitto *a* vacant

'sfizio *nm* whim, fancy; **togliersi uno ~** satisfy a whim

sfo'cato *a* out of focus

sfoci'are *vi* **~ in** flow into

sfode'ra|re *vt* draw ‹*pistola, spada*›. **~to** *a* unlined

sfo'gar|e *vt* vent. **~si** *vr* give vent to one's feelings

sfoggi'are *vt/i* show off. **'sfoggio** *nm* show, display; **fare sfoggio di** show off

'sfoglia *nf* sheet of pastry; **pasta ~** puff pastry

sfogli'are *vt* leaf through

'sfogo *nm* outlet; *fig* outburst; *Med* rash; **dare ~ a** give vent to

sfolgo'ra|nte *a* blazing. **~re** *vi* blaze

sfol'lare *vt* clear ● *vi Mil* be evacuated

sfol'tire *vt* thin [out]

sfon'dare *vt* break down ● *vi* (*aver successo*) make a name for oneself

'sfondo *nm* background

sfor'ma|re *vt* pull out of shape ‹*tasche*›. **~rsi** *vr* lose its shape; ‹*persona:*› lose one's figure. **~to** *nm Culin* flan

sfor'nito *a* **~ di** ‹*negozio*› out of

sfor'tuna *nf* bad luck. **~ta'mente** *adv* unfortunately. **sfortu'nato** *a* unlucky

sfor'zar|e *vt* force. **~si** *vr* try hard. **'sforzo** *nm* effort; (*tensione*) strain

'sfottere *vt sl* tease

sfracel'larsi *vr* smash

sfrat'tare *vt* evict. **'sfratto** *nm* eviction

sfrecci'are *vi* flash past

sfregi'a|re *vt* slash. **~to** *a* scarred

'sfregio *nm* slash

sfre'na|rsi *vr* run wild. **~to** *a* wild

sfron'tato *a* shameless

sfrutta'mento *nm* exploitation. **sfrut'tare** *vt* exploit

sfug'gente *a* elusive; ‹*mento*› receding

sfug'gi|re *vi* escape; **~re a** escape [from]; **mi sfugge** it escapes me; **mi è**

sfuggito di mano I lost hold of it ● *vt* avoid. **~ta** *nf* **di ~ta** in passing
sfu'ma|re *vi* (*svanire*) vanish; ‹*colore:*› shade off ● *vt* soften ‹*colore*›. **~'tura** *nf* shade
sfuri'ata *nf* outburst [of anger]
sga'bello *nm* stool
sgabuz'zino *nm* cupboard
sgam'bato *a* ‹*costume da bagno*› high-cut
sgambet'tare *vi* kick one's legs; (*camminare*) trot. **sgam'betto** *nm* **fare lo sgambetto a qcno** trip sb up
sganasci'arsi *vr* **~ dalle risa** roar with laughter
sganci'ar|e *vt* unhook; *Rail* uncouple; drop ‹*bombe*›; *fam* cough up ‹*denaro*›. **~si** *vr* become unhooked; *fig* get away
sganghe'rato *a* ramshackle
sgar'bato *a* rude. **'sgarbo** *nm* discourtesy; **fare uno sgarbo** be rude
sgargi'ante *a* garish
sgar'rare *vi* be wrong; (*da regola*) stray from the straight and narrow. **'sgarro** *nm* mistake, slip
sgattaio'lare *vi* sneak away; **~ via** decamp
sghignaz'zare *vi* laugh scornfully, sneer
sgob'b|are *vi* slog; ‹*fam: studente:*› swot. **~one, -a** *nmf* slogger; (*fam: studente*) swot
sgoccio'lare *vi* drip
sgo'larsi *vr* shout oneself hoarse
sgomb[e]'rare *vt* clear [out]. **'sgombro** *a* clear ● *nm* (*trasloco*) removal; (*pesce*) mackerel
sgomen'tar|e *vt* dismay. **~si** *vr* be dismayed. **sgo'mento** *nm* dismay
sgomi'nare *vt* defeat
sgom'mata *nf* screech of tyres
sgonfi'ar|e *vt* deflate. **~si** *vr* go down. **'sgonfio** *a* flat
'sgorbio *nm* scrawl; (*fig: vista sgradevole*) sight
sgor'gare *vi* gush [out] ● *vt* flush out, unblock ‹*lavandino*›
sgoz'zare *vt* **~ qcno** cut sb's throat
sgra'd|evole *a* disagreeable. **~ito** *a* unwelcome
sgrammati'cato *a* ungrammatical
sgra'nare *vt* shell ‹*piselli*›; open wide ‹*occhi*›
sgran'chir|e *vt*, **~si** *vr* stretch
sgranocchi'are *vt* munch
sgras'sare *vt* remove the grease from
sgrazi'ato *a* ungainly
sgreto'lar|e *vt*, **~si** *vr* crumble
sgri'da|re *vt* scold. **~ta** *nf* scolding
sgros'sare *vt* rough-hew ‹*marmo*›; *fig* polish
sguai'ato *a* coarse
sgual'cire *vt* crumple
sgual'drina *nf* slut
sgu'ardo *nm* look; (*breve*) glance
'sguattero, -a *nmf* skivvy
sguaz'zare *vi* splash; (*nel fango*) wallow
sguinzagli'are *vt* unleash
sgusci'are *vt* shell ● *vi* (*sfuggire*) slip away; **~ fuori** slip out
shake'rare *vt* shake
si *pron* (*riflessivo*) oneself; (*lui*) himself; (*lei*) herself; (*esso, essa*) itself; (*loro*) themselves; (*reciproco*) each other; (*tra più di due*) one another; (*impersonale*) you, one; **lavarsi** wash [oneself]; **si è lavata** she washed [herself]; **lavarsi le mani** wash one's hands; **si è lavata le mani** she washed her hands; **si è mangiato un pollo intero** he ate an entire chicken by himself; **incontrarsi** meet each other; **la gente si aiuta a vicenda** people help one another; **non si sa mai** you never know, one never knows; **queste cose si dimenticano facilmente** these things are easily forgotten ● *nm* (*chiave, nota*) B
sì *adv* yes
'sia[1] *vedi* **essere**
'sia[2] *conj* **~...~...** (*entrambi*) both... and...; (*o l'uno o l'altro*) either...or...**~ che venga, ~ che non venga** whether he comes or not; **scegli ~ questo ~ quello** choose either this one or that one; **voglio ~ questo che quello** I want both this one and that one
sia'mese *a* Siamese
sibi'lare *vi* hiss. **'sibilo** *nm* hiss
si'cario *nm* hired killer
sicché *conj* (*perciò*) so [that]; (*allora*) then
siccità *nf* drought
sic'come *conj* as
Si'cili|a *nf* Sicily. **s~'ano, -a** *a & nmf* Sicilian
si'cura *nf* safety catch; (*di portiera*) child-proof lock. **~'mente** *adv* definitely
sicu'rezza *nf* (*certezza*) certainty; (*salvezza*) safety; **uscita di ~** emergency exit
si'curo *a* (*non pericoloso*) safe; (*certo*) sure; ‹*saldo*› steady; *Comm* sound ● *adv* certainly ● *nm* safety; **al ~** safe; **andare sul ~** play [it] safe; **di ~** defi-

nitely; **di ~, sarà arrivato** he must have arrived
siderur'gia *nf* iron and steel industry. **side'rurgico** *a* iron and steel *attrib*
'sidro *nm* cider
si'epe *nf* hedge
si'ero *nm* serum
sieroposi'tivo, -a *a* HIV positive ● *nmf* person who is HIV positive
si'esta *nf* afternoon nap, siesta
si'fone *nm* siphon
Sig. *abbr* (**signore**) Mr
Sig.a *abbr* (**signora**) Mrs, Ms
siga'retta *nf* cigarette; **pantaloni a ~** drainpipes
'sigaro *nm* cigar
Sigg. *abbr* (**signori**) Messrs
sigil'lare *vt* seal. **si'gillo** *nm* seal
'sigla *nf* initials *pl*. **~ musicale** signature tune. **si'glare** *vt* initial
Sig.na *abbr* (**signorina**) Miss, Ms
signifi'ca|re *vt* mean. **~'tivo** *a* significant. **~to** *nm* meaning
si'gnora *nf* lady; (*davanti a nome proprio*) Mrs; (*non sposata*) Miss; (*in lettere ufficiali*) Dear Madam; **il signor Vené e ~** Mr and Mrs Vené
si'gnore *nm* gentleman; *Relig* lord; (*davanti a nome proprio*) Mr; (*in lettere ufficiali*) Dear Sir. **signo'rile** *a* gentlemanly; (*di lusso*) luxury
signo'rina *nf* young lady; (*seguito da nome proprio*) Miss
silenzia'tore *nm* silencer
si'lenzi|o *nm* silence. **~'oso** *a* silent
silhou'ette *nf* silhouette, outline
si'licio *nm* **piastrina di ~** silicon chip
sili'cone *nm* silicone
'sillaba *nf* syllable
silu'rare *vt* torpedo. **si'luro** *nm* torpedo
simboleggi'are *vt* symbolize
sim'bolico *a* symbolic[al]
'simbolo *nm* symbol
similarità *nf inv* similarity
'simil|e *a* similar; (*tale*) such; **~e a** like ● *nm* (*il prossimo*) fellow man. **~'mente** *adv* similarly. **~'pelle** *nf* Leatherette®
simme'tria *nf* symmetry. **sim'metrico** *a* symmetric[al]
simpa'ti|a *nf* liking; (*compenetrazione*) sympathy; **prendere qcno in ~a** take a liking to sb. **sim'patico** *a* nice. **~iz'zante** *nmf* well-wisher. **~iz'zare** *vt* **~izzare con** take a liking to; **~izzare per qcsa/qcno** lean towards sth/sb
sim'posio *nm* symposium
simu'la|re *vt* simulate; feign ‹*amicizia, interesse*›. **~zi'one** *nf* simulation
simul'tane|a *nf* **in ~a** simultaneously. **~o** *a* simultaneous
sina'goga *nf* synagogue
sincerità *nf* sincerity. **sin'cero** *a* sincere
'sincope *nf* syncopation; *Med* fainting fit
sincron'ia *nf* synchronization; **in ~** with synchronized timing
sincroniz'za|re *vt* synchronize. **~zi'one** *nf* synchronization
sinda'ca|le *a* [trade] union, [labor] union *Am*. **~'lista** *nmf* trade unionist, labor union member *Am*. **~re** *vt* inspect. **~to** *nm* [trade] union, [labor] union *Am*; (*associazione*) syndicate
'sindaco *nm* mayor
'sindrome *nf* syndrome
sinfo'nia *nf* symphony. **sin'fonico** *a* symphonic
singhi|oz'zare *vi* (*di pianto*) sob. **~'ozzo** *nm* hiccup; (*di pianto*) sob; **avere il ~ozzo** have the hiccups
singo'lar|e *a* singular ● *nm* singular. **~'mente** *adv* individually; (*stranamente*) peculiarly
'singolo *a* single ● *nm* individual; *Tennis* singles *pl*
si'nistra *nf* left; **a ~** on the left; **girare a ~** turn to the left; **con la guida a ~** ‹*auto*› with left-hand drive
sini'strato *a* injured
si'nistr|o, -a *a* left[-hand]; (*avverso*) sinister ● *nm* accident ● *nf* left [hand]; *Pol* left [wing]
'sino *prep* = **fino**[1]
si'nonimo *a* synonymous ● *nm* synonym
sin'ta|ssi *nf* syntax. **~ttico** *a* syntactic[al]
'sintesi *nf* synthesis; (*riassunto*) summary
sin'teti|co *a* synthetic; (*conciso*) summary. **~z'zare** *vt* summarize
sintetizza'tore *nm* synthesizer
sinto'matico *a* symptomatic. **'sintomo** *nm* symptom
sinto'nia *nf* tuning; **in ~** on the same wavelength
sinu'oso *a* (*strada*) winding
sinu'site *nf* sinusitis
si'pario *nm* curtain
si'rena *nf* siren
'Siri|a *nf* Syria. **s~'ano, -a** *a* & *nmf* Syrian
si'ringa *nf* syringe

'sismico *a* seismic

si'stem|a *nm* system. **S~a Monetario Europeo** European Monetary System. **~a operativo** *Comput* operating system

siste'ma|re *vt* (*mettere*) put; tidy up ‹*casa, camera*›; (*risolvere*) sort out; (*procurare lavoro a*) fix up with a job; (*trovare alloggio a*) find accommodation for; (*sposare*) marry off; (*fam: punire*) sort out. **~rsi** *vr* settle down; (*trovare un lavoro*) find a job; (*trovare alloggio*) find accommodation; (*sposarsi*) marry. **~tico** *a* systematic. **~zi'one** *nf* arrangement; (*di questione*) settlement; (*lavoro*) job; (*alloggio*) accommodation; (*matrimonio*) marriage

'sito *nm* site. **~ web** *Comput* web site

situ'are *vt* place

situazi'one *nf* situation

ski-'lift *nm* ski tow

slacci'are *vt* unfasten

slanci'a|rsi *vr* hurl oneself. **~to** *a* slender. **'slancio** *nm* impetus; (*impulso*) impulse

sla'vato *a* ‹*carnagione, capelli*› fair

'slavo *a* Slav[onic]

sle'al|e *a* disloyal. **~tà** *nf* disloyalty

sle'gare *vt* untie

'slitta *nf* sledge, sleigh. **~'mento** *nm* (*di macchina*) skid; (*fig: di riunione*) postponement

slit'ta|re *vi Auto* skid; ‹*riunione:*› be put off. **~ta** *nf* skid

slit'tino *nm* toboggan

'slogan *nm inv* slogan

slo'ga|re *vt* dislocate. **~rsi** *vr* **~rsi una caviglia** sprain one's ankle. **~'tura** *nf* dislocation

sloggi'are *vt* dislodge ● *vi* move out

Slo'vacchia *nf* Slovakia

Slo'venia *nf* Slovenia

smacchi'a|re *vt* clean. **~'tore** *nm* stain remover

'smacco *nm* humiliating defeat

smagli'ante *a* dazzling

smagli'a|rsi *vr* ‹*calza:*› ladder *Br*, run. **~'tura** *nf* ladder *Br*, run

smalizi'ato *a* cunning

smal'ta|re *vt* enamel; glaze ‹*ceramica*›; varnish ‹*unghie*›. **~to** *a* enamelled

smalti'mento *nm* disposal; (*di merce*) selling off. **~ rifiuti** waste disposal; (*di grassi*) burning off

smal'tire *vt* burn off; (*merce*) sell off; *fig* get through ‹*corrispondenza*›

'smalto *nm* enamel; (*dì ceramica*) glaze; (*per le unghie*) nail varnish

'smani|a *nf* fidgets *pl*; (*desiderio*) longing. **~'are** *vi* have the fidgets; **~are per** long for. **~'oso** *a* restless

smantel|la'mento *nm* dismantling. **~'lare** *vt* dismantle

smarri'mento *nm* loss; (*psicologico*) bewilderment

smar'ri|re *vt* lose; (*temporaneamente*) mislay. **~rsi** *vr* get lost; (*turbarsi*) be bewildered

smasche'rar|e *vt* unmask. **~si** *vr* (*tradirsi*) give oneself away

SME *nm abbr* (**Sistema Monetario Europeo**) EMS

smemo'rato *a* forgetful

smen'ti|re *vt* deny. **~ta** *nf* denial

sme'raldo *nm & a* emerald

smerci'are *vt* sell off

smerigli'ato *a* emery; **vetro ~** frosted glass. **sme'riglio** *nm* emery

'smesso *pp di* **smettere** ● *a* ‹*abiti*› cast-off

'smett|ere *vt* stop; stop wearing ‹*abiti*›; **~ila!** stop it!

smidol'lato *a* spineless

sminu'ir|e *vt* diminish. **~si** *vr fig* belittle oneself

sminuz'zare *vt* crumble; (*fig: analizzare*) analyse in detail

smista'mento *nm* clearing; (*postale*) sorting. **smi'stare** *vt* sort; *Mil* post

smisu'rato *a* boundless; (*esorbitante*) excessive

smobili'ta|re *vt* demobilize. **~zi'one** *nf* demobilization

smo'dato *a* immoderate

smog *nm* smog

smoking *nm inv* dinner jacket, tuxedo *Am*

smon'tabile *a* jointed

smon'tar|e *vt* take to pieces; (*scoraggiare*) dishearten ● *vi* (*da veicolo*) get off; (*da cavallo*) dismount; (*dal servizio*) go off duty. **~si** *vr* lose heart

'smorfi|a *nf* grimace; (*moina*) simper; **fare ~e** make faces. **~'oso** *a* affected

'smorto *a* pale; ‹*colore*› dull

smor'zare *vt* dim ‹*luce*›; tone down ‹*colori*›; deaden ‹*suoni*›; quench ‹*sete*›

'smosso *pp di* **smuovere**

smotta'mento *nm* landslide

sms *nm abbr* (**short message service**) text message

'smunto *a* emaciated

smu'over|e *vt* shift; (*commuovere*) move. **~si** *vr* move; (*commuoversi*) be moved

smus'sar|e *vt* round off; (*fig: attenuare*) tone down. **~si** *vr* go blunt

snatu'rato *a* inhuman
snel'lir|e *vt* slim down. **~si** *vr* slim [down]. **'snello** *a* slim
sner'vante *a* enervating
sner'va|re *vt* enervate. **~rsi** *vr* get exhausted
sni'dare *vt* drive out
snif'fare *vt* snort
snob'bare *vt* snub. **sno'bismo** *nm* snobbery
snoccio'lare *vt* stone; *fig* blurt out
sno'da|re *vt* untie; (*sciogliere*) loosen. **~rsi** *vr* come untied; ‹*strada:*› wind. **~to** *a* ‹*persona*› double-jointed; ‹*dita*› flexible
so'ave *a* gentle
sobbal'zare *vi* jerk; (*trasalire*) start. **sob'balzo** *nm* jerk; (*trasalimento*) start
sobbar'carsi *vr* **~ a** undertake
sob'borgo *nm* suburb
sobil'la|re *vt* stir up
'sobrio *a* sober
socchi'u|dere *vt* half-close. **~so** *pp di* **socchiudere** ● *a* ‹*occhi*› half-closed; ‹*porta*› ajar
soc'combere *vi* succumb
soc'cor|rere *vt* assist. **~so** *pp di* **soccorrere** ● *nm* assistance; **soccorsi** *pl* rescuers; (*dopo disastro*) relief workers. **~so stradale** breakdown service
socialdemo'cra|tico, -a *a* Social Democratic ● *nmf* Social Democrat. **~'zia** *nf* Social Democracy
soci'ale *a* social
socia'li|smo *nm* Socialism. **~sta** *a* & *nmf* Socialist. **~z'zare** *vi* socialize
società *nf inv* society; *Comm* company. **~ per azioni** plc. **~ a responsabilità limitata** limited liability company
soci'evole *a* sociable
'socio, -a *nmf* member; *Comm* partner
sociolo'gia *nf* sociology. **socio'logico** *a* sociological
'soda *nf* soda
soddisfa'cente *a* satisfactory
soddi'sfa|re *vt/i* satisfy; meet ‹*richiesta*›; make amends for ‹*offesa*›. **~tto** *pp di* **soddisfare** ● *a* satisfied. **~zi'one** *nf* satisfaction
'sodo *a* hard; *fig* firm; ‹*uovo*› hard-boiled ● *adv* hard; **dormire ~** sleep soundly ● *nm* **venire al ~** get to the point
sofà *nm inv* sofa
soffe'ren|te *a* (*malato*) ill. **~za** *nf* suffering
soffer'marsi *vr* pause; **~ su** dwell on
sof'ferto *pp di* **soffrire**
soffi'a|re *vt* blow; reveal ‹*segreto*›; (*rubare*) pinch *fam* ● *vi* blow. **~ta** *nf fig sl* tip-off
'soffice *a* soft
'soffio *nm* puff; *Med* murmur
sof'fitt|a *nf* attic. **~o** *nm* ceiling
soffo|ca'mento *nm* suffocation
soffo'ca|nte *a* suffocating. **~re** *vt/i* suffocate; (*con cibo*) choke; *fig* stifle
sof'friggere *vt* fry lightly
sof'frire *vt/i* suffer; (*sopportare*) bear; **~ di** suffer from
sof'fritto *pp di* **soffriggere**
sof'fuso *a* ‹*luce*› soft
sofisti'ca|re *vt* (*adulterare*) adulterate ● *vi* (*sottilizzare*) quibble. **~to** *a* sophisticated
sogget|tiva'mente *adv* subjectively. **~'tivo** *a* subjective
sog'getto *nm* subject ● *a* subject; **essere ~ a** be subject to
soggezi'one *nf* subjection; (*rispetto*) awe
sogghi'gnare *vi* sneer. **sog'ghigno** *nm* sneer
soggio'gare *vt* subdue
soggior'nare *vi* stay. **soggi'orno** *nm* stay; (*stanza*) living room
soggi'ungere *vt* add
'soglia *nf* threshold
'sogliola *nf* sole
so'gna|re *vt/i* dream; **~re a occhi aperti** daydream. **~'tore, ~'trice** *nmf* dreamer. **'sogno** *nm* dream; **fare un sogno** have a dream; **neanche per sogno!** not at all!
'soia *nf* soya
sol *nm Mus* (*chiave, nota*) G
so'laio *nm* attic
sola'mente *adv* only
so'lar|e *a* ‹*energia, raggi*› solar; ‹*crema*› sun *attrib*. **~ium** *nm inv* solarium
sol'care *vt* plough. **'solco** *nm* furrow; (*di ruota*) track; (*di nave*) wake; (*di disco*) groove
sol'dato *nm* soldier
'soldo *nm* **non ha un ~** he hasn't got a penny to his name; **senza un ~** penniless; **soldi** *pl* (*denaro*) money *sg*
'sole *nm* sun; (*luce del sole*) sun[light]; **al ~** in the sun; **prendere il ~** sunbathe
soleggi'ato *a* sunny
so'lenn|e *a* solemn. **~ità** *nf* solemnity
so'lere *vi* be in the habit of; **come si suol dire** as they say
sol'fato *nm* sulphate

soli'da|le *a* in agreement. **~rietà** *nf* solidarity
solidifi'car|e *vt/i*, **~si** *vr* solidify
solidità *nf* solidity; (*di colori*) fastness.
'solido *a* solid; (*robusto*) sturdy; ‹*colore*› fast ● *nm* solid
soli'loquio *nm* soliloquy
so'lista *a* solo ● *nmf* soloist
solita'mente *adv* usually
soli'tario *a* solitary; (*isolato*) lonely ● *nm* (*brillante*) solitaire; (*gioco di carte*) patience, solitaire
'solito *a* usual; **essere ~ fare qcsa** be in the habit of doing sth ● *nm* usual; **di ~** usually
soli'tudine *nf* solitude
solleci'ta|re *vt* speed up; urge ‹*persona*›. **~zi'one** *nf* (*richiesta*) request; (*preghiera*) entreaty
sol'leci|to *a* prompt ● *nm* reminder. **~'tudine** *nf* promptness; (*interessamento*) concern
solle'one *nm* noonday sun; (*periodo*) dog days of summer
solleti'care *vt* tickle. **sol'letico** *nm* tickling; **fare il solletico a qcno** tickle sb; **soffrire il solletico** be ticklish
solleva'mento *nm* **~ pesi** weightlifting
solle'var|e *vt* lift; (*elevare*) raise; (*confortare*) comfort. **~si** *vr* rise; (*riaversi*) recover
solli'evo *nm* relief
'solo, -a *a* alone; (*isolato*) lonely; (*unico*) only; *Mus* solo; **da ~** by myself/yourself/himself etc ● *nmf* **il ~, la sola** the only one ● *nm Mus* solo ● *adv* only
sol'stizio *nm* solstice
sol'tanto *adv* only
so'lubile *a* soluble; ‹*caffè*› instant
soluzi'one *nf* solution; *Comm* payment; **in unica ~** *Comm* as a lump sum
sol'vente *a* & *nm* solvent; **~ per unghie** nail polish remover
'soma *nf* **bestia da ~** beast of burden
so'maro *nm* ass; *Sch* dunce
so'matico *a* somatic
somigli'an|te *a* similar. **~za** *nf* resemblance
somigli'ar|e *vi* **~e a** resemble. **~si** *vr* be alike
'somma *nf* sum; *Math* addition
som'mare *vt* add; (*totalizzare*) add up
som'mario *a* & *nm* summary
som'mato *a* **tutto ~** all things considered
sommeli'er *nm inv* wine waiter
som'mer|gere *vt* submerge. **~'gibile** *nm* submarine. **~so** *pp di* **sommergere**
som'messo *a* soft
sommini'stra|re *vt* administer. **~zi'one** *nf* administration
sommità *nf inv* summit
'sommo *a* highest; *fig* supreme ● *nm* summit
som'mossa *nf* rising
sommozza'tore *nm* frogman
so'naglio *nm* bell
so'nata *nf* sonata; *fig fam* beating
'sonda *nf Mech* drill; (*spaziale, Med*) probe. **son'daggio** *nm* drilling; (*spaziale, Med*) probe; (*indagine*) survey. **sondaggio d'opinioni** opinion poll.
son'dare *vt* sound; (*investigare*) probe
so'netto *nm* sonnet
sonnambu'lismo *nm* sleepwalking. **son'nambulo, -a** *nmf* sleepwalker
sonnecchi'are *vi* doze
son'nifero *nm* sleeping-pill
'sonno *nm* sleep; **aver ~** be sleepy. **~'lenza** *nf* sleepiness
so'noro *a* resonant; (*rumoroso*) loud; ‹*onde, scheda*› sound *attrib*
sontu'oso *a* sumptuous
sopo'rifero *a* soporific
sop'palco *nm* platform
soppe'rire *vi* **~ a qcsa** provide for sth
soppe'sare *vt* weigh up ‹*situazione*›
soppi'atto: di ~ *adv* furtively
soppor'ta|re *vt* support; (*tollerare*) stand; bear ‹*dolore*›
soppressi'one *nf* removal; (*di legge*) abolition; (*di diritti, pubblicazione*) suppression; (*annullamento*) cancellation.
sop'presso *pp di* **sopprimere**
sop'primere *vt* get rid of; abolish ‹*legge*›; suppress ‹*diritti, pubblicazione*›; (*annullare*) cancel
'sopra *adv* on top; (*più in alto*) higher [up]; (*al piano superiore*) upstairs; (*in testo*) above; **mettilo lì ~** put it up there; **di ~** upstairs; **dormirci ~** *fig* sleep on it; **pensarci ~** think about it; **vedi ~** see above ● *prep* **~ [a]** on; (*senza contatto, oltre*) over; (*riguardo a*) about; **è ~ al tavolo, è ~ il tavolo** it's on the table; **il quadro è appeso ~ al camino** the picture is hanging over the fireplace; **il ponte passa ~ all'autostrada** the bridge crosses over the motorway; **è caduto ~ il tetto** it fell on the roof; **l'uno ~ l'altro** one on top of the other; (*senza contatto*) one above the other; **abita ~ di me** he lives upstairs from me; **i bambini ~ i dieci**

anni children over ten; **20° ~ lo zero** 20° above zero; **~ il livello del mare** above sea level; **rifletti ~ quello che è successo** think about what happened; **non ha nessuno ~ di sé** he has nobody above him; **al di ~ di** over ● *nm* **il [di] ~** the top

so'prabito *nm* overcoat

soprac'ciglio *nm* (*pl nf* **sopracciglia**) eyebrow

sopracco'per|ta *nf* (*di letto*) bedspread; (*di libro*) [dust-]jacket. **~'tina** *nf* book jacket

soprad'detto *a* above-mentioned

sopraele'vata *nf* elevated railway

sopraf'fa|re *vt* overwhelm. **~tto** *pp di* **sopraffare**. **~zi'one** *nf* abuse of power

sopraf'fino *a* excellent; ‹*gusto, udito*› highly refined

sopraggi'ungere *vi* ‹*persona:*› turn up; (*accadere*) happen

soprallu'ogo *nm* inspection

sopram'mobile *nm* ornament

soprannatu'rale *a & nm* supernatural

sopran'nom|e *nm* nickname. **~i'nare** *vt* nickname

so'prano *nmf* soprano

soprappensi'ero *adv* lost in thought

sopras'salto *nm* **di ~** with a start

soprasse'dere *vi* **~ a** postpone

soprat'tutto *adv* above all

sopravvalu'tare *vt* overvalue

soprav|ve'nire *vi* turn up; (*accadere*) happen. **~'vento** *nm fig* upper hand

sopravvi|s'suto *pp di* **sopravvivere**. **~'venza** *nf* survival. **soprav'vivere** *vi* survive; **sopravvivere a** outlive ‹*persona*›

soprinten'den|te *nmf* supervisor; (*di museo ecc*) keeper. **~za** *nf* supervision; (*ente*) board

so'pruso *nm* abuse of power

soq'quadro *nm* **mettere a ~** turn upside down

sor'betto *nm* sorbet

sor'bire *vt* sip; *fig* put up with

'sordido *a* sordid; (*avaro*) stingy

sor'dina *nf* mute; **in ~** *fig* on the quiet

sordità *nf* deafness. **'sordo, -a** *a* deaf; ‹*rumore, dolore*› dull ● *nmf* deaf person. **sordo'muto, -a** *a* deaf-and-dumb ● *nmf* deaf mute

so'rel|la *nf* sister. **~'lastra** *nf* stepsister

sor'gente *nf* spring; (*fonte*) source

'sorgere *vi* rise; *fig* arise

sormon'tare *vt* surmount

sorni'one *a* sly

sorpas'sa|re *vt* surpass; (*eccedere*) exceed; overtake, pass *Am* ‹*veicolo*›. **~to** *a* old-fashioned. **sor'passo** *nm* overtaking, passing *Am*

sorpren'dente *a* surprising; (*straordinario*) remarkable

sor'prendere *vt* surprise; (*cogliere in flagrante*) catch

sor'pres|a *nf* surprise; **di ~a** by surprise. **~o** *pp di* **sorprendere**

sor're|ggere *vt* support; (*tenere*) hold up. **~ggersi** *vr* support oneself. **~tto** *pp di* **sorreggere**

sorri'dente *a* smiling

sor'ri|dere *vi* smile. **~so** *pp di* **sorridere** ● *nm* smile

sorseggi'are *vt* sip. **'sorso** *nm* sip; (*piccola quantità*) drop

'sorta *nf* sort; **di ~** whatever; **ogni ~ di** all sorts of

'sorte *nf* fate; (*caso imprevisto*) chance; **tirare a ~** draw lots. **~ggi'are** *vt* draw lots for. **sor'teggio** *nm* draw

sorti'legio *nm* witchcraft

sor'ti|re *vi* come out. **~ta** *nf Mil* sortie; (*battuta*) witticism

'sorto *pp di* **sorgere**

sorvegli'an|te *nmf* keeper; (*controllore*) overseer. **~za** *nf* watch; *Mil ecc* surveillance

sorvegli'are *vt* watch over; (*controllare*) oversee; ‹*polizia:*› watch, keep under surveillance

sorvo'lare *vt* fly over; *fig* skip

'sosia *nm inv* double

so'spen|dere *vt* hang; (*interrompere*) stop; (*privare di una carica*) suspend. **~si'one** *nf* suspension. **~'sorio** *nm Sport* jockstrap

so'speso *pp di* **sospendere** ● *a* ‹*impiegato, alunno*› suspended; **~ a** hanging from; **~ a un filo** *fig* hanging by a thread ● *nm* **in ~** pending; (*emozionato*) in suspense

sospet|'tare *vt* suspect. **so'spetto** *a* suspicious ● *nm* suspicion; (*persona*) suspect. **~'toso** *a* suspicious

so'spin|gere *vt* drive. **~to** *pp di* **sospingere**

sospi'rare *vi* sigh ● *vt* long for. **so'spiro** *nm* sigh

'sosta *nf* stop; (*pausa*) pause; **senza ~** non-stop; **"divieto di ~"** "no parking"

sostan'tivo *nm* noun

so'stanz|a *nf* substance; **~e** *pl* (*patrimonio*) property *sg*; **in ~a** to sum up. **~i'oso** *a* substantial; ‹*cibo*› nourishing

so'stare *vi* stop; (*fare una pausa*) pause

so'stegno *nm* support

soste'ner|e *vt* support; (*sopportare*) bear; (*resistere*) withstand; (*affermare*) maintain; (*nutrire*) sustain; sit ‹*esame*›; **~e le spese** meet the costs. **~si** *vr* support oneself

sosteni'tore, -'trice *nmf* supporter

sostenta'mento *nm* maintenance

soste'nuto *a* ‹*stile*› formal; ‹*prezzi, velocità*› high

sostitu'ir|e *vt* substitute (**a** for), replace (**con** with). **~si** *vr* **~si a** replace

sosti'tu|to, -a *nmf* replacement, stand-in ● *nm* (*surrogato*) substitute. **~zi'one** *nf* substitution

sotta'ceto *a* pickled; **sottaceti** *pl* pickles

sot'tana *nf* petticoat; (*di prete*) cassock

sotter'fugio *nm* subterfuge; **di ~** secretly

sotter'raneo *a* underground ● *nm* cellar

sotter'rare *vt* bury

sottigli'ezza *nf* slimness; *fig* subtlety

sot'til|e *a* thin; ‹*udito, odorato*› keen; ‹*osservazione, distinzione*› subtle. **~iz'zare** *vi* split hairs

sottin'te|ndere *vt* imply. **~so** *pp di* **sottintendere** ● *nm* allusion; **senza ~si** openly ● *a* implied

'sotto *adv* below; (*più in basso*) lower [down]; (*al di sotto*) underneath; (*al piano di sotto*) downstairs; **è lì ~** it's underneath; **~ ~** deep down; (*di nascosto*) on the quiet; **di ~** downstairs; **mettersi ~** *fig* get down to it; **mettere ~** (*fam: investire*) knock down; **fatti ~!** *fam* get stuck in! ● *prep* **~ [a]** under; (*al di sotto di*) under[neath]; **abita ~ di me** he lives downstairs from me; **i bambini ~ i dieci anni** children under ten; **20° ~ zero** 20° below zero; **~ il livello del mare** below sea level; **~ la pioggia** in the rain; **~ Elisabetta I** under Elizabeth I; **~ calmante** under sedation; **~ condizione che...** on condition that...; **~ giuramento** under oath; **~ sorveglianza** under surveillance; **~ Natale/gli esami** around Christmas/exam time; **al di ~ di** under; **andare ~ i 50 all'ora** do less than 50km an hour ● *nm* **il [di] ~** the bottom

sotto'banco *adv* under the counter

sottobicchi'ere *nm* coaster

sotto'bosco *nm* undergrowth

sotto'braccio *adv* arm in arm

sotto'fondo *nm* background

sottoline'are *vt* underline; *fig* stress

sot'tolio *adv* in oil

sotto'mano *adv* within reach

sottoma'rino *a* & *nm* submarine

sotto'messo *pp di* **sottomettere** ● *a* (*remissivo*) submissive

sotto'metter|e *vt* submit; subdue ‹*popolo*›. **~si** *vr* submit. **sottomissi'one** *nf* submission

sottopa'gare *vt* underpay

sottopas'saggio *nm* underpass; (*pedonale*) subway

sotto'por|re *vt* submit; (*costringere*) subject. **~si** *vr* submit oneself; **~si a** undergo. **sotto'posto** *pp di* **sottoporre**

sotto'scala *nm* cupboard under the stairs

sotto'scritto *pp di* **sottoscrivere** ● *nm* undersigned

sotto'scri|vere *vt* sign; (*approvare*) sanction, subscribe to. **~zi'one** *nf* (*petizione*) petition; (*approvazione*) sanction; (*raccolta di denaro*) appeal

sottosegre'tario *nm* undersecretary

sotto'sopra *adv* upside down

sotto'stante *a* **la strada ~** the road below

sottosu'olo *nm* subsoil

sottosvi|lup'pato *a* underdeveloped. **~'luppo** *nm* underdevelopment

sotto'terra *adv* underground

sotto'titolo *nm* subtitle

sottovalu'tare *vt* underestimate

sotto'veste *nf* slip

sotto'voce *adv* in a low voice

sottovu'oto *a* vacuum-packed

sot'tra|rre *vt* remove; embezzle ‹*fondi*›; *Math* subtract. **~rsi** *vr* **~rsi a** escape from; avoid ‹*responsabilità*›. **~tto** *pp di* **sottrarre. ~zi'one** *nf* removal; (*di fondi*) embezzlement; *Math* subtraction

sottuffici'ale *nm* non-commissioned officer; *Naut* petty officer

sou'brette *nf inv* showgirl

so'vietico, -a *a* & *nmf* Soviet

sovraccari'care *vt* overload. **sovrac'carico** *a* overloaded (**di** with) ● *nm* overload

sovraffati'carsi *vr* overexert oneself

sovrannatu'rale *a* & *nm* = **soprannaturale**

so'vrano, -a *a* sovereign; *fig* supreme ● *nmf* sovereign

sovrap'por|re *vt* superimpose. **~si** *vr* overlap. **sovrapposizi'one** *nf* superimposition
sovra'stare *vt* dominate; ‹*fig: pericolo:*› hang over
sovrinten'den|te, ~za = **soprintendente, soprintendenza**
sovru'mano *a* superhuman
sovvenzi'one *nf* subsidy
sovver'sivo *a* subversive
'sozzo *a* filthy
S.p.A. *abbr* (**società per azioni**) plc
spac'ca|re *vt* split; chop ‹*legna*›. **~rsi** *vr* split. **~'tura** *nf* split
spacci'a|re *vt* deal in, push ‹*droga*›; **~re qcsa per qcsa** pass sth off as sth; **essere ~to** be done for, be a goner. **~rsi** *vr* **~rsi per** pass oneself off as. **~'tore, ~'trice** *nmf* (*di droga*) pusher; (*di denaro falso*) distributor of forged bank notes. **'spaccio** *nm* (*di droga*) dealer, pusher; (*negozio*) shop
'spacco *nm* split
spac'cone, -a *nmf* boaster
'spada *nf* sword. **~c'cino** *nm* swordsman
spadroneggi'are *vi* act the boss
spae'sato *a* disorientated
spa'ghetti *nmpl* spaghetti *sg*
spa'ghetto *nm* (*fam: spavento*) fright
'Spagna *nf* Spain
spa'gnolo, -a *a* Spanish ● *nmf* Spaniard ● *nm* (*lingua*) Spanish
'spago *nm* string; **dare ~ a qcno** encourage sb
spai'ato *a* odd
spalan'ca|re *vt*, **~rsi** *vr* open wide. **~to** *a* wide open
spa'lare *vt* shovel
'spall|a *nf* shoulder; (*di comico*) straight man; **~e** *pl* (*schiena*) back; **alle ~e di qcno** ‹*ridere*› behind sb's back. **~eggi'are** *vt* back up
spal'letta *nf* parapet
spalli'era *nf* back; (*di letto*) headboard; (*ginnastica*) wall bars *pl*
spal'lina *nf* strap; (*imbottitura*) shoulder pad
spal'mare *vt* spread
'spander|e *vt* spread; (*versare*) spill. **~si** *vr* spread
spappo'lare *vt* crush
spa'ra|re *vt/i* shoot; **~rle grosse** talk big. **~ta** *nf fam* tall story. **~'toria** *nf* shooting
sparecchi'are *vt* clear
spa'reggio *nm Comm* deficit; *Sport* play-off
'sparg|ere *vt* scatter; (*diffondere*) spread; shed ‹*lacrime, sangue*›. **~ersi** *vr* spread. **~i'mento** *nm* scattering; (*di lacrime, sangue*) shedding; **~imento di sangue** bloodshed
spa'ri|re *vi* disappear; **~sci!** get lost!. **~zi'one** *nf* disappearance
spar'lare *vi* **~ di** run down
'sparo *nm* shot
sparpagli'ar|e *vt*, **~si** *vr* scatter
'sparso *pp di* **spargere** ● *a* scattered; (*sciolto*) loose
spar'tire *vt* share out; (*separare*) separate
sparti'traffico *nm inv* traffic island; (*di autostrada*) central reservation, median strip *Am*
spartizi'one *nf* division
spa'ruto *a* gaunt; ‹*gruppo*› small; ‹*peli, capelli*› sparse
sparvi'ero *nm* sparrow-hawk
spasi'ma|nte *nm hum* admirer. **~re** *vi* suffer agonies
'spasimo *nm* spasm
spa'smodico *a* spasmodic
spas'sar|si *vr* amuse oneself; **~sela** have a good time
spassio'nato *a* ‹*osservatore*› dispassionate, impartial
'spasso *nm* fun; **essere uno ~** be hilarious; **andare a ~** go for a walk. **spas'soso** *a* hilarious
'spatola *nf* spatula
spau'racchio *nm* scarecrow; *fig* bugbear. **spau'rire** *vt* frighten
spa'valdo *a* defiant
spaventa'passeri *nm inv* scarecrow
spaven'tar|e *vt* frighten, scare. **~si** *vr* be frightened, be scared. **spa'vento** *nm* fright. **spaven'toso** *a* frightening; (*fam: enorme*) incredible
spazi'ale *a* spatial; (*cosmico*) space *attrib*
spazi'are *vt* space out ● *vi* range
spazien'tirsi *vr* lose [one's] patience
'spazi|o *nm* space. **~'oso** *a* spacious
spazzaca'mino *nm* chimney sweep
spaz'z|are *vt* sweep; **~are via** sweep away; (*fam: mangiare*) devour. **~a'tura** *nf* (*immondizia*) rubbish. **~ino** *nm* road sweeper; (*netturbino*) dustman
'spazzo|la *nf* brush; (*di tergicristallo*) blade. **~'lare** *vt* brush. **~'lino** *nm* small brush. **~lino da denti** toothbrush. **~'lone** *nm* scrubbing brush
specchi'arsi *vr* look at oneself in a/the mirror; (*riflettersi*) be mirrored; **~ in qcno** model oneself on sb

specchi'etto *nm* **~ retrovisore** driving mirror, rearview mirror
'specchio *nm* mirror
speci'a|le *a* special ● *nm TV* special [programme]. **~'lista** *nmf* specialist. **~lità** *nf inv* speciality, specialty *Am*
specializ'za|re *vt,* **~rsi** *vr* specialize. **~to** *a* ‹*operaio*› skilled
special'mente *adv* especially
'specie *nf inv* (*scientifico*) species; (*tipo*) kind; **fare ~ a** surprise
specifi'care *vt* specify. **spe'cifico** *a* specific
specu'lare¹ *vi* speculate; **~ su** (*indagare*) speculate on; *Fin* speculate in
specu'lare² *a* mirror *attrib*
specula|'tore, -'trice *nmf* speculator. **~zi'one** *nf* speculation
spe'di|re *vt* send. **~to** *pp di* **spedire** ● *a* quick; ‹*parlata*› fluent. **~zi'one** *nf* (*di lettere ecc*) dispatch; *Comm* consignment; (*scientifica*) expedition
'spegner|e *vt* put out; turn off ‹*gas, luce*›; switch off ‹*motore*›; slake ‹*sete*›. **~si** *vr* go out; (*morire*) pass away
spelacchi'ato *a* ‹*tappeto*› threadbare; ‹*cane*› mangy
spe'lar|e *vt* skin ‹*coniglio*›. **~si** *vr* ‹*cane:*› moult
speleolo'gia *nf* potholing, speleology
spel'lar|e *vt* skin; *fig* fleece. **~si** *vr* peel off
spe'lonca *nf* cave; *fig* dingy hole
spendacci'one, -a *nmf* spendthrift
'spendere *vt* spend; **~ fiato** waste one's breath
spen'nare *vt* pluck; *fam* fleece ‹*cliente*›
spennel'lare *vt* brush
spensie|ra'tezza *nf* lightheartedness. **~'rato** *a* carefree
'spento *pp di* **spegnere** ● *a* off; ‹*gas*› out; (*smorto*) dull
spe'ranza *nf* hope; **pieno di ~** hopeful; **senza ~** hopeless
spe'rare *vt* hope for; (*aspettarsi*) expect ● *vi* **~ in** trust in; **spero di sì** I hope so
'sper|dersi *vr* get lost. **~'duto** *a* lost; (*isolato*) secluded
spergi'uro, -a *nmf* perjurer ● *nm* perjury
sperico'lato *a* swashbuckling
sperimen'ta|le *a* experimental. **~re** *vt* experiment with; test ‹*resistenza, capacità, teoria*›. **~zi'one** *nf* experimentation
'sperma *nm* sperm
spe'rone *nm* spur
sperpe'rare *vt* squander. **'sperpero** *nm* waste
'spes|a *nf* expense; (*acquisto*) purchase; **andare a far ~e** go shopping; **fare la ~a** do the shopping; **fare le ~e di** pay for. **~e** *pl* **bancarie** bank charges. **~e a carico del destinatario** carriage forward. **~e di spedizione** shipping costs. **spe'sato** *a* all-expenses-paid. **~o** *pp di* **spendere**
'spesso¹ *a* thick
'spesso² *adv* often
spes'sore *nm* thickness; (*fig: consistenza*) substance
spet'tabile *a* (*Comm abbr* **Spett.**) **S~ ditta Rossi** Messrs Rossi
spettaco|'lare *a* spectacular. **spet'tacolo** *nm* spectacle; (*rappresentazione*) show. **~'loso** *a* spectacular
spet'tare *vi* **~ a** be up to; ‹*diritto:*› be due to
spetta'tore, -'trice *nmf* spectator; **spettatori** *pl* (*di cinema ecc*) audience *sg*
spettego'lare *vi* gossip
spetti'nar|e *vt* **~e qcno** ruffle sb's hair. **~si** *vr* ruffle one's hair
spet'trale *a* ghostly. **'spettro** *nm* ghost; *Phys* spectrum
'spezie *nfpl* spices
spez'zar|e *vt,* **~si** *vr* break
spezza'tino *nm* stew
spez'zato *nm* coordinated jacket and trousers
spezzet'tare *vt* break into small pieces
'spia *nf* spy; (*della polizia*) informer; (*di porta*) peep-hole; **fare la ~** sneak. **~ [luminosa]** light. **~ dell'olio** oil [warning] light
spiacci'care *vt* squash
spia'ce|nte *a* sorry. **~vole** *a* unpleasant
spi'aggia *nf* beach
spia'nare *vt* level; (*rendere liscio*) smooth; roll out ‹*pasta*›; raze to the ground ‹*edificio*›
spi'ano *nm* **a tutto ~** flat out
spian'tato *a fig* penniless
spi'are *vt* spy on; wait for ‹*occasione ecc*›
spiattel'lare *vt* blurt out; shove ‹*oggetto*›
spiaz'zare *vt* wrong-foot
spi'azzo *nm* (*radura*) clearing
spic'ca|re *vt* **~re un salto** jump; **~re il volo** take flight ● *vi* stand out. **~to** *a* marked

'spicchio *nm* (*di agrumi*) segment; (*di aglio*) clove

spicci'a|rsi *vr* hurry up. **~'tivo** *a* speedy

'spicciolo *a* (*comune*) banal; ‹*denaro, 10 000 lire*› in change. **spiccioli** *pl* change *sg*

'spicco *nm* relief; **fare ~** stand out

'spider *nmf inv* open-top sports car

spie'dino *nm* kebab. **spi'edo** *nm* spit; **allo spiedo** on a spit, spit-roasted

spie'ga|re *vt* explain; open out ‹*cartina*›; unfurl ‹*vele*›. **~rsi** *vr* explain oneself; ‹*vele, bandiere:*› unfurl. **~zi'one** *nf* explanation

spiegaz'zato *a* crumpled

spie'tato *a* ruthless

spiffe'rare *vt* blurt out ● *vi* ‹*vento:*› whistle. **'spiffero** *nm* (*corrente d'aria*) draught

'spiga *nf* spike; *Bot* ear

spigli'ato *a* self-possessed

'spigolo *nm* edge; (*angolo*) corner

'spilla *nf* (*gioiello*) brooch. **~ da balia** safety pin. **~ di sicurezza** safety pin

spil'lare *vt* tap

'spillo *nm* pin. **~ di sicurezza** safety pin; (*in arma*) safety catch

spi'lorcio *a* stingy

spilun'gone, -a *nmf* beanpole

'spina *nf* thorn; (*di pesce*) bone; *Electr* plug. **~ dorsale** spine

spi'naci *nmpl* spinach *sg*

spi'nale *a* spinal

spi'nato *a* ‹*filo*› barbed; ‹*pianta*› thorny

spi'nello *nm fam* joint

'spinger|e *vt* push; *fig* drive. **~si** *vr* (*andare*) proceed

spi'noso *a* thorny

'spint|a *nf* push; (*violenta*) thrust; *fig* spur. **~o** *pp di* **spingere**

spio'naggio *nm* espionage, spying

spio'vente *a* ‹*tetto*› sloping

spi'overe *vi liter* stop raining; (*ricadere*) fall; (*scorrere*) flow down

'spira *nf* coil

spi'raglio *nm* small opening; (*soffio d'aria*) breath of air; (*raggio di luce*) gleam of light

spi'rale *a* spiral ● *nf* spiral; (*negli orologi*) hairspring; (*anticoncezionale*) coil

spi'rare *vi* (*soffiare*) blow; (*morire*) pass away

spiri't|ato *a* possessed; ‹*espressione*› wild. **~ismo** *nm* spiritualism. **'spirito** *nm* spirit; (*arguzia*) wit; (*intelletto*) mind; **fare dello spirito** be witty; **sotto spirito** ≈ in brandy. **~o'saggine** *nf* witticism. **spiri'toso** *a* witty

spiritu'ale *a* spiritual

splen'dente *a* shining

'splen|dere *vi* shine. **~dido** *a* splendid. **~'dore** *nm* splendour

spode'stare *vt* dispossess; depose ‹*re*›

'spoglia *nf* (*di animale*) skin; **spoglie** *pl* (*salma*) mortal remains; (*bottino*) spoils

spogli'a|re *vt* strip; (*svestire*) undress; (*fare lo spoglio di*) go through. **~'rello** *nm* strip-tease. **~rsi** *vr* strip, undress. **~'toio** *nm* dressing room; *Sport* changing room; (*guardaroba*) cloakroom, checkroom *Am*. **'spoglio** *a* undressed; ‹*albero, muro*› bare ● *nm* (*scrutinio*) perusal

'spola *nf* shuttle; **fare la ~** shuttle

spol'pare *vt* take the flesh off; *fig* fleece

spolve'rare *vt* dust; *fam* devour ‹*cibo*›

'sponda *nf* (*di mare, lago*) shore; (*di fiume*) bank; (*bordo*) edge

sponsoriz'zare *vt* sponsor

spon'taneo *a* spontaneous

spopo'lar|e *vt* depopulate ● *vi* (*avere successo*) draw the crowds. **~si** *vr* become depopulated

sporadica'mente *adv* sporadically. **spo'radico** *a* sporadic

sporcacci'one, -a *nmf* dirty pig

spor'c|are *vt* dirty; (*macchiare*) soil. **~arsi** *vr* get dirty. **~izia** *nf* dirt. **'sporco** *a* dirty; **avere la coscienza sporca** have a guilty conscience ● *nm* dirt

spor'gen|te *a* jutting. **~za** *nf* projection

'sporger|e *vt* stretch out; **~e querela contro** take legal action against ● *vi* jut out. **~si** *vr* lean out

sport *nm inv* sport

'sporta *nf* shopping basket

spor'tello *nm* door; (*di banca ecc*) window. **~ automatico** cash dispenser

spor'tivo, -a *a* sports *attrib*; ‹*persona*› sporty ● *nm* sportsman ● *nf* sportswoman

'sporto *pp di* **sporgere**

'sposa *nf* bride. **~'lizio** *nm* wedding

spo'sa|re *vt* marry; *fig* espouse. **~rsi** *vr* get married; ‹*vino:*› go (**con** with). **~to** *a* married. **'sposo** *nm* bridegroom; **sposi** *pl* [**novelli**] newlyweds

spossa'tezza *nf* exhaustion. **spos'sato** *a* exhausted, worn out

spo'sta|re *vt* move; (*differire*) postpone; (*cambiare*) change. **~rsi** *vr* move. **~to, -a** *a* ill-adjusted ● *nmf* (*disadattato*) misfit

'spranga *nf* bar. **spran'gare** *vt* bar

'sprazzo *nm* (*di colore*) splash; (*di luce*) flash; *fig* glimmer

spre'care *vt* waste. **'spreco** *nm* waste

spre'g|evole *a* despicable. **~ia'tivo** *a* pejorative. **'spregio** *nm* contempt

spregiudi'cato *a* unscrupulous

'spremer|e *vt* squeeze. **~si** *vr* **~si le meningi** rack one's brains

spremia'grumi *nm* lemon squeezer

spre'muta *nf* juice. **~ d'arancia** fresh orange [juice]

sprez'zante *a* contemptuous

sprigio'nar|e *vt* emit. **~si** *vr* burst out

spriz'zare *vt/i* spurt; be bursting with ‹*salute, gioia*›

sprofon'dar|e *vi* sink; (*crollare*) collapse. **~si** *vr* **~si in** sink into; *fig* be engrossed in

spro'nare *vt* spur on. **'sprone** *nm* spur; (*sartoria*) yoke

sproporzi|o'nato *a* disproportionate. **~'one** *nf* disproportion

spropositato *a* full of blunders; (*enorme*) huge. **spro'posito** *nm* blunder; (*eccesso*) excessive amount; **a sproposito** inopportunely

sprovve'duto *a* unprepared; **~ di** lacking in

sprov'visto *a* **~ di** out of; lacking in ‹*fantasia, pazienza*›; **alla sprovvista** unexpectedly

spruz'za|re *vt* sprinkle; (*vaporizzare*) spray; (*inzaccherare*) spatter. **~'tore** *nm* spray; **'spruzzo** *nm* spray; (*di fango*) splash

spudo|ra'tezza *nf* shamelessness. **~'rato** *a* shameless

'spugna *nf* sponge; (*tessuto*) towelling. **spu'gnoso** *a* spongy

'spuma *nf* foam; (*schiuma*) froth; *Culin* mousse. **spu'mante** *nm* sparkling wine, spumante. **spumeggi'are** *vi* foam

spun'ta|re *vt* (*rompere la punta di*) break the point of; trim ‹*capelli*›; **~rla** *fig* win ● *vi* ‹*pianta:*› sprout; ‹*capelli:*› begin to grow; (*sorgere*) rise; (*apparire*) appear. **~rsi** *vr* get blunt. **~ta** *nf* trim

spun'tino *nm* snack

'spunto *nm* cue; *fig* starting point; **dare ~ a** give rise to

spur'gar|e *vt* purge. **~si** *vr* *Med* expectorate

spu'tare *vt/i* spit; **~ sentenze** pass judgment. **'sputo** *nm* spit

'squadra *nf* (*gruppo*) team, squad; (*di polizia ecc*) squad; (*da disegno*) square. **squa'drare** *vt* square; (*guardare*) look up and down

squa'dr|iglia *nf*, **~one** *nm* squadron

squagli'ar|e *vt*, **~si** *vr* melt; **~sela** (*fam: svignarsela*) steal out

squa'lifi|ca *nf* disqualification. **~'care** *vt* disqualify

'squallido *a* squalid. **squal'lore** *nm* squalor

'squalo *nm* shark

'squama *nf* scale; (*di pelle*) flake

squa'm|are *vt* scale. **~arsi** *vr* ‹*pelle:*› flake off. **~'moso** *a* scaly; ‹*pelle*› flaky

squarcia'gola: a ~ *adv* at the top of one's voice

squarci'are *vt* rip. **'squarcio** *nm* rip; (*di ferita, in nave*) gash; (*di cielo*) patch

squar'tare *vt* quarter; dismember ‹*animale*›

squattri'nato *a* penniless

squilib'ra|re *vt* unbalance. **~to, -a** *a* unbalanced ● *nmf* lunatic. **squi'librio** *nm* imbalance

squil'la|nte *a* shrill. **~re** *vi* ‹*campana:*› peal; ‹*tromba:*› blare; ‹*telefono:*› ring. **'squillo** *nm* blare; *Teleph* ring; (*ragazza*) call girl

squi'sito *a* exquisite

squit'tire *vi* ‹*pappagallo, fig:*› squawk; ‹*topo:*› squeak

sradi'care *vt* uproot; eradicate ‹*vizio, male*›

sragio'nare *vi* rave

srego|la'tezza *nf* dissipation. **~'lato** *a* inordinate; (*dissoluto*) dissolute

s.r.l. *abbr* (**società a responsabilità limitata**) Ltd

sroto'lare *vt* uncoil

SS *abbr* (**strada statale**) national road

'stabile *a* stable; (*permanente*) lasting; ‹*saldo*› steady; **compagnia ~** *Theat* repertory company ● *nm* (*edificio*) building

stabili'mento *nm* factory; (*industriale*) plant; (*edificio*) establishment. **~ balneare** lido

stabi'li|re *vt* establish; (*decidere*) decide. **~rsi** *vr* settle. **~tà** *nf* stability

stabiliz'za|re *vt* stabilize. **~rsi** *vr* stabilize. **~'tore** *nm* stabilizer

stac'car|e *vt* detach; pronounce clearly ‹*parole*›; (*separare*) separate; turn off ‹*corrente*›; **~e gli occhi da** take one's eyes off ● *vi* (*fam: finire di lavorare*) knock off. **~si** *vr* come off;

~si da break away from ‹*partito, famiglia*›
staccio'nata *nf* fence
'stacco *nm* gap
'stadio *nm* stadium
'staffa *nf* stirrup
staf'fetta *nf* dispatch rider
stagio'nale *a* seasonal
stagio'na|re *vt* season ‹*legno*›; mature ‹*formaggio*›. **~to** *a* ‹*legno*› seasoned; ‹*formaggio*› matured
stagi'one *nf* season; **alta/bassa ~** high/low season
stagli'arsi *vr* stand out
sta'gna|nte *a* stagnant. **~re** *vt* (*saldare*) solder; (*chiudere ermeticamente*) seal ● *vi* ‹*acqua:*› stagnate.
'stagno *a* (*a tenuta d'acqua*) watertight ● *nm* (*acqua ferma*) pond; (*metallo*) tin
sta'gnola *nf* tinfoil
stalag'mite *nf* stalagmite
stalat'tite *nf* stalactite
'stall|a *nf* stable; (*per buoi*) cowshed. **~i'ere** *nm* groom
stal'lone *nm* stallion
sta'mani, **stamat'tina** *adv* this morning
stam'becco *nm* ibex
stam'berga *nf* hovel
'stampa *nf Typ* printing; (*giornali, giornalisti*) press; (*riproduzione*) print
stam'pa|nte *nf* printer. **~nte ad aghi** dot matrix printer. **~nte laser** laser printer. **~re** *vt* print. **~'tello** *nm* block letters *pl*
stam'pella *nf* crutch
'stampo *nm* mould; **di vecchio ~** ‹*persona*› of the old school
sta'nare *vt* drive out
stan'car|e *vt* tire; (*annoiare*) bore. **~si** *vr* get tired
stan'chezza *nf* tiredness. **'stanco** *a* tired; **stanco di** (*stufo*) fed up with. **stanco morto** dead tired, knackered *fam*
'standard *a & nm inv* standard. **~iz'zare** *vt* standardize
'stan|ga *nf* bar; (*persona*) beanpole. **~'gata** *nf fig* blow; (*fam: nel calcio*) big kick; **prendere una ~gata** (*fam: agli esami, economica*) come a cropper. **stan'ghetta** *nf* (*di occhiali*) leg
sta'notte *nf* tonight; (*la notte scorsa*) last night
'stante *prep* on account of; **a sé ~** separate
stan'tio *a* stale
stan'tuffo *nm* piston
'stanza *nf* room; (*metrica*) stanza
stanzi'are *vt* allocate
stap'pare *vt* uncork
'stare *vi* (*rimanere*) stay; (*abitare*) live; (*con gerundio*) be; **sto solo cinque minuti** I'll stay only five minutes; **sto in piazza Peyron** I live in Peyron Square; **sta dormendo** he's sleeping; **~ a** (*attenersi*) keep to; (*spettare*) be up to; **~ bene** (*economicamente*) be well off; (*di salute*) be well; (*addirsi*) suit; **~ dietro a** (*seguire*) follow; (*sorvegliare*) keep an eye on; (*corteggiare*) run after; **~ in piedi** stand; **~ per** be about to; **ben ti sta!** it serves you right!; **come stai/sta?** how are you?; **lasciar ~** leave alone; **starci** (*essere contenuto*) go into; (*essere d'accordo*) agree; **il 3 nel 12 ci sta 4 volte** 3 into 12 goes 4; **non sa ~ agli scherzi** he can't take a joke; **~ su** (*con la schiena*) sit up straight; **~ sulle proprie** keep oneself to oneself. **starsene** *vr* (*rimanere*) stay
starnu'tire *vi* sneeze. **star'nuto** *nm* sneeze
sta'sera *adv* this evening, tonight
sta'tale *a* state *attrib* ● *nmf* state employee ● *nf* (*strada*) main road, trunk road
'statico *a* static
sta'tista *nm* statesman
sta'tistic|a *nf* statistics *sg*. **~o** *a* statistical
'stato *pp di* **essere, stare** ● *nm* state; (*posizione sociale*) position; *Jur* status. **~ d'animo** frame of mind. **~ civile** marital status. **S~ Maggiore** *Mil* General Staff. **Stati** *pl* **Uniti [d'America]** United States [of America]
'statua *nf* statue
statuni'tense *a* United States *attrib*, US *attrib* ● *nmf* citizen of the United States, US citizen
sta'tura *nf* height; **di alta ~** tall; **di bassa ~** short
sta'tuto *nm* statute
stazio'nario *a* stationary
stazi'one *nf* station; (*città*) resort. **~ balneare** seaside resort. **~ ferroviaria** railway station *Br*, train station. **~ di servizio** petrol station *Br*, service station. **~ termale** spa
'stecca *nf* stick; (*di ombrello*) rib; (*da biliardo*) cue; *Med* splint; (*di sigarette*) carton; (*di reggiseno*) stiffener
stec'cato *nm* fence
stec'chito *a* skinny; (*rigido*) stiff; (*morto*) stone cold dead

'stella *nf* star; **salire alle stelle** ‹*prezzi:*› rise skyhigh. **~ alpina** edelweiss. **~ cadente** shooting star. **~ filante** streamer. **~ di mare** starfish
stel'la|re *a* star *attrib*; ‹*grandezza*› stellar. **~to** *a* starry
'stelo *nm* stem; **lampada** *nf* **a ~** standard lamp
'stemma *nm* coat of arms
stempi'ato *a* bald at the temples
sten'dardo *nm* standard
'stender|e *vt* spread out; (*appendere*) hang out; (*distendere*) stretch [out]; (*scrivere*) write down. **~si** *vr* stretch out
stendibianche'ria *nm inv*, **stendi'toio** *nm* clothes horse
stenodatti|logra'fia *nf* shorthand typing. **~'lografo, -a** *nmf* shorthand typist
stenogra'f|are *vt* take down in shorthand. **~ia** *nf* shorthand
sten'ta|re *vi* **~re a** find it hard to. **~to** *a* laboured. **'stento** *nm* (*fatica*) effort; **a stento** with difficulty; **stenti** *pl* hardships, privations
'sterco *nm* dung
'stereo['fonico] *a* stereo[phonic]
stereoti'pato *a* stereotyped; ‹*sorriso*› insincere. **stere'otipo** *nm* stereotype
'steril|e *a* sterile; ‹*terreno*› barren. **~ità** *nf* sterility. **~iz'zare** *vt* sterilize. **~izzazi'one** *nf* sterilization
ster'lina *nf* pound; **lira ~** [pound] sterling
stermi'nare *vt* exterminate
stermi'nato *a* immense
ster'minio *nm* extermination
'sterno *nm* breastbone
ster'zare *vi* steer. **'sterzo** *nm* steering
'steso *pp di* **stendere**
'stesso *a* same; **io ~** myself; **tu ~** yourself; **me ~** myself; **se ~** himself; **in quel momento ~** at that very moment; **dalla stessa regina** (*in persona*) by the Queen herself; **tuo fratello ~ dice che hai torto** even your brother says you're wrong; **coi miei stessi occhi** with my own eyes ● *pron* **lo ~** the same one; (*la stessa cosa*) the same; **fa lo ~** it's all the same; **ci vado lo ~** I'll go just the same
ste'sura *nf* drawing up; (*documento*) draft
stick *nm* **colla a ~** glue stick; **deodorante a ~** stick deodorant
'stigma *nm* stigma. **~te** *nfpl* stigmata
sti'lare *vt* draw up
'stil|e *nm* style. **~e libero** (*nel nuoto*) freestyle, crawl. **sti'lista** *nmf* stylist. **~iz'zato** *a* stylized
stil'lare *vi* ooze
stilo'grafic|a *nf* fountain pen. **~o** *a* **penna ~a** fountain pen
'stima *nf* esteem; (*valutazione*) estimate. **sti'mare** *vt* esteem; (*valutare*) estimate; (*ritenere*) consider
stimo'la|nte *a* stimulating ● *nm* stimulant. **~re** *vt* stimulate; (*incitare*) incite
'stimolo *nm* stimulus; (*fitta*) pang
'stinco *nm* shin
'stinger|e *vt/i* fade. **~si** *vr* fade. **'stinto** *pp di* **stingere**
sti'par|e *vt* cram. **~si** *vr* crowd together
stipendi'ato *a* salaried ● *nm* salaried worker. **sti'pendio** *nm* salary
'stipite *nm* doorpost
stipu'la|re *vt* stipulate. **~zi'one** *nf* stipulation; (*accordo*) agreement
stira'mento *nm* sprain
sti'ra|re *vt* iron; (*distendere*) stretch. **~rsi** *vr* (*distendersi*) stretch; pull ‹*muscolo*›. **~'tura** *nf* ironing. **'stiro** *nm* **ferro da stiro** iron
'stirpe *nf* stock
stiti'chezza *nf* constipation. **'stitico** *a* constipated
'stiva *nf Naut* hold
sti'vale *nm* boot. **stivali** *pl* **di gomma** Wellington boots, Wellingtons
'stizza *nf* anger
stiz'zi|re *vt* irritate. **~rsi** *vr* become irritated. **~to** *a* irritated. **stiz'zoso** *a* peevish
stocca'fisso *nm* stockfish
stoc'cata *nf* stab; (*battuta pungente*) gibe
'stoffa *nf* material; *fig* stuff
'stola *nf* stole
'stolto *a* foolish
stoma'chevole *a* revolting
'stomaco *nm* stomach; **mal di ~** stomach-ache
sto'na|re *vt/i* sing/play out of tune ● *vi* (*non intonarsi*) clash. **~to** *a* out of tune; (*discordante*) clashing; (*confuso*) bewildered. **~'tura** *nf* false note; (*discordanza*) clash
'stoppia *nf* stubble
stop'pino *nm* wick
stop'poso *a* tough
'storcer|e *vt*, **~si** *vr* twist
stor'di|re *vt* stun; (*intontire*) daze. **~rsi** *vr* dull one's senses. **~to** *a* stunned; (*intontito*) dazed; (*sventato*) heedless

'storia *nf* history; (*racconto, bugia*) story; (*pretesto*) excuse; **senza storie!** no fuss!; **fare [delle] storie** make a fuss
'storico, -a *a* historical; (*di importanza storica*) historic ● *nmf* historian
stori'one *nm* sturgeon
'stormo *nm* flock
'storno *nm* starling
storpi'a|re *vt* cripple; mangle ‹*parole*›. **~'tura** *nf* deformation. **'storpio, -a** *a* crippled ● *nmf* cripple
'stort|a *nf* (*distorsione*) sprain; **prendere una ~a alla caviglia** sprain one's ankle. **~o** *pp di* **storcere** ● *a* crooked; (*ritorto*) twisted; ‹*gambe*› bandy; *fig* wrong
sto'viglie *nfpl* crockery *sg*
'strabico *a* cross-eyed; **essere ~** be cross-eyed, have a squint.
strabili'ante *a* astonishing
stra'bismo *nm* squint
straboc'care *vi* overflow
stra'carico *a* overloaded
stracci|'are *vt* tear; (*fam: vincere*) thrash. **~'ato** *a* torn; ‹*persona*› in rags; ‹*prezzi*› slashed; **a un prezzo ~ato** dirt cheap. **'straccio** *a* torn ● *nm* rag; (*strofinaccio*) cloth **~'one** *nm* tramp
stra'cotto *a* overdone; (*fam: innamorato*) head over heels ● *nm* stew
'strada *nf* road; (*di città*) street; (*fig: cammino*) way; **essere fuori ~** be on the wrong track; **fare ~** lead the way; **farsi ~** make one's way. **~ maestra** main road. **~ a senso unico** one-way street. **~ senza uscita** blind alley. **stra'dale** *a* road *attrib*
strafalci'one *nm* blunder
stra'fare *vi* overdo it, overdo things
stra'foro: di ~ *adv* on the sly
strafot'ten|te *a* arrogant. **~za** *nf* arrogance
'strage *nf* slaughter
'stralcio *nm* (*parte*) extract
stralu'na|re *vt* **~re gli occhi** open one's eyes wide. **~to** *a* ‹*occhi*› staring; ‹*persona*› distraught
stramaz'zare *vi* fall heavily
strambe'ria *nf* oddity. **'strambo** *a* strange
strampa'lato *a* odd
stra'nezza *nf* strangeness
strango'lare *vt* strangle
strani'ero, -a *a* foreign ● *nmf* foreigner
'strano *a* strange
straordi|naria'mente *adv* extraordinarily. **~'nario** *a* extraordinary; (*notevole*) remarkable; ‹*edizione*› special; **lavoro ~nario** overtime; **treno ~nario** special train
strapaz'zar|e *vt* ill-treat; scramble ‹*uova*›. **~si** *vr* tire oneself out. **stra'pazzo** *nm* strain; **da strapazzo** *fig* worthless
strapi'eno *a* overflowing
strapi'ombo *nm* projection; **a ~** sheer
strap'par|e *vt* tear; (*per distruggere*) tear up; pull out ‹*dente, capelli*›; (*sradicare*) pull up; (*estorcere*) wring. **~si** *vr* get torn; (*allontanarsi*) tear oneself away. **'strappo** *nm* tear; (*strattone*) jerk; (*fam: passaggio*) lift; **fare uno strappo alla regola** make an exception to the rule. **~ muscolare** muscle strain
strapun'tino *nm* folding seat
strari'pare *vi* flood
strasci'c|are *vt* trail; shuffle ‹*piedi*›; drawl ‹*parole*›. **'strascico** *nm* train; *fig* after-effect
strass *nm inv* rhinestone
strata'gemma *nm* stratagem
strate'gia *nf* strategy. **stra'tegico** *a* strategic
'strato *nm* layer; (*di vernice ecc*) coat, layer; (*roccioso, sociale*) stratum. **~'sfera** *nf* stratosphere. **~'sferico** *a* stratospheric; *fig* sky-high
stravac'ca|rsi *vr fam* slouch. **~to** *a fam* slouching
strava'gan|te *a* extravagant; (*eccentrico*) eccentric. **~za** *nf* extravagance; (*eccentricità*) eccentricity
stra'vecchio *a* ancient
strave'dere *vt* **~ per** worship
stravizi'are *vi* indulge oneself. **stra'vizio** *nm* excess
stra'volg|ere *vt* twist; (*turbare*) upset. **~i'mento** *nm* twisting. **stra'volto** *a* distraught; (*fam: stanco*) done in
strazi'a|nte *a* heartrending; ‹*dolore*› agonizing. **~re** *vt* grate on ‹*orecchie*›; break ‹*cuore*›. **'strazio** *nm* agony; **essere uno strazio** be agony; **che strazio!** *fam* it's awful!
'strega *nf* witch. **stre'gare** *vt* bewitch. **stre'gone** *nm* wizard
'stregua *nf* **alla ~ di** like
stre'ma|re *vt* exhaust. **~to** *a* exhausted
'stremo *nm* **ridotto allo ~** at the end of one's tether
'strenuo *a* strenuous
strepi|'tare *vi* make a din. **'strepito**

nm noise. **~'toso** *a* noisy; *fig* resounding

stres'sa|nte *a* ‹*lavoro, situazione*› stressful. **~to** *a* stressed [out]

'stretta *nf* grasp; (*dolore*) pang; **essere alle strette** be in dire straits; **mettere alle strette qcno** have sb's back up against the wall. **~ di mano** handshake

stret'tezza *nf* narrowness; **stret'tezze** *pl* (*difficoltà finanziarie*) financial difficulties

'stret|to *pp di* **stringere** ● *a* narrow; (*serrato*) tight; (*vicino*) close; ‹*dialetto*› broad; (*rigoroso*) strict; **lo ~to necessario** the bare minimum ● *nm Geog* strait. **~'toia** *nf* bottleneck; (*fam: difficoltà*) tight spot

stri'a|to *a* striped. **~'tura** *nf* streak

stri'dente *a* strident

'stridere *vi* squeak; *fig* clash. **stri'dore** *nm* screech

'stridulo *a* shrill

strigli'a|re *vt* groom. **~ta** *nf* grooming; *fig* dressing down

stril'l|are *vi/t* scream. **'strillo** *nm* scream

strimin'zito *a* skimpy; (*magro*) skinny

strimpel'lare *vt* strum

'strin|ga *nf* lace; *Comput* string. **~'gato** *a fig* terse

'stringer|e *vt* press; (*serrare*) squeeze; (*tenere stretto*) hold tight; take in ‹*abito*›; (*comprimere*) be tight; (*restringere*) tighten; **~e la mano a** shake hands with ● *vi* (*premere*) press. **~si** *vr* (*accostarsi*) draw close (**a** to); (*avvicinarsi*) squeeze up

'striscia *nf* strip; (*riga*) stripe. **strisce** *pl* **[pedonali]** zebra crossing *sg*

strisci'ar|e *vi* crawl; (*sfiorare*) graze ● *vt* drag ‹*piedi*›. **~si** *vr* **~si a** rub against. **'striscio** *nm* graze; *Med* smear; **colpire di striscio** graze

strisci'one *nm* banner

strito'lare *vt* grind

striz'zare *vt* squeeze; (*torcere*) wring [out]; **~ l'occhio** wink

'strofa *nf* strophe

strofi'naccio *nm* cloth; (*per spolverare*) duster. **~ da cucina** tea towel

strofi'nare *vt* rub

strombaz'zare *vt* boast about ● *vi* hoot

strombaz'zata *nf* (*di clacson*) hoot

stron'care *vt* cut off; (*reprimere*) crush; (*criticare*) tear to shreds

'stronzo *nm vulg* shit

stropicci'are *vt* rub; crumple ‹*vestito*›

stroz'za|re *vt* strangle. **~'tura** *nf* strangling; (*di strada*) narrowing

strozzi'naggio *nm* loan-sharking

stroz'zino *nm pej* usurer; (*truffatore*) shark

strug'gente *a* all-consuming

'struggersi *vr liter* pine [away]

strumen'tale *a* instrumental

strumentaliz'zare *vt* make use of

strumentazi'one *nf* instrumentation

stru'mento *nm* instrument; (*arnese*) tool. **~ a corda** string instrument. **~ musicale** musical instrument

strusci'are *vt* rub

'strutto *nm* lard

strut'tura *nf* structure. **struttu'rale** *a* structural

struttu'rare *vt* structure

strutturazi'one *nf* structuring

'struzzo *nm* ostrich

stuc'ca|re *vt* stucco

stuc'chevole *a* nauseating

'stucco *nm* stucco

stu'den|te, -'essa *nmf* student; (*di scuola*) schoolboy; schoolgirl. **~'tesco** *a* student; (*di scolaro*) school *attrib*

studi'ar|e *vt* study. **~si** *vr* **~si di** try to

'studi|o *nm* studying; (*stanza, ricerca*) study; (*di artista, TV ecc*) studio; (*di professionista*) office. **~'oso, -a** *a* studious ● *nmf* scholar

'stufa *nf* stove. **~ elettrica** electric fire

stu'fa|re *vt Culin* stew; (*dare fastidio*) bore. **~rsi** *vr* get bored. **~to** *nm* stew

'stufo *a* bored; **essere ~ di** be fed up with

stu'oia *nf* mat

stupefa'cente *a* amazing ● *nm* drug

stu'pendo *a* stupendous

stupi'd|aggine *nf* (*azione*) stupid thing; (*cosa da poco*) nothing. **~ata** *nf* stupid thing. **~ità** *nf* stupidity. **'stupido** *a* stupid

stu'pir|e *vt* astonish ● *vi*, **~si** *vr* be astonished. **stu'pore** *nm* amazement

stu'pra|re *vt* rape. **~'tore** *nm* rapist. **'stupro** *nm* rape

sturalavan'dini *nm inv* plunger

stu'rare *vt* uncork; unblock ‹*lavandino*›

stuzzica'denti *nm inv* toothpick

stuzzi'care *vt* prod [at]; pick ‹*denti*›; poke ‹*fuoco*›; (*molestare*) tease; whet ‹*appetito*›

stuzzi'chino *nm Culin* appetizer

su *prep* on; (*senza contatto*) over; (*riguardo a*) about; (*circa, intorno a*) about, around; **le chiavi sono sul tavolo** the keys are on the table; **il quadro è appeso sul camino** the picture is hanging over the fireplace; **un libro sull'antico Egitto** a book on *o* about Ancient Egypt; **costa sulle 50 000 lire** it costs about 50,000 lire; **decidere sul momento** decide at the time; **su commissione** on commission; **su due piedi** on the spot; **uno su dieci** one out of ten ● *adv* (*sopra*) up; (*al piano di sopra*) upstairs; (*addosso*) on; **ho su il cappotto** I've got my coat on; **in su** ‹*guardare*› up; **dalla vita in su** from the waist up; **su!** come on!

su'bacqueo *a* underwater

subaffit'tare *vt* sublet. **subaf'fitto** *nm* sublet

subal'terno *a & nm* subordinate

sub'buglio *nm* turmoil

sub'conscio *a & nm* subconscious

subdola'mente *adv* deviously. **'subdolo** *a* devious, underhand

suben'trare *vi* ‹*circostanze:*› come up; **~ a** take the place of

su'bire *vt* undergo; (*patire*) suffer

subis'sare *vt fig* **~ di** overwhelm with

'subito *adv* at once; **~ dopo** straight after

su'blime *a* sublime

subodo'rare *vt* suspect

subordi'nato, -a *a & nmf* subordinate

subur'bano *a* suburban

suc'ceder|e *vi* (*accadere*) happen; **~e a** succeed; (*venire dopo*) follow; **~e al trono** succeed to the throne. **~si** *vr* happen one after the other

successi'one *nf* succession; **in ~** in succession

succes|siva'mente *adv* subsequently. **~'sivo** *a* successive

suc'ces|so *pp di* **succedere** ● *nm* success; (*esito*) outcome; (*disco ecc*) hit. **~'sone** *nm* huge success

succes'sore *nm* successor

succhi'are *vt* suck [up]

suc'cinto *a* (*conciso*) concise; ‹*abito*› scanty

'succo *nm* juice; *fig* essence; **~ di frutta** fruit juice. **suc'coso** *a* juicy

'succube *nm* **essere ~ di qcno** be totally dominated by sb

succu'lento *a* succulent

succur'sale *nf* branch [office]

sud *nm* south; **del ~** southern

su'da|re *vi* sweat, perspire; (*faticare*) sweat blood; **~re freddo** be in a cold sweat. **~ta** *nf anche fig* sweat. **~'ticcio** *a* sweaty. **~to** *a* sweaty; ‹*vittoria*› hard-won; ‹*pane*› hard-earned

sud'detto *a* above-mentioned

'suddito, -a *nmf* subject

suddi'vi|dere *vt* subdivide. **~si'one** *nf* subdivision

su'd-est *nm* southeast

'sudici|o *a* dirty, filthy. **~'ume** *nm* dirt, filth

sudorazi'one *nf* perspiring. **su'dore** *nm* sweat, perspiration; *fig* sweat

su'd-ovest *nm* southwest

suffici'en|te *a* sufficient; (*presuntuoso*) conceited ● *nm* bare essentials *pl; Sch* pass mark. **~za** *nf* sufficiency; (*presunzione*) conceit; *Sch* pass; **a ~za** enough

suf'fisso *nm* suffix

suf'fragio *nm* (*voto*) vote. **~ universale** universal suffrage

suggeri'mento *nm* suggestion

sugge'ri|re *vt* suggest; *Theat* prompt. **~'tore, ~'trice** *nmf Theat* prompter

suggestiona'bile *a* suggestible

suggestio'na|re *vt* influence. **~to** *a* influenced. **suggesti'one** *nf* influence

sugge'stivo *a* suggestive; ‹*musica ecc*› evocative

'sughero *nm* cork

'sugli = **su** + **gli**

'sugo *nm* (*di frutta*) juice; (*di carne*) gravy; (*salsa*) sauce; (*sostanza*) substance

'sui = **su** + **i**

sui'cid|a *a* suicidal ● *nmf* suicide. **suici'darsi** *vr* commit suicide. **~io** *nm* suicide

su'ino *a* **carne suina** pork ● *nm* swine

sul = **su** + **il**. **'sullo** = **su** + **lo**. **'sulla** = **su** + **la**. **'sulle** = **su** + **le**

sul'ta|na *nf* sultana. **~'nina** *a* **uva ~nina** sultana. **~no** *nm* sultan

'sunto *nm* summary

'suo, -a *poss a* **il ~, i suoi** his; (*di cosa, animale*) its; (*forma di cortesia*) your; **la sua, le sue** her; (*di cosa, animale*) its; (*forma di cortesia*) your; **questa macchina è sua** this car is his/hers; **~ padre** his/her/your father; **un ~ amico** a friend of his/hers/yours ● *poss pron* **il ~, i suoi** his; (*di cosa, animale*) its; (*forma di cortesia*) yours; **la sua, le sue** hers; (*di cosa animale*) its; (*forma di cortesia*) yours; **i suoi** his/her folk

su'ocera *nf* mother-in-law

su'ocero *nm* father-in-law
su'ola *nf* sole
su'olo *nm* ground; (*terreno*) soil
suo'na|re *vt/i* *Mus* play; ring ‹*campanello*›; sound ‹*allarme, clacson*›; ‹*orologio:*› strike. **~'tore, ~'trice** *nmf* player. **suone'ria** *nf* alarm. **su'ono** *nm* sound
su'ora *nf* nun; **Suor Maria** Sister Maria
superal'colico *nm* spirit ● *a* **bevande superalcoliche** spirits
supera'mento *nm* (*di timidezza*) overcoming; (*di esame*) success (**di** in)
supe'rare *vt* surpass; (*eccedere*) exceed; (*vincere*) overcome; overtake, pass *Am* ‹*veicolo*›; pass ‹*esame*›
su'perb|ia *nf* haughtiness. **~o** *a* haughty; (*magnifico*) superb
superdo'tato *a* highly gifted
superfici'al|e *a* superficial ● *nmf* superficial person. **~ità** *nf* superficiality.
super'ficie *nf* surface; (*area*) area
su'perfluo *a* superfluous
superi'or|e *a* superior; (*di grado*) senior; (*più elevato*) higher; (*sovrastante*) upper; (*al di sopra*) above ● *nmf* superior. **~ità** *nf* superiority
superla'tivo *a & nm* superlative
supermer'cato *nm* supermarket
super'sonico *a* supersonic
su'perstite *a* surviving ● *nmf* survivor
superstizi'o|ne *nf* superstition. **~so** *a* superstitious
super'strada *nf* toll-free motorway
supervi|si'one *nf* supervision. **~'sore** *nm* supervisor
su'pino *a* supine
suppel'lettili *nfpl* furnishings
suppergiù *adv* about
supplemen'tare *a* additional, supplementary
supple'mento *nm* supplement; **~ rapido** express train supplement
sup'plen|te *a* temporary ● *nmf Sch* supply teacher. **~za** *nf* temporary post
'suppli|ca *nf* plea; (*domanda*) petition. **~'care** *vt* beg. **~'chevole** *a* imploring
sup'plire *vt* replace ● *vi* **~ a** (*compensare*) make up for
sup'plizio *nm* torture
sup'porre *vt* suppose
sup'porto *nm* support
supposizi'one *nf* supposition
sup'posta *nf* suppository
sup'posto *pp di* **supporre**
suprema'zia *nf* supremacy. **su'premo** *a* supreme
sur'fare *vi* **~ in Internet** surf the Net
surge'la|re *vt* deep-freeze. **~ti** *nmpl* frozen food *sg*. **~to** *a* frozen
surrea'lis|mo *nm* surrealism. **~ta** *nmf* surrealist
surriscal'dare *vt* overheat
surro'gato *nm* substitute
suscet'tibil|e *a* touchy. **~ità** *nf* touchiness
susci'tare *vt* stir up; arouse ‹*ammirazione ecc*›
su'sin|a *nf* plum. **~o** *nm* plumtree
su'spense *nf* suspense
susségu|'ente *a* subsequent. **~'irsi** *vr* follow one after the other
sussidi'ar|e *vt* subsidize. **~io** *a* subsidiary. **sus'sidio** *nm* subsidy; (*aiuto*) aid. **sussidio di disoccupazione** unemployment benefit
sussi'ego *nm* haughtiness
sussi'stenza *nf* subsistence. **sus'sistere** *vi* subsist; (*essere valido*) hold good
sussul'tare *vi* start. **sus'sulto** *nm* start
sussur'rare *vt* whisper. **sus'surro** *nm* whisper
su'tu|ra *nf* suture. **~'rare** *vt* suture
sva'gar|e *vt* amuse. **~si** *vr* amuse oneself. **'svago** *nm* relaxation; (*divertimento*) amusement
svaligi'are *vt* rob; burgle ‹*casa*›
svalu'ta|re *vt* devalue; *fig* underestimate. **~rsi** *vr* lose value. **~zi'one** *nf* devaluation
svam'pito *a* absent-minded
sva'nire *vi* vanish
svantaggi|'ato *a* at a disadvantage; ‹*bambino, paese*› disadvantaged. **svan'taggio** *nm* disadvantage; **essere in svantaggio** *Sport* be losing; **in svantaggio di tre punti** three points down; **~'oso** *a* disadvantageous
svapo'rare *vi* evaporate
svari'ato *a* varied
sva'sato *a* flared
'svastica *nf* swastika
sve'dese *a & nm* (*lingua*) Swedish ● *nmf* Swede
'sveglia *nf* (*orologio*) alarm [clock]; **~!** get up!; **mettere la ~** set the alarm [clock]
svegli'ar|e *vt* wake up; *fig* awaken. **~si** *vr* wake up. **'sveglio** *a* awake; (*di mente*) quick-witted
sve'lare *vt* reveal
svel'tezza *nf* speed; *fig* quick-wittedness

svel'tir|e *vt* quicken. **~si** *vr* ‹*persona:*› liven up. **'svelto** *a* quick; (*slanciato*) svelte; **alla svelta** quickly

'svend|ere *vt* undersell. **~ita** *nf* [clearance] sale

sveni'mento *nm* fainting fit. **sve'nire** *vi* faint

sven'ta|re *vt* foil. **~to** *a* thoughtless ● *nmf* thoughtless person

'sventola *nf* slap; **orecchie** *nfpl* **a ~** protruding ears

svento'lare *vt/i* wave

sven'trare *vt* disembowel; *fig* demolish ‹*edificio*›

sven'tura *nf* misfortune. **sventu'rato** *a* unfortunate

sve'nuto *pp di* **svenire**

svergo'gnato *a* shameless

sver'nare *vi* winter

sve'stir|e *vt* undress. **~si** *vr* undress, get undressed

'Svezia *nf* Sweden

svezza'mento *nm* weaning. **svez'zare** *vt* wean

svi'ar|e *vt* divert; (*corrompere*) lead astray. **~si** *vr fig* go astray

svico'lare *vi* turn down a side street; (*fig: dalla questione ecc*) evade the issue; (*fig: da una persona*) dodge out of the way

svi'gnarsela *vr* slip away

svi'lire *vt* debase

svilup'par|e *vt*, **~si** *vr* develop. **svi'luppo** *nm* development; **paese in via di sviluppo** developing country

svinco'lar|e *vt* release; clear ‹*merce*›. **~si** *vr* free oneself. **'svincolo** *nm* clearance; (*di autostrada*) exit

svisce'ra|re *vt* gut; *fig* dissect. **~to** *a* ‹*amore*› passionate; (*ossequioso*) obsequious

'svista *nf* oversight

svi'ta|re *vt* unscrew. **~to** *a* (*fam: matto*) cracked, nutty

'Svizzer|a *nf* Switzerland. **s~o, -a** *a* & *nmf* Swiss

svogli|a'tezza *nf* half-heartedness. **~'ato** *a* lazy

svolaz'za|nte *a* ‹*capelli*› wind-swept. **~re** *vi* flutter

'svolger|e *vt* unwind; unwrap ‹*pacco*›; (*risolvere*) solve; (*portare a termine*) carry out; (*sviluppare*) develop. **~si** *vr* (*accadere*) take place. **svolgi'mento** *nm* course; (*sviluppo*) development

'svolta *nf* turning; *fig* turning-point. **svol'tare** *vi* turn

'svolto *pp di* **svolgere**

svuo'tare *vt* empty [out]

Tt

tabac'c|aio, -a *nmf* tobacconist. **~he'ria** *nf* tobacconist's (*which also sells stamps, postcards etc*). **ta'bacco** *nm* tobacco

ta'bel|la *nf* table; (*lista*) list. **~la dei prezzi** price list. **~'lina** *nf Math* multiplication table. **~'lone** *nm* wall chart. **~lone del canestro** backboard

taber'nacolo *nm* tabernacle

tabù *a* & *nm inv* taboo

tabu'lato *nm Comput* [data] printout

'tacca *nf* notch; **di mezza ~** ‹*attore, giornalista*› second-rate

tac'cagno *a fam* stingy

tac'cheggio *nm* shoplifting

tac'chetto *nm Sport* stud

tac'chino *nm* turkey

tacci'are *vt* **~ qcno di qcsa** accuse sb of sth

'tacco *nm* heel; **alzare i tacchi** take to one's heels; **scarpe senza ~** flat shoes. **tacchi** *pl* **a spillo** stiletto heels

tac'cuino *nm* notebook

ta'cere *vi* be silent ● *vt* say nothing about; **mettere a ~ qcsa** ‹*scandalo*› hush sth up; **mettere a ~ qcno** silence sb

ta'chimetro *nm* speedometer

'tacito *a* silent; (*inespresso*) tacit. **taci'turno** *a* taciturn

ta'fano *nm* horsefly

taffe'ruglio *nm* scuffle

'taglia *nf* (*riscatto*) ransom; (*ricompensa*) reward; (*statura*) height; (*misura*) size. **~ unica** one size

taglia'carte *nm inv* paperknife
taglia'erba *nm inv* lawn-mower
tagliafu'oco *a inv* **porta ~** fire door; **striscia ~** fire break
tagli'ando *nm* coupon; **fare il ~** ≈ put one's car in for its MOT
tagli'ar|e *vt* cut; (*attraversare*) cut across; (*interrompere*) cut off; (*togliere*) cut out; carve ‹*carne*›; mow ‹*erba*›; **farsi ~e i capelli** have a haircut ● *vi* cut. **~si** *vr* cut oneself; **~si i capelli** have a haircut
taglia'telle *nfpl* tagliatelle *sg*, *thin, flat strips of egg pasta*
taglieggi'are *vt* extort money from
tagli'e|nte *a* sharp ● *nm* cutting edge. **~re** *nm* chopping board
'taglio *nm* cut; (*il tagliare*) cutting; (*di stoffa*) length; (*parte tagliente*) edge; **a doppio ~** double-edged. **~ cesareo** Caesarean section
tagli'ola *nf* trap
tagli'one *nm* **legge del ~** an eye for an eye and a tooth for a tooth
tagliuz'zare *vt* cut into small pieces
tail'leur *nm inv* [lady's] suit
talassotera'pia *nf* thalassotherapy
'talco *nm* talcum powder
'tale *a* such a; (*con nomi plurali*) such; **c'è un ~ disordine** there is such a mess; **non accetto tali scuse** I won't accept such excuses; **il rumore era ~ che non si sentiva nulla** there was so much noise you couldn't hear yourself think; **il ~ giorno** on such and such a day; **quel tal signore** that gentleman; **~ quale** just like ● *pron* **un ~** someone; **quel ~** that man; **il tal dei tali** such and such a person
ta'lento *nm* talent
tali'smano *nm* talisman
tallo'nare *vt* be hot on the heels of
tallon'cino *nm* coupon
tal'lone *nm* heel
tal'mente *adv* so
ta'lora *adv* = **talvolta**
'talpa *nf* mole
tal'volta *adv* sometimes
tamburel'lare *vi* (*con le dita*) drum; ‹*pioggia:*› beat, drum. **tambu'rello** *nm* tambourine. **tambu'rino** *nm* drummer. **tam'buro** *nm* drum
Ta'migi *nm* Thames
tampona'mento *nm Auto* collision; (*di ferita*) dressing; (*di falla*) plugging. **~ a catena** pile-up. **tampo'nare** *vt* (*urtare*) crash into; (*otturare*) plug. **tam'pone** *nm* swab; (*per timbri*) pad; (*per mestruazioni*) tampon; (*per treni, Comput*) buffer
'tana *nf* den
'tanfo *nm* stench
'tanga *nm inv* tanga
tan'gen|te *a* tangent ● *nf* tangent; (*somma*) bribe. **~'topoli** *nf widespread corruption in Italy in the early 90s*. **~zi'ale** *nf* orbital road
tan'gibile *a* tangible
'tango *nm* tango
tan'tino: un ~ *adv* a little [bit]
'tanto *a* [so] much; (*con nomi plurali*) [so] many, [such] a lot of; **~ tempo** [such] a long time; **non ha tanta pazienza** he doesn't have much patience; **~ tempo quanto ti serve** as much time as you need; **non è ~ intelligente quanto suo padre** he's not as intelligent as his father; **tanti amici quanti parenti** as many friends as relatives ● *pron* much; (*plurale*) many; (*tanto tempo*) a long time; **è un uomo come tanti** he's just an ordinary man; **tanti** (*molte persone*) many people; **non ci vuole così ~** it doesn't take that long; **~ quanto** as much as; **tanti quanti** as many as ● *conj* (*comunque*) anyway, in any case ● *adv* (*così*) so; (*con verbi*) so much; **~ debole** so weak; **è ~ ingenuo da crederle** he's naive enough to believe her; **di ~ in ~** every now and then; **~ l'uno come l'altro** both; **~ quanto** as much as; **tre volte ~** three times as much; **una volta ~** once in a while; **~ meglio così!** so much the better!; **tant'è** so much so; **~ per cambiare** for a change
'tappa *nf* stop; (*parte di viaggio*) stage
tappa'buchi *nm inv* stopgap
tap'par|e *vt* plug; cork ‹*bottiglia*›; **~e la bocca a qcno** *fam* shut sb up. **~si** *vr* **~si gli occhi** cover one's eyes; **~si il naso** hold one's nose; **~si le orecchie** put one's fingers in one's ears
tappa'rella *nf fam* roller blind
tappe'tino *nm* mat; *Comput* mouse mat. **~ antiscivolo** safety bathmat
tap'peto *nm* carpet; (*piccolo*) rug; **andare al ~** ‹*pugilato:*› hit the canvas; **mandare qcno al ~** knock sb down
tappez'z|are *vt* paper ‹*pareti*›; (*rivestire*) cover. **~e'ria** *nf* tapestry; (*di carta*) wallpaper; (*arte*) upholstery. **~i'ere** *nm* upholsterer; (*imbianchino*) decorator
'tappo *nm* plug; (*di sughero*) cork; (*di*

metallo, per penna) top; (*fam: persona piccola*) dwarf. **~ di sughero** cork

'tara *nf* (*difetto*) flaw; (*ereditaria*) hereditary defect; (*peso*) tare

ta'rantola *nf* tarantula

ta'ra|re *vt* calibrate ‹*strumento*›. **~to** *a Comm* discounted; *Techn* calibrated; *Med* with a hereditary defect; *fam* crazy

tarchi'ato *a* stocky

tar'dare *vi* be late ● *vt* delay

'tard|i *adv* late; **al più ~i** at the latest; **più ~i** later [on]; **sul ~i** late in the day; **far ~i** (*essere in ritardo*) be late; (*con gli amici*) stay up late; **a più ~i** see you later. **tar'divo** *a* late; ‹*bambino*› retarded. **~o** *a* slow; (*tempo*) late

'targ|a *nf* plate; *Auto* numberplate. **~a di circolazione** numberplate. **tar'gato** *a* **un'auto targata...** a car with the registration number.... **~'hetta** *nf* (*su porta*) nameplate; (*sulla valigia*) name tag

ta'rif|fa *nf* rate, tariff. **~'fario** *nm* price list

tar'larsi *vr* get wormeaten. **'tarlo** *nm* woodworm

'tarma *nf* moth. **tar'marsi** *vr* get motheaten

ta'rocco *nm* tarot; **ta'rocchi** *pl* tarot

tartagli'are *vi* stutter

'tartaro *a & nm* tartar

tarta'ruga *nf* tortoise; (*di mare*) turtle; (*per pettine ecc*) tortoiseshell

tartas'sare *vt* (*angariare*) harass

tar'tina *nf* canapé

tar'tufo *nm* truffle

'tasca *nf* pocket; (*in borsa*) compartment; **da ~** pocket *attrib*; **avere le tasche piene di qcsa** *fam* have had a bellyful of sth. **~ da pasticciere** icing bag

ta'scabile *a* pocket *attrib* ● *nm* paperback

tasca'pane *nm inv* haversack

ta'schino *nm* breast pocket

'tassa *nf* tax; (*discrizione ecc*) fee; (*doganale*) duty. **~ di circolazione** road tax. **~ d'iscrizione** registration fee

tas'sametro *nm* taximeter

tas'sare *vt* tax

tassa|tiva'mente *adv* without question. **~'tivo** *a* peremptory

tassazi'one *nf* taxation

tas'sello *nm* wedge; (*di stoffa*) gusset

tassì *nm inv* taxi. **tas'sista** *nmf* taxi driver

'tasso¹ *nm Bot* yew; (*animale*) badger

'tasso² *nm Comm* rate. **~ di cambio** exchange rate. **~ di interesse** interest rate

ta'stare *vt* feel; (*sondare*) sound; **~ il terreno** *fig* test the water *or* ground, feel one's way

tasti'e|ra *nf* keyboard. **~'rista** *nmf* keyboarder

'tasto *nm* key; (*tatto*) touch. **~ delicato** *fig* touchy subject. **~ funzione** *Comput* function key. **~ tabulatore** tab key

ta'stoni: **a ~** *adv* gropingly

'tattica *nf* tactics *pl*

'tattico *a* tactical

'tatto *nm* (*senso*) touch; (*accortezza*) tact; **aver ~** be tactful

tatu'a|ggio *nm* tattoo. **~re** *vt* tattoo

'tavola *nf* table; (*illustrazione*) plate; (*asse*) plank. **~ calda** snackbar

tavo'lato *nm* boarding; (*pavimento*) wood floor

tavo'letta *nf* bar; (*medicinale*) tablet; **andare a ~** *Auto* drive flat out

tavo'lino *nm* small table

'tavolo *nm* table. **~ operatorio** *Med* operating table

tavo'lozza *nf* palette

'tazza *nf* cup; (*del water*) bowl. **~ da caffè/tè** coffee-cup/teacup

taz'zina *nf* **~ da caffè** espresso coffee cup

T.C.I. *abbr* (**Touring Club Italiano**) Italian Touring Club

te *pers pron* you; **te l'ho dato** I gave it to you

tè *nm inv* tea

tea'trale *a* theatrical

te'atro *nm* theatre. **~ all'aperto** open-air theatre. **~ di posa** *Cinema* set. **~ tenda** *marquee for theatre performances*

'tecnico, -a *a* technical ● *nmf* technician ● *nf* technique

tec'nigrafo *nm* drawing board

tecno|lo'gia *nf* technology. **~'logico** *a* technological

te'desco, -a *a & nmf* German

'tedi|o *nm* tedium. **~'oso** *a* tedious

te'game *nm* saucepan

'teglia *nf* baking tin

'tegola *nf* tile; *fig* blow

tei'era *nf* teapot

tek *nm* teak

'tela *nf* cloth; (*per quadri, vele*) canvas; *Theat* curtain. **~ cerata** oilcloth. **~ di lino** linen

te'laio *nm* (*di bicicletta, finestra*) frame; *Auto* chassis; (*per tessere*) loom

tele'camera *nf* television camera
teleco|man'dato *a* remote-controlled, remote control *attrib*. **~'mando** *nm* remote control
Telecom Italia *nf* Italian State telephone company
telecomunicazi'oni *nfpl* telecommunications
tele'cro|naca *nf* [television] commentary. **~naca diretta** live [television] coverage. **~naca registrata** recording. **~'nista** *nmf* television commentator
tele'ferica *nf* cableway
telefo'na|re *vt/i* [tele]phone, ring. **~ta** *nf* call. **~ta interurbana** long-distance call
telefonica'mente *adv* by [tele-]phone
tele'fonico *a* [tele]phone *attrib*.
telefo'nino *nm* mobile [phone]
telefo'nista *nmf* operator
te'lefono *nm* [tele]phone. **~ senza filo** cordless [phone]. **~ a gettoni** pay phone, coin-box. **~ interno** internal telephone. **~ a schede** cardphone
telegior'nale *nm* television news *sg*
telegra'fare *vt* telegraph. **tele'grafico** *a* telegraphic; ‹*risposta*› monosyllabic; **sii telegrafico** keep it brief
tele'gramma *nm* telegram
telela'voro *nm* teleworking
tele'matica *nf* data communications, telematics
teleno'vela *nf* soap opera
teleobiet'tivo *nm* telephoto lens
telepa'tia *nf* telepathy
telero'manzo *nm* television serial
tele'schermo *nm* television screen
tele'scopio *nm* telescope
teleselezi'one *nf* subscriber trunk dialling, STD; **chiamare in ~** dial direct
telespetta'tore, -'trice *nmf* viewer
tele'text® *nm* Teletext®
televisi'one *nf* television; **guardare la ~** watch television
televi'sivo *a* television *attrib*; **operatore ~** television cameraman; **apparecchio ~** television set
televi'sore *nm* television [set]
'tema *nm* theme; *Sch* essay. **te'matica** *nf* main theme
teme'rario *a* reckless
te'mere *vt* be afraid of, fear ● *vi* be afraid, fear
tem'paccio *nm* filthy weather
temperama'tite *nm inv* pencil-sharpener
tempera'mento *nm* temperament
tempe'ra|re *vt* temper; sharpen ‹*matita*›. **~to** *a* temperate. **~'tura** *nf* temperature. **~tura ambiente** room temperature
tempe'rino *nm* penknife
tem'pe|sta *nf* storm. **~sta di neve** snowstorm. **~sta di sabbia** sandstorm
tempe|stiva'mente *adv* quickly. **~'stivo** *a* timely. **~'stoso** *a* stormy
'tempia *nf Anat* temple
'tempio *nm Relig* temple
tem'pismo *nm* timing
'tempo *nm* time; (*atmosferico*) weather; *Mus* tempo; *Gram* tense; (*di film*) part; (*di partita*) half; **a suo ~** in due course; **~ fa** some time ago; **un ~** once; **ha fatto il suo ~** it's superannuated. **~ reale** real time. **~ supplementare** *Sport* extra time, overtime *Am*. **~'rale** *a* temporal ● *nm* [thunder]storm. **~ranea'mente** *adv* temporarily. **~'raneo** *a* temporary. **~reggi'are** *vi* play for time
tem'prare *vt* temper
te'nac|e *a* tenacious. **~ia** *nf* tenacity
te'naglia *nf* pincers *pl*
'tenda *nf* curtain; (*per campeggio*) tent; (*tendone*) awning. **~ a ossigeno** oxygen tent
ten'denz|a *nf* tendency. **~ial'mente** *adv* by nature. **~i'oso** *a* tendentious
'tendere *vt* (*allargare*) stretch [out]; (*tirare*) tighten; (*porgere*) hold out; *fig* lay ‹*trappola*› ● *vi* **~ a** aim at; (*essere portato a*) tend to
'tendine *nm* tendon
ten'do|ne *nm* awning; (*di circo*) tent. **~poli** *nf inv* tent city
'tenebre *nfpl* darkness. **tene'broso** *a* gloomy
te'nente *nm* lieutenant
tenera'mente *adv* tenderly
te'ner|e *vt* hold; (*mantenere*) keep; (*gestire*) run; (*prendere*) take; (*seguire*) follow; (*considerare*) consider ● *vi* hold; **~ci a, ~e a** be keen on; **~e per** support ‹*squadra*›. **~si** *vr* hold on (**a** to); (*in una condizione*) keep oneself; (*seguire*) stick to; **~si indietro** stand back
tene'rezza *nf* tenderness. **'tenero** *a* tender
'tenia *nf* tapeworm
'tennis *nm* tennis. **~ da tavolo** table tennis. **ten'nista** *nmf* tennis player
te'nore *nm* standard; *Mus* tenor; **a ~ di**

legge by law. **~ di vita** standard of living

tensi'one *nf* tension; *Electr* voltage; **alta ~** high voltage

ten'tacolo *nm* tentacle

ten'ta|re *vt* attempt; (*sperimentare*) try; (*indurre in tentazione*) tempt. **~'tivo** *nm* attempt. **~zi'one** *nf* temptation

tenten|na'mento *nm* wavering. **~'nare** *vi* waver

'tenue *a* fine; (*debole*) weak; (*esiguo*) small; (*leggero*) slight

te'nuta *nf* (*capacità*) capacity; (*Sport: resistenza*) stamina; (*possedimento*) estate; (*divisa*) uniform; (*abbigliamento*) clothes *pl*; **a ~ d'aria** airtight. **~ di strada** road holding

teolo'gia *nf* theology. **teo'logico** *a* theological. **te'ologo** *nm* theologian

teo'rema *nm* theorem

teo'ria *nf* theory

teorica'mente *adv* theoretically. **te'orico** *a* theoretical

te'pore *nm* warmth

'teppa *nf* mob. **tep'pismo** *nm* hooliganism. **tep'pista** *nm* hooligan

tera'peutico *a* therapeutic. **tera'pia** *nf* therapy

tergicri'stallo *nm* windscreen wiper, windshield wiper *Am*

tergilu'notto *nm* rear windscreen wiper

tergiver'sare *vi* hesitate

'tergo *nm* **a ~** behind; **segue a ~** please turn over, PTO

ter'male *a* thermal; **stazione ~** spa. **'terme** *nfpl* thermal baths

'termico *a* thermal

termi'na|le *a & nm* terminal; **malato ~le** terminally ill person. **~re** *vt/i* finish, end. **'termine** *nm* (*limite*) limit; (*fine*) end; (*condizione, espressione*) term

terminolo'gia *nf* terminology

'termite *nf* termite

termoco'perta *nf* electric blanket

ter'mometro *nm* thermometer

'termos *nm inv* thermos®

termosi'fone *nm* radiator; (*sistema*) central heating

ter'mostato *nm* thermostat

'terra *nf* earth; (*regione*) land; (*terreno*) ground; (*argilla*) clay; (*cosmetico*) dark face powder (*which gives the impression of a tan*); **a ~** (*sulla costa*) ashore; ‹*installazioni*› onshore; **per ~** on the ground; **sotto ~** underground. **~'cotta** *nf* terracotta; **vasellame di ~cotta** earthenware. **~'ferma** *nf* dry land. **~pi'eno** *nm* embankment

ter'razz|a *nf*, **~o** *nm* balcony

terremo'tato, -a *a* ‹*zona*› affected by an earthquake ● *nmf* earthquake victim. **terre'moto** *nm* earthquake

ter'reno *a* earthly ● *nm* ground; (*suolo*) soil; (*proprietà terriera*) land; **perdere/guadagnare ~** lose/gain ground. **~ di gioco** playing field

ter'restre *a* terrestrial; **esercito ~** land forces *pl*

ter'ribil|e *a* terrible. **~'mente** *adv* terribly

ter'riccio *nm* potting compost

terrifi'cante *a* terrifying

territori'ale *a* territorial. **terri'torio** *nm* territory

ter'rore *nm* terror

terro'ris|mo *nm* terrorism. **~ta** *nmf* terrorist

terroriz'zare *vt* terrorize

'terso *a* clear

ter'zetto *nm* trio

terzi'ario *a* tertiary

'terzo *a* third; **di terz'ordine** ‹*locale, servizio*› third-rate; **fare il ~ grado a qn** give sb the third degree; **la terza età** the third age ● *nm* third; **terzi** *pl Jur* third party *sg*. **ter'zultimo, -a** *a & nmf* third from last

'tesa *nf* brim

'teschio *nm* skull

'tesi *nf inv* thesis

'teso *pp di* **tendere** ● *a* taut; *fig* tense

tesor|e'ria *nf* treasury. **~i'ere** *nm* treasurer

te'soro *nm* treasure; (*tesoreria*) treasury

'tessera *nf* card; (*abbonamento all'autobus*) season ticket

'tessere *vt* weave; hatch ‹*complotto*›

tesse'rino *nm* travel card

'tessile *a* textile. **tessili** *nmpl* textiles; (*operai*) textile workers

tessi|'tore, -'trice *nmf* weaver. **~'tura** *nf* weaving

tes'suto *nm* fabric; *Anat* tissue

'testa *nf* head; (*cervello*) brain; **essere in ~ a** be ahead of; **in ~** *Sport* in the lead; **~ o croce?** heads or tails?; **fare ~ o croce** have a toss-up to decide

'testa-'coda *nm inv* **fare un ~** spin right round

testa'mento *nm* will; **T~** *Relig* Testament

testar'daggine *nf* stubbornness. **te'stardo** *a* stubborn
te'stata *nf* head; (*intestazione*) heading; (*colpo*) butt
'teste *nmf* witness
te'sticolo *nm* testicle
testi'mon|e *nmf* witness. **~e oculare** eye witness
testi'monial *nmf inv celebrity who promotes a brand of cosmetics*
testimoni|'anza *nf* testimony; **falsa ~anza** *Jur* perjury. **~'are** *vt* testify to ● *vi* testify, give evidence
'testo *nm* text; **far ~** be an authority
te'stone, -a *nmf* blockhead
testu'ale *a* textual
'tetano *nm* tetanus
'tetro *a* gloomy
tetta'rella *nf* teat
'tetto *nm* roof. **~ apribile** (*di auto*) sunshine roof. **tet'toia** *nf* roofing. **tet'tuccio** *nm* **tettuccio apribile** sunroof
'Tevere *nm* Tiber
ti *pers pron* you; (*riflessivo*) yourself; **ti ha dato un libro** he gave you a book; **lavati le mani** wash your hands; **eccoti!** here you are!; **sbrigati!** hurry up!
ti'ara *nf* tiara
tic *nm inv* tic
ticchet't|are *vi* tick. **~io** *nm* ticking
'ticchio *nm* tic; (*ghiribizzo*) whim
'ticket *nm inv* (*per farmaco, esame*) *amount paid by National Health patients*
tiepida'mente *adv* halfheartedly. **ti'epido** *a anche fig* lukewarm
ti'fare *vi* **~ per** shout for. **'tifo** *nm Med* typhus; **fare il tifo per** *fig* be a fan of
tifoi'dea *nf* typhoid
ti'fone *nm* typhoon
ti'foso, -a *nmf* fan
'tiglio *nm* lime
ti'grato *a* **gatto ~** tabby [cat]
'tigre *nf* tiger
'tilde *nmf* tilde
tim'ballo *nm Culin* pie
tim'brare *vt* stamp; **~ il cartellino** clock in/out
'timbro *nm* stamp; (*di voce*) tone
timida'mente *adv* timidly, shyly. **timi'dezza** *nf* timidity, shyness. **'timido** *a* timid, shy
'timo *nm* thyme
ti'mon|e *nm* rudder. **~i'ere** *nm* helmsman
ti'more *nm* fear; (*soggezione*) awe. **timo'roso** *a* timorous
'timpano *nm* eardrum; *Mus* kettledrum
ti'nello *nm* dining room
'tinger|e *vt* dye; (*macchiare*) stain. **~si** *vi* ‹*viso, cielo:*› be tinged (**di** with); **~si i capelli** have one's hair dyed; (*da solo*) dye one's hair
'tino *nm,* **ti'nozza** *nf* tub
'tint|a *nf* dye; (*colore*) colour; **in ~a unita** plain. **~a'rella** *nf fam* suntan
tintin'nare *vi* tinkle
'tinto *pp di* **tingere**. **~'ria** *nf* (*negozio*) cleaner's. **tin'tura** *nf* dyeing; (*colorante*) dye.
'tipico *a* typical
'tipo *nm* type; (*fam: individuo*) chap, guy
tipogra'fia *nf* printery; (*arte*) typography. **tipo'grafico** *a* typographic[al]. **ti'pografo** *nm* printer
tip tap *nm* tap dancing
ti'raggio *nm* draught
tiramisù *nm inv dessert made of coffee-soaked sponge, eggs, Marsala, cream and cocoa powder*
tiran|neggi'are *vt* tyrannize. **~'nia** *nf* tyranny. **ti'ranno, -a** *a* tyrannical ● *nmf* tyrant
tirapi'edi *nm inv pej* hanger-on
ti'rar|e *vt* pull; (*gettare*) throw; kick ‹*palla*›; (*sparare*) fire; (*tracciare*) draw; (*stampare*) print ● *vi* pull; ‹*vento:*› blow; ‹*abito:*› be tight; (*sparare*) fire; **~e avanti** get by; **~e su** (*crescere*) bring up; (*da terra*) pick up; **tirar su col naso** sniffle. **~si** *vr* **~si indietro** *fig* back out, pull out
tiras'segno *nm* target shooting; (*alla fiera*) rifle range
ti'rata *nf* (*strattone*) pull, tug; **in una ~** in one go
tira'tore *nm* shot. **~ scelto** marksman
tira'tura *nf* printing; (*di giornali*) circulation; (*di libri*) [print] run
tirchie'ria *nf* meanness. **'tirchio** *a* mean
tiri'tera *nf* spiel
'tiro *nm* (*traino*) draught; (*lancio*) throw; (*sparo*) shot; (*scherzo*) trick. **~ con l'arco** archery. **~ alla fune** tug-of-war. **~ a segno** rifle-range
tiro'cinio *nm* apprenticeship
ti'roide *nf* thyroid
Tir'reno *nm* **il [mar] ~** the Tyrrhenian Sea
ti'sana *nf* herb[al] tea

tito'lare *a* regular ● *nmf* principal; (*proprietario*) owner; (*calcio*) regular player
'titolo *nm* title; (*accademico*) qualification; *Comm* security; **a ~ di** as; **a ~ di favore** as a favour. **titoli** *pl* **di studio** qualifications
titu'ba|nte *a* hesitant. **~nza** *nf* hesitation. **~re** *vi* hesitate
tivù *nf inv fam* TV, telly
'tizio *nm* fellow
tiz'zone *nm* brand
toc'cante *a* touching
toc'ca|re *vt* touch; touch on ‹*argomento*›; (*tastare*) feel; (*riguardare*) concern ● *vi* **~re a** (*capitare*) happen to; **mi tocca aspettare** I'll have to wait; **tocca a te** it's your turn; (*da pagare da bere*) it's your round
tocca'sana *nm inv* cure-all
'tocco *nm* touch; (*di pennello, orologio*) stroke; (*di pane ecc*) chunk ● *a fam* crazy, touched
'toga *nf* toga; (*accademica, di magistrato*) gown
'toglier|e *vt* take off ‹*coperta*›; take away ‹*bambino da scuola, sete, Math*›; take out, remove ‹*dente*›; **~e qcsa di mano a qcno** take sth away from sb; **~e qcno dei guai** get sb out of trouble; **ciò non toglie che...** nevertheless... **~si** *vr* take off ‹*abito*›; **~si la vita** take one's [own] life; **togliti dai piedi!** get out of here!
toilette *nf inv*, **to'letta** *nf* toilet; (*mobile*) dressing table
tolle'ra|nte *a* tolerant. **~nza** *nf* tolerance. **~re** *vt* tolerate
'tolto *pp di* **togliere**
to'maia *nf* upper
'tomba *nf* grave, tomb
tom'bino *nm* manhole cover
'tombola *nf* bingo; (*caduta*) tumble
'tomo *nm* tome
'tonaca *nf* habit
tonalità *nf inv Mus* tonality
'tondo *a* round ● *nm* circle
'tonfo *nm* thud; (*in acqua*) splash
'tonico *a & nm* tonic
tonifi'care *vt* brace
tonnel'la|ggio *nm* tonnage. **~ta** *nf* ton
'tonno *nm* tuna [fish]
'tono *nm* tone
ton'sil|la *nf* tonsil. **~'lite** *nf* tonsillitis
'tonto *a fam* thick
top *nm inv* (*indumento*) sun-top
to'pazio *nm* topaz
'topless *nm inv* **in ~** topless
'topo *nm* mouse. **~ di biblioteca** *fig* bookworm
topogra'fia *nf* topography. **topo'grafico** *a* topographic[al]
to'ponimo *nm* place name
'toppa *nf* (*rattoppo*) patch; (*serratura*) keyhole
to'race *nm* chest. **to'racico** *a* thoracic; **gabbia toracica** rib cage
'torba *nf* peat
'torbido *a* cloudy; *fig* troubled
'torcer|e *vt* twist; wring [out] ‹*biancheria*›. **~si** *vr* twist
'torchio *nm* press
'torcia *nf* torch
torci'collo *nm* stiff neck
'tordo *nm* thrush
to'rero *nm* bullfighter
To'rino *nf* Turin
tor'menta *nf* snowstorm
tormen'tare *vt* torment. **tor'mento** *nm* torment
torna'conto *nm* benefit
tor'nado *nm* tornado
tor'nante *nm* hairpin bend
tor'nare *vi* return, go/come back; (*ridiventare*) become again; ‹*conto:*› add up; **~ a sorridere** become happy again
tor'neo *nm* tournament
'tornio *nm* lathe
'torno *nm* **togliersi di ~** get out of the way
'toro *nm* bull; *Astr* Taurus
tor'pedin|e *nf* torpedo. **~i'era** *nf* torpedo boat
tor'pore *nm* torpor
'torre *nf* tower; (*scacchi*) castle. **~ di controllo** control tower
torrefazi'one *nf* roasting
tor'ren|te *nm* torrent, mountain stream; (*fig: di lacrime*) flood. **~zi'ale** *a* torrential
tor'retta *nf* turret
'torrido *a* torrid
torri'one *nm* keep
tor'rone *nm* nougat
'torso *nm* torso; (*di mela, pera*) core; **a ~ nudo** bare-chested
'torsolo *nm* core
'torta *nf* cake; (*crostata*) tart
tortel'lini *nmpl* tortellini, *small packets of pasta stuffed with pork, ham, Parmesan and nutmeg*
torti'era *nf* baking tin
tor'tino *nm* pie

'torto *pp di* **torcere** ● *a* twisted ● *nm* wrong; (*colpa*) fault; **aver ~** be wrong; **a ~** wrongly
'tortora *nf* turtle-dove
tortu'oso *a* winding; (*ambiguo*) tortuous
tor'tu|ra *nf* torture. **~'rare** *vt* torture
'torvo *a* grim
to'sare *vt* shear
tosa'tura *nf* shearing
To'scana *nf* Tuscany
'tosse *nf* cough
'tossico *a* toxic ● *nm* poison. **tossi'comane** *nmf* drug addict, drug user
tos'sire *vi* cough
tosta'pane *nm inv* toaster
to'stare *vt* toast ‹*pane*›; roast ‹*caffè*›
'tosto *adv* (*subito*) soon ● *a fam* cool
tot *a inv* **una cifra ~** such and such a figure ● *nm* **un ~** so much
to'tal|e *a & nm* total. **~ità** *nf* entirety; **la ~ità dei presenti** all those present
totali'tario *a* totalitarian
totaliz'zare *vt* total; score ‹*punti*›
total'mente *adv* totally
'totano *nm* squid
toto'calcio *nm* ≈ [football] pools *pl*
tournée *nf inv* tour
to'vagli|a *nf* tablecloth. **~'etta** *nf* **~etta** [**all'americana**] place mat. **~'olo** *nm* napkin
'tozzo *a* squat ● *nm* **~ di pane** stale piece of bread
tra = **fra**
trabal'la|nte *a* staggering; ‹*sedia*› rickety, wonky. **~re** *vi* stagger; ‹*veicolo:*› jolt
tra'biccolo *nm fam* contraption; (*auto*) jalopy
traboc'care *vi* overflow
traboc'chetto *nm* trap
tracan'nare *vt* gulp down
'tracci|a *nf* track; (*orma*) footstep; (*striscia*) trail; (*residuo*) trace; *fig* sign. **~'are** *vt* trace; sketch out ‹*schema*›; draw ‹*linea*›. **~'ato** *nm* (*schema*) layout
tra'chea *nf* windpipe
tra'colla *nf* shoulder-strap; **borsa a ~** shoulder-bag
tra'collo *nm* collapse
tradi'mento *nm* betrayal; *Pol* treason
tra'di|re *vt* betray; be unfaithful to ‹*moglie, marito*›. **~'tore, ~'trice** *nmf* traitor
tradizio'na|le *a* traditional. **~'lista** *nmf* traditionalist. **~l'mente** *adv* traditionally. **tradizi'one** *nf* tradition
tra'dotto *pp di* **tradurre**
tra'du|rre *vt* translate. **~t'tore, ~t'trice** *nmf* translator. **~ttore elettronico** electronic phrasebook. **~zi'one** *nf* translation
tra'ente *nmf Comm* drawer
trafe'lato *a* breathless
traffi'ca|nte *nmf* dealer. **~nte di droga** [drug] pusher. **~re** *vi* (*affaccendarsi*) busy oneself; **~re in** *pej* traffic in. **'traffico** *nm* traffic; *Comm* trade
tra'figgere *vt* stab; (*straziare*) pierce
tra'fila *nf fig* rigmarole
trafo'rare *vt* bore, drill. **tra'foro** *nm* boring; (*galleria*) tunnel
trafu'gare *vt* steal
tra'gedia *nf* tragedy
traghet'tare *vt* ferry. **tra'ghetto** *nm* ferrying; (*nave*) ferry
tragica'mente *adv* tragically. **'tragico** *a* tragic ● *nm* (*autore*) tragedian
tra'gitto *nm* journey; (*per mare*) crossing
tragu'ardo *nm* finishing post; (*meta*) goal
traiet'toria *nf* trajectory
trai'nare *vt* drag; (*rimorchiare*) tow
tralasci'are *vt* interrupt; (*omettere*) leave out
'tralcio *nm Bot* shoot
tra'liccio *nm* (*graticcio*) trellis
tram *nm inv* tram, streetcar *Am*
'trama *nf* weft; (*di film ecc*) plot
traman'dare *vt* hand down
tra'mare *vt* weave; (*macchinare*) plot
tram'busto *nm* turmoil, hullabaloo
trame'stio *nm* bustle
tramez'zino *nm* sandwich
tra'mezzo *nm* partition
'tramite *prep* through ● *nm* link; **fare da ~** act as go-between
tramon'tana *nf* north wind
tramon'tare *vi* set; (*declinare*) decline. **tra'monto** *nm* sunset; (*declino*) decline
tramor'tire *vt* stun ● *vi* faint
trampo'lino *nm* springboard; (*per lo sci*) ski-jump
'trampolo *nm* stilt
tramu'tare *vt* transform
'trancia *nf* shears *pl*; (*fetta*) slice
tra'nello *nm* trap
trangugi'are *vt* gulp down, gobble up
'tranne *prep* except
tranquilla'mente *adv* peacefully
tranquil'lante *nm* tranquillizer
tranquilli|tà *nf* calm; (*di spirito*) tranquillity. **~z'zare** *vt* reassure.

tran'quillo *a* quiet; (*pacifico*) peaceful; (*coscienza*) easy

transat'lantico *a* transatlantic ● *nm* ocean liner

tran'sa|tto *pp di* **transigere**. **~zi'one** *nf Comm* transaction

tran'senna *nf* (*barriera*) barrier

tran'sigere *vi* reach an agreement; (*cedere*) yield

transi'ta|bile *a* passable. **~re** *vi* pass

transi'tivo *a* transitive

'transi|to *nm* transit; **diritto di ~to** right of way; **"divieto di ~to"** "no thoroughfare". **~'torio** *a* transitory. **~zi'one** *nf* transition

tran'tran *nm fam* routine

tranvi'ere *nm* tram driver, streetcar driver *Am*

'trapano *nm* drill

trapas'sare *vt* go [right] through ● *vi* (*morire*) pass away

tra'passo *nm* passage

trape'lare *vi* ‹*liquido, fig:*› leak out

tra'pezio *nm* trapeze; *Math* trapezium

trapi|an'tare *vt* transplant. **~'anto** *nm* transplant

'trappola *nf* trap

tra'punta *nf* quilt

'trarre *vt* draw; (*ricavare*) obtain; **~ in inganno** deceive

trasa'lire *vi* start

trasan'dato *a* shabby

trasbor'dare *vt* transfer; *Naut* tran[s]ship ● *vi* change. **tra'sbordo** *nm* trans[s]hipment

tra'scendere *vt* transcend ● *vi* (*eccedere*) go too far

trasci'nar|e *vt* drag; ‹*fig: entusiasmo:*› carry away. **~si** *vr* drag oneself

tra'scorrere *vt* spend ● *vi* pass

tra'scri|tto *pp di* **trascrivere**. **~vere** *vt* transcribe. **~zi'one** *nf* transcription

trascu'ra|bile *a* negligible. **~re** *vt* neglect; (*non tenere conto di*) disregard. **~'tezza** *nf* negligence. **~to** *a* negligent; (*curato male*) neglected; (*nel vestire*) slovenly

traseco'lato *a* amazed

trasferi'mento *nm* transfer; (*trasloco*) move

trasfe'ri|re *vt* transfer. **~rsi** *vr* move

tra'sferta *nf* transfer; (*indennità*) subsistence allowance; *Sport* away match; **in ~** ‹*impiegato*› on secondment; **giocare in ~** play away

trasfigu'rare *vt* transfigure

trasfor'ma|re *vt* transform; (*in rugby*) convert. **~'tore** *nm* transformer. **~zi'one** *nf* transformation; (*in rugby*) conversion

trasfor'mista *nmf* (*artista*) quick-change artist

trasfusi'one *nf* transfusion

trasgre'dire *vt* disobey; *Jur* infringe

trasgredi'trice *nf* transgressor

trasgres|si'one *nf* infringement. **~'sivo** *a* intended to shock. **~'sore** *nm* transgressor

tra'slato *a* metaphorical

traslo'car|e *vt* move ● *vi*, **~si** *vr* move house. **tra'sloco** *nm* removal

tra'smesso *pp di* **trasmettere**

tra'smett|ere *vt* pass on; *TV, Radio* broadcast; *Techn, Med* transmit. **~i'tore** *nm* transmitter

trasmis'si|bile *a* transmissible. **~'one** *nf* transmission; *TV, Radio* programme

trasmit'tente *nm* transmitter ● *nf* broadcasting station

traso'gna|re *vi* day-dream. **~to** *a* dreamy

traspa'ren|te *a* transparent. **~za** *nf* transparency; **in ~za** against the light.

traspa'rire *vi* show [through]

traspi'ra|re *vi* perspire; *fig* transpire. **~zi'one** *nf* perspiration

tra'sporre *vt* transpose

traspor'tare *vt* transport; **lasciarsi ~ da** get carried away by. **tra'sporto** *nm* transport; (*passione*) passion

trastul'lar|e *vt* amuse. **~si** *vr* amuse oneself

trasu'dare *vt* ooze with ● *vi* sweat

trasver'sale *a* transverse

trasvo'la|re *vt* fly over ● *vi* **~re su** *fig* skim over. **~ta** *nf* crossing [by air]

'tratta *nf* (*traffico illegale*) trade; *Comm* draft

trat'tabile *a* or nearest offer, o.n.o.

tratta'mento *nm* treatment. **~ di riguardo** special treatment

trat'ta|re *vt* treat; (*commerciare in*) deal in; (*negoziare*) negotiate ● *vi* **~re di** deal with. **~rsi** *vr* **di che si tratta?** what is it about?; **si tratta di...** it's about... **~'tive** *nfpl* negotiations. **~to** *nm* treaty; (*opera scritta*) treatise

tratteggi'are *vt* outline; (*descrivere*) sketch

tratte'ner|e *vt* (*far restare*) keep; hold ‹*respiro, in questura*›; hold back ‹*lacrime, riso*›; (*frenare*) restrain; (*da paga*) withhold; **sono stato trattenuto** (*ritardato*) I was *o* got held up. **~si** *vr* restrain oneself; (*fermarsi*) stay;

~si su (*indugiare*) dwell on. **tratteni'mento** *nm* entertainment; (*ricevimento*) party
tratte'nuta *nf* deduction
trat'tino *nm* dash; (*in parole composte*) hyphen
'tratto *pp di* **trarre** ● *nm* (*di spazio, tempo*) stretch; (*di penna*) stroke; (*linea*) line; (*brano*) passage; **tratti** *pl* (*lineamenti*) features; **a tratti** at intervals; **ad un ~** suddenly
trat'tore *nm* tractor
tratto'ria *nf* restaurant
'trauma *nm* trauma. **trau'matico** *a* traumatic. **~tiz'zare** *vt* traumatize
tra'vaglio *nm* labour; (*angoscia*) anguish
trava'sare *vt* decant
'trave *nf* beam
tra'veggole *nfpl* **avere le ~** be seeing things
tra'versa *nf* crossbar; **è una ~ di Via Roma** it's off Via Roma, it crosses via Roma
traver'sa|re *vt* cross. **~ta** *nf* crossing
traver'sie *nfpl* misfortunes
traver'sina *nf Rail* sleeper
tra'vers|o *a* crosswise ● *adv* **di ~o** crossways; **andare di ~o** ‹*cibo:*› go down the wrong way; **camminare di ~o** not walk in a straight line; **guardare qcno di ~o** look askance at sb. **~one** *nm* (*in calcio*) cross
travesti'mento *nm* disguise
trave'sti|re *vt* disguise. **~rsi** *vr* disguise oneself. **~to** *a* disguised ● *nm* transvestite
travi'are *vt* lead astray
travi'sare *vt* distort
travol'gente *a* overwhelming
tra'vol|gere *vt* sweep away; (*sopraffare*) overwhelm. **~to** *pp di* **travolgere**
trazi'one *nf* traction. **~ anteriore/posteriore** front-/rear-wheel drive
tre *a & nm* three
trebbi'a|re *vt* thresh
'treccia *nf* plait, braid
tre'cento *a & nm* three hundred; **il T~** the fourteenth century
tredi'cesima *nf extra month's salary paid as a Christmas bonus*
'tredici *a & nm* thirteen
'tregua *nf* truce; *fig* respite
tre'mare *vi* tremble; (*di freddo*) shiver. **trema'rella** *nf fam* jitters *pl*
tremenda'mente *adv* terribly.
tre'mendo *a* terrible; **ho una fame tremenda** I'm terribly hungry
tremen'tina *nf* turpentine
tre'mila *a & nm* three thousand
'tremito *nm* tremble
tremo'lare *vi* shake; ‹*luce:*› flicker. **tre'more** *nm* trembling
tre'nino *nm* miniature railway
'treno *nm* train
'tren|ta *a & nm* thirty; **~ta e lode** top marks. **~tatré giri** *nm inv* LP. **~'tenne** *a & nmf* thirty-year-old. **~'tesimo** *a & nm* thirtieth. **~'tina** *nf* **una ~tina di** about thirty
trepi'dare *vi* be anxious. **'trepido** *a* anxious
treppi'ede *nm* tripod
'tresca *nf* intrigue; (*amorosa*) affair
'trespolo *nm* perch
triango'lare *a* triangular. **tri'angolo** *nm* triangle
tri'bale *a* tribal
tribo'la|re *vi* (*soffrire*) suffer; (*fare fatica*) go through all kinds of trials and tribulations. **~zi'one** *nf* tribulation
tribù *nf inv* tribe
tri'buna *nf* tribune; (*per uditori*) gallery; *Sport* stand. **~ coperta** stand
tribu'nale *nm* court
tribu'tare *vt* bestow
tribu'tario *a* tax *attrib*. **tri'buto** *nm* tribute; (*tassa*) tax
tri'checo *nm* walrus
tri'ciclo *nm* tricycle
trico'lore *a* three-coloured ● *nm* (*bandiera*) tricolour
tri'dente *nm* trident
trien'nale *a* (*ogni tre anni*) three-yearly; (*lungo tre anni*) three-year. **tri'ennio** *nm* three-year period
tri'foglio *nm* clover
trifo'lato *a sliced thinly and cooked with olive oil, parsley and garlic*
'triglia *nf* mullet
trigonome'tria *nf* trigonometry
tril'lare *vi* trill
trilo'gia *nf* trilogy
tri'mestre *nm* quarter; *Sch* term
'trina *nf* lace
trin'ce|a *nf* trench. **~'rare** *vt* entrench
trincia'pollo *nm inv* poultry shears *pl*
trinci'are *vt* cut up
Trinità *nf* Trinity
'trio *nm* trio
trion'fa|le *a* triumphal. **~nte** *a* triumphant. **~re** *vi* triumph; **~re su** triumph over. **tri'onfo** *nm* triumph
tripli'care *vt* triple. **'triplice** *a* triple;

in triplice [**copia**] in triplicate. **'triplo** *a* treble ● *nm* **il triplo** (**di**) three times as much (as)

'trippa *nf* tripe; (*fam: pancia*) belly

'trist|e *a* sad; ‹*luogo*› gloomy. **tri'stezza** *nf* sadness. **~o** *a* wicked; (*meschino*) miserable

trita|'carne *nm inv* mincer. **~ghi'accio** *nm inv* ice-crusher

tri'ta|re *vt* mince. **'trito** *a* **trito e ritrito** well-worn, trite

'trittico *nm* triptych

tritu'rare *vt* chop finely

triumvi'rato *nm* triumvirate

tri'vella *nf* drill. **trivel'lare** *vt* drill

trivi'ale *a* vulgar

tro'feo *nm* trophy

'trogolo *nm* (*per maiali*) trough

'troia *nf* sow; *vulg* bitch; (*sessuale*) whore

'tromba *nf* trumpet; *Auto* horn; (*delle scale*) well. **~ d'aria** whirlwind

trom'bare *vt vulg* screw; (*fam: in esame*) fail

trom'b|etta *nm* toy trumpet. **~one** *nm* trombone

trom'bosi *nf* thrombosis

tron'care *vt* sever; truncate ‹*parola*›

'tronco *a* truncated; **licenziare in ~** fire on the spot ● *nm* trunk; (*di strada*) section. **tron'cone** *nm* stump

troneggi'are *vi* **~ su** tower over

'trono *nm* throne

tropi'cale *a* tropical. **'tropico** *nm* tropic

'troppo *a* too much; (*con nomi plurali*) too many ● *pron* too much; (*plurale*) too many; (*troppo tempo*) too long; **troppi** (*troppa gente*) too many people ● *adv* too; (*con verbi*) too much; **~ stanco** too tired; **ho mangiato ~** I ate too much; **hai fame? – non ~** are you hungry? – not very; **sentirsi di ~** feel unwanted

'trota *nf* trout

trot'tare *vi* trot. **trotterel'lare** *vi* trot along; ‹*bimbo:*› toddle

'trotto *nm* trot; **andare al ~** trot

'trottola *nf* [spinning] top; (*movimento*) spin

troupe *nf inv* **~ televisiva** camera crew

tro'va|re *vt* find; (*scoprire*) find out; (*incontrare*) meet; (*ritenere*) think; **andare a ~re** go and see. **~rsi** *vr* find oneself; ‹*luogo:*› be; (*sentirsi*) feel. **~ta** *nf* bright idea. **~ta pubblicitaria** advertising gimmick

truc'ca|re *vt* make up; (*falsificare*) fix *sl*. **~rsi** *vr* make up. **~tore, ~'trice** *nmf* make-up artist

'trucco *nm* (*cosmetico*) make-up; (*imbroglio*) trick

'truce *a* fierce; ‹*delitto*› appalling

truci'dare *vt* slay

'truciolo *nm* shaving

trucu'lento *a* truculent

'truffa *nf* fraud. **truf'fare** *vt* swindle. **~'tore, ~trice** *nmf* swindler

'truppa *nf* troops *pl*; (*gruppo*) group

tu *pers pron* you; **sei tu?** is that you?; **l'hai fatto tu?** did you do it yourself?; **a tu per tu** in private; **darsi del tu** *use the familiar tu*

'tuba *nf Mus* tuba; (*cappello*) top hat

tu'bare *vi* coo

tuba'tura, tubazi'one *nf* piping

tubazi'oni *nfpl* piping *sg*, pipes

tuberco'losi *nf* tuberculosis

tu'betto *nm* tube

tu'bino *nm* (*vestito*) shift

'tubo *nm* pipe; *Anat* canal; **non ho capito un ~** *fam* I understood zilch. **~ di scappamento** exhaust [pipe]

tubo'lare *a* tubular

tuf'fa|re *vt* plunge. **~rsi** *vr* dive. **~'tore, ~'trice** *nmf* diver

'tuffo *nm* dive; (*bagno*) dip; **ho avuto un ~ al cuore** my heart missed a beat. **~ di testa** dive

'tufo *nm* tufa

tu'gurio *nm* hovel

tuli'pano *nm* tulip

'tulle *nm* tulle

tume'fa|tto *a* swollen. **~zi'one** *nf* swelling. **'tumido** *a* swollen

tu'more *nm* tumour

tumulazi'one *nf* burial

tu'mult|o *nm* turmoil; (*sommossa*) riot. **~u'oso** *a* uproarious

'tunica *nf* tunic

Tuni'sia *nf* Tunisia

'tunnel *nm inv* tunnel

'tuo (**il ~** *m*, **la tua** *f*, **i ~i** *mpl*, **le tue** *fpl*) *poss a* your; **è tua questa macchina?** is this car yours?; **un ~ amico** a friend of yours; **~ padre** your father ● *poss pron* yours; **i tuoi** your folks

tuo'nare *vi* thunder. **tu'ono** *nm* thunder

tu'orlo *nm* yolk

tu'racciolo *nm* stopper; (*di sughero*) cork

tu'rar|e *vt* stop; cork ‹*bottiglia*›. **~si** *vr* become blocked; **~si le orecchie** stick one's fingers in one's ears; **~si il naso** hold one's nose

turba'mento *nm* disturbance; (*sconvolgimento*) upsetting. **~ della quiete pubblica** breach of the peace
tur'bante *nm* turban
tur'ba|re *vt* upset. **~rsi** *vr* get upset. **~to** *a* upset
tur'bina *nf* turbine
turbi'nare *vi* whirl. **'turbine** *nm* whirl. **turbine di vento** whirlwind
turbo'len|to *a* turbulent. **~za** *nf* turbulence
turboreat'tore *nm* turbo-jet
tur'chese *a* & *nmf* turquoise
Tur'chia *nf* Turkey
tur'chino *a* & *nm* deep blue
'turco, -a *a* Turkish ● *nmf* Turk ● *nm* (*lingua*) Turkish; *fig* double Dutch; **fumare come un ~** smoke like a chimney; **bestemmiare come un ~** swear like a trooper
tu'ris|mo *nm* tourism. **~ta** *nmf* tourist. **~tico** *a* tourist *attrib*
'turno *nm* turn; **a ~** in turn; **di ~** on duty; **fare a ~** take turns. **~ di notte** night shift
'turp|e *a* base. **~i'loquio** *nm* foul language
'tuta *nf* overalls *pl*; *Sport* tracksuit. **~ da ginnastica** tracksuit. **~ da lavoro** overalls. **~ mimetica** camouflage. **~ spaziale** spacesuit. **~ subacquea** wetsuit
tu'tela *nf Jur* guardianship; (*protezione*) protection. **tute'lare** *vt* protect
tu'tina *nf* sleepsuit; (*da danza*) leotard
tu'tore, -'trice *nmf* guardian
'tutta *nf* **mettercela ~ per fare qcsa** go flat out for sth
tutta'via *conj* nevertheless, still
'tutto *a* whole; (*con nomi plurali*) all; (*ogni*) every; **tutta la classe** the whole class, all the class; **tutti gli alunni** all the pupils; **a tutta velocità** at full speed; **ho aspettato ~ il giorno** I waited all day [long]; **in ~ il mondo** all over the world; **noi tutti** all of us; **era tutta contenta** she was delighted; **tutti e due** both; **tutti e tre** all three ● *pron* all; (*tutta la gente*) everybody; (*tutte le cose*) everything; (*qualunque cosa*) anything; **l'ho mangiato ~** I ate it all; **le ho lavate tutte** I washed them all; **raccontami ~** tell me everything; **lo sanno tutti** everybody knows; **è capace di ~** he's capable of anything; **~ compreso** all in; **del ~** quite; **in ~** altogether ● *adv* completely; **tutt'a un tratto** all at once; **tutt'altro** not at all; **tutt'altro che** anything but ● *nm* whole; **tentare il ~ per ~** go for broke. **~'fare** *a inv* & *nmf* [**impiegato**] **~** general handyman; **donna ~** general maid
tut'tora *adv* still
tutù *nm inv* tutu, ballet dress
tv *nf inv* TV

Uu

ubbidi'en|te *a* obedient. **~za** *nf* obedience. **ubbi'dire** *vi* **~ (a)** obey
ubi'ca|to *a* located. **~zi'one** *nf* location
ubria'car|e *vt* get drunk. **~si** *vr* get drunk; **~si di** *fig* become intoxicated with
ubria'chezza *nf* drunkenness; **in stato di ~** inebriated
ubri'aco, -a *a* drunk; **~ fradicio** dead *o* blind drunk ● *nmf* drunk
ubria'cone *nm* drunkard
uccelli'era *nf* aviary. **uc'cello** *nm* bird; (*vulg: pene*) cock
uc'cider|e *vt* kill. **~si** *vr* kill oneself
ucci|si'one *nf* killing. **uc'ciso** *pp di* **uccidere**. **~'sore** *nm* killer
u'dente *a* **i non udenti** the hearing impaired
u'dibile *a* audible
udi'enza *nf* audience; (*colloquio*) interview; *Jur* hearing
u'di|re *vt* hear. **~'tivo** *a* auditory. **~to** *nm* hearing. **~'tore, ~'trice** *nmf* listener; *Sch* unregistered student (*allowed to sit in on lectures*). **~'torio** *nm* audience
'uffa *int* (*con impazienza*) come on!; (*con tono seccato*) damn!
uffici'al|e *a* official ● *nm* officer;

(*funzionario*) official; **pubblico ~e** public official. **~e giudiziario** clerk of the court. **~iz'zare** *vt* make official, officialize
uf'ficio *nm* office; (*dovere*) duty. **~ di collocamento** employment office. **~ informazioni** information office. **~ del personale** personnel department. **~sa'mente** *adv* unofficially. **uffici'oso** *a* unofficial
'ufo[1] *nm inv* UFO
'ufo[2]: **a ~** *adv* without paying
uggi'oso *a* boring
uguagli'a|nza *nf* equality. **~re** *vt* make equal; (*essere uguale*) equal; (*livellare*) level. **~rsi** *vr* **~rsi a** compare oneself to
ugu'al|e *a* equal; (*lo stesso*) the same; (*simile*) like. **~'mente** *adv* equally; (*malgrado tutto*) all the same
'ulcera *nf* ulcer
uli'veto *nm* olive grove
ulteri'or|e *a* further. **~'mente** *adv* further
ultima'mente *adv* lately
ulti'ma|re *vt* complete. **~tum** *nm inv* ultimatum
ulti'missime *nfpl Journ* stop press, latest news *sg*
'ultimo *a* last; (*notizie ecc*) latest; (*più lontano*) farthest; *fig* ultimate ● *nm* last; **fino all'~** to the last; **per ~** at the end; **l'~ piano** the top floor
ultrà *nmf inv Sport* fanatical supporter
ultramo'derno *a* ultramodern
ultra'rapido *a* extra-fast
ultrasen'sibile *a* ultrasensitive
ultra's|onico *a* ultrasonic. **~u'ono** *nm* ultrasound
ultrater'reno *a* ‹*vita*› after death
ultravio'letto *a* ultraviolet
ulu'la|re *vi* howl. **~to** *nm* howling; **gli ~ti** the howls, the howling
umana'mente *adv* ‹*trattare*› humanely; **~ impossibile** not humanly possible
uma'nesimo *nm* humanism
umani|tà *nf* humanity. **~'tario** *a* humanitarian. **u'mano** *a* human; (*benevolo*) humane
umidifica'tore *nm* humidifier
umidità *nf* dampness; (*di clima*) humidity. **'umido** *a* damp; ‹*clima*› humid; ‹*mani, occhi*› moist ● *nm* dampness; **in umido** *Culin* stewed
'umile *a* humble
umili'a|nte *a* humiliating. **~re** *vt* humiliate. **~rsi** *vr* humble oneself. **~zi'one** *nf* humiliation. **umilità** *nf* humility. **umil'mente** *adv* humbly
u'more *nm* humour; (*stato d'animo*) mood; **di cattivo/buon ~** in a bad/good mood
umo'ris|mo *nm* humour. **~ta** *nmf* humorist. **~tico** *a* humorous
un *indef art* a; (*davanti a vocale o h muta*) an; *vedi* **uno**
una *indef art f* a; *vedi* **un**
u'nanim|e *a* unanimous. **~e'mente** *adv* unanimously. **~ità** *nf* unanimity; **all'~ità** unanimously
unci'nato *a* hooked; ‹*parentesi*› angle
unci'netto *nm* crochet hook
un'cino *nm* hook
'undici *a & nm* eleven
'unger|e *vt* grease; (*sporcare*) get greasy; *Relig* anoint; (*blandire*) flatter. **~si** *vr* (*con olio solare*) oil oneself; **~si le mani** get one's hands greasy
unghe'rese *a & nmf* Hungarian. **Unghe'ria** *nf* Hungary; (*lingua*) Hungarian
'unghi|a *nf* nail; (*di animale*) claw. **~'ata** *nf* (*graffio*) scratch
ungu'ento *nm* ointment
unica'mente *adv* only. **'unico** *a* only; (*singolo*) single; (*incomparabile*) unique
unifi'ca|re *vt* unify. **~zi'one** *nf* unification
unifor'mar|e *vt* level. **~si** *vr* conform (**a** to)
uni'form|e *a & nf* uniform. **~ità** *nf* uniformity
unilate'rale *a* unilateral
uni'one *nf* union; (*armonia*) unity. **U~ Europea** European Union. **U~ Monetaria Europea** European Monetary Union. **~ sindacale** trade union, labor union *Am*. **U~ Sovietica** Soviet Union
u'ni|re *vt* unite; (*collegare*) join; blend ‹*colori ecc*›. **~rsi** *vr* unite; (*collegarsi*) join
'unisex *a inv* unisex
unità *nf inv* unity; *Math, Mil* unit; *Comput* drive. **~ di misura** unit of measurement. **~rio** *a* unitary
u'nito *a* united; ‹*tinta*› plain
univer'sal|e *a* universal. **~iz'zare** *vt* universalize. **~'mente** *adv* universally
università *nf inv* university. **~rio, -a** *a* university *attrib* ● *nmf* (*insegnante*) university lecturer; (*studente*) undergraduate
uni'verso *nm* universe
uno, -a *indef art* (*before s + consonant,*

gn, ps, z) a ● *pron* one; **a ~ a ~** one by one; **l'~ e l'altro** both [of them]; **né l'~ né l'altro** neither [of them]; **~ di noi** one of us; **~ fa quello che può** you do what you can ● *a* a, one ● *nm* (*numerale*) one; (*un tale*) some man ● *nf* some woman

'unt|o *pp di* **ungere** ● *a* greasy ● *nm* grease. **~u'oso** *a* greasy. **unzi'one** *nf* **l'Estrema Unzione** Extreme Unction

u'omo *nm* (*pl* **uomini**) man. **~ d'affari** business man. **~ di fiducia** right-hand man. **~ di Stato** statesman

u'ovo *nm* (*pl nf* **uova**) egg. **~ in camicia** poached egg. **~ alla coque** boiled egg. **~ di Pasqua** Easter egg. **~ sodo** hard-boiled egg. **~ strapazzato** scrambled egg

ura'gano *nm* hurricane

u'ranio *nm* uranium

urba'n|esimo *nm* urbanization. **~ista** *nmf* town planner. **~istica** *nf* town planning. **~istico** *a* urban. **urbanizzazi'one** *nf* urbanization. **ur'bano** *a* urban; (*cortese*) urbane

ur'gen|te *a* urgent. **~te'mente** *adv* urgently. **~za** *nf* urgency; **in caso d'~za** in an emergency; **d'~za** ‹*misura, chiamata*› emergency

'urgere *vi* be urgent

u'rina *nf* urine. **uri'nare** *vi* urinate

ur'lare *vi* shout, yell; ‹*cane, vento:*› howl. **'urlo** *nm* (*pl nm* **urli,** *nf* **urla**) shout; (*di cane, vento*) howling

'urna *nf* urn; (*elettorale*) ballot box; **andare alle urne** go to the polls

urrà *int* hurrah!

U.R.S.S. *nf abbr* (**Unione delle Repubbliche Socialiste Sovietiche**) USSR

ur'tar|e *vt* knock against; (*scontrarsi*) bump into; *fig* irritate. **~si** *vr* collide; *fig* clash

'urto *nm* knock; (*scontro*) crash; (*contrasto*) conflict; *fig* clash; **d'~** ‹*misure, terapia*› shock

usa e getta *a inv* ‹*rasoio, siringa*› throw-away, disposable

u'sanza *nf* custom; (*moda*) fashion

u'sa|re *vt* use; (*impiegare*) employ; (*esercitare*) exercise; **~re fare qcsa** be in the habit of doing sth ● *vi* (*essere di moda*) be fashionable; **non si usa più** it is out of fashion; ‹*attrezzatura, espressione:*› it's not used any more. **~to** *a* used; (*non nuovo*) second-hand

U.S.A. *nmpl* US[A] *sg*

u'scente *a* ‹*presidente*› outgoing

usci'ere *nm* usher. **'uscio** *nm* door

u'sci|re *vi* come out; (*andare fuori*) go out; (*sfuggire*) get out; (*essere sorteggiato*) come up; ‹*giornale:*› come out; **~re da** *Comput* exit from, quit; **~re di strada** leave the road. **~ta** *nf* exit, way out; (*spesa*) outlay; (*di autostrada*) junction; (*battuta*) witty remark; **essere in libera ~ta** be off duty. **~ta di servizio** back door. **~ta di sicurezza** emergency exit

usi'gnolo *nm* nightingale

'uso *nm* use; (*abitudine*) custom; (*usanza*) usage; **fuori ~** out of use; **per ~ esterno** ‹*medicina*› for external use only

U.S.S.L. *nf abbr* (**Unità Socio-Sanitaria Locale**) local health centre

ustio'na|rsi *vr* burn oneself. **~to, -a** *nmf* burns case ● *a* burnt. **usti'one** *nf* burn

usu'ale *a* usual

usufru'ire *vi* **~ di** take advantage of

u'sura *nf* usury. **usu'raio** *nm* usurer

usur'pare *vt* usurp

u'tensile *nm* tool; *Culin* utensil; **cassetta degli utensili** tool box

u'tente *nmf* user. **~ finale** end user

u'tenza *nf* use; (*utenti*) users *pl*

ute'rino *a* uterine. **'utero** *nm* womb

'util|e *a* useful ● *nm Comm* profit. **~ità** *nf* usefulness, utility; *Comput* utility. **~i'taria** *nf Auto* small car. **~i'tario** *a* utilitarian

utiliz'za|re *vt* utilize. **~zi'one** *nf* utilization. **uti'lizzo** *nm* (*utilizzazione*) use

uto'pistico *a* Utopian

'uva *nf* grapes *pl*; **chicco d'~** grape. **~ passa** raisins *pl*. **~ sultanina** currants *pl*

Vv

va'cante *a* vacant

va'canza *nf* holiday; (*posto vacante*) vacancy. **essere in ~** be on holiday

'vacca *nf* cow. **~ da latte** dairy cow

vacc|i'nare *vt* vaccinate. **~inazi'one** *nf* vaccination. **vac'cino** *nm* vaccine

vacil'la|nte *a* tottering; ‹*oggetto*› wobbly; ‹*luce*› flickering; *fig* wavering. **~re** *vi* totter; ‹*oggetto:*› wobble; ‹*luce:*› flicker; *fig* waver

'vacuo *a* (*vano*) vain; *fig* empty ● *nm* vacuum

vagabon'dare *vi* wander. **vaga'bondo, -a** *a* ‹*cane*› stray; **gente vagabonda** tramps *pl* ● *nmf* tramp

va'gare *vi* wander

vagheggi'are *vt* long for

va'gi|na *nf* vagina. **~'nale** *a* vaginal

va'gi|re *vi* whimper. **~to** *nm* whimper

'vaglia *nm inv* money order. **~ bancario** bank draft. **~ postale** postal order

vagli'are *vt* sift; *fig* weigh

'vago *a* vague

vagon'cino *nm* (*di funivia*) car

va'gone *nm* (*per passeggeri*) carriage; (*per merci*) wagon. **~ letto** sleeper. **~ ristorante** restaurant car

vai'olo *nm* smallpox

va'langa *nf* avalanche

va'lente *a* skilful

va'ler|e *vi* be worth; (*contare*) count; ‹*regola:*› apply (**per** to); (*essere valido*) be valid; **far ~e i propri diritti** assert one's rights; **farsi ~e** assert oneself; **non vale!** that's not fair!; **tanto vale che me ne vada** I might as well go ● *vt* **~re qcsa a qcno** (*procurare*) earn sb sth; **~ne la pena** be worth it; **vale la pena di vederlo** it's worth seeing; **~si di** avail oneself of

valeri'ana *nf* valerian

va'levole *a* valid

vali'care *vt* cross. **'valico** *nm* pass

validità *nf* validity; **con ~ illimitata** valid indefinitely

'valido *a* valid; (*efficace*) efficient; ‹*contributo*› valuable

valige'ria *nf* (*fabbrica*) leather factory; (*negozio*) leather goods shop

va'ligia *nf* suitcase; **fare le valigie** pack; *fig* pack one's bags. **~ diplomatica** diplomatic bag

val'lata *nf* valley. **'valle** *nf* valley; **a valle** downstream

val'lett|a *nf TV* assistant. **~o** *nm* valet; *TV* assistant

val'lone *nm* (*valle*) deep valley

va'lor|e *nm* value, worth; (*merito*) merit; (*coraggio*) valour; **~i** *pl Comm* securities; **di ~e** ‹*oggetto*› valuable; **oggetti** *nmpl* **di ~e** valuables; **senza ~e** worthless. **~iz'zare** *vt* (*mettere in valore*) use to advantage; (*aumentare di valore*) increase the value of; (*migliorare l'aspetto di*) enhance

valo'roso *a* courageous

'valso *pp di* **valere**

va'luta *nf* currency. **~ estera** foreign currency

valu'ta|re *vt* value; weigh up ‹*situazione*›. **~rio** *a* ‹*mercato, norme*› currency. **~zi'one** *nf* valuation

'valva *nf* valve. **'valvola** *nf* valve; *Electr* fuse

'valzer *nm inv* waltz

vam'pata *nf* blaze; (*di calore*) blast; (*al viso*) flush

vam'piro *nm* vampire; *fig* blood-sucker

vana'mente *adv* (*inutilmente*) in vain

van'da|lico *a* **atto ~lico** act of vandalism. **~'lismo** *nm* vandalism. **'vandalo** *nm* vandal

vaneggi'are *vi* rave

'vanga *nf* spade. **van'gare** *vt* dig

van'gelo *nm* Gospel; (*fam: verità*) gospel [truth]

vanifi'care *vt* nullify

va'nigli|a *nf* vanilla. **~'ato** *a* ‹*zucchero*› vanilla *attrib*

vanil'lina *nf* vanillin

vanità *nf* vanity. **vani'toso** *a* vain

'vano *a* vain ● *nm* (*stanza*) room; (*spazio vuoto*) hollow

van'taggi|o *nm* advantage; *Sport* lead; *Tennis* advantage; **trarre ~o da qcsa**

derive benefit from sth. **~'oso** *a* advantageous

van't|are *vt* praise; (*possedere*) boast. **~arsi** *vr* boast. **~e'ria** *nf* boasting. **'vanto** *nm* boast

'vanvera *nf* **a ~** at random; **parlare a ~** talk nonsense

va'por|e *nm* steam; (*di benzina, cascata*) vapour; **a ~e** steam *attrib*; **al ~e** *Culin* steamed. **~e acqueo** steam, water vapour; **battello a ~e** steamboat. **vapo'retto** *nm* ferry. **~i'era** *nf* steam engine

vaporiz'za|re *vt* vaporize. **~'tore** *nm* spray

vapo'roso *a* ‹*vestito*› filmy; **capelli vaporosi** big hair *sg*

va'rare *vt* launch

var'care *vt* cross. **'varco** *nm* passage; **aspettare al varco** lie in wait

vari'abil|e *a* changeable, variable ● *nf* variable. **~ità** *nf* changeableness, variability

vari'a|nte *nf* variant. **~re** *vt/i* vary; **~re di umore** change one's mood. **~zi'one** *nf* variation

va'rice *nf* varicose vein

vari'cella *nf* chickenpox

vari'coso *a* varicose

varie'gato *a* variegated

varietà *nf inv* variety ● *nm inv* variety show

'vario *a* varied; (*al pl, parecchi*) various; **vari** *pl* (*molti*) several; **varie ed eventuali** any other business

vario'pinto *a* multicoloured

'varo *nm* launch

va'saio *nm* potter

'vasca *nf* tub; (*piscina*) pool; (*lunghezza*) length. **~ da bagno** bath

va'scello *nm* vessel

va'schetta *nf* tub

vase'lina *nf* Vaseline®

vasel'lame *nm* china. **~ d'oro/d'argento** gold/silver plate

'vaso *nm* pot; (*da fiori*) vase; *Anat* vessel; (*per cibi*) jar. **~ da notte** chamber pot

vas'soio *nm* tray

vastità *nf* vastness. **'vasto** *a* vast; **di vaste vedute** broad-minded

Vati'cano *nm* Vatican

vattela'pesca *adv fam* God knows!

ve *pers pron* you; **ve l'ho dato** I gave it to you

vecchia *nf* old woman. **vecchi'aia** *nf* old age. **'vecchio** *a* old ● *nmf* old man; **i vecchi** old people

'vece *nf* **in ~ di** in place of; **fare le veci di qcno** take sb's place

ve'dente *a* **i non vedenti** the visually handicapped

ve'der|e *vt/i* see; **far ~e** show; **farsi ~e** show one's face; **non vedo l'ora di ...** I can't wait to... **~si** *vr* see oneself; (*reciproco*) see each other

ve'detta *nf* (*luogo*) lookout; *Naut* patrol vessel

'vedovo, -a *nm* widower ● *nf* widow

ve'duta *nf* view

vee'mente *a* vehement

vege'ta|le *a & nm* vegetable. **~li'ano** *a & nmf* vegan. **~re** *vi* vegetate. **~ri'ano, -a** *a & nmf* vegetarian. **~zi'one** *nf* vegetation

'vegeto *a vedi* **vivo**

veg'gente *nmf* clairvoyant

'veglia *nf* watch; **fare la ~** keep watch. **~ funebre** vigil

vegli|'are *vi* be awake; **~are su** watch over. **~'one** *nm* **~one di capodanno** New Year's Eve celebration

ve'icolo *nm* vehicle

'vela *nf* sail; *Sport* sailing; **far ~** set sail

ve'la|re *vt* veil; (*fig: nascondere*) hide. **~rsi** *vr* ‹*vista:*› mist over; ‹*voce:*› go husky. **~ta'mente** *adv* indirectly. **~to** *a* veiled; ‹*occhi*› misty; ‹*collant*› sheer

'velcro® *nm* velcro®

veleggi'are *vi* sail

ve'leno *nm* poison. **vele'noso** *a* poisonous

veli'ero *nm* sailing ship

ve'lina *nf* **(carta) ~** tissue paper; (*copia*) carbon copy

ve'lista *nm* yachtsman ● *nf* yachtswoman

ve'livolo *nm* aircraft

vellei|tà *nf inv* foolish ambition. **~'tario** *a* unrealistic

'vello *nm* fleece

vellu'tato *a* velvety. **vel'luto** *nm* velvet. **velluto a coste** corduroy

'velo *nm* veil; (*di zucchero, cipria*) dusting; (*tessuto*) voile

ve'loc|e *a* fast. **~e'mente** *adv* quickly. **velo'cista** *nmf Sport* sprinter. **~ità** *nf inv* speed; (*Auto: marcia*) gear. **~ità di crociera** cruising speed. **~iz'zare** *vt* speed up

ve'lodromo *nm* cycle track

'vena *nf* vein; **essere in ~ di** be in the mood for

ve'nale *a* venal; ‹*persona*› mercenary, venal

ve'nato *a* grainy

vena'torio *a* hunting *attrib*
vena'tura *nf* (*di legno*) grain; (*di foglia, marmo*) vein
ven'demmi|a *nf* grape harvest. **~'are** *vt* harvest
'vender|e *vt* sell. **~si** *vr* sell oneself; **vendesi** for sale
ven'detta *nf* revenge
vendi'ca|re *vt* avenge. **~rsi** *vr* get one's revenge. **~'tivo** *a* vindictive
'vendi|ta *nf* sale; **in ~ta** on sale. **~ta all'asta** sale by auction. **~ta al dettaglio** retailing. **~ta all'ingrosso** wholesaling. **~ta al minuto** retailing. **~ta porta a porta** door-to-door selling. **~'tore, ~'trice** *nmf* seller. **~tore ambulante** hawker, pedlar
vene'ra|bile, ~ndo *a* venerable
vene'ra|re *vt* revere
venerdì *nm inv* Friday. **V~ Santo** Good Friday
'Venere *nf* Venus. **ve'nereo** *a* venereal
Ve'nezi|a *nf* Venice. **v~'ano, -a** *a & nmf* Venetian ● *nf* (*persiana*) Venetian blind; *Culin* sweet bun
veni'ale *a* venial
ve'nire *vi* come; (*riuscire*) turn out; (*costare*) cost; (*in passivi*) be; **~ a sapere** learn; **~ in mente** occur; **~ meno** (*svenire*) faint; **~ meno a un contratto** go back on a contract; **~ via** come away; (*staccarsi*) come off; **mi viene da piangere** I feel like crying; **vieni a prendermi** come and pick me up
ven'taglio *nm* fan
ven'tata *nf* gust [of wind]; *fig* breath
ven'te|nne *a & nmf* twenty-year-old. **~simo** *a & nm* twentieth. **'venti** *a & nm* twenty
venti'la|re *vt* air. **~'tore** *nm* fan. **~zi'one** *nf* ventilation
ven'tina *nf* **una ~** (*circa venti*) about twenty
ventiquat'trore *nf inv* (*valigia*) overnight case
'vento *nm* wind; **farsi ~** fan oneself
ven'tosa *nf* sucker
ven'toso *a* windy
'ventre *nm* stomach. **ven'triloquo** *nm* ventriloquist
ven'tura *nf* fortune; **andare alla ~** trust to luck
ven'turo *a* next
ve'nuta *nf* coming
vera'mente *adv* really
ve'randa *nf* veranda
ver'bal|e *a* verbal ● *nm* (*di riunione*) minutes *pl*. **~'mente** *adv* verbally
'verbo *nm* verb. **~ ausiliare** auxiliary [verb]
'verde *a* green ● *nm* green; (*vegetazione*) greenery; (*semaforo*) green light; **essere al ~** be broke. **~ oliva** olive green. **~ pisello** pea green. **~'rame** *nm* verdigris
ver'detto *nm* verdict
ver'dura *nf* vegetables *pl*; **una ~** a vegetable
'verga *nf* rod
vergi'n|ale *a* virginal. **'vergine** *nf* virgin; *Astr* Virgo ● *a* virgin; ‹*cassetta*› blank. **~ità** *nf* virginity
ver'gogna *nf* shame; (*timidezza*) shyness
vergo'gn|arsi *vr* feel ashamed; (*essere timido*) feel shy. **~oso** *a* ashamed; (*timido*) shy; (*disonorevole*) shameful
ve'rifica *nf* check. **verifi'cabile** *a* verifiable
verifi'car|e *vt* check. **~si** *vr* come true
ve'rismo *nm* realism
verit|à *nf* truth. **~i'ero** *a* truthful
'verme *nm* worm. **~ solitario** tapeworm
ver'miglio *a & nm* vermilion
'vermut *nm inv* vermouth
ver'nacolo *nm* vernacular
ver'nic|e *nf* paint; (*trasparente*) varnish; (*pelle*) patent leather; *fig* veneer; **"vernice fresca"** "wet paint". **~i'are** *vt* paint; (*con vernice trasparente*) varnish. **~ia'tura** *nf* painting; (*strato*) paintwork; *fig* veneer
'vero *a* true; (*autentico*) real; (*perfetto*) perfect; **è ~?** is that so?; **~ e proprio** full-blown; **sei stanca, ~?** you're tired, aren't you? ● *nm* truth; (*realtà*) life
verosimigli'anza *nf* probability. **vero'simile** *a* probable
ver'ruca *nf* wart; (*sotto la pianta del piede*) verruca
versa'mento *nm* (*pagamento*) payment; (*in banca*) deposit
ver'sante *nm* slope
ver'sa|re *vt* pour; (*spargere*) shed; (*rovesciare*) spill; pay ‹*denaro*›. **~rsi** *vr* spill; (*sfociare*) flow
ver'satil|e *a* versatile. **~ità** *nf* versatility
ver'setto *nm* verse
versi'one *nf* version; (*traduzione*) translation; **"~ integrale"** "unabridged version"; **"~ ridotta"** "abridged version"
'verso[1] *nm* verse; (*grido*) cry; (*gesto*) gesture; (*senso*) direction; (*modo*) man-

ner; **fare il ~ a qcno** ape sb; **non c'è ~ di** there is no way of
'verso² *prep* towards; (*nei pressi di*) round about; **~ dove?** which way?
'vertebra *nf* vertebra
'vertere *vi* **~ su** focus on
verti'cal|e *a* vertical; (*in parole crociate*) down ● *nm* vertical ● *nf* handstand. **~'mente** *adv* vertically
'vertice *nm* summit; *Math* vertex; **conferenza al ~** summit conference
ver'tigine *nf* dizziness; *Med* vertigo; **vertigini** *pl* giddy spells; **aver le vertigini** feel dizzy
vertigi|nosa'mente *adv* dizzily. **~'noso** *a* dizzy; ‹*velocità*› breakneck; ‹*prezzi*› sky-high; ‹*scollatura*› plunging
ve'scica *nf* bladder; (*sulla pelle*) blister
'vescovo *nm* bishop
'vespa *nf* wasp
vespasi'ano *nm* urinal
'vespro *nm* vespers *pl*
ves'sillo *nm* standard
ve'staglia *nf* dressing gown
'vest|e *nf* dress; (*rivestimento*) covering; **in ~e di** in the capacity of; **in ~e ufficiale** in an official capacity. **~i'ario** *nm* clothing
ve'stibolo *nm* hall
ve'stigio *nm* (*pl nm* **vestigi**, *pl nf* **vestigia**) trace
ve'sti|re *vt* dress. **~rsi** *vr* get dressed. **~ti** *pl* clothes. **~to** *a* dressed ● *nm* (*da uomo*) suit; (*da donna*) dress
vete'rano, -a *a & nmf* veteran
veteri'naria *nf* veterinary science
veteri'nario *a* veterinary ● *nm* veterinary surgeon
'veto *nm inv* veto
ve'tra|io *nm* glazier. **~ta** *nf* big window; (*in chiesa*) stained glass window; (*porta*) glass door. **~to** *a* glazed. **vetre'ria** *nf* glass works
ve'tri|na *nf* [shop-]window; (*mobile*) display cabinet. **~'nista** *nmf* window dresser
vetri'olo *nm* vitriol
'vetro *nm* glass; (*di finestra, porta*) pane. **~'resina** *nf* fibreglass
'vetta *nf* peak
vet'tore *nm* vector
vetto'vaglie *nfpl* provisions
vet'tura *nf* coach; (*ferroviaria*) carriage; *Auto* car. **vettu'rino** *nm* coachman
vezzeggi'a|re *vt* fondle. **~'tivo** *nm* pet name. **'vezzo** *nm* habit; (*attrattiva*) charm; **vezzi** *pl* (*moine*) affectation *sg*. **vez'zoso** *a* charming; *pej* affected
vi *pers pron* you; (*riflessivo*) yourselves; (*reciproco*) each other; (*tra più persone*) one another; **vi ho dato un libro** I gave you a book; **lavatevi le mani** wash your hands; **eccovi!** here you are! ● *adv* = **ci**
'via¹ *nf* street, road; *fig* way; *Anat* tract; **in ~ di** in the course of; **per ~ di** on account of; **~ ~ che** as; **per ~ aerea** by airmail
'via² *adv* away; (*fuori*) out; **andar ~** go away; **e così ~** and so on; **e ~ dicendo** and whatnot ● *int* **~!** go away!; *Sport* go!; (*andiamo*) come on! ● *nm* starting signal
viabilità *nf* road conditions *pl*; (*rete*) road network; (*norme*) road and traffic laws *pl*
via'card *nf inv* motorway card
via'dotto *nm* viaduct
viaggi'a|re *vi* travel. **~'tore, ~'trice** *nmf* traveller
vi'aggio *nm* journey; (*breve*) trip; **buon ~!** safe journey!, have a good trip!; **fare un ~** go on a journey. **~ di nozze** honeymoon
vi'ale *nm* avenue; (*privato*) drive
via'vai *nm* coming and going
vi'bra|nte *a* vibrant. **~re** *vi* vibrate; (*fremere*) quiver. **~zi'one** *nf* vibration
vi'cario *nm* vicar
'vice+ *pref* vice+
'vice *nmf* deputy. **~diret'tore** *nm* assistant manager
vi'cenda *nf* event; **a ~** (*fra due*) each other; (*a turno*) in turn[s]
vice'versa *adv* vice versa
vici'na|nza *nf* nearness; **~nze** *pl* (*paraggi*) neighbourhood. **~to** *nm* neighbourhood; (*vicini*) neighbours *pl*
vi'cino, -a *a* near; (*accanto*) next ● *adv* near, close. **~ a** *prep* near [to] ● *nmf* neighbour. **~ di casa** nextdoor neighbour
vicissi'tudine *nf* vicissitude
'vicolo *nm* alley
'video *nm* video. **~'camera** *nf* camcorder. **~cas'setta** *nf* video cassette
videoci'tofono *nm* video entry phone
video'clip *nm inv* video clip
videogi'oco *nm* video game
videoregistra'tore *nm* videorecorder
video'teca *nf* video library
video'tel® *nm* ≈ Videotex®
videotermi'nale *nm* visual display unit, VDU
vidi'mare *vt* authenticate
vie'ta|re *vt* forbid; **sosta ~ta** no parking; **~to fumare** no smoking; **~to ai**

minori di 18 anni prohibited to children under the age of 18
vi'gente *a* in force. **'vigere** *vi* be in force
vigi'la|nte *a* vigilant. **~nza** *nf* vigilance. **~re** *vt* keep an eye on ● *vi* keep watch
'vigile *a* watchful ● *nm* **~ [urbano]** policeman. **~ del fuoco** fireman
vi'gilia *nf* eve
vigliacche'ria *nf* cowardice. **vigli'acco, -a** *a* cowardly ● *nmf* coward
'vigna *nf*, **vi'gneto** *nm* vineyard
vi'gnetta *nf* cartoon
vi'gore *nm* vigour; **entrare in ~** come into force. **vigo'roso** *a* vigorous
'vile *a* cowardly; (*abietto*) vile
'villa *nf* villa
vil'laggio *nm* village. **~ turistico** holiday village
vil'lano *a* rude ● *nm* boor; (*contadino*) peasant
villeggi'a|nte *nmf* holiday-maker. **~re** *vi* spend one's holidays. **~'tura** *nf* holiday[s] [*pl*], vacation *Am*
vil'l|etta *nf* small detached house. **~ino** *nm* detached house
viltà *nf* cowardice
'vimine *nm* wicker
'vinc|ere *vt* win; (*sconfiggere*) beat; (*superare*) overcome. **~ita** *nf* win; (*somma vinta*) winnings *pl*. **~i'tore, ~i'trice** *nmf* winner
vinco'la|nte *a* binding. **~re** *vt* bind; *Comm* tie up. **'vincolo** *nm* bond
vi'nicolo *a* wine *attrib*
vinil'pelle® *nm* Leatherette®
'vino *nm* wine. **~ spumante** sparkling wine. **~ da taglio** blending wine. **~ da tavola** table wine
'vinto *pp di* **vincere**
vi'ola *nf Bot* violet; *Mus* viola. **vio'laceo** *a* purplish; ‹*labbra*› blue
vio'la|re *vt* violate. **~zi'one** *nf* violation. **~zione di domicilio** breaking and entering
violen'tare *vt* rape
violente'mente *adv* violently
vio'len|to *a* violent. **~za** *nf* violence. **~za carnale** rape
vio'letta *nf* violet
vio'letto *a & nm* (*colore*) violet
violi'nista *nmf* violinist. **vio'lino** *nm* violin. **violon'cello** *nm* cello
vi'ottolo *nm* path
'vipera *nf* viper
vi'ra|ggio *nm Phot* toning; *Naut, Aeron* turn. **~re** *vi* turn; **~re di bordo** veer
'virgol|a *nf* comma. **~ette** *nfpl* inverted commas
vi'ril|e *a* virile; (*da uomo*) manly. **~ità** *nf* virility; manliness
virtù *nf inv* virtue; **in ~ di** ‹*legge*› under. **~'ale** *a* virtual. **~'oso** *a* virtuous ● *nm* virtuoso
viru'lento *a* virulent
'virus *nm inv* virus
visa'gista *nmf* beautician
visce'rale *a* visceral; ‹*odio*› deep-seated; ‹*reazione*› gut
'viscere *nm* internal organ ● *nfpl* guts
'vischi|o *nm* mistletoe. **~'oso** *a* viscous; (*appiccicoso*) sticky
'viscido *a* slimy
vi'scont|e *nm* viscount. **~'essa** *nf* viscountess
vi'scoso *a* viscous
vi'sibile *a* visible
visi'bilio *nm* profusion; **andare in ~** go into ecstasies
visibilità *nf* visibility
visi'era *nf* (*di elmo*) visor; (*di berretto*) peak
visio'nare *vt* examine; *Cinema* screen. **visi'one** *nf* vision; **prima visione** *Cinema* first showing
'visit|a *nf* visit; (*breve*) call; *Med* examination; **fare ~a a qcno** pay sb a visit. **~a di controllo** *Med* checkup. **visi'tare** *vt* visit; (*brevemente*) call on; *Med* examine; **~a'tore, ~a'trice** *nmf* visitor
vi'sivo *a* visual
'viso *nm* face
vi'sone *nm* mink
'vispo *a* lively
vis'suto *pp di* **vivere** ● *a* experienced
'vist|a *nf* sight; (*veduta*) view; **a ~a d'occhio** ‹*crescere*› visibly; ‹*estendersi*› as far as the eye can see; **in ~a di** in view of; **perdere di ~a qcno** lose sight of sb; *fig* lose touch with sb. **~o** *pp di* **vedere** ● *nm* visa. **vi'stoso** *a* showy; (*notevole*) considerable
visu'al|e *a* visual. **~izza'tore** *nm Comput* display, VDU. **~izzazi'one** *nf Comput* display
'vita *nf* life; (*durata della vita*) lifetime; *Anat* waist; **a ~** for life; **essere in fin di ~** be at death's door; **essere in ~** be alive
vi'tal|e *a* vital. **~ità** *nf* vitality
vita'lizio *a* life *attrib* ● *nm* [life] annuity
vita'min|a *nf* vitamin. **~iz'zato** *a* vitamin-enriched
'vite *nf Mech* screw; *Bot* vine
vi'tello *nm* calf; *Culin* veal; (*pelle*) calfskin

vi'ticcio *nm* tendril
viticol't|ore *nm* wine grower. **~ura** *nf* wine growing
'vitreo *a* vitreous; ‹*sguardo*› glassy
'vittima *nf* victim
'vitto *nm* food; (*pasti*) board. **~ e alloggio** board and lodging
vit'toria *nf* victory
vittori'ano *a* Victorian
vittori'oso *a* victorious
vi'uzza *nf* narrow lane
'viva *int* hurrah!; **~ la Regina!** long live the Queen!
vi'vac|e *a* vivacious; ‹*mente*› lively; ‹*colore*› bright. **~ità** *nf* vivacity; (*di mente*) liveliness; (*di colore*) brightness. **~iz'zare** *vt* liven up
vi'vaio *nm* nursery; (*per pesci*) pond; *fig* breeding ground
viva'mente *adv* ‹*ringraziare*› warmly
vi'vanda *nf* food; (*piatto*) dish
vi'vente *a* living ● *nmpl* **i viventi** the living
'vivere *vi* live; **~ di** live on ● *vt* (*passare*) go through ● *nm* life
'viveri *nmpl* provisions
'vivido *a* vivid
vivisezi'one *nf* vivisection
'vivo *a* alive; (*vivente*) living; (*vivace*) lively; ‹*colore*› bright; **~ e vegeto** alive and kicking; **farsi ~** keep in touch; (*arrivare*) turn up ● *nm* **colpire qcno sul ~** cut sb to the quick; **dal ~** ‹*trasmissione*› live; ‹*disegnare*› from life; **i vivi** the living
vizi|'are *vt* spoil ‹*bambino ecc*›; (*guastare*) vitiate. **~'ato** *a* spoilt; ‹*aria*› stale. **'vizio** *nm* vice; (*cattiva abitudine*) bad habit; (*difetto*) flaw. **~'oso** *a* dissolute; (*difettoso*) faulty; **circolo ~oso** vicious circle
vocabo'lario *nm* dictionary; (*lessico*) vocabulary. **vo'cabolo** *nm* word
vo'cale *a* vocal ● *nf* vowel. **vo'calico** *a* ‹*corde*› vocal; ‹*suono*› vowel *attrib*
vocazi'one *nf* vocation
'voce *nf* voice; (*diceria*) rumour; (*di bilancio, dizionario*) entry
voci'are *vi* (*spettegolare*) gossip ● *nm* buzz of conversation
vocife'rare *vi* shout; **si vocifera che...** it is rumoured that...
'vog|a *nf* rowing; (*lena*) enthusiasm; (*moda*) vogue; **essere in ~a** be in fashion. **vo'gare** *vi* row. **~a'tore** *nm* oarsman; (*attrezzo*) rowing machine
'vogli|a *nf* desire; (*volontà*) will; (*della pelle*) birthmark; **aver ~a di fare qcsa** feel like doing sth. **~'oso** *a* ‹*occhi, persona*› covetous
'voi *pers pron* you; **siete ~?** is that you?; **l'avete fatto ~?** did you do it yourself?. **~a'ltri** *pers pron* you
vo'lano *nm* shuttlecock; *Mech* flywheel
vo'lante *a* flying; ‹*foglio*› loose ● *nm* steering-wheel
volan'tino *nm* leaflet
vo'la|re *vi* fly. **~ta** *nf Sport* final sprint; **di ~ta** in a rush
vo'latile *a* ‹*liquido*› volatile ● *nm* bird
volée *nf inv Tennis* volley
vo'lente *a* **~ o nolente** whether you like it or not
volente'roso *a* willing
volenti'eri *adv* willingly; **~!** with pleasure!
vo'lere *vt* want; (*chiedere di*) ask for; (*aver bisogno di*) need; **vuole che lo faccia io** he wants me to do it; **fai come vuoi** do as you like; **se tuo padre vuole, ti porto al cinema** if your father agrees, I'll take you to the cinema; **vorrei un caffè** I'd like a coffee; **la leggenda vuole che...** legend has it that...; **la vuoi smettere?** will you stop that!; **senza ~** without meaning to; **voler bene/male a qcno** love/have something against sb; **voler dire** mean; **ci vuole il latte** we need milk; **ci vuole tempo/pazienza** it takes time/patience; **volerne a** have a grudge against; **vuoi...vuoi...** either...or... ● *nm* will; **voleri** *pl* wishes
vol'gar|e *a* vulgar; (*popolare*) common. **~ità** *nf inv* vulgarity. **~iz'zare** *vt* popularize. **~'mente** *adv* (*grossolanamente*) vulgarly, coarsely; (*comunemente*) commonly
'volger|e *vt/i* turn. **~si** *vr* turn [round]; **~si a** (*dedicarsi*) take up
voli'era *nf* aviary
voli'tivo *a* strong-minded
'volo *nm* flight; **al ~** ‹*fare qcsa*› quickly; ‹*prendere qcsa*› in mid-air; **alzarsi in ~** ‹*uccello:*› take off; **in ~** airborne. **~ di linea** scheduled flight. **~ nazionale** domestic flight. **~ a vela** gliding.
volontà *nf inv* will; (*desiderio*) wish; **a ~** ‹*mangiare*› as much as you like. **~ria'mente** *adv* voluntarily. **volon'tario** *a* voluntary ● *nm* volunteer
volonte'roso *a* willing
'volpe *nf* fox
volt *nm inv* volt
'volta *nf* time; (*turno*) turn; (*curva*) bend; *Archit* vault; **4 volte 4** 4 times 4; **a volte** sometimes; **c'era una ~...** once

upon a time, there was...; **una ~** once; **due volte** twice; **tre/quattro volte** three/four times; **una ~ per tutte** once and for all; **uno per ~** one at a time; **uno alla ~** one at a time; **alla ~ di** in the direction of
volta'faccia *nm inv* volte-face
vol'taggio *nm* voltage
vol'ta|re *vt/i* turn; (*rigirare*) turn round; (*rivoltare*) turn over; **~re pagina** *fig* forget the past. **~rsi** *vr* turn [round]
volta'stomaco *nm* nausea; *fig* disgust
volteggi'are *vi* circle; (*ginnastica*) vault
'volto *pp di* **volgere** ● *nm* face; **mi ha mostrato il suo vero ~** he revealed his true colours
vo'lubile *a* fickle
vo'lum|e *nm* volume. **~i'noso** *a* voluminous
voluta'mente *adv* deliberately
voluttu|osità *nf* voluptuousness. **~'oso** *a* voluptuous
vomi'tare *vt* vomit, be sick. **vomi'tevole** *a* nauseating. **'vomito** *nm* vomit.
'vongola *nf* clam
vo'race *a* voracious. **~'mente** *adv* voraciously
vo'ragine *nf* abyss
'vortice *nm* whirl; (*gorgo*) whirlpool; (*di vento*) whirlwind
'vostro (**il ~** *m*, **la vostra** *f*, **i vostri** *mpl*, **le vostre** *fpl*) *poss a* your; **è vostra questa macchina?** is this car yours?; **un ~ amico** a friend of yours; **~ padre** your father ● *poss pron* yours; **i vostri** your folks
vo'ta|nte *nmf* voter. **~re** *vi* vote. **~zi'one** *nf* voting; *Sch* marks *pl*. **'voto** *nm* vote; *Sch* mark; *Relig* vow
vs. *abbr Comm* (**vostro**) yours
vul'canico *a* volcanic. **vul'cano** *nm* volcano
vulne'rabil|e *a* vulnerable. **~ità** *nf* vulnerability
vuo'tare *vt*, **vuo'tarsi** *vr* empty
vu'oto *a* empty; (*non occupato*) vacant; **~ di** (*sprovvisto*) devoid of ● *nm* empty space; *Phys* vacuum; *fig* void; **assegno a ~** dud cheque; **sotto ~** ‹*prodotto*› vacuum-packed; **~ a perdere** no deposit. **~ d'aria** air pocket

WwXxYy

W *abbr* (**viva**) long live
'wafer *nm inv* (*biscotto*) wafer
walkie-'talkie *nm inv* walkie-talkie
water *nm inv* toilet, loo *fam*
watt *nm inv* watt
wat'tora *nm inv Phys* watt-hour
WC *nm* WC
Web *nm inv* Web
'western *a inv* cowboy *attrib* ● *nm Cinema* western
X, **x a raggi** *nmpl* **X** X-rays; **il giorno X** D-day
xenofo'bia *nf* xenophobia. **xe'nofobo, -a** *a* xenophobic ● *nmf* xenophobe
xe'res *nm inv* sherry
xi'lofono *nm* xylophone
yacht *nm inv* yacht
yen *nm inv Fin* yen
'yeti *nm* yeti
'yoga *nm* yoga; (*praticante*) yogi
'yogurt *nm inv* yoghurt. **~i'era** *nf* yoghurt-maker
'yorkshire *nm inv* (*cane*) Yorkshire terrier
yo-yo *nm inv* yoyo®

Zz

zaba[gl]i'one *nm* zabaglione (*dessert made from eggs, wine or marsala and sugar*)
'zacchera *nf* (*schizzo*) splash of mud
zaf'fata *nf* whiff; (*di fumo*) cloud
zaffe'rano *nm* saffron
zaf'firo *nm* sapphire
'zaino *nm* rucksack
'zampa *nf* leg; **a quattro zampe** ‹*animale*› four-legged; (*carponi*) on all fours. **zampe** *pl* **di gallina** crow's feet
zampil'la|nte *a* spurting. **~re** *vi* spurt. **zam'pillo** *nm* spurt
zam'pogna *nf* bagpipe. **zampo'gnaro** *nm* piper
'zanna *nf* fang; (*di elefante*) tusk
zan'zar|a *nf* mosquito. **~i'era** *nf* (*velo*) mosquito net; (*su finestra*) insect screen
'zappa *nf* hoe. **zap'pare** *vt* hoe
'zattera *nf* raft
za'vorra *nf* ballast; *fig* dead wood
'zazzera *nf* mop of hair
'zebra *nf* zebra; **zebre** *pl* (*passaggio pedonale*) zebra crossing
'zecca[1] *nf* mint; **nuovo di ~** brand-new
'zecca[2] *nf* (*parassita*) tick
zec'chino *nm* sequin; **oro ~** pure gold
ze'lante *a* zealous. **'zelo** *nm* zeal
'zenit *nm* zenith
'zenzero *nm* ginger
'zeppa *nf* wedge
'zeppo *a* packed full; **pieno ~ di** crammed *o* packed with
zer'bino *nm* doormat
'zero *nm* zero, nought; (*in calcio*) nil; *Tennis* love; **due a ~** (*in partite*) two nil; **ricominciare da ~** *fig* start again from scratch
'zeta *nf* zed, zee *Am*
'zia *nf* aunt
zibel'lino *nm* sable
'zigomo *nm* cheek-bone
zigri'nato *a* ‹*pelle*› grained; ‹*metallo*› milled
zig'zag *nm inv* zigzag
zim'bello *nm* decoy; (*oggetto di scherno*) laughing-stock
'zinco *nm* zinc
'zingaro, -a *nmf* gypsy
'zio *nm* uncle
zi'tel|la *nf* spinster; *pej* old maid. **~'lona** *nf pej* old maid
zit'tire *vi* fall silent ● *vt* silence. **'zitto** *a* silent; **sta' zitto!** keep quiet!
ziz'zania *nf* (*discordia*) discord; **seminare ~** cause trouble
'zoccolo *nm* clog; (*di cavallo*) hoof; (*di terra*) clump; (*di parete*) skirting board, baseboard *Am*; (*di colonna*) base
zodia'cale *a* of the zodiac. **zo'diaco** *nm* zodiac
'zolfo *nm* sulphur
'zolla *nf* clod; (*di zucchero*) lump
zol'letta *nf* sugar cube, sugar lump
'zombi *nmf inv fig* zombi
'zona *nf* zone; (*area*) area. **~ di depressione** area of low pressure. **~ disco** area for parking discs only. **~ pedonale** pedestrian precinct. **~ verde** green belt
'zonzo *adv* **andare a ~** stroll about
zoo *nm inv* zoo
zoolo'gia *nf* zoology. **zoo'logico** *a* zoological. **zo'ologo, -a** *nmf* zoologist
zoo sa'fari *nm inv* safari park
zoppi'ca|nte *a* limping; *fig* shaky. **~re** *vi* limp; (*essere debole*) be shaky. **'zoppo, -a** *a* lame ● *nmf* cripple
zoti'cone *nm* boor
zu'ava *nf* **calzoni alla ~** plus-fours
'zucca *nf* marrow; (*fam: testa*) head; (*fam: persona*) thickie
zucche'r|are *vt* sugar. **~i'era** *nf* sugar bowl. **~i'ficio** *nm* sugar refinery. **zucche'rino** *a* sugary ● *nm* sugar lump
'zucchero *nm* sugar. **~ di canna** cane sugar. **~ a velo** icing sugar. **zucche'roso** *a fig* honeyed
zuc'chin|a *nf*, **~o** *nm* courgette, zucchini *Am*
zuc'cone *nm* blockhead
'zuffa *nf* scuffle
zufo'lare *vt/i* whistle
zu'mare *vi* zoom
'zuppa *nf* soup. **~ inglese** trifle
zup'petta *nf* **fare ~ [con]** dunk
zuppi'era *nf* soup tureen
'zuppo *a* soaked

Supplementi di grammatica e di civiltà

Note grammaticali

GLI ARTICOLI

l'articolo indeterminativo

L'articolo indeterminativo è **a** davanti a una parola che comincia con consonante o con il suono 'i + vocal' (/j/):

a ball	**a girl**	**a union**
una palla	una ragazza	un'unione

È **an** davanti a vocale o h muta:

an apple	**an hour**
una mela	un'ora

L'uso dell'articolo indeterminativo è generalmente limitato ai nomi numerabili.
Da notare i seguenti usi:

- con professione

  She is a doctor.
  È medico.

  He is an engineer.
  È ingegnere.

- dopo una preposizione

  She works as a tour guide.
  Fa la guida turistica.

  Anna has gone out without an umbrella.
  Anna è uscita senza ombrello.

- con senso generico

  A whale is larger than a frog.
  La balena è più grande della rana.

l'articolo determinativo

L'articolo determinativo è **the**, sia per i nomi singolari che per i plurali:

the cat	**the owls**
il gatto	le civette

L'articolo determinativo *non* viene generalmente usato con le parole che designano:

- istituzioni

  I don't go to church.
  Non vado in chiesa.

  He's starting school next week.
  Comincia la scuola la settimana prossima.

Quando ci si riferisce all'edificio, il nome viene invece accompagnato dall'articolo: **Turn right at the school** (Alla scuola, gira a destra).

- pasti

  Breakfast is at 8.30.
  La colazione è alle 8.30.

  Dinner is ready!
  La cena è pronta!

- periodi del giorno, dopo una preposizione (eccetto **in** o **during**)

  I'm never out at night.
  Non esco mai di sera.

  They left in the morning.
  Sono partiti di mattina.

- cose astratte

  Hatred is a destructive force.
  L'odio è una forza distruttrice.

  The book is on English grammar.
  Il libro è sulla grammatica inglese.

- malattie
  She's got tonsillitis.
  Ha la tonsillite.
- stagioni
  Spring is here!
  È arrivata la primavera!
  It's like winter today.
  Oggi, sembra inverno.
- nazioni
  France
  la Francia
  England
  l'Inghilterra
- vie, parchi, ecc.
  a concert in Central Park
  un concerto a Central Park
  I work on Bath Street.
  Lavoro in Bath Street.

L'articolo è tuttavia utilizzato nei seguenti tipi di frasi:
The breakfast he served was awful.
La colazione che ha servito era orribile.

Le seguenti categorie di nomi prendono generalmente l'articolo determinativo:

- nomi geografici plurali
  the Netherlands
  i Paesi Bassi
  the United States
  gli Stati Uniti
  the Alps
  le Alpi
- nomi di fiumi e oceani
  the Thames
  il Tamigi
  the Pacific
  il Pacifico
- nomi di hotel, pub, teatri, musei, ecc.
  the Hilton **the Fox and Hounds** **the Odeon**

IL PLURALE

Il plurale di un nome è di solito formato aggiungendo **-s** in fine di parola:
dog, dogs cani **tape, tapes** cassette

-es viene aggiunto a parole che terminano in **-s, -x, -z, -ch** o **-sh**:
dress, dresses vestiti **box, boxes** scatole

Nomi che terminano in consonante + y: **baby, babies** bambini

Nomi che terminano in vocale + y: **volley, volleys** volée

I nomi che terminano in **-o** talvolta prendono **-s**, talvolta **-es**:
potato, potatoes patate **solo, solos** assoli
tomato, tomatoes pomodori **zero, zeros** zeri

I plurali dei nomi terminanti in **-f(e)** sono di tre tipi:
life, lives vite **dwarf, dwarfs/dwarves** nani **roof, roofs** tetti

I plurali irregolari più frequenti includono:
child, children bambini **foot, feet** piedi **man, men** uomini
mouse, mice topi **tooth, teeth** denti **woman, women** donne

I NOMI COMPOSTI

I nomi composti possono avere diverse forme.

nome + nome:
summer dress abito estivo
tennis shoes scarpe da tennis
record collection collezione di dischi

nome + gerundio:
disco dancing ballo da discoteca
dressmaking cucito

gerundio + nome:
parking meter parchimetro
writing course corso di scrittura
boarding card carta di imbarco

Da notare la forma di composti quali **record collection**: **a record collection** (senza la **s** del plurale in **record**), ma **a collection of records** [una collezione di dischi]; **a photo album**, ma **an album of photos** [un album di fotografie].

Nel caso di nomi numerabili, la **s** del plurale va aggiunta al secondo elemento del composto: **summer dresses** [abiti estivi], **boarding cards** [carte di imbarco].

IL FEMMINILE

L'inglese ha un numero relativamente basso di forme femminili di parole. Pertanto, **cousin** = cugino o cugina; **friend** = amico o amica; **doctor** = dottore o dottoressa.

Dovendo specificare il sesso della persona alla quale ci si riferisce, si dirà, ad esempio, **a male student** (uno studente), **a woman doctor** (una dottoressa).

IL GENITIVO

Le regole sull'uso del genitivo - **s preceduto dall'apostrofo** (**'s**) o **s seguito dall'apostrofo** (**s'**) - sono le seguenti:

-'s viene aggiunto a nomi singolari:
the boy's book (il libro del ragazzo)

il solo apostrofo (') viene aggiunto a nomi plurali terminanti in **-s**:
the boys' room (la camera dei ragazzi)
the boys' books (i libri dei ragazzi)

Se un nome plurale non termina in **-s** il genitivo si forma aggiungendo **-'s**:
the children's toys (i giocattoli dei bambini)

Con nomi propri terminanti in **-s** si possono trovare entrambe le forme **'s** e **s'**, benché **s'** sia più frequente: **Keats's poetry** o **Keats' poetry** [le poesie di Keats]. I nomi greci e romani terminanti in **s**, tuttavia, prendono in genere solo l'apostrofo: **Socrates' death** [la morte di Socrate], **Catullus' poetry** [le poesie di Catullo].

Il genitivo viene usato soprattutto con persone, animali (in particolare domestici) e paesi: **Andrew's house** [la casa di Andrew], **the lion's den** [la tana del leone], **America's foreign policy** [la politica estera dell'America].

Da notare i seguenti usi del genitivo:

We're going to Anne's. Andiamo a casa di Anne.

We're going to Peter and Anne's. Andiamo a casa di Peter e Anne. (Non, per lo più, **Peter's and Anne's** se Peter e Anne sono una coppia.)

Jane Austen's and George Orwell's novels i romanzi di Jane Austen e quelli di George Orwell (Jane Austen e George Orwell sono ben distinti l'una dall'altro.)

I got it at the baker's/the chemist's. L'ho preso dal panettiere/in farmacia. (Letteralmente, nel negozio del panettiere/del farmacista.)

Nell'inglese colloquiale il 'doppio genitivo' è frequente:

He's a friend of my brother's. È un amico di mio fratello.

It was an idea of Anne's. È stata un'idea di Anne.

GLI AGGETTIVI

Gli aggettivi in inglese hanno un'unica forma, non concordano, cioè, né nel genere, né nel numero:

an old man	**three old women**
un uomo vecchio	tre donne vecchie

posizione dell'aggettivo

L'aggettivo può precedere il nome: **a long story** [una storia lunga] o seguire il verbo: **this story is long** [questa storia è lunga].

Alcuni aggettivi non possono essere usati davanti al nome: **The girl is upset.** [La ragazza è sconvolta.]; non si può dire **the upset girl**.

gradi comparativi

Ci sono tre gradi comparativi: la forma assoluta, il comparativo e il superlativo.

Gli aggettivi composti da una sola sillaba formano il comparativo e il superlativo con l'aggiunta di **-(e)r** e **-(e)st**:

dull noioso	**duller** più noioso	**dullest** il più noioso
big grande	**bigger**	**biggest**

(Da notare che una consonante semplice in fine di parola viene raddoppiata.)

nice bello	**nicer**	**nicest**

Gli aggettivi di tre sillabe, per lo più, formano il comparativo e il superlativo con **more** e **most**:

generous generoso	**more generous**	**most generous**

Lo stesso vale per alcuni aggettivi di due sillabe, ad esempio **useful** utile.

Non esistono tuttavia regole assolute per gli aggettivi bisillabici, benché **-er/-est** siano particolarmente frequenti con aggettivi terminanti in **-y, -le, -ow, -er**. Esempi:

pretty carino	**prettier**	**prettiest**
(da notare che **-y** diventa **-ie**)		
narrow stretto	**narrower**	**narrowest**
curious curioso	**more curious**	**most curious**

Per i participi presenti e passati si usa la forma con **more/most**:

boring noioso	**more boring**	**most boring**
bored annoiato	**more bored**	**most bored**

Most può essere inoltre usato come sinonimo di 'estremamente' o 'molto': **That was a most interesting story** (Quella era una storia molto interessante).

alcuni aggettivi irregolari frequenti

bad cattivo	**worse** peggiore	**worst** peggiore
good buono	**better** migliore	**best** migliore
little poco	**less** meno	**least** meno
many/much molti/molto	**more** più	**most** più
far lontano	**further**	**furthest** (con riferimento a spazio, tempo, quantità, numero)
far lontano	**farther**	**farthest** (solo per distanza nello spazio)
old (1) vecchio	**elder**	**eldest** (usato solo per persone)

(1) Le forme regolari (**old**, **older**, **oldest** vecchio, più vecchio, il più vecchio) sono usate sia per persone che per cose.

Le comparazioni negative possono essere espresse dall'uso di **less/least**:

far lontano **less far** meno lontano **least far** il meno lontano

Gli aggettivi possono svolgere la funzione di nomi, in particolare quando si riferiscono a gruppi di persone: **the young** i giovani; **the old** i vecchi; **the unemployed** i disoccupati.

GLI AGGETTVI POSSESSIVI

Gli aggettivi possessivi sono:

my mio, mia, miei, mie	**our** nostro, nostra, nostri, nostre
your tuo, tua, tuoi, tue; suo, sua, suoi, sue	**your** vostro, vostra, vostri, vostre
his, her, its suo, sua, suoi, sue	**their** loro

Concordano con il possessore e non con la cosa posseduta:

his mother sua madre (la madre del ragazzo, ad esempio)
her mother sua madre (la madre della ragazza, ad esempio)
their mother la loro madre (la madre delle ragazze, o dei ragazzi, o dei ragazzi e delle ragazze)

Mantengono la stessa forma con nomi singolari e plurali:

my cat	**my boots**
il mio gatto	i miei stivali

GLI AVVERBI

Gli avverbi possono qualificare aggettivi:

The job was extremely dangerous. Il lavoro era estremamente pericoloso.

verbi:

He finished quickly. Ha finito in fretta.

altri avverbi:
very quickly molto in fretta

Extremely, **quickly** e **very** sono avverbi.

Molti avverbi sono formati con il suffisso **-ly** aggiunto all'aggettivo: **sad, sadly** triste, tristemente; **brave, bravely** coraggioso, coraggiosamente; **beautiful, beautifully** bello, molto bene.

Possono tuttavia intervenire dei cambiamenti nell'ortografia: **true, truly** vero, veramente; **due, duly** dovuto, debitamente; **whole, wholly** intero, interamente.

Altri mutamenti fonetici regolari riguardano:
y in fine di parola: **ready, readily** pronto, prontamente
consonante in fine di parola + **le**: **gentle, gently** dolce, dolcemente.

Alcuni avverbi hanno forma identica all'aggettivo corrispondente; tra questi **back** dietro, **early** presto, **far** lontano, **fast** velocemente, **left** a sinistra, **little** poco, **long** a lungo, **more** più, **much** molto, **only** solo, **right** a destra, giustamente, **still** tranquillamente, **straight** dritto, **well** bene, **wrong** in modo sbagliato. Esempi:

a wrong answer (aggettivo)
una risposta sbagliata

He did it wrong. (avverbio)
L'ha fatto in modo sbagliato.

an early summer
un'estate precoce

Summer arrived early.
L'estate è arrivata in anticipo.

a straight road
una strada dritta

He came straight to the point.
È andato dritto al punto.

I PRONOMI

pronomi personali

soggetto	*complemento*
I io	**me** me, mi
you tu; lei	**you** te, ti; la, le
he egli, lui	**him** lo, gli
she essa, lei	**her** la, le
one si	**one** uno
it esso, essa	**it** lo, la, gli, le
we noi	**us** ci
you voi	**you** vi
they essi, loro	**them** li, loro

Il soggetto di un verbo in inglese non è espresso dalla forma del verbo stesso; pertanto, la traduzione dell'italiano **vado**, ad esempio, è **I go** e non **go**.

I pronomi complemento sono usati come complemento oggetto:
Mary loves him. Mary lo ama.

come complemento di termine:
John gave it to me. John lo ha dato a me.

e dopo una preposizione:
The book is from her. Il libro è da parte sua.

altri usi dei pronomi personali

he e **she**

Questi pronomi sono talvolta usati per indicare degli animali, specialmente domestici:

Poor Whiskers, we had to take him to the vet's.
Povero Whiskers, abbiamo dovuto portarlo dal veterinario.

it

- è usato in costruzioni impersonali:

It's sunny.
C'è il sole.

It's hard to know what to do.
È difficile sapere cosa fare.

It looks as though they were right.
Parrebbe che avessero ragione.

- in espressioni temporali e spaziali:

It's five o'clock.
Sono le cinque.

It's January the sixth.
È il sei gennaio.

How far is it to Edinburgh?
Quanto dista Edimburgo?

Va notato che **it's** è la forma contratta di **it is**, da non confondersi con il pronome possessivo **its**.

you

Rivolgendosi ad una persona, l'inglese non distingue l'uso del pronome **tu** dal pronome **lei** che vengono entrambi tradotti con **you**.

You è spesso usato in senso generico, per indicare la gente in generale:

You never know; it might be sunny this afternoon.
Non si sa mai; potrebbe esserci il sole oggi pomeriggio.

You can't buy cars like that any more.
Non si possono più comprare macchine così.

they

- è impiegato per riferirsi a una persona o un gruppo di persone sconosciute, specialmente se dotate di un qualche potere, autorità o abilità:

They don't make cars like that any more.
Non ne fanno più di macchine così.

They will have to find the murderer first.
Dovranno prima trovare l'assassino.

You'll have to get them to repair it.
Dovrai farglielo riparare.

- al posto di **he or she** (lui o lei)

The person appointed will be answerable to the director. They will be responsible for ...
La persona prescelta dovrà rispondere al direttore. Sarà responsabile di ...

A personal secretary will assist them. (= him/her)
Una segretaria personale lo/la assisterà.

- per rimandare ai pronomi indefiniti **somebody, someone** qualcuno; **anybody, anyone** chiunque; **everybody, everyone** tutti; **nobody, no one** nessuno:

If anyone has seen my pen, will they please tell me.
Se qualcuno ha visto la mia penna, per favore, me lo dica.

one

One è equivalente al pronome generico **you**, ma è più formale:

One needs to get a clearer picture of what one wants.
Bisogna avere un'idea più chiara di quello che si vuole.

L'uso ripetuto di **one** viene di solito evitato.

pronomi riflessivi

myself mi
yourself ti; si
himself, herself, itself, oneself si
ourselves ci
yourselves vi
themselves si

Esempi dell'uso:

He burned himself badly. (complemento oggetto)
Si è bruciato seriamente.

I always buy myself a Christmas present. (complemento di termine)
Mi compro sempre un regalo di Natale.

She talks to herself. (dopo preposizione)
Parla da sola.

Do it yourself. (enfatico)
Fallo da te.

pronomi possessivi

mine il mio, la mia, i miei, le mie
yours il tuo, la tua, i tuoi, le tue
his, hers, its il suo, la sua, i suoi, le sue
ours il nostro, la nostra, i nostri, le nostre
yours il vostro, la vostra, i vostri, le vostre
theirs il loro, la loro, i loro, le loro

I pronomi possessivi concordano con il possessore e non con la cosa posseduta:

Whose book is this? - It's hers. Di chi è questo libro? - È suo.
Whose shoes are these? - They're hers. Di chi sono queste scarpe? - Sono le sue.
Whose car is that? - It's theirs. Di chi è questa macchina? - È la loro.

GLI AGGETTIVI E I PRONOMI INTERROGATIVI

who chi
whom chi
whose di chi
which quale, quali
what quale, quali, che

Who è usato per persona con funzione di soggetto:

Who is it? Chi è?

Whom è usato per persona con funzione di complemento:

To whom did you send the letter?
A chi hai spedito la lettera?

Whom did you see?
Chi hai visto?

Whom è considerato piuttosto formale e tende ad essere sostituito da **who**:

Who did you send the letter to? **Who did you see?**

A chi hai spedito la lettera?
Chi hai visto?

Whose è la forma genitiva di **who**:

Whose are these?
Di chi sono questi?

Whose socks are these?
Di chi sono queste calze?

Which può designare sia persone che cose. È usato con funzione di soggetto:

Which of you are going?
Chi di voi va?

Which is bigger?
Qual è più grande?

Which box is bigger?
Quale scatola è più grande?

e di complemento:

Which of the singers/pictures do you prefer?
Quale cantante/quadro preferisci?
Which dress should I wear?
Che vestito mi metto?

What è usato esclusivamente per cose. Può avere funzione di soggetto:

What is this?
Cos'è questo?

What type of bird is that?
Che tipo di uccello è quello?

e di complemento:

What are you going to do?
Cosa farai?

What sort of books do you like?
Che tipo di libri ti piacciono?

What implica una gamma di possibilità più estesa o meno definita rispetto a **which**.

I PRONOMI RELATIVI

who, whom chi
that chi, che
which che
whose il cui

I pronomi relativi rimandano normalmente ad un antecedente (cioè qualcosa che è già stato menzionato). In **She phoned the man who had contacted her** (Ha telefonato all'uomo che l'aveva contattata), il pronome relativo **who** (che) si riferisce a **the man** (l'uomo).

antecedente	*soggetto*	*complemento*
persone	**who/that**	**whom/who/that**
cose	**which/that**	**which/that**

persone: soggetto

Who è il pronome relativo generalmente usato in questo caso; anche **that** viene però usato:

There is a prize for the student who/that gets the highest mark.
C'è un premio per lo studente che ottiene il voto più alto.

persone: complemento

The man whom/who/that she met that night was a spy.
L'uomo che ha incontrato quella notte era una spia.

Whom viene considerato piuttosto formale ed è generalmente sostituito da **who** o **that**.

Il pronome relativo può anche essere omesso:

The man she met last night was a spy.
L'uomo che ha incontrato la notte scorsa era una spia.

cose: soggetto

The book, which is on the table, was a present.
Il libro che è sul tavolo è un regalo.

John gave me the book which/that is on the table.
John mi ha dato il libro che è sul tavolo.

cose: complemento

His latest film, which we went to see last week, was excellent.
Il suo ultimo film, che siamo andati a vedere la settimana scorsa, era ottimo.

The film which/that we went to see last week was excellent.
Il film che siamo andati a vedere la settimana scorsa era ottimo.

Nell'ultimo esempio, il pronome relativo può anche essere omesso:

The film we went to see last week was excellent.
Il film che siamo andati a vedere la settimana scorsa era ottimo.

Whose è la forma genitiva:

This is the boy whose dog has been killed.
Questo è il ragazzo il cui cane è stato ucciso.

La forma **of which** (il cui) è usata nel linguaggio più formale o tecnico per riferirsi a cose:

Water, the boiling point of which is 100°C, is a colourless liquid.
L'acqua, il cui punto di ebollizione è a 100°C, è un liquido incolore.

Si noti che **who's** è la forma contratta di **who is** (chi è), da non confondersi con il pronome relativo **whose** (il cui).

GLI AGGETTIVI E I PRONOMI INDEFINITI

some/any

Come aggettivi, vengono usati con nomi plurali o non numerabili:

Take some biscuits.
Prendi dei biscotti.

Take some jam.
Prendi della marmellata.

Have you got any biscuits?
Hai dei biscotti?

Have you any jam?
Hai della marmellata?

Come pronomi, sostituiscono nomi plurali o non numerabili:

We haven't got any. Non ne abbiamo.

some (aggettivo e pronome) si usa in:

- frasi affermative

  He bought some.
  Ne ha comprato.

  He bought some biscuits.
  Ha comprato dei biscotti.

  He bought some jam.
  Ha comprato della marmellata.

- domande alle quali ci si aspetta una risposta affermativa

  Can you lend me some money? Mi puoi prestare dei soldi?

- offerte e richieste
  Would you like some?
  Ne vuoi?

  Could you buy some onions for me?
  Mi puoi comprare delle cipolle?

any (aggettivo e pronome) si usa in:
- frasi negative
  I haven't got any brothers or sisters.
  Non ho né fratelli, né sorelle.
- domande
  Have you got any bananas?
  Hai delle banane?

I composti di **some** e **any** vengono usati in modo simile. Esempi:

I saw something really strange today.
Ho visto qualcosa di veramente strano oggi.

Did you meet anyone you knew?
Hai incontrato qualcuno che conoscevi?

We didn't see anything interesting.
Non abbiamo visto niente di interessante.

I VERBI

L'infinito costituisce la radice o forma di base. La forma intera dell'infinito comprende **to**: **to live** vivere, **to die** morire, ecc.

Per una lista di verbi irregolari vedi p.263.

I verbi regolari vengono coniugati come segue:

infinito	**want**	**love**(1)	**stop**(2)	**prefer**(3)
participio presente/gerundio	**wanting**	**loving**	**stopping**	**preferring**
passato semplice/participio passato	**wanted**	**loved**	**stopped**	**preferred**

(1) infinito terminante in **-e**
(2) infinito monosillabico terminante in vocale + consonante semplice
(3) infinito terminante in vocale accentata + consonante semplice

Il gerundio è usato con funzione nominale:

I don't like swimming. Non mi piace nuotare.
Dancing is fun. Ballare è divertente.

I TEMPI

presente

to be essere
I am sono
you are sei
he/she/it is è
we are siamo
you are siete
they are sono

to have avere
I have ho
you have hai
he/she/it has ha
we have abbiamo
you have avete
they have hanno

Per gli altri verbi, la forma è la stessa della radice, con l'eccezione della terza persona singolare, che prende la desinenza **-s**:

to want (volere): **I want, you want, he/she/it wants, we want, you want, they want**

to love (amare): **I love, you love, he/she/it loves, we love, you love, they love**

La terza persona singolare dei verbi terminanti in **-ch, -ss, -sh, -x** o **-es** è formata
con la desinenza **-es**:

to watch guardare: **he/she/it watches**

to kiss baciare: **he/she/it kisses**

Il presente esprime:

- azioni abituali, verità generalmente accettate ed enunciazioni di fatti:

  He takes the 8 o'clock train to work.
  Prende il treno delle 8 per andare al lavoro.

  I work in publishing.
  Lavoro nell'editoria.

- gusti e opinioni

  I hate Monday mornings.
  Odio i lunedì mattina.

  He doesn't believe in God.
  Non crede in Dio.

- percezioni sensoriali

  It tastes delicious.
  È squisito.

passato semplice

La forma è la stessa per tutte le persone, sia singolari che plurali:

I/you/he/she/it/we/you/they wanted

È impiegato per descrivere azioni compiute o avvenimenti del passato:

He flew to America last week.
Ha preso l'aereo per l'America la settimana scorsa.

passato composto

È composto dal presente di **have** (avere) e il participio passato:

I/you have loved, he/she/it has loved, you/we/they have loved

Descrive azioni passate o avvenimenti che hanno una qualche rilevanza per il presente.

Si può osservare la differenza tra il passato composto e il passato semplice confrontando le seguenti frasi:

Have you seen Peter this morning?
Hai visto Peter stamattina? (è sempre mattina)

Did you see Peter this morning?
Hai visto Peter stamattina? (è ora pomeriggio o sera)

Va notato il seguente uso del present perfect:

I have lived in Glasgow for three years.
Ho vissuto a Glasgow per tre anni.

trapassato

È composto dal tempo passato di **have** (avere) e il participio passato:

I/you/he/she/it/we/you/they had wanted

Descrive azioni o avvenimenti passati precedenti rispetto ad altre azioni o avvenimenti anch'essi passati:

She had already left home when I arrived.
Era già uscita di casa quando sono arrivato.

LE FORME PERIFRASTICHE

Le forme perifrastiche sono formate dal verbo **be** (essere), nel tempo e persona richiesti, e dal participio presente.

presente progressivo
I am singing sto cantando, **you are singing**, ecc.

Descrive eventi, di solito temporanei, ancora in corso:

What are you doing? - I'm trying to fix the television.
Cosa stai facendo? - Sto cercando di riparare la televisione.

He always interrupts when I'm reading to the children.
Mi interrompe sempre mentre sto leggendo per i bambini.

passato progressivo
I was singing stavo cantando, **you were singing**, ecc.

Descrive avvenimenti passati ancora in corso nel momento in cui un altro avvenimento passato ha luogo:

He rushed into my office while I was talking to the director.
Si è precipitato nel mio ufficio mentre stavo parlando al direttore.

Anche gli altri tempi verbali hanno una forma progressiva: **I have been living** vivo, ecc.; **I had been living** ho vissuto, ecc.; **I will be living** vivrò, ecc.

Da notare il seguente uso del passato composto nella forma progressiva:

I have been living in Glasgow for three years.
Vivo a Glasgow da tre anni.

IL FUTURO

In inglese ci sono diversi modi per parlare del futuro.

● will/shall

Will può essere usato con tutte le persone; **shall** è usato esclusivamente con la prima persona singolare e plurale.

I will/shall go andrò
you will go andrai
he/she/it will go andrà
we will/shall go andremo
you will go andrete
they will go andranno

Will e le forme negative **will not** e **shall not** possono essere contratte:

You'll be angry.
Ti arrabbierai.

We won't/shan't stay long.
Non staremo a lungo.

● going to

Questa forma viene spesso usata per esprimere un'intenzione o per predire qualcosa che accadrà:

I'm going to go to London tomorrow.
Vado a Londra domani.

The boss is going to be furious when he hears.
Il capo si infurierà quando lo verrà a sapere.

Going to è spesso intercambiabile con **will**:

The boss will be furious when he hears.
Il capo si infurierà quando lo verrà a sapere.

I wonder whether the car is going to/will start.
Mi chiedo se la macchina partirà.

- il presente

Può essere usato per esprimere qualcosa che accadrà in un momento determinato, specialmente con riferimento ad un orario:

When does term finish?
Quando finisce il trimestre?

There is a train for London at 10 o'clock.
C'è un treno per Londra alle 10.

- il presente durativo

Viene usato in modo simile a **going to** per esprimere un'intenzione:

I'm spending Christmas in Paris.
Passerò il Natale a Parigi.

Where are you going for your holidays?
Dove vai in vacanza?

L'IMPERATIVO

La radice del verbo è usata per impartire ordini:

Be quiet! Fai silenzio!
Shut the door! Chiudi la porta!

L'imperativo negativo viene formato con **don't**:

Don't forget to phone Alan!
Non dimenticarti di telefonare ad Alan!

Let's viene usato per la prima persona plurale per fare delle proposte:

Let's go. Andiamo.
Don't let's go. Non andiamo.
Let's not go. Non andiamo.

LA FORMA INTERROGATIVA

La forma interrogativa di frasi contenenti il presente e il passato semplice prevede l'uso del verbo **do**, accordato con il soggetto della frase:

Do you live here? Vivi qui?
Did you live here? Vivevi qui?

Se la frase contiene un verbo ausiliare (**have, be**) o modale, la forma interrogativa è realizzata invertendo il verbo e il soggetto:

Are they going to get married? Si sposano?
Have they seen us? Ci hanno visti?
Can John come at eight? Può venire alle otto John?

Con i pronomi interrogativi, i modelli sono i seguenti:

Who came?
Chi è venuto?

What have they done to you?
Che cosa ti hanno fatto?

Who fed the cat?
Chi ha dato da mangiare al gatto?

What shall we write about?
Di cosa scriviamo?

In frasi negative **not** segue il soggetto, a meno che sia utilizzata la forma contratta:

Did they not say they would come?/Didn't they say they would come?
Non avevano detto che sarebbero venuti?

Will the director not be there?/Won't the director be there?
Non ci sarà il direttore?

Nell'inglese parlato, l'ordine delle parole nelle domande è spesso lo stesso che nelle affermazioni, ma l'intonazione è crescente:

He told you to leave?
Ti ha detto di andartene?

He left without saying a word?
Se ne è andato senza dire una parola?

LE DOMANDE DI CONFERMA

Si tratta di domande brevi, aggiunte alla fine di una frase, per chiedere una conferma di quanto si è detto.

Una frase affermativa è di solito seguita da una domanda negativa:

You smoke, don't you?
Fumi, no?

Da notare l'ausiliare **don't** che sostituisce nella domanda il verbo **smoke.**

Una frase negativa è invece generalmente seguita da una domanda in forma affermativa:

You don't smoke, do you?
Non fumi, vero?

Se la frase contiene un verbo ausiliare o modale, questo è ripetuto nella domanda:

You aren't going, are you?
Non ci vai, vero?

You will come, won't you?
Vieni, no?

You shouldn't say that, should you?
Non dovresti dire questo, vero?

Va notata la forma della domanda quando il verbo nell'affermazione è **am**:

I am lucky, aren't I?
Sono fortunato, no?

Il tempo verbale nella domanda è lo stesso che nella frase da cui dipende:

You wanted to go home, didn't you?
Volevi andare a casa, no?

LE RISPOSTE BREVI

Nelle risposte non è necessario ripetere la forma intera del verbo; si può infatti semplicemente ripetere il verbo ausiliare (**be**, **have**, **do**) o modale contenuto nella domanda.

Is it raining? - Yes, it is./No, it isn't.
Piove? - Sì./No.

Do you like fish? - Yes, I do./No, I don't.
Ti piace il pesce? - Sì./No.

Can you drive? - Yes, I can./No, I can't.
Guidi? - Sì./No.

LE FRASI NEGATIVE

Le proposizioni negative sono formate con l'ausiliare **do** concordato con il soggetto + **not**. Le forme contratte sono **don't** e **doesn't** per il presente e **didn't** per il passato.

They do not/don't understand English.
Non capiscono l'inglese.

We did not/didn't go anywhere yesterday.
Non siamo andati da nessuna parte ieri.

Quando il verbo è impiegato con tono enfatico, viene utilizzata la forma non contratta:

I do not approve!
Non approvo!

I VERBI MODALI

can, could; may, might; shall, should; will, would; must; ought

I verbi modali sono invariabili: **I can, you can, he can**, ecc.

La forma interrogativa si ottiene con l'inversione del soggetto e del verbo: **Can I go now?** (Posso andare ora?)

È facile trovare i modali nella forma contratta. **Will** e **shall** si contraggono in **'ll**: **I'll be going** (Andrò).
Would si contrae in **'d**: **I'd like a cup of tea** (Vorrei una tazza di tè).

La forma negativa dei verbi modali prevede l'uso di **not (would not, might not,** ecc.) È particolare la forma negativa di **can**: **cannot** (cioè un'unica parola nell'inglese britannico).

Le forme negative contratte sono: **can't, couldn't, mightn't, shan't, shouldn't, won't, wouldn't, mustn't, oughtn't**. (**Mayn't** non è frequente.)

can

● autorizzazione

Can I leave the table, please?
Posso alzarmi da tavola, per favore?

I can have another sweet, daddy said so.
Posso avere un'altra caramella, lo ha detto papà.

● capacità

He can count to a hundred.
Sa contare fino a cento.

Can he drive?
Sa guidare?

- possibilità
  Accidents can happen.
  Gli incidenti possono capitare.

- richieste
  Can you open the door for me, please?
  Mi puoi aprire la porta, per favore?

could
Could è la forma passata di **can**. I suoi significati comprendono:

- autorizzazione, capacità, possibilità, richiesta, espresse nel passato
  Daddy said I could have another sweet.
  Papà ha detto che potevo avere un'altra caramella.

  By the time he was three, he could count to a hundred.
  A tre anni sapeva contare fino a cento

  She asked if he could open the door for her.
  Gli ha chiesto se poteva aprirle la porta.

- richiesta formale nel presente
  Could I leave a message, please?
  Potrei lasciare un messaggio, per favore?

- possibilità espressa nel presente
  I don't know where John is; I suppose he could be at Anne's.
  Non so dov'è John; forse potrebbe essere da Anne.

- indignazione
  You could have warned me!
  Avresti potuto avvertirmi!

may

- autorizzazione e richiesta formale
  May I use your phone, please?
  Potrei usare il suo telefono, per favore?

  You may not leave the examination hall until I give the sign.
  Non potete allontanarvi dalla sala d'esame prima che io abbia dato il segnale.

- possibilità
  We may get an extra day's holiday.
  Potremmo avere un giorno di vacanza in più.

  They may have left.
  Potrebbero essere andati via.

might

- possibilità

Might si differenzia da **may** in quanto spesso suggerisce che si tratta di una possibilità poco probabile:

We might get a pay rise.
Magari avremo un aumento di stipendio. (= è improbabile)

Viene usato anche nel passato:

He was afraid he might have missed the train.

Aveva paura di aver perso il treno.

- autorizzazione e richiesta formale
  Do you think I might have another whisky?
  Pensa che potrei avere un altro whisky?

- indignazione
  You might have phoned!
  Avresti potuto telefonare!

shall

Per l'uso di **shall** per esprimere il futuro vedi p. 255. **Shall** può essere inoltre usato per indicare:

- richieste di ordini o consigli
  Where shall we put the shopping?
  Dove mettiamo la spesa?

  What time shall I put the alarm on for?
  Per che ora devo mettere la sveglia?

- offerte o suggerimenti
  Shall I make you a cup of tea?
  Ti preparo una tazza di tè?

  Shall we meet outside the station?
  Ci vediamo fuori dalla stazione?

should

Should è la forma passata di **shall** e viene inoltre impiegato per esprimere:

- convenienza o obbligo
  You shouldn't tell lies.
  Non dovresti dire le bugie.

  What do you think we should do?
  Cosa pensi che dovremmo fare?

- probabilità
  Once this job is finished, we should have more spare time.
  Una volta finito questo lavoro, dovremmo avere più tempo libero.

  They should be there by now.
  Dovrebbero essere qui ormai.

  The keys should be in that drawer. That's where I left them.
  Le chiavi dovrebbero essere in quel cassetto. È lì che le ho lasciate.

will

Per l'uso di **will** per esprimere il futuro, vedi p. 255. Per **will** in proposizioni condizionali, vedi p. 262.

Will può essere anche impiegato per esprimere:

- un comportamento tipico o una caratteristica innata
  The stadium will seat 4,000 people.
  Lo stadio ha 4 000 posti a sedere.

  Hot air will rise.
  L'aria calda sale verso l'alto.

- la volontà, un desiderio, il consenso
  Will you see to the post for me?
  Puoi occuparti della posta per me?

  I'll do what I can to help him.
  Farò quello che posso per aiutarlo.

- un'offerta
  Will you have another slice of cake?
  Prendi un'altra fetta di dolce?
- una forte probabilità o una deduzione
  There's someone at the door, that will be Kenneth.
  C'è qualcuno alla porta, sarà Kenneth.
- un ordine
  You will go and wash your hands immediately.
  Vai subito a lavarti le mani.

would
Per l'uso di **would** in frasi condizionali, vedi p. 262. **Would** è la forma passata di **will**. Può esprimere anche:

- il 'futuro nel passato', o un'intenzione passata
  He told me he would do it immediately.
  Mi ha detto che l'avrebbe fatto immediatamente.

  They said they wouldn't wait for me.
  Hanno detto che non mi avrebbero aspettato.
- abitudini nel passato
  He would always get up at 6 a.m.
  Si alzava sempre alle 6.

must
- obbligo
  You must make sure you lock up.
  Devi assicurarti di chiudere a chiave.

  I must check whether my neighbour is all right.
  Devo controllare se il mio vicino sta bene.

Da notare che **mustn't** significa non sei autorizzato a:
You mustn't park there.
Non puoi parcheggiare qui. (= è vietato)

Se si vuole dire che non è necessario fare qualcosa, si può usare **don't have to** o **needn't** o **don't need to.**
You don't have to eat that. / You needn't eat that. / You don't need to eat that.
Non sei obbligato a mangiarlo.

- probabilità
  They must be there by now.
  Devono essere là ormai.

  You must have been annoyed by the decision.
  La decisione deve averti seccato.

ought
- obbligo
  You ought to be leaving.
  Devi andare via.

  They ought to send him away.
  Lo devono mandare via.

● probabilità/attesa

They ought to be there by now.
Dovrebbero essere là ormai.

Two kilos of potatoes. That ought to be enough.
Due chili di patate. Dovrebbero bastare.

LE FRASI IPOTETICHE CON *IF* (SE)

I modelli di base sono:
if + presente, proposizione principale con **will**:

If we hurry, we'll catch the train./We'll catch the train if we hurry.
Se ci sbrighiamo, prenderemo il treno.

if + passato semplice, proposizione principale con **would**:

If I won the lottery, I would buy a new house./I would buy a new house if I won the lottery.
Se vincessi la lotteria, mi comprerei una casa nuova.

I VERBI FRASALI

Numerosi verbi possono combinarsi con una preposizione per formare i cosiddetti verbi frasali. La preposizione può cambiare il significato del verbo:

to take (prendere): **John took a book.** John ha preso un libro.

to take off: **He took off his boots./He took his boots off.** Si è tolto gli stivali.

The plane took off. L'aereo ha decollato.

to take after: **He takes after his mother.** Assomiglia a sua madre.

Da notare che il complemento oggetto, nel primo esempio di **take off**, può trovarsi in due posizioni diverse: dopo la preposizione o tra il verbo e la preposizione.
Quando il complemento oggetto è un pronome, però, la sola posizione possibile è tra il verbo e la preposizione:

He looked it up in the dictionary.
Lo ha cercato nel dizionario.

They have put it off.
Lo hanno rimandato.

Verbi Irregolari

Le forme proprie dell'inglese americano sono contrassegnate da un asterisco (*).
Le forme non comuni, arcaiche o letterarie sono riportate tra parentesi.

infinito	passato semplice	participio passato
abide (rimanere; sopportare)	(abode) (1)	abided
arise (alzarsi; sorgere)	arose	arisen
awake (svegliare)	awoke, awaked	awoken, (awaked)
be (essere)	was	been
bear (portare; sopportare)	bore	borne (2)
beat (colpire; vincere)	beat	beaten (3)
beget (generare)	begot	begotten
begin (cominciare)	began	begun
bend (piegare)	bent	bent (4)
bereave (privare)	bereaved	bereaved, bereft (5)
beseech (implorare)	besought	besought
bet (scommettere)	bet, betted	bet, betted
bid (offrire)	bid	bid
bid (ordinare)	bade	bidden
bind (legare)	bound	bound, (bounden) (6)
bite (mordere)	bit	bitten, (bit) (7)
bleed (sanguinare)	bled	bled
blow (soffiare)	blew	blown, (blowed) (8)
break (rompere)	broke	broken, broke (9)
breed (allevare)	bred	bred
bring (portare)	brought	brought
build (costruire)	built	built
burn (bruciare)	burnt, burned	burnt, burned
burst (scoppiare)	burst	burst
buy (comprare)	bought	bought
cast (gettare)	cast	cast
catch (afferrare)	caught	caught
chide (rimproverare)	chid, chided	chid, (chidden), chided
choose (scegliere)	chose	chosen
cleave (fendere)	clove, cleft,	cloven, cleft (10)
cleave (aderire)	cleaved, (clave)	cleaved
cling (aderire)	clung	clung
clothe (vestire)	clothed, (clad)	clothed, (clad)
come (venire)	came	come
cost (costare)	cost	cost
creep (strisciare)	crept	crept
crow (fare chicchirichì)	crowed, (crew)	crowed
cut (tagliare)	cut	cut
dare (osare)	dared, (durst)	dared, (durst)
deal (occuparsi di)	dealt	dealt

dig (scavare)	dug	dug
dive (tuffarsi)	dived, dove*	dived
do (fare)	did	done
draw (tirare; disegnare)	drew	drawn
dream (sognare)	dreamt, dreamed	dreamt, dreamed
drink (bere)	drank	drunk (11)
drive (guidare)	drove	driven
dwell (dimorare)	dwelt, dwelled	dwelt, dwelled
eat (mangiare)	ate	eaten
fall (cadere)	fell	fallen
feed (nutrire)	fed	fed
feel (sentire)	felt	felt
fight (lottare)	fought	fought
find (trovare)	found	found
fit (andar bene)	fitted, fit*	fitted, fit*
flee (scappare)	fled	fled
fling (gettare)	flung	flung
fly (volare)	flew	flown
forbid (vietare)	forbad(e)	forbidden
forget (dimenticare)	forgot	forgotten
forsake (abbandonare)	forsook	forsaken
freeze (congelare)	froze	frozen
get (ottenere)	got	got, gotten* (12)
gild (dorare)	gilt, gilded	gilt, gilded (13)
gird (cingere)	girt, girded	girt, girded (14)
give (dare)	gave	given
go (andare)	went	gone
grind (macinare)	ground	ground
grow (crescere)	grew	grown
hang (appendere; impiccare)	hanged, hung (15)	hanged, hung (15)
have (avere)	had	had
hear (sentire)	heard	heard
heave (spingere; tirare)	hove, heaved (16)	hove, heaved (16)
hew (tagliare)	hewed	hewn, hewed
hide (nascondere)	hid	hidden
hit (colpire)	hit	hit
hold (tenere)	held	held
hurt (ferire)	hurt	hurt
keep (tenere)	kept	kept
kneel (inginocchiarsi)	knelt, kneeled	knelt, kneeled
knit (lavorare a maglia; rimarginarsi)	knit, knitted (17)	knit, knitted (17)
know (sapere)	knew	known
lay (mettere)	laid	laid
lead (condurre)	led	led
lean (pendere)	leant, leaned	leant, leaned
leap (saltare)	leapt, leaped	leapt, leaped
learn (imparare)	learnt, learned	learnt, learned
leave (lasciare; partire)	left	left
lend (prestare)	lent	lent
let (lasciare)	let	let
lie (stare sdraiato)	lay	lain

light (illuminare)	lit, lighted (18)	lit, lighted (18)
lose (perdere)	lost	lost
make (fare)	made	made
mean (intendere; significare)	meant	meant
meet (incontrare; incontrarsi)	met	met
melt (sciogliere)	melted	melted, molten (19)
mow (falciare)	mowed	mown, mowed (20)
pay (pagare)	paid	paid
plead (supplicare)	pleaded, pled*	pleaded, pled*
put (mettere)	put	put
quit (lasciare; smettere)	quit, (quitted) (21)	quit, (quitted) (21)
read (leggere)	read	read
rend (lacerare)	rent	rent
rid (eliminare)	rid, (ridded)	rid
ride (montare)	rode	ridden
ring (suonare; telefonare)	rang	rung
rise (alzarsi)	rose	risen
run (correre)	ran	run
saw (segare)	sawed	sawed, sawn
see (vedere)	saw	seen
seek (cercare)	sought	sought
sell (vendere)	sold	sold
send (mandare)	sent	sent
set (mettere)	set	set
sew (cucire)	sewed	sewn, sewed
shake (agitare)	shook	shaken
shave (rasarsi)	shaved	shaved, shaven
shear (tosare)	sheared	shorn, sheared (22)
shed (disfarsi di)	shed	shed
shine (splendere)	shone (23)	shone (23)
shoe (calzare)	shod, shoed	shod, shoed (24)
shoot (sparare)	shot	shot
show (mostrare)	showed	shown, showed
shrink (restringersi)	shrank, shrunk	shrunk, shrunken (25)
shut (chiudere)	shut	shut
sing (cantare)	sang	sung
sink (affondare)	sank	sunk, sunken (26)
sit (sedersi)	sat	sat
slay (uccidere)	slew	slain
sleep (dormire)	slept	slept
slide (scivolare)	slid	slid
sling (scagliare)	slung	slung
slink (svignarsela)	slunk	slunk
slit (tagliare)	slit	slit
smell (odorare)	smelt, smelled	smelt, smelled
smite (colpire)	smote	smitten
sneak (sottrarre)	sneaked, snuck*	sneaked, snuck*
sow (seminare)	sowed	sown, sowed
speak (parlare)	spoke	spoken
speed (accelerare)	sped, speeded	sped, speeded
spell (scrivere)	spelt, spelled	spelt, spelled
spend (spendere)	spent	spent

spill (rovesciare)	spilt	spilt
spin (far girare)	spun, (span)	spun
spit (sputare)	spat, spit*	spat, spit*
split (dividere)	split	split
spoil (rovinare)	spoilt, spoiled	spoilt, spoiled
spread (stendere)	spread	spread
spring (saltare)	sprang	sprung
stand (stare in piedi)	stood	stood
steal (rubare)	stole	stolen
stick (attaccare)	stuck	stuck
sting (pungere)	stung	stung
stink (puzzare)	stank	stunk
strew (spargere)	strewed	strewn, strewed
stride (camminare a grandi passi)	strode	stridden
strike (colpire)	struck	struck, stricken (27)
string (infilare)	strung	strung (28)
strive (sforzarsi)	strove	striven
swear (imprecare)	swore	sworn
sweat (sudare)	sweated, sweat*	sweated, sweat*
sweep (spazzare)	swept	swept
swell (gonfiarsi)	swelled	swollen, swelled (29)
swim (nuotare)	swam	swum
swing (dondolare)	swung	swung
take (prendere)	took	taken
teach (insegnare)	taught	taught
tear (strappare)	tore	torn
tell (dire)	told	told
think (pensare)	thought	thought
thrive (prosperare)	thrived, (throve)	thrived, (thriven)
throw (gettare)	threw	thrown
thrust (spingere)	thrust	thrust
tread (calpestare)	trod	trodden
wake (svegliare)	woke, waked	woken, waked
wear (indossare)	wore	worn
weave (intrecciare)	weaved, wove (30)	weaved, woven (30)
wed (sposare)	wed, wedded	wed, wedded
weep (piangere)	wept	wept
wet (bagnare)	wetted, wet* (31)	wetted, wet* (31)
win (vincere)	won	won
wind /waɪnd/ (avvolgere)	wound /waʊnd/	wound
wring (torcere)	wrung	wrung
write (scrivere)	wrote	written

Tutti i verbi composti da un prefisso e da uno dei verbi elencati qui sopra (ad esempio, **foretell**, **overtake**, **outdo**) si coniugano come indicato nella tabella. Ad esempio, **become** si coniuga nello stesso modo di **come**.

1 **abide by** (rispettare) è regolare: **they abided by the law** (hanno rispettato la legge).

2 **born** quando, in costruzioni passive, significa 'nato': **I was born in Scotland** (sono nato in Scozia); e quando è usato come aggettivo: **he's a born liar** (è un bugiardo nato).

3 **beat** si trova in alcune espressioni colloquiali: **you've got me beat there** (mi hai preso in castagna); **he's (dead) beat** (è stanco morto).

4 **bended** si trova nell'espressione **on bended knee(s)** (in ginocchio).

5 La forma **bereaved** è usata quando la perdita è causata da morte: **they had been bereaved in the earthquake** (hanno perso dei familiari durante il terremoto). Notare il diverso uso di **bereft** in: **he felt bereft when the children left** (si è sentito perso quando i figli se ne sono andati); **he was bereft of all hope** (ha perso ogni speranza).

6 usato in **bounden duty** (obbligo morale)

7 Nell'inglese parlato, non è rara la forma **bit** al posto di **bitten**.

8 Nell'espressione **I'll be blowed!** (mi venisse un accidente)

9 Nell'inglese colloquiale, **broke** è usato come aggettivo con il significato di 'squattrinato': **they're broke** (non hanno un soldo).

10 Da notare **cleft palate** (palatoschisi) e **to be caught in a cleft stick** (trovarsi in un vicolo cieco), ma **a cloven foot/hoof** (zoccolo fesso).

11 **drunk** e **drunken** possono essere usati entrambi per persone, ma se il nome si riferisce ad un oggetto inanimato, l'aggettivo è solo **drunken**: **drunken revelry** (baldoria da ubriachi).

12 **have got to** (nel senso di **must**, dovere) è usato anche nell'inglese americano: **a man's got to do what a man's got to do** (un uomo deve fare quello che deve fare). Nell'inglese britannico, **gotten** è usato esclusivamente nel composto **ill-gotten gains** (guadagni illeciti).

13 Quando il participio passato è usato come aggettivo davanti a un nome, la forma **gilt** è prevalente, con l'eccezione di **gilded youth** (gioventù dorata).

14 Quando il participio passato è usato come aggettivo davanti a un nome, la forma **girt** è più frequente.

15 Nel senso di 'impiccare', **hang** è regolare; nel senso di appendere, è irregolare: **he was hanged at dawn** (è stato impiccato all'alba) e **they hung the picture in the drawing room** (hanno appeso il quadro in salotto).

16 **hove** è utilizzato solo nel significato nautico o in senso figurato.

17 **knit** è irregolare nel significato di 'unire' (**the scar had knit well** la cicatrice si è rimarginata bene), ma per lo più regolare quando significa 'lavorare a maglia'.

18 Quando il participio passato è impiegato come aggettivo davanti a un nome, **lighted** è spesso preferito a **lit**: **a lighted match/candle** (un fiammifero acceso, una candela accesa). **Lit** viene invece usato in aggettivi composti: **well-lit streets** (strade ben illuminate), **floodlit** (illuminato da proiettori). Nel significato figurato di **light up** (illuminarsi), la forma **lit** è usata sia per il passato semplice che per il participio passato: **their faces lit up when they saw the Christmas tree** (i loro visi si sono illuminati quando hanno visto l'albero di Natale).

19 **molten** è usato come aggettivo davanti a un sostantivo quando significa 'fuso ad una temperatura molto elevata' (ad esempio in **molten lead**, piombo fuso), ma si parla di **melted butter** (burro fuso).

20 Come aggettivo di **grass** (erba) o **hay** (fieno), si usa **mown**: **new-mown hay** (fieno appena falciato).

21 Le forme regolari non sono utilizzate nell'inglese americano e stanno cadendo in disuso nell'inglese britannico.

22 Come aggettivo davanti a un nome, la forma generalmente usata è **shorn** (**shorn sheep**, pecore tosate), che si trova anche nell'espressione figurata **to be shorn of** (essere spogliato di): **he was shorn of his fortune** (è stato spogliato della sua fortuna).

23 **shine** si coniuga regolarmente nel senso di 'lucidare' (inglese americano).

24 Come aggettivo, viene usato solo **shod**: **to be well-shod** (essere ben calzato).

25 Come aggettivo, si usa solo **shrunken**: **a shrunken face** (un viso scavato).

26 Come aggettivo, si usa solo **sunken**: **sunken cheeks** (guance scavate), **a sunken road** (una strada infossata).

27 In senso figurato, viene usato solo **stricken**: **they were stricken with debt** (erano prostrati dai debiti). **Stricken** è di norma nei composti: **poverty-stricken** (prostrato dalla miseria), **horror-stricken** (inorridito), **terror-stricken** (terrorizzato) (anche **horror-struck** e **terror-struck**), con l'eccezione di **thunderstruck** (scioccato). **Stricken** è anche usato nell'inglese americano: **he was stricken off the record** (è stato cancellato dal registro).

28 si noti: **stringed instruments** (archi)

29 **swollen** è più comune di **swelled**, sia nei tempi composti (**her ankle has swollen**, le si è gonfiata la caviglia) che come aggettivo (**her ankle is swollen**, ha una caviglia gonfia). Si noti l'espressione idiomatica **to have a swollen head** (inglese britannico) o **to have a swelled head** (inglese americano), che significa 'essere pieno di sé'.

30 È regolare se usato in frasi quali **she weaved her way through the crowd** (si è fatta strada tra la folla); **she weaved a way through the traffic** (si è fatta strada nel traffico).

31 regolare in inglese britannico con il significato di 'bagnare d'acqua', ma irregolare nel senso di 'bagnare di urina': **he wet the bed** (ha fatto la pipì a letto)

Abbreviazioni e acronimi di uso comune

(1) abbreviazioni di Stati degli Stati Uniti
(2) abbreviazioni di contee della Gran Bretagna

AA Automobile Association *automobil club britannico*
A & E Accident and Emergency *pronto soccorso (in un ospedale)*
ABTA Association of British Travel Agents *associazione delle agenzie di viaggio britanniche*
ACAS /ˈeɪkæs/ Advisory Conciliation and Arbitration Service *istituto britannico di consulenza, mediazione e arbitraggio (organismo pubblico che funge da mediatore tra i sindacati e i datori di lavoro)*
AD anno Domini *d.C.*
AGM annual general meeting *assemblea generale annuale*
Aids *o* **AIDS** acquired immune deficiency syndrome *AIDS*
a.k.a. *o* **AKA** also known as *alias*
Ala. (1) Alabama
Alas. (1) Alaska
a.m. ante meridiem *del mattino*
AM amplitude modulation *AM*
ANC African National Congress *ANC*
AOB any other business *varie*
APEX /ˈeɪpeks/ advance purchase excursion *tariffa APEX*
Ariz. (1) Arizona
Ark. (1) Arkansas
a.s.a.p. as soon as possible *il più presto possibile*
Av. Avenue *viale (in indirizzi)*
BA Bachelor of Arts; British Airways *laurea in materie umanistiche; compagnia aerea britannica*
BAFTA /ˈbæftə/ British Academy of Film and Television Arts *accademia britannica del cinema e della televisione*
b. and b. *o* **B & B** bed and breakfast *abitazioni private con camere per ospiti paganti, nel cui prezzo è inclusa la prima colazione*
BBC British Broadcasting Corporation *azienda radiotelevisiva nazionale britannica*
BBQ barbecue *barbecue*
BC Before Christ *a.C.*
Beds (2) Bedfordshire
Berks (2) Berkshire
BHS British Home Stores *catena britannica di grandi magazzini che vende articoli di abbigliamento e per la casa*
BLT bacon, lettuce and tomato (sandwich) *panino con bacon, lattuga e pomodoro*
BR British Rail *ente nazionale ferroviario britannico*
BSc Bachelor of Science *laurea in discipline scientifiche*
BSE bovine spongiform encephalopathy *encefalite bovina spongiforme*
BSM British School of Motoring *scuola guida britannica ufficialmente riconosciuta*
BST British Summer Time *ora solare britannica*
Bucks (2) Buckinghamshire
BYOB bring your own bottle/booze/beer *portarsi da bere (sigla su inviti a feste che invita a portare con sé delle bevande, per lo più alcoliche)*
c. circa *ca. (con anni: c.1121)*
C Celsius *o* Centigrade *C*
C4 Channel 4 *stazione televisiva britannica privata*
CAA Civil Aviation Authority *organismo britannico per la regolamentazione dell'aviazione civile*
CAB Citizens' Advice Bureau *organismo britannico che fornisce*

ai cittadini consulenza legale e in questioni amministrative

Cal. *o* **Calif.** (1) California

Cambs (2) Cambridgeshire

CBI Confederation of British Industry *confederazione dell'industria britannica*

CCTV closed-circuit television *CCTV*

CD compact disc *CD*

Ches (2) Cheshire

CIA Central Intelligence Agency *CIA*

CID Criminal Investigation Department *polizia giudiziaria britannica*

Co. company *Co.*

c/o care of *presso (in indirizzi)*

C of E Church of England *chiesa anglicana*

Colo. (1) Colorado

Conn. *o* **Ct.** (1) Connecticut

CSE Certificate of Secondary Education *diploma della scuola secondaria (conseguito a 16 anni)*

CV curriculum vitae *curriculum vitae*

Dak. (1) Dakota

DC District of Columbia *Distretto di Columbia (si utilizza principalmente con* ***Washington DC****, capitale federale degli USA)*

Del. (1) Delaware

DIY do-it-yourself *fai da te*

DJ disc jockey *DJ*

DNA deoxyribonucleic acid *DNA*

d.o.b. *o* **DOB** date of birth *data di nascita*

Dors (2) Dorset

Dr Doctor *dott., dott.ssa*

DSS Department of Social Security *previdenza sociale britannica*

DVLC Driver and Vehicle Licensing Centre *ispettorato per la motorizzazione britannico*

E East *E*

EEC European Economic Community *CEE Comunità Economica Europea*

EFL English as a foreign language *inglese come lingua straniera*

e.g. (= exempli gratia) for example *ad esempio*

ELT English language teaching *insegnamento dell'inglese*

Ess (2) Essex

est. established *fondato nel*

etc. etcetera *ecc.*

EU European Union *Unione Europea*

F Fahrenheit *F*

f.a.o. for the attention of *all'attenzione di*

FBI Federal Bureau of Investigation *FBI*

FC Football Club *club calcistico*

FDR Franklin Delano Roosevelt

Fla. (1) Florida

FM frequency modulation *FM*

ft foot *o* feet *piede o piedi (unità di misura)*

G7 Group of Seven *G7*

Ga. (1) Georgia

G & T *o* **g and t** gin and tonic *gin and tonic*

GATT *o* **Gatt** /gæt/ General Agreement on Tariffs and Trade *GATT*

GB Great Britain *GB*

GCE General Certificate of Education *diploma della scuola secondaria (conseguito a 18 anni; in passato, a 16 e 18 anni)*

GCSE General Certificate of Secondary Education *diploma della scuola secondaria (conseguito a 16 anni)*

Glam (2) Glamorgan

Glos (2) Gloucestershire

GMT Greenwich Mean Time *TMG*

GP general practitioner *medico generico*

GPO General Post Office *nome ufficiale della posta britannica (prima del 1969)*

Hants (2) Hampshire

Herts (2) Hertfordshire

HGV heavy goods vehicle *autoveicolo pesante da trasporto*

HIV human immunodeficiency virus *HIV*

HM His/Her Majesty *Sua Maestà*

HQ headquarters *(di azienda) sede principale; (militare) quartier generale*

Ia. (1) Iowa

Id. (1) Idaho
i.e. (= id est) that is *cioè*
Ill. (1) Illinois
IMF International Monetary Fund *FMI*
in. inch(es) *pollice o pollici (unità di misura)*
incl. included, including *compreso*
Ind. (1) Indiana
IRA Irish Republican Army *IRA*
IT information technology *informatica*
ITN Independent Television News *servizio di informazione televisiva della stazione ITV*
ITV Independent Television *stazione televisiva privata britannica*
JFK John Fitzgerald Kennedy *John Fitzgerald Kennedy (presidente degli USA; aeroporto di New York)*
Jr Junior *figlio (usato negli USA per distinguere il figlio dal padre quando hanno lo stesso nome)*
Kan. *o* **Kans.** (1) Kansas
Ken. *o* **Ky.** (1) Kentucky
km kilometre(s) *km*
La. (1) Louisiana
LA Los Angeles
Lancs (2) Lancashire
lb pound *o* pounds *libbra o libbre (peso)*
Leics (2) Leicestershire
Lib Dem Liberal Democrat *membro del partito liberal democratico britannico*
Lincs (2) Lincolnshire
LSE London School of Economics (and Political Science) *scuola superiore di scienze economiche e politiche di Londra*
Ltd Limited *S.r.l.*
M & S Marks and Spencer plc *catena britannica di negozi di abbigliamento, alimentari e articoli per la casa*
Mass. (1) Massachusetts
max. maximum *max.*
MCP male chauvinist pig *maschilista*
Md. (1) Maryland
Me (1) Maine
MEP Member of the European Parliament *eurodeputato*
m/f male or female *maschio o femmina (usato in annunci)*
Mich. (1) Michigan
Middx (2) Middlesex
min. minute *min*
Minn. (1) Minnesota
Miss. (1) Mississippi
Mo. (1) Missouri
MoD Ministry of Defence *ministero della difesa britannico*
Mont. (1) Montana
MOT Ministry of Transport *ministero dei trasporti britannico (usato generalmente per designare la revisione obbligatoria degli autoveicoli)*
MP Member of Parliament *deputato (del Parlamento del Regno Unito)*
mpg miles per gallon *miglia per gallone (di benzina)*
mph miles per hour *miglia all'ora*
Mr /ˈmɪstə(r)/ Mister *Sg.*
Mrs /ˈmɪsɪz/ Mistress *Sig.ra*
MS multiple sclerosis *sclerosi multipla*
N North *N*
NATO *o* **Nato** /ˈneɪtəʊ/ North Atlantic Treaty Organization *NATO*
NB (= nota bene) note well *N.B.*
NC (1) North Carolina
ND (1) North Dakota
Neb. *o* **Nebr.** (1) Nebraska
Nev. (1) Nevada
New M (1) New Mexico
NH (1) New Hampshire
NI National Insurance *previdenza sociale britannica*
NJ (1) New Jersey
NM *o* **N. Mex.** (1) New Mexico
No. number *n, n°*
Norf (2) Norfolk
Northants (2) Northamptonshire
Northd *o* **Northumb**(2) Northumberland
Notts (2) Nottinghamshire
n/s nonsmoker *non fumatori*
NY (1) New York
NYC New York City
OAP old age pensioner *pensionato*
OECD Organization for Economic Cooperation and Development

OCDE
OHMS on His/Her Majesty's Service *al servizio di Sua Maestà*
Okla. (1) Oklahoma
o.n.o. or nearest offer *negoziabile*
Ore. *o* **Oreg.** (1) Oregon
OTT over the top *eccessivo*
Oxon (2) Oxfordshire
oz. ounce *o* ounces *oncia o once*
pdq pretty damn quick *rapidissimamente*
Penn. (1) Pennsylvania
PhD Doctor of Philosophy *dottore ricercatore*
plc public limited company *S.r.l.*
p.m. post meridiem *del pomeriggio o della sera*
PM Prime Minister *primo ministro britannico*
POW prisoner of war *prigioniero di guerra*
Prof. Professor *Prof., Prof.ssa*
PTO please turn over *vedi retro*
RAC Royal Automobile Club *club reale dell'automobile*
RAF Royal Air Force *forze aeree britanniche*
R & D research and development *ricerca e sviluppo*
RC Roman Catholic *cattolico*
Rd Road *corso (in indirizzi)*
RI (1) Rhode Island
RIP (= requiesca(n)t in pace) rest in peace *R.I.P.*
RSC Royal Shakespeare Company *compagnia teatrale britannica specializzata in Sheakespeare*
RSPB Royal Society for the Protection of Birds *associazione britannica per la protezione degli uccelli*
RSPCA Royal Society for the Prevention of Cruelty to Animals *associazione britannica per la protezione degli animali*
RSVP (= répondez, s'il vous plaît) please reply *RSVP*
RUC Royal Ulster Constabulary *polizia dell'Irlanda del Nord*
S South *S*
SA South Africa *Sudafrica*
s.a.e. self-addressed envelope *o* stamped, addressed envelope *busta affrancata con indirizzo*
SC (1) South Carolina
SD *o* **S. Dak** (1) South Dakota
SDLP Social Democratic and Labour Party *partito socialdemocratico e laburista dell'Irlanda del Nord*
SDP Social Democratic Party *partito socialdemocratico britannico*
sec. second *s*
SNP Scottish National Party *partito nazionalista scozzese*
Soc. society *società*
St. Street *via (in indirizzi)*
St Saint *S. o S.ta*
Staffs (2) Staffordshire
Suff (2) Suffolk
TEFL /ˈtefəl/ teaching of English as a foreign language *insegnamento dell'inglese come lingua straniera*
tel. telephone (number) *tel.*
Tenn. (1) Tennessee
Tex. (1) Texas
TLC tender loving care *affetto*
TM trademark *marchio registrato*
TOTP Top of the Pops *programma televisivo britannico di musica pop*
TSB Trustee Savings Bank *banca britannica*
TUC Trades Union Congress *associazione dei principali sindacati britannici*
TWA Trans-World Airlines *compagnia aerea statunitense*
UEFA /juːˈeɪfə/ Union of European Football Associations *UEFA*
UFO unidentified flying object *UFO*
UHT ultra-heat-treated *a lunga conservazione*
UK United Kingdom *RU*
UN United Nations *ONU*
UNICEF [ˈjuːnɪsef] United Nations Children's Fund *UNICEF*
US United States *USA*
USA United States of America *USA*
Ut. (1) Utah
UV ultraviolet *UV*
Va. (1) Virginia
V & A Victoria and Albert Museum *museo di pitture e oggetti d'arte di Londra*

VAT /vi:eɪti: *o* væt/ value-added tax *IVA*
VCR video-cassette recorder *VCR*
VDU visual display unit *VDU*
VHF very high frequency *VHF*
VIP very important person *VIP*
Virg. (1) Virginia
vs. versus *contro*
Vt (1) Vermont
W West *O*
War. *o* **Warks** (2) Warwickshire
Wash. (1) Washington
WASP *o* **Wasp** /wɒsp/ white Anglo-Saxon Protestant *bianco protestante di origine anglosassone (usato negli USA)*
WC water closet *WC*
WHO World Health Organization *OMS*
Wilts (2) Wiltshire
Wis. (1) Wisconsin
Worcs (2) Worcestershire
W. Va. (1) West Virginia
WW1 *o* **WWI** World War One *prima guerra mondiale*
WW2 *o* **WWII** World War Two *seconda guerra mondiale*
Wy. *o* **Wyo.** (1) Wyoming
Yorks (2) Yorkshire

Nazioni e Nazionalità

A meno che non sia indicato diversamente, gli aggettivi e i nomi che designano gli abitanti di una nazione hanno la stessa forma. Ad esempio: **I like Belgian chocolates** (Mi piacciono i cioccolatini belgi - *aggettivo*); **He married a Belgian** (Ha sposato una Belga - *nome*).

Quando non vengono dati né l'aggettivo né il nome (come nel caso di Central African Republic), la preposizione 'from' (di) viene generalmente usata insieme al nome del paese per formare l'aggettivo: **This is from the Central African Republic** (Questo viene dalla Repubblica Centrafricana); **He married somebody from the Central African Republic** (Ha sposato una donna della Repubblica del Centrafrica).

Afghanistan Afghanistan **Afghan** *o* **Afghani** *o* **Afghanistani**
Albania Albania **Albanian**
Algeria Algeria **Algerian**
Andorra Andorra **Andorran**
Angola Angola **Angolan**
Antigua Antigua **Antiguan**
Argentina Argentina **Argentinian**
Armenia Armenia **Armenian**
Australia Australia **Australian**
Austria Austria **Austrian**
Azerbaijan Azerbaigian **Azerbaijani**

Bahamas (The) Bahamas **Bahamian**
Bahrain *o* **Bahrein** Bahrain **Bahraini** *o* **Bahreini**
Bangladesh Bangladesh **Bangladeshi**
Barbados Barbados **Barbadian**
Belarus Bielorussia **Belarussian**
Belgium Belgio **Belgian**
Belize Belize **Belizean**
Benin Benin **Beninese**
Bhutan Bhutan **Bhutanese**
Bolivia Bolivia **Bolivian**
Bosnia Bosnia **Bosnian**
Botswana Botswana **Botswanan**
Brazil Brasile **Brazilian**
Brunei Brunei **Bruneian**
Bulgaria Bulgaria **Bulgarian**
Burkina (Faso) Burkina (Faso) **Burkinese**
Burundi Burundi **Burundian**

Cambodia Cambogia **Cambodian**
Cameroon Camerun **Cameroonian**
Canada Canada **Canadian**
Cape Verde Capo Verde **Cape Verdean**

Central African Republic (The) Repubblica Centrafricana
Chad Chad **Chadian**
Chechnya Cecenia **Chechen**
Chile Cile **Chilean**
China Cina **Chinese**
CIS (Commonwealth of Independent States) CSI
Colombia Colombia **Colombian**
Comoros (The) Isole Comore **Comoran**
Congo (The) Congo **Congolese**
Costa Rica Costa Rica **Costa Rican**
Croatia Croazia **Croatian** (*aggettivo e nome*), **Croat** (*solo nome*)
Cuba Cuba **Cuban**
Cyprus Cipro **Cypriot**
Czech Republic (The) Repubblica Ceca **Czech**

Denmark Danimarca **Danish** (*aggettivo*), **Dane** (*nome*)
Djibouti Gibuti **Djiboutian**
Dominica Dominica **Dominican**
Dominican Republic (The) Repubblica Dominicana **Dominican**

Ecuador Ecuador **Ecuadoran** *o* **Ecuadorean** *o* **Ecuadorian**
Egypt Egitto **Egyptian**
Eire Eire
El Salvador El Salvador **Salvadorian** *o* **Salvadorean**
England Inghilterra **English** (*aggettivo*), **Englishman, Englishwoman** (*nome*)
Equatorial Guinea Guinea Equatoriale **Equatorial Guinean**
Eritrea Eritrea **Eritrean**
Estonia Estonia **Estonian**
Ethiopia Etiopia **Ethiopian**

Fiji Fiji **Fijian**
Finland Finlandia **Finnish** (*aggettivo*), **Finn** (*nome*)
France Francia **French** (*aggettivo*), **Frenchman, Frenchwoman** (*nome*)

Gabon Gabon **Gabonese**
Gambia (The) Gambia **Gambian**
Georgia Georgia **Georgian**
Germany Germania **German**
Ghana Ghana **Ghanaian**
Great Britain Gran Bretagna **British** (*aggettivo*), **Briton** (*nome*)
Greece Grecia **Greek**
Greenland Groenlandia **Greenlandic** (*aggettivo*), **Greenlander** (*nome*)
Grenada Grenada **Grenadian**
Guatemala Guatemala **Guatemalan**
Guinea Guinea **Guinean**
Guinea-Bissau Guinea-Bissau
Guyana Guyana **Guyanese** *o* **Guyanan**

Haiti Haiti **Haitian**
Holland Olanda **Dutch** (*aggettivo*), **Dutchman, Dutchwoman** (*nome*)
Honduras Honduras **Honduran**
Hungary Ungheria **Hungarian**

Iceland Islanda **Icelandic** (*aggettivo*), **Icelander** (*nome*)
India India **Indian**
Indonesia Indonesia **Indonesian**
Iran Iran **Iranian**
Iraq Iraq **Iraqi**
Ireland (Republic of) Irlanda **Irish** (*aggettivo*), **Irishman, Irishwoman** (*nome*)
Israel Israele **Israeli**
Italy Italia **Italian**
Ivory Coast (The) Costa d'Avorio

Jamaica Giamaica **Jamaican**
Japan Giappone **Japanese**
Jordan Giordania **Jordanian**

Kazakhstan Kazakistan **Kazak**
Kenya Kenia **Kenyan**
Korea Corea **Korean**
Kosovo Kosovo **Kosovan**
Kurdistan Kurdistan **Kurd**
Kuwait Kuwait **Kuwaiti**
Kyrgyzstan Khirgizia **Kirgiz** (*nome*)

Laos Laos **Laotian**
Latvia Lettonia **Latvian**
Lebanon Libano **Lebanese**
Lesotho Lesotho **Sotho** (*aggettivo*), **Mosotho** (*nome*)
Liberia Liberia **Liberian**
Libya Libia **Libyan**
Liechtenstein Liechtenstein **Liechtensteiner** (*solo nome*)
Lithuania Lituania **Lithuanian**
Luxembourg Lussemburgo **Luxembourgian** (*aggettivo*), **Luxembourger** *o* **Luxemburger** (*nome*)

Macedonia Macedonia **Macedonian**
Madagascar Madagascar **Madagascan**
Malawi Malawi **Malawian**
Malaysia Malesia **Malaysian**
Maldives (The) Maldive **Maldivian** *o* **Maldivan**
Mali Mali **Malian**
Malta Malta **Maltese**
Marshall Islands (The) Isole Marshall **Marshallese**
Mauritania Mauritania **Mauritanian**
Mauritius Maurizio **Mauritian**
Mexico Messico **Mexican**
Moldavia *o* **Moldova** Moldavia *o* Moldova **Moldovan**
Monaco Principato di Monaco **Monegasque** *o* **Monacan**
Mongolia Mongolia **Mongolian**
Montenegro Montenegro ?**Montenegrin**
Morocco Marocco **Moroccan**
Mozambique Mozambico **Mozambican**
Myanmar Myanmar
Namibia Namibia **Namibian**

Nepal Nepal **Nepalese** *o* **Nepali**
Netherlands (The) Paesi Bassi **Dutch** (*aggettivo*), **Dutchman, Dutchwoman** (*nome*)
New Zealand Nuova Zelanda **New Zealander** (*solo nome*)
Nicaragua Nicaragua **Nicaraguan**
Niger Niger **Nigerien**
Nigeria Nigeria **Nigerian**
North Korea Corea del Nord **North Korean**
Northern Ireland Irlanda del Nord **Northern Irish** (*aggettivo*)
Norway Norvegia **Norwegian**

Oman Oman **Omani**

Pakistan Pakistan **Pakistani**
Palestine Palestina **Palestinian**
Panama Panama **Panamanian**
Papua New Guinea Papua Nuova Guinea **Papuan**
Paraguay Paraguay **Paraguayan**
Peru Perù **Peruvian**
Philippines (The) Filippine **Philippine** (*aggettivo*), **Filipino** (*nome*)
Poland Polonia **Polish** (*aggettivo*), **Pole** (*nome*)
Portugal Portogallo **Portuguese**

Qatar Quatar **Qatari**

Romania Romania **Romanian**
Russia Russia **Russian**
Rwanda Ruanda **Rwandan**

Saudi Arabia Arabia Saudita **Saudi Arabian** *o* **Saudi**
Scotland Scozia **Scots** *o* **Scottish** (*aggettivo*), **Scot, Scotsman, Scotswoman** (*nome*)
Senegal Senegal **Senegalese**
Serbia Serbia **Serb**
Seychelles (The) Seychelles **Seychellois**
Sierra Leone Sierra Leone **Sierra Leonean**
Singapore Singapore **Singaporean**
Slovakia Slovacchia **Slovak**
Slovenia Slovenia **Slovenian**
Somalia Somalia **Somali**
South Africa Sudafrica **South African**
South Korea Corea del Sud **South Korean**
Spain Spagna **Spanish** (*aggettivo*), **Spaniard** (*nome*)
Sri Lanka Sri Lanka **Sri Lankan**
Sudan Sudan **Sudanese**
Surinam *o* **Suriname** Suriname **Surinamese**
Swaziland Swaziland **Swazi**
Sweden Svezia **Swedish** (*aggettivo*), **Swede** (*nome*)
Switzerland Svizzera **Swiss**
Syria Siria **Syrian**

Taiwan Taiwan **Taiwanese**

Tajikistan Tagikistan **Tajiki** (*aggettivo*), **Tajik** (*nome*)
Tanzania Tanzania **Tanzanian**
Thailand Tailandia **Thai**
Togo Togo **Togolese**
Tonga Tonga **Tongan**
Trinidad and Tobago Trinidad e Tobago **Trinidadian and Tobagonian**
Tunisia Tunisia **Tunisian**
Turkey Turchia **Turkish** (*aggettivo*), **Turk** (*nome*)
Turkmenistan Turkmenistan **Turkmen**

Uganda Uganda **Ugandan**
Ukraine Ucraina **Ukrainian**
Ulster Ulster
United Arab Emirates (The) Emirati Arabi Uniti
United Kingdom (The) Regno Unito
United States of America (The) Stati Uniti d'America **American**
Uruguay Uruguay **Uruguayan**
Uzbekistan Uzbekistan **Uzbek**

Venezuela Venezuela **Venezuelan**
Vietnam Vietnam **Vietnamese**

Wales Galles **Welsh** (*aggettivo*), **Welshman, Welshwoman** (*nome*)
Western Samoa Samoa Occidentali **Western Samoan**

Yemen Yemen **Yemenite** *o* **Yemeni**

Zaire Zaire **Zairean**
Zambia Zambia **Zambian**
Zimbabwe Zimbabwe **Zimbabwean**

Nomi di persona

I nomi di persona inglesi non seguiti dalla traduzione non hanno equivalente in italiano.

Alan /ˈælən/ *m*.
Alexander /ælɪgˈzɑːndə(r)/ *m* (dim. **Alec** o **Alex**) Alessandro
Alexandra /ælɪgˈzɑːndrə/ *f* (dim. **Alex**) Alessandra
Alice /ˈælɪs/ *f* Alice
Alison /ˈælɪs(ə)n/ *f*.
Alistair /ˈæləstʌ(r)/ *m*.
Amy /ˈeɪmɪ/ *f*.
Andrew /ˈændruː/ *m* (dim. **Andy**) Andrea
Angela /ˈændʒələ/ *f* Angela
Anna /ˈænə/ *f* Anna
Ann(e) /æn/ *f* Anna
Anthony /ˈæntənɪ/ *m* Antonio
Arthur /ˈɑːθə(r)/ *m* Arturo
Benjamin /ˈbendʒəmɪn/ *m* Beniamino
Bernard /ˈbɜːnəd/ *m* Bernardo
Betty /ˈbetɪ/ *f* (dim. di **Elizabeth**) Betta
Bill /bɪl/ *m* dim. di **William**
Bob /bɒb/ *m* dim. di **Robert**
Bridget /ˈbrɪdʒɪt/ *f* Brigitta
Carol /ˈkærəl/ *f* Carola
Caroline /ˈkærəlaɪn/ *f* Carolina
Catherine /ˈkæθ(ə)rɪn/ *f* (dim. **Cathy**) Caterina
Charles /tʃɑːlz/ *m* Carlo
Charlotte /ˈʃɑːlʌt/ *f* Carlotta
Christine /ˈkrɪstiːn/ *f* (dim. **Chris**) Cristina
Christopher /ˈkrɪstəfə(r)/ *m* (dim. **Chris**) Cristoforo
Cla(i)re /kleə(r)/ *f* Clara, Chiara
David /ˈdeɪvɪd/ *m* (dim. **Dave**) Davide
Deborah /ˈdeb(ə)rə/ *f* Debora(h)
Diana /daɪˈænə/ *f* Diana
Diane /daɪˈæn/ *f* Diana
Edward /ˈedwəd/ *m* Edoardo
Elizabeth /ɪˈlɪzəbəθ/ *f* Elisabetta
Emily /ˈemɪlɪ/ *f* Emilia
Emma /ˈemə/ *f* Emma
Eric /ˈerɪk/ *m*.
Fiona /fɪˈəʊnə/ *f*.
Frances /ˈfrænsɪs/ *f* Francesca
Francis /ˈfrænsɪs/ *m* Francesco
Frank /frænk/ *m* (dim. di **Francis**) Franco
Gary /ˈgærɪ/ *m*.
Geoffrey /ˈdʒefrɪ/ *m* Goffredo
George /dʒɔːdʒ/ *m* Giorgio
Gillian /ˈdʒɪlɪən/ *f*.
Gordon /ˈgɔːd(ə)n/ *m*.
Graham /ˈgreɪəm/ *m*.
Gregory /ˈgregərɪ/ *m* Gregorio
Hannah /ˈhænə/ *f* Anna
Helen /ˈhelən/ *f* Elena
Henry /ˈhenrɪ/ *m* Enrico
Ian /ˈiːən/ *m* Giovanni, Gianni
Jack /dʒæk/ *m* Giovanni, Gianni
Jacqueline /ˈdʒæk(ə)liːn/ *f*.
James /dʒeɪmz/ *m* (dim. **Jim**) Giacomo
Jean /dʒiːn/ *f* Giovanna, Gianna
Joan /dʒəʊn/ *f* Giovanna, Gianna
Joanna /dʒəʊˈænə/ *f* (dim. **Jo**) Giovanna
John /dʒɒn/ *m* Giovanni, Gianni
Jonathan /ˈdʒɒnəθən/ *m*.
Judith /ˈdʒuːdɪθ/ *f* Giuditta
Julie /ˈdʒuːlɪ/ *f* Giulia
Katherine /ˈkæθ(ə)rɪn/ *f* (dim. **Kate**) Caterina
Keith /kiːθ/ *m*.
Kenneth /ˈkenəθ/ *m* (dim. **Ken** o **Kenny**)
Kevin /ˈkevɪn/ *m*.
Laura /ˈlɔːrə/ *f* Laura
Liz /lɪz/ *f* dim. di **Elizabeth**
Margaret /ˈmɑːgrət/ *f* Margherita
Marion /ˈmærɪən/ *f* Maria
Mark /mɑːk/ *m* Marco
Martin /ˈmɑːtɪn/ *m* Martino
Mary /ˈmeərɪ/ *f* Maria
Matthew /ˈmæθjuː/ *m* Matteo
Michael /ˈmaɪkəl/ *m* (dim. **Mick** o **Mike**) Michele
Michelle /miˈʃel/ *f* Michela
Neil /niːl/ *m*.
Nicholas /ˈnɪkələs/ *m* (dim. **Nick**) Nicola
Nigel /ˈnaɪdʒəl/ *m*.

Patricia /pəˈtrɪʃə/ *f* (dim. **Pat**) Patrizia
Patrick /ˈpætrɪk/ *m* (dim. **Pat**) Patrizio
Paul /pɔ:l/ *m* Paolo
Peter /ˈpi:tə(r)/ *m* Pietro, Piero
Phil(l)ip /ˈfɪlɪp/ *m* Filippo
Rachel /ˈreɪtʃəl/ *f* Rachele
Rebecca /rɪˈbekə/ *f* Rebecca
Richard /ˈrɪtʃəd/ *m* Riccardo
Robert /ˈrɒbət/ *m* (dim. **Rob**) Roberto
Roger /ˈrɒdʒə/ *m* Ruggero
Sarah /ˈseərə/ *f* Sara
Sharon /ˈʃærən/ *f*.
Sheila /ˈʃi:lə/ *f*.
Shirley /ˈʃɜ:lɪ/ *f*.
Simon /ˈsaɪmən/ *m* Simone
Sophie /ˈsəʊfɪ/ *f* Sofia
Stephen o **Steven** /ˈsti:vən/ *m* (dim. **Steve**) Stefano
Stuart /ˈstju:ət/ *m*.
Susan /ˈsu:zən/ *f* Susanna
Thomas /ˈtɒməs/ *m* (dim. **Tom**) Tommaso
Timothy /ˈtɪməθɪ/ *m* (dim. **Tim**) Timoteo
Tony /ˈtəʊnɪ/ *m* (dim. di **Anthony**) Tony
Tracy /ˈtreɪsɪ/ *f*.
Valerie /ˈvælərɪ/ *f* Valeria
Victoria /vɪkˈtɔ:rɪə/ *f* Vittoria
William /ˈwɪlɪəm/ *m* Guglielmo

Numeri

numeri cardinali		numeri ordinali	
0	zero		
1	one	1st	first
2	two	2nd	second
3	three	3rd	third
4	four	4th	fourth
5	five	5th	fifth
6	six	6th	sixth
7	seven	7th	seventh
8	eight	8th	eighth
9	nine	9th	ninth
10	ten	10th	tenth
11	eleven	11th	eleventh
12	twelve	12th	twelfth
13	thirteen	13th	thirteenth
14	fourteen	14th	fourteenth
15	fifteen	15th	fifteenth
16	sixteen	16th	sixteenth
17	seventeen	17th	seventeenth
18	eighteen	18th	eighteenth
19	nineteen	19th	nineteenth
20	twenty	20th	twentieth
21	twenty-one	21st	twenty-first
22	twenty-two	22nd	twenty-second
23	twenty-three	23rd	twenty-third
30	thirty	30th	thirtieth
40	forty	40th	fortieth
50	fifty	50th	fiftieth
60	sixty	60th	sixtieth
70	seventy	70th	seventieth
80	eighty	80th	eightieth
90	ninety	90th	ninetieth
100	a/one hundred	100th	hundredth

110	a/one hundred and ten	800	eight hundred
200	two hundred	900	nine hundred
300	three hundred	1,000	a/one thousand
400	four hundred	1,001	a/one thousand and one
500	five hundred	2,000	two thousand
600	six hundred	1,000,000	a/one million
700	seven hundred		

Osservazioni:
- **thirteen**, **fourteen**, ecc. vengono generalmente pronunciati con l'accento su **teen**.
- **thirty**, **forty**, ecc. vengono pronunciati con l'accento sulla prima sillaba.

- delle virgole separano le migliaia dalle centinaia e i milioni dalle migliaia (es. 1,234,345)

- da notare l'uso di **and** (e) nell'inglese britannico parlato: **two hundred and thirty-four thousand, three hundred and forty-five** (234,345).

numeri telefonici

I numeri telefonici sono di solito pronunciati uno ad uno, con l'eccezione dei numeri doppi. Lo zero è generalmente pronunciato come la lettera **o** (/əʊ/):

(0191) 54321 (**o one nine one; five four three two one**)
221 5211 (**double two one; five two double one**)

frazioni

1/4	**a quarter**
1/2	**a half**
3/4	**three quarters**

Le altre frazioni sono formate utilizzando gli ordinali:

1/3	**a/one third**
2/3	**two thirds**
5/8	**five eighths**
3/10	**three tenths**

decimali

I decimali vengono scritti e pronunciati come segue:

2.4 **two point four**
17.06 **seventeen point zero** (o **o**) **six**

date

La data può essere scritta in diversi modi:

1 September 1995
September 1st 1995
01/09/95
1/9/95

Nell'inglese americano il mese precede il giorno: **09/01/95**.

Può essere pronunciata in due modi: **the first of September nineteen ninety-five** o **September first nineteen ninety-five.**

l'ora

Quando i minuti sono multipli di cinque, vengono per lo più espressi come segue:

five past one (= 1.05 o 13.05)
twenty to nine (= 8.40 o 20.40)

Negli altri casi, si aggiunge la parola **minutes** (minuti):

seven minutes past five (= 5.07 o 17.07)
seventeen minutes to eleven (= 10.43 o 22.43)

Le divisioni in quarti d'ora vengono espresse nel modo seguente:

eleven o'clock (= 11.00)
(a) quarter past eleven (= 11.15 o 23.15)
half past eleven (= 11.30 o 23.30)
(a) quarter to twelve (= 11.45 o 23.45)

L'orologio di ventiquattr'ore:

seventeen hundred (hours) (= 17.00) **five o seven** (= 5.07)

four fifteen (= 4.15)

seventeen forty-two (= 17.42)

Si possono inoltre trovare le abbreviazioni **a.m.** e **p.m.**; **a.m.** significa prima di mezzogiorno, mentre **p.m.** significa dopo mezzogiorno. Non sono utilizzate con l'orologio di ventiquattr'ore.

soldi

One **pound** (sterlina) è divisa in cento **pence**. Il simbolo della sterlina (£) precede tutte cifre dell'importo:

12p	**twelve pence / twelve p** (pronunciato /pi:/)
£2.50	**two pound(s) fifty** o **two fifty**
£23.13	**twenty-three pounds thirteen (pence)**

Referenze culturali

Air Force One
Nome del jet usato dal presidente degli Stati Uniti per i viaggi ufficiali.

Ascot
Cittadina del Berkshire famosa per le corse dei cavalli. Il *Royal Ascot* è una corsa della durata di quattro giorni che ha luogo ad Ascot in giugno. La manifestazione è tradizionalmente inaugurata dalla regina. Questo incontro attira tutto il bel mondo ed è rinomato per la stravaganza dei cappelli indossati dalle signore.

***the* Ashes**
Trofeo conquistato dalla squadra che risulta vincente in una serie di partite tra le nazionali di cricket inglese e australiana. Gli *ashes* (le ceneri) sono quelli dei paletti delle porte, "inumati" dopo la partita del 1882, quando l'Australia batté l'Inghilterra per la prima volta.

Big Issue - The Big Issue
Una rivista venduta per le strade dai senzatetto in molte grandi città della Gran Bretagna. Il contenuto della rivista è principalmente a tema sociale, ma compaiono anche interviste, recensioni discografiche e cinematografiche di buona qualità. I venditori comprano ad un certo prezzo la rivista presso uno dei centri di distribuzione e la rivendono ad un prezzo (più alto) concordato: il margine di guadagno consente loro di mantenersi senza dover mendicare.

***the* Boat Race**
Gara di canottaggio annuale tra le squadre delle Università di Oxford e Cambridge. Ha luogo a Londra sul Tamigi, tra le località di Putney e Mortlake, e si svolge su un percorso di 6,8 km.

***the* Booker prize**
Il premio letterario più prestigioso in Gran Bretagna, assegnato annualmente per la narrativa.

***the* British Museum**
Museo nazionale rinomato in particolare per la collezione di arte egizia e per i marmi cosiddetti 'Elgin', provenienti dal Partenone ad Atene. L'edificio ospita inoltre la Biblioteca Nazionale Britannica.

Broadway
Via di New York famosa per i suoi teatri, il cui nome indica per estensione la zona circostante. Avere successo a Broadway è la massima aspirazione per un attore o una produzione teatrale.

Buckingham Palace
Residenza ufficiale della regina a Londra.

building society
Tipo di banca specializzata in mutui e prestiti per l'acquisto di beni immobili.

Cabinet
Il Consiglio dei ministri britannico è composto da circa 20 ministri (*ministers*) nominati dal Primo ministro (*Prime Minister*) e si riunisce settimanalmente per discutere questioni amministrative e politiche del governo. Ciascun ministro è responsabile di un settore particolare, mentre il Consiglio nel suo insieme decide della politica governativa e coordina le attività dei ministeri. Anche il leader del partito di opposizione nomina un governo ombra (SHADOW CABINET) con funzioni direttive e di governo simile a quelle svolte dai ministri del partito al potere.

Cambridge Certificate
Un diploma che chi studia l'inglese come lingua straniera può conseguire presentandosi agli esami impostati dall'Università di Cambridge. I diplomi che certificano il livello di competenza della lingua sono tre: *First Certificate in English*, *Advanced Certificate in English* e *Certificate of Proficiency in English.*

Canterbury
Città del Kent (nel sud-est dell'Inghilterra). La sua cattedrale è la sede dell'Arcivescovo di Canterbury, che è a capo della chiesa anglicana.

Capitol Hill
Collina a Washington sulla quale si trova il palazzo del Campidoglio o Parlamento. Il suo nome viene utilizzato anche per designare le istituzioni governative americane.

Cardiff Arms Park
Stadio di Cardiff, capitale del Galles, dove gioca in casa la squadra gallese di rugby.

Central Park
Vasto parco nel quartiere di Manhattan a New York, caro ai newyorkesi in quanto costituisce un'oasi di verde in una zona fortemente urbanizzata.

Chequers
Proprietà di campagna nel Buckinghamshire residenza di campagna ufficiale del Primo ministro, dove i capi di Stato esteri vengono intrattenuti in occasione di visite ufficiali e dove si svolgono gli incontri al vertice.

***the* City**
Forma abbreviata di *The City of London*. Occupa l'insediamento originario di Londra e costituisce una *municipality* (unità amministrativa autonoma), con a capo il Lord Mayor (il sindaco di Londra). Il nome si riferisce anche al centro finanziario di Londra, sede di banche e altre istituzioni affini.

***the* Commonwealth**
Gruppo di circa cinquanta nazioni indipendenti che facevano un tempo parte dell'Impero Britannico.

Congress
Il Congresso è l'organismo legislativo nazionale degli Stati Uniti. Si riunisce nel Campidoglio, sul CAPITOL HILL ed è composto da due camere: il Senato (SENATE) e la Camera dei Rappresentanti (HOUSE OF REPRESENTATIVES). Tutte le proposte di legge devono essere presentate per l'approvazione alle due Camere a cui fa seguito la promulgazione da parte del Presidente (PRESIDENT).

Covent Garden
In passato, mercato ortofrutticolo di Londra, recentemente ristrutturato in quartiere di negozi e bar. Il nome si riferisce anche alla Royal Opera House, sede della National Opera e del Royal Ballet.

Crown Court
In Inghilterra e Galles, tribunale penale competente nei reati di maggiore gravità.

Death Valley
Bacino desertico nell'est della California e nell'ovest del Nevada, la zona più calda e arida dell'America del Nord. È ufficialmente riconosciuto come parte del patrimonio nazionale.

Downing Street
Via del centro di Londra dove, al numero 10, si trova la residenza londinese ufficiale del primo ministro britannico, designata come *10 Downing Street* o *Number 10*. La residenza ufficiale del Chancellor of

the Exchequer (ministro del tesoro) si trova accanto, al numero 11.

the Edinburgh Festival
Festival artistico con ricorrenza annuale che ha luogo a Edimburgo, capitale della Scozia. È il più grande festival nel suo genere in Europa, rinomato soprattutto per la qualità della musica e delle rappresentazioni teatrali, oltre che per le manifestazioni del cosiddetto *Fringe*, cioè il festival non ufficiale, che si svolge parallelamente.

fish and chips
Piatto nazionale britannico, consiste in pesce fritto dorato e patatine. Generalmente condito con sale e aceto è per lo più venduto come piatto da asporto, avvolto in un cartoccio.

Fleet Street
Via londinese dove aveva sede la maggior parte dei quotidiani britannici. Il suo nome viene usato per designare la stampa o i giornalisti britannici in generale.

Florence Nightingale
Infermiera inglese vissuta nel XIX secolo, famosa per l'opera prestata negli ospedali militari durante la guerra di Crimea. È considerata la fondatrice della professione infermieristica e la riformatrice delle condizioni ospedaliere. È conosciuta anche come la *Lady with the Lamp* (la signora con la lampada).

further education
In Gran Bretagna con il termine *further education* si intende generalmente l'istruzione fornita alle persone di età superiore ai 16 anni, età in cui cessa l'obbligo scolastico, che prepara al diploma di studi superiori o alla formazione professionale. Negli Stati Uniti il termine *further education* si usa anche per definire l'insegnamento universitario e parauniversitario che in Gran Bretagna è invece detto *higher education*.

the Grand National
La corsa di cavalli a ostacoli più importante, tenuta annualmente a Aintree, presso Liverpool. È un evento di portata nazionale che attira puntualmente un forte interesse. Sono molte le persone che puntano sui cavalli solo in occasione di questa corsa.

Guy Fawkes
Membro del gruppo di cospiratori che tentò di far saltare in aria il palazzo di Westminster (sede del Parlamento) e di uccidere il re Giacomo I nel 1605. La congiura fu sventata e Fawkes, sorpreso con la polvere da sparo, giustiziato. Questi avvenimenti vengono ricordati ogni anno durante la *Bonfire Night* (notte dei falò, 5 novembre) con fuochi d'artificio e roghi nei quali vengono bruciati fantocci chiamati *guys*.

Harley Street
Via londinese nota per l'alta concentrazione di studi medici specializzati.

Harrods
Celebre grande magazzino nel quartiere londinese di Knightsbridge, dove si dice si possa trovare di tutto. È rinomato anche il reparto di generi alimentari.

Henley-on-Thames
Piccola città sul Tamigi, nella contea dell'Oxfordshire. Deve la sua fama alla regata annuale, conosciuta come *Henley*, che ha qui luogo.

heritage centre
In Gran Bretagna gli *heritage centres* sono dei tipi di museo in cui vengono ricreati edifici, macchinari, mezzi di trasporto ecc. di

determinati periodi storici, così che i visitatori possano osservare com'era la vita tanto tempo fa.

***the* Home Counties**
Nome collettivo delle contee inglesi più vicine a Londra (Buckinghamshire, Essex, Hertfordshire, Kent, Surrey e Middlesex).

***the* House of Commons**
La Camera dei Comuni (anche detta *the Commons*) è la camera bassa del parlamento britannico (HOUSES OF PARLIAMENT). I 635 deputati (MEMBERS OF PARLIAMENT) eletti a suffragio diretto si riuniscono per discutere questioni di politica interna ed estera e per votare sulle proposte di legge.

***the* House of Lords**
La Camera dei Lords (anche detta *the Lords*) è la camera alta del parlamento britannico (HOUSES OF PARLIAMENT). I membri non sono eletti, ma occupano il seggio per diritto ereditario, per nomina o d'ufficio. Le funzioni della Camera dei Lord si sono andate riducendo nel tempo ed oggi sono limitate alla discussione e alla proposta di amendamenti alle leggi già approvate dalla Camera dei Comuni (HOUSE OF COMMONS). La Camera dei Lords è anche il supremo tribunale d'appello.

***the* Houses of Parliament**
Il parlamento britannico è composto dalla Camera dei Comuni (HOUSE OF COMMONS) e dalla Camera dei Lords (HOUSE OF LORDS). Houses of Parliament è anche il nome del palazzo di Westminster (*Palace of Westminster*), il gruppo di edifici che sorgono sul Tamigi, dove si riuniscono le due Camere.

***the* House of Representatives**
La Camera dei Rappresentanti è la camera bassa del parlamento (CONGRESS) degli Stati Uniti. È composta da 435 rappresentanti (REPRESENTATIVEs) eletti ogni due anni: ciascun Stato elegge un numero di rappresentanti proporzionale alla sua popolazione. La funzione della Camera è quella di proporre e approvare i disegni di legge.

interstate (highway)
Denominazione della rete stradale statunitense che attraversa il paese in lungo e in largo, oltre i confini statali. Le *interstate highways* (tutte a quattro corsie) sono segnalate da un cartello blu e rosso con una I (*interstate*) e un numero: quelle che attraversano il paese da est a ovest hanno numeri pari, quelle che lo attraversano da nord a sud numeri dispari. Ad esempio la I-80 va da New York alla California e la I-95 dal Maine alla Florida.

***the* Ivy League**
Gruppo di prestigiose università negli Stati Uniti nord-orientali, che comprendono Harvard, Yale e Princeton.

Jack the Ripper
(Jack lo Squartatore)
Assassino di prostitute tristemente noto che operò nella zona est di Londra nel 1888. La sua identità non è stata mai scoperta.

Job Centre
Agenzia di collocamento statale che ha anche la funzione di assegnare i sussidi di disoccupazione.

John o'Groats
Paese nella costa nord-orientale della Scozia considerato l'estremità settentrionale della Gran Bretagna, con l'esclusione delle isole.

Land's End
Estremità sud-occidentale

dell'Inghilterra che ricorre nell'espressione *from Land's End to John o'Groats* (da Land's End a John o'Groats, cioè tutta la Gran Bretagna).

***the* Last Night of the Proms**
Concerto conclusivo della stagione dei *Proms* (concerti di musica classica) che ha luogo ogni anno alla Royal Albert Hall di Londra. Il concerto termina regolarmente con una serie di composizioni patriottiche di Elgar ed è caratterizzato da un certo fervore nazionalista e da un'atmosfera di festa.

L-driver – learner driver
Con questo termine in Gran Bretagna si indica chi sta imparando a guidare.
I principianti, quando si trovano al volante, devono essere accompagnati da qualcuno che abbia la patente di guida (*driving licence*). Inoltre devono esporre, anteriormente e posteriormente al veicolo, una targa di pratica (*L-plate*) fin quando non abbiano superato l'esame di guida (*driving test*). La targa di pratica consiste in una quadrato autoadesivo bianco con una L rossa.

***the* Little League**
Serie di squadre di baseball di paesi e cittadine degli Stati Uniti, formate da bambini.

Lloyd's
Associazione di assicuratori, i cosiddetti *names* (nomi), responsabili del pagamento degli indennizzi in caso di danni a edifici, navi o altre proprietà assicurate presso di loro.

***the* Loch Ness monster**
Mostro leggendario che, secondo la tradizione, vivrebbe nelle acque del Loch Ness, nelle Highlands scozzesi. Il mostro, chiamato familiarmente *Nessie*, è oggetto di frequenti ricerche. Le fotografie più celebri mostrano una creatura dal collo lungo e con le pinne.

Lord's
Il campo di cricket più famoso del mondo, situato nella zona di St John's Wood a Londra.

Magistrates' Court
In Inghilterra e Galles, tribunale penale competente in reati minori.

***the* Met**
La prestigiosa Metropolitan Opera House a New York. Per un cantante lirico, esibirsi al Met è la prova del riconoscimento internazionale.

Monty Python
Gruppo di comici britannici di culto degli anni '70, conosciuti per il loro umorismo demenziale. Hanno anche girato una serie di film.

motorway
In Gran Bretagna esiste una vasta rete autostradale libera. Le autostrade, normalmente a tre corsie per ogni senso di marcia e con un limite di velocità di 112 km/h, sono contrassegnate dalla lettera M (*motorway*) e da un numero.

MP – Member of Parliament
Ciascun membro della Camera dei Comuni (HOUSE OF COMMONS) che rappresenta uno dei 659 collegi elettorali dell'Inghilterra, Scozia, Galles e Irlanda del Nord.

Murrayfield
Stadio della squadra di rugby scozzese, a Edimburgo.

Napa Valley
Area della California settentrionale famosa per la produzione vinicola.

the National Health Service
Servizio sanitario nazionale del Regno Unito che comprende medici generici e ospedali. Fu fondato nel 1946.

National Insurance (NI)
In Gran Bretagna, sistema di contributi (*National Insurance Contributions*) che tutti i lavoratori e i datori di lavoro sono tenuti a versare per la previdenza sociale, (sussidi, pensioni, assistenza sanitaria). Tutti gli adulti hanno un numero di previdenza sociale (*National Insurance Number*).

the National Trust
Organizzazione che si occupa della conservazione del patrimonio storico e naturale del Regno Unito.

the Northern Ireland Assembly
Il nuovo parlamento dell'Irlanda del Nord ha sede a Belfast. È stato istituito nel 1998 dal governo laburista britannico nell'ambito di un maggiore decentramento del potere a favore di una maggiore autonomia della regione.

the Old Bailey
Il tribunale penale più importante in Inghilterra.

the Old Lady of Threadneedle Street
Soprannome della Banca d'Inghilterra, che si trova in Threadneedle Street, nel centro finanziario di Londra.

the Oval
Campo di cricket nel sud di Londra utilizzato per gli incontri internazionali.

page 3
Terza pagina di alcuni giornali popolari nella quale sono pubblicate fotografie di pin-up in pose provocanti.

Parliament
Il parlamento britannico è il massimo organo legislativo del Paese ed è composto dal sovrano, dalla Camera dei Lords (HOUSE OF LORDS) e dalla dalla Camera dei Comuni (HOUSE OF COMMONS).

Pentagon – the Pentagon
È il complesso di edifici a pianta pentagonale, presso Washington, sede del ministero della Difesa e delle Forze armate statunitensi. Spesso si usa il termine *The Pentagon* per riferirsi allo Stato maggiore, cioè i generali e i comandanti militari.

President
Negli Stati Uniti il presidente è il capo dello Stato, responsabile della politica estera e comandante in capo delle Forze armate. Il presidente ha la facoltà di nominare i giudici federali e i ministri ed è inoltre chiamato a promulgare le leggi approvate dal CONGRESS. Il presidente può rimanere in carica per un massimo di due legislature (*terms*) di quattro anni ciascuna.

Pulitzer Prize
È un premio molto prestigioso che viene assegnato ogni anno negli Stati Uniti ad una trentina fra giornalisti e scrittori che si sono distinti per il loro lavoro nel campo del giornalismo, della letteratura e della musica.

Queen's (o **King's**) **Counsel**
Avvocato di rango superiore, la cui nomina è effettuata su raccomandazione del Lord Chancellor (il ministro di Giustizia per l'Inghilterra e il Galles).

the Queen's Speech
Un discorso programmatico preparato dai ministri del governo britannico e letto dalla regina presso la Camera dei Lord (HOUSE OF

LORDS) durante la cerimonia di apertura del parlamento che si tiene ogni anno in autunno. Il discorso è importante in quanto illustra il programma del governo per l'anno seguente. Viene trasmesso alla radio e alla TV.

Remembrance Sunday
La domenica più vicina all'11 novembre, anniversario della firma dell'armistizio che concluse la prima guerra mondiale. I caduti delle due guerre vengono commemorati in questo giorno, in particolare con una cerimonia davanti al Cenotaph, il monumento ai caduti, in Whitehall.

Representative
Ciascuno dei membri della Camera dei Rappresentanti (HOUSE OF REPRESENTATIVES) degli Stati Uniti.

Robin Hood
Eroe leggendario, capo di una banda di fuorilegge che, durante il medioevo, viveva nella foresta di Sherwood, nel Nottinghamshire. Robin Hood e i suoi compagni erano noti per sottrarre ai ricchi e donare ai poveri. Lady Marian era la sua innamorata.

Scotland Yard
Nome popolare che la *Metropolitan Police* (polizia londinese) trae dalla sua vecchia sede. Il nome ufficiale della sede attuale è *New Scotland Yard*.

***the* Scottish Parliament**
Il parlamento scozzese si riunisce presso l'*Holyrood House* a Edimburgo, capitale della Scozia. È stato istituito nel 1999 in seguito al risultato del referendum (concesso dal partito laburista dopo la vittoria elettorale del 1997 nell'ambito di un maggiore decentramento del potere) a favore di una maggiore autonomia della regione.

***the* Senate**
Il Senato è la camera alta del parlamento (CONGRESS) degli Stati Uniti. È composto da 100 senatori (SENATORS), due per ogni Stato, che rimangono in carica sei anni. Tutte le leggi devono essere approvate dal Senato e dalla Camera dei Rappresentanti (HOUSE OF REPRESENTATIVES), ma il Senato ha inoltre responsabilità speciali in materia di politica estera e facoltà di 'consultazione e approvazione' delle nomine effettuate dal presidente.

Senator
Ciascuno dei membri del Senato (SENATE) degli Stati Uniti.

Shadow Cabinet > CABINET

Silicon Valley
Nome dato alla zona nella Santa Clara Valley in California, vicino alle città di San Francisco e San Josè, dove sorgono numerose industrie elettroniche e informatiche. Il nome deriva dal largo uso del silicio (*silicon*) nell'elettronica.

***the* Smithsonian Institution**
Questo nome si riferisce generalmente ad un vasto gruppo di musei di Washington che ospitano diverse collezioni, dall'arte alle armi. La *Smithsonian Institution*, che amministra i musei, è rinomata per la ricerca scientifica.

***the* Square Mile**
Un altro nome del centro finanziario di Londra (*the City*).

***the* Stars and Stripes**
La bandiera degli Stati Uniti ha tredici strisce, sei bianche e sette rosse, e 50 stelle bianche (una per ogni Stato) in campo blu.

***the* Star-Spangled Banner**
L'inno nazionale degli Stati Uniti, adottato ufficialmente nel 1931. Con questo nome si designa talvolta anche la bandiera americana.

Stratford-upon-Avon
Città nel sud-ovest dell'Inghilterra, nota per aver dato i natali a William Shakespeare e per ospitare la Royal Shakespeare Company. Il nome viene spesso abbreviato in Stratford.

***the* Super Bowl**
Finale del campionato di football americano.

Trooping the Colour
Parata militare che ha luogo in Whitehall, a Londra, in onore del compleanno ufficiale della regina (8 giugno).

Turner Prize
Premio in denaro assegnato ogni anno dalla Tate Gallery di Londra ad un artista britannico sotto i 50 anni per un'opera di arte moderna. Si tratta di un evento culturale di rilievo in Gran Bretagna, e i lavori dei quattro finalisti sono esposti presso la Tate Gallery prima dell'assegnazione del premio.

Twickenham
Stadio della squadra inglese di rugby. Deriva il suo nome dalla zona della periferia londinese così chiamata, che si trova sulle rive del Tamigi, ad ovest della città.

***the* Union Jack**
La bandiera del Regno Unito, formata dalla croce di San Giorgio a rappresentare l'Inghilterra, quella di Sant'Andrea per la Scozia e quella di San Patrizio per l'Irlanda del Nord. La parola *jack* è un termine nautico con cui si indica una bandiera.

Wall Street
La strada di Manhattan a New York dove hanno sede la borsa (*New York Stock Exchange*) e gli uffici di numerosi istituti finanziari. Spesso con il nome *Wall Street* si intende la borsa valori stessa.

Watford
Cittadina che segna il confine immaginario che, per gli abitanti di Londra e del sud-est dell'Inghilterra, li separa dal resto del paese.

***the* Welsh Assembly**
Il parlamento gallese con sede a Cardiff, capitale del Galles. È stato istituito nel 1999 in seguito al risultato del referendum (concesso dal partito laburista dopo la vittoria elettorale del 1997 nell'ambito di un maggiore decentramento del potere) a favore di una maggiore autonomia della regione.

Wembley
Stadio di calcio nazionale inglese, a Londra. Ospita anche concerti di musica pop e altre manifestazioni di vaste proporzioni.

***the* West End**
Area del centro di Londra rinomata per i teatri, i cinema, i locali notturni, i negozi e i ristoranti.

Westminster
Zona di Londra in cui si trova la sede del Parlamento; il nome viene spesso usato per indicare il Parlamento stesso.

***the* White House**
(la Casa Bianca)
Residenza ufficiale del presidente degli Stati Uniti, in Pennsylvania Avenue, a Washington. Nel cuore della Casa Bianca si trova l'*Oval Office* (ufficio ovale), ufficio del presidente.

Whitehall
Via londinese vicino alla sede del Parlamento, dove vari dipartimenti del governo hanno i loro uffici; il nome designa anche, per estensione, la pubblica amministrazione.

Wimbledon
Zona della periferia londinese famosa per ospitare l'*All England Tennis Club*, dove ogni anno si svolge il celebre torneo di tennis conosciuto sotto il nome di Wimbledon.

Giorni festivi nel Regno Unito e negli Stati Uniti

1 gennaio
New Year's Day (Capodanno)
Giorno festivo, generalmente trascorso a riprendersi dai festeggiamenti della notte precedente.

2 gennaio
Giorno festivo in Scozia.

6 gennaio
Epiphany o **Twelfth night** (Epifania)
Non ci sono particolari tradizioni legate a questa giornata, ma molti in questo giorno disfano l'albero di Natale e mettono via le decorazioni natalizie.

25 gennaio
Burns Night
Ricorrenza della nascita del poeta scozzese Robert Burns (XVIII secolo). Gli scozzesi festeggiano con una cena detta *Burns Supper* il cui piatto forte si chiama *haggis* (intestino di pecora farcito con una miscela di avena, frattaglie, cipolle e spezie). Tradizionalmente, durante la cena accompagnata dal suono delle cornamuse, si beve whisky e si leggono ad alta voce brani delle poesie di Robert Burns.

2 febbraio
Groundhog Day
Giorno in cui, secondo la tradizione statunitense, la marmotta (*groundhog*) esce dalla sua tana sotterranea alla fine del letargo. Se c'è il sole e la marmotta vede la propria ombra si nasconderà nella tana e ci saranno altre sei settimane di cattivo tempo. Se non vede la propria ombra, si crede che la primavera comincerà presto.

14 febbraio
St Valentine's Day
Nel giorno di San Valentino gli innamorati si scambiano fiori e regali. Esiste inoltre la tradizione di inviare un biglietto anonimo alla persona per cui si prova una tenera simpatia.

1 marzo
St David's Day
Giorno di festa nazionale in Galles, di cui San Davide è il santo protettore.

17 marzo
St Patrick's Day
La festa di San Patrizio, patrono d'Irlanda, viene celebrata dagli irlandesi in tutto il mondo con musica, canti e grandi bevute.

1 aprile
April Fools' Day
Giornata in cui si fanno numerosi scherzi: le vittime di tali scherzi sono dette *April Fools*.

23 aprile
St George's Day
San Giorgio è il patrono d'Inghilterra.

4 luglio
Independence Day
In questo giorno di festa nazionale negli Stati Uniti si celebra l'approvazione della Dichiarazione d'Indipendenza (1776) con parate, spettacoli di fuochi artificiali e picnic. In moltissime case viene esposta la bandiera americana.

12 ottobre
Columbus Day
Giorno festivo negli Stati Uniti, ricorrenza della scoperta

dell'America da parte di Cristoforo Colombo nel 1492.

31 ottobre
Hallowe'en (vigilia d'Ognissanti)
La notte della vigilia d'Ognissanti in cui, secondo un'antica credenza anglosassone, è possibile vedere i fantasmi. Oggi è festeggiata per lo più dai bambini, che ricavano lanterne dalle zucche svuotate, si mascherano e fanno il giro del vicinato per chiedere dolci e regalini con il *trick or treat* ('dolcetto o scherzetto').

5 novembre
Bonfire Night/Guy Fawkes
In Gran Bretagna si festeggia il fallimento della Congiura delle Polveri per far saltare in aria il Parlamento nel 1605. Ovunque si organizzano spettacoli di fuochi d'artificio e falò in cui viene bruciato un pupazzo rudimentale detto *guy* che rappresenta Guy Fawkes, uno dei cospiratori.

11 novembre
Remembrance Day,
Veteran's Day negli USA
Giornata in cui si commemorano i caduti di tutte le guerre e la firma dell'armistizio (1918) che mise fine alla prima guerra mondiale. In Gran Bretagna la ricorrenza è anche nota come *Poppy Day* (giorno del papavero), per l'usanza di portare un papavero rosso di stoffa o carta sul petto (dai campi di papaveri in cui morirono migliaia di soldati sui fronti francese e belga).

30 novembre
St Andrew's Day
Sant'Andrea è il patrono della Scozia.

25 dicembre
Christmas Day (giorno di Natale)
Giorno festivo. Per tradizione i familiari si scambiano i doni intorno all'albero la mattina di Natale e i bambini spesso trovano, al risveglio, una calza (*Christmas stocking*) piena di dolci e regalini lasciata da *Father Christmas*, anche chiamato *Santa Claus*.

26 dicembre
Boxing Day in Gran Bretagna,
St Stephen's Day in Irlanda. Giorno festivo.

31 dicembre
New Year's Eve (la notte di San Silvestro)
In Scozia si chiama **Hogmanay** ed è tradizione andare a trovare amici e vicini di casa per augurare loro pace e prosperità portando in dono un pezzo di carbone o del whisky o qualcosa da mangiare.

Frasi utili

1. SALUTI E PRESENTAZIONI

This is Mr Andrews from Cambridge.
Questo è il signor Andrews di Cambridge.

Good morning. I'd like you to meet Mr Andrews.
Buongiorno. Vorrei presentarle il signor Andrews.

May I introduce Mrs McArthur?
Posso presentare la signora McArthur?
- How do you do. Pleased to meet you.
- Piacere. Sono lieto di conoscerla.

Hello. I'm John and this is Anna.
Ciao. Sono John e questa è Anna.
- Hello. Nice to meet you.
- Ciao. Piacere di conoscerti.

Hello. How are you?
Ciao. Come va?
- I'm very well, thank you. And you?
- Molto bene, grazie. E tu?
- Fine, thanks. What about you?
- Benissimo, grazie. E tu?

How's it going?
Come va?

See you later.
Ci vediamo.

How are things?
Come vanno le cose?

See you in the morning.
Ci vediamo domattina.

2. PARLARE DI SÉ, FARE CONOSCENZA

What's your name?
Come ti chiami?

My name is John.
Mi chiamo John.

I'm Mary.
Mi chiamo Mary.

I'm eighteen.
Ho diciotto anni.

I'm single/married/divorced.
Sono single/sposato(a)/divorziato(a).

I live with my partner.
Vivo con il mio compagno (la mia compagna).

I've got two sisters.
Ho due sorelle.

Where are you from?
Di dove sei?

I'm from ...
Sono di ...
I live in London.
Vivo a Londra.

What do you do?
Che lavoro fai?

I'm a teacher/student/secretary.
Sono segnante/studente/segretaria.
I work for Midland Electronics.
Lavoro per la Midland Electronics.

Do you have any children?
Hai figli?

Yes, two boys and a girl.
Sì, due maschi e una femmina.
No, I don't.
No.

3. GUSTI

I like music.
Mi piace la musica.

I love wine.
Adoro il vino.

I think London's great.
Penso che Londra sia fantastica.

I don't really like coffee.
Non mi piace molto il caffè.

What do you think of London?
Cosa pensi di Londra?

I hate it.
La detesto.
I can't stand it.
Non la sopporto.
It's OK.
Non mi dispiace.

What did you think of the film?
Cosa ti è parso del film?

It was great/wonderful.
Era stupendo.
It was awful.
Era orribile.

It's one of my favourites.
È uno dei miei preferiti.

It's not exactly my cup of tea.
Non è esattamente il mio genere.

I can't think of anything I like better.
Non mi viene in mente niente che mi piaccia di più.

There's nothing I find more annoying.
Trovo che non ci sia niente di più irritante.

It really gets on my nerves.
Mi dà veramente sui nervi.

I don't think much of it really.
A dire il vero, non ci trovo niente di speciale.

4. PROPOSTE

Would you like an apple?
Ti va una mela?

I'd rather have an orange.
Preferirei un'arancia.

Shall we go to the cinema?
E se andassimo al cinema?

Can we go to the theatre instead?
E se invece andassimo a teatro?

Let's go swimming.
Andiamo a nuotare.

Why don't we go to the museum?
Perché non andiamo al museo?

Shall we go for a walk?
E se andassimo a fare una passeggiata?

How about going to the cinema?
Che ne diresti di andare al cinema?

Do you fancy a trip to Stratford?
Ti andrebbe un viaggio a Stratford?

What about a day in Oxford?
Che ne dici di una giornata a Oxford?

5. RICHIESTE

Could I have a coffee, please?
Potrei avere un caffè, per favore?

Will you open the door for me, please?
Mi puoi aprire la porta, per favore?

Close the door, will you?
Ti dispiace chiudere la porta?

Would you mind closing the door?
Le dispiacerebbe chiudere la porta?

You couldn't shut the window, could you?
Puoi mica chiudere la finestra, per favore?

A cup of tea wouldn't go amiss.
Una tazza di tè non sarebbe di troppo.

I wouldn't say no to another cup of coffee.
Non direi di no ad un altro caffè.

Be an angel and close the door, will you?
Sii gentile e chiudi la porta, ti dispiace?

Any chance of another drink?
È possibile bere qualcos'altro?

6. OFFERTE, ACCETTAZIONI E RIFIUTI

Can I get you something to drink?
Ti posso offrire qualcosa da bere?

Thank you, that would be nice.
Grazie, molto gentile.
No, thanks. I'm fine.
No grazie. Sto bene così.

What can I get you to drink?
Cosa ti posso offrire da bere?

A glass of wine would be nice.
Mi andrebbe un bicchiere di vino.
Nothing, thanks.
Niente, grazie.

Would you like a dessert?
Ti va un dolce?

Yes, that would be nice.
Sì, volentieri.
No, thank you.
No, grazie.

Would you like a lift home?
Vuoi un passaggio a casa?

Thanks, that would be great.
Grazie, sarebbe ottimo.
No, thanks. I'd rather walk.
No, grazie. Preferisco camminare.

Anyone for another cup of tea?
Qualcuno vuole un'altra tazza di tè?

Let me do that for you.
Lascia che te lo faccia io.

Why don't you let me do that?
Perché non lo lasci fare a me?

If there's anything I can do, you know where to find me.
Se posso fare qualsiasi cosa, sai dove trovarmi.

7. CHIEDERE IL PERMESSO

May I come in?
Posso entrare?

Yes, of course.
Sì, certo.
Just a moment.
Un attimo solo.

Can I borrow the car?
Posso prendere la macchina in prestito?

Sure.
Certo.

Sorry, I need it myself.
Mi dispiace, ne ho bisogno io.

Do you mind if I smoke?
Le dispiace se fumo?

No, of course not.
No, certo che no.
Well, I'd rather you didn't.
Veramente, preferirei di no.

Is it all right if I use your phone?
Posso usare il tuo telefono?

Yes, of course.
Certo.

Would it be OK if I opened the window?
Va bene se apro la finestra?

Yes, of course it would.
Sì, certo.

Any objections to having the window open?
Dà fastidio a qualcuno se si apre la finestra?

8. CHIEDERE E DARE INDICAZIONI

Where's the railway station, please?
Dov'è la stazione ferroviaria, per favore?

Turn right/left.
Giri a destra/sinistra.

Go along here as far as the school.
Continui da questa parte fino alla scuola.

Excuse me. Do you know where there's a post office?
Scusi, sa dove si trova un ufficio postale?
- Yes, there's one on King Street.
- Sì, ce n'è uno in King Street.

Where will I find the bank?
Dove posso trovare la banca?

- It's on South Street.
- È in South Sreet.
- Carry straight on, go past the school, and it's just before the second set of traffic lights.
- Continui diritto, vada oltre la scuola ed è appena prima del secondo semaforo.
Can you tell me where Union Street is?
Mi sa dire dove si trova Union Street?
- Yes. Turn right at the bank, and Union Street is second on your left.
- Sì. Alla banca, giri a destra e Union Street è la seconda sulla sua sinistra.

How do I get to the station?
Come si va alla stazione?
- Go straight ahead and turn left at the church.
- Vada sempre diritto e giri a sinistra all'altezza della chiesa.
- Take the second road on your left, and the station is on your right.
- Prenda la seconda strada alla sua sinistra e troverà la stazione alla sua destra.

9. COME CI SI SENTE

He's on the mend.
È in via di guarigione.

He's more like his usual self.
Sta tornando quello di sempre.

I feel like death warmed up.
Mi sento cotto.

They're over the moon about it.
Sono al settimo cielo.

It's a real drag having to go and see Anne next week.
È una vera scocciatura che dobbiamo andare a trovare Anne la settimana prossima.

I can't wait to be on holiday.
Non vedo l'ora di essere in vacanza.

He's just itching to know.
Muore dalla voglia di sapere.

I'm fed up with living in London.
Sono stufo di vivere a Londra.

I'm bored stiff.
Mi annoio a morte.

I'm worried sick about him.
Sono preoccupato a morte per lui.

You're full of the joys of spring this morning.
Sei di ottimo umore stamattina.

10. CAPIRSI

I don't understand.
Non capisco

Do you speak Italian?
Parla italiano?

Does anyone here speak Italian?
C'è qualcuno qui che parla italiano?

Could you speak more slowly, please?
Può parlare più lentamente, per favore?

Could you say that again?/Could you repeat that?
Può ripetere, per favore?

Sorry, what did you say?
Mi scusi, che cosa ha detto?

I haven't understood a single word.
Non ho capito neanche una parola.

I can't understand a word you're saying.
Non capisco una parola di quello che dici.

I haven't the faintest idea what he means.
Non ho la più pallida idea di quello che vuol dire.

What does it mean?
Che cosa vuol dire?

Search me./Don't ask me.
Non lo chiedere a me.

11. AL TELEFONO

Hello.
Pronto.

Is that Fernando?
Fernando?

Is Peter there, please?
C'è Peter, per favore?

When will she be back?
Quando sarà di ritorno?

Could you leave her a message?
Vuole lasciar detto qualcosa?

Can I speak to Maria, please?
Potrei parlare con Maria, per favore?

Just a moment.
Un attimo, prego.

Speaking.
Sono io.

I'm sorry, she isn't in.
Mi dispiace, non c'è.

Can I take a message?
Vuole lasciar detto qualcosa?

It's OK. I'll call again later.
Non importa. Richiamo più tardi.

Could you tell her that John called?
Può dirle che ha telefonato John?

Extension 345 please. (three, four, five)
L'interno 345, per favore.

Would you ask her to call me back, please?
Le può chiedere di richiamarmi, per favore?

Please leave a message after the tone.
Lasciare un messaggio dopo il segnale acustico.

12. IN VIAGGIO

A single for Stratford, please.
Un biglietto di sola andata per Stratford, per favore.

Do I need a reservation?
Devo prenotare?

How much is it to Manchester?
Quant'è per Manchester?

Could you tell me the times of trains to London?
Mi potrebbe dire gli orari dei treni per Londra?

Do you know which bus I want for the museum?
Sa dirmi che autobus devo prendere per andare al museo?

Does the 34 go to the station?
Il 34 va alla stazione?

Is this seat free?
È libero questo posto?

Can you let me know when we're there?
Mi può dire quando devo scendere?

Is this the right stop for the museum?
È la fermata giusta per il museo?

13. QUANDO SI È D'ACCORDO CON GLI ALTRI

That's right.
È vero.

I think you're quite right.
Penso che tu abbia ragione.

That's just what I think.
È proprio quello che penso.

I quite agree.
Sono abbastanza d'accordo.

I couldn't agree more.
Non potrei essere più d'accordo.

I know exactly what you mean.
So esattamente cosa intendi.

Precisely!
Esatto!

14. QUANDO NON SI È D'ACCORDO CON GLI ALTRI

I don't agree with you there.
Non sono d'accordo con te su questo punto.

I'm afraid you're wrong.
Mi dispiace, ma hai torto.

That's not the case.
Non è così.

That can't be right, surely.
Di sicuro, non può essere giusto.

Don't talk rubbish.
Non dire stupidaggini.

That's not how I see it.
Io non la vedo così.

15. OBBLIGO E NECESSITÀ

I've got to go now.
Devo andare, ora.

Do I have to?
Devo proprio?
Do I need to book in advance?
Devo prenotare in anticipo?

You'll need your passport.
Avrai bisogno del passaporto.

You don't have to eat that if you don't want to.
Non sei obbligato a mangiarlo se non vuoi.

You mustn't worry.
Non devi preoccuparti.

You must tell me as soon as you know.
Devi dirmelo appena lo sai.

You can't afford not to do it.
Non puoi permetterti di non farlo.

Is that absolutely essential?
È proprio indispensabile?

16. ORDINI E DIVIETI

There are no two ways about it. You're coming to see your grandmother.
Non hai scelta. Vieni a trovare la nonna.

Like it or not, you're coming with us.
Che ti piaccia o meno, vieni con noi.

You're not going to get out of it.
Non te la scampi così.

You're not seeing Steve tonight and that's final.
Non vedi Steve stasera, punto e basta.

17. IRRITAZIONE

What do you think you're playing at?
Ma cosa credi di fare?

Cut it out, will you?
Smettila!

He's really getting on my nerves.
Mi sta dando veramente sui nervi.

I can't take much more of this.
Non lo sopporto più.

I can't stand it much longer.
Sono al limite della sopportazione.

I don't believe it!
Non ci posso credere!

Aa

A /eɪ/ *n Mus* la *m inv*

a /ə/, *accentato* /eɪ/ (*davanti a una vocale* **an**) *indef art* un *m*, una *f*; (*before s + consonant, gn, ps and z*) uno; (*before feminine noun starting with a vowel*) un'; (*each*) a; **I am a lawyer** sono avvocato; **a tiger is a feline** la tigre è un felino; **a knife and fork** un coltello e una forchetta; **a Mr Smith is looking for you** un certo signor Smith ti sta cercando; **£2 a kilo**/**a head** due sterline al chilo/a testa

aback /ə'bæk/ *adv* **be taken ~** essere preso in contropiede

abandon /ə'bændən/ *vt* abbandonare; (*give up*) rinunciare a ● *n* abbandono *m*. **~ed** *a* abbandonato

abashed /ə'bæʃt/ *a* imbarazzato

abate /ə'beɪt/ *vi* calmarsi

abattoir /'æbətwɑ:(r)/ *n* mattatoio *m*

abbey /'æbɪ/ *n* abbazia *f*

abbreviat|e /ə'bri:vɪeɪt/ *vt* abbreviare. **~ion** /-'eɪʃn/ *n* abbreviazione *f*

abdicat|e /'æbdɪkeɪt/ *vi* abdicare. ● *vt* rinunciare a. **~ion** /-'keɪʃn/ *n* abdicazione *f*

abdom|en /'æbdəmən/ *n* addome *m*. **~inal** /-'dɒmɪnl/ *a* addominale

abduct /əb'dʌkt/ *vt* rapire. **~ion** /-ʌkʃn/ *n* rapimento *m*

aberration /æbə'reɪʃn/ *n* aberrazione *f*

abet /ə'bet/ *vt* (*pt*/*pp* **abetted**) **aid and ~** *Jur* essere complice di

abeyance /ə'beɪəns/ *n* **in ~** in sospeso; **fall into ~** cadere in disuso

abhor /əb'hɔ:(r)/ *vt* (*pt*/*pp* **abhorred**) aborrire. **~rence** /-'hɒrəns/ *n* orrore *m*

abid|e /ə'baɪd/ *vt* (*pt*/*pp* **abided**) (*tolerate*) sopportare ● **abide by** *vi* rispettare. **~ing** *a* perpetuo

ability /ə'bɪlətɪ/ *n* capacità *f inv*

abject /'æbdʒekt/ *a* ‹*poverty*› degradante; ‹*apology*› umile; ‹*coward* › abietto

ablaze /ə'bleɪz/ *a* in fiamme; **be ~ with light** risplendere di luci

able /'eɪbl/ *a* capace, abile; **be ~ to do sth** poter fare qcsa; **were you ~ to...?** sei riuscito a...? **~-'bodied** *a* robusto; *Mil* abile

ably /'eɪblɪ/ *adv* abilmente

abnormal /æb'nɔ:ml/ *a* anormale. **~ity** /-'mælətɪ/ *n* anormalità *f inv*. **~ly** *adv* in modo anormale

aboard /ə'bɔ:d/ *adv & prep* a bordo

abol|ish /ə'bɒlɪʃ/ *vt* abolire. **~ition** /æbə'lɪʃn/ *n* abolizione *f*

abomina|ble /ə'bɒmɪnəbl/ *a* abominevole

Aborigine /æbə'rɪdʒənɪ/ *n* aborigeno, -a *mf* d'Australia

abort /ə'bɔ:t/ *vt* fare abortire; *fig* annullare. **~ion** /-ɔ:ʃn/ *n* aborto *m*; **have an ~ion** abortire. **~ive** /-tɪv/ *a* ‹*attempt*› infruttuoso

abound /ə'baʊnd/ *vi* abbondare; **~ in** abbondare di

about /ə'baʊt/ *adv* (*here and there*) [di] qua e [di] là; (*approximately*) circa; **be ~** ‹*illness, tourists:*› essere in giro; **be up and ~** essere alzato; **leave sth lying ~** lasciare in giro qcsa ● *prep* (*concerning*) su; (*in the region of*) intorno a; (*here and there in*) per; **what is the book**/**the film ~?** di cosa parla il libro/il film?; **he wants to see you - what ~?** ti vuole vedere - a che proposito?; **talk**/**know ~** parlare/sapere di; **I know nothing ~ it** non ne so niente; **~ 5 o'clock** intorno alle 5; **travel ~ the world** viaggiare per il mondo; **be ~ to do sth** stare per fare qcsa; **how ~ going to the cinema?** e se andassimo al cinema?

about: ~-'face *n*, **~-'turn** *n* dietro front *m inv*

above /ə'bʌv/ *adv & prep* sopra; **~ all** soprattutto

above: ~-'board *a* onesto. **~-'mentioned** *a* suddetto

abrasive /ə'breɪsɪv/ *a* abrasivo; ‹*remark*› caustico ● *n* abrasivo *m*

abreast /ə'brest/ *adv* fianco a fianco; **come ~ of** allinearsi con; **keep ~ of** tenersi al corrente di

abridged /ə'brɪdʒd/ *a* ridotto

abroad /ə'brɔ:d/ *adv* all'estero

abrupt /ə'brʌpt/ *a* brusco
abscess /'æbsɪs/ *n* ascesso *m*
abscond /əb'skɒnd/ *vi* fuggire
absence /'æbsəns/ *n* assenza *f*; (*lack*) mancanza *f*
absent¹ /'æbsənt/ *a* assente
absent² /æb'sent/ *vt* **~ oneself** essere assente
absentee /æbsən'ti:/ *n* assente *mf*
absent-minded /æbsənt'maɪndɪd/ *a* distratto
absolute /'æbsəlu:t/ *a* assoluto; **an ~ idiot** un perfetto idiota. **~ly** *adv* assolutamente; (*fam: indicating agreement*) esattamente
absolution /æbsə'lu:ʃn/ *n* assoluzione *f*
absolve /əb'zɒlv/ *vt* assolvere
absorb /əb'sɔ:b/ *vt* assorbire; **~ed in** assorto in. **~ent** /-ənt/ *a* assorbente
absorption /əb'sɔ:pʃn/ *n* assorbimento *m*; (*in activity*) concentrazione *f*
abstain /əb'steɪn/ *vi* astenersi (**from** da)
abstemious /əb'sti:mɪəs/ *a* moderato
abstention /əb'stenʃn/ *n Pol* astensione *f*
abstinence /'æbstɪnəns/ *n* astinenza *f*
abstract /'æbstrækt/ *a* astratto ● *n* astratto *m*; (*summary*) estratto *m*
absurd /əb'sɜ:d/ *a* assurdo. **~ity** *n* assurdità *f inv*
abundan|ce /ə'bʌndəns/ *n* abbondanza *f*. **~t** *a* abbondante
abuse¹ /ə'bju:z/ *vt* (*misuse*) abusare di; (*insult*) insultare; (*ill-treat*) maltrattare
abus|e² /ə'bju:s/ *n* abuso *m*; (*verbal*) insulti *mpl*; (*ill-treatment*) maltrattamento *m*. **~ive** /-ɪv/ *a* offensivo
abut /ə'bʌt/ *vi* (*pt/pp* **abutted**) confinare (**onto** con)
abysmal /ə'bɪzml/ *a fam* pessimo; ‹*ignorance*› abissale
abyss /ə'bɪs/ *n* abisso *m*
academic /ækə'demɪk/ *a* teorico; ‹*qualifications, system*› scolastico; **be ~** ‹*person:*› avere predisposizione allo studio ● *n* docente *mf* universitario, -a
academy /ə'kædəmɪ/ *n* accademia *f*; (*of music*) conservatorio *m*
accede /ək'si:d/ *vi* **~ to** accedere a ‹*request*›; salire a ‹*throne*›
accelerat|e /ək'seləreɪt/ *vt/i* accelerare. **~ion** /-'reɪʃn/ *n* accelerazione *f*. **~or** *n Auto* acceleratore *m*
accent /'æksənt/ *n* accento *m*
accentuate /ək'sentjʊeɪt/ *vt* accentuare
accept /ək'sept/ *vt* accettare. **~able** /-əbl/ *a* accettabile. **~ance** *n* accettazione *f*
access /'ækses/ *n* accesso *m*. **~ible** /ək'sesɪbl/ *a* accessibile
accession /ək'seʃn/ *n* (*to throne*) ascesa *f* al trono
accessory /ək'sesərɪ/ *n* accessorio *m*; *Jur* complice *mf*
accident /'æksɪdənt/ *n* incidente *m*; (*chance*) caso *m*; **by ~** per caso; (*unintentionally*) senza volere; **I'm sorry, it was an ~** mi dispiace, non l'ho fatto apposta. **~al** /-'dentl/ *a* ‹*meeting*› casuale; ‹*death*› incidentale; (*unintentional*) involontario. **~ally** *adv* per caso; (*unintentionally*) inavvertitamente
acclaim /ə'kleɪm/ *n* acclamazione *f* ● *vt* acclamare (**as** come)
acclimatize /ə'klaɪmətaɪz/ *vt* **become ~d** acclimatarsi
accolade /'ækəleɪd/ *n* riconoscimento *m*
accommodat|e /ə'kɒmədeɪt/ *vt* ospitare; (*oblige*) favorire. **~ing** *a* accomodante. **~ion** /-'deɪʃn/ *n* (*place to stay*) sistemazione *f*
accompan|iment /ə'kʌmpənɪmənt/ *n* accompagnamento *m*. **~ist** *n Mus* accompagnatore, -trice *mf*
accompany /ə'kʌmpənɪ/ *vt* (*pt/pp* **-ied**) accompagnare
accomplice /ə'kʌmplɪs/ *n* complice *mf*
accomplish /ə'kʌmplɪʃ/ *vt* (*achieve*) concludere; realizzare ‹*aim*›. **~ed** *a* dotato; ‹*fact*› compiuto. **~ment** *n* realizzazione *f*; (*achievement*) risultato *m*; (*talent*) talento *m*
accord /ə'kɔ:d/ *n* (*treaty*) accordo *m*; **with one ~** tutti d'accordo; **of his own ~** di sua spontanea volontà. **~ance** *n* **in ~ance with** in conformità di *o* a
according /ə'kɔ:dɪŋ/ *adv* **~ to** secondo. **~ly** *adv* di conseguenza
accordion /ə'kɔ:dɪən/ *n* fisarmonica *f*
accost /ə'kɒst/ *vt* abbordare
account /ə'kaʊnt/ *n* conto *m*; (*report*) descrizione *f*; (*of eye-witness*) resoconto *m*; **~s** *pl Comm* conti *mpl*; **on ~ of** a causa di; **on no ~** per nessun motivo; **on this ~** per questo motivo; **on my ~** per causa mia; **of no ~** di nessuna importanza; **take into ~** tener conto di ● **account for** *vi* (*explain*) spiegare; ‹*person:*› render conto di; (*constitute*) costituire. **~ability** *n* responsabilità *f inv*. **~able** *a* responsabile (**for** di)

accountant /ə'kaʊntənt/ *n* (*book-keeper*) contabile *mf*; (*consultant*) commercialista *mf*
accredited /ə'kredɪtɪd/ *a* accreditato
accrue /ə'kru:/ *vi* ‹*interest:*› maturare
accumulat|e /ə'kju:mjʊleɪt/ *vt* accumulare ● *vi* accumularsi. **~ion** /-'leɪʃn/ *n* accumulazione *f*
accura|cy /'ækjʊrəsɪ/ *n* precisione *f*. **~te** /-rət/ *a* preciso. **~tely** *adv* con precisione
accusation /ækjʊ'zeɪʃn/ *n* accusa *f*
accusative /ə'kju:zətɪv/ *a & n* ~ [**case**] *Gram* accusativo *m*
accuse /ə'kju:z/ *vt* accusare; **~ sb of doing sth** accusare qcno di fare qcsa. **~d** *n* **the ~d** l'accusato *m*, l'accusata *f*
accustom /ə'kʌstəm/ *vt* abituare (**to** a); **grow** *or* **get ~ed to** abituarsi a. **~ed** *a* abituato
ace /eɪs/ *n Cards* asso *m*; (*tennis*) ace *m inv*
ache /eɪk/ *n* dolore *m* ● *vi* dolere, far male; **~ all over** essere tutto indolenzito
achieve /ə'tʃi:v/ *vt* ottenere ‹*success*›; realizzare ‹*goal, ambition*›. **~ment** *n* (*feat*) successo *m*
acid /'æsɪd/ *a* acido ● *n* acido *m*. **~ity** /ə'sɪdətɪ/ *n* acidità *f*. **~ 'rain** *n* pioggia *f* acida
acknowledge /ək'nɒlɪdʒ/ *vt* riconoscere; rispondere a ‹*greeting*›; far cenno di aver notato ‹*sb's presence*›; **~ receipt of** accusare ricevuta di. **~ment** *n* riconoscimento *m*; **send an ~ment of a letter** confermare il ricevimento di una lettera
acne /'æknɪ/ *n* acne *f*
acorn /'eɪkɔ:n/ *n* ghianda *f*
acoustic /ə'ku:stɪk/ *a* acustico. **~s** *npl* acustica *fsg*
acquaint /ə'kweɪnt/ *vt* **~ sb with** metter qcno al corrente di; **be ~ed with** conoscere ‹*person*›; essere a conoscenza di ‹*fact*›. **~ance** *n* (*person*) conoscente *mf*; **make sb's ~ance** fare la conoscenza di qcno
acquiesce /ækwɪ'es/ *vi* acconsentire (**to, in** a). **~nce** *n* acquiescenza *f*
acquire /ə'kwaɪə(r)/ *vt* acquisire
acquisit|ion /ækwɪ'zɪʃn/ *n* acquisizione *f*. **~ive** /ə'kwɪzətɪv/ *a* avido
acquit /ə'kwɪt/ *vt* (*pt/pp* **acquitted**) assolvere; **~ oneself well** cavarsela bene. **~tal** *n* assoluzione *f*
acre /'eɪkə(r)/ *n* acro *m* (= *4 047 m²*)
acrid /'ækrɪd/ *a* acre
acrimon|ious /ækrɪ'məʊnɪəs/ *a* aspro. **~y** /'ækrɪmənɪ/ *n* asprezza *f*
acrobat /'ækrəbæt/ *n* acrobata *mf*. **~ic** /-'bætɪk/ *a* acrobatico
across /ə'krɒs/ *adv* dall'altra parte; (*wide*) in larghezza; (*not lengthwise*) attraverso; (*in crossword*) orizzontale; **come ~ sth** imbattersi in qcsa; **go ~** attraversare ● *prep* (*crosswise*) di traverso su; (*on the other side of*) dall'altra parte di
act /ækt/ *n* atto *m*; (*in variety show*) numero *m*; **put on an ~** *fam* fare scena ● *vi* agire; (*behave*) comportarsi; *Theat* recitare; (*pretend*) fingere; **~ as** fare da ● *vt* recitare ‹*role*›. **~ing** *a* ‹*deputy*› provvisorio ● *n Theat* recitazione *f*; (*profession*) teatro *m*. **~ing profession** *n* professione *f* dell'attore
action /'ækʃn/ *n* azione *f*; *Mil* combattimento *m*; *Jur* azione *f* legale; **out of ~** ‹*machine:*› fuori uso; **take ~** agire. **~ 'replay** *n* replay *m inv*
activ|e /'æktɪv/ *a* attivo. **~ely** *adv* attivamente. **~ity** /-'tɪvətɪ/ *n* attività *f inv*
act|or /'æktə(r)/ *n* attore *m*. **~ress** *n* attrice *f*
actual /'æktʃʊəl/ *a* (*real*) reale. **~ly** *adv* in realtà
acumen /'ækjʊmən/ *n* acume *m*
acupuncture /'ækjʊ-/ *n* agopuntura *f*
acute /ə'kju:t/ *a* acuto; ‹*shortage, hardship*› estremo
ad /æd/ *n fam* pubblicità *f inv;* (*in paper*) inserzione *f*. annuncio *m*
AD *abbr* (**Anno Domini**) d.C.
adamant /'ædəmənt/ *a* categorico (**that** sul fatto che)
adapt /ə'dæpt/ *vt* adattare ‹*play*› ● *vi* adattarsi. **~ability** /-ə'bɪlətɪ/ *n* adattabilità *f*. **~able** /-əbl/ *a* adattabile
adaptation /ædæp'teɪʃn/ *n Theat* adattamento *m*
adapter, adaptor /ə'dæptə(r)/ *n* adattatore *m*; (*two-way*) presa *f* multipla
add /æd/ *vt* aggiungere; *Math* addizionare ● *vi* addizionare; **~ to** (*fig: increase*) aggravare. **add up** *vt* addizionare ‹*figures*› ● *vi* addizionare; **~ up to** ammontare a; **it doesn't ~ up** *fig* non quadra
adder /'ædə(r)/ *n* vipera *f*
addict /'ædɪkt/ *n* tossicodipendente *mf*; *fig* fanatico, -a *mf*
addict|ed /ə'dɪktɪd/ *a* assuefatto (**to** a); **~ed to drugs** tossicodipendente; **he's ~ed to television** è videodipendente. **~ion** /-ɪkʃn/ *n* dipendenza *f*; (*to drugs*)

tossicodipendenza *f*. **~ive** /-ɪv/ *a* **be ~ive** dare assuefazione

addition /əˈdɪʃn/ *n Math* addizione *f*; (*thing added*) aggiunta *f*; **in ~** in aggiunta. **~al** *a* supplementare. **~ally** *adv* in più

additive /ˈædɪtɪv/ *n* additivo *m*

address /əˈdres/ *n* indirizzo *m*; (*speech*) discorso *m*; **form of ~** formula *f* di cortesia ● *vt* indirizzare; (*speak to*) rivolgersi a ‹*person*›; tenere un discorso a ‹*meeting*›. **~ee** /ædreˈsiː/ *n* destinatario, -a *mf*

adenoids /ˈædənɔɪdz/ *npl* adenoidi *fpl*

adept /ˈædept/ *a* & *n* esperto, -a *mf* (**at** in)

adequate /ˈædɪkwət/ *a* adeguato. **~ly** *adv* adeguatamente

adhere /ədˈhɪə(r)/ *vi* aderire; **~ to** attenersi a ‹*principles, rules*›

adhesive /ədˈhiːsɪv/ *a* adesivo ● *n* adesivo *m*

adjacent /əˈdʒeɪsənt/ *a* adiacente

adjective /ˈædʒɪktɪv/ *n* aggettivo *m*

adjoin /əˈdʒɔɪn/ *vt* essere adiacente a. **~ing** *a* adiacente

adjourn /əˈdʒɜːn/ *vt/i* aggiornare (**until** a). **~ment** *n* aggiornamento *m*

adjudicate /əˈdʒuːdɪkeɪt/ *vi* decidere; (*in competition*) giudicare

adjust /əˈdʒʌst/ *vt* modificare; regolare ‹*focus, sound etc*› ● *vi* adattarsi. **~able** /-əbl/ *a* regolabile. **~ment** *n* adattamento *m*; *Techn* regolamento *m*

ad lib /ædˈlɪb/ *a* improvvisato ● *adv* a piacere ● *vi* (*pt/pp* **ad libbed**) *fam* improvvisare

administer /ədˈmɪnɪstə(r)/ *vt* amministrare; somministrare ‹*medicine*›

administrat|ion /ədmɪnɪˈstreɪʃn/ *n* amministrazione *f*; *Pol* governo *m*. **~or** /ədˈmɪnɪstreɪtə(r)/ *n* amministratore, -trice *mf*

admirable /ˈædmərəbl/ *a* ammirevole

admiral /ˈædmərəl/ *n* ammiraglio *m*

admiration /ædməˈreɪʃn/ *n* ammirazione *f*

admire /ədˈmaɪə(r)/ *vt* ammirare. **~r** *n* ammiratore, -trice *mf*

admissible /ədˈmɪsəbl/ *a* ammissibile

admission /ədˈmɪʃn/ *n* ammissione *f*; (*to hospital*) ricovero *m*; (*entry*) ingresso *m*

admit /ədˈmɪt/ *vt* (*pt/pp* **admitted**) (*let in*) far entrare; (*to hospital*) ricoverare; (*acknowledge*) ammettere ● *vi* **~ to sth** ammettere qcsa. **~tance** *n* ammissione *f*; **'no ~tance'** 'vietato l'ingresso'. **~tedly** *adv* bisogna riconoscerlo

admonish /ədˈmɒnɪʃ/ *vt* ammonire

ado /əˈduː/ *n* **without more ~** senza ulteriori indugi

adolescen|ce /ædəˈlesns/ *n* adolescenza *f*. **~t** *a* & *n* adolescente *mf*

adopt /əˈdɒpt/ *vt* adottare; *Pol* scegliere ‹*candidate*›. **~ion** /-ɒpʃn/ *n* adozione *f*. **~ive** /-ɪv/ *a* adottivo

ador|able /əˈdɔːrəbl/ *a* adorabile. **~ation** /ædəˈreɪʃn/ *n* adorazione *f*

adore /əˈdɔː(r)/ *vt* adorare

adrenalin /əˈdrenəlɪn/ *n* adrenalina *f*

Adriatic /eɪdrɪˈætɪk/ *a* & *n* **the ~ [Sea]** il mare Adriatico, l'Adriatico *m*

adrift /əˈdrɪft/ *a* alla deriva; **be ~** andare alla deriva; **come ~** staccarsi

adroit /əˈdrɔɪt/ *a* abile

adulation /ædjʊˈleɪʃn/ *n* adulazione *f*

adult /ˈædʌlt/ *n* adulto, -a *mf*

adulterate /əˈdʌltəreɪt/ *vt* adulterare ‹*wine*›

adultery /əˈdʌltərɪ/ *n* adulterio *m*

advance /ədˈvɑːns/ *n* avanzamento *m*; *Mil* avanzata *f*; (*payment*) anticipo *m*; **in ~** in anticipo ● *vi* avanzare; (*make progress*) fare progressi ● *vt* avanzare ‹*theory*›; promuovere ‹*cause*›; anticipare ‹*money*›. **~ booking** *n* prenotazione *f* [in anticipo]. **~d** *a* avanzato. **~ment** *n* promozione *f*

advantage /ədˈvɑːntɪdʒ/ *n* vantaggio *m*; **take ~ of** approfittare di. **~ous** /ædvənˈteɪdʒəs/ *a* vantaggioso

advent /ˈædvent/ *n* avvento *m*

adventur|e /ədˈventʃə(r)/ *n* avventura *f*. **~ous** /-rəs/ *a* avventuroso

adverb /ˈædvɜːb/ *n* avverbio *m*

adversary /ˈædvəsərɪ/ *n* avversario, -a *mf*

advers|e /ˈædvɜːs/ *a* avverso. **~ity** /ədˈvɜːsətɪ/ *n* avversità *f*

advert /ˈædvɜːt/ *n fam* = **advertisement**

advertise /ˈædvətaɪz/ *vt* reclamizzare; mettere un annuncio per ‹*job, flat*› ● *vi* fare pubblicità; (*for job, flat*) mettere un annuncio

advertisement /ədˈvɜːtɪsmənt/ *n* pubblicità *f inv*; (*in paper*) inserzione *f*, annuncio *m*

advertis|er /ˈædvətaɪzə(r)/ *n* (*in newspaper*) inserzionista *mf*. **~ing** *n* pubblicità *f* ● *attrib* pubblicitario

advice /ədˈvaɪs/ *n* consigli *mpl*; **piece of ~** consiglio *m*

advisable /ədˈvaɪzəbl/ *a* consigliabile

advis|e /əd'vaɪz/ *vt* consigliare; (*inform*) avvisare; **~e sb to do sth** consigliare a qcno di fare qcsa; **~e sb against sth** sconsigliare qcsa a qcno. **~er** *n* consulente *mf*. **~ory** *a* consultivo

advocate¹ /'ædvəkət/ *n* (*supporter*) fautore, -trice *mf*

advocate² /'ædvəkeɪt/ *vt* propugnare

aerial /'eərɪəl/ *a* aereo ● *n* antenna *f*

aerobics /eə'rəʊbɪks/ *n* aerobica *fsg*

aero|drome /'eərədrəʊm/ *n* aerodromo *m*. **~plane** *n* aeroplano *m*

aerosol /'eərəsɒl/ *n* bomboletta *f* spray

aesthetic /i:s'θetɪk/ *a* estetico

afar /ə'fɑ:(r)/ *adv* **from ~** da lontano

affable /'æfəbl/ *a* affabile

affair /ə'feə(r)/ *n* affare *m*; (*scandal*) caso *m*; (*sexual*) relazione *f*

affect /ə'fekt/ *vt* influire su; (*emotionally*) colpire; (*concern*) riguardare. **~ation** /æfek'teɪʃn/ *n* affettazione *f*. **~ed** *a* affettato

affection /ə'fekʃn/ *n* affetto *m*. **~ate** /-ət/ *a* affettuoso

affiliated /ə'fɪlɪeɪtɪd/ *a* affiliato

affinity /ə'fɪnətɪ/ *n* affinità *f inv*

affirm /ə'fɜ:m/ *vt* affermare; *Jur* dichiarare solennemente

affirmative /ə'fɜ:mətɪv/ *a* affermativo ● *n* **in the ~** affermativamente

afflict /ə'flɪkt/ *vt* affliggere. **~ion** /-ɪkʃn/ *n* afflizione *f*

affluen|ce /'æflʊəns/ *n* agiatezza *f*. **~t** *a* agiato

afford /ə'fɔ:d/ *vt* **be able to ~ sth** potersi permettere qcsa. **~able** /-əbl/ *a* abbordabile

affray /ə'freɪ/ *n* rissa *f*

affront /ə'frʌnt/ *n* affronto *m*

afield /ə'fi:ld/ *adv* **further ~** più lontano

afloat /ə'fləʊt/ *a* a galla

afoot /ə'fʊt/ *a* **there's something ~** si sta preparando qualcosa

aforesaid /ə'fɔ:sed/ *a Jur* suddetto

afraid /ə'freɪd/ *a* **be ~** aver paura; **I'm ~ not** purtroppo no; **I'm ~ so** temo di sì; **I'm ~ I can't help you** mi dispiace, ma non posso esserle d'aiuto

afresh /ə'freʃ/ *adv* da capo

Africa /'æfrɪkə/ *n* Africa *f*. **~n** *a* & *n* africano, -a *mf*

after /'ɑ:ftə(r)/ *adv* dopo; **the day ~** il giorno dopo; **be ~** cercare ● *prep* dopo; **~ all** dopotutto; **the day ~ tomorrow** dopodomani ● *conj* dopo che

after: ~-effect *n* conseguenza *f*. **~math** /-mɑ:θ/ *n* conseguenze *fpl*; **the ~math of war** il dopoguerra; **in the ~math of** nel periodo successivo a. **~'noon** *n* pomeriggio *m*; **good ~noon!** buon giorno! **~-sales service** *n* servizio *m* assistenza clienti. **~shave** *n* [lozione *f*] dopobarba *m inv*. **~thought** *n* **added as an ~thought** aggiunto in un secondo momento; **~wards** *adv* in seguito

again /ə'geɪn/ *adv* di nuovo; **[then] ~** (*besides*) inoltre; (*on the other hand*) d'altra parte; **~ and ~** continuamente

against /ə'geɪnst/ *prep* contro

age /eɪdʒ/ *n* età *f inv*; (*era*) era *f*; **~s** *fam* secoli; **what ~ are you?** quanti anni hai?; **be under ~** non avere l'età richiesta; **he's two years of ~** ha due anni ● *vt*/*i* (*pres p* **ageing**) invecchiare

aged¹ /eɪdʒd/ *a* **~ two** di due anni

aged² /'eɪdʒɪd/ *a* anziano ● *npl* **the ~** gli anziani

ageless /'eɪdʒlɪs/ *a* senza età

agency /'eɪdʒənsɪ/ *n* agenzia *f*; **have the ~ for** essere un concessionario di

agenda /ə'dʒendə/ *n* ordine *m* del giorno; **on the ~** all'ordine del giorno; *fig* in programma

agent /'eɪdʒənt/ *n* agente *mf*

aggravat|e /'ægrəveɪt/ *vt* aggravare; (*annoy*) esasperare. **~ion** /-'veɪʃn/ *n* aggravamento *m*; (*annoyance*) esasperazione *f*

aggregate /'ægrɪgət/ *a* totale ● *n* totale *m*; **on ~** nel complesso

aggress|ion /ə'greʃn/ *n* aggressione *f*. **~ive** /-sɪv/ *a* aggressivo. **~iveness** *n* aggressività *f*. **~or** *n* aggressore *m*

aggro /'ægrəʊ/ *n fam* aggressività *f*; (*problems*) grane *fpl*

aghast /ə'gɑ:st/ *a* inorridito

agil|e /'ædʒaɪl/ *a* agile. **~ity** /ə'dʒɪlətɪ/ *n* agilità *f*

agitat|e /'ædʒɪteɪt/ *vt* mettere in agitazione; (*shake*) agitare ● *vi fig* **~e for** creare delle agitazioni per. **~ed** *a* agitato. **~ion** /-'teɪʃn/ *n* agitazione *f*. **~or** *n* agitatore, -trice *mf*

agnostic /æg'nɒstɪk/ *n* agnostico, -a *mf*

ago /ə'gəʊ/ *adv* fa; **a long time/a month ~** molto tempo/un mese fa

agog /ə'gɒg/ *a* eccitato

agoniz|e /'ægənaɪz/ *vi* angosciarsi (**over** per). **~ing** *a* angosciante

agony /'ægənɪ/ *n* agonia *f*; (*mental*) angoscia *f*; **be in ~** avere dei dolori atroci

agree /ə'gri:/ *vt* accordarsi su; **~ to do sth** accettare di fare qcsa; **~ that** essere d'accordo [sul fatto] che ● *vi* essere d'accordo; ‹*figures:*› concordare; (*reach agreement*) mettersi d'accordo; (*get on*) andare d'accordo; (*consent*) acconsentire (**to** a); **it doesn't ~ with me** mi fa male; **~ with sth** (*approve of*) approvare qcsa

agreeable /ə'gri:əbl/ *a* gradevole; (*willing*) d'accordo

agreed /ə'gri:d/ *a* convenuto

agreement /ə'gri:mənt/ *n* accordo *m*; **in ~** d'accordo

agricultur|al /ægrɪ'kʌltʃərəl/ *a* agricolo. **~e** /'ægrɪkʌltʃə(r)/ *n* agricoltura *f*

aground /ə'graʊnd/ *adv* **run ~** ‹*ship:*› arenarsi

ahead /ə'hed/ *adv* avanti; **be ~ of** essere davanti a; *fig* essere avanti rispetto a; **draw ~** passare davanti (**of** a); **get ~** (*in life*) riuscire; **go ~!** fai pure!; **look ~** pensare all'avvenire; **plan ~** fare progetti per l'avvenire

aid /eɪd/ *n* aiuto *m*; **in ~ of** a favore di ● *vt* aiutare

aide /eɪd/ *n* assistente *mf*

Aids /eɪdz/ *n* AIDS *m*

ail|ing /'eɪlɪŋ/ *a* malato. **~ment** *n* disturbo *m*

aim /eɪm/ *n* mira *f*; *fig* scopo *m*; **take ~** prendere la mira ● *vt* puntare ‹*gun*› (**at** contro) ● *vi* mirare; **~ to do sth** aspirare a fare qcsa. **~less** *a*, **~lessly** *adv* senza scopo

air /eə(r)/ *n* aria *f*; **be on the ~** ‹*programme:*› essere in onda; **put on ~s** darsi delle arie; **by ~** in aereo; (*airmail*) per via aerea ● *vt* arieggiare; far conoscere ‹*views*›

air: ~-bed *n* materassino *m* [gonfiabile]. **~-conditioned** *a* con aria condizionata. **~-conditioning** *n* aria *f* condizionata. **~craft** *n* aereo *m*. **~craft carrier** *n* portaerei *f inv*. **~fare** *n* tariffa *f* aerea. **~field** *n* campo *m* d'aviazione. **~ force** *n* aviazione *f*. **~ freshener** *n* deodorante *m* per l'ambiente. **~gun** *n* fucile *m* pneumatico. **~ hostess** *n* hostess *f inv*. **~ letter** *n* aerogramma *m*. **~line** *n* compagnia *f* aerea. **~lock** *n* bolla *f* d'aria. **~mail** *n* posta *f* aerea. **~plane** *n Am* aereo *m*. **~ pocket** *n* vuoto *m* d'aria. **~port** *n* aeroporto *m*. **~-raid** *n* incursione *f* aerea. **~-raid shelter** *n* rifugio *m* antiaereo. **~ship** *n* dirigibile *m*. **~tight** *a* ermetico. **~ traffic** *n* traffico *m* aereo. **~-traffic controller** *n* controllore *m* di volo. **~worthy** *a* idoneo al volo

airy /'eərɪ/ *a* (**-ier, -iest**) arieggiato; ‹*manner*› noncurante

aisle /aɪl/ *n* corridoio *m*; (*in supermarket*) corsia *f*; (*in church*) navata *f*

ajar /ə'dʒɑ:(r)/ *a* socchiuso

akin /ə'kɪn/ *a* **~ to** simile a

alarm /ə'lɑ:m/ *n* allarme *m*; **set the ~** (*of alarm clock*) mettere la sveglia ● *vt* allarmare. **~ clock** *n* sveglia *f*

alas /ə'læs/ *int* ahimè

Albania /æl'beɪnɪə/ *n* Albania *f*

album /'ælbəm/ *n* album *m inv*

alcohol /'ælkəhɒl/ *n* alcol *m*. **~ic** /-'hɒlɪk/ *a* alcolico ● *n* alcolizzato, -a *mf*. **~ism** *n* alcolismo *m*

alcove /'ælkəʊv/ *n* alcova *f*

alert /ə'lɜ:t/ *a* sveglio; (*watchful*) vigile ● *n* segnale *m* d'allarme; **be on the ~** stare allerta ● *vt* allertare

algae /'ældʒi:/ *npl* alghe *fpl*

algebra /'ældʒɪbrə/ *n* algebra *f*

Algeria /æl'dʒɪərɪə/ *n* Algeria *f*. **~n** *a* & *n* algerino, -a *mf*

alias /'eɪlɪəs/ *n* pseudonimo *m* ● *adv* alias

alibi /'ælɪbaɪ/ *n* alibi *m inv*

alien /'eɪlɪən/ *a* straniero; *fig* estraneo ● *n* straniero, -a *mf*; (*from space*) alieno, -a *mf*

alienat|e /'eɪlɪəneɪt/ *vt* alienare. **~ion** /-'neɪʃn/ *n* alienazione *f*

alight[1] /ə'laɪt/ *vi* scendere; ‹*bird:*› posarsi

alight[2] *a* **be ~** essere in fiamme; **set ~** dar fuoco a

align /ə'laɪn/ *vt* allineare. **~ment** *n* allineamento *m*; **out of ~ment** non allineato

alike /ə'laɪk/ *a* simile; **be ~** rassomigliarsi ● *adv* in modo simile; **look ~** rassomigliarsi; **summer and winter ~** sia d'estate che d'inverno

alimony /'ælɪmənɪ/ *n* alimenti *mpl*

alive /ə'laɪv/ *a* vivo; **~ with** brulicante di; **~ to** sensibile a

alkali /'ælkəlaɪ/ *n* alcali *m*

all /ɔ:l/ *a* tutto; **~ the children, ~ children** tutti i bambini; **~ day** tutto il giorno; **he refused ~ help** ha rifiutato qualsiasi aiuto; **for ~ that** (*nevertheless*) ciononostante; **in ~ sincerity** in tutta sincerità; **be ~ for** essere favorevole a ● *pron* tutto; **~ of you/them** tutti voi/loro; **~ of it** tutto; **~ of the town** tutta la città; **in ~** in tutto; **~ in ~** tutto sommato; **most of ~** più di ogni altra cosa; **once and for ~** una volta per tutte ● *adv* completamente; **~ but** quasi; **~ at once** (*at the same time*) tutto in una volta; **~ at once, ~ of a sudden** all'improvviso; **~ too soon** troppo presto; **~ the same** (*nevertheless*) ciononostante; **~ the better** meglio ancora; **she's not ~ that good an actress** non è poi così brava come attrice; **~ in** in tutto; *fam* esausto; **thirty/three ~** (*in sport*) trenta/tre pari; **~ over** (*finished*) tutto finito; (*everywhere*) dappertutto; **it's ~ right** (*I don't mind*) non fa niente; **I'm ~ right** (*not hurt*) non ho niente; **~ right!** va bene!

allay /ə'leɪ/ *vt* placare ‹*suspicions, anger*›

allegation /ælɪ'geɪʃn/ *n* accusa *f*

allege /ə'ledʒ/ *vt* dichiarare. **~d** *a* presunto. **~dly** /-ɪdlɪ/ *adv* a quanto si dice

allegiance /ə'li:dʒəns/ *n* fedeltà *f*

allegor|ical /ælɪ'gɒrɪkl/ *a* allegorico. **~y** /'ælɪgərɪ/ *n* allegoria *f*

allerg|ic /ə'lɜ:dʒɪk/ *a* allergico. **~y** /'ælədʒɪ/ *n* allergia *f*

alleviate /ə'li:vɪeɪt/ *vt* alleviare

alley /'ælɪ/ *n* vicolo *m*; (*for bowling*) corsia *f*

alliance /ə'laɪəns/ *n* alleanza *f*

allied /'ælaɪd/ *a* alleato; (*fig: related*) connesso (**to** a)

alligator /'ælɪgeɪtə(r)/ *n* alligatore *m*

allocat|e /'æləkeɪt/ *vt* assegnare; distribuire ‹*resources*›. **~ion** /-'keɪʃn/ *n* assegnazione *f*; (*of resources*) distribuzione *f*

allot /ə'lɒt/ *vt* (*pt/pp* **allotted**) distribuire. **~ment** *n* distribuzione *f*; (*share*) parte *f*; (*land*) piccolo lotto *m* di terreno

allow /ə'laʊ/ *vt* permettere; (*grant*) accordare; (*reckon on*) contare; (*agree*) ammettere; **~ for** tener conto di; **~ sb to do sth** permettere a qcno di fare qcsa; **you are not ~ed to...** è vietato...

allowance /ə'laʊəns/ *n* sussidio *m*; (*Am: pocket money*) paghetta *f*; (*for petrol etc*) indennità *f inv*; (*of luggage, duty free*) limite *m*; **make ~s for** essere indulgente verso ‹*sb*›; tener conto di ‹*sth*›

alloy /'ælɔɪ/ *n* lega *f*

allude /ə'lu:d/ *vi* alludere

allusion /ə'lu:ʒn/ *n* allusione *f*

ally¹ /'ælaɪ/ *n* alleato, -a *mf*

ally² /ə'laɪ/ *vt* (*pt/pp* **-ied**) alleare; **~ oneself with** allearsi con

almighty /ɔ:l'maɪtɪ/ *a* (*fam: big*) mega *inv* ● *n* **the A~** l'Onnipotente *m*

almond /'ɑ:mənd/ *n* mandorla *f*; (*tree*) mandorlo *m*

almost /'ɔ:lməʊst/ *adv* quasi

alone /ə'ləʊn/ *a* solo; **leave me ~!** lasciami in pace!; **let ~** (*not to mention*) figurarsi ● *adv* da solo

along /ə'lɒŋ/ *prep* lungo ● *adv* **~ with** assieme a; **all ~** tutto il tempo; **come ~!** (*hurry up*) vieni qui!; **I'll be ~ in a minute** arrivo tra un attimo; **move ~** spostarsi; **move ~!** circolare!

along'side *adv* lungo bordo ● *prep* lungo; **work ~ sb** lavorare fianco a fianco con qcno

aloof /ə'lu:f/ *a* distante

aloud /ə'laʊd/ *adv* ad alta voce

alphabet /'ælfəbet/ *n* alfabeto *m*. **~ical** /-'betɪkl/ *a* alfabetico

alpine /'ælpaɪn/ *a* alpino

Alps /ælps/ *npl* Alpi *fpl*

already /ɔ:l'redɪ/ *adv* già

Alsatian /æl'seɪʃn/ *n* (*dog*) pastore *m* tedesco

also /'ɔ:lsəʊ/ *adv* anche; **~, I need...** [e] inoltre, ho bisogno di...

altar /'ɔ:ltə(r)/ *n* altare *m*

alter /'ɔ:ltə(r)/ *vt* cambiare; aggiustare ‹*clothes*› ● *vi* cambiare. **~ation** /-'reɪʃn/ *n* modifica *f*

alternate¹ /'ɔ:ltəneɪt/ *vi* alternarsi ● *vt* alternare

alternate² /ɔ:l'tɜ:nət/ *a* alterno; **on ~ days** a giorni alterni

'alternating current *n* corrente *f* alternata

alternative /ɔ:l'tɜ:nətɪv/ *a* alternativo ● *n* alternativa *f*. **~ly** *adv* alternativamente

although /ɔ:l'ðəʊ/ *conj* benché, sebbene

altitude /'æltɪtju:d/ *n* altitudine *f*

altogether /ɔ:ltə'geðə(r)/ *adv* (*in all*) in tutto; (*completely*) completamente; **I'm not ~ sure** non sono del tutto sicuro

altruistic /æltrʊ'ɪstɪk/ *a* altruistico

aluminium /æljʊ'mɪnɪəm/ *n*, *Am* **aluminum** /ə'lu:mɪnəm/ *n* alluminio *m*

always /'ɔ:lweɪz/ *adv* sempre

am /æm/ *see* **be**

a.m. *abbr* (**ante meridiem**) del mattino

amalgamate /ə'mælgəmeɪt/ *vt* fondere ● *vi* fondersi

amass /ə'mæs/ *vt* accumulare

amateur /'æmətə(r)/ *n* non professionista *mf*; *pej* dilettante *mf* ● *attrib* dilettante; **~ dramatics** filodrammatica *f*. **~ish** *a* dilettantesco

amaze /ə'meɪz/ *vt* stupire. **~d** *a* stupito. **~ment** *n* stupore *m*

amazing /ə'meɪzɪŋ/ *a* incredibile

ambassador /æm'bæsədə(r)/ *n* ambasciatore, -trice *mf*

amber /'æmbə(r)/ *n* ambra *f* ● *a* (*colour*) ambra *inv*

ambidextrous /æmbɪ'dekstrəs/ *a* ambidestro

ambience /'æmbɪəns/ *n* atmosfera *f*

ambigu|ity /æmbɪ'gju:ətɪ/ *n* ambiguità *f inv*. **~ous** /-'bɪgjʊəs/ *a* ambiguo

ambiti|on /æm'bɪʃn/ *n* ambizione *f*; (*aim*) aspirazione *f*. **~ous** /-ʃəs/ *a* ambizioso

ambivalent /æm'bɪvələnt/ *a* ambivalente

amble /'æmbl/ *vi* camminare senza fretta

ambulance /'æmbjʊləns/ *n* ambulanza *f*

ambush /'æmbʊʃ/ *n* imboscata *f* ● *vt* tendere un'imboscata a

amenable /ə'mi:nəbl/ *a* conciliante; **~ to** sensibile a

amend /ə'mend/ *vt* modificare. **~ment** *n* modifica *f*. **~s** *npl* **make ~s** fare ammenda (**for** di, per)

amenities /ə'mi:nətɪz/ *npl* comodità *fpl*

America /ə'merɪkə/ *n* America *f*. **~n** *a* & *n* americano, -a *mf*

amiable /'eɪmɪəbl/ *a* amabile

amicable /'æmɪkəbl/ *a* amichevole

amiss /ə'mɪs/ *a* **there's something ~** c'è qualcosa che non va ● *adv* **take sth ~** prendersela [a male]; **it won't come ~** non sarebbe sgradito

ammonia /ə'məʊnɪə/ *n* ammoniaca *f*

ammunition /æmjʊ'nɪʃn/ *n* munizioni *fpl*

amnesia /æm'ni:zɪə/ *n* amnesia *f*

amnesty /'æmnəstɪ/ *n* amnistia *f*

among[st] /ə'mʌŋ[st]/ *prep* tra, fra

amoral /eɪ'mɒrəl/ *a* amorale

amorous /'æmərəs/ *a* amoroso

amount /ə'maʊnt/ *n* quantità *f inv*; (*sum of money*) importo *m* ● *vi* **~ to** ammontare a; *fig* equivalere a

amp /æmp/ *n* ampère *m inv*

amphibi|an /æm'fɪbɪən/ *n* anfibio *m*. **~ous** /-ɪəs/ *a* anfibio

amphitheatre /'æmfɪ-/ *n* anfiteatro *m*

ampl|e /'æmpl/ *a* (*large*) grande; ‹*proportions*› ampio; (*enough*) largamente sufficiente

amplif|ier /'æmplɪfaɪə(r)/ *n* amplificatore *m*. **~y** /-faɪ/ *vt* (*pt/pp* **-ied**) amplificare ‹*sound*›

amputat|e /'æmpjʊteɪt/ *vt* amputare. **~ion** /-'teɪʃn/ *n* amputazione *f*

amuse /ə'mju:z/ *vt* divertire. **~ment** *n* divertimento *m*. **~ment arcade** *n* sala *f* giochi

amusing /ə'mju:zɪŋ/ *a* divertente

an /ən/, *accentato* /æn/ *see* **a**

anaem|ia /ə'ni:mɪə/ *n* anemia *f*. **~ic** *a* anemico

anaesthetic /ænəs'θetɪk/ *n* anestesia *f*

anaesthet|ist /ə'ni:sθətɪst/ *n* anestesista *mf*

analog[ue] /'ænəlɒg/ *a* analogico

analogy /ə'nælədʒɪ/ *n* analogia *f*

analyse /'ænəlaɪz/ *vt* analizzare

analysis /ə'næləsɪs/ *n* analisi *f inv*

analyst /'ænəlɪst/ *n* analista *mf*

analytical /ænə'lɪtɪkl/ *a* analitico

anarch|ist /'ænəkɪst/ *n* anarchico, -a *mf*. **~y** *n* anarchia *f*

anatom|ical /ænə'tɒmɪkl/ *a* anatomico. **~ically** *adv* anatomicamente. **~y** /ə'nætəmɪ/ *n* anatomia *f*

ancest|or /'ænsestə(r)/ *n* antenato, -a *mf*. **~ry** *n* antenati *mpl*

anchor /'æŋkə(r)/ *n* ancora *f* ● *vi* gettar l'ancora ● *vt* ancorare

anchovy /'æntʃəvɪ/ *n* acciuga *f*

ancient /'eɪnʃənt/ *a* antico; *fam* vecchio

ancillary /æn'sɪlərɪ/ *a* ausiliario

and /ənd/, *accentato* /ænd/ *conj* e; **two ~ two** due più due; **six hundred ~ two** seicentodue; **more ~ more** sempre più; **nice ~ warm** bello caldo; **try ~ come** cerca di venire; **go ~ get** vai a prendere

anecdote /'ænɪkdəʊt/ *n* aneddoto *m*

anew /ə'nju:/ *adv* di nuovo

angel /'eɪndʒl/ *n* angelo *m*. **~ic** /æn'dʒelɪk/ *a* angelico

anger /'æŋgə(r)/ *n* rabbia *f* ● *vt* far arrabbiare

angle¹ /'æŋgl/ *n* angolo *m*; *fig* angolazione *f*; **at an ~** storto

angle² *vi* pescare con la lenza; **~ for** *fig* cercare di ottenere. **~r** *n* pescatore, -trice *mf*

Anglican /'æŋglɪkən/ *a* & *n* anglicano, -a *mf*

Anglo-Saxon /æŋgləʊ'sæksn/ *a* & *n* anglo-sassone *mf*

angr|y /'æŋgrɪ/ *a* (**-ier, -iest**) arrabbiato; **get ~y** arrabbiarsi; **~y with** *or* **at sb** arrabbiato con qcno; **~y at** *or*

about sth arrabbiato per qcsa. **~ily** *adv* rabbiosamente

anguish /'æŋgwɪʃ/ *n* angoscia *f*

angular /'æŋgjʊlə(r)/ *a* angolare

animal /'ænɪml/ *a & n* animale *m*

animate[1] /'ænɪmət/ *a* animato

animat|e[2] /'ænɪmeɪt/ *vt* animare. **~ed** *a* animato; ‹*person*› vivace. **~ion** /-'meɪʃn/ *n* animazione *f*

animosity /ænɪ'mɒsətɪ/ *n* animosità *f inv*

ankle /'æŋkl/ *n* caviglia *f*

annex /ə'neks/ *vt* annettere

annex[e] /'æneks/ *n* annesso *m*

annihilat|e /ə'naɪəleɪt/ *vt* annientare. **~ion** /-'leɪʃn/ *n* annientamento *m*

anniversary /ænɪ'vɜːsərɪ/ *n* anniversario *m*

announce /ə'naʊns/ *vt* annunciare. **~ment** *n* annuncio *m*. **~r** *n* annunciatore, -trice *mf*

annoy /ə'nɔɪ/ *vt* dare fastidio a; **get ~ed** essere infastidito. **~ance** *n* seccatura *f*; (*anger*) irritazione *f*. **~ing** *a* fastidioso

annual /'ænjʊəl/ *a* annuale; ‹*income*› annuo ● *n Bot* pianta *f* annua; (*children's book*) almanacco *m*

annuity /ə'njuːətɪ/ *n* annualità *f inv*

annul /ə'nʌl/ *vt* (*pt/pp* **annulled**) annullare

anomaly /ə'nɒməlɪ/ *n* anomalia *f*

anonymous /ə'nɒnɪməs/ *a* anonimo

anorak /'ænəræk/ *n* giacca *f* a vento

anorex|ia /ænə'reksɪə/ *n* anoressia *f*. **~ic** *a* anoressico

another /ə'nʌðə(r)/ *a & pron*; **~ [one]** un altro, un'altra; **in ~ way** diversamente; **one ~** l'un l'altro

answer /'ɑːnsə(r)/ *n* risposta *f*; (*solution*) soluzione *f* ● *vt* rispondere a ‹*person, question, letter*›; esaudire ‹*prayer*›; **~ the door** aprire la porta; **~ the telephone** rispondere al telefono ● *vi* rispondere; **~ back** ribattere; **~ for** rispondere di. **~able** /-əbl/ *a* responsabile; **be ~able to sb** rispondere a qcno. **~ing machine** *n Teleph* segreteria *f* telefonica

ant /ænt/ *n* formica *f*

antagonis|m /æn'tægənɪzm/ *n* antagonismo *m*. **~tic** /-'nɪstɪk/ *a* antagonistico

antagonize /æn'tægənaɪz/ *vt* provocare l'ostilità di

Antarctic /æn'tɑːktɪk/ *n* Antartico *m* ● *a* antartico

antenatal /æntɪ'neɪtl/ *a* prenatale

antenna /æn'tenə/ *n* antenna *f*

anthem /'ænθəm/ *n* inno *m*

anthology /æn'θɒlədʒɪ/ *n* antologia *f*

anthropology /ænθrə'pɒlədʒɪ/ *n* antropologia *f*

anti-'aircraft /æntɪ-/ *a* antiaereo

antibiotic /æntɪbaɪ'ɒtɪk/ *n* antibiotico *m*

'antibody *n* anticorpo *m*

anticipat|e /æn'tɪsɪpeɪt/ *vt* prevedere; (*forestall*) anticipare. **~ion** /-'peɪʃn/ *n* anticipo *m*; (*excitement*) attesa *f*

anti'climax *n* delusione *f*

anti'clockwise *a & adv* in senso antiorario

antics /'æntɪks/ *npl* gesti *mpl* buffi

anti'cyclone *n* anticiclone *m*

antidote /'æntɪdəʊt/ *n* antidoto *m*

'antifreeze *n* antigelo *m*

antipathy /æn'tɪpəθɪ/ *n* antipatia *f*

antiquated /'æntɪkweɪtɪd/ *a* antiquato

antique /æn'tiːk/ *a* antico ● *n* antichità *f inv*. **~ dealer** *n* antiquario, -a *mf*

antiquity /æn'tɪkwətɪ/ *n* antichità *f*

anti-Semitic /æntɪsɪ'mɪtɪk/ *a* antisemita

anti'septic *a & n* antisettico *m*

anti'social *a* ‹*behaviour*› antisociale; ‹*person*› asociale

anti'virus program *n Comput* programma *m* di antivirus

antlers /'æntləz/ *npl* corna *fpl*

anus /'eɪnəs/ *n* ano *m*

anxiety /æŋ'zaɪətɪ/ *n* ansia *f*

anxious /'æŋkʃəs/ *a* ansioso. **~ly** *adv* con ansia

any /'enɪ/ *a* (*no matter which*) qualsiasi, qualunque; **have we ~ wine/biscuits?** abbiamo del vino/dei biscotti?; **have we ~ jam/apples?** abbiamo della marmellata/delle mele?; **~ colour/number you like** qualsiasi colore/numero ti piaccia; **we don't have ~ wine/biscuits** non abbiamo vino/biscotti; **I don't have ~ reason to lie** non ho nessun motivo per mentire; **for ~ reason** per qualsiasi ragione ● *pron* (*some*) ne; (*no matter which*) uno qualsiasi; **I don't want ~ [of it]** non ne voglio [nessuno]; **there aren't ~** non ce ne sono; **have we ~?** ne abbiamo?; **have you read ~ of her books?** hai letto qualcuno dei suoi libri? ● *adv* **I can't go ~ quicker** non posso andare più in fretta; **is it ~ better?** va un po' meglio?; **would you like ~ more?** ne vuoi ancora?; **I can't eat ~ more** non posso mangiare più niente

'anybody *pron* chiunque; (*after negative*) nessuno; **I haven't seen ~** non ho visto nessuno

'anyhow *adv* ad ogni modo, comunque; (*badly*) non importa come

'anyone *pron* = **anybody**

'anything *pron* qualche cosa, qualcosa; (*no matter what*) qualsiasi cosa; (*after negative*) niente; **take/ buy ~ you like** prendi/compra quello che vuoi; **I don't remember ~** non mi ricordo niente; **he's ~ but stupid** è tutto, ma non stupido; **I'll do ~ but that** farò qualsiasi cosa, tranne quello

'anyway *adv* ad ogni modo, comunque

'anywhere *adv* dovunque; (*after negative*) da nessuna parte; **put it ~** mettilo dove vuoi; **I can't find it ~** non lo trovo da nessuna parte; **~ else** da qualch'altra parte; (*after negative*) da nessun'altra parte; **I don't want to go ~ else** non voglio andare da nessun'altra parte

apart /ə'pɑ:t/ *adv* lontano; **live ~** vivere separati; **100 miles ~** lontani 100 miglia; **~ from** a parte; **you can't tell them ~** non si possono distinguere; **joking ~** scherzi a parte

apartment /ə'pɑ:tmənt/ *n* (*Am: flat*) appartamento *m*; **in my ~** a casa mia

apathy /'æpəθɪ/ *n* apatia *f*

ape /eɪp/ *n* scimmia *f* ● *vt* scimmiottare

aperitif /ə'perəti:f/ *n* aperitivo *m*

aperture /'æpətʃə(r)/ *n* apertura *f*

apex /'eɪpeks/ *n* vertice *m*

apiece /ə'pi:s/ *adv* ciascuno

apologetic /əpɒlə'dʒetɪk/ *a* ‹*air, remark*› di scusa; **be ~** essere spiacente

apologize /ə'pɒlədʒaɪz/ *vi* scusarsi (**for** per)

apology /ə'pɒlədʒɪ/ *n* scusa *f*; *fig* **an ~ for a dinner** una sottospecie di cena

apostle /ə'pɒsl/ *n* apostolo *m*

apostrophe /ə'pɒstrəfɪ/ *n* apostrofo *m*

appal /ə'pɔ:l/ *vt* (*pt/pp* **appalled**) sconvolgere. **~ling** *a* sconvolgente

apparatus /æpə'reɪtəs/ *n* apparato *m*

apparent /ə'pærənt/ *a* evidente; (*seeming*) apparente. **~ly** *adv* apparentemente

apparition /æpə'rɪʃn/ *n* apparizione *f*

appeal /ə'pi:l/ *n* appello *m*; (*attraction*) attrattiva *f* ● *vi* fare appello; **~ to** (*be attractive to*) attrarre. **~ing** *a* attraente

appear /ə'pɪə(r)/ *vi* apparire; (*seem*) sembrare; ‹*publication:*› uscire; *Theat* esibirsi. **~ance** *n* apparizione *f*; (*look*) aspetto *m*; **to all ~ances** a giudicare dalle apparenze; **keep up ~ances** salvare le apparenze

appease /ə'pi:z/ *vt* placare

appendicitis /əpendɪ'saɪtɪs/ *n* appendicite *f*

appendix /ə'pendɪks/ *n* (*pl* **-ices** /-ɪsi:z/) (*of book*) appendice *f*; (*pl* **-es**) *Anat* appendice *f*

appetite /'æpɪtaɪt/ *n* appetito *m*

appetiz|er /'æpɪtaɪzə(r)/ *n* stuzzichino *m*. **~ing** *a* appetitoso

applau|d /ə'plɔ:d/ *vt/i* applaudire. **~se** *n* applauso *m*

apple /'æpl/ *n* mela *f*. **~-tree** *n* melo *m*

appliance /ə'plaɪəns/ *n* attrezzo *m*; **[electrical] ~** elettrodomestico *m*

applicable /ə'plɪkəbl/ *a* **be ~ to** essere valido per; **not ~** (*on form*) non applicabile

applicant /'æplɪkənt/ *n* candidato, -a *mf*

application /æplɪ'keɪʃn/ *n* applicazione *f*; (*request*) domanda *f*; (*for job*) candidatura *f*. **~ form** *n* modulo *m* di domanda

applied /ə'plaɪd/ *a* applicato

apply /ə'plaɪ/ *vt* (*pt/pp* **-ied**) applicare; **~ oneself** applicarsi ● *vi* applicarsi; ‹*law:*› essere applicabile; **~ to** (*ask*) rivolgersi a; **~ for** fare domanda per ‹*job etc*›

appoint /ə'pɔɪnt/ *vt* nominare; fissare ‹*time*›. **~ment** *n* appuntamento *m*; (*to job*) nomina *f*; (*job*) posto *m*

appraisal /ə'preɪz(ə)l/ *n* valutazione *f*

appreciable /ə'pri:ʃəbl/ *a* sensibile

appreciat|e /ə'pri:ʃɪeɪt/ *vt* apprezzare; (*understand*) comprendere ● *vi* (*increase in value*) aumentare di valore. **~ion** /-'eɪʃn/ *n* (*gratitude*) riconoscenza *f*; (*enjoyment*) apprezzamento *m*; (*understanding*) comprensione *f*; (*in value*) aumento *m*. **~ive** /-ətɪv/ *a* riconoscente

apprehend /æprɪ'hend/ *vt* arrestare

apprehens|ion /æprɪ'henʃn/ *n* arresto *m*; (*fear*) apprensione *f*. **~ive** /-sɪv/ *a* apprensivo

apprentice /ə'prentɪs/ *n* apprendista *mf*. **~ship** *n* apprendistato *m*

approach /ə'prəʊtʃ/ *n* avvicinamento *m*; (*to problem*) approccio *m*; (*access*) accesso *m*; **make ~es to** fare degli approcci con ● *vi* avvicinarsi ● *vt* avvicinarsi a; (*with request*) rivolgersi a; affrontare ‹*problem*›. **~able** /-əbl/ *a* accessibile

appropriate[1] /ə'prəʊprɪət/ *a* appropriato
appropriate[2] /ə'prəʊprɪeɪt/ *vt* appropriarsi di
approval /ə'pru:vl/ *n* approvazione *f*; **on ~** in prova
approv|e /ə'pru:v/ *vt* approvare ● *vi* **~e of** approvare ‹*sth*›; avere una buona opinione di ‹*sb*›. **~ing** *a* ‹*smile, nod*› d'approvazione
approximate /ə'prɒksɪmət/ *a* approssimativo. **~ly** *adv* approssimativamente
approximation /əprɒksɪ'meɪʃn/ *n* approssimazione *f*
apricot /'eɪprɪkɒt/ *n* albicocca *f*
April /'eɪprəl/ *n* aprile *m*; **~ Fool's Day** il primo d'aprile
apron /'eɪprən/ *n* grembiule *m*
apt /æpt/ *a* appropriato; **be ~ to do sth** avere tendenza a fare qcsa
aptitude /'æptɪtju:d/ *n* disposizione *f*. **~ test** *n* test *m inv* attitudinale
aqualung /'ækwəlʌŋ/ *n* autorespiratore *m*
aquarium /ə'kweərɪəm/ *n* acquario *m*
Aquarius /ə'kweərɪəs/ *n Astr* Acquario *m*
aquatic /ə'kwætɪk/ *a* acquatico
Arab /'ærəb/ *a & n* arabo, -a *mf*. **~ian** /ə'reɪbɪən/ *a* arabo
Arabic /'ærəbɪk/ *a* arabo; **~ numerals** numeri *mpl* arabici ● *n* arabo *m*
arable /'ærəbl/ *a* coltivabile
arbitrary /'ɑ:bɪtrərɪ/ *a* arbitrario
arbitrat|e /'ɑ:bɪtreɪt/ *vi* arbitrare. **~ion** /-'treɪʃn/ *n* arbitraggio *m*
arc /ɑ:k/ *n* arco *m*
arcade /ɑ:'keɪd/ *n* portico *m*; (*shops*) galleria *f*
arch /ɑ:tʃ/ *n* arco *m*; (*of foot*) dorso *m* del piede
archaeological /ɑ:kɪə'lɒdʒɪkl/ *a* archeologico
archaeolog|ist /ɑ:kɪ'ɒlədʒɪst/ *n* archeologo, -a *mf*. **~y** *n* archeologia *f*
archaic /ɑ:'keɪɪk/ *a* arcaico
arch'bishop /ɑ:tʃ-/ *n* arcivescovo *m*
arch-'enemy *n* acerrimo nemico *m*
architect /'ɑ:kɪtekt/ *n* architetto *m*. **~ural** /ɑ:kɪ'tektʃərəl/ *a* architettonico
architecture /'ɑ:kɪtektʃə(r)/ *n* architettura *f*
archives /'ɑ:kaɪvz/ *npl* archivi *mpl*
archiving /'ɑ:kaɪvɪŋ/ *n Comput* archiviazione *f*
archway /'ɑ:tʃweɪ/ *n* arco *m*
Arctic /'ɑ:ktɪk/ *a* artico ● *n* **the ~** l'Artico
ardent /'ɑ:dənt/ *a* ardente
arduous /'ɑ:djʊəs/ *a* arduo
are /ɑ:(r)/ *see* **be**
area /'eərɪə/ *n* area *f*; (*region*) zona *f*; (*fig: field*) campo *m*. **~ code** *n* prefisso *m* [telefonico]
arena /ə'ri:nə/ *n* arena *f*
aren't /ɑ:nt/ = **are not** *see* **be**
Argentina /ɑ:dʒən'ti:nə/ *n* Argentina *f*
Argentinian /-'tɪnɪən/ *a & n* argentino, -a *mf*
argue /'ɑ:gju:/ *vi* litigare (**about** su); (*debate*) dibattere; **don't ~!** non discutere! ● *vt* (*debate*) dibattere; (*reason*) **~ that** sostenere che
argument /'ɑ:gjʊmənt/ *n* argomento *m*; (*reasoning*) ragionamento *m*; **have an ~** litigare. **~ative** /-'mentətɪv/ *a* polemico
aria /'ɑ:rɪə/ *n* aria *f*
arid /'ærɪd/ *a* arido
Aries /'eəri:z/ *n Astr* Ariete *m*
arise /ə'raɪz/ *vi* (*pt* **arose**, *pp* **arisen**) ‹*opportunity, need, problem:*› presentarsi; (*result*) derivare
aristocracy /ærɪ'stɒkrəsɪ/ *n* aristocrazia *f*
aristocrat /'ærɪstəkræt/ *n* aristocratico, -a *mf*. **~ic** /-'krætɪk/ *a* aristocratico
arithmetic /ə'rɪθmətɪk/ *n* aritmetica *f*
arm /ɑ:m/ *n* braccio *m*; (*of chair*) bracciolo *m*; **~s** *pl* (*weapons*) armi *fpl*; **~ in ~** a braccetto; **up in ~s** *fam* furioso (**about** per) ● *vt* armare
armaments /'ɑ:məmənts/ *npl* armamenti *mpl*
'armchair *n* poltrona *f*
armed /ɑ:md/ *a* armato; **~ forces** forze *fpl* armate; **~ robbery** rapina *f* a mano armata
armistice /'ɑ:mɪstɪs/ *n* armistizio *m*
armour /'ɑ:mə(r)/ *n* armatura *f*. **~ed** *a* ‹*vehicle*› blindato
'armpit *n* ascella *f*
army /'ɑ:mɪ/ *n* esercito *m*; **join the ~** arruolarsi
aroma /ə'rəʊmə/ *n* aroma *f*. **~tic** /ærə'mætɪk/ *a* aromatico
arose /ə'rəʊz/ *see* **arise**
around /ə'raʊnd/ *adv* intorno; **all ~** tutt'intorno; **I'm not from ~ here** non sono di qui; **he's not ~** non c'è ● *prep* intorno a; in giro per ‹*room, shops, world*›
arouse /ə'raʊz/ *vt* svegliare; (*sexually*) eccitare

arrange /ə'reɪndʒ/ *vt* sistemare ‹*furniture, books*›; organizzare ‹*meeting*›; fissare ‹*date, time*›; **~ to do sth** combinare di fare qcsa. **~ment** *n* (*of furniture*) sistemazione *f*; *Mus* arrangiamento *m*; (*agreement*) accordo; (*of flowers*) composizione *f*; **make ~ments** prendere disposizioni

arrears /ə'rɪəz/ *npl* arretrati *mpl*; **be in ~** essere in arretrato; **paid in ~** pagato a lavoro eseguito

arrest /ə'rest/ *n* arresto *m*; **under ~** in stato d'arresto ● *vt* arrestare

arrival /ə'raɪvl/ *n* arrivo *m*; **new ~s** *pl* nuovi arrivati *mpl*

arrive /ə'raɪv/ *vi* arrivare; **~ at** *fig* raggiungere

arrogan|ce /'ærəgəns/ *n* arroganza *f*. **~t** *a* arrogante

arrow /'ærəʊ/ *n* freccia *f*

arse /ɑːs/ *n vulg* culo *m*

arsenic /'ɑːsənɪk/ *n* arsenico *m*

arson /'ɑːsn/ *n* incendio *m* doloso. **~ist** /-sənɪst/ *n* incendiario, -a *mf*

art /ɑːt/ *n* arte *f*; **~s and crafts** *pl* artigianato *m*; **the A~s** *pl* l'arte *f*; **A~s degree** *Univ* laurea *f* in Lettere

artery /'ɑːtərɪ/ *n* arteria *f*

artful /'ɑːtfl/ *a* scaltro

'art gallery *n* galleria *f* d'arte

arthritis /ɑː'θraɪtɪs/ *n* artrite *f*

artichoke /'ɑːtɪtʃəʊk/ *n* carciofo *m*

article /'ɑːtɪkl/ *n* articolo *m*; **~ of clothing** capo *m* d'abbigliamento

articulate[1] /ɑː'tɪkjʊlət/ *a* ‹*speech*› chiaro; **be ~** esprimersi bene

articulate[2] /ɑː'tɪkjʊleɪt/ *vt* scandire ‹*words*›. **~d lorry** *n* autotreno *m*

artifice /'ɑːtɪfɪs/ *n* artificio *m*

artificial /ɑːtɪ'fɪʃl/ *a* artificiale. **~ly** *adv* artificialmente; ‹*smile*› artificiosamente

artillery /ɑː'tɪlərɪ/ *n* artiglieria *f*

artist /'ɑːtɪst/ *n* artista *mf*

artiste /ɑː'tiːst/ *n Theat* artista *mf*

artistic /ɑː'tɪstɪk/ *a* artistico

as /æz/ *conj* come; (*since*) siccome; (*while*) mentre; **as he grew older** diventando vecchio; **as you get to know her** conoscendola meglio; **young as she is** per quanto sia giovane ● *prep* come; **as a friend** come amico; **as a child** da bambino; **as a foreigner** in quanto straniero; **disguised as** travestito da ● *adv* **as well** (*also*) anche; **as soon as I get home** [non] appena arrivo a casa; **as quick as you** veloce quanto te; **as quick as you can** più veloce che puoi; **as far as** (*distance*) fino a; **as far as I'm concerned** per quanto mi riguarda; **as long as** finché; (*provided that*) purché

asbestos /æz'bestɒs/ *n* amianto *m*

ascend /ə'send/ *vi* salire ● *vt* salire a ‹*throne*›

Ascension /ə'senʃn/ *n Relig* Ascensione *f*

ascent /ə'sent/ *n* ascesa *f*

ascertain /æsə'teɪn/ *vt* accertare

ascribe /ə'skraɪb/ *vt* attribuire

ash[1] /æʃ/ *n* (*tree*) frassino *m*

ash[2] *n* cenere *f*

ashamed /ə'ʃeɪmd/ *a* **be/feel ~** vergognarsi

ashore /ə'ʃɔː(r)/ *adv* a terra; **go ~** sbarcare

ash: ~tray *n* portacenere *m*. **A~ 'Wednesday** *n* mercoledì *m inv* delle Ceneri

Asia /'eɪʒə/ *n* Asia *f*. **~n** *a & n* asiatico, -a *mf*. **~tic** /eɪʒɪ'ætɪk/ *a* asiatico

aside /ə'saɪd/ *adv* **take sb ~** prendere qcno a parte; **put sth ~** mettere qcsa da parte; **~ from you** *Am* a parte te

ask /ɑːsk/ *vt* fare ‹*question*›; (*invite*) invitare; **~ sb sth** domandare *or* chiedere qcsa a qcno; **~ sb to do sth** domandare *or* chiedere a qcno di fare qcsa ● *vi* **~ about sth** informarsi su qcsa; **~ after** chiedere [notizie] di; **~ for** chiedere ‹*sth*›; chiedere di ‹*sb*›; **~ for trouble** *fam* andare in cerca di guai. **ask in** *vt* **~ sb in** invitare qcno ad entrare. **ask out** *vt* **~ sb out** chiedere a qcno di uscire

askance /ə'skɑːns/ *adv* **look ~ at sb/sth** guardare qcno/qcsa di traverso

askew /ə'skjuː/ *a & adv* di traverso

asleep /ə'sliːp/ *a* **be ~** dormire; **fall ~** addormentarsi

asparagus /ə'spærəgəs/ *n* asparagi *mpl*

aspect /'æspekt/ *n* aspetto *m*

aspersions /ə'spɜːʃnz/ *npl* **cast ~ on** diffamare

asphalt /'æsfælt/ *n* asfalto *m*

asphyxia /əs'fɪksɪə/ *n* asfissia *f*. **~te** /əs'fɪksɪeɪt/ *vt* asfissiare. **~tion** /-'eɪʃn/ *n* asfissia *f*

aspirations /æspə'reɪʃnz/ *npl* aspirazioni *fpl*

aspire /ə'spaɪə(r)/ *vi* **~ to** aspirare a

ass /æs/ *n* asino *m*

assailant /ə'seɪlənt/ *n* assalitore, -trice *mf*

assassin /ə'sæsɪn/ *n* assassino, -a *mf*.

~ate *vt* assassinare. **~ation** /-'neɪʃn/ *n* assassinio *m*
assault /ə'sɔ:lt/ *n Mil* assalto *m*; *Jur* aggressione *f* ● *vt* aggredire
assemble /ə'sembl/ *vi* radunarsi ● *vt* radunare; *Techn* montare
assembly /ə'semblɪ/ *n* assemblea *f*; *Sch assemblea f giornaliera di alunni e professori di una scuola*; *Techn* montaggio *m*. **~ line** *n* catena *f* di montaggio
assent /ə'sent/ *n* assenso *m* ● *vi* acconsentire
assert /ə'sɜ:t/ *vt* asserire; far valere ‹*one's rights*›; **~ oneself** farsi valere. **~ion** /-ɜ:ʃn/ *n* asserzione *f*. **~ive** /-tɪv/ *a* **be ~ive** farsi valere
assess /ə'ses/ *vt* valutare; (*for tax purposes*) stabilire l'imponibile di. **~ment** *n* valutazione *f*; (*of tax*) accertamento *m*
asset /'æset/ *n* (*advantage*) vantaggio *m*; (*person*) elemento *m* prezioso. **~s** *pl* beni *mpl*; (*on balance sheet*) attivo *msg*
assign /ə'saɪn/ *vt* assegnare. **~ment** *n* (*task*) incarico *m*
assimilate /ə'sɪmɪleɪt/ *vt* assimilare; integrare ‹*person*›
assist /ə'sɪst/ *vt/i* assistere; **~ sb to do sth** assistere qcno nel fare qcsa. **~ance** *n* assistenza *f*. **~ant** *a* **~ant manager** vicedirettore, -trice *mf* ● *n* assistente *mf*; (*in shop*) commesso, -a *mf*
associat|e¹ /ə'səʊʃɪeɪt/ *vt* associare (**with** a); **be ~ed with sth** (*involved in*) essere coinvolto in qcsa ● *vi* **~e with** frequentare. **~ion** /-'eɪʃn/ *n* associazione *f*. **A~ion 'Football** *n* [gioco *m* del] calcio *m*
associate² /ə'səʊʃɪət/ *a* associato ● *n* collega *mf*; (*member*) socio, -a *mf*
assort|ed /ə'sɔ:tɪd/ *a* assortito. **~ment** *n* assortimento *m*
assum|e /ə'sju:m/ *vt* presumere; assumere ‹*control*›; **~e office** entrare in carica; **~ing that you're right,...** ammettendo che tu abbia ragione,...
assumption /ə'sʌmpʃn/ *n* supposizione *f*; **on the ~ that** partendo dal presupposto che; **the A~** *Relig* l'Assunzione *f*
assurance /ə'ʃʊərəns/ *n* assicurazione *f*; (*confidence*) sicurezza *f*
assure /ə'ʃʊə(r)/ *vt* assicurare. **~d** *a* sicuro
asterisk /'æstərɪsk/ *n* asterisco *m*
astern /ə'stɜ:n/ *adv* a poppa
asthma /'æsmə/ *n* asma *f*. **~tic** /-'mætɪk/ *a* asmatico
astonish /ə'stɒnɪʃ/ *vt* stupire. **~ing** *a* stupefacente. **~ment** *n* stupore *m*
astound /ə'staʊnd/ *vt* stupire
astray /ə'streɪ/ *adv* **go ~** smarrirsi; (*morally*) uscire dalla retta via; **lead ~** traviare
astride /ə'straɪd/ *adv* [a] cavalcioni ● *prep* a cavalcioni di
astrolog|er /ə'strɒlədʒə(r)/ *n* astrologo, -a *mf*. **~y** *n* astrologia *f*
astronaut /'æstrənɔ:t/ *n* astronauta *mf*
astronom|er /ə'strɒnəmə(r)/ *n* astronomo, -a *mf*. **~ical** /æstrə'nɒmɪkl/ *a* astronomico. **~y** *n* astronomia *f*
astute /ə'stju:t/ *a* astuto
asylum /ə'saɪləm/ *n* **[political] ~** asilo *m* politico; **[lunatic] ~** manicomio *m*
at /ət/, *accentato* /æt/ *prep* a; **at the station/the market** alla stazione/al mercato; **at the office/the bank** in ufficio/banca; **at the beginning** all'inizio; **at John's** da John; **at the hairdresser's** dal parrucchiere; **at home** a casa; **at work** al lavoro; **at school** a scuola; **at a party/wedding** a una festa/un matrimonio; **at 1 o'clock** all'una; **at 50 km an hour** ai 50 all'ora; **at Christmas/Easter** a Natale/Pasqua; **at times** talvolta; **two at a time** due alla volta; **good at languages** bravo nelle lingue; **at sb's request** su richiesta di qcno; **are you at all worried?** sei preoccupato?
ate /et/ *see* **eat**
atheist /'eɪθɪɪst/ *n* ateo, -a *mf*
athlet|e /'æθli:t/ *n* atleta *mf*. **~ic** /-'letɪk/ *a* atletico. **~ics** /-'letɪks/ *n* atletica *fsg*
Atlantic /ət'læntɪk/ *a* & *n* **the ~ [Ocean]** l'[Oceano *m*] Atlantico *m*
atlas /'ætləs/ *n* atlante *m*
atmospher|e /'ætməsfɪə(r)/ *n* atmosfera *f*. **~ic** /-'ferɪk/ *a* atmosferico
atom /'ætəm/ *n* atomo *m*. **~ bomb** *n* bomba *f* atomica
atomic /ə'tɒmɪk/ *a* atomico
atone /ə'təʊn/ *vi* **~ for** pagare per
atrocious /ə'trəʊʃəs/ *a* atroce; ‹*fam: meal, weather*› abominevole
atrocity /ə'trɒsətɪ/ *n* atrocità *f inv*
at sign /'ætsaɪn/ *n Comput* chiocciola *f*
attach /ə'tætʃ/ *vt* attaccare; attribuire ‹*importance*›; **be ~ed to** *fig* essere attaccato a
attaché /ə'tæʃeɪ/ *n* addetto *m*. **~ case** *n* ventiquattrore *f inv*

attachment /ə'tætʃmənt/ *n* (*affection*) attaccamento *m*; (*accessory*) accessorio *m*
attack /ə'tæk/ *n* attacco *m*; (*physical*) aggressione *f* ● *vt* attaccare; (*physically*) aggredire. **~er** *n* assalitore, -trice *mf*; (*critic*) detrattore, -trice *mf*
attain /ə'teɪn/ *vt* realizzare ‹*ambition*›; raggiungere ‹*success, age, goal*›
attempt /ə'tempt/ *n* tentativo *m* ● *vt* tentare
attend /ə'tend/ *vt* essere presente a; (*go regularly to*) frequentare; ‹*doctor:*› avere in cura ● *vi* essere presente; (*pay attention*) prestare attenzione. **attend to** *vt* occuparsi di; (*in shop*) servire. **~ance** *n* presenza *f*. **~ant** *n* guardiano, -a *mf*
attention /ə'tenʃn/ *n* attenzione *f*; **~!** *Mil* attenti!; **pay ~** prestare attenzione; **need ~** aver bisogno di attenzioni; ‹*skin, hair, plant:*› dover essere curato; ‹*car, tyres:*› dover essere riparato; **for the ~ of** all'attenzione di
attentive /ə'tentɪv/ *a* ‹*pupil, audience*› attento
attest /ə'test/ *vt*/*i* attestare
attic /'ætɪk/ *n* soffitta *f*
attitude /'ætɪtju:d/ *n* atteggiamento *m*
attorney /ə'tɜ:nɪ/ *n* (*Am: lawyer*) avvocato *m*; **power of ~** delega *f*
attract /ə'trækt/ *vt* attirare. **~ion** /-ækʃn/ *n* attrazione *f*; (*feature*) attrattiva *f*. **~ive** /-tɪv/ *a* ‹*person*› attraente; ‹*proposal, price*› allettante
attribute¹ /'ætrɪbju:t/ *n* attributo *m*
attribut|e² /ə'trɪbju:t/ *vt* attribuire
attrition /ə'trɪʃn/ *n* **war of ~** guerra *f* di logoramento
aubergine /'əʊbəʒi:n/ *n* melanzana *f*
auburn /'ɔ:bən/ *a* castano ramato
auction /'ɔ:kʃn/ *n* asta *f* ● *vt* vendere all'asta. **~eer** /-ʃə'nɪə(r)/ *n* banditore *m*
audaci|ous /ɔ:'deɪʃəs/ *a* sfacciato; (*daring*) audace. **~ty** /-'dæsətɪ/ *n* sfacciataggine *f*; (*daring*) audacia *f*
audible /'ɔ:dəbl/ *a* udibile
audience /'ɔ:dɪəns/ *n Theat* pubblico *m*; *TV* telespettatori *mpl*; *Radio* ascoltatori *mpl*; (*meeting*) udienza *f*
audio /'ɔ:dɪəʊ/: **~tape** *n* audiocassetta *f*. **~ typist** *n* dattilografo, -a *mf* (*che trascrive registrazioni*). **~'visual** *a* audiovisivo
audit /'ɔ:dɪt/ *n* verifica *f* del bilancio ● *vt* verificare
audition /ɔ:'dɪʃn/ *n* audizione *f* ● *vi* fare un'audizione
auditor /'ɔ:dɪtə(r)/ *n* revisore *m* di conti
auditorium /ɔ:dɪ'tɔ:rɪəm/ *n* sala *f*
augment /ɔ:g'ment/ *vt* aumentare
augur /'ɔ:gə(r)/ *vi* **~ well/ill** essere di buon/cattivo augurio
August /'ɔ:gəst/ *n* agosto *m*
aunt /ɑ:nt/ *n* zia *f*
au pair /əʊ'peə(r)/ *n* **~ [girl]** ragazza *f* alla pari
aura /'ɔ:rə/ *n* aura *f*
auspices /'ɔ:spɪsɪz/ *npl* **under the ~ of** sotto l'egida di
auspicious /ɔ:'spɪʃəs/ *a* di buon augurio
auster|e /ɒ'stɪə(r)/ *a* austero. **~ity** /-terətɪ/ *n* austerità *f*
Australia /ɒ'streɪlɪə/ *n* Australia *f*. **~n** *a* & *n* australiano, -a *mf*
Austria /'ɒstrɪə/ *n* Austria *f*. **~n** *a* & *n* austriaco, -a *mf*
authentic /ɔ:'θentɪk/ *a* autentico. **~ate** *vt* autenticare. **~ity** /-'tɪsətɪ/ *n* autenticità *f*
author /'ɔ:θə(r)/ *n* autore *m*
authoritarian /ɔ:θɒrɪ'teərɪən/ *a* autoritario
authoritative /ɔ:'θɒrɪtətɪv/ *a* autorevole; ‹*manner*› autoritario
authority /ɔ:'θɒrətɪ/ *n* autorità *f*; (*permission*) autorizzazione *f*; **be in ~ over** avere autorità su
authorization /ɔ:θəraɪ'zeɪʃn/ *n* autorizzazione *f*
authorize /'ɔ:θəraɪz/ *vt* autorizzare
autobi'ography /ɔ:tə-/ *n* autobiografia *f*
autocratic /ɔ:tə'krætɪk/ *a* autocratico
autograph /'ɔ:təgrɑ:f/ *n* autografo *m*
automate /'ɔ:təmeɪt/ *vt* automatizzare
automatic /ɔ:tə'mætɪk/ *a* automatico ● *n* (*car*) macchina *f* col cambio automatico; (*washing machine*) lavatrice *f* automatica. **~ally** *adv* automaticamente
automation /ɔ:tə'meɪʃn/ *n* automazione *f*
automobile /'ɔ:təməbi:l/ *n* automobile *f*
autonom|ous /ɔ:'tɒnəməs/ *a* autonomo. **~y** *n* autonomia *f*
autopsy /'ɔtɒpsɪ/ *n* autopsia *f*
autumn /'ɔ:təm/ *n* autunno *m*. **~al** /-'tʌmnl/ *a* autunnale
auxiliary /ɔ:g'zɪlɪərɪ/ *a* ausiliario ● *n* ausiliare *m*
avail /ə'veɪl/ *n* **to no ~** invano ● *vi* **~ oneself of** approfittare di

available /ə'veɪləbl/ *a* disponibile; ‹*book, record etc*› in vendita
avalanche /'ævəlɑːnʃ/ *n* valanga *f*
avarice /'ævərɪs/ *n* avidità *f*
avenge /ə'vendʒ/ *vt* vendicare
avenue /'ævənjuː/ *n* viale *m*; *fig* strada *f*
average /'ævərɪdʒ/ *a* medio; (*mediocre*) mediocre ● *n* media *f*; **on ~** in media ● *vt* ‹*sales, attendance etc:*› raggiungere una media di. **average out at** *vt* risultare in media
avers|e /ə'vɜːs/ *a* **not be ~e to sth** non essere contro qcsa. **~ion** /-ɜːʃn/ *n* avversione *f* (**to** per)
avert /ə'vɜːt/ *vt* evitare ‹*crisis*›; distogliere ‹*eyes*›
aviary /'eɪvɪərɪ/ *n* uccelliera *f*
aviation /eɪvɪ'eɪʃn/ *n* aviazione *f*
avid /'ævɪd/ *a* avido (**for** di); ‹*reader*› appassionato
avocado /ævə'kɑːdəʊ/ *n* avocado *m*
avoid /ə'vɔɪd/ *vt* evitare. **~able** /-əbl/ *a* evitabile
await /ə'weɪt/ *vt* attendere
awake /ə'weɪk/ *a* sveglio; **wide ~** completamente sveglio ● *vi* (*pt* **awoke,** *pp* **awoken**) svegliarsi
awaken /ə'weɪkn/ *vt* svegliare. **~ing** *n* risveglio *m*
award /ə'wɔːd/ *n* premio *m*; (*medal*) riconoscimento *m*; (*of prize*) assegnazione *f* ● *vt* assegnare; (*hand over*) consegnare
aware /ə'weə(r)/ *a* **be ~ of** (*sense*) percepire; (*know*) essere conscio di; **become ~ of** accorgersi di; (*learn*) venire a sapere di; **be ~ that** rendersi conto che. **~ness** *n* percezione *f*; (*knowledge*) consapevolezza *f*
awash /ə'wɒʃ/ *a* inondato (**with** di)
away /ə'weɪ/ *adv* via; **go/stay ~** andare/stare via; **he's ~ from his desk/the office** non è alla sua scrivania/in ufficio; **far ~** lontano; **four kilometres ~** a quattro chilometri; **play ~** *Sport* giocare fuori casa. **~ game** *n* partita *f* fuori casa
awe /ɔː/ *n* soggezione *f*
awful /'ɔːfl/ *a* terribile. **~ly** *adv* /'ɔːf(ʊ)lɪ/ terribilmente; ‹*pretty*› estremamente
awhile /ə'waɪl/ *adv* per un po'
awkward /'ɔːkwəd/ *a* ‹*movement*› goffo; ‹*moment, situation*› imbarazzante; ‹*time*› scomodo. **~ly** *adv* ‹*move*› goffamente; ‹*say*› con imbarazzo
awning /'ɔːnɪŋ/ *n* tendone *m*
awoke(n) /ə'wəʊk(ən)/ *see* **awake**
awry /ə'raɪ/ *adv* storto
axe /æks/ *n* scure *f*; **have an ~ to grind** avere il proprio tornaconto ● *vt* (*pres p* **axing**) fare dei tagli a ‹*budget*›; sopprimere ‹*jobs*›; annullare ‹*project*›
axis /'æksɪs/ *n* (*pl* **axes** /-siːz/) asse *m*
axle /'æksl/ *n* *Techn* asse *m*
ay[e] /aɪ/ *adv* sì ● *n* sì *m inv*

Bb

B /biː/ *n* *Mus* si *m inv*
BA *n abbr* **Bachelor of Arts**
babble /'bæbl/ *vi* farfugliare; ‹*stream:*› gorgogliare
baby /'beɪbɪ/ *n* bambino, -a *mf*; (*fam: darling*) tesoro *m*
baby: ~ carriage *n Am* carrozzina *f*. **~ish** *a* bambinesco. **~-sit** *vi* fare il/la baby-sitter. **~-sitter** *n* baby-sitter *mf*
bachelor /'bætʃələ(r)/ *n* scapolo *m*; **B~ of Arts/Science** laureato, -a *mf* in lettere/in scienze
back /bæk/ *n* schiena *f*; (*of horse, hand*) dorso *m*; (*of chair*) schienale *m*; (*of house, cheque, page*) retro *m*; (*in football*) difesa *f*; **at the ~** in fondo; **in the ~** *Auto* dietro; **~ to front** ‹*sweater*› il davanti di dietro; **at the ~ of beyond** in un posto sperduto ● *a* posteriore; ‹*taxes, payments*› arretrato ● *adv* indietro; (*returned*) di ritorno; **turn/move ~** tornare/spostarsi indietro; **put it ~ here/there** rimettilo qui/là; **~ at home** di ritorno a casa; **I'll be ~ in five minutes** torno fra cinque minuti; **I'm just ~** sono appena tornato; **when do you want the book ~?** quando rivuoi il libro?; **pay ~** ripagare ‹*sb*›; restituire ‹*money*›; **~ in power** di nuovo al potere ● *vt* (*support*) sostene-

re; (*with money*) finanziare; puntare su ‹*horse*›; (*cover the back of*) rivestire il retro di ● *vi Auto* fare retromarcia. **back down** *vi* battere in ritirata. **back in** *vi Auto* entrare in retromarcia; ‹*person:*› entrare camminando all'indietro. **back out** *vi Auto* uscire in retromarcia; ‹*person:*› uscire camminando all'indietro; *fig* tirarsi indietro (**of** da). **back up** *vt* sostenere; confermare ‹*person's alibi*›; *Comput* fare una copia di salvataggio di; **be ~ed up** ‹*traffic:*› essere congestionato ● *vi Auto* fare retromarcia

back: ~ache *n* mal *m* di schiena. **~bencher** *n* parlamentare *mf* ordinario, -a. **~biting** *n* maldicenza *f*. **~bone** *n* spina *f* dorsale. **~chat** *n* risposta *f* impertinente. **~date** *vt* retrodatare ‹*cheque*›; **~dated to** valido a partire da. **~ 'door** *n* porta *f* di servizio

backer /ˈbækə(r)/ *n* sostenitore, -trice *mf*; (*with money*) finanziatore, -trice *mf*

back: ~'fire *vi Auto* avere un ritorno di fiamma; ‹*fig: plan*› fallire. **~ground** *n* sfondo *m*; (*environment*) ambiente *m*. **~hand** *n* (*tennis*) rovescio *m*. **~'handed** *a* ‹*compliment*› implicito. **~'hander** *n* (*fam: bribe*) bustarella *f*

backing /ˈbækɪŋ/ *n* (*support*) supporto *m*; (*material*) riserva *f*; *Mus* accompagnamento *m*; **~ group** gruppo *m* d'accompagnamento

back: ~lash *n fig* reazione *f* opposta. **~log** *n* **~log of work** lavoro *m* arretrato. **~ 'seat** *n* sedile *m* posteriore. **~side** *n fam* fondoschiena *m inv*. **~slash** *n Typ* barra *f* retroversa. **~stage** *a & adv* dietro le quinte. **~stroke** *n* dorso *m*. **~-up** *n* rinforzi *mpl*; *Comput* riserva *f*. **~-up copy** *n Comput* copia *f* di riserva

backward /ˈbækwəd/ *a* ‹*step*› indietro; ‹*child*› lento nell'apprendimento; ‹*country*› arretrato ● *adv* **~s** (*also Am:* **~**) indietro; ‹*fall, walk*› all'indietro; **~s and forwards** avanti e indietro

back: ~water *n fig* luogo *m* allo scarto. **~ 'yard** *n* cortile *m*

bacon /ˈbeɪkn/ *n* ≈ pancetta *f*

bacteria /bækˈtɪərɪə/ *npl* batteri *mpl*

bad /bæd/ *a* (**worse, worst**) cattivo; ‹*weather, habit, news, accident*› brutto; ‹*apple etc*› marcio; **the light is ~** non c'è una buona luce; **use ~ language** dire delle parolacce; **feel ~** sentirsi male; (*feel guilty*) sentirsi in colpa; **have a ~ back** avere dei problemi alla schiena; **smoking is ~ for you** fumare fa male; **go ~** andare a male; **that's just too ~!** pazienza!; **not ~** niente male

bade /bæd/ *see* **bid**

badge /bædʒ/ *n* distintivo *m*

badger /ˈbædʒə(r)/ *n* tasso *m* ● *vt* tormentare

badly /ˈbædlɪ/ *adv* male; ‹*hurt*› gravemente; **~ off** povero; **~ behaved** maleducato; **need ~** aver estremamente bisogno di

bad-'mannered *a* maleducato

badminton /ˈbædmɪntən/ *n* badminton *m*

bad-'tempered *a* irascibile

baffle /ˈbæfl/ *vt* confondere

bag /bæg/ *n* borsa *f*; (*of paper*) sacchetto *m*; **old ~** *sl* megera *f*; **~s under the eyes** occhiaie *fpl*; **~s of** *fam* un sacco di

baggage /ˈbægɪdʒ/ *n* bagagli *mpl*

baggy /ˈbægɪ/ *a* ‹*clothes*› ampio

'bagpipes *npl* cornamusa *fsg*

Bahamas /bəˈhɑːməz/ *npl* **the ~** le Bahamas

bail /beɪl/ *n* cauzione *f*; **on ~** su cauzione ● **bail out** *vt Naut* aggottare; **~ sb out** *Jur* pagare la cauzione per qcno ● *vi Aeron* paracadutarsi

bait /beɪt/ *n* esca *f* ● *vt* innescare; (*fig: torment*) tormentare

bake /beɪk/ *vt* cuocere al forno; (*make*) fare ● *vi* cuocersi al forno

baker /ˈbeɪkə(r)/ *n* fornaio, -a *mf*, panettiere, -a *mf*; **~'s [shop]** panetteria *f*. **~y** *n* panificio *m*, forno *m*

baking /ˈbeɪkɪŋ/ *n* cottura *f* al forno. **~-powder** *n* lievito *m* in polvere. **~-tin** *n* teglia *f*

balance /ˈbæləns/ *n* equilibrio *m*; *Comm* bilancio *m*; (*outstanding sum*) saldo *m*; **[bank] ~** saldo *m*; **be** *or* **hang in the ~** *fig* essere in sospeso ● *vt* bilanciare; equilibrare ‹*budget*›; *Comm* fare il bilancio di ‹*books*› ● *vi* bilanciarsi; *Comm* essere in pareggio. **~d** *a* equilibrato. **~ sheet** *n* bilancio *m* [d'esercizio]

balcony /ˈbælkənɪ/ *n* balcone *m*

bald /bɔːld/ *a* ‹*person*› calvo; ‹*tyre*› liscio; ‹*statement*› nudo e crudo; **go ~** perdere i capelli

bald|ing /ˈbɔːldɪŋ/ *a* **be ~ing** stare perdendo i capelli. **~ness** *n* calvizie *f*

bale /beɪl/ *n* balla *f*

baleful /ˈbeɪlfl/ *a* malvagio; (*sad*) triste

balk /bɔːlk/ *vt* ostacolare ● *vi* **~ at**

‹*horse:*› impennarsi davanti a; *fig* tirarsi indietro davanti a

Balkans /'bɔ:lknz/ *npl* Balcani *mpl*

ball[1] /bɔ:l/ *n* palla *f*; (*football*) pallone *m*; (*of yarn*) gomitolo *m*; **on the ~** *fam* sveglio

ball[2] *n* (*dance*) ballo *m*

ballad /'bæləd/ *n* ballata *f*

ballast /'bæləst/ *n* zavorra *f*

ball-'bearing *n* cuscinetto *m* a sfera

ballerina /bælə'ri:nə/ *n* ballerina *f* [classica]

ballet /'bæleɪ/ *n* balletto *m*; (*art form*) danza *f*; **~ dancer** *n* ballerino, -a *mf* [classico, -a]

ballistic /bə'lɪstɪk/ *a* balistico. **~s** *n* balistica *fsg*

balloon /bə'lu:n/ *n* pallone *m*; *Aeron* mongolfiera *f*

ballot /'bælət/ *n* votazione *f*. **~-box** *n* urna *f*. **~-paper** *n* scheda *f* di votazione

ball: ~-point ['**pen**] *n* penna *f* a sfera. **~room** *n* sala *f* da ballo

balm /bɑ:m/ *n* balsamo *m*

balmy /'bɑ:mɪ/ *a* (**-ier, -iest**) mite; (*fam: crazy*) strampalato

Baltic /'bɔ:ltɪk/ *a* & *n* **the ~** [**Sea**] il [mar] Baltico

bamboo /bæm'bu:/ *n* bambù *m inv*

bamboozle /bæm'bu:zl/ *vt* (*fam: mystify*) confondere

ban /bæn/ *n* proibizione *f* ● *vt* (*pt/pp* **banned**) proibire; **~ from** espellere da ‹*club*›; **she was ~ned from driving** le hanno ritirato la patente

banal /bə'nɑ:l/ *a* banale. **~ity** /-'nælətɪ/ *n* banalità *f inv*

banana /bə'nɑ:nə/ *n* banana *f*

band /bænd/ *n* banda *f*; (*stripe*) nastro *m*; (*Mus: pop group*) complesso *m*; (*Mus: brass ~*) banda *f*; *Mil* fanfara *f* ● **band together** *vi* riunirsi

bandage /'bændɪdʒ/ *n* benda *f* ● *vt* fasciare ‹*limb*›

b. & b. *abbr* **bed and breakfast**

bandit /'bændɪt/ *n* bandito *m*

band: ~stand *n* palco *m* coperto [dell'orchestra]. **~wagon** *n* **jump on the ~wagon** *fig* seguire la corrente

bandy[1] /'bændɪ/ *vt* (*pt/pp* **-ied**) scambiarsi ‹*words*›. **bandy about** *vt* far circolare

bandy[2] *a* (**-ier, -iest**) **be ~** avere le gambe storte

bang /bæŋ/ *n* (*noise*) fragore *m*; (*of gun, firework*) scoppio *m*; (*blow*) colpo *m* ● *adv* **~ in the middle of** *fam* proprio nel mezzo di; **go ~** ‹*gun:*› sparare; ‹*balloon:*› esplodere ● *int* bum! ● *vt* battere ‹*fist*›; battere su ‹*table*›; sbattere ‹*door, head*› ● *vi* scoppiare; ‹*door:*› sbattere

banger /'bæŋə(r)/ *n* (*firework*) petardo *m*; (*fam: sausage*) salsiccia *f*; **old ~** (*fam: car*) macinino *m*

bangle /'bæŋgl/ *n* braccialetto *m*

banish /'bænɪʃ/ *vt* bandire

banisters /'bænɪstəz/ *npl* ringhiera *fsg*

bank[1] /bæŋk/ *n* (*of river*) sponda *f*; (*slope*) scarpata *f* ● *vi Aeron* inclinarsi in virata

bank[2] *n* banca *f* ● *vt* depositare in banca ● *vi* **~ with** avere un conto [bancario] presso. **bank on** *vt* contare su

'bank account *n* conto *m* in banca

'bank card *n* carta *f* assegno.

banker /'bæŋkə(r)/ *n* banchiere *m*

bank: ~ 'holiday *n* giorno *m* festivo. **~ing** *n* bancario *m*. **~ manager** *n* direttore, -trice *mf* di banca. **~note** *n* banconota *f*

bankrupt /'bæŋkrʌpt/ *a* fallito; **go ~** fallire ● *n* persona *f* che ha fatto fallimento ● *vt* far fallire. **~cy** *n* bancarotta *f*

banner /'bænə(r)/ *n* stendardo *m*; (*of demonstrators*) striscione *m*

banns /bænz/ *npl Relig* pubblicazioni *fpl* [di matrimonio]

banquet /'bæŋkwɪt/ *n* banchetto *m*

banter /'bæntə(r)/ *n* battute *fpl* di spirito

baptism /'bæptɪzm/ *n* battesimo *m*

Baptist /'bæptɪst/ *a* & *n* battista *mf*

baptize /bæp'taɪz/ *vt* battezzare

bar /bɑ:(r)/ *n* sbarra *f*; *Jur* ordine *m* degli avvocati; (*of chocolate*) tavoletta *f*; (*café*) bar *m inv*; (*counter*) banco *m*; *Mus* battuta *f*; (*fig: obstacle*) ostacolo *m*; **~ of soap/gold** saponetta *f*/lingotto *m*; **behind ~s** *fam* dietro le sbarre ● *vt* (*pt/pp* **barred**) sbarrare ‹*way*›; sprangare ‹*door*›; escludere ‹*person*› ● *prep* tranne; **~ none** in assoluto

barbarian /bɑ:'beərɪən/ *n* barbaro, -a *mf*

barbar|ic /bɑ:'bærɪk/ *a* barbarico. **~ity** *n* barbarie *f inv*. **~ous** /'bɑ:bərəs/ *a* barbaro

barbecue /'bɑ:bɪkju:/ *n* barbecue *m inv*; (*party*) grigliata *f*, barbecue *m inv* ● *vt* arrostire sul barbecue

barbed /bɑ:bd/ *a* **~ wire** filo *m* spinato

barber /'bɑ:bə(r)/ *n* barbiere *m*

barbiturate /bɑ:'bɪtjʊrət/ *n* barbiturico *m*

'bar code *n* codice *m* a barre
bare /beə(r)/ *a* nudo; ‹*tree, room*› spoglio; ‹*floor*› senza moquette ● *vt* scoprire; mostrare ‹*teeth*›
bare: ~back *adv* senza sella. **~faced** *a* sfacciato. **~foot** *adv* scalzo. **~'headed** *a* a capo scoperto
barely /'beəlɪ/ *adv* appena
bargain /'bɑːgɪn/ *n* (*agreement*) patto *m*; (*good buy*) affare *m*; **into the ~** per di più ● *vi* contrattare; (*haggle*) trattare. **bargain for** *vt* (*expect*) aspettarsi
barge /bɑːdʒ/ *n* barcone *m* ● **barge in** *vi fam* (*to room*) piombare dentro; (*into conversation*) interrompere bruscamente. **~ into** *vt* piombare dentro a ‹*room*›; venire addosso a ‹*person*›
baritone /'bærɪtəʊn/ *n* baritono *m*
bark¹ /bɑːk/ *n* (*of tree*) corteccia *f*
bark² *n* abbaiamento *m* ● *vi* abbaiare
barley /'bɑːlɪ/ *n* orzo *m*
bar: ~maid *n* barista *f*. **~man** *n* barista *m*
barmy /'bɑːmɪ/ *a fam* strampalato
barn /bɑːn/ *n* granaio *m*
barometer /bə'rɒmɪtə(r)/ *n* barometro *m*
baron /'bærn/ *n* barone *m*. **~ess** *n* baronessa *f*
baroque /bə'rɒk/ *a & n* barocco *m*
barracks /'bærəks/ *npl* caserma *fsg*
barrage /'bærɑːʒ/ *n Mil* sbarramento *m*; (*fig: of criticism*) sfilza *f*
barrel /'bærl/ *n* barile *m*, botte *f*; (*of gun*) canna *f*. **~-organ** *n* organetto *m* [a cilindro]
barren /'bærən/ *a* sterile; ‹*landscape*› brullo
barricade /bærɪ'keɪd/ *n* barricata *f* ● *vt* barricare
barrier /'bærɪə(r)/ *n* barriera *f*; *Rail* cancello *m*; *fig* ostacolo *m*
barring /'bɑːrɪŋ/ *prep* **~ accidents** tranne imprevisti
barrister /'bærɪstə(r)/ *n* avvocato *m*
barrow /'bærəʊ/ *n* carretto *m*; (*wheel~*) carriola *f*
barter /'bɑːtə(r)/ *vi* barattare (**for** con)
base /beɪs/ *n* base *f* ● *a* vile ● *vt* basare; **be ~d on** basarsi su
base: ~ball *n* baseball *m*. **~less** *a* infondato. **~ment** *n* seminterrato *m*. **~ment flat** *n* appartamento *m* nel seminterrato
bash /bæʃ/ *n* colpo *m* [violento] ● *vt* colpire [violentemente]; (*dent*) ammaccare; **~ed in** ammaccato
bashful /'bæʃfl/ *a* timido
basic /'beɪsɪk/ *a* di base; ‹*condition, requirement*› basilare; ‹*living conditions*› povero; **my Italian is pretty ~** il mio italiano è abbastanza rudimentale; **the ~s** (*of language, science*) i rudimenti; (*essentials*) l'essenziale *m*. **~ally** *adv* fondamentalmente
basil /'bæzɪl/ *n* basilico *m*
basilica /bə'zɪlɪkə/ *n* basilica *f*
basin /'beɪsn/ *n* bacinella *f*; (*wash-hand ~*) lavabo *m*; (*for food*) recipiente *m*; *Geog* bacino *m*
basis /'beɪsɪs/ *n* (*pl* **-ses** /-siːz/) base *f*
bask /bɑːsk/ *vi* crogiolarsi
basket /'bɑːskɪt/ *n* cestino *m*. **~ball** *n* pallacanestro *f*
Basle /bɑːl/ *n* Basilea *f*
bass /beɪs/ *a* basso; **~ voice** voce *f* di basso ● *n* basso *m*
bastard /'bɑːstəd/ *n* (*illegitimate child*) bastardo, -a *mf*; *sl* figlio *m* di puttana
bastion /'bæstɪən/ *n* bastione *m*
bat¹ /bæt/ *n* mazza *f*; (*for table tennis*) racchetta *f*; **off one's own ~** *fam* tutto da solo ● *vt* (*pt/pp* **batted**) battere; **she didn't ~ an eyelid** *fig* non ha battuto ciglio
bat² *n Zool* pipistrello *m*
batch /bætʃ/ *n* gruppo *m*; (*of goods*) partita *f*; (*of bread*) infornata *f*
bated /'beɪtɪd/ *a* **with ~ breath** col fiato sospeso
bath /bɑːθ/ *n* (*pl* **~s** /bɑːðz/) bagno *m*; (*tub*) vasca *f* da bagno; **~s** *pl* piscina *f*; **have a ~** fare un bagno ● *vt* fare il bagno a
bathe /beɪð/ *n* bagno *m* ● *vi* fare il bagno ● *vt* lavare ‹*wound*›. **~r** *n* bagnante *mf*
bathing /'beɪðɪŋ/ *n* bagni *mpl*. **~-cap** *n* cuffia *f*. **~-costume** *n* costume *m* da bagno
bath: ~-mat *n* tappetino *m* da bagno. **~robe** *n* accappatoio *m*. **~room** *n* bagno *m*. **~-towel** *n* asciugamano *m* da bagno
baton /'bætn/ *n Mus* bacchetta *f*
battalion /bə'tælɪən/ *n* battaglione *m*
batter /'bætə(r)/ *n Culin* pastella *f*; **~ed** *a* ‹*car*› malandato; ‹*wife, baby*› maltrattato
battery /'bætərɪ/ *n* batteria *f*; (*of torch, radio*) pila *f*
battle /'bætl/ *n* battaglia *f*; *fig* lotta *f* ● *vi fig* lottare
battle: ~field *n* campo *m* di battaglia. **~ship** *n* corazzata *f*
bawdy /'bɔːdɪ/ *a* (**-ier, -iest**) piccante

bawl /bɔ:l/ *vt/i* urlare
bay¹ /beɪ/ *n Geog* baia *f*
bay² *n* **keep at ~** tenere a bada
bay³ *n Bot* alloro *m*. **~-leaf** *n* foglia *f* d'alloro
bayonet /ˈbeɪənɪt/ *n* baionetta *f*
bay 'window *n* bay window *f inv* (*grande finestra sporgente*)
bazaar /bəˈzɑ:(r)/ *n* bazar *m inv*
BC *abbr* (**before Christ**) a.C.
be /bi:/ *vi* (*pres* **am, are, is, are**; *pt* **was, were**; *pp* **been**) essere; **he is a teacher** è insegnante, fa l'insegnante; **what do you want to be?** cosa vuoi fare?; **be quiet!** sta' zitto!; **I am cold/hot** ho freddo/caldo; **it's cold/hot, isn't it?** fa freddo/caldo, vero?; **how are you?** come stai?; **I am well** sto bene; **there is** c'è; **there are** ci sono; **I have been to Venice** sono stato a Venezia; **has the postman been?** è passato il postino?; **you're coming too, aren't you?** vieni anche tu, no?; **it's yours, is it?** è tuo, vero?; **was John there? - yes, he was** c'era John? - sì; **John wasn't there - yes he was!** John non c'era - sì che c'era!; **three and three are six** tre più tre fanno sei; **he is five** ha cinque anni; **that will be £10, please** fanno 10 sterline, per favore; **how much is it?** quanto costa?; **that's £5 you owe me** mi devi 5 sterline ● *v aux* **I am coming/reading** sto venendo/leggendo; **I'm staying** (*not leaving*) resto; **I am being lazy** sono pigro; **I was thinking of you** stavo pensando a te; **you are not to tell him** non devi dirgielo; **you are to do that immediately** devi farlo subito ● *passive* essere; **I have been robbed** sono stato derubato
beach /bi:tʃ/ *n* spiaggia *f*. **~wear** *n* abbigliamento *m* da spiaggia
bead /bi:d/ *n* perlina *f*
beak /bi:k/ *n* becco *m*
beaker /ˈbi:kə(r)/ *n* coppa *f*
beam /bi:m/ *n* trave *f*; (*of light*) raggio *m* ● *vi* irradiare; ‹*person:*› essere raggiante. **~ing** *a* raggiante
bean /bi:n/ *n* fagiolo *m*; (*of coffee*) chicco *m*
bear¹ /beə(r)/ *n* orso *m*
bear² *v* (*pt* **bore,** *pp* **borne**) ● *vt* (*endure*) sopportare; mettere al mondo ‹*child*›; (*carry*) portare; **~ in mind** tenere presente ● *vi* **~ left/right** andare a sinistra/a destra. **bear with** *vt* aver pazienza con. **~able** /-əbl/ *a* sopportabile
beard /bɪəd/ *n* barba *f*. **~ed** *a* barbuto
bearer /ˈbeərə(r)/ *n* portatore, -trice *mf*; (*of passport*) titolare *mf*
bearing /ˈbeərɪŋ/ *n* portamento *m*; *Techn* cuscinetto *m* [a sfera]; **have a ~ on** avere attinenza con; **get one's ~s** orientarsi
bend /bi:st/ *n* bestia *f*; (*fam: person*) animale *m*
beat /bi:t/ *n* battito *m*; (*rhythm*) battuta *f*; (*of policeman*) giro *m* d'ispezione ● *v* (*pt* **beat,** *pp* **beaten**) ● *vt* battere; picchiare ‹*person*›; **~ it!** *fam* darsela a gambe!; **it ~s me why...** *fam* non capisco proprio perché... **beat up** *vt* picchiare
beat|en /ˈbi:tn/ *a* **off the ~en track** fuori mano. **~ing** *n* bastonata *f*; **get a ~ing** (*with fists*) essere preso a pugni; ‹*team, player:*› prendere una batosta
beautician /bju:ˈtɪʃn/ *n* estetista *mf*
beauti|ful /ˈbju:tɪfl/ *a* bello. **~fully** *adv* splendidamente
beauty /ˈbju:tɪ/ *n* bellezza *f*. **~ parlour** *n* istituto *m* di bellezza. **~ spot** *n* neo *m*; (*place*) luogo *m* pittoresco
beaver /ˈbi:və(r)/ *n* castoro *m*
became /bɪˈkeɪm/ *see* **become**
because /bɪˈkɒz/ *conj* perché; **~ you didn't tell me, I...** poiché non me lo hai detto,... ● *adv* **~ of** a causa di
beck /bek/ *n* **at the ~ and call of** a completa disposizione di
beckon /ˈbekn/ *vt/i* **~ [to]** chiamare con un cenno
becom|e /bɪˈkʌm/ *v* (*pt* **became,** *pp* **become**) ● *vt* diventare ● *vi* diventare; **what has ~e of her?** che ne è di lei? **~ing** *a* ‹*clothes*› bello
bed /bed/ *n* letto *m*; (*of sea, lake*) fondo *m*; (*layer*) strato *m*; (*of flowers*) aiuola *f*; **in ~** a letto; **go to ~** andare a letto; **~ and breakfast** *pensione f familiare in cui il prezzo della camera comprende la prima colazione*. **~clothes** *npl* lenzuola e coperte *fpl*. **~ding** *n biancheria f per il letto, materasso e guanciali*
bedlam /ˈbedləm/ *n* baraonda *f*
bedraggled /bɪˈdrægld/ *a* inzaccherato
bed: ~ridden *a* costretto a letto. **~room** *n* camera *f* da letto
'bedside *n* **at his ~** al suo capezzale. **~ 'lamp** *n* abat-jour *m inv*. **~ 'table** *n* comodino *m*
bed: ~'sit *n*, **~'sitter** *n*, **~-'sitting-**

room *n* = *camera f ammobiliata fornita di cucina*. **~spread** *n* copriletto *m*. **~time** *n* l'ora *f* di andare a letto

bee /bi:/ *n* ape *f*

beech /bi:tʃ/ *n* faggio *m*

beef /bi:f/ *n* manzo *m*. **~burger** *n* hamburger *m inv*

bee: ~hive *n* alveare *m*. **~-line** *n* **make a ~line for** *fam* precipitarsi verso

been /bi:n/ *see* **be**

beer /bɪə(r)/ *n* birra *f*

beetle /'bi:tl/ *n* scarafaggio *m*

beetroot /'bi:tru:t/ *n* barbabietola *f*

before /bɪ'fɔ:(r)/ *prep* prima di; **the day ~ yesterday** ieri l'altro; **~ long** fra poco ● *adv* prima; **never ~ have I seen...** non ho mai visto prima...; **~ that** prima; **~ going** prima di andare ● *conj* (*time*) prima che; **~ you go** prima che tu vada. **~hand** *adv* in anticipo

befriend /bɪ'frend/ *vt* trattare da amico

beg /beg/ *v* (*pt/pp* **begged**) ● *vi* mendicare ● *vt* pregare; chiedere ‹*favour, forgiveness*›

began /bɪ'gæn/ *see* **begin**

beggar /'begə(r)/ *n* mendicante *mf*; **poor ~!** povero cristo!

begin /bɪ'gɪn/ *vt/i* (*pt* **began,** *pp* **begun,** *pres p* **beginning**) cominciare. **~ner** *n* principiante *mf*. **~ning** *n* principio *m*

begonia /bɪ'gəʊnɪə/ *n* begonia *f*

begrudge /bɪ'grʌdʒ/ *vt* (*envy*) essere invidioso di; dare malvolentieri ‹*money*›

begun /bɪ'gʌn/ *see* **begin**

behalf /bɪ'hɑ:f/ *n* **on ~ of** a nome di; **on my ~** a nome mio

behave /bɪ'heɪv/ *vi* comportarsi; **~ [oneself]** comportarsi bene

behaviour /bɪ'heɪvjə(r)/ *n* comportamento *m*; (*of prisoner, soldier*) condotta *f*

behead /bɪ'hed/ *vt* decapitare

behind /bɪ'haɪnd/ *prep* dietro; **be ~ sth** *fig* stare dietro qcsa ● *adv* dietro, indietro; (*late*) in ritardo; **a long way ~** molto indietro ● *n fam* didietro *m*. **~hand** *adv* indietro

beholden /bɪ'həʊldn/ *a* obbligato (**to** verso)

beige /beɪʒ/ *a & n* beige *m inv*

being /'bi:ɪŋ/ *n* essere *m*; **come into ~** nascere

belated /bɪ'leɪtɪd/ *a* tardivo

belch /beltʃ/ *vi* ruttare ● *vt* **~ [out]** eruttare ‹*smoke*›

belfry /'belfrɪ/ *n* campanile *m*

Belgian /'beldʒən/ *a & n* belga *mf*

Belgium /'beldʒəm/ *n* Belgio *m*

belief /bɪ'li:f/ *n* fede *f*; (*opinion*) convinzione *f*

believable /bɪ'li:vəbl/ *a* credibile

believe /bɪ'li:v/ *vt/i* credere. **~r** *n Relig* credente *mf*; **be a great ~r in** credere fermamente in

belittle /bɪ'lɪtl/ *vt* sminuire ‹*person, achievements*›

bell /bel/ *n* campana *f*; (*on door*) campanello *m*

belligerent /bɪ'lɪdʒərənt/ *a* belligerante; (*aggressive*) bellicoso

bellow /'beləʊ/ *vi* gridare a squarciagola; ‹*animal:*› muggire

bellows /'beləʊz/ *npl* (*for fire*) soffietto *msg*

belly /'belɪ/ *n* pancia *f*

belong /bɪ'lɒŋ/ *vi* appartenere (**to** a); (*be member*) essere socio (**to** di). **~ings** *npl* cose *fpl*

beloved /bɪ'lʌvɪd/ *a & n* amato, -a *mf*

below /bɪ'ləʊ/ *prep* sotto; (*with numbers*) al di sotto di ● *adv* sotto, di sotto; *Naut* sotto coperta; **see ~** guardare qui di seguito

belt /belt/ *n* cintura *f*; (*area*) zona *f*; *Techn* cinghia *f* ● *vi* **~ along** (*fam: rush*) filare velocemente ● *vt* (*fam: hit*) picchiare

bemused /bɪ'mju:zd/ *a* confuso

bench /bentʃ/ *n* panchina *f*; (*work~*) piano *m* da lavoro; **the B~** *Jur* la magistratura

bend /bend/ *n* curva *f*; (*of river*) ansa *f* ● *v* (*pt/pp* **bent**) ● *vt* piegare ● *vi* piegarsi; ‹*road:*› curvare; **~ [down]** chinarsi. **bend over** *vi* inchinarsi

beneath /bɪ'ni:θ/ *prep* sotto, al di sotto di; **he thinks it's ~ him** *fig* pensa che sia sotto al suo livello ● *adv* giù

benediction /benɪ'dɪkʃn/ *n Relig* benedizione *f*

benefactor /'benɪfæktə(r)/ *n* benefattore, -trice *mf*

beneficial /benɪ'fɪʃl/ *a* benefico

beneficiary /benɪ'fɪʃərɪ/ *n* beneficiario, -a *mf*

benefit /'benɪfɪt/ *n* vantaggio *m*; (*allowance*) indennità *f inv* ● *v* (*pt/pp* **-fited**, *pres p* **-fiting**) ● *vt* giovare a ● *vi* trarre vantaggio (**from** da)

benevolen|ce /bɪ'nevələns/ *n* benevolenza *f*. **~t** *a* benevolo

benign /bɪ'naɪn/ *a* benevolo; *Med* benigno

bent /bent/ *see* **bend** ● *a* ‹*person*› ricurvo; (*distorted*) curvato; (*fam: dishonest*) corrotto; **be ~ on doing sth** essere ben deciso a fare qcsa ● *n* predisposizione *f*

be|queath /bɪ'kwi:ð/ *vt* lasciare in eredità. **~quest** /-'kwest/ *n* lascito *m*

bereave|d /bɪ'ri:vd/ *n* **the ~d** *pl* i familiari del defunto. **~ment** *n* lutto *m*

bereft /bɪ'reft/ *a* **~ of** privo di

beret /'bereɪ/ *n* berretto *m*

berry /'berɪ/ *n* bacca *f*

berserk /bə'sɜ:k/ *a* **go ~** diventare una belva

berth /bɜ:θ/ *n* (*bed*) cuccetta *f*; (*for ship*) ormeggio *m* ● *vi* ormeggiare

beseech /bɪ'si:tʃ/ *vt* (*pt/pp* **beseeched** *or* **besought**) supplicare

beside /bɪ'saɪd/ *prep* accanto a; **~ oneself** fuori di sé

besides /bɪ'saɪdz/ *prep* oltre a ● *adv* inoltre

besiege /bɪ'si:dʒ/ *vt* assediare

besought /bɪ'sɔ:t/ *see* **beseech**

best /best/ *a* migliore; **the ~ part of a year** la maggior parte dell'anno; **~ before** *Comm* preferibilmente prima di ● *n* **the ~** il meglio; (*person*) il/la migliore; **at ~** tutt'al più; **all the ~!** tanti auguri!; **do one's ~** fare del proprio meglio; **to the ~ of my knowledge** per quel che ne so; **make the ~ of it** cogliere il lato buono della cosa ● *adv* meglio, nel modo migliore; **as ~ I could** meglio che potevo. **~ 'man** *n* testimone *m*

bestow /bɪ'stəʊ/ *vt* conferire (**on** a)

best'seller *n* bestseller *m inv*

bet /bet/ *n* scommessa *f* ● *vt/i* (*pt/pp* **bet** *or* **betted**) scommettere

betray /bɪ'treɪ/ *vt* tradire. **~al** *n* tradimento *m*

better /'betə(r)/ *a* migliore, meglio; **get ~** migliorare; (*after illness*) rimettersi ● *adv* meglio; **~ off** meglio; (*wealthier*) più ricco; **all the ~** tanto meglio; **the sooner the ~** prima è, meglio è; **I've thought ~ of it** ci ho ripensato; **you'd ~ stay** faresti meglio a restare; **I'd ~ not** è meglio che non lo faccia ● *vt* migliorare; **~ oneself** migliorare le proprie condizioni

'betting shop *n* ricevitoria *f* (*dell'allibratore*)

between /bɪ'twi:n/ *prep* fra, tra; **~ you and me** detto fra di noi; **~ us** (*together*) tra me e te ● *adv* [**in**] **~** in mezzo; (*time*) frattempo

beverage /'bevərɪdʒ/ *n* bevanda *f*

beware /bɪ'weə(r)/ *vi* guardarsi (**of** da); **~ of the dog!** attenti al cane!

bewilder /bɪ'wɪldə(r)/ *vt* disorientare; **~ed** perplesso. **~ment** *n* perplessità *f*

beyond /bɪ'jɒnd/ *prep* oltre; **~ reach** irraggiungibile; **~ doubt** senza alcun dubbio; **~ belief** da non credere; **it's ~ me** *fam* non riesco proprio a capire ● *adv* più in là

bias /'baɪəs/ *n* (*preference*) preferenza *f*; *pej* pregiudizio *m* ● *vt* (*pt/pp* **biased**) (*influence*) influenzare. **~ed** *a* parziale

bib /bɪb/ *n* bavaglino *m*

Bible /'baɪbl/ *n* Bibbia *f*

biblical /'bɪblɪkl/ *a* biblico

bicarbonate /baɪ'kɑ:bəneɪt/ *n* **~ of soda** bicarbonato *m* di sodio

biceps /'baɪseps/ *n* bicipite *m*

bicker /'bɪkə(r)/ *vi* litigare

bicycle /'baɪsɪkl/ *n* bicicletta *f* ● *vi* andare in bicicletta

bid[1] /bɪd/ *n* offerta *f*; (*attempt*) tentativo *m* ● *vt/i* (*pt/pp* **bid**, *pres p* **bidding**) offrire; (*in cards*) dichiarare

bid[2] *vt* (*pt* **bade** *or* **bid,** *pp* **bidden** *or* **bid**, *pres p* **bidding**) *liter* (*command*) comandare; **~ sb welcome** dare il benvenuto a qcno

bidder /'bɪdə(r)/ *n* offerente *mf*

bide /baɪd/ *vt* **~ one's time** aspettare il momento buono

biennial /baɪ'enɪəl/ *a* biennale

bifocals /baɪ'fəʊklz/ *npl* occhiali *mpl* bifocali

big /bɪg/ *a* (**bigger, biggest**) grande; ‹*brother, sister*› più grande; (*fam: generous*) generoso ● *adv* **talk ~** *fam* spararle grosse

bigam|ist /'bɪgəmɪst/ *n* bigamo, -a *mf*. **~y** *n* bigamia *f*

'big-head *n fam* gasato, -a *mf*

big-'headed *a fam* gasato

bigot /'bɪgət/ *n* fanatico, -a *mf*. **~ed** *a* di mentalità ristretta

'bigwig *n fam* pezzo *m* grosso

bike /baɪk/ *n fam* bici *f inv*

bikini /bɪ'ki:nɪ/ *n* bikini *m inv*

bile /baɪl/ *n* bile *f*

bilingual /baɪ'lɪŋgwəl/ *a* bilingue

bill[1] /bɪl/ *n* fattura *f*; (*in restaurant etc*) conto *m*; (*poster*) manifesto *m*; *Pol* progetto *m* di legge; (*Am: note*) biglietto *m* di banca ● *vt* fatturare

bill[2] *n* (*beak*) becco *m*

'billfold *n Am* portafoglio *m*

billiards /'bɪljədz/ *n* biliardo *m*

billion /'bɪljən/ *n* (*thousand million*)

miliardo *m*; (*old-fashioned Br: million million*) mille miliardi *mpl*
billy-goat /ˈbɪlɪ-/ *n* caprone *m*
bin /bɪn/ *n* bidone *m*
bind /baɪnd/ *vt* (*pt/pp* **bound**) legare (**to** a); (*bandage*) fasciare; *Jur* obbligare. **~ing** *a* ‹*promise, contract*› vincolante ● *n* (*of book*) rilegatura *f*; (*on ski*) attacco *m* [di sicurezza]
binge /bɪndʒ/ *n fam* **have a ~** fare baldoria; (*eat a lot*) abbuffarsi ● *vi* abbuffarsi (**on** di)
binoculars /bɪˈnɒkjʊləz/ *npl* [**pair of**] **~** binocolo *msg*
bioˈchemist /baɪəʊ-/ *n* biochimico, -a *mf*. **~ry** *n* biochimica *f*
biodegradable /-dɪˈgreɪdəbl/ *a* biodegradabile
biograph|er /baɪˈɒgrəfə(r)/ *n* biografo, -a *mf*. **~y** *n* biografia *f*
biological /baɪəˈlɒdʒɪkl/ *a* biologico
biolog|ist /baɪˈɒlədʒɪst/ *n* biologo, -a *mf*. **~y** *n* biologia *f*
birch /bɜːtʃ/ *n* (*tree*) betulla *f*
bird /bɜːd/ *n* uccello *m*; (*fam: girl*) ragazza *f*
Biro® /ˈbaɪrəʊ/ *n* biro *f inv*
birth /bɜːθ/ *n* nascita *f*
birth: ~ certificate *n* certificato *m* di nascita. **~-control** *n* controllo *m* delle nascite. **~day** *n* compleanno *m*. **~mark** *n* voglia *f*. **~-rate** *n* natalità *f*
biscuit /ˈbɪskɪt/ *n* biscotto *m*
bisect /baɪˈsekt/ *vt* dividere in due [parti]
bishop /ˈbɪʃəp/ *n* vescovo *m*; (*in chess*) alfiere *m*
bit¹ /bɪt/ *n* pezzo *m*; (*smaller*) pezzetto *m*; (*for horse*) morso *m*; *Comput* bit *m inv*; **a ~ of** un pezzo di ‹*cheese, paper*›; un po' di ‹*time, rain, silence*›; **~ by ~** poco a poco; **do one's ~** fare la propria parte
bit² *see* **bite**
bitch /bɪtʃ/ *n* cagna *f*; *sl* stronza *f*. **~y** *a* velenoso
bit|e /baɪt/ *n* morso *m*; (*insect ~*) puntura *f*; (*mouthful*) boccone *m* ● *vt* (*pt* **bit,** *pp* **bitten**) mordere; ‹*insect:*› pungere; **~e one's nails** mangiarsi le unghie ● *vi* mordere; ‹*insect:*› pungere. **~ing** *a* ‹*wind, criticism*› pungente; ‹*remark*› mordace
bitter /ˈbɪtə(r)/ *a* amaro ● *n Br* birra *f* amara. **~ly** *adv* amaramente; **it's ~ly cold** c'è un freddo pungente. **~ness** *n* amarezza *f*
bitty /ˈbɪtɪ/ *a Br fam* frammentario
bizarre /bɪˈzɑː(r)/ *a* bizzarro
blab /blæb/ *vi* (*pt/pp* **blabbed**) spifferare
black /blæk/ *a* nero; **be ~ and blue** essere pieno di lividi ● *n* negro, -a *mf* ● *vt* boicottare ‹*goods*›. **black out** *vt* cancellare ● *vi* (*lose consciousness*) perdere coscienza
black: ~berry *n* mora *f*. **~bird** *n* merlo *m*. **~board** *n Sch* lavagna *f*. **~ˈcurrant** *n* ribes *m inv* nero; **~ ˈeye** *n* occhio *m* nero. **~ ˈice** *n* ghiaccio *m* (*sulla strada*). **~leg** *n Br* crumiro *m*. **~list** *vt* mettere sulla lista nera. **~mail** *n* ricatto *m* ● *vt* ricattare. **~mailer** *n* ricattatore, -trice *mf*. **~ ˈmarket** *n* mercato *m* nero. **~-out** *n* blackout *m inv*; **have a ~-out** *Med* perdere coscienza. **~smith** *n* fabbro *m*
bladder /ˈblædə(r)/ *n Anat* vescica *f*
blade /bleɪd/ *n* lama *f*; (*of grass*) filo *m*
blame /bleɪm/ *n* colpa *f* ● *vt* dare la colpa a; **~ sb for doing sth** dare la colpa a qcno per aver fatto qcsa; **no one is to ~** non è colpa di nessuno. **~less** *a* innocente
blanch /blɑːntʃ/ *vi* sbiancare ● *vt Culin* sbollentare
blancmange /bləˈmɒnʒ/ *n* biancomangiare *m inv*
bland /blænd/ *a* ‹*food*› insipido; ‹*person*› insulso
blank /blæŋk/ *a* bianco; ‹*look*› vuoto ● *n* spazio *m* vuoto; (*cartridge*) a salve. **~ ˈcheque** *n* assegno *m* in bianco
blanket /ˈblæŋkɪt/ *n* coperta *f*
blank ˈverse *n* versi *mpl* sciolti
blare /bleə(r)/ *vi* suonare a tutto volume. **blare out** *vt* far risuonare ● *vi* ‹*music, radio:*› strillare
blasé /ˈblɑːzeɪ/ *a* vissuto, blasé *inv*
blaspheme /blæsˈfiːm/ *vi* bestemmiare
blasphem|ous /ˈblæsfəməs/ *a* blasfemo. **~y** *n* bestemmia *f*
blast /blɑːst/ *n* (*gust*) raffica *f*; (*sound*) scoppio *m* ● *vt* (*with explosive*) far saltare ● *int sl* maledizione!. **~ed** *a sl* maledetto
blast: ~-furnace *n* altoforno *m*. **~-off** *n* (*of missile*) lancio *m*
blatant /ˈbleɪtənt/ *a* sfacciato
blaze /bleɪz/ *n* incendio *m*; **a ~ of colour** un'esplosione *f* di colori ● *vi* ardere
blazer /ˈbleɪzə(r)/ *n* blazer *m inv*
bleach /bliːtʃ/ *n* decolorante *m*; (*for cleaning*) candeggina *f* ● *vt* sbiancare; ossigenare ‹*hair*›

bleak /bli:k/ *a* desolato; ‹*fig: prospects, future*› tetro
bleary-eyed /blɪərɪ'aɪd/ *a* **look ~** avere gli occhi assonnati
bleat /bli:t/ *vi* belare ● *n* belato *m*
bleed /bli:d/ *v* (*pt*/*pp* **bled**) ● *vi* sanguinare ● *vt* spurgare ‹*brakes, radiator*›
bleep /bli:p/ *n* bip *m* ● *vi* suonare ● *vt* chiamare (*col cercapersone*) ‹*doctor*›. **~er** *n* cercapersone *m inv*
blemish /'blemɪʃ/ *n* macchia *f*
blend /blend/ *n* (*of tea, coffee, whisky*) miscela *f*; (*of colours*) insieme *m* ● *vt* mescolare ● *vi* ‹*colours, sounds:*› fondersi (**with** con). **~er** *n Culin* frullatore *m*
bless /bles/ *vt* benedire. **~ed** /'blesɪd/ *a also sl* benedetto. **~ing** *n* benedizione *f*
blew /blu:/ *see* **blow²**
blight /blaɪt/ *n Bot* ruggine *f* ● *vt* far avvizzire ‹*plants*›
blind¹ /blaɪnd/ *a* cieco; **~ man/woman** cieco/cieca ● *npl* **the ~** i ciechi *mpl*; ● *vt* accecare
blind² *n* [**roller**] **~** avvolgibile *m*; [**Venetian**] **~** veneziana *f*
blind: ~ 'alley *n* vicolo *m* cieco. **~fold** *a* **be ~fold** avere gli occhi bendati ● *n* benda *f* ● *vt* bendare gli occhi a. **~ly** *adv* ciecamente. **~ness** *n* cecità *f*
blink /blɪŋk/ *vi* sbattere le palpebre; ‹*light:*› tremolare
blinkered /'blɪŋkəd/ *adj fig* **be ~** avere i paraocchi
blinkers /'blɪŋkəz/ *npl* paraocchi *mpl*
bliss /blɪs/ *n Rel* beatitudine *f*; (*happiness*) felicità *f*. **~ful** *a* beato; (*happy*) meraviglioso
blister /'blɪstə(r)/ *n Med* vescica *f*; (*in paint*) bolla *f* ● *vi* ‹*paint:*› formare una bolla/delle bolle
blitz /blɪts/ *n* bombardamento *m* aereo; **have a ~ on sth** *fig* darci sotto con qcsa
blizzard /'blɪzəd/ *n* tormenta *f*
bloated /'bləʊtɪd/ *a* gonfio
blob /blɒb/ *n* goccia *f*
bloc /blɒk/ *n Pol* blocco *m*
block /blɒk/ *n* blocco *m*; (*building*) isolato *m*; (*building ~*) cubo *m* (*per giochi di costruzione*); **~ of flats** palazzo *m* ● *vt* bloccare. **block up** *vt* bloccare
blockade /blɒ'keɪd/ *n* blocco *m* ● *vt* bloccare
blockage /'blɒkɪdʒ/ *n* ostruzione *f*
block: ~head *n fam* testone, -a *mf*. **~ 'letters** *npl* stampatello *m*
bloke /bləʊk/ *n fam* tizio *m*
blonde /blɒnd/ *a* biondo ● *n* bionda *f*
blood /blʌd/ *n* sangue *m*
blood: ~ bath *n* bagno *m* di sangue. **~ count** *n* esame *m* emocromocitometrico. **~ donor** *n* donatore *m* di sangue. **~ group** *n* gruppo *m* sanguigno. **~hound** *n* segugio *m*. **~-poisoning** *n* setticemia *f*. **~ pressure** *n* pressione *f* del sangue. **~shed** *n* spargimento *m* di sangue. **~shot** *a* iniettato di sangue. **~ sports** *npl* sport *mpl* cruenti. **~-stained** *a* macchiato di sangue. **~stream** *n* sangue *m*. **~ test** *n* analisi *f* del sangue. **~thirsty** *a* assetato di sangue. **~ transfusion** *n* trasfusione *f* del sangue
bloody /'blʌdɪ/ *a* (**-ier, -iest**) insanguinato; *sl* maledetto ● *adv sl* **~ easy/difficult** facile/difficile da matti. **~-'minded** *a* scorbutico
bloom /blu:m/ *n* fiore *m*; **in ~** ‹*flower:*› sbocciato; ‹*tree:*› in fiore ● *vi* fiorire; *fig* essere in forma smagliante
bloom|er /'blu:mə(r)/ *n fam* papera *f*. **~ing** *a fam* maledetto. **~ers** *npl* mutandoni *mpl* (*da donna*)
blossom /'blɒsəm/ *n* fiori *mpl* (*d'albero*); (*single one*) fiore *m* ● *vi* sbocciare
blot /blɒt/ *n also fig* macchia *f* ● **blot out** *vt* (*pt*/*pp* **blotted**) *fig* cancellare
blotch /blɒtʃ/ *n* macchia *f*. **~y** *a* chiazzato
'blotting-paper *n* carta *f* assorbente
blouse /blaʊz/ *n* camicetta *f*
blow¹ /bləʊ/ *n* colpo *m*
blow² *v* (*pt* **blew**, *pp* **blown**) ● *vi* ‹*wind:*› soffiare; ‹*fuse:*› saltare ● *vt* (*fam: squander*) sperperare; **~ one's nose** soffiarsi il naso. **blow away** *vt* far volar via ‹*papers*› ● *vi* ‹*papers:*› volare via. **blow down** *vt* abbattere ● *vi* abbattersi al suolo. **blow out** *vt* (*extinguish*) spegnere. **blow over** *vi* ‹*storm:*› passare; ‹*fuss, trouble:*› dissiparsi. **blow up** *vt* (*inflate*) gonfiare; (*enlarge*) ingrandire ‹*photograph*›; (*by explosion*) far esplodere ● *vi* esplodere
blow: ~-dry *vt* asciugare col fon. **~lamp** *n* fiamma *f* ossidrica
blown /bləʊn/ *see* **blow²**
'blowtorch *n* fiamma *f* ossidrica
blowy /'bləʊɪ/ *a* ventoso
blue /blu:/ *a* (*pale*) celeste; (*navy*) blu *inv*; (*royal*) azzurro; **~ with cold** livido per il freddo ● *n* blu *m inv*; **have the ~s** essere giù [di tono]; **out of the ~** inaspettatamente
blue: ~bell *n* giacinto *m* di bosco. **~berry** *n* mirtillo *m*. **~bottle** *n* mosco-

ne *m*. **~ film** *n* film *m inv* a luci rosse. **~print** *n fig* riferimento *m*

bluff /blʌf/ *n* bluff *m inv* ● *vi* bluffare

blunder /'blʌndə(r)/ *n* gaffe *f inv* ● *vi* fare una/delle gaffe

blunt /blʌnt/ *a* spuntato; ‹*person*› reciso. **~ly** *adv* schiettamente

blur /blɜ:(r)/ *n* **it's all a ~** *fig* è tutto un insieme confuso ● *vt* (*pt/pp* **blurred**) rendere confuso. **~red** *a* ‹*vision, photo*› sfocato

blurb /blɜ:b/ *n* soffietto *m* editoriale

blurt /blɜ:t/ *vt* **~ out** spifferare

blush /blʌʃ/ *n* rossore *m* ● *vi* arrossire

blusher /'blʌʃə(r)/ *n* fard *m*

bluster /'blʌstə(r)/ *n* sbruffonata *f*. **~y** *a* ‹*wind*› furioso; ‹*day, weather*› molto ventoso

boar /bɔ:(r)/ *n* cinghiale *m*

board /bɔ:d/ *n* tavola *f*; (*for notices*) tabellone *m*; (*committee*) assemblea *f*; (*of directors*) consiglio *m*; **full ~** *Br* pensione *f* completa; **half ~** *Br* mezza pensione *f*; **~ and lodging** vitto e alloggio *m*; **go by the ~** *fam* andare a monte ● *vt Naut, Aeron* salire a bordo di ● *vi* ‹*passengers:*› salire a bordo. **board up** *vt* sbarrare con delle assi. **board with** *vt* stare a pensione da.

boarder /'bɔ:də(r)/ *n* pensionante *mf*; *Sch* convittore, -trice *mf*

board: ~-game *n* gioco *m* da tavolo. **~ing-house** *n* pensione *f*. **~ing-school** *n* collegio *m*

boast /bəʊst/ *vi* vantarsi (**about** di). **~ful** *a* vanaglorioso

boat /bəʊt/ *n* barca *f*; (*ship*) nave *f*. **~er** *n* (*hat*) paglietta *f*

bob /bɒb/ *n* (*hairstyle*) caschetto *m* ● *vi* (*pt/pp* **bobbed**) (*also* **~ up and down**) andare su e giù

'bob-sleigh *n* bob *m inv*

bode /bəʊd/ *vi* **~ well/ill** essere di buono/cattivo augurio

bodily /'bɒdɪlɪ/ *a* fisico ● *adv* (*forcibly*) fisicamente

body /'bɒdɪ/ *n* corpo *m*; (*organization*) ente *m*; (*amount: of poems etc*) quantità *f*. **~guard** *n* guardia *f* del corpo. **~work** *n Auto* carrozzeria *f*

bog /bɒg/ *n* palude *f* ● *vt* (*pt/pp* **bogged**) **get ~ged down** impantanarsi

boggle /'bɒgl/ *vi* **the mind ~s** non posso neanche immaginarlo

bogus /'bəʊgəs/ *a* falso

boil[1] /bɔɪl/ *n Med* foruncolo *m*

boil[2] *n* **bring/come to the ~** portare/arrivare ad ebollizione ● *vt* [far] bollire ● *vi* bollire; (*fig: with anger*) ribollire; **the water** *or* **kettle's ~ing** l'acqua bolle. **boil down to** *vt fig* ridursi a. **boil over** *vi* straboccare (*bollendo*). **boil up** *vt* far bollire

boiler /'bɔɪlə(r)/ *n* caldaia *f*. **~suit** *n* tuta *f*

'boiling point *n* punto *m* di ebollizione

boisterous /'bɔɪstərəs/ *a* chiassoso

bold /bəʊld/ *a* audace ● *n Typ* neretto *m*. **~ness** *n* audacia *f*

bollard /'bɒlɑ:d/ *n* colonnina *m* di sbarramento al traffico

bolster /'bəʊlstə(r)/ *n* cuscino *m* (*lungo e rotondo*) ● *vt* **~ [up]** sostenere

bolt /bəʊlt/ *n* (*for door*) catenaccio *m*; (*for fixing*) bullone *m* ● *vt* fissare (*con i bulloni*) (**to** a); chiudere col chiavistello ‹*door*›; ingurgitare ‹*food*› ● *vi* svignarsela; ‹*horse:*› scappar via ● *adv* **~ upright** diritto come un fuso

bomb /bɒm/ *n* bomba *f* ● *vt* bombardare

bombard /bɒm'bɑ:d/ *vt also fig* bombardare

bombastic /bɒm'bæstɪk/ *a* ampolloso

bomb|er /'bɒmə(r)/ *n Aeron* bombardiere *m*; (*person*) dinamitardo *m*. **~er jacket** giubbotto *m*, bomber *m inv*. **~shell** *n* (*fig: news*) bomba *f*

bond /bɒnd/ *n fig* legame *m*; *Comm* obbligazione *f* ● *vt* ‹*glue:*› attaccare

bondage /'bɒndɪdʒ/ *n* schiavitù *f*

bone /bəʊn/ *n* osso *m*; (*of fish*) spina *f* ● *vt* disossare ‹*meat*›; togliere le spine da ‹*fish*›. **~-'dry** *a* secco

bonfire /'bɒn-/ *n* falò *m inv*. **~ night** *festa celebrata la notte del 5 novembre con fuochi d'artificio e falò*

bonnet /'bɒnɪt/ *n* cuffia *f*; (*of car*) cofano *m*

bonus /'bəʊnəs/ *n* (*individual*) gratifica *f*; (*production ~*) premio *m*; (*life insurance*) dividendo *m*; **a ~** *fig* qualcosa in più

bony /'bəʊnɪ/ *a* (**-ier, -iest**) ossuto; ‹*fish*› pieno di spine

boo /bu:/ *int* (*to surprise or frighten*) bu! ● *vt/i* fischiare

boob /bu:b/ *n* (*fam: mistake*) gaffe *f inv*; (*breast*) tetta *f* ● *vi fam* fare una gaffe

book /bʊk/ *n* libro *m*; (*of tickets*) blocchetto *m*; **keep the ~s** *Comm* tenere la contabilità; **be in sb's bad/good ~s** essere nel libro nero/nelle grazie di qcno ● *vt* (*reserve*) prenotare; (*for offence*) multare ● *vi* (*reserve*) prenotare

book: ~case *n* libreria *f*. **~-ends** *npl* reggilibri *mpl*. **~ing-office** *n* biglietteria *f*. **~keeping** *n* contabilità *f*. **~let** *n* opuscolo *m*. **~maker** *n* allibratore *m*. **~mark** *n* segnalibro *m*. **~seller** *n* libraio, -a *mf*. **~shop** *n* libreria *f*. **~worm** *n* topo *m* di biblioteca

boom /bu:m/ *n Comm* boom *m inv*; (*upturn*) impennata *f*; (*of thunder, gun*) rimbombo *m* ● *vi* ‹*thunder, gun:*› rimbombare; *fig* prosperare

boon /bu:n/ *n* benedizione *f*

boor /bʊə(r)/ *n* zoticone *m*. **~ish** *a* maleducato

boost /bu:st/ *n* spinta *f* ● *vt* stimolare ‹*sales*›; sollevare ‹*morale*›; far crescere ‹*hopes*›. **~er** *n Med* dose *f* supplementare

boot /bu:t/ *n* stivale *m*; (*up to ankle*) stivaletto *m*; (*football*) scarpetta *f*; (*climbing*) scarpone *m*; *Auto* portabagagli *m inv* ● *vt Comput* inizializzare

booth /bu:ð/ *n* (*Teleph, voting*) cabina *f*; (*at market*) bancarella *f*

'boot-up *n Comput* boot *m inv*

booty /'bu:tɪ/ *n* bottino *m*

booze /bu:z/ *fam n* alcolici *mpl*

border /'bɔ:də(r)/ *n* bordo *m*; (*frontier*) frontiera *f*; (*in garden*) bordura *f* ● *vi* **~ on** confinare con; *fig* essere ai confini di ‹*madness*›. **~line** *n* linea *f* di demarcazione; **~line case** caso *m* dubbio

bore¹ /bɔ:(r)/ *see* **bear²**

bore² *vt Techn* forare

bor|e³ *n* (*of gun*) calibro *m*; (*person*) seccatore, -trice *mf*; (*thing*) seccatura *f* ● *vt* annoiare. **~edom** *n* noia *f*. **be ~ed** (**to tears** *or* **to death**) annoiarsi (da morire). **~ing** *a* noioso

born /bɔ:n/ *pp* **be ~** nascere; **I was ~ in 1966** sono nato nel 1966 ● *a* nato; **a ~ liar/actor** un bugiardo/ attore nato

borne /bɔ:n/ *see* **bear²**

borough /'bʌrə/ *n* municipalità *f inv*

borrow /'bɒrəʊ/ *vt* prendere a prestito (**from** da); **can I ~ your pen?** mi presti la tua penna?

Bosnia /'bɒznɪə/ *n* Bosnia *f*

bosom /'bʊzm/ *n* seno *m*

boss /bɒs/ *n* direttore, -trice *mf* ● *vt* (*also* **~ about**) comandare a bacchetta. **~y** *a* autoritario

botanical /bə'tænɪkl/ *a* botanico

botan|ist /'bɒtənɪst/ *n* botanico, -a *mf*. **~y** *n* botanica *f*

botch /bɒtʃ/ *vt* fare un pasticcio con

both /bəʊθ/ *a & pron* tutti e due, entrambi ● *adv* **~ men and women** entrambi uomini e donne; **~ [of] the children** tutti e due i bambini; **they are ~ dead** sono morti entrambi; **~ of them** tutti e due

bother /'bɒðə(r)/ *n* preoccupazione *f*; (*minor trouble*) fastidio *m*; **it's no ~** non c'è problema ● *int fam* che seccatura! ● *vt* (*annoy*) dare fastidio a; (*disturb*) disturbare ● *vi* preoccuparsi (**about** di); **don't ~** lascia perdere

bottle /'bɒtl/ *n* bottiglia *f*; (*baby's*) biberon *m inv* ● *vt* imbottigliare. **bottle up** *vt fig* reprimere

bottle: ~ bank *n* contenitore *m* per la raccolta del vetro. **~-neck** *n fig* ingorgo *m*. **~-opener** *n* apribottiglie *m inv*

bottom /'bɒtm/ *a* ultimo; **the ~ shelf** l'ultimo scaffale in basso ● *n* (*of container*) fondo *m*; (*of river*) fondale *m*; (*of hill*) piedi *mpl*; (*buttocks*) sedere *m*; **at the ~ of the page** in fondo alla pagina; **get to the ~ of** *fig* vedere cosa c'è sotto. **~less** *a* senza fondo

bough /baʊ/ *n* ramoscello *m*

bought /bɔ:t/ *see* **buy**

boulder /'bəʊldə(r)/ *n* masso *m*

bounce /baʊns/ *vi* rimbalzare; ‹*fam: cheque:*› essere respinto ● *vt* far rimbalzare ‹*ball*›

bouncer /'baʊnsə(r)/ *n fam* buttafuori *m inv*

bound¹ /baʊnd/ *n* balzo *m* ● *vi* balzare

bound² *see* **bind** ● *a* **~ for** ‹*ship*› diretto a; **be ~ to do** (*likely*) dovere fare per forza; (*obliged*) essere costretto a fare

boundary /'baʊndərɪ/ *n* limite *m*

'boundless *a* illimitato

bounds /baʊndz/ *npl fig* limiti *mpl*; **out of ~** fuori dai limiti

bouquet /bʊ'keɪ/ *n* mazzo *m* di fiori; (*of wine*) bouquet *m*

bourgeois /'bʊəʒwɑ:/ *a pej* borghese

bout /baʊt/ *n Med* attacco *m*; *Sport* incontro *m*

bow¹ /bəʊ/ *n* (*weapon*) arco *m*; *Mus* archetto *m*; (*knot*) nodo *m*

bow² /baʊ/ *n* inchino *m* ● *vi* inchinarsi ● *vt* piegare ‹*head*›

bow³ /baʊ/ *n Naut* prua *f*

bowel /'baʊəl/ *n* intestino *m*; **~s** *pl* intestini *mpl*

bowl¹ /bəʊl/ *n* (*for soup, cereal*) scodella *f*; (*of pipe*) fornello *m*

bowl² *n* (*ball*) boccia *f* ● *vt* lanciare ● *vi*

Cricket servire; (*in bowls*) lanciare. **bowl over** *vt* buttar giù; (*fig: leave speechless*) lasciar senza parole

bow-legged /bəʊ'legd/ *a* dalle gambe storte

bowler[1] /'bəʊlə(r)/ *n Cricket* lanciatore *m*; *Bowls* giocatore *m* di bocce

bowler[2] *n* ~ [**hat**] bombetta *f*

bowling /'bəʊlɪŋ/ *n* gioco *m* delle bocce. **~-alley** *n* pista *f* da bowling

bowls /bəʊlz/ *n* gioco *m* delle bocce

bow-'tie /bəʊ-/ *n* cravatta *f* a farfalla

box[1] /bɒks/ *n* scatola *f*; *Theat* palco *m*

box[2] *vi Sport* fare il pugile ● *vt* **~ sb's ears** dare uno scappaccione a qcno

box|er /'bɒksə(r)/ *n* pugile *m*. **~ing** *n* pugilato *m*. **B~ing Day** *n* [giorno *m* di] Santo Stefano *m*

box: ~-office *n Theat* botteghino *m*. **~-room** *n Br* sgabuzzino *m*

boy /bɔɪ/ *n* ragazzo *m*; (*younger*) bambino *m*

boycott /'bɔɪkɒt/ *n* boicottaggio *m* ● *vt* boicottare

boy: ~friend *n* ragazzo *m*. **~ish** *a* da ragazzino

bra /brɑ:/ *n* reggiseno *m*

brace /breɪs/ *n* sostegno *m*; (*dental*) apparecchio *m*; **~s** *npl* bretelle *fpl* ● *vt* **~ oneself** *fig* farsi forza (**for** per affrontare)

bracelet /'breɪslɪt/ *n* braccialetto *m*

bracing /'breɪsɪŋ/ *a* tonificante

bracken /'brækn/ *n* felce *f*

bracket /'brækɪt/ *n* mensola *f*; (*group*) categoria *f*; *Typ* parentesi *f inv* ● *vt* mettere fra parentesi

brag /bræg/ *vi* (*pt/pp* **bragged**) vantarsi (**about** di)

braid /breɪd/ *n* (*edging*) passamano *m*

braille /breɪl/ *n* braille *m*

brain /breɪn/ *n* cervello *m*; **~s** *pl fig* testa *fsg*

brain: ~child *n* invenzione *f* personale. **~ dead** *a Med* celebralmente morto; *fig fam* senza cervello. **~less** *a* senza cervello. **~wash** *vt* fare il lavaggio del cervello a. **~wave** *n* lampo *m* di genio

brainy /'breɪnɪ/ *a* (**-ier, -iest**) intelligente

braise /breɪz/ *vt* brasare

brake /breɪk/ *n* freno *m* ● *vi* frenare. **~-light** *n* stop *m inv*

bramble /'bræmbl/ *n* rovo *m*; (*fruit*) mora *f*

bran /bræn/ *n* crusca *f*

branch /brɑ:ntʃ/ *n also fig* ramo *m*; *Comm* succursale *f* ● *vi* ‹*road:*› biforcarsi. **branch off** *vi* biforcarsi. **branch out** *vi* ~ **out into** allargare le proprie attività nel ramo di

brand /brænd/ *n* marca *f*; (*on animal*) marchio *m* ● *vt* marcare ‹*animal*›; *fig* tacciare (**as** di)

brandish /'brændɪʃ/ *vt* brandire

brand-'new *a* nuovo fiammante

brandy /'brændɪ/ *n* brandy *m inv*

brash /bræʃ/ *a* sfrontato

brass /brɑ:s/ *n* ottone *m*; **the ~** *Mus* gli ottoni *mpl*; **top ~** *fam* pezzi *mpl* grossi. **~ band** *n* banda *f* (*di soli ottoni*)

brassiere /'bræzɪə(r)/ *n fml, Am* reggipetto *m*

brat /bræt/ *n pej* marmocchio, -a *mf*

bravado /brə'vɑ:dəʊ/ *n* bravata *f*

brave /breɪv/ *a* coraggioso ● *vt* affrontare. **~ry** /-ərɪ/ *n* coraggio *m*

brawl /brɔ:l/ *n* rissa *f* ● *vi* azzuffarsi

brawn /brɔ:n/ *n Culin* soppressata *f*

brawny /'brɔ:nɪ/ *a* muscoloso

brazen /'breɪzn/ *a* sfrontato

brazier /'breɪzɪə(r)/ *n* braciere *m*

Brazil /brə'zɪl/ *n* Brasile *m*. **~ian** *a & n* brasiliano, -a *mf*. **~ nut** *n* noce *f* del Brasile

breach /bri:tʃ/ *n* (*of law*) violazione *f*; (*gap*) breccia *f*; (*fig: in party*) frattura *f*; **~ of contract** inadempienza *f* di contratto; **~ of the peace** violazione *f* della quiete pubblica ● *vt* recedere ‹*contract*›

bread /bred/ *n* pane *m*; **a slice of ~ and butter** una fetta di pane imburrato

bread: ~ bin *n* cassetta *f* portapane *inv*. **~crumbs** *npl* briciole *fpl*; *Culin* pangrattato *m*. **~line** *n* **be on the ~line** essere povero in canna

breadth /bredθ/ *n* larghezza *f*

'bread-winner *n* quello, -a *mf* che porta i soldi a casa

break /breɪk/ *n* rottura *f*; (*interval*) intervallo *m*; (*interruption*) interruzione *f*; (*fam: chance*) opportunità *f inv* ● *v* (*pt* **broke,** *pp* **broken**) ● *vt* rompere; (*interrupt*) interrompere; **~ one's arm** rompersi un braccio ● *vi* rompersi; ‹*day:*› spuntare; ‹*storm:*› scoppiare; ‹*news:*› diffondersi; ‹*boy's voice:*› cambiare. **break away** *vi* scappare; *fig* chiudere (**from** con). **break down** *vi* ‹*machine, car:*› guastarsi; (*emotionally*) cedere (*psicologicamente*) ● *vt* sfondare ‹*door*›; ripartire ‹*figures*›. **break into** *vt* introdursi (*con la forza*) in; forzare ‹*car*›. **break off** *vt* rompere ‹*engagement*› ● *vi* ‹*part of whole:*› rompersi. **break out** *vi* ‹*fight,* *war:*› scoppiare. **break up** *vt* far cessare ‹*fight*›; disperdere ‹*crowd*› ● *vi* ‹*crowd:*› disperdersi; ‹*couple:*› separarsi; *Sch* iniziare le vacanze

'break|able /'breɪkəbl/ *a* fragile. **~age** /-ɪdʒ/ *n* rottura *f*. **~down** *n* (*of car, machine*) guasto *m*; *Med* esaurimento *m* nervoso; (*of figures*) analisi *f inv*. **~er** *n* (*wave*) frangente *m*

breakfast /'brekfəst/ *n* [prima] colazione *f*

break: ~through *n* scoperta *f*. **~water** *n* frangiflutti *m inv*

breast /brest/ *n* seno *m*. **~-feed** *vt* allattare [al seno]. **~-stroke** *n* nuoto *m* a rana

breath /breθ/ *n* respiro *m*, fiato *m*; **out of ~** senza fiato

breathalyse /'breθəlaɪz/ *vt* sottoporre alla prova [etilica] del palloncino. **~r®** *n Br* alcoltest *m inv*

breathe /bri:ð/ *vt/i* respirare. **breathe in** *vi* inspirare ● *vt* respirare ‹*scent, air*›. **breathe out** *vt/i* espirare

breath|er /'bri:ðə(r)/ *n* pausa *f*. **~ing** *n* respirazione *f*

breath /'breθ/: **~less** *a* senza fiato. **~-taking** *a* mozzafiato. **~ test** *n* prova [etilica] *f* del palloncino

bred /bred/ *see* **breed**

breed /bri:d/ *n* razza *f* ● *v* (*pt/pp* **bred**) ● *vt* allevare; (*give rise to*) generare ● *vi* riprodursi. **~er** *n* allevatore, -trice *mf*. **~ing** *n* allevamento *m*; *fig* educazione *f*

breez|e /bri:z/ *n* brezza *f*. **~y** *a* ventoso

brew /bru:/ *n* infuso *m* ● *vt* mettere in infusione ‹*tea*›; produrre ‹*beer*› ● *vi fig* ‹*trouble:*› essere nell'aria. **~er** *n* birraio *m*. **~ery** *n* fabbrica *f* di birra

bribe /braɪb/ *n* (*money*) bustarella *f*; (*large sum of money*) tangente *f* ● *vt* corrompere. **~ry** /-ərɪ/ *n* corruzione *f*

brick /brɪk/ *n* mattone *m*. **'~layer** *n* muratore *m* ● **brick up** *vt* murare

bridal /'braɪdl/ *a* nuziale

bride /braɪd/ *n* sposa *f*. **~groom** *n* sposo *m*. **~smaid** *n* damigella *f* d'onore

bridge[1] /brɪdʒ/ *n* ponte *m*; (*of nose*) setto *m* nasale; (*of spectacles*) ponticello *m* ● *vt fig* colmare ‹*gap*›

bridge[2] *n Cards* bridge *m*

bridle /'braɪdl/ *n* briglia *f*

brief[1] /bri:f/ *a* breve

brief[2] *n* istruzioni *fpl*; (*Jur: case*) causa *f* ● *vt* dare istruzioni a; *Jur* affidare la causa a. **~case** *n* cartella *f*

brief|ing /'bri:fɪŋ/ *n* briefing *m inv*. **~ly** *adv* brevemente. **~ly,...** in breve,... **~ness** *n* brevità *f*

briefs /bri:fs/ *npl* slip *m inv*

brigad|e /brɪ'geɪd/ *n* brigata *f*. **~ier** /-ə'dɪə(r)/ *n* generale *m* di brigata

bright /braɪt/ *a* ‹*metal, idea*› brillante; ‹*day, room, future*› luminoso; (*clever*) intelligente; **~ red** rosso *m* acceso

bright|en /'braɪtn/ *v* **~en [up]** ● *vt* ravvivare; rallegrare ‹*person*› ● *vi* ‹*weather:*› schiarirsi; ‹*face:*› illuminarsi; ‹*person:*› rallegrarsi. **~ly** *adv* ‹*shine*› intensamente; ‹*smile*› allegramente. **~ness** *n* luminosità *f*; (*intelligence*) intelligenza *f*

brilliance /'brɪljəns/ *n* luminosità *f*; (*of person*) genialità *f*

brilliant /'brɪljənt/ *a* (*very good*) eccezionale; (*very intelligent*) brillante; ‹*sunshine*› splendente

brim /brɪm/ *n* bordo *m*; (*of hat*) tesa *f* ● **brim over** *vi* (*pt/pp* **brimmed**) traboccare

brine /braɪn/ *n* salamoia *f*

bring /brɪŋ/ *vt* (*pt/pp* **brought**) portare ‹*person, object*›. **bring about** *vt* causare. **bring along** *vt* portare [con sé]. **bring back** *vt* restituire ‹*sth borrowed*›; reintrodurre ‹*hanging*›; fare ritornare in mente ‹*memories*›. **bring down** *vt* portare giù; fare cadere ‹*government*›; fare abbassare ‹*price*›. **bring off** *vt* **~ sth off** riuscire a fare qcsa. **bring on** *vt* (*cause*) provocare. **bring out** *vt* (*emphasize*) mettere in evidenza; pubblicare ‹*book*›. **bring round** *vt* portare; (*persuade*) convincere; far rinvenire ‹*unconscious person*›. **bring up** *vt* (*vomit*) rimettere; allevare ‹*children*›; tirare fuori ‹*question, subject*›

brink /brɪŋk/ *n* orlo *m*

brisk /brɪsk/ *a* svelto; ‹*person*› sbrigativo; ‹*trade, business*› redditizio; ‹*walk*› a passo spedito

brist|le /'brɪsl/ *n* setola *f* ● *vi* **~ling with** pieno di. **~ly** *a* ‹*chin*› ispido

Brit|ain /'brɪtn/ *n* Gran Bretagna *f*. **~ish** *a* britannico; ‹*ambassador*› della Gran Bretagna ● *npl* **the ~ish** il popolo britannico. **~on** *n* cittadino, -a britannico, -a *mf*

brittle /'brɪtl/ *a* fragile

broach /brəʊtʃ/ *vt* toccare ‹*subject*›

broad /brɔ:d/ *a* ampio; ‹*hint*› chiaro; ‹*accent*› marcato. **two metres ~** largo due metri; **in ~ daylight** in pieno giorno. **~ beans** *npl* fave *fpl*

'broadcast *n* trasmissione *f* ● *vt/i*

(*pt*/*pp* **-cast**) trasmettere. **~er** *n* giornalista *mf* radiotelevisivo, -a. **~ing** *n* diffusione *f* radiotelevisiva; **be in ~ing** lavorare per la televisione/radio

broaden /'brɔ:dn/ *vt* allargare ● *vi* allargarsi

broadly /'brɔ:dlɪ/ *adv* largamente; **~ [speaking]** generalmente

broad'minded *a* di larghe vedute

broccoli /'brɒkəlɪ/ *n inv* broccoli *mpl*

brochure /'brəʊʃə(r)/ *n* opuscolo *m*; (*travel ~*) dépliant *m inv*

broke /brəʊk/ *see* **break** ● *a fam* al verde

broken /'brəʊkn/ *see* **break** ● *a* rotto; ‹*fig: marriage*› fallito. **~ English** inglese *m* stentato. **~-hearted** *a* affranto

broker /'brəʊkə(r)/ *n* broker *m inv*

brolly /'brɒlɪ/ *n fam* ombrello *m*

bronchitis /brɒŋ'kaɪtɪs/ *n* bronchite *f*

bronze /brɒnz/ *n* bronzo *m* ● *attrib* di bronzo

brooch /brəʊtʃ/ *n* spilla *f*

brood /bru:d/ *n* covata *f*; (*hum: children*) prole *f* ● *vi fig* rimuginare

brook /brʊk/ *n* ruscello *m*

broom /bru:m/ *n* scopa *f*. **~stick** *n* manico *m* di scopa

broth /brɒθ/ *n* brodo *m*

brothel /'brɒθl/ *n* bordello *m*

brother /'brʌðə(r)/ *n* fratello *m*

brother: ~-in-law *n* (*pl* **~s-in-law**) cognato *m*. **~ly** *a* fraterno

brought /brɔ:t/ *see* **bring**

brow /braʊ/ *n* fronte *f*; (*of hill*) cima *f*

'browbeat *vt* (*pt* **-beat,** *pp* **-beaten**) intimidire

brown /braʊn/ *a* marrone; castano ‹*hair*› ● *n* marrone *m* ● *vt* rosolare ‹*meat*› ● *vi* ‹*meat:*› rosolarsi. **~ 'paper** *n* carta *f* da pacchi

Brownie /'braʊnɪ/ *n* coccinella *f* (*negli scout*)

browse /braʊz/ *vi* (*read*) leggicchiare; (*in shop*) curiosare

bruise /bru:z/ *n* livido *m*; (*on fruit*) ammaccatura *f* ● *vt* ammaccare ‹*fruit*›; **~ one's arm** farsi un livido sul braccio. **~d** *a* contuso

brunette /bru:'net/ *n* bruna *f*

brunt /brʌnt/ *n* **bear the ~ of sth** subire maggiormente qcsa

brush /brʌʃ/ *n* spazzola *f*; (*with long handle*) spazzolone *m*; (*for paint*) pennello *m*; (*bushes*) boscaglia *f*; (*fig: conflict*) breve scontro *m* ● *vt* spazzolare ‹*hair*›; lavarsi ‹*teeth*›; scopare ‹*stairs, floor*›. **brush against** *vt* sfiorare. **brush aside** *vt fig* ignorare. **brush off** *vt* spazzolare; (*with hands*) togliere; ignorare ‹*criticism*›. **brush up** *vt*/*i fig* **~ up [on]** rinfrescare

brusque /brʊsk/ *a* brusco

Brussels /'brʌslz/ *n* Bruxelles *f*. **~ sprouts** *npl* cavoletti *mpl* di Bruxelles

brutal /'bru:tl/ *a* brutale. **~ity** /-'tælətɪ/ *n* brutalità *f inv*

brute /bru:t/ *n* bruto *m*. **~ force** *n* forza *f* bruta

BSc *n abbr* **Bachelor of Science**

BSE *n abbr* (**bovine spongiform encephalitis**) encefalite *f* bovina spongiforme

bubble /'bʌbl/ *n* bolla *f*; (*in drink*) bollicina *f*

buck¹ /bʌk/ *n* maschio *m* del cervo; (*rabbit*) maschio *m* del coniglio ● *vi* ‹*horse:*› saltare a quattro zampe. **buck up** *vi fam* tirarsi su; (*hurry*) sbrigarsi

buck² *n Am fam* dollaro *m*

buck³ *n* **pass the ~** scaricare la responsabilità

bucket /'bʌkɪt/ *n* secchio *m*

buckle /'bʌkl/ *n* fibbia *f* ● *vt* allacciare ● *vi* ‹*shelf:*› piegarsi; ‹*wheel:*› storcersi

bud /bʌd/ *n* bocciolo *m*

Buddhis|m /'bʊdɪzm/ *n* buddismo *m*. **~t** *a & n* buddista *mf*

buddy /'bʌdɪ/ *n fam* amico, -a *mf*

budge /bʌdʒ/ *vt* spostare ● *vi* spostarsi

budgerigar /'bʌdʒərɪgɑ:(r)/ *n* cocorita *f*

budget /'bʌdʒɪt/ *n* bilancio *m*; (*allotted to specific activity*) budget *m inv* ● *vi* (*pt*/*pp* **budgeted**) prevedere le spese; **~ for sth** includere qcsa nelle spese previste

buff /bʌf/ *a* (*colour*) [color] camoscio ● *n fam* fanatico, -a *mf*

buffalo /'bʌfələʊ/ *n* (*inv or pl* **-es**) bufalo *m*

buffer /'bʌfə(r)/ *n Rail* respingente *m*; **~ zone** *n* zona *f* cuscinetto

buffet¹ /'bʊfeɪ/ *n* buffet *m inv*

buffet² /'bʌfɪt/ *vt* (*pt*/*pp* **buffeted**) sferzare

bug /bʌg/ *n* (*insect*) insetto *m*; *Comput* bug *m inv*; (*fam: device*) cimice *f* ● *vt* (*pt*/*pp* **bugged**) *fam* installare delle microspie in ‹*room*›; mettere sotto controllo ‹*telephone*›; (*fam: annoy*) scocciare

buggy /ˈbʌgɪ/ *n* [**baby**] **~** passeggino *m*
bugle /ˈbju:gl/ *n* tromba *f*
build /bɪld/ *n* (*of person*) corporatura *f* ● *vt/i* (*pt/pp* **built**) costruire. **build on** *vt* aggiungere ‹*extra storey*›; sviluppare ‹*previous work*›. **build up** *vt* **~ up one's strength** rimettersi in forza ● *vi* ‹*pressure, traffic:*› aumentare; ‹*excitement, tension:*› crescere
builder /ˈbɪldə(r)/ *n* (*company*) costruttore *m*; (*worker*) muratore *m*
building /ˈbɪldɪŋ/ *n* edificio *m*. **~ site** *n* cantiere *m* [di costruzione]. **~ society** *n* istituto *m* di credito immobiliare
ˈbuild-up *n* (*of gas etc*) accumulo *m*; *fig* battage *m inv* pubblicitario
built /bɪlt/ *see* **build**. **~-in** *a* ‹*unit*› a muro; ‹*fig: feature*› incorporato. **~-up area** *n Auto* centro *m* abitato
bulb /bʌlb/ *n* bulbo *m*; *Electr* lampadina *f*
Bulgaria /bʌlˈgeərɪə/ *n* Bulgaria *f*
bulg|e /bʌldʒ/ *n* rigonfiamento *m* ● *vi* esser gonfio (**with** di); ‹*stomach, wall:*› sporgere; ‹*eyes, with surprise:*› uscire dalle orbite. **~ing** *a* gonfio; ‹*eyes*› sporgente
bulk /bʌlk/ *n* volume *m*; (*greater part*) grosso *m*; **in ~** in grande quantità; (*loose*) sfuso. **~y** *a* voluminoso
bull /bʊl/ *n* toro *m*
ˈbulldog *n* bulldog *m inv*
bulldozer /ˈbʊldəʊzə(r)/ *n* bull-dozer *m inv*
bullet /ˈbʊlɪt/ *n* pallottola *f*
bulletin /ˈbʊlɪtɪn/ *n* bollettino *m*. **~ board** *n Comput* bacheca *f* elettronica
ˈbullet-proof *a* antiproiettile *inv*; ‹*vehicle*› blindato
ˈbullfight *n* corrida *f*. **~er** *n* torero *m*
bullion /ˈbʊlɪən/ *n* **gold ~** oro *m* in lingotti
bullock /ˈbʊlək/ *n* manzo *m*
bull: ~ring *n* arena *f*. **~'s-eye** *n* centro *m* del bersaglio; **score a ~'s-eye** fare centro
bully /ˈbʊlɪ/ *n* prepotente *mf* ● *vt* fare il/la prepotente con. **~ing** *n* prepotenze *fpl*
bum¹ /bʌm/ *n sl* sedere *m*
bum² *n Am fam* vagabondo, -a *mf* ● **bum around** *vi fam* vagabondare
bumble-bee /ˈbʌmbl-/ *n* calabrone *m*
bump /bʌmp/ *n* botta *f*; (*swelling*) bozzo *m*, gonfiore *m*; (*in road*) protuberanza *f* ● *vt* sbattere. **bump into** *vt* sbattere contro; (*meet*) imbattersi in. **bump off** *vt fam* far fuori
bumper /ˈbʌmpə(r)/ *n Auto* paraurti *m inv* ● *a* abbondante
bumpkin /ˈbʌmpkɪn/ *n* **country ~** zoticone, -a *mf*
bumptious /ˈbʌmpʃəs/ *a* presuntuoso
bumpy /ˈbʌmpɪ/ *a* ‹*road*› accidentato; ‹*flight*› turbolento
bun /bʌn/ *n* focaccina *f* (*dolce*); (*hair*) chignon *m inv*
bunch /bʌntʃ/ *n* (*of flowers, keys*) mazzo *m*; (*of bananas*) casco *m*; (*of people*) gruppo *m*; **~ of grapes** grappolo *m* d'uva
bundle /ˈbʌndl/ *n* fascio *m*; (*of money*) mazzetta *f*; **a ~ of nerves** *fam* un fascio di nervi ● *vt* **~** [**up**] affastellare
bung /bʌŋ/ *vt fam* (*throw*) buttare. **bung up** *vt* (*block*) otturare
bungalow /ˈbʌŋgələʊ/ *n* bungalow *m inv*
bungle /ˈbʌŋgl/ *vt* fare un pasticcio di
bunion /ˈbʌnjən/ *n Med* callo *m* all'alluce
bunk /bʌŋk/ *n* cuccetta *f*. **~-beds** *npl* letti *mpl* a castello
bunny /ˈbʌnɪ/ *n fam* coniglietto *m*
buoy /bɔɪ/ *n* boa *f*
buoyan|cy /ˈbɔɪənsɪ/ *n* galleggiabilità *f*. **~t** *a* ‹*boat*› galleggiante; ‹*water*› che aiuta a galleggiare
burden /ˈbɜ:dn/ *n* carico *m* ● *vt* caricare. **~some** /-səm/ *a* gravoso
bureau /ˈbjʊərəʊ/ *n* (*pl* **-x** /-əʊz/ *or* **~s**) (*desk*) scrivania *f*; (*office*) ufficio *m*
bureaucracy /bjʊəˈrɒkrəsɪ/ *n* burocrazia *f*
bureaucrat /ˈbjʊərəkræt/ *n* burocrate *mf*. **~ic** /-ˈkrætɪk/ *a* burocratico
burger /ˈbɜ:gə(r)/ *n* hamburger *m inv*
burglar /ˈbɜ:glə(r)/ *n* svaligiatore, -trice *mf*. **~ alarm** *n* antifurto *m inv*
burglar|ize /ˈbɜ:gləraɪz/ *vt Am* svaligiare. **~y** *n* furto *m* con scasso
burgle /ˈbɜ:gl/ *vt* svaligiare
Burgundy /ˈbɜ:gəndɪ/ *n* Borgogna *f*
burial /ˈberɪəl/ *n* sepoltura *f*. **~ ground** *n* cimitero *m*
burlesque /bɜ:ˈlesk/ *n* parodia *f*
burly /ˈbɜ:lɪ/ *a* (**-ier, -iest**) corpulento
Burm|a /ˈbɜ:mə/ *n* Birmania *f*. **~ese** /-ˈmi:z/ *a & n* birmano, -a *mf*
burn /bɜ:n/ *n* bruciatura *f* ● *v* (*pt/pp* **burnt** *or* **burned**) ● *vt* bruciare ● *vi* bruciare. **burn down** *vt/i* bruciare. **burn out** *vi fig* esaurirsi. **~er** *n* (*on stove*) bruciatore *m*
burnish /ˈbɜ:nɪʃ/ *vt* lucidare
burnt /bɜ:nt/ *see* **burn**

burp /bɜːp/ *n fam* rutto *m* ● *vi fam* ruttare

burrow /'bʌrəʊ/ *n* tana *f* ● *vt* scavare

bursar /'bɜːsə(r)/ *n* economo, -a *mf*. **~y** *n* borsa *f* di studio

burst /bɜːst/ *n* (*of gunfire, energy, laughter*) scoppio *m*; (*of speed*) scatto *m* ● *v* (*pt/pp* **burst**) ● *vt* far scoppiare ● *vi* scoppiare; **~ into tears** scoppiare in lacrime; **she ~ into the room** ha fatto irruzione nella stanza. **burst out** *vi* **~ out laughing/crying** scoppiare a ridere/piangere

bury /'berɪ/ *vt* (*pt/pp* **-ied**) seppellire; (*hide*) nascondere

bus /bʌs/ *n* autobus *m inv*, pullman *m inv*; (*long distance*) pullman *m inv*, corriera *f*

bush /bʊʃ/ *n* cespuglio *m*; (*land*) boscaglia *f*. **~y** *a* (**-ier, -iest**) folto

busily /'bɪzɪlɪ/ *adv* con grande impegno

business /'bɪznɪs/ *n* affare *m*; *Comm* affari *mpl*; (*establishment*) attività *f* di commercio; **on ~** per affari; **he has no ~ to** non ha alcun diritto di; **mind one's own ~** farsi gli affari propri; **that's none of your ~** non sono affari tuoi. **~-like** *a* efficiente. **~man** *n* uomo *m* d'affari. **~woman** *n* donna *f* d'affari

busker /'bʌskə(r)/ *n* suonatore, -trice *mf* ambulante

'bus station *n* stazione *f* degli autobus

'bus-stop *n* fermata *f* d'autobus

bust[1] /bʌst/ *n* busto *m*; (*chest*) petto *m*

bust[2] *a fam* rotto; **go ~** fallire ● *v* (*pt/pp* **busted** *or* **bust**) *fam* ● *vt* far scoppiare ● *vi* scoppiare

bustl|e /'bʌsl/ *n* (*activity*) trambusto *m* ● **bustle about** *vi* affannarsi. **~ing** *a* animato

'bust-up *n fam* lite *f*

busy /'bɪzɪ/ *a* (**-ier, -iest**) occupato; ‹*day, time*› intenso; ‹*street*› affollato; (*with traffic*) pieno di traffico; **be ~ doing** essere occupato a fare ● *vt* **~ oneself** darsi da fare

'busybody *n* ficcanaso *mf inv*

but /bʌt/, *atono* /bət/ *conj* ma ● *prep* eccetto, tranne; **nobody ~ you** nessuno tranne te; **~ for** (*without*) se non fosse stato per; **the last ~ one** il penultimo; **the next ~ one** il secondo ● *adv* (*only*) soltanto; **there were ~ two** ce n'erano soltanto due

butcher /'bʊtʃə(r)/ *n* macellaio *m*; **~'s [shop]** macelleria *f* ● *vt* macellare; *fig* massacrare

butler /'bʌtlə(r)/ *n* maggiordomo *m*

butt /bʌt/ *n* (*of gun*) calcio *m*; (*of cigarette*) mozzicone *m*; (*for water*) barile *m*; (*fig: target*) bersaglio *m* ● *vt* dare una testata a; ‹*goat:*› dare una cornata a. **butt in** *vi* interrompere

butter /'bʌtə(r)/ *n* burro *m* ● *vt* imburrare. **butter up** *vt fam* arruffianarsi

butter: ~cup *n* ranuncolo *m*. **~fingers** *nsg fam* **be a ~fingers** avere le mani di pasta frolla. **~fly** *n* farfalla *f*

buttocks /'bʌtəks/ *npl* natiche *fpl*

button /'bʌtn/ *n* bottone *m* ● *vt* **~ [up]** abbottonare ● *vi* **~ [up]** abbottonarsi. **~hole** *n* occhiello *m*, asola *f*

buttress /'bʌtrɪs/ *n* contrafforte *m*

buxom /'bʌksəm/ *a* formosa

buy /baɪ/ *n* **good/bad ~** buon/cattivo acquisto *m* ● *vt* (*pt/pp* **bought**) comprare; **~ sb a drink** pagare da bere a qcno; **I'll ~ this one** (*drink*) questo, lo offro io. **~er** *n* compratore, -trice *mf*

buzz /bʌz/ *n* ronzio *m*; **give sb a ~** *fam* (*on phone*) dare un colpo di telefono a qcno; (*excite*) mettere in fermento qcno ● *vi* ronzare ● *vt* **~ sb** chiamare qcno col cicalino. **buzz off** *vi fam* levarsi di torno

buzzer /'bʌzə(r)/ *n* cicalino *m*

by /baɪ/ *prep* (*near, next to*) vicino a; (*at the latest*) per; **by Mozart** di Mozart; **he was run over by a bus** è stato investito da un autobus; **by oneself** da solo; **by the sea** al mare; **by sea** via mare; **by car/bus** in macchina/autobus; **by day/ night** di giorno/notte; **by the hour/metre** a ore/metri; **six metres by four** sei metri per quattro; **he won by six metres** ha vinto di sei metri; **I missed the train by a minute** ho perso il treno per un minuto; **I'll be home by six** sarò a casa per le sei; **by this time next week** a quest'ora tra una settimana; **he rushed by me** mi è passato accanto di corsa ● *adv* **she'll be here by and by** sarà qui fra poco; **by and large** in complesso

bye[-bye] /baɪ['baɪ]/ *int fam* ciao

by: ~-election *n elezione f straordinaria indetta per coprire una carica rimasta vacante in Parlamento*. **~gone** *a* passato. **~-law** *n* legge *f* locale. **~pass** *n* circonvallazione *f*; *Med* by-pass *m inv* ● *vt* evitare. **~-product** *n* sottoprodotto *m*. **~stander** *n* spettatore, -trice *mf*. **~word** *n* **be a ~word for** essere sinonimo di

Cc

cab /kæb/ *n* taxi *m inv*; (*of lorry, train*) cabina *f*
cabaret /ˈkæbəreɪ/ *n* cabaret *m inv*
cabbage /ˈkæbɪdʒ/ *n* cavolo *m*
cabin /ˈkæbɪn/ *n* (*of plane, ship*) cabina *f*; (*hut*) capanna *f*
cabinet /ˈkæbɪnɪt/ *n* armadietto *m*; [**display**] **~** vetrina *f*; **C~** *Pol* consiglio *m* dei ministri. **~-maker** *n* ebanista *mf*
cable /ˈkeɪbl/ *n* cavo *m*. **~ ˈrailway** *n* funicolare *f*. **~ ˈtelevision** *n* televisione *f* via cavo
cache /kæʃ/ *n* nascondiglio *m*; **~ of arms** deposito *m* segreto di armi
cackle /ˈkækl/ *vi* ridacchiare
cactus /ˈkæktəs/ *n* (*pl* **-ti** /-taɪ/ *or* **-tuses**) cactus *m inv*
caddie /ˈkædɪ/ *n* portabastoni *m inv*
caddy /ˈkædɪ/ *n* [**tea-**]**~** barattolo *m* del tè
cadet /kəˈdet/ *n* cadetto *m*
cadge /kædʒ/ *vt/i fam* scroccare
Caesarean /sɪˈzeərɪən/ *n* parto *m* cesareo
café /ˈkæfeɪ/ *n* caffè *m inv*
cafeteria /kæfəˈtɪərɪə/ *n* tavola *f* calda
caffeine /ˈkæfiːn/ *n* caffeina *f*
cage /keɪdʒ/ *n* gabbia *f*
cagey /ˈkeɪdʒɪ/ *a fam* riservato (**about** su)
cajole /kəˈdʒəʊl/ *vt* persuadere con le lusinghe
cake /keɪk/ *n* torta *f*; (*small*) pasticcino *m*. **~d** *a* incrostato (**with** di)
calamity /kəˈlæmətɪ/ *n* calamità *f inv*
calcium /ˈkælsɪəm/ *n* calcio *m*
calculat|e /ˈkælkjʊleɪt/ *vt* calcolare. **~ing** *a fig* calcolatore. **~ion** /-ˈleɪʃn/ *n* calcolo *m*. **~or** *n* calcolatrice *f*
calendar /ˈkælɪndə(r)/ *n* calendario *m*
calf[1] /kɑːf/ *n* (*pl* **calves**) vitello *m*
calf[2] *n* (*pl* **calves**) *Anat* polpaccio *m*
calibre /ˈkælɪbə(r)/ *n* calibro *m*
call /kɔːl/ *n* grido *m*; *Teleph* telefonata *f*; (*visit*) visita *f*; **be on ~** ‹*doctor:*› essere di guardia ● *vt* chiamare; indire ‹*strike*›; **be ~ed** chiamarsi ● *vi* chiamare; **~** [**in** *or* **round**] passare. **call back** *vt/i* richiamare. **call for** *vt* (*ask for*) chiedere; (*require*) richiedere; (*fetch*) passare a prendere. **call off** *vt* richiamare ‹*dog*›; disdire ‹*meeting*›; revocare ‹*strike*›. **call on** *vt* chiamare; (*appeal to*) fare un appello a; (*visit*) visitare. **call out** *vt* chiamare ad alta voce ‹*names*› ● *vi* chiamare ad alta voce. **call together** *vt* riunire. **call up** *vt Mil* chiamare alle armi; *Teleph* chiamare
call: ~-box *n* cabina *f* telefonica. **~er** *n* visitatore, -trice *mf*; *Teleph persona f che telefona*. **~ing** *n* vocazione *f*
callous /ˈkæləs/ *a* insensibile
ˈcall-up *n Mil* chiamata *f* alle armi
calm /kɑːm/ *a* calmo ● *n* calma *f*. **calm down** *vt* calmare ● *vi* calmarsi. **~ly** *adv* con calma
calorie /ˈkælərɪ/ *n* caloria *f*
calves /kɑːvz/ *npl see* **calf[1] &[2]**
camber /ˈkæmbə(r)/ *n* curvatura *f*
Cambodia /kæmˈbəʊdɪə/ *n* Cambogia *f*. **~n** *a & n* cambogiano, -a *mf*
camcorder /ˈkæmkɔːdə(r)/ *n* videocamera *f*
came /keɪm/ *see* **come**
camel /ˈkæml/ *n* cammello *m*
camera /ˈkæmərə/ *n* macchina *f* fotografica; *TV* telecamera *f*. **~man** *n* operatore *m* [televisivo], cameraman *m inv*
camouflage /ˈkæməflɑːʒ/ *n* mimetizzazione *f* ● *vt* mimetizzare
camp /kæmp/ *n* campeggio *f*; *Mil* campo *m* ● *vi* campeggiare; *Mil* accamparsi
campaign /kæmˈpeɪn/ *n* campagna *f* ● *vi* fare una campagna
camp: ~-bed *n* letto *m* da campo. **~er** *n* campeggiatore, -trice *mf*; *Auto* camper *m inv*. **~ing** *n* campeggio *m*. **~site** *n* campeggio *m*
campus /ˈkæmpəs/ *n* (*pl* **-puses**) *Univ* città *f* universitaria, campus *m inv*
can[1] /kæn/ *n* (*for petrol*) latta *f*; (*tin*) scatola *f*; **~ of beer** lattina *f* di birra ● *vt* mettere in scatola
can[2] /kæn/, *atono* /kən/ *v aux* (*pres* **can**; *pt* **could**) (*be able to*) potere; (*know how to*) sapere; **I cannot** *or* **can't go** non posso andare; **he could not** *or* **couldn't go** non poteva andare; **she**

can't swim non sa nuotare; **I ~ smell something burning** sento odor di bruciato

Canad|a /'kænədə/ *n* Canada *m*. **~ian** /kə'neɪdɪən/ *a & n* canadese *mf*

canal /kə'næl/ *n* canale *m*

Canaries /kə'neərɪz/ *npl* Canarie *fpl*

canary /kə'neərɪ/ *n* canarino *m*

cancel /'kænsl/ *v* (*pt/pp* **cancelled**) ● *vt* disdire ‹*meeting, newspaper*›; revocare ‹*contract, order*›; annullare ‹*reservation, appointment, stamp*›. **~lation** /-ə'leɪʃn/ *n* (*of meeting, contract*) revoca *f*; (*in hotel, restaurant, for flight*) cancellazione *f*

cancer /'kænsə(r)/ *n* cancro *m*; **C~** *Astr* Cancro *m*. **~ous** /-rəs/ *a* canceroso

candelabra /kændə'lɑ:brə/ *n* candelabro *m*

candid /'kændɪd/ *a* franco

candidate /'kændɪdət/ *n* candidato, -a *mf*

candle /'kændl/ *n* candela *f*. **~stick** *n* portacandele *m inv*

candour /'kændə(r)/ *n* franchezza *f*

candy /'kændɪ/ *n Am* caramella *f*; **a [piece of] ~** una caramella. **~floss** /-flɒs/ *n* zucchero *m* filato

cane /keɪn/ *n* (*stick*) bastone *m*; *Sch* bacchetta *f* ● *vt* prendere a bacchettate ‹*pupil*›

canine /'keɪnaɪn/ *a* canino. **~ tooth** *n* canino *m*

canister /'kænɪstə(r)/ *n* barattolo *m* (*di metallo*)

cannabis /'kænəbɪs/ *n* cannabis *f*

canned /kænd/ *a* in scatola; **~ music** *fam* musica *f* registrata

cannibal /'kænɪbl/ *n* cannibale *mf*. **~ism** *n* cannibalismo *m*

cannon /'kænən/ *n inv* cannone *m*. **~-ball** *n* palla *f* di cannone

cannot /'kænɒt/ *see* **can²**

canny /'kænɪ/ *a* astuto

canoe /kə'nu:/ *n* canoa *f* ● *vi* andare in canoa

'can-opener *n* apriscatole *m inv*

canopy /'kænəpɪ/ *n* baldacchino *f*; (*of parachute*) calotta *f*

can't /kɑ:nt/ = **cannot** *see* **can²**

cantankerous /kæn'tæŋkərəs/ *a* stizzoso

canteen /kæn'ti:n/ *n* mensa *f*; **~ of cutlery** servizio *m* di posate

canter /'kæntə(r)/ *vi* andare a piccolo galoppo

canvas /'kænvəs/ *n* tela *f*; (*painting*) dipinto *m* su tela

canvass /'kænvəs/ *vi Pol* fare propaganda elettorale. **~ing** *n* sollecitazione *f* di voti

canyon /'kænjən/ *n* canyon *m inv*

cap /kæp/ *n* berretto *m*; (*nurse's*) cuffia *f*; (*top, lid*) tappo *m* ● *vt* (*pt/pp* **capped**) (*fig: do better than*) superare

capability /keɪpə'bɪlətɪ/ *n* capacità *f*

capabl|e /'keɪpəbl/ *a* capace; (*skilful*) abile; **be ~e of doing sth** essere capace di fare qcsa. **~y** *adv* con abilità

capacity /kə'pæsətɪ/ *n* capacità *f*; (*function*) qualità *f*; **in my ~ as** in qualità di

cape¹ /keɪp/ *n* (*cloak*) cappa *f*

cape² *n Geog* capo *m*

caper¹ /'keɪpə(r)/ *vi* saltellare ● *n fam* birichinata *f*

caper² *n Culin* cappero *m*

capital /'kæpɪtl/ *n* (*town*) capitale *f*; (*money*) capitale *m*; (*letter*) lettera *f* maiuscola. **~ city** *n* capitale *f*

capital|ism /'kæpɪtəlɪzm/ *n* capitalismo *m*. **~ist** /-ɪst/ *a & n* capitalista *mf*. **~ize** /-aɪz/ *vi* **~ize on** *fig* trarre vantaggio da. **~ 'letter** *n* lettera *f* maiuscola. **~ 'punishment** *n* pena *f* capitale

capitulat|e /kə'pɪtjʊleɪt/ *vi* capitolare. **~ion** /-'leɪʃn/ *n* capitolazione *f*

capricious /kə'prɪʃəs/ *a* capriccioso

Capricorn /'kæprɪkɔ:n/ *n Astr* Capricorno *m*

capsize /kæp'saɪz/ *vi* capovolgersi ● *vt* capovolgere

capsule /'kæpsjʊl/ *n* capsula *f*

captain /'kæptɪn/ *n* capitano *m* ● *vt* comandare ‹*team*›

caption /'kæpʃn/ *n* intestazione *f*; (*of illustration*) didascalia *f*

captivate /'kæptɪveɪt/ *vt* incantare

captiv|e /'kæptɪv/ *a* prigionero; **hold/take ~e** tenere/fare prigioniero ● *n* prigioniero, -a *mf*. **~ity** /-'tɪvətɪ/ *n* prigionia *f*; (*animals*) cattività *f*

capture /'kæptʃə(r)/ *n* cattura *f* ● *vt* catturare; attirare ‹*attention*›

car /kɑ:(r)/ *n* macchina *f*; **by ~** in macchina

carafe /kə'ræf/ *n* caraffa *f*

caramel /'kærəmel/ *n* (*sweet*) caramella *f* al mou; *Culin* caramello *m*

carat /'kærət/ *n* carato *m*

caravan /'kærəvæn/ *n* roulotte *f inv*; (*horse-drawn*) carovana *f*

carbohydrate /kɑ:bə'haɪdreɪt/ *n* carboidrato *m*

carbon /'kɑ:bən/ *n* carbonio *m*

carbon: ~ copy *n* copia *f* in carta carbone; (*fig: person*) ritratto *m*. **~ di'oxide** *n* anidride *f* carbonica. **~ paper** *n* carta *f* carbone

carburettor /kɑ:bjʊ'retə(r)/ *n* carburatore *m*

carcass /'kɑ:kəs/ *n* carcassa *f*

card /kɑ:d/ *n* (*for birthday, Christmas etc*) biglietto *m* di auguri; (*playing* ~) carta *f* [da gioco]; (*membership* ~) tessera *f*; (*business* ~) biglietto *m* da visita; (*credit* ~) carta *f* di credito; *Comput* scheda *f*

'cardboard *n* cartone *m*. **~ 'box** *n* scatola *f* di cartone; (*large*) scatolone *m*

'card-game *n* gioco *m* di carte

cardiac /'kɑ:dɪæk/ *a* cardiaco

cardigan /'kɑ:dɪgən/ *n* cardigan *m inv*

cardinal /'kɑ:dɪnl/ *a* cardinale; **~ number** numero *m* cardinale ● *n Relig* cardinale *m*

card 'index *n* schedario *m*

care /keə(r)/ *n* cura *f*; (*caution*) attenzione *f*; (*worry*) preoccupazione *f*; **~ of** (*on letter abbr* **c/o**) presso; **take ~** (*be cautious*) fare attenzione; **bye, take ~** ciao, stammi bene; **take ~ of** occuparsi di; **be taken into ~** essere preso in custodia da un ente assistenziale ● *vi* **~ about** interessarsi di; **~ for** (*feel affection for*) volere bene a; (*look after*) aver cura di; **I don't ~ for chocolate** non mi piace il cioccolato; **I don't ~** non me ne importa; **who ~s?** chi se ne frega?

career /kə'rɪə(r)/ *n* carriera *f*; (*profession*) professione *f* ● *vi* andare a tutta velocità

care: ~free *a* spensierato. **~ful** *a* attento; ‹*driver*› prudente. **~fully** *adv* con attenzione. **~less** *a* irresponsabile; (*in work*) trascurato; ‹*work*› fatto con poca cura; ‹*driver*› distratto. **~lessly** *adv* negligentemente. **~lessness** *n* trascuratezza *f*. **~r** *n persona f che accudisce a un anziano o a un malato*

caress /kə'res/ *n* carezza *f* ● *vt* accarezzare

'caretaker *n* custode *mf*; (*in school*) bidello *m*

'car ferry *n* traghetto *m* (*per il trasporto di auto*)

cargo /'kɑ:gəʊ/ *n* (*pl* **-es**) carico *m*

Caribbean /kærɪ'bi:ən/ *n* **the ~** (*sea*) il Mar dei Caraibi ● *a* caraibico

caricature /'kærɪkətjʊə(r)/ *n* caricatura *f*

caring /'keərɪŋ/ *a* ‹*parent*› premuroso; ‹*attitude*› altruista; **the ~ professions** le attività assistenziali

carnage /'kɑ:nɪdʒ/ *n* carneficina *f*

carnal /'kɑ:nl/ *a* carnale

carnation /kɑ:'neɪʃn/ *n* garofano *m*

carnival /'kɑ:nɪvl/ *n* carnevale *m*

carnivorous /kɑ:'nɪvərəs/ *a* carnivoro

carol /'kærəl/ *n* [**Christmas**] **~** canzone *f* natalizia

carp¹ /kɑ:p/ *n inv* carpa *f*

carp² *vi* **~ at** trovare da ridire su

'car park *n* parcheggio *m*

carpent|er /'kɑ:pɪntə(r)/ *n* falegname *m*. **~ry** *n* falegnameria *f*

carpet /'kɑ:pɪt/ *n* tappeto *m*; (*wall-to-wall*) moquette *f inv* ● *vt* mettere la moquette in ‹*room*›

'car phone *n* telefono *m* in macchina

carriage /'kærɪdʒ/ *n* carrozza *f*; (*of goods*) trasporto *m*; (*cost*) spese *fpl* di trasporto; (*bearing*) portamento *m*; **~way** *n* strada *f* carrozzabile; **northbound ~way** carreggiata *f* nord

carrier /'kærɪə(r)/ *n* (*company*) impresa *f* di trasporti; *Aeron* compagnia *f* di trasporto aereo; (*of disease*) portatore *m*. **~ [bag]** *n* borsa *f* [per la spesa]

carrot /'kærət/ *n* carota *f*

carry /'kærɪ/ *v* (*pt/pp* **-ied**) ● *vt* portare; (*transport*) trasportare; **get carried away** *fam* lasciarsi prender la mano ● *vi* ‹*sound:*› trasmettersi. **carry off** *vt* portare via; vincere ‹*prize*›. **carry on** *vi* continuare; (*fam: make scene*) fare delle storie; **~ on with sth** continuare qcsa; **~ on with sb** *fam* intendersela con qcno ● *vt* mantenere ‹*business*›. **carry out** *vt* portare fuori; eseguire ‹*instructions, task*›; mettere in atto ‹*threat*›; effettuare ‹*experiment, survey*›

'carry-cot *n* porte-enfant *m inv*

cart /kɑ:t/ *n* carretto *m* ● *vt* (*fam: carry*) portare

cartilage /'kɑ:tɪlɪdʒ/ *n Anat* cartilagine *f*

carton /'kɑ:tn/ *n* scatola *f* di cartone; (*for drink*) cartone *m*; (*of cream, yoghurt*) vasetto *m*; (*of cigarettes*) stecca *f*

cartoon /kɑ:'tu:n/ *n* vignetta *f*; (*strip*) vignette *fpl*; (*film*) cartone *m* animato; (*in art*) bozzetto *m*. **~ist** *n* vignettista *mf*; (*for films*) disegnatore, -trice *mf* di cartoni animati

cartridge /'kɑ:trɪdʒ/ *n* cartuccia *f*; (*for film*) bobina *f*; (*of record player*) testina *f*

carve /kɑ:v/ *vt* scolpire; tagliare ‹*meat*›

carving /ˈkɑːvɪŋ/ *n* scultura *f*. **~-knife** *n* trinciante *m*

ˈ**car wash** *n* autolavaggio *m inv*

case[1] /keɪs/ *n* caso *m*; **in any ~** in ogni caso; **in that ~** in questo caso; **just in ~** per sicurezza; **in ~ he comes** nel caso in cui venisse

case[2] *n* (*container*) scatola *f*; (*crate*) cassa *f*; (*for spectacles*) astuccio *m*; (*suitcase*) valigia *f*; (*for display*) vetrina *f*

cash /kæʃ/ *n* denaro *m* contante; (*fam: money*) contanti *mpl*; **pay [in] ~** pagare in contanti; **~ on delivery** pagamento alla consegna ● *vt* incassare ‹*cheque*›. **~ desk** *n* cassa *f*

cashier /kæˈʃɪə(r)/ *n* cassiere, -a *mf*

ˈ**cash register** *n* registratore *m* di cassa

casino /kəˈsiːnəʊ/ *n* casinò *m inv*

casket /ˈkɑːskɪt/ *n* scrigno *m*; (*Am: coffin*) bara *f*

casserole /ˈkæsərəʊl/ *n* casseruola *f*; (*stew*) stufato *m*

cassette /kəˈset/ *n* cassetta *f*. **~ recorder** *n* registratore *m* (*a cassette*)

cast /kɑːst/ *n* (*mould*) forma *f*; *Theat* cast *m inv*; **[plaster] ~** *Med* ingessatura *f* ● *vt* (*pt/pp* **cast**) dare ‹*vote*›; *Theat* assegnare le parti di ‹*play*›; fondere ‹*metal*›; (*throw*) gettare; **~ an actor as** dare ad un attore il ruolo di; **~ a glance at** lanciare uno sguardo a. **cast off** *vi Naut* sganciare gli ormeggi ● *vt* (*in knitting*) diminuire. **cast on** *vt* (*in knitting*) avviare

castaway /ˈkɑːstəweɪ/ *n* naufrago, -a *mf*

caste /kɑːst/ *n* casta *f*

caster /ˈkɑːstə(r)/ *n* (*wheel*) rotella *f*. **~ sugar** *n* zucchero *m* raffinato

cast ˈiron *n* ghisa *f*

cast-ˈiron *a* di ghisa; *fig* solido

castle /ˈkɑːsl/ *n* castello *m*; (*in chess*) torre *f*

ˈ**cast-offs** *npl* abiti *mpl* smessi

castor /ˈkɑːstə(r)/ *n* (*wheel*) rotella *f*. **~ oil** *n* olio *m* di ricino. **~ sugar** *n* zucchero *m* raffinato

castrat|e /kæˈstreɪt/ *vt* castrare. **~ion** /-eɪʃn/ *n* castrazione *f*

casual /ˈkæʒʊəl/ *a* (*chance*) casuale; ‹*remark*› senza importanza; ‹*glance*› di sfuggita; ‹*attitude, approach*› disinvolto; ‹*chat*› informale; ‹*clothes*› casual *inv*; ‹*work*› saltuario; **~ wear** abbigliamento *m* casual. **~ly** *adv* ‹*dress*› casual; ‹*meet*› casualmente

casualty /ˈkæʒʊəltɪ/ *n* (*injured person*) ferito *m*; (*killed*) vittima *f*. **~ [department]** *n* pronto soccorso *m*

cat /kæt/ *n* gatto *m*; *pej* arpia *f*

catalogue /ˈkætəlɒg/ *n* catalogo *m* ● *vt* catalogare

catalyst /ˈkætəlɪst/ *n Chem & fig* catalizzatore *m*

catalytic /kætəˈlɪtɪk/ *a* **~ converter** *Auto* marmitta *f* catalitica

catapult /ˈkætəpʌlt/ *n* catapulta *f*; (*child's*) fionda *f* ● *vt fig* catapultare

cataract /ˈkætərækt/ *n Med* cataratta *f*

catarrh /kəˈtɑː(r)/ *n* catarro *m*

catastroph|e /kəˈtæstrəfɪ/ *n* catastrofe *f*. **~ic** /kætəˈstrɒfɪk/ *a* catastrofico

catch /kætʃ/ *n* (*of fish*) pesca *f*; (*fastener*) fermaglio *m*; (*on door*) fermo *m*; (*on window*) gancio *m*; (*fam: snag*) tranello *m* ● *v* (*pt/pp* **caught**) ● *vt* acchiappare ‹*ball*›; (*grab*) afferrare; prendere ‹*illness, fugitive, train*›; **~ a cold** prendersi un raffreddore; **~ sight of** scorgere; **I caught him stealing** l'ho sorpreso mentre rubava; **~ one's finger in the door** chiudersi il dito nella porta; **~ sb's eye** *or* **attention** attirare l'attenzione di qcno ● *vi* ‹*fire:*› prendere; (*get stuck*) impigliarsi. **catch on** *vi fam* (*understand*) afferrare; (*become popular*) diventare popolare. **catch up** *vt* raggiungere ● *vi* recuperare; ‹*runner:*› riguadagnare terreno; **~ up with** raggiungere ‹*sb*›; mettersi in pari con ‹*work*›

catching /ˈkætʃɪŋ/ *a* contagioso

catch: ~-phrase *n* tormentone *m*. **~word** *n* slogan *m inv*

catchy /ˈkætʃɪ/ *a* (**-ier, -iest**) orecchiabile

categor|ical /kætɪˈgɒrɪkl/ *a* categorico. **~y** /ˈkætɪgərɪ/ *n* categoria *f*

cater /ˈkeɪtə(r)/ *vi* **~ for** provvedere a ‹*needs*›; *fig* venire incontro alle esigenze di. **~ing** *n* (*trade*) ristorazione *f*; (*food*) rinfresco *m*

caterpillar /ˈkætəpɪlə(r)/ *n* bruco *m*

cathedral /kəˈθiːdrl/ *n* cattedrale *f*

Catholic /ˈkæθəlɪk/ *a & n* cattolico, -a *mf*. **~ism** /kəˈθɒlɪsɪzm/ *n* cattolicesimo *m*

cat's eyes *npl* catarifrangente *msg* (*inserito nell'asfalto*)

cattle /ˈkætl/ *npl* bestiame *msg*

catty /ˈkætɪ/ *a* (**-ier, -iest**) dispettoso

catwalk /ˈkætwɔːk/ *n* passerella *f*

caught /kɔːt/ *see* **catch**

cauliflower /ˈkɒlɪ-/ *n* cavolfiore *m*

cause /kɔːz/ *n* causa *f* ● *vt* causare; **~ sb to do sth** far fare qcsa a qcno

'causeway *n* strada *f* sopraelevata
caustic /'kɔ:stɪk/ *a* caustico
caution /'kɔ:ʃn/ *n* cautela *f*; (*warning*) ammonizione *f* ● *vt* mettere in guardia; *Jur* ammonire
cautious /'kɔ:ʃəs/ *a* cauto
cavalry /'kævəlrɪ/ *n* cavalleria *f*
cave /keɪv/ *n* caverna *f* ● **cave in** *vi* ‹*roof:*› crollare; (*fig: give in*) capitolare
cavern /'kævən/ *n* caverna *f*
caviare /'kævɪɑ:(r)/ *n* caviale *m*
caving /'keɪvɪŋ/ *n* speleologia *f*
cavity /'kævətɪ/ *n* cavità *f inv*; (*in tooth*) carie *f inv*
CD *n* CD *m inv*. **~ player** *n* lettore *m* [di] compact
CD-Rom /si:di:'rɒm/ *n* CD-Rom *m inv*. **~ drive** *n* lettore *m* [di] CD-Rom
cease /si:s/ *n* **without ~** incessantemente ● *vt/i* cessare. **~-fire** *n* cessate il fuoco *m inv*. **~less** *a* incessante
cedar /'si:də(r)/ *n* cedro *m*
cede /si:d/ *vt* cedere
ceiling /'si:lɪŋ/ *n* soffitto *m*; *fig* tetto *m* [massimo]
celebrat|e /'selɪbreɪt/ *vt* festeggiare ‹*birthday, victory*› ● *vi* far festa. **~ed** *a* celebre (**for** per). **~ion** /-'breɪʃn/ *n* celebrazione *f*
celebrity /sɪ'lebrətɪ/ *n* celebrità *f inv*
celery /'selərɪ/ *n* sedano *m*
celiba|cy /'selɪbəsɪ/ *n* celibato *m*. **~te** *a* ‹*man*› celibe; ‹*woman*› nubile
cell /sel/ *n* cella *f*; *Biol* cellula *f*
cellar /'selə(r)/ *n* scantinato *m*; (*for wine*) cantina *f*
cellist /'tʃelɪst/ *n* violoncellista *mf*
cello /'tʃeləʊ/ *n* violoncello *m*
Cellophane® /'seləfeɪn/ *n* cellofan *m inv*
cellular phone /seljʊlə'fəʊn/ *n* [telefono *m*] cellulare *m*
celluloid /'seljʊlɔɪd/ *n* celluloide *f*
Celsius /'selsɪəs/ *a* Celsius
Celt /kelt/ *n* celta *mf*. **~ic** *a* celtico
cement /sɪ'ment/ *n* cemento *m*; (*adhesive*) mastice *m* ● *vt* cementare; *fig* consolidare
cemetery /'semətrɪ/ *n* cimitero *m*
censor /'sensə(r)/ *n* censore *m* ● *vt* censurare. **~ship** *n* censura *f*
censure /'senʃə(r)/ *vt* biasimare
census /'sensəs/ *n* censimento *m*
cent /sent/ *n* (*of dollar*) centesimo *m*; (*of euro*) cent *m inv*, centesimo *m*
centenary /sen'ti:nərɪ/ *n*, *Am* **centennial** /sen'tenɪəl/ *n* centenario *m*
center /'sentə(r)/ *n Am* = **centre**
centi|grade /'sentɪ-/ *a* centigrado. **~metre** *n* centimetro *m*. **~pede** /-pi:d/ *n* centopiedi *m inv*
central /'sentrəl/ *a* centrale. **~ 'heating** *n* riscaldamento *m* autonomo. **~ize** *vt* centralizzare. **~ly** *adv* al centro; **~ly heated** con riscaldamento autonomo. **~ reser'vation** *n Auto* banchina *f* spartitraffico
centre /'sentə(r)/ *n* centro *m* ● *v* (*pt/pp* **centred**) ● *vt* centrare ● *vi* **~ on** *fig* incentrarsi su. **~-'forward** *n* centravanti *m inv*
centrifugal /sentrɪ'fju:gl/ *a* **~ force** forza *f* centrifuga
century /'sentʃərɪ/ *n* secolo *m*
ceramic /sɪ'ræmɪk/ *a* ceramico. **~s** *n* (*art*) ceramica *fsg*; (*objects*) ceramiche *fpl*
cereal /'sɪərɪəl/ *n* cereale *m*
cerebral /'serɪbrl/ *a* cerebrale
ceremon|ial /serɪ'məʊnɪəl/ *a* da cerimonia ● *n* cerimoniale *m*. **~ious** /-ɪəs/ *a* cerimonioso
ceremony /'serɪmənɪ/ *n* cerimonia *f*
certain /'sɜ:tn/ *a* certo; **for ~** di sicuro; **make ~** accertarsi ; **he is ~ to win** è certo di vincere; **it's not ~ whether he'll come** non è sicuro che venga. **~ly** *adv* certamente; **~ly not!** no di certo! **~ty** *n* certezza *f*; **it's a ~ty** è una cosa certa
certificate /sə'tɪfɪkət/ *n* certificato *m*
certify /'sɜ:tɪfaɪ/ *vt* (*pt/pp* **-ied**) certificare; (*declare insane*) dichiarare malato di mente
cessation /se'seɪʃn/ *n* cessazione *f*
cesspool /'ses-/ *n* pozzo *m* nero
cf *abbr* (**compare**) cf, cfr
chafe /tʃeɪf/ *vt* irritare
chain /tʃeɪn/ *n* catena *f* ● *vt* incatenare ‹*prisoner*›; attaccare con la catena ‹*dog*› (**to** a). **chain up** *vt* legare alla catena ‹*dog*›
chain: ~ re'action *n* reazione *f* a catena. **~-smoke** *vi* fumare una sigaretta dopo l'altra. **~-smoker** *n* fumatore, -trice *mf* accanito, -a. **~ store** *n* negozio *m* appartenente a una catena
chair /tʃeə(r)/ *n* sedia *f*; *Univ* cattedra *f* ● *vt* presiedere. **~-lift** *n* seggiovia *f*. **~man** *n* presidente *m*
chalet /'ʃæleɪ/ *n* chalet *m inv*; (*in holiday camp*) bungalow *m inv*
chalice /'tʃælɪs/ *n Relig* calice *m*
chalk /tʃɔ:k/ *n* gesso *m*. **~y** *a* gessoso
challeng|e /'tʃælɪndʒ/ *n* sfida *f*; *Mil* intimazione *f* ● *vt* sfidare; *Mil* intimare il

chi va là a; *fig* mettere in dubbio ‹*statement*›. **~er** *n* sfidante *mf*. **~ing** *a* ‹*job*› impegnativo

chamber /'tʃeɪmbə(r)/ *n* **C~ of Commerce** camera *f* di commercio

chamber: ~maid *n* cameriera *f* [d'albergo]. **~ music** *n* musica *f* da camera

chamois[1] /'ʃæmwɑ:/ *n inv* (*animal*) camoscio *m*

chamois[2] /'ʃæmɪ/ *n* **~[-leather]** [pelle *f* di] camoscio *m*

champagne /ʃæm'peɪn/ *n* champagne *m inv*

champion /'tʃæmpɪən/ *n Sport* campione *m*; (*of cause*) difensore, difenditrice *mf* ● *vt* (*defend*) difendere; (*fight for*) lottare per. **~ship** *n Sport* campionato *m*

chance /tʃɑ:ns/ *n* caso *m*; (*possibility*) possibilità *f inv*; (*opportunity*) occasione *f*; **by ~** per caso; **take a ~** provarci; **give sb a second ~** dare un'altra possibilità a qcno ● *attrib* fortuito ● *vt* **I'll ~ it** *fam* corro il rischio

chancellor /'tʃɑ:nsələ(r)/ *n* cancelliere *m*; *Univ* rettore *m*; **C~ of the Exchequer** ≈ ministro *m* del tesoro

chancy /'tʃɑ:nsɪ/ *a* rischioso

chandelier /ʃændə'lɪə(r)/ *n* lampadario *m*

change /tʃeɪndʒ/ *n* cambiamento *m*; (*money*) resto *m*; (*small coins*) spiccioli *mpl*; **for a ~** tanto per cambiare; **a ~ of clothes** un cambio di vestiti; **the ~ [of life]** la menopausa ● *vt* cambiare; (*substitute*) scambiare (**for** con); **~ one's clothes** cambiarsi [i vestiti]; **~ trains** cambiare treno ● *vi* cambiare; (*~ clothes*) cambiarsi; **all ~!** stazione terminale!

changeable /'tʃeɪndʒəbl/ *a* mutevole; ‹*weather*› variabile

'changing-room *n* camerino *m*; (*for sports*) spogliatoio *m*

channel /'tʃænl/ *n* canale *m*; **the [English] C~** la Manica; **the C~ Islands** le Isole del Canale ● *vt* (*pt/pp* **channelled**) **~ one's energies into sth** convogliare le proprie energie in qcsa

chant /tʃɑ:nt/ *n* cantilena *f*; (*of demonstrators*) slogan *m inv* di protesta ● *vt* cantare; ‹*demonstrators:*› gridare

chao|s /'keɪɒs/ *n* caos *m*. **~tic** /-'ɒtɪk/ *a* caotico

chap /tʃæp/ *n fam* tipo *m*

chapel /'tʃæpl/ *n* cappella *f*

chaperon /'ʃæpərəʊn/ *n* chaperon *f inv* ● *vt* fare da chaperon a ‹*sb*›

chaplain /'tʃæplɪn/ *n* cappellano *m*

chapped /tʃæpt/ *a* ‹*skin, lips*› screpolato

chapter /'tʃæptə(r)/ *n* capitolo *m*

char[1] /tʃɑ:(r)/ *n fam* donna *f* delle pulizie

char[2] *vt* (*pt/pp* **charred**) (*burn*) carbonizzare

character /'kærɪktə(r)/ *n* carattere *m*; (*in novel, play*) personaggio *m*; **quite a ~** *fam* un tipo particolare

characteristic /kærɪktə'rɪstɪk/ *a* caratteristico ● *n* caratteristica *f*. **~ally** *adv* tipicamente

characterize /'kærɪktəraɪz/ *vt* caratterizzare

charade /ʃə'rɑ:d/ *n* farsa *f*

charcoal /'tʃɑ:-/ *n* carbonella *f*

charge /tʃɑ:dʒ/ *n* (*cost*) prezzo *m*; *Electr, Mil* carica *f*; *Jur* accusa *f*; **free of ~** gratuito; **be in ~** essere responsabile (**of** di); **take ~** assumersi la responsabilità; **take ~ of** occuparsi di ● *vt* far pagare ‹*fee*›; far pagare a ‹*person*›; *Electr, Mil* caricare; *Jur* accusare (**with** di); **~ sb for sth** far pagare qcsa a qcno; **~ it to my account** lo addebiti sul mio conto ● *vi* (*attack*) caricare

chariot /'tʃærɪət/ *n* cocchio *m*

charisma /kə'rɪzmə/ *n* carisma *m*. **~tic** /kærɪz'mætɪk/ *a* carismatico

charitable /'tʃærɪtəbl/ *a* caritatevole; (*kind*) indulgente

charity /'tʃærətɪ/ *n* carità *f*; (*organization*) associazione *f* di beneficenza; **concert given for ~** concerto *m* di beneficenza; **live on ~** vivere di elemosina

charm /tʃɑ:m/ *n* fascino *m*; (*object*) ciondolo *m* ● *vt* affascinare. **~ing** *a* affascinante

chart /tʃɑ:t/ *n* carta *f* nautica; (*table*) tabella *f*

charter /'tʃɑ:tə(r)/ *n* **~ [flight]** [volo *m*] charter *m inv* ● *vt* noleggiare. **~ed accountant** *n* commercialista *mf*

charwoman /'tʃɑ:-/ *n* donna *f* delle pulizie

chase /tʃeɪs/ *n* inseguimento *m* ● *vt* inseguire. **chase away** *or* **off** *vt* cacciare via

chasm /'kæz(ə)m/ *n* abisso *m*

chassis /'ʃæsɪ/ *n* (*pl* **chassis** /-sɪz/) telaio *m*

chaste /tʃeɪst/ *a* casto

chastity /'tʃæstətɪ/ *n* castità *f*

chat /tʃæt/ *n* chiacchierata *f*; **have a ~ with** fare quattro chiacchere con ● *vi* (*pt/pp* **chatted**) chiacchierare; *Comput* chattare. **~ show** *n* talk show *m inv*
chatter /ˈtʃætə(r)/ *n* chiacchiere *fpl* ● *vi* chiacchierare; ‹*teeth:*› battere. **~box** *n fam* chiacchierone, -a *mf*
chatty /ˈtʃætɪ/ *a* (**-ier, -iest**) chiacchierone; ‹*style*› familiare
chauffeur /ˈʃəʊfə(r)/ *n* autista *mf*
chauvin|ism /ˈʃəʊvɪnɪzm/ *n* sciovinismo *m*. **~ist** *n* sciovinista *mf*. **male ~ist** *n fam* maschilista *m*
cheap /tʃi:p/ *a* a buon mercato; ‹*rate*› economico; (*vulgar*) grossolano; (*of poor quality*) scadente ● *adv* a buon mercato. **~ly** *adv* a buon mercato
cheat /tʃi:t/ *n* imbroglione, -a *mf*; (*at cards*) baro *m* ● *vt* imbrogliare; **~ sb out of sth** sottrarre qcsa a qcno con l'inganno ● *vi* imbrogliare; (*at cards*) barare. **cheat on** *vt fam* tradire ‹*wife*›
check¹ /tʃek/ *a* ‹*pattern*› a quadri ● *n* disegno *m* a quadri
check² *n* verifica *f*; (*of tickets*) controllo *m*; (*in chess*) scacco *m*; (*Am: bill*) conto *m*; (*Am: cheque*) assegno *m*; (*Am: tick*) segnetto *m*; **keep a ~ on** controllare; **keep in ~** tenere sotto controllo ● *vt* verificare; controllare ‹*tickets*›; (*restrain*) contenere; (*stop*) bloccare ● *vi* controllare; **~ on sth** controllare qcsa. **check in** *vi* registrarsi all'arrivo (*in albergo*); *Aeron* fare il check-in ● *vt* registrare all'arrivo (*in albergo*). **check out** *vi* (*of hotel*) saldare il conto ● *vt* (*fam: investigate*) controllare. **check up** *vi* accertarsi; **~ up on** prendere informazioni su
check|ed /tʃekt/ *a* a quadri. **~ers** *n Am* dama *f*
check: ~-in *n* (*in airport: place*) banco *m* accettazione, check-in *m inv*; **~-in time** check-in *m inv*. **~ mark** *n Am* segnetto *m*. **~mate** *int* scacco matto! **~-out** *n* (*in supermarket*) cassa *f*. **~room** *n Am* deposito *m* bagagli. **~-up** *n Med* visita *f* di controllo, check-up *m inv*
cheek /tʃi:k/ *n* guancia *f*; (*impudence*) sfacciataggine *f*. **~y** *a* sfacciato
cheep /tʃi:p/ *vi* pigolare
cheer /tʃɪə(r)/ *n* evviva *m inv*; **three ~s** tre urrà; **~s!** salute!; (*goodbye*) arrivederci!; (*thanks*) grazie! ● *vt/i* acclamare. **cheer up** *vt* tirare su [di morale] ● *vi* tirarsi su [di morale]; **~ up!** su con la vita!. **~ful** *a* allegro. **~fulness** *n* allegria *f*. **~ing** *n* acclamazione *f*
cheerio /tʃɪərɪˈəʊ/ *int fam* arrivederci
ˈcheerless *a* triste, tetro
cheese /tʃi:z/ *n* formaggio *m*. **~cake** *n* dolce *m* al formaggio
chef /ʃef/ *n* cuoco, -a *mf*, chef *mf inv*
chemical /ˈkemɪkl/ *a* chimico ● *n* prodotto *m* chimico
chemist /ˈkemɪst/ *n* (*pharmacist*) farmacista *mf*; (*scientist*) chimico, -a *mf*; **~'s [shop]** farmacia *f*. **~ry** *n* chimica *f*
cheque /tʃek/ *n* assegno *m*. **~-book** *n* libretto *m* degli assegni. **~ card** *n* carta *f* assegni
cherish /ˈtʃerɪʃ/ *vt* curare teneramente; (*love*) avere caro; nutrire ‹*hope*›
cherry /ˈtʃerɪ/ *n* ciliegia *f*; (*tree*) ciliegio *m*
cherub /ˈtʃerəb/ *n* cherubino *m*
chess /tʃes/ *n* scacchi *mpl*
chess: ~board *n* scacchiera *f*. **~-man** *n* pezzo *m* degli scacchi. **~player** *n* scacchista *mf*
chest /tʃest/ *n* petto *m*; (*box*) cassapanca *f*
chestnut /ˈtʃesnʌt/ *n* castagna *f*; (*tree*) castagno *m*
chest of ˈdrawers *n* cassettone *m*
chew /tʃu:/ *vt* masticare. **~ing-gum** *n* gomma *f* da masticare
chic /ʃi:k/ *a* chic *inv*
chick /tʃɪk/ *n* pulcino *m*; (*fam: girl*) ragazza *f*
chicken /ˈtʃɪkn/ *n* pollo *m* ● *attrib* ‹*soup, casserole*› di pollo ● *a fam* fifone ● **chicken out** *vi fam* **he ~ed out** gli è venuta fifa. **~pox** *n* varicella *f*
chicory /ˈtʃɪkərɪ/ *n* cicoria *f*
chief /tʃi:f/ *a* principale ● *n* capo *m*. **~ly** *adv* principalmente
chilblain /ˈtʃɪlbleɪn/ *n* gelone *m*
child /tʃaɪld/ *n* (*pl* **~ren**) bambino, -a *mf*; (*son/daughter*) figlio, -a *mf*
child: ~birth *n* parto *m*. **~hood** *n* infanzia *f*. **~ish** *a* infantile. **~ishness** *n* puerilità *f*. **~less** *a* senza figli. **~like** *a* ingenuo. **~-minder** *n* baby-sitter *mf inv*
children /ˈtʃɪldrən/ *see* **child**
Chile /ˈtʃɪlɪ/ *n* Cile *m*. **~an** *a & n* cileno, -a *mf*
chill /tʃɪl/ *n* freddo *m*; (*illness*) infreddatura *f* ● *vt* raffreddare
chilli /ˈtʃɪlɪ/ *n* (*pl* **-es**) **~ [pepper]** peperoncino *m*
chilly /ˈtʃɪlɪ/ *a* freddo
chime /tʃaɪm/ *vi* suonare
chimney /ˈtʃɪmnɪ/ *n* camino *m*. **~-pot**

n comignolo *m*. **~-sweep** *n* spazzacamino *m*
chimpanzee /tʃɪmpæn'zi:/ *n* scimpanzé *m inv*
chin /tʃɪn/ *n* mento *m*
china /'tʃaɪnə/ *n* porcellana *f*
Chin|a *n* Cina *f*. **~ese** /-'ni:z/ *a & n* cinese *mf*; (*language*) cinese *m*; **the ~ese** *pl* i cinesi
chink[1] /tʃɪŋk/ *n* (*slit*) fessura *f*
chink[2] *n* (*noise*) tintinnio *m*
chip /tʃɪp/ *n* (*fragment*) scheggia *f*; (*in china, paintwork*) scheggiatura *f*; *Comput* chip *m inv*; (*in gambling*) fiche *f inv*; **~s** *pl Br Culin* patatine *fpl* fritte; *Am Culin* patatine *fpl* ● *vt* (*pt/pp* **chipped**) (*damage*) scheggiare. **chip in** *vi fam* intromettersi; (*with money*) contribuire. **~ped** *a* (*damaged*) scheggiato
chiropod|ist /kɪ'rɒpədɪst/ *n* podiatra *mf inv*. **~y** *n* podiatria *f*
chirp /tʃɜ:p/ *vi* cinguettare; ‹*cricket:*› fare cri cri. **~y** *a fam* pimpante
chisel /'tʃɪzl/ *n* scalpello *m*
chival|rous /'ʃɪvlrəs/ *a* cavalleresco. **~ry** *n* cavalleria *f*
chives /tʃaɪvz/ *npl* erba *f* cipollina
chlorine /'klɔ:ri:n/ *n* cloro *m*
chloroform /'klɒrəfɔ:m/ *n* cloroformio *m*
chock-a-block /tʃɒkə'blɒk/, **chock-full** /tʃɒk'fʊl/ *a* pieno zeppo
chocolate /'tʃɒkələt/ *n* cioccolato *m*; (*drink*) cioccolata *f*; **a ~** un cioccolatino
choice /tʃɔɪs/ *n* scelta *f* ● *a* scelto
choir /'kwaɪə(r)/ *n* coro *m*. **~boy** *n* corista *m*
choke /tʃəʊk/ *n Auto* aria *f* ● *vt/i* soffocare
cholera /'kɒlərə/ *n* colera *m*
cholesterol /kə'lestərɒl/ *n* colesterolo *m*
choose /tʃu:z/ *vt/i* (*pt* **chose**, *pp* **chosen**) scegliere; **as you ~** come vuoi
choos[e]y /'tʃu:zɪ/ *a fam* difficile
chop /tʃɒp/ *n* (*blow*) colpo *m* (*d'ascia*); *Culin* costata *f* ● *vt* (*pt/pp* **chopped**) tagliare. **chop down** *vt* abbattere ‹*tree*›. **chop off** *vt* spaccare
chop|per /'tʃɒpə(r)/ *n* accetta *f*; *fam* elicottero *m*. **~py** *a* increspato
'chopsticks *npl* bastoncini *mpl* cinesi
choral /'kɔ:rəl/ *a* corale
chord /kɔ:d/ *n Mus* corda *f*
chore /tʃɔ:(r)/ *n* corvé *f inv*; [**household**] **~s** faccende *fpl* domestiche
choreograph|er /kɒrɪ'ɒgrəfə(r)/ *n* coreografo, -a *mf*. **~y** /-ɪ/ *n* coreografia *f*
chortle /'tʃɔ:tl/ *vi* ridacchiare
chorus /'kɔ:rəs/ *n* coro *m*; (*of song*) ritornello *m*
chose, chosen /tʃəʊz, 'tʃəʊzn/ *see* **choose**
Christ /kraɪst/ *n* Cristo *m*
christen /'krɪsn/ *vt* battezzare. **~ing** *n* battesimo *m*
Christian /'krɪstʃən/ *a & n* cristiano, -a *mf*. **~ity** /-stɪ'ænətɪ/ *n* cristianesimo *m*. **~ name** *n* nome *m* di battesimo
Christmas /'krɪsməs/ *n* Natale *m* ● *attrib* di Natale. **'~ card** *n* biglietto *m* d'auguri di Natale. **~ 'Day** *n* il giorno di Natale. **~ 'Eve** *n* la vigilia di Natale. **'~ present** *n* regalo *m* di Natale. **~ 'pudding** *dolce m natalizio a base di frutta candita e liquore*. **'~ tree** *n* albero *m* di Natale
chrome /krəʊm/ *n*, **chromium** /'krəʊmɪəm/ *n* cromo *m*
chromosome /'krəʊməsəʊm/ *n* cromosoma *m*
chronic /'krɒnɪk/ *a* cronico
chronicle /'krɒnɪkl/ *n* cronaca *f*
chronological /krɒnə'lɒdʒɪkl/ *a* cronologico. **~ly** *adv* ‹*ordered*› in ordine cronologico
chrysanthemum /krɪ'sænθəməm/ *n* crisantemo *m*
chubby /'tʃʌbɪ/ *a* (**-ier, -iest**) paffuto
chuck /tʃʌk/ *vt fam* buttare. **chuck out** *vt fam* buttare via ‹*object*›; buttare fuori ‹*person*›
chuckle /'tʃʌkl/ *vi* ridacchiare
chug /tʃʌg/ *vi* (*pt/pp* **chugged**) **the train ~ged out of the station** il treno è uscito dalla stazione sbuffando
chum /tʃʌm/ *n* amico, -a *mf*. **~my** *a fam* **be ~my with** essere amico di
chunk /tʃʌŋk/ *n* grosso pezzo *m*
church /tʃɜ:tʃ/ *n* chiesa *f*. **~yard** *n* cimitero *m*
churlish /'tʃɜ:lɪʃ/ *a* sgarbato
churn /tʃɜ:n/ *vt* **churn out** sfornare
chute /ʃu:t/ *n* scivolo *m*; (*for rubbish*) canale *m* di scarico
CID *n abbr* (**Criminal Investigation Department**) polizia *f* giudiziaria
cider /'saɪdə(r)/ *n* sidro *m*
cigar /sɪ'gɑ:(r)/ *n* sigaro *m*
cigarette /sɪgə'ret/ *n* sigaretta *f*
cine-camera /'sɪnɪ-/ *n* cinepresa *f*
cinema /'sɪnɪmə/ *n* cinema *m inv*
cinnamon /'sɪnəmən/ *n* cannella *f*
circle /'sɜ:kl/ *n* cerchio *m*; *Theat* galle-

ria *f*; **in a ~** in cerchio ● *vt* girare intorno a; cerchiare ‹*mistake*› ● *vi* descrivere dei cerchi

circuit /'sɜ:kɪt/ *n* circuito *m*; (*lap*) giro *m*; **~ board** *n* circuito *m* stampato. **~ous** /sə'kju:ɪtəs/ *a* **~ous route** percorso *m* lungo e indiretto

circular /'sɜ:kjʊlə(r)/ *a* circolare ● *n* circolare *f*

circulat|e /'sɜ:kjʊleɪt/ *vt* far circolare ● *vi* circolare. **~ion** /-'leɪʃn/ *n* circolazione *f*; (*of newspaper*) tiratura *f*

circumcis|e /'sɜ:kəmsaɪz/ *vt* circoncidere. **~ion** /-'sɪʒn/ *n* circoncisione *f*

circumference /ʃə'kʌmfərəns/ *n* conconferenza *f*

circumstance /'sɜ:kəmstəns/ *n* circostanza *f*; **~s** *pl* (*financial*) condizioni *fpl* finanziarie

circus /'sɜ:kəs/ *n* circo *m*

CIS *n abbr* (**Commonwealth of Independent States**) CSI *f*

cistern /'sɪstən/ *n* (*tank*) cisterna *f*; (*of WC*) serbatoio *m*

cite /saɪt/ *vt* citare

citizen /'sɪtɪzn/ *n* cittadino, -a *mf*; (*of town*) abitante *mf*. **~ship** *n* cittadinanza *f*

citrus /'sɪtrəs/ *n* **~ [fruit]** agrume *m*

city /'sɪtɪ/ *n* città *f inv*; **the C~** la City (*di Londra*)

civic /'sɪvɪk/ *a* civico

civil /'ʃɪvl/ *a* civile

civilian /sɪ'vɪljən/ *a* civile; **in ~ clothes** in borghese ● *n* civile *mf*

civiliz|ation /sɪvɪlaɪ'zeɪʃn/ *n* civiltà *f inv*. **~e** /'sɪvɪlaɪz/ *vt* civilizzare

civil: ~ 'servant *n* impiegato, -a *mf* statale. **C~ 'Service** *n* pubblica amministrazione *f*

clad /klæd/ *a* vestito (**in** di)

claim /kleɪm/ *n* richiesta *f*; (*right*) diritto *m*; (*assertion*) dichiarazione *f*; **lay ~ to sth** rivendicare qcsa ● *vt* richiedere; reclamare ‹*lost property*›; rivendicare ‹*ownership*›; **~ that** sostenere che. **~ant** *n* richiedente *mf*

clairvoyant /kleə'vɔɪənt/ *n* chiaroveggente *mf*

clam /klæm/ *n Culin* vongola *f* ● **clam up** *vi* (*pt/pp* **clammed**) zittirsi

clamber /'klæmbə(r)/ *vi* arrampicarsi

clammy /'klæmɪ/ *a* (**-ier, -iest**) appiccicaticcio

clamour /'klæmə(r)/ *n* (*protest*) rimostranza *f* ● *vi* **~ for** chiedere a gran voce

clamp /klæmp/ *n* morsa *f* ● *vt* ammorsare; *Auto* mettere i ceppi bloccaruote a. **clamp down** *vi fam* essere duro; **~ down on** reprimere

clan /klæn/ *n* clan *m inv*

clandestine /klæn'destɪn/ *a* clandestino

clang /klæŋ/ *n* suono *m* metallico. **~er** *n fam* gaffe *f inv*

clank /klæŋk/ *n* rumore *m* metallico

clap /klæp/ *n* **give sb a ~** applaudire qcno; **~ of thunder** tuono *m* ● *vt/i* (*pt/pp* **clapped**) applaudire; **~ one's hands** applaudire. **~ping** *n* applausi *mpl*

clari|fication /klærɪfɪ'keɪʃn/ *n* chiarimento *m*. **~fy** /'klærɪfaɪ/ *vt/i* (*pt/pp* **-ied**) chiarire

clarinet /klærɪ'net/ *n* clarinetto *m*

clarity /'klærətɪ/ *n* chiarezza *f*

clash /klæʃ/ *n* scontro *m*; (*noise*) fragore *m* ● *vi* scontrarsi; ‹*colours:*› stonare; ‹*events:*› coincidere

clasp /klɑ:sp/ *n* chiusura *f* ● *vt* agganciare; (*hold*) stringere

class /klɑ:s/ *n* classe *f*; (*lesson*) corso *m* ● *vt* classificare

classic /'klæsɪk/ *a* classico ● *n* classico *m*; **~s** *pl Univ* lettere *fpl* classiche. **~al** *a* classico

classi|fication /klæsɪfɪ'keɪʃn/ *n* classificazione *f*. **~fy** /'klæsɪfaɪ/ *vt* (*pt/pp* **-ied**) classificare

classroom *n* aula *f*

classy /'klɑ:sɪ/ *a* (**-ier, -iest**) *fam* d'alta classe

clatter /'klætə(r)/ *n* fracasso *m* ● *vi* far fracasso

clause /klɔ:z/ *n* clausola *f*; *Gram* proposizione *f*

claustrophob|ia /klɔ:strə'fəʊbɪə/ *n* claustrofobia *f*

claw /klɔ:/ *n* artiglio *m*; (*of crab, lobster & Techn*) tenaglia *f* ● *vt* ‹*cat:*› graffiare

clay /kleɪ/ *n* argilla *f*

clean /kli:n/ *a* pulito, lindo ● *adv* completamente ● *vt* pulire ‹*shoes, windows*›; **~ one's teeth** lavarsi i denti; **have a coat ~ed** portare un cappotto in lavanderia. **clean up** *vt* pulire ● *vi* far pulizia

cleaner /'kli:nə(r)/ *n* uomo *m*/donna *f* delle pulizie; (*substance*) detersivo *m*; **[dry] ~'s** lavanderia *f*, tintoria *f*

cleanliness /'klenlɪnɪs/ *n* pulizia *f*

cleanse /klenz/ *vt* pulire. **~r** *n* detergente *m*

clean-shaven *a* sbarbato

cleansing cream /'klenz-/ *n* latte *m* detergente

clear /klɪə(r)/ *a* chiaro; ‹*conscience*› pulito; ‹*road*› libero; ‹*profit, advantage, majority*› netto; ‹*sky*› sereno; ‹*water*› limpido; ‹*glass*› trasparente; **make sth ~** mettere qcsa in chiaro; **have I made myself ~?** mi sono fatto capire?; **five ~ days** cinque giorni buoni ● *adv* **stand ~ of** allontanarsi da; **keep ~ of** tenersi alla larga da ● *vt* sgombrare ‹*room, street*›; sparecchiare ‹*table*›; (*acquit*) scagionare; (*authorize*) autorizzare; scavalcare senza toccare ‹*fence, wall*›; guadagnare ‹*sum of money*›; passare ‹*Customs*›; **~ one's throat** schiarirsi la gola ● *vi* ‹*face, sky:*› rasserenarsi; ‹*fog:*› dissiparsi. **clear away** *vt* metter via. **clear off** *vi fam* filar via. **clear out** *vt* sgombrare ● *vi fam* filar via. **clear up** *vt* (*tidy*) mettere a posto; chiarire ‹*mystery*› ● *vi* ‹*weather:*› schiarirsi

clearance /'klɪərəns/ *n* (*space*) spazio *m* libero; (*authorization*) autorizzazione *f*; (*Customs*) sdoganamento *m*. **~ sale** *n* liquidazione *f*

clear|ing /'klɪərɪŋ/ *n* radura *f*. **~ly** *adv* chiaramente. **~ way** *n Auto* strada *f* con divieto di sosta

cleavage /'kli:vɪdʒ/ *n* (*woman's*) décolleté *m inv*

cleft /kleft/ *n* fenditura *f*

clench /klentʃ/ *vt* serrare

clergy /'klɜ:dʒɪ/ *npl* clero *m*. **~man** *n* ecclesiastico *m*

cleric /'klerɪk/ *n* ecclesiastico *m*. **~al** *a* impiegatizio; *Relig* clericale

clerk /klɑ:k/, *Am* /klɜ:k/ *n* impiegato, -a *mf*; (*Am: in shop*) commesso, -a *mf*

clever /'klevə(r)/ *a* intelligente; (*skilful*) abile

cliché /'kli:ʃeɪ/ *n* cliché *m inv*

click /klɪk/ *vi* scattare; *Comput* cliccare ● *n Comput* click *m*. **click on** *vt Comput* cliccare su

client /'klaɪənt/ *n* cliente *mf*

clientele /kli:ɒn'tel/ *n* clientela *f*

cliff /klɪf/ *n* scogliera *f*

climat|e /'klaɪmət/ *n* clima *f*. **~ic** /-'mætɪk/ *a* climatico

climax /'klaɪmæks/ *n* punto *m* culminante

climb /klaɪm/ *n* salita *f* ● *vt* scalare ‹*mountain*›; arrampicarsi su ‹*ladder, tree*› ● *vi* arrampicarsi; (*rise*) salire; ‹*road:*› salire. **climb down** *vi* scendere; (*from ladder, tree*) scendere; *fig* tornare sui propri passi

climber /'klaɪmə(r)/ *n* alpinista *mf*; (*plant*) rampicante *m*

clinch /klɪntʃ/ *vt fam* concludere ‹*deal*› ● *n* (*in boxing*) clinch *m inv*

cling /klɪŋ/ *vi* (*pt/pp* **clung**) aggrapparsi; (*stick*) aderire. **~ film** *n* pellicola *f* trasparente

clinic /'klɪnɪk/ *n* ambulatorio *m*. **~al** *a* clinico

clink /klɪŋk/ *n* tintinnio *m*; (*fam: prison*) galera *f* ● *vi* tintinnare

clip¹ /klɪp/ *n* fermaglio *m*; (*jewellery*) spilla *f* ● *vt* (*pt/pp* **clipped**) attaccare

clip² *n* (*extract*) taglio *m* ● *vt* obliterare ‹*ticket*›. **~board** *n* fermabloc *m inv*. **~pers** *npl* (*for hair*) rasoio *m*; (*for hedge*) tosasiepi *m inv*; (*for nails*) tronchesina *f*. **~ping** *n* (*from newspaper*) ritaglio *m*

clique /kli:k/ *n* cricca *f*

cloak /kləʊk/ *n* mantello *m*. **~room** *n* guardaroba *m inv*; (*toilet*) bagno *m*

clock /klɒk/ *n* orologio *m*; (*fam: speedometer*) tachimetro *m* ● **clock in** *vi* attaccare. **clock out** *vi* staccare

clock: ~ tower *n* torre *f* dell'orologio. **~wise** *a & adv* in senso orario. **~work** *n* meccanismo *m*

clod /klɒd/ *n* zolla *f*

clog /klɒg/ *n* zoccolo *m* ● *vt* (*pt/pp* **clogged**) **~ [up]** intasare ‹*drain*›; inceppare ‹*mechanism*› ● *vi* ‹*drain:*› intasarsi

cloister /'klɔɪstə(r)/ *n* chiostro *m*

clone /kləʊn/ *n* clone *m*

close¹ /kləʊs/ *a* vicino; ‹*friend*› intimo; ‹*weather*› afoso; **have a ~ shave** *fam* scamparla bella; **be ~ to sb** essere unito a qcno ● *adv* vicino; **~ by** vicino; **it's ~ on five o'clock** sono quasi le cinque

close² /kləʊz/ *n* fine *f* ● *vt* chiudere ● *vi* chiudersi; ‹*shop:*› chiudere. **close down** *vt* chiudere ● *vi* ‹*TV station:*› interrompere la trasmissione; ‹*factory:*› chiudere

closely /'kləʊslɪ/ *adv* da vicino; ‹*watch, listen*› attentamente

closet /'klɒzɪt/ *n Am* armadio *m*

close-up /'kləʊs-/ *n* primo piano *m*

closure /'kləʊʒə(r)/ *n* chiusura *f*

clot /klɒt/ *n* grumo *m*; (*fam: idiot*) tonto, -a *mf* ● *vi* (*pt/pp* **clotted**) ‹*blood:*› coagularsi

cloth /klɒθ/ *n* (*fabric*) tessuto *m*; (*duster etc*) straccio *m*

clothe /kləʊð/ *vt* vestire

clothes /kləʊðz/ *npl* vestiti *mpl*, abiti

mpl. **~-brush** *n* spazzola *f* per abiti. **~-line** *n* corda *f* stendibiancheria
clothing /'kləʊðɪŋ/ *n* abbigliamento *m*
cloud /klaʊd/ *n* nuvola *f* ● **cloud over** *vi* rannuvolarsi. **~burst** *n* acquazzone *m*
cloudy /'klaʊdɪ/ *a* (**-ier, -iest**) nuvoloso; ‹*liquid*› torbido
clout /klaʊt/ *n fam* colpo *m*; (*influence*) impatto *m* (**with** su) ● *vt fam* colpire
clove /kləʊv/ *n* chiodo *m* di garofano; **~ of garlic** spicchio *m* d'aglio
clover /'kləʊvə(r)/ *n* trifoglio *m*
clown /klaʊn/ *n* pagliaccio *m* ● *vi* **~ [about]** fare il pagliaccio
club /klʌb/ *n* club *m inv*; (*weapon*) clava *f*; *Sport* mazza *f*; **~s** *pl* (*Cards*) fiori *mpl* ● *v* (*pt/pp* **clubbed**) ● *vt* bastonare. **club together** *vi* unirsi
cluck /klʌk/ *vi* chiocciare
clue /klu:/ *n* indizio *m*; (*in crossword*) definizione *f*; **I haven't a ~** *fam* non ne ho idea
clump /klʌmp/ *n* gruppo *m*
clumsiness /'klʌmzɪnɪs/ *n* goffaggine *f*
clumsy /'klʌmzɪ/ *a* (**-ier, -iest**) maldestro; ‹*tool*› scomodo; ‹*remark*› senza tatto
clung /klʌŋ/ *see* **cling**
cluster /'klʌstə(r)/ *n* gruppo *m* ● *vi* raggrupparsi (**round** intorno a)
clutch /klʌtʃ/ *n* stretta *f*; *Auto* frizione *f*; **be in sb's ~es** essere in balia di qcno ● *vt* stringere; (*grab*) afferrare ● *vi* **~ at** afferrare
clutter /'klʌtə(r)/ *n* caos *m* ● *vt* **~ [up]** ingombrare
c/o *abbr* (**care of**) c/o, presso
coach /kəʊtʃ/ *n* pullman *m inv*; *Rail* vagone *m*; (*horse-drawn*) carrozza *f*; *Sport* allenatore, -trice *mf* ● *vt* fare esercitare; *Sport* allenare
coagulate /kəʊ'ægjʊleɪt/ *vi* coagularsi
coal /kəʊl/ *n* carbone *m*
coalition /kəʊə'lɪʃn/ *n* coalizione *f*
'coal-mine *n* miniera *f* di carbone
coarse /kɔ:s/ *a* grossolano; ‹*joke*› spinto
coast /kəʊst/ *n* costa *f* ● *vi* (*freewheel*) scendere a ruota libera; *Auto* scendere in folle. **~al** *a* costiero. **~er** *n* (*mat*) sottobicchiere *m inv*
coast: ~guard *n* guardia *f* costiera. **~line** *n* litorale *m*
coat /kəʊt/ *n* cappotto *m*; (*of animal*) manto *m*; (*of paint*) mano *f*; **~ of arms** stemma *f* ● *vt* coprire; (*with paint*) ricoprire. **~-hanger** *n* gruccia *f*. **~-hook** *n* gancio *m* [appendiabiti]
coating /'kəʊtɪŋ/ *n* rivestimento *m*; (*of paint*) stato *m*
coax /kəʊks/ *vt* convincere con le moine
cob /kɒb/ *n* (*of corn*) pannocchia *f*
cobble /'kɒbl/ *vt* **~ together** raffazzonare. **~r** *n* ciabattino *m*
'cobblestones *npl* ciottolato *msg*
cobweb /'kɒb-/ *n* ragnatela *f*
cocaine /kə'keɪn/ *n* cocaina *f*
cock /kɒk/ *n* gallo *m*; (*any male bird*) maschio *m* ● *vt* sollevare il grilletto di ‹*gun*›; **~ its ears** ‹*animal:*› drizzare le orecchie
cockerel /'kɒkərəl/ *n* galletto *m*
cock-'eyed *a fam* storto; (*absurd*) assurdo
cockle /'kɒkl/ *n* cardio *m*
cockney /'kɒknɪ/ *n* (*dialect*) dialetto *m* londinese; (*person*) abitante *mf* dell'est di Londra
cock: ~pit *n Aeron* cabina *f*. **~roach** /-rəʊtʃ/ *n* scarafaggio *m*. **~tail** *n* cocktail *m inv*. **~-up** *n sl* **make a ~-up** fare un casino (**of** con)
cocky /'kɒkɪ/ *a* (**-ier, -iest**) *fam* presuntuoso
cocoa /'kəʊkəʊ/ *n* cacao *m*
coconut /'kəʊkənʌt/ *n* noce *f* di cocco
cocoon /kə'ku:n/ *n* bozzolo *m*
cod /kɒd/ *n inv* merluzzo *m*
COD *abbr* (**cash on delivery**) pagamento *m* alla consegna
code /kəʊd/ *n* codice *m*. **~d** *a* codificato
coedu'cational /kəʊ-/ *a* misto
coerc|e /kəʊ'ɜ:s/ *vt* costringere. **~ion** /-'ɜ:ʃn/ *n* coercizione *f*
coe'xist *vi* coesistere. **~ence** *n* coesistenza *f*
coffee /'kɒfɪ/ *n* caffè *m inv*
coffee: ~-grinder *n* macinacaffè *m inv*. **~-pot** *n* caffettiera *f*. **~-table** *n* tavolino *m*
coffin /'kɒfɪn/ *n* bara *f*
cog /kɒg/ *n Techn* dente *m* (*di ruota*)
cogent /'kəʊdʒənt/ *a* convincente
cog-wheel *n* ruota *f* dentata
cohabit /kəʊ'hæbɪt/ *vi Jur* convivere
coherent /kəʊ'hɪərənt/ *a* coerente; (*when speaking*) logico
coil /kɔɪl/ *n* rotolo *m*; *Electr* bobina *f*; **~s** *pl* spire *fpl* ● *vt* **~ [up]** avvolgere
coin /kɔɪn/ *n* moneta *f* ● *vt* coniare ‹*word*›
coincide /kəʊɪn'saɪd/ *vi* coincidere

coinciden|ce /kəʊ'ɪnsɪdəns/ *n* coincidenza *f*. **~tal** /-'dentl/ *a* casuale. **~tally** *adv* casualmente

coke /kəʊk/ *n* [carbone *m*] coke *m*

Coke® *n* Coca[-cola]® *f*

cold /kəʊld/ *a* freddo; **I'm ~** ho freddo ● *n* freddo *m*; *Med* raffreddore *m*

cold: ~-'blooded *a* spietato. **~-'hearted** *a* insensibile. **~ly** *adv fig* freddamente. **~ meat** *n* salumi *mpl*. **~ness** *n* freddezza *f*

coleslaw /'kəʊlslɔː/ *n insalata f di cavolo crudo, cipolle e carote in maionese*

colic /'kɒlɪk/ *n* colica *f*

collaborat|e /kə'læbəreɪt/ *vi* collaborare; **~e on sth** collaborare in qcsa. **~ion** /-'reɪʃn/ *n* collaborazione *f*; (*with enemy*) collaborazionismo *m*. **~or** *n* collaboratore, -trice *mf*; (*with enemy*) collaborazionista *mf*

collaps|e /kə'læps/ *n* crollo *m* ● *vi* ‹*person:*› svenire; ‹*roof, building:*› crollare. **~ible** *a* pieghevole

collar /'kɒlə(r)/ *n* colletto *m*; (*for animal*) collare *m*. **~-bone** *n* clavicola *f*

colleague /'kɒliːg/ *n* collega *mf*

collect /kə'lekt/ *vt* andare a prendere ‹*person*›; ritirare ‹*parcel, tickets*›; riscuotere ‹*taxes*›; raccogliere ‹*rubbish*›; (*as hobby*) collezionare ● *vi* riunirsi ● *adv* **call ~** *Am* telefonare a carico del destinatario. **~ed** /-ɪd/ *a* controllato

collection /kə'lekʃn/ *n* collezione *f*; (*in church*) questua *f*; (*of rubbish*) raccolta *f*; (*of post*) levata *f*

collective /kə'lektɪv/ *a* collettivo

collector /kə'lektə(r)/ *n* (*of stamps etc*) collezionista *mf*

college /'kɒlɪdʒ/ *n* istituto *m* parauniversitario; **C~ of...** Scuola *f* di...

collide /kə'laɪd/ *vi* scontrarsi

colliery /'kɒlɪərɪ/ *n* miniera *f* di carbone

collision /kə'lɪʒn/ *n* scontro *m*

colloquial /kə'ləʊkwɪəl/ *a* colloquiale. **~ism** *n* espressione *f* colloquiale

cologne /kə'ləʊn/ *n* colonia *f*

colon /'kəʊlən/ *n* due punti *mpl*; *Anat* colon *m inv*

colonel /'kɜːnl/ *n* colonnello *m*

colonial /kə'ləʊnɪəl/ *a* coloniale

colon|ize /'kɒlənaɪz/ *vt* colonizzare. **~y** *n* colonia *f*

colossal /kə'lɒsl/ *a* colossale

colour /'kʌlə(r)/ *n* colore *m*; (*complexion*) colorito *m*; **~s** *pl* (*flag*) bandiera *fsg*; **off ~** *fam* giù di tono ● *vt* colorare; **~ [in]** colorare ● *vi* (*blush*) arrossire

colour: ~ bar *n* discriminazione *f* razziale. **~-blind** *a* daltonico. **~ed** *a* colorato; ‹*person*› di colore ● *n* (*person*) persona *f* di colore. **~-fast** *a* dai colori resistenti. **~ film** *n* film *m inv* a colori. **~ful** *a* pieno di colore. **~less** *a* incolore. **~ television** *n* televisione *f* a colori

colt /kəʊlt/ *n* puledro *m*

column /'kɒləm/ *n* colonna *f*. **~ist** /-nɪst/ *n giornalista mf che cura una rubrica*

coma /'kəʊmə/ *n* coma *m inv*

comb /kəʊm/ *n* pettine *m*; (*for wearing*) pettinino *m* ● *vt* pettinare; (*fig: search*) setacciare; **~ one's hair** pettinarsi i capelli

combat /'kɒmbæt/ *n* combattimento *m* ● *vt* (*pt/pp* **combated**) combattere

combination /kɒmbɪ'neɪʃn/ *n* combinazione *f*

combine¹ /kəm'baɪn/ *vt* unire; **~ a job with being a mother** conciliare il lavoro con il ruolo di madre ● *vi* ‹*chemical elements:*› combinarsi

combine² /'kɒmbaɪn/ *n Comm* associazione *f*. **~ [harvester]** *n* mietitrebbia *f*

combustion /kəm'bʌstʃn/ *n* combustione *f*

come /kʌm/ *vi* (*pt* **came**, *pp* **come**) venire; **where do you ~ from?** da dove vieni?; **~ to** (*reach*) arrivare a; **that ~s to £10** fanno 10 sterline; **~ into money** ricevere dei soldi; **~ true/open** verificarsi/aprirsi; **~ first** arrivare primo; *fig* venire prima di tutto; **~ in two sizes** esistere in due misure; **the years to ~** gli anni a venire; **how ~?** *fam* come mai? **come about** *vi* succedere. **come across** *vi* **~ across as being** *fam* dare l'impressione di essere ● *vt* (*find*) imbattersi in. **come along** *vi* venire; ‹*job, opportunity:*› presentarsi; (*progress*) andare bene. **come apart** *vi* smontarsi; (*break*) rompersi. **come away** *vi* venir via; ‹*button, fastener:*› staccarsi. **come back** *vi* ritornare. **come by** *vi* passare ● *vt* (*obtain*) avere. **come down** *vi* scendere; **~ down to** (*reach*) arrivare a. **come in** *vi* entrare; (*in race*) arrivare; ‹*tide:*› salire. **come in for** *vt* **~ in for criticism** essere criticato. **come off** *vi* staccarsi; (*take place*) esserci; (*succeed*) riuscire. **come on** *vi* (*make progress*) migliorare; **~ on!** (*hurry*) dai!; (*indicating disbelief*) ma va là!. **come out** *vi* venir fuori; ‹*book,* *sun:*› uscire; ‹*stain:*› andar via. **come over** *vi* venire. **come round** *vi* venire; (*after fainting*) riaversi; (*change one's mind*) farsi convincere. **come to** *vi* (*after fainting*) riaversi. **come up** *vi* salire; ‹*sun:*› sorgere; ‹*plant:*› crescere; **something came up** (*I was prevented*) ho avuto un imprevisto. **come up with** *vt* tirar fuori

'come-back *n* ritorno *m*

comedian /kə'mi:dɪən/ *n* comico *m*

'come-down *n* passo *m* indietro

comedy /'kɒmədɪ/ *n* commedia *f*

comet /'kɒmɪt/ *n* cometa *f*

come-uppance /kʌm'ʌpəns/ *n* **get one's ~** *fam* avere quel che si merita

comfort /'kʌmfət/ *n* benessere *m*; (*consolation*) conforto *m* ● *vt* confortare

comfortabl|e /'kʌmfətəbl/ *a* comodo; **be ~e** ‹*person:*› stare comodo; (*fig: in situation*) essere a proprio agio; (*financially*) star bene. **~y** *adv* comodamente

'comfort station *n Am* bagno *m* pubblico

comfy /'kʌmfɪ/ *a fam* comodo

comic /'kɒmɪk/ *a* comico ● *n* comico, -a *mf*; (*periodical*) fumetto *m*. **~al** *a* comico. **~ strip** *n* striscia *f* di fumetti

coming /'kʌmɪŋ/ *n* venuta *f*; **~s and goings** viavai *m*

comma /'kɒmə/ *n* virgola *f*

command /kə'mɑ:nd/ *n* comando *m*; (*order*) ordine *m*; (*mastery*) padronanza *f* ● *vt* ordinare; comandare ‹*army*›

commandeer /kɒmən'dɪə(r)/ *vt* requisire

command|er /kə'mɑ:ndə(r)/ *n* comandante *m*. **~ing** *a* ‹*view*› imponente; ‹*lead*› dominante. **~ing officer** *n* comandante *m*. **~ment** *n* comandamento *m*

commemorat|e /kə'meməreɪt/ *vt* commemorare. **~ion** /-'reɪʃn/ *n* commemorazione *f*. **~ive** /-ətɪv/ *a* commemorativo

commence /kə'mens/ *vt/i* cominciare. **~ment** *n* inizio *m*

commend /kə'mend/ *vt* complimentarsi con (**on** per); (*recommend*) raccomandare (**to** a). **~able** /-əbl/ *a* lodevole

commensurate /kə'menʃərət/ *a* proporzionato (**with** a)

comment /'kɒment/ *n* commento *m* ● *vi* fare commenti (**on** su)

commentary /'kɒməntrɪ/ *n* commento *m*; [**running**] **~** (*on radio, TV*) cronaca *f* diretta

commentat|e /'kɒmənteɪt/ *vt* **~e on** *TV, Radio* fare la cronaca di. **~or** *n* cronista *mf*

commerce /'kɒmɜ:s/ *n* commercio *m*

commercial /kə'mɜ:ʃl/ *a* commerciale ● *n TV* pubblicità *f inv*. **~ize** *vt* commercializzare

commiserate /kə'mɪzəreɪt/ *vi* esprimere il proprio rincrescimento (**with** a)

commission /kə'mɪʃn/ *n* commissione *f*; **receive one's ~** *Mil* essere promosso ufficiale; **out of ~** fuori uso ● *vt* commissionare

commissionaire /kəmɪʃə'neə(r)/ *n* portiere *m*

commissioner /kə'mɪʃənə(r)/ *n* commissario *m*

commit /kə'mɪt/ *vt* (*pt/pp* **committed**) commettere; (*to prison, hospital*) affidare (**to** a); impegnare ‹*funds*›; **~ oneself** impegnarsi. **~ment** *n* impegno *m*; (*involvement*) compromissione *f*. **~ted** *a* impegnato

committee /kə'mɪtɪ/ *n* comitato *m*

commodity /kə'mɒdətɪ/ *n* prodotto *m*

common /'kɒmən/ *a* comune; (*vulgar*) volgare ● *n* prato *m* pubblico; **have in ~** avere in comune; **House of C~s** Camera *f* dei Comuni. **~er** *n persona f non nobile*

common: ~'law *n* diritto *m* consuetudinario. **~ly** *adv* comunemente. **C~ 'Market** *n* Mercato *m* Comune. **~place** *a* banale. **~-room** *n* sala *f* dei professori/degli studenti. **~ 'sense** *n* buon senso *m*

commotion /kə'məʊʃn/ *n* confusione *f*

communal /'kɒmjʊnl/ *a* comune

communicate /kə'mju:nɪkeɪt/ *vt/i* comunicare

communication /kəmju:nɪ'keɪʃn/ *n* comunicazione *f*; (*of disease*) trasmissione *f*; **be in ~ with sb** essere in contatto con qcno; **~s** *pl* (*technology*) telecomunicazioni *fpl*. **~ cord** *n* fermata *f* d'emergenza

communicative /kə'mju:nɪkətɪv/ *a* comunicativo

Communion /kə'mju:nɪən/ *n* [**Holy**] **~** comunione *f*

communiqué /kə'mju:nɪkeɪ/ *n* comunicato *m* stampa

Communis|m /'kɒmjʊnɪzm/ *n* comunismo *m*. **~t** /-ɪst/ *a & n* comunista *mf*

community /kə'mju:nətɪ/ *n* comunità *f*. **~ centre** *n* centro *m* sociale

commute /kə'mju:t/ *vi* fare il pendolare ● *vt Jur* commutare. **~r** *n* pendolare *mf*

compact¹ /kəm'pækt/ *a* compatto

compact² /'kɒmpækt/ *n* portacipria *m inv*. **~ disc** *n* compact disc *m inv*

companion /kəm'pænjən/ *n* compagno, -a *mf*. **~ship** *n* compagnia *f*

company /'kʌmpənɪ/ *n* compagnia *f*; (*guests*) ospiti *mpl*. **~ car** *n* macchina *f* della ditta

comparable /'kɒmpərəbl/ *a* paragonabile

comparative /kəm'pærətɪv/ *a* comparativo; (*relative*) relativo ● *n Gram* comparativo *m*. **~ly** *adv* relativamente

compare /kəm'peə(r)/ *vt* paragonare (**with/to** a) ● *vi* essere paragonato

comparison /kəm'pærɪsn/ *n* paragone *m*

compartment /kəm'pɑ:tmənt/ *n* compartimento *m*; *Rail* scompartimento *m*

compass /'kʌmpəs/ *n* bussola *f*. **~es** *npl*, **pair of ~es** compasso *msg*

compassion /kəm'pæʃn/ *n* compassione *f*. **~ate** /-ʃənət/ *a* compassionevole

compatible /kəm'pætəbl/ *a* compatibile

compatriot /kəm'pætrɪət/ *n* compatriota *mf*

compel /kəm'pel/ *vt* (*pt/pp* **compelled**) costringere. **~ling** *a* ‹*reason*› inconfutabile

compensat|e /'kɒmpənseɪt/ *vt* risarcire ● *vi* **~e for** *fig* compensare di. **~ion** /-'seɪʃn/ *n* risarcimento *m*; (*fig: comfort*) consolazione *f*

compère /'kɒmpeə(r)/ *n* presentatore, -trice *mf*

compete /kəm'pi:t/ *vi* competere; (*take part*) gareggiare

competen|ce /'kɒmpɪtəns/ *n* competenza *f*. **~t** *a* competente

competition /kɒmpə'tɪʃn/ *n* concorrenza *f*; (*contest*) gara *f*

competitive /kəm'petɪtɪv/ *a* competitivo; **~ prices** prezzi *mpl* concorrenziali

competitor /kəm'petɪtə(r)/ *n* concorrente *mf*

complacen|cy /kəm'pleɪsənsɪ/ *n* compiacimento *m*. **~t** *a* compiaciuto

complain /kəm'pleɪn/ *vi* lamentarsi (**about** di); (*formally*) reclamare; **~ of** *Med* accusare. **~t** *n* lamentela *f*; (*formal*) reclamo *m*; *Med* disturbo *m*

complement¹ /'kɒmplɪmənt/ *n* complemento *m*

complement² /'kɒmplɪment/ *vt* complementare; **~ each other** complementarsi a vicenda. **~ary** /-'mentərɪ/ *a* complementare

complete /kəm'pli:t/ *a* completo; (*utter*) finito ● *vt* completare; compilare ‹*form*›. **~ly** *adv* completamente

completion /kəm'pli:ʃn/ *n* fine *f*

complex /'kɒmpleks/ *a* complesso ● *n* complesso *m*

complexion /kəm'plekʃn/ *n* carnagione *f*

complexity /kəm'pleksətɪ/ *n* complessità *f inv*

compliance /kəm'plaɪəns/ *n* accettazione *f*; (*with rules*) osservanza *f*; **in ~ with** in osservanza a ‹*law*›; conformemente a ‹*request*›

complicat|e /'kɒmplɪkeɪt/ *vt* complicare. **~ed** *a* complicato. **~ion** /-'keɪʃn/ *n* complicazione *f*

compliment /'kɒmplɪmənt/ *n* complimento *m*; **~s** *pl* omaggi *mpl* ● *vt* complimentare. **~ary** /-'mentərɪ/ *a* complimentoso; (*given free*) in omaggio

comply /kəm'plaɪ/ *vi* (*pt/pp* **-ied**) **~ with** conformarsi a

component /kəm'pəʊnənt/ *a* & *n* **~ [part]** componente *m*

compose /kəm'pəʊz/ *vt* comporre; **~ oneself** ricomporsi; **be ~d of** essere composto da. **~d** *a* (*calm*) composto. **~r** *n* compositore, -trice *mf*

composition /kɒmpə'zɪʃn/ *n* composizione *f*; (*essay*) tema *m*

compost /'kɒmpɒst/ *n* composta *f*

composure /kəm'pəʊʒə(r)/ *n* calma *f*

compound /'kɒmpaʊnd/ *a* composto. **~ fracture** *n* frattura *f* esposta. **~ 'interest** *n* interesse *m* composto ● *n Chem* composto *m*; *Gram* parola *f* composta; (*enclosure*) recinto *m*

comprehen|d /kɒmprɪ'hend/ *vt* comprendere. **~sible** /-'hensəbl/ *a* comprensibile. **~sion** /-'henʃn/ *n* comprensione *f*

comprehensive /kɒmprɪ'hensɪv/ *a* & *n* comprensivo; **~ [school]** *scuola f media in cui gli allievi hanno capacità d'apprendimento diverse*. **~ insurance** *n Auto* polizza *f* casco

compress¹ /'kɒmpres/ *n* compressa *f*

compress² /kəm'pres/ *vt* comprimere; **~ed air** aria *f* compressa

comprise /kəm'praɪz/ *vt* comprendere; (*form*) costituire

compromise /'kɒmprəmaɪz/ *n* compromesso *m* ● *vt* compromettere ● *vi* fare un compromesso

compuls|ion /kəm'pʌlʃn/ *n* desiderio *m* irresistibile. **~ive** /-sɪv/ *a Psych* patologico. **~ive eating** voglia *f* ossessiva di mangiare. **~ory** /-sərɪ/ *a* obbligatorio

comput|er /kəm'pju:tə(r)/ *n* computer *m inv*. **~erize** *vt* computerizzare. **~ing** *n* informatica *f*

comrade /'kɒmreɪd/ *n* camerata *m*; *Pol* compagno, -a *mf*. **~ship** *n* cameratismo *m*

con¹ /kɒn/ *see* **pro**

con² *n fam* fregatura *f* ● *vt* (*pt/pp* **conned**) *fam* fregare

concave /'kɒnkeɪv/ *a* concavo

conceal /kən'si:l/ *vt* nascondere

concede /kən'si:d/ *vt* (*admit*) ammettere; (*give up*) rinunciare a; lasciar fare ‹*goal*›

conceit /kən'si:t/ *n* presunzione *f*. **~ed** *a* presuntuoso

conceivable /kən'si:vəbl/ *a* concepibile

conceive /kən'si:v/ *vt Biol* concepire ● *vi* aver figli. **conceive of** *vt fig* concepire

concentrat|e /'kɒnsəntreɪt/ *vt* concentrare ● *vi* concentrarsi. **~ion** /-'treɪʃn/ *n* concentrazione *f*. **~ion camp** *n* campo *m* di concentramento

concept /'kɒnsept/ *n* concetto *m*. **~ion** /kən'sepʃn/ *n* concezione *f*; (*idea*) idea *f*

concern /kən'sɜ:n/ *n* preoccupazione *f*; *Comm* attività *f inv* ● *vt* (*be about, affect*) riguardare; (*worry*) preoccupare; **be ~ed about** essere preoccupato per; **~ oneself with** preoccuparsi di; **as far as I am ~ed** per quanto mi riguarda. **~ing** *prep* riguardo a

concert /'kɒnsət/ *n* concerto *m*. **~ed** /kən'sɜ:tɪd/ *a* collettivo

concertina /kɒnsə'ti:nə/ *n* piccola fisarmonica *f*

'concertmaster *n Am* primo violino *m*

concerto /kən'tʃeətəʊ/ *n* concerto *m*

concession /kən'seʃn/ *n* concessione *f*; (*reduction*) sconto *m*. **~ary** *a* (*reduced*) scontato

conciliation /kənsɪlɪ'eɪʃn/ *n* conciliazione *f*

concise /kən'saɪs/ *a* conciso

conclu|de /kən'klu:d/ *vt* concludere ● *vi* concludersi. **~ding** *a* finale

conclusion /kən'klu:ʒn/ *n* conclusione *f*; **in ~** per concludere

conclusive /kən'klu:sɪv/ *a* definitivo. **~ly** *adv* in modo definitivo

concoct /kən'kɒkt/ *vt* confezionare; *fig* inventare. **~ion** /-ɒkʃn/ *n* mistura *f*; (*drink*) intruglio *m*

concourse /'kɒŋkɔ:s/ *n* atrio *m*

concrete /'kɒŋkri:t/ *a* concreto ● *n* calcestruzzo *m*

concur /kən'kɜ:(r)/ *vi* (*pt/pp* **concurred**) essere d'accordo

concurrently /kən'kʌrəntlɪ/ *adv* contemporaneamente

concussion /kən'kʌʃn/ *n* commozione *f* cerebrale

condemn /kən'dem/ *vt* condannare; dichiarare inagibile ‹*building*›. **~ation** /kɒndem'neɪʃn/ *n* condanna *f*

condensation /kɒnden'seɪʃn/ *n* condensazione *f*

condense /kən'dens/ *vt* condensare; *Phys* condensare ● *vi* condensarsi. **~d milk** *n* latte *m* condensato

condescend /kɒndɪ'send/ *vi* degnarsi. **~ing** *a* condiscendente

condition /kən'dɪʃn/ *n* condizione *f*; **on ~ that** a condizione che ● *vt Psych* condizionare. **~al** *a* ‹*acceptance*› condizionato; *Gram* condizionale ● *n Gram* condizionale *m*. **~er** *n* balsamo *m*; (*for fabrics*) ammorbidente *m*

condolences /kən'dəʊlənsɪz/ *npl* condoglianze *fpl*

condom /'kɒndəm/ *n* preservativo *m*

condo[minium] /'kɒndə('mɪnɪəm)/ *n Am* condominio *m*

condone /kən'dəʊn/ *vt* passare sopra a

conducive /kən'dju:sɪv/ *a* **be ~ to** contribuire a

conduct¹ /'kɒndʌkt/ *n* condotta *f*

conduct² /kən'dʌkt/ *vt* condurre; dirigere ‹*orchestra*›. **~or** *n* direttore *m* d'orchestra; (*of bus*) bigliettaio *m*; *Phys* conduttore *m*. **~ress** *n* bigliettaia *f*

cone /kəʊn/ *n* cono *m*; *Bot* pigna *f*; *Auto* birillo *m* ● **cone off** *vt* **be ~d off** *Auto* essere chiuso da birilli

confectioner /kən'fekʃənə(r)/ *n* pasticciere, -a *mf*. **~y** *n* pasticceria *f*

confederation /kənfedə'reɪʃn/ *n* confederazione *f*

confer /kən'fɜ:(r)/ *v* (*pt/pp* **conferred**) ● *vt* conferire (**on** a) ● *vi* (*discuss*) conferire

conference /'kɒnfərəns/ *n* conferenza *f*

confess /kən'fes/ *vt* confessare ● *vi* confessare; *Relig* confessarsi. **~ion** /-eʃn/ *n* confessione *f*. **~ional** /-eʃənəl/ *n* confessionale *m*. **~or** *n* confessore *m*

confetti /kən'fetɪ/ *n* coriandoli *mpl*

confide /kən'faɪd/ *vt* confidare. **confide in** *vt* **~ in sb** fidarsi di qcno

confidence /'kɒnfɪdəns/ *n* (*trust*) fiducia *f*; (*self-assurance*) sicurezza *f* di sé; (*secret*) confidenza *f*; **in ~** in confidenza. **~ trick** *n* truffa *f*

confident /'kɒnfɪdənt/ *a* fiducioso; (*self-assured*) sicuro di sé. **~ly** *adv* con aria fiduciosa

confidential /kɒnfɪ'denʃl/ *a* confidenziale

confine /kən'faɪn/ *vt* rinchiudere; (*limit*) limitare; **be ~d to bed** essere confinato a letto. **~d** *a* ‹*space*› limitato. **~ment** *n* detenzione *f*; *Med* parto *m*

confines /'kɒnfaɪnz/ *npl* confini *mpl*

confirm /kən'fɜ:m/ *vt* confermare; *Relig* cresimare. **~ation** /kɒnfə-'meɪʃn/ *n* conferma *f*; *Relig* cresima *f*. **~ed** *a* incallito; **~ed bachelor** scapolo *m* impenitente

confiscat|e /'kɒnfɪskeɪt/ *vt* confiscare. **~ion** /-'keɪʃn/ *n* confisca *f*

conflict¹ /'kɒnflɪkt/ *n* conflitto *m*

conflict² /kən'flɪkt/ *vi* essere in contraddizione. **~ing** *a* contraddittorio

conform /kən'fɔ:m/ *vi* ‹*person:*› conformarsi; ‹*thing:*› essere conforme (**to** a). **~ist** *n* conformista *mf*

confounded /kən'faʊndɪd/ *a fam* maledetto

confront /kən'frʌnt/ *vt* affrontare; **the problems ~ing us** i problemi che dobbiamo affrontare. **~ation** /kɒnfrʌn'teɪʃn/ *n* confronto *m*

confus|e /kən'fju:z/ *vt* confondere. **~ing** *a* che confonde. **~ion** /-ju:ʒn/ *n* confusione *f*

congeal /kən'dʒi:l/ *vi* ‹*blood:*› coagularsi

congenial /kən'dʒi:nɪəl/ *a* congeniale

congenital /kən'dʒenɪtl/ *a* congenito

congest|ed /kən'dʒestɪd/ *a* congestionato. **~ion** /-estʃn/ *n* congestione *f*

congratulat|e /kən'grætjʊleɪt/ *vt* congratularsi con (**on** per). **~ions** /-'eɪʃnz/ *npl* congratulazioni *fpl*

congregat|e /'kɒŋgrɪgeɪt/ *vi* radunarsi. **~ion** /-'geɪʃn/ *n Relig* assemblea *f*

congress /'kɒŋgres/ *n* congresso *m*. **~man** *n Am Pol* membro *m* del congresso

conical /'kɒnɪkl/ *a* conico

conifer /'kɒnɪfə(r)/ *n* conifera *f*

conjecture /kən'dʒektʃə(r)/ *n* congettura *f*

conjugal /'kɒndʒʊgl/ *a* coniugale

conjugat|e /'kɒndʒʊgeɪt/ *vt* coniugare. **~ion** /-'geɪʃn/ *n* coniugazione *f*

conjunction /kən'dʒʌŋkʃn/ *n* congiunzione *f*; **in ~ with** insieme a

conjunctivitis /kəndʒʌŋktɪ'vaɪtɪs/ *n* congiuntivite *f*

conjur|e /'kʌndʒə(r)/ *vi* **~ing tricks** *npl* giochi *mpl* di prestigio. **~or** *n* prestigiatore, -trice *mf*. **conjure up** *vt* evocare ‹*image*›; tirar fuori dal nulla ‹*meal*›

conk /kɒŋk/ *vi* **~ out** *fam* ‹*machine:*› guastarsi; ‹*person:*› crollare

'con-man *n fam* truffatore *m*

connect /kə'nekt/ *vt* collegare; **be ~ed with** avere legami con; (*be related to*) essere imparentato con; **be well ~ed** aver conoscenze influenti ● *vi* essere collegato (**with** a); ‹*train:*› fare coincidenza

connection /kə'nekʃn/ *n* (*between ideas*) nesso *m*; (*in travel*) coincidenza *f*; *Electr* collegamento *m*; **in ~ with** con riferimento a. **~s** *pl* (*people*) conoscenze *fpl*

connoisseur /kɒnə'sɜ:(r)/ *n* intenditore, -trice *mf*

conquer /'kɒŋkə(r)/ *vt* conquistare; *fig* superare ‹*fear*›. **~or** *n* conquistatore *m*

conquest /'kɒŋkwest/ *n* conquista *f*

conscience /'kɒnʃəns/ *n* coscienza *f*

conscientious /kɒnʃɪ'enʃəs/ *a* coscienzioso. **~ ob'jector** *n* obiettore *m* di coscienza

conscious /'kɒnʃəs/ *a* conscio; ‹*decision*› meditato; **[fully] ~** cosciente; **be/become ~ of sth** rendersi conto di qcsa. **~ly** *adv* consapevolmente. **~ness** *n* consapevolezza *f*; *Med* conoscenza *f*

conscript¹ /'kɒnskrɪpt/ *n* coscritto *m*

conscript² /kən'skrɪpt/ *vt Mil* chiamare alle armi. **~ion** /-ɪpʃn/ *n* coscrizione *f*, leva *f*

consecrat|e /'kɒnsɪkreɪt/ *vt* consacrare. **~ion** /-'kreɪʃn/ *n* consacrazione *f*

consecutive /kən'sekjʊtɪv/ *a* consecutivo

consensus /kən'sensəs/ *n* consenso *m*

consent /kən'sent/ *n* consenso *m* ● *vi* acconsentire

consequen|ce /'kɒnsɪkwəns/ *n* conseguenza *f*; (*importance*) importanza *f*. **~t** *a* conseguente. **~tly** *adv* di conseguenza

conservation /kɒnsə'veɪʃn/ *n* conservazione *f*. **~ist** *n* fautore, -trice *mf* della tutela ambientale

conservative /kən'sɜ:vətɪv/ *a*

conservativo; ‹*estimate*› ottimistico. **C~** *Pol a* conservatore ● *n* conservatore, -trice *mf*

conservatory /kən'sɜ:vətrɪ/ *n spazio m chiuso da vetrate adiacente alla casa*

conserve /kən'sɜ:v/ *vt* conservare

consider /kən'sɪdə(r)/ *vt* considerare; **~ doing sth** considerare la possibilità di fare qcsa. **~able** /-əbl/ *a* considerevole. **~ably** *adv* considerevolmente

consider|ate /kən'sɪdərət/ *a* pieno di riguardo. **~ately** *adv* con riguardo. **~ation** /-'reɪʃn/ *n* considerazione *f*; (*thoughtfulness*) attenzione *f*; (*respect*) riguardo *m*; (*payment*) compenso *m*; **take into ~ation** prendere in considerazione. **~ing** *prep* considerando

consign /kən'saɪn/ *vt* affidare. **~ment** *n* consegna *f*

consist /kən'sɪst/ *vi* **~ of** consistere di

consisten|cy /kən'sɪstənsɪ/ *n* coerenza *f*; (*density*) consistenza *f*. **~t** *a* coerente; ‹*loyalty*› costante. **~tly** *adv* coerentemente; ‹*late, loyal*› costantemente

consolation /kɒnsə'leɪʃn/ *n* consolazione *f*. **~ prize** *n* premio *m* di consolazione

console /kən'səʊl/ *vt* consolare

consolidate /kən'sɒlɪdeɪt/ *vt* consolidare

consonant /'kɒnsənənt/ *n* consonante *f*

consort /kən'sɔ:t/ *vi* **~ with** frequentare

consortium /kən'sɔ:tɪəm/ *n* consorzio *m*

conspicuous /kən'spɪkjʊəs/ *a* facilmente distinguibile

conspiracy /kən'spɪrəsɪ/ *n* cospirazione *f*

conspire /kən'spaɪə(r)/ *vi* cospirare

constable /'kʌnstəbl/ *n* agente *m* [di polizia]

constant /'kɒnstənt/ *a* costante. **~ly** *adv* costantemente

constellation /kɒnstə'leɪʃn/ *n* costellazione *f*

consternation /kɒnstə'neɪʃn/ *n* costernazione *f*

constipat|ed /'kɒnstɪpeɪtɪd/ *a* stitico. **~ion** /-'peɪʃn/ *n* stitichezza *f*

constituency /kən'stɪtjʊənsɪ/ *n area f elettorale di un deputato nel Regno Unito*

constituent /kən'stɪtjʊənt/ *n* costituente *m*; *Pol* elettore, -trice *mf*

constitut|e /'kɒnstɪtju:t/ *vt* costituire. **~ion** /-'tju:ʃn/ *n* costituzione *f*. **~ional** /-'tju:ʃənl/ *a* costituzionale

constrain /kən'streɪn/ *vt* costringere. **~t** *n* costrizione *f*; (*restriction*) restrizione *f*; (*strained manner*) disagio *m*

construct /kən'strʌkt/ *vt* costruire. **~ion** /-ʌkʃn/ *n* costruzione *f*; **under ~ion** in costruzione. **~ive** /-ɪv/ *a* costruttivo

construe /kən'stru:/ *vt* interpretare

consul /'kɒnsl/ *n* console *m*. **~ar** /'kɒnsjʊlə(r)/ *a* consolare. **~ate** /'kɒnsjʊlət/ *n* consolato *m*

consult /kən'sʌlt/ *vt* consultare. **~ant** *n* consulente *mf*; *Med* specialista *mf*. **~ation** /kɒnsl'teɪʃn/ *n* consultazione *f*; *Med* consulto *m*

consume /kən'sju:m/ *vt* consumare. **~r** *n* consumatore, -trice *mf*. **~r goods** *npl* beni *mpl* di consumo. **~er organization** *n* organizzazione *f* per la tutela dei consumatori

consumerism /kən'sju:mərɪzm/ *n* consumismo *m*

consummate /'kɒnsəmeɪt/ *vt* consumare

consumption /kən'sʌmpʃn/ *n* consumo *m*

contact /'kɒntækt/ *n* contatto *m*; (*person*) conoscenza *f* ● *vt* mettersi in contatto con. **~ 'lenses** *npl* lenti *fpl* a contatto

contagious /kən'teɪdʒəs/ *a* contagioso

contain /kən'teɪn/ *vt* contenere; **~ oneself** controllarsi. **~er** *n* recipiente *m*; (*for transport*) container *m inv*

contaminat|e /kən'tæmɪneɪt/ *vt* contaminare. **~ion** /-'neɪʃn/ *n* contaminazione *f*

contemplat|e /'kɒntəmpleɪt/ *vt* contemplare; (*consider*) considerare; **~e doing sth** considerare di fare qcsa. **~ion** /-'pleɪʃn/ *n* contemplazione *f*

contemporary /kən'tempərərɪ/ *a & n* contemporaneo, -a *mf*

contempt /kən'tempt/ *n* disprezzo *m*; **beneath ~** più che vergognoso; **~ of court** oltraggio *m* alla Corte. **~ible** /-əbl/ *a* spregevole. **~uous** /-tjʊəs/ *a* sprezzante

contend /kən'tend/ *vi* **~ with** occuparsi di ● *vt* (*assert*) sostenere. **~er** *n* concorrente *mf*

content¹ /'kɒntent/ *n* contenuto *m*

content² /kən'tent/ *a* soddisfatto ● *vt* **~ oneself** accontentarsi (**with** di). **~ed** *a* soddisfatto. **~edly** *adv* con aria soddisfatta

contention /kən'tenʃn/ *n* (*assertion*) opinione *f*

contentment /kən'tentmənt/ *n* soddisfazione *f*
contents /'kɒntents/ *npl* contenuto *m*
contest¹ /'kɒntest/ *n* gara *f*
contest² /kən'test/ *vt* contestare ‹*statement*›; impugnare ‹*will*›; *Pol* ‹*candidates:*› contendersi; ‹*one candidate:*› aspirare a. **~ant** *n* concorrente *mf*
context /'kɒntekst/ *n* contesto *m*
continent /'kɒntɪnənt/ *n* continente *m*; **the C~** l'Europa *f* continentale
continental /kɒntɪ'nentl/ *a* continentale. **~ breakfast** *n prima colazione f a base di pane, burro, marmellata, croissant, ecc.* **~ quilt** *n* piumone *m*
contingency /kən'tɪndʒənsɪ/ *n* eventualità *f inv*
continual /kən'tɪnjʊəl/ *a* continuo
continuation /kəntɪnjʊ'eɪʃn/ *n* continuazione *f*
continue /kən'tɪnju:/ *vt* continuare; **~ doing** *or* **to do sth** continuare a fare qcsa; **to be ~d** continua ● *vi* continuare. **~d** *a* continuo
continuity /kɒntɪ'nju:ətɪ/ *n* continuità *f*
continuous /kən'tɪnjʊəs/ *a* continuo
contort /kən'tɔ:t/ *vt* contorcere. **~ion** /-ɔ:ʃn/ *n* contorsione *f*. **~ionist** *n* contorsionista *mf*
contour /'kɒntʊə(r)/ *n* contorno *m*; (*line*) curva *f* di livello
contraband /'kɒntrəbænd/ *n* contrabbando *m*
contracep|tion /kɒntrə'sepʃn/ *n* contraccezione *f*. **~tive** /-tɪv/ *n* contraccettivo *m*
contract¹ /'kɒntrækt/ *n* contratto *m*
contract² /kən'trækt/ *vi* (*get smaller*) contrarsi ● *vt* contrarre ‹*illness*›. **~ion** /-ækʃn/ *n* contrazione *f*. **~or** *n* imprenditore, -trice *mf*
contradict /kɒntrə'dɪkt/ *vt* contraddire. **~ion** /-ɪkʃn/ *n* contraddizione *f*. **~ory** *a* contradditorio
contra-flow /'kɒntrəfləʊ/ *n utilizzazione f di una corsia nei due sensi di marcia durante lavori stradali*
contralto /kən'træltəʊ/ *n* contralto *m*
contraption /kən'træpʃn/ *n fam* aggeggio *m*
contrary¹ /'kɒntrərɪ/ *a* contrario ● *adv* **~ to** contrariamente a ● *n* contrario *m*; **on the ~** al contrario
contrary² /kən'treərɪ/ *a* disobbediente
contrast¹ /'kɒntrɑ:st/ *n* contrasto *m*
contrast² /kən'trɑ:st/ *vt* confrontare ● *vi* contrastare. **~ing** *a* contrastante
contraven|e /kɒntrə'vi:n/ *vt* trasgredire. **~tion** /-'venʃn/ *n* trasgressione *f*
contribut|e /kən'trɪbju:t/ *vt/i* contribuire. **~ion** /kɒntrɪ'bju:ʃn/ *n* contribuzione *f*; (*what is contributed*) contributo *m*. **~or** *n* contributore, -trice *mf*
contrive /kən'traɪv/ *vt* escogitare; **~ to do sth** riuscire a fare qcsa
control /kən'trəʊl/ *n* controllo *m*; **~s** *pl* (*of car, plane*) comandi *mpl*; **get out of ~** sfuggire al controllo ● *vt* (*pt/pp* **controlled**) controllare; **~ oneself** controllarsi
controvers|ial /kɒntrə'vɜ:ʃl/ *a* controverso. **~y** /'kɒntrəvɜ:sɪ/ *n* controversia *f*
conurbation /kɒnɜ:'beɪʃn/ *n* conurbazione *f*
convalesce /kɒnvə'les/ *vi* essere in convalescenza
convalescent /kɒnvə'lesənt/ *a* convalescente. **~ home** *n* convalescenziario *m*
convector /kən'vektə(r)/ *n* **~ [heater]** convettore *m*
convene /kən'vi:n/ *vt* convocare ● *vi* riunirsi
convenience /kən'vi:nɪəns/ *n* convenienza *f*; **[public] ~** gabinetti *mpl* pubblici; **with all modern ~s** con tutti i comfort
convenient /kən'vi:nɪənt/ *a* comodo; **be ~ for sb** andar bene per qcno; **if it is ~ [for you]** se ti va bene. **~ly** *adv* comodamente; **~ly located** in una posizione comoda
convent /'kɒnvənt/ *n* convento *m*
convention /kən'venʃn/ *n* convenzione *f*; (*assembly*) convegno *m*. **~al** *a* convenzionale
converge /kən'vɜ:dʒ/ *vi* convergere
conversant /kən'vɜ:sənt/ *a* **~ with** pratico di
conversation /kɒnvə'seɪʃn/ *n* conversazione *f*. **~al** *a* di conversazione. **~alist** *n* conversatore, -trice *mf*
converse¹ /kən'vɜ:s/ *vi* conversare
converse² /'kɒnvɜ:s/ *n* inverso *m*. **~ly** *adv* viceversa
conversion /kən'vɜ:ʃn/ *n* conversione *f*
convert¹ /'kɒnvɜ:t/ *n* convertito, -a *mf*
convert² /kən'vɜ:t/ *vt* convertire (**into** in); sconsacrare ‹*church*›. **~ible** /-əbl/ *a* convertibile ● *n Auto* macchina *f* decappottabile
convex /'kɒnveks/ *a* convesso
convey /kən'veɪ/ *vt* portare; trasmette-

re ‹*idea, message*›. **~or belt** *n* nastro *m* trasportatore

convict[1] /'kɒnvɪkt/ *n* condannato, -a *mf*

convict[2] /kən'vɪkt/ *vt* giudicare colpevole. **~ion** /-ɪkʃn/ *n* condanna *f*; (*belief*) convinzione *f*; **previous ~ion** precedente *m* penale

convinc|e /kən'vɪns/ *vt* convincere. **~ing** *a* convincente

convivial /kən'vɪvɪəl/ *a* conviviale

convoluted /'kɒnvəlu:tɪd/ *a* contorto

convoy /'kɒnvɔɪ/ *n* convoglio *m*

convuls|e /kən'vʌls/ *vt* sconvolgere; **be ~ed with laughter** contorcersi dalle risa. **~ion** /-ʌlʃn/ *n* convulsione *f*

coo /ku:/ *vi* tubare

cook /kʊk/ *n* cuoco, -a *mf* ● *vt* cucinare; **is it ~ed?** è cotto?; **~ the books** *fam* truccare i libri contabili ● *vi* ‹*food:*› cuocere; ‹*person:*› cucinare. **~book** *n* libro *m* di cucina

cooker /'kʊkə(r)/ *n* cucina *f*; (*apple*) mela *f* da cuocere. **~y** *n* cucina *f*. **~y book** *n* libro *m* di cucina

cookie /'kʊkɪ/ *n Am* biscotto *m*

cool /ku:l/ *a* fresco; (*calm*) calmo; (*unfriendly*) freddo ● *n* fresco *m* ● *vt* rinfrescare ● *vi* rinfrescarsi. **~-box** *n* borsa *f* termica. **~ness** *n* freddezza *f*

coop /ku:p/ *n* stia *f* ● *vt* **~ up** rinchiudere

co-operat|e /kəʊ'ɒpəreɪt/ *vi* cooperare. **~ion** /-'reɪʃn/ *n* cooperazione *f*

co-operative /kəʊ'ɒpərətɪv/ *a* cooperativo ● *n* cooperativa *f*

co-opt /kəʊ'ɒpt/ *vt* eleggere

co-ordinat|e /kəʊ'ɔ:dɪneɪt/ *vt* coordinare. **~ion** /-'neɪʃn/ *n* coordinazione *f*

cop /kɒp/ *n fam* poliziotto *m*

cope /kəʊp/ *vi fam* farcela; **can she ~ by herself?** ce la fa da sola?; **~ with** farcela con

copious /'kəʊpɪəs/ *a* abbondante

copper[1] /'kɒpə(r)/ *n* rame *m*; **~s** *pl monete fpl da uno o due pence* ● *attrib* di rame

copper[2] *n fam* poliziotto *m*

coppice /'kɒpɪs/ *n*, **copse** /kɒps/ *n* boschetto *m*

copulat|e /'kɒpjʊleɪt/ *vi* accoppiarsi. **~ion** /-'leɪʃn/ *n* copulazione *f*

copy /'kɒpɪ/ *n* copia *f* ● *vt* (*pt/pp* **-ied**) copiare

copy: ~right *n* diritti *mpl* d'autore. **~-writer** *n* copywriter *mf inv*

coral /'kɒrəl/ *n* corallo *m*

cord /kɔ:d/ *n* corda *f*; (*thinner*) cordoncino *m*; (*fabric*) velluto *m* a coste; **~s** *pl* pantaloni *mpl* di velluto a coste

cordial /'kɔ:dɪəl/ *a* cordiale ● *n* analcolico *m*

cordless /'kɔ:dlɪs/ *a* **~ phone** cordless *m inv*

cordon /'kɔ:dn/ *n* cordone *m* (*di persone*) ● **cordon off** *vt* mettere un cordone (*di persone*) intorno a

corduroy /'kɔ:dərɔɪ/ *n* velluto *m* a coste

core /kɔ:(r)/ *n* (*of apple, pear*) torsolo *m*; (*fig: of organization*) cuore *m*; (*of problem, theory*) nocciolo *m*

cork /kɔ:k/ *n* sughero *m*; (*for bottle*) turacciolo *m*. **~screw** *n* cavatappi *m inv*

corn[1] /kɔ:n/ *n* grano *m*; (*Am: maize*) granturco *m*

corn[2] *n Med* callo *m*

cornea /'kɔ:nɪə/ *n* cornea *f*

corned beef /kɔ:nd'bi:f/ *n* manzo *m* sotto sale

corner /'kɔ:nə(r)/ *n* angolo *m*; (*football*) calcio *m* d'angolo, corner *m inv* ● *vt fig* bloccare; accaparrarsi ‹*market*›

cornet /'kɔ:nɪt/ *n Mus* cornetta *f*; (*for ice-cream*) cono *m*

corn: ~flour *n*, *Am* **~starch** *n* farina *f* di granturco

corny /'kɔ:nɪ/ *a* (**-ier, -est**) ‹*fam: joke, film*› scontato; ‹*person*› banale; (*sentimental*) sdolcinato

coronary /'kɒrənərɪ/ *a* coronario ● *n* **~ [thrombosis]** trombosi *f* coronarica

coronation /kɒrə'neɪʃn/ *n* incoronazione *f*

coroner /'kɒrənə(r)/ *n* coroner *m inv* (*nel diritto britannico, ufficiale incaricato delle indagini su morti sospette*)

corporal[1] /'kɔ:pərəl/ *n Mil* caporale *m*

corporal[2] *a* corporale

corporate /'kɔ:pərət/ *a* ‹*decision, policy, image*› aziendale; **~ life** la vita in un'azienda

corporation /kɔ:pə'reɪʃn/ *n* ente *m*; (*of town*) consiglio *m* comunale

corps /kɔ:(r)/ *n* (*pl* **corps** /kɔ:z/) corpo *m*

corpse /kɔ:ps/ *n* cadavere *m*

corpulent /'kɔ:pjʊlənt/ *a* corpulento

corpuscle /'kɔ:pʌsl/ *n* globulo *m*

correct /kə'rekt/ *a* corretto; **be ~** ‹*person:*› aver ragione; **~!** esatto! ● *vt* correggere. **~ion** /-ekʃn/ *n* correzione *f*. **~ly** *adv* correttamente

correlation /kɒrə'leɪʃn/ *n* correlazione *f*

correspond /kɒrɪ'spɒnd/ *vi* corrispondere (**to** a); ‹*two things:*› corrispondere; (*write*) scriversi. **~ence** *n* corrispondenza *f*. **~ent** *n* corrispondente *mf*. **~ing** *a* corrispondente. **~ingly** *adv* in modo corrispondente

corridor /'kɒrɪdɔ:(r)/ *n* corridoio *m*

corroborate /kə'rɒbəreɪt/ *vt* corroborare

corro|de /kə'rəʊd/ *vt* corrodere ● *vi* corrodersi. **~sion** /-'rəʊʒn/ *n* corrosione *f*

corrugated /'kɒrəgeɪtɪd/ *a* ondulato. **~ iron** *n* lamiera *f* ondulata

corrupt /kə'rʌpt/ *a* corrotto ● *vt* corrompere. **~ion** /-ʌpʃn/ *n* corruzione *f*

corset /'kɔ:sɪt/ *n* & **-s** *pl* busto *m*

Corsica /'kɔ:sɪkə/ *n* Corsica *f*. **~n** *a* & *n* corso, -a *mf*

cortège /kɔ:'teɪʒ/ *n* **[funeral] ~** corteo *m* funebre

cosh /kɒʃ/ *n* randello *m*

cosmetic /kɒz'metɪk/ *a* cosmetico ● *n* **~s** *pl* cosmetici *mpl*

cosmic /'kɒzmɪk/ *a* cosmico

cosmonaut /'kɒzmənɔ:t/ *n* cosmonauta *mf*

cosmopolitan /kɒzmə'pɒlɪtən/ *a* cosmopolita

cosmos /'kɒzmɒs/ *n* cosmo *m*

cosset /'kɒsɪt/ *vt* coccolare

cost /kɒst/ *n* costo *m*; **~s** *pl Jur* spese *fpl* processuali; **at all ~s** a tutti i costi; **I learnt to my ~** ho imparato a mie spese ● *vt* (*pt/pp* **cost**) costare; **it ~ me £20** mi è costato 20 sterline ● *vt* (*pt/pp* **costed**) **~ [out]** stabilire il prezzo di

costly /'kɒstlɪ/ *a* (**-ier, -iest**) costoso

cost: ~ of 'living *n* costo *m* della vita. **~ price** *n* prezzo *m* di costo

costume /'kɒstju:m/ *n* costume *m*. **~ jewellery** *n* bigiotteria *f*

cosy /'kəʊzɪ/ *a* (**-ier, -iest**) ‹*pub, chat*› intimo; **it's nice and ~ in here** si sta bene qui

cot /kɒt/ *n* lettino *m*; (*Am: camp-bed*) branda *f*

cottage /'kɒtɪdʒ/ *n* casetta *f*. **~ 'cheese** *n* fiocchi *mpl* di latte

cotton /'kɒtn/ *n* cotone *m* ● *attrib* di cotone ● **cotton on** *vi fam* capire

cotton 'wool *n* cotone *m* idrofilo

couch /kaʊtʃ/ *n* divano *m*. **~ potato** *n* pantofolaio, -a *mf*

couchette /ku:'ʃet/ *n* cuccetta *f*

cough /kɒf/ *n* tosse *f* ● *vi* tossire. **cough up** *vt/i* sputare; (*fam: pay*) sborsare

'cough mixture *n* sciroppo *m* per la tosse

could /kʊd/, *atono* /kəd/ *v aux* (*see also* **can²**) **~ I have a glass of water?** potrei avere un bicchier d'acqua?; **I ~n't do it even if I wanted to** non potrei farlo nemmeno se lo volessi; **I ~n't care less** non potrebbe importarmene di meno; **he ~n't have done it without help** non avrebbe potuto farlo senza aiuto; **you ~ have phoned** avresti potuto telefonare

council /'kaʊnsl/ *n* consiglio *m*. **~ house** *n* casa *f* popolare

councillor /'kaʊnsələ(r)/ *n* consigliere, -a *mf*

'council tax *n* imposta *f* locale sugli immobili

counsel /'kaʊnsl/ *n* consigli *mpl*; *Jur* avvocato *m* ● *vt* (*pt/pp* **counselled**) consigliare a ‹*person*›. **~lor** *n* consigliere, -a *mf*

count¹ /kaʊnt/ *n* (*nobleman*) conte *m*

count² *n* conto *m*; **keep ~** tenere il conto ● *vt/i* contare. **count on** *vt* contare su

countdown /'kaʊntdaʊn/ *n* conto *m* alla rovescia

countenance /'kaʊntənəns/ *n* espressione *f* ● *vt* approvare

counter¹ /'kaʊntə(r)/ *n* banco *m*; (*in games*) gettone *m*

counter² *adv* **~ to** contro, in contrasto a; **go ~ to sth** andare contro qcsa ● *vt/i* opporre ‹*measure, effect*›; parare ‹*blow*›

counter'act *vt* neutralizzare

'counter-attack *n* contrattacco *m*

counter-'espionage *n* controspionaggio *m*

'counterfeit /-fɪt/ *a* contraffatto ● *n* contraffazione *f* ● *vt* contraffare

'counterfoil *n* matrice *f*

'counterpart *n* equivalente *mf*

counter-pro'ductive *a* controproduttivo

'countersign *vt* controfirmare

countess /'kaʊntɪs/ *n* contessa *f*

countless /'kaʊntlɪs/ *a* innumerevole

country /'kʌntrɪ/ *n* nazione *f*, paese *m*; (*native land*) patria *f*; (*countryside*) campagna *f*; **in the ~** in campagna; **go to the ~** andare in campagna; *Pol* indire le elezioni politiche. **~man** *n* uomo *m* di campagna; (*fellow ~man*) compatriota *m*. **~side** *n* campagna *f*

county /'kaʊntɪ/ *n* contea *f* (*unità amministrativa britannica*)

coup /ku:/ *n Pol* colpo *m* di stato

couple /'kʌpl/ *n* coppia *f*; **a ~ of** un paio di

coupon /'ku:pɒn/ *n* tagliando *m*; (*for discount*) buono *m* sconto

courage /'kʌrɪdʒ/ *n* coraggio *m*. **~ous** /kə'reɪdʒəs/ *a* coraggioso
courgette /kʊə'ʒet/ *n* zucchino *m*
courier /'kʊrɪə(r)/ *n* corriere *m*; (*for tourists*) guida *f*
course /kɔ:s/ *n Sch* corso *m*; *Naut* rotta *f*; *Culin* portata *f*; (*for golf*) campo *m*; **~ of treatment** *Med* serie *f inv* di cure; **of ~** naturalmente; **in the ~ of** durante; **in due ~** a tempo debito
court /kɔ:t/ *n* tribunale *m*; *Sport* campo *m*; **take sb to ~** citare qcno in giudizio ● *vt* fare la corte a ‹*woman*›; sfidare ‹*danger*›; **~ing couples** coppiette *fpl*
courteous /'kɜ:tɪəs/ *a* cortese
courtesy /'kɜ:təsɪ/ *n* cortesia *f*
court: ~ 'martial *n* (*pl* **~s martial**) corte *f* marziale ● **~-martial** *vt* (*pt* **~-martialled**) portare davanti alla corte marziale; **~yard** *n* cortile *m*
cousin /'kʌzn/ *n* cugino, -a *mf*
cove /kəʊv/ *n* insenatura *f*
cover /'kʌvə(r)/ *n* copertura *f*; (*of cushion, to protect sth*) fodera *f*; (*of book, magazine*) copertina *f*; **take ~** mettersi al riparo; **under separate ~** a parte ● *vt* coprire; foderare ‹*cushion*›; *Journ* fare un servizio su. **cover up** *vt* coprire; *fig* soffocare ‹*scandal*›
coverage /'kʌvərɪdʒ/ *n Journ* **it got a lot of ~** i media gli hanno dedicato molto spazio
cover: ~ charge *n* coperto *m*. **~ing** *n* copertura *f*; (*for floor*) rivestimento *m*; **~ing letter** lettera *f* d'accompagnamento. **~-up** *n* messa *f* a tacere
covet /'kʌvɪt/ *vt* bramare
cow /kaʊ/ *n* vacca *f*, mucca *f*
coward /'kaʊəd/ *n* vigliacco, -a *mf*. **~ice** /-ɪs/ *n* vigliaccheria *f*. **~ly** *a* da vigliacco
'cowboy *n* cowboy *m inv*, buffone *m fam*
cower /'kaʊə(r)/ *vi* acquattarsi
'cowshed *n* stalla *f*
cox /kɒks/ *n*, **coxswain** /'kɒksn/ *n* timoniere, -a *mf*
coy /kɔɪ/ *a* falsamente timido; (*flirtatiously*) civettuolo; **be ~ about sth** essere evasivo su qcsa
crab /kræb/ *n* granchio *m*
crack /kræk/ *n* (*in wall*) crepa *f*; (*in china, glass, bone*) incrinatura *f*; (*noise*) scoppio *m*; (*fam: joke*) battuta *f*; **have a ~** (*try*) fare un tentativo ● *a* (*fam: best*) di prim'ordine ● *vt* incrinare ‹*china, glass*›; schiacciare ‹*nut*›; decifrare ‹*code*›; *fam* risolvere ‹*problem*›; **~ a joke** *fam* fare una battuta ● *vi* ‹*china, glass:*› incrinarsi; ‹*whip:*› schioccare. **crack down** *vi fam* prendere seri provvedimenti. **crack down on** *vt fam* prendere seri provvedimenti contro
cracked /krækt/ *a* ‹*plaster*› crepato; ‹*skin*› screpolato; ‹*rib*› incrinato; (*fam: crazy*) svitato
cracker /'krækə(r)/ *n* (*biscuit*) cracker *m inv*; (*firework*) petardo *m*; [**Christmas**] **~** *tubo m di cartone colorato contenente una sorpresa*
crackers /'krækəz/ *a fam* matto
crackle /'krækl/ *vi* crepitare
cradle /'kreɪdl/ *n* culla *f*
craft[1] /krɑ:ft/ *n inv* (*boat*) imbarcazione *f*
craft[2] *n* mestiere *m*; (*technique*) arte *f*. **~sman** *n* artigiano *m*
crafty /'krɑ:ftɪ/ *a* (**-ier, -iest**) astuto
crag /kræg/ *n* rupe *f*. **~gy** *a* scosceso; ‹*face*› dai lineamenti marcati
cram /kræm/ *v* (*pt/pp* **crammed**) ● *vt* stipare (**into** in) ● *vi* (*for exams*) sgobbare
cramp /kræmp/ *n* crampo *m*. **~ed** *a* ‹*room*› stretto; ‹*handwriting*› appiccicato
crampon /'kræmpən/ *n* rampone *m*
cranberry /'krænbərɪ/ *n Culin* mirtillo *m* rosso
crane /kreɪn/ *n* (*at docks, bird*) gru *f inv* ● *vt* **~ one's neck** allungare il collo
crank[1] /kræŋk/ *n* tipo, -a *mf* strampalato, -a
crank[2] *n Techn* manovella *f*. **~shaft** *n* albero *m* a gomiti
cranky /'kræŋkɪ/ *a* strampalato; (*Am: irritable*) irritabile
cranny /'krænɪ/ *n* fessura *f*
crash /kræʃ/ *n* (*noise*) fragore *m*; *Auto, Aeron* incidente *m*; *Comm* crollo *m* ● *vi* schiantarsi (**into** contro); ‹*plane:*› precipitare ● *vt* schiantare ‹*car*›
crash: ~ course *n* corso *m* intensivo. **~-helmet** *n* casco *m*. **~-landing** *n* atterraggio *m* di fortuna
crate /kreɪt/ *n* (*for packing*) cassa *f*
crater /'kreɪtə(r)/ *n* cratere *m*
crav|e /kreɪv/ *vt* morire dalla voglia di. **~ing** *n* voglia *f* smodata
crawl /krɔ:l/ *n* (*swimming*) stile *m* libero; **do the ~** nuotare a stile libero; **at a ~** a passo di lumaca ● *vi* andare carponi; **~ with** brulicare di. **~er lane** *n Auto* corsia *f* riservata al traffico lento
crayon /'kreɪən/ *n* pastello *m* a cera; (*pencil*) matita *f* colorata
craze /kreɪz/ *n* mania *f*

crazy /'kreɪzɪ/ *a* (**-ier, -iest**) matto; **be ~ about** andar matto per
creak /kri:k/ *n* scricchiolio *m* ● *vi* scricchiolare
cream /kri:m/ *n* crema *f*; (*fresh*) panna *f* ● *a* (*colour*) [bianco] panna *inv* ● *vt Culin* sbattere. **~ 'cheese** *n* formaggio *m* cremoso. **~y** *a* cremoso
crease /kri:s/ *n* piega *f* ● *vt* stropicciare ● *vi* stropicciarsi. **~-resistant** *a* che non si stropiccia
creat|e /kri:'eɪt/ *vt* creare. **~ion** /-'eɪʃn/ *n* creazione *f*. **~ive** /-tɪv/ *a* creativo. **~or** *n* creatore, -trice *mf*
creature /'kri:tʃə(r)/ *n* creatura *f*
crèche /kreʃ/ *n* asilo *m* nido
credentials /krɪ'denʃlz/ *npl* credenziali *fpl*
credibility /kredə'bɪlətɪ/ *n* credibilità *f*
credible /'kredəbl/ *a* credibile
credit /'kredɪt/ *n* credito *m*; (*honour*) merito *m*; **take the ~ for** prendersi il merito di ● *vt* (*pt/pp* **credited**) accreditare; **~ sb with sth** *Comm* accreditare qcsa a qcno; *fig* attribuire qcsa a qcno. **~able** /-əbl/ *a* lodevole
credit: ~ card *n* carta *f* di credito. **~or** *n* creditore, -trice *mf*
creed /kri:d/ *n* credo *m inv*
creek /kri:k/ *n* insenatura *f*; (*Am: stream*) torrente *m*
creep /kri:p/ *vi* (*pt/pp* **crept**) muoversi furtivamente ● *n fam* tipo *m* viscido. **~er** *n* pianta *f* rampicante. **~y** *a* che fa venire i brividi
cremat|e /krɪ'meɪt/ *vt* cremare. **~ion** /-eɪʃn/ *n* cremazione *f*
crematorium /kremə'tɔ:rɪəm/ *n* crematorio *m*
crêpe /kreɪp/ *n* (*fabric*) crespo *m*
crept /krept/ *see* **creep**
crescent /'kresənt/ *n* mezzaluna *f*
cress /kres/ *n* crescione *m*
crest /krest/ *n* cresta *f*; (*coat of arms*) cimiero *m*
Crete /kri:t/ *n* Creta *f*
crevasse /krɪ'væs/ *n* crepaccio *m*
crevice /'krevɪs/ *n* crepa *f*
crew /kru:/ *n* equipaggio *m*; (*gang*) équipe *f inv*. **~ cut** *n* capelli *mpl* a spazzola. **~ neck** *n* girocollo *m*
crib[1] /krɪb/ *n* (*for baby*) culla *f*
crib[2] *vt/i* (*pt/pp* **cribbed**) *fam* copiare
crick /krɪk/ *n* **~ in the neck** torcicollo *m*
cricket[1] /'krɪkɪt/ *n* (*insect*) grillo *m*
cricket[2] *n* cricket *m*. **~er** *n* giocatore *m* di cricket
crime /kraɪm/ *n* crimine *m*; (*criminality*) criminalità *f*
criminal /'krɪmɪnl/ *a* criminale; ‹*law, court*› penale ● *n* criminale *mf*
crimson /'krɪmzn/ *a* cremisi *inv*
cringe /krɪndʒ/ *vi* (*cower*) acquattarsi; (*at bad joke etc*) fare una smorfia
crinkle /'krɪŋkl/ *vt* spiegazzare ● *vi* spiegazzarsi
cripple /'krɪpl/ *n* storpio, -a *mf* ● *vt* storpiare; *fig* danneggiare. **~d** *a* ‹*person*› storpio; ‹*ship*› danneggiato
crisis /'kraɪsɪs/ *n* (*pl* **-ses** /-si:z/) crisi *f inv*
crisp /krɪsp/ *a* croccante; ‹*air*› frizzante; ‹*style*› incisivo. **~bread** *n* crostini *mpl* di pane. **~s** *npl* patatine *fpl*
criterion /kraɪ'tɪərɪən/ *n* (*pl* **-ria** /-rɪə/) criterio *m*
critic /'krɪtɪk/ *n* critico, -a *mf*. **~al** *a* critico. **~ally** *adv* in modo critico; **~ally ill** gravemente malato
criticism /'krɪtɪsɪzm/ *n* critica *f*; **he doesn't like ~** non ama le critiche
criticize /'krɪtɪsaɪz/ *vt* criticare
croak /krəʊk/ *vi* gracchiare; ‹*frog:*› gracidare
Croatia /krəʊ'eɪʃə/ *n* Croazia *f*
crochet /'krəʊʃeɪ/ *n* lavoro *m* all'uncinetto ● *vt* fare all'uncinetto. **~-hook** *n* uncinetto *m*
crock /krɒk/ *n fam* **old ~** (*person*) rudere *m*; (*car*) macinino *m*
crockery /'krɒkərɪ/ *n* terrecotte *fpl*
crocodile /'krɒkədaɪl/ *n* coccodrillo *m*. **~ tears** lacrime *fpl* di coccodrillo
crocus /'krəʊkəs/ *n* (*pl* **-es**) croco *m*
crook /krʊk/ *n* (*fam: criminal*) truffatore, -trice *mf*
crooked /'krʊkɪd/ *a* storto; ‹*limb*› storpiato; (*fam: dishonest*) disonesto
crop /krɒp/ *n* raccolto *m*; *fig* quantità *f inv* ● *v* (*pt/pp* **cropped**) ● *vt* (*cut*) tagliare. **crop up** *vi fam* presentarsi
croquet /'krəʊkeɪ/ *n* croquet *m*
croquette /krəʊ'ket/ *n* crocchetta *f*
cross /krɒs/ *a* (*annoyed*) arrabbiato; **talk at ~ purposes** fraintendersi ● *n* croce *f*; *Bot, Zool* incrocio *m* ● *vt* sbarrare ‹*cheque*›; incrociare ‹*road, animals*›; **~ oneself** farsi il segno della croce; **~ one's arms** incrociare le braccia; **~ one's legs** accavallare le gambe; **keep one's fingers ~ed for sb** tenere le dita incrociate per qcno; **it ~ed my mind** mi è venuto in mente ● *vi* (*go across*) attraversare; ‹*lines:*› incrociarsi. **cross out** *vt* depennare

cross: ~bar *n* (*of goal*) traversa *f*; (*on bicycle*) canna *f*. **~-'country** *n Sport* corsa *f* campestre. **~-ex'amine** *vt* sottoporre a controinterrogatorio. **~-exami'nation** *n* controinterrogatorio *m*. **~-'eyed** *a* strabico. **~fire** *n* fuoco *m* incrociato. **~ing** *n* (*for pedestrians*) passaggio *m* pedonale; (*sea journey*) traversata *f*. **~-'reference** *n* rimando *m*. **~roads** *n* incrocio *m*. **~-'section** *n* sezione *f*; (*of community*) campione *m*. **~wise** *adv* in diagonale. **~word** *n* **~word [puzzle]** parole *fpl* crociate

crotchet /'krɒtʃɪt/ *n Mus* semiminima *f*

crotchety /'krɒtʃɪtɪ/ *a* irritabile

crouch /kraʊtʃ/ *vi* accovacciarsi

crow /krəʊ/ *n* corvo *m*; **as the ~ flies** in linea d'aria ● *vi* cantare. **~bar** *n* piede *m* di porco

crowd /kraʊd/ *n* folla *f* ● *vt* affollare ● *vi* affollarsi. **~ed** /'kraʊdɪd/ *a* affollato

crown /kraʊn/ *n* corona *f* ● *vt* incoronare; incapsulare ‹*tooth*›

crucial /'kru:ʃl/ *a* cruciale

crucifix /'kru:sɪfɪks/ *n* crocifisso *m*

crucif|ixion /kru:sɪ'fɪkʃn/ *n* crocifissione *f*. **~y** /'kru:sɪfaɪ/ *vt* (*pt/pp* **-ied**) crocifiggere

crude /kru:d/ *a* ‹*oil*› greggio; ‹*language*› crudo; ‹*person*› rozzo

cruel /'kru:əl/ *a* (**crueller, cruellest**) crudele (**to** verso). **~ly** *adv* con crudeltà. **~ty** *n* crudeltà *f*

cruis|e /kru:z/ *n* crociera *f* ● *vi* fare una crociera; ‹*car:*› andare a velocità di crociera. **~er** *n Mil* incrociatore *m*; (*motor boat*) motoscafo *m*. **~ing speed** *n* velocità *m inv* di crociera

crumb /krʌm/ *n* briciola *f*

crumb|le /'krʌmbl/ *vt* sbriciolare ● *vi* sbriciolarsi; ‹*building, society:*› sgretolarsi. **~ly** *a* friabile

crumple /'krʌmpl/ *vt* spiegazzare ● *vi* spiegazzarsi

crunch /krʌntʃ/ *n fam* **when it comes to the ~** quando si viene al dunque ● *vt* sgranocchiare ● *vi* ‹*snow:*› scricchiolare

crusade /kru:'seɪd/ *n* crociata *f*. **~r** *n* crociato *m*

crush /krʌʃ/ *n* (*crowd*) calca *f*; **have a ~ on sb** essersi preso una cotta per qcno ● *vt* schiacciare; sgualcire ‹*clothes*›

crust /krʌst/ *n* crosta *f*

crutch /krʌtʃ/ *n* gruccia *f*; *Anat* inforcatura *f*

crux /krʌks/ *n fig* punto *m* cruciale

cry /kraɪ/ *n* grido *m*; **have a ~** farsi un pianto; **a far ~ from** *fig* tutta un'altra cosa rispetto a ● *vi* (*pt/pp* **cried**) (*weep*) piangere; (*call*) gridare

crypt /krɪpt/ *n* cripta *f*. **~ic** *a* criptico

crystal /'krɪstl/ *n* cristallo *m*; (*glassware*) cristalli *mpl*. **~lize** *vi* (*become clear*) concretizzarsi

cub /kʌb/ *n* (*animal*) cucciolo *m*; **C~ [Scout]** lupetto *m*

Cuba /'kju:bə/ *n* Cuba *f*

cubby-hole /'kʌbɪ-/ *n* (*compartment*) scomparto *m*; (*room*) ripostiglio *m*

cub|e /kju:b/ *n* cubo *m*. **~ic** *a* cubico

cubicle /'kju:bɪkl/ *n* cabina *f*

cuckoo /'kʊku:/ *n* cuculo *m*. **~ clock** *n* orologio *m* a cucù

cucumber /'kju:kʌmbə(r)/ *n* cetriolo *m*

cuddl|e /'kʌdl/ *vt* coccolare ● *vi* **~e up to** starsene accoccolato insieme a ● *n* **have a ~e** ‹*child:*› farsi coccolare; ‹*lovers:*› abbracciarsi. **~y** *a* tenerone; (*wanting cuddles*) coccolone. **~y 'toy** *n* peluche *m inv*

cudgel /'kʌdʒl/ *n* randello *m*

cue[1] /kju:/ *n* segnale *m*; *Theat* battuta *f* d'entrata

cue[2] *n* (*in billiards*) stecca *f*. **~ ball** *n* pallino *m*

cuff /kʌf/ *n* polsino *m*; (*Am: turn-up*) orlo *m*; (*blow*) scapaccione *m*; **off the ~** improvvisando ● *vt* dare una pacca a. **~-link** *n* gemello *m*

cul-de-sac /'kʌldəsæk/ *n* vicolo *m* cieco

culinary /'kʌlɪnərɪ/ *a* culinario

cull /kʌl/ *vt* scegliere ‹*flowers*›; (*kill*) selezionare e uccidere

culminat|e /'kʌlmɪneɪt/ *vi* culminare. **~ion** /-'neɪʃn/ *n* culmine *m*

culottes /kju:'lɒts/ *npl* gonna *fsg* pantalone

culprit /'kʌlprɪt/ *n* colpevole *mf*

cult /kʌlt/ *n* culto *m*

cultivate /'kʌltɪveɪt/ *vt* coltivare; *fig* coltivarsi ‹*person*›

cultural /'kʌltʃərəl/ *a* culturale

culture /'kʌltʃə(r)/ *n* cultura *f*. **~d** *a* colto

cumbersome /'kʌmbəsəm/ *a* ingombrante

cumulative /'kju:mjʊlətɪv/ *a* cumulativo

cunning /'kʌnɪŋ/ *a* astuto ● *n* astuzia *f*

cup /kʌp/ *n* tazza *f*; (*prize, of bra*) coppa *f*

cupboard /'kʌbəd/ *n* armadio *m*. **~ love** *n fam* amore *m* interessato

Cup 'Final *n* finale *f* di coppa

Cupid /'kju:pɪd/ *n* Cupido *m*
curable /'kjʊərəbl/ *a* curabile
curate /'kjʊərət/ *n* curato *m*
curator /kjʊə'reɪtə(r)/ *n* direttore, -trice *mf* (*di museo*)
curb /kɜ:b/ *vt* tenere a freno
curdle /'kɜ:dl/ *vi* coagularsi
cure /kjʊə(r)/ *n* cura *f* ● *vt* curare; (*salt*) mettere sotto sale; (*smoke*) affumicare
curfew /'kɜ:fju:/ *n* coprifuoco *m*
curio /'kjʊərɪəʊ/ *n* curiosità *f inv*
curiosity /kjʊərɪ'ɒsətɪ/ *n* curiosità *f*
curious /'kjʊərɪəs/ *a* curioso. **~ly** *adv* curiosamente
curl /kɜ:l/ *n* ricciolo *m* ● *vt* arricciare ● *vi* arricciarsi. **curl up** *vi* raggomitolarsi
curler /'kɜ:lə(r)/ *n* bigodino *m*
curly /'kɜ:lɪ/ *a* (**-ier, -iest**) riccio
currant /'kʌrənt/ *n* (*dried*) uvetta *f*
currency /'kʌrənsɪ/ *n* valuta *f*; (*of word*) ricorrenza *f*; **foreign ~** valuta *f* estera
current /'kʌrənt/ *a* corrente ● *n* corrente *f*. **~ affairs** *or* **events** *npl* attualità *fsg*. **~ly** *adv* attualmente
curriculum /kə'rɪkjʊləm/ *n* programma *m* di studi. **~ vitae** /'vi:taɪ/ *n* curriculum vitae *m inv*
curry /'kʌrɪ/ *n* curry *m inv*; (*meal*) piatto *m* cucinato nel curry ● *vt* (*pt/pp* **-ied**) **~ favour with sb** cercare d'ingraziarsi qcno
curse /kɜ:s/ *n* maledizione *f*; (*oath*) imprecazione *f* ● *vt* maledire ● *vi* imprecare
cursor /'kɜ:sə(r)/ *n* cursore *m*
cursory /'kɜ:sərɪ/ *a* sbrigativo
curt /kɜ:t/ *a* brusco
curtail /kɜ:'teɪl/ *vt* ridurre
curtain /'kɜ:tn/ *n* tenda *f*; *Theat* sipario *m*
curtsy /'kɜ:tsɪ/ *n* inchino *m* ● *vi* (*pt/pp* **-ied**) fare l'inchino
curve /kɜ:v/ *n* curva *f* ● *vi* curvare; **~ to the right/left** curvare a destra/sinistra. **~d** *a* curvo
cushion /'kʊʃn/ *n* cuscino *m* ● *vt* attutire; (*protect*) proteggere
cushy /'kʊʃɪ/ *a* (**-ier, -iest**) *fam* facile
custard /'kʌstəd/ *n* (*liquid*) crema *f* pasticciera
custodian /kʌ'stəʊdɪən/ *n* custode *mf*
custody /'kʌstədɪ/ *n* (*of child*) custodia *f*; (*imprisoning*) detenzione *f* preventiva
custom /'kʌstəm/ *n* usanza *f*; *Jur* consuetudine *f*; *Comm* clientela *f*. **~ary** *a* (*habitual*) abituale; **it's ~ to...** è consuetudine.... **~er** *n* cliente *mf*
customs /'kʌstəmz/ *npl* dogana *f*. **~ officer** *n* doganiere *m*
cut /kʌt/ *n* (*with knife etc, of clothes*) taglio *m*; (*reduction*) riduzione *f*; (*in public spending*) taglio *m* ● *vt/i* (*pt/pp* **cut**, *pres p* **cutting**) tagliare; (*reduce*) ridurre; **~ one's finger** tagliarsi il dito; **~ sb's hair** tagliare i capelli a qcno ● *vi* (*with cards*) alzare. **cut back** *vt* tagliare ‹*hair*›; potare ‹*hedge*›; (*reduce*) ridurre. **cut down** *vt* abbattere ‹*tree*›; (*reduce*) ridurre. **cut off** *vt* tagliar via; (*disconnect*) interrompere; *fig* isolare; **I was ~ off** *Teleph* la linea è caduta. **cut out** *vt* ritagliare; (*delete*) eliminare; **be ~ out for** *fam* essere tagliato per; **~ it out!** *fam* dacci un taglio!. **cut up** *vt* (*slice*) tagliare a pezzi
'cut-back *n* riduzione *f*; (*in government spending*) taglio *m*
cute /kju:t/ *a fam* (*in appearance*) carino; (*clever*) acuto
cuticle /'kju:tɪkl/ *n* cuticola *f*
cutlery /'kʌtlərɪ/ *n* posate *fpl*
cutlet /'kʌtlɪt/ *n* cotoletta *f*
'cut-price *a* a prezzo ridotto; ‹*shop*› che fa prezzi ridotti
'cut-throat *a* spietato
cutting /'kʌtɪŋ/ *a* ‹*remark*› tagliente ● *n* (*from newspaper*) ritaglio *m*; (*of plant*) talea *f*
CV *n abbr* **curriculum vitae**
cyanide /'saɪənaɪd/ *n* cianuro *m*
cybernetics /saɪbə'netɪks/ *n* cibernetica *f*
cycl|e /'saɪkl/ *n* ciclo *m*; (*bicycle*) bicicletta *f*, bici *f inv fam* ● *vi* andare in bicicletta. **~ing** *n* ciclismo *m*. **~ist** *n* ciclista *mf*
cyclone /'saɪkləʊn/ *n* ciclone *m*
cylind|er /'sɪlɪndə(r)/ *n* cilindro *m*. **~rical** /-'lɪndrɪkl/ *a* cilindrico
cymbals /'sɪmblz/ *npl Mus* piatti *mpl*
cynic /'sɪnɪk/ *n* cinico, -a *mf*. **~al** *a* cinico. **~ism** /-sɪzm/ *n* cinismo *m*
cypress /'saɪprəs/ *n* cipresso *m*
Cypriot /'sɪprɪət/ *n* cipriota *mf*
Cyprus /'saɪprəs/ *n* Cipro *m*
cyst /sɪst/ *n* ciste *f*. **~itis** /-'staɪtɪs/ *n* cistite *f*
Czech /tʃek/ *a* ceco; **~ Republic** Repubblica *f* Ceca ● *n* ceco, -a *mf*
Czechoslovak /tʃekə'sləʊvæk/ *a* cecoslovacco. **~ia** /-'vækɪə/ *n* Cecoslovacchia *f*

Dd

dab /dæb/ *n* colpetto *m*; **a ~ of** un pochino di ● *vt* (*pt/pp* **dabbed**) toccare leggermente ‹*eyes*›. **dab on** *vt* mettere un po' di ‹*paint etc*›

dabble /ˈdæbl/ *vi* **~ in sth** *fig* occuparsi di qcsa a tempo perso

dachshund /ˈdækshʊnd/ *n* bassotto *m*

dad[dy] /ˈdæd[ɪ]/ *n fam* papà *m inv*, babbo *m*

daddy-ˈlong-legs *n* zanzarone *m* [dei boschi]; (*Am: spider*) ragno *m*

daffodil /ˈdæfədɪl/ *n* giunchiglia *f*

daft /dɑ:ft/ *a* sciocco

dagger /ˈdægə(r)/ *n* stiletto *m*

dahlia /ˈdeɪlɪə/ *n* dalia *f*

daily /ˈdeɪlɪ/ *a* giornaliero ● *adv* giornalmente ● *n* (*newspaper*) quotidiano *m*; (*fam: cleaner*) donna *f* delle pulizie

dainty /ˈdeɪntɪ/ *a* (**-ier, -iest**) grazioso; ‹*movement*› delicato

dairy /ˈdeərɪ/ *n* caseificio *m*; (*shop*) latteria *f*. **~ cow** *n* mucca *f* da latte. **~ products** *npl* latticini *mpl*

dais /ˈdeɪɪs/ *n* pedana *f*

daisy /ˈdeɪzɪ/ *n* margheritina *f*; (*larger*) margherita *f*

dale /deɪl/ *n liter* valle *f*

dam /dæm/ *n* diga *f* ● *vt* (*pt/pp* **dammed**) costruire una diga su

damag|e /ˈdæmɪdʒ/ *n* danno *m* (**to** a); **~es** *pl Jur* risarcimento *msg* ● *vt* danneggiare; *fig* nuocere a. **~ing** *a* dannoso

dame /deɪm/ *n liter* dama *f*; *Am sl* donna *f*

damn /dæm/ *a fam* maledetto ● *adv* ‹*lucky, late*› maledettamente ● *n* **I don't care** *or* **give a ~** *fam* non me ne frega un accidente ● *vt* dannare. **~ation** /-ˈneɪʃn/ *n* dannazione *f* ● *int fam* accidenti!

damp /dæmp/ *a* umido ● *n* umidità *f* ● *vt* = **dampen**

damp|en /ˈdæmpən/ *vt* inumidire; *fig* raffreddare ‹*enthusiasm*›. **~ness** *n* umidità *f*

dance /dɑ:ns/ *n* ballo *m* ● *vt/i* ballare. **~-hall** *n* sala *f* da ballo. **~ music** *n* musica *f* da ballo

dancer /ˈdɑ:nsə(r)/ *n* ballerino, -a *mf*

dandelion /ˈdændɪlaɪən/ *n* dente *m* di leone

dandruff /ˈdændrʌf/ *n* forfora *f*

Dane /deɪn/ *n* danese *mf*; **Great ~** danese *m*

danger /ˈdeɪndʒə(r)/ *n* pericolo *m*; **in/out of ~** in/fuori pericolo. **~ous** /-rəs/ *a* pericoloso. **~ously** *adv* pericolosamente; **~ously ill** in pericolo di vita

dangle /ˈdæŋgl/ *vi* penzolare ● *vt* far penzolare

Danish /ˈdeɪnɪʃ/ *a & n* danese. **~ ˈpastry** *n dolce m a base di pasta sfoglia contenente pasta di mandorle, mele ecc*

dank /dæŋk/ *a* umido e freddo

Danube /ˈdænju:b/ *n* Danubio *m*

dare /deə(r)/ *vt/i* osare; (*challenge*) sfidare (**to** a); **~ [to] do sth** osare fare qcsa; **I ~ say!** molto probabilmente! ● *n* sfida *f*. **~devil** *n* spericolato, -a *mf*

daring /ˈdeərɪŋ/ *a* audace ● *n* audacia *f*

dark /dɑ:k/ *a* buio; **~ blue/brown** blu/marrone scuro; **it's getting ~** sta cominciando a fare buio; **~ horse** *fig* (*in race, contest*) vincitore *m* imprevisto; (*not much known about*) misterioso *m*; **keep sth ~** *fig* tenere qcsa nascosto ● *n* **after ~** col buio; **in the ~** al buio; **keep sb in the ~** *fig* tenere qcno all'oscuro

dark|en /ˈdɑ:kn/ *vt* oscurare ● *vi* oscurarsi. **~ness** *n* buio *m*

ˈdark-room *n* camera *f* oscura

darling /ˈdɑ:lɪŋ/ *a* adorabile; **my ~ Joan** carissima Joan ● *n* tesoro *m*

darn /dɑ:n/ *vt* rammendare. **~ing-needle** *n* ago *m* da rammendo

dart /dɑ:t/ *n* dardo *m*; (*in sewing*) pince *f inv*; **~s** *sg* (*game*) freccette *fpl* ● *vi* lanciarsi

dartboard /ˈdɑ:tbɔ:d/ *n* bersaglio *m* [per freccette]

dash /dæʃ/ *n Typ* trattino *m*; (*in Morse*) linea *f*; **a ~ of milk** un goccio di latte; **make a ~ for** lanciarsi verso ● *vi* **I must ~** devo scappare ● *vt* far svanire ‹*hopes*›. **dash off** *vi* scappar via ● *vt* (*write quickly*) buttare giù. **dash out** *vi* uscire di corsa

'**dashboard** *n* cruscotto *m*

dashing /'dæʃɪŋ/ *a* (*bold*) ardito; (*in appearance*) affascinante

data /'deɪtə/ *npl & sg* dati *mpl*. **~base** *n* base [di] dati *f*, database *m inv*. **~comms** /'kɒmz/ *n* telematica *f*. **~ processing** *n* elaborazione *f* [di] dati

date[1] /deɪt/ *n* (*fruit*) dattero *m*

date[2] *n* data *f*; (*meeting*) appuntamento *m*; **to ~** fino ad oggi; **out of ~** (*not fashionable*) fuori moda; (*expired*) scaduto; ‹*information*› non aggiornato; **make a ~ with sb** dare un appuntamento a qcno; **be up to ~** essere aggiornato ● *vt/i* datare; (*go out with*) uscire con. **date back to** *vi* risalire a

dated /'deɪtɪd/ *a* fuori moda; ‹*language*› antiquato

'**date-line** *n* linea *f* [del cambiamento] di data

daub /dɔ:b/ *vt* imbrattare ‹*walls*›

daughter /'dɔ:tə(r)/ *n* figlia *f*. **~-in-law** *n* (*pl* **~s-in-law**) nuora *f*

daunt /dɔ:nt/ *vt* scoraggiare; **nothing ~ed** per niente scoraggiato. **~less** *a* intrepido

dawdle /'dɔ:dl/ *vi* bighellonare; (*over work*) cincischiarsi

dawn /dɔ:n/ *n* alba *f*; **at ~** all'alba ● *vi* albeggiare; **it ~ed on me** *fig* mi è apparso chiaro

day /deɪ/ *n* giorno *m*; (*whole day*) giornata *f*; (*period*) epoca *f*; **these ~s** oggigiorno; **in those ~s** a quei tempi; **it's had its ~** *fam* ha fatto il suo tempo

day: ~break *n* **at ~break** allo spuntar del giorno. **~-dream** *n* sogno *m* ad occhi aperti ● *vi* sognare ad occhi aperti. **~light** *n* luce *f* del giorno. **~ re'turn** *n* (*ticket*) *biglietto m di andata e ritorno con validità giornaliera*. **~time** *n* giorno *m*; **in the ~time** di giorno

daze /deɪz/ *n* **in a ~** stordito; *fig* sbalordito. **~d** *a* stordito; *fig* sbalordito

dazzle /'dæzl/ *vt* abbagliare

deacon /'di:kn/ *n* diacono *m*

dead /ded/ *a* morto; (*numb*) intorpidito; **~ body** morto *m*; **~ centre** pieno centro *m* ● *adv* **~ tired** stanco morto; **~ slow/easy** lentissimo/facilissimo; **you're ~ right** hai perfettamente ragione; **stop ~** fermarsi di colpo; **be ~ on time** essere in perfetto orario ● *n* **the ~** *pl* i morti; **in the ~ of night** nel cuore della notte

deaden /'dedn/ *vt* attutire ‹*sound*›; calmare ‹*pain*›

dead: ~ 'end *n* vicolo *m* cieco. **~ 'heat** *n* **it was a ~ heat** è finita a pari merito. **~line** *n* scadenza *f*. **~lock** *n* **reach ~lock** *fig* giungere a un punto morto

deadly /'dedlɪ/ *a* (**-ier, -iest**) mortale; (*fam: dreary*) barboso; **~ sins** peccati *mpl* capitali

deadpan /'dedpæn/ *a* impassibile; ‹*humour*› all'inglese

deaf /def/ *a* sordo; **~ and dumb** sordomuto. **~-aid** *n* apparecchio *m* acustico

deaf|en /'defn/ *vt* assordare; (*permanently*) render sordo. **~ening** *a* assordante. **~ness** *n* sordità *f*

deal /di:l/ *n* (*agreement*) patto *m*; (*in business*) accordo *m*; **whose ~?** (*in cards*) a chi tocca dare le carte?; **a good** *or* **great ~** molto; **get a raw ~** *fam* ricevere un trattamento ingiusto ● *vt* (*pt/pp* **dealt** /delt/) (*in cards*) dare; **~ sb a blow** dare un colpo a qcno. **deal in** *vt* trattare in. **deal out** *vt* ‹*hand out*› distribuire. **deal with** *vt* (*handle*) occuparsi di; trattare con ‹*company*›; (*be about*) trattare di; **that's been ~t with** è stato risolto

deal|er /'di:lə(r)/ *n* commerciante *mf*; (*in drugs*) spacciatore, -trice *mf*. **~ings** *npl* **have ~ings with** avere a che fare con

dean /di:n/ *n* decano *m*; *Univ* ≈ preside *mf* di facoltà

dear /dɪə(r)/ *a* caro; (*in letter*) Caro; (*formal*) Gentile ● *n* caro, -a *mf* ● *int* **oh ~!** Dio mio!. **~ly** *adv* ‹*love*› profondamente; ‹*pay*› profumatamente

dearth /dɜ:θ/ *n* penuria *f*

death /deθ/ *n* morte *f*. **~ certificate** *n* certificato *m* di morte. **~ duty** *n* tassa *f* di successione

deathly /'deθlɪ/ *a* **~ silence** silenzio *m* di tomba ● *adv* **~ pale** di un pallore cadaverico

death: ~ penalty *n* pena *f* di morte. **~-trap** *n* trappola *f* mortale

debar /dɪ'bɑ:(r)/ *vt* (*pt/pp* **debarred**) escludere

debase /dɪ'beɪs/ *vt* degradare

debatable /dɪ'beɪtəbl/ *a* discutibile

debate /dɪ'beɪt/ *n* dibattito *m* ● *vt* discutere; (*in formal debate*) dibattere ● *vi* **~ whether to...** considerare se...

debauchery /dɪ'bɔ:tʃərɪ/ *n* dissolutezza *f*

debility /dɪ'bɪlɪtɪ/ *n* debilitazione *f*

debit /ˈdebɪt/ *n* debito *m* ● *vt* (*pt/pp* **debited**) *Comm* addebitare ‹*sum*›
debris /ˈdebriː/ *n* macerie *fpl*
debt /det/ *n* debito *m*; **be in ~** avere dei debiti. **~or** *n* debitore, -trice *mf*
début /ˈdeɪbuː/ *n* debutto *m*
decade /ˈdekeɪd/ *n* decennio *m*
decaden|ce /ˈdekədəns/ *n* decadenza *f*. **~t** *a* decadente
decaffeinated /diːˈkæfɪneɪtɪd/ *a* decaffeinato
decant /dɪˈkænt/ *vt* travasare. **~er** *n* caraffa *f* (*di cristallo*)
decapitate /dɪˈkæpɪteɪt/ *vt* decapitare
decay /dɪˈkeɪ/ *n* (*also fig*) decadenza *f*; (*rot*) decomposizione *f*; (*of tooth*) carie *f inv* ● *vi* imputridire; (*rot*) decomporsi; ‹*tooth:*› cariarsi
deceased /dɪˈsiːst/ *a* defunto ● *n* **the ~d** il defunto; la defunta
deceit /dɪˈsiːt/ *n* inganno *m*. **~ful** *a* falso
deceive /dɪˈsiːv/ *vt* ingannare
December /dɪˈsembə(r)/ *n* dicembre *m*
decency /ˈdiːsənsɪ/ *n* decenza *f*
decent /ˈdiːsənt/ *a* decente; (*respectable*) rispettabile; **very ~ of you** molto gentile da parte tua. **~ly** *adv* decentemente; (*kindly*) gentilmente
decentralize /diːˈsentrəlaɪz/ *vt* decentrare
decept|ion /dɪˈsepʃn/ *n* inganno *m*. **~ive** /-tɪv/ *a* ingannevole. **~ively** *adv* ingannevolmente; **it looks ~ively easy** sembra facile, ma non lo è
decibel /ˈdesɪbel/ *n* decibel *m inv*
decide /dɪˈsaɪd/ *vt* decidere ● *vi* decidere (**on** di)
decided /dɪˈsaɪdɪd/ *a* risoluto. **~ly** *adv* risolutamente; (*without doubt*) senza dubbio
deciduous /dɪˈsɪdjʊəs/ *a* a foglie decidue
decimal /ˈdesɪml/ *a* decimale ● *n* numero *m* decimale. **~ ˈpoint** *n* virgola *f*
decimate /ˈdesɪmeɪt/ *vt* decimare
decipher /dɪˈsaɪfə(r)/ *vt* decifrare
decision /dɪˈsɪʒn/ *n* decisione *f*
decisive /dɪˈsaɪsɪv/ *a* decisivo
deck[1] /dek/ *vt* abbigliare
deck[2] *n Naut* ponte *m*; **on ~** in coperta; **top ~** (*of bus*) piano *m* di sopra; **~ of cards** mazzo *m*. **~-chair** *n* [sedia *f* a] sdraio *f inv*
declaration /dekləˈreɪʃn/ *n* dichiarazione *f*
declare /dɪˈkleə(r)/ *vt* dichiarare; **anything to ~?** niente da dichiarare?
declension /dɪˈklenʃn/ *n* declinazione *f*
decline /dɪˈklaɪn/ *n* declino *m* ● *vt also Gram* declinare ● *vi* (*decrease*) diminuire; ‹*health:*› deperire; (*say no*) rifiutare
decode /diːˈkəʊd/ *vt* decifrare; *Comput* decodificare
decompose /diːkəmˈpəʊz/ *vi* decomporsi
décor /ˈdeɪkɔː(r)/ *n* decorazione *f*; (*including furniture*) arredamento *m*
decorat|e /ˈdekəreɪt/ *vt* decorare; (*paint*) pitturare; (*wallpaper*) tappezzare. **~ion** /-ˈreɪʃn/ *n* decorazione *f*. **~ive** /-rətɪv/ *a* decorativo. **~or** *n* **painter and ~or** imbianchino *m*
decorum /dɪˈkɔːrəm/ *n* decoro *m*
decoy[1] /ˈdiːkɔɪ/ *n* esca *f*
decoy[2] /dɪˈkɔɪ/ *vt* adescare
decrease[1] /ˈdiːkriːs/ *n* diminuzione *f*
decrease[2] /dɪˈkriːs/ *vt/i* diminuire
decree /dɪˈkriː/ *n* decreto *m* ● *vt* (*pt/pp* **decreed**) decretare
decrepit /dɪˈkrepɪt/ *a* decrepito
dedicat|e /ˈdedɪkeɪt/ *vt* dedicare. **~ed** *a* ‹*person*› scrupoloso. **~ion** /-ˈkeɪʃn/ *n* dedizione *f*; (*in book*) dedica *f*
deduce /dɪˈdjuːs/ *vt* dedurre (**from** da)
deduct /dɪˈdʌkt/ *vt* dedurre
deduction /dɪˈdʌkʃn/ *n* deduzione *f*
deed /diːd/ *n* azione *f*; *Jur* atto *m* di proprietà
deem /diːm/ *vt* ritenere
deep /diːp/ *a* profondo; **go off the ~ end** *fam* arrabbiarsi
deepen /ˈdiːpn/ *vt* approfondire; scavare più profondamente ‹*trench*› ● *vi* approfondirsi; ‹*fig: mystery:*› infittirsi
deep-ˈfreeze *n* congelatore *m*
deeply /ˈdiːplɪ/ *adv* profondamente
deer /dɪə(r)/ *n inv* cervo *m*
deface /dɪˈfeɪs/ *vt* sfigurare ‹*picture*›; deturpare ‹*monument*›
defamat|ion /defəˈmeɪʃn/ *n* diffamazione *f*. **~ory** /dɪˈfæmətərɪ/ *a* diffamatorio
default /dɪˈfɔːlt/ *n* (*Jur: non-payment*) morosità *f*; (*failure to appear*) contumacia *f*; **win by ~** *Sport* vincere per abbandono dell'avversario; **in ~ of** per mancanza di ● *a* **~ drive** *Comput* lettore *m* di default ● *vi* (*not pay*) venir meno a un pagamento
defeat /dɪˈfiːt/ *n* sconfitta *f* ● *vt* sconfiggere; (*frustrate*) vanificare ‹*attempts*›; **that ~s the object** questo fa fallire l'obiettivo
defect[1] /dɪˈfekt/ *vi Pol* fare defezione

defect² /ˈdi:fekt/ *n* difetto *m*. **~ive** /dɪˈfektɪv/ *a* difettoso
defence /dɪˈfens/ *n* difesa *f*. **~less** *a* indifeso
defend /dɪˈfend/ *vt* difendere; (*justify*) giustificare. **~ant** *n Jur* imputato, -a *mf*
defensive /dɪˈfensɪv/ *a* difensivo ● *n* difensiva *f*; **on the ~** sulla difensiva
defer /dɪˈfɜ:(r)/ *v* (*pt/pp* **deferred**) ● *vt* (*postpone*) rinviare ● *vi* **~ to sb** rimettersi a qcno
deferen|ce /ˈdefərəns/ *n* deferenza *f*. **~tial** /-ˈrenʃl/ *a* deferente
defian|ce /dɪˈfaɪəns/ *n* sfida *f*; **in ~ce of** sfidando. **~t** *a* ‹*person*› ribelle; ‹*gesture, attitude*› di sfida. **~tly** *adv* con aria di sfida
deficien|cy /dɪˈfɪʃənsɪ/ *n* insufficienza *f*. **~t** *a* insufficiente; **be ~t in** mancare di
deficit /ˈdefɪsɪt/ *n* deficit *m inv*
defile /dɪˈfaɪl/ *vt fig* contaminare
define /dɪˈfaɪn/ *vt* definire
definite /ˈdefɪnɪt/ *a* definito; (*certain*) ‹*answer, yes*› definitivo; ‹*improvement, difference*› netto; **he was ~ about it** è stato chiaro in proposito. **~ly** *adv* sicuramente
definition /defɪˈnɪʃn/ *n* definizione *f*
definitive /dɪˈfɪnətɪv/ *a* definitivo
deflat|e /dɪˈfleɪt/ *vt* sgonfiare. **~ion** /-eɪʃn/ *n Comm* deflazione *f*
deflect /dɪˈflekt/ *vt* deflettere
deform|ed /dɪˈfɔ:md/ *a* deforme. **~ity** *n* deformità *f inv*
defraud /dɪˈfrɔ:d/ *vt* defraudare
defrost /di:ˈfrɒst/ *vt* sbrinare ‹*fridge*›; scongelare ‹*food*›
deft /deft/ *a* abile
defunct /dɪˈfʌŋkt/ *a* morto e sepolto; ‹*law*› caduto in disuso
defuse /di:ˈfju:z/ *vt* disinnescare; calmare ‹*situation*›
defy /dɪˈfaɪ/ *vt* (*pt/pp* **-ied**) (*challenge*) sfidare; resistere a ‹*attempt*›; (*not obey*) disobbedire a
degenerate¹ /dɪˈdʒenəreɪt/ *vi* degenerare; **~ into** *fig* degenerare in
degenerate² /dɪˈdʒenərət/ *a* degenerato
degrading /dɪˈgreɪdɪŋ/ *a* degradante
degree /dɪˈgri:/ *n* grado *m*; *Univ* laurea *f*; **20 ~s** 20 gradi; **not to the same ~** non allo stesso livello
dehydrate /di:ˈhaɪdreɪt/ *vt* disidratare. **~d** /-ɪd/ *a* disidratato
de-ice /di:ˈaɪs/ *vt* togliere il ghiaccio da
deign /deɪn/ *vi* **~ to do sth** degnarsi di fare qcsa
deity /ˈdi:ɪtɪ/ *n* divinità *f inv*
dejected /dɪˈdʒektɪd/ *a* demoralizzato
delay /dɪˈleɪ/ *n* ritardo *m*; **without ~** senza indugio ● *vt* ritardare; **be ~ed** ‹*person:*› essere trattenuto; ‹*train, aircraft:*› essere in ritardo ● *vi* indugiare
delegate¹ /ˈdelɪgət/ *n* delegato, -a *mf*
delegat|e² /ˈdelɪgeɪt/ *vt* delegare. **~ion** /-ˈgeɪʃn/ *n* delegazione *f*
delet|e /dɪˈli:t/ *vt* cancellare. **~ion** /-i:ʃn/ *n* cancellatura *f*
deliberate¹ /dɪˈlɪbərət/ *a* deliberato; (*slow*) posato. **~ly** *adv* deliberatamente; (*slowly*) in modo posato
deliberat|e² /dɪˈlɪbəreɪt/ *vt/i* deliberare. **~ion** /-ˈreɪʃn/ *n* deliberazione *f*
delicacy /ˈdelɪkəsɪ/ *n* delicatezza *f*; (*food*) prelibatezza *f*
delicate /ˈdelɪkət/ *a* delicato
delicatessen /delɪkəˈtesn/ *n* negozio *m* di specialità gastronomiche
delicious /dɪˈlɪʃəs/ *a* delizioso
delight /dɪˈlaɪt/ *n* piacere *m* ● *vt* deliziare ● *vi* **~ in** dilettarsi con. **~ed** *a* lieto. **~ful** *a* delizioso
delinquen|cy /dɪˈlɪŋkwənsɪ/ *n* delinquenza *f*. **~t** *a* delinquente ● *n* delinquente *mf*
deli|rious /dɪˈlɪrɪəs/ *a* **be ~rious** delirare; (*fig: very happy*) essere pazzo di gioia. **~rium** /-rɪəm/ *n* delirio *m*
deliver /dɪˈlɪvə(r)/ *vt* consegnare; recapitare ‹*post, newspaper*›; tenere ‹*speech*›; dare ‹*message*›; tirare ‹*blow*›; (*set free*) liberare; **~ a baby** far nascere un bambino. **~ance** *n* liberazione *f*. **~y** *n* consegna *f*; (*of post*) distribuzione *f*; *Med* parto *m*; **cash on ~y** pagamento *m* alla consegna
delude /dɪˈlu:d/ *vt* ingannare; **~ oneself** illudersi
deluge /ˈdelju:dʒ/ *n* diluvio *m* ● *vt* (*fig: with requests etc*) inondare
delusion /dɪˈlu:ʒn/ *n* illusione *f*
de luxe /dəˈlʌks/ *a* di lusso
delve /delv/ *vi* **~ into** (*into pocket etc*) frugare in; (*into notes, the past*) fare ricerche in
demand /dɪˈmɑ:nd/ *n* richiesta *f*; *Comm* domanda *f*; **in ~** richiesto; **on ~** a richiesta ● *vt* esigere (**of/from** da). **~ing** *a* esigente
demarcation /di:mɑ:ˈkeɪʃn/ *n* demarcazione *f*

demean /dɪˈmiːn/ *vt* **~ oneself** abbassarsi (**to** a)
demeanour /dɪˈmiːnə(r)/ *n* comportamento *m*
demented /dɪˈmentɪd/ *a* demente
demise /dɪˈmaɪz/ *n* decesso *m*
demister /diːˈmɪstə(r)/ *n Auto* sbrinatore *m*
demo /ˈdeməʊ/ *n* (*pl* **~s**) *fam* manifestazione *f*; **~ disk** *Comput* demodisk *m inv*
democracy /dɪˈmɒkrəsɪ/ *n* democrazia *f*
democrat /ˈdeməkræt/ *n* democratico, -a *mf*. **~ic** /-ˈkrætɪk/ *a* democratico
demo|lish /dɪˈmɒlɪʃ/ *vt* demolire. **~lition** /deməˈlɪʃn/ *n* demolizione *f*
demon /ˈdiːmən/ *n* demonio *m*
demonstrat|e /ˈdemənstreɪt/ *vt* dimostrare; fare una dimostrazione sull'uso di ‹*appliance*› ● *vi Pol* manifestare. **~ion** /-ˈstreɪʃn/ *n* dimostrazione *f*; *Pol* manifestazione *f*
demonstrative /dɪˈmɒnstrətɪv/ *a Gram* dimostrativo; **be ~** essere espansivo
demonstrator /ˈdemənstreɪtə(r)/ *n Pol* manifestante *mf*; (*for product*) dimostratore, -trice *mf*
demoralize /dɪˈmɒrəlaɪz/ *vt* demoralizzare
demote /dɪˈməʊt/ *vt* retrocedere di grado; *Mil* degradare
demure /dɪˈmjʊə(r)/ *a* schivo
den /den/ *n* tana *f*; (*room*) rifugio *m*
denial /dɪˈnaɪəl/ *n* smentita *f*
denim /ˈdenɪm/ *n* [tessuto *m*] jeans *m*; **~s** *pl* [blue]jeans *mpl*
Denmark /ˈdenmɑːk/ *n* Danimarca *f*
denomination /dɪnɒmɪˈneɪʃn/ *n Relig* confessione *f*; (*money*) valore *f*
denounce /dɪˈnaʊns/ *vt* denunciare
dens|e /dens/ *a* denso; ‹*crowd, forest*› fitto; (*stupid*) ottuso. **~ely** *adv* ‹*populated*› densamente; **~ely wooded** fittamente ricoperto di alberi. **~ity** *n* densità *f inv*; (*of forest*) fittezza *f*
dent /dent/ *n* ammaccatura *f* ● *vt* ammaccare; **~ed** *a* ammaccato
dental /ˈdentl/ *a* dei denti; ‹*treatment*› dentistico; ‹*hygiene*› dentale. **~ surgeon** *n* odontoiatra *mf*, medico *m* dentista
dentist /ˈdentɪst/ *n* dentista *mf*. **~ry** *n* odontoiatria *f*
dentures /ˈdentʃəz/ *npl* dentiera *fsg*
denunciation /dɪnʌnsɪˈeɪʃn/ *n* denuncia *f*
deny /dɪˈnaɪ/ *vt* (*pt/pp* **-ied**) negare; (*officially*) smentire; **~ sb sth** negare qcsa a qcno
deodorant /diːˈəʊdərənt/ *n* deodorante *m*
depart /dɪˈpɑːt/ *vi* ‹*plane, train:*› partire; ‹*liter: person*› andare via; (*deviate*) allontanarsi (**from** da)
department /dɪˈpɑːtmənt/ *n* reparto *m*; *Pol* ministero *m*; (*of company*) sezione *f*; *Univ* dipartimento *m*. **~ store** *n* grande magazzino *m*
departure /dɪˈpɑːtʃə(r)/ *n* partenza *f*; (*from rule*) allontanamento *m*; **new ~** svolta *f*
depend /dɪˈpend/ *vi* dipendere (**on** da); (*rely*) contare (**on** su); **it all ~s** dipende; **~ing on what he says** a seconda di quello che dice. **~able** /-əbl/ *a* fidato. **~ant** *n* persona *f* a carico. **~ence** *n* dipendenza *f*. **~ent** *a* dipendente (**on** da)
depict /dɪˈpɪkt/ *vt* (*in writing*) dipingere; (*with picture*) rappresentare
depilatory /dɪˈpɪlətərɪ/ *n* (*cream*) crema *f* depilatoria
deplete /dɪˈpliːt/ *vt* ridurre; **totally ~d** completamente esaurito
deplor|able /dɪˈplɔːrəbl/ *a* deplorevole. **~e** *vt* deplorare
deploy /dɪˈplɔɪ/ *vt Mil* spiegare ● *vi* schierarsi
deport /dɪˈpɔːt/ *vt* deportare. **~ation** /diːpɔːˈteɪʃn/ *n* deportazione *f*
depose /dɪˈpəʊz/ *vt* deporre
deposit /dɪˈpɒzɪt/ *n* deposito *m*; (*against damage*) cauzione *f*; (*first instalment*) acconto *m* ● *vt* (*pt/pp* **deposited**) depositare. **~ account** *n* libretto *m* di risparmio; (*without instant access*) conto *m* vincolato
depot /ˈdepəʊ/ *n* deposito *m*; *Am Rail* stazione *f* ferroviaria
deprav|e /dɪˈpreɪv/ *vt* depravare. **~ed** *a* depravato. **~ity** /-ˈprævətɪ/ *n* depravazione *f*
depreciat|e /dɪˈpriːʃɪeɪt/ *vi* deprezzarsi. **~ion** /-ˈeɪʃn/ *n* deprezzamento *m*
depress /dɪˈpres/ *vt* deprimere; (*press down*) premere. **~ed** *a* depresso; **~ed area** zona *f* depressa. **~ing** *a* deprimente. **~ion** /-eʃn/ *n* depressione *f*
deprivation /deprɪˈveɪʃn/ *n* privazione *f*
deprive /dɪˈpraɪv/ *vt* **~ sb of sth** privare qcno di qcsa. **~d** *a* ‹*area, childhood*› disagiato
depth /depθ/ *n* profondità *f inv*; **in ~** ‹*study, analyse*› in modo approfondito;

in the ~s of winter in pieno inverno; **be out of one's ~** (*in water*) non toccare il fondo; *fig* sentirsi in alto mare

deputation /depjʊ'teɪʃn/ *n* deputazione *f*

deputize /'depjʊtaɪz/ *vi* **~ for** fare le veci di

deputy /'depjʊtɪ/ *n* vice *mf*; (*temporary*) sostituto, -a *mf* ● *attrib* **~ leader** vicesegretario, -a *mf*; **~ chairman** vicepresidente *mf*

derail /dɪ'reɪl/ *vt* **be ~ed** ‹*train:*› essere deragliato. **~ment** *n* deragliamento *m*

deranged /dɪ'reɪndʒd/ *a* squilibrato

derelict /'derəlɪkt/ *a* abbandonato

deri|de /dɪ'raɪd/ *vt* deridere. **~sion** /-'rɪʒn/ *n* derisione *f*

derisory /dɪ'raɪsərɪ/ *a* ‹*laughter*› derisorio; ‹*offer*› irrisorio

derivation /derɪ'veɪʃn/ *n* derivazione *f*

derivative /dɪ'rɪvətɪv/ *a* derivato ● *n* derivato *m*

derive /dɪ'raɪv/ *vt* (*obtain*) derivare; **be ~d from** ‹*word:*› derivare da

dermatologist /dɜ:mə'tɒlədʒɪst/ *n* dermatologo, -a *mf*

derogatory /dɪ'rɒgətrɪ/ *a* ‹*comments*› peggiorativo

descend /dɪ'send/ *vi* scendere ● *vt* scendere da; **be ~ed from** discendere da. **~ant** *n* discendente *mf*

descent /dɪ'sent/ *n* discesa *f*; (*lineage*) origine *f*

describe /dɪ'skraɪb/ *vt* descrivere

descrip|tion /dɪ'skrɪpʃn/ *n* descrizione *f*; **they had no help of any ~tion** non hanno avuto proprio nessun aiuto. **~tive** /-tɪv/ *a* descrittivo; (*vivid*) vivido

desecrat|e /'desɪkreɪt/ *vt* profanare. **~ion** /-'kreɪʃn/ *n* profanazione *f*

desert¹ /'dezət/ *n* deserto *m* ● *a* deserto; **~ island** isola *f* deserta

desert² /dɪ'zɜ:t/ *vt* abbandonare ● *vi* disertare. **~ed** *a* deserto. **~er** *n Mil* disertore *m*. **~ion** /-'zɜ:ʃn/ *n Mil* diserzione *f*; (*of family*) abbandono *m*

deserts /dɪ'zɜ:ts/ *npl* **get one's just ~** ottenere ciò che ci si merita

deserv|e /dɪ'zɜ:v/ *vt* meritare. **~ing** *a* meritevole; **~ing cause** opera *f* meritoria

design /dɪ'zaɪn/ *n* progettazione *f*; (*fashion ~, appearance*) design *m inv*; (*pattern*) modello *m*; (*aim*) proposito *m* ● *vt* progettare; disegnare ‹*clothes, furniture, model*›; **be ~ed for** essere fatto per

designat|e /'dezɪgneɪt/ *vt* designare. **~ion** /-'neɪʃn/ *n* designazione *f*

designer /dɪ'zaɪnə(r)/ *n* progettista *mf*; (*of clothes*) stilista *mf*; (*Theat: of set*) scenografo, -a *mf*

desirable /dɪ'zaɪərəbl/ *a* desiderabile

desire /dɪ'zaɪə(r)/ *n* desiderio *m* ● *vt* desiderare

desk /desk/ *n* scrivania *f*; (*in school*) banco *m*; (*in hotel*) reception *f inv*; (*cash ~*) cassa *f*. **~top 'publishing** *n* desktop publishing *m*, editoria *f* da tavolo

desolat|e /'desələt/ *a* desolato. **~ion** /-'leɪʃn/ *n* desolazione *f*

despair /dɪ'speə(r)/ *n* disperazione *f*; **in ~** disperato; ‹*say*› per disperazione ● *vi* **I ~ of that boy** quel ragazzo mi fa disperare

desperat|e /'despərət/ *a* disperato; **be ~e** ‹*criminal:*› essere un disperato; **be ~e for sth** morire dalla voglia di. **~ely** *adv* disperatamente; **he said ~ely** ha detto, disperato. **~ion** /-'reɪʃn/ *n* disperazione *f*; **in ~ion** per disperazione

despicable /dɪ'spɪkəbl/ *a* disprezzevole

despise /dɪ'spaɪz/ *vt* disprezzare

despite /dɪ'spaɪt/ *prep* malgrado

despondent /dɪ'spɒndənt/ *a* abbattuto

despot /'despɒt/ *n* despota *m*

dessert /dɪ'zɜ:t/ *n* dolce *m*. **~ spoon** *n* cucchiaio *m* da dolce

destination /destɪ'neɪʃn/ *n* destinazione *f*

destine /'destɪn/ *vt* destinare; **be ~d for sth** essere destinato a qcsa

destiny /'destɪnɪ/ *n* destino *m*

destitute /'destɪtju:t/ *a* bisognoso

destroy /dɪ'strɔɪ/ *vt* distruggere. **~er** *n Naut* cacciatorpediniere *m*

destruc|tion /dɪ'strʌkʃn/ *n* distruzione *f*. **~tive** /-tɪv/ *a* distruttivo; ‹*fig: criticism*› negativo

detach /dɪ'tætʃ/ *vt* staccare. **~able** /-əbl/ *a* separabile. **~ed** *a fig* distaccato; **~ed house** villetta *f*

detachment /dɪ'tætʃmənt/ *n* distacco *m*; *Mil* distaccamento *m*

detail /'di:teɪl/ *n* particolare *m*, dettaglio *m*; **in ~** particolareggiatamente ● *vt* esporre con tutti i particolari; *Mil* assegnare. **~ed** *a* particolareggiato, dettagliato

detain /dɪ'teɪn/ *vt* ‹*police:*› trattenere; (*delay*) far ritardare. **~ee** /dɪteɪ'ni:/ *n* detenuto, -a *mf*

detect /dɪ'tekt/ *vt* individuare;

(*perceive*) percepire. **~ion** /-ekʃn/ *n* scoperta *f*
detective /dɪ'tektɪv/ *n* investigatore, -trice *mf*. **~ story** *n* racconto *m* poliziesco
detector /dɪ'tektə(r)/ *n* (*for metal*) metal detector *m inv*
detention /dɪ'tenʃn/ *n* detenzione *f*; *Sch* punizione *f*
deter /dɪ'tɜ:(r)/ *vt* (*pt/pp* **deterred**) impedire; **~ sb from doing sth** impedire a qcno di fare qcsa
detergent /dɪ'tɜ:dʒənt/ *n* detersivo *m*
deteriorat|e /dɪ'tɪərɪəreɪt/ *vi* deteriorarsi. **~ion** /-'reɪʃn/ *n* deterioramento *m*
determination /dɪtɜ:mɪ'neɪʃn/ *n* determinazione *f*
determine /dɪ'tɜ:mɪn/ *vt* (*ascertain*) determinare; **~ to** (*resolve*) decidere di. **~d** *a* deciso
deterrent /dɪ'terənt/ *n* deterrente *m*
detest /dɪ'test/ *vt* detestare. **~able** /-əbl/ *a* detestabile
detonat|e /'detəneɪt/ *vt* far detonare ● *vi* detonare. **~or** *n* detonatore *m*
detour /'di:tʊə(r)/ *n* deviazione *f*
detract /dɪ'trækt/ *vi* **~ from** sminuire ‹*merit*›; rovinare ‹*pleasure, beauty*›
detriment /'detrɪmənt/ *n* **to the ~ of** a danno di. **~al** /-'mentl/ *a* dannoso
deuce /dju:s/ *n Tennis* deuce *m inv*
devaluation /di:væljʊ'eɪʃn/ *n* svalutazione *f*
de'value *vt* svalutare ‹*currency*›
devastat|e /'devəsteɪt/ *vt* devastare. **~ed** *a fam* sconvolto. **~ing** *a* devastante; ‹*news*› sconvolgente. **~ion** /-'steɪʃn/ *n* devastazione *f*
develop /dɪ'veləp/ *vt* sviluppare; contrarre ‹*illness*›; (*add to value of*) valorizzare ‹*area*› ● *vi* svilupparsi; **~ into** divenire. **~er** *n* [**property**] **~er** imprenditore, -trice *mf* edile
de'veloping country *n* paese *m* in via di sviluppo
development /dɪ'veləpmənt/ *n* sviluppo *m*; (*of vaccine etc*) messa *f* a punto
deviant /'di:vɪənt/ *a* deviato
deviat|e /'di:vɪeɪt/ *vi* deviare. **~ion** /-'eɪʃn/ *n* deviazione *f*
device /dɪ'vaɪs/ *n* dispositivo *m*
devil /'devl/ *n* diavolo *m*
devious /'di:vɪəs/ *a* ‹*person*› subdolo; ‹*route*› tortuoso
devise /dɪ'vaɪz/ *vt* escogitare
devoid /dɪ'vɔɪd/ *a* **~ of** privo di
devolution /di:və'lu:ʃn/ *n* (*of power*) decentramento *m*
devot|e /dɪ'vəʊt/ *vt* dedicare. **~ed** *a* ‹*daughter etc*› affezionato; **be ~ed to sth** consacrarsi a qcsa. **~ee** /devə'ti:/ *n* appassionato, -a *mf*
devotion /dɪ'vəʊʃn/ *n* dedizione *f*; **~s** *pl Relig* devozione *fsg*
devour /dɪ'vaʊə(r)/ *vt* divorare
devout /dɪ'vaʊt/ *a* devoto
dew /dju:/ *n* rugiada *f*
dexterity /dek'sterətɪ/ *n* destrezza *f*
diabet|es /daɪə'bi:ti:z/ *n* diabete *m*. **~ic** /-'betɪk/ *a* diabetico ● *n* diabetico, -a *mf*
diabolical /daɪə'bɒlɪkl/ *a* diabolico
diagnose /daɪəg'nəʊz/ *vt* diagnosticare
diagnosis /daɪəg'nəʊsɪs/ *n* (*pl* **-oses** /-si:z/) diagnosi *f inv*
diagonal /daɪ'ægənl/ *a* diagonale ● *n* diagonale *f*
diagram /'daɪəgræm/ *n* diagramma *m*
dial /'daɪəl/ *n* (*of clock, machine*) quadrante *m*; *Teleph* disco *m* combinatore ● *v* (*pt/pp* **dialled**) ● *vi Teleph* fare il numero; **~ direct** chiamare in teleselezione ● *vt* fare ‹*number*›
dialect /'daɪəlekt/ *n* dialetto *m*
dialling: ~ code *n* prefisso *m*. **~ tone** *n* segnale *m* di linea libera
dialogue /'daɪəlɒg/ *n* dialogo *m*
'dial tone *n Am Teleph* segnale *m* di linea libera
diameter /daɪ'æmɪtə(r)/ *n* diametro *m*
diametrically /daɪə'metrɪklɪ/ *adv* **~ opposed** diametralmente opposto
diamond /'daɪəmənd/ *n* diamante *m*, brillante *m*; (*shape*) losanga *f*; **~s** *pl* (*in cards*) quadri *mpl*
diaper /'daɪəpə(r)/ *n Am* pannolino *m*
diaphragm /'daɪəfræm/ *n* diaframma *m*
diarrhoea /daɪə'ri:ə/ *n* diarrea *f*
diary /'daɪərɪ/ *n* (*for appointments*) agenda *f*; (*for writing in*) diario *m*
dice /daɪs/ *n inv* dadi *mpl* ● *vt Culin* tagliare a dadini
dicey /'daɪsɪ/ *a fam* rischioso
dictat|e /dɪk'teɪt/ *vt/i* dettare. **~ion** /-eɪʃn/ *n* dettato *m*
dictator /dɪk'teɪtə(r)/ *n* dittatore *m*. **~ial** /-tə'tɔ:rɪəl/ *a* dittatoriale. **~ship** *n* dittatura *f*
dictionary /'dɪkʃənrɪ/ *n* dizionario *m*
did /dɪd/ *see* **do**
didactic /dɪ'dæktɪk/ *a* didattico
diddle /'dɪdl/ *vt fam* gabbare
didn't /'dɪdnt/ = **did not**
die /daɪ/ *vi* (*pres p* **dying**) morire (**of** di); **be dying to do sth** *fam* morire dalla

voglia di fare qcsa. **die down** *vi* calmarsi; ‹*fire, flames:*› spegnersi. **die out** *vi* estinguersi; ‹*custom:*› morire

diesel /'di:zl/ *n* diesel *m*

diet /'daɪət/ *n* regime *m* alimentare; (*restricted*) dieta *f*; **be on a ~** essere a dieta ● *vi* essere a dieta

differ /'dɪfə(r)/ *vi* differire; (*disagree*) non essere d'accordo

difference /'dɪfrəns/ *n* differenza *f*; (*disagreement*) divergenza *f*

different /'dɪfrənt/ *a* diverso, differente; (*various*) diversi; **~ from** diverso da

differential /dɪfə'renʃl/ *a* differenziale ● *n* differenziale *m*

differentiate /dɪfə'renʃɪeɪt/ *vt* distinguere (**between** fra); (*discriminate*) discriminare (**between** fra); (*make differ*) differenziare

differently /'dɪfrəntlɪ/ *adv* in modo diverso; **~ from** diversamente da

difficult /'dɪfɪkəlt/ *a* difficile. **~y** *n* difficoltà *f inv*; **with ~y** con difficoltà

diffuse¹ /dɪ'fju:s/ *a* diffuso; (*wordy*) prolisso

diffuse² /dɪ'fju:z/ *vt Phys* diffondere

dig /dɪg/ *n* (*poke*) spinta *f*; (*remark*) frecciata *f*; *Archaeol* scavo *m*; **~s** *pl fam* camera *fsg* ammobiliata ● *vt/i* (*pt/pp* **dug**, *pres p* **digging**) scavare ‹*hole*›; vangare ‹*garden*›; (*thrust*) conficcare; **~ sb in the ribs** dare una gomitata a qcno. **dig out** *vt fig* tirar fuori. **dig up** *vt* scavare ‹*garden, street, object*›; sradicare ‹*tree, plant*›; (*fig: find*) scovare

digest¹ /'daɪdʒest/ *n* compendio *m*

digest² /daɪ'dʒest/ *vt* digerire. **~ible** *a* digeribile. **~ion** /-estʃn/ *n* digestione *f*

digger /'dɪgə(r)/ *n Techn* scavatrice *f*

digit /'dɪdʒɪt/ *n* cifra *f*; (*finger*) dito *m*

digital /'dɪdʒɪtl/ *a* digitale. **~ camera** fotocamera *f* digitale. **~ clock** orologio *m* digitale

dignified /'dɪgnɪfaɪd/ *a* dignitoso

dignitary /'dɪgnɪtərɪ/ *n* dignitario *m*

dignity /'dɪgnɪtɪ/ *n* dignità *f*

digress /daɪ'gres/ *vi* divagare. **~ion** /-eʃn/ *n* digressione *f*

dike /daɪk/ *n* diga *f*

dilapidated /dɪ'læpɪdeɪtɪd/ *a* cadente

dilate /daɪ'leɪt/ *vi* dilatarsi

dilemma /dɪ'lemə/ *n* dilemma *m*

dilettante /dɪlɪ'tæntɪ/ *n* dilettante *mf*

dilly-dally /'dɪlɪdælɪ/ *vi* (*pt/pp* **-ied**) *fam* tentennare

dilute /daɪ'lu:t/ *vt* diluire

dim /dɪm/ *a* (**dimmer, dimmest**) debole ‹*light*›; (*dark*) scuro; ‹*prospect, chance*› scarso; (*indistinct*) impreciso; (*fam: stupid*) tonto ● *vt/i* (*pt/pp* **dimmed**) affievolire. **~ly** *adv* ‹*see, remember*› indistintamente; ‹*shine*› debolmente

dime /daɪm/ *n Am* moneta *f* da dieci centesimi

dimension /daɪ'menʃn/ *n* dimensione *f*

diminish /dɪ'mɪnɪʃ/ *vt/i* diminuire

diminutive /dɪ'mɪnjʊtɪv/ *a* minuscolo ● *n* diminutivo *m*

dimple /'dɪmpl/ *n* fossetta *f*

din /dɪn/ *n* baccano *m*

dine /daɪn/ *vi* pranzare. **~r** *n* (*Am: restaurant*) tavola *f* calda; **the last ~r in the restaurant** l'ultimo cliente nel ristorante

dinghy /'dɪŋgɪ/ *n* dinghy *m*; (*inflatable*) canotto *m* pneumatico

dingy /'dɪndʒɪ/ *a* (**-ier, -iest**) squallido e tetro

dining /'daɪnɪŋ/: **~-car** *n* carrozza *f* ristorante. **~-room** *n* sala *f* da pranzo. **~-table** *n* tavolo *m* da pranzo

dinner /'dɪnə(r)/ *n* cena *f*; (*at midday*) pranzo *m*. **~-jacket** *n* smoking *m inv*

dinosaur /'daɪnəsɔ:(r)/ *n* dinosauro *m*

dint /dɪnt/ *n* **by ~ of** a forza di

diocese /'daɪəsɪs/ *n* diocesi *f inv*

dip /dɪp/ *n* (*in ground*) inclinazione *f*; *Culin* salsina *f*; **go for a ~** andare a fare una nuotata ● *v* (*pt/pp* **dipped**) ● *vt* (*in liquid*) immergere; abbassare ‹*head, headlights*› ● *vi* ‹*land:*› formare un avvallamento. **dip into** *vt* scorrere ‹*book*›

diphtheria /dɪf'θɪərɪə/ *n* difterite *f*

diphthong /'dɪfθɒŋ/ *n* dittongo *m*

diploma /dɪ'pləʊmə/ *n* diploma *m*

diplomacy /dɪ'pləʊməsɪ/ *n* diplomazia *f*

diplomat /'dɪpləmæt/ *n* diplomatico, -a *mf*. **~ic** /-'mætɪk/ *a* diplomatico. **~ically** *adv* con diplomazia

'dip-stick *n Auto* astina *f* dell'olio

dire /'daɪə(r)/ *a* ‹*situation, consequences*› terribile

direct /dɪ'rekt/ *a* diretto ● *adv* direttamente ● *vt* (*aim*) rivolgere ‹*attention, criticism*›; (*control*) dirigere; fare la regia di ‹*film, play*›; **~ sb** (*show the way*) indicare la strada a qcno; **~ sb to do sth** ordinare a qcno di fare qcsa. **~ 'current** *n* corrente *m* continua

direction /dɪ'rekʃn/ *n* direzione *f*; (*of play, film*) regia *f*; **~s** *pl* indicazioni *fpl*

directly /dɪ'rektlɪ/ *adv* direttamente; (*at once*) immediatamente ● *conj* [non] appena

director /dɪ'rektə(r)/ *n Comm* direttore, -trice *mf*; (*of play, film*) regista *mf*
directory /dɪ'rektərɪ/ *n* elenco *m*; *Teleph* elenco *m* [telefonico]; (*of streets*) stradario *m*
dirt /dɜ:t/ *n* sporco *m*; **~ cheap** *fam* a [un] prezzo stracciato
dirty /'dɜ:tɪ/ *a* (**-ier, -iest**) sporco; **~ trick** brutto scherzo *m*; **~ word** parolaccia *f* ● *vt* (*pt/pp* **-ied**) sporcare
dis|a'bility /dɪs-/ *n* infermità *f inv*. **~abled** /dɪ'seɪbld/ *a* invalido
disad'van|tage *n* svantaggio *m*; **at a ~tage** in una posizione di svantaggio. **~taged** *a* svantaggiato. **~'tageous** *a* svantaggioso
disa'gree *vi* non essere d'accordo; **~ with** ‹*food*:› far male a
disa'greeable *a* sgradevole
disa'greement *n* disaccordo *m*; (*quarrel*) dissidio *m*
disal'low *vt* annullare ‹*goal*›
disap'pear *vi* scomparire. **~ance** *n* scomparsa *f*
disap'point *vt* deludere; **I'm ~ed** sono deluso. **~ing** *a* deludente. **~ment** *n* delusione *f*
disap'proval *n* disapprovazione *f*
disap'prove *vi* disapprovare; **~ of sb/sth** disapprovare qcno/qcsa
dis'arm *vt* disarmare ● *vi Mil* disarmarsi. **~ament** *n* disarmo *m*. **~ing** *a* ‹*frankness etc*› disarmante
disar'ray *n* **in ~** in disordine
disast|er /dɪ'zɑ:stə(r)/ *n* disastro *m*. **~rous** /-rəs/ *a* disastroso
dis'band *vt* scogliere; smobilitare ‹*troops*› ● *vi* scogliersi; ‹*regiment*:› essere smobilitato
disbe'lief *n* incredulità *f*; **in ~** con incredulità
disc /dɪsk/ *n* disco *m*; (*CD*) compact disc *m inv*
discard /dɪ'skɑ:d/ *vt* scartare; (*throw away*) eliminare; scaricare ‹*boyfriend*›
discern /dɪ'sɜ:n/ *vt* discernere. **~ible** *a* discernibile. **~ing** *a* perspicace
'discharge[1] *n Electr* scarica *f*; (*dismissal*) licenziamento *m*; *Mil* congedo *m*; (*Med: of blood*) emissione *f*; (*of cargo*) scarico *m*
dis'charge[2] *vt* scaricare ‹*battery, cargo*›; (*dismiss*) licenziare; *Mil* congedare; *Jur* assolvere ‹*accused*›; dimettere ‹*patient*› ● *vi Electr* scaricarsi
disciple /dɪ'saɪpl/ *n* discepolo *m*
disciplinary /'dɪsɪplɪnərɪ/ *a* disciplinare
discipline /'dɪsɪplɪn/ *n* disciplina *f* ● *vt* disciplinare; (*punish*) punire
'disc jockey *n* disc jockey *m inv*
dis'claim *vt* disconoscere. **~er** *n* rifiuto *m*
dis'clos|e *vt* svelare. **~ure** *n* rivelazione *f*
disco /'dɪskəʊ/ *n* discoteca *f*
dis'colour *vt* scolorire ● *vi* scolorirsi
dis'comfort *n* scomodità *f*, *fig* disagio *m*
disconcert /dɪskən'sɜ:t/ *vt* sconcertare
discon'nect *vt* disconnettere
disconsolate /dɪs'kɒnsələt/ *a* sconsolato
discon'tent *n* scontentezza *f*. **~ed** *a* scontento
discon'tinue *vt* cessare, smettere; *Comm* sospendere la produzione di; **~d line** fine *f* serie
'discord *n* discordia *f*; *Mus* dissonanza *f*. **~ant** /dɪ'skɔ:dənt/ *a* **~ant note** nota *f* discordante
discothèque /'dɪskətek/ *n* discoteca *f*
'discount[1] *n* sconto *m*
dis'count[2] *vt* (*not believe*) non credere a; (*leave out of consideration*) non tener conto di
dis'courage *vt* scoraggiare; (*dissuade*) dissuadere
'discourse *n* discorso *m*
dis'courteous *a* scortese
discover /dɪ'skʌvə(r)/ *vt* scoprire. **~y** *n* scoperta *f*
dis'credit *n* discredito *m* ● *vt* (*pt/pp* **discredited**) screditare
discreet /dɪ'skri:t/ *a* discreto
discrepancy /dɪ'skrepənsɪ/ *n* discrepanza *f*
discretion /dɪ'skreʃn/ *n* discrezione *f*
discriminat|e /dɪ'skrɪmɪneɪt/ *vi* discriminare (**against** contro); **~e between** distinguere tra. **~ing** *a* esigente. **~ion** /-'neɪʃn/ *n* discriminazione *f*; (*quality*) discernimento *m*
discus /'dɪskəs/ *n* disco *m*
discuss /dɪ'skʌs/ *vt* discutere; (*examine critically*) esaminare. **~ion** /-ʌʃn/ *n* discussione *f*
disdain /dɪs'deɪn/ *n* sdegno *f* ● *vt* sdegnare. **~ful** *a* sdegnoso
disease /dɪ'zi:z/ *n* malattia *f*. **~d** *a* malato
disem'bark *vi* sbarcare
disen'chant *vt* disincantare. **~ment** *n* disincanto *m*
disen'gage *vt* disimpegnare; disinnestare ‹*clutch*›

disen'tangle *vt* districare
dis'favour *n* sfavore *m*
dis'figure *vt* deformare
dis'grace *n* vergogna *f*; **I am in ~** sono caduto in disgrazia; **it's a ~** è una vergogna ● *vt* disonorare. **~ful** *a* vergognoso
disgruntled /dɪs'grʌntld/ *a* malcontento
disguise /dɪs'gaɪz/ *n* travestimento *m*; **in ~** travestito ● *vt* contraffare ‹*voice*›; dissimulare ‹*emotions*›; **~d as** travestito da
disgust /dɪs'gʌst/ *n* disgusto *m*; **in ~** con aria disgustata ● *vt* disgustare. **~ing** *a* disgustoso
dish /dɪʃ/ *n* piatto *m*; **do the ~es** lavare i piatti ● **dish out** *vt* (*serve*) servire; (*distribute*) distribuire. **dish up** *vt* servire
'dishcloth *n* strofinaccio *m*
dis'hearten *vt* scoraggiare
dishevelled /dɪ'ʃevld/ *a* scompigliato
dis'honest *a* disonesto. **~y** *n* disonestà *f*
dis'honour *n* disonore *m* ● *vt* disonorare ‹*family*›; non onorare ‹*cheque*›. **~able** *a* disonorevole. **~ably** *adv* in modo disonorevole
'dishwasher *n* lavapiatti *f inv*
disil'lusion *vt* disilludere. **~ment** *n* disillusione *f*
disin'fect *vt* disinfettare. **~ant** *n* disinfettante *m*
disin'herit *vt* diseredare
dis'integrate *vi* disintegrarsi
dis'interested *a* disinteressato
dis'jointed *a* sconnesso
disk /dɪsk/ *n Comput* disco *m*; (*diskette*) dischetto *m*
dis'like *n* avversione *f*; **your likes and ~s** i tuoi gusti ● *vt* **I ~ him/it** non mi piace; **I don't ~ him/it** non mi dispiace
dislocate /'dɪsləkeɪt/ *vt* slogare; **~ one's shoulder** slogarsi una spalla
dis'lodge *vt* sloggiare
dis'loyal *a* sleale. **~ty** *n* slealtà *f*
dismal /'dɪzməl/ *a* ‹*person*› abbacchiato; ‹*news, weather*› deprimente; ‹*performance*› mediocre
dismantle /dɪs'mæntl/ *vt* smontare ‹*tent, machine*›; *fig* smantellare
dis'may *n* sgomento *m*. **~ed** *a* sgomento
dis'miss *vt* licenziare ‹*employee*›; (*reject*) scartare ‹*idea, suggestion*›. **~al** *n* licenziamento *m*
dis'mount *vi* smontare
diso'bedien|ce *n* disubbidienza *f*. **~t** *a* disubbidiente
diso'bey *vt* disubbidire a ‹*rule*› ● *vi* disubbidire
dis'order *n* disordine *m*; *Med* disturbo *m*. **~ly** *a* disordinato; ‹*crowd*› turbolento; **~ly conduct** turbamento *m* della quiete pubblica
dis'organized *a* disorganizzato
dis'orientate *vt* disorientare
dis'own *vt* disconoscere
disparaging /dɪ'spærɪdʒɪŋ/ *a* sprezzante
disparity /dɪ'spærətɪ/ *n* disparità *f inv*
dispassionate /dɪ'spæʃənət/ *a* spassionato
dispatch /dɪ'spætʃ/ *n Comm* spedizione *f*; (*Mil, report*) dispaccio *m*; **with ~** con prontezza ● *vt* spedire; (*kill*) spedire al creatore
dispel /dɪ'spel/ *vt* (*pt/pp* **dispelled**) dissipare
dispensable /dɪ'spensəbl/ *a* dispensabile
dispensary /dɪ'spensərɪ/ *n* farmacia *f*
dispense /dɪ'spens/ *vt* distribuire; **~ with** fare a meno di; **dispensing chemist** farmacista *mf*; (*shop*) farmacia *f*. **~r** *n* (*device*) distributore *m*
dispers|al /dɪ'spɜːsl/ *n* disperzione *f*. **~e** /dɪ'spɜːs/ *vt* disperdere ● *vi* disperdersi
dispirited /dɪ'spɪrɪtɪd/ *a* scoraggiato
dis'place *vt* spostare; **~d person** profugo, -a *mf*
display /dɪ'spleɪ/ *n* mostra *f*, *Comm* esposizione *f*; (*of feelings*) manifestazione *f*; *pej* ostentazione *f*; *Comput* display *m inv* ● *vt* mostrare; esporre ‹*goods*›; manifestare ‹*feelings*›; *Comput* visualizzare
dis'please *vt* non piacere a; **be ~d with** essere scontento di
dis'pleasure *n* malcontento *m*
disposable /dɪ'spəʊzəbl/ *a* (*throwaway*) usa e getta; ‹*income*› disponibile
disposal /dɪ'spəʊzl/ *n* (*getting rid of*) eliminazione *f*; **be at sb's ~** essere a disposizione di qcno
dispose /dɪ'spəʊz/ *vi* **~ of** (*get rid of*) disfarsi di; **be well ~d** essere ben disposto (**to** verso)
disposition /dɪspə'zɪʃn/ *n* disposizione *f*; (*nature*) indole *f*
disproportionate /dɪsprə'pɔːʃənət/ *a* sproporzionato
dis'prove *vt* confutare
dispute /dɪ'spjuːt/ *n* disputa *f*;

(*industrial*) contestazione *f* ● *vt* contestare ‹*statement*›

disqualifi'cation *n* squalifica *f*; (*from driving*) ritiro *m* della patente

dis'qualify *vt* (*pt/pp* **-ied**) escludere; *Sport* squalificare; **~ sb from driving** ritirare la patente a qcno

disquieting /dɪs'kwaɪətɪŋ/ *a* allarmante

disre'gard *n* mancanza *f* di considerazione ● *vt* ignorare

disre'pair *n* **fall into ~** deteriorarsi; **in a state of ~** in cattivo stato

dis'reputable *a* malfamato

disre'pute *n* discredito *m*; **bring sb into ~** rovinare la reputazione a qcno

disre'spect *n* mancanza *f* di rispetto. **~ful** *a* irrispettoso

disrupt /dɪs'rʌpt/ *vt* creare scompiglio in; sconvolgere ‹*plans*›. **~ion** /-ʌpʃn/ *n* scompiglio *m*; (*of plans*) sconvolgimento *m*. **~ive** /-tɪv/ *a* ‹*person, behaviour*› indisciplinato

dissatis'faction *n* malcontento *m*

dis'satisfied *a* scontento

dissect /dɪ'sekt/ *vt* sezionare. **~ion** /-ekʃn/ *n* dissezione *f*

dissent /dɪ'sent/ *n* dissenso *m* ● *vi* dissentire

dissertation /dɪsə'teɪʃn/ *n* tesi *f inv*

dis'service *n* **do sb/oneself a ~** rendere un cattivo servizio a qcno/se stesso

dissident /'dɪsɪdənt/ *n* dissidente *mf*

dis'similar *a* dissimile (**to** da)

dissociate /dɪ'səʊʃɪeɪt/ *vt* dissociare; **~ oneself from** dissociarsi da

dissolute /'dɪsəlu:t/ *a* dissoluto

dissolution /dɪsə'lu:ʃn/ *n* scioglimento *m*

dissolve /dɪ'zɒlv/ *vt* dissolvere ● *vi* dissolversi

dissuade /dɪ'sweɪd/ *vt* dissuadere

distance /'dɪstəns/ *n* distanza *f*; **it's a short ~ from here to the station** la stazione non è lontana da qui; **in the ~** in lontananza; **from a ~** da lontano

distant /'dɪstənt/ *a* distante; ‹*relative*› lontano

dis'taste *n* avversione *f*. **~ful** *a* spiacevole

distil /dɪ'stɪl/ *vt* (*pt/pp* **distilled**) distillare. **~lation** /-'leɪʃn/ *n* distillazione *f*. **~lery** /-ərɪ/ *n* distilleria *f*

distinct /dɪ'stɪŋkt/ *a* chiaro; (*different*) distinto. **~ion** /-ɪŋkʃn/ *n* distinzione *f*; *Sch* massimo *m* dei voti. **~ive** /-tɪv/ *a* caratteristico. **~ly** *adv* chiaramente

distinguish /dɪ'stɪŋgwɪʃ/ *vt/i* distinguere; **~ oneself** distinguersi. **~ed** *a* rinomato; ‹*appearance*› distinto; ‹*career*› brillante

distort /dɪ'stɔ:t/ *vt* distorcere. **~ion** /-ɔ:ʃn/ *n* distorsione *f*

distract /dɪ'strækt/ *vt* distrarre. **~ed** /-ɪd/ *a* assente; (*fam: worried*) preoccupato. **~ing** *a* che distoglie. **~ion** /-ækʃn/ *n* distrazione *f*; (*despair*) disperazione *f*; **drive sb to ~** portare qcno alla disperazione

distraught /dɪ'strɔ:t/ *a* sconvolto

distress /dɪ'stres/ *n* angoscia *f*; (*pain*) sofferenza *f*; (*danger*) difficoltà *f* ● *vt* sconvolgere; (*sadden*) affliggere. **~ing** *a* penoso; (*shocking*) sconvolgente. **~ signal** *n* segnale *m* di richiesta di soccorso

distribut|e /dɪ'strɪbju:t/ *vt* distribuire. **~ion** /-'bju:ʃn/ *n* distribuzione *f*. **~or** *n* distributore *m*

district /'dɪstrɪkt/ *n* regione *f*; *Admin* distretto *m*. **~ nurse** *n* infermiere, -a *mf* che fa visite a domicilio

dis'trust *n* sfiducia *f* ● *vt* non fidarsi di. **~ful** *a* diffidente

disturb /dɪ'stɜ:b/ *vt* disturbare; (*emotionally*) turbare; spostare ‹*papers*›. **~ance** *n* disturbo *m*; **~ances** (*pl: rioting etc*) disordini *mpl*. **~ed** *a* turbato; [**mentally**] **~ed** malato di mente. **~ing** *a* inquietante

dis'used *a* non utilizzato

ditch /dɪtʃ/ *n* fosso *m* ● *vt* (*fam: abandon*) abbandonare ‹*plan, car*›; piantare ‹*lover*›

dither /'dɪðə(r)/ *vi* titubare

divan /dɪ'væn/ *n* divano *m*

dive /daɪv/ *n* tuffo *m*; *Aeron* picchiata *f*; (*fam: place*) bettola *f* ● *vi* tuffarsi; (*when in water*) immergersi; *Aeron* scendere in picchiata; (*fam: rush*) precipitarsi

diver /'daɪvə(r)/ *n* (*from board*) tuffatore, -trice *mf*; (*scuba*) sommozzatore, -trice *mf*; (*deep sea*) palombaro *m*

diver|ge /daɪ'vɜ:dʒ/ *vi* divergere. **~gent** /-ənt/ *a* divergente

diverse /daɪ'vɜ:s/ *a* vario

diversify /daɪ'vɜ:sɪfaɪ/ *vt/i* (*pt/pp* **-ied**) diversificare

diversion /daɪ'vɜ:ʃn/ *n* deviazione *f*; (*distraction*) diversivo *m*

diversity /daɪ'vɜ:sətɪ/ *n* varietà *f*

divert /daɪ'vɜ:t/ *vt* deviare ‹*traffic*›; distogliere ‹*attention*›

divest /daɪ'vest/ *vt* privare (**of** di)

divide /dɪ'vaɪd/ *vt* dividere (**by** per); **six ~d by two** sei diviso due ● *vi* dividersi

dividend /'dɪvɪdend/ *n* dividendo *m*; **pay ~s** *fig* ripagare

divine /dɪ'vaɪn/ *a* divino

diving /'daɪvɪŋ/ *n* (*from board*) tuffi *mpl*; (*scuba*) immersione *f*. **~-board** *n* trampolino *m*. **~ mask** *n* maschera *f* [subacquea]. **~-suit** *n* muta *f*; (*deep sea*) scafandro *m*

divinity /dɪ'vɪnətɪ/ *n* divinità *f inv*; (*subject*) teologia *f*; (*at school*) religione *f*

divisible /dɪ'vɪzɪbl/ *a* divisibile (**by** per)

division /dɪ'vɪʒn/ *n* divisione *f*; (*in sports league*) serie *f*

divorce /dɪ'vɔ:s/ *n* divorzio *m* ● *vt* divorziare da. **~d** *a* divorziato; **get ~d** divorziare

divorcee /dɪvɔ:'si:/ *n* divorziato, -a *mf*

divulge /daɪ'vʌldʒ/ *vt* rendere pubblico

DIY *n abbr* **do-it-yourself**

dizziness /'dɪzɪnɪs/ *n* giramenti *mpl* di testa

dizzy /'dɪzɪ/ *a* (**-ier, -iest**) vertiginoso; **I feel ~** mi gira la testa

do /du:/ *n* (*pl* **dos** *or* **do's**) *fam* festa *f* ● *v* (*3 sg pres tense* **does**; *pt* **did**; *pp* **done**) ● *vt* fare; (*fam: cheat*) fregare; **be done** *Culin* essere cotto; **well done** bravo; *Culin* ben cotto; **do the flowers** sistemare i fiori; **do the washing up** lavare i piatti; **do one's hair** farsi i capelli ● *vi* (*be suitable*) andare; (*be enough*) bastare; **this will do** questo va bene; **that will do!** basta così!; **do well/badly** cavarsela bene/male; **how is he doing?** come sta? ● *v aux* **do you speak Italian?** parli italiano?; **you don't like him, do you?** non ti piace, vero?; (*expressing astonishment*) non dirmi che ti piace!; **yes, I do** sì; (*emphatic*) invece sì; **no, I don't** no; **I don't smoke** non fumo; **don't you/doesn't he?** vero?; **so do I** anch'io; **do come in, John** entra, John; **how do you do?** piacere. **do away with** *vt* abolire ‹*rule*›. **do for** *vt* **done for** *fam* rovinato. **do in** *vt* (*fam: kill*) uccidere; farsi male a ‹*back*›; **done in** *fam* esausto. **do up** *vt* (*fasten*) abbottonare; (*renovate*) rimettere a nuovo; (*wrap*) avvolgere. **do with** *vt* **I could do with a spanner** mi ci vorrebbe una chiave inglese. **do without** *vt* fare a meno di

docile /'dəʊsaɪl/ *a* docile

dock[1] /dɒk/ *n Jur* banco *m* degli imputati

dock[2] *n Naut* bacino *m* ● *vi* entrare in porto; ‹*spaceship:*› congiungersi. **~er** *n* portuale *m*. **~s** *npl* porto *m*. **~yard** *n* cantiere *m* navale

doctor /'dɒktə(r)/ *n* dottore *m*, dottoressa *f* ● *vt* alterare ‹*drink*›; castrare ‹*cat*›. **~ate** /-ət/ *n* dottorato *m*

doctrine /'dɒktrɪn/ *n* dottrina *f*

document /'dɒkjʊmənt/ *n* documento *m*. **~ary** /-'mentərɪ/ *a* documentario ● *n* documentario *m*

doddery /'dɒdərɪ/ *a fam* barcollante

dodge /dɒdʒ/ *n fam* trucco *m* ● *vt* schivare ‹*blow*›; evitare ‹*person*› ● *vi* scansarsi; **~ out of the way** scansarsi

dodgems /'dɒdʒəmz/ *npl* auto-scontro *msg*

dodgy /'dɒdʒɪ/ *a* (**-ier, -iest**) (*fam: dubious*) sospetto

doe /dəʊ/ *n* femmina *f* (*di daino, renna, lepre*); (*rabbit*) coniglia *f*

does /dʌz/ *see* **do**

doesn't /'dʌznt/ = **does not**

dog /dɒg/ *n* cane *m* ● *vt* (*pt/pp* **dogged**) ‹*illness, bad luck:*› perseguitare

dog: ~-biscuit *n* biscotto *m* per cani. **~-collar** *n* collare *m* (*per cani*); *Relig fam* collare *m* del prete. **~-eared** *a* con le orrechie

dogged /'dɒgɪd/ *a* ostinato

'**dog house** *n* **in the ~** *fam* in disgrazia

dogma /'dɒgmə/ *n* dogma *m*. **~tic** /-'mætɪk/ *a* dogmatico

'**dogsbody** *n fam* tirapiedi *mf inv*

doily /'dɔɪlɪ/ *n* centrino *m*

do-it-yourself /du:ɪtjə'self/ *n* fai da te *m*, bricolage *m*. **~ shop** *n* negozio *m* di bricolage

doldrums /'dɒldrəmz/ *npl* **be in the ~** essere giù di corda; ‹*business:*› essere in fase di stasi

dole /dəʊl/ *n* sussidio *m* di disoccupazione; **be on the ~** essere disoccupato ● **dole out** *vt* distribuire

doleful /'dəʊlfl/ *a* triste

doll /dɒl/ *n* bambola *f* ● **doll oneself up** *vt fam* mettersi in ghingheri

dollar /'dɒlə(r)/ *n* dollaro *m*

dollop /'dɒləp/ *n fam* cucchiaiata *f*

dolphin /'dɒlfɪn/ *n* delfino *m*

dome /dəʊm/ *n* cupola *f*

domestic /də'mestɪk/ *a* domestico; *Pol* interno; *Comm* nazionale. **~ animal** *n* animale *m* domestico

domesticated /də'mestɪkeɪtɪd/ *a* ‹*animal*› addomesticato

domestic: ~ flight *n* volo *m* nazionale. **~ 'servant** *n* domestico, -a *mf*
dominant /'dɒmɪnənt/ *a* dominante
dominat|e /'dɒmɪneɪt/ *vt/i* dominare. **~ion** /-'neɪʃn/ *n* dominio *m*
domineering /dɒmɪ'nɪərɪŋ/ *a* autoritario
dominion /də'mɪnjən/ *n Br Pol* dominion *m inv*
don[1] /dɒn/ *vt* (*pt/pp* **donned**) *liter* indossare
don[2] *n* docente *mf* universitario, -a
donat|e /dəʊ'neɪt/ *vt* donare. **~ion** /-eɪʃn/ *n* donazione *f*
done /dʌn/ *see* **do**
donkey /'dɒŋkɪ/ *n* asino *m*; **~'s years** *fam* secoli *mpl*. **~-work** *n* sgobbata *f*
donor /'dəʊnə(r)/ *n* donatore, -trice *mf*
don't /dəʊnt/ = **do not**
doodle /'du:dl/ *vi* scarabocchiare
doom /du:m/ *n* fato *m*; (*ruin*) rovina *f* ● *vt* **be ~ed [to failure]** essere destinato al fallimento; **~ed** ‹*ship*› destinato ad affondare
door /dɔ:(r)/ *n* porta *f*; (*of car*) portiera *f*; **out of ~s** all'aperto
door: ~man *n* portiere *m*. **~mat** *n* zerbino *m*. **~step** *n* gradino *m* della porta. **~way** *n* vano *m* della porta
dope /dəʊp/ *n fam* (*drug*) droga *f* leggera; (*information*) indiscrezioni *fpl*; (*idiot*) idiota *mf* ● *vt* drogare; *Sport* dopare
dopey /'dəʊpɪ/ *a fam* addormentato
dormant /'dɔ:mənt/ *a* latente; ‹*volcano*› inattivo
dormer /'dɔ:mə(r)/ *n* **~ [window]** abbaino *m*
dormitory /'dɔ:mɪtərɪ/ *n* dormitorio *m*
dormouse /'dɔ:-/ *n* ghiro *m*
dosage /'dəʊsɪdʒ/ *n* dosaggio *m*
dose /dəʊs/ *n* dose *f*
doss /dɒs/ *vi sl* accamparsi. **~er** *n* barbone, -a *mf*. **~-house** *n* dormitorio *m* pubblico
dot /dɒt/ *n* punto *m*; **at 8 o'clock on the ~** alle 8 in punto
dot-com /dɒt'kɒm/ *n* azienda *f* legata a Internet
dote /dəʊt/ *vi* **~ on** stravedere per
dotted /'dɒtɪd/ *a* **~ line** linea *f* punteggiata; **be ~ with** essere punteggiato di
dotty /'dɒtɪ/ *a* (**-ier, -iest**) *fam* tocco; ‹*idea*› folle
double /'dʌbl/ *a* doppio ● *adv* **cost ~** costare il doppio; **see ~** vedere doppio; **~ the amount** la quantità doppia ● *n* doppio *m*; (*person*) sosia *m inv*; **~s** *pl Tennis* doppio *m*; **at the ~** di corsa ● *vt* raddoppiare; (*fold*) piegare in due ● *vi* raddoppiare. **double up** *vi* (*bend over*) piegarsi in due (**with** per); (*share*) dividere una stanza
double: ~-'bass *n* contrabbasso *m*. **~ 'bed** *n* letto *m* matrimoniale. **~-breasted** *a* a doppio petto. **~ 'chin** *n* doppio mento *m*. **~ 'click** *vt/i* cliccare due volte, fare doppio clic (**on** su). **~-'cross** *vt* ingannare. **~-'decker** *n* autobus *m inv* a due piani. **~ 'Dutch** *n fam* ostrogoto *m*. **~ 'glazing** *n* doppiovetro *m*. **~ 'room** *n* camera *f* doppia
doubly /'dʌblɪ/ *adv* doppiamente
doubt /daʊt/ *n* dubbio *m* ● *vt* dubitare di. **~ful** *a* dubbio; (*having doubts*) in dubbio. **~fully** *adv* con aria dubbiosa. **~less** *adv* indubbiamente
dough /dəʊ/ *n* pasta *f*; (*for bread*) impasto *m*; (*fam: money*) quattrini *mpl*. **~nut** *n* bombolone *m*, krapfen *m inv*
douse /daʊs/ *vt* spegnere
dove /dʌv/ *n* colomba *f*
dowdy /'daʊdɪ/ *a* (**-ier, -iest**) trasandato
down[1] /daʊn/ *n* (*feathers*) piumino *m*
down[2] *adv* giù; **go/come ~** scendere; **~ there** laggiù; **sales are ~** le vendite sono diminuite; **£50 ~** 50 sterline d'acconto; **~ 10%** ridotto del 10%; **~ with...!** abbasso...! ● *prep* **walk ~ the road** camminare per strada; **~ the stairs** giù per le scale; **fall ~ the stairs** cadere giù dalle scale; **get that ~ you!** *fam* butta giù!; **be ~ the pub** *fam* essere al pub ● *vt* bere tutto d'un fiato ‹*drink*›
down: ~-and-'out *n* spiantato, -a *mf*. **~cast** *a* abbattuto. **~fall** *n* caduta *f*; (*of person*) rovina *f*. **~'grade** *vt* (*in seniority*) degradare. **~-'hearted** *a* scoraggiato. **~'hill** *adv* in discesa; **go ~hill** *fig* essere in declino. **~'load** *vt* scaricare. **~ payment** *n* deposito *m*. **~pour** *n* acquazzone *m*. **~right** *a* (*absolute*) totale; ‹*lie*› bell'e buono; ‹*idiot*› perfetto ● *adv* (*completely*) completamente. **~'stairs** *adv* al piano di sotto ● *a* /'-/ del piano di sotto. **~'stream** *adv* a valle. **~-to-'earth** *a* ‹*person*› con i piedi per terra. **~town** *adv Am* in centro. **~trodden** *a* oppresso. **~ward[s]** *a* verso il basso; ‹*slope*› in discesa ● *adv* verso il basso
dowry /'daʊrɪ/ *n* dote *f*
doze /dəʊz/ *n* sonnellino *m* ● *vi* sonnec-

chiare. **doze off** *vi* assopirsi

dozen /ˈdʌzn/ *n* dozzina *f*; **~s of books** libri a dozzine

Dr *abbr* **doctor**

drab /dræb/ *a* spento

draft[1] /drɑːft/ *n* abbozzo *m*; *Comm* cambiale *f*; *Am Mil* leva *f* ● *vt* abbozzare; *Am Mil* arruolare

draft[2] *n Am* = **draught**

drag /dræg/ *n fam* scocciatura *f*; **in ~** *fam* ‹*man*› travestito da donna ● *vt* (*pt*/*pp* **dragged**) trascinare; dragare ‹*river*›. **drag on** *vi* ‹*time, meeting:*› trascinarsi

dragon /ˈdrægən/ *n* drago *m*. **~-fly** *n* libellula *f*

drain /dreɪn/ *n* tubo *m* di scarico; (*grid*) tombino *m*; **the ~s** *pl* le fognature; **be a ~ on sb's finances** prosciugare le finanze di qcno ● *vt* drenare ‹*land, wound*›; scolare ‹*liquid, vegetables*›; svuotare ‹*tank, glass, person*› ● *vi* **~** [**away**] andar via

drain|age /ˈdreɪnɪdʒ/ *n* (*system*) drenaggio *m*; (*of land*) scolo *m*. **~ing board** *n* scolapiatti *m inv*. **~-pipe** *n* tubo *m* di scarico

drake /dreɪk/ *n* maschio *m* dell'anatra

drama /ˈdrɑːmə/ *n* arte *f* drammatica; (*play*) opera *f* teatrale; (*event*) dramma *m*

dramatic /drəˈmætɪk/ *a* drammatico

dramat|ist /ˈdræmətɪst/ *n* drammaturgo, -a *mf*. **~ize** *vt* adattare per il teatro; *fig* drammatizzare

drank /dræŋk/ *see* **drink**

drape /dreɪp/ *n Am* tenda *f* ● *vt* appoggiare (**over** su)

drastic /ˈdræstɪk/ *a* drastico; **~ally** *adv* drasticamente

draught /drɑːft/ *n* corrente *f* [d'aria]; **~s** *sg* (*game*) [gioco *m* della] dama *fsg*

draught: ~ beer *n* birra *f* alla spina. **~sman** *n* disegnatore, -trice *mf*

draughty /ˈdrɑːftɪ/ *a* pieno di correnti d'aria; **it's ~** c'è corrente

draw /drɔː/ *n* (*attraction*) attrazione *f*; *Sport* pareggio *m*; (*in lottery*) sorteggio *m* ● *v* (*pt* **drew**, *pp* **drawn**) ● *vt* tirare; (*attract*) attirare; disegnare ‹*picture*›; tracciare ‹*line*›; ritirare ‹*money*›; **~ lots** tirare a sorte ● *vi* ‹*tea:*› essere in infusione; *Sport* pareggiare; **~ near** avvicinarsi. **draw back** *vt* tirare indietro; ritirare ‹*hand*›; tirare ‹*curtains*› ● *vi* (*recoil*) tirarsi indietro. **draw in** *vt* ritrarre ‹*claws etc*› ● *vi* ‹*train:*› arrivare; ‹*days:*› accorciarsi. **draw out** *vt* (*pull out*) tirar fuori; ritirare ‹*money*› ● *vi* ‹*train:*› partire; ‹*days:*› allungarsi. **draw up** *vt* redigere ‹*document*›; accostare ‹*chair*›; **~ oneself up to one's full height** farsi grande ● *vi* (*stop*) fermarsi

draw: ~back *n* inconveniente *m*. **~bridge** *n* ponte *m* levatoio

drawer /drɔː(r)/ *n* cassetto *m*

drawing /ˈdrɔːɪŋ/ *n* disegno *m*

drawing: ~-board *n* tavolo *m* da disegno; *fig* **go back to the ~-board** ricominciare da capo. **~-pin** *n* puntina *f*. **~-room** *n* salotto *m*

drawl /drɔːl/ *n* pronuncia *f* strascicata

drawn /drɔːn/ *see* **draw**

dread /dred/ *n* terrore *m* ● *vt* aver il terrore di

dreadful /ˈdredfʊl/ *a* terribile. **~ly** *adv* terribilmente

dream /driːm/ *n* sogno *m* ● *attrib* di sogno ● *vt*/*i* (*pt*/*pp* **dreamt** /dremt/ *or* **dreamed**) sognare (**about**/**of** di)

dreary /ˈdrɪərɪ/ *a* (**-ier, -iest**) tetro; (*boring*) monotono

dredge /dredʒ/ *vt*/*i* dragare

dregs /dregz/ *npl* feccia *fsg*

drench /drentʃ/ *vt* **get ~ed** inzupparsi; **~ed** zuppo

dress /dres/ *n* (*woman's*) vestito *m*; (*clothing*) abbigliamento *m* ● *vt* vestire; (*decorate*) adornare; *Culin* condire; *Med* fasciare; **~ oneself, get ~ed** vestirsi ● *vi* vestirsi. **dress up** *vi* mettersi elegante; (*in disguise*) travestirsi (**as** da)

dress: ~ circle *n Theat* prima galleria *f*. **~er** *n* (*furniture*) credenza *f*; (*Am: dressing-table*) toilette *f inv*

dressing /ˈdresɪŋ/ *n Culin* condimento *m*; *Med* fasciatura *f*

dressing: ~-gown *n* vestaglia *f*. **~-room** *n* (*in gym*) spogliatoio *m*; *Theat* camerino *m*. **~-table** *n* toilette *f inv*

dress: ~maker *n* sarta *f*. **~ rehearsal** *n* prova *f* generale

dressy /ˈdresɪ/ *a* (**-ier, -iest**) elegante

drew /druː/ *see* **draw**

dribble /ˈdrɪbl/ *vi* gocciolare; ‹*baby:*› sbavare; *Sport* dribblare

dribs and drabs /drɪbzənˈdræbz/ *npl* **in ~** alla spicciolata

dried /draɪd/ *a* ‹*food*› essiccato

drier /ˈdraɪə(r)/ *n* asciugabiancheria *m inv*

drift /drɪft/ *n* movimento *m* lento; (*of snow*) cumulo *m*; (*meaning*) senso *m* ● *vi* (*off course*) andare alla deriva; ‹*snow:*› accumularsi; ‹*fig: person:*› procedere senza meta. **drift apart** *vi* ‹*people:*› allontanarsi l'uno dall'altro

drill /drɪl/ *n* trapano *m*; *Mil* esercitazione *f* ● *vt* trapanare; *Mil* fare esercitare ● *vi Mil* esercitarsi; **~ for oil** trivellare in cerca di petrolio

drily /'draɪlɪ/ *adv* seccamente

drink /drɪŋk/ *n* bevanda *f*; (*alcoholic*) bicchierino *m*; **have a ~** bere qualcosa; **a ~ of water** un po' d'acqua ● *vt*/*i* (*pt* **drank**, *pp* **drunk**) bere. **drink up** *vt* finire ● *vi* finire il bicchiere

drink|able /'drɪŋkəbl/ *a* potabile. **~er** *n* bevitore, -trice *mf*

'drinking-water *n* acqua *f* potabile

drip /drɪp/ *n* gocciolamento *m*; (*drop*) goccia *f*; *Med* flebo *f inv*; (*fam: person*) mollaccione, -a *mf* ● *vi* (*pt*/*pp* **dripped**) gocciolare. **~-'dry** *a* che non si stira. **~ping** *n* (*from meat*) grasso *m* d'arrosto ● *a* **~ping [wet]** fradicio

drive /draɪv/ *n* (*in car*) giro *m*; (*entrance*) viale *m*; (*energy*) grinta *f*; *Psych* pulsione *f*; (*organized effort*) operazione *f*; *Techn* motore *m*; *Comput* lettore *m* ● *v* (*pt* **drove**, *pp* **driven**) ● *vt* portare ‹*person by car*›; guidare ‹*car*›; (*Sport: hit*) mandare; *Techn* far funzionare; **~ sb mad** far diventare matto qcno ● *vi* guidare. **drive at** *vt* **what are you driving at?** dove vuoi arrivare? **drive away** *vt* portare via in macchina; (*chase*) cacciare ● *vi* andare via in macchina. **drive in** *vt* piantare ‹*nail*› ● *vi* arrivare [in macchina]. **drive off** *vt* portare via in macchina; (*chase*) cacciare ● *vi* andare via in macchina. **drive on** *vi* proseguire (*in macchina*). **drive up** *vi* arrivare (*in macchina*)

drivel /'drɪvl/ *n fam* sciocchezze *fpl*

driven /'drɪvn/ *see* **drive**

driver /'draɪvə(r)/ *n* guidatore, -trice *mf*; (*of train*) conducente *mf*

driving /'draɪvɪŋ/ *a* ‹*rain*› violento; ‹*force*› motore ● *n* guida *f*

driving: ~ lesson *n* lezione *f* di guida. **~ licence** *n* patente *f* di guida. **~ school** *n* scuola *f* guida. **~ test** *n* esame *m* di guida

drizzle /'drɪzl/ *n* pioggerella *f* ● *vi* piovigginare

drone /drəʊn/ *n* (*bee*) fuco *m*; (*sound*) ronzio *m*

droop /dru:p/ *vi* abbassarsi; ‹*flowers:*› afflosciarsi

drop /drɒp/ *n* (*of liquid*) goccia *f*; (*fall*) caduta *f*; (*in price, temperature*) calo *m* ● *v* (*pt*/*pp* **dropped**) ● *vt* far cadere; sganciare ‹*bomb*›; (*omit*) omettere; (*give up*) abbandonare ● *vi* cadere; ‹*price, temperature, wind:*› calare; ‹*ground:*› essere in pendenza. **drop in** *vi* passare. **drop off** *vt* depositare ‹*person*› ● *vi* cadere; (*fall asleep*) assopirsi. **drop out** *vi* cadere; (*of race, society*) ritirarsi; **~ out of school** lasciare la scuola

'drop-out *n* persona *f* contro il sistema sociale

droppings /'drɒpɪŋz/ *npl* sterco *m*

drought /draʊt/ *n* siccità *f*

drove /drəʊv/ *see* **drive**

droves /drəʊvz/ *npl* **in ~** in massa

drown /draʊn/ *vi* annegare ● *vt* annegare; coprire ‹*noise*›; **he was ~ed** è annegato

drowsy /'draʊzɪ/ *a* sonnolento

drudgery /'drʌdʒərɪ/ *n* lavoro *m* pesante e noioso

drug /drʌg/ *n* droga *f*; *Med* farmaco *m*; **take ~s** drogarsi ● *vt* (*pt*/*pp* **drugged**) drogare

drug: ~ addict *n* tossicomane, -a *mf*. **~ dealer** *n* spacciatore, -trice *mf* [di droga]. **~gist** *n Am* farmacista *mf*. **~store** *n Am negozio m di generi vari, inclusi medicinali, che funge anche da bar*; (*dispensing*) farmacia *f*

drum /drʌm/ *n* tamburo *m*; (*for oil*) bidone *m*; **~s** (*pl: in pop-group*) batteria *f* ● *v* (*pt*/*pp* **drummed**) ● *vi* suonare il tamburo; (*in pop-group*) suonare la batteria ● *vt* **~ sth into sb** *fam* ripetere qcsa a qcno cento volte. **~mer** *n* percussionista *mf*; (*in pop-group*) batterista *mf*. **~stick** *n* bacchetta *f*; (*of chicken, turkey*) coscia *f*

drunk /drʌŋk/ *see* **drink** ● *a* ubriaco; **get ~** ubriacarsi ● *n* ubriaco, -a *mf*

drunk|ard /'drʌŋkəd/ *n* ubriacone, -a *mf*. **~en** *a* ubriaco; **~en driving** guida *f* in stato di ebbrezza

dry /draɪ/ *a* (**drier, driest**) asciutto; ‹*climate, country*› secco ● *vt*/*i* (*pt*/*pp* **dried**) asciugare; **~ one's eyes** asciugarsi le lacrime. **dry up** *vi* seccarsi; ‹*fig: source:*› prosciugarsi; (*fam: be quiet*) stare zitto; (*do dishes*) asciugare i piatti

dry: ~-'clean *vt* pulire a secco. **~-'cleaner's** *n* (*shop*) tintoria *f*. **~ness** *n* secchezza *f*

DTP *n abbr* (**desktop publishing**) desktop publishing *m*

dual /'dju:əl/ *a* doppio

dual: ~ 'carriageway *n* strada *f* a due carreggiate. **~-'purpose** *a* a doppio uso

dub /dʌb/ *vt* (*pt/pp* **dubbed**) doppiare ‹*film*›; (*name*) soprannominare
dubious /'dju:bɪəs/ *a* dubbio; **be ~ about** avere dei dubbi riguardo
duchess /'dʌtʃɪs/ *n* duchessa *f*
duck /dʌk/ *n* anatra *f* ● *vt* (*in water*) immergere; **~ one's head** abbassare la testa ● *vi* abbassarsi. **~ling** *n* anatroccolo *m*
duct /dʌkt/ *n* condotto *m*; *Anat* dotto *m*
dud /dʌd/ *fam a Mil* disattivato; ‹*coin*› falso; ‹*cheque*› a vuoto ● *n* (*banknote*) banconota *f* falsa
due /dju:/ *a* dovuto; **be ~** ‹*train:*› essere previsto; **the baby is ~ next week** il bambino dovrebbe nascere la settimana prossima; **~ to** (*owing to*) a causa di; **be ~ to** (*causally*) essere dovuto a; **I'm ~ to...** dovrei...; **in ~ course** a tempo debito ● *adv* **~ north** direttamente a nord
duel /'dju:əl/ *n* duello *m*
dues /dju:z/ *npl* quota *f* [di iscrizione]
duet /dju:'et/ *n* duetto *m*
dug /dʌg/ *see* **dig**
duke /dju:k/ *n* duca *m*
dull /dʌl/ *a* (*overcast, not bright*) cupo; (*not shiny*) opaco; ‹*sound*› soffocato; (*boring*) monotono; (*stupid*) ottuso ● *vt* intorpidire ‹*mind*›; attenuare ‹*pain*›
duly /'dju:lɪ/ *adv* debitamente
dumb /dʌm/ *a* muto; (*fam: stupid*) ottuso. **~founded** /dʌm'faʊndɪd/ *a* sbigottito
dummy /'dʌmɪ/ *n* (*tailor's*) manichino *m*; (*for baby*) succhiotto *m*; (*model*) riproduzione *f*
dump /dʌmp/ *n* (*for refuse*) scarico *m*; (*fam: town*) mortorio *m*; **be down in the ~s** *fam* essere depresso ● *vt* scaricare; (*fam: put down*) lasciare; (*fam: get rid of*) liberarsi di
dumpling /'dʌmplɪŋ/ *n* gnocco *m*
dunce /dʌns/ *n* zuccone, -a *mf*
dune /dju:n/ *n* duna *f*
dung /dʌŋ/ *n* sterco *m*
dungarees /dʌŋgə'ri:z/ *npl* tuta *fsg*
dungeon /'dʌndʒən/ *n* prigione *f* sotterranea
duo /'dju:əʊ/ *n* duo *m inv*; *Mus* duetto *m*
duplicate¹ /'dju:plɪkət/ *a* doppio ● *n* duplicato *m*; (*document*) copia *f*; **in ~** in duplicato
duplicat|e² /'dju:plɪkeɪt/ *vt* fare un duplicato di; ‹*research:*› essere una ripetizione di ‹*work*›
durable /'djʊərəbl/ *a* resistente; durevole ‹*basis, institution*›
duration /djʊə'reɪʃn/ *n* durata *f*
duress /djʊə'res/ *n* costrizione *f*; **under ~** sotto minaccia
during /'djʊərɪŋ/ *prep* durante
dusk /dʌsk/ *n* crepuscolo *m*
dust /dʌst/ *n* polvere *f* ● *vt* spolverare; (*sprinkle*) cospargere ‹*cake*› (**with** di) ● *vi* spolverare
dust: ~bin *n* pattumiera *f*. **~-cart** *n* camion *m* della nettezza urbana. **~er** *n* strofinaccio *m*. **~-jacket** *n* sopraccoperta *f*. **~man** *n* spazzino *m*. **~pan** *n* paletta *f* per la spazzatura
dusty /'dʌstɪ/ *a* (**-ier, -iest**) polveroso
Dutch /dʌtʃ/ *a* olandese; **go ~** *fam* fare alla romana ● *n* (*language*) olandese *m*; **the ~** *pl* gli olandesi. **~man** *n* olandese *m*
dutiable /'dju:tɪəbl/ *a* soggetto a imposta
dutiful /'dju:tɪfl/ *a* rispettoso
duty /'dju:tɪ/ *n* dovere *m*; (*task*) compito *m*; (*tax*) dogana *f*; **be on ~** essere di servizio. **~-free** *a* esente da dogana
duvet /'du:veɪ/ *n* piumone *m*
dwarf /dwɔ:f/ *n* (*pl* **-s** *or* **dwarves**) nano, -a *mf* ● *vt* rimpicciolire
dwell /dwel/ *vi* (*pt/pp* **dwelt**) *liter* dimorare. **dwell on** *vt fig* soffermarsi su. **~ing** *n* abitazione *f*
dwindle /'dwɪndl/ *vi* diminuire
dye /daɪ/ *n* tintura *f* ● *vt* (*pres p* **dyeing**) tingere
dying /'daɪɪŋ/ *see* **die²**
dynamic /daɪ'næmɪk/ *a* dinamico
dynamite /'daɪnəmaɪt/ *n* dinamite *f*
dynamo /'daɪnəməʊ/ *n* dinamo *f inv*
dynasty /'dɪnəstɪ/ *n* dinastia *f*
dysentery /'dɪsəntrɪ/ *n* dissenteria *f*
dyslex|ia /dɪs'leksɪə/ *n* dislessia *f*. **~ic** *a* dislessico

Ee

each /i:tʃ/ *a* ogni ● *pron* ognuno; **£1 ~** una sterlina ciascuno; **they love/hate ~ other** si amano/odiano; **we lend ~ other money** ci prestiamo i soldi

eager /'i:gə(r)/ *a* ansioso (**to do** di fare); ‹*pupil*› avido di sapere. **~ly** *adv* ‹*wait*› ansiosamente; ‹*offer*› premurosamente. **~ness** *n* premura *f*

eagle /'i:gl/ *n* aquila *f*

ear¹ /ɪə(r)/ *n* (*of corn*) spiga *f*

ear² *n* orecchio *m*. **~ache** *n* mal *m* d'orecchi. **~-drum** *n* timpano *m*

earl /ɜ:l/ *n* conte *m*

early /'ɜ:lɪ/ *a* (**-ier, -iest**) (*before expected time*) in anticipo; ‹*spring*› prematuro; ‹*reply*› pronto; ‹*works, writings*› primo; **be here ~!** sii puntuale!; **you're ~!** sei in anticipo!; **~ morning walk** passeggiata *f* mattutina; **in the ~ morning** la mattina presto; **in the ~ spring** all'inizio della primavera; **~ retirement** prepensionamento *m* ● *adv* presto; (*ahead of time*) in anticipo; **~ in the morning** la mattina presto

'earmark *vt* riservare (**for** a)

earn /ɜ:n/ *vt* guadagnare; (*deserve*) meritare

earnest /'ɜ:nɪst/ *a* serio ● *n* **in ~** sul serio. **~ly** *adv* con aria seria

earnings /'ɜ:nɪŋz/ *npl* guadagni *mpl*; (*salary*) stipendio *m*

ear: ~phones *npl* cuffia *fsg*. **~-ring** *n* orecchino *m*. **~shot** *n* **within ~shot** a portata d'orecchio; **he is out of ~shot** non può sentire

earth /ɜ:θ/ *n* terra *f* **where/what on ~?** dove/che diavolo? ● *vt Electr* mettere a terra

earthenware /'ɜ:θn-/ *n* terraglia *f*

earthly /'ɜ:θlɪ/ *a* terrestre; **be no ~ use** *fam* essere perfettamente inutile

'earthquake *n* terremoto *m*

earthy /'ɜ:θɪ/ *a* terroso; (*coarse*) grossolano

earwig /'ɪəwɪg/ *n* forbicina *f*

ease /i:z/ *n* **at ~** a proprio agio; **at ~!** *Mil* riposo!; **ill at ~** a disagio; **with ~** con facilità ● *vt* calmare ‹*pain*›; alleviare ‹*tension, shortage*›; (*slow down*) rallentare; (*loosen*) allentare ● *vi* ‹*pain, situation, wind:*› calmarsi

easel /'i:zl/ *n* cavalletto *m*

easily /'i:zɪlɪ/ *adv* con facilità; **~ the best** certamente il meglio

east /i:st/ *n* est *m*; **to the ~ of** a est di ● *a* dell'est ● *adv* verso est

Easter /'i:stə(r)/ *n* Pasqua *f*. **~ egg** *n* uovo *m* di Pasqua

east|erly /'i:stəlɪ/ *a* da levante. **~ern** *a* orientale. **~ward[s]** /-wəd[z]/ *adv* verso est

easy /'i:zɪ/ *a* (**-ier, -iest**) facile; **take it** *or* **things ~** prendersela con calma; **take it ~!** (*don't get excited*) calma!; **go ~ with** andarci piano con

easy: ~ chair *n* poltrona *f*. **~'going** *a* conciliante

eat /i:t/ *vt/i* (*pt* **ate**, *pp* **eaten**) mangiare. **eat into** *vt* intaccare. **eat up** *vt* mangiare tutto ‹*food*›; *fig* inghiottire ‹*profits*›

eat|able /'i:təbl/ *a* mangiabile. **~er** *n* (*apple*) mela *f* da tavola; **be a big ~er** ‹*person:*› essere una buona forchetta

eau-de-Cologne /əʊdəkə'ləʊn/ *n* acqua *f* di Colonia

eaves /i:vz/ *npl* cornicione *msg*. **~drop** *vi* (*pt/pp* **~dropped**) origliare; **~drop on** ascoltare di nascosto

ebb /eb/ *n* (*tide*) riflusso *m*; **at a low ~** *fig* a terra ● *vi* rifluire; *fig* declinare

ebony /'ebənɪ/ *n* ebano *m*

eccentric /ɪk'sentrɪk/ *a & n* eccentrico, -a *mf*

ecclesiastical /ɪkli:zɪ'æstɪkl/ *a* ecclesiastico

echo /'ekəʊ/ *n* (*pl* **-es**) eco *f or m* ● *v* (*pt/pp* **echoed**, *pres p* **echoing**) ● *vt* echeggiare; ripetere ‹*words*› ● *vi* risuonare (**with** di)

eclipse /ɪ'klɪps/ *n Astr* eclissi *f inv* ● *vt fig* eclissare

ecolog|ical /i:kə'lɒdʒɪkl/ *a* ecologico. **~y** /ɪ'kɒlədʒɪ/ *n* ecologia *f*

e-commerce /'i:kɒmɜ:s/ *n* e-commerce *m inv*, commercio *m* elettronico

economic /i:kə'nɒmɪk/ *a* economico.

~al *a* economico. **~ally** *adv* economicamente; (*thriftily*) in economia. **~s** *n* economia *f*

economist /ɪ'kɒnəmɪst/ *n* economista *mf*

economize /ɪ'kɒnəmaɪz/ *vi* economizzare (**on** su)

economy /ɪ'kɒnəmɪ/ *n* economia *f*

ecstasy /'ekstəsɪ/ *n* estasi *f inv*; (*drug*) ecstasy *f*

ecstatic /ɪk'stætɪk/ *a* estatico

ecu /'eɪkju:/ *n* ecu *m inv*

eczema /'eksɪmə/ *n* eczema *m*

edge /edʒ/ *n* bordo *m*; (*of knife*) filo *m*; (*of road*) ciglio *m*; **on ~** con i nervi tesi; **have the ~ on** *fam* avere un vantaggio su ● *vt* bordare. **edge forward** *vi* avanzare lentamente

edgeways /'edʒweɪz/ *adv* di fianco; **I couldn't get a word in ~** non ho potuto infilare neanche mezza parola nel discorso

edging /'edʒɪŋ/ *n* bordo *m*

edgy /'edʒɪ/ *a* nervoso

edible /'edɪbl/ *a* commestibile; **this pizza's not ~** questa pizza è immangiabile

edict /'i:dɪkt/ *n* editto *m*

edify /'edɪfaɪ/ *vt* (*pt/pp* **-ied**) edificare. **~ing** *a* edificante

edit /'edɪt/ *vt* (*pt/pp* **edited**) far la revisione di ‹*text*›; curare l'edizione di ‹*anthology, dictionary*›; dirigere ‹*newspaper*›; montare ‹*film*›; editare ‹*tape*›; **~ed by** ‹*book*› a cura di

edition /ɪ'dɪʃn/ *n* edizione *f*

editor /'edɪtə(r)/ *n* (*of anthology, dictionary*) curatore, -trice *mf*; (*of newspaper*) redattore, -trice *mf*; (*of film*) responsabile *mf* del montaggio

editorial /edɪ'tɔ:rɪəl/ *a* redazionale ● *n* *Journ* editoriale *m*

educate /'edjʊkeɪt/ *vt* istruire; educare ‹*public, mind*›; **be ~d at Eton** essere educato a Eton. **~d** *a* istruito

education /edjʊ'keɪʃn/ *n* istruzione *f*; (*culture*) cultura *f*, educazione *f*. **~al** *a* istruttivo; ‹*visit*› educativo; ‹*publishing*› didattico

eel /i:l/ *n* anguilla *f*

eerie /'ɪərɪ/ *a* (**-ier, -iest**) inquietante

effect /ɪ'fekt/ *n* effetto *m*; **in ~** in effetti; **take ~** ‹*law:*› entrare in vigore; ‹*medicine:*› fare effetto ● *vt* effettuare

effective /ɪ'fektɪv/ *a* efficace; (*striking*) che colpisce; (*actual*) di fatto; **~ from** in vigore a partire da. **~ly** *adv* efficacemente; (*actually*) di fatto. **~ness** *n* efficacia *f*

effeminate /ɪ'femɪnət/ *a* effeminato

effervescent /efə'vesnt/ *a* effervescente

efficiency /ɪ'fɪʃənsɪ/ *n* efficienza *f*; (*of machine*) rendimento *m*

efficient /ɪ'fɪʃənt/ *a* efficiente. **~ly** *adv* efficientemente

effort /'efət/ *n* sforzo *m*; **make an ~** sforzarsi. **~less** *a* facile. **~lessly** *adv* con facilità

effrontery /ɪ'frʌntərɪ/ *n* sfrontatezza *f*

effusive /ɪ'fju:sɪv/ *a* espansivo; ‹*speech*› caloroso

e.g. *abbr* (**exempli gratia**) per es.

egalitarian /ɪgælɪ'teərɪən/ *a* egalitario

egg[1] /eg/ *vt* **~ on** *fam* incitare

egg[2] *n* uovo *m*. **~-cup** *n* portauovo *m inv*. **~shell** *n* guscio *m* d'uovo. **~-timer** *n clessidra f per misurare il tempo di cottura delle uova*

ego /'i:gəʊ/ *n* ego *m*. **~centric** /-'sentrɪk/ *a* egocentrico. **~ism** *n* egoismo *m*. **~ist** *n* egoista *mf*. **~tism** *n* egotismo *m*. **~tist** *n* egotista *mf*

Egypt /'i:dʒɪpt/ *n* Egitto *m*. **~ian** /ɪ'dʒɪpʃn/ *a* & *n* egiziano, -a *mf*

eiderdown /'aɪdə-/ *n* (*quilt*) piumino *m*

eigh|t /eɪt/ *a* otto ● *n* otto *m*. **~'teen** *a* & *n* diciotto *m*. **~'teenth** *a* & *n* diciottesimo, -a *mf*

eighth /eɪtθ/ *a* ottavo ● *n* ottavo *m*

eightieth /'eɪtɪɪθ/ *a* & *n* ottantesimo, -a *mf*

eighty /'eɪtɪ/ *a* & *n* ottanta *m*

either /'aɪðə(r)/ *a* & *pron* **~** [**of them**] l'uno o l'altro; **I don't like ~** [**of them**] non mi piace né l'uno né l'altro; **on ~ side** da tutte e due le parti ● *adv* **I don't ~** nemmeno io; **I don't like John or his brother ~** non mi piace John e nemmeno suo fratello ● *conj* **~ John or his brother will be there** ci saranno o John o suo fratello; **I don't like ~ John or his brother** non mi piacciono né John né suo fratello; **~ you go to bed or** [**else**]**...** o vai a letto o [altrimenti]..

eject /ɪ'dʒekt/ *vt* eiettare ‹*pilot*›; espellere ‹*tape, drunk*›

eke /i:k/ *vt* **~ out** far bastare; (*increase*) arrotondare; **~ out a living** arrangiarsi

elaborate[1] /ɪ'læbərət/ *a* elaborato

elaborate[2] /ɪ'læbəreɪt/ *vi* entrare nei particolari (**on** di)

elapse /ɪ'læps/ *vi* trascorrere

elastic /ɪ'læstɪk/ *a* elastico ● *n* elastico *m*. **~ 'band** *n* elastico *m*

elasticity /ɪlæs'tɪsətɪ/ *n* elasticità *f*
elated /ɪ'leɪtɪd/ *a* esultante
elbow /'elbəʊ/ *n* gomito *m*
elder[1] /'eldə(r)/ *n* (*tree*) sambuco *m*
eld|er[2] *a* maggiore ● *n* **the ~** il/la maggiore. **~erly** *a* anziano. **~est** *a* maggiore ● *n* **the ~est** il/la maggiore
elect /ɪ'lekt/ *a* **the president ~** il futuro presidente ● *vt* eleggere; **~ to do sth** decidere di fare qcsa. **~ion** /-ekʃn/ *n* elezione *f*
elector /ɪ'lektə(r)/ *n* elettore, -trice *mf*. **~al** *a* elettorale; **~al roll** liste *fpl* elettorali. **~ate** /-rət/ *n* elettorato *m*
electric /ɪ'lektrɪk/ *a* elettrico
electrical /ɪ'lektrɪkl/ *a* elettrico; **~ engineering** elettrotecnica *f*
electric: ~ 'blanket *n* termocoperta *f*. **~ 'fire** *n* stufa *f* elettrica
electrician /ɪlek'trɪʃn/ *n* elettricista *m*
electricity /ɪlek'trɪsətɪ/ *n* elettricità *f*
electrify /ɪ'lektrɪfaɪ/ *vt* (*pt/pp* **-ied**) elettrificare; *fig* elettrizzare. **~ing** *a fig* elettrizzante
electrocute /ɪ'lektrəkju:t/ *vt* fulminare; (*execute*) giustiziare sulla sedia elettrica
electrode /ɪ'lektrəʊd/ *n* elettrodo *m*
electron /ɪ'lektrɒn/ *n* elettrone *m*
electronic /ɪlek'trɒnɪk/ *a* elettronico. **~ mail** *n* posta *f* elettronica. **~s** *n* elettronica *f*
elegance /'elɪgəns/ *n* eleganza *f*
elegant /'elɪgənt/ *a* elegante
elegy /'elɪdʒɪ/ *n* elegia *f*
element /'elɪmənt/ *n* elemento *m*. **~ary** /-'mentərɪ/ *a* elementare
elephant /'elɪfənt/ *n* elefante *m*
elevat|e /'elɪveɪt/ *vt* elevare. **~ion** /-'veɪʃn/ *n* elevazione *f*; (*height*) altitudine *f*; (*angle*) alzo *m*
elevator /'elɪveɪtə(r)/ *n Am* ascensore *m*
eleven /ɪ'levn/ *a* undici ● *n* undici *m*. **~th** *a & n* undicesimo, -a *mf*; **at the ~th hour** *fam* all'ultimo momento
elf /elf/ *n* (*pl* **elves**) elfo *m*
elicit /ɪ'lɪsɪt/ *vt* ottenere
eligible /'elɪdʒəbl/ *a* eleggibile; **~ young man** buon partito; **be ~ for** aver diritto a
eliminate /ɪ'lɪmɪneɪt/ *vt* eliminare
élite /eɪ'li:t/ *n* fior fiore *m*
ellip|se /ɪ'lɪps/ *n* ellisse *f*. **~tical** *a* ellittico
elm /elm/ *n* olmo *m*
elocution /elə'kju:ʃn/ *n* elocuzione *f*
elope /ɪ'ləʊp/ *vi* fuggire [per sposarsi]
eloquen|ce /'eləkwəns/ *n* eloquenza *f*. **~t** *a* eloquente. **~tly** *adv* con eloquenza
else /els/ *adv* altro; **who ~?** e chi altro?; **he did of course, who ~?** l'ha fatto lui e chi, se no?; **nothing ~** nient'altro; **or ~** altrimenti; **someone ~** qualcun altro; **somewhere ~** da qualche altra parte; **anyone ~** chiunque altro; (*as question*) nessun'altro?; **anything ~** qualunque altra cosa; (*as question*) altro?. **~where** *adv* altrove
elucidate /ɪ'lu:sɪdeɪt/ *vt* delucidare
elude /ɪ'lu:d/ *vt* eludere; (*avoid*) evitare; **the name ~s me** il nome mi sfugge
elusive /ɪ'lu:sɪv/ *a* elusivo
emaciated /ɪ'meɪsɪeɪtɪd/ *a* emaciato
e-mail /'i:meɪl/ *n* posta *f* elettronica; **~ address** *n* indirizzo *m* e-mail ● *vt* spedire via posta elettronica
emanate /'eməneɪt/ *vi* emanare
emancipat|ed /ɪ'mænsɪpeɪtɪd/ *a* emancipato. **~ion** /-'peɪʃn/ *n* emancipazione *f*; (*of slaves*) liberazione *f*
embankment /ɪm'bæŋkmənt/ *n* argine *m*; *Rail* massicciata *f*
embargo /em'bɑ:gəʊ/ *n* (*pl* **-es**) embargo *m*
embark /ɪm'bɑ:k/ *vi* imbarcarsi; **~ on** intraprendere. **~ation** /embɑ:'keɪʃn/ *n* imbarco *m*
embarrass /em'bærəs/ *vt* imbarazzare. **~ed** *a* imbarazzato. **~ing** *a* imbarazzante. **~ment** *n* imbarazzo *m*
embassy /'embəsɪ/ *n* ambasciata *f*
embedded /ɪm'bedɪd/ *a* (*in concrete*) cementato; ‹*traditions*› radicato
embellish /ɪm'belɪʃ/ *vt* abbellire
embers /'embəz/ *npl* braci *fpl*
embezzle /ɪm'bezl/ *vt* appropriarsi indebitamente di. **~ment** *n* appropriazione *f* indebita
embitter /ɪm'bɪtə(r)/ *vt* amareggiare
emblem /'embləm/ *n* emblema *m*
embody /ɪm'bɒdɪ/ *vt* (*pt/pp* **-ied**) incorporare; **~ what is best in...** rappresentare quanto c'è di meglio di...
emboss /ɪm'bɒs/ *vt* sbalzare ‹*metal*›; stampare in rilievo ‹*paper*›. **~ed** *a* in rilievo
embrace /ɪm'breɪs/ *n* abbraccio *m* ● *vt* abbracciare ● *vi* abbracciarsi
embroider /ɪm'brɔɪdə(r)/ *vt* ricamare ‹*design*›; *fig* abbellire. **~y** *n* ricamo *m*
embryo /'embrɪəʊ/ *n* embrione *m*
emerald /'emərəld/ *n* smeraldo *m*
emer|ge /ɪ'mɜ:dʒ/ *vi* emergere; (*come into being: nation*) nascere; ‹*sun*,

flowers› spuntare fuori. **~gence** /-əns/ *n* emergere *m*; (*of new country*) nascita *f*

emergency /ɪ'mɜ:dʒənsɪ/ *n* emergenza *f*; **in an ~** in caso di emergenza. **~ exit** *n* uscita *f* di sicurezza

emery /'emərɪ/: **~ board** *n* limetta *f* [per le unghie]

emigrant /'emɪgrənt/ *n* emigrante *mf*

emigrat|e /'emɪgreɪt/ *vi* emigrare. **~ion** /-'greɪʃn/ *n* emigrazione *f*

eminent /'emɪnənt/ *a* eminente. **~ly** *adv* eminentemente

emission /ɪ'mɪʃn/ *n* emissione *f*; (*of fumes*) esalazione *f*

emit /ɪ'mɪt/ *vt* (*pt/pp* **emitted**) emettere; esalare ‹*fumes*›

emotion /ɪ'məʊʃn/ *n* emozione *f*. **~al** *a* denso di emozione; ‹*person, reaction*› emotivo; **become ~al** avere una reazione emotiva

emotive /ɪ'məʊtɪv/ *a* emotivo

empathize /'empəθaɪz/ *vi* **~ with sb** immedesimarsi nei problemi di qcno

emperor /'empərə(r)/ *n* imperatore *m*

emphasis /'emfəsɪs/ *n* enfasi *f*; **put the ~ on sth** accentuare qcsa

emphasize /'emfəsaɪz/ *vt* accentuare ‹*word, syllable*›; sottolineare ‹*need*›

emphatic /ɪm'fætɪk/ *a* categorico

empire /'empaɪə(r)/ *n* impero *m*

empirical /em'pɪrɪkl/ *a* empirico

employ /em'plɔɪ/ *vt* impiegare; *fig* usare ‹*tact*›. **~ee** /emplɔɪ'i:/ *n* impiegato, -a *mf*. **~er** *n* datore *m* di lavoro. **~ment** *n* occupazione *f*; (*work*) lavoro *m*. **~ment agency** *n* ufficio *m* di collocamento

empower /ɪm'paʊə(r)/ *vt* autorizzare; (*enable*) mettere in grado

empress /'emprɪs/ *n* imperatrice *f*

empties /'emptɪz/ *npl* vuoti *mpl*

emptiness /'emptɪnɪs/ *n* vuoto *m*

empty /'emptɪ/ *a* vuoto; ‹*promise, threat*› vano ● *v* (*pt/pp* **-ied**) ● *vt* vuotare ‹*container*› ● *vi* vuotarsi

emulate /'emjʊleɪt/ *vt* emulare

emulsion /ɪ'mʌlʃn/ *n* emulsione *f*

enable /ɪ'neɪbl/ *vt* **~ sb to** mettere qcno in grado di

enact /ɪ'nækt/ *vt Theat* rappresentare; decretare ‹*law*›

enamel /ɪ'næml/ *n* smalto *m* ● *vt* (*pt/pp* **enamelled**) smaltare

enchant /ɪn'tʃɑ:nt/ *vt* incantare. **~ing** *a* incantevole. **~ment** *n* incanto *m*

encircle /ɪn'sɜ:kl/ *vt* circondare

enclave /'enkleɪv/ *n* enclave *f inv*; *fig* territorio *m*

enclos|e /ɪn'kləʊz/ *vt* circondare ‹*land*›; (*in letter*) allegare (**with** a). **~ed** *a* ‹*space*› chiuso; (*in letter*) allegato. **~ure** /-ʒə(r)/ *n* (*at zoo*) recinto *m*; (*in letter*) allegato *m*

encompass /ɪn'kʌmpəs/ *vt* (*include*) comprendere

encore /'ɒŋkɔ:(r)/ *n & int* bis *m inv*

encounter /ɪn'kaʊntə(r)/ *n* incontro *m*; (*battle*) scontro *m* ● *vt* incontrare

encourag|e /ɪn'kʌrɪdʒ/ *vt* incoraggiare; promuovere ‹*the arts, independence*›. **~ement** *n* incoraggiamento *m*; (*of the arts*) promozione *f*. **~ing** *a* incoraggiante; ‹*smile*› di incoraggiamento

encroach /ɪn'krəʊtʃ/ *vt* **~ on** invadere ‹*land, privacy*›; abusare di ‹*time*›; interferire con ‹*rights*›

encumb|er /ɪn'kʌmbə(r)/ *vt* **~ered with** essere carico di ‹*children, suitcases*›; ingombro di ‹*furniture*›. **~rance** /-rəns/ *n* peso *m*

encyclop[a]ed|ia /ɪnsaɪklə'pi:dɪə/ *n* enciclopedia *f*. **~ic** *a* enciclopedico

end /end/ *n* fine *f*; (*of box, table, piece of string*) estremità *f*; (*of town, room*) parte *f*; (*purpose*) fine *m*; **in the ~** alla fine; **at the ~ of May** alla fine di maggio; **at the ~ of the street/garden** in fondo alla strada/al giardino; **on ~** (*upright*) in piedi; **for days on ~** per giorni e giorni; **for six days on ~** per sei giorni di fila; **put an ~ to sth** mettere fine a qcsa; **make ~s meet** *fam* sbarcare il lunario; **no ~ of** *fam* un sacco di ● *vt/i* finire. **end up** *vi* finire; **~ up doing sth** finire col fare qcsa

endanger /ɪn'deɪndʒə(r)/ *vt* rischiare ‹*one's life*›; mettere a repentaglio ‹*sb else, success of sth*›

endear|ing /ɪn'dɪərɪŋ/ *a* accattivante. **~ment** *n* **term of ~ment** vezzeggiativo *m*

endeavour /ɪn'devə(r)/ *n* tentativo *m* ● *vi* sforzarsi (**to** di)

ending /'endɪŋ/ *n* fine *f*; *Gram* desinenza *f*

endive /'endaɪv/ *n* indivia *f*

endless /'endlɪs/ *a* interminabile; ‹*patience*› infinito. **~ly** *adv* continuamente; ‹*patient*› infinitamente

endorse /en'dɔ:s/ *vt* girare ‹*cheque*›; ‹*sports personality:*› fare pubblicità a ‹*product*›; approvare ‹*plan*›. **~ment** *n* (*of cheque*) girata *f*; (*of plan*) conferma *f*; (*on driving licence*) registrazione *f* su patente di un'infrazione

endow /ɪn'daʊ/ *vt* dotare

endur|able /ɪn'djʊərəbl/ *a* sopportabile. **~ance** /-rəns/ *n* resistenza *f*; **it is beyond ~ance** è insopportabile

endur|e /ɪn'djʊə(r)/ *vt* sopportare ● *vi* durare. **~ing** *a* duraturo

'end user *n* utente *m* finale

enemy /'enəmɪ/ *n* nemico, -a *mf* ● *attrib* nemico

energetic /enə'dʒetɪk/ *a* energico

energy /'enədʒɪ/ *n* energia *f*

enforce /ɪn'fɔ:s/ *vt* far rispettare ‹*law*›. **~d** *a* forzato

engage /ɪn'geɪdʒ/ *vt* assumere ‹*staff*›; *Theat* ingaggiare; *Auto* ingranare ‹*gear*› ● *vi Techn* ingranare; **~ in** impegnarsi in. **~d** *a* (*in use, busy*) occupato; ‹*person*› impegnato; (*to be married*) fidanzato; **get ~d** fidanzarsi (**to** con); **~d tone** *Teleph* segnale *m* di occupato. **~ment** *n* fidanzamento *m*; (*appointment*) appuntamento *m*; *Mil* combattimento *m*; **~ment ring** anello *m* di fidanzamento

engaging /ɪn'geɪdʒɪŋ/ *a* attraente

engender /ɪn'dʒendə(r)/ *vt fig* generare

engine /'endʒɪn/ *n* motore *m*; *Rail* locomotrice *f*. **~-driver** *n* macchinista *m*

engineer /endʒɪ'nɪə(r)/ *n* ingegnere *m*; (*service, installation*) tecnico *m*; *Naut, Am Rail* macchinista *m* ● *vt fig* architettare. **~ing** *n* ingegneria *f*

England /'ɪŋglənd/ *n* Inghilterra *f*

English /'ɪŋglɪʃ/ *a* inglese; **the ~ Channel** la Manica ● *n* (*language*) inglese *m*; **the ~** *pl* gli inglesi. **~man** *n* inglese *m*. **~woman** *n* inglese *f*

engrav|e /ɪn'greɪv/ *vt* incidere. **~ing** *n* incisione *f*

engross /ɪn'grəʊs/ *vt* **~ed in** assorto in

engulf /ɪn'gʌlf/ *vt* ‹*fire, waves:*› inghiottire

enhance /ɪn'hɑ:ns/ *vt* accrescere ‹*beauty, reputation*›; migliorare ‹*performance*›

enigma /ɪ'nɪgmə/ *n* enigma *m*. **~tic** /enɪg'mætɪk/ *a* enigmatico

enjoy /ɪn'dʒɔɪ/ *vt* godere di ‹*good health*›; **~ oneself** divertirsi; **I ~ cooking/painting** mi piace cucinare/dipingere; **~ your meal** buon appetito. **~able** /-əbl/ *a* piacevole. **~ment** *n* piacere *m*

enlarge /ɪn'lɑ:dʒ/ *vt* ingrandire ● *vi* **~ upon** dilungarsi su. **~ment** *n* ingrandimento *m*

enlighten /ɪn'laɪtn/ *vt* illuminare. **~ed** *a* progressista. **~ment** *n* **The E~ment** l'Illuminismo *m*

enlist /ɪn'lɪst/ *vt Mil* reclutare; **~ sb's help** farsi aiutare da qcno ● *vi Mil* arruolarsi

enliven /ɪn'laɪvn/ *vt* animare

enmity /'enmətɪ/ *n* inimicizia *f*

enormity /ɪ'nɔ:mətɪ/ *n* enormità *f*

enormous /ɪ'nɔ:məs/ *a* enorme. **~ly** *adv* estremamente; ‹*grateful*› infinitamente

enough /ɪ'nʌf/ *a & n* abbastanza; **I didn't bring ~ clothes** non ho portato abbastanza vestiti; **have you had ~?** (*to eat/drink*) hai mangiato/bevuto abbastanza?; **I've had ~!** *fam* ne ho abbastanza!; **is that ~?** basta?; **that's ~!** basta così!; **£50 isn't ~** 50 sterline non sono sufficienti ● *adv* abbastanza; **you're not working fast ~** non lavori abbastanza in fretta; **funnily ~** stranamente

enquir|e /ɪn'kwaɪə(r)/ *vi* domandare; **~e about** chiedere informazioni su. **~y** *n* domanda *f*; (*investigation*) inchiesta *f*

enrage /ɪn'reɪdʒ/ *vt* fare arrabbiare

enrich /ɪn'rɪtʃ/ *vt* arricchire; (*improve*) migliorare ‹*vocabulary*›

enrol /ɪn'rəʊl/ *vi* (*pt/pp* **-rolled**) (*for exam, in club*) iscriversi (**for, in** a). **~ment** *n* iscrizione *f*

ensemble /ɒn'sɒmbl/ *n* (*clothing & Mus*) complesso *m*

enslave /ɪn'sleɪv/ *vt* render schiavo

ensu|e /ɪn'sju:/ *vi* seguire; **the ~ing discussion** la discussione che ne è seguita

ensure /ɪn'ʃʊə(r)/ *vt* assicurare; **~ that** ‹*person:*› assicurarsi che; ‹*measure:*› garantire che

entail /ɪn'teɪl/ *vt* comportare; **what does it ~?** in che cosa consiste?

entangle /ɪn'tæŋgl/ *vt* **get ~d in** rimanere impigliato in; *fig* rimanere coinvolto in

enter /'entə(r)/ *vt* entrare in; iscrivere ‹*horse, runner in race*›; cominciare ‹*university*›; partecipare a ‹*competition*›; *Comput* immettere ‹*data*›; (*write down*) scrivere ● *vi* entrare; *Theat* entrare in scena; (*register as competitor*) iscriversi; (*take part*) partecipare (**in** a)

enterpris|e /'entəpraɪz/ *n* impresa *f*; (*quality*) iniziativa *f*. **~ing** *a* intraprendente

entertain /entə'teɪn/ *vt* intrattenere;

(*invite*) ricevere; nutrire ‹*ideas, hopes*›; prendere in considerazione ‹*possibility*› ● *vi* intrattenersi; (*have guests*) ricevere. **~er** *n* artista *mf*. **~ing** *a* ‹*person*› di gradevole compagnia; ‹*evening, film, play*› divertente. **~ment** *n* (*amusement*) intrattenimento *m*

enthral /ɪn'θrɔ:l/ *vt* (*pt/pp* **enthralled**) **be ~led** essere affascinato (**by** da)

enthusias|m /ɪn'θju:zɪæzm/ *n* entusiasmo *m*. **~t** *n* entusiasta *mf*. **~tic** /-'æstɪk/ *a* entusiastico

entice /ɪn'taɪs/ *vt* attirare. **~ment** *n* (*incentive*) incentivo *m*

entire /ɪn'taɪə(r)/ *a* intero. **~ly** *adv* del tutto; **I'm not ~ly satisfied** non sono completamente soddisfatto. **~ty** /-rətɪ/ *n* **in its ~ty** nell'insieme

entitled /ɪn'taɪtld/ *a* ‹*book*› intitolato; **be ~ to sth** aver diritto a qcsa

entitlement /ɪn'taɪtlmənt/ *n* diritto *m*

entity /'entətɪ/ *n* entità *f*

entrance[1] /'entrəns/ *n* entrata *f*; *Theat* entrata *f* in scena; (*right to enter*) ammissione *f*; **'no ~'** 'ingresso vietato'. **~ examination** *n* esame *m* di ammissione. **~ fee** *n* **how much is the ~ fee?** quanto costa il biglietto di ingresso?

entrance[2] /ɪn'trɑ:ns/ *vt* estasiare

entrant /'entrənt/ *n* concorrente *mf*

entreat /ɪn'tri:t/ *vt* supplicare

entrenched /ɪn'trentʃt/ *a* ‹*ideas, views*› radicato

entrust /ɪn'trʌst/ *vt* **~ sb with sth, ~ sth to sb** affidare qcsa a qcno

entry /'entrɪ/ *n* ingresso *m*; (*way in*) entrata *f*; (*in directory etc*) voce *f*; (*in appointment diary*) appuntamento *m*; **no ~** ingresso vietato; *Auto* accesso vietato. **~ form** *n* modulo *m* di ammissione. **~ visa** *n* visto *m* di ingresso

enumerate /ɪ'nju:məreɪt/ *vt* enumerare

enunciate /ɪ'nʌnsɪeɪt/ *vt* enunciare

envelop /ɪn'veləp/ *vt* (*pt/pp* **enveloped**) avviluppare

envelope /'envələʊp/ *n* busta *f*

enviable /'envɪəbl/ *a* invidiabile

envious /'envɪəs/ *a* invidioso. **~ly** *adv* con invidia

environment /ɪn'vaɪrənmənt/ *n* ambiente *m*

environmental /ɪnvaɪrən'mentl/ *a* ambientale. **~ist** *n* ambientalista *mf*. **~ly** *adv* **~ly friendly** che rispetta l'ambiente

envisage /ɪn'vɪzɪdʒ/ *vt* prevedere

envoy /'envɔɪ/ *n* inviato, -a *mf*

envy /'envɪ/ *n* invidia *f* ● *vt* (*pt/pp* **-ied**) **~ sb sth** invidiare qcno per qcsa

enzyme /'enzaɪm/ *n* enzima *m*

epic /'epɪk/ *a* epico ● *n* epopea *f*

epidemic /epɪ'demɪk/ *n* epidemia *f*

epilep|sy /'epɪlepsɪ/ *n* epilessia *f*. **~tic** /-'leptɪk/ *a* & *n* epilettico, -a *mf*

epilogue /'epɪlɒg/ *n* epilogo *m*

episode /'epɪsəʊd/ *n* episodio *m*

epitaph /'epɪtɑ:f/ *n* epitaffio *m*

epithet /'epɪθet/ *n* epiteto *m*

epitom|e /ɪ'pɪtəmɪ/ *n* epitome *f*. **~ize** *vt* essere il classico esempio di

epoch /'i:pɒk/ *n* epoca *f*

equal /'i:kwl/ *a* ‹*parts, amounts*› uguale; **of ~ height** della stessa altezza; **be ~ to the task** essere a l'altezza del compito ● *n* pari *m inv* ● *vt* (*pt/pp* **equalled**) (*be same in quantity as*) essere pari a; (*rival*) uguagliare; **5 plus 5 ~s 10** 5 più 5 [è] uguale a 10. **~ity** /ɪ'kwɒlətɪ/ *n* uguaglianza *f*

equalize /'i:kwəlaɪz/ *vi Sport* pareggiare. **~r** *n Sport* pareggio *m*

equally /'i:kwəlɪ/ *adv* ‹*divide*› in parti uguali; **~ intelligent** della stessa intelligenza; **~,...** allo stesso tempo...

equanimity /ekwə'nɪmətɪ/ *n* equanimità *f*

equat|e /ɪ'kweɪt/ *vt* **~e sth with sth** equiparare qcsa a qcsa. **~ion** /-eɪʒn/ *n Math* equazione *f*

equator /ɪ'kweɪtə(r)/ *n* equatore *m*

equestrian /ɪ'kwestrɪən/ *a* equestre

equilibrium /i:kwɪ'lɪbrɪəm/ *n* equilibrio *m*

equinox /'i:kwɪnɒks/ *n* equinozio *m*

equip /ɪ'kwɪp/ *vt* (*pt/pp* **equipped**) equipaggiare; attrezzare ‹*kitchen, office*›. **~ment** *n* attrezzatura *f*

equitable /'ekwɪtəbl/ *a* giusto

equity /'ekwɪtɪ/ *n* (*justness*) equità *f*; *Comm* azioni *fpl*

equivalent /ɪ'kwɪvələnt/ *a* equivalente; **be ~ to** equivalere a ● *n* equivalente *m*

equivocal /ɪ'kwɪvəkl/ *a* equivoco

era /'ɪərə/ *n* età *f*; (*geological*) era *f*

eradicate /ɪ'rædɪkeɪt/ *vt* eradicare

erase /ɪ'reɪz/ *vt* cancellare. **~r** *n* gomma *f* [da cancellare]; (*for blackboard*) cancellino *m*

erect /ɪ'rekt/ *a* eretto ● *vt* erigere. **~ion** /-ekʃn/ *n* erezione *f*

ero|de /ɪ'rəʊd/ *vt* ‹*water:*› erodere; ‹*acid:*› corrodere. **~sion** /-əʊʒn/ *n* erosione *f*; (*by acid*) corrosione *f*

erotic /ɪ'rɒtɪk/ *a* erotico. **~ism** /-tɪsɪzm/ *n* erotismo *m*

err /ɜ:(r)/ *vi* errare; (*sin*) peccare
errand /'erənd/ *n* commissione *f*
erratic /ɪ'rætɪk/ *a* irregolare; ‹*person, moods*› imprevedibile; ‹*exchange rate*› incostante
erroneous /ɪ'rəʊnɪəs/ *a* erroneo
error /'erə(r)/ *n* errore *m*; **in ~** per errore
erudit|e /'erʊdaɪt/ *a* erudito. **~ion** /-'dɪʃn/ *n* erudizione *f*
erupt /ɪ'rʌpt/ *vi* eruttare; ‹*spots:*› spuntare; (*fig: in anger*) dare in escandescenze. **~ion** /-ʌpʃn/ *n* eruzione *f*; *fig* scoppio *m*
escalat|e /'eskəleɪt/ *vi* intensificarsi ● *vt* intensificare. **~ion** /-'leɪʃn/ *n* escalation *f inv*. **~or** *n* scala *f* mobile
escapade /'eskəpeɪd/ *n* scappatella *f*
escape /ɪ'skeɪp/ *n* fuga *f*; (*from prison*) evasione *f*; **have a narrow ~** cavarsela per un pelo ● *vi* ‹*prisoner:*› evadere (**from** da); sfuggire (**from sb** alla sorveglianza di qcno); ‹*animal:*› scappare; ‹*gas:*› fuoriuscire ● *vt* **~ notice** passare inosservato; **the name ~s me** mi sfugge il nome
escapism /ɪ'skeɪpɪzm/ *n* evasione *f* [dalla realtà]
escort¹ /'eskɔ:t/ *n* (*of person*) accompagnatore, -trice *mf*; *Mil etc* scorta *f*
escort² /ɪ'skɔ:t/ *vt* accompagnare; *Mil etc* scortare
Eskimo /'eskɪməʊ/ *n* esquimese *mf*
esoteric /esə'terɪk/ *a* esoterico
especial /ɪ'speʃl/ *a* speciale. **~ly** *adv* specialmente; ‹*kind*› particolarmente
espionage /'espɪənɑ:ʒ/ *n* spionaggio *m*
essay /'eseɪ/ *n* saggio *m*; *Sch* tema *f*
essence /'esns/ *n* essenza *f*; **in ~** in sostanza
essential /ɪ'senʃl/ *a* essenziale ● *n* **the ~s** *pl* l'essenziale *m*. **~ly** *adv* essenzialmente
establish /ɪ'stæblɪʃ/ *vt* stabilire ‹*contact, lead*›; fondare ‹*firm*›; (*prove*) accertare; **~ oneself as** affermarsi come. **~ment** *n* (*firm*) azienda *f*; **the E~ment** l'ordine *m* costituito
estate /ɪ'steɪt/ *n* tenuta *f*; (*possessions*) patrimonio *m*; (*housing*) quartiere *m* residenziale. **~ agent** *n* agente *m* immobiliare. **~ car** *n* giardiniera *f*
esteem /ɪ'sti:m/ *n* stima *f* ● *vt* stimare; (*consider*) giudicare
estimate¹ /'estɪmət/ *n* valutazione *f*; *Comm* preventivo *m*; **at a rough ~** a occhio e croce
estimat|e² /'estɪmeɪt/ *vt* stimare. **~ion** /-'meɪʃn/ *n* (*esteem*) stima *f*; **in my ~ion** (*judgement*) a mio giudizio
estuary /'estjʊərɪ/ *n* estuario *m*
etc /et'setərə/ *abbr* (**et cetera**) ecc
etching /'etʃɪŋ/ *n* acquaforte *f*
eternal /ɪ'tɜ:nl/ *a* eterno
eternity /ɪ'tɜ:nətɪ/ *n* eternità *f*
ethic /'eθɪk/ *n* etica *f*. **~al** *a* etico. **~s** *n* etica *f*
Ethiopia /i:θɪ'əʊpɪə/ *n* Etiopia *f*
ethnic /'eθnɪk/ *a* etnico
etiquette /'etɪket/ *n* etichetta *f*
EU *n abbr* (**European Union**) UE *f*
eucalyptus /ju:kə'lɪptəs/ *n* eucalipto *m*
eulogy /'ju:lədʒɪ/ *n* elogio *m*
euphemis|m /'ju:fəmɪzm/ *n* eufemismo *m*. **~tic** /-'mɪstɪk/ *a* eufemistico
euphoria /ju:'fɔ:rɪə/ *n* euforia *f*
euro /'jʊərəʊ/ *n* euro *m inv*
Euro+ /'jʊərəʊ-/ *pref* **~cheque** *n* eurochèque *m inv*. **~dollar** *n* eurodollaro *m*
Europe /'jʊərəp/ *n* Europa *f*
European /jʊərə'pɪən/ *a* europeo; **~ Union** Unione *f* Europea ● *n* europeo, -a *mf*
Euro-sceptic /jʊərəʊ'skeptɪk/ *a* euroscettico ● *n* euroscettico, -a *mf*
evacuat|e /ɪ'vækjʊeɪt/ *vt* evacuare ‹*building*›. **~ion** /-'eɪʃn/ *n* evacuazione *f*
evade /ɪ'veɪd/ *vt* evadere ‹*taxes*›; evitare ‹*the enemy, authorities*›; **~ the issue** evitare l'argomento
evaluate /ɪ'væljʊeɪt/ *vt* valutare
evange|lical /i:væn'dʒelɪkl/ *a* evangelico. **~list** /ɪ'vændʒəlɪst/ *n* evangelista *m*
evaporat|e /ɪ'væpəreɪt/ *vi* evaporare; *fig* svanire. **~ion** /-'reɪʃn/ *n* evaporazione *f*
evasion /ɪ'veɪʒn/ *n* evasione *f*
evasive /ɪ'veɪsɪv/ *a* evasivo
eve /i:v/ *n liter* vigilia *f*
even /'i:vn/ *a* (*level*) piatto; (*same, equal*) uguale; (*regular*) regolare; ‹*number*› pari; **get ~ with** vendicarsi di; **now we're ~** adesso siamo pari ● *adv* anche, ancora; **~ if** anche se; **~ so** con tutto ciò; **not ~** nemmeno; **~ bigger** ancora più grande ● *vt* **~ the score** *Sport* pareggiare. **even out** *vi* livellarsi. **even up** *vt* livellare
evening /'i:vnɪŋ/ *n* sera *f*; (*whole evening*) serata *f*; **this ~** stasera; **in the ~** la sera. **~ class** *n* corso *m* serale. **~ dress** *n* (*man's*) abito *m* scuro; (*woman's*) abito *m* da sera
evenly /'i:vnlɪ/ *adv* ‹*distributed*› uni-

formemente; ‹*breathe*› regolarmente; ‹*divided*› in uguali parti

event /ɪ'vent/ *n* avvenimento *m*; (*function*) manifestazione *f*; *Sport* gara *f*; **in the ~ of** nell'eventualità di; **in the ~** alla fine. **~ful** *a* movimentato

eventual /ɪ'ventjʊəl/ *a* **the ~ winner was...** alla fine il vincitore è stato.... **~ity** /-'ælətɪ/ *n* eventualità *f*. **~ly** *adv* alla fine; **~ly!** finalmente!

ever /'evə(r)/ *adv* mai; **I haven't ~...** non ho mai...; **for ~** per sempre; **hardly ~** quasi mai; **~ since** da quando; (*since that time*) da allora; **~ so** *fam* veramente

'evergreen *n* sempreverde *m*

ever'lasting *a* eterno

every /'evrɪ/ *a* ogni; **~ one** ciascuno; **~ other day** un giorno si un giorno no

every: ~body *pron* tutti *pl*. **~day** *a* quotidiano, di ogni giorno. **~one** *pron* tutti *pl*; **~one else** tutti gli altri. **~thing** *pron* tutto; **~thing else** tutto il resto. **~where** *adv* dappertutto; (*wherever*) dovunque

evict /ɪ'vɪkt/ *vt* sfrattare. **~ion** /-ɪkʃn/ *n* sfratto *m*

eviden|ce /'evɪdəns/ *n* evidenza *f*; *Jur* testimonianza *f*; **give ~ce** testimoniare. **~t** *a* evidente. **~tly** *adv* evidentemente

evil /'i:vl/ *a* cattivo ● *n* male *m*

evocative /ɪ'vɒkətɪv/ *a* evocativo; **be ~ of** evocare

evoke /ɪ'vəʊk/ *vt* evocare

evolution /i:və'lu:ʃn/ *n* evoluzione *f*

evolve /ɪ'vɒlv/ *vt* evolvere ● *vi* evolversi

ewe /ju:/ *n* pecora *f*

exacerbate /ɪg'zæsəbeɪt/ *vt* esacerbare ‹*situation*›

exact /ɪg'zækt/ *a* esatto ● *vt* esigere. **~ing** *a* esigente. **~itude** /-ɪtju:d/ *n* esattezza *f*. **~ly** *adv* esattamente; **not ~ly** non proprio. **~ness** *n* precisione *f*

exaggerat|e /ɪg'zædʒəreɪt/ *vt/i* esagerare. **~ion** /-'reɪʃn/ *n* esagerazione *f*

exam /ɪg'zæm/ *n* esame *m*

examination /ɪgzæmɪ'neɪʃn/ *n* esame *m*; (*of patient*) visita *f*

examine /ɪg'zæmɪn/ *vt* esaminare; visitare ‹*patient*›. **~r** *n Sch* esaminatore, -trice *mf*

example /ɪg'zɑ:mpl/ *n* esempio *m*; **for ~** per esempio; **make an ~ of sb** punire qcno per dare un esempio; **be an ~ to sb** dare il buon esempio a qcno

exasperat|e /ɪg'zæspəreɪt/ *vt* esasperare. **~ion** /-'reɪʃn/ *n* esasperazione *f*

excavat|e /'ekskəveɪt/ *vt* scavare; *Archaeol* fare gli scavi di. **~ion** /-'veɪʃn/ *n* scavo *m*

exceed /ɪk'si:d/ *vt* eccedere. **~ingly** *adv* estremamente

excel /ɪk'sel/ *v* (*pt/pp* **excelled**) ● *vi* eccellere ● *vt* **~ oneself** superare se stessi

excellen|ce /'eksələns/ *n* eccellenza *f*. **E~cy** *n* (*title*) Eccellenza *f*. **~t** *a* eccellente

except /ɪk'sept/ *prep* eccetto, tranne; **~ for** eccetto, tranne; **~ that...** eccetto che... ● *vt* eccettuare. **~ing** *prep* eccetto, tranne

exception /ɪk'sepʃn/ *n* eccezione *f*; **take ~ to** fare obiezioni a. **~al** *a* eccezionale. **~ally** *adv* eccezionalmente

excerpt /'eksɜ:pt/ *n* estratto *m*

excess /ɪk'ses/ *n* eccesso *m*; **in ~ of** oltre. **~ baggage** *n* bagaglio *m* in eccedenza. **~ 'fare** *n* supplemento *m*

excessive /ɪk'sesɪv/ *a* eccessivo. **~ly** *adv* eccessivamente

exchange /ɪks'tʃeɪndʒ/ *n* scambio *m*; *Teleph* centrale *f*; *Comm* cambio *m*; [**stock**] **~** borsa *f* valori; **in ~** in cambio (**for** di) ● *vt* scambiare (**for** con); cambiare ‹*money*›. **~ rate** *n* tasso *m* di cambio

exchequer /ɪks'tʃekə(r)/ *n Pol* tesoro *m*

excise[1] /'eksaɪz/ *n* dazio *m*; **~ duty** dazio *m*

excise[2] /ek'saɪz/ *vt* recidere

excitable /ɪk'saɪtəbl/ *a* eccitabile

excit|e /ɪk'saɪt/ *vt* eccitare. **~ed** *a* eccitato; **get ~ed** eccitarsi. **~edly** *adv* tutto eccitato. **~ement** *n* eccitazione *f*. **~ing** *a* eccitante; ‹*story, film*› appassionante; ‹*holiday*› entusiasmante

exclaim /ɪk'skleɪm/ *vt/i* esclamare

exclamation /eksklə'meɪʃn/ *n* esclamazione *f*. **~ mark** *n*, *Am* **~ point** *n* punto *m* esclamativo

exclu|de /ɪk'sklu:d/ *vt* escludere. **~ding** *pron* escluso. **~sion** /-ʒn/ *n* esclusione *f*

exclusive /ɪk'sklu:sɪv/ *a* ‹*rights, club*› esclusivo; ‹*interview*› in esclusiva; **~ of...** ...escluso. **~ly** *adv* esclusivamente

excommunicate /ekskə'mju:nɪkeɪt/ *vt* scomunicare

excrement /'ekskrɪmənt/ *n* escremento *m*

excruciating /ɪk'skru:ʃɪeɪtɪŋ/ *a* atroce ‹*pain*›; (*fam: very bad*) spaventoso

excursion /ɪk'skɜ:ʃn/ *n* escursione *f*
excusable /ɪk'skju:zəbl/ *a* perdonabile
excuse¹ /ɪk'skju:s/ *n* scusa *f*
excuse² /ɪk'skju:z/ *vt* scusare; **~ from** esonerare da; **~ me!** (*to get attention*) scusi!; (*to get past*) permesso!, scusi!; (*indignant*) come ha detto?
ex-di'rectory *a* **be ~** non figurare sull'elenco telefonico
execute /'eksɪkju:t/ *vt* eseguire; (*put to death*) giustiziare; attuare ‹*plan*›
execution /eksɪ'kju:ʃn/ *n* esecuzione *f*; (*of plan*) attuazione *f*. **~er** *n* boia *m inv*
executive /ɪg'zekjʊtɪv/ *a* esecutivo ● *n* dirigente *mf*; *Pol* esecutivo *m*
executor /ɪg'zekjʊtə(r)/ *n Jur* esecutore, -trice *mf*
exemplary /ɪg'zemplərɪ/ *a* esemplare
exemplify /ɪg'zemplɪfaɪ/ *vt* (*pt/pp* **-ied**) esemplificare
exempt /ɪg'zempt/ *a* esente ● *vt* esentare (**from** da). **~ion** /-empʃn/ *n* esenzione *f*
exercise /'eksəsaɪz/ *n* esercizio *m*; *Mil* esercitazione *f*; **physical ~s** ginnastica *f*; **take ~** fare del moto ● *vt* esercitare ‹*muscles, horse*›; portare a spasso ‹*dog*›; mettere in pratica ‹*skills*› ● *vi* esercitarsi. **~ book** *n* quaderno *m*
exert /ɪg'zɜ:t/ *vt* esercitare; **~ oneself** sforzarsi. **~ion** /-ɜ:ʃn/ *n* sforzo *m*
exhale /eks'heɪl/ *vt/i* esalare
exhaust /ɪg'zɔ:st/ *n Auto* scappamento *m*; (*pipe*) tubo *m* di scappamento; **~ fumes** fumi *mpl* di scarico *m* ● *vt* esaurire. **~ed** *a* esausto. **~ing** *a* estenuante; ‹*climate, person*› sfibrante. **~ion** /-ɔ:stʃn/ *n* esaurimento *m*. **~ive** /-ɪv/ *a fig* esauriente
exhibit /ɪg'zɪbɪt/ *n* oggetto *m* esposto; *Jur* reperto *m* ● *vt* esporre; *fig* dimostrare
exhibition /eksɪ'bɪʃn/ *n* mostra *f*; (*of strength, skill*) dimostrazione *f*. **~ist** *n* esibizionista *mf*
exhibitor /ɪg'zɪbɪtə(r)/ *n* espositore, -trice *mf*
exhilarat|ed /ɪg'zɪləreɪtɪd/ *a* rallegrato. **~ing** *a* stimolante; ‹*mountain air*› tonificante. **~ion** /-'reɪʃn/ *n* allegria *f*
exhort /ɪg'zɔ:t/ *vt* esortare
exhume /ɪg'zju:m/ *vt* esumare
exile /'eksaɪl/ *n* esilio *m*; (*person*) esule *mf* ● *vt* esiliare
exist /ɪg'zɪst/ *vi* esistere. **~ence** /-əns/ *n* esistenza *f*; **in ~** esistente; **be in ~ence** esistere. **~ing** *a* attuale
exit /'eksɪt/ *n* uscita *f*; *Theat* uscita *f* di scena ● *vi Theat* uscire di scena; *Comput* uscire
exonerate /ɪg'zɒnəreɪt/ *vt* esonerare
exorbitant /ɪg'zɔ:bɪtənt/ *a* esorbitante
exorcize /'eksɔ:saɪz/ *vt* esorcizzare
exotic /ɪg'zɒtɪk/ *a* esotico
expand /ɪk'spænd/ *vt* espandere ● *vi* espandersi; *Comm* svilupparsi; ‹*metal:*› dilatarsi; **~ on** (*fig: explain better*) approfondire
expans|e /ɪk'spæns/ *n* estensione *f*. **~ion** /-ænʃn/ *n* espansione *f*; *Comm* sviluppo *m*; (*of metal*) dilatazione *f*. **~ive** /-ɪv/ *a* espansivo
expatriate /eks'pætrɪət/ *n* espatriato, -a *mf*
expect /ɪk'spekt/ *vt* aspettare ‹*letter, baby*›; (*suppose*) pensare; (*demand*) esigere; **I ~ so** penso di sì; **be ~ing** essere in stato interessante
expectan|cy /ɪk'spektənsɪ/ *n* aspettativa *f*. **~t** *a* in attesa; **~t mother** donna *f* incinta. **~tly** *adv* con impazienza
expectation /ekspek'teɪʃn/ *n* aspettativa *f*, speranza *f*
expedient /ɪk'spi:dɪənt/ *a* conveniente ● *n* espediente *m*
expedition /ekspɪ'dɪʃn/ *n* spedizione *f*. **~ary** *a Mil* di spedizione
expel /ɪk'spel/ *vt* (*pt/pp* **expelled**) espellere
expend /ɪk'spend/ *vt* consumare. **~able** /-əbl/ *a* sacrificabile
expenditure /ɪk'spendɪtʃə(r)/ *n* spesa *f*
expense /ɪk'spens/ *n* spesa *f*; **business ~s** *pl* spese *fpl*; **at my ~** a mie spese; **at the ~ of** *fig* a spese di
expensive /ɪk'spensɪv/ *a* caro, costoso. **~ly** *adv* costosamente
experience /ɪk'spɪərɪəns/ *n* esperienza *f* ● *vt* provare ‹*sensation*›; avere ‹*problem*›. **~d** *a* esperto
experiment /ɪk'sperɪmənt/ *n* esperimento ● /-ment/ *vi* sperimentare. **~al** /-'mentl/ *a* sperimentale
expert /'ekspɜ:t/ *a & n* esperto, -a *mf*. **~ly** *adv* abilmente
expertise /ekspɜ:'ti:z/ *n* competenza *f*
expire /ɪk'spaɪə(r)/ *vi* scadere
expiry /ɪk'spaɪərɪ/ *n* scadenza *f*. **~ date** *n* data *f* di scadenza
explain /ɪk'spleɪn/ *vt* spiegare
explana|tion /eksplə'neɪʃn/ *n* spiegazione *f*. **~tory** /ɪk'splænətərɪ/ *a* esplicativo

expletive /ɪk'spli:tɪv/ *n* imprecazione *f*
explicit /ɪk'splɪsɪt/ *a* esplicito. **~ly** *adv* esplicitamente
explode /ɪk'spləʊd/ *vi* esplodere ● *vt* fare esplodere
exploit¹ /'eksplɔɪt/ *n* impresa *f*
exploit² /ɪk'splɔɪt/ *vt* sfruttare. **~ation** /eksplɔɪ'teɪʃn/ *n* sfruttamento *m*
explora|tion /eksplə'reɪʃn/ *n* esplorazione *f*. **~tory** /ɪk'splɒrətərɪ/ *a* esplorativo
explore /ɪk'splɔ:(r)/ *vt* esplorare; *fig* studiare ‹*implications*›. **~r** *n* esploratore, -trice *mf*
explos|ion /ɪk'spləʊʒn/ *n* esplosione *f*. **~ive** /-sɪv/ *a* & *n* esplosivo *m*
exponent /ɪk'spəʊnənt/ *n* esponente *mf*
export /'ekspɔ:t/ *n* esportazione *f* ● *vt* /-'spɔ:t/ esportare. **~er** *n* esportatore, -trice *mf*
expos|e /ɪk'spəʊz/ *vt* esporre; (*reveal*) svelare; smascherare ‹*traitor etc*›. **~ure** /-ʒə(r)/ *n* esposizione *f*; *Med* esposizione *f* prolungata al freddo/caldo; (*of crimes*) smascheramento *m*; **24 ~ures** *Phot* 24 pose
expound /ɪk'spaʊnd/ *vt* esporre
express /ɪk'spres/ *a* espresso ● *adv* ‹*send*› per espresso ● *n* (*train*) espresso *m* ● *vt* esprimere; **~ oneself** esprimersi. **~ion** /-ʃn/ *n* espressione *f*. **~ive** /-ɪv/ *a* espressivo. **~ly** *adv* espressamente
expulsion /ɪk'spʌlʃn/ *n* espulsione *f*
exquisite /ek'skwɪzɪt/ *a* squisito
ex-'serviceman *n* ex-combattente *m*
extend /ɪk'stend/ *vt* prolungare ‹*visit, road*›; prorogare ‹*visa, contract*›; ampliare ‹*building, knowledge*›; (*stretch out*) allungare; tendere ‹*hand*› ● *vi* ‹*garden, knowledge:*› estendersi
extension /ɪk'stenʃn/ *n* prolungamento *m*; (*of visa, contract*) proroga *f*; (*of treaty*) ampliamento *m*; (*part of building*) annesso *m*; (*length of cable*) prolunga *f*; *Teleph* interno *m*; **~ 226** interno 226
extensive /ɪk'stensɪv/ *a* ampio, vasto. **~ly** *adv* ampiamente
extent /ɪk'stent/ *n* (*scope*) portata *f*; **to a certain ~** fino a un certo punto; **to such an ~ that...** fino al punto che...
extenuating /ɪk'stenjʊeɪtɪŋ/ *a* **~ circumstances** attenuanti *fpl*
exterior /ɪk'stɪərɪə(r)/ *a* & *n* esterno *m*
exterminat|e /ɪk'stɜ:mɪneɪt/ *vt* sterminare. **~ion** /-'neɪʃn/ *n* sterminio *m*
external /ɪk'stɜ:nl/ *a* esterno; **for ~ use only** *Med* per uso esterno. **~ly** *adv* esternamente
extinct /ɪk'stɪŋkt/ *a* estinto. **~ion** /-ɪŋkʃn/ *n* estinzione *f*
extinguish /ɪk'stɪŋgwɪʃ/ *vt* estinguere. **~er** *n* estintore *m*
extort /ɪk'stɔ:t/ *vt* estorcere. **~ion** /-ɔ:ʃn/ *n* estorsione *f*
extortionate /ɪk'stɔ:ʃənət/ *a* esorbitante
extra /'ekstrə/ *a* in più; ‹*train*› straordinario; **an ~ £10** 10 sterline extra, 10 sterline in più ● *adv* in più; (*especially*) più; **pay ~** pagare in più, pagare extra; **~ strong/busy** fortissimo/occupatissimo ● *n Theat* comparsa *f*; **~s** *pl* extra *mpl*
extract¹ /'ekstrækt/ *n* estratto *m*
extract² /ɪk'strækt/ *vt* estrarre ‹*tooth, oil*›; strappare ‹*secret*›; ricavare ‹*truth*›. **~or [fan]** *n* aspiratore *m*
extradit|e /'ekstrədaɪt/ *Jur vt* estradare. **~ion** /-'dɪʃn/ *n* estradizione *f*
extra'marital *a* extraconiugale
extraordinar|y /ɪk'strɔ:dɪnərɪ/ *a* straordinario. **~ily** /-ɪlɪ/ *adv* straordinariamente
extravagan|ce /ɪk'strævəgəns/ *n* (*with money*) prodigalità *f*; (*of behaviour*) stravaganza *f*. **~t** *a* spendaccione; (*bizarre*) stravagante; ‹*claim*› esagerato
extrem|e /ɪk'stri:m/ *a* estremo ● *n* estremo *m*; **in the ~e** al massimo. **~ely** *adv* estremamente. **~ist** *n* estremista *mf*
extremity /ɪk'stremətɪ/ *n* (*end*) estremità *f inv*
extricate /'ekstrɪkeɪt/ *vt* districare
extrovert /'ekstrəvɜ:t/ *n* estroverso, -a *mf*
exuberant /ɪg'zju:bərənt/ *a* esuberante
exude /ɪg'zju:d/ *vt also fig* trasudare
exult /ɪg'zʌlt/ *vi* esultare
eye /aɪ/ *n* occhio *m*; (*of needle*) cruna *f*; **keep an ~ on** tener d'occhio; **see ~ to ~** aver le stesse idee ● *vt* (*pt/pp* **eyed**, *pres p* **ey[e]ing**) guardare
eye: ~ball *n* bulbo *m* oculare. **~ brow** *n* sopracciglio *m* (*pl* sopracciglia *f*). **~lash** *n* ciglio *m* (*pl* ciglia *f*). **~lid** *n* palpebra *f*. **~-opener** *n* rivelazione *f*. **~-shadow** *n* ombretto *m*. **~sight** *n* vista *f*. **~sore** *n fam* pugno *m* nell'occhio. **~witness** *n* testimone *mf* oculare

Ff

fable /'feɪbl/ *n* favola *f*
fabric /'fæbrɪk/ *n also fig* tessuto *m*
fabrication /fæbrɪ'keɪʃn/ *n* invenzione *f*; (*manufacture*) fabbricazione *f*
fabulous /'fæbjʊləs/ *a fam* favoloso
façade /fə'sɑ:d/ *n* (*of building, person*) facciata *f*
face /feɪs/ *n* faccia *f*, viso *m*; (*grimace*) smorfia *f*; (*surface*) faccia *f*; (*of clock*) quadrante *m*; **pull ~s** far boccacce; **in the ~ of** di fronte a; **on the ~ of it** in apparenza ● *vt* essere di fronta a; (*confront*) affrontare; **~ north** ‹*house:*› dare a nord; **~ the fact that** arrendersi al fatto che. **face up to** *vt* accettare ‹*facts*›; affrontare ‹*person*›
face: ~-flannel *n* guanto *m* di spugna. **~less** *a* anonimo. **~-lift** *n* plastica *f* facciale
facet /'fæsɪt/ *n* sfaccettatura *f*; *fig* aspetto *m*
facetious /fə'si:ʃəs/ *a* spiritoso. **~ remarks** spiritosaggini *mpl*
'face value *n* (*of money*) valore *m* nominale; **take sb/sth at ~** fermarsi alle apparenze
facial /'feɪʃl/ *a* facciale ● *n* trattamento *m* di bellezza al viso
facile /'fæsaɪl/ *a* semplicistico
facilitate /fə'sɪlɪteɪt/ *vt* rendere possibile; (*make easier*) facilitare
facilit|y /fə'sɪlətɪ/ *n* facilità *f*; **~ies** *pl* (*of area, in hotel etc*) attrezzature *fpl*
facing /'feɪsɪŋ/ *prep* **~ the sea** ‹*house*› che dà sul mare; **the person ~ me** la persona di fronte a me
facsimile /fæk'sɪməlɪ/ *n* facsimile *m*
fact /fækt/ *n* fatto *m*; **in ~** infatti
faction /'fækʃn/ *n* fazione *f*
factor /'fæktə(r)/ *n* fattore *m*
factory /'fæktərɪ/ *n* fabbrica *f*
factual /'fæktʃʊəl/ *a* **be ~** attenersi ai fatti. **~ly** *adv* ‹*inaccurate*› dal punto di vista dei fatti
faculty /'fækəltɪ/ *n* facoltà *f inv*
fad /fæd/ *n* capriccio *m*
fade /feɪd/ *vi* sbiadire; ‹*sound, light:*› affievolirsi; ‹*flower:*› appassire. **fade in** *vt* cominciare in dissolvenza ‹*picture*›. **fade out** *vt* finire in dissolvenza ‹*picture*›
fag /fæg/ *n* (*chore*) fatica *f*; (*fam: cigarette*) sigaretta *f*; (*Am sl: homosexual*) frocio *m*. **~ end** *n fam* cicca *f*
fagged /fægd/ *a* **~ out** *fam* stanco morto
Fahrenheit /'færənhaɪt/ *a* Fahrenheit
fail /feɪl/ *n* **without ~** senz'altro ● *vi* ‹*attempt:*› fallire; ‹*eyesight, memory:*› indebolirsi; ‹*engine, machine:*› guastarsi; ‹*marriage:*› andare a rotoli; (*in exam*) essere bocciato; **~ to do sth** non fare qcsa; **I tried but I ~ed** ho provato ma non ci sono riuscito ● *vt* non superare ‹*exam*›; bocciare ‹*candidate*›; (*disappoint*) deludere; **words ~ me** mi mancano le parole
failing /'feɪlɪŋ/ *n* difetto *m* ● *prep* **~ that** altrimenti
failure /'feɪljə(r)/ *n* fallimento *m*; (*mechanical*) guasto *m*; (*person*) incapace *mf*
faint /feɪnt/ *a* leggero; ‹*memory*› vago; **feel ~** sentirsi mancare ● *n* svenimento *m* ● *vi* svenire
faint: ~-'hearted *a* timido. **~ly** *adv* (*slightly*) leggermente. **~ness** *n* (*physical*) debolezza *f*
fair[1] /feə(r)/ *n* fiera *f*
fair[2] *a* ‹*hair, person*› biondo; ‹*skin*› chiaro; ‹*weather*› bello; (*just*) giusto; (*quite good*) discreto; *Sch* abbastanza bene; **a ~ amount** abbastanza ● *adv* **play ~** fare un gioco pulito. **~ly** *adv* con giustizia; (*rather*) discretamente, abbastanza. **~ness** *n* giustizia *f*. **~ play** *n* fair play *m inv*
fairy /'feərɪ/ *n* fata *f*; **~ story**, **~-tale** *n* fiaba *f*
faith /feɪθ/ *n* fede *f*; (*trust*) fiducia *f*; **in good/bad ~** in buona/mala fede
faithful /'feɪθfl/ *a* fedele. **~ly** *adv* fedelmente; **yours ~ly** distinti saluti. **~ness** *n* fedeltà *f*
'faith-healer *n* guaritore, -trice *mf*
fake /feɪk/ *a* falso ● *n* falsificazione *f*;

(*person*) impostore *m* ● *vt* falsificare; (*pretend*) fingere

falcon /'fɔ:lkən/ *n* falcone *m*

fall /fɔ:l/ *n* caduta *f*; (*in prices*) ribasso *m*; (*Am: autumn*) autunno *m*; **have a ~** fare una caduta ● *vi* (*pt* **fell**, *pp* **fallen**) cadere; ‹*night:*› scendere; **~ in love** innamorarsi. **fall about** *vi* (*with laughter*) morire dal ridere. **fall back on** *vt* ritornare su. **fall for** *vt fam* innamorarsi di ‹*person*›; cascarci ‹*sth, trick*›. **fall down** *vi* cadere; ‹*building:*› crollare. **fall in** *vi* caderci dentro; (*collapse*) crollare; *Mil* mettersi in riga; **~ in with** concordare con ‹*suggestion, plan*›. **fall off** *vi* cadere; (*diminish*) diminuire. **fall out** *vi* (*quarrel*) litigare; **his hair is ~ing out** perde i capelli. **fall over** *vi* cadere. **fall through** *vi* ‹*plan:*› andare a monte

fallacy /'fæləsɪ/ *n* errore *m*

fallible /'fæləbl/ *a* fallibile

'fall-out *n* pioggia *f* radioattiva

false /fɔ:ls/ *a* falso; **~ bottom** doppio fondo *m*; **~ start** *Sport* falsa partenza *f*. **~hood** *n* menzogna *f*. **~ness** *n* falsità *f*

false 'teeth *npl* dentiera *f*

falsify /'fɔ:lsɪfaɪ/ *vt* (*pt/pp* **-ied**) falsificare

falter /'fɔ:ltə(r)/ *vi* vacillare; (*making speech*) esitare

fame /feɪm/ *n* fama *f*

familiar /fə'mɪljə(r)/ *a* familiare; **be ~ with** (*know*) conoscere. **~ity** /-lɪ'ærɪtɪ/ *n* familiarità *f*. **~ize** *vt* familiarizzare; **~ize oneself with** familiarizzarsi con

family /'fæməlɪ/ *n* famiglia *f*

family: ~ al'lowance *n* assegni *mpl* familiari. **~ 'doctor** *n* medico *m* di famiglia. **~ 'life** *n* vita *f* familiare. **~ 'planning** *n* pianificazione *f* familiare. **~ 'tree** *n* albero *m* genealogico

famine /'fæmɪn/ *n* carestia *f*

famished /'fæmɪʃt/ *a* **be ~** *fam* avere una fame da lupo

famous /'feɪməs/ *a* famoso

fan¹ /fæn/ *n* ventilatore *m*; (*handheld*) ventaglio *m* ● *vt* (*pt/pp* **fanned**) far vento a; **~ oneself** sventagliarsi; *fig* **~ the flames** soffiare sul fuoco. **fan out** *vi* spiegarsi a ventaglio

fan² *n* (*admirer*) ammiratore, -trice *mf*; *Sport* tifoso *m*; (*of Verdi etc*) appassionato, -a *mf*

fanatic /fə'nætɪk/ *n* fanatico, -a *mf*. **~al** *a* fanatico. **~ism** /-sɪzm/ *n* fanatismo *m*

'fan belt *n* cinghia *f* per ventilatore

fanciful /'fænsɪfl/ *a* fantasioso

fancy /'fænsɪ/ *n* fantasia *f*; **I've taken a real ~ to him** mi è molto simpatico; **as the ~ takes you** come ti pare ● *a* [a] fantasia ● *vt* (*pt/pp* **-ied**) (*believe*) credere; (*fam: want*) aver voglia di; **he fancies you** *fam* gli piaci; **~ that!** ma guarda un po'! **~ 'dress** *n* costume *m* (*per maschera*)

fanfare /'fænfeə(r)/ *n* fanfara *f*

fang /fæŋ/ *n* zanna *f*; (*of snake*) dente *m*

fan: ~ heater *n* termoventilatore *m*. **~light** *n* lunetta *f*

fantas|ize /'fæntəsaɪz/ *vi* fantasticare. **~tic** /-'tæstɪk/ *a* fantastico. **~y** *n* fantasia *f*

far /fɑ:(r)/ *adv* lontano; (*much*) molto; **by ~** di gran lunga; **~ away** lontano; **as ~ as the church** fino alla chiesa; **how ~ is it from here?** quanto dista da qui?; **as ~ as I know** per quanto io sappia ● *a* ‹*end, side*› altro; **the F~ East** l'Estremo Oriente *m*

farc|e /fɑ:s/ *n* farsa *f*. **~ical** *a* ridicolo

fare /feə(r)/ *n* tariffa *f*; (*food*) vitto *m*. **~-dodger** /-dɒdʒə(r)/ *n* passeggero, -a *mf* senza biglietto

farewell /feə'wel/ *int liter* addio! ● *n* addio *m*

far-'fetched *a* improbabile

farm /fɑ:m/ *n* fattoria *f* ● *vi* fare l'agricoltore ● *vt* coltivare ‹*land*›. **~er** *n* agricoltore *m*

farm: ~house *n* casa *f* colonica. **~ing** *n* agricoltura *f*. **~yard** *n* aia *f*

far: ~-'reaching *a* di larga portata. **~-'sighted** *a fig* prudente; (*Am: longsighted*) presbite

fart /fɑ:t/ *fam n* scoreggia *f* ● *vi* scoreggiare

farther /'fɑ:ðə(r)/ *adv* più lontano ● *a* **at the ~ end of** all'altra estremità di

fascinat|e /'fæsɪneɪt/ *vt* affascinare. **~ing** *a* affascinante. **~ion** /-'neɪʃn/ *n* fascino *m*

fascis|m /'fæʃɪzm/ *n* fascismo *m*. **~t** *n* fascista *mf* ● *a* fascista

fashion /'fæʃn/ *n* moda *f*; (*manner*) maniera *f* ● *vt* modellare. **~able** /-əbl/ *a* di moda; **be ~able** essere alla moda. **~ably** *adv* alla moda

fast¹ /fɑ:st/ *a* veloce; ‹*colour*› indelebile; **be ~** ‹*clock:*› andare avanti ● *adv* velocemente; (*firmly*) saldamente; **~er!** più in fretta!; **be ~ asleep** dormire profondamente

fast² *n* digiuno *m* ● *vi* digiunare

fasten /'fɑ:sn/ *vt* allacciare; chiudere ‹*window*›; (*stop flapping*) mettere un fermo a ● *vi* allacciarsi. **~er** *n*, **~ing** *n* chiusura *f*

fastidious /fəˈstɪdɪəs/ *a* esigente

fat /fæt/ *a* (**fatter, fattest**) ‹*person, cheque*› grasso ● *n* grasso *m*

fatal /ˈfeɪtl/ *a* mortale; ‹*error*› fatale. **~ism** /-təlɪzm/ *n* fatalismo *m*. **~ist** /-təlɪst/ *n* fatalista *mf*. **~ity** /fəˈtælətɪ/ *n* morte *f*. **~ly** *adv* mortalmente

fate /feɪt/ *n* destino *m*. **~ful** *a* fatidico

ˈfat-head *n fam* zuccone, -a *mf*

father /ˈfɑːðə(r)/ *n* padre *m*; **F~ Christmas** Babbo *m* Natale ● *vt* generare ‹*child*›

father: ~hood *n* paternità *f*. **~-in-law** *n* (*pl* **~s-in-law**) suocero *m*. **~ly** *a* paterno

fathom /ˈfæð(ə)m/ *n Naut* braccio *m* ● *vt* **~** [**out**] comprendere

fatigue /fəˈtiːg/ *n* fatica *f*

fatten /ˈfætn/ *vt* ingrassare ‹*animal*›. **~ing** *a* **cream is ~ing** la panna fa ingrassare

fatty /ˈfætɪ/ *a* grasso ● *n fam* ciccione, -a *mf*

fatuous /ˈfætjʊəs/ *a* fatuo

faucet /ˈfɔːsɪt/ *n Am* rubinetto *m*

fault /fɔːlt/ *n* difetto *m*; *Geol* faglia *f*; *Tennis* fallo *m*; **be at ~** avere torto; **find ~ with** trovare da ridire su; **it's your ~** è colpa tua ● *vt* criticare. **~less** *a* impeccabile

faulty /ˈfɔːltɪ/ *a* difettoso

fauna /ˈfɔːnə/ *n* fauna *f*

favour /ˈfeɪvə(r)/ *n* favore *m*; **be in ~ of sth** essere a favore di qcsa; **do sb a ~** fare un piacere a qcno ● *vt* (*prefer*) preferire. **~able** /-əbl/ *a* favorevole

favourit|e /ˈfeɪv(ə)rɪt/ *a* preferito ● *n* preferito, -a *mf*; *Sport* favorito, -a *mf*. **~ism** *n* favoritismo *m*

fawn /fɔːn/ *a* fulvo ● *n* (*animal*) cerbiatto *m*

fax /fæks/ *n* (*document, machine*) fax *m inv*; **by ~** per fax ● *vt* faxare. **~ machine** *n* fax *m inv*. **~-modem** *n* modem-fax *m inv*, fax-modem *m inv*

fear /fɪə(r)/ *n* paura *f*; **no ~!** *fam* vai tranquillo! ● *vt* temere ● *vi* **~ for sth** temere per qcsa

fear|ful /ˈfɪəfl/ *a* pauroso; (*awful*) terribile. **~less** *a* impavido. **~some** /-səm/ *a* spaventoso

feas|ibility /fiːzɪˈbɪlɪtɪ/ *n* praticabilità *f*. **~ible** *a* fattibile; (*possible*) probabile

feast /fiːst/ *n* festa *f*; (*banquet*) banchetto *m* ● *vi* banchettare; **~ on** godersi

feat /fiːt/ *n* impresa *f*

feather /ˈfeðə(r)/ *n* piuma *f*

feature /ˈfiːtʃə(r)/ *n* (*quality*) caratteristica *f*; *Journ* articolo *m*; **~s** (*pl: of face*) lineamenti *mpl* ● *vt* ‹*film:*› avere come protagonista ● *vi* (*on a list etc*) comparire. **~ film** *n* lungometraggio *m*

February /ˈfebrʊərɪ/ *n* febbraio *m*

fed /fed/ *see* **feed** ● *a* **be ~ up** *fam* essere stufo (**with** di)

federal /ˈfed(ə)rəl/ *a* federale

federation /fedəˈreɪʃn/ *n* federazione *f*

fee /fiː/ *n* tariffa *f*; (*lawyer's, doctor's*) onorario *m*; (*for membership, school*) quota *f*

feeble /ˈfiːbl/ *a* debole; ‹*excuse*› fiacco

feed /fiːd/ *n* mangiare *m*; (*for baby*) pappa *f* ● *v* (*pt/pp* **fed**) ● *vt* dar da mangiare a ‹*animal*›; (*support*) nutrire; **~ sth into sth** inserire qcsa in qcsa ● *vi* mangiare

ˈfeedback *n* controreazione *f*; (*of information*) reazione *f*, feedback *m*

feel /fiːl/ *v* (*pt/pp* **felt**) ● *vt* sentire; (*experience*) provare; (*think*) pensare; (*touch: searching*) tastare; (*touch: for texture*) toccare ● *vi* **~ soft/hard** essere duro/morbido al tatto; **~ hot/hungry** aver caldo/fame; **~ ill** sentirsi male; **I don't ~ like it** non ne ho voglia; **how do you ~ about it?** (*opinion*) che te ne pare?; **it doesn't ~ right** non mi sembra giusto. **~er** *n* (*of animal*) antenna *f*; **put out ~ers** *fig* tastare il terreno. **~ing** *n* sentimento *m*; (*awareness*) sensazione *f*

feet /fiːt/ *see* **foot**

feign /feɪn/ *vt* simulare

feline /ˈfiːlaɪn/ *a* felino

fell[1] /fel/ *vt* (*knock down*) abbattere

fell[2] *see* **fall**

fellow /ˈfeləʊ/ *n* (*of society*) socio *m*; (*fam: man*) tipo *m*

fellow: ~-ˈcountryman *n* compatriota *m*. **~men** *npl* prossimi *mpl*. **~ship** *n* cameratismo *m*; (*group*) associazione *f*; *Univ* incarico *m* di ricercatore, -trice

felony /ˈfelənɪ/ *n* delitto *m*

felt[1] /felt/ *see* **feel**

felt[2] *n* feltro *m*. **~[-tipped] ˈpen** /[-tɪpt]/ *n* pennarello *m*

female /ˈfiːmeɪl/ *a* femminile; **the ~ antelope** l'antilope femmina ● *n* femmina *f*

femin|ine /ˈfemɪnɪn/ *a* femminile ● *n Gram* femminile *m*. **~inity** /-ˈnɪnətɪ/ *n* femminilità *f*. **~ist** *a & n* femminista *mf*

fenc|e /fens/ *n* recinto *m*; (*fam: person*) ricettatore *m* ● *vi Sport* tirar di scherma. **fence in** *vt* chiudere in un recinto. **~er** *n* schermidore *m*. **~ing** *n* steccato *m*; *Sport* scherma *f*

fend /fend/ *vi* **~ for oneself** badare a se stesso. **fend off** *vt* parare; difendersi da ‹*criticisms*›

fender /'fendə(r)/ *n* parafuoco *m inv*; (*Am: on car*) parafango *m*

fennel /'fenl/ *n* finocchio *m*

ferment[1] /'fɜ:ment/ *n* fermento *m*

ferment[2] /fə'ment/ *vi* fermentare ● *vt* far fermentare. **~ation** /fɜ:men'teɪʃn/ *n* fermentazione *f*

fern /fɜ:n/ *n* felce *f*

feroc|ious /fə'rəʊʃəs/ *a* feroce. **~ity** /-'rɒsətɪ/ *n* ferocia *f*

ferret /'ferɪt/ *n* furetto *m* ● **ferret out** *vt* scovare

ferry /'ferɪ/ *n* traghetto *m* ● *vt* traghettare

fertil|e /'fɜ:taɪl/ *a* fertile. **~ity** /fɜ:'tɪlətɪ/ *n* fertilità *f*

fertilize /'fɜ:tɪlaɪz/ *vt* fertilizzare ‹*land, ovum*›. **~r** *n* fertilizzante *m*

fervent /'fɜ:vənt/ *a* fervente

fervour /'fɜ:və(r)/ *n* fervore *m*

fester /'festə(r)/ *vi* suppurare

festival /'festɪvl/ *n Mus, Theat* festival *m*; *Relig* festa *f*

festiv|e /'festɪv/ *a* festivo; **~e season** periodo *m* delle feste natalizie. **~ities** /fe'stɪvətɪz/ *npl* festeggiamenti *mpl*

festoon /fe'stu:n/ *vt* **~ with** ornare di

fetch /fetʃ/ *vt* andare/venire a prendere; (*be sold for*) raggiungere [il prezzo di]

fetching /'fetʃɪŋ/ *a* attraente

fête /feɪt/ *n* festa *f* ● *vt* festeggiare

fetish /'fetɪʃ/ *n* feticcio *m*

fetter /'fetə(r)/ *vt* incatenare

fettle /'fetl/ *n* **in fine ~** in buona forma

feud /fju:d/ *n* faida *f*

feudal /'fju:dl/ *a* feudale

fever /'fi:və(r)/ *n* febbre *f*. **~ish** *a* febbricitante; *fig* febbrile

few /fju:/ *a* pochi; **every ~ days** ogni due o tre giorni; **a ~ people** alcuni; **~er reservations** meno prenotazioni; **the ~est number** il numero più basso ● *pron* pochi; **~ of us** pochi di noi; **a ~** alcuni; **quite a ~** parecchi; **~er than last year** meno dell'anno scorso

fiancé /fɪ'ɒnseɪ/ *n* fidanzato *m*. **~e** *n* fidanzata *f*

fiasco /fɪ'æskəʊ/ *n* fiasco *m*

fib /fɪb/ *n* storia *f*; **tell a ~** raccontare una storia

fibre /'faɪbə(r)/ *n* fibra *f*. **~glass** *n* fibra *f* di vetro

fickle /'fɪkl/ *a* incostante

fiction /'fɪkʃn/ *n* [**works of**] **~** narrativa *f*; (*fabrication*) finzione *f*. **~al** *a* immaginario

fictitious /fɪk'tɪʃəs/ *a* fittizio

fiddle /'fɪdl/ *n fam* violino *m*; (*cheating*) imbroglio *m* ● *vi* gingillarsi (**with** con) ● *vt fam* truccare ‹*accounts*›

fiddly /'fɪdlɪ/ *a* intricato

fidelity /fɪ'delətɪ/ *n* fedeltà *f*

fidget /'fɪdʒɪt/ *vi* agitarsi. **~y** *a* agitato

field /fi:ld/ *n* campo *m*

field: ~ events *npl* atletica *fsg* leggera. **~-glasses** *npl* binocolo *msg*. **F~ 'Marshal** *n* feldmaresciallo *m*. **~work** *n* ricerche *fpl* sul terreno

fiend /fi:nd/ *n* demonio *m*

fierce /fɪəs/ *a* feroce. **~ness** *n* ferocia *f*

fiery /'faɪərɪ/ *a* (**-ier, -iest**) focoso

fifteen /fɪf'ti:n/ *a & n* quindici *m*. **~th** *a & n* quindicesimo, -a *mf*

fifth /fɪfθ/ *a & n* quinto, -a *mf*

fiftieth /'fɪftɪɪθ/ *a & n* cinquantesimo, -a *mf*

fifty /'fɪftɪ/ *a & n* cinquanta *m*

fig /fɪg/ *n* fico *m*

fight /faɪt/ *n* lotta *f*; (*brawl*) zuffa *f*; (*argument*) litigio *m*; (*boxing*) incontro *m* ● *v* (*pt/pp* **fought**) ● *vt also fig* combattere ● *vi* combattere; (*brawl*) azzuffarsi; (*argue*) litigare. **~er** *n* combattente *mf*; *Aeron* caccia *m inv*. **~ing** *n* combattimento *m*

figment /'fɪgmənt/ *n* **it's a ~ of your imagination** questo è tutta una tua invenzione

figurative /'fɪgjərətɪv/ *a* ‹*sense*› figurato; ‹*art*› figurativo

figure /'fɪgə(r)/ *n* (*digit*) cifra *f*; (*carving, sculpture, illustration, form*) figura *f*; (*body shape*) linea *f*; **~ of speech** modo *m* di dire ● *vi* (*appear*) figurare ● *vt* (*Am: think*) pensare. **figure out** *vt* dedurre; capire ‹*person*›

figure: ~-head *n* figura *f* simbolica. **~ skating** *n* pattinaggio *m* artistico

file[1] /faɪl/ *n* scheda *f*; (*set of documents*) incartamento *m*; (*folder*) cartellina *f*; *Comput* file *m inv* ● *vt* archiviare ‹*documents*›

file[2] *n* (*line*) fila *f*; **in single ~** in fila

file[3] *n Techn* lima *f* ● *vt* limare

filing cabinet /'faɪlɪŋkæbɪnət/ *n* schedario *m*, classificatore *m*

filings /'faɪlɪŋz/ *npl* limatura *fsg*

fill /fɪl/ *n* **eat one's ~** mangiare a

sazietà ● *vt* riempire; otturare ‹*tooth*› ● *vi* riempirsi. **fill in** *vt* compilare ‹*form*›. **fill out** *vt* compilare ‹*form*›. **fill up** *vi* ‹*room, tank:*› riempirsi; *Auto* far il pieno ● *vt* riempire

fillet /'fɪlɪt/ *n* filetto *m* ● *vt* (*pt/pp* **filleted**) disossare

filling /'fɪlɪŋ/ *n Culin* ripieno *m*; (*of tooth*) piombatura *f*. **~ station** *n* stazione *f* di rifornimento

filly /'fɪlɪ/ *n* puledra *f*

film /fɪlm/ *n Cinema* film *m inv*; *Phot* pellicola *f*; [**cling**] **~** pellicola *f* per alimenti ● *vt/i* filmare. **~ star** *n* star *f inv*, divo, -a *mf*

filter /'fɪltə(r)/ *n* filtro *m* ● *vt* filtrare. **filter through** *vi* ‹*news:*› trapelare. **~ tip** *n* filtro *m*; (*cigarette*) sigaretta *f* col filtro

filth /fɪlθ/ *n* sudiciume *m*. **~y** *a* (**-ier, -iest**) sudicio; ‹*language*› sconcio

fin /fɪn/ *n* pinna *f*

final /'faɪnl/ *a* finale; (*conclusive*) decisivo ● *n Sport* finale *f*; **~s** *pl Univ* esami *mpl* finali

finale /fɪ'nɑ:lɪ/ *n* finale *m*

final|ist /'faɪnəlɪst/ *n* finalista *mf*. **~ity** /-'nælətɪ/ *n* finalità *f*

final|ize /'faɪnəlaɪz/ *vt* mettere a punto ‹*text*›; definire ‹*agreement*›. **~ly** *adv* (*at last*) finalmente; (*at the end*) alla fine; (*to conclude*) per finire

finance /'faɪnæns/ *n* finanza *f* ● *vt* finanziare

financial /faɪ'nænʃl/ *a* finanziario

finch /fɪntʃ/ *n* fringuello *m*

find /faɪnd/ *n* scoperta *f* ● *vt* (*pt/pp* **found**) trovare; (*establish*) scoprire; **~ sb guilty** *Jur* dichiarare qcno colpevole. **find out** *vt* scoprire ● *vi* (*enquire*) informarsi

findings /'faɪndɪŋz/ *npl* conclusioni *fpl*

fine[1] /faɪn/ *n* (*penalty*) multa *f* ● *vt* multare

fine[2] *a* bello; (*slender*) fine; **he's ~** (*in health*) sta bene; **~ arts** belle arti *fpl* ● *adv* bene; **that's cutting it ~** non ci lascia molto tempo ● *int* [va] bene. **~ly** *adv* ‹*cut*› finemente

finery /'faɪnərɪ/ *n* splendore *m*

finesse /fɪ'nes/ *n* finezza *f*

finger /'fɪŋgə(r)/ *n* dito *m* (*pl* dita *f*) ● *vt* tastare

finger: ~-mark *n* ditata *f*. **~-nail** *n* unghia *f*. **~print** *n* impronta *f* digitale. **~tip** *n* punta *f* del dito; **have sth at one's ~tips** sapere qcsa a menadito; (*close at hand*) avere qcsa a portata di mano

finicky /'fɪnɪkɪ/ *a* ‹*person*› pignolo; ‹*task*› intricato

finish /'fɪnɪʃ/ *n* fine *f*; (*finishing line*) traguardo *m*; (*of product*) finitura *f*; **have a good ~** ‹*runner:*› avere un buon finale ● *vt* finire; **~ reading** finire di leggere ● *vi* finire

finite /'faɪnaɪt/ *a* limitato

Finland /'fɪnlənd/ *n* Finlandia *f*

Finn /fɪn/ *n* finlandese *mf*. **~ish** *a* finlandese ● *n* (*language*) finnico *m*

fiord /fjɔ:d/ *n* fiordo *m*

fir /fɜ:(r)/ *n* abete *m*

fire /'faɪə(r)/ *n* fuoco *m*; (*forest, house*) incendio *m*; **be on ~** bruciare; **catch ~** prendere fuoco; **set ~ to** dar fuoco a; **under ~** sotto il fuoco ● *vt* cuocere ‹*pottery*›; sparare ‹*shot*›; tirare ‹*gun*›; (*fam: dismiss*) buttar fuori ● *vi* sparare (**at** a)

fire: ~ alarm *n* allarme *m* antincendio. **~arm** *n* arma *f* da fuoco. **~ brigade** *n* vigili *mpl* del fuoco. **~-engine** *n* autopompa *f*. **~-escape** *n* uscita *f* di sicurezza. **~ extinguisher** *n* estintore *m*. **~man** *n* pompiere *m*, vigile *m* del fuoco. **~place** *n* caminetto *m*. **~side** *n* **by** *or* **at the ~side** accanto al fuoco. **~ station** *n* caserma *f* dei pompieri. **~wood** *n* legna *f* (*da ardere*). **~work** *n* fuoco *m* d'artificio; **~works** *pl* (*display*) fuochi *mpl* d'artificio

'firing squad *n* plotone *m* d'esecuzione

firm[1] /fɜ:m/ *n* ditta *f*, azienda *f*

firm[2] *a* fermo; ‹*soil*› compatto; (*stable, fixed*) solido; (*resolute*) risoluto. **~ly** *adv* ‹*hold*› stretto; ‹*say*› con fermezza

first /fɜ:st/ *a* & *n* primo, -a *mf*; **at ~** all'inizio; **who's ~?** chi è il primo?; **from the ~** [fin] dall'inizio ● *adv* ‹*arrive, leave*› per primo; (*beforehand*) prima; (*in listing*) prima di tutto, innanzitutto

first: ~ 'aid *n* pronto soccorso *m*. **~-'aid kit** *n* cassetta *f* di pronto soccorso. **~-class** *a* di prim'ordine; *Rail* di prima classe ● *adv* ‹*travel*› in prima classe. **~ 'floor** *n* primo piano *m*; (*Am: ground floor*) pianterreno *m*. **~ly** *adv* in primo luogo. **~ name** *n* nome *m* di battesimo. **~-rate** *a* ottimo

fish /fɪʃ/ *n* pesce *m* ● *vt/i* pescare. **fish out** *vt* tirar fuori

fish: ~bone *n* lisca *f*. **~erman** *n* pescatore *m*. **~-farm** *n* vivaio *m*. **~ 'finger** *n* bastoncino *m* di pesce

fishing /ˈfɪʃɪŋ/ *n* pesca *f*. **~ boat** *n* peschereccio *m*. **~-rod** *n* canna *f* da pesca
fish: ~monger /-mʌŋgə(r)/ *n* pescivendolo *m*. **~-slice** *n* paletta *f* per fritti. **~y** *a* (*fam: suspicious*) sospetto
fission /ˈfɪʃn/ *n Phys* fissione *f*
fist /fɪst/ *n* pugno *m*
fit[1] /fɪt/ *n* (*attack*) attacco *m*; (*of rage*) accesso *m*; (*of generosity*) slancio *m*
fit[2] *a* (**fitter, fittest**) (*suitable*) adatto; (*healthy*) in buona salute; *Sport* in forma; **be ~ to do sth** essere in grado di fare qcsa; **~ to eat** buono da mangiare; **keep ~** tenersi in forma
fit[3] *n* (*of clothes*) taglio *m*; **it's a good ~** ‹*coat etc:*› ti/le sta bene ● *v* (*pt/pp* **fitted**) ● *vi* (*be the right size*) andare bene; **it won't ~** (*no room*) non ci sta ● *vt* (*fix*) applicare (**to** a); (*install*) installare; **it doesn't ~ me** ‹*coat etc:*› non mi va bene; **~ with** fornire di. **fit in** *vi* ‹*person:*› adattarsi; **it won't ~ in** (*no room*) non ci sta ● *vt* (*in schedule, vehicle*) trovare un buco per
fit|ful /ˈfɪtfl/ *a* irregolare. **~fully** *adv* ‹*sleep*› a sprazzi. **~ments** *npl* (*in house*) impianti *mpl* fissi. **~ness** *n* (*suitability*) capacità *f*; [**physical**] **~ness** forma *f*, fitness *m*
fitted: ~ ˈcarpet *n* moquette *f inv*. **~ ˈcupboard** *n* armadio *m* a muro; (*smaller*) armadietto *m* a muro. **~ ˈkitchen** *n* cucina *f* componibile. **~ ˈsheet** *n* lenzuolo *m* con angoli
fitter /ˈfɪtə(r)/ *n* installatore, -trice *mf*
fitting /ˈfɪtɪŋ/ *a* appropriato ● *n* (*of clothes*) prova *f*; *Techn* montaggio *m*; **~s** *pl* accessori *mpl*. **~ room** *n* camerino *m*
five /faɪv/ *a* & *n* cinque *m*. **~r** *n fam* biglietto *m* da cinque sterline
fix /fɪks/ *n* (*sl: drugs*) pera *f*; **be in a ~** *fam* essere nei guai ● *vt* fissare; (*repair*) aggiustare; preparare ‹*meal*›. **fix up** *vt* fissare ‹*meeting*›
fixation /fɪkˈseɪʃn/ *n* fissazione *f*
fixed /fɪkst/ *a* fisso
fixture /ˈfɪkstʃə(r)/ *n Sport* incontro *m*; **~s and fittings** impianti *mpl* fissi
fizz /fɪz/ *vi* frizzare
fizzle /ˈfɪzl/ *vi* **~ out** finire in nulla
fizzy /ˈfɪzɪ/ *a* gassoso. **~ drink** *n* bibita *f* gassata
flabbergasted /ˈflæbəgɑːstɪd/ *a* **be ~** rimanere a bocca aperta
flabby /ˈflæbɪ/ *a* floscio
flag[1] /flæg/ *n* bandiera *f* ● **flag down** *vt* (*pt/pp* **flagged**) far segno di fermarsi a ‹*taxi*›
flag[2] *vi* (*pt/pp* **flagged**) cedere
ˈflag-pole *n* asta *f* della bandiera
flagrant /ˈfleɪgrənt/ *a* flagrante
ˈflagship *n Naut* nave *f* ammiraglia; *fig* fiore *m* all'occhiello
ˈflagstone *n* pietra *f* da lastricare
flair /fleə(r)/ *n* (*skill*) talento *m*; (*style*) stile *m*
flake /fleɪk/ *n* fiocco *m* ● *vi* **~** [**off**] cadere in fiocchi
flaky /ˈfleɪkɪ/ *a* a scaglie. **~ pastry** *n* pasta *f* sfoglia
flamboyant /flæmˈbɔɪənt/ *a* ‹*personality*› brillante; ‹*tie*› sgargiante
flame /fleɪm/ *n* fiamma *f*
flammable /ˈflæməbl/ *a* infiammabile
flan /flæn/ *n* [**fruit**] **~** crostata *f*
flank /flæŋk/ *n* fianco *m* ● *vt* fiancheggiare
flannel /ˈflæn(ə)l/ *n* flanella *f*; (*for washing*) guanto *m* di spugna; **~s** (*trousers*) pantaloni *mpl* di flanella
flannelette /flænəˈlet/ *n* flanella *f* di cotone
flap /flæp/ *n* (*of pocket, envelope*) risvolto *m*; (*of table*) ribalta *f*; **in a ~** *fam* in grande agitazione ● *v* (*pt/pp* **flapped**) ● *vi* sbattere; *fam* agitarsi ● *vt* **~ its wings** battere le ali
flare /fleə(r)/ *n* fiammata *f*; (*device*) razzo *m* ● **flare up** *vi* ‹*rash:*› venire fuori; ‹*fire:*› fare una fiammata; ‹*person, situation:*› esplodere. **~d** *a* ‹*garment*› svasato
flash /flæʃ/ *n* lampo *m*; **in a ~** *fam* in un attimo ● *vi* lampeggiare; **~ past** passare come un bolide ● *vt* lanciare ‹*smile*›; **~ one's head-lights** lampeggiare; **~ a torch at** puntare una torcia su
flash: ~back *n* scena *f* retrospettiva. **~bulb** *n Phot* flash *m inv*. **~er** *n Auto* lampeggiatore *m*. **~light** *n Phot* flash *m inv*; (*Am: torch*) torcia *f* [elettrica]. **~y** *a* vistoso
flask /flɑːsk/ *n* fiasco *m*; (*vacuum ~*) termos *m inv*
flat /flæt/ *a* (**flatter, flattest**) piatto; ‹*refusal*› reciso; ‹*beer*› sgassato; ‹*battery*› scarico; ‹*tyre*› a terra; **A ~** *Mus* la bemolle ● *n* appartamento *m*; *Mus* bemolle *m*; (*puncture*) gomma *f* a terra
flat: ~ ˈfeet *npl* piedi *mpl* piatti. **~-fish** *n* pesce *m* piatto. **~ly** *adv* ‹*refuse*› categoricamente. **~ rate** *n* tariffa *f* unica
flatten /ˈflætn/ *vt* appiattire
flatter /ˈflætə(r)/ *vt* adulare. **~ing** *a*

‹*comments*› lusinghiero; ‹*colour, dress*› che fa sembrare più bello. **~y** *n* adulazione *f*
flat 'tyre *n* gomma *f* a terra
flaunt /flɔ:nt/ *vt* ostentare
flautist /'flɔ:tɪst/ *n* flautista *mf*
flavour /'fleɪvə(r)/ *n* sapore *m* ● *vt* condire; **chocolate ~ed** al sapore di cioccolato. **~ing** *n* condimento *m*
flaw /flɔ:/ *n* difetto *m*. **~less** *a* perfetto
flax /flæks/ *n* lino *m*. **~en** *a* ‹*hair*› biondo platino
flea /fli:/ *n* pulce *f*. **~ market** *n* mercato *m* delle pulci
fleck /flek/ *n* macchiolina *f*
fled /fled/ *see* **flee**
flee /fli:/ *vt/i* (*pt/pp* **fled**) fuggire (**from** da)
fleec|e /fli:s/ *n* pelliccia *f* ● *vt fam* spennare. **~y** *a* ‹*lining*› felpato
fleet /fli:t/ *n* flotta *f*; (*of cars*) parco *m*
fleeting /'fli:tɪŋ/ *a* **catch a ~ glance of sth** intravedere qcsa; **for a ~ moment** per un attimo
flesh /fleʃ/ *n* carne *f*; **in the ~** in persona. **~y** *a* carnoso
flew /flu:/ *see* **fly²**
flex¹ /fleks/ *vt* flettere ‹*muscle*›
flex² *n Electr* filo *m*
flexib|ility /fleksɪ'bɪlətɪ/ *n* flessibilità *f*. **~le** *a* flessibile
'flexitime /'fleksɪ-/ *n* orario *m* flessibile
flick /flɪk/ *vt* dare un buffetto a; **~ sth off sth** togliere qcsa da qcsa con un colpetto. **flick through** *vt* sfogliare
flicker /'flɪkə(r)/ *vi* tremolare
flier /'flaɪə(r)/ *n* = **flyer**
flight¹ /flaɪt/ *n* (*fleeing*) fuga *f*; **take ~** darsi alla fuga
flight² *n* (*flying*) volo *m*; **~ of stairs** rampa *f*
flight: ~ path *n* traiettoria *f* di volo. **~ recorder** *n* registratore *m* di volo
flighty /'flaɪtɪ/ *a* (**-ier, -iest**) frivolo
flimsy /'flɪmzɪ/ *a* (**-ier, -iest**) ‹*material*› leggero; ‹*shelves*› poco robusto; ‹*excuse*› debole
flinch /flɪntʃ/ *vi* (*wince*) sussultare; (*draw back*) ritirarsi; **~ from a task** *fig* sottrarsi a un compito
fling /flɪŋ/ *n* **have a ~** (*fam: affair*) aver un'avventura ● *vt* (*pt/pp* **flung**) gettare
flint /flɪnt/ *n* pietra *f* focaia; (*for lighter*) pietrina *f*
flip /flɪp/ *v* (*pt/pp* **flipped**) ● *vt* dare un colpetto a; buttare in aria ‹*coin*› ● *vi* *fam* uscire dai gangheri; (*go mad*) impazzire. **flip through** *vt* sfogliare
flippant /'flɪpənt/ *a* irriverente
flipper /'flɪpə(r)/ *n* pinna *f*
flirt /flɜ:t/ *n* civetta *f* ● *vi* flirtare
flirtat|ion /flɜ:'teɪʃn/ *n* flirt *m inv*. **~ious** /-ʃəs/ *a* civettuolo
flit /flɪt/ *vi* (*pt/pp* **flitted**) volteggiare
float /fləʊt/ *n* galleggiante *m*; (*in procession*) carro *m*; (*money*) riserva *f* di cassa ● *vi* galleggiare; *Fin* fluttuare
flock /flɒk/ *n* gregge *m*; (*of birds*) stormo *m* ● *vi* affollarsi
flog /flɒg/ *vt* (*pt/pp* **flogged**) bastonare; (*fam: sell*) vendere
flood /flʌd/ *n* alluvione *f*; (*of river*) straripamento *m*; (*fig: of letters, tears*) diluvio *m*; **be in ~** ‹*river:*› essere straripato ● *vt* allagare ● *vi* ‹*river:*› straripare
'floodlight *n* riflettore *m* ● *vt* (*pt/pp* **floodlit**) illuminare con riflettori
floor /flɔ:(r)/ *n* pavimento *m*; (*storey*) piano *m*; (*for dancing*) pista *f* ● *vt* (*baffle*) confondere; (*knock down*) stendere ‹*person*›
floor: ~ board *n* asse *f* del pavimento. **~-polish** *n* cera *f* per il pavimento. **~ show** *n* spettacolo *m* di varietà
flop /flɒp/ *n fam* (*failure*) tonfo *m*; *Theat* fiasco *m* ● *vi* (*pt/pp* **flopped**) (*fam: fail*) far fiasco. **flop down** *vi* accasciarsi
floppy /'flɒpɪ/ *a* floscio. **~ 'disk** *n* floppy disk *m inv*. **~ [disk] drive** *n* lettore di floppy *m*
flora /'flɔ:rə/ *n* flora *f*
floral /'flɔ:rəl/ *a* floreale
Florence /'flɒrəns/ *n* Firenze *f*
florid /'flɒrɪd/ *a* ‹*complexion*› florido; ‹*style*› troppo ricercato
florist /'flɒrɪst/ *n* fioriao, -a *mf*
flounce /flaʊns/ *n* balza *f* ● *vi* **~ out** uscire con aria melodrammatica
flounder¹ /'flaʊndə(r)/ *vi* dibattersi; ‹*speaker:*› impappinarsi
flounder² *n* (*fish*) passera *f* di mare
flour /'flaʊə(r)/ *n* farina *f*
flourish /'flʌrɪʃ/ *n* gesto *m* drammatico; (*scroll*) ghirigoro *m* ● *vi* prosperare ● *vt* brandire
floury /'flaʊərɪ/ *a* farinoso
flout /flaʊt/ *vt* fregarsene di ‹*rules*›
flow /fləʊ/ *n* flusso *m* ● *vi* scorrere; (*hang loosely*) ricadere
flower /'flaʊə(r)/ *n* fiore *m* ● *vi* fiorire
flower: ~-bed *n* aiuola *f*. **~ed** *a* a fiori. **~pot** *n* vaso *m* [per i fiori]. **~y** *a* fiorito
flown /fləʊn/ *see* **fly²**
flu /flu:/ *n* influenza *f*

fluctuat|e /'flʌktjʊeɪt/ *vi* fluttuare. **~ion** /-'eɪʃn/ *n* fluttuazione *f*
fluent /'flu:ənt/ *a* spedito; **speak ~ Italian** parlare correntemente l'italiano. **~ly** *adv* speditamente
fluff /flʌf/ *n* peluria *f*. **~y** *a* (**-ier, -iest**) vaporoso; ‹*toy*› di peluche
fluid /'flu:ɪd/ *a* fluido ● *n* fluido *m*
fluke /flu:k/ *n* colpo *m* di fortuna
flung /flʌŋ/ *see* **fling**
flunk /flʌŋk/ *vt Am fam* essere bocciato in
fluorescent /flʊə'resnt/ *a* fluorescente
fluoride /'flʊəraɪd/ *n* fluoruro *m*
flurry /'flʌrɪ/ *n* (*snow*) raffica *f*; *fig* agitazione *f*
flush /flʌʃ/ *n* (*blush*) [vampata *f* di] rossore *m* ● *vi* arrossire ● *vt* lavare con un getto d'acqua; **~ the toilet** tirare l'acqua ● *a* a livello (**with** di); (*fam: affluent*) a soldi
flustered /'flʌstəd/ *a* in agitazione; **get ~** mettersi in agitazione
flute /flu:t/ *n* flauto *m*
flutter /'flʌtə(r)/ *n* battito *m* ● *vi* svolazzare
flux /flʌks/ *n* **in a state of ~** in uno stato di flusso
fly¹ /flaɪ/ *n* (*pl* **flies**) mosca *f*
fly² *v* (*pt* **flew,** *pp* **flown**) ● *vi* volare; (*go by plane*) andare in aereo; ‹*flag:*› sventolare; (*rush*) precipitarsi; **~ open** spalancarsi ● *vt* pilotare ‹*plane*›; trasportare [in aereo] ‹*troops, supplies*›; volare con ‹*Alitalia etc*›
fly³ *n* & **flies** *pl* (*on trousers*) patta *f*
flyer /'flaɪə(r)/ *n* aviatore *m*; (*leaflet*) volantino *m*
flying /'flaɪɪŋ/: **~ 'buttress** *n* arco *m* rampante. **~ 'colours: with ~ colours** a pieni voti. **~ 'saucer** *n* disco *m* volante. **~ 'start** *n* **get off to a ~ start** fare un'ottima partenza. **~ 'visit** *n* visita *f* lampo
fly: ~ leaf *n* risguardo *m*. **~over** *n* cavalcavia *m inv*
foal /fəʊl/ *n* puledro *m*
foam /fəʊm/ *n* schiuma *f*; (*synthetic*) gommapiuma® *f* ● *vi* spumare; **~ at the mouth** far la bava alla bocca. **~ 'rubber** *n* gommapiuma® *f*
fob /fɒb/ *vt* (*pt/pp* **fobbed**) **~ sth off** affibbiare qcsa (**on sb** a qcno); **~ sb off** liquidare qcno
focal /'fəʊkl/ *a* focale
focus /'fəʊkəs/ *n* fuoco *m*; **in ~** a fuoco; **out of ~** sfocato ● *v* (*pt/pp* **focused** *or* **focussed**) ● *vt fig* concentrare (**on** su) ● *vi Phot* **~ on** mettere a fuoco; *fig* concentrarsi (**on** su)
fodder /'fɒdə(r)/ *n* foraggio *m*
foe /fəʊ/ *n* nemico, -a *mf*
foetus /'fi:təs/ *n* (*pl* **-tuses**) feto *m*
fog /fɒg/ *n* nebbia *f*
fogey /'fəʊgɪ/ *n* **old ~** persona *f* antiquata
foggy /'fɒgɪ/ *a* (**foggier, foggiest**) nebbioso; **it's ~** c'è nebbia
'fog-horn *n* sirena *f* da nebbia
foil¹ /fɔɪl/ *n* lamina *f* di metallo
foil² *vt* (*thwart*) frustrare
foil³ *n* (*sword*) fioretto *m*
foist /fɔɪst/ *vt* appioppare (**on sb** a qcno)
fold¹ /fəʊld/ *n* (*for sheep*) ovile *m*
fold² *n* piega *f* ● *vt* piegare; **~ one's arms** incrociare le braccia ● *vi* piegarsi; (*fail*) crollare. **fold up** *vt* ripiegare ‹*chair*› ● *vi* essere pieghevole; ‹*fam: business:*› collassare
fold|er /'fəʊldə(r)/ *n* cartella *f*. **~ing** *a* pieghevole
foliage /'fəʊlɪɪdʒ/ *n* fogliame *m*
folk /fəʊk/ *npl* gente *f*; **my ~s** (*family*) i miei; **hello there ~s** ciao a tutti
folk: ~-dance *n* danza *f* popolare. **~lore** *n* folclore *m*. **~-song** *n* canto *m* popolare
follow /'fɒləʊ/ *vt/i* seguire; **it doesn't ~** non è necessariamente così; **~ suit** *fig* fare lo stesso; **as ~s** come segue. **follow up** *vt* fare seguito a ‹*letter*›
follow|er /'fɒləʊə(r)/ *n* seguace *mf*. **~ing** *a* seguente ● *n* seguito *m*; (*supporters*) seguaci *mpl* ● *prep* in seguito a
folly /'fɒlɪ/ *n* follia *f*
fond /fɒnd/ *a* affezionato; ‹*hope*› vivo; **be ~ of** essere appassionato di ‹*music*›; **I'm ~ of...** ‹*food, person*› mi piace moltissimo...
fondle /'fɒndl/ *vt* coccolare
fondness /'fɒndnɪs/ *n* affetto *m*; (*for things*) amore *m*
font /fɒnt/ *n* fonte *f* battesimale; *Typ* carattere *m* di stampa
food /fu:d/ *n* cibo *m*; (*for animals, groceries*) mangiare *m*; **let's buy some ~** compriamo qualcosa da mangiare
food: ~ mixer *n* frullatore *m*. **~ poisoning** *n* intossicazione *f* alimentare. **~ processor** *n* tritatutto *m inv* elettrico
fool¹ /fu:l/ *n* sciocco, -a *mf*; **she's no ~** non è una stupida; **make a ~ of**

oneself rendersi ridicolo ● *vt* prendere in giro ● *vi* ~ **around** giocare; ‹*husband, wife:*› avere l'amante

fool² *n Culin* crema *f*

'**fool|hardy** *a* temerario. ~**ish** *a* stolto. ~**ishly** *adv* scioccamente. ~**ishness** *n* sciocchezza *f*. ~**proof** *a* facilissimo

foot /fʊt/ *n* (*pl* **feet**) piede *m*; (*of animal*) zampa *f*; (*measure*) piede *m* (= *30,48 cm*); **on** ~ a piedi; **on one's feet** in piedi; **put one's** ~ **in it** *fam* fare una gaffe

foot: ~**-and-'mouth disease** *n* afta *f* epizootica. ~**ball** *n* calcio *m*; (*ball*) pallone *m*. ~**baller** *n* giocatore *m* di calcio. ~**ball pools** *npl* ≈ totocalcio *m*. ~**-brake** *n* freno *m* a pedale. ~**-bridge** *n* passerella *f*. ~**hills** *npl* colline *fpl* pedemontane. ~**hold** *n* punto *m* d'appoggio. ~**ing** *n* **lose one's** ~**ing** perdere l'appiglio; **on an equal** ~**ing** in condizioni di parità. ~**man** *n* valletto *m*. ~**note** *n* nota *f* a piè di pagina. ~**path** *n* sentiero *m*. ~**print** *n* orma *f*. ~**step** *n* passo *m*; **follow in sb's** ~**steps** *fig* seguire l'esempio di qcno. ~**stool** *n* sgabellino *m*. ~**wear** *n* calzature *fpl*

for /fə(r)/, *accentato* /fɔ:(r)/ *prep* per; ~ **this reason** per questa ragione; **I have lived here** ~ **ten years** vivo qui da dieci anni; ~ **supper** per cena; ~ **all that** nonostante questo; **what** ~**?** a che scopo?; **send** ~ **a doctor** chiamare un dottore; **fight** ~ **a cause** lottare per una causa; **go** ~ **a walk** andare a fare una passeggiata; **there's no need** ~ **you to go** non c'è bisogno che tu vada; **it's not** ~ **me to say** no sta a me dirlo; **now you're** ~ **it** ora sei nei pasticci ● *conj* poiché, perché

forage /'fɒrɪdʒ/ *n* foraggio *m* ● *vi* ~ **for** cercare

forbade /fə'bæd/ *see* **forbid**

forbear|ance /fɔ:'beərəns/ *n* pazienza *f*. ~**ing** *a* tollerante

forbid /fə'bɪd/ *vt* (*pt* **forbade**, *pp* **forbidden**) proibire. ~**ding** *a* ‹*prospect*› che spaventa; (*stern*) severo

force /fɔ:s/ *n* forza *f*; **in** ~ in vigore; (*in large numbers*) in massa; **come into** ~ entrare in vigore; **the [armed]** ~**s** *pl* le forze armate ● *vt* forzare; ~ **sth on sb** ‹*decision*› imporre qcsa a qcno; ‹*drink*› costringere qcno a fare qcsa

forced /fɔ:st/ *a* forzato

force: ~**-'feed** *vt* (*pt/pp* **-fed**) nutrire a forza. ~**ful** *a* energico. ~**fully** *adv* ‹*say, argue*› con forza

forceps /'fɔ:seps/ *npl* forcipe *m*

forcible /'fɔ:sɪbl/ *a* forzato

ford /fɔ:d/ *n* guado *m* ● *vt* guadare

fore /fɔ:(r)/ *n* **to the** ~ in vista; **come to the** ~ salire alla ribalta

fore: ~**arm** *n* avambraccio *m*. ~**boding** /-'bəʊdɪŋ/ *n* presentimento *m*. ~**cast** *n* previsione *f* ● *vt* (*pt/pp* ~**cast**) prevedere. ~**court** *n* cortile *m* anteriore. ~**fathers** *npl* antenati *mpl*. ~**finger** *n* [dito *m*] indice *m*. ~**front** *n* **be in the** ~**front** essere all'avanguardia. ~**gone** *a* **be a** ~**gone conclusion** essere una cosa scontata. ~**ground** *n* primo piano *m*. ~**head** /'fɔ:hed, 'fɒrɪd/ *n* fronte *f*. ~**hand** *n Tennis* diritto *m*

foreign /'fɒrən/ *a* straniero; ‹*trade*› estero; (*not belonging*) estraneo; **he is** ~ è uno straniero. ~ **currency** *n* valuta *f* estera. ~**er** *n* straniero, -a *mf*. ~ **language** *n* lingua *f* straniera

Foreign: ~ **Office** *n* ministero *m* degli [affari] esteri. ~ '**Secretary** *n* ministro *m* degli esteri

fore: ~**man** *n* caporeparto *m*. ~**most** *a* principale ● *adv* **first and** ~**most** in primo luogo. ~**name** *n* nome *m* di battesimo

forensic /fə'rensɪk/ *a* ~ **medicine** medicina *f* legale

'**forerunner** *n* precursore *m*

fore'see *vt* (*pt* **-saw**, *pp* **-seen**) prevedere. ~**able** /-əbl/ *a* **in the** ~**able future** in futuro per quanto si possa prevedere

'**foresight** *n* previdenza *f*

forest /'fɒrɪst/ *n* foresta *f*. ~**er** *n* guardia *f* forestale

fore'stall *vt* prevenire

forestry /'fɒrɪstrɪ/ *n* silvicoltura *f*

'**foretaste** *n* pregustazione *f*

fore'tell *vt* (*pt/pp* **-told**) predire

forever /fə'revə(r)/ *adv* per sempre; **he's** ~ **complaining** si lamenta sempre

fore'warn *vt* avvertire

foreword /'fɔ:wɜ:d/ *n* prefazione *f*

forfeit /'fɔ:fɪt/ *n* (*in game*) pegno *m*; *Jur* penalità *f* ● *vt* perdere

forgave /fə'geɪv/ *see* **forgive**

forge¹ /fɔ:dʒ/ *vi* ~ **ahead** ‹*runner:*› lasciarsi indietro gli altri; *fig* farsi strada

forge² *n* fucina *f* ● *vt* fucinare; (*counterfeit*) contraffare. ~**r** *n* contraffattore *m*. ~**ry** *n* contraffazione *f*

forget /fə'get/ *vt/i* (*pt* **-got**, *pp* **-gotten**, *pres p* **-getting**) dimenticare; dimenticarsi di ‹*language, skill*›. ~**table** /-əbl/

a ‹*day, film*› da dimenticare. **~ful** *a* smemorato. **~fulness** *n* smemoratezza *f*. **~-me-not** *n* non-ti-scordar-dimé *m inv*
forgive /fə'gɪv/ *vt* (*pt* **-gave,** *pp* **-given**) **~ sb for sth** perdonare qcno per qcsa. **~ness** *n* perdono *m*
forgo /fɔː'gəʊ/ *vt* (*pt* **-went,** *pp* **-gone**) rinunciare a
forgot(ten) /fə'gɒt(n)/ *see* **forget**
fork /fɔːk/ *n* forchetta *f*; (*for digging*) forca *f*; (*in road*) bivio *m* ● *vi* ‹*road:*› biforcarsi; **~ right** prendere a destra. **fork out** *vt fam* sborsare
fork-lift 'truck *n* elevatore *m*
forlorn /fə'lɔːn/ *a* ‹*look*› perduto; ‹*place*› derelitto; **~ hope** speranza *f* vana
form /fɔːm/ *n* forma *f*; (*document*) modulo *m*; *Sch* classe *f* ● *vt* formare; formulare ‹*opinion*› ● *vi* formarsi
formal /'fɔːml/ *a* formale. **~ity** /-'mælətɪ/ *n* formalità *f inv*. **~ly** *adv* in modo formale; (*officially*) ufficialmente
format /'fɔːmæt/ *n* formato *m* ● *vt* formattare ‹*disk, page*›
formation /fɔː'meɪʃn/ *n* formazione *f*
formative /'fɔːmətɪv/ *a* **~ years** anni *mpl* formativi
former /'fɔːmə(r)/ *a* precedente; ‹*PM, colleague*› ex; **the ~, the latter** il primo, l'ultimo. **~ly** *adv* precedentemente; (*in olden times*) in altri tempi
formidable /'fɔːmɪdəbl/ *a* formidabile
formula /'fɔːmjʊlə/ *n* (*pl* **-ae** /-liː/ *or* **-s**) formula *f*
formulate /'fɔːmjʊleɪt/ *vt* formulare
forsake /fə'seɪk/ *vt* (*pt* **-sook** /-sʊk/, *pp* **-saken**) abbandonare
fort /fɔːt/ *n Mil* forte *m*
forte /'fɔːteɪ/ *n* [pezzo *m*] forte *m*
forth /fɔːθ/ *adv* **back and ~** avanti e indietro; **and so ~** e così via
forth: ~'coming *a* prossimo; (*communicative*) communicativo; **no response was ~** non arrivava nessuna risposta. **~right** *a* schietto. **~'with** *adv* immediatamente
fortieth /'fɔːtɪɪθ/ *a & n* quarantesimo, -a *mf*
fortification /fɔːtɪfɪ'keɪʃn/ *n* fortificazione *f*
fortify /'fɔːtɪfaɪ/ *vt* (*pt/pp* **-ied**) fortificare; *fig* rendere forte
fortnight /'fɔːt-/ *Br n* quindicina *f*. **~ly** *a* bimensile ● *adv* ogni due settimane
fortress /'fɔːtrɪs/ *n* fortezza *f*
fortuitous /fɔː'tjuːɪtəs/ *a* fortuito
fortunate /'fɔːtʃənət/ *a* fortunato; **that's ~!** meno male!. **~ly** *adv* fortunatamente
fortune /'fɔːtʃuːn/ *n* fortuna *f*. **~-teller** *n* indovino, -a *mf*
forty /'fɔːtɪ/ *a & n* quaranta *m*
forum /'fɔːrəm/ *n* foro *m*
forward /'fɔːwəd/ *adv* avanti; (*towards the front*) in avanti ● *a* in avanti; (*presumptuous*) sfacciato ● *n Sport* attaccante *m* ● *vt* inoltrare ‹*letter*›; spedire ‹*goods*›. **~s** *adv* avanti
fossil /'fɒsl/ *n* fossile *m*. **~ized** *a* fossile; ‹*ideas*› fossilizzato
foster /'fɒstə(r)/ *vt* allevare ‹*child*›. **~-child** *n* figlio, -a *mf* in affidamento. **~-mother** *n* madre *f* affidataria
fought /fɔːt/ *see* **fight**
foul /faʊl/ *a* ‹*smell, taste*› cattivo; ‹*air*› viziato; ‹*language*› osceno; ‹*mood, weather*› orrendo; **~ play** *Jur* delitto *m* ● *n Sport* fallo *m* ● *vt* inquinare ‹*water*›; *Sport* commettere un fallo contro; ‹*nets, rope:*› impigliarsi in. **~-smelling** *a* puzzo
found[1] /faʊnd/ *see* **find**
found[2] *vt* fondare
foundation /faʊn'deɪʃn/ *n* (*basis*) fondamento *m*; (*charitable*) fondazione *f*; **~s** *pl* (*of building*) fondamenta *fpl*; **lay the ~-stone** porre la prima pietra
founder[1] /'faʊndə(r)/ *n* fondatore, -trice *mf*
founder[2] *vi* ‹*ship:*› affondare
foundry /'faʊndrɪ/ *n* fonderia *f*
fountain /'faʊntɪn/ *n* fontana *f*. **~-pen** *n* penna *f* stilografica
four /fɔː(r)/ *a & n* quattro *m*
four: ~-'poster *n* letto *m* a baldacchino. **~some** /'fɔːsəm/ *n* quartetto *m*. **~'teen** *a & n* quattordici *m*. **~'teenth** *a & n* quattordicesimo, -a *mf*
fourth /fɔːθ/ *a & n* quarto, -a *mf*
fowl /faʊl/ *n* pollame *m*
fox /fɒks/ *n* volpe *f* ● *vt* (*puzzle*) ingannare
foyer /'fɔɪeɪ/ *n Theat* ridotto *m*; (*in hotel*) salone *m* d'ingresso
fraction /'frækʃn/ *n* frazione *f*
fracture /'fræktʃə(r)/ *n* frattura *f* ● *vt* fratturare ● *vi* fratturarsi
fragile /'frædʒaɪl/ *a* fragile
fragment /'frægmənt/ *n* frammento *m*. **~ary** *a* frammentario
fragran|ce /'freɪgrəns/ *n* fragranza *f*. **~t** *a* fragrante
frail /freɪl/ *a* gracile
frame /freɪm/ *n* (*of picture, door, window*) cornice *f*; (*of spectacles*) monta-

tura *f*; *Anat* ossatura *f*; (*structure, of bike*) telaio *m*; **~ of mind** stato *m* d'animo ● *vt* incorniciare ‹*picture*›; *fig* formulare; (*sl: incriminate*) montare. **~work** *n* struttura *f*

franc /fræŋk/ *n* franco *m*

France /frɑ:ns/ *n* Francia *f*

franchise /'fræntʃaɪz/ *n Pol* diritto *m* di voto; *Comm* franchigia *f*

frank[1] /fræŋk/ *vt* affrancare ‹*letter*›

frank[2] *a* franco. **~ly** *adv* francamente

frankfurter /'fræŋkfɜ:tə(r)/ *n* würstel *m inv*

frantic /'fræntɪk/ *a* frenetico; **be ~ with worry** essere agitatissimo. **~ally** *adv* freneticamente

fraternal /frə'tɜ:nl/ *a* fraterno

fraud /frɔ:d/ *n* frode *f*; (*person*) impostore *m*. **~ulent** /-jʊlənt/ *a* fraudolento

fraught /frɔ:t/ *a* **~ with** pieno di

fray[1] /freɪ/ *n* mischia *f*

fray[2] *vi* sfilacciarsi

frayed /freɪd/ *a* ‹*cuffs*› sfilacciato; ‹*nerves*› a pezzi

freak /fri:k/ *n* fenomeno *m*; (*person*) scherzo *m* di natura; (*fam: weird person*) tipo *m* strambo ● *a* anormale. **~ish** *a* strambo

freckle /'frekl/ *n* lentiggine *f*. **~d** *a* lentigginoso

free /fri:/ *a* (**freer, freest**) libero; ‹*ticket, copy*› gratuito; (*lavish*) generoso; **~ of charge** gratuito; **set ~** liberare ● *vt* (*pt/pp* **freed**) liberare

free: ~dom *n* libertà *f*. **~hand** *adv* a mano libera. **~hold** *n* proprietà *f* [fondiaria] assoluta. **~ 'kick** *n* calcio *m* di punizione. **~lance** *a & adv* indipendente. **~ly** *adv* liberamente; (*generously*) generosamente; **I ~ly admit that...** devo ammettere che.... **F~mason** *n* massone *m*. **~-range** *a* **~-range egg** uovo *m* di gallina ruspante. **~'sample** *n* campione *m* gratuito. **~style** *n* stile *m* libero. **~way** *n Am* autostrada *f*. **~-'wheel** *vi* ‹*car:*› (*in neutral*) andare in folle; (*with engine switched off*) andare a motore spento; ‹*bicycle:*› andare a ruota libera

freez|e /fri:z/ *vt* (*pt* **froze**, *pp* **frozen**) gelare; bloccare ‹*wages*› ● *vi* ‹*water:*› gelare; **it's ~ing** si gela; **my hands are ~ing** ho le mani congelate

freez|er /'fri:zə(r)/ *n* freezer *m inv*, congelatore *m*. **~ing** *a* gelido ● *n* **below ~ing** sotto zero

freight /freɪt/ *n* carico *m*. **~er** *n* nave *f* da carico. **~ train** *n Am* treno *m* merci

French /frentʃ/ *a* francese ● *n* (*language*) francese *m*; **the ~** *pl* i francesi *mpl*

French: ~ 'beans *npl* fagiolini *mpl* [verdi]. **~ 'bread** *n* filone *m* (*di pane*). **~ 'fries** *npl* patate *fpl* fritte. **~man** *n* francese *m*. **~ 'window** *n* porta-finestra *f*. **~woman** *n* francese *f*

frenzied /'frenzɪd/ *a* frenetico

frenzy /'frenzɪ/ *n* frenesia *f*

frequency /'fri:kwənsɪ/ *n* frequenza *f*

frequent[1] /'fri:kwənt/ *a* frequente. **~ly** *adv* frequentemente

frequent[2] /frɪ'kwent/ *vt* frequentare

fresco /'freskəʊ/ *n* affresco *m*

fresh /freʃ/ *a* fresco; (*new*) nuovo; (*Am: cheeky*) sfacciato. **~ly** *adv* di recente

freshen /'freʃn/ *vi* ‹*wind:*› rinfrescare. **freshen up** *vt* dare una rinfrescata a ● *vi* rinfrescarsi

freshness /'freʃnɪs/ *n* freschezza *f*

'freshwater *a* di acqua dolce

fret /fret/ *vi* (*pt/pp* **fretted**) inquietarsi. **~ful** *a* irritabile

'fretsaw *n* seghetto *m* da traforo

friar /'fraɪə(r)/ *n* frate *m*

friction /'frɪkʃn/ *n* frizione *f*

Friday /'fraɪdeɪ/ *n* venerdì *m inv*

fridge /frɪdʒ/ *n* frigo *m*

fried /fraɪd/ *see* **fry** ● *a* fritto; **~ egg** uovo *m* fritto

friend /frend/ *n* amico, -a *mf*. **~ly** *a* (**-ier, -iest**) ‹*relations, meeting, match*› amichevole; ‹*neighbourhood, smile*› piacevole; ‹*software*› di facile uso; **be ~ly with** essere amico di. **~ship** *n* amicizia *f*

frieze /fri:z/ *n* fregio *m*

fright /fraɪt/ *n* paura *f*; **take ~** spaventarsi

frighten /'fraɪtn/ *vt* spaventare. **~ed** *a* spaventato; **be ~ed** aver paura (**of** di). **~ing** *a* spaventoso

frightful /'fraɪtfʊl/ *a* terribile

frigid /'frɪdʒɪd/ *a* frigido. **~ity** /-'dʒɪdətɪ/ *n* freddezza *f*; *Psych* frigidità *f*

frill /frɪl/ *n* volant *m inv*. **~y** *a* ‹*dress*› con tanti volant

fringe /frɪndʒ/ *n* frangia *f*; (*of hair*) frangetta *f*; (*fig: edge*) margine *m*. **~ benefits** *npl* benefici *mpl* supplementari

frisk /frɪsk/ *vt* (*search*) perquisire

frisky /'frɪskɪ/ *a* (**-ier, -iest**) vispo

fritter /'frɪtə(r)/ *n* frittella *f* ● **fritter away** *vt* sprecare

frivol|ity /frɪ'vɒlətɪ/ *n* frivolezza *f*. **~ous** /'frɪvələs/ *a* frivolo

frizzy /'frɪzɪ/ *a* crespo
fro /frəʊ/ *see* **to**
frock /frɒk/ *n* abito *m*
frog /frɒg/ *n* rana *f*. **~man** *n* uomo *m* rana
frolic /'frɒlɪk/ *vi* (*pt/pp* **frolicked**) ‹*lambs:*› sgambettare; ‹*people:*› folleggiare
from /frɒm/ *prep* da; **~ Monday** da lunedì; **~ that day** da quel giorno; **he's ~ London** è di Londra; **this is a letter ~ my brother** questa è una lettera di mio fratello; **documents ~ the 16th century** documenti del XVI secolo; **made ~** fatto con; **she felt ill ~ fatigue** si sentiva male dalla stanchezza; **~ now on** d'ora in poi
front /frʌnt/ *n* parte *f* anteriore; (*fig: organization etc*) facciata *f*; (*of garment*) davanti *m*; (*sea~*) lungomare *m*; *Mil, Pol, Meteorol* fronte *m*; **in ~ of** davanti a; **in** *or* **at the ~** davanti; **to the ~** avanti ● *a* davanti; ‹*page, row, wheel*› anteriore
frontal /'frʌntl/ *a* frontale
front: ~ 'door *n* porta *f* d'entrata. **~ 'garden** *n* giardino *m* d'avanti
frontier /'frʌntɪə(r)/ *n* frontiera *f*
front-wheel 'drive *n* trazione *f* anteriore
frost /frɒst/ *n* gelo *m*; (*hoar~*) brina *f*. **~bite** *n* congelamento *m*. **~bitten** *a* congelato
frost|ed /'frɒstɪd/ *a* **~ed glass** vetro *m* smerigliato. **~ily** *adv* gelidamente. **~ing** *n Am Culin* glassa *f*. **~y** *a also fig* gelido
froth /frɒθ/ *n* schiuma *f* ● *vi* far schiuma. **~y** *a* schiumoso
frown /fraʊn/ *n* cipiglio *m* ● *vi* aggrottare le sopraciglia. **frown on** *vt* disapprovare
froze /frəʊz/ *see* **freeze**
frozen /'frəʊzn/ *see* **freeze** ● *a* ‹*corpse, hand*› congelato; ‹*wastes*› gelido; *Culin* surgelato; **I'm ~** sono gelato. **~ food** *n* surgelati *mpl*
frugal /'fru:gl/ *a* frugale
fruit /fru:t/ *n* frutto *m*; (*collectively*) frutta *f*; **eat more ~** mangia più frutta. **~ cake** *n dolce m con frutta candita*
fruit|erer /'fru:tərə(r)/ *n* fruttivendolo, -a *mf*. **~ful** *a fig* fruttuoso
fruition /fru:'ɪʃn/ *n* **come to ~** dare dei frutti
fruit: ~ juice *n* succo *m* di frutta. **~less** *a* infruttuoso. **~ machine** *n* macchinetta *f* mangiasoldi. **~ 'salad** *n* macedonia *f* [di frutta]
frumpy /'frʌmpɪ/ *a* scialbo
frustrat|e /frʌ'streɪt/ *vt* frustrare; rovinare ‹*plans*›. **~ing** *a* frustrante. **~ion** /-eɪʃn/ *n* frustrazione *f*
fry[1] *vt/i* (*pt/pp* **fried**) friggere
fry[2] /fraɪ/ *n inv* **small ~** *fig* pesce *m* piccolo
frying pan *n* padella *f*
fuck /fʌk/ *vulg vt/i* scopare ● *int* cazzo. **~ing** *a* del cazzo
fuddy-duddy /'fʌdɪdʌdɪ/ *n fam* matusa *mf inv*
fudge /fʌdʒ/ *n caramella f a base di zucchero, burro e latte*
fuel /'fju:əl/ *n* carburante *m*; *fig* nutrimento *m* ● *vt fig* alimentare
fugitive /'fju:dʒɪtɪv/ *n* fuggiasco, -a *mf*
fugue /fju:g/ *n Mus* fuga *f*
fulfil /fʊl'fɪl/ *vt* (*pt/pp* **-filled**) soddisfare ‹*conditions, need*›; realizzare ‹*dream, desire*›; **~ oneself** realizzarsi. **~ling** *a* soddisfacente. **~ment** *n* **sense of ~ment** senso *m* di appagamento
full /fʊl/ *a* pieno (**of** di); (*detailed*) esauriente; ‹*bus, hotel*› completo; ‹*skirt*› ampio; **at ~ speed** a tutta velocità; **in ~ swing** in pieno fervore ● *n* **in ~** per intero
full: ~ 'moon *n* luna *f* piena. **~-scale** *a* ‹*model*› in scala reale; ‹*alert*› di massima gravità. **~ 'stop** *n* punto *m*. **~-time** *a & adv* a tempo pieno
fully /'fʊlɪ/ *adv* completamente; (*in detail*) dettagliatamente; **~ booked** ‹*hotel, restaurant*› tutto prenotato
fumble /'fʌmbl/ *vi* **~ in** rovistare in; **~ with** armeggiare con; **~ for one's keys** rovistare alla ricerca delle chiavi
fume /fju:m/ *vi* (*be angry*) essere furioso
fumes /fju:mz/ *npl* fumi *mpl*; (*from car*) gas *mpl* di scarico
fumigate /'fju:mɪgeɪt/ *vt* suffumicare
fun /fʌn/ *n* divertimento *m*; **for ~** per ridere; **make ~ of** prendere in giro; **have ~** divertirsi
function /'fʌŋkʃn/ *n* funzione *f*; (*event*) cerimonia *f* ● *vi* funzionare; **~ as** (*serve as*) funzionare da. **~al** *a* funzionale
fund /fʌnd/ *n* fondo *m*; *fig* pozzo *m*; **~s** *pl* fondi *mpl* ● *vt* finanziare
fundamental /fʌndə'mentl/ *a* fondamentale
funeral /'fju:nərəl/ *n* funerale *m*
funeral: ~ directors *n* impresa *f* di pompe funebri. **~ home** *Am*, **~**

parlour *n* camera *f* ardente. **~ march** *n* marcia *f* funebre. **~ service** *n* rito *m* funebre

'funfair *n* luna park *m inv*

fungus /'fʌŋgəs/ *n* (*pl* **-gi** /-gaɪ/) fungo *m*

funicular /fju:'nɪkjʊlə(r)/ *n* funicolare *f*

funnel /'fʌnl/ *n* imbuto *m*; (*on ship*) ciminiera *f*

funnily /'fʌnɪlɪ/ *adv* comicamente; (*oddly*) stranamente; **~ enough** strano a dirsi

funny /'fʌnɪ/ *a* (**-ier, -iest**) buffo; (*odd*) strano. **~ business** *n* affare *m* losco

fur /fɜ:(r)/ *n* pelo *m*; (*for clothing*) pelliccia *f*; (*in kettle*) deposito *m*. **~ 'coat** *n* pelliccia *f*

furious /'fjʊərɪəs/ *a* furioso

furnace /'fɜ:nɪs/ *n* fornace *f*

furnish /'fɜnɪʃ/ *vt* ammobiliare ‹*flat*›; fornire ‹*supplies*›. **~ed** *a* **~ed room** stanza *f* ammobiliata. **~ings** *npl* mobili *mpl*

furniture /'fɜ:nɪtʃə(r)/ *n* mobili *mpl*

furred /fɜ:d/ *a* ‹*tongue*› impastato

furrow /'fʌrəʊ/ *n* solco *m*

furry /'fɜ:rɪ/ *a* ‹*animal*› peloso; ‹*toy*› di peluche

further /'fɜ:ðə(r)/ *a* (*additional*) ulteriore; **at the ~ end** all'altra estremità; **until ~ notice** fino a nuovo avviso ● *adv* più lontano; **~,...** inoltre,...; **~ off** più lontano ● *vt* promuovere

further: ~ edu'cation *n* ≈ formazione *f* parauniversitaria. **~'more** *adv* per di più

furthest /'fɜ:ðɪst/ *a* più lontano ● *adv* più lontano

furtive /'fɜ:tɪv/ *a* furtivo

fury /'fjʊərɪ/ *n* furore *m*

fuse¹ /fju:z/ *n* (*of bomb*) detonatore *m*; (*cord*) miccia *f*

fuse² *n Electr* fusibile *m* ● *vt* fondere; *Electr* far saltare ● *vi* fondersi; *Electr* saltare; **the lights have ~d** sono saltate le luci. **~-box** *n* scatola *f* dei fusibili

fuselage /'fju:zəlɑ:ʒ/ *n Aeron* fusoliera *f*

fusion /'fju:ʒn/ *n* fusione *f*

fuss /fʌs/ *n* storie *fpl*; **make a ~** fare storie; **make a ~ of** colmare di attenzioni ● *vi* fare storie

fussy /'fʌsɪ/ *a* (**-ier, -iest**) ‹*person*› difficile da accontentare; ‹*clothes etc*› pieno di fronzoli

fusty /'fʌstɪ/ *a* che odora di stantio; ‹*smell*› di stantio

futil|e /'fju:taɪl/ *a* inutile. **~ity** /-'tɪlətɪ/ *n* futilità *f*

future /'fju:tʃə(r)/ *a* & *n* futuro; **in ~** in futuro. **~ perfect** futuro *m* anteriore

futuristic /fju:tʃə'rɪstɪk/ *a* futuristico

fuzz /fʌz/ *n* **the ~** (*sl: police*) la pula

fuzzy /'fʌzɪ/ *a* (**-ier, -iest**) ‹*hair*› crespo; ‹*photo*› sfuocato

Gg

gab /gæb/ *n fam* **have the gift of the ~** avere la parlantina

gabble /'gæb(ə)l/ *vi* parlare troppo in fretta

gad /gæd/ *vi* (*pt/pp* **gadded**) **~ about** andarsene in giro

gadget /'gædʒɪt/ *n* aggeggio *m*

Gaelic /'geɪlɪk/ *a* & *n* gaelico *m*

gaffe /gæf/ *n* gaffe *f inv*

gag /gæg/ *n* bavaglio *m*; (*joke*) battuta *f* ● *vt* (*pt/pp* **gagged**) imbavagliare

gaily /'geɪlɪ/ *adv* allegramente

gain /geɪn/ *n* guadagno *m*; (*increase*) aumento *m* ● *vt* acquisire; **~ weight** aumentare di peso; **~ access** accedere ● *vi* ‹*clock*:› andare avanti. **~ful** *a* **~ful employment** lavoro *m* remunerativo

gait /geɪt/ *n* andatura *f*

gala /'gɑ:lə/ *n* gala *f*; **swimming ~** manifestazione *f* di nuoto ● *attrib* di gala

galaxy /'gæləksɪ/ *n* galassia *f*

gale /geɪl/ *n* bufera *f*

gall /gɔ:l/ *n* (*impudence*) impudenza *f*

gallant /'gælənt/ *a* coraggioso; (*chivalrous*) galante. **~ry** *n* coraggio *m*

'gall-bladder *n* cistifellea *f*

gallery /'gælərɪ/ *n* galleria *f*

galley /'gælɪ/ *n* (*ship's kitchen*) cambusa *f*; **~ [proof]** bozza *f* in colonna

gallivant /'gælɪvænt/ *vi fam* andare in giro

gallon /'gælən/ *n* gallone *m* (= *4,5 l*; *Am* = *3,7 l*)
gallop /'gæləp/ *n* galoppo *m* ● *vi* galoppare
gallows /'gæləʊz/ *n* forca *f*
'gallstone *n* calcolo *m* biliare
galore /gə'lɔ:(r)/ *adv* a bizzeffe
galvanize /'gælvənaɪz/ *vt Techn* galvanizzare; *fig* stimolare (**into** a)
gambit /'gæmbɪt/ *n* prima mossa *f*
gambl|e /'gæmbl/ *n* (*risk*) azzardo *m* ● *vi* giocare; (*on Stock Exchange*) speculare; **~e on** (*rely*) contare su. **~er** *n* giocatore, -trice *mf* [d'azzardo]. **~ing** *n* gioco *m* [d'azzardo]
game /geɪm/ *n* gioco *m*; (*match*) partita *f*; (*animals, birds*) selvaggina *f*; **~s** *Sch* ≈ ginnastica *f* ● *a* (*brave*) coraggioso; **are you ~?** ti va?; **be ~ for** essere pronto per. **~keeper** *n* guardacaccia *m inv*
gammon /'gæmən/ *n coscia f di maiale*
gamut /'gæmət/ *n fig* gamma *f*
gander /'gændə(r)/ *n* oca *f* maschio
gang /gæŋ/ *n* banda *f*; (*of workmen*) squadra *f* ● **gang up** *vi* far comunella (**on** contro)
gangling /'gæŋglɪŋ/ *a* spilungone
gangrene /'gæŋgri:n/ *n* cancrena *f*
gangster /'gæŋstə(r)/ *n* gangster *m inv*
gangway /'gæŋweɪ/ *n* passaggio *m*; *Naut, Aeron* passerella *f*
gaol /dʒeɪl/ *n* carcere *m* ● *vt* incarcerare. **~er** *n* carceriere *m*
gap /gæp/ *n* spazio *m*; (*in ages, between teeth*) scarto *m*; (*in memory*) vuoto *m*; (*in story*) punto *m* oscuro
gap|e /geɪp/ *vi* stare a bocca aperta; (*be wide open*) spalancarsi; **~e at** guardare a bocca aperta. **~ing** *a* aperto
garage /'gærɑ:ʒ/ *n* garage *m inv*; (*for repairs*) meccanico *m*; (*for petrol*) stazione *f* di servizio
garbage /'gɑ:bɪdʒ/ *n* immondizia *f*; (*nonsense*) idiozie *fpl*. **~ can** *n Am* bidone *m* dell'immondizia
garbled /'gɑ:bld/ *a* confuso
garden /'gɑ:dn/ *n* giardino *m*; [**public**] **~s** *pl* giardini *mpl* pubblici ● *vi* fare giardinaggio. **~ centre** *n negozio m di piante e articoli da giardinaggio*. **~er** *n* giardiniere, -a *mf*. **~ing** *n* giardinaggio *m*
gargle /'gɑ:gl/ *n* gargarismo *m* ● *vi* fare gargarismi
gargoyle /'gɑ:gɔɪl/ *n* gargouille *f inv*
garish /'geərɪʃ/ *a* sgargiante
garland /'gɑ:lənd/ *n* ghirlanda *f*
garlic /'gɑ:lɪk/ *n* aglio *m*. **~ bread** *n* pane *m* condito con aglio
garment /'gɑ:mənt/ *n* indumento *m*
garnish /'gɑ:nɪʃ/ *n* guarnizione *f* ● *vt* guarnire
garrison /'gærɪsn/ *n* guarnigione *f*
garter /'gɑ:tə(r)/ *n* giarrettiera *f*; (*Am: on man's sock*) reggicalze *m inv* da uomo
gas /gæs/ *n* gas *m inv*; (*Am fam: petrol*) benzina *f* ● *v* (*pt/pp* **gassed**) ● *vt* asfissiare ● *vi fam* blaterare. **~ cooker** *n* cucina *f* a gas. **~ 'fire** *n* stufa *f* a gas
gash /gæʃ/ *n* taglio *m* ● *vt* tagliare
gasket /'gæskɪt/ *n Techn* guarnizione *f*
gas: ~ mask *n* maschera *f* antigas. **~-meter** *n* contatore *m* del gas
gasoline /'gæsəli:n/ *n Am* benzina *f*
gasp /gɑ:sp/ *vi* avere il fiato mozzato
'gas station *n Am* distributore *m* di benzina
gastric /'gæstrɪk/ *a* gastrico. **~ 'flu** *n* influenza *f* gastro-intestinale. **~ 'ulcer** *n* ulcera *f* gastrica
gastronomy /gæ'strɒnəmɪ/ *n* gastronomia *f*
gate /geɪt/ *n* cancello *m*; (*at airport*) uscita *f*
gâteau /'gætəʊ/ *n* torta *f*
gate: ~crash *vt* entrare senza invito a. **~crasher** *n* intruso, -a *mf*. **~way** *n* ingresso *m*
gather /'gæðə(r)/ *vt* raccogliere; (*conclude*) dedurre; (*in sewing*) arricciare; **~ speed** acquistare velocità; **~ together** radunare ‹*people, belongings*›; (*obtain gradually*) acquistare ● *vi* ‹*people:*› radunarsi. **~ing** *n* **family ~ing** ritrovo *m* di famiglia
gaudy /'gɔ:dɪ/ *a* (**-ier, -iest**) pacchiano
gauge /geɪdʒ/ *n* calibro *m*; *Rail* scartamento *m*; (*device*) indicatore *m* ● *vt* misurare; *fig* stimare
gaunt /gɔ:nt/ *a* (*thin*) smunto
gauze /gɔ:z/ *n* garza *f*
gave /geɪv/ *see* **give**
gawky /'gɔ:kɪ/ *a* (**-ier, -iest**) sgraziato
gawp /gɔ:p/ *vi* **~** [**at**] *fam* guardare con aria da ebete
gay /geɪ/ *a* gaio; (*homosexual*) omosessuale; ‹*bar, club*› gay
gaze /geɪz/ *n* sguardo *m* fisso ● *vi* guardare; **~ at** fissare
GB *abbr* (**Great Britain**) GB
gear /gɪə(r)/ *n* equipaggiamento *m*; *Techn* ingranaggio *m*; *Auto* marcia *f*; **in ~** con la marcia innestata; **change ~** cambiare marcia ● *vt* finalizzare (**to** a)
gear: ~box *n Auto* scatola *f* del cambio.

~-lever *n*, *Am* **~-shift** *n* leva *f* del cambio
geese /gi:s/ *see* **goose**
geezer /'gi:zə(r)/ *n sl* tipo *m*
gel /dʒel/ *n* gel *m inv*
gelatine /'dʒelətɪn/ *n* gelatina *f*
gelignite /'dʒelɪgnaɪt/ *n* gelatina *f* esplosiva
gem /dʒem/ *n* gemma *f*
Gemini /'dʒemɪnaɪ/ *n Astr* Gemelli *mpl*
gender /'dʒendə(r)/ *n Gram* genere *m*
gene /dʒi:n/ *n* gene *m*
genealogy /dʒi:nɪ'ælədʒɪ/ *n* genealogia *f*
general /'dʒenrəl/ *a* generale ● *n* generale *m*; **in ~** in generale. **~ e'lection** *n* elezioni *fpl* politiche
generaliz|ation /dʒenrəlaɪ'zeɪʃn/ *n* generalizzazione *f*. **~e** /'dʒenrəlaɪz/ *vi* generalizzare
generally /'dʒenrəlɪ/ *adv* generalmente
general prac'titioner *n* medico *m* generico
generate /'dʒenəreɪt/ *vt* generare
generation /dʒenə'reɪʃn/ *n* generazione *f*
generator /'dʒenəreɪtə(r)/ *n* generatore *m*
generic /dʒɪ'nerɪk/ *a* **~ term** termine *m* generico
generosity /dʒenə'rɒsɪtɪ/ *n* generosità *f*
generous /'dʒenərəs/ *a* generoso. **~ly** *adv* generosamente
genetic /dʒɪ'netɪk/ *a* genetico. **~ engineering** *n* ingegneria *f* genetica. **~s** *n* genetica *f*
Geneva /dʒɪ'ni:və/ *n* Ginevra *f*
genial /'dʒi:nɪəl/ *a* gioviale
genitals /'dʒenɪtlz/ *npl* genitali *mpl*
genitive /'dʒenɪtɪv/ *a* & *n* **~ [case]** genitivo *m*
genius /'dʒi:nɪəs/ *n* (*pl* **-uses**) genio *m*
genocide /'dʒenəsaɪd/ *n* genocidio *m*
genre /'ʒɒ̃rə/ *n* genere *m* [letterario]
gent /dʒent/ *n fam* signore *m*; **the ~s** *sg* il bagno per uomini
genteel /dʒen'ti:l/ *a* raffinato
gentle /'dʒentl/ *a* delicato; ‹*breeze, tap, slope*› leggero
gentleman /'dʒentlmən/ *n* signore *m*; (*well-mannered*) gentiluomo *m*
gent|leness /'dʒentlnɪs/ *n* delicatezza *f*. **~ly** *adv* delicatamente
genuine /'dʒenjʊɪn/ *a* genuino. **~ly** *adv* ‹*sorry*› sinceramente
geograph|ical /dʒɪə'græfɪkl/ *a* geografico. **~y** /dʒɪ'ɒgrəfɪ/ *n* geografia *f*
geological /dʒɪə'lɒdʒɪkl/ *a* geologico
geolog|ist /dʒɪ'ɒlədʒɪst/ *n* geologo, -a *mf*. **~y** *n* geologia *f*
geometr|ic[al] /dʒɪə'metrɪk(l)/ *a* geometrico. **~y** /dʒɪ'ɒmətrɪ/ *n* geometria *f*
geranium /dʒə'reɪnɪəm/ *n* geranio *m*
geriatric /dʒerɪ'ætrɪk/ *a* geriatrico; **~ ward** *n* reparto *m* geriatria. **~s** *n* geriatria *f*
germ /dʒɜ:m/ *n* germe *m*; **~s** *pl* microbi *mpl*
German /'dʒɜ:mən/ *n* & *a* tedesco, -a *mf*; (*language*) tedesco *m*
Germanic /dʒə'mænɪk/ *a* germanico
German: ~ 'measles *n* rosolia *f*. **~ 'shepherd** *n* pastore *m* tedesco
Germany /'dʒɜ:mənɪ/ *n* Germania *f*
germinate /'dʒɜ:mɪneɪt/ *vi* germogliare
gesticulate /dʒe'stɪkjʊleɪt/ *vi* gesticolare
gesture /'dʒestʃə(r)/ *n* gesto *m*
get /get/ *v* (*pt*/*pp* **got**, *pp Am also* **gotten**, *pres p* **getting**) ● *vt* (*receive*) ricevere; (*obtain*) ottenere; trovare ‹*job*›; (*buy, catch, fetch*) prendere; (*transport, deliver to airport etc*) portare; (*reach on telephone*) trovare; (*fam: understand*) comprendere; preparare ‹*meal*›; **~ sb to do sth** far fare qcsa a qcno ● *vi* (*become*) **~ tired/bored/angry** stancarsi/annoiarsi/arrabbiarsi; **I'm ~ting hungry** mi sta venendo fame; **~ dressed/married** vestirsi/sposarsi; **~ sth ready** preparare qcsa; **~ nowhere** non concludere nulla; **this is ~ting us nowhere** questo non ci è di nessun aiuto; **~ to** (*reach*) arrivare a. **get at** *vi* (*criticize*) criticare; **I see what you're ~ting at** ho capito cosa vuoi dire; **what are you ~ting at?** dove vuoi andare a parare?. **get away** *vi* (*leave*) andarsene; (*escape*) scappare. **get back** *vi* tornare ● *vt* (*recover*) riavere; **~ one's own back** rifarsi. **get by** *vi* passare; (*manage*) cavarsela. **get down** *vi* scendere; **~ down to work** mettersi al lavoro ● *vt* (*depress*) buttare giù. **get in** *vi* entrare ● *vt* mettere dentro ‹*washing*›; far venire ‹*plumber*›. **get off** *vi* scendere; (*from work*) andarsene; *Jur* essere assolto; **~ off the bus/one's bike** scendere dal pullman/dalla bici ● *vt* (*remove*) togliere. **get on** *vi* salire; (*be on good terms*) andare d'accordo; (*make progress*) andare avanti; (*in life*) riuscire; **~ on the bus/one's bike** salire sul pullman/sulla bici; **how are you**

~ting on? come va?. **get out** *vi* uscire; (*of car*) scendere; **~ out!** fuori!; **~ out of** (*avoid doing*) evitare ● *vt* togliere ‹*cork, stain*›. **get over** *vi* andare al di là ● *vt fig* riprendersi da ‹*illness*›. **get round** *vt* aggirare ‹*rule*›; rigirare ‹*person*› ● *vi* **I never ~ round to it** non mi sono mai deciso a farlo. **get through** *vi* (*on telephone*) prendere la linea. **get up** *vi* alzarsi; (*climb*) salire; **~ up a hill** salire su una collina

get: ~away *n* fuga *f*. **~-up** *n* tenuta *f*

geyser /ˈgi:zə(r)/ *n* scaldabagno *m*; *Geol* geyser *m inv*

ghastly /ˈgɑ:stlɪ/ *a* (**-ier, -iest**) terribile; **feel ~** sentirsi da cani

gherkin /ˈgɜ:kɪn/ *n* cetriolino *m*

ghetto /ˈgetəʊ/ *n* ghetto *m*

ghost /gəʊst/ *n* fantasma *m*. **~ly** *a* spettrale

ghoulish /ˈgu:lɪʃ/ *a* macabro

giant /ˈdʒaɪənt/ *n* gigante *m* ● *a* gigante

gibberish /ˈdʒɪbərɪʃ/ *n* stupidaggini *fpl*

gibe /dʒaɪb/ *n* malignità *f inv*

giblets /ˈdʒɪblɪts/ *npl* frattaglie *fpl*

giddiness /ˈgɪdɪnɪs/ *n* vertigini *fpl*

giddy /ˈgɪdɪ/ *a* (**-ier, -iest**) vertiginoso; **feel ~** avere le vertigini

gift /gɪft/ *n* dono *m*; (*to charity*) donazione *f*. **~ed** /-ɪd/ *a* dotato. **~-wrap** *vt* impacchettare in carta da regalo

gig /gɪg/ *n Mus fam* concerto *m*

gigantic /dʒaɪˈgæntɪk/ *a* gigantesco

giggle /ˈgɪgl/ *n* risatina *f* ● *vi* ridacchiare

gild /gɪld/ *vt* dorare

gills /gɪlz/ *npl* branchia *fsg*

gilt /gɪlt/ *a* dorato ● *n* doratura *f*. **~-edged stock** *n* investimento *m* sicuro

gimmick /ˈgɪmɪk/ *n* trovata *f*

gin /dʒɪn/ *n* gin *m inv*

ginger /ˈdʒɪndʒə(r)/ *a* rosso fuoco *inv*; ‹*cat*› rosso ● *n* zenzero *m*. **~ ale** *n*, **~ beer** *n bibita f allo zenzero*. **~bread** *n* panpepato *m*

gingerly /ˈdʒɪndʒəlɪ/ *adv* con precauzione

gipsy /ˈdʒɪpsɪ/ *n* = **gypsy**

giraffe /dʒɪˈrɑ:f/ *n* giraffa *f*

girder /ˈgɜ:də(r)/ *n Techn* trave *f*

girl /gɜ:l/ *n* ragazza *f*; (*female child*) femmina *f*. **~friend** *n* amica *f*; (*of boy*) ragazza *f*. **~ish** *a* da ragazza

giro /ˈdʒaɪərəʊ/ *n* bancogiro *m*; (*cheque*) sussidio *m* di disoccupazione

girth /gɜ:θ/ *n* circonferenza *f*

gist /dʒɪst/ *n* **the ~** la sostanza

give /gɪv/ *n* elasticità *f* ● *v* (*pt* **gave**, *pp* **given**) ● *vt* dare; (*as present*) regalare (**to** a); fare ‹*lecture, present, shriek*›; donare ‹*blood*›; **~ birth** partorire ● *vi* (*to charity*) fare delle donazioni; (*yield*) cedere. **give away** *vt* dar via; (*betray*) tradire; (*distribute*) assegnare; **~ away the bride** portare la sposa all'altare. **give back** *vt* restituire. **give in** *vt* consegnare ● *vi* (*yield*) arrendersi. **give off** *vt* emanare. **give over** *vi* **~ over!** piantala!. **give up** *vt* rinunciare a; **~ oneself up** arrendersi ● *vi* rinunciare. **give way** *vi* cedere; *Auto* dare la precedenza; (*collapse*) crollare

given /ˈgɪvn/ *see* **give** ● *a* **~ name** nome *m* di battesimo

glacier /ˈglæsɪə(r)/ *n* ghiacciaio *m*

glad /glæd/ *a* contento (**of** di). **~den** /ˈglædn/ *vt* rallegrare

glade /gleɪd/ *n* radura *f*

gladly /ˈglædlɪ/ *adv* volentieri

glamor|ize /ˈglæməraɪz/ *vt* rendere affascinante. **~ous** *a* affascinante

glamour /ˈglæmə(r)/ *n* fascino *m*

glance /glɑ:ns/ *n* sguardo *m* ● *vi* **~ at** dare un'occhiata a. **glance up** *vi* alzare gli occhi

gland /glænd/ *n* glandola *f*

glandular /ˈglændjʊlə(r)/ *a* ghiandolare. **~ fever** *n* mononucleosi *f*

glare /gleə(r)/ *n* bagliore *m*; (*look*) occhiataccia *f* ● *vi* **~ at** dare un'occhiataccia a

glaring /ˈgleərɪŋ/ *a* sfolgorante; ‹*mistake*› madornale

glass /glɑ:s/ *n* vetro *m*; (*for drinking*) bicchiere *m*; **~es** *pl* (*spectacles*) occhiali *mpl*. **~y** *a* vitreo

glaze /gleɪz/ *n* smalto *m* ● *vt* mettere i vetri a ‹*door, window*›; smaltare ‹*pottery*›; *Culin* spennellare. **~d** *a* ‹*eyes*› vitreo

glazier /ˈgleɪzɪə(r)/ *n* vetraio *m*

gleam /gli:m/ *n* luccichio *m* ● *vi* luccicare

glean /gli:n/ *vt* racimolare ‹*information*›

glee /gli:/ *n* gioia *f*. **~ful** *a* gioioso

glen /glen/ *n* vallone *m*

glib /glɪb/ *a pej* insincero

glid|e /glaɪd/ *vi* scorrere; (*through the air*) planare. **~er** *n* aliante *m*

glimmer /ˈglɪmə(r)/ *n* barlume *m* ● *vi* emettere un barlume

glimpse /glɪmps/ *n* occhiata *f*; **catch a ~ of** intravedere ● *vt* intravedere

glint /glɪnt/ *n* luccichio *m* ● *vi* luccicare
glisten /ˈglɪsn/ *vi* luccicare
glitter /ˈglɪtə(r)/ *vi* brillare
gloat /gləʊt/ *vi* gongolare (**over** su)
global /ˈgləʊbl/ *a* mondiale. **~ization** /-aɪˈzeɪʃən/ *n* globalizzazione *f*
globe /gləʊb/ *n* globo *m*; (*map*) mappamondo *m*
gloom /glu:m/ *n* oscurità *f*; (*sadness*) tristezza *f*. **~ily** *adv* (*sadly*) con aria cupa
gloomy /ˈglu:mɪ/ *a* (**-ier, -iest**) cupo
glorif|y /ˈglɔ:rɪfaɪ/ *vt* (*pt/pp* **-ied**) glorificare; **a ~ied waitress** niente più che una cameriera
glorious /ˈglɔ:rɪəs/ *a* splendido; ‹*deed, hero*› glorioso
glory /ˈglɔ:rɪ/ *n* gloria *f*; (*splendour*) splendore *m*; (*cause for pride*) vanto *m* ● *vi* (*pt/pp* **-ied**) **~ in** vantarsi di
gloss /glɒs/ *n* lucentezza *f*. **~ paint** *n* vernice *f* lucida ● **gloss over** *vt* sorvolare su
glossary /ˈglɒsərɪ/ *n* glossario *m*
glossy /ˈglɒsɪ/ *a* (**-ier, -iest**) lucido; **~** [**magazine**] rivista *f* femminile
glove /glʌv/ *n* guanto *m*. **~ compartment** *n Auto* cruscotto *m*
glow /gləʊ/ *n* splendore *m*; (*in cheeks*) rossore *m*; (*of candle*) luce *f* soffusa ● *vi* risplendere; ‹*candle:*› brillare; ‹*person:*› avvampare. **~ing** *a* ardente; ‹*account*› entusiastico. **~-worm** *n* lucciola *f*
glucose /ˈglu:kəʊs/ *n* glucosio *m*
glue /glu:/ *n* colla *f* ● *vt* (*pres p* **gluing**) incollare
glum /glʌm/ *a* (**glummer, glummest**) tetro
glut /glʌt/ *n* eccesso *m*
glutton /ˈglʌtən/ *n* ghiottone, -a *mf*. **~ous** /-əs/ *a* ghiotto. **~y** *n* ghiottoneria *f*
GMO *n abbr* (**genetically modified organism**) OMG *m inv*
gnarled /nɑ:ld/ *a* nodoso
gnash /næʃ/ *vt* **~ one's teeth** digrignare i denti
gnaw /nɔ:/ *vt* rosicchiare
go /gəʊ/ *n* (*pl* **goes**) energia *f*; (*attempt*) tentativo *m*; **on the go** in movimento; **at one go** in una sola volta; **it's your go** tocca a te; **make a go of it** riuscire ● *vi* (*pt* **went**, *pp* **gone**) andare; (*leave*) andar via; (*vanish*) sparire; (*become*) diventare; (*be sold*) vendersi; **go and see** andare a vedere; **go swimming/shopping** andare a nuotare/fare spese; **where's the time gone?** come ha fatto il tempo a volare così?; **it's all gone** è finito; **be going to do** stare per fare; **I'm not going to** non ne ho nessuna intenzione; **to go** ‹*Am: hamburgers etc*› da asporto; **a coffee to go** un caffè da portar via. **go about** *vi* andare in giro. **go away** *vi* andarsene. **go back** *vi* ritornare. **go by** *vi* passare. **go down** *vi* scendere; ‹*sun:*› tramontare; ‹*ship:*› affondare; ‹*swelling:*› diminuire. **go for** *vt* andare a prendere; andare a cercare ‹*doctor*›; (*choose*) optare per; (*fam: attack*) aggredire; **he's not the kind I go for** non è il genere che mi attira. **go in** *vi* entrare. **go in for** *vt* partecipare a ‹*competition*›; darsi a ‹*tennis*›. **go off** *vi* andarsene; ‹*alarm:*› scattare; ‹*gun, bomb:*› esplodere; ‹*food, milk:*› andare a male; **go off well** riuscire. **go on** *vi* andare avanti; **what's going on?** cosa succede? **go on at** *vt fam* scocciare. **go out** *vi* uscire; ‹*light, fire:*› spegnersi. **go over** *vi* andare ● *vt* (*check*) controllare. **go round** *vi* andare in giro; (*visit*) andare; (*turn*) girare; **is there enough to go round?** ce n'è abbastanza per tutti? **go through** *vi* ‹*bill, proposal:*› passare ● *vt* (*suffer*) subire; (*check*) controllare; (*read*) leggere. **go under** *vi* passare sotto; ‹*ship, swimmer:*› andare sott'acqua; (*fail*) fallire. **go up** *vi* salire; ‹*Theat: curtain:*› aprirsi. **go with** *vt* accompagnare. **go without** *vt* fare a meno di ‹*supper, sleep*› ● *vi* fare senza
goad /gəʊd/ *vt* spingere (**into** a); (*taunt*) spronare
ˈgo-ahead *a* ‹*person, company*› intraprendente ● *n* okay *m*
goal /gəʊl/ *n* porta *f*; (*point scored*) gol *m inv*; (*in life*) obiettivo *m*; **score a ~** segnare. **~ie** *fam*, **~keeper** *n* portiere *m*. **~-post** *n* palo *m*
goat /gəʊt/ *n* capra *f*
gobble /ˈgɒbl/ *vt* **~** [**down, up**] trangugiare
ˈgo-between *n* intermediario, -a *mf*
God, god /gɒd/ *n* Dio *m*, dio *m*
god: ~child *n* figlioccio, -a *mf*. **~-daughter** *n* figlioccia *f*. **~dess** *n* dea *f*. **~father** *n* padrino *m*. **~-fearing** *a* timorato di Dio. **~-forsaken** *a* dimenticato da Dio. **~mother** *n* madrina *f*. **~parents** *npl* padrino *m* e madrina *f*. **~send** *n* manna *f*. **~son** *n* figlioccio *m*
go-getter /ˈgəʊgetə(r)/ *n* ambizioso, -a *mf*
goggle /ˈgɒgl/ *vi fam* **~ at** fissare con gli occhi sgranati. **~s** *npl* occhiali *mpl*;

(*of swimmer*) occhialini *mpl* [da piscina]; (*of worker*) occhiali *mpl* protettivi

going /ˈgəʊɪŋ/ *a* ‹*price, rate*› corrente; **~ concern** azienda *f* florida ● *n* **it's hard ~** è una faticaccia; **while the ~ is good** finché si può. **~s-'on** *npl* avvenimenti *mpl*

gold /gəʊld/ *n* oro *m* ● *a* d'oro

golden /ˈgəʊldn/ *a* dorato. **~ 'handshake** *n* buonuscita *f* (*al termine di un rapporto di lavoro*). **~ mean** *n* giusto mezzo *m*. **~ 'wedding** *n* nozze *fpl* d'oro

gold: ~fish *n inv* pesce *m* rosso. **~-mine** *n* miniera *f* d'oro. **~-plated** *a* placcato d'oro. **~smith** *n* orefice *m*

golf /gɒlf/ *n* golf *m*

golf: ~-club *n* circolo *m* di golf; (*implement*) mazza *f* da golf. **~-course** *n* campo *m* di golf. **~er** *n* giocatore, -trice *mf* di golf

gondo|la /ˈgɒndələ/ *n* gondola *f*. **~lier** /-ˈlɪə(r)/ *n* gondoliere *m*

gone /gɒn/ *see* **go**

gong /gɒŋ/ *n* gong *m inv*

good /gʊd/ *a* (**better, best**) buono; ‹*child, footballer, singer*› bravo; ‹*holiday, film*› bello; **~ at** bravo in; **a ~ deal of anger** molta rabbia; **as ~ as** (*almost*) quasi; **~ morning, ~ afternoon** buon giorno; **~ evening** buona sera; **~ night** buonanotte; **have a ~ time** divertirsi ● *n* bene *m*; **for ~** per sempre; **do ~** far del bene; **do sb ~** far bene a qcno; **it's no ~** è inutile; **be up to no ~** combinare qualcosa

goodbye /gʊdˈbaɪ/ *int* arrivederci

good: ~-for-nothing *n* buono, -a *mf* a nulla. **G~ 'Friday** *n* Venerdì *m* Santo

good: ~-'looking *a* bello. **~-'natured** *a* **be ~-natured** avere un buon carattere

goodness /ˈgʊdnɪs/ *n* bontà *f*; **my ~!** santo cielo!; **thank ~!** grazie al cielo!

goods /gʊdz/ *npl* prodotti *mpl*. **~ train** *n* treno *m* merci

good'will *n* buona volontà *f*; *Comm* avviamento *m*

goody /ˈgʊdɪ/ *n* (*fam: person*) buono *m*. **~-goody** *n* santarellino, -a *mf*

gooey /ˈgu:ɪ/ *a fam* appiccicaticcio; *fig* sdolcinato

goof /gu:f/ *vi fam* cannare

goose /gu:s/ *n* (*pl* **geese**) oca *f*

gooseberry /ˈgʊzbərɪ/ *n* uva *f* spina

goose /gu:s/: **~-flesh** *n*, **~-pimples** *npl* pelle *fsg* d'oca

gore[1] /gɔ:(r)/ *n* sangue *m*

gore[2] *vt* incornare

gorge /gɔ:dʒ/ *n Geog* gola *f* ● *vt* **~ oneself** ingozzarsi

gorgeous /ˈgɔ:dʒəs/ *a* stupendo

gorilla /gəˈrɪlə/ *n* gorilla *m inv*

gormless /ˈgɔ:mlɪs/ *a fam* stupido

gorse /gɔ:s/ *n* ginestrone *m*

gory /ˈgɔ:rɪ/ *a* (**-ier, -iest**) cruento

gosh /gɒʃ/ *int fam* caspita

gospel /ˈgɒspl/ *n* vangelo *m*. **~ truth** *n* sacrosanta verità *f*

gossip /ˈgɒsɪp/ *n* pettegolezzi *mpl*; (*person*) pettegolo, -a *mf* ● *vi* pettegolare. **~y** *a* pettegolo

got /gɒt/ *see* **get**; **have ~** avere; **have ~ to do sth** dover fare qcsa

Gothic /ˈgɒθɪk/ *a* gotico

gotten /ˈgɒtn/ *Am see* **get**

gouge /gaʊdʒ/ *vt* **~ out** cavare

gourmet /ˈgʊəmeɪ/ *n* buongustaio, -a *mf*

gout /gaʊt/ *n* gotta *f*

govern /ˈgʌv(ə)n/ *vt/i* governare; (*determine*) determinare

government /ˈgʌvnmənt/ *n* governo *m*. **~al** /-ˈmentl/ *a* governativo

governor /ˈgʌvənə(r)/ *n* governatore *m*; (*of school*) membro *m* de consiglio di istituto; (*of prison*) direttore, -trice *mf*; (*fam: boss*) capo *m*

gown /gaʊn/ *n* vestito *m*; *Univ, Jur* toga *f*

GP *n abbr* **general practitioner**

grab /græb/ *vt* (*pt/pp* **grabbed**) **~ [hold of]** afferrare

grace /greɪs/ *n* grazia *f*; (*before meal*) benedicite *m inv*; **with good ~** volentieri; **three days' ~** tre giorni di proroga. **~ful** *a* aggraziato. **~fully** *adv* con grazia

gracious /ˈgreɪʃəs/ *a* cortese; (*elegant*) lussuoso

grade /greɪd/ *n* livello *m*; *Comm* qualità *f*; *Sch* voto *m*; (*Am Sch: class*) classe *f*; *Am* = **gradient** ● *vt Comm* classificare; *Sch* dare il voto a. **~ crossing** *n Am* passaggio *m* a livello

gradient /ˈgreɪdɪənt/ *n* pendenza *f*

gradual /ˈgrædʒʊəl/ *a* graduale. **~ly** *adv* gradualmente

graduate[1] /ˈgrædʒʊət/ *n* laureato, -a *mf*

graduate[2] /ˈgrædʒʊeɪt/ *vi Univ* laurearsi

graduation /grædʒʊˈeɪʃn/ *n* laurea *f*

graffiti /grəˈfi:tɪ/ *npl* graffiti *mpl*

graft /grɑ:ft/ *n* (*Bot, Med*) innesto *m*; (*Med: organ*) trapianto *m*; (*fam: hard work*) duro lavoro *m*; (*fam: corruption*) corruzione *f* ● *vt* innestare; trapiantare ‹*organ*›

grain /greɪn/ *n* (*of sand, salt*) granello *m*; (*of rice*) chicco *m*; (*cereals*) cereali *mpl*; (*in wood*) venatura *f*; **it goes against the ~** *fig* è contro la mia/sua natura

gram /græm/ *n* grammo *m*

grammar /'græmə(r)/ *n* grammatica *f*. **~ school** *n* ≈ liceo *m*

grammatical /grə'mætɪkl/ *a* grammaticale

granary /'grænərɪ/ *n* granaio *m*

grand /grænd/ *a* grandioso; *fam* eccellente

grandad /'grændæd/ *n fam* nonno *m*

'grandchild *n* nipote *mf*

'granddaughter *n* nipote *f*

grandeur /'grændʒə(r)/ *n* grandiosità *f*

'grandfather *n* nonno *m*. **~ clock** *n* pendolo *m* (*che poggia a terra*)

grandiose /'grændɪəʊs/ *a* grandioso

grand: ~mother *n* nonna *f*. **~parents** *npl* nonni *mpl*. **~ pi'ano** *n* pianoforte *m* a coda. **~son** *n* nipote *m*. **~stand** *n* tribuna *f*

granite /'grænɪt/ *n* granito *m*

granny /'grænɪ/ *n fam* nonna *f*

grant /grɑ:nt/ *n* (*money*) sussidio *m*; *Univ* borsa *f* di studio ● *vt* accordare; (*admit*) ammettere; **take sth for ~ed** dare per scontato qcsa

granulated /'grænjʊleɪtɪd/ *a* **~ sugar** zucchero *m* semolato

granule /'grænju:l/ *n* granello *m*

grape /greɪp/ *n* acino *m*; **~s** *pl* uva *fsg*

grapefruit /'greɪp-/ *n inv* pompelmo *m*

graph /grɑ:f/ *n* grafico *m*

graphic /'græfɪk/ *a* grafico; (*vivid*) vivido. **~s** *n* grafica *f*

'graph paper *n* carta *f* millimetrata

grapple /'græpl/ *vi* **~ with** *also fig* essere alle prese con

grasp /grɑ:sp/ *n* stretta *f*; (*understanding*) comprensione *f* ● *vt* afferrare. **~ing** *a* avido

grass /grɑ:s/ *n* erba *f*; **at the ~ roots** alla base. **~hopper** *n* cavalletta *f*. **~land** *n* prateria *f*

grassy /'grɑ:sɪ/ *a* erboso

grate¹ /greɪt/ *n* grata *f*

grate² *vt Culin* grattugiare ● *vi* stridere

grateful /'greɪtfl/ *a* grato. **~ly** *adv* con gratitudine

grater /'greɪtə(r)/ *n Culin* grattugia *f*

gratif|y /'grætɪfaɪ/ *vt* (*pt/pp* **-ied**) appagare. **~ied** *a* appagato. **~ying** *a* appagante

grating /'greɪtɪŋ/ *n* grata *f*

gratis /'grɑ:tɪs/ *adv* gratis

gratitude /'grætɪtju:d/ *n* gratitudine *f*

gratuitous /grə'tju:ɪtəs/ *a* gratuito

gratuity /grə'tju:ɪtɪ/ *n* gratifica *f*

grave¹ /greɪv/ *a* grave

grave² *n* tomba *f*

gravel /'grævl/ *n* ghiaia *f*

grave: ~stone *n* lapide *f*. **~yard** *n* cimitero *m*

gravitate /'grævɪteɪt/ *vi* gravitare

gravity /'grævɪtɪ/ *n* gravità *f*

gravy /'greɪvɪ/ *n* sugo *m* della carne

gray /greɪ/ *a Am* = **grey**

graze¹ /greɪz/ *vi* ‹*animal:*› pascolare

graze² *n* escoriazione *f* ● *vt* (*touch lightly*) sfiorare; (*scrape*) escoriare; sbucciarsi ‹*knee*›

grease /gri:s/ *n* grasso *m* ● *vt* ungere. **~-proof 'paper** *n* carta *f* oleata

greasy /'gri:sɪ/ *a* (**-ier, -iest**) untuoso; ‹*hair, skin*› grasso

great /greɪt/ *a* grande; (*fam: marvellous*) eccezionale

great: ~-'aunt *n* prozia *f*. **G~ 'Britain** *n* Gran Bretagna *f*. **~-'grandchildren** *npl* pronipoti *mpl*. **~-'grandfather** *n* bisnonno *m*. **~-'grandmother** *n* bisnonna *f*

great|ly /'greɪtlɪ/ *adv* enormemente. **~ness** *n* grandezza *f*

great-'uncle *n* prozio *m*

Greece /gri:s/ *n* Grecia *f*

greed /gri:d/ *n* avidità *f*; (*for food*) ingordigia *f*

greedily /'gri:dɪlɪ/ *adv* avidamente; ‹*eat*› con ingordigia

greedy /'gri:dɪ/ *a* (**-ier, -iest**) avido; (*for food*) ingordo

Greek /gri:k/ *a* & *n* greco, -a *mf*; (*language*) greco *m*

green /gri:n/ *a* verde; (*fig: inexperienced*) immaturo ● *n* verde *m*; **~s** *pl* verdura *f*; **the G~s** *pl Pol* i verdi. **~ belt** *n zona f verde intorno a una città*. **~ card** *n Auto* carta *f* verde

greenery /'gri:nərɪ/ *n* verde *m*

green fingers *npl* **have ~ ~** avere il pollice verde

'greenfly *n* afide *m*

green: ~grocer *n* fruttivendolo, -a *mf*. **~house** *n* serra *f*. **~house effect** *n* effetto *m* serra. **~ light** *n fam* verde *m*

greet /gri:t/ *vt* salutare; (*welcome*) accogliere. **~ing** *n* saluto *m*; (*welcome*) accoglienza *f*. **~ings card** *n* biglietto *m* d'auguri

gregarious /grɪ'geərɪəs/ *a* gregario; (*person*) socievole

grenade /grɪ'neɪd/ *n* granata *f*

grew /gru:/ *see* **grow**

grey /greɪ/ *a* grigio; ‹*hair*› bianco ● *n* grigio *m*. **~hound** *n* levriero *m*

grid /grɪd/ *n* griglia *f*; (*on map*) reticolato *m*; *Electr* rete *f*

grief /gri:f/ *n* dolore *m*; **come to ~** ‹*plans:*› naufragare

grievance /'gri:vəns/ *n* lamentela *f*

grieve /gri:v/ *vt* addolorare ● *vi* essere addolorato

grill /grɪl/ *n* graticola *f*; (*for grilling*) griglia *f*; **mixed ~** grigliata *f* mista ● *vt/i* cuocere alla griglia; (*interrogate*) sottoporre al terzo grado

grille /grɪl/ *n* grata *f*

grim /grɪm/ *a* (**grimmer, grimmest**) arcigno; ‹*determination*› accanito

grimace /grɪ'meɪs/ *n* smorfia *f* ● *vi* fare una smorfia

grime /graɪm/ *n* sudiciume *m*

grimy /'graɪmɪ/ *a* (**-ier, -iest**) sudicio

grin /grɪn/ *n* sorriso *m* ● *vi* (*pt/pp* **grinned**) fare un gran sorriso

grind /graɪnd/ *n* (*fam: hard work*) sfacchinata *f* ● *vt* (*pt/pp* **ground**) macinare; affilare ‹*knife*›; (*Am: mince*) tritare; **~ one's teeth** digrignare i denti

grip /grɪp/ *n* presa *f*; *fig* controllo *m*; (*bag*) borsone *m*; **get a ~ of oneself** controllarsi ● *vt* (*pt/pp* **gripped**) afferrare; ‹*tyres:*› far presa su; tenere avvinto ‹*attention*›

gripe /graɪp/ *vi* (*fam: grumble*) lagnarsi

gripping /'grɪpɪŋ/ *a* avvincente

grisly /'grɪzlɪ/ *a* (**-ier, -iest**) raccapricciante

gristle /'grɪsl/ *n* cartilagine *f*

grit /grɪt/ *n* graniglia *f*; (*for roads*) sabbia *f*; (*courage*) coraggio *m* ● *vt* (*pt/pp* **gritted**) spargere sabbia su ‹*road*›; **~ one's teeth** serrare i denti

grizzle /'grɪzl/ *vi* piagnucolare

groan /grəʊn/ *n* gemito *m* ● *vi* gemere

grocer /'grəʊsə(r)/ *n* droghiere, -a *mf*; **~'s [shop]** drogheria *f*. **~ies** *npl* generi *mpl* alimentari

groggy /'grɒgɪ/ *a* (**-ier, -iest**) stordito; (*unsteady*) barcollante

groin /grɔɪn/ *n Anat* inguine *m*

groom /gru:m/ *n* sposo *m*; (*for horse*) stalliere *m* ● *vt* strigliare ‹*horse*›; *fig* preparare; **well-~ed** ben curato

groove /gru:v/ *n* scanalatura *f*

grope /grəʊp/ *vi* brancolare; **~ for** cercare a tastoni

gross /grəʊs/ *a* obeso; (*coarse*) volgare; (*glaring*) grossolano; ‹*salary, weight*› lordo ● *n inv* grossa *f*. **~ly** *adv* (*very*) enormemente

grotesque /grəʊ'tesk/ *a* grottesco

grotto /'grɒtəʊ/ *n* (*pl* **-es**) grotta *f*

grotty /'grɒtɪ/ *a* (**-ier, -iest**) ‹*fam: flat, street*› squallido

ground¹ /graʊnd/ *see* **grind**

ground² *n* terra *f*; *Sport* terreno *m*; (*reason*) ragione *f*; **~s** *pl* (*park*) giardini *mpl*; (*of coffee*) fondi *mpl* ● *vi* ‹*ship:*› arenarsi ● *vt* bloccare a terra ‹*aircraft*›; *Am Electr* mettere a terra

ground: ~ floor *n* pianterreno *m*. **~ing** *n* base *f*. **~less** *a* infondato. **~sheet** *n* telone *m* impermeabile. **~work** *n* lavoro *m* di preparazione

group /gru:p/ *n* gruppo *m* ● *vt* raggruppare ● *vi* raggrupparsi

grouse¹ /graʊs/ *n inv* gallo *m* cedrone

grouse² *vi fam* brontolare

grovel /'grɒvl/ *vi* (*pt/pp* **grovelled**) strisciare. **~ling** *a* leccapiedi *inv*

grow /grəʊ/ *v* (*pt* **grew**, *pp* **grown**) ● *vi* crescere; (*become*) diventare; ‹*unemployment, fear:*› aumentare; ‹*town:*› ingrandirsi ● *vt* coltivare; **~ one's hair** farsi crescere i capelli. **grow up** *vi* crescere; ‹*town:*› svilupparsi

growl /graʊl/ *n* grugnito *m* ● *vi* ringhiare

grown /grəʊn/ *see* **grow** ● *a* adulto. **~-up** *a* & *n* adulto, -a *mf*

growth /grəʊθ/ *n* crescita *f*; (*increase*) aumento *m*; *Med* tumore *m*

grub /grʌb/ *n* larva *f*; (*fam: food*) mangiare *m*

grubby /'grʌbɪ/ *a* (**-ier, -iest**) sporco

grudg|e /grʌdʒ/ *n* rancore *m*; **bear sb a ~e** portare rancore a qcno ● *vt* dare a malincuore. **~ing** *a* riluttante. **~ingly** *adv* a malincuore

gruelling /'gru:əlɪŋ/ *a* estenuante

gruesome /'gru:səm/ *a* macabro

gruff /grʌf/ *a* burbero

grumble /'grʌmbl/ *vi* brontolare (**at** contro)

grumpy /'grʌmpɪ/ *a* (**-ier, -iest**) scorbutico

grunt /grʌnt/ *n* grugnito *m* ● *vi* fare un grugnito

guarant|ee /gærən'ti:/ *n* garanzia *f* ● *vt* garantire. **~or** *n* garante *mf*

guard /gɑ:d/ *n* guardia *f*; (*security*) guardiano *m*; (*on train*) capotreno *m*;

Techn schermo *m* protettivo; **be on ~** essere di guardia ● *vt* sorvegliare; (*protect*) proteggere. **guard against** *vt* guardarsi da. **~-dog** *n* cane *m* da guardia

guarded /'gɑ:dɪd/ *a* guardingo

guardian /'gɑ:dɪən/ *n* (*of minor*) tutore, -trice *mf*

guerrilla /gə'rɪlə/ *n* guerrigliero, -a *mf*. **~ warfare** *n* guerriglia *f*

guess /ges/ *n* supposizione *f* ● *vt* indovinare ● *vi* indovinare; (*Am: suppose*) supporre. **~work** *n* supposizione *f*

guest /gest/ *n* ospite *mf*; (*in hotel*) cliente *mf*. **~-house** *n* pensione *f*

guffaw /gʌ'fɔ:/ *n* sghignazzata *f* ● *vi* sghignazzare

guidance /'gaɪdəns/ *n* guida *f*; (*advice*) consigli *mpl*

guide /gaɪd/ *n* guida *f*; **[Girl] G~** giovane esploratrice *f* ● *vt* guidare. **~book** *n* guida *f* turistica

guided /'gaɪdɪd/ *a* **~ missile** missile *m* teleguidato; **~ tour** giro *m* guidato

guide: ~-dog *n* cane *m* per ciechi. **~lines** *npl* direttive *fpl*

guild /gɪld/ *n* corporazione *f*

guile /gaɪl/ *n* astuzia *f*

guillotine /'gɪləti:n/ *n* ghigliottina *f*; (*for paper*) taglierina *f*

guilt /gɪlt/ *n* colpa *f*. **~ily** *adv* con aria colpevole

guilty /'gɪltɪ/ *a* (**-ier, -iest**) colpevole; **have a ~ conscience** avere la coscienza sporca

guinea-pig /'gɪnɪ-/ *n* porcellino *m* d'India; (*in experiments*) cavia *f*

guise /gaɪz/ *n* **in the ~ of** sotto le spoglie di

guitar /gɪ'tɑ:(r)/ *n* chitarra *f*. **~ist** *n* chitarrista *mf*

gulf /gʌlf/ *n Geog* golfo *m*; *fig* abisso *m*

gull /gʌl/ *n* gabbiano *m*

gullet /'gʌlɪt/ *n* esofago *m*; (*throat*) gola *f*

gullible /'gʌlɪbl/ *a* credulone

gully /'gʌlɪ/ *n* burrone *m*; (*drain*) canale *m* di scolo

gulp /gʌlp/ *n* azione *f* di deglutire; (*of food*) boccone *m*; (*of liquid*) sorso *m* ● *vi* deglutire. **gulp down** *vt* trangugiare ‹*food*›; scolarsi ‹*liquid*›

gum¹ /gʌm/ *n Anat* gengiva *f*

gum² *n* gomma *f*; (*chewing-gum*) gomma *f* da masticare, chewing-gum *m inv* ● *vt* (*pt/pp* **gummed**) ingommare (**to** a)

gummed /gʌmd/ *see* **gum²** ● *a* ‹*label*› adesivo

gumption /'gʌmpʃn/ *n fam* buon senso *m*

gun /gʌn/ *n* pistola *f*; (*rifle*) fucile *m*; (*cannon*) cannone *m* ● **gun down** *vt* (*pt/pp* **gunned**) freddare

gun: ~fire *n* spari *mpl*; (*of cannon*) colpi *mpl* [di cannone]. **~man** uomo *m* armato

gun: ~powder *n* polvere *f* da sparo. **~shot** *n* colpo *m* [di pistola]

gurgle /'gɜ:gl/ *vi* gorgogliare; ‹*baby:*› fare degli urletti

gush /gʌʃ/ *vi* sgorgare; (*enthuse*) parlare con troppo entusiasmo (**over** di). **gush out** *vi* sgorgare. **~ing** *a* eccessivamente entusiastico

gust /gʌst/ *n* (*of wind*) raffica *f*

gusto /'gʌstəʊ/ *n* **with ~** con trasporto

gusty /'gʌstɪ/ *a* ventoso

gut /gʌt/ *n* intestino *m*; **~s** *pl* pancia *f*; (*fam: courage*) fegato *m* ● *vt* (*pt/pp* **gutted**) *Culin* svuotare delle interiora; **~ted by fire** sventrato da un incendio

gutter /'gʌtə(r)/ *n* canale *m* di scolo; (*on roof*) grondaia *f*; *fig* bassifondi *mpl*

guttural /'gʌtərəl/ *a* gutturale

guy /gaɪ/ *n fam* tipo *m*, tizio *m*

guzzle /'gʌzl/ *vt* ingozzarsi con ‹*food*›; **he's ~d the lot** si è sbafato tutto

gym /dʒɪm/ *n fam* palestra *f*; (*gymnastics*) ginnastica *f*

gymnasium /dʒɪm'neɪzɪəm/ *n* palestra *f*

gymnast /'dʒɪmnæst/ *n* ginnasta *mf*. **~ics** /-'næstɪks/ *n* ginnastica *f*

gym: ~ shoes *npl* scarpe *fpl* da ginnastica. **~-slip** *n Sch* ≈ grembiule *m* (*da bambina*)

gynaecolog|ist /gaɪnɪ'kɒlədʒɪst/ *n* ginecologo, -a *mf*. **~y** *n* ginecologia *f*

gypsy /'dʒɪpsɪ/ *n* zingaro, -a *mf*

gyrate /dʒaɪ'reɪt/ *vi* roteare

Hh

haberdashery /hæbə'dæʃərɪ/ *n* merceria *f*; *Am* negozio *m* d'abbigliamento da uomo
habit /'hæbɪt/ *n* abitudine *f*; (*Relig: costume*) tonaca *f*; **be in the ~ of doing sth** avere l'abitudine di fare qcsa
habitable /'hæbɪtəbl/ *a* abitabile
habitat /'hæbɪtæt/ *n* habitat *m inv*
habitation /hæbɪ'teɪʃn/ *n* **unfit for human ~** inagibile
habitual /hə'bɪtjʊəl/ *a* abituale; ‹*smoker, liar*› inveterato. **~ly** *adv* regolarmente
hack¹ /hæk/ *n* (*writer*) scribacchino, -a *mf*
hack² *vt* tagliare; **~ to pieces** tagliare a pezzi
hackneyed /'hæknɪd/ *a* trito [e ritrito]
'hacksaw *n* seghetto *m*
had /hæd/ *see* **have**
haddock /'hædək/ *n inv* eglefino *m*
haemorrhage /'hemərɪdʒ/ *n* emorragia *f*
haemorrhoids /'hemərɔɪdz/ *npl* emorroidi *fpl*
hag /hæg/ *n* **old ~** vecchia befana *f*
haggard /'hægəd/ *a* sfatto
haggle /'hægl/ *vi* contrattare (**over** per)
hail¹ /heɪl/ *vt* salutare; far segno a ‹*taxi*› ● *vi* **~ from** provenire da
hail² *n* grandine *f* ● *vi* grandinare. **~stone** *n* chicco *m* di grandine. **~storm** *n* grandinata *f*
hair /heə(r)/ *n* capelli *mpl*; (*on body, of animal*) pelo *m*
hair: ~brush *n* spazzola *f* per capelli. **~cut** *n* taglio *m* di capelli; **have a ~cut** farsi tagliare i capelli. **~-do** *n fam* pettinatura *f*. **~dresser** *n* parrucchiere, -a *mf*. **~-dryer** *n* fon *m inv*; (*with hood*) casco *m* [asciugacapelli]. **~-grip** *n* molletta *f*. **~pin** *n* forcina *f*. **~pin 'bend** *n* tornante *m*, curva *f* a gomito. **~-raising** *a* terrificante. **~-style** *n* acconciatura *f*
hairy /'heərɪ/ *a* (**-ier, -iest**) peloso; (*fam: frightening*) spaventoso
hale /heɪl/ *a* **~ and hearty** in piena forma
half /hɑ:f/ *n* (*pl* **halves**) metà *f inv*; **cut in ~** tagliare a metà; **one and a ~** uno e mezzo; **~ a dozen** mezza dozzina; **~ an hour** mezz'ora ● *a* mezzo; **[at] ~ price** [a] metà prezzo ● *adv* a metà; **~ past two** le due e mezza
half: ~ board *n* mezza pensione *f*. **~-'hearted** *a* esitante. **~-'hourly** *a* & *adv* ogni mezz'ora. **~ 'mast** *n* **at ~ mast** a mezz'asta. **~ measures** *npl* mezze misure *fpl*. **'~-open** *a* socchiuso. **~-'term** *n* vacanza *f* di metà trimestre. **~-'time** *n Sport* intervallo *m*. **~'way** *a* **the ~way mark/stage** il livello intermedio ● *adv* a metà strada; **get ~way** *fig* arrivare a metà. **~wit** *n* idiota *mf*
hall /hɔ:l/ *n* (*entrance*) ingresso *m*; (*room*) sala *f*; (*mansion*) residenza *f* di campagna; **~ of residence** *Univ* casa *f* dello studente
'hallmark *n* marchio *m* di garanzia; *fig* marchio *m*
hallo /hə'ləʊ/ *int* ciao!; (*on telephone*) pronto!; **say ~ to** salutare
Hallowe'en /hæləʊ'i:n/ *n vigilia f d'Ognissanti e notte delle streghe, celebrata soprattutto dai bambini*
hallucination /həlu:sɪ'neɪʃn/ *n* allucinazione *f*
halo /'heɪləʊ/ *n* (*pl* **-es**) aureola *f*; *Astr* alone *m*
halt /hɔ:lt/ *n* alt *m inv*; **come to a ~** fermarsi; ‹*traffic:*› bloccarsi ● *vi* fermarsi; **~!** alt! ● *vt* fermare. **~ing** *a* esitante
halve /hɑ:v/ *vt* dividere a metà; (*reduce*) dimezzare
ham /hæm/ *n* prosciutto *m*; *Theat* attore, -trice *mf* da strapazzo
hamburger /'hæmbɜ:gə(r)/ *n* hamburger *m inv*
hamlet /'hæmlɪt/ *n* paesino *m*
hammer /'hæmə(r)/ *n* martello *m* ● *vt* martellare ● *vi* **~ at/on** picchiare a
hammock /'hæmək/ *n* amaca *f*
hamper¹ /'hæmpə(r)/ *n* cesto *m*; **[gift] ~** cestino *m*

hamper² *vt* ostacolare
hamster /'hæmstə(r)/ *n* criceto *m*
hand /hænd/ *n* mano *f*; (*of clock*) lancetta *f*; (*writing*) scrittura *f*; (*worker*) manovale *m*; **at ~, to ~** a portata di mano; **on the one ~** da un lato; **on the other ~** d'altra parte; **out of ~** incontrollabile; (*summarily*) su due piedi; **give sb a ~** dare una mano a qcno ● *vt* porgere. **hand down** *vt* tramandare. **hand in** *vt* consegnare. **hand out** *vt* distribuire. **hand over** *vt* passare; (*to police*) consegnare
hand: ~bag *n* borsa *f* (*da signora*). **~book** *n* manuale *m*. **~brake** *n* freno *m* a mano. **~cuffs** *npl* manette *fpl*. **~ful** *n* manciata *f*; **be [quite] a ~ful** *fam* essere difficile da tenere a freno
handicap /'hændɪkæp/ *n* handicap *m inv*. **~ped** *a* **mentally/physically ~ped** mentalmente/fisicamente handicappato
handi|craft /'hændɪkrɑ:ft/ *n* artigianato *m*. **~work** *n* opera *f*
handkerchief /'hæŋkətʃɪf/ *n* (*pl* **~s** & **-chieves**) fazzoletto *m*
handle /'hændl/ *n* manico *m*; (*of door*) maniglia *f*; **fly off the ~** *fam* perdere le staffe ● *vt* maneggiare; occuparsi di ‹*problem, customer*›; prendere ‹*difficult person*›; trattare ‹*subject*›. **~bars** *npl* manubrio *m*
hand: ~-luggage *n* bagaglio *m* a mano. **~made** *a* fatto a mano. **~-out** *n* (*at lecture*) foglio *m* informativo; (*fam: money*) elemosina *f*. **~rail** *n* corrimano *m*. **~shake** *n* stretta *f* di mano
handsome /'hænsəm/ *a* bello; (*fig: generous*) generoso
hand: ~stand *n* verticale *f*. **~writing** *n* calligrafia *f*. **~-'written** *a* scritto a mano
handy /'hændɪ/ *a* (**-ier, -iest**) utile; ‹*person*› abile; **have/keep ~** avere/tenere a portata di mano. **~man** *n* tuttofare *m inv*
hang /hæŋ/ *vt* (*pt/pp* **hung**) appendere ‹*picture*›; (*pt/pp* **hanged**) impiccare ‹*criminal*›; **~ oneself** impiccarsi ● *vi* (*pt/pp* **hung**) pendere; ‹*hair:*› scendere ● *n* **get the ~ of it** *fam* afferrare. **hang about** *vi* gironzolare. **hang on** *vi* tenersi stretto; (*fam: wait*) aspettare; *Teleph* restare in linea. **hang on to** *vt* tenersi stretto a; (*keep*) tenere. **hang out** *vi* spuntare; **where does he usually ~ out?** *fam* dove bazzica di solito? ● *vt* stendere ‹*washing*›. **hang up** *vt* appendere; *Teleph* riattaccare ● *vi* essere appeso; *Teleph* riattaccare
hangar /'hæŋə(r)/ *n* hangar *m inv*
hanger /'hæŋə(r)/ *n* gruccia *f*. **~-on** *n* leccapiedi *mf*
hang: ~-glider *n* deltaplano *m*. **~-gliding** *n* deltaplano *m*. **~man** *n* boia *m*. **~over** *n fam* postumi *mpl* da sbornia. **~-up** *n fam* complesso *m*
hanker /'hæŋkə(r)/ *vi* **~ after sth** smaniare per qcsa
hanky /'hæŋkɪ/ *n fam* fazzoletto *m*
hanky-panky /hæŋkɪ'pæŋkɪ/ *n fam* qualcosa *m* di losco
haphazard /hæp'hæzəd/ *a* a casaccio
happen /'hæpn/ *vi* capitare, succedere; **as it ~s** per caso; **I ~ed to meet him** mi è capitato di incontrarlo; **what has ~ed to him?** cosa gli è capitato?; (*become of*) che fine ha fatto? **~ing** *n* avvenimento *m*
happi|ly /'hæpɪlɪ/ *adv* felicemente; (*fortunately*) fortunatamente. **~ness** *n* felicità *f*
happy /'hæpɪ/ *a* (**-ier, -iest**) contento, felice. **~-go-'lucky** *a* spensierato
harass /'hærəs/ *vt* perseguitare. **~ed** *a* stressato. **~ment** *n* persecuzione *f*; **sexual ~ment** molestie *fpl* sessuali
harbour /'hɑ:bə(r)/ *n* porto *m* ● *vt* dare asilo a; nutrire ‹*grudge*›
hard /hɑ:d/ *a* duro; ‹*question, problem*› difficile; **~ of hearing** duro d'orecchi; **be ~ on sb** ‹*person:*› essere duro con qcno ● *adv* ‹*work*› duramente; ‹*pull, hit, rain, snow*› forte; **~ hit by unemployment** duramente colpito dalla disoccupazione; **take sth ~** non accettare qcsa; **think ~!** pensaci bene!; **try ~** mettercela tutta; **try ~er** metterci più impegno; **~ done by** *fam* trattato ingiustamente
hard: ~back *n* edizione *f* rilegata. **~-boiled** *a* ‹*egg*› sodo. **~ copy** *n* copia *f* stampata. **~ disk** *n* hard disk *m inv*, disco *m* rigido
harden /'hɑ:dn/ *vi* indurirsi
hard: ~-'headed *a* ‹*businessman*› dal sangue freddo. **~-'hearted** *a* dal cuore duro. **~ line** *n* linea *f* dura; **~ lines!** che sfortuna!. **~line** *a* duro. **~liner** *n* fautore, -trice *mf* della linea dura. **~ luck** *n* sfortuna *f*
hard|ly /'hɑ:dlɪ/ *adv* appena; **~ly ever** quasi mai. **~ness** *n* durezza *f*. **~ship** *n* avversità *f inv*
hard: ~ 'shoulder *n Auto* corsia *f* d'emergenza. **~ up** *a fam* a corto di sol-

di; **~ up for sth** a corto di qcsa. **~ware** *n* ferramenta *fpl*; *Comput* hardware *m inv.* **~-'wearing** *a* resistente. **~-'working** *a* **be ~-working** essere un gran lavoratore

hardy /'hɑ:dɪ/ *a* (**-ier, -iest**) dal fisico resistente; ‹*plant*› che sopporta il gelo

hare /heə(r)/ *n* lepre *f.* **~-brained** *a fam* ‹*scheme*› da scervellati

hark /hɑ:k/ *vi* **~ back to** *fig* ritornare su

harm /hɑ:m/ *n* male *m*; (*damage*) danni *mpl*; **out of ~'s way** in un posto sicuro; **it won't do any ~** non farà certo male ● *vt* far male a; (*damage*) danneggiare. **~ful** *a* dannoso. **~less** *a* innocuo

harmonica /hɑ:'mɒnɪkə/ *n* armonica *f* [a bocca]

harmonious /hɑ:'məʊnɪəs/ *a* armonioso. **~ly** *adv* in armonia

harmon|ize /'hɑ:mənaɪz/ *vi fig* armonizzare. **~y** *n* armonia *f*

harness /'hɑ:nɪs/ *n* finimenti *mpl*; (*of parachute*) imbracatura *f* ● *vt* bardare ‹*horse*›; sfruttare ‹*resources*›

harp /hɑ:p/ *n* arpa *f* ● **harp on** *vi fam* insistere (**about** su). **~ist** *n* arpista *mf*

harpoon /hɑ:'pu:n/ *n* arpione *m*

harpsichord /'hɑ:psɪkɔ:d/ *n* clavicembalo *m*

harrowing /'hærəʊɪŋ/ *a* straziante

harsh /hɑ:ʃ/ *a* duro; ‹*light*› abbagliante. **~ness** *n* durezza *f*

harvest /'hɑ:vɪst/ *n* raccolta *f*; (*of grapes*) vendemmia *f*; (*crop*) raccolto *m* ● *vt* raccogliere

has /hæz/ *see* **have**

hash /hæʃ/ *n* **make a ~ of** *fam* fare un casino con

hashish /'hæʃɪʃ/ *n* hascish *m*

hassle /'hæsl/ *n fam* rottura *f* ● *vt* rompere le scatole a

haste /heɪst/ *n* fretta *f*

hast|y /'heɪstɪ/ *a* (**-ier, -iest**) frettoloso; ‹*decision*› affrettato. **~ily** *adv* frettolosamente

hat /hæt/ *n* cappello *m*

hatch[1] /hætʃ/ *n* (*for food*) sportello *m* passavivande; *Naut* boccaporto *m*

hatch[2] *vi* **~[out]** rompere il guscio; ‹*egg:*› schiudersi ● *vt* covare; tramare ‹*plot*›

'hatchback *n* tre/cinque porte *m inv*; (*door*) porta *f* del bagagliaio

hatchet /'hætʃɪt/ *n* ascia *f*

hate /heɪt/ *n* odio *m* ● *vt* odiare. **~ful** *a* odioso

hatred /'heɪtrɪd/ *n* odio *m*

haught|y /'hɔ:tɪ/ *a* (**-ier, -iest**) altezzoso. **~ily** *adv* altezzosamente

haul /hɔ:l/ *n* (*fish*) pescata *f*; (*loot*) bottino *m*; (*pull*) tirata *f* ● *vt* tirare; trasportare ‹*goods*› ● *vi* **~ on** tirare. **~age** /-ɪdʒ/ *n* trasporto *m*. **~ier** /-ɪə(r)/ *n* autotrasportatore *m*

haunt /hɔ:nt/ *n* ritrovo *m* ● *vt* frequentare; (*linger in the mind*) perseguitare; **this house is ~ed** questa casa è abitata da fantasmi

have /hæv/ *vt* (*3 sg pres tense* **has**; *pt/pp* **had**) avere; fare ‹*breakfast, bath, walk etc*›; **~ a drink** bere qualcosa; **~ lunch/dinner** pranzare/cenare; **~ a rest** riposarsi; **I had my hair cut** mi sono tagliata i capelli; **we had the house painted** abbiamo fatto tinteggiare la casa; **I had it made** l'ho fatto fare; **~ to do sth** dover fare qcsa; **~ him telephone me tomorrow** digli di telefonarmi domani; **he has** *or* **he's got two houses** ha due case; **you've got the money, ~n't you?** hai i soldi, no? ● *v aux* avere; (*with verbs of motion & some others*) essere; **I ~ seen him** l'ho visto; **he has never been there** non ci è mai stato. **have on** *vt* (*be wearing*) portare; (*dupe*) prendere in giro; **I've got something on tonight** ho un impegno stasera. **have out** *vt* **~ it out with sb** chiarire le cose con qcno ● *npl* **the ~s and the ~-nots** i ricchi e i poveri

haven /'heɪvn/ *n fig* rifugio *m*

haversack /'hævə-/ *n* zaino *m*

havoc /'hævək/ *n* strage *f*; **play ~ with** *fig* scombussolare

haw /hɔ:/ *see* **hum**

hawk /hɔ:k/ *n* falco *m*

hay /heɪ/ *n* fieno *m*. **~ fever** *n* raffreddore *m* da fieno. **~stack** *n* pagliaio *m*

'haywire *a fam* **go ~** dare i numeri; ‹*plans:*› andare all'aria

hazard /'hæzəd/ *n* (*risk*) rischio *m* ● *vt* rischiare; **~ a guess** azzardare un'ipotesi. **~ous** /-əs/ *a* rischioso. **~ [warning] lights** *npl Auto* luci *fpl* d'emergenza

haze /heɪz/ *n* foschia *f*

hazel /'heɪz(ə)l/ *n* nocciolo *m*; (*colour*) [color *m*] nocciola *m*. **~-nut** *n* nocciola *f*

hazy /'heɪzɪ/ *a* (**-ier, -iest**) nebbioso; ‹*fig: person*› confuso; ‹*memories*› vago

he /hi:/ *pron* lui; **he's tired** è stanco; **I'm going but he's not** io vengo, ma lui no

head /hed/ *n* testa *f*; (*of firm*) capo *m*; (*of*

primary school) direttore, -trice *mf*; (*of secondary school*) preside *mf*; (*on beer*) schiuma *f*; **be off one's ~** essere fuori di testa; **have a good ~ for business** avere il senso degli affari; **have a good ~ for heights** non soffrire di vertigini; **10 pounds a ~** 10 sterline a testa; **20 ~ of cattle** 20 capi di bestiame; **~ first** a capofitto; **~ over heels in love** innamorato pazzo; **~s or tails?** testa o croce? ● *vt* essere a capo di; essere in testa a ‹*list*›; colpire di testa ‹*ball*› ● *vi* **~ for** dirigersi verso.

head: ~ache *n* mal *m* di testa. **~-dress** *n* acconciatura *f*. **~er** /ˈhedə(r)/ *n* rinvio *m* di testa; (*dive*) tuffo *m* di testa. **~hunter** *n* cacciatore, -trice *mf* di teste. **~ing** *n* (*in list etc*) titolo *m*. **~lamp** *n Auto* fanale *m*. **~land** *n* promontorio *m*. **~light** *n Auto* fanale *m*. **~line** *n* titolo *m*. **~long** *a & adv* a capofitto. **~ˈmaster** *n* (*of primary school*) direttore *m*; (*of secondary school*) preside *m*. **~ˈmistress** *n* (*of primary school*) direttrice *f*; (*of secondary school*) preside *f*. **~ office** *n* sede *f* centrale. **~-on** *a* frontale ● *adv* frontalmente. **~phones** *npl* cuffie *fpl*. **~quarters** *npl* sede *fsg*; *Mil* quartier *m* generale *msg*. **~-rest** *n* poggiatesta *m inv*. **~room** *n* sottotetto *m*; (*of bridge*) altezza *f* libera di passaggio. **~scarf** *n* foulard *m inv*, fazzoletto *m*. **~strong** *a* testardo. **~ ˈwaiter** *n* capocameriere *m*. **~way** *n* progresso *m*. **~wind** *n* vento *m* di prua

heady /ˈhedɪ/ *a* che dà alla testa

heal /hiːl/ *vt/i* guarire

health /helθ/ *n* salute *f*

health: ~ farm *n* centro *m* di rimessa in forma. **~ foods** *npl* alimenti *mpl* macrobiotici. **~-food shop** *n* negozio *m* di macrobiotica. **~ insurance** *n* assicurazione *f* contro malattie

health|y /ˈhelθɪ/ *a* (**-ier, -iest**) sano. **~ily** *adv* in modo sano

heap /hiːp/ *n* mucchio *m*; **~s of** *fam* un sacco di ● *vt* **~ [up]** ammucchiare; **~ed teaspoon** un cucchiaino abbondante

hear /hɪə(r)/ *vt/i* (*pt/pp* **heard**) sentire; **~, ~!** bravo! **~ from** *vi* aver notizie di. **hear of** *vi* sentir parlare di; **he would not ~ of it** non ne ha voluto sentir parlare

hearing /ˈhɪərɪŋ/ *n* udito *m*; *Jur* udienza *f*. **~-aid** *n* apparecchio *m* acustico

ˈhearsay *n* **from ~** per sentito dire

hearse /hɜːs/ *n* carro *m* funebre

heart /hɑːt/ *n* cuore *m*; **~s** *pl* (*in cards*) cuori *mpl*; **by ~** a memoria

heart: ~ache *n* pena *f*. **~ attack** *n* infarto *m*. **~beat** *n* battito *m* cardiaco. **~-break** *n* afflizione *f*. **~-breaking** *a* straziante. **~-broken** *a* **be ~-broken** avere il cuore spezzato. **~burn** *n* mal *m* di stomaco. **~en** *vt* rincuorare. **~felt** *a* di cuore

hearth /hɑːθ/ *n* focolare *m*

heart|ily /ˈhɑːtɪlɪ/ *adv* di cuore; ‹*eat*› con appetito; **be ~ily sick of sth** non poterne più di qcsa. **~less** *a* spietato. **~-searching** *n* esame *m* di coscienza. **~-to-~** *n* conversazione *f* a cuore aperto ● *a* a cuore aperto. **~y** *a* caloroso; ‹*meal*› copioso; ‹*person*› gioviale

heat /hiːt/ *n* calore *m*; *Sport* prova *f* eliminatoria ● *vt* scaldare ● *vi* scaldarsi. **~ed** *a* ‹*swimming pool*› riscaldato; ‹*discussion*› animato. **~er** *n* (*for room*) stufa *f*; (*for water*) boiler *m inv*; *Auto* riscaldamento *m*

heath /hiːθ/ *n* brughiera *f*

heathen /ˈhiːðn/ *a & n* pagano, -a *mf*

heather /ˈheðə(r)/ *n* erica *f*

heating /ˈhiːtɪŋ/ *n* riscaldamento *m*

heat: ~-stroke *n* colpo *m* di sole. **~ wave** *n* ondata *f* di calore

heave /hiːv/ *vt* tirare; (*lift*) tirare su; (*fam: throw*) gettare; emettere ‹*sigh*› ● *vi* tirare

heaven /ˈhev(ə)n/ *n* paradiso *m*; **~ help you if...** Dio ti scampi se...; **H~s!** santo cielo!. **~ly** *a* celeste; *fam* delizioso

heav|y /ˈhevɪ/ *a* (**-ier, -iest**) pesante; ‹*traffic*› intenso; ‹*rain, cold*› forte; **be a ~y smoker/drinker** essere un gran fumatore/bevitore. **~ily** *adv* pesantemente; ‹*smoke, drink etc*› molto. **~yweight** *n* peso *m* massimo

Hebrew /ˈhiːbruː/ *a* ebreo

heckle /ˈhekl/ *vt* interrompere di continuo. **~r** *n* disturbatore, -trice *mf*

hectic /ˈhektɪk/ *a* frenetico

hedge /hedʒ/ *n* siepe *f* ● *vi fig* essere evasivo. **~hog** *n* riccio *m*

heed /hiːd/ *n* **pay ~ to** prestare ascolto a ● *vt* prestare ascolto a. **~less** *a* noncurante

heel¹ /hiːl/ *n* tallone *m*; (*of shoe*) tacco *m*; **take to one's ~s** *fam* darsela a gambe

heel² *vi* **~ over** *Naut* inclinarsi

hefty /ˈheftɪ/ *a* (**-ier, -iest**) massiccio

heifer /ˈhefə(r)/ *n* giovenca *f*

height /haɪt/ *n* altezza *f*; (*of plane*) altitudine *f*; (*of season, fame*) culmine *m*. **~en** *vt fig* accrescere
heir /eə(r)/ *n* erede *mf*. **~ess** *n* ereditiera *f*. **~loom** *n* cimelio *m* di famiglia
held /held/ *see* **hold²**
helicopter /'helɪkɒptə(r)/ *n* elicottero *m*
hell /hel/ *n* inferno *m*; **go to ~!** *sl* va' al diavolo! ● *int* porca miseria!
hello /hə'ləʊ/ *int & n* = **hallo**
helm /helm/ *n* timone *m*; **at the ~** *fig* al timone
helmet /'helmɪt/ *n* casco *m*
help /help/ *n* aiuto *m*; (*employee*) aiuto *m* domestico; **that's no ~** non è d'aiuto ● *vt* aiutare; **~ oneself to sth** servirsi di qcsa; **~ yourself** (*at table*) serviti pure; **I could not ~ laughing** non ho potuto trattenermi dal ridere; **it cannot be ~ed** non c'è niente da fare; **I can't ~ it** non ci posso far niente ● *vi* aiutare
help|er /'helpə(r)/ *n* aiutante *mf*. **~ful** *a* ‹*person*› di aiuto; ‹*advice*› utile. **~ing** *n* porzione *f*. **~less** *a* (*unable to manage*) incapace; (*powerless*) impotente
helter-skelter /heltə'skeltə(r)/ *adv* in fretta e furia ● *n scivolo m a spirale nei luna park*
hem /hem/ *n* orlo *m* ● *vt* (*pt/pp* **hemmed**) orlare. **hem in** *vt* intrappolare
hemisphere /'hemɪ-/ *n* emisfero *m*
hemp /hemp/ *n* canapa *f*
hen /hen/ *n* gallina *f*; (*any female bird*) femmina *f*
hence /hens/ *adv* (*for this reason*) quindi. **~'forth** *adv* d'ora innanzi
henchman /'hentʃmən/ *n pej* tirapiedi *m*
'hen: ~-party *n fam festa f di addio al celibato per sole donne*. **~pecked** *a* tiranneggiato dalla moglie
her /hɜ:(r)/ *poss a* il suo *m*, la sua *f*, i suoi *mpl*, le sue *fpl*; **~ mother/father** sua madre/suo padre ● *pers pron* (*direct object*) la; (*indirect object*) le; (*after prep*) lei; **I know ~** la conosco; **give ~ the money** dalle i soldi; **give it to ~** daglielo; **I came with ~** sono venuto con lei; **it's ~** è lei; **I've seen ~** l'ho vista; **I've seen ~, but not him** ho visto lei, ma non lui
herald /'herəld/ *vt* annunciare
herb /hɜ:b/ *n* erba *f*
herbal /'hɜ:b(ə)l/ *a* alle erbe; **~ tea** tisana *f*
herbs /hɜ:bz/ *npl* (*for cooking*) aromi *mpl* [da cucina]; (*medicinal*) erbe *fpl*
herd /hɜ:d/ *n* gregge *m* ● *vt* (*tend*) sorvegliare; (*drive*) far muovere; *fig* ammassare
here /hɪə(r)/ *adv* qui, qua; **in ~** qui dentro; **come/bring ~** vieni/porta qui; **~ is..., ~ are...** ecco...; **~ you are!** ecco qua!. **~'after** *adv* in futuro. **~'by** *adv* con la presente
heredit|ary /hə'redɪtərɪ/ *a* ereditario. **~y** *n* eredità *f*
here|sy /'herəsɪ/ *n* eresia *f*. **~tic** *n* eretico, -a *mf*
here'with *adv Comm* con la presente
heritage /'herɪtɪdʒ/ *n* eredità *f*
hermetic /hɜ:'metɪk/ *a* ermetico. **~ally** *adv* ermeticamente
hermit /'hɜ:mɪt/ *n* eremita *mf*
hernia /'hɜ:nɪə/ *n* ernia *f*
hero /'hɪərəʊ/ *n* (*pl* **-es**) eroe *m*
heroic /hɪ'rəʊɪk/ *a* eroico
heroin /'herəʊɪn/ *n* eroina *f* (*droga*)
hero|ine /'herəʊɪn/ *n* eroina *f*. **~ism** *n* eroismo *m*
heron /'herən/ *n* airone *m*
herring /'herɪŋ/ *n* aringa *f*
hers /hɜ:z/ *poss pron* il suo *m*, la sua *f*, i suoi *mpl*, le sue *fpl*; **a friend of ~** un suo amico; **friends of ~** dei suoi amici; **that is ~** quello è suo; (*as opposed to mine*) quello è il suo
her'self *pers pron* (*reflexive*) si; (*emphatic*) lei stessa; ‹*after prep*› sé, se stessa; **she poured ~ a drink** si è versata da bere; **she told me so ~** me lo ha detto lei stessa; **she's proud of ~** è fiera di sé; **by ~** da sola
hesitant /'hezɪtənt/ *a* esitante. **~ly** *adv* con esitazione
hesitat|e /'hezɪteɪt/ *vi* esitare. **~ion** /-'teɪʃn/ *n* esitazione *f*
het /het/ *a* **~ up** *fam* agitato
hetero'sexual /hetərəʊ-/ *a* eterosessuale
hexagon /'heksəgən/ *n* esagono *m*. **~al** /hek'sægənl/ *a* esagonale
hey /heɪ/ *int* ehi
heyday /'heɪ-/ *n* tempi *mpl* d'oro
hi /haɪ/ *int* ciao!
hiatus /haɪ'eɪtəs/ *n* (*pl* **-tuses**) iato *m*
hibernat|e /'haɪbəneɪt/ *vi* andare in letargo. **~ion** /-'neɪʃn/ *n* letargo *m*
hiccup /'hɪkʌp/ *n* singhiozzo *m*; (*fam: hitch*) intoppo *m* ● *vi* fare un singhiozzo
hid /hɪd/, **hidden** /'hɪdn/ *see* **hide²**
hide¹ /haɪd/ *n* (*leather*) pelle *f* (*di animale*)

hide² *vt* (*pt* **hid,** *pp* **hidden**) nascondere ● *vi* nascondersi. **~-and-'seek** *n* **play ~-and-seek** giocare a nascondino

hideous /'hɪdɪəs/ *a* orribile

'**hide-out** *n* nascondiglio *m*

hiding¹ /'haɪdɪŋ/ *n* (*fam: beating*) bastonata *f*; (*defeat*) batosta *f*

hiding² *n* **go into ~** sparire dalla circolazione

hierarchy /'haɪərɑ:kɪ/ *n* gerarchia *f*

hieroglyphics /haɪərə'glɪfɪks/ *npl* geroglifici *mpl*

hi-fi /'haɪfaɪ/ *n fam* stereo *m*, hi-fi *m inv* ● *a fam* ad alta fedeltà

higgledy-piggledy /hɪgldɪ'pɪgldɪ/ *adv* alla rinfusa

high /haɪ/ *a* alto; ‹*meat*› che comincia ad andare a male; ‹*wind*› forte; (*on drugs*) fatto; **it's ~ time we did something about it** è ora di fare qualcosa in proposito ● *adv* in alto; **~ and low** in lungo e in largo ● *n* massimo *m*; (*temperature*) massima *f*; **be on a ~** *fam* essere fatto

high: ~brow *a & n* intellettuale *mf*. **~ chair** *n* seggiolone *m*. **~er education** *n* formazione *f* universitaria. **~'-handed** *a* dispotico. **~-'heeled** *a* coi tacchi alti. **~ heels** *npl* tacchi *mpl* alti. **~ jump** *n* salto *m* in alto

highlight /'haɪlaɪt/ *n fig* momento *m* clou; **~s** *pl* (*in hair*) mèche *fpl* ● *vt* (*emphasize*) evidenziare. **~er** *n* (*marker*) evidenziatore *m*

highly /'haɪlɪ/ *adv* molto; **speak ~ of** lodare; **think ~ of** avere un'alta opinione di. **~-'strung** *a* nervoso

Highness /'haɪnɪs/ *n* altezza *f*; **Your ~** Sua Altezza

high: ~-rise *a* ‹*building*› molto alto ● *n* edificio *m* molto alto. **~ school** *n* scuola *f* superiore. **~ season** *n* alta stagione *f*. **~ street** *n* strada *f* principale. **~ tea** *n pasto m pomeridiano servito insieme al tè*. **~ 'tide** *n* alta marea *f*. **~way code** *n* codice *m* stradale

hijack /'haɪdʒæk/ *vt* dirottare ● *n* dirottamento *m*. **~er** *n* dirottatore, -trice *mf*

hike /haɪk/ *n* escursione *f* a piedi ● *vi* fare un'escursione a piedi. **~r** *n* escursionista *mf*

hilarious /hɪ'leərɪəs/ *a* esilarante

hill /hɪl/ *n* collina *f*; (*mound*) collinetta *f*; (*slope*) altura *f*

hill: ~side *n* pendio *m*. **~y** *a* collinoso

hilt /hɪlt/ *n* impugnatura *f*; **to the ~** ‹*fam: support*› fino in fondo; ‹*mortgaged*› fino al collo

him /hɪm/ *pers pron* (*direct object*) lo; (*indirect object*) gli; (*with prep*) lui; **I know ~** lo conosco; **give ~ the money** dagli i soldi; **give it to ~** daglielo; **I spoke to ~** gli ho parlato; **it's ~** è lui; **she loves ~** lo ama; **she loves ~, not you** ama lui, non te. **~'self** *pers pron* (*reflexive*) si; (*emphatic*) lui stesso; ‹*after prep*› sé, se stesso; **he poured ~ a drink** si è versato da bere; **he told me so ~self** me lo ha detto lui stesso; **he's proud of ~self** è fiero di sé; **by ~self** da solo

hind /haɪnd/ *a* posteriore

hind|er /'hɪndə(r)/ *vt* intralciare. **~rance** /-rəns/ *n* intralcio *m*

hindsight /'haɪnd-/ *n* **with ~** con il senno del poi

Hindu /'hɪndu:/ *n* indù *mf inv* ● *a* indù. **~ism** *n* induismo *m*

hinge /hɪndʒ/ *n* cardine *m* ● *vi* **~ on** *fig* dipendere da

hint /hɪnt/ *n* (*clue*) accenno *m*; (*advice*) suggerimento *m*; (*indirect suggestion*) allusione *f*; (*trace*) tocco *m* ● *vt* **~ that...** far capire che... ● *vi* **~ at** alludere a

hip /hɪp/ *n* fianco *m*

hippie /'hɪpɪ/ *n* hippy *mf inv*

hippo /'hɪpəʊ/ *n* ippopotamo *m*

hip 'pocket *n* tasca *f* posteriore

hippopotamus /hɪpə'pɒtəməs/ *n* (*pl* **-muses** *or* **-mi** /-maɪ/) ippopotamo *m*

hire /'haɪə(r)/ *vt* affittare; assumere ‹*person*›; **~ [out]** affittare ● *n* noleggio *m*; **'for ~'** 'affittasi'. **~ car** *n* macchina *f* a noleggio. **~ purchase** *n* acquisto *m* rateale

his /hɪz/ *poss a* il suo *m*, la sua *f*, i suoi *mpl*, le sue *fpl*; **~ mother/father** sua madre/suo padre ● *poss pron* il suo *m*, la sua *f*, i suoi *mpl*, le sue *fpl*; **a friend of ~** un suo amico; **friends of ~** dei suoi amici; **that is ~** questo è suo; (*as opposed to mine*) questo è il suo

hiss /hɪs/ *n* sibilo *m*; (*of disapproval*) fischio *m* ● *vt* fischiare ● *vi* sibilare; (*in disapproval*) fischiare

historian /hɪ'stɔ:rɪən/ *n* storico, -a *mf*

historic /hɪ'stɒrɪk/ *a* storico. **~al** *a* storico. **~ally** *adv* storicamente

history /'hɪstərɪ/ *n* storia *f*; **make ~** passare alla storia

hit /hɪt/ *n* (*blow*) colpo *m*; (*fam: success*) successo *m*; **score a direct ~** ‹*missile:*› colpire in pieno ● *vt/i* (*pt/pp* **hit**, *pres p*

hitting) colpire; **~ one's head on the table** battere la testa contro il tavolo; **the car ~ the wall** la macchina ha sbattuto contro il muro; **~ the roof** *fam* perdere le staffe. **hit off** *vt* **~ it off** andare d'accordo. **hit on** *vt fig* trovare

hitch /hɪtʃ/ *n* intoppo *m*; **technical ~** problema *m* tecnico ● *vt* attaccare; **~ a lift** chiedere un passaggio. **hitch up** *vt* tirarsi su ‹*trousers*›. **~-hike** *vi* fare l'autostop. **~-hiker** *n* autostoppista *mf*

hit-or-'miss *a* **on a very ~ basis** all'improvvisata

hither /'hɪðə(r)/ *adv* **~ and thither** di qua e di là. **~'to** *adv* finora

hive /haɪv/ *n* alveare *m*; **~ of industry** fucina *f* di lavoro ● **hive off** *vt Comm* separare

hoard /hɔ:d/ *n* provvista *f*; (*of money*) gruzzolo *m* ● *vt* accumulare

hoarding /'hɔ:dɪŋ/ *n* palizzata *f*; (*with advertisements*) tabellone *m* per manifesti pubblicitari

hoarse /hɔ:s/ *a* rauco. **~ly** *adv* con voce rauca. **~ness** *n* raucedine *f*

hoax /həʊks/ *n* scherzo *m*; (*false alarm*) falso allarme *m*. **~er** *n* burlone, -a *mf*

hob /hɒb/ *n* piano *m* di cottura

hobble /'hɒbl/ *vi* zoppicare

hobby /'hɒbɪ/ *n* hobby *m inv*. **~-horse** *n fig* fissazione *f*

hockey /'hɒkɪ/ *n* hockey *m*

hoe /həʊ/ *n* zappa *f*

hog /hɒg/ *n* maiale *m* ● *vt* (*pt/pp* **hogged**) *fam* monopolizzare

hoist /hɔɪst/ *n* montacarichi *m inv*; (*fam: push*) spinta *f* in su ● *vt* sollevare; innalzare ‹*flag*›; levare ‹*anchor*›

hold¹ /həʊld/ *n Naut, Aeron* stiva *f*

hold² *n* presa *f*; (*fig: influence*) ascendente *m*; **get ~ of** trovare; procurarsi ‹*information*› ● *v* (*pt/pp* **held**) ● *vt* tenere; ‹*container:*› contenere; essere titolare di ‹*licence, passport*›; trattenere ‹*breath, suspect*›; mantenere vivo ‹*interest*›; ‹*civil servant etc:*› occupare ‹*position*›; (*retain*) mantenere; **~ sb's hand** tenere qcno per mano; **~ one's tongue** tenere la bocca chiusa; **~ sb responsible** considerare qcno responsabile; **~ that** (*believe*) ritenere che ● *vi* tenere; ‹*weather, luck:*› durare; ‹*offer:*› essere valido; *Teleph* restare in linea; **I don't ~ with the idea that** *fam* non sono d'accordo sul fatto che. **hold back** *vt* rallentare ● *vi* esitare. **hold down** *vt* tenere a bada ‹*sb*›. **hold on** *vi* (*wait*) attendere; *Teleph* restare in linea. **hold on to** *vt* aggrapparsi a; (*keep*) tenersi. **hold out** *vt* porgere ‹*hand*›; *fig* offrire ‹*possibility*› ● *vi* (*resist*) resistere. **hold up** *vt* tenere su; (*delay*) rallentare; (*rob*) assalire; **~ one's head up** *fig* tenere la testa alta

'hold: ~all *n* borsone *m*. **~er** *n* titolare *mf*; (*of record*) detentore, -trice *mf*; (*container*) astuccio *m*. **~ing** *n* (*land*) terreno *m* in affitto; *Comm* azioni *fpl*. **~-up** *n* ritardo *m*; (*attack*) rapina *f* a mano armata

hole /həʊl/ *n* buco *m*

holiday /'hɒlɪdeɪ/ *n* vacanza *f*; (*public*) giorno *m* festivo; (*day off*) giorno *m* di ferie; **go on ~** andare in vacanza ● *vi* andare in vacanza. **~-maker** *n* vacanziere *mf*

holiness /'həʊlɪnɪs/ *n* santità *f*; **Your H~** Sua Santità

Holland /'hɒlənd/ *n* Olanda *f*

hollow /'hɒləʊ/ *a* cavo; ‹*promise*› a vuoto; ‹*voice*› assente; ‹*cheeks*› infossato ● *n* cavità *f inv*; (*in ground*) affossamento *m*

holly /'hɒlɪ/ *n* agrifoglio *m*

holocaust /'hɒləkɔ:st/ *n* olocausto *m*

hologram /'hɒləgræm/ *n* ologramma *m*

holster /'həʊlstə(r)/ *n* fondina *f*

holy /'həʊlɪ/ *a* (**-ier, -est**) santo; ‹*water*› benedetto. **H~ Ghost** *or* **Spirit** *n* Spirito *m* Santo. **H~ Scriptures** *npl* sacre scritture *fpl*. **H~ Week** *n* settimana *f* santa

homage /'hɒmɪdʒ/ *n* omaggio *m*; **pay ~ to** rendere omaggio a

home /həʊm/ *n* casa *f*; (*for children*) istituto *m*; (*for old people*) casa *f* di riposo; (*native land*) patria *f* ● *adv* **at ~** a casa; (*football*) in casa; **feel at ~** sentirsi a casa propria; **come/go ~** venire/andare a casa; **drive a nail ~** piantare un chiodo a fondo ● *a* domestico; ‹*movie, video*› casalingo; ‹*team*› ospitante; *Pol* nazionale

home: ~ ad'dress *n* indirizzo *m* di casa. **~ com'puter** *n* computer *m inv* da casa. **H~ Counties** *npl contee fpl intorno a Londra*. **~ game** *n* gioco *m* in casa. **~ help** *n* aiuto *m* domestico (*per persone non autosufficienti*). **~land** *n* patria *f*. **~less** *a* senza tetto

homely /'həʊmlɪ/ *a* (**-ier, -iest**) semplice; ‹*atmosphere*› familiare; (*Am: ugly*) bruttino

home: ~-'made *a* fatto in casa. **H~ Office** *n Br* ministero *m* degli interni. **H~ 'Secretary** *n Br* ministro *m* degli interni. **~sick** *a* **be ~sick** avere nostalgia (**for** di). **~sickness** *n* nostalgia *f* di casa. **~ 'town** *n* città *f inv* natia. **~ward** *a* di ritorno ● *adv* verso casa. **~work** *n Sch* compiti *mpl*

homicide /'hɒmɪsaɪd/ *n* (*crime*) omicidio *m*

homoeopath|ic /həʊmɪə'pæθɪk/ *a* omeopatico. **~y** /-'ɒpəθɪ/ *n* omeopatia *f*

homogeneous /hɒmə'dʒi:nɪəs/ *a* omogeneo

homo'sexual *a* & *n* omosessuale *mf*

honest /'ɒnɪst/ *a* onesto; ‹*frank*› sincero. **~ly** *adv* onestamente; (*frankly*) sinceramente; **~ly!** ma insomma!. **~y** *n* onestà *f*; (*frankness*) sincerità *f*

honey /'hʌnɪ/ *n* miele *m*; (*fam: darling*) tesoro *m*

honey: ~comb *n* favo *m*. **~moon** *n* luna *f* di miele. **~suckle** *n* caprifoglio *m*

honk /hɒŋk/ *vi Aut* clacsonare

honorary /'ɒnərərɪ/ *a* onorario

honour /'ɒnə(r)/ *n* onore *m* ● *vt* onorare. **~able** /-əbl/ *a* onorevole. **~ably** *adv* con onore. **~s degree** *n* ≈ diploma *m* di laurea

hood /hʊd/ *n* cappuccio *m*; (*of pram*) tettuccio *m*; (*over cooker*) cappa *f*; *Am Auto* cofano *m*

hoodlum /'hu:dləm/ *n* teppista *m*

'hoodwink *vt fam* infinocchiare

hoof /hu:f/ *n* (*pl* **~s** *or* **hooves**) zoccolo *m*

hook /hʊk/ *n* gancio *m*; (*for fishing*) amo *m*; **off the ~** *Teleph* staccato; *fig* fuori pericolo ● *vt* agganciare ● *vi* agganciarsi

hook|ed /hʊkt/ *a* ‹*nose*› adunco; **~ed on** (*fam: drugs*) dedito a; **be ~ed on skiing** essere un fanatico dello sci. **~er** *n Am sl* battona *f*

hookey /'hʊkɪ/ *n* **play ~** *Am fam* marinare la scuola

hooligan /'hu:lɪgən/ *n* teppista *mf*. **~ism** *n* teppismo *m*

hoop /hu:p/ *n* cerchio *m*

hooray /hʊ'reɪ/ *int* & *n* = **hurrah**

hoot /hu:t/ *n* colpo *m* di clacson; (*of siren*) ululato *m*; (*of owl*) grido *m* ● *vi* ‹*owl:*› gridare; ‹*car:*› clacsonare; ‹*siren:*› ululare; (*jeer*) fischiare. **~er** *n* (*of factory*) sirena *f*; *Auto* clacson *m inv*

hoover® /'hu:və(r)/ *n* aspirapolvere *m inv* ● *vt* passare l'aspirapolvere su ‹*carpet*›; passare l'aspirapolvere in ‹*room*›

hop /hɒp/ *n* saltello *m* ● *vi* (*pt/pp* **hopped**) saltellare; **~ it!** *fam* tela!. **hop in** *vi fam* saltar su

hope /həʊp/ *n* speranza *f* ● *vi* sperare (**for** in); **I ~ so/not** spero di sì/no ● *vt* **~ that** sperare che

hope|ful /'həʊpfl/ *a* pieno di speranza; (*promising*) promettente; **be ~ful that** avere buone speranze che. **~fully** *adv* con speranza; (*it is hoped*) se tutto va bene. **~less** *a* senza speranze; (*useless*) impossibile; (*incompetent*) incapace. **~lessly** *adv* disperatamente; ‹*inefficient, lost*› completamente. **~lessness** *n* disperazione *f*

horde /hɔ:d/ *n* orda *f*

horizon /hə'raɪzn/ *n* orizzonte *m*

horizontal /hɒrɪ'zɒntl/ *a* orizzontale

hormone /'hɔ:məʊn/ *n* ormone *m*

horn /hɔ:n/ *n* corno *m*; *Auto* clacson *m inv*

horny /'hɔ:nɪ/ *a* calloso; *fam* arrapato

horoscope /'hɒrəskəʊp/ *n* oroscopo *m*

horribl|e /'hɒrɪbl/ *a* orribile. **~y** *adv* spaventosamente

horrid /'hɒrɪd/ *a* orrendo

horrific /hə'rɪfɪk/ *a* raccapricciante; ‹*fam: accident, prices, story*› terrificante

horrify /'hɒrɪfaɪ/ *vt* (*pt/pp* **-ied**) far inorridire; **I was horrified** ero sconvolto. **~ing** *a* terrificante

horror /'hɒrə(r)/ *n* orrore *m*. **~ film** *n* film *m* dell'orrore

hors-d'œuvre /ɔ:'dɜ:vr/ *n* antipasto *m*

horse /hɔ:s/ *n* cavallo *m*

horse: ~back *n* **on ~back** a cavallo. **~man** *n* cavaliere *m*. **~play** *n* gioco *m* pesante. **~power** *n* cavallo *m* [vapore]. **~-racing** *n* corse *fpl* di cavalli. **~shoe** *n* ferro *m* di cavallo

horti'cultural /hɔ:tɪ-/ *a* di orticoltura

'horticulture *n* orticoltura *f*

hose /həʊz/ *n* (*pipe*) manichetta *f* ● **hose down** *vt* lavare con la manichetta

hospice /'hɒspɪs/ *n* (*for the terminally ill*) ospedale *m* per i malati in fase terminale

hospitabl|e /hɒ'spɪtəbl/ *a* ospitale. **~y** *adv* con ospitalità

hospital /'hɒspɪtl/ *n* ospedale *m*

hospitality /hɒspɪ'tælətɪ/ *n* ospitalità *f*

host[1] /həʊst/ *n* **a ~ of** una moltitudine di

host[2] *n* ospite *m*

host[3] *n Relig* ostia *f*

hostage /'hɒstɪdʒ/ *n* ostaggio *m*; **hold sb ~** tenere qcno in ostaggio

hostel /'hɒstl/ *n* ostello *m*

hostess /'həʊstɪs/ *n* padrona *f* di casa; *Aeron* hostess *f inv*

hostile /'hɒstaɪl/ *a* ostile

hostilit|y /hɒ'stɪlətɪ/ *n* ostilità *f*; **~ies** *pl* ostilità *fpl*

hot /hɒt/ *a* (**hotter, hottest**) caldo; (*spicy*) piccante; **I am** *or* **feel ~** ho caldo; **it is ~** fa caldo

'hotbed *n fig* focolaio *m*

hotchpotch /'hɒtʃpɒtʃ/ *n* miscuglio *m*

'hot-dog *n* hot dog *m inv*

hotel /həʊ'tel/ *n* albergo *m*. **~ier** /-ɪə(r)/ *n* albergatore, -trice *mf*

hot: ~head *n* persona *f* impetuosa. **~house** *n* serra *f*. **~ly** *adv fig* accanitamente. **~plate** *n* piastra *f* riscaldante **~ tap** *n* rubinetto *m* dell'acqua calda. **~-'tempered** *a* irascibile. **~-'water bottle** *n* borsa *f* dell'acqua calda

hound /haʊnd/ *n* cane *m* da caccia ● *vt fig* perseguire

hour /'aʊə(r)/ *n* ora *f*. **~ly** *a* ad ogni ora; ‹*pay, rate*› a ora ● *adv* ogni ora

house¹ /haʊs/ *n* casa *f*; *Pol* camera *f*; *Theat* sala *f*; **at my ~** a casa mia, da me

house² /haʊz/ *vt* alloggiare ‹*person*›

house /haʊs/: **~boat** *n* casa *f* galleggiante. **~breaking** *n* furto *m* con scasso. **~hold** *n* casa *f*, famiglia *f*. **~holder** *n* capo *m* di famiglia. **~keeper** *n* governante *f* di casa. **~keeping** *n* governo *m* della casa; (*money*) soldi *mpl* per le spese di casa. **~-plant** *n* pianta *f* da appartamento. **~-trained** *a* che non sporca in casa. **~-warming** [**party**] *n* festa *f* di inaugurazione della nuova casa. **~wife** *n* casalinga *f*. **~work** *n* lavoro *m* domestico

housing /'haʊzɪŋ/ *n* alloggio *m*. **~ estate** *n* zona *f* residenziale

hovel /'hɒvl/ *n* tugurio *m*

hover /'hɒvə(r)/ *vi* librarsi; (*linger*) indugiare. **~craft** *n* hovercraft *m inv*

how /haʊ/ *adv* come; **~ are you?** come stai?; **~ about a coffee/going on holiday?** che ne diresti di un caffè/di andare in vacanza?; **~ do you do?** molto lieto!; **~ old are you?** quanti anni hai?; **~ long** quanto tempo; **~ many** quanti; **~ much** quanto; **~ often** ogni quanto; **and ~!** eccome!; **~ odd!** che strano!

how'ever *adv* (*nevertheless*) comunque; **~ small** per quanto piccolo

howl /haʊl/ *n* ululato *m* ● *vi* ululare; (*cry, with laughter*) singhiozzare. **~er** *n fam* strafalcione *m*

HP *n abbr* **hire purchase**; *n abbr* (**horse power**) C.V.

hub /hʌb/ *n* mozzo *m*; *fig* centro *m*

hubbub /'hʌbʌb/ *n* baccano *m*

'hub-cap *n* coprimozzo *m*

huddle /'hʌdl/ *vi* **~ together** rannicchiarsi

hue¹ /hju:/ *n* colore *m*

hue² *n* **~ and cry** clamore *m*

huff /hʌf/ *n* **be in/go into a ~** fare il broncio

hug /hʌg/ *n* abbraccio *m* ● *vt* (*pt/pp* **hugged**) abbracciare; (*keep close to*) tenersi vicino a

huge /hju:dʒ/ *a* enorme

hulking /'hʌlkɪŋ/ *a fam* grosso

hull /hʌl/ *n Naut* scafo *m*

hullo /hə'ləʊ/ *int* = **hallo**

hum /hʌm/ *n* ronzio *m* ● *v* (*pt/pp* **hummed**) ● *vt* canticchiare ● *vi* ‹*motor:*› ronzare; *fig* fervere (*di attività*); **~ and haw** esitare

human /'hju:mən/ *a* umano ● *n* essere *m* umano. **~ 'being** *n* essere *m* umano

humane /hju:'meɪn/ *a* umano

humanitarian /hju:mænɪ'teərɪən/ *a & n* umanitario, -a *mf*

humanit|y /hju:'mænətɪ/ *n* umanità *f*; **~ies** *pl Univ* dottrine *fpl* umanistiche

humbl|e /'hʌmbl/ *a* umile ● *vt* umiliare

'humdrum *a* noioso

humid /'hju:mɪd/ *a* umido. **~ifier** /-'mɪdɪfaɪə(r)/ *n* umidificatore *m*. **~ity** /-'mɪdətɪ/ *n* umidità *f*

humiliat|e /hju:'mɪlɪeɪt/ *vt* umiliare. **~ion** /-'eɪʃn/ *n* umiliazione *f*

humility /hju:'mɪlətɪ/ *n* umiltà *f*

humorous /'hju:mərəs/ *a* umoristico. **~ly** *adv* con spirito

humour /'hju:mə(r)/ *n* umorismo *m*; (*mood*) umore *m*; **have a sense of ~** avere il senso dell'umorismo ● *vt* compiacere

hump /hʌmp/ *n* protuberanza *f*; (*of camel, hunchback*) gobba *f*

hunch /hʌntʃ/ *n* (*idea*) intuizione *f*

'hunch|back *n* gobbo, -a *mf*. **~ed** *a* **~ed up** incurvato

hundred /'hʌndrəd/ *a* **one/a ~** cento ● *n* cento *m*; **~s of** centinaia di. **~th** *a* centesimo ● *n* centesimo *m*. **~weight** *n* cinquanta chili *m*

hung /hʌŋ/ *see* **hang**

Hungarian /hʌŋ'geərɪən/ *a & n* ungherese *mf*; (*language*) ungherese *m*

Hungary /'hʌŋgərɪ/ *n* Ungheria *f*

hunger /ˈhʌŋgə(r)/ *n* fame *f*. **~-strike** *n* sciopero *m* della fame *m*

hungr|y /ˈhʌŋgrɪ/ *a* (**-ier, -iest**) affamato; **be ~y** aver fame. **~ily** *adv* con appetito

hunk /hʌŋk/ *n* [grosso] pezzo *m*

hunt /hʌnt/ *n* caccia *f* ● *vt* andare a caccia di ‹*animal*›; dare la caccia a ‹*criminal*› ● *vi* andare a caccia; **~ for** cercare. **~er** *n* cacciatore *m*. **~ing** *n* caccia *f*

hurdle /ˈhɜ:dl/ *n Sport & fig* ostacolo *m*. **~r** *n* ostacolista *mf*

hurl /hɜ:l/ *vt* scagliare

hurrah /hʊˈrɑ:/, **hurray** /hʊˈreɪ/ *int* urrà! ● *n* urrà *m*

hurricane /ˈhʌrɪkən/ *n* uragano *m*

hurried /ˈhʌrɪd/ *a* affrettato; ‹*job*› fatto in fretta. **~ly** *adv* in fretta

hurry /ˈhʌrɪ/ *n* fretta *f*; **be in a ~** aver fretta ● *vi* (*pt*/*pp* **-ied**) affrettarsi. **hurry up** *vi* sbrigarsi ● *vt* fare sbrigare ‹*person*›; accelerare ‹*things*›

hurt /hɜ:t/ *v* (*pt*/*pp* **hurt**) ● *vt* far male a; (*offend*) ferire ● *vi* far male; **my leg ~s** mi fa male la gamba. **~ful** *a fig* offensivo

hurtle /ˈhɜ:tl/ *vi* **~ along** andare a tutta velocità

husband /ˈhʌzbənd/ *n* marito *m*

hush /hʌʃ/ *n* silenzio *m* ● **hush up** *vt* mettere a tacere. **~ed** *a* ‹*voice*› sommesso. **~-ˈhush** *a fam* segretissimo

husky /ˈhʌskɪ/ *a* (**-ier, -iest**) ‹*voice*› rauco

hustle /ˈhʌsl/ *vt* affrettare ● *n* attività *f* incessante; **~ and bustle** trambusto *m*

hut /hʌt/ *n* capanna *f*

hybrid /ˈhaɪbrɪd/ *a* ibrido ● *n* ibrido *m*

hydrant /ˈhaɪdrənt/ *n* [**fire**] **~** idrante *m*

hydraulic /haɪˈdrɔ:lɪk/ *a* idraulico

hydroeˈlectric /haɪdrəʊ-/ *a* idroelettrico

hydrofoil /ˈhaɪdrə-/ *n* aliscafo *m*

hydrogen /ˈhaɪdrədʒən/ *n* idrogeno *m*

hyena /haɪˈi:nə/ *n* iena *f*

hygien|e /ˈhaɪdʒi:n/ *n* igiene *f*. **~ic** /haɪˈdʒi:nɪk/ *a* igienico

hymn /hɪm/ *n* inno *m*. **~-book** *n* libro *m* dei canti

hypermarket /ˈhaɪpəmɑ:kɪt/ *n* ipermercato *m*

hyphen /ˈhaɪfn/ *n* lineetta *f*. **~ate** *vt* unire con lineetta

hypno|sis /hɪpˈnəʊsɪs/ *n* ipnosi *f*. **~tic** /-ˈnɒtɪk/ *a* ipnotico

hypno|tism /ˈhɪpnətɪzm/ *n* ipnotismo *m*. **~tist** /-tɪst/ *n* ipnotizzatore, -trice *mf*. **~tize** *vt* ipnotizzare

hypochondriac /haɪpəˈkɒndrɪæk/ *a* ipocondriaco ● *n* ipocondriaco, -a *mf*

hypocrisy /hɪˈpɒkrəsɪ/ *n* ipocrisia *f*

hypocrit|e /ˈhɪpəkrɪt/ *n* ipocrita *mf*. **~ical** /-ˈkrɪtɪkl/ *a* ipocrita

hypodermic /haɪpəˈdɜ:mɪk/ *a* & *n* **~** [**syringe**] siringa *f* ipodermica

hypothe|sis /haɪˈpɒθəsɪs/ *n* ipotesi *f inv*. **~tical** /-əˈθetɪkl/ *a* ipotetico. **~tically** *adv* in teoria; ‹*speak*› per ipotesi

hyster|ia /hɪˈstɪərɪə/ *n* isterismo *m*. **~ical** /-ˈsterɪkl/ *a* isterico. **~ically** *adv* istericamente; **~ically funny** da morir dal ridere. **~ics** /hɪˈsterɪks/ *npl* attacco *m* isterico

Ii

I /aɪ/ *pron* io; **I'm tired** sono stanco; **he's going, but I'm not** lui va, ma io no

ice /aɪs/ *n* ghiaccio *m* ● *vt* glassare ‹*cake*›. **ice over**/**up** *vi* ghiacciarsi

ice: ~ age *n* era *f* glaciale. **~-axe** *n* piccozza *f* per il ghiaccio. **~berg** /-bɜ:g/ *n* iceberg *m inv*. **~box** *n Am* frigorifero *m*. **~-ˈcream** *n* gelato *m*. **~-ˈcream parlour** *n* gelateria *f*. **~-cube** *n* cubetto *m* di ghiaccio. **~ hockey** *n* hockey *m* su ghiaccio

Iceland /ˈaɪslənd/ *n* Islanda *f*. **~er** *n* islandese *mf*; **~ic** /-ˈlændɪk/ *a* & *n* islandese *m*

ice: ~ˈlolly *n* ghiacciolo *m*. **~ rink** *n* pista *f* di pattinaggio. **~ skater** pattinatore, -trice *mf* sul ghiaccio. **~ skating** pattinaggio *m* sul ghiaccio

icicle /ˈaɪsɪkl/ *n* ghiacciolo *m*

icily /ˈaɪsɪlɪ/ *adv* gelidamente

icing /ˈaɪsɪŋ/ *n* glassa *f*. **~ sugar** *n* zucchero *m* a velo

icon /ˈaɪkɒn/ *n* icona *f*

icy /ˈaɪsɪ/ *a* (**-ier, -iest**) ghiacciato; *fig* gelido

idea /aɪˈdɪə/ *n* idea *f*; **I've no ~!** non ne ho idea!

ideal /aɪˈdɪəl/ *a* ideale ● *n* ideale *m*. **~ism** *n* idealismo *m*. **~ist** *n* idealista *mf*. **~istic** /-ˈlɪstɪk/ *a* idealistico. **~ize** *vt* idealizzare. **~ly** *adv* idealmente

identical /aɪˈdentɪkl/ *a* identico

identi|fication /aɪdentɪfɪˈkeɪʃn/ *n* identificazione *f*; (*proof of identity*) documento *m* di riconoscimento. **~fy** /aɪˈdentɪfaɪ/ *vt* (*pt/pp* **-ied**) identificare

identikit® /aɪˈdentɪkɪt/ *n* identikit *m inv*

identity /aɪˈdentətɪ/ *n* identità *f inv*. **~ card** *n* carta *f* d'identità

ideolog|ical /aɪdɪəˈlɒdʒɪkl/ *a* ideologico. **~y** /aɪdɪˈɒlədʒɪ/ *n* ideologia *f*

idiom /ˈɪdɪəm/ *n* idioma *f*. **~atic** /-ˈmætɪk/ *a* idiomatico

idiosyncrasy /ɪdɪəˈsɪŋkrəsɪ/ *n* idiosincrasia *f*

idiot /ˈɪdɪət/ *n* idiota *mf*. **~ic** /-ˈɒtɪk/ *a* idiota

idl|e /ˈaɪd(ə)l/ *a* (*lazy*) pigro, ozioso; (*empty*) vano; ‹*machine*› fermo ● *vi* oziare; ‹*engine:*› girare a vuoto. **~eness** *n* ozio *m*. **~y** *adv* oziosamente

idol /ˈaɪdl/ *n* idolo *m*. **~ize** /ˈaɪdəlaɪz/ *vt* idolatrare

idyllic /ɪˈdɪlɪk/ *a* idillico

i.e. *abbr* (**id est**) cioè

if /ɪf/ *conj* se; **as if** come se

ignite /ɪgˈnaɪt/ *vt* dar fuoco a ● *vi* prender fuoco

ignition /ɪgˈnɪʃn/ *n Auto* accensione *f*. **~ key** *n* chiave *f* d'accensione

ignoramus /ɪgnəˈreɪməs/ *n* ignorante *mf*

ignoran|ce /ˈɪgnərəns/ *n* ignoranza *f*. **~t** *a* (*lacking knowledge*) ignaro; (*rude*) ignorante

ignore /ɪgˈnɔː(r)/ *vt* ignorare

ill /ɪl/ *a* ammalato; **feel ~ at ease** sentirsi a disagio ● *adv* male ● *n* male *m*. **~-advised** *a* avventato. **~-bred** *a* maleducato

illegal /ɪˈliːgl/ *a* illegale

illegibl|e /ɪˈledʒɪbl/ *a* illeggibile

illegitima|cy /ɪlɪˈdʒɪtɪməsɪ/ *n* illegittimità *f*. **~te** /-mət/ *a* illegittimo

illicit /ɪˈlɪsɪt/ *a* illecito

illitera|cy /ɪˈlɪtərəsɪ/ *n* analfabetismo *m*. **~te** /-rət/ *a* & *n* analfabeta *mf*

illness /ˈɪlnɪs/ *n* malattia *f*

illogical /ɪˈlɒdʒɪkl/ *a* illogico

ill-treat /ɪlˈtriːt/ *vt* maltrattare. **~ment** *n* maltrattamento *m*

illuminat|e /ɪˈluːmɪneɪt/ *vt* illuminare. **~ing** *a* chiarificatore. **~ion** /-ˈneɪʃn/ *n* illuminazione *f*

illusion /ɪˈluːʒn/ *n* illusione *f*; **be under the ~ that** avere l'illusione che

illusory /ɪˈluːsərɪ/ *a* illusorio

illustrat|e /ˈɪləstreɪt/ *vt* illustrare. **~ion** /-ˈstreɪʃn/ *n* illustrazione *f*. **~or** *n* illustratore, -trice *mf*

illustrious /ɪˈlʌstrɪəs/ *a* illustre

ill ˈwill *n* malanimo *m*

image /ˈɪmɪdʒ/ *n* immagine *f*; (*exact likeness*) ritratto *m*

imagin|able /ɪˈmædʒɪnəbl/ *a* immaginabile. **~ary** /-ərɪ/ *a* immaginario

imaginat|ion /ɪmædʒɪˈneɪʃn/ *n* immaginazione *f*, fantasia *f*; **it's your ~ion** è solo una tua idea. **~ive** /ɪˈmædʒɪnətɪv/ *a* fantasioso. **~ively** *adv* con fantasia *or* immaginazione

imagine /ɪˈmædʒɪn/ *vt* immaginare; (*wrongly*) inventare

imˈbalance *n* squilibrio *m*

imbecile /ˈɪmbəsiːl/ *n* imbecille *mf*

imbibe /ɪmˈbaɪb/ *vt* ingerire

imbue /ɪmˈbjuː/ *vt* **~d with** impregnato di

imitat|e /ˈɪmɪteɪt/ *vt* imitare. **~ion** /-ˈteɪʃn/ *n* imitazione *f*. **~or** *n* imitatore, -trice *mf*

immaculate /ɪˈmækjʊlət/ *a* immacolato. **~ly** *adv* immacolatamente

immaˈterial *a* (*unimportant*) irrilevante

immaˈture *a* immaturo

immediate /ɪˈmiːdɪət/ *a* immediato; ‹*relative*› stretto; **in the ~ vicinity** nelle immediate vicinanze. **~ly** *adv* immediatamente; **~ly next to** subito accanto a ● *conj* [non] appena

immemorial /ɪmɪˈmɔːrɪəl/ *a* **from time ~** da tempo immemorabile

immense /ɪˈmens/ *a* immenso

immers|e /ɪˈmɜːs/ *vt* immergere; **be ~ed in** *fig* essere immerso in. **~ion** /-ɜːʃn/ *n* immersione *f*. **~ion heater** *n* scaldabagno *m* elettrico

immigrant /ˈɪmɪgrənt/ *n* immigrante *mf*

immigrat|e /ˈɪmɪgreɪt/ *vi* immigrare. **~ion** /-ˈgreɪʃn/ *n* immigrazione *f*

imminent /ˈɪmɪnənt/ *a* imminente

immobil|e /ɪˈməʊbaɪl/ *a* immobile. **~ize** /-bɪlaɪz/ *vt* immobilizzare

immoderate /ɪˈmɒdərət/ *a* smodato

immodest /ɪˈmɒdɪst/ *a* immodesto

immoral /ɪ'mɒrəl/ *a* immorale. **~ity** /ɪmə'rælətɪ/ *n* immoralità *f*
immortal /ɪ'mɔ:tl/ *a* immortale. **~ity** /-'tælətɪ/ *n* immortalità *f*. **~ize** *vt* immortalare
immovable /ɪ'mu:vəbl/ *a fig* irremovibile
immune /ɪ'mju:n/ *a* immune (**to/from** da). **~ system** *n* sistema *m* immunitario
immunity /ɪ'mju:nətɪ/ *n* immunità *f*
immuniz|e /'ɪmjʊnaɪz/ *vt* immunizzare
imp /ɪmp/ *n* diavoletto *m*
impact /'ɪmpækt/ *n* impatto *m*
impair /ɪm'peə(r)/ *vt* danneggiare
impale /ɪm'peɪl/ *vt* impalare
impart /ɪm'pɑ:t/ *vt* impartire
im'parti|al *a* imparziale. **~'ality** *n* imparzialità *f*
im'passable *a* impraticabile
impasse /æm'pɑ:s/ *n fig* impasse *f inv*
impassioned /ɪm'pæʃnd/ *a* appassionato
im'passive *a* impassibile
im'patien|ce *n* impazienza *f*. **~t** *a* impaziente. **~tly** *adv* impazientemente
impeccabl|e /ɪm'pekəbl/ *a* impeccabile. **~y** *adv* in modo impeccabile
impede /ɪm'pi:d/ *vt* impedire
impediment /ɪm'pedɪmənt/ *n* impedimento *m*; (*in speech*) difetto *m*
impel /ɪm'pel/ *vt* (*pt/pp* **impelled**) costringere; **feel ~led to** sentire l'obbligo di
impending /ɪm'pendɪŋ/ *a* imminente
impenetrable /ɪm'penɪtrəbl/ *a* impenetrabile
imperative /ɪm'perətɪv/ *a* imperativo ● *n Gram* imperativo *m*
imper'ceptible *a* impercettibile
im'perfect *a* imperfetto; (*faulty*) difettoso ● *n Gram* imperfetto *m*. **~ion** /-'fekʃn/ *n* imperfezione *f*
imperial /ɪm'pɪərɪəl/ *a* imperiale. **~ism** *n* imperialismo *m*. **~ist** *n* imperialista *mf*
imperious /ɪm'pɪərɪəs/ *a* imperioso
im'personal *a* impersonale
impersonat|e /ɪm'pɜ:səneɪt/ *vt* impersonare. **~or** *n* imitatore, -trice *mf*
impertinen|ce /ɪm'pɜ:tɪnəns/ *n* impertinenza *f*. **~t** *a* impertinente
imperturbable /ɪmpə'tɜ:bəbl/ *a* imperturbabile
impervious /ɪm'pɜ:vɪəs/ *a* **~ to** *fig* indifferente a
impetuous /ɪm'petjʊəs/ *a* impetuoso. **~ly** *adv* impetuosamente
impetus /'ɪmpɪtəs/ *n* impeto *m*
implacable /ɪm'plækəbl/ *a* implacabile
im'plant[1] *vt* trapiantare; *fig* inculcare
'implant[2] *n* trapianto *m*
implement[1] /'ɪmplɪmənt/ *n* attrezzo *m*
implement[2] /'ɪmplɪment/ *vt* mettere in atto
implicat|e /'ɪmplɪkeɪt/ *vt* implicare. **~ion** /-'keɪʃn/ *n* implicazione *f*; **by ~ion** implicitamente
implicit /ɪm'plɪsɪt/ *a* implicito; (*absolute*) assoluto
implore /ɪm'plɔ:(r)/ *vt* implorare
imply /ɪm'plaɪ/ *vt* (*pt/pp* **-ied**) implicare; **what are you ~ing?** che cosa vorresti insinuare?
impo'lite *a* sgarbato
import[1] /'ɪmpɔ:t/ *n Comm* importazione *f*
import[2] /ɪm'pɔ:t/ *vt* importare
importan|ce /ɪm'pɔ:təns/ *n* importanza *f*. **~t** *a* importante
importer /ɪm'pɔ:tə(r)/ *n* importatore, -trice *mf*
impos|e /ɪm'pəʊz/ *vt* imporre (**on** a) ● *vi* imporsi; **~e on** abusare di. **~ing** *a* imponente. **~ition** /ɪmpə'zɪʃn/ *n* imposizione *f*
impossi'bility *n* impossibilità *f*
im'possibl|e *a* impossibile
impostor /ɪm'pɒstə(r)/ *n* impostore, -trice *mf*
impoten|ce /'ɪmpətəns/ *n* impotenza *f*. **~t** *a* impotente
impound /ɪm'paʊnd/ *vt* confiscare
impoverished /ɪm'pɒvərɪʃt/ *a* impoverito
im'practicable *a* impraticabile
im'practical *a* non pratico
impre'cise *a* impreciso
impregnable /ɪm'pregnəbl/ *a* imprendibile
impregnate /'ɪmpregneɪt/ *vt* impregnare (**with** di); *Biol* fecondare
im'press *vt* imprimere; *fig* colpire (*positivamente*); **~ sth [up]on sb** fare capire qcsa a qcno
impression /ɪm'preʃn/ *n* impressione *f*; (*imitation*) imitazione *f*. **~able** *a* ‹*child, mind*› influenzabile. **~ism** *n* impressionismo *m*. **~ist** *n* imitatore, -trice *mf*; (*artist*) impressionista *mf*
impressive /ɪm'presɪv/ *a* imponente
'imprint[1] *n* impressione *f*
im'print[2] *vt* imprimere; **~ed on my mind** impresso nella mia memoria

im'prison *vt* incarcerare. **~ment** *n* reclusione *f*
im'probable *a* improbabile
impromptu /ɪm'prɒmptju:/ *a* improvvisato
im'proper *a* ‹*use*› improprio; ‹*behaviour*› scorretto. **~ly** *adv* scorrettamente
impro'priety *n* scorrettezza *f*
improve /ɪm'pru:v/ *vt/i* migliorare. **improve [up]on** *vt* perfezionare. **~ment** /-mənt/ *n* miglioramento *m*
improvis|e /'ɪmprəvaɪz/ *vt/i* improvvisare
im'prudent *a* imprudente
impuden|ce /'ɪmpjʊdəns/ *n* sfrontatezza *f*. **~t** *a* sfrontato
impuls|e /'ɪmpʌls/ *n* impulso *m*; **on [an] ~e** impulsivamente. **~ive** /-'pʌlsɪv/ *a* impulsivo
impunity /ɪm'pju:nətɪ/ *n* **with ~** impunemente
im'pur|e *a* impuro. **~ity** *n* impurità *f inv*; **~ities** *pl* impurità *fpl*
impute /ɪm'pju:t/ *vt* imputare (**to** a)
in /ɪn/ *prep* in; (*with names of towns*) a; **in the garden** in giardino; **in the street** in *or* per strada; **in bed/hospital** a letto/all'ospedale; **in the world** nel mondo; **in the rain** sotto la pioggia; **in the sun** al sole; **in this heat** con questo caldo; **in summer/winter** in estate/inverno; **in 1995** nel 1995; **in the evening** la sera; **he's arriving in two hours' time** arriva fra due ore; **deaf in one ear** sordo da un orecchio; **in the army** nell'esercito; **in English/Italian** in inglese/italiano; **in ink/pencil** a penna/matita; **in red** ‹*dressed, circled*› di rosso; **the man in the raincoat** l'uomo con l'impermeabile; **in a soft/loud voice** a voce bassa/alta; **one in ten people** una persona su dieci; **in doing this, he...** nel far questo,...; **in itself** in sé; **in that** in quanto ● *adv* (*at home*) a casa; (*indoors*) dentro; **he's not in yet** non è ancora arrivato; **in there/here** lì/qui dentro; **ten in all** dieci in tutto; **day in, day out** giorno dopo giorno; **have it in for sb** *fam* avercela con qcno; **send him in** fallo entrare; **come in** entrare; **bring in the washing** portare dentro i panni ● *a* (*fam: in fashion*) di moda ● *n* **the ins and outs** i dettagli
ina'bility *n* incapacità *f*
inac'cessible *a* inaccessibile
in'accura|cy *n* inesattezza *f*. **~te** *a* inesatto
in'ac|tive *a* inattivo. **~'tivity** *n* inattività *f*
in'adequate *a* inadeguato. **~ly** *adv* inadeguatamente
inad'missible *a* inammissibile
inadvertently /ɪnəd'vɜ:təntlɪ/ *adv* inavvertitamente
inad'visable *a* sconsigliabile
inane /ɪ'neɪn/ *a* stupido
in'animate *a* esanime
in'applicable *a* inapplicabile
inap'propriate *a* inadatto
inar'ticulate *a* inarticolato
inat'tentive *a* disattento
in'audibl|e *a* impercettibile
inaugural /ɪ'nɔ:gjʊrəl/ *a* inaugurale
inaugurat|e /ɪ'nɔ:gjʊreɪt/ *vt* inaugurare. **~ion** /-'reɪʃn/ *n* inaugurazione *f*
inau'spicious *a* infausto
inborn /'ɪnbɔ:n/ *a* innato
inbred /ɪn'bred/ *a* congenito
incalculable /ɪn'kælkjʊləbl/ *a* incalcolabile
in'capable *a* incapace
incapacitate /ɪnkə'pæsɪteɪt/ *vt* rendere incapace
incarnat|e /ɪn'kɑ:nət/ *a* **the devil ~e** il diavolo in carne e ossa
incendiary /ɪn'sendɪərɪ/ *a* incendiario
incense¹ /'ɪnsens/ *n* incenso *m*
incense² /ɪn'sens/ *vt* esasperare
incentive /ɪn'sentɪv/ *n* incentivo *m*
incessant /ɪn'sesənt/ *a* incessante
incest /'ɪnsest/ *n* incesto *m*
inch /ɪntʃ/ *n* pollice *m* (= *2.54 cm*) ● *vi* **~ forward** avanzare gradatamente
inciden|ce /'ɪnsɪdəns/ *n* incidenza *f*. **~t** *n* incidente *m*
incidental /ɪnsɪ'dentl/ *a* incidentale; **~ expenses** spese *fpl* accessorie. **~ly** *adv* incidentalmente; (*by the way*) a proposito
incinerat|e /ɪn'sɪnəreɪt/ *vt* incenerire. **~or** *n* inceneritore *m*
incision /ɪn'sɪʒn/ *n* incisione *f*
incisive /ɪn'saɪsɪv/ *a* incisivo
incisor /ɪn'saɪzə(r)/ *n* incisivo *m*
incite /ɪn'saɪt/ *vt* incitare. **~ment** *n* incitamento *m*
inclination /ɪnklɪ'neɪʃn/ *n* inclinazione *f*
incline¹ /ɪn'klaɪn/ *vt* inclinare; **be ~d to do sth** essere propenso a fare qcsa
incline² /'ɪnklaɪn/ *n* pendio *m*
inclu|de /ɪn'klu:d/ *vt* includere. **~ding** *prep* incluso. **~sion** /-u:ʒn/ *n* inclusione *f*

inclusive /ɪn'klu:sɪv/ *a* incluso; **~ of** comprendente; **be ~ of** comprendere ● *adv* incluso

incognito /ɪnkɒg'ni:təʊ/ *adv* incognito

inco'herent *a* incoerente; (*because drunk etc*) incomprensibile

income /'ɪnkʌm/ *n* reddito *m*. **~ tax** *n* imposta *f* sul reddito

'incoming *a* in arrivo. **~ tide** *n* marea *f* montante

in'comparable *a* incomparabile

incompati'bility *n* incompatibilità *f*

incom'patible *a* incompatibile

in'competen|ce *n* incompetenza *f*. **~t** *a* incompetente

incom'plete *a* incompleto

incompre'hensible *a* incomprensibile

incon'ceivable *a* inconcepibile

incon'clusive *a* inconcludente

incongruous /ɪn'kɒŋgrʊəs/ *a* contrastante

inconsequential /ɪnkɒnsɪ'kwenʃl/ *a* senza importanza

incon'siderate *a* trascurabile

incon'sistency *n* incoerenza *f*

incon'sistent *a* incoerente; **be ~ with** non essere coerente con. **~ly** *adv* in modo incoerente

inconsolable /ɪnkən'səʊləbl/ *a* inconsolabile

incon'spicuous *a* non appariscente. **~ly** *adv* modestamente

incontinen|ce /ɪn'kɒntɪnəns/ *n* incontinenza *f*. **~t** *a* incontinente

incon'venien|ce *n* scomodità *f*; (*drawback*) inconveniente *m*; **put sb to ~ce** dare disturbo a qcno. **~t** *a* scomodo; ‹*time, place*› inopportuno. **~tly** *adv* in modo inopportuno

incorporate /ɪn'kɔ:pəreɪt/ *vt* incorporare; (*contain*) comprendere

incor'rect *a* incorretto. **~ly** *adv* scorrettamente

incorrigible /ɪn'kɒrɪdʒəbl/ *a* incorreggibile

incorruptible /ɪnkə'rʌptəbl/ *a* incorruttibile

increase¹ /'ɪnkri:s/ *n* aumento *m*; **on the ~** in aumento

increas|e² /ɪn'kri:s/ *vt/i* aumentare. **~ing** *a* ‹*impatience etc*› crescente; ‹*numbers*› in aumento. **~ingly** *adv* sempre più

in'credible *a* incredibile

incredulous /ɪn'kredjʊləs/ *a* incredulo

increment /'ɪnkrɪmənt/ *n* incremento *m*

incriminate /ɪn'krɪmɪneɪt/ *vt Jur* incriminare

incubat|e /'ɪŋkjʊbeɪt/ *vt* incubare. **~ion** /-'beɪʃn/ *n* incubazione *f*. **~ion period** *n Med* periodo *m* di incubazione. **~or** *n* (*for baby*) incubatrice *f*

incumbent /ɪn'kʌmbənt/ *a* **be ~ on sb** incombere a qcno

incur /ɪn'kɜ:(r)/ *vt* (*pt/pp* **incurred**) incorrere; contrarre ‹*debts*›

in'curable *a* incurabile

incursion /ɪn'kɜ:ʃn/ *n* incursione *f*

indebted /ɪn'detɪd/ *a* obbligato (**to** verso)

in'decent *a* indecente

inde'cision *n* indecisione *f*

inde'cisive *a* indeciso. **~ness** *n* indecisione *f*

indeed /ɪn'di:d/ *adv* (*in fact*) difatti; **yes ~!** sì, certamente!; **~ I am/do** veramente!; **very much ~** moltissimo; **thank you very much ~** grazie infinite; **~?** davvero?

indefatigable /ɪndɪ'fætɪgəbl/ *a* instancabile

inde'finable *a* indefinibile

in'definite *a* indefinito. **~ly** *adv* indefinitamente; ‹*postpone*› a tempo indeterminato

indelible /ɪn'delɪbl/ *a* indelebile

indemnity /ɪn'demnɪtɪ/ *n* indennità *f inv*

indent¹ /'ɪndent/ *n Typ* rientranza *f* dal margine

indent² /ɪn'dent/ *vt Typ* fare rientrare dal margine. **~ation** /-'teɪʃn/ *n* (*notch*) intaccatura *f*

inde'penden|ce *n* indipendenza *f*. **~t** *a* indipendente. **~tly** *adv* indipendentemente

indescribable /ɪndɪ'skraɪbəbl/ *a* indescrivibile

indestructible /ɪndɪ'strʌktəbl/ *a* indistruttibile

indeterminate /ɪndɪ'tɜ:mɪnət/ *a* indeterminato

index /'ɪndeks/ *n* indice *m*

index: ~ card *n* scheda *f*. **~ finger** *n* dito *m* indice. **~-'linked** *a* ‹*pension*› legato al costo della vita

India /'ɪndɪə/ *n* India *f*. **~n** *a* indiano; (*American*) indiano [d'America] ● *n* indiano, -a *mf*; (*American*) indiano, -a *mf* [d'America], pellerossa *mf inv*

indicat|e /'ɪndɪkeɪt/ *vt* indicare;

(*register*) segnare ● *vi Auto* mettere la freccia. **~ion** /-'keɪʃn/ *n* indicazione *f*
indicative /ɪn'dɪkətɪv/ *a* **be ~ of** essere indicativo di ● *n Gram* indicativo *m*
indicator /'ɪndɪkeɪtə(r)/ *n Auto* freccia *f*
indict /ɪn'daɪt/ *vt* accusare. **~ment** *n* accusa *f*
in'differen|ce *n* indifferenza *f*. **~t** *a* indifferente; (*not good*) mediocre
indigenous /ɪn'dɪdʒɪnəs/ *a* indigeno
indi'gest|ible *a* indigesto. **~ion** *n* indigestione *f*
indigna|nt /ɪn'dɪgnənt/ *a* indignato. **~ntly** *adv* con indignazione. **~tion** /-'neɪʃn/ *n* indignazione *f*
in'dignity *n* umiliazione *f*
indi'rect *a* indiretto. **~ly** *adv* indirettamente
indi'screet *a* indiscreto
indis'cretion *n* indiscrezione *f*
indiscriminate /ɪndɪ'skrɪmɪnət/ *a* indiscriminato. **~ly** *adv* senza distinzione
indi'spensable *a* indispensabile
indisposed /ɪndɪ'spəʊzd/ *a* indisposto
indisputable /ɪndɪ'spju:təbl/ *a* indisputabile
indi'stinct *a* indistinto
indistinguishable /ɪndɪ'stɪŋgwɪʃəbl/ *a* indistinguibile
individual /ɪndɪ'vɪdjʊəl/ *a* individuale ● *n* individuo *m*. **~ity** /-'æləti/ *n* individualità *f*
indi'visible *a* indivisibile
indoctrinate /ɪn'dɒktrɪneɪt/ *vt* indottrinare
indomitable /ɪn'dɒmɪtəbl/ *a* indomito
indoor /'ɪndɔ:(r)/ *a* interno; ‹*shoes*› per casa; ‹*plant*› da appartamento; ‹*swimming pool etc*› coperto. **~s** /-'dɔ:z/ *adv* dentro
induce /ɪn'dju:s/ *vt* indurre (**to** a); (*produce*) causare. **~ment** *n* (*incentive*) incentivo *m*
indulge /ɪn'dʌldʒ/ *vt* soddisfare; viziare ‹*child*› ● *vi* **~ in** concedersi. **~nce** /-əns/ *n* lusso *m*; (*leniency*) indulgenza *f*. **~nt** *a* indulgente
industrial /ɪn'dʌstrɪəl/ *a* industriale; **take ~ action** scioperare. **~ist** *n* industriale *mf*. **~ized** *a* industrializzato
industr|ious /ɪn'dʌstrɪəs/ *a* industrioso. **~y** /'ɪndəstrɪ/ *n* industria *f*; (*zeal*) operosità *f*
inebriated /ɪ'ni:brɪeɪtɪd/ *a* ebbro
in'edible *a* immangiabile
inef'fective *a* inefficace
ineffectual /ɪnɪ'fektʃʊəl/ *a* inutile; ‹*person*› inconcludente
inef'ficien|cy *n* inefficienza *f*. **~t** *a* inefficiente
in'eligible *a* inadatto
inept /ɪ'nept/ *a* inetto
ine'quality *n* ineguaglianza *f*
inert /ɪ'nɜ:t/ *a* inerte. **~ia** /ɪ'nɜ:ʃə/ *n* inerzia *f*
inescapable /ɪnɪ'skeɪpəbl/ *a* inevitabile
inestimable /ɪn'estɪməbl/ *a* inestimabile
inevitabl|e /ɪn'evɪtəbl/ *a* inevitabile. **~y** *adv* inevitabilmente
ine'xact *a* inesatto
inex'cusable *a* imperdonabile
inexhaustible /ɪnɪg'zɔ:stəbl/ *a* inesauribile
inexorable /ɪn'eksərəbl/ *a* inesorabile
inex'pensive *a* poco costoso
inex'perience *n* inesperienza *f*. **~d** *a* inesperto
inexplicable /ɪnɪk'splɪkəbl/ *a* inesplicabile
in'fallible *a* infallibile
infam|ous /'ɪnfəməs/ *a* infame; ‹*person*› famigerato. **~y** *n* infamia *f*
infan|cy /'ɪnfənsɪ/ *n* infanzia *f*; **in its ~cy** *fig* agli inizi. **~t** *n* bambino, -a *mf* piccolo, -a. **~tile** *a* infantile
infantry /'ɪnfəntrɪ/ *n* fanteria *f*
infatuat|ed /ɪn'fætʃʊeɪtɪd/ *a* infatuato (**with** di). **~ion** *n* infatuazione *f*
infect /ɪn'fekt/ *vt* infettare; **become ~ed** ‹*wound*:› infettarsi. **~ion** /-'fekʃn/ infezione *f*. **~ious** /-'fekʃəs/ *a* infettivo
infer /ɪn'fɜ:(r)/ *vt* (*pt/pp* **inferred**) dedurre (**from** da); (*imply*) implicare. **~ence** /'ɪnfərəns/ *n* deduzione *f*
inferior /ɪn'fɪərɪə(r)/ *a* inferiore; ‹*goods*› scadente; (*in rank*) subalterno ● *n* inferiore *mf*; (*in rank*) subalterno, -a *mf*
inferiority /ɪnfɪərɪ'ɒrətɪ/ *n* inferiorità *f*. **~ complex** *n* complesso *m* di inferiorità
infern|al /ɪn'fɜ:nl/ *a* infernale. **~o** *n* inferno *m*
in'fer|tile *a* sterile. **~'tility** *n* sterilità *f*
infest /ɪn'fest/ *vt* **be ~ed with** essere infestato di
infi'delity *n* infedeltà *f*
infighting /'ɪnfaɪtɪŋ/ *n fig* lotta *f* per il potere
infiltrate /'ɪnfɪltreɪt/ *vt* infiltrare; *Pol* infiltrarsi in
infinite /'ɪnfɪnət/ *a* infinito

infinitive /ɪn'fɪnətɪv/ *n Gram* infinito *m*
infinity /ɪn'fɪnətɪ/ *n* infinità *f*
infirm /ɪn'fɜ:m/ *a* debole. **~ary** *n* infermeria *f*. **~ity** *n* debolezza *f*
inflame /ɪn'fleɪm/ *vt* infiammare. **~d** *a* infiammato; **become ~d** infiammarsi
in'flammable *a* infiammabile
inflammation /ɪnflə'meɪʃn/ *n* infiammazione *f*
inflammatory /ɪn'flæmətrɪ/ *a* incendiario
inflatable /ɪn'fleɪtəbl/ *a* gonfiabile
inflat|e /ɪn'fleɪt/ *vt* gonfiare. **~ion** /-eɪʃn/ *n* inflazione *f*. **~ionary** /-eɪʃənərɪ/ *a* inflazionario
in'flexible *a* inflessibile
inflexion /ɪn'flekʃn/ *n* inflessione *f*
inflict /ɪn'flɪkt/ *vt* infliggere (**on** a)
influen|ce /'ɪnflʊəns/ *n* influenza *f* ● *vt* influenzare. **~tial** /-'enʃl/ *a* influente
influenza /ɪnflʊ'enzə/ *n* influenza *f*
influx /'ɪnflʌks/ *n* affluenza *f*
inform /ɪn'fɔ:m/ *vt* informare; **keep sb ~ed** tenere qcno al corrente ● *vi* **~ against** denunziare
in'for|mal *a* informale; ‹*agreement*› ufficioso. **~mally** *adv* in modo informale. **~'mality** *n* informalità *f inv*
informant /ɪn'fɔ:mənt/ *n* informatore, -trice *mf*
informat|ion /ɪnfə'meɪʃn/ *n* informazioni *fpl*; **a piece of ~ion** un'informazione. **~ion highway** *n* autostrada *f* telematica. **~ion technology** *n* informatica *f*. **~ive** /ɪn'fɔ:mətɪv/ *a* informativo; ‹*film, book*› istruttivo
informer /ɪn'fɔ:mə(r)/ *n* informatore, -trice *mf*; *Pol* delatore, -trice *mf*
infra-'red /ɪnfrə-/ *a* infrarosso
infrastructure /'ɪnfrəstrʌktʃə(r)/ *n* infrastruttura *f*
infringe /ɪn'frɪndʒ/ *vt* **~ on** usurpare. **~ment** *n* violazione *f*
infuriat|e /ɪn'fjʊərɪeɪt/ *vt* infuriare. **~ing** *a* esasperante
infusion /ɪn'fju:ʒn/ *n* (*drink*) infusione *f*; (*of capital, new blood*) afflusso *m*
ingenious /ɪn'dʒi:nɪəs/ *a* ingegnoso
ingenuity /ɪndʒɪ'nju:ətɪ/ *n* ingegnosità *f*
ingenuous /ɪn'dʒenjʊəs/ *a* ingenuo
ingot /'ɪŋgət/ *n* lingotto *m*
ingrained /ɪn'greɪnd/ *a* (*in person*) radicato; ‹*dirt*› incrostato
ingratiate /ɪn'greɪʃɪeɪt/ *vt* **~ oneself with sb** ingraziarsi qcno
in'gratitude *n* ingratitudine *f*
ingredient /ɪn'gri:dɪənt/ *n* ingrediente *m*
ingrowing /'ɪngrəʊɪŋ/ *a* ‹*nail*› incarnito
inhabit /ɪn'hæbɪt/ *vt* abitare. **~ant** *n* abitante *mf*
inhale /ɪn'heɪl/ *vt* aspirare; *Med* inalare ● *vi* inspirare; (*when smoking*) aspirare. **~r** *n* (*device*) inalatore *m*
inherent /ɪn'hɪərənt/ *a* inerente
inherit /ɪn'herɪt/ *vt* ereditare. **~ance** /-əns/ *n* eredità *f inv*
inhibit /ɪn'hɪbɪt/ *vt* inibire. **~ed** *a* inibito. **~ion** /-'bɪʃn/ *n* inibizione *f*
inho'spitable *a* inospitale
in'human *a* disumano
initial /ɪ'nɪʃl/ *a* iniziale ● *n* iniziale *f* ● *vt* (*pt/pp* **initialled**) siglare. **~ly** *adv* all'inizio
initiat|e /ɪ'nɪʃɪeɪt/ *vt* iniziare. **~ion** /-'eɪʃn/ *n* iniziazione *f*
initiative /ɪ'nɪʃətɪv/ *n* iniziativa *f*
inject /ɪn'dʒekt/ *vt* iniettare. **~ion** /-ekʃn/ *n* iniezione *f*
injur|e /'ɪndʒə(r)/ *vt* ferire; (*wrong*) nuocere. **~y** *n* ferita *f*; (*wrong*) torto *m*
in'justice *n* ingiustizia *f*; **do sb an ~** giudicare qcno in modo sbagliato
ink /ɪŋk/ *n* inchiostro *m*
inkling /'ɪŋklɪŋ/ *n* sentore *m*
inlaid /ɪn'leɪd/ *a* intarsiato
inland /'ɪnlənd/ *a* interno ● *adv* all'interno. **I~ Revenue** *n* fisco *m*
in-laws /'ɪnlɔ:z/ *npl fam* parenti *mpl* acquisiti
inlay /'ɪnleɪ/ *n* intarsio *m*
inlet /'ɪnlet/ *n* insenatura *f*; *Techn* entrata *f*
inmate /'ɪnmeɪt/ *n* (*of hospital*) degente *mf*; (*of prison*) carcerato, -a *mf*
inn /ɪn/ *n* locanda *f*
innate /ɪ'neɪt/ *a* innato
inner /'ɪnə(r)/ *a* interno. **~most** *a* il più profondo. **~ tube** *n* camera *f* d'aria
'innkeeper *n* locandiere, -a *mf*
innocen|ce /'ɪnəsəns/ *n* innocenza *f*. **~t** *a* innocente
innocuous /ɪ'nɒkjʊəs/ *a* innocuo
innovat|e /'ɪnəveɪt/ *vi* innovare. **~ion** /-'veɪʃn/ *n* innovazione *f*. **~ive** /'ɪnəvətɪv/ *a* innovativo. **~or** /'ɪnəveɪtə(r)/ *n* innovatore, -trice *mf*
innuendo /ɪnjʊ'endəʊ/ *n* (*pl* **-es**) insinuazione *f*
innumerable /ɪ'nju:mərəbl/ *a* innumerevole
inoculat|e /ɪ'nɒkjʊleɪt/ *vt* vaccinare. **~ion** /-'leɪʃn/ *n* vaccinazione *f*

inof'fensive *a* inoffensivo
in'operable *a* inoperabile
in'opportune *a* inopportuno
inordinate /ɪ'nɔ:dɪnət/ *a* smodato
inor'ganic *a* inorganico
'in-patient *n* degente *mf*
input /'ɪnpʊt/ *n* input *m inv*, ingresso *m*
inquest /'ɪnkwest/ *n* inchiesta *f*
inquir|e /ɪn'kwaɪə(r)/ *vi* informarsi (**about** su); **~e into** far indagini su ● *vt* domandare. **~y** *n* domanda *f*; (*investigation*) inchiesta *f*
inquisitive /ɪn'kwɪzətɪv/ *a* curioso
inroad /'ɪnrəʊd/ *n* **make ~s into** intaccare ‹*savings*›; cominciare a risolvere ‹*problem*›
in'sane *a* pazzo; *fig* insensato
in'sanitary *a* malsano
in'sanity *n* pazzia *f*
insatiable /ɪn'seɪʃəbl/ *a* insaziabile
inscri|be /ɪn'skraɪb/ *vt* iscrivere. **~ption** /-'skrɪpʃn/ *n* iscrizione *f*
inscrutable /ɪn'skru:təbl/ *a* impenetrabile
insect /'ɪnsekt/ *n* insetto *m*. **~icide** /-'sektɪsaɪd/ *n* insetticida *m*
inse'cur|e *a* malsicuro; ‹*fig: person*› insicuro. **~ity** *n* mancanza *f* di sicurezza
insemination /ɪnsemɪ'neɪʃn/ *n* inseminazione *f*
in'sensitive *a* insensibile
in'separable *a* inseparabile
insert[1] /'ɪnsɜ:t/ *n* inserto *m*
insert[2] /ɪn'sɜ:t/ *vt* inserire. **~ion** /-ɜ:ʃn/ *n* inserzione *f*
inside /ɪn'saɪd/ *n* interno *m*. **~s** *npl fam* pancia *f* ● *attrib Aut* **~ lane** *n* corsia *f* interna ● *adv* dentro; **~ out** a rovescio; (*thoroughly*) a fondo ● *prep* dentro; (*of time*) entro
insidious /ɪn'sɪdɪəs/ *a* insidioso
insight /'ɪnsaɪt/ *n* intuito *m* (**into** per); **an ~ into** un quadro di
insignia /ɪn'sɪgnɪə/ *npl* insegne *fpl*
insig'nificant *a* insignificante
insin'cer|e *a* poco sincero. **~ity** /-'serɪtɪ/ *n* mancanza *f* di sincerità
insinuat|e /ɪn'sɪnjʊeɪt/ *vt* insinuare. **~ion** /-'eɪʃn/ *n* insinuazione *f*
insipid /ɪn'sɪpɪd/ *a* insipido
insist /ɪn'sɪst/ *vi* insistere (**on** per) ● *vt* **~ that** insistere che. **~ence** *n* insistenza *f*. **~ent** *a* insistente
'insole *n* soletta *f*
insolen|ce /'ɪnsələns/ *n* insolenza *f*. **~t** *a* insolente
in'soluble *a* insolubile
in'solven|cy *n* insolvenza *f*. **~t** *a* insolvente
insomnia /ɪn'sɒmnɪə/ *n* insonnia *f*
inspect /ɪn'spekt/ *vt* ispezionare; controllare ‹*ticket*›. **~ion** /-ekʃn/ *n* ispezione *f*; (*of ticket*) controllo *m*. **~or** *n* ispettore, -trice *mf*; (*of tickets*) controllore *m*
inspiration /ɪnspə'reɪʃn/ *n* ispirazione *f*
inspire /ɪn'spaɪə(r)/ *vt* ispirare
insta'bility *n* instabilità *f*
install /ɪn'stɔ:l/ *vt* installare. **~ation** /-stə'leɪʃn/ *n* installazione *f*
instalment /ɪn'stɔ:lmənt/ *n Comm* rata *f*; (*of serial*) puntata *f*; (*of publication*) fascicolo *m*
instance /'ɪnstəns/ *n* (*case*) caso *m*; (*example*) esempio *m*; **in the first ~** in primo luogo; **for ~** per esempio
instant /'ɪnstənt/ *a* immediato; *Culin* espresso ● *n* istante *m*. **~aneous** /-'teɪmɪəs/ *a* istantaneo
instant 'coffee *n* caffè *m inv* solubile
instantly /'ɪnstəntlɪ/ *adv* immediatamente
instead /ɪn'sted/ *adv* invece; **~ of doing** anziché fare; **~ of me** al mio posto; **~ of going** invece di andare
'instep *n* collo *m* del piede
instigat|e /'ɪnstɪgeɪt/ *vt* istigare. **~ion** /-'geɪʃn/ *n* istigazione *f*; **at his ~ion** dietro suo suggerimento. **~or** *n* istigatore, -trice *mf*
instil /ɪn'stɪl/ *vt* (*pt*/*pp* **instilled**) inculcare (**into** in)
instinct /'ɪnstɪŋkt/ *n* istinto *m*. **~ive** /ɪn'stɪŋktɪv/ *a* istintivo
institut|e /'ɪnstɪtju:t/ *n* istituto *m* ● *vt* istituire ‹*scheme*›; iniziare ‹*search*›; intentare ‹*legal action*›. **~ion** /-'tju:ʃn/ *n* istituzione *f*; (*home for elderly*) istituto *m* per anziani; (*for mentally ill*) istituto *m* per malati di mente
instruct /ɪn'strʌkt/ *vt* istruire; (*order*) ordinare. **~ion** /-ʌkʃn/ *n* istruzione *f*; **~s** (*pl: orders*) ordini *mpl*. **~ive** /-ɪv/ *a* istruttivo. **~or** *n* istruttore, -trice *mf*
instrument /'ɪnstrʊmənt/ *n* strumento *m*. **~al** /-'mentl/ *a* strumentale; **be ~al in** contribuire a. **~alist** *n* strumentista *mf*
insu'bordi|nate *a* insubordinato. **~nation** /-'neɪʃn/ *n* insubordinazione *f*
in'sufferable *a* insopportabile
insuf'ficient *a* insufficiente
insular /'ɪnsjʊlə(r)/ *a fig* gretto
insulat|e /'ɪnsjʊleɪt/ *vt* isolare. **~ing**

tape *n* nastro *m* isolante. **~ion** /-'leɪʃn/ *n* isolamento *m*

insulin /'ɪnsjʊlɪn/ *n* insulina *f*

insult[1] /'ɪnsʌlt/ *n* insulto *m*

insult[2] /ɪn'sʌlt/ *vt* insultare

insuperable /ɪn'su:pərəbl/ *a* insuperabile

insur|ance /ɪn'ʃʊərəns/ *n* assicurazione *f*. **~e** *vt* assicurare

insurrection /ɪnsə'rekʃn/ *n* insurrezione *f*

intact /ɪn'tækt/ *a* intatto

'intake *n* immissione *f*; (*of food*) consumo *m*

in'tangible *a* intangibile

integral /'ɪntɪgrəl/ *a* integrale

integrat|e /'ɪntɪgreɪt/ *vt* integrare ● *vi* integrarsi. **~ion** /-'greɪʃn/ *n* integrazione *f*

integrity /ɪn'tegrətɪ/ *n* integrità *f*

intellect /'ɪntəlekt/ *n* intelletto *m*. **~ual** /-'lektjʊəl/ *a & n* intellettuale *mf*

intelligen|ce /ɪn'telɪdʒəns/ *n* intelligenza *f*; *Mil* informazioni *fpl*. **~t** *a* intelligente

intelligentsia /ɪntelɪ'dʒentsɪə/ *n* intellighenzia *f*

intelligible /ɪn'telɪdʒəbl/ *a* intelligibile

intend /ɪn'tend/ *vt* destinare; (*have in mind*) aver intenzione di; **be ~ed for** essere destinato a. **~ed** *a* ‹*effect*› voluto ● *n* **my ~ed** *fam* il mio/la mia fidanzato, -a

intense /ɪn'tens/ *a* intenso; ‹*person*› dai sentimenti intensi. **~ly** *adv* intensamente; (*very*) estremamente

intensi|fication /ɪntensɪfɪ'keɪʃn/ *n* intensificazione *f*. **~fy** /-'tensɪfaɪ/ *v* (*pt/pp* **-ied**) ● *vt* intensificare ● *vi* intensificarsi

intensity /ɪn'tensətɪ/ *n* intensità *f*

intensive /ɪn'tensɪv/ *a* intensivo. **~ care** (*for people in coma*) rianimazione *f*; **~ care [unit]** terapia *f* intensiva

intent /ɪn'tent/ *a* intento; **~ on** (*absorbed in*) preso da; **be ~ on doing sth** essere intento a fare qcsa ● *n* intenzione *f*; **to all ~s and purposes** a tutti gli effetti. **~ly** *adv* attentamente

intention /ɪn'tenʃn/ *n* intenzione *f*. **~al** *a* intenzionale. **~ally** *adv* intenzionalmente

inter'acti|on *n* cooperazione *f*. **~ve** *a* interattivo

intercede /ɪntə'si:d/ *vi* intercedere (**on behalf of** a favore di)

intercept /ɪntə'sept/ *vt* intercettare

'interchange *n* scambio *m*; *Auto* raccordo *m* [autostradale]

inter'changeable *a* interscambiabile

intercom /'ɪntəkɒm/ *n* citofono *m*

'intercourse *n* (*sexual*) rapporti *mpl* [sessuali]

interest /'ɪntrəst/ *n* interesse *m*; **have an ~ in** *Comm* essere cointeressato in; **be of ~** essere interessante; **~ rate** *n* tasso *m* di interesse ● *vt* interessare. **~ed** *a* interessato. **~ing** *a* interessante

interface /'ɪntəfeɪs/ *n* interfaccia *f* ● *vt* interfacciare ● *vi* interfacciarsi

interfere /ɪntə'fɪə(r)/ *vi* interferire; **~ with** interferire con. **~nce** /-əns/ *n* interferenza *f*

interim /'ɪntərɪm/ *a* temporaneo; **~ payment** acconto *m* ● *n* **in the ~** nel frattempo

interior /ɪn'tɪərɪə(r)/ *a* interiore ● *n* interno *m*. **~ designer** *n* arredatore, -trice *mf*

interject /ɪntə'dʒekt/ *vt* intervenire. **~ion** /-ekʃn/ *n Gram* interiezione *f*; (*remark*) intervento *m*

interloper /'ɪntələʊpə(r)/ *n* intruso, -a *mf*

interlude /'ɪntəlu:d/ *n* intervallo *m*

inter'marry *vi* sposarsi tra parenti; ‹*different groups:*› contrarre matrimoni misti

intermediary /ɪntə'mi:dɪərɪ/ *n* intermediario, -a *mf*

intermediate /ɪntə'mi:dɪət/ *a* intermedio

interminable /ɪn'tɜ:mɪnəbl/ *a* interminabile

intermission /ɪntə'mɪʃn/ *n* intervallo *m*

intermittent /ɪntə'mɪtənt/ *a* intermittente

intern /ɪn'tɜ:n/ *vt* internare

internal /ɪn'tɜ:nl/ *a* interno. **~ly** *adv* internamente; ‹*deal with*› all'interno

inter'national *a* internazionale ● *n* (*game*) incontro *m* internazionale; (*player*) competitore, -trice *mf* in gare internazionali. **~ly** *adv* internazionalmente

Internet /'ɪntənet/ *n* Internet *m*

internist /ɪn'tɜ:nɪst/ *n Am* internista *mf*

internment /ɪn'tɜ:nmənt/ *n* internamento *m*

'interplay *n* azione *f* reciproca

interpret /ɪn'tɜ:prɪt/ *vt* interpretare

● *vi* fare l'interprete. **~ation** /-'teɪʃn/ *n* interpretazione *f*. **~er** *n* interprete *mf*
interre'lated *a* ‹*facts*› in correlazione
interrogat|e /ɪn'terəgeɪt/ *vt* interrogare. **~ion** /-'geɪʃn/ *n* interrogazione *f*; (*by police*) interrogatorio *m*
interrogative /ɪntə'rɒgətɪv/ *a & n* **~** [**pronoun**] interrogativo *m*
interrupt /ɪntə'rʌpt/ *vt/i* interrompere. **~ion** /-ʌpʃn/ *n* interruzione *f*
intersect /ɪntə'sekt/ *vi* intersecarsi ● *vt* intersecare. **~ion** /-ekʃn/ *n* intersezione *f*; (*of street*) incrocio *m*
interspersed /ɪntə'spɜ:st/ *a* **~ with** inframmezzato di
inter'twine *vi* attorcigliarsi
interval /'ɪntəvl/ *n* intervallo *m*; **bright ~s** *pl* schiarite *fpl*
interven|e /ɪntə'vi:n/ *vi* intervenire. **~tion** /-'venʃn/ *n* intervento *m*
interview /'ɪntəvju:/ *n Journ* intervista *f*; (*for job*) colloquio *m* [di lavoro] ● *vt* intervistare. **~er** *n* intervistatore, -trice *mf*
intestin|e /ɪn'testɪn/ *n* intestino *m*. **~al** *a* intestinale
intimacy /'ɪntɪməsɪ/ *n* intimità *f*
intimate¹ /'ɪntɪmət/ *a* intimo. **~ly** *adv* intimamente
intimate² /'ɪntɪmeɪt/ *vt* far capire; (*imply*) suggerire
intimidat|e /ɪn'tɪmɪdeɪt/ *vt* intimidire. **~ion** /-'deɪʃn/ *n* intimidazione *f*
into /'ɪntə/, *di fronte a una vocale* /'ɪntʊ/ *prep* dentro, in; **go ~ the house** andare dentro [casa] *o* in casa; **be ~** (*fam: like*) essere appassionato di; **I'm not ~ that** questo non mi piace; **7 ~ 21 goes 3** il 7 nel 21 ci sta 3 volte; **translate ~ French** tradurre in francese; **get ~ trouble** mettersi nei guai
in'tolerable *a* intollerabile
in'toleran|ce *n* intolleranza *f*. **~t** *a* intollerante
intonation /ɪntə'neɪʃn/ *n* intonazione *f*
intoxicat|ed /ɪn'tɒksɪkeɪtɪd/ *a* inebriato. **~ion** /-'keɪʃn/ *n* ebbrezza *f*
intractable /ɪn'træktəbl/ *a* intrattabile; ‹*problem*› insolubile
intranet /'ɪntrənet/ *n* intranet *f inv*
intransigent /ɪn'trænzɪdʒənt/ *a* intransigente
in'transitive *a* intransitivo
intravenous /ɪntrə'vi:nəs/ *a* endovenoso. **~ly** *adv* per via endovenosa
intricate /'ɪntrɪkət/ *a* complesso
intrigu|e /ɪn'tri:g/ *n* intrigo *m* ● *vt* intrigare ● *vi* tramare. **~ing** *a* intrigante
intrinsic /ɪn'trɪnsɪk/ *a* intrinseco
introduce /ɪntrə'dju:s/ *vt* presentare; (*bring in, insert*) introdurre
introduct|ion /ɪntrə'dʌkʃn/ *n* introduzione *f*; (*to person*) presentazione *f*; (*to book*) prefazione *f*. **~ory** /-tərɪ/ *a* introduttivo
introspective /ɪntrə'spektɪv/ *a* introspettivo
introvert /'ɪntrəvɜ:t/ *n* introverso, -a *mf*
intru|de /ɪn'tru:d/ *vi* intromettersi. **~der** *n* intruso, -a *mf*. **~sion** /-u:ʒn/ *n* intrusione *f*
intuit|ion /ɪntjʊ'ɪʃn/ *n* intuito *m*. **~ive** /-'tju:ɪtɪv/ *a* intuitivo
inundate /'ɪnəndeɪt/ *vt fig* inondare (**with** di)
invade /ɪn'veɪd/ *vt* invadere. **~r** *n* invasore *m*
invalid¹ /'ɪnvəlɪd/ *n* invalido, -a *mf*
invalid² /ɪn'vælɪd/ *a* non valido. **~ate** *vt* invalidare
in'valuable *a* prezioso; (*priceless*) inestimabile
in'variabl|e *a* invariabile. **~y** *adv* invariabilmente
invasion /ɪn'veɪʒn/ *n* invasione *f*
invective /ɪn'vektɪv/ *n* invettiva *f*
invent /ɪn'vent/ *vt* inventare. **~ion** /-enʃn/ *n* invenzione *f*. **~ive** /-tɪv/ *a* inventivo. **~or** *n* inventore, -trice *mf*
inventory /'ɪnvəntrɪ/ *n* inventario *m*
inverse /ɪn'vɜ:s/ *a* inverso ● *n* inverso *m*
invert /ɪn'vɜ:t/ *vt* invertire; **in ~ed commas** tra virgolette
invest /ɪn'vest/ *vt* investire ● *vi* fare investimenti; **~ in** (*fam: buy*) comprarsi
investigat|e /ɪn'vestɪgeɪt/ *vt* investigare. **~ion** /-'geɪʃn/ *n* investigazione *f*
invest|ment /ɪn'vestmənt/ *n* investimento *m*. **~or** *n* investitore, -trice *mf*
inveterate /ɪn'vetərət/ *a* inveterato
invidious /ɪn'vɪdɪəs/ *a* ingiusto; ‹*position*› antipatico
invigilat|e /ɪn'vɪdʒɪleɪt/ *vi Sch* sorvegliare lo svolgimento di un esame. **~or** *n persona f che sorveglia lo svolgimento di un esame*
invigorate /ɪn'vɪgəreɪt/ *vt* rinvigorire
invigorating /ɪn'vɪgəreɪtɪŋ/ *a* tonificante
invincible /ɪn'vɪnsəbl/ *a* invincibile
inviolable /ɪn'vaɪələbl/ *a* inviolabile
in'visible *a* invisibile
invitation /ɪnvɪ'teɪʃn/ *n* invito *m*
invit|e /ɪn'vaɪt/ *vt* invitare; (*attract*) attirare. **~ing** *a* invitante

invoice /ˈɪnvɔɪs/ *n* fattura *f* ● *vt* **~ sb** emettere una fattura a qcno
invoke /ɪnˈvəʊk/ *vt* invocare
inˈvoluntar|y *a* involontario
involve /ɪnˈvɒlv/ *vt* comportare; (*affect, include*) coinvolgere; (*entail*) implicare; **get ~d with sb** legarsi a qcno; (*romantically*) legarsi sentimentalmente a qcno. **~d** *a* complesso. **~ment** *n* coinvolgimento *m*
inˈvulnerable *a* invulnerabile; ‹*position*› inattaccabile
inward /ˈɪnwəd/ *a* interno; ‹*thoughts etc*› interiore; **~ investment** *Comm* investimento *m* di capitali stranieri. **~ly** *adv* interiormente. **~[s]** *adv* verso l'interno
iodine /ˈaɪədiːn/ *n* iodio *m*
iota /aɪˈəʊtə/ *n* briciolo *m*
IOU *n abbr* (**I owe you**) pagherò *m inv*
IQ *n abbr* (**intelligence quotient**) Q.I.
IRA *n abbr* (**Irish Republican Army**) I.R.A. *f*
Iran /ɪˈrɑːn/ *n* Iran *m*. **~ian** /ɪˈreɪnɪən/ *a & n* iraniano, -a *mf*
Iraq /ɪˈrɑːk/ *n* Iraq *m*. **~i** /ɪˈrɑːkɪ/ *a & n* iracheno, -a *mf*
irascible /ɪˈræsəbl/ *a* irascibile
irate /aɪˈreɪt/ *a* adirato
Ireland /ˈaɪələnd/ *n* Irlanda *f*
iris /ˈaɪrɪs/ *n Anat* iride *f*; *Bot* iris *f inv*
Irish /ˈaɪrɪʃ/ *a* irlandese ● *npl* **the ~** gli irlandesi. **~man** *n* irlandese *m*. **~woman** *n* irlandese *f*
iron /ˈaɪən/ *a* di ferro. **I~ Curtain** *n* cortina *f* di ferro ● *n* ferro *m*; (*appliance*) ferro *m* [da stiro] ● *vt/i* stirare. **iron out** *vt* eliminare stirando; *fig* appianare
ironic[al] /aɪˈrɒnɪk[l]/ *a* ironico
ironing /ˈaɪənɪŋ/ *n* stirare *m*; (*articles*) roba *f* da stirare; **do the ~** stirare. **~-board** *n* asse *f* da stiro
ˈironmonger /-mʌŋgə(r)/ *n* **~'s [shop]** negozio *m* di ferramenta
irony /ˈaɪrənɪ/ *n* ironia *f*
irradiate /ɪˈreɪdɪeɪt/ *vt* irradiare
irrational /ɪˈræʃənl/ *a* irrazionale
irreconcilable /ɪˈrekənsaɪləbl/ *a* irreconciliabile
irrefutable /ɪrɪˈfjuːtəbl/ *a* irrefutabile
irregular /ɪˈregjʊlə(r)/ *a* irregolare. **~ity** /-ˈlærətɪ/ *n* irregolarità *f inv*
irrelevant /ɪˈreləvənt/ *a* non pertinente
irreparabl|e /ɪˈrepərəbl/ *a* irreparabile. **~y** *adv* irreparabilmente
irreplaceable /ɪrɪˈpleɪsəbl/ *a* insostituibile
irrepressible /ɪrɪˈpresəbl/ *a* irrefrenabile; ‹*person*› incontenibile
irresistible /ɪrɪˈzɪstəbl/ *a* irresistibile
irresolute /ɪˈrezəluːt/ *a* irresoluto
irrespective /ɪrɪˈspektɪv/ *a* **~ of** senza riguardo per
irresponsible /ɪrɪˈspɒnsɪbl/ *a* irresponsabile
irreverent /ɪˈrevərənt/ *a* irreverente
irreversible /ɪrɪˈvɜːsəbl/ *a* irreversibile
irrevocabl|e /ɪˈrevəkəbl/ *a* irrevocabile. **~y** *adv* irrevocabilmente
irrigat|e /ˈɪrɪgeɪt/ *vt* irrigare. **~ion** /-ˈgeɪʃn/ *n* irrigazione *f*
irritability /ɪrɪtəˈbɪlətɪ/ *n* irritabilità *f*
irritable /ˈɪrɪtəbl/ *a* irritabile
irritant /ˈɪrɪtənt/ *n* sostanza *f* irritante
irritat|e /ˈɪrɪteɪt/ *vt* irritare. **~ing** *a* irritante. **~ion** /-ˈteɪʃn/ *n* irritazione *f*
is /ɪz/ *see* **be**
Islam /ˈɪzlɑːm/ *n* Islam *m*. **~ic** /-ˈlæmɪk/ *a* islamico
island /ˈaɪlənd/ *n* isola *f*; (*in road*) isola *f* spartitraffico. **~er** *n* isolano, -a *mf*
isle /aɪl/ *n liter* isola *f*
isolat|e /ˈaɪsəleɪt/ *vt* isolare. **~ed** *a* isolato. **~ion** /-ˈleɪʃn/ *n* isolamento *m*
Israel /ˈɪzreɪl/ *n* Israele *m*. **~i** /ɪzˈreɪlɪ/ *a & n* israeliano, -a *mf*
issue /ˈɪʃuː/ *n* (*outcome*) risultato *m*; (*of magazine*) numero *m*; (*of stamps etc*) emissione *f*; (*offspring*) figli *mpl*; (*matter, question*) questione *f*; **at ~** in questione; **take ~ with sb** prendere posizione contro qcno ● *vt* distribuire ‹*supplies*›; rilasciare ‹*passport*›; emettere ‹*stamps, order*›; pubblicare ‹*book*›; **be ~d with sth** ricevere qcsa ● *vi* **~ from** uscire da
isthmus /ˈɪsməs/ *n* (*pl* **-muses**) istmo *m*
it /ɪt/ *pron* (*direct object*) lo *m*, la *f*; (*indirect object*) gli *m*, le *f*; **it's broken** è rotto/rotta; **will it be enough?** basterà?; **it's hot** fa caldo; **it's raining** piove; **it's me** sono io; **who is it?** chi è?; **it's two o'clock** sono le due; **I doubt it** ne dubito; **take it with you** prendilo con te; **give it a wipe** dagli una pulita
Italian /ɪˈtæljən/ *a & n* italiano, -a *mf*; (*language*) italiano *m*
italic /ɪˈtælɪk/ *a* in corsivo. **~s** *npl* corsivo *msg*
Italy /ˈɪtəlɪ/ *n* Italia *f*
itch /ɪtʃ/ *n* prurito *m* ● *vi* avere prurito, prudere; **be ~ing to** *fam* avere una voglia matta di. **~y** *a* che prude; **my foot is ~y** ho prurito al piede

item /'aɪtəm/ *n* articolo *m*; (*on agenda, programme*) punto *m*; (*on invoice*) voce *f*; **~** [**of news**] notizia *f*. **~ize** *vt* dettagliare ‹*bill*›
itinerant /aɪ'tɪnərənt/ *a* itinerante
itinerary /aɪ'tɪnərərɪ/ *n* itinerario *m*
its /ɪts/ *poss pron* suo *m*, sua *f*, suoi *mpl*, sue *fpl*; **~ mother/cage** sua madre/la sua gabbia
it's = **it is, it has**
itself /ɪt'self/ *pron* (*reflexive*) si; (*emphatic*) essa stessa; **the baby looked at ~ in the mirror** il bambino si è guardato nello specchio; **by ~** da solo; **the machine in ~ is simple** la macchina di per sé è semplice
ITV *n abbr* (**Independent Television**) *stazione f televisiva privata britannica*
ivory /'aɪvərɪ/ *n* avorio *m*
ivy /'aɪvɪ/ *n* edera *f*

Jj

jab /dʒæb/ *n* colpo *m* secco; (*fam: injection*) puntura *f* ● *vt* (*pt/pp* **jabbed**) punzecchiare
jabber /'dʒæbə(r)/ *vi* borbottare
jack /dʒæk/ *n Auto* cric *m inv*; (*in cards*) fante *m*, jack *m inv* ● **jack up** *vt Auto* sollevare [con il cric]
jackdaw /'dʒækdɔ:/ *n* taccola *f*
jacket /'dʒækɪt/ *n* giacca *f*; (*of book*) sopraccoperta *f*. **~ po'tato** *n patata f cotta al forno con la buccia*
'jackpot *n* premio *m* (*di una lotteria*); **win the ~** vincere alla lotteria; **hit the ~** *fig* fare un colpo grosso
jade /dʒeɪd/ *n* giada *f* ● *attrib* di giada
jaded /'dʒeɪdɪd/ *a* spossato
jagged /'dʒægɪd/ *a* dentellato
jail /dʒeɪl/ = **gaol**
jalopy /dʒə'lɒpɪ/ *n fam* vecchia carretta *f*
jam¹ /dʒæm/ *n* marmellata *f*
jam² *n Auto* ingorgo *m*; (*fam: difficulty*) guaio *m* ● *v* (*pt/pp* **jammed**) ● *vt* (*cram*) pigiare; disturbare ‹*broadcast*›; inceppare ‹*mechanism, drawer etc*›; **be ~med** ‹*roads:*› essere congestionato ● *vi* ‹*mechanism:*› incepparsi; ‹*window, drawer:*› incastrarsi
Jamaica /dʒə'meɪkə/ *n* Giamaica *f*. **~n** *a & n* giamaicano, -a *mf*
jam-'packed *a fam* pieno zeppo
jangle /'dʒæŋgl/ *vt* far squillare ● *vi* squillare
janitor /'dʒænɪtə(r)/ *n* (*caretaker*) custode *m*; (*in school*) bidello, -a *mf*
January /'dʒænjʊərɪ/ *n* gennaio *m*
Japan /dʒə'pæn/ *n* Giappone *m*. **~ese** /dʒæpə'ni:z/ *a & n* giapponese *mf*; (*language*) giapponese *m*
jar¹ /dʒɑ:(r)/ *n* (*glass*) barattolo *m*
jar² *vi* (*pt/pp* **jarred**) ‹*sound:*› stridere
jargon /'dʒɑ:gən/ *n* gergo *m*
jaundice /'dʒɔ:ndɪs/ *n* itterizia *f*. **~d** *a fig* inacidito
jaunt /dʒɔ:nt/ *n* gita *f*
jaunty /'dʒɔ:ntɪ/ *a* (**-ier, -iest**) sbarazzino
javelin /'dʒævlɪn/ *n* giavellotto *m*
jaw /dʒɔ:/ *n* mascella *f*; (*bone*) mandibola *f*
jay-walker /'dʒeɪwɔ:kə(r)/ *n* pedone *m* indisciplinato
jazz /dʒæz/ *n* jazz *m* ● **jazz up** *vt* ravvivare. **~y** *a* vistoso
jealous /'dʒeləs/ *a* geloso. **~y** *n* gelosia *f*
jeans /dʒi:nz/ *npl* [blue] jeans *mpl*
jeep /dʒi:p/ *n* jeep *f inv*
jeer /dʒɪə(r)/ *n* scherno *m* ● *vi* schernire; **~ at** prendersi gioco di ● *vt* (*boo*) fischiare
jell /dʒel/ *vi* concretarsi
jelly /'dʒelɪ/ *n* gelatina *f*. **~fish** *n* medusa *f*
jeopar|dize /'dʒepədaɪz/ *vt* mettere in pericolo. **~dy** /-dɪ/ *n* **in ~dy** in pericolo
jerk /dʒɜ:k/ *n* scatto *m*, scossa *f* ● *vt* scattare ● *vi* sobbalzare; ‹*limb, muscle:*› muoversi a scatti. **~ily** *adv* a scatti. **~y** *a* traballante
jersey /'dʒɜ:zɪ/ *n* maglia *f*; *Sport* maglietta *f*; (*fabric*) jersey *m*
jest /dʒest/ *n* scherzo *m*; **in ~** per scherzo ● *vi* scherzare
Jesus /'dʒi:zəs/ *n* Gesù *m*
jet¹ /dʒet/ *n* (*stone*) giaietto *m*
jet² *n* (*of water*) getto *m*; (*nozzle*) becco *m*; (*plane*) aviogetto *m*, jet *m inv*

jet: ~-'black *a* nero ebano. **~lag** *n* scombussolamento *m* da fuso orario. **~-pro'pelled** *a* a reazione

jettison /'dʒetɪsn/ *vt* gettare a mare; *fig* abbandonare

jetty /'dʒetɪ/ *n* molo *m*

Jew /dʒu:/ *n* ebreo *m*

jewel /'dʒu:əl/ *n* gioiello *m*. **~ler** *n* gioielliere *m*; **~ler's [shop]** gioielleria *f*. **~lery** *n* gioielli *mpl*

Jew|ess /'dʒu:ɪs/ *n* ebrea *f*. **~ish** *a* ebreo

jiffy /'dʒɪfɪ/ *n fam* **in a ~** in un batter d'occhio

jigsaw /'dʒɪgsɔ:/ *n* **~ [puzzle]** puzzle *m inv*

jilt /dʒɪlt/ *vt* piantare

jingle /'dʒɪŋgl/ *n* (*rhyme*) canzoncina *f* pubblicitaria ● *vi* tintinnare

jinx /dʒɪŋks/ *n* (*person*) iettatore, -trice *mf*; **it's got a ~ on it** è iellato

jitter|s /'dʒɪtəz/ *npl fam* **have the ~s** aver una gran fifa. **~y** *a fam* in preda alla fifa

job /dʒɒb/ *n* lavoro *m*; **this is going to be quite a ~** *fam* [questa] non sarà un'impresa facile; **it's a good ~ that...** meno male che.... **~ centre** *n* ufficio *m* statale di collocamento. **~less** *a* senza lavoro

jockey /'dʒɒkɪ/ *n* fantino *m*

jocular /'dʒɒkjʊlə(r)/ *a* scherzoso

jog /dʒɒg/ *n* colpetto *m*; **at a ~** in un balzo; *Sport* **go for a ~** andare a fare jogging ● *v* (*pt/pp* **jogged**) ● *vt* (*hit*) urtare; **~ sb's memory** farlo ritornare in mente a qcno ● *vi Sport* fare jogging. **~ging** *n* jogging *m*

john /dʒɒn/ *n* (*Am fam: toilet*) gabinetto *m*

join /dʒɔɪn/ *n* giuntura *f* ● *vt* raggiungere, unire; raggiungere ‹*person*›; (*become member of*) iscriversi a; entrare in ‹*firm*› ● *vi* ‹*roads:*› congiungersi. **join in** *vi* partecipare. **join up** *vi Mil* arruolarsi ● *vt* unire

joiner /'dʒɔɪnə(r)/ *n* falegname *m*

joint /dʒɔɪnt/ *a* comune ● *n* articolazione *f*; (*in wood, brickwork*) giuntura *f*; *Culin* arrosto *m*; (*fam: bar*) bettola *f*; (*sl:drug*) spinello *m*. **~ly** *adv* unitamente

joist /dʒɔɪst/ *n* travetto *m*

jok|e /dʒəʊk/ *n* (*trick*) scherzo *m*; (*funny story*) barzelletta *f* ● *vi* scherzare. **~er** *n* burlone, -a *mf*; (*in cards*) jolly *m inv*. **~ing** *n* **~ing apart** scherzi a parte. **~ingly** *adv* per scherzo

jolly /'dʒɒlɪ/ *a* (**-ier, -iest**) allegro ● *adv fam* molto

jolt /dʒəʊlt/ *n* scossa *f*, sobbalzo *m* ● *vt* far sobbalzare ● *vi* sobbalzare

Jordan /'dʒɔ:dn/ *n* Giordania *f*; (*river*) Giordano *m*. **~ian** /-'deɪnɪən/ *a & n* giordano, -a *mf*

jostle /'dʒɒsl/ *vt* spingere

jot /dʒɒt/ *n* nulla *f* ● **jot down** *vt* (*pt/pp* **jotted**) annotare. **~ter** *n* taccuino *m*; (*with a spine*) quaderno *m*

journal /'dʒɜ:nl/ *n* giornale *m*; (*diary*) diario *m*. **~ese** /-ə'li:z/ *n* gergo *m* giornalistico. **~ism** *n* giornalismo *m*. **~ist** *n* giornalista *mf*

journey /'dʒɜ:nɪ/ *n* viaggio *m*

jovial /'dʒəʊvɪəl/ *a* gioviale

joy /dʒɔɪ/ *n* gioia *f*. **~ful** *a* gioioso. **~ride** *n fam giro m con una macchina rubata*. **~stick** *n Comput* joystick *m inv*

jubil|ant /'dʒu:bɪlənt/ *a* giubilante. **~ation** /-'leɪʃn/ *n* giubilo *m*

jubilee /'dʒu:bɪli:/ *n* giubileo *m*

judder /'dʒʌdə(r)/ *vi* vibrare violentemente

judge /dʒʌdʒ/ *n* giudice *m* ● *vt* giudicare; (*estimate*) valutare; (*consider*) ritenere ● *vi* giudicare (**by** da). **~ment** *n* giudizio *m*; *Jur* sentenza *f*

judic|ial /dʒu:'dɪʃl/ *a* giudiziario. **~iary** /-ʃərɪ/ *n* magistratura *f*. **~ious** /-ʃəs/ *a* giudizioso

judo /'dʒu:dəʊ/ *n* judo *m*

jug /dʒʌg/ *n* brocca *f*; (*small*) bricco *m*

juggernaut /'dʒʌgənɔ:t/ *n fam* grosso autotreno *m*

juggle /'dʒʌgl/ *vi* fare giochi di destrezza. **~r** *n* giocoliere, -a *mf*

juice /dʒu:s/ *n* succo *m*

juicy /'dʒu:sɪ/ *a* (**-ier, -iest**) succoso; ‹*fam: story*› piccante

juke-box /'dʒu:k-/ *n* juke-box *m inv*

July /dʒʊ'laɪ/ *n* luglio *m*

jumble /'dʒʌmbl/ *n* accozzaglia *f* ● *vt* **~ [up]** mischiare. **~ sale** *n* vendita *f* di beneficenza

jumbo /'dʒʌmbəʊ/ *n* **~ [jet]** jumbo jet *m inv*

jump /dʒʌmp/ *n* salto *m*; (*in prices*) balzo *m*; (*in horse racing*) ostacolo *m* ● *vi* saltare; (*with fright*) sussultare; ‹*prices:*› salire rapidamente; **~ to conclusions** saltare alle conclusioni ● *vt* saltare; **~ the gun** *fig* precipitarsi; **~ the queue** non rispettare la fila. **jump at** *vt fig* accettare con entusiasmo ‹*offer*›. **jump up** *vi* rizzarsi in piedi

jumper /'dʒʌmpə(r)/ *n* (*sweater*) golf *m inv*
jumpy /'dʒʌmpɪ/ *a* nervoso
junction /'dʒʌŋkʃn/ *n* (*of roads*) incrocio *m*; (*of motorway*) uscita *f*; *Rail* nodo *m* ferroviario
juncture /'dʒʌŋktʃə(r)/ *n* **at this ~** a questo punto
June /dʒu:n/ *n* giugno *m*
jungle /'dʒʌŋgl/ *n* giungla *f*
junior /'dʒu:nɪə(r)/ *a* giovane; (*in rank*) subalterno; *Sport* junior *inv* ● *npl* **the ~s** *Sch* i più giovani. **~ school** *n* scuola *f* elementare
junk /dʒʌŋk/ *n* cianfrusaglie *fpl*. **~ food** *n fam* cibo *m* poco sano, porcherie *fpl*. **~ mail** posta *f* spazzatura
junkie /'dʒʌŋkɪ/ *n sl* tossico, -a *mf*
'junk-shop *n* negozio *m* di rigattiere
jurisdiction /dʒʊərɪs'dɪkʃn/ *n* giurisdizione *f*
juror /'dʒʊərə(r)/ *n* giurato, -a *mf*
jury /'dʒʊərɪ/ *n* giuria *f*; *Jur* giuria *f* [popolare]
just /dʒʌst/ *a* giusto ● *adv* (*barely*) appena; (*simply*) solo; (*exactly*) esattamente; **~ as tall** altrettanto alto; **~ as I was leaving** proprio quando stavo andando via; **I've ~ seen her** l'ho appena vista; **it's ~ as well** meno male; **~ at that moment** proprio in quel momento; **~ listen!** ascolta!; **I'm ~ going** sto andando proprio ora
justice /'dʒʌstɪs/ *n* giustizia *f*; **do ~ to** rendere giustizia a; **J~ of the Peace** giudice *m* conciliatore
justifiabl|e /'dʒʌstɪfaɪəbl/ *a* giustificabile
justi|fication /dʒʌstɪfɪ'keɪʃn/ *n* giustificazione *f*. **~fy** /'dʒʌstɪfaɪ/ *vt* (*pt/pp* **-ied**) giustificare
justly /'dʒʌstlɪ/ *adv* giustamente
jut /dʒʌt/ *vi* (*pt/pp* **jutted**) **~ out** sporgere
juvenile /'dʒu:vənaɪl/ *a* giovanile; (*childish*) infantile; (*for the young*) per i giovani ● *n* giovane *mf*. **~ delinquency** *n* delinquenza *f* giovanile
juxtapose /dʒʌkstə'pəʊz/ *vt* giustapporre

Kk

kangaroo /kæŋgə'ru:/ *n* canguro *m*
karate /kə'rɑ:tɪ/ *n* karate *m*
kebab /kɪ'bæb/ *n Culin* spiedino *m* di carne
keel /ki:l/ *n* chiglia *f* ● **keel over** *vi* capovolgersi
keen /ki:n/ *a* (*intense*) acuto; ‹*interest*› vivo; (*eager*) entusiastico; ‹*competition*› feroce; ‹*wind, knife*› tagliente; **~ on** entusiasta di; **she's ~ on him** le piace molto; **be ~ to do sth** avere voglia di fare qcsa. **~ness** *n* entusiasmo *m*
keep /ki:p/ *n* (*maintenance*) mantenimento *m*; (*of castle*) maschio *m*; **for ~s** per sempre ● *v* (*pt/pp* **kept**) ● *vt* tenere; (*not throw away*) conservare; (*detain*) trattenere; mantenere ‹*family, promise*›; avere ‹*shop*›; allevare ‹*animals*›; rispettare ‹*law, rules*›; **~ sth hot** tenere qcsa in caldo; **~ sb from doing sth** impedire a qcno di fare qcsa; **~ sb waiting** far aspettare qcno; **~ sth to oneself** tenere qcsa per sé; **~ sth from sb** tenere nascosto qcsa a qcno ● *vi* (*remain*) rimanere; ‹*food:*› conservarsi; **~ calm** rimanere calmo; **~ left/right** tenere la sinistra/destra; **~ [on] doing sth** continuare a fare qcsa. **keep back** *vt* trattenere ‹*person*›; **~ sth back from sb** tenere nascosto qcsa a qcno ● *vi* tenersi indietro. **keep in with** *vt* mantenersi in buoni rapporti con. **keep on** *vi fam* assillare (**at sb** qcno). **keep up** *vi* stare al passo ● *vt* (*continue*) continuare
keep|er /'ki:pə(r)/ *n* custode *mf*. **~-fit** *n* ginnastica *f*. **~ing** *n* custodia *f*; **be in ~ing with** essere in armonia con. **~sake** *n* ricordo *m*
keg /keg/ *n* barilotto *m*
kennel /'kenl/ *n* canile *m*; **~s** *pl* (*boarding*) canile *m*; (*breeding*) allevamento *m* di cani
Kenya /'kenjə/ *n* Kenia *m*. **~n** *a* & *n* keniota *mf*

kept /kept/ *see* **keep**
kerb /kɜ:b/ *n* bordo *m* del marciapiede
kernel /ˈkɜ:nl/ *n* nocciolo *m*
kerosene /ˈkerəsi:n/ *n Am* cherosene *m*
ketchup /ˈketʃʌp/ *n* ketchup *m*
kettle /ˈket(ə)l/ *n* bollitore *m*; **put the ~ on** mettere l'acqua a bollire
key /ki:/ *n also Mus* chiave *f*; (*of piano, typewriter*) tasto *m* ● *vt* **~ [in]** digitare ‹*character*›; **could you ~ this?** puoi battere questo?
key: ~board *n Comput, Mus* tastiera *f*. **~boarder** *n* tastierista *mf*. **~ed-up** *a* (*anxious*) estremamente agitato; (*ready to act*) psicologicamente preparato. **~hole** *n* buco *m* della serratura. **~-ring** *n* portachiavi *m inv*
khaki /ˈkɑ:kɪ/ *a* cachi *inv* ● *n* cachi *m*
kick /kɪk/ *n* calcio *m*; (*fam: thrill*) piacere *m*; **for ~s** *fam* per spasso ● *vt* dar calci a; **~ the bucket** *fam* crepare ● *vi* ‹*animal:*› scalciare; ‹*person:*› dare calci. **kick off** *vi Sport* dare il calcio d'inizio; *fam* iniziare. **kick up** *vt* **~ up a row** fare une scenata
ˈ**kickback** *n* (*fam: percentage*) tangente *f*
ˈ**kick-off** *n Sport* calcio *m* d'inizio
kid /kɪd/ *n* capretto *m*; (*fam: child*) ragazzino, -a *mf* ● *v* (*pt/pp* **kidded**) ● *vt fam* prendere in giro ● *vi fam* scherzare
kidnap /ˈkɪdnæp/ *vt* (*pt/pp* **-napped**) rapire, sequestrare. **~per** *n* sequestratore, -trice *mf*, rapitore, -trice *mf*. **~ping** *n* rapimento *m*, sequestro *m* [di persona]
kidney /ˈkɪdnɪ/ *n* rene *m*; *Culin* rognone *m*. **~ machine** *n* rene *m* artificiale
kill /kɪl/ *vt* uccidere; *fig* metter fine a; ammazzare ‹*time*›. **~er** *n* assassino, -a *mf*. **~ing** *n* uccisione *f*; (*murder*) omicidio *m*; **make a ~ing** *fig* fare un colpo grosso
ˈ**killjoy** *n* guastafeste *mf inv*
kiln /kɪln/ *n* fornace *f*
kilo /ˈki:ləʊ/ *n* chilo *m*
kilo /ˈkɪlə/: **~byte** *n* kilobyte *m inv*. **~gram** *n* chilogrammo *m*. **~metre** /kɪˈlɒmɪtə(r)/ *n* chilometro *m*. **~watt** *n* chilowatt *m inv*
kilt /kɪlt/ *n* kilt *m inv* (*gonnellino degli scozzesi*)
kin /kɪn/ *n* congiunti *mpl*; **next of ~** parente *m* stretto; parenti *mpl* stretti
kind[1] /kaɪnd/ *n* genere *m*, specie *f*; (*brand, type*) tipo *m*; **~ of** *fam* alquanto; **two of a ~** due della stessa specie
kind[2] *a* gentile, buono; **~ to animals** amante degli animali; **~ regards** cordiali saluti
kindergarten /ˈkɪndəgɑ:tn/ *n* asilo *m* infantile
kindle /ˈkɪndl/ *vt* accendere
kind|ly /ˈkaɪndlɪ/ *a* (**-ier, -iest**) benevolo ● *adv* gentilmente; (*if you please*) per favore. **~ness** *n* gentilezza *f*
kindred /ˈkɪndrɪd/ *a* **she's a ~ spirit** è la mia/sua/tua anima gemella
kinetic /kɪˈnetɪk/ *a* cinetico
king /kɪŋ/ *n* re *m inv*. **~dom** *n* regno *m*
king: ~fisher *n* martin *m inv* pescatore. **~-sized** *a* ‹*cigarette*› king-size *inv*, lungo; ‹*bed*› matrimoniale grande
kink /kɪŋk/ *n* attarcigliamento *m*. **~y** *a fam* bizzarro
kiosk /ˈki:ɒsk/ *n* chiosco *m*; *Teleph* cabina *f* telefonica
kip /kɪp/ *n fam* pisolino *m*; **have a ~** schiacciare un pisolino ● *vi* (*pt/pp* **kipped**) *fam* dormire
kipper /ˈkɪpə(r)/ *n* aringa *f* affumicata
kiss /kɪs/ *n* bacio *m*; **~ of life** respirazione *f* bocca a bocca ● *vt* baciare ● *vi* baciarsi
kit /kɪt/ *n* equipaggiamento *m*, kit *m inv*; (*tools*) attrezzi *mpl*; (*construction ~*) pezzi *mpl* da montare, kit *m inv* ● **kit out** *vt* (*pt/pp* **kitted**) equipaggiare. **~bag** *n* sacco *m* a spalla
kitchen /ˈkɪtʃɪn/ *n* cucina *f* ● *attrib* di cucina. **~ette** /kɪtʃɪˈnet/ *n* cucinino *m*
kitchen: ~ ˈgarden *n* orto *m*. **~ roll** *or* **towel** Scottex® *m inv*. **~ˈsink** *n* lavello *m*
kite /kaɪt/ *n* aquilone *m*
kitten /ˈkɪtn/ *n* gattino *m*
kitty /ˈkɪtɪ/ *n* (*money*) cassa *f* comune
kleptomaniac /kleptəˈmeɪnɪæk/ *n* cleptomane *mf*
knack /næk/ *n* tecnica *f*; **have the ~ for doing sth** avere la capacità di fare qcsa
knead /ni:d/ *vt* impastare
knee /ni:/ *n* ginocchio *m*. **~cap** *n* rotula *f*
kneel /ni:l/ *vi* (*pt/pp* **knelt**) **~ [down]** inginocchiarsi; **be ~ing** essere inginocchiato
knelt /nelt/ *see* **kneel**
knew /nju:/ *see* **know**
knickers /ˈnɪkəz/ *npl* mutandine *fpl*
knick-knacks /ˈnɪknæks/ *npl* ninnoli *mpl*
knife /naɪf/ *n* (*pl* **knives**) coltello *m* ● *vt fam* accoltellare

knight /naɪt/ *n* cavaliere *m*; (*in chess*) cavallo *m* ● *vt* nominare cavaliere
knit /nɪt/ *vt/i* (*pt/pp* **knitted**) lavorare a maglia; **~ one, purl one** un diritto, un rovescio. **~ting** *n* lavorare *m* a maglia; (*product*) lavoro *m* a maglia. **~ting-needle** *n* ferro *m* da calza. **~wear** *n* maglieria *f*
knives /naɪvz/ *see* **knife**
knob /nɒb/ *n* pomello *m*; (*of stick*) pomo *m*; (*of butter*) noce *f*. **~bly** *a* nodoso; (*bony*) spigoloso
knock /nɒk/ *n* colpo *m*; **there was a ~ at the door** hanno bussato alla porta ● *vt* bussare a ‹*door*›; (*fam: criticize*) denigrare; **~ a hole in sth** fare un buco in qcsa; **~ one's head** battere la testa (**on** contro) ● *vi* (*at door*) bussare. **knock about** *vt* malmenare ● *vi fam* girovagare. **knock down** *vt* far cadere; (*with fist*) stendere con un pugno; (*in car*) investire; (*demolish*) abbattere; (*fam: reduce*) ribassare ‹*price*›. **knock off** *vt* (*fam: steal*) fregare; (*fam: complete quickly*) fare alla bell'e meglio ● *vi* (*fam: cease work*) staccare. **knock out** *vt* eliminare; (*make unconscious*) mettere K.O.; (*fam: anaesthetize*) addormentare. **knock over** *vt* rovesciare; (*in car*) investire
knock: ~-down *a* **~-down price** prezzo *m* stracciato. **~er** *n* battente *m*. **~-kneed** /-'ni:d/ *a* con gambe storte. **~-out** *n* (*in boxing*) knock-out *m inv*
knot /nɒt/ *n* nodo *m* ● *vt* (*pt/pp* **knotted**) annodare
know /nəʊ/ *v* (*pt* **knew**, *pp* **known**) ● *vt* sapere; conoscere ‹*person, place*›; (*recognize*) riconoscere; **get to ~ sb** conoscere qcno; **~ how to swim** sapere nuotare ● *vi* sapere; **did you ~ about this?** lo sapevi? ● *n* **in the ~** *fam* al corrente
know: ~-all *n fam* sapientone, -a *mf*. **~-how** *n* abilità *f*. **~ing** *a* d'intesa. **~ingly** *adv* (*intentionally*) consapevolmente; ‹*smile etc*› con un'aria d'intesa
knowledge /'nɒlɪdʒ/ *n* conoscenza *f*. **~able** /-əbl/ *a* ben informato
known /nəʊn/ *see* **know** ● *a* noto
knuckle /'nʌkl/ *n* nocca *f* ● **knuckle down** *vi* darci sotto (**to** con). **knuckle under** *vi* sottomettersi
Koran /kə'rɑ:n/ *n* Corano *m*
Korea /kə'rɪə/ *n* Corea *f*. **~n** *a* & *n* coreano, -a *mf*
kosher /'kəʊʃə(r)/ *a* kasher *inv*
Kosovo /'kɒsəvəʊ/ *n* Kosovo *m*
kowtow /kaʊ'taʊ/ *vi* piegarsi
kudos /'kju:dɒs/ *n fam* gloria *f*

Ll

lab /læb/ *n fam* laboratorio *m*
label /'leɪbl/ *n* etichetta *f* ● *vt* (*pt/pp* **labelled**) mettere un'etichetta a; *fig* etichettare ‹*person*›
laboratory /lə'bɒrətrɪ/ *n* laboratorio *m*
laborious /lə'bɔ:rɪəs/ *a* laborioso
labour /'leɪbə(r)/ *n* lavoro *m*; (*workers*) manodopera *f*; *Med* doglie *fpl*; **be in ~** avere le doglie; **L~** *Pol* partito *m* laburista ● *attrib Pol* laburista ● *vi* lavorare ● *vt* **~ the point** *fig* ribadire il concetto. **~er** *n* manovale *m*
'**labour-saving** *a* che fa risparmiare lavoro e fatica
labyrinth /'læbərɪnθ/ *n* labirinto *m*
lace /leɪs/ *n* pizzo *m*; (*of shoe*) laccio *m* ● *attrib* di pizzo ● *vt* allacciare ‹*shoes*›; correggere ‹*drink*›
lacerate /'læsəreɪt/ *vt* lacerare
lack /læk/ *n* mancanza *f* ● *vt* mancare di; **I ~ the time** mi manca il tempo ● *vi* **be ~ing** mancare; **be ~ing in sth** mancare di qcsa
lackadaisical /lækə'deɪzɪkl/ *a* senza entusiasmo
laconic /lə'kɒnɪk/ *a* laconico
lacquer /'lækə(r)/ *n* lacca *f*
lad /læd/ *n* ragazzo *m*
ladder /'lædə(r)/ *n* scala *f*; (*in tights*) sfilatura *f*
laden /'leɪdn/ *a* carico (**with** di)
ladle /'leɪdl/ *n* mestolo *m* ● *vt* **~ [out]** versare (*col mestolo*)
lady /'leɪdɪ/ *n* signora *f*; (*title*) Lady *f*; **ladies [room]** bagno *m* per donne

lady: ~bird *n*, *Am* **~bug** *n* coccinella *f*. **~like** *a* signorile

lag[1] /læg/ *vi* (*pt/pp* **lagged**) **~ behind** restare indietro

lag[2] *vt* (*pt/pp* **lagged**) isolare ‹*pipes*›

lager /'lɑ:gə(r)/ *n* birra *f* chiara

lagoon /lə'gu:n/ *n* laguna *f*

laid /leɪd/ *see* **lay**[3]

lain /leɪn/ *see* **lie**[2]

lair /leə(r)/ *n* tana *f*

lake /leɪk/ *n* lago *m*

lamb /læm/ *n* agnello *m*

lame /leɪm/ *a* zoppo; *fig* ‹*argument*› zoppicante; ‹*excuse*› traballante

lament /lə'ment/ *n* lamento *m* ● *vt* lamentare ● *vi* lamentarsi

lamentable /'læməntəbl/ *a* deplorevole

laminated /'læmɪneɪtɪd/ *a* laminato

lamp /læmp/ *n* lampada *f*; (*in street*) lampione *m*. **~post** *n* lampione *m*. **~shade** *n* paralume *m*

lance /lɑ:ns/ *n* lancia *f* ● *vt Med* incidere. **~-'corporal** *n* appuntato *m*

land /lænd/ *n* terreno *m*; (*country*) paese *m*; (*as opposed to sea*) terra *f*; **plot of ~** pezzo *m* di terreno ● *vt Naut* sbarcare; ‹*fam: obtain*› assicurarsi; **be ~ed with sth** *fam* ritrovarsi fra capo e collo qcsa ● *vi Aeron* atterrare; (*fall*) cadere. **land up** *vi fam* finire

landing /'lændɪŋ/ *n Naut* sbarco *m*; *Aeron* atterraggio *m*; (*top of stairs*) pianerottolo *m*. **~-stage** *n* pontile *m* da sbarco. **~ strip** *n* pista *f* d'atterraggio

land: ~lady *n* proprietaria *f*; (*of flat*) padrona *f* di casa. **~-locked** *a* privo di sbocco sul mare. **~lord** *n* proprietario *m*; (*of flat*) padrone *m* di casa. **~mark** *n* punto *m* di riferimento; *fig* pietra *f* miliare. **~owner** *n* proprietario, -a *mf* terriero, -a. **~scape** /-skeɪp/ *n* paesaggio *m*. **~slide** *n* frana *f*; *Pol* valanga *f* di voti

lane /leɪn/ *n* sentiero *m*; *Auto, Sport* corsia *f*

language /'læŋgwɪdʒ/ *n* lingua *f*; (*speech, style*) linguaggio *m*. **~ laboratory** *n* laboratorio *m* linguistico

languid /'læŋgwɪd/ *a* languido

languish /'læŋgwɪʃ/ *vi* languire

lank /læŋk/ *a* ‹*hair*› diritto

lanky /'læŋkɪ/ *a* (**-ier, -iest**) allampanato

lantern /'læntən/ *n* lanterna *f*

lap[1] /læp/ *n* grembo *m*

lap[2] *n* (*of journey*) tappa *f*; *Sport* giro *m* ● *v* (*pt/pp* **lapped**) ● *vi* ‹*water:*› **~ against** lambire ● *vt Sport* doppiare

lap[3] *vt* (*pt/pp* **lapped**) **~ up** bere avidamente; bersi completamente ‹*lies*›; credere ciecamente a ‹*praise*›

lapel /lə'pel/ *n* bavero *m*

lapse /læps/ *n* sbaglio *m*; (*moral*) sbandamento *m* [morale]; (*of time*) intervallo *m* ● *vi* (*expire*) scadere; (*morally*) scivolare; **~ into** cadere in

laptop /'læptɒp/ *n* **~ [computer]** computer *m inv* portabile, laptop *m inv*

larceny /'lɑ:sənɪ/ *n* furto *m*

lard /lɑ:d/ *n* strutto *m*

larder /'lɑ:də(r)/ *n* dispensa *f*

large /lɑ:dʒ/ *a* grande; ‹*number, amount*› grande, grosso; **by and ~** in complesso; **at ~** in libertà; (*in general*) ampiamente. **~ly** *adv* ampiamente; **~ly because of** in gran parte a causa di

lark[1] /lɑ:k/ *n* (*bird*) allodola *f*

lark[2] *n* (*joke*) burla *f* ● **lark about** *vi* giocherellare

larva /'lɑ:və/ *n* (*pl* **-vae** /-vi:/) larva *f*

laryngitis /lærɪn'dʒaɪtɪs/ *n* laringite *f*

larynx /'lærɪŋks/ *n* laringe *f*

lascivious /lə'sɪvɪəs/ *a* lascivo

laser /'leɪzə(r)/ *n* laser *m inv*. **~ [printer]** *n* stampante *f* laser

lash /læʃ/ *n* frustata *f*; (*eyelash*) ciglio *m* ● *vt* (*whip*) frustare; (*tie*) legare fermamente. **lash out** *vi* attaccare; (*spend*) sperperare (**on** in)

lashings /'læʃɪŋz/ *npl* **~ of** *fam* una marea di

lass /læs/ *n* ragazzina *f*

lasso /lə'su:/ *n* lazo *m*

last /lɑ:st/ *a* (*final*) ultimo; (*recent*) scorso; **~ year** l'anno scorso; **~ night** ieri sera; **at ~** alla fine; **at ~!** finalmente!; **that's the ~ straw** *fam* questa è l'ultima goccia ● *n* ultimo, -a *mf*; **the ~ but one** il penultimo ● *adv* per ultimo; (*last time*) l'ultima volta ● *vi* durare. **~ing** *a* durevole. **~ly** *adv* infine

late /leɪt/ *a* (*delayed*) in ritardo; (*at a late hour*) tardo; (*deceased*) defunto; **it's ~** (*at night*) è tardi; **in ~ November** alla fine di Novembre ● *adv* tardi; **stay up ~** stare alzati fino a tardi. **~comer** *n* ritardatario, -a *mf*; (*to political party etc*) nuovo, -a arrivato, -a *mf*. **~ly** *adv* recentemente. **~ness** *n* ora *f* tarda; (*delay*) ritardo *m*

latent /'leɪtnt/ *a* latente

later /'leɪtə(r)/ *a* ‹*train*› che parte più tardi; ‹*edition*› più recente ● *adv* più tardi; **~ on** più tardi, dopo

lateral /'lætərəl/ *a* laterale
latest /'leɪtɪst/ *a* ultimo; (*most recent*) più recente; **the ~ [news]** le ultime notizie ● *n* **six o'clock at the ~** alle sei al più tardi
lathe /leɪð/ *n* tornio *m*
lather /'lɑːðə(r)/ *n* schiuma *f* ● *vt* insaponare ● *vi* far schiuma
Latin /'lætɪn/ *a* latino ● *n* latino *m*. **~ A'merica** *n* America *f* Latina. **~ A'merican** *a* & *n* latino-americano, -a *mf*
latitude /'lætɪtjuːd/ *n Geog* latitudine *f*; *fig* libertà *f* d'azione
latter /'lætə(r)/ *a* ultimo ● *n* **the ~** quest'ultimo. **~ly** *adv* ultimamente
lattice /'lætɪs/ *n* traliccio *m*
Latvia /'lætvɪə/ *n* Lettonia *f*. **~n** *a* & *n* lettone *mf*
laudable /'lɔːdəbl/ *a* lodevole
laugh /lɑːf/ *n* risata *f* ● *vi* ridere (**at**/**about** di); **~ at sb** (*mock*) prendere in giro qcno. **~able** /-əbl/ *a* ridicolo. **~ing-stock** *n* zimbello *m*
laughter /'lɑːftə(r)/ *n* risata *f*
launch¹ /lɔːntʃ/ *n* (*boat*) lancia *f*
launch² *n* lancio *m*; (*of ship*) varo *m* ● *vt* lanciare ‹*rocket, product*›; varare ‹*ship*›; sferrare ‹*attack*›
launder /'lɔːndə(r)/ *vt* lavare e stirare; **~ money** *fig* riciclare denaro sporco. **~ette** /-'dret/ *n* lavanderia *f* automatica
laundry /'lɔːndrɪ/ *n* lavanderia *f*; (*clothes*) bucato *m*
laurel /'lɒrəl/ *n* lauro *m*; **rest on one's ~s** *fig* dormire sugli allori
lava /'lɑːvə/ *n* lava *f*
lavatory /'lævətrɪ/ *n* gabinetto *m*
lavender /'lævəndə(r)/ *n* lavanda *f*
lavish /'lævɪʃ/ *a* copioso; (*wasteful*) prodigo; **on a ~ scale** su vasta scala ● *vt* **~ sth on sb** ricoprire qcno di qcsa. **~ly** *adv* copiosamente
law /lɔː/ *n* legge *f*; **study ~** studiare giurisprudenza, studiare legge; **~ and order** ordine *m* pubblico
law: ~-abiding *a* che rispetta la legge. **~court** *n* tribunale *m*. **~ful** *a* legittimo. **~less** *a* senza legge. **~ school** *n* facoltà *f* di giurisprudenza
lawn /lɔːn/ *n* prato *m* [all'inglese]. **~-mower** *n* tosaerba *m inv*
'law suit *n* causa *f*
lawyer /'lɔːjə(r)/ *n* avvocato *m*
lax /læks/ *a* negligente; ‹*morals etc*› lassista
laxative /'læksətɪv/ *n* lassativo *m*
laxity /'læksətɪ/ *n* lassismo *m*
lay¹ /leɪ/ *a* laico; *fig* profano
lay² *see* **lie²**
lay³ *vt* (*pt*/*pp* **laid**) porre, mettere; apparecchiare ‹*table*› ● *vi* ‹*hen:*› fare le uova. **lay down** *vt* posare; stabilire ‹*rules, conditions*›. **lay off** *vt* licenziare ‹*workers*› ● *vi* (*fam: stop*) **~ off!** smettila! **lay out** *vt* (*display, set forth*) esporre; (*plan*) pianificare ‹*garden*›; (*spend*) sborsare; *Typ* impaginare
lay: ~about *n* fannullone, -a *mf*. **~-by** *n* piazzola *f* di sosta
layer /'leɪə(r)/ *n* strato *m*
lay: ~man *n* profano *m*. **~out** *n* disposizione *f*; *Typ* impaginazione *f*, layout *m inv*
laze /leɪz/ *vi* **~ [about]** oziare
laziness /'leɪzɪnɪs/ *n* pigrizia *f*
lazy /'leɪzɪ/ *a* (**-ier, -iest**) pigro. **~-bones** *n* poltrone, -a *mf*
lb *abbr* (**pound**) libbra
lead¹ /led/ *n* piombo *m*; (*of pencil*) mina *f*
lead² /liːd/ *n* guida *f*; (*leash*) giunzaglio *m*; (*flex*) filo *m*; (*clue*) indizio *m*; *Theat* parte *f* principale; (*distance ahead*) distanza *f* (**over** su); **in the ~** in testa ● *v* (*pt*/*pp* **led**) ● *vt* condurre; dirigere ‹*expedition, party etc*›; (*induce*) indurre; **~ the way** mettersi in testa ● *vi* (*be in front*) condurre; (*in race, competition*) essere in testa; (*at cards*) giocare (*per primo*). **lead away** *vt* portar via. **lead to** *vt* portare a. **lead up to** *vt* preludere; **what's this ~ing up to?** dove porta questo?
leaded /'ledɪd/ *a* con piombo
leader /'liːdə(r)/ *n* capo *m*; (*of orchestra*) primo violino *m*; (*in newspaper*) articolo *m* di fondo. **~ship** *n* direzione *f*, leadership *f inv*; **show ~ship** mostrare capacità di comando
lead-'free *a* senza piombo
leading /'liːdɪŋ/ *a* principale; **~ lady**/**man** attrice *f*/attore *m* principale; **~ question** domanda *f* tendenziosa
leaf /liːf/ *n* (*pl* **leaves**) foglia *f*; (*of table*) asse *f* ● **leaf through** *vt* sfogliare. **~let** *n* dépliant *m inv*; (*advertising*) dépliant *m inv* pubblicitario; (*political*) manifestino *m*
league /liːg/ *n* lega *f*; *Sport* campionato *m*; **be in ~ with** essere in combutta con
leak /liːk/ *n* (*hole*) fessura *f*; *Naut* falla *f*; (*of gas & fig*) fuga *f* ● *vi* colare; ‹*ship:*› fare acqua; ‹*liquid, gas:*› fuoriuscire ● *vt* **~ sth to sb** *fig* far trapelare qcsa a qcno. **~y** *a* che perde; *Naut* che fa acqua

lean¹ /li:n/ *a* magro

lean² *v* (*pt*/*pp* **leaned** *or* **leant** /lent/) ● *vt* appoggiare (**against**/**on** contro/su) ● *vi* appoggiarsi (**against**/**on** contro/su); (*not be straight*) pendere; **be ~ing against** essere appoggiato contro; **~ on sb** (*depend on*) appoggiarsi a qcno; (*fam: exert pressure on*) stare alle calcagne di qcno. **lean back** *vi* sporgersi indietro. **lean forward** *vi* piegarsi in avanti. **lean out** *vi* sporgersi. **lean over** *vi* piegarsi

leaning /ˈli:nɪŋ/ *a* pendente; **the L~ Tower of Pisa** la torre di Pisa, la torre pendente ● *n* tendenza *f*

leap /li:p/ *n* salto *m* ● *vi* (*pt*/*pp* **leapt** /lept/ *or* **leaped**) saltare; **he leapt at it** *fam* l'ha preso al volo. **~-frog** *n* cavallina *f*. **~ year** *n* anno *m* bisestile

learn /lɜ:n/ *v* (*pt*/*pp* **learnt** *or* **learned**) ● *vt* imparare; **~ to swim** imparare a nuotare; **I have ~ed that...** (*heard*) sono venuto a sapere che... ● *vi* imparare

learn|ed /ˈlɜ:nɪd/ *a* colto. **~er** *n also Auto* principiante *mf*. **~ing** *n* cultura *f*

lease /li:s/ *n* contratto *m* d'affitto; (*rental*) affitto *m* ● *vt* affittare

leash /li:ʃ/ *n* guinzaglio *m*

least /li:st/ *a* più piccolo; ‹*amount*› minore; **you've got ~ luggage** hai meno bagagli di tutti ● *n* **the ~** il meno; **at ~** almeno; **not in the ~** niente affatto ● *adv* meno; **the ~ expensive wine** il vino meno caro

leather /ˈleðə(r)/ *n* pelle *f*; (*of soles*) cuoio *m* ● *attrib* di pelle/cuoio. **~y** *a* ‹*meat, skin*› duro

leave /li:v/ *n* (*holiday*) congedo *m*; *Mil* licenza *f*; **on ~** in congedo/licenza ● *v* (*pt*/*pp* **left**) ● *vt* lasciare; uscire da ‹*house, office*›; (*forget*) dimenticare; **there is nothing left** non è rimasto niente ● *vi* andare via; ‹*train, bus:*› partire. **leave behind** *vt* lasciare; (*forget*) dimenticare. **leave out** *vt* omettere; (*not put away*) lasciare fuori

leaves /li:vz/ *see* **leaf**

Leban|on /ˈlebənən/ *n* Libano *m* **~ese** /-ˈni:z/ *a* & *n* libanese *mf*

lecherous /ˈletʃərəs/ *a* lascivo

lectern /ˈlektɜ:n/ *n* leggio *m*

lecture /ˈlektʃə(r)/ *n* conferenza *f*; *Univ* lezione *f*; (*reproof*) ramanzina *f* ● *vi* fare una conferenza (**on** su); *Univ* insegnare (**on sth** qcsa) ● *vt* **~ sb** rimproverare qcno. **~r** *n* conferenziere, -a *mf*; *Univ* docente *mf* universitario, -a

led /led/ *see* **lead²**

ledge /ledʒ/ *n* cornice *f*; (*of window*) davanzale *m*

ledger /ˈledʒə(r)/ *n* libro *m* mastro

leech /li:tʃ/ *n* sanguisuga *f*

leek /li:k/ *n* porro *m*

leer /lɪə(r)/ *n* sguardo *m* libidinoso ● *vi* **~** [**at**] guardare in modo libidinoso

leeway /ˈli:weɪ/ *n fig* libertà *f* di azione

left¹ /left/ *see* **leave**

left² *a* sinistro ● *adv* a sinistra ● *n also Pol* sinistra *f*; **on the ~** a sinistra;

left: ~-ˈhanded *a* mancino. **~-ˈluggage** [**office**] *n* deposito *m* bagagli. **~overs** *npl* rimasugli *mpl*. **~-ˈwing** *a Pol* di sinistra

leg /leg/ *n* gamba *f*; (*of animal*) zampa *f*; (*of journey*) tappa *f*; *Culin* (*of chicken*) coscia *f*; (*of lamb*) cosciotto *m*

legacy /ˈlegəsɪ/ *n* lascito *m*

legal /ˈli:gl/ *a* legale; **take ~ action** intentare un'azione legale. **~ly** *adv* legalmente

legality /lɪˈgælətɪ/ *n* legalità *f*

legalize /ˈli:gəlaɪz/ *vt* legalizzare

legend /ˈledʒənd/ *n* leggenda *f*. **~ary** *a* leggendario

legib|le /ˈledʒəbl/ *a* leggibile. **~ly** *adv* in modo leggibile

legislat|e /ˈledʒɪsleɪt/ *vi* legiferare. **~ion** /-ˈleɪʃn/ *n* legislazione *f*

legislat|ive /ˈledʒɪslətɪv/ *a* legislativo. **~ure** /-leɪtʃə(r)/ *n* legislatura *f*

legitima|te /lɪˈdʒɪtɪmət/ *a* legittimo; ‹*excuse*› valido

leisure /ˈleʒə(r)/ *n* tempo *m* libero; **at your ~** con comodo. **~ly** *a* senza fretta

lemon /ˈlemən/ *n* limone *m*. **~ade** /-ˈneɪd/ *n* limonata *f*

lend /lend/ *vt* (*pt*/*pp* **lent**) prestare; **~ a hand** *fig* dare una mano. **~ing library** *n* biblioteca *f* per il prestito

length /leŋθ/ *n* lunghezza *f*; (*piece*) pezzo *m*; (*of wallpaper*) parte *f*; (*of visit*) durata *f*; **at ~** a lungo; (*at last*) alla fine

length|en /ˈleŋθən/ *vt* allungare ● *vi* allungarsi. **~ways** *adv* per lungo

lengthy /ˈleŋθɪ/ *a* (**-ier, -iest**) lungo

lenien|ce /ˈli:nɪəns/ *n* indulgenza *f*. **~t** *a* indulgente

lens /lenz/ *n* lente *f*; *Phot* obiettivo *m*; (*of eye*) cristallino *m*

Lent /lent/ *n* Quaresima *f*

lent *see* **lend**

lentil /ˈlentl/ *n Bot* lenticchia *f*

Leo /ˈli:əʊ/ *n Astr* Leone *m*

leopard /ˈlepəd/ *n* leopardo *m*

leotard /ˈli:ətɑ:d/ *n* body *m inv*

leprosy /ˈleprəsɪ/ *n* lebbra *f*
lesbian /ˈlezbɪən/ *a* lesbico ● *n* lesbica *f*
less /les/ *a* meno di; **~ and ~** sempre meno ● *adv & prep* meno ● *n* meno *m*
lessen /ˈlesn/ *vt/i* diminuire
lesser /ˈlesə(r)/ *a* minore
lesson /ˈlesn/ *n* lezione *f*
lest /lest/ *conj liter* per timore che
let /let/ *vt* (*pt/pp* **let**, *pres p* **letting**) lasciare, permettere; (*rent*) affittare; **~ alone** (*not to mention*) tanto meno; '**to ~**' 'affittasi'; **~ us go** andiamo; **~ sb do sth** lasciare fare qcsa a qcno, permettere a qcno di fare qcsa; **~ me know** fammi sapere; **just ~ him try!** che ci provi solamente!; **~ oneself in for sth** *fam* impelagarsi in qcsa. **let down** *vt* sciogliersi ‹*hair*›; abbassare ‹*blinds*›; (*lengthen*) allungare; (*disappoint*) deludere; **don't ~ me down** conto su di te. **let in** *vt* far entrare. **let off** *vt* far partire; (*not punish*) perdonare; **~ sb off doing sth** abbonare qcsa a qcno. **let out** *vt* far uscire; (*make larger*) allargare; emettere ‹*scream, groan*›. **let through** *vt* far passare. **let up** *vi fam* diminuire
ˈlet-down *n* delusione *f*
lethal /ˈli:θl/ *a* letale
letharg|ic /lɪˈθɑ:dʒɪk/ *a* apatico. **~y** /ˈleθədʒɪ/ *n* apatia *f*
letter /ˈletə(r)/ *n* lettera *f*. **~-box** *n* buca *f* per le lettere. **~-head** *n* carta *f* intestata. **~ing** *n* caratteri *mpl*
lettuce /ˈletɪs/ *n* lattuga *f*
ˈlet-up *n fam* pausa *f*
leukaemia /lu:ˈki:mɪə/ *n* leucemia *f*
level /ˈlevl/ *a* piano; (*in height, competition*) allo stesso livello; ‹*spoonful*› raso; **draw ~ with sb** affiancare qcno ● *n* livello *m*; **on the ~** *fam* giusto ● *vt* (*pt/pp* **levelled**) livellare; (*aim*) puntare (**at** su)
level: ~ ˈcrossing *n* passaggio *m* a livello. **~-ˈheaded** *a* posato
lever /ˈli:və(r)/ *n* leva *f* ● **lever up** *vt* sollevare (*con una leva*). **~age** /-rɪdʒ/ *n* azione *f* di una leva; *fig* influenza *f*
levy /ˈlevɪ/ *vt* (*pt/pp* **levied**) imporre ‹*tax*›
lewd /lju:d/ *a* osceno
liabilit|y /laɪəˈbɪlətɪ/ *n* responsabilità *f*; (*fam: burden*) peso *m*; **~ies** *pl* debiti *mpl*
liable /ˈlaɪəbl/ *a* responsabile (**for** di); **be ~ to** ‹*rain, break etc*› rischiare di; (*tend to*) tendere a
liaise /lɪˈeɪz/ *vi fam* essere in contatto
liaison /lɪˈeɪzɒn/ *n* contatti *mpl*; *Mil* collegamento *m*; (*affair*) relazione *f*
liar /ˈlaɪə(r)/ *n* bugiardo, -a *mf*
libel /ˈlaɪbl/ *n* diffamazione *f* ● *vt* (*pt/pp* **libelled**) diffamare. **~lous** *a* diffamatorio
liberal /ˈlɪb(ə)rəl/ *a* (*tolerant*) di larghe vedute; (*generous*) generoso. **L~** *a Pol* liberale ● *n* liberale *mf*
liberat|e /ˈlɪbəreɪt/ *vt* liberare. **~ed** *a* ‹*woman*› emancipata. **~ion** /-ˈreɪʃn/ *n* liberazione *f*; (*of women*) emancipazione *f*. **~or** *n* liberatore, -trice *mf*
liberty /ˈlɪbətɪ/ *n* libertà *f*; **take the ~ of doing sth** prendersi la libertà di fare qcsa; **be at ~ to do sth** essere libero di fare qcsa
Libra /ˈli:brə/ *n Astr* Bilancia *f*
librarian /laɪˈbreərɪən/ *n* bibliotecario, -a *mf*
library /ˈlaɪbrərɪ/ *n* biblioteca *f*
Libya /ˈlɪbɪə/ *n* Libia *f*. **~n** *a & n* libico, -a *mf*
lice /laɪs/ *see* **louse**
licence /ˈlaɪsns/ *n* licenza *f*; (*for TV*) canone *m* televisivo; (*for driving*) patente *f*; (*freedom*) sregolatezza *f*. **~-plate** *n* targa *f*
license /ˈlaɪsns/ *vt* autorizzare; **be ~d** ‹*car:*› avere il bollo; ‹*restaurant:*› essere autorizzato alla vendita di alcolici
licentious /laɪˈsenʃəs/ *a* licenzioso
lick /lɪk/ *n* leccata *f*; **a ~ of paint** una passata leggera di pittura ● *vt* leccare; (*fam: defeat*) battere; leccarsi ‹*lips*›
lid /lɪd/ *n* coperchio *m*; (*of eye*) palpebra *f*
lie¹ /laɪ/ *n* bugia *f*; **tell a ~** mentire ● *vi* (*pt/pp* **lied**, *pres p* **lying**) mentire
lie² *vi* (*pt* **lay**, *pp* **lain**, *pres p* **lying**) ‹*person:*› sdraiarsi; ‹*object:*› stare; (*remain*) rimanere; **leave sth lying about** *or* **around** lasciare qcsa in giro. **lie down** *vi* sdraiarsi
ˈlie: ~-down *n* **have a ~-down** fare un riposino. **~-in** *n fam* **have a ~-in** restare a letto fino a tardi
lieu /lju:/ *n* **in ~ of** in luogo di
lieutenant /lefˈtenənt/ *n* tenente *m*
life /laɪf/ *n* (*pl* **lives**) vita *f*
life: ~belt *n* salvagente *m*. **~-boat** *n* lancia *f* di salvataggio; (*on ship*) scialuppa *f* di salvataggio. **~buoy** *n* salvagente *m*. **~-guard** *n* bagnino *m*. **~ insurance** *n* assicurazione *f* sulla vita. **~-jacket** *n* giubbotto *m* di salvataggio. **~less** *a* inanimato. **~like** *a* realistico. **~long** *a* di tutta la vita. **~-size[d]** *a* in grandezza naturale. **~time** *n* vita *f*; **the**

chance of a ~time un'occasione unica

lift /lɪft/ *n* ascensore *m*; *Auto* passaggio *m* ● *vt* sollevare; revocare ‹*restrictions*›; (*fam: steal*) rubare ● *vi* ‹*fog:*› alzarsi. **lift up** *vt* sollevare

ˈ**lift-off** *n* decollo *m* (*di razzo*)

ligament /ˈlɪgəmənt/ *n Anat* legamento *m*

light[1] /laɪt/ *a* (*not dark*) luminoso; **~ green** verde chiaro ● *n* luce *f*; (*lamp*) lampada *f*; **in the ~ of** *fig* alla luce di; **have you got a ~?** ha da accendere?; **come to ~** essere rivelato ● *vt* (*pt/pp* **lit** *or* **lighted**) accendere; (*illuminate*) illuminare. **light up** *vi* ‹*face:*› illuminarsi

light[2] *a* (*not heavy*) leggero ● *adv* **travel ~** viaggiare con poco bagaglio

ˈ**light-bulb** *n* lampadina *f*

lighten[1] /ˈlaɪtn/ *vt* illuminare

lighten[2] *vt* alleggerire ‹*load*›

lighter /ˈlaɪtə(r)/ *n* accendino *m*

light: ~-ˈfingered *a* svelto di mano. **~-ˈheaded** *a* sventato. **~-ˈhearted** *a* spensierato. **~house** *n* faro *m*. **~ing** *n* illuminazione *f*. **~ly** *adv* leggermente; ‹*accuse*› con leggerezza; (*without concern*) senza dare importanza alla cosa; **get off ~ly** cavarsela a buon mercato. **~ness** *n* leggerezza *f*

lightning /ˈlaɪtnɪŋ/ *n* lampo *m*, fulmine *m*. **~-conductor** *n* parafulmine *m*

light: ~weight *a* leggero ● *n* (*in boxing*) peso *m* leggero. **~ year** *n* anno *m* luce

like[1] /laɪk/ *a* simile ● *prep* come; **~ this/that** così; **what's he ~?** com'è? ● *conj* (*fam: as*) come; (*Am: as if*) come se

like[2] *vt* piacere, gradire; **I should** *or* **would ~** vorrei, gradirei; **I ~ him** mi piace; **I ~ this car** mi piace questa macchina; **I ~ dancing** mi piace ballare; **I ~ that!** *fam* questa mi è piaciuta! ● *n* **~s and dislikes** *pl* gusti *mpl*

like|able /ˈlaɪkəbl/ *a* simpatico. **~lihood** /-lɪhʊd/ *n* probabilità *f*. **~ly** *a* (**-ier, -iest**) probabile ● *adv* probabilmente; **not ~ly!** *fam* neanche per sogno!

like-ˈminded *a* con gusti affini

liken /ˈlaɪkən/ *vt* paragonare (**to** a)

like|ness /ˈlaɪknɪs/ *n* somiglianza *f*. ˈ**~wise** *adv* lo stesso

liking /ˈlaɪkɪŋ/ *n* gusto *m*; **is it to your ~?** è di suo gusto?; **take a ~ to sb** prendere qcno in simpatia

lilac /ˈlaɪlək/ *n* lillà *m* ● *a* color lillà

lily /ˈlɪlɪ/ *n* giglio *m*. **~ of the valley** *n* mughetto *m*

limb /lɪm/ *n* arto *m*

limber /ˈlɪmbə(r)/ *vi* **~ up** sciogliersi i muscoli

lime[1] /laɪm/ *n* (*fruit*) cedro *m*; (*tree*) tiglio *m*

lime[2] *n* calce *f*. ˈ**~light** *n* **be in the ~light** essere molto in vista. ˈ**~stone** *n* calcare *m*

limit /ˈlɪmɪt/ *n* limite *m*; **that's the ~!** *fam* questo è troppo! ● *vt* limitare (**to** a). **~ation** /-ɪˈteɪʃn/ *n* limite *m*. **~ed** *a* ristretto; **~ed company** società *f inv* a responsabilità limitata

limousine /ˈlɪməzi:n/ *n* limousine *f inv*

limp[1] /lɪmp/ *n* andatura *f* zoppicante; **have a ~** zoppicare ● *vi* zoppicare

limp[2] *a* floscio

line[1] /laɪn/ *n* linea *f*; (*length of rope, cord*) filo *m*; (*of writing*) riga *f*; (*of poem*) verso *m*; (*row*) fila *f*; (*wrinkle*) ruga *f*; (*of business*) settore *m*; (*Am: queue*) coda *f*; **in ~ with** in conformità con ● *vt* segnare; fiancheggiare ‹*street*›. **line up** *vi* allinearsi ● *vt* allineare

line[2] *vt* foderare ‹*garment*›

linear /ˈlɪnɪə(r)/ *a* lineare

lined[1] /laɪnd/ *a* ‹*face*› rugoso; ‹*paper*› a righe

lined[2] *a* ‹*garment*› foderato

linen /ˈlɪnɪn/ *n* lino *m*; (*articles*) biancheria *f* ● *attrib* di lino

liner /ˈlaɪnə(r)/ *n* nave *f* di linea

ˈ**linesman** *n Sport* guardalinee *m inv*

linger /ˈlɪŋgə(r)/ *vi* indugiare

lingerie /ˈlõʒərɪ/ *n* biancheria *f* intima (*da donna*)

linguist /ˈlɪŋgwɪst/ *n* linguista *mf*

linguistic /lɪŋˈgwɪstɪk/ *a* linguistico. **~s** *n* linguistica *fsg*

lining /ˈlaɪnɪŋ/ *n* (*of garment*) fodera *f*; (*of brakes*) guarnizione *f*

link /lɪŋk/ *n* (*of chain*) anello *m*; *fig* legame *m* ● *vt* collegare. **link up** *vi* unirsi (**with** a); *TV* collegarsi

lino /ˈlaɪnəʊ/ *n*, **linoleum** /lɪˈnəʊlɪəm/ *n* linoleum *m*

lint /lɪnt/ *n* garza *f*

lion /ˈlaɪən/ *n* leone *m*. **~ess** *n* leonessa *f*

lip /lɪp/ *n* labbro *m* (*pl* labbra *f*); (*edge*) bordo *m*

lip: ~-read *vi* leggere le labbra; **~-reading** *n* lettura *f* delle labbra. **~-service** *n* **pay ~-service to** appro-

vare soltanto a parole. **~salve** *n* burro *m* [di] cacao. **~stick** *n* rossetto *m*
liqueur /lɪ'kjʊə(r)/ *n* liquore *m*
liquid /'lɪkwɪd/ *n* liquido *m* ● *a* liquido
liquidat|e /'lɪkwɪdeɪt/ *vt* liquidare. **~ion** /-'deɪʃn/ *n* liquidazione *f*; **go into ~ion** *Comm* andare in liquidazione
liquidize /'lɪkwɪdaɪz/ *vt* rendere liquido. **~r** *n Culin* frullatore *m*
liquor /'lɪkə(r)/ *n* bevanda *f* alcoolica
liquorice /'lɪkərɪs/ *n* liquirizia *f*
liquor store *n Am* negozio *m* di alcolici
lisp /lɪsp/ *n* pronuncia *f* con la lisca ● *vi* parlare con la lisca
list[1] /lɪst/ *n* lista *f* ● *vt* elencare
list[2] *vi* ‹*ship:*› inclinarsi
listen /'lɪsn/ *vi* ascoltare; **~ to** ascoltare. **~er** *n* ascoltatore, -trice *mf*
listings /'lɪstɪŋz/ *npl TV* programma *m* tv
listless /'lɪstlɪs/ *a* svogliato
lit /lɪt/ *see* **light[1]**
literacy /'lɪtərəsɪ/ *n* alfabetizzazione *f*
literal /'lɪtərəl/ *a* letterale. **~ly** *adv* letteralmente
literary /'lɪtərərɪ/ *a* letterario
literate /'lɪtərət/ *a* **be ~** saper leggere e scrivere
literature /'lɪtrətʃə(r)/ *n* letteratura *f*
Lithuania /lɪθjʊ'eɪnɪə/ *n* Lituania *f*. **~n** *a & n* lituano, -a *mf*
litigation /lɪtɪ'geɪʃn/ *n* causa *f* [giudiziaria]
litre /'li:tə(r)/ *n* litro *m*
litter /'lɪtə(r)/ *n* immondizie *fpl*; *Zool* figliata *f* ● *vt* **be ~ed with** essere ingombrato di. **~-bin** *n* bidone *m* della spazzatura
little /'lɪtl/ *a* piccolo; (*not much*) poco ● *adv & n* poco *m*; **a ~** un po'; **a ~ water** un po' d'acqua; **a ~ better** un po' meglio; **~ by ~** a poco a poco
liturgy /'lɪtədʒɪ/ *n* liturgia *f*
live[1] /laɪv/ *a* vivo; ‹*ammunition*› carico; **~ broadcast** trasmissione *f* in diretta; **be ~** *Electr* essere sotto tensione; **~ wire** *n fig* persona *f* dinamica ● *adv* ‹*broadcast*› in diretta
live[2] /lɪv/ *vi* vivere; (*reside*) abitare; **~ with** convivere con. **live down** *vt* far dimenticare. **live off** *vt* vivere alle spalle di. **live on** *vt* vivere di ● *vi* sopravvivere. **live up** *vt* **~ it up** far la bella vita. **live up to** *vt* essere all'altezza di
liveli|hood /'laɪvlɪhʊd/ *n* mezzi *mpl* di sostentamento. **~ness** *n* vivacità *f*
lively /'laɪvlɪ/ *a* (**-ier, -iest**) vivace
liven /'laɪvn/ *vt* **~ up** vivacizzare ● *vi* vivacizzarsi
liver /'lɪvə(r)/ *n* fegato *m*
lives /laɪvz/ *see* **life**
livestock /'laɪv-/ *n* bestiame *m*
livid /'lɪvɪd/ *a fam* livido
living /'lɪvɪŋ/ *a* vivo ● *n* **earn one's ~** guadagnarsi da vivere; **the ~** *pl* i vivi. **~-room** *n* soggiorno *m*
lizard /'lɪzəd/ *n* lucertola *f*
load /ləʊd/ *n* carico *m*; **~s of** *fam* un sacco di ● *vt* caricare. **~ed** *a* carico; (*fam: rich*) ricchissimo
loaf[1] /ləʊf/ *n* (*pl* **loaves**) pagnotta *f*
loaf[2] *vi* oziare
loan /ləʊn/ *n* prestito *m*; **on ~** in prestito ● *vt* prestare
loath /ləʊθ/ *a* **be ~ to do sth** essere restio a fare qcsa
loath|e /ləʊð/ *vt* detestare. **~ing** *n* disgusto *m*. **~some** *a* disgustoso
loaves /ləʊvz/ *see* **loaf**
lobby /'lɒbɪ/ *n* atrio *m*; *Pol* gruppo *m* di pressione, lobby *m inv*
lobster /'lɒbstə(r)/ *n* aragosta *f*
local /'ləʊkl/ *a* locale; **I'm not ~** non sono del posto ● *n* abitante *mf* del luogo; (*fam: public house*) pub *m inv* locale. **~ au'thority** *n* autorità *f* locale. **~ call** *n Teleph* telefonata *f* urbana. **~ government** *n* autorità *f inv* locale
locality /ləʊ'kælətɪ/ *n* zona *f*
localized /'ləʊkəlaɪzd/ *a* localizzato
locally /'ləʊkəlɪ/ *adv* localmente; ‹*live, work*› nei paraggi
'local network *n Comput* rete *f* locale
locat|e /ləʊ'keɪt/ *vt* situare; trovare ‹*person*›; **be ~ed** essere situato. **~ion** /-'keɪʃn/ *n* posizione *f*; **filmed on ~ion** girato in esterni
lock[1] /lɒk/ *n* (*of hair*) ciocca *f*
lock[2] *n* (*on door*) serratura *f*; (*on canal*) chiusa *f* ● *vt* chiudere a chiave; bloccare ‹*wheels*› ● *vi* chiudersi. **lock in** *vt* chiudere dentro. **lock out** *vt* chiudere fuori. **lock up** *vt* (*in prison*) mettere dentro ● *vi* chiudere
locker /'lɒkə(r)/ *n* armadietto *m*
locket /'lɒkɪt/ *n* medaglione *m*
lock: ~-out *n* serrata *f*. **~smith** *n* fabbro *m*
locomotive /ləʊkə'məʊtɪv/ *n* locomotiva *f*
locum /'ləʊkəm/ *n* sostituto, -a *mf*
locust /'ləʊkəst/ *n* locusta *f*
lodge /lɒdʒ/ *n* (*porter's*) portineria *f*; (*masonic*) loggia *f* ● *vt* presentare ‹*claim, complaint*›; (*with bank, solicitor*)

depositare; **be ~d** essersi conficcato ● *vi* essere a pensione (**with** da); (*become fixed*) conficcarsi. **~r** *n* inquilino, -a *mf*

lodgings /ˈlɒdʒɪŋz/ *npl* camere *fpl* in affitto

loft /lɒft/ *n* soffitta *f*

lofty /ˈlɒftɪ/ *a* (**-ier, -iest**) alto; (*haughty*) altezzoso

log /lɒg/ *n* ceppo *m*; *Auto* libretto *m* di circolazione; *Naut* giornale *m* di bordo ● *vt* (*pt/pp* **logged**) registrare. **log on to** *vt Comput* connettersi a

logarithm /ˈlɒgərɪðm/ *n* logaritmo *m*

ˈlog-book *n Naut* giornale *m* di bordo; *Auto* libretto *m* di circolazione

loggerheads /ˈlɒgə-/ *npl* **be at ~** *fam* essere in totale disaccordo

logic /ˈlɒdʒɪk/ *n* logica *f*. **~al** *a* logico. **~ally** *adv* logicamente

logistics /ləˈdʒɪstɪks/ *npl* logistica *f*

logo /ˈləʊgəʊ/ *n* logo *m inv*

loin /lɔɪn/ *n Culin* lombata *f*

loiter /ˈlɔɪtə(r)/ *vi* gironzolare

loll|ipop /ˈlɒlɪpɒp/ *n* lecca-lecca *m inv*. **~y** *n* lecca-lecca *m inv*; (*fam: money*) quattrini *mpl*

London /ˈlʌndən/ *n* Londra *f* ● *attrib* londinese, di Londra. **~er** *n* londinese *mf*

lone /ləʊn/ *a* solitario. **~liness** *n* solitudine *f*

lonely /ˈləʊnlɪ/ *a* (**-ier, -iest**) solitario; ‹*person*› solo

lone|r /ˈləʊnə(r)/ *n* persona *f* solitaria. **~some** *a* solo

long¹ /lɒŋ/ *a* lungo; **a ~ time** molto tempo; **a ~ way** distante; **in the ~ run** a lungo andare; (*in the end*) alla fin fine ● *adv* a lungo, lungamente; **how ~ is it?** quanto è lungo?; (*in time*) quanto dura?; **all day ~** tutto il giorno; **not ~ ago** non molto tempo fa; **before ~** fra breve; **he's no ~er here** non è più qui; **as** *or* **so ~as** finché; (*provided that*) purché; **so ~!** *fam* ciao!; **will you be ~?** [ti] ci vuole molto?

long² *vi* **~ for** desiderare ardentemente

long-ˈdistance *a* a grande distanza; *Sport* di fondo; (*call*) interurbano

ˈlonghand *n* **in ~** in scrittura ordinaria

longing /ˈlɒŋɪŋ/ *a* desideroso ● *n* brama *f*. **~ly** *adv* con desiderio

longitude /ˈlɒŋgɪtju:d/ *n Geog* longitudine *f*

long: ~ jump *n* salto *m* in lungo. **~-life ˈmilk** *n* latte *m* a lunga conservazione. **~-lived** /-lɪvd/ *a* longevo. **~-range** *a Mil, Aeron* a lunga portata; ‹*forecast*› a lungo termine. **~-sighted** *a* presbite. **~-sleeved** *a* a maniche lunghe. **~-suffering** *a* infinitamente paziente. **~-term** *a* a lunga scadenza. **~ wave** *n* onde *fpl* lunghe. **~-winded** /-ˈwɪndɪd/ *a* prolisso

loo /lu:/ *n fam* gabinetto *m*

look /lʊk/ *n* occhiata *f*; (*appearance*) aspetto *m*; **[good] ~s** *pl* bellezza *f*; **have a ~ at** dare un'occhiata a ● *vi* guardare; (*seem*) sembrare; **~ here!** mi ascolti bene!; **~ at** guardare; **~ for** cercare; **~ like** (*resemble*) assomigliare a. **look after** *vt* badare a. **look down** *vi* guardare in basso; **~ down on sb** *fig* guardare dall'alto in basso qcno. **look forward to** *vt* essere impaziente di. **look in on** *vt* passare da. **look into** *vt* (*examine*) esaminare. **look on to** *vt* ‹*room:*› dare su. **look out** *vi* guardare fuori; (*take care*) fare attenzione; **~ out for** cercare; **~ out!** attento! **look round** *vi* girarsi; (*in shop, town etc*) dare un'occhiata. **look through** *vt* dare un'occhiata a ‹*script, notes*›. **look up** *vi* guardare in alto; **~ up to sb** *fig* rispettare qcno ● *vt* cercare [nel dizionario] ‹*word*›; (*visit*) andare a trovare

ˈlook-out /ˈlʊkaʊt/ *n* guardia *f*; (*prospect*) prospettiva *f*; **be on the ~ for** tenere gli occhi aperti per

loom /lu:m/ *vi* apparire; *fig* profilarsi

loony /ˈlu:nɪ/ *a & n fam* matto, -a *mf*. **~ bin** *n* manicomio *m*

loop /lu:p/ *n* cappio *m*; (*on garment*) passante *m*. **~hole** *n* (*in the law*) scappatoia *f*

loose /lu:s/ *a* libero; ‹*knot*› allentato; ‹*page*› staccato; ‹*clothes*› largo; ‹*morals*› dissoluto; (*inexact*) vago; **be at a ~ end** non sapere cosa fare; **come ~** ‹*knot:*› sciogliersi; **set ~** liberare. **~ ˈchange** *n* spiccioli *mpl*. **~ly** *adv* scorrevolmente; ‹*defined*› vagamente

loosen /ˈlu:sn/ *vt* sciogliere

loot /lu:t/ *n* bottino *m* ● *vt/i* depredare. **~er** *n* predatore, -trice *mf*. **~ing** *n* saccheggio *m*

lop /lɒp/ **~ off** *vt* (*pt/pp* **lopped**) potare

lopˈsided *a* sbilenco

lord /lɔ:d/ *n* signore *m*; (*title*) Lord *m*; **House of L~s** Camera *f* dei Lords; **the L~'s Prayer** il Padrenostro; **good L~!** Dio mio!

lore /lɔ:(r)/ *n* tradizioni *fpl*

lorry /ˈlɒrɪ/ *n* camion *m inv*; **~ driver** camionista *mf*

lose /lu:z/ *v* (*pt/pp* **lost**) ● *vt* perdere ● *vi* perdere; ‹*clock:*› essere indietro; **get lost** perdersi; **get lost!** *fam* va a quel paese! **~r** *n* perdente *mf*

loss /lɒs/ *n* perdita *f*; **~es** *pl Comm* perdite *fpl*; **be at a ~** essere perplesso; **be at a ~ for words** non trovare le parole
lost /lɒst/ *see* **lose** ● *a* perduto. **~ 'property office** *n* ufficio *m* oggetti smarriti
lot¹ /lɒt/ *n* (*at auction*) lotto *m*; **draw ~s** tirare a sorte
lot² *n* **the ~** il tutto; **a ~ of, ~s of** molto/i; **the ~ of you** tutti voi; **it has changed a ~** è cambiato molto
lotion /ˈləʊʃn/ *n* lozione *f*
lottery /ˈlɒtərɪ/ *n* lotteria *f*. **~ ticket** *n* biglietto *m* della lotteria
loud /laʊd/ *a* sonoro, alto; ‹*colours*› sgargiante ● *adv* forte; **out ~** ad alta voce. **~ 'hailer** *n* megafono *m*. **~ly** *adv* forte. **~ 'speaker** *n* altoparlante *m*
lounge /laʊndʒ/ *n* salotto *m*; (*in hotel*) salone *m* ● *vi* poltrire. **~ suit** *n* vestito *m* da uomo, completo *m* da uomo
louse /laʊs/ *n* (*pl* **lice**) pidocchio *m*
lousy /ˈlaʊzɪ/ *a* (**-ier, -iest**) *fam* schifoso
lout /laʊt/ *n* zoticone *m*. **~ish** *a* rozzo
lovable /ˈlʌvəbl/ *a* adorabile
love /lʌv/ *n* amore *m*; *Tennis* zero *m*; **in ~** innamorato (**with** di) ● *vt* amare ‹*person, country*›; **I ~ watching tennis** mi piace molto guardare il tennis. **~-affair** *n* relazione *f* [sentimentale]. **~ letter** *n* lettera *f* d'amore
lovely /ˈlʌvlɪ/ *a* (**-ier, -iest**) bello; (*in looks*) bello, attraente; (*in character*) piacevole; ‹*meal*› delizioso; **have a ~ time** divertirsi molto
lover /ˈlʌvə(r)/ *n* amante *mf*
love: ~ song *n* canzone *f* d'amore. **~ story** *n* storia *f* d'amore
loving /ˈlʌvɪŋ/ *a* affettuoso
low /ləʊ/ *a* basso; (*depressed*) giù *inv* ● *adv* basso; **feel ~** sentirsi giù ● *n* minimo *m*; *Meteorol* depressione *f*; **at an all-time ~** ‹*prices etc*› al livello minimo
low: ~brow *a* di scarsa cultura. **~-cut** *a* ‹*dress*› scollato
lower /ˈləʊə(r)/ *a & adv see* **low** ● *vt* abbassare; **~ oneself** abbassarsi
low: ~-'fat *a* magro. **~-'grade** *a* di qualità inferiore. **~-key** *fig* moderato. **~lands** /-ləndz/ *npl* pianure *fpl*. **~ 'tide** *n* bassa marea *f*
loyal /ˈlɔɪəl/ *a* leale. **~ty** *n* lealtà *f*
lozenge /ˈlɒzɪndʒ/ *n* losanga *f*; (*tablet*) pastiglia *f*
LP *n abbr* **long-playing record**
Ltd *abbr* (**Limited**) s.r.l.
lubricant /ˈluːbrɪkənt/ *n* lubrificante *m*
lubricat|e /ˈluːbrɪkeɪt/ *vt* lubrificare. **~ion** /-ˈkeɪʃn/ *n* lubrificazione *f*
lucid /ˈluːsɪd/ *a* ‹*explanation*› chiaro; (*sane*) lucido. **~ity** /-ˈsɪdətɪ/ *n* lucidità *f*; (*of explanation*) chiarezza *f*
luck /lʌk/ *n* fortuna *f*; **bad ~** sfortuna *f*; **good ~!** buona fortuna! **~ily** *adv* fortunatamente
lucky /ˈlʌkɪ/ *a* (**-ier, -iest**) fortunato; **be ~** essere fortunato; ‹*thing:*› portare fortuna. **~ 'charm** *n* portafortuna *m inv*
lucrative /ˈluːkrətɪv/ *a* lucrativo
ludicrous /ˈluːdɪkrəs/ *a* ridicolo. **~ly** *adv* ‹*expensive, complex*› eccessivamente
lug /lʌg/ *vt* (*pt/pp* **lugged**) *fam* trascinare
luggage /ˈlʌgɪdʒ/ *n* bagaglio *m*; **~-rack** *n* portabagagli *m inv*. **~ trolley** *n* carrello *m* portabagagli. **~-van** *n* bagagliaio *m*
lukewarm /ˈluːk-/ *a* tiepido; *fig* poco entusiasta
lull /lʌl/ *n* pausa *f* ● *vt* **~ to sleep** cullare
lullaby /ˈlʌləbaɪ/ *n* ninnananna *f*
lumbago /lʌmˈbeɪgəʊ/ *n* lombaggine *f*
lumber /ˈlʌmbə(r)/ *n* cianfrusaglie *fpl*; (*Am: timber*) legname *m* ● *vt fam* **~ sb with sth** affibbiare qcsa a qcno. **~ jack** *n* tagliaboschi *m inv*
luminous /ˈluːmɪnəs/ *a* luminoso
lump¹ /lʌmp/ *n* (*of sugar*) zolletta *f*; (*swelling*) gonfiore *m*; (*in breast*) nodulo *m*; (*in sauce*) grumo *m* ● *vt* **~ together** ammucchiare
lump² *vt* **~ it** *fam* **you'll just have to ~ it** che ti piaccia o no è così
lump sum *n* somma *f* globale
lumpy /ˈlʌmpɪ/ *a* (**-ier, -iest**) grumoso
lunacy /ˈluːnəsɪ/ *n* follia *f*
lunar /ˈluːnə(r)/ *a* lunare
lunatic /ˈluːnətɪk/ *n* pazzo, -a *mf*
lunch /lʌntʃ/ *n* pranzo *m* ● *vi* pranzare
luncheon /ˈlʌntʃn/ *n* (*formal*) pranzo *m*. **~ meat** *n carne f in scatola*. **~ voucher** *n* buono *m* pasto
lunch: ~-hour *n* intervallo *m* per il pranzo. **~-time** *n* ora *f* di pranzo
lung /lʌŋ/ *n* polmone *m*. **~ cancer** *n* cancro *m* al polmone
lunge /lʌndʒ/ *vi* lanciarsi (**at** su)
lurch¹ /lɜːtʃ/ *n* **leave in the ~** *fam* lasciare nei guai
lurch² *vi* barcollare
lure /lʊə(r)/ *n* esca *f*; *fig* lusinga *f* ● *vt* adescare

lurid /ˈlʊərɪd/ *a* (*gaudy*) sgargiante; (*sensational*) sensazionalistico
lurk /lɜːk/ *vi* appostarsi
luscious /ˈlʌʃəs/ *a* saporito; *fig* sexy *inv*
lush /lʌʃ/ *a* lussureggiante
lust /lʌst/ *n* lussuria *f* ● *vi* **~ after** desiderare [fortemente]. **~ful** *a* lussurioso
lusty /ˈlʌstɪ/ *a* (**-ier, -iest**) vigoroso
lute /luːt/ *n* liuto *m*
luxuriant /lʌgˈʒʊərɪənt/ *a* lussureggiante
luxurious /lʌgˈʒʊərɪəs/ *a* lussuoso
luxury /ˈlʌkʃərɪ/ *n* lusso *m* ● *attrib* di lusso
lying /ˈlaɪɪŋ/ *see* **lie**[1] & [2] ● *n* mentire *m*
lymph gland /ˈlɪmf/ *n* linfoghiandola *f*
lynch /lɪntʃ/ *vt* linciare
lynx /lɪŋks/ *n* lince *f*
lyric /ˈlɪrɪk/ *a* lirico. **~al** *a* lirico; (*fam: enthusiastic*) entusiasta. **~s** *npl* parole *fpl*

mac /mæk/ *n fam* impermeabile *m*
macabre /məˈkɑːbr/ *a* macabro
macaroni /mækəˈrəʊnɪ/ *n* maccheroni *mpl*
mace[1] /meɪs/ *n* (*staff*) mazza *f*
mace[2] *n* (*spice*) macis *m o f*
Macedonia /mæsɪˈdəʊnɪə/ *n* Macedonia *f*
machinations /mækɪˈneɪʃnz/ *npl* macchinazioni *fpl*
machine /məˈʃiːn/ *n* macchina *f* ● *vt* (*sew*) cucire a macchina; *Techn* lavorare a macchina. **~-gun** *n* mitragliatrice *f*
machinery /məˈʃiːnərɪ/ *n* macchinario *m*
machinist /məˈʃiːnɪst/ *n* macchinista *mf*
macho /ˈmætʃəʊ/ *a* macho *inv*
mackerel /ˈmækr(ə)l/ *n inv* sgombro *m*
mackintosh /ˈmækɪntɒʃ/ *n* impermeabile *m*
mad /mæd/ *a* (**madder, maddest**) pazzo, matto; (*fam: angry*) furioso (**at** con); **like ~** *fam* come un pazzo; **be ~ about** (*fam: keen on*) andare matto per
madam /ˈmædəm/ *n* signora *f*
mad ˈcow disease *n* morbo *m* della mucca pazza
madden /ˈmædən/ *vt* (*make angry*) far diventare matto
made /meɪd/ *see* **make**; **~ to measure** [fatto] su misura
Madeira cake /məˈdɪərə/ *n dolce m di pan di Spagna*
mad|ly /ˈmædlɪ/ *adv fam* follemente; **~ly in love** innamorato follemente. **~man** *n* pazzo *m*. **~ness** *n* pazzia *f*
madonna /məˈdɒnə/ *n* madonna *f*
magazine /mægəˈziːn/ *n* rivista *f*; *Mil, Phot* magazzino *m*
maggot /ˈmægət/ *n* verme *m*
Magi /ˈmeɪdʒaɪ/ *npl* **the ~** i Re Magi
magic /ˈmædʒɪk/ *n* magia *f*; (*tricks*) giochi *mpl* di prestigio ● *a* magico; ‹*trick*› di prestigio. **~al** *a* magico
magician /məˈdʒɪʃn/ *n* mago, -a *mf*; (*entertainer*) prestigiatore, -trice *mf*
magistrate /ˈmædʒɪstreɪt/ *n* magistrato *m*
magnanim|ity /mægnəˈnɪmətɪ/ *n* magnanimità *f*. **~ous** /-ˈnænɪməs/ *a* magnanimo
magnet /ˈmægnɪt/ *n* magnete *m*, calamita *f*. **~ic** /-ˈnetɪk/ *a* magnetico. **~ism** *n* magnetismo *m*
magnification /mægnɪfɪˈkeɪʃn/ *n* ingrandimento *m*
magnificen|ce /mægˈnɪfɪsəns/ *n* magnificenza *f*. **~t** *a* magnifico
magnify /ˈmægnɪfaɪ/ *vt* (*pt/pp* **-ied**) ingrandire; (*exaggerate*) ingigantire. **~ing glass** *n* lente *f* d'ingrandimento
magnitude /ˈmægnɪtjuːd/ *n* grandezza *f*; (*importance*) importanza *f*
magpie /ˈmægpaɪ/ *n* gazza *f*
mahogany /məˈhɒgənɪ/ *n* mogano *m* ● *a* di mogano
maid /meɪd/ *n* cameriera *f*; **old ~** *pej* zitella *f*
maiden /ˈmeɪdn/ *n liter* fanciulla *f* ● *a* ‹*speech*› inaugurale. **~ ˈaunt** *n* zia *f* zitella. **~ name** *n* nome *m* da ragazza
mail /meɪl/ *n* posta *f* ● *vt* impostare
mail: ~-bag *n* sacco *m* postale. **~box** *n*

Am cassetta *f* delle lettere; (*e-mail*) casella *f* di posta elettronica. **~ing list** *n* elenco *m* d'indirizzi per un mailing. **~man** *n Am* postino *m*. **~ order** *n* vendita *f* per corrispondenza. **~-order firm** *n* ditta *f* di vendita per corrispondenza
mailshot /'meɪlʃɒt/ *n* mailing *m inv*
maim /meɪm/ *vt* menomare
main[1] /meɪn/ *n* (*water, gas, electricity*) conduttura *f* principale
main[2] *a* principale; **the ~ thing is to...** la cosa essenziale è di... ● *n* **in the ~** in complesso
main: ~land /-lənd/ *n* continente *m*. **~ly** *adv* principalmente. **~stay** *n fig* pilastro *m*. **~ street** *n* via *f* principale
maintain /meɪn'teɪn/ *vt* mantenere; (*keep in repair*) curare la manutenzione di; (*claim*) sostenere
maintenance /'meɪntənəns/ *n* mantenimento *m*; (*care*) manutenzione *f*; (*allowance*) alimenti *mpl*
maisonette /meɪzə'net/ *n* appartamento *m* a due piani
majestic /mə'dʒestɪk/ *a* maestoso
majesty /'mædʒəstɪ/ *n* maestà *f inv*; **His/Her M~** Sua Maestà
major /'meɪdʒə(r)/ *a* maggiore; **~ road** strada *f* con diritto di precedenza ● *n Mil, Mus* maggiore *m* ● *vi Am* **~ in** specializzarsi in
Majorca /mə'jɔ:kə/ *n* Maiorca *f*
majority /mə'dʒɒrətɪ/ *n* maggioranza *f*; **be in the ~** avere la maggioranza
make /meɪk/ *n* (*brand*) marca *f* ● *v* (*pt/pp* **made**) ● *vt* fare; (*earn*) guadagnare; rendere ‹*happy, clear*›; prendere ‹*decision*›; **~ sb laugh** far ridere qcno; **~ sb do sth** far fare qcsa a qcno; **~ it** (*to party, top of hill etc*) farcela; **what time do you ~ it?** che ore fai? ● *vi* **~ as if to** fare per. **make do** *vi* arrangiarsi. **make for** *vt* dirigersi verso. **make off** *vi* fuggire. **make out** *vt* (*distinguish*) distinguere; (*write out*) rilasciare ‹*cheque*›; compilare ‹*list*›; (*claim*) far credere. **make over** *vt* cedere. **make up** *vt* (*constitute*) comporre; (*complete*) completare; (*invent*) inventare; (*apply cosmetics to*) truccare; fare ‹*parcel*›; **~ up one's mind** decidersi; **~ it up** (*after quarrel*) riconciliarsi ● *vi* (*after quarrel*) fare la pace; **~ up for** compensare; **~ up for lost time** recuperare il tempo perso
'make-believe *n* finzione *f*
maker /'meɪkə(r)/ *n* fabbricante *mf*; **M~** *Relig* Creatore *m*
make: ~ shift *a* di fortuna ● *n* espediente *m*. **~-up** *n* trucco *m*; (*character*) natura *f*
making /'meɪkɪŋ/ *n* **have the ~s of** aver la stoffa di
maladjust|ed /mælə'dʒʌstɪd/ *a* disadattato
malaise /mə'leɪz/ *n fig* malessere *m*
malaria /mə'leərɪə/ *n* malaria *f*
Malaysia /mə'leɪzɪə/ *n* Malesia *f*
male /meɪl/ *a* maschile ● *n* maschio *m*. **~ nurse** *n* infermiere *m*
malevolen|ce /mə'levələns/ *n* malevolenza *f*. **~t** *a* malevolo
malfunction /mæl'fʌŋkʃn/ *n* funzionamento *m* imperfetto ● *vi* funzionare male
malice /'mælɪs/ *n* malignità *f*; **bear sb ~** voler del male a qcno
malicious /mə'lɪʃəs/ *a* maligno
malign /mə'laɪn/ *vt* malignare su
malignan|cy /mə'lɪgnənsɪ/ *n* malignità *f*. **~t** *a* maligno
malinger /mə'lɪŋgə(r)/ *vi* fingersi malato. **~er** *n* scansafatiche *mf inv*
malleable /'mælɪəbl/ *a* malleabile
mallet /'mælɪt/ *n* martello *m* di legno
malnu'trition /mæl-/ *n* malnutrizione *f*
mal'practice *n* negligenza *f*
malt /mɔ:lt/ *n* malto *m*
Malta /'mɔ:ltə/ *n* Malta *f*. **~ese** /-i:z/ *a & n* maltese *mf*
mal'treat /mæl-/ *vt* maltrattare. **~ment** *n* maltrattamento *m*
mammal /'mæml/ *n* mammifero *m*
mammoth /'mæməθ/ *a* mastodontico ● *n* mammut *m inv*
man /mæn/ *n* (*pl* **men**) uomo *m*; (*chess, draughts*) pedina *f* ● *vt* (*pt/pp* **manned**) equipaggiare; essere di servizio a ‹*counter, telephones*›
manage /'mænɪdʒ/ *vt* dirigere; gestire ‹*shop, affairs*›; (*cope with*) farcela; **~ to do sth** riuscire a fare qcsa ● *vi* riuscire; (*cope*) farcela (**on** con). **~able** /-əbl/ *a* ‹*hair*› docile; ‹*size*› maneggevole. **~ment** /-mənt/ *n* gestione *f*; **the ~ment** la direzione
manager /'mænɪdʒə(r)/ *n* direttore *m*; (*of shop, bar*) gestore *m*; *Sport* manager *m inv*. **~ess** /-'res/ *n* direttrice *f*. **~ial** /-'dʒɪərɪəl/ *a* **~ial staff** personale *m* direttivo
managing /'mænɪdʒɪŋ/ *a* **~ director** direttore, -trice *mf* generale
mandarin /'mændərɪn/ *n* **~ [orange]** mandarino *m*

mandat|e /ˈmændeɪt/ *n* mandato *m*. **~ory** /-dətrɪ/ *a* obbligatorio
mane /meɪn/ *n* criniera *f*
mangle /ˈmæŋgl/ *vt* (*damage*) maciullare
mango /ˈmæŋgəʊ/ *n* (*pl* **-es**) mango *m*
mangy /ˈmeɪndʒɪ/ *a* ‹*dog*› rognoso
man: ~ˈhandle *vt* malmenare. **~hole** *n* botola *f*. **~hole cover** *n* tombino *m*. **~hood** *n* età *f* adulta; (*quality*) virilità *f*. **~-hour** *n* ora *f* lavorativa. **~-hunt** *n* caccia *f* all'uomo
man|ia /ˈmeɪnɪə/ *n* mania *f*. **~iac** /-ɪæk/ *n* maniaco, -a *mf*
manicure /ˈmænɪkjʊə(r)/ *n* manicure *f inv* ● *vt* fare la manicure a
manifest /ˈmænɪfest/ *a* manifesto ● *vt* **~ itself** manifestarsi. **~ly** *adv* palesemente
manifesto /mænɪˈfestəʊ/ *n* manifesto *m*
manifold /ˈmænɪfəʊld/ *a* molteplice
manipulat|e /məˈnɪpjuleɪt/ *vt* manipolare. **~ion** /-ˈleɪʃn/ *n* manipolazione *f*
manˈkind *n* genere *m* umano
manly /ˈmænlɪ/ *a* virile
ˈman-made *a* artificiale. **~ fibre** *n* fibra *f* sintetica
manner /ˈmænə(r)/ *n* maniera *f*; **in this ~** in questo modo; **have no ~s** avere dei pessimi modi; **good/bad ~s** buone/cattive maniere *fpl*. **~ism** *n* affettazione *f*
manœuvre /məˈnu:və(r)/ *n* manovra *f* ● *vt* fare manovra con ‹*vehicle*›; manovrare ‹*person*›
manor /ˈmænə(r)/ *n* maniero *m*
ˈmanpower *n* manodopera *f*
mansion /ˈmænʃn/ *n* palazzo *m*
ˈmanslaughter *n* omicidio *m* colposo
mantelpiece /ˈmæntl-/ *n* mensola *f* di caminetto
manual /ˈmænjʊəl/ *a* manuale ● *n* manuale *m*
manufacture /mænjʊˈfæktʃə(r)/ *vt* fabbricare ● *n* manifattura *f*. **~r** *n* fabbricante *m*
manure /məˈnjʊə(r)/ *n* concime *m*
manuscript /ˈmænjʊskrɪpt/ *n* manoscritto *m*
many /ˈmenɪ/ *a & pron* molti; **there are as ~ boys as girls** ci sono tanti ragazzi quante ragazze; **as ~ as 500** ben 500; **as ~ as that** così tanti; **as ~** altrettanti; **very ~, a good/great ~** moltissimi; **~ a time** molte volte
map /mæp/ *n* carta *f* geografica; (*of town*) mappa *f* ● **map out** *vt* (*pt/pp* **mapped**) *fig* programmare
maple /ˈmeɪpl/ *n* acero *m*
mar /mɑ:(r)/ *vt* (*pt/pp* **marred**) rovinare
marathon /ˈmærəθən/ *n* maratona *f*
marble /ˈmɑ:bl/ *n* marmo *m*; (*for game*) pallina *f* ● *attrib* di marmo
March /mɑ:tʃ/ *n* marzo *m*
march *n* marcia *f*; (*protest*) dimostrazione *f* ● *vi* marciare ● *vt* far marciare; **~ sb off** scortare qcno fuori
mare /meə(r)/ *n* giumenta *f*
margarine /mɑ:dʒəˈri:n/ *n* margarina *f*
margin /ˈmɑ:dʒɪn/ *n* margine *m*. **~al** *a* marginale. **~ally** *adv* marginalmente
marigold /ˈmærɪgəʊld/ *n* calendula *f*
marijuana /mærʊˈwɑ:nə/ *n* marijuana *f*
marina /məˈri:nə/ *n* porticciolo *m*
marinade /mærɪˈneɪd/ *n* marinata *f* ● *vt* marinare
marine /məˈri:n/ *a* marino ● *n* (*sailor*) soldato *m* di fanteria marina
marionette /mærɪəˈnet/ *n* marionetta *f*
marital /ˈmærɪtl/ *a* coniugale. **~ status** stato *m* civile
maritime /ˈmærɪtaɪm/ *a* marittimo
mark¹ /mɑ:k/ *n* (*currency*) marco *m*
mark² *n* (*stain*) macchia *f*; (*sign, indication*) segno *m*; *Sch* voto *m* ● *vt* segnare; (*stain*) macchiare; *Sch* correggere; *Sport* marcare; **~ time** *Mil* segnare il passo; *fig* non far progressi; **~ my words** ricordati quello che dico. **mark out** *vt* delimitare; *fig* designare
marked /mɑ:kt/ *a* marcato. **~ly** /-kɪdlɪ/ *adv* notevolmente
marker /ˈmɑ:kə(r)/ *n* (*for highlighting*) evidenziatore *m*; *Sport* marcatore *m*; (*of exam*) esaminatore, -trice *mf*
market /ˈmɑ:kɪt/ *n* mercato *m* ● *vt* vendere al mercato; (*launch*) commercializzare; **on the ~** sul mercato. **~ing** *n* marketing *m*. **~ reˈsearch** *n* ricerca *f* di mercato
marksman /ˈmɑ:ksmən/ *n* tiratore *m* scelto
marmalade /ˈmɑ:məleɪd/ *n* marmellata *f* d'arance
maroon /məˈru:n/ *a* marrone rossastro
marooned /məˈru:nd/ *a* abbandonato
marquee /mɑ:ˈki:/ *n* tendone *m*
marquis /ˈmɑ:kwɪs/ *n* marchese *m*
marriage /ˈmærɪdʒ/ *n* matrimonio *m*
married /ˈmærɪd/ *a* sposato; ‹*life*› coniugale

marrow /'mærəʊ/ *n Anat* midollo *m*; (*vegetable*) zucca *f*
marr|y /'mærɪ/ *vt* (*pt/pp* **-ied**) sposare; **get ~ied** sposarsi ● *vi* sposarsi
marsh /mɑ:ʃ/ *n* palude *f*
marshal /'mɑ:ʃl/ *n* (*steward*) cerimoniere *m* ● *vt* (*pt/pp* **marshalled**) *fig* organizzare ‹*arguments*›
marshy /'mɑ:ʃɪ/ *a* paludoso
marsupial /mɑ:'su:pɪəl/ *n* marsupiale *m*
martial /'mɑ:ʃl/ *a* marziale
martyr /'mɑ:tə(r)/ *n* martire *mf* ● *vt* martirizzare. **~dom** /-dəm/ *n* martirio *m*. **~ed** *a fam* da martire
marvel /'mɑ:vl/ *n* meraviglia *f* ● *vi* (*pt/pp* **marvelled**) meravigliarsi (**at** di). **~lous** /-vələs/ *a* meraviglioso
Marxis|m /'mɑ:ksɪzm/ *n* marxismo *m*. **~t** *a & n* marxista *mf*
marzipan /'mɑ:zɪpæn/ *n* marzapane *m*
mascara /mæ'skɑ:rə/ *n* mascara *m inv*
mascot /'mæskət/ *n* mascotte *f inv*
masculin|e /'mæskjʊlɪn/ *a* maschile ● *n Gram* maschile *m*. **~ity** /-'lɪnətɪ/ *n* mascolinità *f*
mash /mæʃ/ *vt* impastare. **~ed potatoes** *npl* purè *m inv* di patate
mask /mɑ:sk/ *n* maschera *f* ● *vt* mascherare
masochis|m /'mæsəkɪzm/ *n* masochismo *m*. **~t** /-ɪst/ *n* masochista *mf*
mason /'meɪsn/ *n* muratore *m*
Mason *n* massone *m*. **~ic** /mə'sɒnɪk/ *a* massonico
masonry /'meɪsnrɪ/ *n* massoneria *f*
masquerade /mæskə'reɪd/ *n fig* mascherata *f* ● *vi* **~ as** (*pose*) farsi passare per
mass¹ /mæs/ *n Relig* messa *f*
mass² *n* massa *f*; **~es of** *fam* un sacco di ● *vi* ammassarsi
massacre /'mæsəkə(r)/ *n* massacro *m* ● *vt* massacrare
massage /'mæsɑ:ʒ/ *n* massaggio *m* ● *vt* massaggiare; *fig* manipolare ‹*statistics*›
masseu|r /mæ'sɜ:(r)/ *n* massaggiatore *m*. **~se** /-'sɜ:z/ *n* massaggiatrice *f*
massive /'mæsɪv/ *a* enorme
mass: ~ media *npl* mezzi *mpl* di comunicazione di massa, mass media *mpl*. **~-pro'duce** *vt* produrre in serie. **~-pro'duction** *n* produzione *f* in serie
mast /mɑ:st/ *n Naut* albero *m*; (*for radio*) antenna *f*
master /'mɑ:stə(r)/ *n* maestro *m*, padrone *m*; (*teacher*) professore *m*; (*of ship*) capitano *m*; **M~** (*boy*) signorino *m*
master: ~-key *n* passe-partout *m inv*. **~ly** *a* magistrale. **~-mind** *n* cervello *m* ● *vt* ideare e dirigere. **~piece** *n* capolavoro *m*. **~-stroke** *n* colpo *m* da maestro. **~y** *n* (*of subject*) padronanza *f*
masturbat|e /'mæstəbeɪt/ *vi* masturbarsi. **~ion** /-'beɪʃn/ *n* masturbazione *f*
mat /mæt/ *n* stuoia *f*; (*on table*) sottopiatto *m*
match¹ /mætʃ/ *n Sport* partita *f*; (*equal*) uguale *mf*; (*marriage*) matrimonio *m*; (*person to marry*) partito *m*; **be a good ~** ‹*colours:*› intonarsi bene; **be no ~ for** non essere dello stesso livello di ● *vt* (*equal*) uguagliare; (*be like*) andare bene con ● *vi* intonarsi
match² *n* fiammifero *m*. **~box** *n* scatola *f* di fiammiferi
matching /'mætʃɪŋ/ *a* intonato
mate¹ /meɪt/ *n* compagno, -a *mf*; (*assistant*) aiuto *m*; *Naut* secondo *m*; (*fam: friend*) amico, -a *mf* ● *vi* accoppiarsi ● *vt* accoppiare
mate² *n* (*in chess*) scacco *m* matto
material /mə'tɪərɪəl/ *n* materiale *m*; (*fabric*) stoffa *f*; **raw ~s** *pl* materie *fpl* prime ● *a* materiale
material|ism /mə'tɪərɪəlɪzm/ *n* materialismo *m*. **~istic** /-'lɪstɪk/ *a* materialistico. **~ize** /-laɪz/ *vi* materializzarsi
maternal /mə'tɜ:nl/ *a* materno
maternity /mə'tɜ:nətɪ/ *n* maternità *f*. **~ clothes** *npl* abiti *mpl* pre-maman. **~ ward** *n* maternità *f inv*
matey /'meɪtɪ/ *a fam* amichevole
mathematic|al /mæθə'mætɪkl/ *a* matematico. **~ian** /-mə'tɪʃn/ *n* matematico, -a *mf*
mathematics /mæθ'mætɪks/ *n* matematica *fsg*
maths /mæθs/ *n fam* matematica *fsg*
matinée /'mætɪneɪ/ *n Theat* matinée *f inv*
mating /'meɪtɪŋ/ *n* accoppiamento *m*; **~ season** stagione *f* degli amori
matriculat|e /mə'trɪkjʊleɪt/ *vi* immatricolarsi. **~ion** /-'leɪʃn/ *n* immatricolazione *f*
matrix /'meɪtrɪks/ *n* (*pl* **matrices** /-si:z/) *n* matrice *f*
matted /'mætɪd/ *a* **~ hair** capelli *mpl* tutti appiccicati tra loro
matter /'mætə(r)/ *n* (*affair*) faccenda *f*; (*question*) questione *f*; (*pus*) pus *m*; (*phys: substance*) materia *f*; **as a ~ of fact** a dire la verità; **what is the ~?** che cosa c'è? ● *vi* importare; **~ to sb**

essere importante per qcno; **it doesn't ~** non importa. **~-of-fact** *a* pratico
mattress /'mætrɪs/ *n* materasso *m*
matur|e /mə'tʃʊə(r)/ *a* maturo; *Comm* in scadenza ● *vi* maturare ● *vt* far maturare. **~ity** *n* maturità *f*; *Fin* maturazione *f*
maul /mɔ:l/ *vt* malmenare
Maundy /'mɔ:ndɪ/ *n* **~ Thursday** giovedì *m* santo
mauve /məʊv/ *a* malva
maxim /'mæksɪm/ *n* massima *f*
maximum /'mæksɪməm/ *a* massimo; **ten minutes ~** dieci minuti al massimo ● *n* (*pl* **-ima**) massimo *m*
May /meɪ/ *n* maggio *m*
may /meɪ/ *v aux* (*solo al presente*) potere; **~ I come in?** posso entrare?; **if I ~ say so** se mi posso permettere; **~ you both be very happy** siate felici; **I ~ as well stay** potrei anche rimanere; **it ~ be true** potrebbe esser vero; **she ~ be old, but...** sarà anche vecchia, ma...
maybe /'meɪbi:/ *adv* forse, può darsi
'**May Day** *n* il primo maggio
mayonnaise /meɪə'neɪz/ *n* maionese *f*
mayor /'meə(r)/ *n* sindaco *m*. **~ess** *n* sindaco *m*; (*wife of mayor*) moglie *f* del sindaco
maze /meɪz/ *n* labirinto *m*
me /mi:/ *pron* (*object*) mi; (*with preposition*) me; **she called me** mi ha chiamato; **she called me, not you** ha chiamato me, non te; **give me the money** dammi i soldi; **give it to me** dammelo; **he gave it to me** me lo ha dato; **it's ~** sono io
meadow /'medəʊ/ *n* prato *m*
meagre /'mi:gə(r)/ *a* scarso
meal¹ /mi:l/ *n* pasto *m*
meal² *n* (*grain*) farina *f*
mealy-mouthed /mi:lɪ'maʊðd/ *a* ambiguo
mean¹ /mi:n/ *a* avaro; (*unkind*) meschino
mean² *a* medio ● *n* (*average*) media *f*; **Greenwich ~ time** ora *f* media di Greenwich
mean³ *vt* (*pt/pp* **meant**) voler dire; (*signify*) significare; (*intend*) intendere; **I ~ it** lo dico seriamente; **~ well** avere buone intenzioni; **be ~t for** ‹*present:*› essere destinato a; ‹*remark:*› essere riferito a
meander /mɪ'ændə(r)/ *vi* vagare
meaning /'mi:nɪŋ/ *n* significato *m*. **~ful** *a* significativo. **~less** *a* senza senso
means /mi:nz/ *n* mezzo *m*; **~ of transport** mezzo *m* di trasporto; **by ~ of** per mezzo di; **by all ~!** certamente!; **by no ~** niente affatto ● *npl* (*resources*) mezzi *mpl*
meant /ment/ *see* **mean³**
'**meantime** *n* **in the ~** nel frattempo ● *adv* intanto
'**meanwhile** *adv* intanto
measles /'mi:zlz/ *nsg* morbillo *m*
measly /'mi:zlɪ/ *a fam* misero
measurable /'meʒərəbl/ *a* misurabile
measure /'meʒə(r)/ *n* misura *f* ● *vt/i* misurare. **measure up to** *vt fig* essere all'altezza di. **~d** *a* misurato. **~ment** /-mənt/ *n* misura *f*
meat /mi:t/ *n* carne *f*. **~ ball** *n Culin* polpetta *f* di carne. **~ loaf** *n* polpettone *m*
mechan|ic /mɪ'kænɪk/ *n* meccanico *m*. **~ical** *a* meccanico; **~ical engineering** ingegneria *f* meccanica. **~ically** *adv* meccanicamente. **~ics** *n* meccanica *f* ● *npl* meccanismo *msg*
mechan|ism /'mekənɪzm/ *n* meccanismo *m*. **~ize** *vt* meccanizzare
medal /'medl/ *n* medaglia *f*
medallion /mɪ'dælɪən/ *n* medaglione *m*
medallist /'medəlɪst/ *n* vincitore, -trice *mf* di una medaglia
meddle /'medl/ *vi* immischiarsi (**in** di); (*tinker*) armeggiare (**with** con)
media /'mi:dɪə/ *npl* **the ~** i mass media. **~ studies** *npl* scienze *fpl* della comunicazione
median /'mi:dɪən/ *a* **~ strip** *Am* banchina *f* spartitraffico
mediat|e /'mi:dɪeɪt/ *vi* fare da mediatore. **~ion** /-'eɪʃn/ *n* mediazione *f*. **~or** *n* mediatore, -trice *mf*
medical /'medɪkl/ *a* medico ● *n* visita *f* medica. **~ insurance** *n* assicurazione *f* sanitaria. **~ student** *n* studente, -essa *mf* di medicina
medicat|ed /'medɪkeɪtɪd/ *a* medicato. **~ion** /-'keɪʃn/ *n* (*drugs*) medicinali *mpl*
medicinal /mɪ'dɪsɪnl/ *a* medicinale
medicine /'medsən/ *n* medicina *f*
medieval /medɪ'i:vl/ *a* medievale
mediocr|e /mi:dɪ'əʊkə(r)/ *a* mediocre. **~ity** /-'ɒkrətɪ/ *n* mediocrità *f*
meditat|e /'medɪteɪt/ *vi* meditare (**on** su). **~ion** /-'teɪʃn/ *n* meditazione *f*
Mediterranean /medɪtə'reɪmɪən/ *n* **the ~ [Sea]** il [mare] Mediterraneo ● *a* mediterraneo
medium /'mi:dɪəm/ *a* medio; *Culin* di media cottura ● *n* (*pl* **media**) mezzo *m*; (*pl* **-s**) (*person*) medium *mf inv*

medium: ~-sized *a* di taglia media. **~ wave** *n* onde *fpl* medie

medley /'medlɪ/ *n* miscuglio *m*; *Mus* miscellanea *f*

meek /mi:k/ *a* mite, mansueto. **~ly** *adv* docilmente

meet /mi:t/ *v* (*pt/pp* **met**) ● *vt* incontrare; (*at station, airport*) andare incontro a; (*for first time*) far la conoscenza di; pagare ‹*bill*›; soddisfare ‹*requirements*› ● *vi* incontrarsi; ‹*committee:*› riunirsi; **~ with** incontrare ‹*problem*›; incontrarsi con ‹*person*› ● *n* raduno *m* [sportivo]

meeting /'mi:tɪŋ/ *n* riunione *f*, meeting *m inv*; (*large*) assemblea *f*; (*by chance*) incontro *m*

megabyte /'megəbaɪt/ *n* megabyte *m*

megalomania /megələ'meɪnɪə/ *n* megalomania *f*

megaphone /'megəfəʊn/ *n* megafono *m*

melancholy /'melənkəlɪ/ *a* malinconico ● *n* malinconia *f*

mellow /'meləʊ/ *a* ‹*wine*› generoso; ‹*sound, colour*› caldo; ‹*person*› dolce ● *vi* ‹*person:*› addolcirsi

melodic /mɪ'lɒdɪk/ *a* melodico

melodrama /'melə-/ *n* melodramma *m*. **~tic** /-drə'mætɪk/ *a* melodrammatico

melody /'melədɪ/ *n* melodia *f*

melon /'melən/ *n* melone *m*

melt /melt/ *vt* sciogliere ● *vi* sciogliersi. **melt down** *vt* fondere. **~ing-pot** *n fig* crogiuolo *m*

member /'membə(r)/ *n* membro *m*; **~ countries** paesi *mpl* membri; **M~ of Parliament** deputato, -a *mf*; **M~ of the European Parliament** eurodeputato, -a *mf*. **~ship** *n* iscrizione *f*; (*members*) soci *mpl*

membrane /'membreɪn/ *n* membrana *f*

memo /'meməʊ/ *n* promemoria *m inv*

memoirs /'memwɑ:z/ *npl* ricordi *mpl*

memorable /'memərəbl/ *a* memorabile

memorandum /memə'rændəm/ *n* promemoria *m inv*

memorial /mɪ'mɔ:rɪəl/ *n* monumento *m*. **~ service** *n* funzione *f* commemorativa

memorize /'meməraɪz/ *vt* memorizzare

memory /'memərɪ/ *n also Comput* memoria *f*; (*thing remembered*) ricordo *m*; **from ~** a memoria; **in ~ of** in ricordo di

men /men/ *see* **man**

menac|e /'menəs/ *n* minaccia *f*; (*nuisance*) piaga *f* ● *vt* minacciare. **~ing** *a* minaccioso

mend /mend/ *vt* riparare; (*darn*) rammendare ● *n* **on the ~** in via di guarigione

'menfolk *n* uomini *mpl*

menial /'mi:nɪəl/ *a* umile

meningitis /menɪn'dʒaɪtɪs/ *n* meningite *f*

menopause /'menə-/ *n* menopausa *f*

menstruat|e /'menstrʊeɪt/ *vi* mestruare. **~ion** /-'eɪʃn/ *n* mestruazione *f*

mental /'mentl/ *a* mentale; (*fam: mad*) pazzo. **~ a'rithmetic** *n* calcolo *m* mentale. **~ 'illness** *n* malattia *f* mentale

mental|ity /men'tælətɪ/ *n* mentalità *f inv*. **~ly** *adv* mentalmente; **~ly ill** malato di mente

mention /'menʃn/ *n* menzione *f* ● *vt* menzionare; **don't ~ it** non c'è di che

menu /'menju:/ *n* menu *m inv*

MEP *n abbr* **Member of the European Parliament**

mercenary /'mɜ:sɪnərɪ/ *a* mercenario ● *n* mercenario *m*

merchandise /'mɜ:tʃəndaɪz/ *n* merce *f*

merchant /'mɜ:tʃənt/ *n* commerciante *mf*. **~ bank** *n* banca *f* d'affari. **~ 'navy** *n* marina *f* mercantile

merci|ful /'mɜ:sɪfl/ *a* misericordioso. **~fully** *adv fam* grazie a Dio. **~less** *a* spietato

mercury /'mɜ:kjʊrɪ/ *n* mercurio *m*

mercy /'mɜ:sɪ/ *n* misericordia *f*; **be at sb's ~** essere alla mercé di qcno, essere in balia di qcno

mere /mɪə(r)/ *a* solo. **~ly** *adv* solamente

merest /'mɪərɪst/ *a* minimo

merge /mɜ:dʒ/ *vi* fondersi

merger /'mɜ:dʒə(r)/ *n* fusione *f*

meringue /mə'ræŋ/ *n* meringa *f*

merit /'merɪt/ *n* merito *m*; (*advantage*) qualità *f inv* ● *vt* meritare

mermaid /'mɜ:meɪd/ *n* sirena *f*

merri|ly /'merɪlɪ/ *adv* allegramente. **~ment** /-mənt/ *n* baldoria *f*

merry /'merɪ/ *a* (**-ier, -iest**) allegro; **~ Christmas!** Buon Natale!

merry: ~-go-round *n* giostra *f*. **~-making** *n* festa *f*

mesh /meʃ/ *n* maglia *f*

mesmerize /'mezməraɪz/ *vt* ipnotizzare. **~d** *a fig* ipnotizzato

mess /mes/ *n* disordine *m*, casino *m fam*; (*trouble*) guaio *m*; (*something spilt*) sporco *m*; *Mil* mensa *f*; **make a ~ of**

(*botch*) fare un pasticcio di ● **mess about** *vi* perder tempo; **~ about with** armeggiare con ● *vt* prendere in giro ‹*person*›. **mess up** *vt* mettere in disordine, incasinare *fam*; (*botch*) mandare all'aria

message /'mesɪdʒ/ *n* messaggio *m*

messenger /'mesɪndʒə(r)/ *n* messaggero *m*

Messiah /mɪ'saɪə/ *n* Messia *m*

Messrs /'mesəz/ *npl* (*on letter*) **~ Smith** Spett. ditta Smith

messy /'mesɪ/ *a* (**-ier, -iest**) disordinato; (*in dress*) sciatto

met /met/ *see* **meet**

metal /'metl/ *n* metallo *m* ● *a* di metallo. **~lic** /mɪ'tælɪk/ *a* metallico

metamorphosis /metə'mɔːfəsɪs/ *n* (*pl* **-phoses** /-siːz/) metamorfosi *f inv*

metaphor /'metəfə(r)/ *n* metafora *f*. **~ical** /-'fɒrɪkl/ *a* metaforico

meteor /'miːtɪə(r)/ *n* meteora *f*. **~ic** /-'ɒrɪk/ *a fig* fulmineo

meteorological /miːtɪərə'lɒdʒɪkl/ *a* meteorologico

meteorolog|ist /miːtɪə'rɒlədʒɪst/ *n* meteorologo, -a *mf*. **~y** *n* meteorologia *f*

meter[1] /'miːtə(r)/ *n* contatore *m*

meter[2] *n Am* = **metre**

method /'meθəd/ *n* metodo *m*

methodical /mɪ'θɒdɪkl/ *a* metodico. **~ly** *adv* metodicamente

Methodist /'meθədɪst/ *n* metodista *mf*

meths /meθs/ *n fam* alcol *m* denaturato

methylated /'meθɪleɪtɪd/ *a* **~ spirit[s]** alcol *m* denaturato

meticulous /mɪ'tɪkjʊləs/ *a* meticoloso. **~ly** *adv* meticolosamente

metre /'miːtə(r)/ *n* metro *m*

metric /'metrɪk/ *a* metrico

metropolis /mɪ'trɒpəlɪs/ *n* metropoli *f inv*

metropolitan /metrə'pɒlɪtən/ *a* metropolitano

mew /mjuː/ *n* miao *m* ● *vi* miagolare

Mexican /'meksɪkən/ *a & n* messicano, -a *mf*. '**Mexico** *n* Messico *m*

miaow /mɪ'aʊ/ *n* miao *m* ● *vi* miagolare

mice /maɪs/ *see* **mouse**

mickey /'mɪkɪ/ *n* **take the ~ out of** prendere in giro

microbe /'maɪkrəʊb/ *n* microbo *m*

micro /'maɪkrəʊ/: **~chip** *n* microchip *m inv*. **~computer** *n* microcomputer *m inv* . **~film** *n* microfilm *m inv*. **~phone** microfono *m*. **~processor** *n* microprocessore *m*. **~scope** *n* microscopio *m*. **~scopic** /-'skɒpɪk/ *a* microscopico. **~wave** *n* microonda *f*; (*oven*) forno *m* a microonde

mid /mɪd/ *a* **~ May** metà maggio; **in ~ air** a mezz'aria

midday /mɪd'deɪ/ *n* mezzogiorno *m*

middle /'mɪdl/ *a* di centro; **the M~ Ages** il medioevo; **the ~ class[es]** la classe media; **the M~ East** il Medio Oriente ● *n* mezzo *m*; **in the ~ of** ‹*room, floor etc*› in mezzo a; **in the ~ of the night** nel pieno della notte, a notte piena

middle: ~-aged *a* di mezza età. **~-class** *a* borghese. **~man** *n Comm* intermediario *m*

middling /'mɪdlɪŋ/ *a* discreto

midge /mɪdʒ/ *n* moscerino *m*

midget /'mɪdʒɪt/ *n* nano, -a *mf*

Midlands /'mɪdləndz/ *npl* **the ~** l'Inghilterra *fsg* centrale

'**midnight** *n* mezzanotte *f*

midriff /'mɪdrɪf/ *n* diaframma *m*

midst /mɪdst/ *n* **in the ~ of** in mezzo a; **in our ~** fra di noi, in mezzo a noi

mid: ~summer *n* mezza estate *f* **~way** *adv* a metà strada. **~wife** *n* ostetrica *f*. **~wifery** /-wɪfrɪ/ *n* ostetricia *f*. **~'winter** *n* pieno inverno *m*

might[1] /maɪt/ *v aux* **I ~** potrei; **will you come? - I ~** vieni? - può darsi; **it ~ be true** potrebbe essere vero; **I ~ as well stay** potrei anche restare; **you ~ have drowned** avresti potuto affogare; **you ~ have said so!** avresti potuto dirlo!

might[2] *n* potere *m*

mighty /'maɪtɪ/ *a* (**-ier, -iest**) potente ● *adv fam* molto

migraine /'miːgreɪn/ *n* emicrania *f*

migrant /'maɪgrənt/ *a* migratore ● *n* (*bird*) migratore, -trice *mf*; (*person: for work*) emigrante *mf*

migrat|e /maɪ'greɪt/ *vi* migrare. **~ion** /-'greɪʃn/ *n* migrazione *f*

mike /maɪk/ *n fam* microfono *f*

Milan /mɪ'læn/ *n* Milano *f*

mild /maɪld/ *a* ‹*weather*› mite; ‹*person*› dolce; ‹*flavour*› delicato; ‹*illness*› leggero

mildew /'mɪldjuː/ *n* muffa *f*

mild|ly /'maɪldlɪ/ *adv* moderatamente; ‹*say*› dolcemente; **to put it ~ly** a dir poco, senza esagerazione. **~ness** *n* (*of person, words*) dolcezza *f*; (*of weather*) mitezza *f*

mile /maɪl/ *n* miglio *m* (= *1,6 km*); **~s nicer** *fam* molto più bello

mile|age /-ɪdʒ/ *n* chilometraggio *m*. **~stone** *n* pietra *f* miliare
militant /ˈmɪlɪtənt/ *a* & *n* militante *mf*
military /ˈmɪlɪtrɪ/ *a* militare. **~ service** *n* servizio *m* militare
militate /ˈmɪlɪteɪt/ *vi* **~ against** opporsi a
militia /mɪˈlɪʃə/ *n* milizia *f*
milk /mɪlk/ *n* latte *m* ● *vt* mungere
milk: ~man *n* lattaio *m*. **~ shake** *n* frappé *m inv*
milky /ˈmɪlkɪ/ *a* (**-ier, -iest**) latteo; ‹*tea etc*› con molto latte. **M~ Way** *n Astr* Via *f* Lattea
mill /mɪl/ *n* mulino *m*; (*factory*) fabbrica *f*; (*for coffee etc*) macinino *m* ● *vt* macinare ‹*grain*›. **mill about, mill around** *vi* brulicare
millennium /mɪˈlenɪəm/ *n* millennio *m*
miller /ˈmɪlə(r)/ *n* mugnaio *m*
milli|gram /ˈmɪlɪ-/ *n* milligrammo *m*. **~metre** *n* millimetro *m*
million /ˈmɪljən/ *a* & *n* milione *m*; **a ~ pounds** un milione di sterline. **~aire** /-ˈneə(r)/ *n* miliardario, -a *mf*
ˈ**millstone** *n fig* peso *m*
mime /maɪm/ *n* mimo *m* ● *vt* mimare
mimic /ˈmɪmɪk/ *n* imitatore, -trice *mf* ● *vt* (*pt*/*pp* **mimicked**) imitare. **~ry** *n* mimetismo *m*
mimosa /mɪˈməʊzə/ *n* mimosa *f*
mince /mɪns/ *n* carne *f* tritata ● *vt Culin* tritare; **not ~ one's words** parlare senza mezzi termini
mince: ~meat *n* miscuglio *m* di frutta secca; **make ~meat of** *fig* demolire. **~**ˈ**pie** *n pasticcino m a base di frutta secca*
mincer /ˈmɪnsə(r)/ *n* tritacarne *m inv*
mind /maɪnd/ *n* mente *f*; (*sanity*) ragione *f*; **to my ~** a mio parere; **give sb a piece of one's ~** dire chiaro e tondo a qcno quello che si pensa; **make up one's ~** decidersi; **have sth in ~** avere qcsa in mente; **bear sth in ~** tenere presente qcsa; **have something on one's ~** essere preoccupato; **have a good ~ to** avere una grande voglia di; **I have changed my ~** ho cambiato idea; **in two ~s** indeciso; **are you out of your ~?** sei diventato matto? ● *vt* (*look after*) occuparsi di; **I don't ~ the noise** il rumore non mi dà fastidio; **I don't ~ what we do** non mi importa quello che facciamo; **~ the step!** attenzione al gradino! ● *vi* **I don't ~** non mi importa; **never ~!** non importa!; **do you ~ if...?** ti dispiace se...? **mind out** *vi* **~ out!** [fai] attenzione!
minder /ˈmaɪndə(r)/ *n* (*Br: bodyguard*) gorilla *m inv*; (*for child*) baby-sitter *mf inv*
mind|ful *a* **~ful of** attento a. **~less** *a* noncurante
mine[1] /maɪn/ *poss pron* il mio *m*, la mia *f*, i miei *mpl*, le mie *fpl*; **a friend of ~** un mio amico; **friends of ~** dei miei amici; **that is ~** questo è mio; (*as opposed to yours*) questo è il mio
mine[2] *n* miniera *f*; (*explosive*) mina *f* ● *vt* estrarre; *Mil* minare. **~ detector** *n* rivelatore *m* di mine. **~field** *n* campo *m* minato
miner /ˈmaɪnə(r)/ *n* minatore *m*
mineral /ˈmɪnərəl/ *n* minerale *m* ● *a* minerale. **~ water** *n* acqua *f* minerale
minesweeper /ˈmaɪn-/ *n* dragamine *m inv*
mingle /ˈmɪŋgl/ *vi* **~ with** mescolarsi a
mini /ˈmɪnɪ/ *n* (*skirt*) mini *f*
miniature /ˈmɪnɪtʃə(r)/ *a* in miniatura ● *n* miniatura *f*
mini|bus /ˈmɪnɪ-/ *n* minibus *m inv*, pulmino *m*. **~cab** *n* taxi *m inv*
minim /ˈmɪnɪm/ *n Mus* minima *f*
minim|al /ˈmɪnɪməl/ *a* minimo. **~ize** *vt* minimizzare. **~um** *n* (*pl* **-ima**) minimo *m* ● *a* minimo; **ten minutes ~um** minimo dieci minuti
mining /ˈmaɪnɪŋ/ *n* estrazione *f* ● *a* estrattivo
miniskirt /ˈmɪnɪ-/ *n* minigonna *f*
minist|er /ˈmɪnɪstə(r)/ *n* ministro *m*; *Relig* pastore *m*. **~erial** /-ˈstɪərɪəl/ *a* ministeriale
ministry /ˈmɪnɪstrɪ/ *n Pol* ministero *m*; **the ~** *Relig* il ministero sacerdotale
mink /mɪŋk/ *n* visone *m*
minor /ˈmaɪnə(r)/ *a* minore ● *n* minorenne *mf*
minority /maɪˈnɒrətɪ/ *n* minoranza *f*; (*age*) minore età *f*
minor road *n* strada *f* secondaria
mint[1] /mɪnt/ *n fam* patrimonio *m* ● *a* **in ~ condition** in condizione perfetta
mint[2] *n* (*herb*) menta *f*
minus /ˈmaɪnəs/ *prep* meno; (*fam: without*) senza ● *n* **~ [sign]** meno *m*
minute[1] /ˈmɪnɪt/ *n* minuto *m*; **in a ~** (*shortly*) in un minuto; **~s** *pl* (*of meeting*) verbale *msg*
minute[2] /maɪˈnjuːt/ *a* minuto; (*precise*) minuzioso
mirac|le /ˈmɪrəkl/ *n* miracolo *m*. **~ulous** /-ˈrækjʊləs/ *a* miracoloso

mirage /'mɪrɑ:ʒ/ *n* miraggio *m*
mirror /'mɪrə(r)/ *n* specchio *m* ● *vt* rispecchiare
mirth /mɜ:θ/ *n* ilarità *f*
misad'venture /mɪs-/ *n* disavventura *f*
misanthropist /mɪ'zænθrəpɪst/ *n* misantropo, -a *mf*
misappre'hension *n* malinteso *m*; **be under a ~** avere frainteso
misbe'have *vi* comportarsi male
mis'calcu|late *vt/i* calcolare male. **~'lation** *n* calcolo *m* sbagliato
'miscarriage *n* aborto *m* spontaneo; **~ of justice** errore *m* giudiziario. **mis'carry** *vi* abortire
miscellaneous /mɪsə'leɪnɪəs/ *a* assortito
mischief /'mɪstʃɪf/ *n* malefatta *f*; (*harm*) danno *m*
mischievous /'mɪstʃɪvəs/ *a* (*naughty*) birichino; (*malicious*) dannoso
miscon'ception *n* concetto *m* erroneo
mis'conduct *n* cattiva condotta *f*
misde'meanour *n* reato *m*
miser /'maɪzə(r)/ *n* avaro *m*
miserabl|e /'mɪzrəbl/ *a* (*unhappy*) infelice; (*wretched*) miserabile; ‹*fig: weather*› deprimente. **~y** *adv* ‹*live, fail*› miseramente; ‹*say*› tristemente
miserly /'maɪzəlɪ/ *a* avaro; ‹*amount*› ridicolo
misery /'mɪzərɪ/ *n* miseria *f*; (*fam: person*) piagnone, -a *mf*
mis'fire *vi* ‹*gun:*› far cilecca; ‹*plan etc:*› non riuscire
'misfit *n* disadattato, -a *mf*
mis'fortune *n* sfortuna *f*
mis'givings *npl* dubbi *mpl*
mis'guided *a* fuorviato
mishap /'mɪshæp/ *n* disavventura *f*
misin'terpret *vt* fraintendere
mis'judge *vt* giudicar male; (*estimate wrongly*) valutare male
mis'lay *vt* (*pt/pp* **-laid**) smarrire
mis'lead *vt* (*pt/pp* **-led**) fuorviare. **~ing** *a* fuorviante
mis'manage *vt* amministrare male. **~ment** *n* cattiva amministrazione *f*
misnomer /mɪs'nəʊmə(r)/ *n* termine *m* improprio
'misprint *n* errore *m* di stampa
mis'quote *vt* citare erroneamente
misrepre'sent *vt* rappresentare male
miss /mɪs/ *n* colpo *m* mancato ● *vt* (*fail to hit or find*) mancare; perdere ‹*train, bus, class*›; (*feel the loss of*) sentire la mancanza di; **I ~ed that part** (*failed to notice*) mi è sfuggita quella parte ● *vi* **but he ~ed** (*failed to hit*) ma l'ha mancato. **miss out** *vt* saltare, omettere
Miss *n* (*pl* **-es**) signorina *f*
misshapen /mɪs'ʃeɪpən/ *a* malformato
missile /'mɪsaɪl/ *n* missile *m*
missing /'mɪsɪŋ/ *a* mancante; ‹*person*› scomparso; *Mil* disperso; **be ~** essere introvabile
mission /'mɪʃn/ *n* missione *f*
missionary /'mɪʃənrɪ/ *n* missionario, -a *mf*
mis'spell *vt* (*pt/pp* **-spelled, -spelt**) sbagliare l'ortografia di
mist /mɪst/ *n* (*fog*) foschia *f* ● **mist up** *vi* appannarsi, annebbiarsi
mistake /mɪ'steɪk/ *n* sbaglio *m*; **by ~** per sbaglio ● *vt* (*pt* **mistook**, *pp* **mistaken**) sbagliare ‹*road, house*›; fraintendere ‹*meaning, words*›; **~ for** prendere per
mistaken /mɪ'steɪkən/ *a* sbagliato; **be ~** sbagliarsi; **~ identity** errore *m* di persona. **~ly** *adv* erroneamente
mistletoe /'mɪsltəʊ/ *n* vischio *m*
mistress /'mɪstrɪs/ *n* padrona *f*; (*teacher*) maestra *f*; (*lover*) amante *f*
mis'trust *n* sfiducia *f* ● *vt* non aver fiducia in
misty /'mɪstɪ/ *a* (**-ier, -iest**) nebbioso
misunder'stand *vt* (*pt/pp* **-stood**) fraintendere. **~ing** *n* malinteso *m*
misuse[1] /mɪs'ju:z/ *vt* usare male
misuse[2] /mɪs'ju:s/ *n* cattivo uso *m*
mite /maɪt/ *n* (*child*) piccino, -a *mf*
mitigat|e /'mɪtɪgeɪt/ *vt* attenuare. **~ing** *a* attenuante
mitten /'mɪtn/ *n* manopola *f*, muffola *f*
mix /mɪks/ *n* (*combination*) mescolanza *f*; *Culin* miscuglio *m*; (*ready-made*) preparato *m* ● *vt* mischiare ● *vi* mischiarsi; ‹*person:*› inserirsi; **~ with** (*associate with*) frequentare. **mix up** *vt* mescolare ‹*papers*›; (*confuse, mistake for*) confondere
mixed /mɪkst/ *a* misto; **~ up** ‹*person*› confuso
mixer /'mɪksə(r)/ *n* *Culin* frullatore *m*, mixer *m inv*; **he's a good ~** è un tipo socievole
mixture /'mɪkstʃə(r)/ *n* mescolanza *f*; (*medicine*) sciroppo *m*; *Culin* miscela *f*
'mix-up *n* (*confusion*) confusione *f*; (*mistake*) pasticcio *m*
moan /məʊn/ *n* lamento *m* ● *vi* lamentarsi; (*complain*) lagnarsi
moat /məʊt/ *n* fossato *m*

mob /mɒb/ *n* folla *f*; (*rabble*) gentaglia *f*; (*fam: gang*) banda *f* ● *vt* (*pt/pp* **mobbed**) assalire
mobile /ˈməʊbaɪl/ *a* mobile ● *n* composizione *f* mobile. **~ ˈhome** *n* casa *f* roulotte. **~ [phone]** *n* [telefono *m*] cellulare *m*, telefonino *m*
mobility /məˈbɪləti/ *n* mobilità *f*
mock /mɒk/ *a* finto ● *vt* canzonare. **~ery** *n* derisione *f*
ˈmock-up *n* modello *m* in scala
mode /məʊd/ *n* modo *m*; *Comput* modalità *f*
model /ˈmɒdl/ *n* modello *m*; **[fashion] ~** indossatore, -trice *mf*, modello, -a *mf* ● *a* ‹*yacht, plane*› in miniatura; ‹*pupil, husband*› esemplare, modello ● *v* (*pt/pp* **modelled**) ● *vt* indossare ‹*clothes*› ● *vi* fare l'indossatore, -trice *mf*; (*for artist*) posare
modem /ˈməʊdem/ *n* modem *m inv*
moderate¹ /ˈmɒdəreɪt/ *vt* moderare ● *vi* moderarsi
moderate² /ˈmɒdərət/ *a* moderato ● *n Pol* moderato, -a *mf*. **~ly** *adv* ‹*drink, speak etc*› moderatamente; ‹*good, bad etc*› relativamente
moderation /mɒdəˈreɪʃn/ *n* moderazione *f*; **in ~** con moderazione
modern /ˈmɒdn/ *a* moderno. **~ize** *vt* modernizzare
modest /ˈmɒdɪst/ *a* modesto. **~y** *n* modestia *f*
modicum /ˈmɒdɪkəm/ *n* **a ~ of** un po' di
modif|ication /mɒdɪfɪˈkeɪʃn/ *n* modificazione *f*. **~y** /ˈmɒdɪfaɪ/ *vt* (*pt/pp* **-fied**) modificare
module /ˈmɒdjuːl/ *n* modulo *m*
moist /mɔɪst/ *a* umido
moisten /ˈmɔɪsn/ *vt* inumidire
moistur|e /ˈmɔɪstʃə(r)/ *n* umidità *f*. **~izer** *n* [crema *f*] idratante *m*
molar /ˈməʊlə(r)/ *n* molare *m*
molasses /məˈlæsɪz/ *n Am* melassa *f*
mole¹ /məʊl/ *n* (*on face etc*) neo *m*
mole² *n Zool* talpa *f*
molecule /ˈmɒlɪkjuːl/ *n* molecola *f*
mollycoddle /ˈmɒlɪkɒdl/ *vt* tenere nella bambagia
mom /mɒm/ *n Am fam* mamma *f*
moment /ˈməʊmənt/ *n* momento *m*; **at the ~** in questo momento. **~arily** *adv* momentaneamente. **~ary** *a* momentaneo
momentous /məˈmentəs/ *a* molto importante
momentum /məˈmentəm/ *n* impeto *m*
monarch /ˈmɒnək/ *n* monarca *m*. **~y** *n* monarchia *f*
monast|ery /ˈmɒnəstrɪ/ *n* monastero *m*. **~ic** /məˈnæstɪk/ *a* monastico
Monday /ˈmʌndeɪ/ *n* lunedì *m inv*
monetary /ˈmʌnɪtrɪ/ *a* monetario
money /ˈmʌnɪ/ *n* denaro *m*
money: ~-box *n* salvadanaio *m*. **~-lender** *n* usuraio *m*
mongrel /ˈmʌŋgrəl/ *n* bastardo *m*
monitor /ˈmɒnɪtə(r)/ *n Techn* monitor *m inv* ● *vt* controllare
monk /mʌŋk/ *n* monaco *m*
monkey /ˈmʌŋkɪ/ *n* scimmia *f*. **~-nut** *n* nocciolina *f* americana. **~-wrench** *n* chiave *f* inglese a rullino
mono /ˈmɒnəʊ/ *n* mono *m*
monogram /ˈmɒnəgræm/ *n* monogramma *m*
monologue /ˈmɒnəlɒg/ *n* monologo *m*
monopol|ize /məˈnɒpəlaɪz/ *vt* monopolizzare. **~y** *n* monopolio *m*
monosyllabic /mɒnəsɪˈlæbɪk/ *a* monosillabico
monotone /ˈmɒnətəʊn/ *n* **speak in a ~** parlare con tono monotono
monoton|ous /məˈnɒtənəs/ *a* monotono. **~y** *n* monotonia *f*
monsoon /mɒnˈsuːn/ *n* monsone *m*
monster /ˈmɒnstə(r)/ *n* mostro *m*
monstrosity /mɒnˈstrɒsətɪ/ *n* mostruosità *f*
monstrous /ˈmɒnstrəs/ *a* mostruoso
Montenegro /mɒntɪˈniːgrəʊ/ *n* Montenegro *m*
month /mʌnθ/ *n* mese *m*. **~ly** *a* mensile ● *adv* mensilmente ● *n* (*periodical*) mensile *m*
monument /ˈmɒnjʊmənt/ *n* monumento *m*. **~al** /-ˈmentl/ *a fig* monumentale
moo /muː/ *n* muggito *m* ● *vi* (*pt/pp* **mooed**) muggire
mooch /muːtʃ/ *vi* **~ about** *fam* gironzolare (**the house** per casa)
mood /muːd/ *n* umore *m*; **be in a good/bad ~** essere di buon/cattivo umore; **be in the ~ for** essere in vena di
moody /ˈmuːdɪ/ *a* (**-ier, -iest**) (*variable*) lunatico; (*bad-tempered*) di malumore
moon /muːn/ *n* luna *f*; **over the ~** *fam* al settimo cielo
moon: ~light *n* chiaro *m* di luna ● *vi fam* lavorare in nero. **~lit** *a* illuminato dalla luna
moor¹ /mʊə(r)/ *n* brughiera *f*

moor² *vt Naut* ormeggiare
moose /mu:s/ *n* (*pl* **moose**) alce *m*
moot /mu:t/ *a* **it's a ~ point** è un punto controverso
mop /mɒp/ *n* mocio® *m* ; **~ of hair** zazzera *f* ● *vt* (*pt/pp* **mopped**) lavare con il mocio. **mop up** *vt* (*dry*) asciugare con lo straccio; (*clean*) pulire con lo straccio
mope /məʊp/ *vi* essere depresso
moped /ˈməʊped/ *n* ciclomotore *m*
moral /ˈmɒrəl/ *a* morale ● *n* morale *f*. **~ly** *adv* moralmente. **~s** *pl* moralità *f*
morale /məˈrɑ:l/ *n* morale *m*
morality /məˈrælətɪ/ *n* moralità *f*
morbid /ˈmɔ:bɪd/ *a* morboso
more /mɔ:(r)/ *a* più; **a few ~ books** un po' più di libri; **some ~ tea?** ancora un po' di tè?; **there's no ~ bread** non c'è più pane; **there are no ~ apples** non ci sono più mele; **one ~ word and...** ancora una parola e... ● *pron* di più; **would you like some ~?** ne vuoi ancora?; **no ~, thank you** non ne voglio più, grazie ● *adv* più; **~ interesting** più interessante; **~ [and ~] quickly** [sempre] più veloce; **~ than** più di; **I don't love him any ~** no lo amo più; **once ~** ancora una volta; **~ or less** più o meno; **the ~ I see him, the ~ I like him** più lo vedo, più mi piace
moreover /mɔ:rˈəʊvə(r)/ *adv* inoltre
morgue /mɔ:g/ *n* obitorio *m*
moribund /ˈmɒrɪbʌnd/ *a* moribondo
morning /ˈmɔ:nɪŋ/ *n* mattino *m*, mattina *f*; **in the ~** del mattino; (*tomorrow*) domani mattina
Morocc|o /məˈrɒkəʊ/ *n* Marocco *m* ● *a* **~an** *a & n* marocchino, -a *mf*
moron /ˈmɔ:rɒn/ *n fam* deficiente *mf*
morose /məˈrəʊs/ *a* scontroso
morphine /ˈmɔ:fi:n/ *n* morfina *f*
Morse /mɔ:s/ *n* **~ [code]** [codice *m*] Morse *m*
morsel /ˈmɔ:sl/ *n* (*food*) boccone *m*
mortal /ˈmɔ:tl/ *a & n* mortale *mf*. **~ity** /mɔ:ˈtælətɪ/ *n* mortalità *f*. **~ly** *adv* ‹*wounded, offended*› a morte; ‹*afraid*› da morire
mortar /ˈmɔ:tə(r)/ *n* mortaio *m*
mortgage /ˈmɔ:gɪdʒ/ *n* mutuo *m*; (*on property*) ipoteca *f* ● *vt* ipotecare
mortuary /ˈmɔ:tjʊərɪ/ *n* camera *f* mortuaria
mosaic /məʊˈzeɪɪk/ *n* mosaico *m*
Moscow /ˈmɒskəʊ/ *n* Mosca *f*
Moslem /ˈmʊzlɪm/ *a & n* musulmano, -a *mf*
mosque /mɒsk/ *n* moschea *f*
mosquito /mɒsˈki:təʊ/ *n* (*pl* **-es**) zanzara *f*
moss /mɒs/ *n* muschio *m*. **~y** *a* muschioso
most /məʊst/ *a* (*majority*) la maggior parte di; **for the ~ part** per lo più ● *adv* più, maggiormente; (*very*) estremamente, molto; **the ~ interesting day** la giornata più interessante; **a ~ interesting day** una giornata estremamente interessante; **the ~ beautiful woman in the world** la donna più bella del mondo; **~ unlikely** veramente improbabile ● *pron* **~ of them** la maggior parte di loro; **at [the] ~** al massimo; **make the ~ of** sfruttare al massimo; **~ of the time** la maggior parte del tempo. **~ly** *adv* per lo più
MOT *n Br* revisione *f* obbligatoria di autoveicoli
motel /məʊˈtel/ *n* motel *m inv*
moth /mɒθ/ *n* falena *f*; **[clothes-] ~** tarma *f*
moth: ~ball *n* pallina *f* di naftalina. **~-eaten** *a* tarmato
mother /ˈmʌðə(r)/ *n* madre *f*; **M~'s Day** la festa della mamma ● *vt* fare da madre a
mother: ~board *n Comput* scheda *f* madre. **~hood** *n* maternità *f*. **~-in-law** *n* (*pl* **~s-in-law**) suocera *f*. **~ly** *a* materno. **~-of-pearl** *n* madreperla *f*. **~-to-be** *n* futura mamma *f*. **~ tongue** *n* madrelingua *f*
mothproof /ˈmɒθ-/ *a* antitarmico
motif /məʊˈti:f/ *n* motivo *m*
motion /ˈməʊʃn/ *n* moto *m*; (*proposal*) mozione *f*; (*gesture*) gesto *m* ● *vt/i* **~ [to] sb to come in** fare segno a qcno di entrare. **~less** *a* immobile. **~lessly** *adv* senza alcun movimento
motivat|e /ˈməʊtɪveɪt/ *vt* motivare. **~ion** /-ˈveɪʃn/ *n* motivazione *f*
motive /ˈməʊtɪv/ *n* motivo *m*
motley /ˈmɒtlɪ/ *a* disparato
motor /ˈməʊtə(r)/ *n* motore *m*; (*car*) macchina *f* ● *a* a motore; *Anat* motore ● *vi* andare in macchina
Motorail /ˈməʊtəreɪl/ *n* treno *m* per trasporto auto
motor: ~ bike *n fam* moto *f inv*. **~ boat** *n* motoscafo *m*. **~cade** /-keɪd/ *n Am* corteo *m* di auto. **~ car** *n* automobile *f*. **~ cycle** *n* motocicletta *f*. **~-cyclist** *n* motociclista *mf*. **~ing** *n* automobilismo *m*. **~ist** *n* automobilista *mf*. **~ racing** *n* corse *fpl* automobilistiche. **~**

vehicle *n* autoveicolo *m*. **~way** *n* autostrada *f*
mottled /ˈmɒtld/ *a* chiazzato
motto /ˈmɒtəʊ/ *n* (*pl* **-es**) motto *m*
mould[1] /məʊld/ *n* (*fungus*) muffa *f*
mould[2] *n* stampo *m* ● *vt* foggiare; *fig* formare. **~ing** *n Archit* cornice *f*
mouldy /ˈməʊldɪ/ *a* ammuffito; (*fam: worthless*) ridicolo
moult /məʊlt/ *vi* ‹*bird:*› fare la muta; ‹*animal:*› perdere il pelo
mound /maʊnd/ *n* mucchio *m*; (*hill*) collinetta *f*
mount /maʊnt/ *n* (*horse*) cavalcatura *f*; (*of jewel, photo, picture*) montatura *f* ● *vt* montare a ‹*horse*›; salire su ‹*bicycle*›; incastonare ‹*jewel*›; incorniciare ‹*photo, picture*› ● *vi* aumentare. **mount up** *vi* aumentare
mountain /ˈmaʊntɪn/ *n* montagna *f*. **~ bike** *n* mountain bike *f inv*
mountaineer /maʊntɪˈnɪə(r)/ *n* alpinista *mf*. **~ing** *n* alpinismo *m*
mountainous /ˈmaʊntɪnəs/ *a* montagnoso
mourn /mɔːn/ *vt* lamentare ● *vi* **~ for** piangere la morte di. **~er** *n* persona *f* che partecipa a un funerale. **~ful** *a* triste. **~ing** *n* **in ~ing** in lutto
mouse /maʊs/ *n* (*pl* **mice**) topo *m*; *Comput* mouse *m inv*. **~trap** *n* trappola *f* [per topi]
mousse /muːs/ *n Culin* mousse *f inv*
moustache /məˈstɑːʃ/ *n* baffi *mpl*
mousy /ˈmaʊsɪ/ *a* ‹*colour*› grigio topo
mouth[1] /maʊð/ *vt* **~ sth** dire qcsa silenziosamente muovendo solamente le labbra
mouth[2] /maʊθ/ *n* bocca *f*; (*of river*) foce *f*
mouth: ~ful *n* boccone *m*. **~-organ** *n* armonica *f* [a bocca]. **~piece** *n* imboccatura *f*; (*fig: person*) portavoce *m inv*. **~wash** *n* acqua *f* dentifricia. **~watering** *a* che fa venire l'acquolina in bocca
movable /ˈmuːvəbl/ *a* movibile
move /muːv/ *n* mossa *f*; (*moving house*) trasloco *m*; **on the ~** in movimento; **get a ~ on** *fam* darsi una mossa ● *vt* muovere; (*emotionally*) commuovere; spostare ‹*car, furniture*›; (*transfer*) trasferire; (*propose*) proporre; **~ house** traslocare ● *vi* muoversi; (*move house*) traslocare. **move along** *vi* andare avanti ● *vt* muovere in avanti. **move away** *vi* allontanarsi; (*move house*) trasferirsi ● *vt* allontanare. **move forward** *vi* avanzare ● *vt* spostare avanti. **move in** *vi* (*to a house*) trasferirsi. **move off** *vi* ‹*vehicle:*› muoversi. **move out** *vi* (*of house*) andare via. **move over** *vi* spostarsi ● *vt* spostare. **move up** *vi* muoversi; (*advance, increase*) avanzare
movement /ˈmuːvmənt/ *n* movimento *m*
movie /ˈmuːvɪ/ *n* film *m inv*; **go to the ~s** andare al cinema
moving /ˈmuːvɪŋ/ *a* mobile; (*touching*) commovente
mow /məʊ/ *vt* (*pt* **mowed**, *pp* **mown** *or* **mowed**) tagliare ‹*lawn*›. **mow down** *vt* (*destroy*) sterminare
mower /ˈməʊə(r)/ *n* tosaerba *m inv*
MP *n abbr* **Member of Parliament**
Mr /ˈmɪstə(r)/ *n* (*pl* **Messrs**) Signor *m*
Mrs /ˈmɪsɪz/ *n* Signora *f*
Ms /mɪz/ *n* Signora *f* (*modo m formale di rivolgersi ad una donna quando non si vuole connotarla come sposata o nubile*)
much /mʌtʃ/ *a, adv & pron* molto; **~ as** per quanto; **I love you just as ~ as before/him** ti amo quanto prima/lui; **as ~ as £5 million** ben cinque milioni di sterline; **as ~ as that** così tanto; **very ~** tantissimo, moltissimo; **~ the same** quasi uguale
muck /mʌk/ *n* (*dirt*) sporcizia *f*; (*farming*) letame *m*; (*fam: filth*) porcheria *f*. **muck about** *vi fam* perder tempo; **~ about with** trafficare con. **muck up** *vt fam* rovinare; (*make dirty*) sporcare
mucky /ˈmʌkɪ/ *a* (**-ier, -iest**) sudicio
mucus /ˈmjuːkəs/ *n* muco *m*
mud /mʌd/ *n* fango *m*
muddle /ˈmʌdl/ *n* disordine *m*; (*mix-up*) confusione *f* ● *vt* **~ [up]** confondere ‹*dates*›
muddy /ˈmʌdɪ/ *a* (**-ier, -iest**) ‹*path*› fangoso; ‹*shoes*› infangato
ˈmudguard *n* parafango *m*
muesli /ˈmuːzlɪ/ *n* muesli *m inv*
muffle /ˈmʌfl/ *vt* smorzare ‹*sound*›. **muffle [up]** *vt* (*for warmth*) imbacuccare
muffler /ˈmʌflə(r)/ *n* sciarpa *f*; *Am Auto* marmitta *f*
mug[1] /mʌg/ *n* tazza *f*; (*for beer*) boccale *m*; (*fam: face*) muso *m*; (*fam: simpleton*) pollo *m*
mug[2] *vt* (*pt/pp* **mugged**) aggredire e derubare. **~ger** *n* assalitore, -trice *mf*. **~ging** *n* aggressione *f* per furto
muggy /ˈmʌgɪ/ *a* (**-ier, -iest**) afoso
mule /mjuːl/ *n* mulo *m*
mull /mʌl/ *vt* **~ over** rimuginare su

mulled /mʌld/ *a* **~ wine** vin brûlé *m inv*

multi /'mʌltɪ/: **~coloured** *a* variopinto. **~lingual** /-'lɪŋgwəl/ *a* multilingue *inv*. **~'media** *n* multimedia *mpl* ● *a* multimediale. **~'national** *a* multinazionale ● *n* multinazionale *f*

multiple /'mʌltɪpl/ *a* multiplo

multiplication /mʌltɪplɪ'keɪʃn/ *n* moltiplicazione *f*

multiply /'mʌltɪplaɪ/ *v* (*pt*/*pp* **-ied**) ● *vt* moltiplicare (**by** per) ● *vi* moltiplicarsi

multi'storey *a* **~ car park** parcheggio *m* a più piani

mum¹ /mʌm/ *a* **keep ~** *fam* non aprire bocca

mum² *n fam* mamma *f*

mumble /'mʌmbl/ *vt*/*i* borbottare

mummy¹ /'mʌmɪ/ *n fam* mamma *f*

mummy² *n Archaeol* mummia *f*

mumps /mʌmps/ *n* orecchioni *mpl*

munch /mʌntʃ/ *vt*/*i* sgranocchiare

mundane /mʌn'deɪn/ *a* (*everyday*) banale

municipal /mjʊ'nɪsɪpl/ *a* municipale

mural /'mjʊərəl/ *n* dipinto *m* murale

murder /'mɜ:də(r)/ *n* assassinio *m* ● *vt* assassinare; (*fam: ruin*) massacrare. **~er** *n* assassino, -a *mf*. **~ous** /-rəs/ *a* omicida

murky /'mɜ:kɪ/ *a* (**-ier, -iest**) oscuro

murmur /'mɜ:mə(r)/ *n* mormorio *m* ● *vt*/*i* mormorare

muscle /'mʌsl/ *n* muscolo *m* ● **muscle in** *vi sl* intromettersi (**on** in)

muscular /'mʌskjʊlə(r)/ *a* muscolare; (*strong*) muscoloso

muse /mju:z/ *vi* meditare (**on** su)

museum /mju:'zɪəm/ *n* museo *m*

mushroom /'mʌʃrʊm/ *n* fungo *m* ● *vi fig* spuntare come funghi

music /'mju:zɪk/ *n* musica *f*; (*written*) spartito *m*.

musical /'mju:zɪkl/ *a* musicale; ‹*person*› dotato di senso musicale ● *n* commedia *f* musicale. **~ box** *n* carillon *m inv*. **~ instrument** *n* strumento *m* musicale

music: ~ box *n* carillon *m inv*. **~ centre** *n* impianto *m* stereo; **'~-hall** *n* teatro *m* di varietà

musician /mju:'zɪʃn/ *n* musicista *mf*

Muslim /'mʊzlɪm/ *a* & *n* musulmano, -a *mf*

mussel /'mʌsl/ *n* cozza *f*

must /mʌst/ *v aux* (*solo al presente*) dovere; **you ~ not be late** non devi essere in ritardo; **she ~ have finished by now** (*probability*) deve aver finito ormai ● *n* **a ~** *fam* una cosa da non perdere

mustard /'mʌstəd/ *n* senape *f*

musty /'mʌstɪ/ *a* (**-ier, -iest**) stantio

mutation /mju:'teɪʃn/ *n Biol* mutazione *f*

mute /mju:t/ *a* muto

muted /'mju:tɪd/ *a* smorzato

mutilat|e /'mju:tɪleɪt/ *vt* mutilare. **~ion** /-'leɪʃn/ *n* mutilazione *f*

mutin|ous /'mju:tɪnəs/ *a* ammutinato. **~y** *n* ammutinamento *m* ● *vi* (*pt*/*pp* **-ied**) ammutinarsi

mutter /'mʌtə(r)/ *vt*/*i* borbottare

mutton /'mʌtn/ *n* carne *f* di montone

mutual /'mju:tjʊəl/ *a* reciproco; (*fam: common*) comune. **~ly** *adv* reciprocamente

muzzle /'mʌzl/ *n* (*of animal*) muso *m*; (*of firearm*) bocca *f*; (*for dog*) museruola *f* ● *vt fig* mettere il bavaglio a

my /maɪ/ *poss a* il mio *m*, la mia *f*, i miei *mpl*, le mie *fpl*; **my mother/father** mia madre/mio padre

myself /maɪ'self/ *pers pron* (*reflexive*) mi; (*emphatic*) me stesso; (*after prep*) me; **I've seen it ~** l'ho visto io stesso; **by ~** da solo; **I thought to ~** ho pensato tra me e me; **I'm proud of ~** sono fiero di me

mysterious /mɪ'stɪərɪəs/ *a* misterioso. **~ly** *adv* misteriosamente

mystery /'mɪstərɪ/ *n* mistero *m*; **~ [story]** racconto *m* del mistero

mysti|c[al] /'mɪstɪk[l]/ *a* mistico. **~cism** /-sɪzm/ *n* misticismo *m*

mystified /'mɪstɪfaɪd/ *a* disorientato

mystify /'mɪstɪfaɪ/ *vt* (*pt*/*pp* **-ied**) disorientare

mystique /mɪ'sti:k/ *n* mistica *f*

myth /mɪθ/ *n* mito *m*. **~ical** *a* mitico

mythology /mɪ'θɒlədʒɪ/ *n* mitologia *f*

Nn

nab /næb/ *vt* (*pt*/*pp* **nabbed**) *fam* beccare

naff /næf/ *a Br fam* banale

nag¹ /næg/ *n* (*horse*) ronzino *m*

nag² *v* (*pt*/*pp* **nagged**) ● *vt* assillare ● *vi* essere insistente ● *n* (*person*) brontolone, -a *mf*. **~ging** *a* ‹*pain*› persistente

nail /neɪl/ *n* chiodo *m*; (*of finger, toe*) unghia *f* ● **nail down** *vt* inchiodare; **~ sb down to a time/price** far fissare a qcno un'ora/un prezzo

nail: ~-brush *n* spazzolino *m* da unghie. **~-file** *n* limetta *f* da unghie. **~ polish** *n* smalto *m* [per unghie]. **~ scissors** *npl* forbicine *fpl* da unghie. **~ varnish** *n* smalto *m* [per unghie]

naïve /naɪ'i:v/ *a* ingenuo. **~ty** /-ətɪ/ *n* ingenuità *f*

naked /'neɪkɪd/ *a* nudo; **with the ~ eye** a occhio nudo

name /neɪm/ *n* nome *m*; **what's your ~?** come ti chiami?; **my ~ is Matthew** mi chiamo Matthew; **I know her by ~** la conosco di nome; **by the ~ of Bates** di nome Bates; **call sb ~s** *fam* insultare qcno ● *vt* (*to position*) nominare; chiamare ‹*baby*›; (*identify*) citare; **be ~d after** essere chiamato col nome di. **~less** *a* senza nome. **~ly** *adv* cioè

name: ~-plate *n* targhetta *f*. **~sake** *n* omonimo, -a *mf*

nanny /'nænɪ/ *n* bambinaia *f*. **~-goat** *n* capra *f*

nap /næp/ *n* pisolino *m*; **have a ~** fare un pisolino ● *vi* (*pt*/*pp* **napped**) **catch sb ~ping** cogliere qcno alla sprovvista

nape /neɪp/ *n* **~** [**of the neck**] nuca *f*

napkin /'næpkɪn/ *n* tovagliolo *m*

Naples /'neɪplz/ *n* Napoli *f*

nappy /'næpɪ/ *n* pannolino *m*

narcotic /nɑ:'kɒtɪk/ *a* & *n* narcotico *m*

narrat|e /nə'reɪt/ *vt* narrare. **~ion** /-eɪʃn/ *n* narrazione *f*

narrative /'nærətɪv/ *a* narrativo ● *n* narrazione *f*

narrator /nə'reɪtə(r)/ *n* narratore, -trice *mf*

narrow /'nærəʊ/ *a* stretto; ‹*fig: views*› ristretto; ‹*margin, majority*› scarso ● *vi* restringersi. **~ly** *adv* **~ly escape death** evitare la morte per un pelo. **~-'minded** *a* di idee ristrette

nasal /'neɪzl/ *a* nasale

nastily /'nɑ:stɪlɪ/ *adv* (*spitefully*) con cattiveria

nasty /'nɑ:stɪ/ *a* (**-ier, -iest**) ‹*smell, person, remark*› cattivo; ‹*injury, situation, weather*› brutto; **turn ~** ‹*person:*› diventare cattivo

nation /'neɪʃn/ *n* nazione *f*

national /'næʃənl/ *a* nazionale ● *n* cittadino, -a *mf*

national: ~ 'anthem *n* inno *m* nazionale. **N~ 'Health Service** *n servizio m sanitario britannico*. **N~ In'surance** *n* Previdenza *f* sociale

nationalism /'næʃənəlɪzm/ *n* nazionalismo *m*

nationality /næʃə'nælətɪ/ *n* nazionalità *f inv*

national|ization /næʃənəlaɪ'zeɪʃn/ *n* nazionalizzazione. **~ize** /'næʃənəlaɪz/ *vt* nazionalizzare. **~ly** /'næʃənəlɪ/ *adv* a livello nazionale

'nation-wide *a* su scala nazionale

native /'neɪtɪv/ *a* nativo; (*innate*) innato ● *n* nativo, -a *mf*; (*local inhabitant*) abitante *mf* del posto; (*outside Europe*) indigeno, -a *mf*; **she's a ~ of Venice** è originaria di Venezia

native: ~ 'land *n* paese *m* nativo. **~ 'language** *n* lingua *f* madre

Nativity /nə'tɪvətɪ/ *n* **the ~** la Natività *f*. **~ play** *n rappresentazione f sulla nascita di Gesù*

natter /'nætə(r)/ *vi fam* chiacchierare

natural /'nætʃrəl/ *a* naturale

natural: ~ 'gas *n* metano *m*. **~ 'history** *n* storia *f* naturale

naturalist /'nætʃ(ə)rəlɪst/ *n* naturalista *mf*

natural|ization /nætʃ(ə)rəlaɪ'zeɪʃn/ *n* naturalizzazione *f*. **~ize** /'nætʃ(ə)rəlaɪz/ *vt* naturalizzare

naturally /'nætʃ(ə)rəlɪ/ *adv* (*of course*) naturalmente; (*by nature*) per natura

nature /'neɪtʃə(r)/ *n* natura *f*; **by ~** per natura. **~ reserve** *n* riserva *f* naturale
naughtily /'nɔ:tɪlɪ/ *adv* male
naughty /'nɔ:tɪ/ *a* (**-ier, -iest**) monello; (*slightly indecent*) spinto
nausea /'nɔ:zɪə/ *n* nausea *f*
nause|ate /'nɔ:zɪeɪt/ *vt* nauseare. **~ating** *a* nauseante. **~ous** /-ɪəs/ *a* **I feel ~ous** ho la nausea
nautical /'nɔ:tɪkl/ *a* nautico. **~ mile** *n* miglio *m* marino
naval /'neɪvl/ *a* navale
nave /neɪv/ *n* navata *f* centrale
navel /'neɪvl/ *n* ombelico *m*
navigable /'nævɪgəbl/ *a* navigabile
navigat|e /'nævɪgeɪt/ *vi* navigare; *Auto* fare da navigatore ● *vt* navigare su ‹*river*›. **~ion** /-'geɪʃn/ *n* navigazione *f*. **~or** *n* navigatore *m*
navy /'neɪvɪ/ *n* marina *f* ● **~ [blue]** *a* blu scuro *inv* ● *n* blu *m inv* scuro
Neapolitan /nɪə'pɒlɪtən/ *a & n* napoletano, -a *mf*
near /nɪə(r)/ *a* vicino; ‹*future*› prossimo; **the ~est bank** la banca più vicina ● *adv* vicino; **draw ~** avvicinarsi; **~ at hand** a portata di mano ● *prep* vicino a; **he was ~ to tears** aveva le lacrime agli occhi ● *vt* avvicinarsi a
near: ~'by *a & adv* vicino. **~ly** *adv* quasi; **it's not ~ly enough** non è per niente sufficiente. **~ness** *n* vicinanza *f*. **~ side** *a Auto* ‹*wheel*› (*left*) sinistro; (*right*) destro. **~-sighted** *a Am* miope
neat /ni:t/ *a* (*tidy*) ordinato; (*clever*) efficace; (*undiluted*) liscio. **~ly** *adv* ordinatamente; (*cleverly*) efficacemente. **~ness** *n* (*tidiness*) ordine *m*
necessarily /nesə'serɪlɪ/ *adv* necessariamente
necessary /'nesəsərɪ/ *a* necessario
necessit|ate /nɪ'sesɪteɪt/ *vt* rendere necessario. **~y** *n* necessità *f inv*
neck /nek/ *n* collo *m*; (*of dress*) colletto *m*; **~ and ~** testa a testa
necklace /'neklɪs/ *n* collana *f*
neck: ~line *n* scollatura *f*. **~tie** *n* cravatta *f*
neé /neɪ/ *a* **~ Brett** nata Brett
need /ni:d/ *n* bisogno *m*; **be in ~ of** avere bisogno di; **if ~ be** se ce ne fosse bisogno; **there is a ~ for** c'è bisogno di; **there is no ~ for that** non ce n'è bisogno; **there is no ~ for you to go** non c'è bisogno che tu vada ● *vt* aver bisogno di; **I ~ to know** devo saperlo; **it ~s to be done** bisogna farlo ● *v aux* **you ~ not go** non c'è bisogno che tu vada; **~ I come?** devo [proprio] venire?
needle /'ni:dl/ *n* ago *m*; (*for knitting*) uncinetto *m*; (*of record player*) puntina *f* ● *vt* (*fam: annoy*) punzecchiare
needless /'ni:dlɪs/ *a* inutile
'needlework *n* cucito *m*
needy /'ni:dɪ/ *a* (**-ier, -iest**) bisognoso
negation /nɪ'geɪʃn/ *n* negazione *f*
negative /'negətɪv/ *a* negativo ● *n* negazione *f*; *Phot* negativo *m*; **in the ~** *Gram* alla forma negativa
neglect /nɪ'glekt/ *n* trascuratezza *f*; **state of ~** stato *m* di abbandono ● *vt* trascurare; **he ~ed to write** non si è curato di scrivere. **~ed** *a* trascurato. **~ful** *a* negligente; **be ~ful of** trascurare
négligée /'neglɪʒeɪ/ *n* négligé *m inv*
negligen|ce /'neglɪdʒəns/ *n* negligenza *f*. **~t** *a* negligente
negligible /'neglɪdʒəbl/ *a* trascurabile
negotiable /nɪ'gəʊʃəbl/ *a* ‹*road*› transitabile; *Comm* negoziabile; **not ~** ‹*cheque*› non trasferibile
negotiat|e /nɪ'gəʊʃɪeɪt/ *vt* negoziare; *Auto* prendere ‹*bend*› ● *vi* negoziare. **~ion** /-'eɪʃn/ *n* negoziato *m*. **~or** *n* negoziatore, -trice *mf*
Negro /'ni:grəʊ/ *a & n* (*pl* **-es**) negro, -a *mf*
neigh /neɪ/ *vi* nitrire
neighbour /'neɪbə(r)/ *n* vicino, -a *mf*. **~hood** *n* vicinato *m*; **in the ~hood of** nei dintorni di; *fig* circa. **~ing** *a* vicino. **~ly** *a* amichevole
neither /'naɪðə(r)/ *a & pron* nessuno dei due, né l'uno né l'altro ● *adv* **~... nor** né... né ● *conj* nemmeno, neanche; **~ do/did I** nemmeno io
neon /'ni:ɒn/ *n* neon *m*. **~ light** *n* luce *f* al neon
nephew /'nevju:/ *n* nipote *m*
nerve /nɜ:v/ *n* nervo *m*; (*fam: courage*) coraggio *m*; (*fam: impudence*) faccia *f* tosta; **lose one's ~** perdersi d'animo. **~-racking** *a* logorante
nervous /'nɜ:vəs/ *a* nervoso; **he makes me ~** mi mette in agitazione; **be a ~ wreck** avere i nervi a pezzi. **~ 'breakdown** *n* esaurimento *m* nervoso. **~ly** *adv* nervosamente. **~ness** *n* nervosismo *m*; (*before important event*) tensione *f*
nervy /'nɜ:vɪ/ *a* (**-ier, -iest**) nervoso; (*Am: impudent*) sfacciato
nest /nest/ *n* nido *m* ● *vi* fare il nido. **~-egg** *n* gruzzolo *m*

nestle /'nesl/ *vi* accoccolarsi

net¹ /net/ *n* rete *f* ● *vt* (*pt/pp* **netted**) (*catch*) prendere (*con la rete*)

net² *a* netto ● *vt* (*pt/pp* **netted**) incassare un utile netto di

'netball *n sport m inv femminile, simile a pallacanestro*

Netherlands /'neðələndz/ *npl* **the ~** i Paesi Bassi

netting /'netɪŋ/ *n* [**wire**] **~** reticolato *m*

nettle /'netl/ *n* ortica *f*

'network *n* rete *f*

neuralgia /njʊə'rældʒə/ *n* nevralgia *f*

neurolog|ist /njʊə'rɒlədʒɪst/ *n* neurologo, -a *mf*

neur|osis /njʊə'rəʊsɪs/ *n* (*pl* **-oses** /-si:z/) nevrosi *f inv*. **~otic** /-'rɒtɪk/ *a* nevrotico

neuter /'nju:tə(r)/ *a Gram* neutro ● *n Gram* neutro *m* ● *vt* sterilizzare

neutral /'nju:trəl/ *a* neutro; (*country, person*) neutrale ● *n* **in ~** *Auto* in folle. **~ity** /-'trælətɪ/ *n* neutralità *f*. **~ize** *vt* neutralizzare

never /'nevə(r)/ *adv* [non...] mai; (*fam: expressing disbelief*) ma va; **~ again** mai più; **well I ~!** chi l'avrebbe detto!. **~-ending** *a* interminabile

nevertheless /nevəðə'les/ *adv* tuttavia

new /nju:/ *a* nuovo

new: ~born *a* neonato. **~comer** *n* nuovo, -a arrivato, -a *mf*. **~fangled** /-'fæŋgld/ *a pej* modernizzante. **~-laid** *a* fresco

'newly *adv* (*recently*) di recente; **~-built** costruito di recente. **~-weds** *npl* sposini *mpl*

new: ~ 'moon *n* luna *f* nuova. **~ness** *n* novità *f*

news /nju:z/ *n* notizie *fpl*; *TV* telegiornale *m*; *Radio* giornale *m* radio; **piece of ~** notizia *f*

news: ~agent *n* giornalaio, -a *mf*. **~ bulletin** *n* notiziario *m*. **~caster** *n* giornalista *mf* televisivo, -a/radiofonico, -a. **~flash** *n* notizia *f* flash. **~letter** *n* bollettino *m* d'informazione. **~paper** *n* giornale *m*; (*material*) carta *f* di giornale. **~reader** *n* giornalista *mf* televisivo, -a/radiofonico, -a

new: ~ year *n* (*next year*) anno *m* nuovo; **N~ Year's Day** *n* Capodanno *m*. **N~ Year's 'Eve** *n* vigilia *f* di Capodanno. **N~ Zealand** /'zi:lənd/ *n* Nuova Zelanda *f*. **N~ Zealander** *n* neozelandese *mf*

next /nekst/ *a* prossimo; (*adjoining*) vicino; **who's ~?** a chi tocca?; **~ door** accanto; **~ to nothing** quasi niente; **the ~ day** il giorno dopo; **~ week** la settimana prossima; **the week after ~** fra due settimane ● *adv* dopo; **when will you see him ~?** quando lo rivedi la prossima volta?; **~ to** accanto a ● *n* seguente *mf*; **~ of kin** parente *m* prossimo

NHS *n abbr* **National Health Service**

nib /nɪb/ *n* pennino *m*

nibble /'nɪbl/ *vt/i* mordicchiare

nice /naɪs/ *a* ‹*day, weather, holiday*› bello; ‹*person*› gentile, simpatico; ‹*food*› buono; **it was ~ meeting you** è stato un piacere conoscerla. **~ly** *adv* gentilmente; (*well*) bene. **~ties** /'naɪsətɪz/ *npl* finezze *fpl*

niche /ni:ʃ/ *n* nicchia *f*

nick /nɪk/ *n* tacca *f*; (*on chin etc*) taglietto *m*; (*fam: prison*) galera *f*; (*fam: police station*) centrale *f* [di polizia]; **in the ~ of time** *fam* appena in tempo ● *vt* intaccare; (*fam: steal*) fregare; (*fam: arrest*) beccare; **~ one's chin** farsi un taglietto nel mento

nickel /'nɪkl/ *n* nichel *m*; *Am* moneta *f* da cinque centesimi

'nickname *n* soprannome *m* ● *vt* soprannominare

nicotine /'nɪkəti:n/ *n* nicotina *f*

niece /ni:s/ *n* nipote *f*

Nigeria /naɪ'dʒɪərɪə/ *n* Nigeria *f*. **~n** *a & n* nigeriano, -a *mf*

niggling /'nɪglɪŋ/ *a* ‹*detail*› insignificante; ‹*pain*› fastidioso; ‹*doubt*› persistente

night /naɪt/ *n* notte *f*; (*evening*) sera *f*; **at ~** la notte, di notte; (*in the evening*) la sera, di sera; **Monday ~** lunedì notte/sera ● *a* di notte

night: ~cap *n* papalina *f*; (*drink*) bicchierino *m* bevuto prima di andare a letto. **~-club** *n* locale *m* notturno, night[-club] *m inv*. **~-dress** *n* camicia *f* da notte. **~fall** *n* crepuscolo *m*. **~-gown,** *fam* **~ie** /'naɪtɪ/ *n* camicia *f* da notte

nightingale /'naɪtɪŋgeɪl/ *n* usignolo *m*

night: ~-life *n* vita *f* notturna. **~ly** *a* di notte, di sera ● *adv* ogni notte, ogni sera. **~mare** *n* incubo *m*. **~-school** scuola *f* serale. **~-time** *n* **at ~-time** di notte, la notte. **~-'watchman** *n* guardiano *m* notturno

nil /nɪl/ *n* nulla *m*; *Sport* zero *m*

nimbl|e /'nɪmbl/ *a* agile. **~y** *adv* agilmente

nine /naɪn/ *a* nove *inv* ● *n* nove *m*. **~'teen** *a* diciannove *inv* ● *n* diciannove *m*. **~'teenth** *a* & *n* diciannovesimo, -a *mf*
ninetieth /'naɪntɪɪθ/ *a* & *n* novantesimo, -a *mf*
ninety /'naɪntɪ/ *a* novanta *inv* ● *n* novanta *m*
ninth /naɪnθ/ *a* & *n* nono, -a *mf*
nip /nɪp/ *n* pizzicotto *m*; (*bite*) morso *m* ● *vt* pizzicare; (*bite*) mordere; **~ in the bud** *fig* stroncare sul nascere ● *vi* (*fam: run*) fare un salto
nipple /'nɪpl/ *n* capezzolo *m*; (*Am: on bottle*) tettarella *f*
nippy /'nɪpɪ/ *a* (**-ier, -iest**) *fam* (*cold*) pungente; (*quick*) svelto
nitrogen /'naɪtrədʒn/ *n* azoto *m*
nitwit /'nɪtwɪt/ *n fam* imbecille *mf*
no /nəʊ/ *adv* no ● *n* (*pl* **noes**) no *m inv* ● *a* nessuno; **I have no time** non ho tempo; **in no time** in un baleno; **'no parking'** 'sosta vietata'; **'no smoking'** 'vietato fumare'; **no one** = **nobody**
nobility /nəʊ'bɪlətɪ/ *n* nobiltà *f*
noble /'nəʊbl/ *a* nobile. **~man** *n* nobile *m*
nobody /'nəʊbədɪ/ *pron* nessuno; **he knows ~** non conosce nessuno ● *n* **he's a ~** non è nessuno
nocturnal /nɒk'tɜ:nl/ *a* notturno
nod /nɒd/ *n* cenno *m* del capo ● *v* (*pt/pp* **nodded**) ● *vi* fare un cenno col capo; (*in agreement*) fare di sì col capo ● *vt* **~ one's head** fare di sì col capo. **nod off** *vi* assopirsi
nodule /'nɒdju:l/ *n* nodulo *m*
noise /nɔɪz/ *n* rumore *m*; (*loud*) rumore *m*, chiasso *m*. **~less** *a* silenzioso. **~lessly** *adv* silenziosamente
noisy /'nɔɪzɪ/ *a* (**-ier, -iest**) rumoroso
nomad /'nəʊmæd/ *n* nomade *mf*. **~ic** /-'mædɪk/ *a* nomade
nominal /'nɒmɪnl/ *a* nominale
nominat|e /'nɒmɪneɪt/ *vt* proporre come candidato; (*appoint*) designare. **~ion** /-'neɪʃn/ *n* nomina *f*; (*person nominated*) candidato, -a *mf*
nominative /'nɒmɪnətɪv/ *a* & *n Gram* **~ [case]** nominativo *m*
nominee /nɒmɪ'ni:/ *n* persona *f* nominata
nonchalant /'nɒnʃələnt/ *a* disinvolto
non-com'missioned /nɒn-/ *a* **~ officer** sottufficiale *m*
non-com'mittal *a* che non si sbilancia
nondescript /'nɒndɪskrɪpt/ *a* qualunque
none /nʌn/ *pron* (*person*) nessuno; (*thing*) niente; **~ of us** nessuno di noi; **~ of this** niente di questo; **there's ~ left** non ce n'è più ● *adv* **she's ~ too pleased** non è per niente soddisfatta; **I'm ~ the wiser** non ne so più di prima
nonentity /nɒ'nentətɪ/ *n* nullità *f inv*
non-event *n* delusione *f*
non-ex'istent *a* inesistente
non-'fiction *n* saggistica *f*
non-'iron *a* che non si stira
nonplussed /nɒn'plʌst/ *a* perplesso
nonsens|e /'nɒnsəns/ *n* sciocchezze *fpl*. **~ical** /'-sensɪkl/ *a* assurdo
non-'smoker *n* non fumatore, -trice *mf*; (*compartment*) scompartimento *m* non fumatori
non-'stick *a* antiaderente
non-'stop *a* **~ 'flight** volo *m* diretto ● *adv* senza sosta; ‹*fly*› senza scalo
non-'violent *a* non violento
noodles /'nu:dlz/ *npl* taglierini *mpl*
nook /nʊk/ *n* cantuccio *m*
noon /nu:n/ *n* mezzogiorno *m*; **at ~** a mezzogiorno
noose /nu:s/ *n* nodo *m* scorsoio
nor /nɔ:(r)/ *adv* & *conj* né; **~ do I** neppure io
Nordic /'nɔ:dɪk/ *a* nordico
norm /nɔ:m/ *n* norma *f*
normal /'nɔ:ml/ *a* normale. **~ity** /-'mælətɪ/ *n* normalità *f*. **~ly** *adv* (*usually*) normalmente
north /nɔ:θ/ *n* nord *m*; **to the ~ of** a nord di ● *a* del nord, settentrionale ● *adv* a nord
north: N~ America *n* America *f* del Nord. **~-bound** *a Auto* in direzione nord. **~-east** *a* di nord-est, nordorientale ● *n* nord-est *m* ● *adv* a nord-est; ‹*travel*› verso nord-est
norther|ly /'nɔ:ðəlɪ/ *a* ‹*direction*› nord; ‹*wind*› del nord. **~n** *a* del nord, settentrionale. **N~n Ireland** *n* Irlanda *f* del Nord
north: N~ 'Pole *n* polo *m* nord. **N~ 'Sea** *n* Mare *m* del Nord. **~ward[s]** /-wəd[z]/ *adv* verso nord. **~-west** *a* di nord-ovest, nordoccidentale ● *n* nord-ovest *m* ● *adv* a nord-ovest; ‹*travel*› verso nord-ovest
Nor|way /'nɔ:weɪ/ *n* Norvegia *f*. **~wegian** /-'wi:dʒn/ *a* & *n* norvegese *mf*
nose /nəʊz/ *n* naso *m*
nose: ~bleed *n* emorragia *f* nasale. **~dive** *n Aeron* picchiata *f*
nostalg|ia /nɒ'stældʒɪə/ *n* nostalgia *f*. **~ic** *a* nostalgico

nostril /'nɒstrəl/ *n* narice *f*
nosy /'nəʊzɪ/ *a* (**-ier, -iest**) *fam* ficcanaso *inv*
not /nɒt/ *adv* non; **he is ~ Italian** non è italiano; **I hope ~** spero di no; **~ all of us have been invited** non siamo stati tutti invitati; **if ~** se no; **~ at all** niente affatto; **~ a bit** per niente; **~ even** neanche; **~ yet** non ancora; **~ only... but also...** non solo... ma anche...
notabl|e /'nəʊtəbl/ *a* (*remarkable*) notevole. **~y** *adv* (*in particular*) in particolare
notary /'nəʊtərɪ/ *n* notaio *m*; **~ 'public** notaio *m*
notch /nɒtʃ/ *n* tacca *f* ● **notch up** *vt* (*score*) segnare
note /nəʊt/ *n* nota *f*; (*short letter, banknote*) biglietto *m*; (*memo, written comment etc*) appunto *m*; **of ~** ‹*person*› di spicco; ‹*comments, event*› degno di nota; **make a ~ of** prendere nota di; **take ~ of** (*notice*) prendere nota di ● *vt* (*notice*) notare; (*write*) annotare. **note down** *vt* annotare
'notebook *n* taccuino *m*; *Comput* notebook *m inv*
noted /'nəʊtɪd/ *a* noto, celebre (**for** per)
note: ~paper *n* carta *f* da lettere. **~worthy** *a* degno di nota
nothing /'nʌθɪŋ/ *pron* niente, nulla ● *adv* niente affatto; **for ~** (*free, in vain*) per niente; (*with no reason*) senza motivo; **~ but** nient'altro che; **~ much** poco o nulla; **~ interesting** niente di interessante; **it's ~ to do with you** non ti riguarda
notice /'nəʊtɪs/ *n* (*on board*) avviso *m*; (*review*) recensione *f*; (*termination of employment*) licenziamento *m*; [**advance**] **~** preavviso *m*; **two months' ~** due mesi di preavviso; **at short ~** con breve preavviso; **until further ~** fino nuovo avviso; **give** [**in one's**] **~** ‹*employee:*› dare le dimissioni; **give an employee ~** dare il preavviso a un impiegato; **take no ~ of** non fare caso a; **take no ~!** non farci caso! ● *vt* notare. **~able** /-əbl/ *a* evidente. **~ably** *adv* sensibilmente. **~-board** *n* bacheca *f*
noti|fication /nəʊtɪfɪ'keɪʃn/ *n* notifica *f*. **~fy** /'nəʊtɪfaɪ/ *vt* (*pt/pp* **-ied**) notificare
notion /'nəʊʃn/ *n* idea *f*, nozione *f*; **~s** *pl* (*Am: haberdashery*) merceria *f*
notoriety /nəʊtə'raɪətɪ/ *n* notorietà *f*
notorious /nəʊ'tɔ:rɪəs/ *a* famigerato; **be ~ for** essere tristemente famoso per
notwith'standing *prep* malgrado ● *adv* ciononostante
nougat /'nu:gɑ:/ *n* torrone *m*
nought /nɔ:t/ *n* zero *m*
noun /naʊn/ *n* nome *m*, sostantivo *m*
nourish /'nʌrɪʃ/ *vt* nutrire. **~ing** *a* nutriente. **~ment** *n* nutrimento *m*
novel /'nɒvl/ *a* insolito ● *n* romanzo *m*. **~ist** *n* romanziere, -a *mf*. **~ty** *n* novità *f*; **~ties** *pl* (*objects*) oggettini *mpl*
November /nəʊ'vembə(r)/ *n* novembre *m*
novice /'nɒvɪs/ *n* novizio, -a *mf*
now /naʊ/ *adv* ora, adesso; **by ~** ormai; **just ~** proprio ora; **right ~** subito; **~ and again, ~ and then** ogni tanto; **~, ~!** su! ● *conj* **~** [**that**] ora che, adesso che
'nowadays *adv* oggigiorno
nowhere /'nəʊ-/ *adv* in nessun posto, da nessuna parte
noxious /'nɒkʃəs/ *a* nocivo
nozzle /'nɒzl/ *n* bocchetta *f*
nuance /'nju:ɒ̃s/ *n* sfumatura *f*
nuclear /'nju:klɪə(r)/ *a* nucleare
nucleus /'nju:klɪəs/ *n* (*pl* **-lei** /-lɪaɪ/) nucleo *m*
nude /nju:d/ *a* nudo ● *n* nudo *m*; **in the ~** nudo
nudge /nʌdʒ/ *n* colpetto *m* di gomito ● *vt* dare un colpetto col gomito a
nudism /'nju:dɪzm/ *n* nudismo *m*
nud|ist /'nju:dɪst/ *n* nudista *mf*. **~ity** *n* nudità *f*
nugget /'nʌgɪt/ *n* pepita *f*
nuisance /'nju:sns/ *n* seccatura *f*; (*person*) piaga *f*; **what a ~!** che seccatura!
null /nʌl/ *a* **~ and void** nullo
numb /nʌm/ *a* intorpidito; **~ with cold** intirizzito dal freddo
number /'nʌmbə(r)/ *n* numero *m*; **a ~ of people** un certo numero di persone ● *vt* numerare; (*include*) annoverare. **~-plate** *n* targa *f*
numeral /'nju:mərəl/ *n* numero *m*, cifra *f*
numerate /'nju:mərət/ *a* **be ~** saper fare i calcoli
numerical /nju:'merɪkl/ *a* numerico; **in ~ order** in ordine numerico
numerous /'nju:mərəs/ *a* numeroso
nun /nʌn/ *n* suora *f*
nurse /nɜ:s/ *n* infermiere, -a *mf*; **children's ~** bambinaia *f* ● *vt* curare
nursery /'nɜ:sərɪ/ *n* stanza *f* dei bambini; (*for plants*) vivaio *m*; [**day**] **~** asilo

m. **~ rhyme** *n* filastrocca *f*. **~ school** *n* scuola *f* materna
nursing /ˈnɜːsɪŋ/ *n* professione *f* d'infermiere. **~ home** *n* casa *f* di cura per anziani
nurture /ˈnɜːtʃə(r)/ *vt* allevare; *fig* coltivare
nut /nʌt/ *n* noce *f*; *Techn* dado *m*; (*fam: head*) zucca *f*; **~s** *npl* frutta *f* secca; **be ~s** *fam* essere svitato. **~crackers** *npl* schiaccianoci *m inv*. **~meg** *n* noce *f* moscata
nutrit|ion /njuːˈtrɪʃn/ *n* nutrizione *f*. **~ious** /-ʃəs/ *a* nutriente
ˈnutshell *n* **in a ~** *fig* in parole povere
nuzzle /ˈnʌzl/ *vt* ‹*horse, dog:*› strofinare il muso contro
nylon /ˈnaɪlɒn/ *n* nailon *m*; **~s** *pl* calze *fpl* di nailon ● *a* di nailon

Oo

O /əʊ/ *n Teleph* zero *m*
oaf /əʊf/ *n* (*pl* **oafs**) zoticone, -a *mf*
oak /əʊk/ *n* quercia *f* ● *attrib* di quercia
OAP *n abbr* (**old-age pensioner**) pensionato, -a *mf*
oar /ɔː(r)/ *n* remo *m*. **~sman** *n* vogatore *m*
oasis /əʊˈeɪsɪs/ *n* (*pl* **oases** /-siːz/) oasi *f inv*
oath /əʊθ/ *n* giuramento *m*; (*swear-word*) bestemmia *f*
oatmeal /ˈəʊt-/ *n* farina *f* d'avena
oats /əʊts/ *npl* avena *fsg*; *Culin* [**rolled**] **~** fiocchi *mpl* di avena
obedien|ce /əˈbiːdɪəns/ *n* ubbidienza *f*. **~t** *a* ubbidiente
obes|e /əˈbiːs/ *a* obeso. **~ity** *n* obesità *f*
obey /əˈbeɪ/ *vt* ubbidire a; osservare ‹*instructions, rules*› ● *vi* ubbidire
obituary /əˈbɪtjʊərɪ/ *n* necrologio *m*
object[1] /ˈɒbdʒɪkt/ *n* oggetto *m*; *Gram* complemento *m* oggetto; **money is no ~** i soldi non sono un problema
object[2] /əbˈdʒekt/ *vi* (*be against*) opporsi (**to** a); **~ that...** obiettare che...
objection /əbˈdʒekʃn/ *n* obiezione *f*; **have no ~** non avere niente in contrario. **~able** /-əbl/ *a* discutibile; ‹*person*› sgradevole
objectiv|e /əbˈdʒektɪv/ *a* oggettivo ● *n* obiettivo *m*. **~ely** *adv* obiettivamente. **~ity** /-ˈtɪvətɪ/ *n* oggettività *f*
obligation /ɒblɪˈgeɪʃn/ *n* obbligo *m*; **be under an ~** avere un obbligo; **without ~** senza impegno
obligatory /əˈblɪgətrɪ/ *a* obbligatorio
oblig|e /əˈblaɪdʒ/ *vt* (*compel*) obbligare; **much ~ed** grazie mille. **~ing** *a* disponibile
oblique /əˈbliːk/ *a* obliquo; *fig* indiretto ● *n* **~** [**stroke**] barra *f*
obliterate /əˈblɪtəreɪt/ *vt* obliterare
oblivion /əˈblɪvɪən/ *n* oblio *m*
oblivious /əˈblɪvɪəs/ *a* **be ~** essere dimentico (**of**, **to** di)
oblong /ˈɒblɒŋ/ *a* oblungo ● *n* rettangolo *m*
obnoxious /əbˈnɒkʃəs/ *a* detestabile
oboe /ˈəʊbəʊ/ *n* oboe *m inv*
obscen|e /əbˈsiːn/ *a* osceno; ‹*profits, wealth*› vergognoso. **~ity** /-ˈsenətɪ/ *n* oscenità *f inv*
obscur|e /əbˈskjʊə(r)/ *a* oscuro ● *vt* oscurare; (*confuse*) mettere in ombra. **~ity** *n* oscurità *f*
obsequious /əbˈsiːkwɪəs/ *a* ossequioso
observa|nce /əbˈzɜːvəns/ *n* (*of custom*) osservanza *f*. **~nt** *a* attento. **~tion** /ɒbzəˈveɪʃn/ *n* osservazione *f*
observatory /əbˈzɜːvətrɪ/ *n* osservatorio *m*
observe /əbˈzɜːv/ *vt* osservare; (*notice*) notare; (*keep, celebrate*) celebrare. **~r** *n* osservatore, -trice *mf*
obsess /əbˈses/ *vt* **be ~ed by** essere fissato con. **~ion** /-eʃn/ *n* fissazione *f*. **~ive** /-ɪv/ *a* ossessivo
obsolete /ˈɒbsəliːt/ *a* obsoleto; ‹*word*› desueto
obstacle /ˈɒbstəkl/ *n* ostacolo *m*
obstetrician /ɒbstəˈtrɪʃn/ *n* ostetrico, -a *mf*. **obstetrics** /əbˈstetrɪks/ *n* ostetricia *f*

obstina|cy /'ɒbstɪnəsɪ/ *n* ostinazione *f*. **~te** /-nət/ *a* ostinato

obstreperous /əb'strepərəs/ *a* turbolento

obstruct /əb'strʌkt/ *vt* ostruire; (*hinder*) ostacolare. **~ion** /-ʌkʃn/ *n* ostruzione *f*; (*obstacle*) ostacolo *m*. **~ive** /-ɪv/ *a* **be ~ive** ‹*person:*› creare dei problemi

obtain /əb'teɪn/ *vt* ottenere. **~able** /-əbl/ *a* ottenibile

obtrusive /əb'tru:sɪv/ *a* ‹*object*› stonato

obtuse /əb'tju:s/ *a* ottuso

obvious /'ɒbvɪəs/ *a* ovvio. **~ly** *adv* ovviamente

occasion /ə'keɪʒn/ *n* occasione *f*; (*event*) evento *m*; **on ~** talvolta; **on the ~ of** in occasione di

occasional /ə'keɪʒənl/ *a* saltuario; **he has the ~ glass of wine** ogni tanto beve un bicchiere di vino. **~ly** *adv* ogni tanto

occult /ɒ'kʌlt/ *a* occulto

occupant /'ɒkjʊpənt/ *n* occupante *mf*; (*of vehicle*) persona *f* a bordo

occupation /ɒkjʊ'peɪʃn/ *n* occupazione *f*; (*job*) professione *f* **~al** *a* professionale

occupier /'ɒkjʊpaɪə(r)/ *n* residente *mf*

occupy /'ɒkjʊpaɪ/ *vt* (*pt/pp* **occupied**) occupare; (*keep busy*) tenere occupato

occur /ə'kɜ:(r)/ *vi* (*pt/pp* **occurred**) accadere; (*exist*) trovarsi; **it ~red to me that** mi è venuto in mente che. **~rence** /ə'kʌrəns/ *n* (*event*) fatto *m*

ocean /'əʊʃn/ *n* oceano *m*

o'clock /ə'klɒk/ *adv* **it's 7 ~** sono le sette; **at 7 ~** alle sette;

octave /'ɒktɪv/ *n Mus* ottava *f*

October /ɒk'təʊbə(r)/ *n* ottobre *m*

octopus /'ɒktəpəs/ *n* (*pl* **-puses**) polpo *m*

odd /ɒd/ *a* ‹*number*› dispari; (*not of set*) scompagnato; (*strange*) strano; **forty ~** quaranta e rotti; **~ jobs** lavoretti *mpl*; **the ~ one out** l'eccezione *f*; **at ~ moments** a tempo perso; **have the ~ glass of wine** avere un bicchiere di vino ogni tanto

odd|ity /'ɒdɪtɪ/ *n* stranezza *f*. **~ly** *adv* stranamente; **~ly enough** stranamente. **~ment** *n* (*of fabric*) scampolo *m*

odds /ɒdz/ *npl* (*chances*) probabilità *fpl*; **at ~** in disaccordo; **~ and ends** cianfrusaglie *fpl*; **it makes no ~** non fa alcuna differenza

ode /əʊd/ *n* ode *f*

odour /'əʊdə(r)/ *n* odore *m*. **~less** *a* inodore

of /ɒv/, /əv/ *prep* di; **a cup of tea/coffee** una tazza di tè/caffè; **the hem of my skirt** l'orlo della mia gonna; **the summer of 1989** l'estate del 1989; **the two of us** noi due; **made of** di; **that's very kind of you** è molto gentile da parte tua; **a friend of mine** un mio amico; **a child of three** un bambino di tre anni; **the fourth of January** il quattro gennaio; **within a year of their divorce** a circa un anno dal loro divorzio; **half of it** la metà; **the whole of the room** tutta la stanza

off /ɒf/ *prep* da; (*distant from*) lontano da; **take £10 ~ the price** ridurre il prezzo di 10 sterline; **~ the coast** presso la costa; **a street ~ the main road** una traversa della via principale; (*near*) una strada vicino alla via principale; **get ~ the ladder** scendere dalla scala; **get ~ the bus** uscire dall'autobus; **leave the lid ~ the saucepan** lasciare la pentola senza il coperchio ● *adv* ‹*button, handle*› staccato; ‹*light, machine*› spento; ‹*brake*› tolto; ‹*tap*› chiuso; **'off'** (*on appliance*) 'off'; **2 kilometres ~** a due chilometri di distanza; **a long way ~** molto distante; (*time*) lontano; **~ and on** di tanto in tanto; **with his hat/coat ~** senza il cappello/cappotto; **with the light ~** a luce spenta; **20% ~** 20% di sconto; **be ~** (*leave*) andar via; *Sport* essere partito; ‹*food:*› essere andato a male; (*all gone*) essere finito; ‹*wedding, engagement:*› essere cancellato; **I'm ~ alcohol** ho smesso di bere; **be ~ one's food** non avere appetito; **she's ~ today** (*on holiday*) è in ferie oggi; (*ill*) è malata oggi; **I'm ~ home** vado a casa; **you'd be better ~ doing...** faresti meglio a fare...; **have a day ~** avere un giorno di vacanza; **drive/sail ~** andare via

offal /'ɒfl/ *n Culin* frattaglie *fpl*

'off-beat *a* insolito

'off-chance *n* possibilità *f* remota

off-'colour *a* (*not well*) giù di forma; ‹*joke, story*› sporco

offence /ə'fens/ *n* (*illegal act*) reato *m*; **give ~** offendere; **take ~** offendersi (**at** per)

offend /ə'fend/ *vt* offendere. **~er** *n Jur* colpevole *mf*

offensive /ə'fensɪv/ *a* offensivo ● *n* offensiva *f*

offer /'ɒfə(r)/ *n* offerta *f* ● *vt* offrire; op-

porre ‹*resistance*›; **~ sb sth** offrire qcsa a qcno; **~ to do sth** offrirsi di fare qcsa. **~ing** *n* offerta *f*
off'hand *a* (*casual*) spiccio ● *adv* su due piedi
office /'ɒfɪs/ *n* ufficio *m*; (*post, job*) carica *f*. **~ hours** *pl* orario *m* di ufficio
officer /'ɒfɪsə(r)/ *n* ufficiale *m*; (*police*) agente *m* [di polizia]
official /ə'fɪʃl/ *a* ufficiale ● *n* funzionario, -a *mf*; *Sport* dirigente *m*. **~ly** *adv* ufficialmente
officiate /ə'fɪʃɪeɪt/ *vi* officiare
'offing *n* **in the ~** in vista
'off-licence *n* negozio *m* per la vendita di alcolici
off-'load *vt* scaricare
'off-putting *a fam* scoraggiante
'offset *vt* (*pt/pp* **-set**, *pres p* **-setting**) controbilanciare
'offshoot *n* ramo *m*; *fig* diramazione *f*
'offshore *a* ‹*wind*› di terra; ‹*company, investment*› offshore *inv*. **~ rig** *n* piattaforma *f* petrolifera, off-shore *m inv*
off'side *a Sport* [in] fuori gioco; ‹*wheel etc*› (*left*) sinistro; (*right*) destro
'offspring *n* prole *m*
off'stage *adv* dietro le quinte
off-'white *a* bianco sporco
often /'ɒfn/ *adv* spesso; **how ~** ogni quanto; **every so ~** una volta ogni tanto
ogle /'əʊgl/ *vt* mangiarsi con gli occhi
oh /əʊ/ *int* oh!; **~ dear** oh Dio!
oil /ɔɪl/ *n* olio *m*; (*petroleum*) petrolio *m*; (*for heating*) nafta *f* ● *vt* oliare
oil: ~field *n* giacimento *m* di petrolio. **~-painting** *n* pittura *f* a olio. **~ refinery** *n* raffineria *f* di petrolio. **~ rig** piattaforma *f* petrolifera. **~skins** *npl* vestiti *mpl* di tela cerata. **~-slick** *n* chiazza *f* di petrolio. **~-tanker** *n* petroliera *f*. **~ well** *n* pozzo *m* petrolifero
oily /'ɔɪlɪ/ *a* (**-ier, -iest**) unto; *fig* untuoso
ointment /'ɔɪntmənt/ *n* pomata *f*
OK /əʊ'keɪ/ *int* va bene, o.k. ● *a* **if that's OK with you** se ti va bene; **she's OK** (*well*) sta bene; **is the milk still OK?** il latte è ancora buono? ● *adv* (*well*) bene ● *vt* (*anche* **okay**) (*pt/pp* **OK'd, okayed**) dare l'o.k. a
old /əʊld/ *a* vecchio; ‹*girlfriend*› ex; **how ~ is she?** quanti anni ha?; **she is ten years ~** ha dieci anni
old: ~ 'age *n* vecchiaia *f*. **~-age 'pensioner** *n* pensionato, -a *mf*. **~ boy** *n Sch* ex-allievo *m*. **~'fashioned** *a* antiquato. **~ girl** *n Sch* ex-allieva *f*. **~ 'maid** *n* zitella *f*
olive /'ɒlɪv/ *n* (*fruit, colour*) oliva *f*; (*tree*) olivo *m* ● *a* d'oliva; (*colour*) olivastro. **~ branch** *n fig* ramoscello *m* d'olivo. **~ 'oil** *n* olio *m* di oliva
Olympic /ə'lɪmpɪk/ *a* olimpico; **~s, ~ Games** Olimpiadi *fpl*
omelette /'ɒmlɪt/ *n* omelette *f inv*
omen /'əʊmən/ *n* presagio *m*
ominous /'ɒmɪnəs/ *a* sinistro
omission /ə'mɪʃn/ *n* omissione *f*
omit /ə'mɪt/ *vt* (*pt/pp* **omitted**) omettere; **~ to do sth** tralasciare di fare qcsa
omnipotent /ɒm'nɪpətənt/ *a* onnipotente
on /ɒn/ *prep* su; (*on horizontal surface*) su, sopra; **on Monday** lunedì; **on Mondays** di lunedì; **on the first of May** il primo di maggio; **on arriving** all'arrivo; **on one's finger** ‹*cut*› nel dito; ‹*ring*› al dito; **on foot** a piedi; **on the right/left** a destra/sinistra; **on the Rhine/Thames** sul Reno/Tamigi; **on the radio/television** alla radio/televisione; **on the bus/train** in autobus/treno; **go on the bus/train** andare in autobus/treno; **get on the bus/train** salire sull'autobus/sul treno; **on me** (*with me*) con me; **it's on me** *fam* tocca a me ● *adv* (*further on*) dopo; (*switched on*) acceso; ‹*brake*› inserito; (*in operation*) in funzione; **'on'** (*on machine*) 'on'; **he had his hat/coat on** portava il cappello/cappotto; **without his hat/coat on** senza cappello/cappotto; **with/without the lid on** con/senza coperchio; **be on** ‹*film, programme, event:*› esserci; **it's not on** *fam* non è giusto; **be on at** *fam* tormentare (**to** per); **on and on** senza sosta; **on and off** a intervalli; **and so on** e così via; **go on** continuare; **drive on** spostarsi (*con la macchina*); **stick on** attaccare; **sew on** cucire
once /wʌns/ *adv* una volta; (*formerly*) un tempo; **~ upon a time there was** c'era una volta; **at ~** subito; (*at the same time*) contemporaneamente; **~ and for all** una volta per tutte ● *conj* [non] appena. **~-over** *n fam* **give sb/sth the ~-over** (*look, check*) dare un'occhiata veloce a qcno/qcsa
'oncoming *a* che si avvicina dalla direzione opposta
one /wʌn/ *a* uno, una; **not ~ person** nemmeno una persona ● *n* uno *m* ● *pron* uno; (*impersonal*) si; **~ another**

l'un l'altro; **~ by ~** [a] uno a uno; **~ never knows** non si sa mai

one: ~-eyed *a* con un occhio solo. **~-off** *a* unico. **~-parent 'family** *n* famiglia *f* con un solo genitore. **~self** *pron* (*reflexive*) si; (*emphatic*) sé, se stesso; **by ~self** da solo; **be proud of ~self** essere fieri di sé. **~-sided** *a* unilaterale. **~-way** *a* ‹*street*› a senso unico; ‹*ticket*› di sola andata

onion /'ʌnjən/ *n* cipolla *f*

'onlooker *n* spettatore, -trice *mf*

only /'əʊnlɪ/ *a* solo; **~ child** figlio, -a *mf* unico, -a ● *adv & conj* solo, solamente; **~ just** appena

on/'off switch *n* pulsante *m* di accensione

'onset *n* (*beginning*) inizio *m*

onslaught /'ɒnslɔːt/ *n* attacco *m*

onus /'əʊnəs/ *n* **the ~ is on me** spetta a me la responsabilità (**to** di)

onward[s] /'ɒnwəd[z]/ *adv* in avanti; **from then ~** da allora [in poi]

ooze /uːz/ *vi* fluire

opal /'əʊpl/ *n* opale *f*

opaque /əʊ'peɪk/ *a* opaco

open /'əʊpən/ *a* aperto; (*free to all*) pubblico; ‹*job*› vacante; **in the ~ air** all'aperto ● *n* **in the ~** all'aperto; *fig* alla luce del sole ● *vt* aprire ● *vi* aprirsi; ‹*shop:*› aprire; ‹*flower:*› sbocciare. **open up** *vt* aprire ● *vi* aprirsi

open: ~-air 'swimming pool *n* piscina *f* all'aperto. **~ day** *n* giorno *m* di apertura al pubblico

opener /'əʊpənə(r)/ *n* (*for tins*) apriscatole *m inv*; (*for bottles*) apribottiglie *m inv*

opening /'əʊpənɪŋ/ *n* apertura *f*; (*beginning*) inizio *m*; (*job*) posto *m* libero; **~ hours** *npl* orario *m* d'apertura

openly /'əʊpənlɪ/ *adv* apertamente

open: ~-'minded *a* aperto; (*broadminded*) di vedute larghe. **~-plan** *a* a pianta aperta. **~ 'sandwich** *n* tartina *f*. **~ secret** *n* segreto *m* di Pulcinella. **~ ticket** *n* biglietto *m* aperto. **O~ University** *corsi mpl universitari per corrispondenza*

opera /'ɒpərə/ *n* opera *f*

operable /'ɒpərəbl/ *a* operabile

opera: ~-glasses *npl* binocolo *msg* da teatro. **~-house** *n* teatro *m* lirico. **~-singer** *n* cantante *mf* lirico, -a

operate /'ɒpəreɪt/ *vt* far funzionare ‹*machine, lift*›; azionare ‹*lever, brake*›; mandare avanti ‹*business*› ● *vi Techn* funzionare; (*be in action*) essere in funzione; *Mil, fig* operare; **~ on** *Med* operare

operatic /ɒpə'rætɪk/ *a* lirico, operistico

operation /ɒpə'reɪʃn/ *n* operazione *f*; *Tech* funzionamento *m*; **in ~** *Techn* in funzione; **come into ~** *fig* entrare in funzione; ‹*law:*› entrare in vigore; **have an ~** *Med* subire un'operazione. **~al** *a* operativo; ‹*law etc*› in vigore

operative /'ɒpərətɪv/ *a* operativo

operator /'ɒpəreɪtə(r)/ *n* (*user*) operatore, -trice *mf*; *Teleph* centralinista *mf*

operetta /ɒpə'retə/ *n* operetta *f*

opinion /ə'pɪnjən/ *n* opinione *f*; **in my ~** secondo me. **~ated** *a* dogmatico

opponent /ə'pəʊnənt/ *n* avversario, -a *mf*

opportun|e /'ɒpətjuːn/ *a* opportuno. **~ist** /-'tjuːnɪst/ *n* opportunista *mf*. **~istic** *a* opportunistico

opportunity /ɒpə'tjuːnətɪ/ *n* opportunità *f inv*

oppos|e /ə'pəʊz/ *vt* opporsi a; **be ~ed to sth** esssere contrario a qcsa; **as ~ed to** al contrario di. **~ing** *a* avversario; (*opposite*) opposto

opposite /'ɒpəzɪt/ *a* opposto; ‹*house*› di fronte; **~ number** *fig* controparte *f*; **the ~ sex** l'altro sesso ● *n* contrario *m* ● *adv* di fronte ● *prep* di fronte a

opposition /ɒpə'zɪʃn/ *n* opposizione *f*

oppress /ə'pres/ *vt* opprimere. **~ion** /-eʃn/ *n* oppressione *f*. **~ive** /-ɪv/ *a* oppressivo; ‹*heat*› opprimente. **~or** *n* oppressore *m*

opt /ɒpt/ *vi* **~ for** optare per; **~ out** dissociarsi (**of** da)

optical /'ɒptɪkl/ *a* ottico; **~ illusion** illusione *f* ottica

optician /ɒp'tɪʃn/ *n* ottico, -a *mf*

optimis|m /'ɒptɪmɪzm/ *n* ottimismo *m*. **~t** /-mɪst/ *n* ottimista *mf*. **~tic** /-'mɪstɪk/ *a* ottimistico

optimum /'ɒptɪməm/ *a* ottimale ● *n* (*pl* **-ima**) optimum *m*

option /'ɒpʃn/ *n* scelta *f*; *Comm* opzione *f*. **~al** *a* facoltativo; **~al extras** optional *m inv*

opulen|ce /'ɒpjʊləns/ *n* opulenza *f*. **~t** *a* opulento

or /ɔː(r)/ *conj* o, oppure; (*after negative*) né; **or [else]** se no; **in a year or two** fra un anno o due

oracle /'ɒrəkl/ *n* oracolo *m*

oral /'ɔːrəl/ *a* orale ● *n fam* esame *m* orale. **~ly** *adv* oralmente

orange /'ɒrɪndʒ/ *n* arancia *f*; (*colour*)

arancione *m* ● *a* arancione. **~ade** /-ˈdʒeɪd/ *n* aranciata *f*. **~ juice** *n* succo *m* d'arancia
orator /ˈɒrətə(r)/ *n* oratore, -trice *mf*
oratorio /ɒrəˈtɔːrɪəʊ/ *n* oratorio *m*
oratory /ˈɒrətərɪ/ *n* oratorio *m*
orbit /ˈɔːbɪt/ *n* orbita *f* ● *vt* orbitare. **~al** *a* **~al road** tangenziale *f*
orchard /ˈɔːtʃəd/ *n* frutteto *m*
orches|tra /ˈɔːkɪstrə/ *n* orchestra *f*. **~tral** /-ˈkestrəl/ *a* orchestrale. **~trate** *vt* orchestrare
orchid /ˈɔːkɪd/ *n* orchidea *f*
ordain /ɔːˈdeɪn/ *vt* decretare; *Relig* ordinare
ordeal /ɔːˈdiːl/ *n fig* terribile esperienza *f*
order /ˈɔːdə(r)/ *n* ordine *m*; *Comm* ordinazione *f*; **out of ~** ‹*machine*› fuori servizio; **in ~ that** affinché; **in ~ to** per ● *vt* ordinare
orderly /ˈɔːdəlɪ/ *a* ordinato ● *n Mil* attendente *m*; *Med* inserviente *m*
ordinary /ˈɔːdɪnərɪ/ *a* ordinario
ordination /ɔːdɪˈneɪʃn/ *n Relig* ordinazione *f*
ore /ɔː(r)/ *n* minerale *m* grezzo
organ /ˈɔːgən/ *n Anat, Mus* organo *m*
organic /ɔːˈgænɪk/ *a* organico; (*without chemicals*) biologico. **~ally** *adv* organicamente; **~ally grown** coltivato biologicamente
organism /ˈɔːgənɪzm/ *n* organismo *m*
organist /ˈɔːgənɪst/ *n* organista *mf*
organization /ɔːgənaɪˈzeɪʃn/ *n* organizzazione *f*
organize /ˈɔːgənaɪz/ *vt* organizzare. **~r** *n* organizzatore, -trice *mf*
orgasm /ˈɔːgæzm/ *n* orgasmo *m*
orgy /ˈɔːdʒɪ/ *n* orgia *f*
Orient /ˈɔːrɪənt/ *n* Oriente *m*. **o~al** /-ˈentl/ *a* orientale ● *n* orientale *mf*
orient|ate /ˈɔːrɪenteɪt/ *vt* **~ate oneself** orientarsi. **~ation** /-ˈteɪʃn/ *n* orientamento *m*
origin /ˈɒrɪdʒɪn/ *n* origine *f*
original /əˈrɪdʒɪn(ə)l/ *a* originario; (*not copied, new*) originale ● *n* originale *m*; **in the ~** in versione originale. **~ity** /-ˈnælətɪ/ *n* originalità *f*. **~ly** *adv* originariamente
originat|e /əˈrɪdʒɪneɪt/ *vi* **~e in** avere origine in. **~or** *n* ideatore, -trice *mf*
ornament /ˈɔːnəmənt/ *n* ornamento *m*; (*on mantelpiece etc*) soprammobile *m*. **~al** /-ˈmentl/ *a* ornamentale. **~ation** /-ˈteɪʃn/ *n* decorazione *f*
ornate /ɔːˈneɪt/ *a* ornato
orphan /ˈɔːfn/ *n* orfano, -a *mf* ● *vt* rendere orfano; **be ~ed** rimanere orfano. **~age** /-ɪdʒ/ *n* orfanotrofio *m*
orthodox /ˈɔːθədɒks/ *a* ortodosso
orthopaedic /ɔːθəˈpiːdɪk/ *a* ortopedico
oscillate /ˈɒsɪleɪt/ *vi* oscillare
ostensibl|e /ɒˈstensəbl/ *a* apparente. **~y** *adv* apparentemente
ostentat|ion /ɒstenˈteɪʃn/ *n* ostentazione *f*. **~ious** /-ʃəs/ *a* ostentato
osteopath /ˈɒstɪəpæθ/ *n* osteopata *mf*
ostracize /ˈɒstrəsaɪz/ *vt* bandire
ostrich /ˈɒstrɪtʃ/ *n* struzzo *m*
other /ˈʌðə(r)/ *a, pron & n* altro, -a *mf*; **the ~ [one]** l'altro, -a *mf*; **the ~ two** gli altri due; **two ~s** altri due; **~ people** gli altri; **any ~ questions?** altre domande?; **every ~ day** (*alternate days*) a giorni alterni; **the ~ day** l'altro giorno; **the ~ evening** l'altra sera; **someone/something or ~** qualcuno/qualcosa ● *adv* **~ than him** tranne lui; **somehow or ~** in qualche modo; **somewhere or ~** da qualche parte
ˈotherwise *adv* altrimenti; (*differently*) diversamente
otter /ˈɒtə(r)/ *n* lontra *f*
ouch /aʊtʃ/ *int* ahi!
ought /ɔːt/ *v aux* **I/we ~ to stay** dovrei/dovremmo rimanere; **he ~ not to have done it** non avrebbe dovuto farlo; **that ~ to be enough** questo dovrebbe bastare
ounce /aʊns/ *n* oncia *f* (*= 28, 35 g*)
our /ˈaʊə(r)/ *poss a* il nostro *m*, la nostra *f*, i nostri *mpl*, le nostre *fpl*; **~ mother/father** nostra madre/nostro padre
ours /ˈaʊəz/ *poss pron* il nostro *m*, la nostra *f*, i nostri *mpl*, le nostre *fpl*; **a friend of ~** un nostro amico; **friends of ~** dei nostri amici; **that is ~** quello è nostro; (*as opposed to yours*) quello è il nostro
ourselves /aʊəˈselvz/ *pers pron* (*reflexive*) ci; (*emphatic*) noi, noi stessi; **we poured ~ a drink** ci siamo versati da bere; **we heard it ~** l'abbiamo sentito noi stessi; **we are proud of ~** siamo fieri di noi; **by ~** da soli
out /aʊt/ *adv* fuori; (*not alight*) spento; **be ~** ‹*flower:*› essere sbocciato; ‹*workers:*› essere in sciopero; ‹*calculation:*› essere sbagliato; *Sport* essere fuori; (*unconscious*) aver perso i sensi; (*fig: not feasible*) fuori questione; **the sun is ~** è uscito il sole; **~ and about** in piedi; **get ~!** *fam* fuori!; **you should get**

~ more dovresti uscire più spesso; **~ with it!** *fam* sputa il rospo!; ● *prep* **~ of** fuori da; **~ of date** non aggiornato; ‹*passport*› scaduto; **~ of order** guasto; **~ of print/stock** esaurito; **be ~ of bed/the room** fuori dal letto/dalla stanza; **~ of breath** senza fiato; **~ of danger** fuori pericolo; **~ of work** disoccupato; **nine ~ of ten** nove su dieci; **be ~ of sugar/bread** rimanere senza zucchero/pane; **go ~ of the room** uscire dalla stanza

out'bid *vt* (*pt/pp* **-bid**, *pres p* **-bidding**) **~ sb** rilanciare l'offerta di qcno

'outboard *a* **~ motor** motore *m*

'outbreak *n* (*of war*) scoppio *m*; (*of disease*) insorgenza *f*

'outbuilding *n* costruzione *f* annessa

'outburst *n* esplosione *f*

'outcome *n* risultato *m*

'outcry *n* protesta *f*

out'dated *a* sorpassato

out'do *vt* (*pt* **-did**, *pp* **-done**) superare

'outdoor *a* ‹*life, sports*› all'aperto; **~ clothes** *pl* vestiti per uscire; **~ swimming pool** piscina *f* scoperta

out'doors *adv* all'aria aperta; **go ~** uscire [all'aria aperta]

'outer *a* esterno

'outfit *n* equipaggiamento *m*; (*clothes*) completo *m*; (*fam: organization*) organizzazione *f*. **~ter** *n* **men's ~ter's** negozio *m* di abbigliamento maschile

'outgoing *a* (*president*) uscente; ‹*mail*› in partenza; (*sociable*) estroverso ● *npl* **~s** uscite *fpl*

out'grow *vi* (*pt* **-grew**, *pp* **-grown**) diventare troppo grande per

'outhouse *n* costruzione *f* annessa

outing /'aʊtɪŋ/ *n* gita *f*

outlandish /aʊt'lændɪʃ/ *a* stravagante

'outlaw *n* fuorilegge *mf inv* ● *vt* dichiarare illegale

'outlay *n* spesa *f*

'outlet *n* sbocco *m*; *fig* sfogo *m*; *Comm* punto *m* [di] vendita

'outline *n* contorno *m*; (*summary*) sommario *m* ● *vt* tracciare il contorno di; (*describe*) descrivere

out'live *vt* sopravvivere a

'outlook *n* vista *f*; (*future prospect*) prospettiva *f*; (*attitude*) visione *f*

'outlying *a* **~ areas** zone *fpl* periferiche

out'number *vt* superare in numero

'out-patient *n* paziente *mf* esterno, -a; **~s' department** ambulatorio *m*

'output *n* produzione *f*

'outrage *n* oltraggio *m* ● *vt* oltraggiare. **~ous** /-'reɪdʒəs/ *a* oltraggioso; ‹*price*› scandaloso

'outright¹ *a* completo; ‹*refusal*› netto

out'right² *adv* completamente; (*at once*) immediatamente; (*frankly*) francamente

'outset *n* inizio *m*; **from the ~** fin dall'inizio

'outside¹ *a* esterno ● *n* esterno *m*; **from the ~** dall'esterno; **at the ~** al massimo

out'side² *adv* all'esterno, fuori; (*out of doors*) fuori; **go ~** andare fuori ● *prep* fuori da; (*in front of*) davanti a

out'sider *n* estraneo, -a *mf*

'outskirts *npl* sobborghi *mpl*

out'spoken *a* schietto

out'standing *a* eccezionale; ‹*landmark*› prominente; (*not settled*) in sospeso

out'stretched *a* allungato

out'strip *vt* (*pt/pp* **-stripped**) superare

out'vote *vt* mettere in minoranza

'outward /-wəd/ *a* esterno; (*journey*) di andata ● *adv* verso l'esterno. **~ly** *adv* esternamente. **~s** *adv* verso l'esterno

out'weigh *vt* aver maggior peso di

out'wit *vt* (*pt/pp* **-witted**) battere in astuzia

oval /'əʊvl/ *a* ovale ● *n* ovale *m*

ovary /'əʊvərɪ/ *n Anat* ovaia *f*

ovation /əʊ'veɪʃn/ *n* ovazione *f*

oven /'ʌvn/ *n* forno *m*. **~-ready** *a* pronto da mettere in forno

over /'əʊvə(r)/ *prep* sopra; (*across*) al di là di; (*during*) durante; (*more than*) più di; **~ the phone** al telefono; **~ the page** alla pagina seguente; **all ~ Italy** in tutta [l']Italia; ‹*travel*› per l'Italia ● *adv Math* col resto di; (*ended*) finito; **~ again** un'altra volta; **~ and ~** più volte; **~ and above** oltre a; **~ here/there** qui/là; **all ~** (*everywhere*) dappertutto; **it's all ~** è tutto finito; **I ache all ~** ho male dappertutto; **come/bring ~** venire/portare; **turn ~** girare

over- *pref* (*too*) troppo

overall¹ /'əʊvərɔːl/ *n* grembiule *m*; **~s** *pl* tuta *fsg* [da lavoro]

overall² /əʊvər'ɔːl/ *a* complessivo; (*general*) generale ● *adv* complessivamente

over'balance *vi* perdere l'equilibrio

over'bearing *a* prepotente

'overboard *adv Naut* in mare

'overcast *a* coperto

over'charge *vt* **~ sb** far pagare più

del dovuto a qcno ● *vi* far pagare più del dovuto

'overcoat *n* cappotto *m*

over'come *vt* (*pt* **-came**, *pp* **-come**) vincere; **be ~ by** essere sopraffatto da

over'crowded *a* sovraffollato

over'do *vt* (*pt* **-did**, *pp* **-done**) esagerare; (*cook too long*) stracuocere; **~ it** (*fam: do too much*) strafare

'overdose *n* overdose *f inv*

'overdraft *n* scoperto *m*; **have an ~** avere il conto scoperto

over'draw *vt* (*pt* **-drew**, *pp* **-drawn**) **~ one's account** andare allo scoperto; **be ~n by** ‹*account*:› essere [allo] scoperto di

over'due *a* in ritardo

over'estimate *vt* sopravvalutare

'overflow¹ *n* (*water*) acqua *f* che deborda; (*people*) pubblico *m* in eccesso; (*outlet*) scarico *m*

over'flow² *vi* debordare

over'grown *a* ‹*garden*› coperto di erbacce

'overhaul¹ *n* revisione *f*

over'haul² *vt Techn* revisionare

over'head¹ *adv* in alto

'overhead² *a* aereo; ‹*railway*› sopraelevato; ‹*lights*› da soffitto ● *npl* **~s** spese *fpl* generali

over'hear *vt* (*pt/pp* **-heard**) sentire per caso ‹*conversation*›

over'heat *vi Auto* surriscaldarsi ● *vt* surriscaldare

over'joyed *a* felicissimo

'overland *a & adv* via terra; **~ route** via *f* terrestre

over'lap *v* (*pt/pp* **-lapped**) ● *vi* sovrapporsi ● *vt* sovrapporre

over'leaf *adv* sul retro

over'load *vt* sovraccaricare

over'look *vt* dominare; (*fail to see, ignore*) lasciarsi sfuggire

overly /'əʊvəlɪ/ *adv* eccessivamente

over'night¹ *adv* per la notte; **stay ~** fermarsi a dormire

'overnight² *a* notturno; **~ bag** piccola borsa *f* da viaggio; **~ stay** sosta *f* per la notte

'overpass *n* cavalcavia *m inv*

over'pay *vt* (*pt/pp* **-paid**) strapagare

over'populated *a* sovrappopolato

over'power *vt* sopraffare. **~ing** *a* insostenibile

over'priced *a* troppo caro

overpro'duce *vt* produrre in eccesso

over'rate *vt* sopravvalutare. **~d** *a* sopravvalutato

over'reach *vt* **~ oneself** puntare troppo in alto

overre'act *vi* avere una reazione eccessiva. **~ion** *n* reazione *f* eccessiva

over'rid|e *vt* (*pt* **-rode**, *pp* **-ridden**) passare sopra a. **~ing** *a* prevalente

over'rule *vt* annullare ‹*decision*›

over'run *vt* (*pt* **-ran**, *pp* **-run**, *pres p* **-running**) invadere; oltrepassare ‹*time*›; **be ~ with** essere invaso da

over'seas¹ *adv* oltremare

'overseas² *a* d'oltremare

over'see *vt* (*pt* **-saw**, *pp* **-seen**) sorvegliare

over'shadow *vt* adombrare

over'shoot *vt* (*pt/pp* **-shot**) oltrepassare

'oversight *n* disattenzione *f*; **an ~** una svista

over'sleep *vi* (*pt/pp* **-slept**) svegliarsi troppo tardi

over'step *vt* (*pt/pp* **-stepped**) **~ the mark** oltrepassare ogni limite

overt /əʊ'vɜ:t/ *a* palese

over'tak|e *vt/i* (*pt* **-took**, *pp* **-taken**) sorpassare. **~ing** *n* sorpasso *m*; **no ~ing** divieto di sorpasso

over'tax *vt fig* abusare di

'overthrow¹ *n Pol* rovesciamento *m*

over'throw² *vt* (*pt* **-threw**, *pp* **-thrown**) *Pol* rovesciare

'overtime *n* lavoro *m* straordinario ● *adv* **work ~** fare lo straordinario

over'tired *a* sovraffaticato

'overtone *n fig* sfumatura *f*

overture /'əʊvətjʊə(r)/ *n Mus* preludio *m*; **~s** *pl fig* approccio *msg*

over'turn *vt* ribaltare ● *vi* ribaltarsi

over'weight *a* sovrappeso

overwhelm /-'welm/ *vt* sommergere (**with** di); (*with emotion*) confondere. **~ing** *a* travolgente; ‹*victory, majority*› schiacciante

over'work *n* lavoro *m* eccessivo ● *vt* far lavorare eccessivamente ● *vi* lavorare eccessivamente

ow|e /əʊ/ *vt also fig* dovere ([**to**] **sb** a qcno); **~e sb sth** dovere qcsa a qcno. **~ing** *a* **be ~ing** ‹*money*:› essere da pagare ● *prep* **~ing to** a causa di

owl /aʊl/ *n* gufo *m*

own¹ /əʊn/ *a* proprio ● *pron* **a car of my ~** una macchina per conto mio; **on one's ~** da solo; **hold one's ~ with** tener testa a; **get one's ~ back** *fam* prendersi una rivincita

own² *vt* possedere; (*confess*) ammettere;

I don't ~ it non mi appartiene. **own up** *vi* confessare (**to sth** qcsa)
owner /'əʊnə(r)/ *n* proprietario, -a *mf*. **~ship** *n* proprietà *f*
ox /ɒks/ *n* (*pl* **oxen**) bue *m* (*pl* buoi)
oxide /'ɒksaɪd/ *n* ossido *m*
oxygen /'ɒksɪdʒən/ *n* ossigeno *m*. **~ mask** *n* maschera *f* a ossigeno
oyster /'ɔɪstə(r)/ *n* ostrica *f*
ozone /'əʊzəʊn/ *n* ozono *m*. **~-'friendly** *a* che non danneggia l'ozono. **~ layer** *n* fascia *f* d'ozono

Pp

PA *abbr* (**per annum**) all'anno
pace /peɪs/ *n* passo *m*; (*speed*) ritmo *m*; **keep ~ with** camminare di pari passo con ● *vi* **~ up and down** camminare avanti e indietro. **~-maker** *n Med* pacemaker *m*; (*runner*) battistrada *m*
Pacific /pə'sɪfɪk/ *a & n* **the ~ [Ocean]** l'oceano *m* Pacifico, il Pacifico
pacifier /'pæsɪfaɪə(r)/ *n Am* ciuccio *m*, succhiotto *m*
pacifist /'pæsɪfɪst/ *n* pacifista *mf*
pacify /'pæsɪfaɪ/ *vt* (*pt/pp* **-ied**) placare ‹*person*›; pacificare ‹*country*›
pack /pæk/ *n* (*of cards*) mazzo *m*; (*of hounds*) muta *f*; (*of wolves, thieves*) branco *m*; (*of cigarettes etc*) pacchetto *m*; **a ~ of lies** un mucchio di bugie ● *vt* impacchettare ‹*article*›; fare ‹*suitcase*›; mettere in valigia ‹*swimsuit etc*›; (*press down*) comprimere; **~ed [out]** (*crowded*) pieno zeppo ● *vi* fare i bagagli; **send sb ~ing** *fam* mandare qcno a stendere. **pack up** *vt* impacchettare ● *vi fam* ‹*machine:*› piantare in asso
package /'pækɪdʒ/ *n* pacco *m* ● *vt* impacchettare. **~ deal** offerta *f* tutto compreso. **~ holiday** *n* vacanza *f* organizzata. **~ tour** viaggio *m* organizzato
packaging /'pækɪdʒɪŋ/ *n* confezione *f*
packed 'lunch *n* pranzo *m* al sacco
packet /'pækɪt/ *n* pacchetto *m*; **cost a ~** *fam* costare un sacco
packing /'pækɪŋ/ *n* imballaggio *m*
pact /pækt/ *n* patto *m*
pad¹ /pæd/ *n* imbottitura *f*; (*for writing*) bloc-notes *m inv*, taccuino *m*; (*fam: home*) [piccolo] appartamento *m* ● *vt* (*pt/pp* **padded**) imbottire. **pad out** *vt* gonfiare
pad² *vi* (*pt/pp* **padded**) camminare con passo felpato
padded /'pædɪd/ *a* **~ bra** reggiseno *m* imbottito
padding /'pædɪŋ/ *n* imbottitura *f*; (*in written work*) fronzoli *mpl*
paddle¹ /'pæd(ə)l/ *n* pagaia *f* ● *vt* (*row*) spingere remando
paddle² *vi* (*wade*) sguazzare
paddock /'pædək/ *n* recinto *m*
padlock /'pædlɒk/ *n* lucchetto *m* ● *vt* chiudere con lucchetto
paediatrician /pi:dɪə'trɪʃn/ *n* pediatra *mf*
paediatrics /pi:dɪ'ætrɪks/ *n* pediatria *f*
page¹ /peɪdʒ/ *n* pagina *f*
page² *n* (*boy*) paggetto *m*; (*in hotel*) fattorino *m* ● *vt* far chiamare ‹*person*›
pageant /'pædʒənt/ *n* parata *f*. **~ry** *n* cerimoniale *m*
pager /'peɪdʒə(r)/ *n* cercapersone *m inv*
paid /peɪd/ *see* **pay** ● *a* **~ employment** lavoro *m* remunerato; **put ~ to** mettere un termine a
pail /peɪl/ *n* secchio *m*
pain /peɪn/ *n* dolore *m*; **be in ~** soffrire; **take ~s to** fare il possibile per; **~ in the neck** *fam* spina *f* nel fianco
pain: ~ful *a* doloroso; (*laborious*) penoso.. **~-killer** *n* calmante *m*. **~less** *a* indolore
painstaking /'peɪnzteɪkɪŋ/ *a* minuzioso
paint /peɪnt/ *n* pittura *f*; **~s** *pl* colori *mpl* ● *vt/i* pitturare; ‹*artist:*› dipingere. **~brush** *n* pennello *m*. **~er** *n* pittore, -trice *mf*; (*decorator*) imbianchino *m*. **~ing** *n* pittura *f*, (*picture*) dipinto *m*. **~work** *n* pittura *f*
pair /peə(r)/ *n* paio *m*; (*of people*) coppia *f*; **~ of trousers** paio *m* di pantaloni; **~ of scissors** paio *m* di forbici
pajamas /pə'dʒɑ:məz/ *npl Am* pigiama *msg*

Pakistan /pɑ:kɪ'stɑ:n/ *n* Pakistan *m*. **~i** *a* pakistano ● *n* pakistano, -a *mf*
pal /pæl/ *n fam* amico, -a *mf*
palace /'pælɪs/ *n* palazzo *m*
palatable /'pælətəbl/ *a* gradevole (*al gusto*)
palate /'pælət/ *n* palato *m*
palatial /pə'leɪʃl/ *a* sontuoso
palaver /pə'lɑ:və(r)/ *n* (*fam: fuss*) storie *fpl*
pale /peɪl/ *a* pallido
Palestin|e /'pælɪstaɪn/ *n* Palestina *f*. **~ian** /pælɪ'stɪnɪən/ *a* palestinese ● *n* palestinese *mf*
palette /'pælɪt/ *n* tavolozza *f*
pall|id /'pælɪd/ *a* pallido. **~or** *n* pallore *m*
palm /pɑ:m/ *n* palmo *m*; (*tree*) palma *f*; **P~ 'Sunday** *n* Domenica *f* delle Palme ● **palm off** *vt* **~ sth off on sb** rifilare qcsa a qcno
palpable /'pælpəbl/ *a* palpabile; (*perceptible*) tangibile
palpitat|e /'pælpɪteɪt/ *vi* palpitare. **~ions** /-'teɪʃnz/ *npl* palpitazioni *fpl*
paltry /'pɔ:ltrɪ/ *a* (**-ier, -iest**) insignificante
pamper /'pæmpə(r)/ *vt* viziare
pamphlet /'pæmflɪt/ *n* opuscolo *m*
pan /pæn/ *n* tegame *m*, pentola *f*; (*for frying*) padella *f*; (*of scales*) piatto *m* ● *vt* (*pt/pp* **panned**) (*fam: criticize*) stroncare
panache /pə'næʃ/ *n* stile *m*
'pancake *n* crêpe *f inv*, frittella *f*
pancreas /'pæŋkrɪəs/ *n* pancreas *m inv*
panda /'pændə/ *n* panda *m inv*. **~ car** *n* macchina *f* della polizia
pandemonium /pændɪ'məʊnɪəm/ *n* pandemonio *m*
pander /'pændə(r)/ *vi* **~ to sb** compiacere qcno
pane /peɪn/ *n* **~ [of glass]** vetro *m*
panel /'pænl/ *n* pannello *m*; (*group of people*) giuria *f*; **~ of experts** gruppo *m* di esperti. **~ling** *n* pannelli *mpl*
pang /pæŋ/ *n* **~s of hunger** morsi *mpl* della fame; **~s of conscience** rimorsi *mpl* di coscienza
panic /'pænɪk/ *n* panico *m* ● *vi* (*pt/pp* **panicked**) lasciarsi prendere dal panico. **~-stricken** *a* in preda al panico
panoram|a /pænə'rɑ:mə/ *n* panorama *m*. **~ic** /-'ræmɪk/ *a* panoramico
pansy /'pænzɪ/ *n* viola *f* del pensiero; (*fam: effeminate man*) finocchio *m*
pant /pænt/ *vi* ansimare
panther /'pænθə(r)/ *n* pantera *f*
panties /'pæntɪz/ *npl* mutandine *fpl*
pantomime /'pæntəmaɪm/ *n* pantomima *f*
pantry /'pæntrɪ/ *n* dispensa *f*
pants /pænts/ *npl* (*underwear*) mutande *fpl*; (*woman's*) mutandine *fpl*; (*trousers*) pantaloni *mpl*
'pantyhose *n Am* collant *m inv*
papal /'peɪpl/ *a* papale
paper /'peɪpə(r)/ *n* carta *f*; (*wallpaper*) carta *f* da parati; (*newspaper*) giornale *m*; (*exam*) esame *m*; (*treatise*) saggio *m*; **~s** *pl* (*documents*) documenti *mpl*; (*for identification*) documento *m* [d'identità]; **on ~** in teoria; **put down on ~** mettere per iscritto ● *attrib* di carta ● *vt* tappezzare
paper: ~back *n* edizione *f* economica. **~-clip** *n* graffetta *f*. **~-knife** *n* tagliacarte *m inv*. **~weight** *n* fermacarte *m inv*. **~work** *n* lavoro *m* d'ufficio
par /pɑ:(r)/ *n* (*in golf*) par *m inv*; **on a ~ with** alla pari con; **feel below ~** essere un po' giù di tono
parable /'pærəbl/ *n* parabola *f*
parachut|e /'pærəʃu:t/ *n* paracadute *m inv* ● *vi* lanciarsi col paracadute. **~ist** *n* paracadutista *mf*
parade /pə'reɪd/ *n* (*military*) parata *f* militare ● *vi* sfilare ● *vt* (*show off*) far sfoggio di
paradise /'pærədaɪs/ *n* paradiso *m*
paradox /'pærədɒks/ *n* paradosso *m*. **~ical** /-'dɒksɪkl/ *a* paradossale. **~ically** *adv* paradossalmente
paraffin /'pærəfɪn/ *n* paraffina *f*
paragon /'pærəgən/ *n* **~ of virtue** modello *m* di virtù
paragraph /'pærəgrɑ:f/ *n* paragrafo *m*
parallel /'pærəlel/ *a & adv* parallelo. **~ bars** *npl* parallele *fpl*. **~ port** *n Comput* porta *f* parallela ● *n Geog, fig* parallelo *m*; (*line*) parallela *f* ● *vt* essere paragonabile a
paralyse /'pærəlaɪz/ *vt also fig* paralizzare
paralysis /pə'ræləsɪs/ *n* (*pl* **-ses** /-si:z/ paralisi *f inv*
parameter /pə'ræmɪtə(r)/ *n* parametro *m*
paramount /'pærəmaʊnt/ *a* supremo; **be ~** essere essenziale
paranoia /pærə'nɔɪə/ *n* paranoia *f*
paranoid /'pærənɔɪd/ *a* paranoico
paraphernalia /pærəfə'neɪlɪə/ *n* armamentario *m*
paraphrase /'pærəfreɪz/ *n* parafrasi *f inv* ● *vt* parafrasare

paraplegic /pærə'pli:dʒɪk/ *a* paraplegico ● *n* paraplegico, -a *mf*
parasite /'pærəsaɪt/ *n* parassita *mf*
parasol /'pærəsɒl/ *n* parasole *m*
paratrooper /'pærətru:pə(r)/ *n* paracadutista *m*
parcel /'pɑ:sl/ *n* pacco *m*
parch /pɑ:tʃ/ *vt* disseccare; **be ~ed** ‹*person:*› morire dalla sete
pardon /'pɑ:dn/ *n* perdono *m*; *Jur* grazia *f*; **~?** prego?; **I beg your ~?** *fml* chiedo scusa?; **I do beg your ~** (*sorry*) chiedo scusa! ● *vt* perdonare; *Jur* graziare
pare /peə(r)/ *vt* (*peel*) pelare
parent /'peərənt/ *n* genitore, -trice *mf*; **~s** *pl* genitori *mpl*. **~al** /pə'rentl/ *a* dei genitori
parenthesis /pə'renθəsɪs/ *n* (*pl* **-ses** /-si:z/) parentesi *m inv*
Paris /'pærɪs/ *n* Parigi *f*
parish /'pærɪʃ/ *n* parrocchia *f*. **~ioner** /pə'rɪʃənə(r)/ *n* parrocchiano, -a *mf*
Parisian /pə'rɪzɪən/ *a & n* parigino, -a *mf*
parity /'pærətɪ/ *n* parità *f*
park /pɑ:k/ *n* parco *m* ● *vt/i Auto* posteggiare, parcheggiare; **~ oneself** *fam* installarsi
parka /'pɑ:kə/ *n* parka *m inv*
parking /'pɑ:kɪŋ/ *n* parcheggio *m*, posteggio *m*; **'no ~'** 'divieto di sosta'. **~-lot** *n Am* posteggio *m*, parcheggio *m*. **~-meter** *n* parchimetro *m*. **~ space** *n* posteggio *m*, parcheggio *m*
parliament /'pɑ:ləmənt/ *n* parlamento *m*. **~ary** /-'mentərɪ/ *a* parlamentare
parlour /'pɑ:lə(r)/ *n* salotto *m*
parochial /pə'rəʊkɪəl/ *a* parrocchiale; *fig* ristretto
parody /'pærədɪ/ *n* parodia *f* ● *vt* (*pt/pp* **-ied**) parodiare
parole /pə'rəʊl/ *n* **on ~** in libertà condizionale ● *vt* mettere in libertà condizionale
parquet /'pɑ:keɪ/ *n* **~ floor** parquet *m inv*
parrot /'pærət/ *n* pappagallo *m*
parry /'pærɪ/ *vt* (*pt/pp* **-ied**) parare ‹*blow*›; (*in fencing*) eludere
parsimonious /pɑ:sɪ'məʊnɪəs/ *a* parsimonioso
parsley /'pɑ:slɪ/ *n* prezzemolo *m*
parsnip /'pɑ:snɪp/ *n* pastinaca *f*
parson /'pɑ:sn/ *n* pastore *m*
part /pɑ:t/ *n* parte *f*; (*of machine*) pezzo *m*; **for my ~** per quanto mi riguarda; **on the ~ of** da parte di; **take sb's ~** prendere le parti di qcno; **take ~ in** prendere parte a ● *adv* in parte ● *vt* **~ one's hair** farsi la riga ● *vi* ‹*people:*› separare; **~ with** separarsi da
part-ex'change *n* **take in ~** prendere indietro
partial /'pɑ:ʃl/ *a* parziale; **be ~ to** aver un debole per. **~ly** *adv* parzialmente
particip|ant /pɑ:'tɪsɪpənt/ *n* partecipante *mf*. **~ate** /-peɪt/ *vi* partecipare (**in** a). **~ation** /-'peɪʃn/ *n* partecipazione *f*
participle /'pɑ:tɪsɪpl/ *n* participio *m*; **present/past ~** participio *m* presente/passato
particle /'pɑ:tɪkl/ *n Phys, Gram* particella *f*
particular /pə'tɪkjʊlə(r)/ *a* particolare; (*precise*) meticoloso; *pej* noioso; **in ~** in particolare. **~ly** *adv* particolarmente. **~s** *npl* particolari *mpl*
parting /'pɑ:tɪŋ/ *n* separazione *f*; (*in hair*) scriminatura *f* ● *attrib* di commiato
partisan /pɑ:tɪ'zæn/ *n* partigiano, -a *mf*
partition /pɑ:'tɪʃn/ *n* (*wall*) parete *f* divisoria; *Pol* divisione *f* ● *vt* dividere (*in parti*). **partition off** *vt* separare
partly /'pɑ:tlɪ/ *adv* in parte
partner /'pɑ:tnə(r)/ *n Comm* socio, -a *mf*; (*sport, in relationship*) compagno, -a *mf*. **~ship** *n Comm* società *f inv*
partridge /'pɑ:trɪdʒ/ *n* pernice *f*
part-'time *a & adv* part time; **be** *or* **work ~** lavorare part time
party /'pɑ:tɪ/ *n* ricevimento *m*, festa *f*; (*group*) gruppo *m*; *Pol* partito *m*; *Jur* parte *f* [in causa]; **be ~ to** essere parte attiva in
'party line¹ *n Teleph* duplex *m inv*
party 'line² *n Pol* linea *f* del partito
pass /pɑ:s/ *n* lasciapassare *m inv*; (*in mountains*) passo *m*; *Sport* passaggio *m*; *Sch* (*mark*) [voto *m*] sufficiente *m*; **make a ~ at** *fam* fare delle avances a ● *vt* passare; (*overtake*) sorpassare; (*approve*) far passare; fare ‹*remark*›; *Jur* pronunciare ‹*sentence*›; **~ the time** passare il tempo ● *vi* passare; (*in exam*) essere promosso. **pass away** *vi* mancare. **pass down** *vt* passare; *fig* trasmettere. **pass out** *vi fam* svenire. **pass round** *vt* far passare. **pass through** *vt* attraversare. **pass up** *vt* passare; (*fam: miss*) lasciarsi scappare
passable /'pɑ:səbl/ *a* ‹*road*› praticabile; (*satisfactory*) passabile
passage /'pæsɪdʒ/ *n* passaggio *m*;

(*corridor*) corridoio *m*; (*voyage*) traversata *f*

passenger /'pæsɪndʒə(r)/ *n* passeggero, -a *mf*. **~ seat** *n* posto *m* accanto al guidatore

passer-by /pɑ:sə'baɪ/ *n* (*pl* **~s-by**) passante *mf*

'passing place *n piazzola f di sosta per consentire il transito dei veicoli nei due sensi*

passion /'pæʃn/ *n* passione *f*. **~ate** /-ət/ *a* appassionato

passive /'pæsɪv/ *a* passivo ● *n* passivo *m*. **~ness** *n* passività *f*

'pass-mark *n Sch* [voto *m*] sufficiente *m*

Passover /'pɑ:səʊvə(r)/ *n* Pasqua *f* ebraica

pass: ~port *n* passaporto *m*. **~word** *n* parola *f* d'ordine

past /pɑ:st/ *a* passato; (*former*) ex; **in the ~ few days** nei giorni scorsi; **that's all ~** tutto questo è passato; **the ~ week** la settimana scorsa ● *n* passato *m* ● *prep* oltre; **at ten ~ two** alle due e dieci ● *adv* oltre; **go/come ~** passare

pasta /'pæstə/ *n* pasta[sciutta] *f*

paste /peɪst/ *n* pasta *f*; (*dough*) impasto *m*; (*adhesive*) colla *f* ● *vt* incollare

pastel /'pæstl/ *n* pastello *m* ● *attrib* pastello

pasteurize /'pɑ:stʃəraɪz/ *vt* pastorizzare

pastille /'pæstɪl/ *n* pastiglia *f*

pastime /'pɑ:staɪm/ *n* passatempo *m*

pastoral /'pɑ:stərəl/ *a* pastorale

pastrami /pæ'strɑ:mɪ/ *n carne f di manzo affumicata*

pastr|y /'peɪstrɪ/ *n* pasta *f*; **~ies** *pl* pasticcini *mpl*

pasture /'pɑ:stʃə(r)/ *n* pascolo *m*

pasty[1] /'pæstɪ/ *n* pasticcio *m*

pasty[2] /'peɪstɪ/ *a* smorto

pat /pæt/ *n* buffetto *m*; (*of butter*) pezzetto *m* ● *adv* **have sth off ~** conoscere qcsa a menadito ● *vt* (*pt/pp* **patted**) dare un buffetto a; **~ sb on the back** *fig* congratularsi con qcno

patch /pætʃ/ *n* toppa *f*; (*spot*) chiazza *f*; (*period*) periodo *m*; **not a ~ on** *fam* molto inferiore a ● *vt* mettere una toppa su. **patch up** *vt* riparare alla bell'e meglio; appianare ‹*quarrel*›

patchy /'pætʃɪ/ *a* incostante

pâté /'pæteɪ/ *n* pâté *m inv*

patent /'peɪtnt/ *a* palese ● *n* brevetto *m* ● *vt* brevettare. **~ leather shoes** *npl* scarpe *fpl* di vernice. **~ly** *adv* in modo palese

patern|al /pə'tɜ:nl/ *a* paterno. **~ity** *n* paternità *f*

path /pɑ:θ/ *n* (*pl* **~s** /pɑ:ðz/) sentiero *m*; (*orbit*) traiettoria *m*; *fig* strada *f*

pathetic /pə'θetɪk/ *a* patetico; (*fam: very bad*) penoso

patholog|ical /pæθə'lɒdʒɪkl/ *a* patologico. **~ist** /pə'θɒlədʒɪst/ *n* patologo, -a *mf*. **~y** patologia *f*

pathos /'peɪθɒs/ *n* pathos *m*

patience /'peɪʃns/ *n* pazienza *f*; (*game*) solitario *m*

patient /'peɪʃnt/ *a* paziente ● *n* paziente *mf*. **~ly** *adv* pazientemente

patio /'pætɪəʊ/ *n* terrazza *f*

patriot /'pætrɪət/ *n* patriota *mf*. **~ic** /-'ɒtɪk/ *a* patriottico. **~ism** *n* patriottismo *m*

patrol /pə'trəʊl/ *n* pattuglia *f* ● *vt/i* pattugliare. **~ car** *n* autopattuglia *f*

patron /'peɪtrən/ *n* patrono *m*; (*of charity*) benefattore, -trice *mf*; (*of the arts*) mecenate *mf*; (*customer*) cliente *mf*

patroniz|e /'pætrənaɪz/ *vt* frequentare abitualmente; *fig* trattare con condiscendenza. **~ing** *a* condiscendente. **~ingly** *adv* con condiscendenza

patter[1] /'pætə(r)/ *n* picchiettio *m* ● *vi* picchiettare

patter[2] *n* (*of salesman*) chiacchiere *fpl*

pattern /'pætn/ *n* disegno *m* (*stampato*); (*for knitting, sewing*) modello *m*

paunch /pɔ:ntʃ/ *n* pancia *f*

pause /pɔ:z/ *n* pausa *f* ● *vi* fare una pausa

pave /peɪv/ *vt* pavimentare; **~ the way** preparare la strada (**for** a). **~ment** *n* marciapiede *m*

pavilion /pə'vɪljən/ *n* padiglione *m*

paw /pɔ:/ *n* zampa *f* ● *vt fam* mettere le zampe addosso a

pawn[1] /pɔ:n/ *n* (*in chess*) pedone *m*; *fig* pedina *f*

pawn[2] *vt* impegnare ● *n* **in ~** in pegno. **~broker** *n* prestatore, -trice *mf* su pegno. **~shop** *n* monte *m* di pietà

pay /peɪ/ *n* paga *f*; **in the ~ of** al soldo di ● *v* (*pt/pp* **paid**) ● *vt* pagare; prestare ‹*attention*›; fare ‹*compliment, visit*›; **~ cash** pagare in contanti ● *vi* pagare; (*be profitable*) rendere; **it doesn't ~ to...** *fig* è fatica sprecata...; **~ for sth** pagare per qcsa. **pay back** *vt* ripagare. **pay in** *vt* versare. **pay off** *vt* saldare ‹*debt*› ● *vi fig* dare dei frutti. **pay up** *vi* pagare

payable /'peɪəbl/ *a* pagabile; **make ~ to** intestare a

payee /peɪ'iː/ *n* beneficiario *m* (*di una somma*)
payment /'peɪmənt/ *n* pagamento *m*
pay: ~ **packet** *n* busta *f* paga. ~ **phone** *n* telefono *m* pubblico
PC *n abbr* (**personal computer**) PC *m inv*
pea /piː/ *n* pisello *m*
peace /piːs/ *n* pace *f*; ~ **of mind** tranquillità *f*
peace|able /'piːsəbl/ *a* pacifico. ~**ful** *a* calmo, sereno. ~**fully** *adv* in pace. ~**maker** *n* mediatore, -trice *mf*
peach /piːtʃ/ *n* pesca *f*; (*tree*) pesco *m*
peacock /'piːkɒk/ *n* pavone *m*
peak /piːk/ *n* picco *m*; *fig* culmine *m*. ~**ed 'cap** *n* berretto *m* a punta. ~ **hours** *npl* ore *fpl* di punta
peaky /'piːkɪ/ *a* malaticcio
peal /piːl/ *n* (*of bells*) scampanio *m*; ~**s of laughter** *pl* fragore *m* di risate
'peanut *n* nocciolina *f* [americana]; ~**s** *pl fam* miseria *f*
pear /peə(r)/ *n* pera *f*; (*tree*) pero *m*
pearl /pɜːl/ *n* perla *f*
peasant /'peznt/ *n* contadino, -a *mf*
pebble /'pebl/ *n* ciottolo *m*
peck /pek/ *n* beccata *f*; (*kiss*) bacetto *m* ● *vt* beccare; (*kiss*) dare un bacetto a. ~**ing order** *n* gerarchia *f*. **peck at** *vt* beccare
peckish /'pekɪʃ/ *a* **be** ~ *fam* avere un languorino [allo stomaco]
peculiar /pɪ'kjuːlɪə(r)/ *a* strano; (*special*) particolare; ~ **to** tipico di. ~**ity** /-'ærətɪ/ *n* stranezza *f*; (*feature*) particolarità *f inv*
pedal /'pedl/ *n* pedale *m* ● *vi* pedalare. ~ **bin** *n* pattumiera *f* a pedale
pedantic /pɪ'dæntɪk/ *a* pedante
pedestal /'pedɪstl/ *n* piedistallo *m*
pedestrian /pɪ'destrɪən/ *n* pedone *m* ● *a fig* scadente. ~ **'crossing** *n* passaggio *m* pedonale. ~ **'precinct** *n* zona *f* pedonale
pedicure /'pedɪkjʊə(r)/ *n* pedicure *f inv*
pedigree /'pedɪgriː/ *n* pedigree *m inv*; (*of person*) lignaggio *m* ● *attrib* ‹*animal*› di razza, con pedigree
pee /piː/ *vi* (*pt/pp* **peed**) *fam* fare [la] pipì
peek /piːk/ *vi fam* sbirciare
peel /piːl/ *n* buccia *f* ● *vt* sbucciare ● *vi* ‹*nose etc:*› spellarsi; ‹*paint:*› staccarsi
peep /piːp/ *n* sbirciata *f* ● *vi* sbirciare
peer¹ /pɪə(r)/ *vi* ~ **at** scrutare
peer² *n* nobile *m*; **his** ~**s** *pl* (*in rank*) i suoi pari; (*in age*) i suoi coetanei. ~**age** *n* nobiltà *f*
peeved /piːvd/ *a fam* irritato
peg /peg/ *n* (*hook*) piolo *m*; (*for tent*) picchetto *m*; (*for clothes*) molletta *f*; **off the** ~ *fam* prêt-à-porter
pejorative /pɪ'dʒɒrətɪv/ *a* peggiorativo
pelican /'pelɪkən/ *n* pellicano *m*
pellet /'pelɪt/ *n* pallottola *f*
pelt /pelt/ *vt* bombardare ● *vi* (*fam: run fast*) catapultarsi; ~ [**down**] ‹*rain:*› venir giù a fiotti
pelvis /'pelvɪs/ *n Anat* bacino *m*
pen¹ /pen/ *n* (*for animals*) recinto *m*
pen² *n* penna *f*; (*ball-point*) penna *f* a sfera
penal /'piːnl/ *a* penale. ~**ize** *vt* penalizzare
penalty /'penltɪ/ *n* sanzione *f*; (*fine*) multa *f*; (*in football*) ~ [**kick**] [calcio *m* di] rigore *m*; ~ **area** *or* **box** area *f* di rigore
penance /'penəns/ *n* penitenza *f*
pence /pens/ *see* **penny**
pencil /'pensl/ *n* matita *f*. ~**-sharpener** *n* temperamatite *m inv*
pendant /'pendənt/ *n* ciondolo *m*
pending /'pendɪŋ/ *a* in sospeso ● *prep* in attesa di
pendulum /'pendjʊləm/ *n* pendolo *m*
penetrat|e /'penɪtreɪt/ *vt/i* penetrare. ~**ing** *a* acuto; (*sound, stare*) penetrante. ~**ion** /-'treɪʃn/ *n* penetrazione *f*
'penfriend *n* amico, -a *mf* di penna
penguin /'peŋgwɪn/ *n* pinguino *m*
penicillin /penɪ'sɪlɪn/ *n* penicillina *f*
peninsula /pɪ'nɪnsjʊlə/ *n* penisola *f*
penis /'piːnɪs/ *n* pene *m*
peniten|ce /'penɪtəns/ *n* penitenza *f*. ~**t** *a* penitente ● *n* penitente *mf*
penitentiary /penɪ'tenʃərɪ/ *n Am* penitenziario *m*
pen: ~**knife** *n* temperino *m*. ~**-name** *n* pseudonimo *m*
pennant /'penənt/ *n* bandiera *f*
penniless /'penɪlɪs/ *a* senza un soldo
penny /'penɪ/ *n* (*pl* **pence**; *single coins* **pennies**) penny *m*; *Am* centesimo *m*; **spend a** ~ *fam* andare in bagno
pension /'penʃn/ *n* pensione *f*. ~**er** *n* pensionato, -a *mf*
pensive /'pensɪv/ *a* pensoso
Pentecost /'pentɪkɒst/ *n* Pentecoste *f*
pent-up /'pentʌp/ *a* represso
penultimate /pɪ'nʌltɪmət/ *a* penultimo
people /'piːpl/ *npl* persone *fpl*, gente

fsg; (*citizens*) popolo *msg*; **a lot of ~** una marea di gente; **the ~** la gente; **English ~** gli inglesi; **~ say** si dice; **for four ~** per quattro ● *vt* popolare

pepper /'pepə(r)/ *n* pepe *m*; (*vegetable*) peperone *m* ● *vt* (*season*) pepare

pepper: ~corn *n* grano *m* di pepe. **~ mill** macinapepe *m inv*. **~mint** *n* menta *f* peperita; (*sweet*) caramella *f* alla menta. **~pot** *n* pepiera *f*

per /pɜ:(r)/ *prep* per; **~ annum** all'anno; **~ cent** percento

perceive /pə'si:v/ *vt* percepire; (*interpret*) interpretare

percentage /pə'sentɪdʒ/ *n* percentuale *f*

perceptible /pə'septəbl/ *a* percettibile; ‹*difference*› sensibile

percept|ion /pə'sepʃn/ *n* percezione *f*. **~ive** /-tɪv/ *a* perspicace

perch /pɜ:tʃ/ *n* pertica *f* ● *vi* ‹*bird:*› appollaiarsi

percolator /'pɜ:kəleɪtə(r)/ *n* caffettiera *f* a filtro

percussion /pə'kʌʃn/ *n* percussione *f*. **~ instrument** *n* strumento *m* a percussione

peremptory /pə'remptərɪ/ *a* perentorio

perennial /pə'renɪəl/ *a* perenne ● *n* pianta *f* perenne

perfect¹ /'pɜ:fɪkt/ *a* perfetto ● *n Gram* passato *m* prossimo

perfect² /pə'fekt/ *vt* perfezionare. **~ion** /-ekʃn/ *n* perfezione *f*; **to ~ion** alla perfezione. **~ionist** *n* perfezionista *mf*

perfectly /'pɜ:fɪktlɪ/ *adv* perfettamente

perforat|e /'pɜ:fəreɪt/ *vt* perforare. **~ed** *a* perforato; ‹*ulcer*› perforante. **~ion** *n* perforazione *f*

perform /pə'fɔ:m/ *vt* compiere, fare; eseguire ‹*operation, sonata*›; recitare ‹*role*›; mettere in scena ‹*play*› ● *vi Theat* recitare; *Techn* funzionare. **~ance** *n* esecuzione *f*; (*at theatre, cinema*) rappresentazione *f*; *Techn* rendimento *m*. **~er** *n* artista *mf*

perfume /'pɜ:fju:m/ *n* profumo *m*

perfunctory /pə'fʌŋktərɪ/ *a* superficiale

perhaps /pə'hæps/ *adv* forse

peril /'perɪl/ *n* pericolo *m*. **~ous** /-əs/ *a* pericoloso

perimeter /pə'rɪmɪtə(r)/ *n* perimetro *m*

period /'pɪərɪəd/ *n* periodo *m*; (*menstruation*) mestruazioni *fpl*; *Sch* ora *f* di lezione; (*full stop*) punto *m* fermo ● *attrib* ‹*costume*› d'epoca; ‹*furniture*› in stile. **~ic** /-'ɒdɪk/ *a* periodico. **~ical** /-'ɒdɪkl/ *n* periodico *m*, rivista *f*

peripher|al /pə'rɪfərəl/ *a* periferico. **~y** *n* periferia *f*

periscope /'perɪskəʊp/ *n* periscopio *m*

perish /'perɪʃ/ *vi* (*rot*) deteriorarsi; (*die*) perire. **~able** /-əbl/ *a* deteriorabile

perjur|e /'pɜ:dʒə(r)/ *vt* **~e oneself** spergiurare. **~y** *n* spergiuro *m*

perk /pɜ:k/ *n fam* vantaggio *m*

perk up *vt* tirare su ● *vi* tirarsi su

perky /'pɜ:kɪ/ *a* allegro

perm /pɜ:m/ *n* permanente *f* ● *vt* **~ sb's hair** fare la permanente a qno

permanent /'pɜ:mənənt/ *a* permanente; ‹*job, address*› stabile. **~ly** *adv* stabilmente

permeate /'pɜ:mɪeɪt/ *vt* impregnare

permissible /pə'mɪsəbl/ *a* ammissibile

permission /pə'mɪʃn/ *n* permesso *m*

permissive /pə'mɪsɪv/ *a* permissivo

permit¹ /pə'mɪt/ *vt* (*pt/pp* **-mitted**) permettere; **~ sb to do sth** permettere a qcno di fare qcsa

permit² /'pɜ:mɪt/ *n* autorizzazione *f*

perpendicular /pɜ:pən'dɪkjʊlə(r)/ *a* perpendicolare ● *n* perpendicolare *f*

perpetual /pə'petjʊəl/ *a* perenne. **~ly** *adv* perennemente

perpetuate /pə'petjʊeɪt/ *vt* perpetuare

perplex /pə'pleks/ *vt* lasciare perplesso. **~ed** *a* perplesso. **~ity** *n* perplessità *f inv*

persecut|e /'pɜ:sɪkju:t/ *vt* perseguitare. **~ion** /-'kju:ʃn/ *n* persecuzione *f*

perseverance /pɜ:sɪ'vɪərəns/ *n* perseveranza *f*

persever|e /pɜ:sɪ'vɪə(r)/ *vi* perseverare. **~ing** *a* assiduo

Persian /'pɜ:ʃn/ *a* persiano

persist /pə'sɪst/ *vi* persistere; **~ in doing sth** persistere nel fare qcsa. **~ence** *n* persistenza *f*. **~ent** *a* persistente. **~ently** *adv* persistentemente

person /'pɜ:sn/ *n* persona *f*; **in ~** di persona

personal /'pɜ:sənl/ *a* personale. **~ 'hygiene** *n* igiene *f* personale. **~ly** *adv* personalmente. **~ organizer** *n Comput* agenda *f* elettronica

personality /pɜ:sə'nælətɪ/ *n* personalità *f inv*; (*on TV*) personaggio *m*

personnel /pɜ:səˈnel/ *n* personale *m*
perspective /pəˈspektɪv/ *n* prospettiva *f*
persp|iration /pɜ:sprˈreɪʃn/ *n* sudore *m*. **~ire** /-ˈspaɪə(r)/ *vi* sudare
persua|de /pəˈsweɪd/ *vt* persuadere. **~sion** /-eɪʒn/ *n* persuasione *f*; (*belief*) convinzione *f*
persuasive /pəˈsweɪsɪv/ *a* persuasivo. **~ly** *adv* in modo persuasivo
pertinent /ˈpɜ:tɪnənt/ *a* pertinente (**to** a)
perturb /pəˈtɜ:b/ *vt* perturbare
peruse /pəˈru:z/ *vt* leggere
perva|de /pəˈveɪd/ *vt* pervadere. **~sive** /-sɪv/ *a* pervasivo
pervers|e /pəˈvɜ:s/ *a* irragionevole. **~ion** /-ɜ:ʃn/ *n* perversione *f*
pervert /ˈpɜ:vɜ:t/ *n* pervertito, -a *mf*
perverted /pəˈvɜ:tɪd/ *a* perverso
pessimis|m /ˈpesɪmɪzm/ *n* pessimismo *m*. **~t** /-mɪst/ *n* pessimista *mf*. **~tic** /-ˈmɪstɪk/ *a* pessimistico. **~tically** *adv* in modo pessimistico
pest /pest/ *n* piaga *f*; (*fam: person*) peste *f*
pester /ˈpestə(r)/ *vt* molestare
pesticide /ˈpestɪsaɪd/ *n* pesticida *m*
pet /pet/ *n* animale *m* domestico; (*favourite*) cocco, -a *mf* ● *a* prediletto ● *v* (*pt/pp* **petted**) ● *vt* coccolare ● *vi* ‹*couple*:› praticare il petting
petal /ˈpetl/ *n* petalo *m*
peter /ˈpi:tə(r)/ *vi* **~ out** finire
petite /pəˈti:t/ *a* minuto
petition /pəˈtɪʃn/ *n* petizione *f*
pet ˈname *n* vezzeggiativo *m*
petrif|y /ˈpetrɪfaɪ/ *vt* (*pt/pp* **-ied**) pietrificare. **~ied** *a* (*frightened*) pietrificato
petrol /ˈpetrəl/ *n* benzina *f*
petroleum /pɪˈtrəʊlɪəm/ *n* petrolio *m*
petrol: ~-pump *n* pompa *f* di benzina. **~ station** *n* stazione *f* di servizio. **~ tank** *n* serbatoio *m* della benzina
ˈpet shop *n* negozio *m* di animali [domestici]
petticoat /ˈpetɪkəʊt/ *n* sottoveste *f*
petty /ˈpetɪ/ *a* (**-ier, -iest**) insignificante; (*mean*) meschino. **~ ˈcash** *n* cassa *f* per piccole spese
petulant /ˈpetjʊlənt/ *a* petulante
pew /pju:/ *n* banco *m* (*di chiesa*)
pewter /ˈpju:tə(r)/ *n* peltro *m*
phallic /ˈfælɪk/ *a* fallico
phantom /ˈfæntəm/ *n* fantasma *m*
pharmaceutical /fɑ:məˈsju:tɪkl/ *a* farmaceutico
pharmac|ist /ˈfɑ:məsɪst/ *n* farmacista *mf*. **~y** *n* farmacia *f*
phase /feɪz/ *n* fase *f* ● *vt* **phase in/out** introdurre/eliminare gradualmente
Ph.D. *n abbr* (**Doctor of Philosophy**) dottorato *m* di ricerca
pheasant /ˈfeznt/ *n* fagiano *m*
phenomen|al /fɪˈnɒmɪnl/ *a* fenomenale; (*incredible*) incredibile. **~ally** *adv* incredibilmente. **~on** *n* (*pl* **-na**) fenomeno *m*
philanderer /fɪˈlændərə(r)/ *n* donnaiolo *m*
philanthrop|ic /fɪlənˈθrɒpɪk/ *a* filantropico. **~ist** /fɪˈlænθrəpɪst/ *n* filantropo, -a *mf*
philatel|y /fɪˈlætəlɪ/ *n* filatelia *f*. **~ist** *n* filatelico, -a *mf*
philharmonic /fɪlhɑ:ˈmɒnɪk/ *n* (*orchestra*) orchestra *f* filarmonica ● *a* filarmonico
Philippines /ˈfɪlɪpi:nz/ *npl* Filippine *fpl*
philistine /ˈfɪlɪstaɪn/ *n* filisteo, -a *mf*
philosoph|er /fɪˈlɒsəfə(r)/ *n* filosofo, -a *mf*. **~ical** /fɪləˈsɒfɪkl/ *a* filosofico. **~ically** *adv* con filosofia. **~y** *n* filosofia *f*
phlegm /flem/ *n Med* flemma *f*
phlegmatic /flegˈmætɪk/ *a* flemmatico
phobia /ˈfəʊbɪə/ *n* fobia *f*
phone /fəʊn/ *n* telefono *m*; **be on the ~** avere il telefono; (*be phoning*) essere al telefono ● *vt* telefonare a ● *vi* telefonare. **phone back** *vt/i* richiamare. **~ book** *n* guida *f* del telefono. **~ box** *n* cabina *f* telefonica. **~ card** *n* scheda *f* telefonica. **~ call** telefonata *f*. **~-in** *n* trasmissione *f* con chiamate in diretta. **~ number** *n* numero *m* telefonico
phonetic /fəˈnetɪk/ *a* fonetico. **~s** *n* fonetica *f*
phoney /ˈfəʊnɪ/ *a* (**-ier, -iest**) fasullo
phosphorus /ˈfɒsfərəs/ *n* fosforo *m*
photo /ˈfəʊtəʊ/ *n* foto *f*; **~ album** album *m inv* di fotografie. **~copier** *n* fotocopiatrice *f*. **~copy** *n* fotocopia *f* ● *vt* fotocopiare
photogenic /fəʊtəʊˈdʒenɪk/ *a* fotogenico
photograph /ˈfəʊtəgrɑ:f/ *n* fotografia *f* ● *vt* fotografare
photograph|er /fəˈtɒgrəfə(r)/ *n* fotografo, -a *mf*. **~ic** /fəʊtəˈgræfɪk/ *a* fotografico. **~y** *n* fotografia *f*
phrase /freɪz/ *n* espressione *f* ● *vt* esprimere. **~-book** *n* libro *m* di fraseologia

physical /'fɪzɪkl/ *a* fisico. **~ edu'cation** *n* educazione *f* fisica. **~ly** *adv* fisicamente

physician /fɪ'zɪʃn/ *n* medico *m*

physic|ist /'fɪzɪsɪst/ *n* fisico, -a *mf*. **~s** *n* fisica *f*

physiology /fɪzɪ'ɒlədʒɪ/ *n* fisiologia *f*

physio'therap|ist /fɪzɪəʊ-/ *n* fisioterapista *mf*. **~y** *n* fisioterapia *f*

physique /fɪ'zi:k/ *n* fisico *m*

pianist /'pɪənɪst/ *n* pianista *mf*

piano /pɪ'ænəʊ/ *n* piano *m*

pick[1] /pɪk/ *n* (*tool*) piccone *m*

pick[2] *n* scelta *f*; **take your ~** prendi quello che vuoi ● *vt* (*select*) scegliere; cogliere ‹*flowers*›; scassinare ‹*lock*›; borseggiare ‹*pockets*›; **~ and choose** fare il difficile; **~ one's nose** mettersi le dita nel naso; **~ a quarrel** attaccar briga; **~ holes in** *fam* criticare; **~ at one's food** spilluzzicare. **pick on** *vt* (*fam: nag*) assillare; **he always ~s on me** ce l'ha con me. **pick out** *vt* (*identify*) individuare. **pick up** *vt* sollevare; (*off the ground, information*) raccogliere; prendere in braccio ‹*baby*›; (*learn*) imparare; prendersi ‹*illness*›; (*buy*) comprare; captare ‹*signal*›; (*collect*) andare/venire a prendere; prendere ‹*passengers, habit*›; ‹*police:*› arrestare ‹*criminal*›; *fam* rimorchiare ‹*girl*›; **~ oneself up** riprendersi ● *vi* (*improve*) recuperare; ‹*weather:*› rimettersi

'pickaxe *n* piccone *m*

picket /'pɪkɪt/ *n* picchettista *mf* ● *vt* picchettare. **~ line** *n* picchetto *m*

pickle /'pɪkl/ *n* **~s** *pl* sottaceti *mpl*; **in a ~** *fig* nei pasticci ● *vt* mettere sottaceto

pick: ~pocket *n* borsaiolo *m*. **~-up** *n* (*truck*) furgone *m*; (*on record-player*) pickup *m inv*

picnic /'pɪknɪk/ *n* picnic *m* ● *vi* (*pt/pp* **-nicked**) fare un picnic

picture /'pɪktʃə(r)/ *n* (*painting*) quadro *m*; (*photo*) fotografia *f*; (*drawing*) disegno *m*; (*film*) film *m inv*; **put sb in the ~** *fig* mettere qcno al corrente; **the ~s** il cinema ● *vt* (*imagine*) immaginare

picturesque /pɪktʃə'resk/ *a* pittoresco

pie /paɪ/ *n* torta *f*

piece /pi:s/ *n* pezzo *m*; (*in game*) pedina *f*; **a ~ of bread/paper** un pezzo di pane/carta; **a ~ of news/advice** una notizia/un consiglio; **take to ~s** smontare. **~meal** *adv* un po' alla volta. **~-work** *n* lavoro *m* a cottimo ● **piece together** *vt* montare; *fig* ricostruire

pier /pɪə(r)/ *n* molo *m*; (*pillar*) pilastro *m*

pierc|e /pɪəs/ *vt* perforare; **~e a hole in sth** fare un buco in qcsa. **~ing** *n* [**body**] **~** piercing *m inv* ● *a* penetrante

pig /pɪg/ *n* maiale *m*

pigeon /'pɪdʒɪn/ *n* piccione *m*. **~-hole** *n* casella *f*

piggy /'pɪgɪ/ **~back** *n* **give sb a ~back** portare qcno sulle spalle. **~ bank** *n* salvadanaio *m*

pig'headed *a fam* cocciuto

pig: ~skin *n* pelle *f* di cinghiale. **~tail** *n* (*plait*) treccina *f*

pile *n* (*heap*) pila *f* ● *vt* **~ sth on to sth** appilare qcsa su qcsa. **pile up** *vt* accatastare ● *vi* ammucchiarsi

piles /paɪlz/ *npl* emorroidi *fpl*

'pile-up *n* tamponamento *m* a catena

pilfering /'pɪlfərɪŋ/ *n* piccoli furti *mpl*

pilgrim /'pɪlgrɪm/ *n* pellegrino, -a *mf*. **~age** /-ɪdʒ/ *n* pellegrinaggio *m*

pill /pɪl/ *n* pillola *f*

pillage /'pɪlɪdʒ/ *vt* saccheggiare

pillar /'pɪlə(r)/ *n* pilastro *m*. **~-box** *n* buca *f* delle lettere

pillion /'pɪljən/ *n* sellino *m* posteriore; **ride ~** viaggiare dietro

pillory /'pɪlərɪ/ *vt* (*pt/pp* **-ied**) *fig* mettere alla berlina

pillow /'pɪləʊ/ *n* guanciale *m*. **~case** *n* federa *f*

pilot /'paɪlət/ *n* pilota *mf* ● *vt* pilotare. **~-light** *n* fiamma *f* di sicurezza

pimp /pɪmp/ *n* protettore *m*

pimple /'pɪmpl/ *n* foruncolo *m*

pin /pɪn/ *n* spillo *m*; *Electr* spinotto *m*; *Med* chiodo *m*; **I have ~s and needles in my leg** *fam* mi formicola una gamba ● *vt* (*pt/pp* **pinned**) appuntare (**to/on** su); (*sewing*) fissare con gli spilli; (*hold down*) immobilizzare; **~ sb down to a date** ottenere un appuntamento da qcno; **~ sth on sb** *fam* addossare a qcno la colpa di qcsa. **pin up** *vt* appuntare; (*on wall*) affiggere

pinafore /'pɪnəfɔ:(r)/ *n* grembiule *m*. **~ dress** *n* scamiciato *m*

pincers /'pɪnsəz/ *npl* tenaglie *fpl*

pinch /pɪntʃ/ *n* pizzicotto *m*; (*of salt*) presa *f*; **at a ~** *fam* in caso di bisogno ● *vt* pizzicare; (*fam: steal*) fregare ● *vi* ‹*shoe:*› stringere

'pincushion *n* puntaspilli *m inv*

pine[1] /paɪn/ *n* (*tree*) pino *m*

pine[2] *vi* **she is pining for you** le manchi molto. **pine away** *vi* deperire

pineapple /'paɪn-/ *n* ananas *m inv*
ping /pɪŋ/ *n* rumore *m* metallico
'ping-pong *n* ping-pong *m*
pink /pɪŋk/ *a* rosa *inv*
pinnacle /'pɪnəkl/ *n* guglia *f*
PIN number *n* codice *m* segreto
pin: ~point *vt* definire con precisione. **~stripe** *a* gessato
pint /paɪnt/ *n* pinta *f* (= *0,57 l, Am: 0,47 l*); **a ~** *fam* una birra media
'pin-up *n* ragazza *f* da copertina, pin-up *f inv*
pioneer /paɪə'nɪə(r)/ *n* pioniere, -a *mf* ● *vt* essere un pioniere di
pious /'paɪəs/ *a* pio
pip /pɪp/ *n* (*seed*) seme *m*
pipe /paɪp/ *n* tubo *m*; (*for smoking*) pipa *f*; **the ~s** *Mus* la cornamusa ● *vt* far arrivare con tubature ‹*water, gas etc*›. **pipe down** *vi fam* abbassare la voce
pipe: ~-cleaner *n* scovolino *m*. **~-dream** *n* illusione *f*. **~line** *n* conduttura *f*; **in the ~line** *fam* in cantiere
piper /'paɪpə(r)/ *n* suonatore *m* di cornamusa
piping /'paɪpɪŋ/ *a* **~ hot** bollente
pirate /'paɪrət/ *n* pirata *m*
Pisces /'paɪsi:z/ *n Astr* Pesci *mpl*
piss /pɪs/ *vi sl* pisciare
pistol /'pɪstl/ *n* pistola *f*
piston /'pɪstn/ *n Techn* pistone *m*
pit /pɪt/ *n* fossa *f*; (*mine*) miniera *f*; (*for orchestra*) orchestra *f* ● *vt* (*pt/pp* **pitted**) *fig* opporre (**against** a)
pitch¹ /pɪtʃ/ *n* (*tone*) tono *m*; (*level*) altezza *f*; (*in sport*) campo *m*; (*fig: degree*) grado *m* ● *vt* montare ‹*tent*›. **pitch in** *vi fam* mettersi sotto
pitch² *n* **~-'black** *a* nero come la pece. **~-'dark** *a* buio pesto
'pitchfork *n* forca *f*
piteous /'pɪtɪəs/ *a* pietoso
'pitfall *n fig* trabocchetto *m*
pith /pɪθ/ *n* (*of lemon, orange*) interno *m* della buccia
pithy /'pɪθɪ/ *a* (**-ier, -iest**) *fig* conciso
piti|ful /'pɪtɪfl/ *a* pietoso. **~less** *a* spietato
pittance /'pɪtns/ *n* miseria *f*
pity /'pɪtɪ/ *n* pietà *f*; [**what a**] **~!** che peccato!; **take ~ on** avere compassione di ● *vt* aver pietà di
pivot /'pɪvət/ *n* perno *m*; *fig* fulcro *m* ● *vi* imperniarsi (**on** su)
pizza /'pi:tsə/ *n* pizza *f*
placard /'plækɑ:d/ *n* cartellone *m*
placate /plə'keɪt/ *vt* placare
place /pleɪs/ *n* posto *m*; (*fam: house*) casa *f*; (*in book*) segno *m*; **feel out of ~** sentirsi fuori posto; **take ~** aver luogo; **all over the ~** dappertutto ● *vt* collocare; (*remember*) identificare; **~ an order** fare un'ordinazione; **be ~d** (*in race*) piazzarsi. **~-mat** *n* sottopiatto *m*
placid /'plæsɪd/ *a* placido
plagiar|ism /'pleɪdʒərɪzm/ *n* plagio *m*. **~ize** *vt* plagiare
plague /pleɪg/ *n* peste *f*
plaice /pleɪs/ *n inv* platessa *f*
plain /pleɪn/ *a* chiaro; (*simple*) semplice; (*not pretty*) scialbo; (*not patterned*) normale; ‹*chocolate*› fondente; **in ~ clothes** in borghese ● *adv* (*simply*) semplicemente ● *n* pianura *f*. **~ly** *adv* francamente; (*simply*) semplicemente; (*obviously*) chiaramente
plaintiff /'pleɪntɪf/ *n Jur* parte *f* lesa
plaintive /'pleɪntɪv/ *a* lamentoso
plait /plæt/ *n* treccia *f* ● *vt* intrecciare
plan /plæn/ *n* progetto *m*, piano *m* ● *vt* (*pt/pp* **planned**) progettare; (*intend*) prevedere
plane¹ /pleɪn/ *n* (*tree*) platano *m*
plane² *n* aeroplano *m*
plane³ *n* (*tool*) pialla *f* ● *vt* piallare
planet /'plænɪt/ *n* pianeta *m*
plank /plæŋk/ *n* asse *f*
planning /'plænɪŋ/ *n* pianificazione *f*. **~ permission** *n* licenza *f* edilizia
plant /plɑ:nt/ *n* pianta *f*; (*machinery*) impianto *m*; (*factory*) stabilimento *m* ● *vt* piantare. **~ation** /plæn'teɪʃn/ *n* piantagione *f*
plaque /plɑ:k/ *n* placca *f*
plasma /'plæzmə/ *n* plasma *m*
plaster /'plɑ:stə(r)/ *n* intonaco *m*; *Med* gesso *m*; (*sticking ~*) cerotto *m*; **~ of Paris** gesso *m* ● *vt* intonacare ‹*wall*›; (*cover*) ricoprire. **~ed** *a sl* sbronzo. **~er** *n* intonacatore *m*
plastic /'plæstɪk/ *n* plastica *f* ● *a* plastico
Plasticine® /'plæstɪsi:n/ *n* plastilina® *f*
plastic: ~ 'surgeon *n* chirurgo *m* plastico. **~ surgery** *n* chirurgia *f* plastica
plate /pleɪt/ *n* piatto *m*; (*flat sheet*) placca *f*; (*gold and silverware*) argenteria *f*; (*in book*) tavola *f* [fuori testo] ● *vt* (*cover with metal*) placcare
plateau /'plætəʊ/ *n* (*pl* **~x** /-əʊz/) altopiano *m*
platform /'plætfɔ:m/ *n* (*stage*) palco *m*; *Rail* marciapiede *m*; *Pol* piattaforma *f*; **~ 5** binario 5

platinum /'plætɪnəm/ *n* platino *m* ● *a* di platino
platitude /'plætɪtju:d/ *n* luogo *m* comune
platonic /plə'tɒnɪk/ *a* platonico
platoon /plə'tu:n/ *n Mil* plotone *m*
platter /'plætə(r)/ *n* piatto *m* da portata
plausible /'plɔ:zəbl/ *a* plausibile
play /pleɪ/ *n* gioco *m*; *Theat, TV* rappresentazione *f*; *Radio* sceneggiato *m* radiofonico; **~ on words** gioco *m* di parole ● *vt* giocare a; (*act*) recitare; suonare ‹*instrument*›; giocare ‹*card*› ● *vi* giocare; *Mus* suonare; **~ safe** non prendere rischi. **play down** *vt* minimizzare. **play up** *vi fam* fare i capricci
play: ~boy *n* playboy *m inv*. **~er** *n* giocatore, -trice *mf*. **~ful** *a* scherzoso. **~ground** *n Sch* cortile *m* (*per la ricreazione*). **~group** *n* asilo *m*
playing: ~-card *n* carta *f* da gioco. **~-field** *n* campo *m* da gioco
play: ~mate *n* compagno, -a *mf* di gioco. **~-pen** *n* box *m inv*. **~thing** *n* giocattolo *m*. **~wright** /-raɪt/ *n* drammaturgo, -a *mf*
plc *n abbr* (**public limited company**) s.r.l.
plea /pli:/ *n* richiesta *f*; **make a ~ for** fare un appello a
plead /pli:d/ *vi* fare appello (**for** a); **~ guilty** dichiararsi colpevole; **~ with sb** implorare qcno
pleasant /'plez(ə)nt/ *a* piacevole. **~ly** *adv* piacevolmente; ‹*say, smile*› cordialmente
pleas|e /pli:z/ *adv* per favore; **~e do** prego ● *vt* far contento; **~e oneself** fare il proprio comodo; **~e yourself!** come vuoi!; *pej* fai come ti pare!. **~ed** *a* lieto; **~ed with/about** contento di. **~ing** *a* gradevole
pleasurable /'pleʒərəbl/ *a* gradevole
pleasure /'pleʒə(r)/ *n* piacere *m*; **with ~** con piacere, volentieri
pleat /pli:t/ *n* piega *f* ● *vt* pieghettare. **~ed 'skirt** *n* gonna *f* a pieghe
pledge /pledʒ/ *n* pegno *m*; (*promise*) promessa *f* ● *vt* impegnarsi a; (*pawn*) impegnare
plentiful /'plentɪfl/ *a* abbondante
plenty /'plentɪ/ *n* abbondanza *f*; **~ of money** molti soldi; **~ of people** molta gente; **I've got ~** ne ho in abbondanza
pliable /'plaɪəbl/ *a* flessibile
pliers /'plaɪəz/ *npl* pinze *fpl*
plight /plaɪt/ *n* condizione *f*
plimsolls /'plɪmsəlz/ *npl* scarpe *fpl* da ginnastica
plinth /plɪnθ/ *n* plinto *m*
plod /plɒd/ *vi* (*pt/pp* **plodded**) trascinarsi; (*work hard*) sgobbare
plonk /plɒŋk/ *n fam* vino *m* mediocre
plot /plɒt/ *n* complotto *m*; (*of novel*) trama *f*; **~ of land** appezzamento *m* [di terreno] ● *vt/i* (*pt/pp* **plotted**) complottare
plough /plaʊ/ *n* aratro *m* ● *vt/i* arare. **~man's [lunch]** *piatto m di formaggi e sottaceti, servito con pane*. **plough back** *vt Comm* reinvestire
ploy /plɔɪ/ *n fam* manovra *f*
pluck /plʌk/ *n* fegato *m* ● *vt* strappare; depilare ‹*eyebrows*›; spennare ‹*bird*›; cogliere ‹*flower*›. **pluck up** *vt* **~ up courage** farsi coraggio
plucky /'plʌkɪ/ *a* (**-ier, -iest**) coraggioso
plug /plʌg/ *n* tappo *m*; *Electr* spina *f*; *Auto* candela *f*; (*fam: advertisement*) pubblicità *f inv* ● *vt* (*pt/pp* **plugged**) tappare; (*fam: advertise*) pubblicizzare con insistenza. **plug in** *vt Electr* inserire la spina di
plum /plʌm/ *n* prugna *f*; (*tree*) prugno *m*
plumage /'plu:mɪdʒ/ *n* piumaggio *m*
plumb /plʌm/ *a* verticale ● *adv* esattamente ● **plumb in** *vt* collegare
plumb|er /'plʌmə(r)/ *n* idraulico *m*. **~ing** *n* impianto *m* idraulico
'plumb-line *n* filo *m* a piombo
plume /plu:m/ *n* piuma *f*
plummet /'plʌmɪt/ *vi* precipitare
plump /plʌmp/ *a* paffuto ● **plump for** *vt* scegliere
plunge /plʌndʒ/ *n* tuffo *m*; **take the ~** *fam* buttarsi ● *vt* tuffare; *fig* sprofondare ● *vi* tuffarsi
plunging /'plʌndʒɪŋ/ *a* ‹*neckline*› profondo
plu'perfect /plu:-/ *n* trapassato *m* prossimo
plural /'plʊərəl/ *a* plurale ● *n* plurale *m*
plus /plʌs/ *prep* più ● *a* in più; **500 ~** più di 500 ● *n* più *m*; (*advantage*) extra *m inv*
plush /'plʌʃ[ɪ]/ *a* lussuoso
plutonium /plʊ'təʊnɪəm/ *n* plutonio *m*
ply /plaɪ/ *vt* (*pt/pp* **plied**) **~ sb with drink** continuare a offrire da bere a qcno. **~wood** *n* compensato *m*
p.m. *abbr* (**post meridiem**) del pomeriggio
PM *n abbr* **Prime Minister**

pneumatic /nju:'mætɪk/ *a* pneumatico. **~ 'drill** *n* martello *m* pneumatico
pneumonia /nju:'məʊnɪə/ *n* polmonite *f*
P.O. *abbr* **Post Office**
poach /pəʊtʃ/ *vt Culin* bollire; cacciare di frodo ‹*deer*›; pescare di frodo ‹*salmon*›; **~ed egg** uovo *m* in camicia. **~er** *n* bracconiere *m*
pocket /'pɒkɪt/ *n* tasca *f*; **be out of ~** rimetterci ● *vt* intascare. **~-book** *n* taccuino *m*; (*wallet*) portafoglio *m*. **~-money** *n* denaro *m* per le piccole spese
pod /pɒd/ *n* baccello *m*
podgy /'pɒdʒɪ/ *a* (**-ier, -iest**) grassoccio
poem /'pəʊɪm/ *n* poesia *f*
poet /'pəʊɪt/ *n* poeta *m*. **~ic** /-'etɪk/ *a* poetico
poetry /'pəʊɪtrɪ/ *n* poesia *f*
poignant /'pɔɪnjənt/ *a* emozionante
point /pɔɪnt/ *n* punto *m*; (*sharp end*) punta *f*; (*meaning, purpose*) senso *m*; *Electr* presa *f* [di corrente]; **~s** *pl Rail* scambio *m*; **~ of view** punto *m* di vista; **good/bad ~s** aspetti *mpl* positivi/negativi; **what is the ~?** a che scopo?; **the ~ is** il fatto è; **I don't see the ~** non vedo il senso; **up to a ~** fino a un certo punto; **be on the ~ of doing sth** essere sul punto di fare qcsa ● *vt* puntare (**at** verso) ● *vi* (*with finger*) puntare il dito; **~ at/to** ‹*person:*› mostrare col dito; ‹*indicator:*› indicare. **point out** *vt* far notare ‹*fact*›; **~ sth out to sb** far notare qcsa a qcno
point-'blank *a* a bruciapelo
point|ed /'pɔɪntɪd/ *a* appuntito; ‹*question*› diretto. **~ers** *npl* (*advice*) consigli *mpl*. **~less** *a* inutile
poise /pɔɪz/ *n* padronanza *f*. **~d** *a* in equilibrio; **~d to** sul punto di
poison /'pɔɪzn/ *n* veleno *m* ● *vt* avvelenare. **~ous** *a* velenoso
poke /pəʊk/ *n* [piccola] spinta *f* ● *vt* spingere; ‹*fire*› attizzare; (*put*) ficcare; **~ fun at** prendere in giro. **poke about** *vi* frugare
poker[1] /'pəʊkə(r)/ *n* attizzatoio *m*
poker[2] *n* (*Cards*) poker *m*
poky /'pəʊkɪ/ *a* (**-ier, -iest**) angusto
Poland /'pəʊlənd/ *n* Polonia *f*
polar /'pəʊlə(r)/ *a* polare. **~ 'bear** *n* orso *m* bianco. **~ize** *vt* polarizzare
Pole /pəʊl/ *n* polacco, -a *mf*
pole[1] *n* palo *m*
pole[2] *n* (*Geog, Electr*) polo *m*
'pole-star *n* stella *f* polare
'pole-vault *n* salto *m* con l'asta
police /pə'li:s/ *npl* polizia *f* ● *vt* pattugliare ‹*area*›
police: ~man *n* poliziotto *m*. **~ state** *n* stato *m* militarista. **~ station** *n* commissariato *m*. **~woman** *n* donna *f* poliziotto
policy[1] /'pɒlɪsɪ/ *n* politica *f*
policy[2] *n* (*insurance*) polizza *f*
polio /'pəʊlɪəʊ/ *n* polio *f*
Polish /'pəʊlɪʃ/ *a* polacco ● *n* (*language*) polacco *m*
polish /'pɒlɪʃ/ *n* (*shine*) lucentezza *f*; (*substance*) lucido *m*; (*for nails*) smalto *m*; *fig* raffinatezza *f* ● *vt* lucidare; *fig* smussare. **polish off** *vt fam* finire; far fuori ‹*food*›
polished /'pɒlɪʃt/ *a* ‹*manner*› raffinato; ‹*performance*› senza sbavature
polite /pə'laɪt/ *a* cortese. **~ly** *adv* cortesemente. **~ness** *n* cortesia *f*
politic /'pɒlɪtɪk/ *a* prudente
politic|al /pə'lɪtɪkl/ *a* politico. **~ally** *adv* dal punto di vista politico. **~ian** /pɒlɪ'tɪʃn/ *n* politico *m*
politics /'pɒlɪtɪks/ *n* politica *f*
poll /pəʊl/ *n* votazione *f*; (*election*) elezioni *fpl*; **[opinion] ~** sondaggio *m* d'opinione; **go to the ~s** andare alle urne ● *vt* ottenere ‹*votes*›
pollen /'pɒlən/ *n* polline *m*
polling /'pəʊlɪŋ/: **~-booth** *n* cabina *f* elettorale. **~-station** *n* seggio *m* elettorale
'poll tax *n imposta f locale sulle persone fisiche*
pollutant /pə'lu:tənt/ *n* sostanza *f* inquinante
pollut|e /pə'lu:t/ *vt* inquinare. **~ion** /-u:ʃn/ *n* inquinamento *m*
polo /'pəʊləʊ/ *n* polo *m*. **~-neck** *n* collo *m* alto. **~ shirt** *n* dolcevita *f*
polyester /pɒlɪ'estə(r)/ *n* poliestere *m*
polystyrene® /pɒlɪ'staɪri:n/ *n* polistirolo *m*
polytechnic /pɒlɪ'teknɪk/ *n* politecnico *m*
polythene /'pɒlɪθi:n/ *n* politene *m*. **~ bag** *n* sacchetto *m* di plastica
polyun'saturated *a* polinsaturo
pomegranate /'pɒmɪgrænɪt/ *n* melagrana *f*
pomp /pɒmp/ *n* pompa *f*
pompon /'pɒmpɒn/ *n* pompon *m*
pompous /'pɒmpəs/ *a* pomposo
pond /pɒnd/ *n* stagno *m*
ponder /'pɒndə(r)/ *vt/i* ponderare

pong /pɒŋ/ *n fam* puzzo *m*

pontiff /ˈpɒntɪf/ *n* pontefice *m*

pony /ˈpəʊnɪ/ *n* pony *m inv*. **~-tail** *n* coda *f* di cavallo. **~-trekking** *n* escursioni *fpl* col pony

poodle /ˈpuːdl/ *n* barboncino *m*

pool[1] /puːl/ *n* (*of water, blood*) pozza *f*; [**swimming**] **~** piscina *f*

pool[2] *n* (*common fund*) cassa *f* comune; (*in cards*) piatto *m*; (*game*) biliardo *m* a buca. **~s** *npl* ≈ totocalcio *msg* ● *vt* mettere insieme

poor /pʊə(r)/ *a* povero; (*not good*) scadente; **in ~ health** in cattiva salute ● *npl* **the ~** i poveri. **~ly** *a* **be ~ly** non stare bene ● *adv* male

pop[1] /pɒp/ *n* botto *m*; (*drink*) bibita *f* gasata ● *v* (*pt/pp* **popped**) ● *vt* (*fam: put*) mettere; (*burst*) far scoppiare ● *vi* (*burst*) scoppiare. **pop in/out** *vi fam* fare un salto/un salto fuori

pop[2] *n fam* musica *f* pop ● *attrib* pop *inv*

ˈpopcorn *n* popcorn *m inv*

pope /pəʊp/ *n* papa *m*

poplar /ˈpɒplə(r)/ *n* pioppo *m*

poppy /ˈpɒpɪ/ *n* papavero *m*

popular /ˈpɒpjʊlə(r)/ *a* popolare; ‹*belief*› diffuso. **~ity** /-ˈlærətɪ/ *n* popolarità *f*

populat|e /ˈpɒpjʊleɪt/ *vt* popolare. **~ion** /-ˈleɪʃn/ *n* popolazione *f*

porcelain /ˈpɔːsəlɪn/ *n* porcellana *f*

porch /pɔːtʃ/ *n* portico *m*; *Am* veranda *f*

porcupine /ˈpɔːkjʊpaɪn/ *n* porcospino *m*

pore[1] /pɔː(r)/ *n* poro *m*

pore[2] *vi* **~ over** immergersi in

pork /pɔːk/ *n* carne *f* di maiale

porn /pɔːn/ *n fam* porno *m*. **~o** *a fam* porno *inv*

pornograph|ic /pɔːnəˈgræfɪk/ *a* pornografico. **~y** /-ˈnɒgrəfɪ/ *n* pornografia *f*

porous /ˈpɔːrəs/ *a* poroso

porpoise /ˈpɔːpəs/ *n* focena *f*

porridge /ˈpɒrɪdʒ/ *n* farinata *f* di fiocchi d'avena

port[1] /pɔːt/ *n* porto *m*

port[2] *n* (*Naut: side*) babordo *m*

port[3] *n* (*wine*) porto *m*

portable /ˈpɔːtəbl/ *a* portatile

porter /ˈpɔːtə(r)/ *n* portiere *m*; (*for luggage*) facchino *m*

portfolio /pɔːtˈfəʊlɪəʊ/ *n* cartella *f*; *Comm* portafoglio *m*

ˈporthole *n* oblò *m inv*

portion /ˈpɔːʃn/ *n* parte *f*; (*of food*) porzione *f*

portly /ˈpɔːtlɪ/ *a* (**-ier, -iest**) corpulento

portrait /ˈpɔːtrɪt/ *n* ritratto *m*

portray /pɔːˈtreɪ/ *vt* ritrarre; (*represent*) descrivere; ‹*actor:*› impersonare. **~al** *n* ritratto *m*

Portug|al /ˈpɔːtjʊgl/ *n* Portogallo *m*. **~uese** /-ˈgiːz/ *a* portoghese ● *n* portoghese *mf*; (*language*) portoghese *m*

pose /pəʊz/ *n* posa *f* ● *vt* porre ‹*problem, question*› ● *vi* (*for painter*) posare; **~ as** atteggiarsi a

posh /pɒʃ/ *a fam* lussuoso; ‹*people*› danaroso

position /pəˈzɪʃn/ *n* posizione *f*; (*job*) posto *m*; (*status*) ceto *m* [sociale] ● *vt* posizionare

positive /ˈpɒzɪtɪv/ *a* positivo; (*certain*) sicuro; (*progress*) concreto ● *n* positivo *m*. **~ly** *adv* positivamente; (*decidedly*) decisamente

possess /pəˈzes/ *vt* possedere. **~ion** /pəˈzeʃn/ *n* possesso *m*; **~ions** *pl* beni *mpl*

possess|ive /pəˈzesɪv/ *a* possessivo. **~iveness** *n* carattere *m* possessivo. **~or** *n* possessore, -ditrice *mf*

possibility /pɒsəˈbɪlətɪ/ *n* possibilità *f inv*

possib|le /ˈpɒsɪbl/ *a* possibile. **~ly** *adv* possibilmente; **I couldn't ~ly accept** non mi è possibile accettare; **he can't ~ly be right** non è possibile che abbia ragione; **could you ~ly...?** potrebbe per favore...?

post[1] /pəʊst/ *n* (*pole*) palo *m* ● *vt* affiggere ‹*notice*›

post[2] *n* (*place of duty*) posto *m* ● *vt* appostare; (*transfer*) assegnare

post[3] *n* (*mail*) posta *f*; **by ~** per posta ● *vt* spedire; (*put in letter-box*) imbucare; (*as opposed to fax*) mandare per posta; **keep sb ~ed** tenere qcno al corrente

post- *pref* dopo

postage /ˈpəʊstɪdʒ/ *n* affrancatura *f*. **~ stamp** *n* francobollo *m*

postal /ˈpəʊstl/ *a* postale. **~ order** *n* vaglia *m inv* postale

post: ~-box *n* cassetta *f* delle lettere. **~card** *n* cartolina *f*. **~code** *n* codice *m* postale. **~-ˈdate** *vt* postdatare

poster /ˈpəʊstə(r)/ *n* poster *m inv*; (*advertising, election*) cartellone *m*

posterior /pɒˈstɪərɪə(r)/ *n fam* posteriore *m*

posterity /pɒˈsterətɪ/ *n* posterità *f*

posthumous /ˈpɒstjʊməs/ *a* postumo. **~ly** *adv* dopo la morte

post: ~man *n* postino *m*. **~mark** *n* timbro *m* postale
post-mortem /-'mɔ:təm/ *n* autopsia *f*
'post office *n* ufficio *m* postale
postpone /pəʊst'pəʊn/ *vt* rimandare. **~ment** *n* rinvio *m*
posture /'pɒstʃə(r)/ *n* posizione *f*
post-'war *a* del dopoguerra
pot /pɒt/ *n* vaso *m*; (*for tea*) teiera *f*; (*for coffee*) caffettiera *f*; (*for cooking*) pentola *f*; **~s of money** *fam* un sacco di soldi; **go to ~** *fam* andare in malora
potassium /pə'tæsɪəm/ *n* potassio *m*
potato /pə'teɪtəʊ/ *n* (*pl* **-es**) patata *f*
poten|t /'pəʊtənt/ *a* potente. **~tate** *n* potentato *m*
potential /pə'tenʃl/ *a* potenziale ● *n* potenziale *m*. **~ly** *adv* potenzialmente
pot: ~-hole *n* cavità *f inv*; (*in road*) buca *f*. **~-holer** *n* speleologo, -a *mf*. **~-luck** *n* **take ~-luck** affidarsi alla sorte. **~ plant** *n* pianta *f* da appartamento. **~-shot** *n* **take a ~-shot at** sparare a casaccio a
potted /'pɒtɪd/ *a* conservato; (*shortened*) condensato. **~ plant** *n* pianta *f* da appartamento
potter[1] /'pɒtə(r)/ *vi* **~** [**about**] gingillarsi
potter[2] *n* vasaio, -a *mf*. **~y** *n* lavorazione *f* della ceramica; (*articles*) ceramiche *fpl*; (*place*) laboratorio *m* di ceramiche
potty /'pɒtɪ/ *a* (**-ier, -iest**) *fam* matto ● *n* vasino *m*
pouch /paʊtʃ/ *n* marsupio *m*
pouffe /pu:f/ *n* pouf *m inv*
poultry /'pəʊltrɪ/ *n* pollame *m*
pounce /paʊns/ *vi* balzare; **~ on** saltare su
pound[1] /paʊnd/ *n* libbra *f* (= *0,454 kg*); (*money*) sterlina *f*
pound[2] *vt* battere ● *vi* ‹*heart:*› battere forte; (*run heavily*) correre pesantemente
pour /pɔ:(r)/ *vt* versare ● *vi* riversarsi; (*with rain*) piovere a dirotto. **pour out** *vi* riversarsi fuori ● *vt* versare ‹*drink*›; sfogare ‹*troubles*›
pout /paʊt/ *vi* fare il broncio ● *n* broncio *m*
poverty /'pɒvətɪ/ *n* povertà *f*
powder /'paʊdə(r)/ *n* polvere *f*; (*cosmetic*) cipria *f* ● *vt* polverizzare; (*face*) incipriare. **~y** *a* polveroso
power /'paʊə(r)/ *n* potere *m*; *Electr* corrente *f* [elettrica]; *Math* potenza *f*. **~ cut** *n* interruzione *f* di corrente. **~ed** *a* **~ed by electricity** dotato di corrente [elettrica]. **~ful** *a* potente. **~less** *a* impotente. **~-station** *n* centrale *f* elettrica
PR *n abbr* **public relations**
practicable /'præktɪkəbl/ *a* praticabile
practical /'præktɪkl/ *a* pratico. **~ 'joke** *n* burla *f*. **~ly** *adv* praticamente
practice /'præktɪs/ *n* pratica *f*; (*custom*) usanza *f*; (*habit*) abitudine *f*; (*exercise*) esercizio *m*; *Sport* allenamento *m*; **in ~** (*in reality*) in pratica; **out of ~** fuori esercizio; **put into ~** mettere in pratica
practise /'præktɪs/ *vt* fare pratica in; (*carry out*) mettere in pratica; esercitare ‹*profession*› ● *vi* esercitarsi; ‹*doctor:*› praticare. **~d** *a* esperto
pragmatic /præg'mætɪk/ *a* pragmatico
praise /preɪz/ *n* lode *f* ● *vt* lodare. **~worthy** *a* lodevole
pram /præm/ *n* carrozzella *f*
prance /prɑ:ns/ *vi* saltellare
prank /præŋk/ *n* tiro *m*
prattle /'prætl/ *vi* parlottare
prawn /prɔ:n/ *n* gambero *m*. **~ 'cocktail** *n* cocktail *m inv* di gamberetti
pray /preɪ/ *vi* pregare. **~er** /preə(r)/ *n* preghiera *f*
preach /pri:tʃ/ *vt/i* predicare. **~er** *n* predicatore, -trice *mf*
preamble /pri:'æmbl/ *n* preambolo *m*
pre-ar'range /pri:-/ *vt* predisporre
precarious /prɪ'keərɪəs/ *a* precario. **~ly** *adv* in modo precario
precaution /prɪ'kɔ:ʃn/ *n* precauzione *f*; **as a ~** per precauzione. **~ary** *a* preventivo
precede /prɪ'si:d/ *vt* precedere
preceden|ce /'presɪdəns/ *n* precedenza *f*. **~t** *n* precedente *m*
preceding /prɪ'si:dɪŋ/ *a* precedente
precinct /'pri:sɪŋkt/ *n* (*traffic-free*) zona *f* pedonale; (*Am: district*) circoscrizione *f*
precious /'preʃəs/ *a* prezioso; ‹*style*› ricercato ● *adv fam* **~ little** ben poco
precipice /'presɪpɪs/ *n* precipizio *m*
precipitate /prɪ'sɪpɪteɪt/ *vt* precipitare
précis /'preɪsi:/ *n* (*pl* **précis** /-si:z/) sunto *m*
precis|e /prɪ'saɪs/ *a* preciso. **~ely** *adv* precisamente. **~ion** /-'sɪʒn/ *n* precisione *f*
precursor /pri:'kɜ:sə(r)/ *n* precursore *m*
predator /'predətə(r)/ *n* predatore, -trice *mf*. **~y** *a* rapace

predecessor /'pri:dısesə(r)/ *n* predecessore, -a *mf*
predicament /prı'dıkəmənt/ *n* situazione *f* difficile
predicat|e /'predıkət/ *n Gram* predicato *m*. **~ive** /prı'dıkətıv/ *a* predicativo
predict /prı'dıkt/ *vt* predire. **~able** /-əbl/ *a* prevedibile. **~ion** /-'dıkʃn/ *n* previsione *f*
pre'domin|ant /prı-/ *a* predominante. **~ate** *vi* predominare
pre-'eminent /pri:-/ *a* preminente
preen /pri:n/ *vt* lisciarsi; **~ oneself** *fig* farsi bello
pre|fab /'pri:fæb/ *n fam* casa *f* prefabbricata. **~'fabricated** *a* prefabbricato
preface /'prefıs/ *n* prefazione *f*
prefect /'pri:fekt/ *n Sch studente, -tessa mf della scuola superiore con responsabilità disciplinari ecc*
prefer /prı'fɜ:(r)/ *vt* (*pt/pp* **preferred**) preferire
prefera|ble /'prefərəbl/ *a* preferibile (**to** a). **~bly** *adv* preferibilmente
preferen|ce /'prefərəns/ *n* preferenza *f*. **~tial** /-'renʃl/ *a* preferenziale
prefix /'pri:fıks/ *n* prefisso *m*
pregnan|cy /'pregnənsı/ *n* gravidanza *f*. **~t** *a* incinta
prehi'storic /pri:-/ *a* preistorico
prejudice /'predʒʊdıs/ *n* pregiudizio *m* ● *vt* influenzare (**against** contro); (*harm*) danneggiare. **~d** *a* prevenuto
preliminary /prı'lımınərı/ *a* preliminare
prelude /'prelju:d/ *n* preludio *m*
pre-'marital *a* prematrimoniale
premature /'prematjʊə(r)/ *a* prematuro
pre'meditated /pri:-/ *a* premeditato
premier /'premıə(r)/ *a* primario ● *n Pol* primo ministro *m*, premier *m inv*
première /'premıeə(r)/ *n* prima *f*
premises /'premısız/ *npl* locali *mpl*; **on the ~** sul posto
premium /'pri:mıəm/ *n* premio *m*; **be at a ~** essere una cosa rara
premonition /premə'nıʃn/ *n* presentimento *m*
preoccupied /pri:'ɒkjʊpaıd/ *a* preoccupato
prep /prep/ *n Sch* compiti *mpl*
preparation /prepə'reıʃn/ *n* preparazione *f*. **~s** *pl* preparativi *mpl*
preparatory /prı'pærətrı/ *a* preparatorio ● *adv* **~ to** per
prepare /prı'peə(r)/ *vt* preparare ● *vi* prepararsi (**for** per); **~d to** disposto a
pre'pay /pri:-/ *vt* (*pt/pp* **-paid**) pagare in anticipo
preposition /prepə'zıʃn/ *n* preposizione *f*
prepossessing /pri:pə'zesıŋ/ *a* attraente
preposterous /prı'pɒstərəs/ *a* assurdo
prerequisite /pri:'rekwızıt/ *n* condizione *f* sine qua non
prescribe /prı'skraıb/ *vt* prescrivere
prescription /prı'skrıpʃn/ *n Med* ricetta *f*
presence /'prezns/ *n* presenza *f*; **~ of mind** presenza *f* di spirito
present¹ /'preznt/ *a* presente ● *n* presente *m*; **at ~** attualmente
present² *n* (*gift*) regalo *m*; **give sb sth as a ~** regalare qcsa a qcno
present³ /prı'zent/ *vt* presentare; **~ sb with an award** consegnare un premio a qcno. **~able** /-əbl/ *a* **be ~able** essere presentabile
presentation /prezn'teıʃn/ *n* presentazione *f*
presently /'prezntlı/ *adv* fra poco; (*Am: now*) attualmente
preservation /prezə'veıʃn/ *n* conservazione *f*
preservative /prı'zɜ:vətıv/ *n* conservante *m*
preserve /prı'zɜ:v/ *vt* preservare; (*maintain, Culin*) conservare ● *n* (*in hunting & fig*) riserva *f*; (*jam*) marmellata *f*
preside /prı'zaıd/ *vi* presiedere (**over** a)
presidency /'prezıdənsı/ *n* presidenza *f*
president /'prezıdənt/ *n* presidente *m*. **~ial** /-'denʃl/ *a* presidenziale
press /pres/ *n* (*machine*) pressa *f*; (*newspapers*) stampa *f* ● *vt* premere; pressare ‹*flower*›; (*iron*) stirare; (*squeeze*) stringere ● *vi* (*urge*) incalzare. **press for** *vi* fare pressione per; **be ~ed for** essere a corto di. **press on** *vi* andare avanti
press: ~ conference *n* conferenza *f* stampa. **~ cutting** *n* ritaglio *m* di giornale. **~ing** *a* urgente. **~-stud** *n* [bottone *m*] automatico *m*. **~-up** *n* flessione *f*
pressure /'preʃə(r)/ *n* pressione *f* ● *vt* = **pressurize. ~-cooker** *n* pentola *f* a pressione. **~ group** *n* gruppo *m* di pressione
pressurize /'preʃəraız/ *vt* far pressione su. **~d** *a* pressurizzato

prestig|e /pre'sti:ʒ/ *n* prestigio *m*. **~ious** /-'stɪdʒəs/ *a* prestigioso
presumably /prɪ'zju:məblɪ/ *adv* presumibilmente
presume /prɪ'zju:m/ *vt* presumere; **~ to do sth** permettersi di fare qcsa
presumpt|ion /prɪ'zʌmpʃn/ *n* presunzione *f*; (*boldness*) impertinenza *f*. **~uous** /-'zʌmptjʊəs/ *a* impertinente
presup'pose /pri:-/ *vt* presupporre
pretence /prɪ'tens/ *n* finzione *f*; (*pretext*) pretesto *m*; **it's all ~** è tutta una scena
pretend /prɪ'tend/ *vt* fingere; (*claim*) pretendere ● *vi* fare finta
pretentious /prɪ'tenʃəs/ *a* pretenzioso
pretext /'pri:tekst/ *n* pretesto *m*
pretty /'prɪtɪ/ *a* (**-ier, -iest**) carino ● *adv* (*fam: fairly*) abbastanza
prevail /prɪ'veɪl/ *vi* prevalere; **~ on sb to do sth** convincere qcno a fare qcsa. **~ing** *a* prevalente
prevalen|ce /'prevələns/ *n* diffusione *f*. **~t** *a* diffuso
prevent /prɪ'vent/ *vt* impedire; **~ sb [from] doing sth** impedire a qcno di fare qcsa. **~ion** /-enʃn/ *n* prevenzione *f*. **~ive** /-ɪv/ *a* preventivo
preview /'pri:vju:/ *n* anteprima *f*
previous /'pri:vɪəs/ *a* precedente. **~ly** *adv* precedentemente
pre-'war /pri:-/ *a* anteguerra
prey /preɪ/ *n* preda *f*; **bird of ~** uccello *m* rapace ● *vi* **~ on** far preda di; **~ on sb's mind** attanagliare qcno
price /praɪs/ *n* prezzo *m* ● *vt Comm* fissare il prezzo di. **~less** *a* inestimabile; (*fam: amusing*) spassosissimo. **~y** *a fam* caro
prick /prɪk/ *n* puntura *f* ● *vt* pungere. **prick up** *vt* **~ up one's ears** rizzare le orecchie
prickl|e /'prɪkl/ *n* spina *f*; (*sensation*) formicolio *m*. **~y** *a* pungente; ‹*person*› irritabile
pride /praɪd/ *n* orgoglio *m* ● *vt* **~ oneself on** vantarsi di
priest /pri:st/ *n* prete *m*
prim /prɪm/ *a* (**primmer, primmest**) perbenino
primarily /'praɪmərɪlɪ/ *adv* in primo luogo
primary /'praɪmərɪ/ *a* primario; (*chief*) principale. **~ school** *n* scuola *f* elementare
prime¹ /praɪm/ *a* principale, primo; (*first-rate*) eccellente ● *n* **be in one's ~** essere nel fiore degli anni
prime² *vt* preparare ‹*surface, person*›
Prime Minister *n* Primo Ministro *m*
primeval /praɪ'mi:vl/ *a* primitivo
primitive /'prɪmɪtɪv/ *a* primitivo
primrose /'prɪmrəʊz/ *n* primula *f*
prince /prɪns/ *n* principe *m*
princess /prɪn'ses/ *n* principessa *f*
principal /'prɪnsəpl/ *a* principale ● *n Sch* preside *m*
principality /prɪnsɪ'pælətɪ/ *n* principato *m*
principally /'prɪnsəplɪ/ *adv* principalmente
principle /'prɪnsəpl/ *n* principio *m*; **in ~** in teoria; **on ~** per principio
print /prɪnt/ *n* (*mark, trace*) impronta *f*; *Phot* copia *f*; (*picture*) stampa *f*; **in ~** (*printed out*) stampato; ‹*book*› in commercio; **out of ~** esaurito ● *vt* stampare; (*write in capitals*) scrivere in stampatello. **~ed matter** *n* stampe *fpl*
print|er /'prɪntə(r)/ *n* stampante *f*; *Typ* tipografo, -a *mf*. **~er port** *n Comput* porta *f* per la stampante. **~ing** *n* tipografia *f*
'printout *n Comput* stampa *f*
prior /'praɪə(r)/ *a* precedente. **~ to** *prep* prima di
priority /praɪ'ɒrətɪ/ *n* precedenza *f*; (*matter*) priorità *f inv*
prise /praɪz/ *vt* **~ open/up** forzare
prison /'prɪz(ə)n/ *n* prigione *f*. **~er** *n* prigioniero, -a *mf*
privacy /'prɪvəsɪ/ *n* privacy *f*
private /'praɪvət/ *a* privato; ‹*car, secretary, letter*› personale ● *n Mil* soldato *m* semplice; **in ~** in privato. **~ly** *adv* ‹*funded, educated etc*› privatamente; (*in secret*) in segreto; (*confidentially*) in privato; (*inwardly*) interiormente
privation /praɪ'veɪʃn/ *n* privazione *f*; **~s** *pl* stenti *mpl*
privatize /'praɪvətaɪz/ *vt* privatizzare
privilege /'prɪvəlɪdʒ/ *n* privilegio *m*. **~d** *a* privilegiato
privy /'prɪvɪ/ *a* **be ~ to** essere al corrente di
prize /praɪz/ *n* premio *m* ● *a* (*idiot etc*) perfetto ● *vt* apprezzare. **~-giving** *n* premiazione *f*. **~-winner** *n* vincitore, -trice *mf*. **~-winning** *a* vincente
pro /prəʊ/ *n* (*fam: professional*) professionista *mf*; **the ~s and cons** il pro e il contro
probability /prɒbə'bɪlətɪ/ *n* probabilità *f inv*

probabl|e /'prɒbəbl/ *a* probabile. **~y** *adv* probabilmente

probation /prə'beɪʃn/ *n* prova *f*; *Jur* libertà *f* vigilata. **~ary** *a* in prova; **~ary period** periodo *m* di prova

probe /prəʊb/ *n* sonda *f*; (*fig: investigation*) indagine *f* ● *vt* sondare; (*investigate*) esaminare a fondo

problem /'prɒbləm/ *n* problema *m* ● *a* difficile. **~atic** /-'mætɪk/ *a* problematico

procedure /prə'si:dʒə(r)/ *n* procedimento *m*

proceed /prə'si:d/ *vi* procedere ● *vt* **~ to do sth** proseguire facendo qcsa

proceedings /prə'si:dɪŋz/ *npl* (*report*) atti *mpl*; *Jur* azione *fsg* legale

proceeds /'prəʊsi:dz/ *npl* ricavato *msg*

process /'prəʊses/ *n* processo *m*; (*procedure*) procedimento *m*; **in the ~** nel far ciò ● *vt* trattare; *Admin* occuparsi di; *Phot* sviluppare

procession /prə'seʃn/ *n* processione *f*

proclaim /prə'kleɪm/ *vt* proclamare

procure /prə'kjʊə(r)/ *vt* ottenere

prod /prɒd/ *n* colpetto *m* ● *vt* (*pt/pp* **prodded**) punzecchiare; *fig* incitare

prodigal /'prɒdɪgl/ *a* prodigo

prodigious /prə'dɪdʒəs/ *a* prodigioso

prodigy /'prɒdɪdʒɪ/ *n* [**infant**] **~** bambino *m* prodigio

produce[1] /'prɒdju:s/ *n* prodotti *mpl*; **~ of Italy** prodotto in Italia

produce[2] /prə'dju:s/ *vt* produrre; (*bring out*) tirar fuori; (*cause*) causare; (*fam: give birth to*) fare. **~r** *n* produttore *m*

product /'prɒdʌkt/ *n* prodotto *m*. **~ion** /prə'dʌkʃn/ *n* produzione *f*; *Theat* spettacolo *m*

productiv|e /prə'dʌktɪv/ *a* produttivo. **~ity** /-'tɪvətɪ/ *n* produttività *f*

profan|e /prə'feɪn/ *a* profano; (*blasphemous*) blasfemo. **~ity** /-'fænətɪ/ *n* (*oath*) bestemmia *f*

profession /prə'feʃn/ *n* professione *f*. **~al** *a* professionale; (*not amateur*) professionista; (*piece of work*) da professionista; (*man*) di professione ● *n* professionista *mf*. **~ally** *adv* professionalmente

professor /prə'fesə(r)/ *n* professore *m* [universitario]

proficien|cy /prə'fɪʃnsɪ/ *n* competenza *f*. **~t** *a* **be ~t in** essere competente in

profile /'prəʊfaɪl/ *n* profilo *m*

profit /'prɒfɪt/ *n* profitto *m* ● *vi* **~ from** trarre profitto da. **~able** /-əbl/ *a* proficuo. **~ably** *adv* in modo proficuo

profound /prə'faʊnd/ *a* profondo. **~ly** *adv* profondamente

profus|e /prə'fju:s/ *a* **~e apologies** una profusione di scuse. **~ion** /-ju:ʒn/ *n* profusione *f*; **in ~ion** in abbondanza

progeny /'prɒdʒənɪ/ *n* progenie *f inv*

prognosis /prɒg'nəʊsɪs/ *n* (*pl* **-oses**) prognosi *f inv*

program /'prəʊgræm/ *n* programma *m* ● *vt* (*pt/pp* **programmed**) programmare

programme /'prəʊgræm/ *n Br* programma *m*. **~r** *n Comput* programmatore, -trice *mf*

progress[1] /'prəʊgres/ *n* progresso *m*; **in ~** in corso; **make ~** *fig* fare progressi

progress[2] /prə'gres/ *vi* progredire; *fig* fare progressi

progressive /prə'gresɪv/ *a* progressivo; (*reforming*) progressista. **~ly** *adv* progressivamente

prohibit /prə'hɪbɪt/ *vt* proibire. **~ive** /-ɪv/ *a* proibitivo

project[1] /'prɒdʒekt/ *n* progetto *m*; *Sch* ricerca *f*

project[2] /prə'dʒekt/ *vt* proiettare ‹*film, image*› ● *vi* (*jut out*) sporgere

projectile /prə'dʒektaɪl/ *n* proiettile *m*

projector /prə'dʒektə(r)/ *n* proiettore *m*

prolific /prə'lɪfɪk/ *a* prolifico

prologue /'prəʊlɒg/ *n* prologo *m*

prolong /prə'lɒŋ/ *vt* prolungare

promenade /prɒmə'nɑ:d/ *n* lungomare *m inv*

prominent /'prɒmɪnənt/ *a* prominente; (*conspicuous*) di rilievo

promiscu|ity /prɒmɪ'skju:ətɪ/ *n* promiscuità *f*. **~ous** /prə'mɪskjʊəs/ *a* promiscuo

promis|e /'prɒmɪs/ *n* promessa *f* ● *vt* promettere; **~e sb that** promettere a qcno che; **I ~ed to** l'ho promesso. **~ing** *a* promettente

promot|e /prə'məʊt/ *vt* promuovere; **be ~ed** *Sport* essere promosso. **~ion** /-əʊʃn/ *n* promozione *f*

prompt /prɒmpt/ *a* immediato; (*punctual*) puntuale ● *adv* in punto ● *vt* incitare (**to** a); *Theat* suggerire a ● *vi* suggerire. **~er** *n* suggeritore, -trice *mf*. **~ly** *adv* puntualmente

Proms /prɒmz/ *npl rassegna f di concerti estivi di musica classica presso l'Albert Hall a Londra*

prone /prəʊn/ *a* **be ~ to do sth** essere incline a fare qcsa
prong /prɒŋ/ *n* dente *m* (*di forchetta*)
pronoun /'prəʊnaʊn/ *n* pronome *m*
pronounce /prə'naʊns/ *vt* pronunciare; (*declare*) dichiarare. **~d** *a* (*noticeable*) pronunciato
pronunciation /prənʌnsɪ'eɪʃn/ *n* pronuncia *f*
proof /pru:f/ *n* prova *f*; *Typ* bozza *f*, prova *f* ● *a* **~ against** a prova di
prop[1] /prɒp/ *n* puntello *m* ● *vt* (*pt/pp* **propped**) **~ open** tenere aperto; **~ against** (*lean*) appoggiare a. **prop up** *vt* sostenere
prop[2] *n Theat, fam* accessorio *m* di scena
propaganda /prɒpə'gændə/ *n* propaganda *f*
propel /prə'pel/ *vt* (*pt/pp* **propelled**) spingere. **~ler** *n* elica *f*
proper /'prɒpə(r)/ *a* corretto; (*suitable*) adatto; (*fam: real*) vero [e proprio]. **~ly** *adv* correttamente. **~ 'name, ~ 'noun** *n* nome *m* proprio
property /'prɒpətɪ/ *n* proprietà *f inv*. **~ developer** *n* agente *m* immobiliare. **~ market** *n* mercato *m* immobiliare
prophecy /'prɒfəsɪ/ *n* profezia *f*
prophesy /'prɒfɪsaɪ/ *vt* (*pt/pp* **-ied**) profetizzare
prophet /'prɒfɪt/ *n* profeta *m*. **~ic** /prə'fetɪk/ *a* profetico
proportion /prə'pɔ:ʃn/ *n* proporzione *f*; (*share*) parte *f*; **~s** *pl* (*dimensions*) proporzioni *fpl*. **~al** *a* proporzionale. **~ally** *adv* in proporzione
proposal /prə'pəʊzl/ *n* proposta *f*; (*of marriage*) proposta *f* di matrimonio
propose /prə'pəʊz/ *vt* proporre; (*intend*) proporsi ● *vi* fare una proposta di matrimonio
proposition /prɒpə'zɪʃn/ *n* proposta *f*; (*fam: task*) impresa *f*
proprietor /prə'praɪətə(r)/ *n* proprietario, -a *mf*
prosaic /prə'zeɪɪk/ *a* prosaico
prose /prəʊz/ *n* prosa *f*
prosecut|e /'prɒsɪkju:t/ *vt* intentare azione contro. **~ion** /-'kju:ʃn/ *n* azione *f* giudiziaria; **the ~ion** l'accusa *f*. **~or** *n* **[Public] P~or** Pubblico Ministero *m*
prospect[1] /'prɒspekt/ *n* (*expectation*) prospettiva *f*
prospect[2] /prə'spekt/ *vi* **~ for** cercare
prospect|ive /prə'spektɪv/ *a* (*future*) futuro; (*possible*) potenziale. **~or** *n* cercatore *m*
prospectus /prə'spektəs/ *n* prospetto *m*
prosper /'prɒspə(r)/ *vi* prosperare; ‹*person:*› stare bene finanziariamente. **~ity** /-'sperətɪ/ *n* prosperità *f*
prosperous /'prɒspərəs/ *a* prospero
prostitut|e /'prɒstɪtju:t/ *n* prostituta *f*. **~ion** /-'tju:ʃn/ *n* prostituzione *f*
prostrate /'prɒstreɪt/ *a* prostrato; **~ with grief** *fig* prostrato dal dolore
protagonist /prəʊ'tægənɪst/ *n* protagonista *mf*
protect /prə'tekt/ *vt* proteggere (**from** da). **~ion** /-ekʃn/ *n* protezione *f*. **~ive** /-ɪv/ *a* protettivo. **~or** *n* protettore, -trice *mf*
protégé /'prɒtɪʒeɪ/ *n* protetto *m*
protein /'prəʊti:n/ *n* proteina *f*
protest[1] /'prəʊtest/ *n* protesta *f*
protest[2] /prə'test/ *vt/i* protestare
Protestant /'prɒtɪstənt/ *a* protestante ● *n* protestante *mf*
protester /prə'testə(r)/ *n* contestatore, -trice *mf*
protocol /'prəʊtəkɒl/ *n* protocollo *m*
prototype /'prəʊtə-/ *n* prototipo *m*
protract /prə'trækt/ *vt* protrarre
protrude /prə'tru:d/ *vi* sporgere
proud /praʊd/ *a* fiero (**of** di). **~ly** *adv* fieramente
prove /pru:v/ *vt* provare ● *vi* **~ to be a lie** rivelarsi una bugia. **~n** *a* dimostrato
proverb /'prɒvɜ:b/ *n* proverbio *m*. **~ial** /prə'vɜ:bɪəl/ *a* proverbiale
provide /prə'vaɪd/ *vt* fornire; **~ sb with sth** fornire qcsa a qcno ● *vi* **~ for** ‹*law:*› prevedere
provided /prə'vaɪdɪd/ *conj* **~ [that]** purché
providen|ce /'prɒvɪdəns/ *n* provvidenza *f*. **~tial** /-'denʃl/ *a* provvidenziale
providing /prə'vaɪdɪŋ/ *conj* = **provided**
provinc|e /'prɒvɪns/ *n* provincia *f*; *fig* campo *m*. **~ial** /prə'vɪnʃl/ *a* provinciale
provision /prə'vɪʒn/ *n* (*of food, water*) approvvigionamento *m* (**of** di); (*of law*) disposizione *f*; **~s** *pl* provviste *fpl*. **~al** *a* provvisorio
proviso /prə'vaɪzəʊ/ *n* condizione *f*
provocat|ion /prɒvə'keɪʃn/ *n* provocazione *f*. **~ive** /prə'vɒkətɪv/ *a* provocatorio; (*sexually*) provocante. **~ively** *adv* in modo provocatorio
provoke /prə'vəʊk/ *vt* provocare
prow /praʊ/ *n* prua *f*
prowess /'praʊɪs/ *n* abilità *f inv*

prowl /praʊl/ *vi* aggirarsi ● *n* **on the ~** in cerca di preda. **~er** *n* tipo *m* sospetto
proximity /prɒk'sɪmətɪ/ *n* prossimità *f*
proxy /'prɒksɪ/ *n* procura *f*; (*person*) persona *f* che agisce per procura
prude /pru:d/ *n* **be a ~** essere eccessivamente pudico
pruden|ce /'pru:dəns/ *n* prudenza *f*. **~t** *a* prudente; (*wise*) oculatezza *f*
prudish /'pru:dɪʃ/ *a* eccessivamente pudico
prune¹ /pru:n/ *n* prugna *f* secca
prune² *vt* potare
pry /praɪ/ *vi* (*pt/pp* **pried**) ficcare il naso
psalm /sɑ:m/ *n* salmo *m*
pseudonym /'sju:dənɪm/ *n* pseudonimo *m*
psychiatric /saɪkɪ'ætrɪk/ *a* psichiatrico
psychiatr|ist /saɪ'kaɪətrɪst/ *n* psichiatra *mf*. **~y** *n* psichiatria *f*
psychic /'saɪkɪk/ *a* psichico; **I'm not ~** non sono un indovino
psycho|'analyse /saɪkəʊ-/ *vt* psicanalizzare. **~a'nalysis** *n* psicanalisi *f*. **~'analyst** *n* psicanalista *mf*
psychological /saɪkə'lɒdʒɪkl/ *a* psicologico
psycholog|ist /saɪ'kɒlədʒɪst/ *n* psicologo, -a *mf*. **~y** *n* psicologia *f*
psychopath /'saɪkəpæθ/ *n* psicopatico, -a *mf*
P.T.O. *abbr* (**please turn over**) vedi retro
pub /pʌb/ *n fam* pub *m inv*
puberty /'pju:bətɪ/ *n* pubertà *f*
public /'pʌblɪk/ *a* pubblico ● *n* **the ~** il pubblico; **in ~** in pubblico. **~ly** *adv* pubblicamente
publican /'pʌblɪkən/ *n* gestore, -trice *mf*/proprietario, -a *mf* di un pub
publication /pʌblɪ'keɪʃn/ *n* pubblicazione *f*
public: ~ con'venience *n* gabinetti *mpl* pubblici. **~ 'holiday** *n* festa *f* nazionale. **~ 'house** *n* pub *m inv*
publicity /pʌb'lɪsətɪ/ *n* pubblicità *f*
publicize /'pʌblɪsaɪz/ *vt* pubblicizzare
public: ~ 'library *n* biblioteca *f* pubblica. **~ re'lations** pubbliche relazioni *fpl*. **~ school** *n* scuola *f* privata; *Am* scuola *f* pubblica. **~-'spirited** *a* **be ~spirited** essere dotato di senso civico. **~ 'transport** *n* mezzi *mpl* pubblici
publish /'pʌblɪʃ/ *vt* pubblicare. **~er** *n* editore *m*; (*firm*) editore *m*, casa *f* editrice. **~ing** *n* editoria *f*
pudding /'pʊdɪŋ/ *n* dolce *m* cotto al vapore; (*course*) dolce *m*
puddle /'pʌdl/ *n* pozzanghera *f*
pudgy /'pʌdʒɪ/ *a* (**-ier**, **-iest**) grassoccio
puff /pʌf/ *n* (*of wind*) soffio *m*; (*of smoke*) tirata *f*; (*for powder*) piumino *m* ● *vt* sbuffare. **puff at** *vt* tirare boccate da ‹*pipe*›. **puff out** *vt* lasciare senza fiato ‹*person*›; spegnere ‹*candle*›. **~ed** *a* (*out of breath*) senza fiato. **~ pastry** *n* pasta *f* sfoglia
puffy /'pʌfɪ/ *a* gonfio
pull /pʊl/ *n* trazione *f*; (*fig: attraction*) attrazione *f*; (*fam: influence*) influenza *f* ● *vt* tirare; estrarre ‹*tooth*›; stirarsi ‹*muscle*›; **~ faces** far boccace; **~ oneself together** cercare di controllarsi; **~ one's weight** mettercela tutta; **~ sb's leg** *fam* prendere in giro qcno. **pull down** *vt* (*demolish*) demolire. **pull in** *vi Auto* accostare. **pull off** *vt* togliere; *fam* azzeccare. **pull out** *vt* tirar fuori ● *vi Auto* spostarsi; (*of competition*) ritirarsi. **pull through** *vi* (*recover*) farcela. **pull up** *vt* sradicare ‹*plant*›; (*reprimand*) rimproverare ● *vi Auto* fermarsi
pulley /'pʊlɪ/ *n Techn* puleggia *f*
pullover /'pʊləʊvə(r)/ *n* pullover *m inv*
pulp /pʌlp/ *n* poltiglia *f*; (*of fruit*) polpa *f*; (*for paper*) pasta *f*
pulpit /'pʊlpɪt/ *n* pulpito *m*
pulsate /pʌl'seɪt/ *vi* pulsare
pulse /pʌls/ *n* polso *m*
pulses /'pʌlsɪz/ *npl* legumi *mpl* secchi
pulverize /'pʌlvəraɪz/ *vt* polverizzare
pumice /'pʌmɪs/ *n* pomice *f*
pummel /'pʌml/ *vt* (*pt/pp* **pummelled**) prendere a pugni
pump /pʌmp/ *n* pompa *f* ● *vt* pompare; **~ sb for sth** *fam* cercare di estorcere qcsa da qcno. **pump up** *vt* (*inflate*) gonfiare
pumpkin /'pʌmpkɪn/ *n* zucca *f*
pun /pʌn/ *n* gioco *m* di parole
punch¹ /pʌntʃ/ *n* pugno *m*; (*device*) pinza *f* per forare ● *vt* dare un pugno a; forare ‹*ticket*›; perforare ‹*hole*›
punch² *n* (*drink*) ponce *m inv*
punch: ~ line *n* battuta *f* finale. **~-up** *n* rissa *f*
punctual /'pʌŋktjʊəl/ *a* puntuale. **~ity** /-'ælətɪ/ *n* puntualità *f*. **~ly** *adv* puntualmente
punctuat|e /'pʌŋktjʊeɪt/ *vt* punteggiare. **~ion** /-'eɪʃn/ *n* punteggiatura *f*. **~ion mark** *n* segno *m* di interpunzione
puncture /'pʌŋktʃə(r)/ *n* foro *m*; (*tyre*) foratura *f* ● *vt* forare

pungent /'pʌndʒənt/ *a* acre

punish /'pʌnɪʃ/ *vt* punire. **~able** /-əbl/ *a* punibile. **~ment** *n* punizione *f*

punitive /'pju:nɪtɪv/ *a* punitivo

punk /pʌŋk/ *n* punk *m inv*

punnet /'pʌnɪt/ *n* cestello *m* (*per frutta*)

punt /pʌnt/ *n* (*boat*) barchino *m*

punter /'pʌntə(r)/ *n* (*gambler*) scommettitore, -trice *mf*; (*client*) consumatore, -trice *mf*

puny /'pju:nɪ/ *a* (**-ier, -iest**) striminzito

pup /pʌp/ *n* = **puppy**

pupil /'pju:pl/ *n* alluno, -a *mf*; (*of eye*) pupilla *f*

puppet /'pʌpɪt/ *n* marionetta *f*; (*glove ~, fig*) burattino *m*

puppy /'pʌpɪ/ *n* cucciolo *m*

purchase /'pɜ:tʃəs/ *n* acquisto *m*; (*leverage*) presa *f* ● *vt* acquistare. **~r** *n* acquirente *mf*

pure /pjʊə(r)/ *a* puro. **~ly** *adv* puramente

purée /'pjʊəreɪ/ *n* purè *m inv*

purgatory /'pɜ:gətrɪ/ *n* purgatorio *m*

purge /pɜ:dʒ/ *Pol n* epurazione *f* ● *vt* epurare

puri|fication /pjʊərɪfɪ'keɪʃn/ *n* purificazione *f*. **~fy** /'pjʊərɪfaɪ/ *vt* (*pt/pp* **-ied**) purificare

puritan /'pjʊərɪtən/ *n* puritano, -a *mf*. **~ical** *a* puritano

purity /'pjʊərɪtɪ/ *n* purità *f*

purple /'pɜ:pl/ *a* viola *inv*

purpose /'pɜ:pəs/ *n* scopo *m*; (*determination*) fermezza *f*; **on ~** apposta. **~-built** *a* costruito ad hoc. **~ful** *a* deciso. **~fully** *adv* con decisione. **~ly** *adv* apposta

purr /pɜ:(r)/ *vi* ‹*cat:*› fare le fusa

purse /pɜ:s/ *n* borsellino *m*; (*Am: handbag*) borsa *f* ● *vt* increspare ‹*lips*›

pursue /pə'sju:/ *vt* inseguire; *fig* proseguire. **~r** /-ə(r)/ *n* inseguitore, -trice *mf*

pursuit /pə'sju:t/ *n* inseguimento *m*; (*fig: of happiness*) ricerca *f*; (*pastime*) attività *f inv*; **in ~** all'inseguimento

pus /pʌs/ *n* pus *m*

push /pʊʃ/ *n* spinta *f*; (*fig: effort*) sforzo *m*; (*drive*) iniziativa *f*; **at a ~** in caso di bisogno; **get the ~** *fam* essere licenziato ● *vt* spingere; premere ‹*button*›; (*pressurize*) far pressione su; **be ~ed for time** *fam* non avere tempo ● *vi* spingere. **push aside** *vt* scostare. **push back** *vt* respingere. **push off** *vt* togliere ● *vi* (*fam: leave*) levarsi dai piedi. **push on** *vi* (*continue*) continuare. **push up** *vt* alzare ‹*price*›

push: ~-button *n* pulsante *m*. **~-chair** *n* passeggino *m*. **~-over** *n fam* bazzecola *f*. **~-up** *n* flessione *f*

pushy /'pʊʃɪ/ *a fam* troppo intraprendente

puss /pʊs/ *n*, **pussy** /'pʊsɪ/ *n* micio *m*

put /pʊt/ *vt* (*pt/pp* **put**, *pres p* **putting**) mettere; **~ the cost of sth at** valutare il costo di qcsa ● *vi* **~ to sea** salpare. **put aside** *vt* mettere da parte. **put away** *vt* mettere via. **put back** *vt* rimettere; mettere indietro ‹*clock*›. **put by** *vt* mettere da parte. **put down** *vt* mettere giù; (*suppress*) reprimere; (*kill*) sopprimere; (*write*) annotare; **~ one's foot down** *fam* essere fermo; *Auto* dare un'accelerata; **~ down to** (*attribute*) attribuire. **put forward** *vt* avanzare; mettere avanti ‹*clock*›. **put in** *vt* (*insert*) introdurre; (*submit*) presentare ● *vi* **~ in for** far domanda di. **put off** *vt* spegnere ‹*light*›; (*postpone*) rimandare; **~ sb off** tenere a bada qcno; (*deter*) smontare qcno; (*disconcert*) distrarre qcno; **~ sb off sth** (*disgust*) disgustare qcno di qcsa. **put on** *vt* mettersi ‹*clothes*›; mettere ‹*brake*›; *Culin* mettere su; accendere ‹*light*›; mettere in scena ‹*play*›; prendere ‹*accent*›; **~ on weight** mettere su qualche chilo. **put out** *vt* spegnere ‹*fire, light*›; tendere ‹*hand*›; (*inconvenience*) creare degli inconvenienti a. **put through** *vt* far passare; *Teleph* **I'll ~ you through to him** glielo passo. **put up** *vt* alzare; erigere ‹*building*›; montare ‹*tent*›; aprire ‹*umbrella*›; affiggere ‹*notice*›; aumentare ‹*price*›; ospitare ‹*guest*›; **~ sb up to sth** mettere qcsa in testa a qcno ● *vi* (*at hotel*) stare; **~ up with** sopportare ● *a* **stay ~!** rimani lì!

putty /'pʌtɪ/ *n* mastice *m*

put-up /'pʊtʌp/ *a* **~ job** truffa *f*

puzzl|e /'pʌzl/ *n* enigma *m*; (*jigsaw*) puzzle *m inv* ● *vt* lasciare perplesso ● *vi* **~e over** scervellarsi su. **~ing** *a* inspiegabile

pygmy /'pɪgmɪ/ *n* pigmeo, -a *mf*

pyjamas /pə'dʒɑ:məz/ *npl* pigiama *msg*

pylon /'paɪlən/ *n* pilone *m*

pyramid /'pɪrəmɪd/ *n* piramide *f*

python /'paɪθn/ *n* pitone *m*

Qq

quack¹ /kwæk/ *n* qua qua *m inv* ● *vi* fare qua qua
quack² *n* (*doctor*) ciarlatano *m*
quad /kwɒd/ *n* (*fam: court*) = **quadrangle**. **~s** *pl* = **quadruplets**
quadrangle /ˈkwɒdræŋgl/ *n* quadrangolo *m*; (*court*) cortile *m* quadrangolare
quadruped /ˈkwɒdrʊped/ *n* quadrupede *m*
quadruple /ˈkwɒdrʊpl/ *a* quadruplo ● *vt* quadruplicare ● *vi* quadruplicarsi. **~ts** /-plɪts/ *npl* quattro gemelli *mpl*
quagmire /ˈkwɒgmaɪə(r)/ *n* pantano *m*
quaint /kweɪnt/ *a* pittoresco; (*odd*) bizzarro
quake /kweɪk/ *n fam* terremoto *m* ● *vi* tremare
qualif|ication /kwɒlɪfɪˈkeɪʃn/ *n* qualifica *f*. **~ied** /-faɪd/ *a* qualificato; (*limited*) con riserva
qualify /ˈkwɒlɪfaɪ/ *v* (*pt/pp* **-ied**) ● *vt* ‹*course:*› dare la qualifica a (**as** di); (*entitle*) dare diritto a; (*limit*) precisare ● *vi* ottenere la qualifica; *Sport* qualificarsi
quality /ˈkwɒlətɪ/ *n* qualità *f inv*
qualm /kwɑ:m/ *n* scrupolo *m*
quandary /ˈkwɒndərɪ/ *n* dilemma *m*
quantity /ˈkwɒntətɪ/ *n* quantità *f inv*; **in ~** in grande quantità
quarantine /ˈkwɒrənti:n/ *n* quarantena *f*
quarrel /ˈkwɒrəl/ *n* lite *f* ● *vi* (*pt/pp* **quarrelled**) litigare. **~some** *a* litigioso
quarry¹ /ˈkwɒrɪ/ *n* (*prey*) preda *f*
quarry² *n* cava *f*
quart /kwɔ:t/ *n 1.14 litro*
quarter /ˈkwɔ:tə(r)/ *n* quarto *m*; (*of year*) trimestre *m*; *Am* 25 centesimi *mpl*; **~s** *pl Mil* quartiere *msg*; **at [a] ~ to six** alle sei meno un quarto ● *vt* dividere in quattro. **~-ˈfinal** *n* quarto *m* di finale
quarterly /ˈkwɔ:təlɪ/ *a* trimestrale ● *adv* trimestralmente
quartet /kwɔ:ˈtet/ *n* quartetto *m*
quartz /kwɔ:ts/ *n* quarzo *m*. **~ watch** *n* orologio *m* al quarzo
quash /kwɒʃ/ *vt* annullare; soffocare ‹*rebellion*›
quaver /ˈkweɪvə(r)/ *vi* tremolare
quay /ki:/ *n* banchina *f*
queasy /ˈkwi:zɪ/ *a* **I feel ~** ho la nausea
queen /kwi:n/ *n* regina *f*. **~ mother** *n* regina *f* madre
queer /kwɪə(r)/ *a* strano; (*dubious*) sospetto; (*fam: homosexual*) finocchio ● *n fam* finocchio *m*
quell /kwel/ *vt* reprimere
quench /kwentʃ/ *vt* **~ one's thirst** dissetarsi
query /ˈkwɪərɪ/ *n* domanda *f*; (*question mark*) punto *m* interrogativo ● *vt* (*pt/pp* **-ied**) interrogare; (*doubt*) mettere in dubbio
quest /kwest/ *n* ricerca *f* (**for** di)
question /ˈkwestʃn/ *n* domanda *f*; (*for discussion*) questione *f*; **out of the ~** fuori discussione; **without ~** senza dubbio; **in ~** in questione ● *vt* interrogare; (*doubt*) mettere in dubbio. **~able** /-əbl/ *a* discutibile. **~ mark** *n* punto *m* interrogativo
questionnaire /kwestʃəˈneə(r)/ *n* questionario *m*
queue /kju:/ *n* coda *f*, fila *f* ● *vi* **~ [up]** mettersi in coda (**for** per)
quick /kwɪk/ *a* veloce; **be ~!** sbrigati!; **have a ~ meal** fare uno spuntino ● *adv* in fretta ● *n* **be cut to the ~** *fig* essere punto sul vivo. **~ly** *adv* in fretta. **~-tempered** *a* collerico
quid /kwɪd/ *n inv fam* sterlina *f*
quiet /ˈkwaɪət/ *a* (*calm*) tranquillo; (*silent*) silenzioso; (*voice, music*) basso; **keep ~ about** *fam* non raccontare a nessuno ● *n* quiete *f*; **on the ~** di nascosto. **~ly** *adv* (*peacefully*) tranquillamente; ‹*say*› a bassa voce
quiet|en /ˈkwaɪətn/ *vt* calmare. **quieten down** *vi* calmarsi. **~ness** *n* quiete *f*
quilt /kwɪlt/ *n* piumino *m*. **~ed** *a* trapuntato
quins /kwɪnz/ *npl fam* = **quintuplets**
quintet /kwɪnˈtet/ *n* quintetto *m*

quintuplets /ˈkwɪntjʊplɪts/ *npl* cinque gemelli *mpl*
quip /kwɪp/ *n* battuta *f*
quirk /kwɜːk/ *n* stranezza *f*
quit /kwɪt/ *v* (*pt/pp* **quitted**, **quit**) ● *vt* lasciare; (*give up*) smettere (**doing** di fare) ● *vi* (*fam: resign*) andarsene; *Comput* uscire; **give sb notice to ~** ‹*landlord:*› dare a qcno il preavviso di sfratto
quite /kwaɪt/ *adv* (*fairly*) abbastanza; (*completely*) completamente; (*really*) veramente; **~ [so]!** proprio così!; **~ a few** parecchi
quits /kwɪts/ *a* pari
quiver /ˈkwɪvə(r)/ *vi* tremare
quiz /kwɪz/ *n* (*game*) quiz *m inv* ● *vt* (*pt/pp* **quizzed**) interrogare
quota /ˈkwəʊtə/ *n* quota *f*
quotation /kwəʊˈteɪʃn/ *n* citazione *f*; (*price*) preventivo *m*; (*of shares*) quota *f*. **~ marks** *npl* virgolette *fpl*
quote /kwəʊt/ *n fam* = **quotation; in ~s** tra virgolette ● *vt* citare; quotare ‹*price*›

Rr

rabbi /ˈræbaɪ/ *n* rabbino *m*; (*title*) rabbi
rabbit /ˈræbɪt/ *n* coniglio *m*
rabble /ˈræbl/ *n* **the ~** la plebaglia
rabies /ˈreɪbiːz/ *n* rabbia *f*
race¹ /reɪs/ *n* (*people*) razza *f*
race² *n* corsa *f* ● *vi* correre ● *vt* gareggiare con; fare correre ‹*horse*›
race: ~course *n* ippodromo *m*. **~horse** *n* cavallo *m* da corsa. **~-track** *n* pista *f*
racial /ˈreɪʃl/ *a* razziale. **~ism** *n* razzismo *m*
racing /ˈreɪsɪŋ/ *n* corse *fpl*; (*horse-*) corse *fpl* dei cavalli. **~ car** *n* macchina *f* da corsa. **~ driver** *n* corridore *m* automobilistico
racis|m /ˈreɪsɪzm/ *n* razzismo *m*. **~t** /-ɪst/ *a* razzista ● *n* razzista *mf*
rack¹ /ræk/ *n* (*for bikes*) rastrelliera *f*; (*for luggage*) portabagagli *m inv*; (*for plates*) scolapiatti *m inv* ● *vt* **~ one's brains** scervellarsi
rack² *n* **go to ~ and ruin** andare in rovina
racket¹ /ˈrækɪt/ *n Sport* racchetta *f*
racket² *n* (*din*) chiasso *m*; (*swindle*) truffa *f*; (*crime*) racket *m inv*, giro *m*
radar /ˈreɪdɑː(r)/ *n* radar *m*
radian|ce /ˈreɪdɪəns/ *n* radiosità *f*. **~t** *a* raggiante
radiat|e /ˈreɪdɪeɪt/ *vt* irradiare ● *vi* ‹*heat:*› irradiarsi. **~ion** /-ˈeɪʃn/ *n* radiazione *f*
radiator /ˈreɪdɪeɪtə(r)/ *n* radiatore *m*
radical /ˈrædɪkl/ *a* radicale ● *n* radicale *mf*. **~ly** *adv* radicalmente
radio /ˈreɪdɪəʊ/ *n* radio *f inv*
radio|ˈactive *a* radioattivo. **~acˈtivity** *n* radioattività *f*
radiograph|er /reɪdɪˈɒgrəfə(r)/ *n* radiologo, -a *mf*. **~y** *n* radiografia *f*
radioˈtherapy *n* radioterapia *f*
radish /ˈrædɪʃ/ *n* ravanello *m*
radius /ˈreɪdɪəs/ *n* (*pl* **-dii** /-dɪaɪ/) raggio *m*
raffle /ˈræfl/ *n* lotteria *f*
raft /rɑːft/ *n* zattera *f*
rafter /ˈrɑːftə(r)/ *n* trave *f*
rag /ræg/ *n* straccio *m*; (*pej: newspaper*) giornalaccio *m*; **in ~s** stracciato
rage /reɪdʒ/ *n* rabbia *f*; **all the ~** *fam* all'ultima moda ● *vi* infuriarsi; ‹*storm:*› infuriare; ‹*epidemic:*› imperversare
ragged /ˈrægɪd/ *a* logoro; ‹*edge*› frastagliato
raid /reɪd/ *n* (*by thieves*) rapina *f*; *Mil* incursione *f*, raid *m inv*; (*police*) irruzione *f* ● *vt Mil* fare un'incursione in; ‹*police, burglars:*› fare irruzione in. **~er** *n* (*of bank*) rapinatore, -trice *mf*
rail /reɪl/ *n* ringhiera *f*; (*hand~*) ringhiera *f*; *Naut* parapetto *m*; **by ~** per ferrovia
ˈrailroad *n Am* = **railway**
ˈrailway *n* ferrovia *f*. **~man** *n* ferroviere *m*. **~ station** *n* stazione *f* ferroviaria
rain /reɪn/ *n* pioggia *f* ● *vi* piovere
rain: ~bow *n* arcobaleno *m*. **~coat** *n* impermeabile *m*. **~fall** *n* precipitazione *f* [atmosferica]
rainy /ˈreɪnɪ/ *a* (**-ier, -iest**) piovoso
raise /reɪz/ *n Am* aumento *m* ● *vt* alza-

re; levarsi ‹*hat*›; allevare ‹*children, animals*›; sollevare ‹*question*›; ottenere ‹*money*›

raisin /'reɪzn/ *n* uva *f* passa

rake /reɪk/ *n* rastrello *m* ● *vt* rastrellare. **rake up** *vt* raccogliere col rastrello; *fam* rivangare

rally /'rælɪ/ *n* raduno *m*; *Auto* rally *m inv*; *Tennis* scambio *m* ● *v* (*pt/pp* **-ied**) ● *vt* radunare ● *vi* radunarsi; (*recover strength*) riprendersi

ram /ræm/ *n* montone *m*; *Astr* Ariete *m* ● *vt* (*pt/pp* **rammed**) cozzare contro

RAM /ræm/ *n* [memoria *f*] RAM *f*

rambl|e /'ræmbl/ *n* escursione *f* ● *vi* gironzolare; (*in speech*) divagare. **~er** *n* escursionista *mf*; (*rose*) rosa *f* rampicante. **~ing** *a* (*in speech*) sconnesso; ‹*club*› escursionistico

ramp /ræmp/ *n* rampa *f*; *Aeron* scaletta *f* mobile (*di aerei*)

rampage /'ræmpeɪdʒ/ *n* **be/go on the ~** scatenarsi ● *vi* **~ through the streets** scatenarsi per le strade

rampant /'ræmpənt/ *a* dilagante

rampart /'ræmpɑ:t/ *n* bastione *f*

ramshackle /'ræmʃækl/ *a* sgangherato

ran /ræn/ *see* **run**

ranch /rɑ:ntʃ/ *n* ranch *m inv*

rancid /'rænsɪd/ *a* rancido

rancour /'ræŋkə(r)/ *n* rancore *m*

random /'rændəm/ *a* casuale; **~ sample** campione *m* a caso ● *n* **at ~** a casaccio

randy /'rændɪ/ *a* (**-ier, -iest**) *fam* eccitato

rang /ræŋ/ *see* **ring²**

range /reɪndʒ/ *n* serie *f*; *Comm, Mus* gamma *f*; (*of mountains*) catena *f*; (*distance*) raggio *m*; (*for shooting*) portata *f*; (*stove*) cucina *f* economica; **at a ~ of** a una distanza di ● *vi* estendersi; **~ from... to...** andare da... a.... **~r** *n* guardia *f* forestale

rank /ræŋk/ *n* (*row*) riga *f*; *Mil* grado *m*; (*social position*) rango *m*; **the ~ and file** la base; **the ~s** *pl Mil* i soldati semplici ● *vt* (*place*) annoverare (**among** tra) ● *vi* (*be placed*) collocarsi

rankle /'ræŋkl/ *vi fig* bruciare

ransack /'rænsæk/ *vt* rovistare; (*pillage*) saccheggiare

ransom /'rænsəm/ *n* riscatto *m*; **hold sb to ~** tenere qcno in ostaggio (*per il riscatto*)

rant /rænt/ *vi* **~** [**and rave**] inveire; **what's he ~ing on about?** cosa sta blaterando?

rap /ræp/ *n* colpo *m* [secco]; *Mus* rap *m* ● *v* (*pt/pp* **rapped**) ● *vt* dare colpetti a ● *vi* **~ at** bussare a

rape /reɪp/ *n* (*sexual*) stupro *m* ● *vt* violentare, stuprare

rapid /'ræpɪd/ *a* rapido. **~ity** /rə'pɪdətɪ/ *n* rapidità *f*. **~ly** *adv* rapidamente

rapids /'ræpɪdz/ *npl* rapida *fsg*

rapist /'reɪpɪst/ *n* violentatore *m*

rapport /ræ'pɔ:(r)/ *n* rapporto *m* di intesa

raptur|e /'ræptʃə(r)/ *n* estasi *f*. **~ous** /-rəs/ *a* entusiastico

rare¹ /reə(r)/ *a* raro. **~ly** *adv* raramente

rare² *a Culin* al sangue

rarefied /'reərɪfaɪd/ *a* rarefatto

rarity /'reərətɪ/ *n* rarità *f inv*

rascal /'rɑ:skl/ *n* mascalzone *m*

rash¹ /ræʃ/ *n Med* eruzione *f*

rash² *a* avventato. **~ly** *adv* avventatamente

rasher /'ræʃə(r)/ *n* fetta *f* di pancetta

rasp /rɑ:sp/ *n* (*noise*) stridio *m*. **~ing** *a* stridente

raspberry /'rɑ:zbərɪ/ *n* lampone *m*

rat /ræt/ *n* topo *m*; (*fam: person*) carogna *f*; **smell a ~** *fam* sentire puzzo di bruciato

rate /reɪt/ *n* (*speed*) velocità *f inv*; (*of payment*) tariffa *f*; (*of exchange*) tasso *m*; **~s** *pl* (*taxes*) imposte *fpl* comunali sui beni immobili; **at any ~** in ogni caso; **at this ~** di questo passo ● *vt* stimare; **~ among** annoverare tra ● *vi* **~ as** essere considerato

rather /'rɑ:ðə(r)/ *adv* piuttosto; **~!** eccome!; **~ too...** un po' troppo...

rati|fication /rætɪfɪ'keɪʃn/ *n* ratifica *f*. **~fy** /'rætɪfaɪ/ *vt* (*pt/pp* **-ied**) ratificare

rating /'reɪtɪŋ/ *n* **~s** *pl Radio, TV* indice *m* d'ascolto, audience *f inv*

ratio /'reɪʃɪəʊ/ *n* rapporto *m*

ration /'ræʃn/ *n* razione *f* ● *vt* razionare

rational /'ræʃənl/ *a* razionale. **~ize** *vt/i* razionalizzare

'rat race *n fam* corsa *f* al successo

rattle /'rætl/ *n* tintinnio *m*; (*toy*) sonaglio *m* ● *vi* tintinnare ● *vt* (*shake*) scuotere; *fam* innervosire. **rattle off** *vt fam* sciorinare

'rattlesnake *n* serpente *m* a sonagli

raucous /'rɔ:kəs/ *a* rauco

rave /reɪv/ *vi* vaneggiare; **~ about** andare in estasi per

raven /'reɪvn/ *n* corvo *m* imperiale
ravenous /'rævənəs/ *a* ‹*person*› affamato
ravine /rə'vi:n/ *n* gola *f*
raving /'reɪvɪŋ/ *a* **~ mad** *fam* matto da legare
ravishing /'rævɪʃɪŋ/ *a* incantevole
raw /rɔ:/ *a* crudo; (*not processed*) grezzo; ‹*weather*› gelido; (*inexperienced*) inesperto; **get a ~ deal** *fam* farsi fregare. **~ ma'terials** *npl* materie *fpl* prime
ray /reɪ/ *n* raggio *m*; **~ of hope** barlume *m* di speranza
raze /reɪz/ *vt* **~ to the ground** radere al suolo
razor /'reɪzə(r)/ *n* rasoio *m*. **~ blade** *n* lametta *f* da barba
re /ri:/ *prep* con riferimento a
reach /ri:tʃ/ *n* portata *f*; **within ~** a portata di mano; **out of ~ of** fuori dalla portata di; **within easy ~** facilmente raggiungibile ● *vt* arrivare a ‹*place, decision*›; (*contact*) contattare; (*pass*) passare; **I can't ~ it** non ci arrivo ● *vi* arrivare (**to** a); **~ for** allungare la mano per prendere
re'act /rɪ-/ *vi* reagire
re'action /rɪ-/ *n* reazione *f*. **~ary** *a & n* reazionario, -a *mf*
reactor /rɪ'æktə(r)/ *n* reattore *m*
read /ri:d/ *vt* (*pt/pp* **read** /red/) leggere; *Univ* studiare ● *vi* leggere; ‹*instrument:*› indicare. **read out** *vt* leggere ad alta voce
readable /'ri:dəbl/ *a* piacevole a leggersi; (*legible*) leggibile
reader /'ri:də(r)/ *n* lettore, -trice *mf*; (*book*) antologia *f*
readi|ly /'redɪlɪ/ *adv* volentieri; (*easily*) facilmente. **~ness** *n* disponibilità *f*; **in ~ness** pronto
reading /'ri:dɪŋ/ *n* lettura *f*
rea'djust /ri:-/ *vt* regolare di nuovo ● *vi* riabituarsi (**to** a)
ready /'redɪ/ *a* (**-ier, -iest**) pronto; (*quick*) veloce; **get ~** prepararsi
ready: ~-'made *a* confezionato. **~ 'money** *n* contanti *mpl*. **~-to-'wear** *a* prêt-à-porter
real /ri:l/ *a* vero; ‹*increase*› reale ● *adv Am fam* veramente. **~ estate** *n* beni *mpl* immobili
realis|m /'rɪəlɪzm/ *n* realismo *m*. **~t** /-lɪst/ *n* realista *mf*. **~tic** /-'lɪstɪk/ *a* realistico
reality /rɪ'ælətɪ/ *n* realtà *f inv*
realization /rɪəlaɪ'zeɪʃn/ *n* realizzazione *f*
realize /'rɪəlaɪz/ *vt* realizzare
really /'rɪəlɪ/ *adv* davvero
realm /relm/ *n* regno *m*
realtor /'rɪəltə(r)/ *n Am* agente *mf* immobiliare
reap /ri:p/ *vt* mietere
reap'pear /ri:-/ *vi* riapparire
rear¹ /rɪə(r)/ *a* posteriore; *Auto* di dietro; **~ end** *fam* didietro *m* ● *n* **the ~** (*of building*) il retro; (*of bus, plane*) la parte posteriore; **from the ~** da dietro
rear² *vt* allevare ● *vi* **~ [up]** ‹*horse:*› impennarsi
'rear-light *n* luce *f* posteriore
re'arm /ri:-/ *vt* riarmare ● *vi* riarmarsi
rear'range /ri:-/ *vt* cambiare la disposizione di
rear-view 'mirror *n Auto* specchietto *m* retrovisore
reason /'ri:zn/ *n* ragione *f*; **within ~** nei limiti del ragionevole ● *vi* ragionare; **~ with** cercare di far ragionare. **~able** /-əbl/ *a* ragionevole. **~ably** /-əblɪ/ *adv* (*in reasonable way, fairly*) ragionevolmente
reas'sur|ance /ri:-/ *n* rassicurazione *f*. **~e** *vt* rassicurare; **~e sb of sth** rassicurare qcno su qcsa. **~ing** *a* rassicurante
rebate /'ri:beɪt/ *n* rimborso *m*; (*discount*) deduzione *f*
rebel¹ /'rebl/ *n* ribelle *mf*
rebel² /rɪ'bel/ *vi* (*pt/pp* **rebelled**) ribellarsi. **~lion** /-jən/ *n* ribellione *f*. **~lious** /-jəs/ *a* ribelle
re'bound¹ /rɪ-/ *vi* rimbalzare; *fig* ricadere
'rebound² /ri:-/ *n* rimbalzo *m*
rebuff /rɪ'bʌf/ *n* rifiuto *m*
re'build /ri:-/ *vt* (*pt/pp* **-built**) ricostruire
rebuke /rɪ'bju:k/ *vt* rimproverare
rebuttal /rɪ'bʌtl/ *n* rifiuto *m*
re'call /rɪ-/ *n* richiamo *m*; **beyond ~** irrevocabile ● *vt* richiamare; riconvocare ‹*diplomat, parliament*›; (*remember*) rievocare
recap /'ri:kæp/ *vt/i fam* = **recapitulate** ● *n* ricapitolazione *f*
recapitulate /ri:kə'pɪtjʊleɪt/ *vt/i* ricapitolare
re'capture /ri:-/ *vt* riconquistare; ricatturare ‹*person, animal*›
reced|e /rɪ'si:d/ *vi* allontanarsi. **~ing** *a* ‹*forehead, chin*› sfuggente; **have ~ing hair** essere stempiato
receipt /rɪ'si:t/ *n* ricevuta *f*; (*receiving*) ricezione *f*; **~s** *pl Comm* entrate *fpl*

receive /rɪ'si:v/ *vt* ricevere. **~r** *n Teleph* ricevitore *m*; *Radio, TV* apparecchio *m* ricevente; (*of stolen goods*) ricettatore, -trice *mf*

recent /'ri:snt/ *a* recente. **~ly** *adv* recentemente

receptacle /rɪ'septəkl/ *n* recipiente *m*

reception /rɪ'sepʃn/ *n* ricevimento *m*; (*welcome*) accoglienza *f*; *Radio* ricezione *f*; **~ [desk]** (*in hotel*) reception *f inv*. **~ist** *n* persona *f* alla reception

receptive /rɪ'septɪv/ *a* ricettivo

recess /rɪ'ses/ *n* rientranza *f*; (*holiday*) vacanza *f*; *Am Sch* intervallo *m*

recession /rɪ'seʃn/ *n* recessione *f*

re'charge /ri:-/ *vt* ricaricare

recipe /'resəpɪ/ *n* ricetta *f*

recipient /rɪ'sɪpɪənt/ *n* (*of letter*) destinatario, -a *mf*; (*of money*) beneficiario, -a *mf*

recipro|cal /rɪ'sɪprəkl/ *a* reciproco. **~cate** /-keɪt/ *vt* ricambiare

recital /rɪ'saɪtl/ *n* recital *m inv*

recite /rɪ'saɪt/ *vt* recitare; (*list*) elencare

reckless /'reklɪs/ *a* ‹*action, decision*› sconsiderato; **be a ~ driver** guidare in modo spericolato. **~ly** *adv* in modo sconsiderato. **~ness** *n* sconsideratezza *f*

reckon /'rekən/ *vt* calcolare; (*consider*) pensare. **reckon on/with** *vt* fare i conti con

re'claim /rɪ-/ *vt* reclamare; bonificare ‹*land*›

reclin|e /rɪ'klaɪn/ *vi* sdraiarsi. **~ing** *a* ‹*seat*› reclinabile

recluse /rɪ'klu:s/ *n* recluso, -a *mf*

recognition /rekəg'nɪʃn/ *n* riconoscimento *m*; **beyond ~** irriconoscibile

recognize /'rekəgnaɪz/ *vt* riconoscere

re'coil /rɪ-/ *vi* (*in fear*) indietreggiare

recollect /rekə'lekt/ *vt* ricordare. **~ion** /-ekʃn/ *n* ricordo *m*

recommend /rekə'mend/ *vt* raccomandare. **~ation** /-'deɪʃn/ *n* raccomandazione *f*

recompense /'rekəmpens/ *n* ricompensa *f*

recon|cile /'rekənsaɪl/ *vt* riconciliare; conciliare ‹*facts*›; **~cile oneself to** rassegnarsi a. **~ciliation** /-sɪlɪ'eɪʃn/ *n* riconciliazione *f*

recon'dition /ri:-/ *vt* ripristinare. **~ed engine** *n* motore *m* che ha subito riparazioni

reconnaissance /rɪ'kɒnɪsns/ *n Mil* ricognizione *f*

reconnoitre /rekə'nɔɪtə(r)/ *vi* (*pres p* **-tring**) fare una recognizione

recon'sider /ri:-/ *vt* riconsiderare

recon'struct /ri:-/ *vt* ricostruire. **~ion** *n* ricostruzione *f*

record¹ /rɪ'kɔ:d/ *vt* registrare; (*make a note of*) annotare

record² /'rekɔ:d/ *n* (*file*) documentazione *f*; *Mus* disco *m*; *Sport* record *m inv*; **~s** *pl* (*files*) schedario *msg*; **keep a ~ of** tener nota di; **off the ~** in via ufficiosa; **have a [criminal] ~** avere la fedina penale sporca

recorder /rɪ'kɔ:də(r)/ *n Mus* flauto *m* dolce

recording /rɪ'kɔ:dɪŋ/ *n* registrazione *f*

'record-player *n* giradischi *m inv*

recount /rɪ'kaʊnt/ *vt* raccontare

re-'count¹ /ri:-/ *vt* ricontare ‹*votes etc*›

're-count² /'ri:-/ *n Pol* nuovo conteggio *m*

recoup /rɪ'ku:p/ *vt* rifarsi di ‹*losses*›

recourse /rɪ'kɔ:s/ *n* **have ~ to** ricorrere a

re-'cover /ri:-/ *vt* rifoderare

recover /rɪ'kʌvə(r)/ *vt/i* recuperare. **~y** *n* recupero *m*; (*of health*) guarigione *f*

recreation /rekrɪ'eɪʃn/ *n* ricreazione *f*. **~al** *a* ricreativo

recrimination /rɪkrɪmɪ'neɪʃn/ *n* recriminazione *f*

recruit /rɪ'kru:t/ *n Mil* recluta *f*; **new ~** (*member*) nuovo, -a adepto, -a *mf*; (*worker*) neoassunto, -a *mf* ● *vt* assumere ‹*staff*›. **~ment** *n* assunzione *f*

rectang|le /'rektæŋgl/ *n* rettangolo *m*. **~ular** /-'tæŋgjʊlə(r)/ *a* rettangolare

rectify /'rektɪfaɪ/ *vt* (*pt/pp* **-ied**) rettificare

recuperate /rɪ'ku:pəreɪt/ *vi* ristabilirsi

recur /rɪ'kɜ:(r)/ *vi* (*pt/pp* **recurred**) ricorrere; ‹*illness:*› ripresentarsi

recurren|ce /rɪ'kʌrəns/ *n* ricorrenza *f*; (*of illness*) ricomparsa *f*. **~t** *a* ricorrente

recycle /ri:'saɪkl/ *vt* riciclare

red /red/ *a* (**redder, reddest**) rosso ● *n* rosso *m*; **in the ~** (*account*) scoperto. **R~ Cross** *n* Croce *f* rossa

redd|en /'redn/ *vt* arrossare ● *vi* arrossire. **~ish** *a* rossastro

re'decorate /ri:-/ *vt* (*paint*) ridipingere; (*wallpaper*) ritappezzare

redeem /rɪ'di:m/ *vt* **~ing quality** unico aspetto *m* positivo

redemption /rɪ'dempʃn/ *n* riscatto *m*

rede'ploy /ri:-/ *vt* ridistribuire

red: ~-haired *a* con i capelli rossi. **~-'handed** *a* **catch sb ~-handed** cogliere qcno con le mani nel sacco. **~ 'herring** *n* diversione *f*. **~-hot** *a* rovente. **~ 'light** *n Auto* semaforo *m* rosso
re'double /ri:-/ *vt* raddoppiare
redress /rɪ'dres/ *n* riparazione *f* ● *vt* ristabilire ‹*balance*›
red 'tape *n fam* burocrazia *f*
reduc|e /rɪ'dju:s/ *vt* ridurre; *Culin* far consumare. **~tion** /-'dʌkʃn/ *n* riduzione *f*
redundan|cy /rɪ'dʌndənsɪ/ *n* licenziamento *m*; (*payment*) cassa *f* integrazione. **~t** *a* superfluo; **make ~t** licenziare; **be made ~t** essere licenziato
reed /ri:d/ *n Bot* canna *f*
reef /ri:f/ *n* scogliera *f*
reek /ri:k/ *vi* puzzare (**of** di)
reel /ri:l/ *n* bobina *f* ● *vi* (*stagger*) vacillare. **reel off** *vt fig* snocciolare
refectory /rɪ'fektərɪ/ *n* refettorio *m*; *Univ* mensa *f* universitaria
refer /rɪ'fɜ:(r)/ *v* (*pt/pp* **referred**) ● *vt* rinviare ‹*matter*› (**to** a); indirizzare ‹*person*› ● *vi* **~ to** fare allusione a; (*consult*) rivolgersi a ‹*book*›
referee /refə'ri:/ *n* arbitro *m*; (*for job*) garante *mf* ● *vt/i* (*pt/pp* **refereed**) arbitrare
reference /'refərəns/ *n* riferimento *m*; (*in book*) nota *f* bibliografica; (*for job*) referenza *f*; *Comm* **'your ~'** 'riferimento'; **with ~ to** con riferimento a; **make [a] ~ to** fare riferimento a. **~ book** *n* libro *m* di consultazione. **~ number** *n* numero *m* di riferimento
referendum /refə'rendəm/ *n* referendum *m inv*
re'fill¹ /ri:-/ *vt* riempire di nuovo; ricaricare ‹*pen, lighter*›
'refill² /'ri:-/ *n* (*for pen*) ricambio *m*
refine /rɪ'faɪn/ *vt* raffinare. **~d** *a* raffinato. **~ment** *n* raffinatezza *f*; *Techn* raffinazione *f*. **~ry** /-ərɪ/ *n* raffineria *f*
reflect /rɪ'flekt/ *vt* riflettere; **be ~ed in** essere riflesso in ● *vi* (*think*) riflettere (**on** su); **~ badly on sb** *fig* mettere in cattiva luce qcno. **~ion** /-ekʃn/ *n* riflessione *f*; (*image*) riflesso *m*; **on ~ion** dopo riflessione. **~ive** /-ɪv/ *a* riflessivo. **~or** *n* riflettore *m*
reflex /'ri:fleks/ *n* riflesso *m* ● *attrib* di riflesso
reflexive /rɪ'fleksɪv/ *a* riflessivo
reform /rɪ'fɔ:m/ *n* riforma *f* ● *vt* riformare ● *vi* correggersi. **R~ation** /refə'meɪʃn/ *n Relig* Riforma *f*. **~er** *n* riformatore, -trice *mf*
refrain¹ /rɪ'freɪn/ *n* ritornello *m*
refrain² *vi* astenersi (**from** da)
refresh /rɪ'freʃ/ *vt* rinfrescare. **~ing** *a* rinfrescante. **~ments** *npl* rinfreschi *mpl*
refrigerat|e /rɪ'frɪdʒəreɪt/ *vt* conservare in frigo. **~or** *n* frigorifero *m*
re'fuel /ri:-/ *v* (*pt/pp* **-fuelled**) ● *vt* rifornire (*di carburante*) ● *vi* fare rifornimento
refuge /'refju:dʒ/ *n* rifugio *m*; **take ~** rifugiarsi
refugee /refjʊ'dʒi:/ *n* rifugiato, -a *mf*
'refund¹ /'ri:-/ *n* rimborso *m*
re'fund² /rɪ-/ *vt* rimborsare
refurbish /ri:'fɜ:bɪʃ/ *vt* rimettere a nuovo
refusal /rɪ'fju:zl/ *n* rifiuto *m*
refuse¹ /rɪ'fju:z/ *vt/i* rifiutare; **~ to do sth** rifiutare di fare qcsa
refuse² /'refju:s/ *n* rifiuti *mpl*. **~ collection** *n* raccolta *f* dei rifiuti
refute /rɪ'fju:t/ *vt* confutare
re'gain /rɪ-/ *vt* riconquistare
regal /'ri:gl/ *a* regale
regalia /rɪ'geɪlɪə/ *npl* insegne *fpl* reali
regard /rɪ'gɑ:d/ *n* (*heed*) riguardo *m*; (*respect*) considerazione *f*; **~s** *pl* saluti *mpl*; **send/give my ~s to your brother** salutami tuo fratello ● *vt* (*consider*) considerare (**as** come); **as ~s** riguardo a. **~ing** *prep* riguardo a. **~less** *adv* lo stesso; **~ of** senza badare a
regatta /rɪ'gætə/ *n* regata *f*
regenerate /rɪ'dʒenəreɪt/ *vt* rigenerare ● *vi* rigenerarsi
regime /reɪ'ʒi:m/ *n* regime *m*
regiment /'redʒɪmənt/ *n* reggimento *m*. **~al** /-'mentl/ *a* reggimentale. **~ation** /-mən'teɪʃn/ *n* irreggimentazione *f*
region /'ri:dʒən/ *n* regione *f*; **in the ~ of** *fig* approssimativamente. **~al** *a* regionale
register /'redʒɪstə(r)/ *n* registro *m* ● *vt* registrare; mandare per raccomandata ‹*letter*›; assicurare ‹*luggage*›; immatricolare ‹*vehicle*›; mostrare ‹*feeling*› ● *vi* ‹*instrument:*› funzionare; ‹*student:*› iscriversi (**for** a); **~ with** iscriversi nella lista di ‹*doctor*›
registrar /redʒɪ'strɑ:(r)/ *n* ufficiale *m* di stato civile
registration /redʒɪ'streɪʃn/ *n* (*of vehicle*) immatricolazione *f*; (*of letter*) raccomandazione *f*; (*of luggage*) assicurazione *f*; (*for course*) iscrizione *f*. **~ number** *n Auto* [numero *m* di] targa *f*

registry office /'redʒɪstrɪ-/ *n* anagrafe *f*

regret /rɪ'gret/ *n* rammarico *m* ● *vt* (*pt/pp* **regretted**) rimpiangere; **I ~ that** mi rincresce che. **~fully** *adv* con rammarico

regrettab|le /rɪ'gretəbl/ *a* spiacevole. **~ly** *adv* spiacevolmente; (*before adjective*) deplorevolmente

regular /'regjʊlə(r)/ *a* regolare; (*usual*) abituale ● *n* cliente *mf* abituale. **~ity** /-'lærətɪ/ *n* regolarità *f*. **~ly** *adv* regolarmente

regulat|e /'regʊleɪt/ *vt* regolare. **~ion** /-'leɪʃn/ *n* (*rule*) regolamento *m*

rehabilitat|e /ri:hə'bɪlɪteɪt/ *vt* riabilitare. **~ion** /-'teɪʃn/ *n* riabilitazione *f*

rehears|al /rɪ'hɜ:sl/ *n Theat* prova *f*. **~e** *vt/i* provare

reign /reɪn/ *n* regno *m* ● *vi* regnare

reimburse /ri:ɪm'bɜ:s/ *vt* **~ sb for sth** rimborsare qcsa a qcno

rein /reɪn/ *n* redine *f*

reincarnation /ri:ɪnkɑ:'neɪʃn/ *n* reincarnazione *f*

reinforce /ri:ɪn'fɔ:s/ *vt* rinforzare. **~d 'concrete** *n* cemento *m* armato. **~ment** *n* rinforzo *m*

reinstate /ri:ɪn'steɪt/ *vt* reintegrare

reiterate /ri:'ɪtəreɪt/ *vt* reiterare

reject /rɪ'dʒekt/ *vt* rifiutare. **~ion** /-ekʃn/ *n* rifiuto *m*; *Med* rigetto *m*

rejoic|e /rɪ'dʒɔɪs/ *vi liter* rallegrarsi. **~ing** *n* gioia *f*

rejuvenate /rɪ'dʒu:vəneɪt/ *vt* ringiovanire

relapse /rɪ'læps/ *n* ricaduta *f* ● *vi* ricadere

relate /rɪ'leɪt/ *vt* (*tell*) riportare; (*connect*) collegare ● *vi* **~ to** riferirsi a; identificarsi con ‹*person*›. **~d** *a* imparentato (**to** a); ‹*ideas etc*› affine

relation /rɪ'leɪʃn/ *n* rapporto *m*; (*person*) parente *mf*. **~ship** *n* rapporto *m*; (*blood tie*) parentela *f*; (*affair*) relazione *f*

relative /'relətɪv/ *n* parente *mf* ● *a* relativo. **~ly** *adv* relativamente

relax /rɪ'læks/ *vt* rilassare; allentare ‹*pace, grip*› ● *vi* rilassarsi. **~ation** /ri:læk'seɪʃn/ *n* rilassamento *m*, relax *m*; (*recreation*) svago *m*. **~ing** *a* rilassante

relay[1] /ri:'leɪ/ *vt* (*pt/pp* **-layed**) ritrasmettere; *Radio, TV* trasmettere

relay[2] /'ri:leɪ/ *n Electr* relais *m inv*; **work in ~s** fare i turni. **~ [race]** *n* [corsa *f* a] staffetta *f*

release /rɪ'li:s/ *n* rilascio *m*; (*of film*) distribuzione *f* ● *vt* liberare; lasciare ‹*hand*›; togliere ‹*brake*›; distribuire ‹*film*›; rilasciare ‹*information etc*›

relegate /'relɪgeɪt/ *vt* relegare; **be ~d** *Sport* essere retrocesso

relent /rɪ'lent/ *vi* cedere. **~less** *a* inflessibile; (*unceasing*) incessante. **~lessly** *adv* incessantemente

relevan|ce /'reləvəns/ *n* pertinenza *f*. **~t** *a* pertinente (**to** a)

reliab|ility /rɪlaɪə'bɪlətɪ/ *n* affidabilità *f*. **~le** /-'laɪəbl/ *a* affidabile. **~ly** *adv* in modo affidabile; **be ~ly informed** sapere da fonte certa

relian|ce /rɪ'laɪəns/ *n* fiducia *f* (**on** in). **~t** *a* fiducioso (**on** in)

relic /'relɪk/ *n Relig* reliquia *f*; **~s** *pl* resti *mpl*

relief /rɪ'li:f/ *n* sollievo *m*; (*assistance*) soccorso *m*; (*distraction*) diversivo *m*; (*replacement*) cambio *m*; (*in art*) rilievo *m*; **in ~** in rilievo. **~ map** *n* carta *f* in rilievo. **~ train** *n* treno *m* supplementare

relieve /rɪ'li:v/ *vt* alleviare; (*take over from*) dare il cambio a; **~ of** liberare da ‹*burden*›

religion /rɪ'lɪdʒən/ *n* religione *f*

religious /rɪ'lɪdʒəs/ *a* religioso. **~ly** *adv* (*conscientiously*) scrupolosamente

relinquish /rɪ'lɪŋkwɪʃ/ *vt* abbandonare; **~ sth to sb** rinunciare a qcsa in favore di qcno

relish /'relɪʃ/ *n* gusto *m*; *Culin* salsa *f* ● *vt fig* apprezzare

relo'cate /ri:-/ *vt* trasferire

reluctan|ce /rɪ'lʌktəns/ *n* riluttanza *f*. **~t** *a* riluttante. **~tly** *adv* a malincuore

rely /rɪ'laɪ/ *vi* (*pt/pp* **-ied**) **~ on** dipendere da; (*trust*) contare su

remain /rɪ'meɪn/ *vi* restare. **~der** *n* resto *m*. **~ing** *a* restante. **~s** *npl* resti *mpl*; (*dead body*) spoglie *fpl*

remand /rɪ'mɑ:nd/ *n* **on ~** in custodia cautelare ● *vt* **~ in custody** rinviare con detenzione provvisoria

remark /rɪ'mɑ:k/ *n* osservazione *f* ● *vt* osservare. **~able** /-əbl/ *a* notevole. **~ably** *adv* notevolmente

remarry /ri:-/ *vi* (*pt/pp* **-ied**) risposarsi

remedial /rɪ'mi:dɪəl/ *a* correttivo; *Med* curativo

remedy /'remədɪ/ *n* rimedio *m* (**for** contro) ● *vt* (*pt/pp* **-ied**) rimediare a

remember /rɪ'membə(r)/ *vt* ricordare,

ricordarsi; **~ to do sth** ricordarsi di fare qcsa; **~ me to him** salutamelo ● *vi* ricordarsi

remind /rɪ'maɪnd/ *vt* **~ sb of sth** ricordare qcsa a qcno. **~er** *n* ricordo *m*; (*memo*) promemoria *m inv*; (*letter*) lettera *f* di sollecito

reminisce /remɪ'nɪs/ *vi* rievocare il passato. **~nces** /-əns ɪz/ *npl* reminiscenze *fpl*. **~nt** *a* **be ~nt of** richiamare alla memoria

remiss /rɪ'mɪs/ *a* negligente

remission /rɪ'mɪʃn/ *n* remissione *f*; (*of sentence*) condono *m*

remit /rɪ'mɪt/ *vt* (*pt/pp* **remitted**) rimettere ‹*money*›. **~tance** *n* rimessa *f*

remnant /'remnənt/ *n* resto *m*; (*of material*) scampolo *m*; (*trace*) traccia *f*

remonstrate /'remənstreɪt/ *vi* fare rimostranze **(with sb** a qcno)

remorse /rɪ'mɔ:s/ *n* rimorso *m*. **~ful** *a* pieno di rimorso. **~less** *a* spietato. **~lessly** *adv* senza pietà

remote /rɪ'məʊt/ *a* remoto; (*slight*) minimo. **~ access** *n Comput* accesso *m* remoto. **~ con'trol** *n* telecomando *m*. **~-con'trolled** *a* telecomandato. **~ly** *adv* lontanamente; **be not ~ly...** non essere lontanamente...

re'movable /rɪ-/ *a* rimovibile

removal /rɪ'mu:vl/ *n* rimozione *f*; (*from house*) trasloco *m*. **~ van** *n* camion *m inv* da trasloco

remove /rɪ'mu:v/ *vt* togliere; togliersi ‹*clothes*›; eliminare ‹*stain, doubts*›

remunerat|ion /rɪmju:nə'reɪʃn/ *n* rimunerazione *f*. **~ive** /-'mju:nərətɪv/ *a* rimunerativo

render /'rendə(r)/ *vt* rendere ‹*service*›

rendering /'rend(ə)rɪŋ/ *n Mus* interpretazione *f*

renegade /'renɪgeɪd/ *n* rinnegato, -a *mf*

renew /rɪ'nju:/ *vt* rinnovare ‹*contract*›. **~al** *n* rinnovo *m*

renounce /rɪ'naʊns/ *vt* rinunciare a

renovat|e /'renəveɪt/ *vt* rinnovare. **~ion** /-'veɪʃn/ *n* rinnovo *m*

renown /rɪ'naʊn/ *n* fama *f*. **~ed** *a* rinomato

rent /rent/ *n* affitto *m* ● *vt* affittare; **~ [out]** dare in affitto. **~al** *n* affitto *m*

renunciation /rɪnʌnsɪ'eɪʃn/ *n* rinuncia *f*

re'open /ri:-/ *vt/i* riaprire

re'organize /ri:-/ *vt* riorganizzare

rep /rep/ *n Comm fam* rappresentante *mf*; *Theat* ≈ teatro *m* stabile

repair /rɪ'peə(r)/ *n* riparazione *f*; **in good/bad ~** in buone/cattive condizioni ● *vt* riparare

repatriat|e /ri:'pætrɪeɪt/ *vt* rimpatriare. **~ion** /-'eɪʃn/ *n* rimpatrio *m*

re'pay /ri:-/ *vt* (*pt/pp* **-paid**) ripagare. **~ment** *n* rimborso *m*

repeal /rɪ'pi:l/ *n* abrogazione *f* ● *vt* abrogare

repeat /rɪ'pi:t/ *n TV* replica *f* ● *vt/i* ripetere; **~ oneself** ripetersi. **~ed** *a* ripetuto. **~edly** *adv* ripetutamente

repel /rɪ'pel/ *vt* (*pt/pp* **repelled**) respingere; *fig* ripugnare. **~lent** *a* ripulsivo

repent /rɪ'pent/ *vi* pentirsi. **~ance** *n* pentimento *m*. **~ant** *a* pentito

repercussions /ri:pə'kʌʃnz/ *npl* ripercussioni *fpl*

repertoire /'repətwɑ:(r)/ *n* repertorio *m*

repetit|ion /repɪ'tɪʃn/ *n* ripetizione *f*. **~ive** /rɪ'petɪtɪv/ *a* ripetitivo

re'place /rɪ-/ *vt* (*put back*) rimettere a posto; (*take the place of*) sostituire; **~ sth with sth** sostituire qcsa con qcsa. **~ment** *n* sostituzione *f*; (*person*) sostituto, -a *mf*. **~ment part** *n* pezzo *m* di ricambio

'replay /'ri:-/ *n Sport* partita *f* ripetuta; **[action] ~** replay *m inv*

replenish /rɪ'plenɪʃ/ *vt* rifornire ‹*stocks*›; (*refill*) riempire di nuovo

replica /'replɪkə/ *n* copia *f*

reply /rɪ'plaɪ/ *n* risposta *f* (**to** a) ● *vt/i* (*pt/pp* **replied**) rispondere

report /rɪ'pɔ:t/ *n* rapporto *m*; *TV, Radio* servizio *m*; *Journ* cronaca *f*; *Sch* pagella *f*; (*rumour*) diceria *f* ● *vt* riportare; **~ sb to the police** denunciare qcno alla polizia ● *vi* riportare; (*present oneself*) presentarsi (**to** a). **~edly** *adv* secondo quanto si dice. **~er** *n* cronista *mf*, reporter *mf inv*

repose /rɪ'pəʊz/ *n* riposo *m*

repos'sess /ri:-/ *vt* riprendere possesso di

reprehensible /reprɪ'hensəbl/ *a* riprovevole

represent /reprɪ'zent/ *vt* rappresentare

representative /reprɪ'zentətɪv/ *a* rappresentativo ● *n* rappresentante *mf*

repress /rɪ'pres/ *vt* reprimere. **~ion** /-eʃn/ *n* repressione *f*. **~ive** /-ɪv/ *a* repressivo

reprieve /rɪ'pri:v/ *n* commutazione *f* della pena capitale; (*postponement*) sospensione *f* della pena capitale; *fig* tregua *f* ● *vt* sospendere la sentenza a; *fig* risparmiare

reprimand /ˈreprɪmɑ:nd/ *n* rimprovero *m* ● *vt* rimproverare

ˈreprint[1] /ˈri:-/ *n* ristampa *f*

reˈprint[2] /ri:-/ *vt* ristampare

reprisal /rɪˈpraɪzl/ *n* rappresaglia *f*; **in ~ for** per rappresaglia contro

reproach /rɪˈprəʊtʃ/ *n* ammonimento *m* ● *vt* ammonire. **~ful** *a* riprovevole. **~fully** *adv* con aria di rimprovero

reproˈduc|e /ri:-/ *vt* riprodurre ● *vi* riprodursi. **~tion** /-ˈdʌkʃn/ *n* riproduzione *f*. **~tive** /-ˈdʌktɪv/ *a* riproduttivo

reprove /rɪˈpru:v/ *vt* rimproverare

reptile /ˈreptaɪl/ *n* rettile *m*

republic /rɪˈpʌblɪk/ *n* repubblica *f*. **~an** *a* repubblicano ● *n* repubblicano, -a *mf*

repudiate /rɪˈpju:dɪeɪt/ *vt* ripudiare; respingere ‹*view, suggestion*›

repugnan|ce /rɪˈpʌgnəns/ *n* ripugnanza *f*. **~t** *a* ripugnante

repuls|ion /rɪˈpʌlʃn/ *n* repulsione *f*. **~ive** /-ɪv/ *a* ripugnante

reputable /ˈrepjʊtəbl/ *a* affidabile

reputation /repjʊˈteɪʃn/ *n* reputazione *f*

repute /rɪˈpju:t/ *n* reputazione *f*. **~d** /-ɪd/ *a* presunto; **he is ~d to be** si presume che sia. **~dly** *adv* presumibilmente

request /rɪˈkwest/ *n* richiesta *f* ● *vt* richiedere. **~ stop** *n* fermata *f* a richiesta

require /rɪˈkwaɪə(r)/ *vt* (*need*) necessitare di; (*demand*) esigere. **~d** *a* richiesto; **I am ~d to do** si esige che io faccia. **~ment** *n* esigenza *f*; (*condition*) requisito *m*

requisite /ˈrekwɪzɪt/ *a* necessario ● *n* **toilet/travel ~s** *pl* articoli *mpl* da toilette/viaggio

reˈsale /ri:-/ *n* rivendita *f*

rescue /ˈreskju:/ *n* salvataggio *m* ● *vt* salvare. **~r** *n* salvatore, -trice *mf*

research /rɪˈsɜ:tʃ/ *n* ricerca *f* ● *vt* fare ricerche su; *Journ* fare un'inchiesta su ● *vi* **~ into** fare ricerche su. **~er** *n* ricercatore, -trice *mf*

resem|blance /rɪˈzembləns/ *n* rassomiglianza *f*. **~ble** /-bl/ *vt* rassomigliare a

resent /rɪˈzent/ *vt* risentirsi per. **~ful** *a* pieno di risentimento. **~fully** *adv* con risentimento. **~ment** *n* risentimento *m*

reservation /rezəˈveɪʃn/ *n* (*booking*) prenotazione *f*; (*doubt, enclosure*) riserva *f*

reserve /rɪˈzɜ:v/ *n* riserva *f*; (*shyness*) riserbo *m* ● *vt* riservare; riservarsi ‹*right*›. **~d** *a* riservato

reservoir /ˈrezəvwɑ:(r)/ *n* bacino *m* idrico

reˈshape /ri:-/ *vt* ristrutturare

reˈshuffle /ri:-/ *n Pol* rimpasto *m* ● *vt Pol* rimpastare

reside /rɪˈzaɪd/ *vi* risiedere

residence /ˈrezɪdəns/ *n* residenza *f*; (*stay*) soggiorno *m*. **~ permit** *n* permesso *m* di soggiorno

resident /ˈrezɪdənt/ *a* residente ● *n* residente *mf*. **~ial** /-ˈdenʃl/ *a* residenziale

residue /ˈrezɪdju:/ *n* residuo *m*

resign /rɪˈzaɪn/ *vt* dimettersi da; **~ oneself to** rassegnarsi a ● *vi* dare le dimissioni. **~ation** /rezɪgˈneɪʃn/ *n* rassegnazione *f*; (*from job*) dimissioni *fpl*. **~ed** *a* rassegnato

resilient /rɪˈzɪlɪənt/ *a* elastico; *fig* con buone capacità di ripresa

resin /ˈrezɪn/ *n* resina *f*

resist /rɪˈzɪst/ *vt* resistere a ● *vi* resistere. **~ance** *n* resistenza *f*. **~ant** *a* resistente

resolut|e /ˈrezəlu:t/ *a* risoluto. **~ely** *adv* con risolutezza. **~ion** /-ˈlu:ʃn/ *n* risolutezza *f*

resolve /rɪˈzɒlv/ *vt* **~ to do** decidere di fare

resonan|ce /ˈrezənəns/ *n* risonanza *f*. **~t** *a* risonante

resort /rɪˈzɔ:t/ *n* (*place*) luogo *m* di villeggiatura; **as a last ~** come ultima risorsa ● *vi* **~ to** ricorrere a

resound /rɪˈzaʊnd/ *vi* risonare (**with** di). **~ing** *a* ‹*success*› risonante

resource /rɪˈsɔ:s/ *n* **~s** *pl* risorse *fpl*. **~ful** *a* pieno di risorse; ‹*solution*› ingegnoso. **~fulness** *n* ingegnosità *f*

respect /rɪˈspekt/ *n* rispetto *m*; (*aspect*) aspetto *m*; **with ~ to** per quanto riguarda ● *vt* rispettare

respectability /rɪspektəˈbɪlətɪ/ *n* rispettabilità *f*

respect|able /rɪˈspektəbl/ *a* rispettabile. **~ably** *adv* rispettabilmente. **~ful** *a* rispettoso

respective /rɪˈspektɪv/ *a* rispettivo. **~ly** *adv* rispettivamente

respiration /respɪˈreɪʃn/ *n* respirazione *f*

respite /ˈrespaɪt/ *n* respiro *m*

respond /rɪˈspɒnd/ *vi* rispondere; (*react*) reagire (**to** a); ‹*patient:*› rispondere (**to** a)

response /rɪ'spɒns/ *n* risposta *f*; (*reaction*) reazione *f*

responsibility /rɪspɒnsɪ'bɪlətɪ/ *n* responsabilità *f inv*

responsib|le /rɪ'spɒnsəbl/ *a* responsabile; ‹*job*› impegnativo

responsive /rɪ'spɒnsɪv/ *a* **be ~** ‹*audience etc:*› reagire; ‹*brakes:*› essere sensibile

rest[1] /rest/ *n* riposo *m*; *Mus* pausa *f*; **have a ~** riposarsi ● *vt* riposare; (*lean*) appoggiare (**on** su); (*place*) appoggiare ● *vi* riposarsi; ‹*elbows:*› appoggiarsi; ‹*hopes:*› riposare; **it ~s with you** sta a te

rest[2] *n* **the ~** il resto; (*people*) gli altri

restaurant /'restərɒnt/ *n* ristorante *m*. **~ car** *n* vagone *m* ristorante

restful /'restfl/ *a* riposante

restive /'restɪv/ *a* irrequieto

restless /'restlɪs/ *a* nervoso

restoration /restə'reɪʃn/ *n* (*of building*) restauro *m*

restore /rɪ'stɔ:(r)/ *vt* ristabilire; restaurare ‹*building*›; (*give back*) restituire

restrain /rɪ'streɪn/ *vt* trattenere; **~ oneself** controllarsi. **~ed** *a* controllato. **~t** *n* restrizione *f*; (*moderation*) ritegno *m*

restrict /rɪ'strɪkt/ *vt* limitare; **~ oneself to** limitarsi a. **~ion** /-ɪkʃn/ *n* limite *m*; (*restraint*) restrizione *f*. **~ive** /-ɪv/ *a* limitativo

'rest room *n Am* toilette *f inv*

result /rɪ'zʌlt/ *n* risultato *m*; **as a ~** a causa (**of** di) ● *vi* **~ from** risultare da; **~ in** portare a

resume /rɪ'zju:m/ *vt/i* riprendere

résumé /'rezjʊmeɪ/ *n* riassunto *m*; *Am* curriculum vitae *m inv*

resumption /rɪ'zʌmpʃn/ *n* ripresa *f*

resurgence /rɪ'sɜ:dʒəns/ *n* rinascita *f*

resurrect /rezə'rekt/ *vt fig* risuscitare. **~ion** /-ekʃn/ *n* **the R~ion** *Relig* la Risurrezione

resuscitat|e /rɪ'sʌsɪteɪt/ *vt* rianimare. **~ion** /-'teɪʃn/ *n* rianimazione *f*

retail /'ri:teɪl/ *n* vendita *f* al minuto *o* al dettaglio ● *a & adv* al minuto ● *vt* vendere al minuto ● *vi* **~ at** essere venduto al pubblico al prezzo di. **~er** *n* dettagliante *mf*

retain /rɪ'teɪn/ *vt* conservare; (*hold back*) trattenere

retaliat|e /rɪ'tælɪeɪt/ *vi* vendicarsi. **~ion** /-'eɪʃn/ *n* rappresaglia *f*; **in ~ion for** per rappresaglia contro

retarded /rɪ'tɑ:dɪd/ *a* ritardato

retentive /rɪ'tentɪv/ *a* ‹*memory*› buono

rethink /ri:'θɪŋk/ *vt* (*pt/pp* **rethought**) ripensare

reticen|ce /'retɪsəns/ *n* reticenza *f*. **~t** *a* reticente

retina /'retɪnə/ *n* retina *f*

retinue /'retɪnju:/ *n* seguito *m*

retire /rɪ'taɪə(r)/ *vi* andare in pensione; (*withdraw*) ritirarsi ● *vt* mandare in pensione ‹*employee*›. **~d** *a* in pensione. **~ment** *n* pensione *f*; **since my ~ment** da quando sono andato in pensione

retiring /rɪ'taɪərɪŋ/ *a* riservato

retort /rɪ'tɔ:t/ *n* replica *f* ● *vt* ribattere

re'touch /ri:-/ *vt Phot* ritoccare

re'trace /rɪ-/ *vt* ripercorrere; **~ one's steps** ritornare sui propri passi

retract /rɪ'trækt/ *vt* ritirare; ritrattare ‹*statement, evidence*› ● *vi* ritrarsi

re'train /ri:-/ *vt* riqualificare ● *vi* riqualificarsi

retreat /rɪ'tri:t/ *n* ritirata *f*; (*place*) ritiro *m* ● *vi* ritirarsi; *Mil* battere in ritirata

re'trial /ri:-/ *n* nuovo processo *m*

retribution /retrɪ'bju:ʃn/ *n* castigo *m*

retrieval /rɪ'tri:vəl/ *n* recupero *m*

retrieve /rɪ'tri:v/ *vt* recuperare

retrograde /'retrəgreɪd/ *a* retrogrado

retrospect /'retrəspekt/ *n* **in ~** guardando indietro. **~ive** /-'spektɪv/ *a* retrospettivo; ‹*legislation*› retroattivo ● *n* retrospettiva *f*

return /rɪ'tɜ:n/ *n* ritorno *m*; (*giving back*) restituzione *f*; *Comm* profitto *m*; (*ticket*) biglietto *m* di andata e ritorno; **by ~ [of post]** a stretto giro di posta; **in ~** in cambio (**for** di); **many happy ~s!** cento di questi giorni! ● *vi* ritornare ● *vt* (*give back*) restituire; ricambiare ‹*affection, invitation*›; (*put back*) rimettere; (*send back*) mandare indietro; (*elect*) eleggere

return: ~ flight *n* volo *m* di andata e ritorno. **~ match** *n* rivincita *f*. **~ ticket** *n* biglietto *m* di andata e ritorno

reunion /ri:'ju:njən/ *n* riunione *f*

reunite /ri:jʊ'naɪt/ *vt* riunire

re'us|able /ri:-/ *a* riutilizzabile. **~e** *vt* riutilizzare

rev /rev/ *n Auto, fam* giro *m* (*di motore*) ● *v* (*pt/pp* **revved**) ● *vt* **~ [up]** far andare su di giri ● *vi* andare su di giri

reveal /rɪ'vi:l/ *vt* rivelare; ‹*dress:*› scoprire. **~ing** *a* rivelatore; ‹*dress*› osé *inv*

revel /'revl/ *vi* (*pt/pp* **revelled**) **~ in sth** godere di qcsa

revelation /revəˈleɪʃn/ *n* rivelazione *f*
revelry /ˈrevlrɪ/ *n* baldoria *f*
revenge /rɪˈvendʒ/ *n* vendetta *f*; *Sport* rivincita *f*; **take ~** vendicarsi ● *vt* vendicare
revenue /ˈrevənju:/ *n* reddito *m*
reverberate /rɪˈvɜ:bəreɪt/ *vi* riverberare
revere /rɪˈvɪə(r)/ *vt* riverire. **~nce** /ˈrevərəns/ *n* riverenza *f*
Reverend /ˈrevərənd/ *a* reverendo
reverent /ˈrevərənt/ *a* riverente
reverse /rɪˈvɜ:s/ *a* opposto; **in ~ order** in ordine inverso ● *n* contrario *m*; (*back*) rovescio *m*; *Auto* marcia *m* indietro ● *vt* invertire; **~ the car into the garage** entrare in garage a marcia indietro; **~ the charges** *Teleph* fare una telefonata a carico del destinatario ● *vi* *Auto* fare marcia indietro
revert /rɪˈvɜ:t/ *vi* **~ to** tornare a
review /rɪˈvju:/ *n* (*survey*) rassegna *f*; (*re-examination*) riconsiderazione *f*; *Mil* rivista *f*; (*of book, play*) recensione *f* ● *vt* riesaminare ‹*situation*›; *Mil* passare in rivista; recensire ‹*book, play*›. **~er** *n* critico, -a *mf*
revile /rɪˈvaɪl/ *vt* ingiuriare
revis|e /rɪˈvaɪz/ *vt* rivedere; (*for exam*) ripassare. **~ion** /-ˈvɪʒn/ *n* revisione *f*; (*for exam*) ripasso *m*
revival /rɪˈvaɪvl/ *n* ritorno *m*; (*of patient*) recupero *m*; (*from coma*) risveglio *m*
revive /rɪˈvaɪv/ *vt* resuscitare; rianimare ‹*person*› ● *vi* riprendersi; ‹*person:*› rianimarsi
revoke /rɪˈvəʊk/ *vt* revocare
revolt /rɪˈvəʊlt/ *n* rivolta *f* ● *vi* ribellarsi ● *vt* rivoltare. **~ing** *a* rivoltante
revolution /revəˈlu:ʃn/ *n* rivoluzione *f*; *Auto* **~s per minute** giri *mpl* al minuto. **~ary** /-ərɪ/ *a* & *n* rivoluzionario, -a *mf*. **~ize** *vt* rivoluzionare
revolve /rɪˈvɒlv/ *vi* ruotare; **~ around** girare intorno a
revolv|er /rɪˈvɒlvə(r)/ *n* rivoltella *f*, revolver *m inv*. **~ing** *a* ruotante
revue /rɪˈvju:/ *n* rivista *f*
revulsion /rɪˈvʌlʃn/ *n* ripulsione *f*
reward /rɪˈwɔ:d/ *n* ricompensa *f* ● *vt* ricompensare. **~ing** *a* gratificante
re'write /ri:-/ *vt* (*pt* **rewrote**, *pp* **rewritten**) riscrivere
rhapsody /ˈræpsədɪ/ *n* rapsodia *f*
rhetoric /ˈretərɪk/ *n* retorica *f*. **~al** /rɪˈtɒrɪkl/ *a* retorico
rheuma|tic /rʊˈmætɪk/ *a* reumatico. **~tism** /ˈru:mətɪzm/ *n* reumatismo *m*
Rhine /raɪn/ *n* Reno *m*
rhinoceros /raɪˈnɒsərəs/ *n* rinoceronte *m*
rhubarb /ˈru:bɑ:b/ *n* rabarbaro *m*
rhyme /raɪm/ *n* rima *f*; (*poem*) filastrocca *f* ● *vi* rimare
rhythm /ˈrɪðm/ *n* ritmo *m*. **~ic[al]** *a* ritmico. **~ically** *adv* con ritmo
rib /rɪb/ *n* costola *f*
ribald /ˈrɪbld/ *a* spinto
ribbon /ˈrɪbən/ *n* nastro *m*; **in ~s** a brandelli
rice /raɪs/ *n* riso *m*
rich /rɪtʃ/ *a* ricco; ‹*food*› pesante ● *n* **the ~** *pl* i ricchi; **~es** *pl* ricchezze *fpl*. **~ly** *adv* riccamente; ‹*deserve*› largamente
rickety /ˈrɪkɪtɪ/ *a* malfermo
ricochet /ˈrɪkəʃeɪ/ *vi* rimbalzare ● *n* rimbalzo *m*
rid /rɪd/ *vt* (*pt/pp* **rid**, *pres p* **ridding**) sbarazzare (**of** di); **get ~ of** sbarazzarsi di
riddance /ˈrɪdns/ *n* **good ~!** che liberazione!
ridden /ˈrɪdn/ *see* **ride**
riddle /ˈrɪdl/ *n* enigma *m*
riddled /ˈrɪdld/ *a* **~ with** crivellato di
ride /raɪd/ *n* (*on horse*) cavalcata *f*; (*in vehicle*) giro *m*; (*journey*) viaggio *m*; **take sb for a ~** *fam* prendere qcno in giro ● *v* (*pt* **rode**, *pp* **ridden**) ● *vt* montare ‹*horse*›; andare su ‹*bicycle*› ● *vi* andare a cavallo; ‹*jockey, showjumper:*› cavalcare; ‹*cyclist:*› andare in bicicletta; (*in vehicle*) viaggiare. **~r** *n* cavallerizzo, -a *mf*; (*in race*) fantino *m*; (*on bicycle*) ciclista *mf*; (*in document*) postilla *f*
ridge /rɪdʒ/ *n* spigolo *m*; (*on roof*) punta *f*; (*of mountain*) cresta *f*
ridicule /ˈrɪdɪkju:l/ *n* ridicolo *m* ● *vt* mettere in ridicolo
ridiculous /rɪˈdɪkjʊləs/ *a* ridicolo
riding /ˈraɪdɪŋ/ *n* equitazione *f* ● *attrib* d'equitazione
rife /raɪf/ *a* **be ~** essere diffuso; **~ with** pieno di
riff-raff /ˈrɪfræf/ *n* marmaglia *f*
rifle /ˈraɪfl/ *n* fucile *m*. **~-range** *n* tiro *m* al bersaglio ● *vt* **~ [through]** mettere a soqquadro
rift /rɪft/ *n* fessura *f*; *fig* frattura *f*
rig[1] /rɪg/ *n* equipaggiamento *m*; (*at sea*) piattaforma *f* [per trivellazioni subacquee] ● **rig out** *vt* (*pt/pp* **rigged**) equipaggiare. **rig up** *vt* allestire

rig² *vt* (*pt/pp* **rigged**) manovrare ‹*election*›

right /raɪt/ *a* giusto; (*not left*) destro; **be ~** ‹*person:*› aver ragione; ‹*clock:*› essere giusto; **put ~** mettere all'ora ‹*clock*›; correggere ‹*person*›; rimediare a ‹*situation*›; **that's ~!** proprio così! ● *adv* (*correctly*) bene; (*not left*) a destra; (*directly*) proprio; (*completely*) completamente; **~ away** immediatamente ● *n* giusto *m*; (*not left*) destra *f*; (*what is due*) diritto *m*; **on/to the ~** a destra; **be in the ~** essere nel giusto; **know ~ from wrong** distinguere il bene dal male; **by ~s** secondo giustizia; **the R~** *Pol* la destra ● *vt* raddrizzare; **~ a wrong** *fig* riparare a un torto. **~ angle** *n* angolo *m* retto

rightful /ˈraɪtfl/ *a* legittimo

right: ~-ˈhanded *a* che usa la mano destra. **~-hand ˈman** *n fig* braccio *m* destro

rightly /ˈraɪtlɪ/ *adv* giustamente

right: ~ of way *n* diritto *m* di transito; (*path*) passaggio *m*; *Auto* precedenza *f*. **~-ˈwing** *a Pol* di destra ● *n Sport* ala *f* destra

rigid /ˈrɪdʒɪd/ *a* rigido. **~ity** /-ˈdʒɪdətɪ/ *n* rigidità *f*

rigmarole /ˈrɪgmərəʊl/ *n* trafila *f*; (*story*) tiritera *f*

rigorous /ˈrɪgərəs/ *a* rigoroso

rile /raɪl/ *vt fam* irritare

rim /rɪm/ *n* bordo *m*; (*of wheel*) cerchione *m*

rind /raɪnd/ *n* (*on fruit*) scorza *f*; (*on cheese*) crosta *f*; (*on bacon*) cotenna *f*

ring¹ /rɪŋ/ *n* (*circle*) cerchio *m*; (*on finger*) anello *m*; (*boxing*) ring *m inv*; (*for circus*) pista *f*; **stand in a ~** essere in cerchio

ring² *n* suono *m*; **give sb a ~** *Teleph* dare un colpo di telefono a qcno ● *v* (*pt* **rang**, *pp* **rung**) ● *vt* suonare; **~ [up]** *Teleph* telefonare a ● *vi* suonare; *Teleph* **~ [up]** telefonare. **ring back** *vt/i Teleph* richiamare. **ring off** *vi Teleph* riattaccare

ring: ~leader *n* capobanda *m*. **~ road** *n* circonvallazione *f*

rink /rɪŋk/ *n* pista *f* di pattinaggio

rinse /rɪns/ *n* risciacquo *m*; (*hair colour*) cachet *m inv* ● *vt* sciacquare

riot /ˈraɪət/ *n* rissa *f*; (*of colour*) accozzaglia *f*; **~s** *pl* disordini *mpl*; **run ~** impazzare ● *vi* creare disordini. **~er** *n* dimostrante *mf*. **~ous** /-əs/ *a* sfrenato

rip /rɪp/ *n* strappo *m* ● *vt* (*pt/pp* **ripped**) strappare; **~ open** aprire con uno strappo. **rip off** *vt fam* fregare

ripe /raɪp/ *a* maturo; ‹*cheese*› stagionato

ripen /ˈraɪpn/ *vi* maturare; ‹*cheese:*› stagionarsi ● *vt* far maturare; stagionare ‹*cheese*›

ripeness /ˈraɪpnɪs/ *n* maturità *f*

ˈrip-off *n fam* frode *f*

ripple /ˈrɪpl/ *n* increspatura *f*; (*sound*) mormorio *m* ●

rise /raɪz/ *n* (*of sun*) levata *f*; (*fig: to fame, power*) ascesa *f*; (*increase*) aumento *m*; **give ~ to** dare adito a ● *vi* (*pt* **rose**, *pp* **risen**) alzarsi; ‹*sun:*› sorgere; ‹*dough:*› lievitare; ‹*prices, water level:*› aumentare; (*to power, position*) arrivare (**to** a). **~r** *n* **early ~r** persona *f* mattiniera

rising /ˈraɪzɪŋ/ *a* ‹*sun*› levante; **~ generation** nuova generazione *f* ● *n* (*revolt*) sollevazione *f*

risk /rɪsk/ *n* rischio *m*; **at one's own ~** a proprio rischio e pericolo ● *vt* rischiare

risky /ˈrɪskɪ/ *a* (**-ier, -iest**) rischioso

risqué /ˈrɪskeɪ/ *a* spinto

rite /raɪt/ *n* rito *m*; **last ~s** estrema unzione *f*

ritual /ˈrɪtjʊəl/ *a* rituale ● *n* rituale *m*

rival /ˈraɪvl/ *a* rivale ● *n* rivale *mf*; **~s** *pl Comm* concorrenti *mpl* ● *vt* (*pt/pp* **rivalled**) rivaleggiare con. **~ry** *n* rivalità *f inv*; *Comm* concorrenza *f*

river /ˈrɪvə(r)/ *n* fiume *m*. **~-bed** *n* letto *m* del fiume

rivet /ˈrɪvɪt/ *n* rivetto *m* ● *vt* rivettare; **~ed by** *fig* inchiodato da

Riviera /rɪvɪˈeərə/ *n* **the Italian ~** la riviera ligure

road /rəʊd/ *n* strada *f*, via *f*; **be on the ~** viaggiare

road: ~-block *n* blocco *m* stradale. **~-hog** *n fam* pirata *m* della strada. **~-map** *n* carta *f* stradale. **~ safety** *n* sicurezza *f* sulle strade. **~ sense** *n* prudenza *f* (*per strada*). **~side** *n* bordo *m* della strada. **~-sign** cartello *m* stradale. **~way** *n* carreggiata *f*, corsia *f*. **~-works** *npl* lavori *mpl* stradali. **~worthy** *a* sicuro

roam /rəʊm/ *vi* girovagare

roar /rɔː(r)/ *n* ruggito *m*; **~s of laughter** scroscio *msg* di risa ● *vi* ruggire; ‹*lorry, thunder:*› rombare; **~ with laughter** ridere fragorosamente. **~ing** *a* **do a ~ing trade** *fam* fare affari d'oro

roast /rəʊst/ *a* arrosto; **~ pork** arrosto

m di maiale ● *n* arrosto *m* ● *vt* arrostire ‹*meat*› ● *vi* arrostirsi

rob /rɒb/ *vt* (*pt*/*pp* **robbed**) derubare (**of** di); svaligiare ‹*bank*›. **~ber** *n* rapinatore *m*. **~bery** *n* rapina *f*

robe /rəʊb/ *n* tunica *f*; (*Am: bathrobe*) accappatoio *m*

robin /'rɒbɪn/ *n* pettirosso *m*

robot /'rəʊbɒt/ *n* robot *m inv*

robust /rəʊ'bʌst/ *a* robusto

rock[1] /rɒk/ *n* roccia *f*; (*in sea*) scoglio *m*; (*sweet*) zucchero *m* candito. **on the ~s** ‹*ship*› incagliato; ‹*marriage*› finito; ‹*drink*› con ghiaccio

rock[2] *vt* cullare ‹*baby*›; (*shake*) far traballare; (*shock*) scuotere ● *vi* dondolarsi

rock[3] *n Mus* rock *m*

rock-'bottom *a* bassissimo ● *n* livello *m* più basso

rockery /'rɒkərɪ/ *n* giardino *m* roccioso

rocket /'rɒkɪt/ *n* razzo *m* ● *vi* salire alle stelle

rocking /'rɒkɪŋ/: **~-chair** *n* sedia *f* a dondolo. **~-horse** *n* cavallo *m* a dondolo

rocky /'rɒkɪ/ *a* (**-ier, -iest**) roccioso; *fig* traballante

rod /rɒd/ *n* bacchetta *f*; (*for fishing*) canna *f*

rode /rəʊd/ *see* **ride**

rodent /'rəʊdnt/ *n* roditore *m*

roe /rəʊ/ *n* (*pl* **roe** *or* **roes**) **~[-deer]** capriolo *m*

rogue /rəʊg/ *n* farabutto *m*

role /rəʊl/ *n* ruolo *m*

roll /rəʊl/ *n* rotolo *m*; (*bread*) panino *m*; (*list*) lista *f*; (*of ship, drum*) rullio *m* ● *vi* rotolare; **be ~ing in money** *fam* nuotare nell'oro ● *vt* spianare ‹*lawn, pastry*›. **roll over** *vi* rigirarsi. **roll up** *vt* arrotolare; rimboccarsi ‹*sleeves*› ● *vi fam* arrivare

'roll-call *n* appello *m*

roller /'rəʊlə(r)/ *n* rullo *m*; (*for hair*) bigodino *m*. **~ blind** *n* tapparella *f*. **~-coaster** *n* montagne *fpl* russe. **~-skate** *n* pattino *m* a rotelle

'rolling-pin *n* mattarello *m*

Roman /'rəʊmən/ *a* romano ● *n* romano, -a *mf*. **~ Catholic** *a* cattolico ● *n* cattolico, -a *mf*

romance /rəʊ'mæns/ *n* (*love-affair*) storia *f* d'amore; (*book*) romanzo *m* rosa

Romania /rəʊ'meɪnɪə/ *n* Romania *f*. **~n** *a* rumeno ● *n* rumeno, -a *mf*; (*language*) rumeno *m*

romantic /rəʊ'mæntɪk/ *a* romantico. **~ally** *adv* romanticamente. **~ism** /-tɪsɪzm/ *n* romanticismo *m*

Rome /rəʊm/ *n* Roma *f*

romp /rɒmp/ *n* gioco *m* rumoroso ● *vi* giocare rumorosamente. **~ers** *npl* pagliaccetto *msg*

roof /ru:f/ *n* tetto *m*; (*of mouth*) palato *m* ● *vt* mettere un tetto su. **~-rack** *n* portabagagli *m inv*. **~-top** *n* tetto *m*

rook /rʊk/ *n* corvo *m*; (*in chess*) torre *f*

room /ru:m/ *n* stanza *f*; (*bedroom*) camera *f*; (*for functions*) sala *f*; (*space*) spazio *m*. **~y** *a* spazioso; ‹*clothes*› ampio

roost /ru:st/ *vi* appollaiarsi

root[1] /ru:t/ *n* radice *f*; **take ~** metter radici ● **root out** *vt fig* scovare

root[2] *vi* **~ about** grufolare; **~ for sb** *Am fam* fare il tifo per qcno

rope /rəʊp/ *n* corda *f*; **know the ~s** *fam* conoscere i trucchi del mestiere ● **rope in** *vt fam* coinvolgere

rosary /'rəʊzərɪ/ *n* rosario *m*

rose[1] /rəʊz/ *n* rosa *f*; (*of watering-can*) bocchetta *f*

rose[2] *see* **rise**

rosé /'rəʊzeɪ/ *n* [vino *m*] rosé *m inv*

rosemary /'rəʊzmərɪ/ *n* rosmarino *m*

rosette /rəʊ'zet/ *n* coccarda *f*

roster /'rɒstə(r)/ *n* tabella *f* dei turni

rostrum /'rɒstrəm/ *n* podio *m*

rosy /'rəʊzɪ/ *a* (**-ier, -iest**) roseo

rot /rɒt/ *n* marciume *m*; (*fam: nonsense*) sciocchezze *fpl* ● *vi* (*pt*/*pp* **rotted**) marcire

rota /'rəʊtə/ *n* tabella *f* dei turni

rotary /'rəʊtərɪ/ *a* rotante

rotat|e /rəʊ'teɪt/ *vt* far ruotare; avvicendare ‹*crops*› ● *vi* ruotare. **~ion** /-eɪʃn/ *n* rotazione *f*; **in ~ion** a turno

rote /rəʊt/ *n* **by ~** meccanicamente

rotten /'rɒtn/ *a* marcio; *fam* schifoso; ‹*person*› penoso

rotund /rəʊ'tʌnd/ *a* paffuto

rough /rʌf/ *a* (*not smooth*) ruvido; (*ground*) accidentato; (*behaviour*) rozzo; ‹*sport*› violento; ‹*area*› malfamato; ‹*crossing, time*› brutto; ‹*estimate*› approssimativo ● *adv* ‹*play*› grossolanamente; **sleep ~** dormire sotto i ponti ● *vt* **~ it** vivere senza confort. **rough out** *vt* abbozzare

roughage /'rʌfɪdʒ/ *n* fibre *fpl*

rough 'draft *n* abbozzo *m*

rough|ly /'rʌflɪ/ *adv* rozzamente; (*more or less*) pressappoco. **~ness** *n* ruvidità *f*; (*of behaviour*) rozzezza *f*

rough paper *n* carta *f* da brutta

roulette /ru:'let/ *n* roulette *f*

round /raʊnd/ *a* rotondo ● *n* tondo *m*; (*slice*) fetta *f*; (*of visits, drinks*) giro *m*; (*of competition*) partita *f*; (*boxing*) ripresa *f*, round *m inv*; **do one's ~s** ‹*doctor:*› fare il giro delle visite ● *prep* intorno a; **open ~ the clock** aperto ventiquattr'ore ● *adv* **all ~** tutt'intorno; **ask sb ~** invitare qcno; **go/come ~ to** (*a friend etc*) andare da; **turn/look ~** girarsi; **~ about** (*approximately*) intorno a ● *vt* arrotondare; girare ‹*corner*›. **round down** *vt* arrotondare (*per difetto*). **round off** *vt* (*end*) terminare. **round on** *vt* aggredire. **round up** *vt* radunare; arrotondare ‹*prices*›

roundabout /'raʊndəbaʊt/ *a* indiretto ● *n* giostra *f*; (*for traffic*) rotonda *f*

round: ~ 'trip *n* viaggio *m* di andata e ritorno

rous|e /raʊz/ *vt* svegliare; risvegliare ‹*suspicion, interest*›. **~ing** *a* di incoraggiamento

route /ru:t/ *n* itinerario *m*; *Naut, Aeron* rotta *f*; (*of bus*) percorso *m*

routine /ru:'ti:n/ *a* di routine ● *n* routine *f inv*; *Theat* numero *m*

rov|e /rəʊv/ *vi* girovagare. **~ing** *a* ‹*reporter, ambassador*› itinerante

row¹ /rəʊ/ *n* (*line*) fila *f*; **three years in a ~** tre anni di fila

row² *vi* (*in boat*) remare

row³ /raʊ/ *n fam* (*quarrel*) litigata *f*; (*noise*) baccano *m* ● *vi fam* litigare

rowdy /'raʊdɪ/ *a* (**-ier, -iest**) chiassoso

rowing boat /'rəʊɪŋ-/ *n* barca *f* a remi

royal /rɔɪəl/ *a* reale

royalt|y /'rɔɪəltɪ/ *n* appartenenza *f* alla famiglia reale; (*persons*) i membri della famiglia reale. **~ies** *npl* (*payments*) diritti *mpl* d'autore

rpm *abbr* **revolutions per minute**

rub /rʌb/ *n* **give sth a ~** dare una sfregata a qcsa ● *vt* (*pt/pp* **rubbed**) sfregare. **rub in** *vt* **don't ~ it in** *fam* non rigirare il coltello nella piaga. **rub off** *vt* mandar via sfregando ‹*stain*›; (*from blackboard*) cancellare ● *vi* andar via; **~ off on** essere trasmesso a. **rub out** *vt* cancellare

rubber /'rʌbə(r)/ *n* gomma *f*; (*eraser*) gomma *f* [da cancellare]. **~ band** *n* elastico *m*. **~y** *a* gommoso

rubbish /'rʌbɪʃ/ *n* immondizie *fpl*; (*fam: nonsense*) idiozie *fpl*; (*fam: junk*) robaccia *f* ● *vt fam* fare a pezzi. **~ bin** *n* pattumiera *f*. **~ dump** *n* discarica *f*; (*official*) discarica *f* comunale

rubble /'rʌbl/ *n* macerie *fpl*

ruby /'ru:bɪ/ *n* rubino *m* ● *attrib* di rubini; ‹*lips*› scarlatta

rucksack /'rʌksæk/ *n* zaino *m*

rudder /'rʌdə(r)/ *n* timone *m*

ruddy /'rʌdɪ/ *a* (**-ier, -iest**) rubicondo; *fam* maledetto

rude /ru:d/ *a* scortese; (*improper*) spinto. **~ly** *adv* scortesemente. **~ness** *n* scortesia *f*

rudiment /'ru:dɪmənt/ *n* **~s** *pl* rudimenti *mpl*. **~ary** /-'mentərɪ/ *a* rudimentale

rueful /'ru:fl/ *a* rassegnato

ruffian /'rʌfɪən/ *n* farabutto *m*

ruffle /'rʌfl/ *n* gala *f* ● *vt* scompigliare ‹*hair*›

rug /rʌg/ *n* tappeto *m*; (*blanket*) coperta *f*

rugby /'rʌgbɪ/ *n* **~ [football]** rugby *m*

rugged /'rʌgɪd/ *a* ‹*coastline*› roccioso

ruin /'ru:ɪn/ *n* rovina *f*; **in ~s** in rovina ● *vt* rovinare. **~ous** /-əs/ *a* estremamente costoso

rule /ru:l/ *n* regola *f*; (*control*) ordinamento *m*; (*for measuring*) metro *m*; **~s** *pl* regolamento *msg*; **as a ~** generalmente ● *vt* governare; dominare ‹*colony, behaviour*›; **~ that** stabilire che ● *vi* governare. **rule out** *vt* escludere

ruled /ru:ld/ *a* ‹*paper*› a righe

ruler /'ru:lə(r)/ *n* capo *m* di Stato; (*sovereign*) sovrano, -a *mf*; (*measure*) righello *m*, regolo *m*

ruling /'ru:lɪŋ/ *a* ‹*class*› dirigente; ‹*party*› di governo ● *n* decisione *f*

rum /rʌm/ *n* rum *m inv*

rumble /'rʌmbl/ *n* rombo *m*; (*of stomach*) brontolio *m* ● *vi* rombare; ‹*stomach:*› brontolare

rummage /'rʌmɪdʒ/ *vi* rovistare (**in/through** in)

rummy /'rʌmɪ/ *n* ramino *m*

rumour /'ru:mə(r)/ *n* diceria *f* ● *vt* **it is ~ed that** si dice che

rump /rʌmp/ *n* natiche *fpl*. **~ steak** *n* bistecca *f* di girello

rumpus /'rʌmpəs/ *n fam* baccano *m*

run /rʌn/ *n* (*on foot*) corsa *f*; (*distance to be covered*) tragitto *m*; (*outing*) giro *m*; *Theat* rappresentazioni *fpl*; (*in skiing*) pista *f*; (*Am: ladder*) smagliatura *f* (*in calze*); **at a ~** di corsa; **~ of bad luck** periodo *m* sfortunato; **on the ~** in fuga; **have the ~ of** avere a disposizione; **in the long ~** a lungo termine ● *v* (*pt* **ran**, *pp* **run**, *pres p* **running**) ● *vi* correre; ‹*river:*› scorrere; ‹*nose, makeup:*› colare; ‹*bus:*› fare servizio; ‹*play:*› essere in cartellone; ‹*colours:*› sbiadire; (*in* *election*) presentarsi [come candidato] ● *vt* (*manage*) dirigere; tenere ‹*house*›; (*drive*) dare un passaggio a; correre ‹*risk*›; *Comput* lanciare; *Journ* pubblicare ‹*article*›; (*pass*) far scorrere ‹*eyes, hand*›; **~ a bath** far scorrere l'acqua per il bagno. **run across** *vt* (*meet, find*) imbattersi in. **run away** *vi* scappare [via]. **run down** *vi* scaricarsi; ‹*clock:*› scaricarsi; ‹*stocks:*› esaurirsi ● *vt Auto* investire; (*reduce*) esaurire; (*fam: criticize*) denigrare. **run in** *vi* entrare di corsa. **run into** *vi* (*meet*) imbattersi in; (*knock against*) urtare. **run off** *vi* andare via di corsa ● *vt* stampare ‹*copies*›. **run out** *vi* uscire di corsa; ‹*supplies, money:*› esaurirsi; **~ out of** rimanere senza. **run over** *vi* correre; (*overflow*) traboccare ● *vt Auto* investire. **run through** *vi* scorrere. **run up** *vi* salire di corsa; (*towards*) arrivare di corsa ● *vt* accumulare ‹*debts, bill*›; (*sew*) cucire

'runaway *n* fuggitivo, -a *mf*

run-'down *a* ‹*area*› in abbandono; ‹*person*› esaurito ● *n* analisi *f*

rung[1] /rʌŋ/ *n* (*of ladder*) piolo *m*

rung[2] *see* **ring[2]**

runner /'rʌnə(r)/ *n* podista *mf*; (*in race*) corridore, -trice *mf*; (*on sledge*) pattino *m*. **~ bean** *n* fagiolino *m*. **~-up** *n* secondo, -a *mf* classificato, -a

running /'rʌnɪŋ/ *a* in corsa; ‹*water*› corrente; **four times ~** quattro volte di seguito ● *n* corsa *f*; (*management*) direzione *f*; **be in the ~** essere in lizza. **~ 'commentary** *n* cronaca *f*

runny /'rʌnɪ/ *a* semiliquido; **~ nose** naso che cola

run: ~-of-the-'mill *a* ordinario. **~-up** *n Sport* rincorsa *f*; **the ~-up to** il periodo precedente. **~way** *n* pista *f*

rupture /'rʌptʃə(r)/ *n* rottura *f*; *Med* ernia *f* ● *vt* rompere; **~ oneself** farsi venire l'ernia ● *vi* rompersi

rural /'rʊərəl/ *a* rurale

ruse /ru:z/ *n* astuzia *f*

rush[1] /rʌʃ/ *n Bot* giunco *m*

rush[2] *n* fretta *f*; **in a ~** di fretta ● *vi* precipitarsi ● *vt* far premura a; **~ sb to hospital** trasportare qcno di corsa all'ospedale. **~-hour** *n* ora *f* di punta

rusk /rʌsk/ *n* biscotto *m*

Russia /'rʌʃə/ *n* Russia *f*. **~n** *a & n* russo, -a *mf*; (*language*) russo *m*

rust /rʌst/ *n* ruggine *f* ● *vi* arrugginirsi

rustic /'rʌstɪk/ *a* rustico

rustle /'rʌsl/ *vi* frusciare ● *vt* far frusciare; *Am* rubare ‹*cattle*›. **rustle up** *vt fam* rimediare

'rustproof *a* a prova di ruggine

rusty /'rʌstɪ/ *a* (**-ier, -iest**) arrugginito

rut /rʌt/ *n* solco *m*; **in a ~** *fam* nella routine

ruthless /'ru:θlɪs/ *a* spietato. **~ness** *n* spietatezza *f*

rye /raɪ/ *n* segale *f*

Ss

sabbath /'sæbəθ/ *n* domenica *f*; (*Jewish*) sabato *m*

sabbatical /sə'bætɪkl/ *n Univ* anno *m* sabbatico

sabot|age /'sæbətɑ:ʒ/ *n* sabotaggio *m* ● *vt* sabotare. **~eur** /-'tɜ:(r)/ *n* sabotatore, -trice *mf*

saccharin /'sæʃeɪ/ *n* saccarina *f*

sachet /'sæʃeɪ/ *n* bustina *f*; (*scented*) sacchetto *m* profumato

sack[1] /sæk/ *vt* (*plunder*) saccheggiare

sack[2] *n* sacco *m*; **get the ~** *fam* essere licenziato ● *vt fam* licenziare. **~ing** *n* tela *f* per sacchi; (*fam: dismissal*) licenziamento *m*

sacrament /'sækrəmənt/ *n* sacramento *m*

sacred /'seɪkrɪd/ *a* sacro

sacrifice /'sækrɪfaɪs/ *n* sacrificio *m* ● *vt* sacrificare

sacrilege /'sækrɪlɪdʒ/ *n* sacrilegio *m*

sad /sæd/ *a* (**sadder, saddest**) triste. **~den** *vt* rattristare

saddle /'sædl/ *n* sella *f* ● *vt* sellare; **I've been ~d with...** *fig* mi hanno affibbiato...

sadis|m /'seɪdɪzm/ *n* sadismo *m*. **~t** /-dɪst/ *n* sadico, -a *mf*. **~tic** /sə'dɪstɪk/ *a* sadico

sad|ly /'sædlɪ/ *adv* tristemente; (*unfor-*

tunately) sfortunatamente. **~ness** *n* tristezza *f*

safe /seɪf/ *a* sicuro; (*out of danger*) salvo; ‹*object*› al sicuro; **~ and sound** sano e salvo ● *n* cassaforte *f*. **~guard** *n* protezione *f* ● *vt* proteggere. **~ly** *adv* in modo sicuro; ‹*arrive*› senza incidenti; ‹*assume*› con certezza

safety /'seɪftɪ/ *n* sicurezza *f*. **~-belt** *n* cintura *f* di sicurezza. **~-deposit box** *n* cassetta *f* di sicurezza. **~-pin** *n* spilla *f* di sicurezza *o* da balia. **~-valve** *n* valvola *f* di sicurezza

sag /sæg/ *vi* (*pt/pp* **sagged**) abbassarsi

saga /'sɑ:gə/ *n* saga *f*

sage /seɪdʒ/ *n* (*herb*) salvia *f*

Sagittarius /sædʒɪ'teərɪəs/ *n* Sagittario *m*

said /sed/ *see* **say**

sail /seɪl/ *n* vela *f*; (*trip*) giro *m* in barca a vela ● *vi* navigare; *Sport* praticare la vela; (*leave*) salpare ● *vt* pilotare

'sailboard *n* tavola *f* del windsurf. **~ing** *n* windsurf *m inv*

sailing /'seɪlɪŋ/ *n* vela *f*. **~-boat** *n* barca *f* a vela. **~-ship** *n* veliero *m*

sailor /'seɪlə(r)/ *n* marinaio *m*

saint /seɪnt/ *n* santo, -a *mf*. **~ly** *a* da santo

sake /seɪk/ *n* **for the ~ of** ‹*person*› per il bene di; ‹*peace*› per amor di; **for the ~ of it** per il gusto di farlo

salad /'sæləd/ *n* insalata *f*. **~ bowl** *n* insalatiera *f*. **~ cream** *n salsa f per condire l'insalata*. **~-dressing** *n* condimento *m* per insalata

salary /'sælərɪ/ *n* stipendio *m*

sale /seɪl/ *n* vendita *f*; (*at reduced prices*) svendita *f*; **for/on ~** in vendita. **'for ~'** 'vendesi'

sales|man /'seɪlzmən/ *n* venditore *m*; (*traveller*) rappresentante *m*. **~woman** *n* venditrice *f*

salient /'seɪlɪənt/ *a* saliente

saliva /sə'laɪvə/ *n* saliva *f*

sallow /'sæləʊ/ *a* giallastro

salmon /'sæmən/ *n* salmone *m*

saloon /sə'lu:n/ *n Auto* berlina *f*; (*Am: bar*) bar *m*

salt /sɔ:lt/ *n* sale *m* ● *a* salato; ‹*fish, meat*› sotto sale ● *vt* salare; (*cure*) mettere sotto sale. **~-cellar** *n* saliera *f*. **~ 'water** *n* acqua *f* di mare. **~y** *a* salato

salutary /'sæljʊtərɪ/ *a* salutare

salute /sə'lu:t/ *Mil n* saluto *m* ● *vt* salutare ● *vi* fare il saluto

salvage /'sælvɪdʒ/ *n Naut* recupero *m* ● *vt* recuperare

salvation /sæl'veɪʃn/ *n* salvezza *f*. **S~ 'Army** *n* Esercito *m* della Salvezza

salvo /'sælvəʊ/ *n* salva *f*

same /seɪm/ *a* stesso (**as** di) ● *pron* **the ~** lo stesso; **be all the ~** essere tutti uguali ● *adv* **the ~** nello stesso modo; **all the ~** (*however*) lo stesso; **the ~ to you** altrettanto

sample /'sɑ:mpl/ *n* campione *m* ● *vt* testare

sanatorium /sænə'tɔ:rɪəm/ *n* casa *f* di cura

sanctimonious /sæŋktɪ'məʊnɪəs/ *a* moraleggiante

sanction /'sæŋkʃn/ *n* (*approval*) autorizzazione *f*; (*penalty*) sanzione *f* ● *vt* autorizzare

sanctity /'sæŋktətɪ/ *n* santità *f*

sanctuary /'sæŋktjʊərɪ/ *n Relig* santuario *m*; (*refuge*) asilo *m*; (*for wildlife*) riserva *f*

sand /sænd/ *n* sabbia *f* ● *vt* **~ [down]** carteggiare

sandal /'sændl/ *n* sandalo *m*

sand: ~bank *n* banco *m* di sabbia. **~paper** *n* carta *f* vetrata ● *vt* cartavetrare. **~-pit** *n recinto m contenente sabbia dove giocano i bambini*

sandwich /'sænwɪdʒ/ *n* tramezzino *m* ● *vt* **~ed between** schiacciato tra

sandy /'sændɪ/ *a* (**-ier, -iest**) ‹*beach, soil*› sabbioso; ‹*hair*› biondiccio

sane /seɪn/ *a* (*not mad*) sano di mente; (*sensible*) sensato

sang /sæŋ/ *see* **sing**

sanitary /'sænɪtərɪ/ *a* igienico; ‹*system*› sanitario. **~ napkin** *n Am*, **~ towel** *n* assorbente *m* igienico

sanitation /sænɪ'teɪʃn/ *n* impianti *mpl* igienici

sanity /'sænətɪ/ *n* sanità *f* di mente; (*common sense*) buon senso *m*

sank /sæŋk/ *see* **sink**

sapphire /'sæfaɪə(r)/ *n* zaffiro *m* ● *a* blu zaffiro *inv*

sarcas|m /'sɑ:kæzm/ *n* sarcasmo *m*. **~tic** /-'kæstɪk/ *a* sarcastico

sardine /sɑ:'di:n/ *n* sardina *f*

Sardinia /sɑ:'dɪnɪə/ *n* Sardegna *f*. **~n** *a* & *n* sardo, -a *mf*

sardonic /sɑ:'dɒnɪk/ *a* sardonico

sash /sæʃ/ *n* fascia *f*; (*for dress*) fusciacca *f*

sat /sæt/ *see* **sit**

satanic /sə'tænɪk/ *a* satanico

satchel /'sætʃl/ *n* cartella *f*

satellite /'sætəlaɪt/ *n* satellite *m*. **~**

dish *n* antenna *f* parabolica. **~ television** *n* televisione *f* via satellite
satin /'sætɪn/ *n* raso *m* ● *attrib* di raso
satire /'sætaɪə(r)/ *n* satira *f*
satirical /sə'tɪrɪkl/ *a* satirico
satir|ist /'sætɪrɪst/ *n* scrittore, -trice *mf* satirico, -a; (*comedian*) comico, -a *mf* satirico, -a. **~ize** *vt* satireggiare
satisfaction /sætɪs'fækʃn/ *n* soddisfazione *f*; **be to sb's ~** soddisfare qcno
satisfactor|y /sætɪs'fæktərɪ/ *a* soddisfacente. **~ily** *adv* in modo soddisfacente
satisf|y /'sætɪsfaɪ/ *vt* (*pt/pp* **-ied**) soddisfare; (*convince*) convincere; **be ~ied** essere soddisfatto. **~ying** *a* soddisfacente
saturat|e /'sætʃəreɪt/ *vt* inzuppare (**with** di); *Chem, fig* saturare (**with** di). **~ed** *a* saturo
Saturday /'sætədeɪ/ *n* sabato *m*
sauce /sɔ:s/ *n* salsa *f*; (*cheek*) impertinenza *f*. **~pan** *n* pentola *f*
saucer /'sɔ:sə(r)/ *n* piattino *m*
saucy /'sɔ:sɪ/ *a* (**-ier, -iest**) impertinente
Saudi Arabia /saʊdɪə'reɪbɪə/ *n* Arabia *f* Saudita
sauna /'sɔ:nə/ *n* sauna *f*
saunter /'sɔ:ntə(r)/ *vi* andare a spasso
sausage /'sɒsɪdʒ/ *n* salsiccia *f*; (*dried*) salame *m*
savage /'sævɪdʒ/ *a* feroce; ‹*tribe, custom*› selvaggio ● *n* selvaggio, -a *mf* ● *vt* fare a pezzi. **~ry** *n* ferocia *f*
save /seɪv/ *n Sport* parata *f* ● *vt* salvare (**from** da); (*keep, collect*) tenere; risparmiare ‹*time, money*›; (*avoid*) evitare; *Sport* parare ‹*goal*›; *Comput* salvare, memorizzare ● *vi* **~ [up]** risparmiare ● *prep* salvo
saver /'seɪvə(r)/ *n* risparmiatore, -trice *mf*
savings /'seɪvɪŋz/ *npl* (*money*) risparmi *mpl*. **~ account** *n* libretto *m* di risparmio. **~ bank** *n* cassa *f* di risparmio
saviour /'seɪvjə(r)/ *n* salvatore *m*
savour /'seɪvə(r)/ *n* sapore *m* ● *vt* assaporare. **~y** *a* salato; *fig* rispettabile
saw¹ /sɔ:/ *see* **see¹**
saw² *n* sega *f* ● *vt/i* (*pt* **sawed**, *pp* **sawn** *or* **sawed**) segare. **~dust** *n* segatura *f*
saxophone /'sæksəfəʊn/ *n* sassofono *m*
say /seɪ/ *n* **have one's ~** dire la propria; **have a ~** avere voce in capitolo ● *vt/i* (*pt/pp* **said**) dire; **that is to ~** cioè; **that goes without ~ing** questo è ovvio; **when all is said and done** alla fine dei conti. **~ing** *n* proverbio *m*
scab /skæb/ *n* crosta *f*; *pej* crumiro *m*
scaffold /'skæfəld/ *n* patibolo *m*. **~ing** *n* impalcatura *f*
scald /skɔ:ld/ *vt* scottare; (*milk*) scaldare ● *n* scottatura *f*
scale¹ /skeɪl/ *n* (*of fish*) scaglia *f*
scale² *n* scala *f*; **on a grand ~** su vasta scale ● *vt* (*climb*) scalare. **scale down** *vt* diminuire
scales /skeɪlz/ *npl* (*for weighing*) bilancia *fsg*
scallop /'skɒləp/ *n* (*shellfish*) pettine *m*
scalp /skælp/ *n* cuoio *m* capelluto
scalpel /'skælpl/ *n* bisturi *m inv*
scam /skæm/ *n fam* fregatura *f*
scamper /'skæmpə(r)/ *vi* **~ away** sgattaiolare via
scampi /'skæmpɪ/ *npl* scampi *mpl*
scan /skæn/ *n Med* scanning *m inv*, scansioscintigrafia *f* ● *vt* (*pt/pp* **scanned**) scrutare; (*quickly*) dare una scorsa a; *Med* fare uno scanning di
scandal /'skændl/ *n* scandalo *m*; (*gossip*) pettegolezzi *mpl*. **~ize** /-d(ə)laɪz/ *vt* scandalizzare. **~ous** /-əs/ *a* scandaloso
Scandinavia /skændɪ'neɪvɪə/ *n* Scandinavia *f*. **~n** *a* & *n* scandinavo, -a *mf*
scanner /'skænə(r)/ *n Comput* scanner *m inv*
scant /skænt/ *a* scarso
scant|y /'skæntɪ/ *a* (**-ier, -iest**) scarso; ‹*clothing*› succinto. **~ily** *adv* scarsamente; ‹*clothed*› succintamente
scapegoat /'skeɪp-/ *n* capro *m* espiatorio
scar /skɑ:(r)/ *n* cicatrice *f* ● *vt* (*pt/pp* **scarred**) lasciare una cicatrice a
scarc|e /skeəs/ *a* scarso; *fig* raro; **make oneself ~e** *fam* svignarsela. **~ely** *adv* appena; **~ely anything** quasi niente. **~ity** *n* scarsezza *f*
scare /skeə(r)/ *n* spavento *m*; (*panic*) panico *m* ● *vt* spaventare; **be ~d** aver paura (**of** di)
'scarecrow *n* spaventapasseri *m inv*
scarf /skɑ:f/ *n* (*pl* **scarves**) sciarpa *f*; (*square*) foulard *m inv*
scarlet /'skɑ:lət/ *a* scarlatto. **~ 'fever** *n* scarlattina *f*
scary /'skeərɪ/ *a* **be ~** far paura
scathing /'skeɪðɪŋ/ *a* mordace
scatter /'skætə(r)/ *vt* spargere; (*disperse*) disperdere ● *vi* disperdersi. **~-brained** *a fam* scervellato. **~ed** *a* sparso

scatty /'skætɪ/ *a* (**-ier, -iest**) *fam* svitato
scavenge /'skævɪndʒ/ *vi* frugare nella spazzatura. **~r** *n persona f che fruga nella spazzatura*
scenario /sɪ'nɑ:rɪəʊ/ *n* scenario *m*
scene /si:n/ *n* scena *f*; (*quarrel*) scenata *f*; **behind the ~s** dietro le quinte
scenery /'si:nərɪ/ *n* scenario *m*
scenic /'si:nɪk/ *a* panoramico
scent /sent/ *n* odore *m*; (*trail*) scia *f*; (*perfume*) profumo *m*. **~ed** *a* profumato (**with** di)
sceptic|al /'skeptɪkl/ *a* scettico. **~ism** /-tɪsɪzm/ *n* scetticismo *m*
schedule /'ʃedju:l/ *n* piano *m*, programma *m*; (*of work*) programma *m*; (*timetable*) orario *m*; **behind ~** indietro; **on ~** nei tempi previsti ● *vt* prevedere. **~d flight** *n* volo *m* di linea
scheme /ski:m/ *n* (*plan*) piano *m*; (*plot*) macchinazione *f* ● *vi pej* macchinare
schizophren|ia /skɪtsə'fri:nɪə/ *n* schizofrenia *f*. **~ic** /-'frenɪk/ *a* schizofrenico
scholar /'skɒlə(r)/ *n* studioso, -a *mf*. **~ly** *a* erudito. **~ship** *n* erudizione *f*; (*grant*) borsa *f* di studio
school /sku:l/ *n* scuola *f*; (*in university*) facoltà *f*; (*of fish*) branco *m*
school: ~boy *n* scolaro *m*. **~girl** *n* scolara *f*. **~ing** *n* istruzione *f*. **~-teacher** *n* insegnante *mf*
sciatica /saɪ'ætɪkə/ *n* sciatica *f*
scien|ce /'saɪəns/ *n* scienza *f*; **~ce fiction** fantascienza *f*. **~tific** /-'tɪfɪk/ *a* scientifico. **~tist** *n* scienziato, -a *mf*
scintillating /'sɪntɪleɪtɪŋ/ *a* brillante
scissors /'sɪzəz/ *npl* forbici *fpl*
scoff[1] /skɒf/ *vi* **~ at** schernire
scoff[2] *vt fam* divorare
scold /skəʊld/ *vt* sgridare. **~ing** *n* sgridata *f*
scone /skɒn/ *n pasticcino m da tè*
scoop /sku:p/ *n* paletta *f*; *Journ* scoop *m inv* ● **scoop out** *vt* svuotare. **scoop up** *vt* tirar su
scoot /sku:t/ *vi fam* filare. **~er** *n* motoretta *f*
scope /skəʊp/ *n* portata *f*; (*opportunity*) opportunità *f inv*
scorch /skɔ:tʃ/ *vt* bruciare. **~er** *n fam* giornata *f* torrida. **~ing** *a* caldissimo
score /skɔ:(r)/ *n* punteggio *m*; *Mus* partitura *f*; (*for film, play*) musica *f*; **a ~ [of]** (*twenty*) una ventina [di]; **keep [the] ~** tenere il punteggio; **on that ~** a questo proposito ● *vt* segnare ‹*goal*›; (*cut*) incidere ● *vi* far punti; (*in football etc*) segnare; (*keep score*) tenere il punteggio. **~r** *n* segnapunti *m inv*; (*of goals*) giocatore, -trice *mf* che segna
scorn /skɔ:n/ *n* disprezzo *m* ● *vt* disprezzare. **~ful** *a* sprezzante
Scorpio /'skɔ:pɪəʊ/ *n Astr* Scorpione *m*
scorpion /'skɔ:pɪən/ *n* scorpione *m*
Scot /skɒt/ *n* scozzese *mf*
Scotch /skɒtʃ/ *a* scozzese ● *n* (*whisky*) whisky *m* [scozzese]
scotch *vt* far cessare
scot-'free *a* **get off ~** cavarsela impunemente
Scot|land /'skɒtlənd/ *n* Scozia *f*. **~s, ~tish** *a* scozzese
scoundrel /'skaʊndrəl/ *n* mascalzone *m*
scour[1] /'skaʊə(r)/ *vt* (*search*) perlustrare
scour[2] *vt* (*clean*) strofinare
scourge /skɜ:dʒ/ *n* flagello *m*
scout /skaʊt/ *n Mil* esploratore *m* ● *vi* **~ for** andare in cerca di
Scout *n* **[Boy] ~** [boy]scout *m inv*
scowl /skaʊl/ *n* sguardo *m* torvo ● *vi* guardare [di] storto
Scrabble® /'skræbl/ *n* Scarabeo® *m*
scraggy /'skrægɪ/ *a* (**-ier, -iest**) *pej* scarno
scram /skræm/ *vi fam* levarsi dai piedi
scramble /'skræmbl/ *n* (*climb*) arrampicata *f* ● *vi* (*clamber*) arrampicarsi; **~ for** azzuffarsi per ● *vt Teleph* creare delle interferenze in; (*eggs*) strapazzare
scrap[1] /skræp/ *n* (*fam: fight*) litigio *m*
scrap[2] *n* pezzetto *m*; (*metal*) ferraglia *f*; **~s** *pl* (*of food*) avanzi *mpl* ● *vt* (*pt/pp* **scrapped**) buttare via
'scrap-book *n* album *m inv*
scrape /skreɪp/ *vt* raschiare; (*damage*) graffiare. **scrape through** *vi* passare per un pelo. **scrape together** *vt* racimolare
scraper /'skreɪpə(r)/ *n* raschietto *m*
scrappy /'skræpɪ/ *a* frammentario
'scrap-yard *n* deposito *m* di ferraglia; (*for cars*) cimitero *m* delle macchine
scratch /skrætʃ/ *n* graffio *m*; (*to relieve itch*) grattata *f*; **start from ~** partire da zero; **up to ~** ‹*work*› all'altezza ● *vt* graffiare; (*to relieve itch*) grattare ● *vi* grattarsi. **~ card** *n* gratta e vinci *m inv*
scrawl /skrɔ:l/ *n* scarabocchio *m* ● *vt/i* scarabocchiare
scrawny /'skrɔ:nɪ/ *a* (**-ier, -iest**) *pej* magro

scream /skri:m/ *n* strillo *m* ● *vt/i* strillare
screech /skri:tʃ/ *n* stridore *m* ● *vi* stridere ● *vt* strillare
screen /skri:n/ *n* paravento *m*; *Cinema, TV* schermo *m* ● *vt* proteggere; (*conceal*) riparare; proiettare ‹*film*›; (*candidates*) passare al setaccio; *Med* sottoporre a visita medica. **~ing** *n Med* visita *f* medica; (*of film*) proiezione *f*. **~play** *n* sceneggiatura *f*
screw /skru:/ *n* vite *f* ● *vt* avvitare. **screw up** *vt* (*crumple*) accartocciare; strizzare ‹*eyes*›; storcere ‹*face*›; (*sl: bungle*) mandare all'aria
'screwdriver *n* cacciavite *m inv*
screwy /'skru:ɪ/ *a* (**-ier, -iest**) *fam* svitato
scribble /'skrɪbl/ *n* scarabocchio *m* ● *vt/i* scarabocchiare
script /skrɪpt/ *n* scrittura *f* (*a mano*); (*of film*) sceneggiatura *f*
'script-writer *n* sceneggiatore, -trice *mf*
scroll /skrəʊl/ *n* rotolo *m* (*di pergamena*); (*decoration*) voluta *f*
scrounge /skraʊndʒ/ *vt/i* scroccare. **~r** *n* scroccone, -a *mf*
scrub¹ /skrʌb/ *n* (*land*) boscaglia *f*
scrub² *vt/i* (*pt/pp* **scrubbed**) strofinare; (*fam: cancel*) cancellare ‹*plan*›
scruff /skrʌf/ *n* **by the ~ of the neck** per la collottola
scruffy /'skrʌfɪ/ *a* (**-ier, -iest**) trasandato
scrum /skrʌm/ *n* (*in rugby*) mischia *f*
scruple /'skru:pl/ *n* scrupolo *m*
scrupulous /'skru:pjʊləs/ *a* scrupoloso
scrutin|ize /'skru:tɪnaɪz/ *vt* scrutinare. **~y** *n* (*look*) esame *m* minuzioso
scuffle /'skʌfl/ *n* tafferuglio *m*
sculpt /skʌlpt/ *vt/i* scolpire. **~or** /'skʌlptə(r)/ *n* scultore *m*. **~ure** /-tʃə(r)/ *n* scultura *f*
scum /skʌm/ *n* schiuma *f*; (*people*) feccia *f*
scurrilous /'skʌrɪləs/ *a* scurrile
scurry /'skʌrɪ/ *vi* (*pt/pp* **-ied**) affrettare il passo
scuttle /'skʌtl/ *vi* (*hurry*) **~ away** correre via
sea /si:/ *n* mare *m*; **at ~** in mare; *fig* confuso; **by ~** via mare. **~board** *n* costiera *f*. **~food** *n* frutti *mpl* di mare. **~gull** *n* gabbiano *m*
seal¹ /si:l/ *n Zool* foca *f*
seal² *n* sigillo *m*; *Techn* chiusura *f* ermetica ● *vt* sigillare; *Techn* chiudere ermeticamente. **seal off** *vt* bloccare ‹*area*›
'sea-level *n* livello *m* del mare
seam /si:m/ *n* cucitura *f*; (*of coal*) strato *m*
'seaman *n* marinaio *m*
seamless /'si:mlɪs/ *a* senza cucitura
seamy /'si:mɪ/ *a* sordido; ‹*area*› malfamato
seance /'seɪɑ:ns/ *n* seduta *f* spiritica
sea: ~plane *n* idrovolante *m*. **~port** *n* porto *m* di mare
search /sɜ:tʃ/ *n* ricerca *f*; (*official*) perquisizione *f*; **in ~ of** alla ricerca di ● *vt* frugare (**for** alla ricerca di); perlustrare ‹*area*›; (*officially*) perquisire ● *vi* **~ for** cercare. **~ing** *a* penetrante
search: ~light *n* riflettore *m*. **~-party** *n* squadra *f* di ricerca
sea: ~sick *a* **be/get ~** avere il mal di mare. **~side** *n* **at/to the ~side** al mare. **~side resort** *n* stazione *f* balneare. **~side town** *n* città *f* di mare
season /'si:zn/ *n* stagione *f* ● *vt* (*flavour*) condire. **~able** /-əbl/ *a*, **~al** *a* stagionale. **~ing** *n* condimento *m*
'season ticket *n* abbonamento *m*
seat /si:t/ *n* (*chair*) sedia *f*; (*in car*) sedile *m*; (*place to sit*) posto *m* [a sedere]; (*bottom*) didietro *m*; (*of government*) sede *f*; **take a ~** sedersi ● *vt* mettere a sedere; (*have seats for*) aver posti [a sedere] per; **remain ~ed** mantenere il proprio posto. **~-belt** *n* cintura *f* di sicurezza
sea: ~weed *n* alga *f* marina. **~worthy** *a* in stato di navigare
secateurs /sekə'tɜ:z/ *npl* cesoie *fpl*
seclu|ded /sɪ'klu:dɪd/ *a* appartato. **~sion** /-ʒn/ *n* isolamento *m*
second¹ /sɪ'kɒnd/ *vt* (*transfer*) distaccare
second² /'sekənd/ *a* secondo; **on ~ thoughts** ripensandoci meglio ● *n* secondo *m*; **~s** *pl* (*goods*) merce *fsg* di seconda scelta; **have ~s** (*at meal*) fare il bis; **John the S~** Giovanni Secondo ● *adv* (*in race*) al secondo posto ● *vt* assistere; appoggiare ‹*proposal*›
secondary /'sekəndrɪ/ *a* secondario. **~ school** *n* scuola *f* media (*inferiore e superiore*)
second: ~-best *a* secondo dopo il migliore; **be ~-best** *pej* essere un ripiego. **~ 'class** *adv* ‹*travel, send*› in seconda classe. **~-class** *a* di seconda classe
'second hand *n* (*on clock*) lancetta *f* dei secondi

second-'hand *a & adv* di seconda mano
secondly /'sekəndlɪ/ *adv* in secondo luogo
second-'rate *a* di second'ordine
secrecy /'si:krəsɪ/ *n* segretezza *f*; **in ~** in segreto
secret /'si:krɪt/ *a* segreto ● *n* segreto *m*
secretarial /sekrə'teərɪəl/ *a* ‹*work, staff*› di segreteria
secretary /'sekrətərɪ/ *n* segretario, -a *mf*
secret|e /sɪ'kri:t/ *vt* secernere ‹*poison*›. **~ion** /-i:ʃn/ *n* secrezione *f*
secretive /'si:krətɪv/ *a* riservato. **~ness** *n* riserbo *m*
secretly /'si:krɪtlɪ/ *adv* segretamente
sect /sekt/ *n* setta *f*. **~arian** *a* settario
section /'sekʃn/ *n* sezione *f*
sector /'sektə(r)/ *n* settore *m*
secular /'sekjʊlə(r)/ *a* secolare; ‹*education*› laico
secure /sɪ'kjʊə(r)/ *a* sicuro ● *vt* proteggere; chiudere bene ‹*door*›; rendere stabile ‹*ladder*›; (*obtain*) assicurarsi. **~ly** *adv* saldamente
securit|y /sɪ'kjʊərətɪ/ *n* sicurezza *f*; (*for loan*) garanzia *f*. **~ies** *npl* titoli *mpl*
sedate[1] /sɪ'deɪt/ *a* posato
sedate[2] *vt* somministrare sedativi a
sedation /sɪ'deɪʃn/ *n* somministrazione *f* di sedativi; **be under ~** essere sotto l'effetto di sedativi
sedative /'sedətɪv/ *a* sedativo ● *n* sedativo *m*
sedentary /'sedəntərɪ/ *a* sedentario
sediment /'sedɪmənt/ *n* sedimento *m*
seduce /sɪ'dju:s/ *vt* sedurre
seduct|ion /sɪ'dʌkʃn/ *n* seduzione *f*. **~ive** /-tɪv/ *a* seducente
see /si:/ *v* (*pt* **saw**, *pp* **seen**) ● *vt* vedere; (*understand*) capire; (*escort*) accompagnare; **go and ~** andare a vedere; (*visit*) andare a trovare; **~ you!** ci vediamo!; **~ you later!** a più tardi!; **~ing that** visto che ● *vi* vedere; (*understand*) capire; **~ that** (*make sure*) assicurarsi che; **~ about** occuparsi di. **see off** *vt* veder partire; (*chase away*) mandar via. **see through** *vi* vedere attraverso; *fig* non farsi ingannare da ● *vt* portare a buon fine. **see to** *vi* occuparsi di
seed /si:d/ *n* seme *m*; *Tennis* testa *f* di serie; **go to ~** fare seme; *fig* lasciarsi andare. **~ed player** *n Tennis* testa *f* di serie. **~ling** *n* pianticella *f*
seedy /'si:dɪ/ *a* (**-ier, -iest**) squallido
seek /si:k/ *vt* (*pt/pp* **sought**) cercare
seem /si:m/ *vi* sembrare. **~ingly** *adv* apparentemente
seen /si:n/ *see* **see[1]**
seep /si:p/ *vi* filtrare
see-saw /'si:sɔ:/ *n* altalena *f*
seethe /si:ð/ *vi* **~ with anger** ribollire di rabbia
'see-through *a* trasparente
segment /'segmənt/ *n* segmento *m*; (*of orange*) spicchio *m*
segregat|e /'segrɪgeɪt/ *vt* segregare. **~ion** /-'geɪʃn/ *n* segregazione *f*
seize /si:z/ *vt* afferrare; *Jur* confiscare. **seize up** *vi Techn* bloccarsi
seizure /'si:ʒə(r)/ *n Jur* confisca *f*; *Med* colpo *m* [apoplettico]
seldom /'seldəm/ *adv* raramente
select /sɪ'lekt/ *a* scelto; (*exclusive*) esclusivo ● *vt* scegliere; selezionare ‹*team*›. **~ion** /-ekʃn/ *n* selezione *f*. **~ive** /-ɪv/ *a* selettivo. **~or** *n Sport* selezionatore, -trice *mf*
self /self/ *n* io *m*
self: ~-ad'dressed *a* con il proprio indirizzo. **~-ad'hesive** *a* autoadesivo. **~-as'surance** *n* sicurezza *f* di sé. **~-as'sured** *a* sicuro di sé. **~-'catering** *a* in appartamento attrezzato di cucina. **~-'centred** *a* egocentrico. **~-'confidence** *n* fiducia *f* in se stesso. **~-'confident** *a* sicuro di sé. **~-'conscious** *a* impacciato. **~-con'tained** *a* ‹*flat*› con ingresso indipendente. **~-con'trol** *n* autocontrollo *m*. **~-de'fence** *n* autodifesa *f*; *Jur* legittima difesa *f*. **~-de'nial** *n* abnegazione *f*. **~-determi'nation** *n* autodeterminazione *f*. **~-em'ployed** *a* che lavora in proprio. **~-e'steem** *n* stima *f* di sé. **~-'evident** *a* ovvio. **~-'governing** *a* autonomo. **~-'help** *n* iniziativa *f* personale. **~-in'dulgent** *a* indulgente con se stesso. **~-'interest** *n* interesse *m* personale
self|ish /'selfɪʃ/ *a* egoista. **~ishness** *n* egoismo *m*. **~less** *a* disinteressato
self: ~-made *a* che si è fatto da sé. **~-pity** *n* autocommiserazione *f*. **~-'portrait** *n* autoritratto *m*. **~-pos'sessed** *a* padrone di sé. **~-preser'vation** *n* istinto *m* di conservazione. **~-re'spect** *n* amor *m* proprio. **~-'righteous** *a* presuntuoso. **~-'sacrifice** *n* abnegazione *f*. **~-'satisfied** *a* compiaciuto di sé. **~-'service** *n* self-service *m inv* ● *attrib*

self-service. **~-suf'ficient** *a* autosufficiente. **~-'willed** *a* ostinato

sell /sel/ *v* (*pt/pp* **sold**) ● *vt* vendere; **be sold out** essere esaurito ● *vi* vendersi. **sell off** *vt* liquidare

seller /'selə(r)/ *n* venditore, -trice *mf*

Sellotape® /'seləʊ-/ *n* nastro *m* adesivo, scotch® *m*

'sell-out *n* (*fam: betrayal*) tradimento *m*; **be a ~** ‹*concert:*› fare il tutto esaurito

selves /selvz/ *pl of* **self**

semen /'si:mən/ *n Anat* liquido *m* seminale

semester /sɪ'mestə(r)/ *n Am* semestre *m*

semi /'semɪ/: **~breve** /'semɪbri:v/ *n* semibreve *f*. **~circle** /'semɪsɜ:k(ə)l/ *n* semicerchio *m*. **~'circular** *a* semicircolare. **~'colon** *n* punto e virgola *m*. **~-de'tached** *a* gemella ● *n* casa *f* gemella. **~-'final** *n* semifinale *f*

seminar /'semɪnɑ:(r)/ *n* seminario *m*. **~y** /-nərɪ/ *n* seminario *m*

semolina /semə'li:nə/ *n* semolino *m*

senat|e /'senət/ *n* senato *m*. **~or** *n* senatore *m*

send /send/ *vt/i* (*pt/pp* **sent**) mandare; **~ for** mandare a chiamare ‹*person*›; far venire ‹*thing*›. **~er** *n* mittente *mf*. **~-off** *n* commiato *m*

senil|e /'si:naɪl/ *a* arteriosclerotico; *Med* senile. **~ity** /sɪ'nɪlətɪ/ *n* senilismo *m*

senior /'si:nɪə(r)/ *a* più vecchio; (*in rank*) superiore ● *n* (*in rank*) superiore *mf*; (*in sport*) senior *mf*; **she's two years my ~** è più vecchia di me di due anni. **~ 'citizen** *n* anziano, -a *mf*

seniority /si:nɪ'ɒrətɪ/ *n* anzianità *f* di servizio

sensation /sen'seɪʃn/ *n* sensazione *f*. **~al** *a* sensazionale. **~ally** *adv* in modo sensazionale

sense /sens/ *n* senso *m*; (*common ~*) buon senso *m*; **in a ~** in un certo senso; **make ~** aver senso ● *vt* sentire. **~less** *a* insensato; (*unconscious*) privo di sensi

sensibl|e /'sensəbl/ *a* sensato; (*suitable*) appropriato. **~y** *adv* in modo appropriato

sensitiv|e /'sensətɪv/ *a* sensibile; (*touchy*) suscettibile. **~ely** *adv* con sensibilità. **~ity** /-'tɪvɪtɪ/ *n* sensibilità *f inv*

sensory /'sensərɪ/ *a* sensoriale

sensual /'sensjʊəl/ *a* sensuale. **~ity** /-'ælətɪ/ *n* sensualità *f inv*

sensuous /'sensjʊəs/ *a* voluttuoso

sent /sent/ *see* **send**

sentence /'sentəns/ *n* frase *f*; *Jur* sentenza *f*; (*punishment*) condanna *f* ● *vt* **~ to** condannare a

sentiment /'sentɪmənt/ *n* sentimento *m*; (*opinion*) opinione *f*; (*sentimentality*) sentimentalismo *m*. **~al** /-'mentl/ *a* sentimentale; *pej* sentimentalista. **~ality** /-'tælətɪ/ *n* sentimentalità *f inv*

sentry /'sentrɪ/ *n* sentinella *f*

separable /'sepərəbl/ *a* separabile

separate¹ /'sepərət/ *a* separato. **~ly** *adv* separatamente

separat|e² /'sepəreɪt/ *vt* separare ● *vi* separarsi. **~ion** /-'reɪʃn/ *n* separazione *f*

September /sep'tembə(r)/ *n* settembre *m*

septic /'septɪk/ *a* settico; **go ~** infettarsi. **~ tank** *n* fossa *f* biologica

sequel /'si:kwəl/ *n* seguito *m*

sequence /'si:kwəns/ *n* sequenza *f*

sequin /'si:kwɪn/ *n* lustrino *m*, paillette *f inv*

Serbia /'sɜ:bɪə/ *n* Serbia *f*

serenade /serə'neɪd/ *n* serenata *f* ● *vt* fare una serenata a

seren|e /sɪ'ri:n/ *a* sereno. **~ity** /-'renətɪ/ *n* serenità *f inv*

sergeant /'sɑ:dʒənt/ *n* sergente *m*

serial /'sɪərɪəl/ *n* racconto *m* a puntate; *TV* sceneggiato *m* a puntate; *Radio* commedia *f* radiofonica a puntate. **~ize** *vt* pubblicare a puntate; *Radio, TV* trasmettere a puntate. **~ killer** *n* serial killer *mf inv*. **~ number** *n* numero *m* di serie. **~ port** *n Comput* porta *f* seriale

series /'sɪəri:z/ *n* serie *f inv*

serious /'sɪərɪəs/ *a* serio; ‹*illness, error*› grave. **~ly** *adv* seriamente; ‹*ill*› gravemente; **take ~ly** prendere sul serio. **~ness** *n* serietà *f*; (*of situation*) gravità *f*

sermon /'sɜ:mən/ *n* predica *f*

serpent /'sɜ:pənt/ *n* serpente *m*

serrated /se'reɪtɪd/ *a* dentellato

serum /'sɪərəm/ *n* siero *m*

servant /'sɜ:vənt/ *n* domestico, -a *mf*

serve /sɜ:v/ *n Tennis* servizio *m* ● *vt* servire; scontare ‹*sentence*›; **~ its purpose** servire al proprio scopo; **it ~s you right!** ben ti sta!; **~s two** per due persone ● *vi* prestare servizio; *Tennis* servire; **~ as** servire da

server /'sɜ:və(r)/ *n Comput* server *m inv*

service /'sɜ:vɪs/ *n* servizio *m*; *Relig* funzione *f*; (*maintenance*) revisione *f*; **~s** *pl* forze *fpl* armate; (*on motorway*) area *f* di servizio; **in the ~s** sotto le armi; **of ~ to** utile a; **out of ~**

‹*machine:*› guasto ● *vt Techn* revisionare. **~able** /-əbl/ *a* utilizzabile; (*hard-wearing*) resistente; (*practical*) pratico
service: ~ area *n* area *f* di servizio. **~ charge** *n* servizio *m*. **~man** *n* militare *m*. **~ provider** *n Comput* fornitore *m* di servizi. **~ station** *n* stazione *f* di servizio
serviette /sɜːvɪ'et/ *n* tovagliolo *m*
servile /'sɜːvaɪl/ *a* servile
session /'seʃn/ *n* seduta *f*; *Jur* sessione *f*; *Univ* anno *m* accademico
set /set/ *n* serie *f inv*, set *m inv*; (*of crockery, cutlery*) servizio *m*; *TV, Radio* apparecchio *m*; *Math* insieme *m*; *Theat* scenario *m*; *Cinema, Tennis* set *m inv*; (*of people*) circolo *m*; (*of hair*) messa *f* in piega ● *a* (*ready*) pronto; (*rigid*) fisso; ‹*book*› in programma; **be ~ on doing sth** essere risoluto a fare qcsa; **be ~ in one's ways** essere abitudinario ● *v* (*pt/pp* **set**, *pres p* **setting**) ● *vt* mettere, porre; mettere ‹*alarm clock*›; assegnare ‹*task, homework*›; fissare ‹*date, limit*›; chiedere ‹*questions*›; montare ‹*gem*›; assestare ‹*bone*›; apparecchiare ‹*table*›; **~ fire to** dare fuoco a; **~ free** liberare ● *vi* ‹*sun:*› tramontare; ‹*jelly, concrete:*› solidificare; **~ about doing sth** mettersi a fare qcsa. **set back** *vt* mettere indietro; (*hold up*) ritardare; (*fam: cost*) costare a. **set off** *vi* partire ● *vt* avviare; mettere ‹*alarm*›; fare esplodere ‹*bomb*›. **set out** *vi* partire; **~ out to do sth** proporsi di fare qcsa ● *vt* disporre; (*state*) esporre. **set to** *vi* mettersi all'opera. **set up** *vt* fondare ‹*company*›; istituire ‹*committee*›
'set-back *n* passo *m* indietro
set 'meal *n* menù *m inv* fisso
settee /se'tiː/ *n* divano *m*
setting /'setɪŋ/ *n* scenario *m*; (*position*) posizione *f*; (*of sun*) tramonto *m*; (*of jewel*) montatura *f*
settle /'setl/ *vt* (*decide*) definire; risolvere ‹*argument*›; fissare ‹*date*›; calmare ‹*nerves*›; saldare ‹*bill*› ● *vi* (*to live*) stabilirsi; ‹*snow, dust, bird:*› posarsi; (*subside*) assestarsi; ‹*sediment:*› depositarsi. **settle down** *vi* sistemarsi; (*stop making noise*) calmarsi. **settle for** *vt* accontentarsi di. **settle up** *vi* regolare i conti
settlement /'setlmənt/ *n* (*agreement*) accordo *m*; (*of bill*) saldo *m*; (*colony*) insediamento *m*
settler /'setlə(r)/ *n* colonizzatore, -trice *mf*
'set-to *n fam* zuffa *f*, (*verbal*) battibecco *m*
'set-up *n* situazione *f*
seven /'sevn/ *a & n* sette *m*. **~'teen** *a & n* diciassette *m*. **~'teenth** *a & n* diciassettesimo, -a *mf*
seventh /'sevnθ/ *a & n* settimo, -a *mf*
seventieth /'sevntɪɪθ/ *a & n* settantesimo, -a *mf*
seventy /'sevntɪ/ *a & n* settanta *m*
sever /'sevə(r)/ *vt* troncare ‹*relations*›
several /'sevrəl/ *a & pron* parecchi
sever|e /sɪ'vɪə(r)/ *a* severo; ‹*pain*› violento; ‹*illness*› grave; ‹*winter*› rigido. **~ely** *adv* severamente; ‹*ill*› gravemente. **~ity** /-'verətɪ/ *n* severità *f*; (*of pain*) violenza *f*; (*of illness*) gravità *f*; (*of winter*) rigore *m*
sew /səʊ/ *vt/i* (*pt* **sewed**, *pp* **sewn** *or* **sewed**) cucire. **sew up** *vt* ricucire
sewage /'suːɪdʒ/ *n* acque *fpl* di scolo
sewer /'suːə(r)/ *n* fogna *f*
sewing /'səʊɪŋ/ *n* cucito *m*; (*work*) lavoro *m* di cucito. **~ machine** *n* macchina *f* da cucire
sewn /səʊn/ *see* **sew**
sex /seks/ *n* sesso *m*; **have ~** avere rapporti sessuali. **~ist** *a* sessista. **~ offence** *n* delitto *m* a sfondo sessuale
sexual /'seksjʊəl/ *a* sessuale. **~ 'intercourse** *n* rapporti *mpl* sessuali. **~ity** /-'ælətɪ/ *n* sessualità *f*. **~ly** *adv* sessualmente
sexy /'seksɪ/ *a* (**-ier, -iest**) sexy *inv*
shabb|y /'ʃæbɪ/ *a* (**-ier, -iest**) scialbo; ‹*treatment*› meschino. **~iness** *n* trasandatezza *f*; (*of treatment*) meschinità *f inv*
shack /ʃæk/ *n* catapecchia *f* ● **shack up with** *vt fam* vivere con
shade /ʃeɪd/ *n* ombra *f*; (*of colour*) sfumatura *f*; (*for lamp*) paralume *m*; (*Am: for window*) tapparella *f*; **a ~ better** un tantino meglio ● *vt* riparare dalla luce; (*draw lines on*) ombreggiare. **~s** *npl fam* occhiali *mpl* da sole
shadow /'ʃædəʊ/ *n* ombra *f*; **S~ Cabinet** governo *m* ombra ● *vt* (*follow*) pedinare. **~y** *a* ombroso
shady /'ʃeɪdɪ/ *a* (**-ier, -iest**) ombroso; (*fam: disreputable*) losco
shaft /ʃɑːft/ *n Techn* albero *m*; (*of light*) raggio *m*; (*of lift, mine*) pozzo *m*
shaggy /'ʃægɪ/ *a* (**-ier, -iest**) irsuto; ‹*animal*› dal pelo arruffato
shake /ʃeɪk/ *n* scrollata *f* ● *v* (*pt* **shook**, *pp* **shaken**) ● *vt* scuotere; agitare ‹*bottle*›; far tremare ‹*building*›; **~ hands with** stringere la mano a ● *vi* tremare. **shake off** *vt* scrollarsi di dos-

so. **~-up** *n Pol* rimpasto *m*; *Comm* ristrutturazione *f*

shaky /'ʃeɪkɪ/ *a* (**-ier, -iest**) tremante; ‹*table etc*› traballante; (*unreliable*) vacillante

shall /ʃæl/ *v aux* **I ~ go** andrò; **we ~ see** vedremo; **what ~ I do?** cosa faccio?; **I'll come too, ~ I?** vengo anch'io, no?; **thou shalt not kill** *liter* non uccidere

shallow /'ʃæləʊ/ *a* basso, poco profondo; ‹*dish*› poco profondo; *fig* superficiale

sham /ʃæm/ *a* falso ● *n* finzione *f*; (*person*) spaccone, -a *mf* ● *vt* (*pt*/*pp* **shammed**) simulare

shambles /'ʃæmblz/ *n* baraonda *fsg*

shame /ʃeɪm/ *n* vergogna *f*; **it's a ~ that** è un peccato che; **what a ~!** che peccato! **~-faced** *a* vergognoso

shame|ful /'ʃeɪmfl/ *a* vergognoso. **~less** *a* spudorato

shampoo /ʃæm'puː/ *n* shampoo *m inv* ● *vt* fare uno shampoo a

shandy /'ʃændɪ/ *n bevanda f a base di birra e gassosa*

shan't /ʃɑːnt/ = **shall not**

shanty town /'ʃæntɪtaʊn/ *n* bidonville *f inv*, baraccopoli *f inv*

shape /ʃeɪp/ *n* forma *f*; (*figure*) ombra *f*; **take ~** prendere forma; **get back in ~** ritornare in forma ● *vt* dare forma a (**into** di) ● *vi* **~** [**up**] mettere la testa a posto; **~ up nicely** mettersi bene. **~less** *a* informe

shapely /'ʃeɪplɪ/ *a* (**-ier, -iest**) ben fatto

share /ʃeə(r)/ *n* porzione *f*; *Comm* azione *f* ● *vt* dividere; condividere ‹*views*› ● *vi* dividere. **~holder** *n* azionista *mf*

shark /ʃɑːk/ *n* squalo *m*, pescecane *m*; *fig* truffatore, -trice *mf*

sharp /ʃɑːp/ *a* ‹*knife etc*› tagliente; ‹*pencil*› appuntito; ‹*drop*› a picco; ‹*reprimand*› severo; ‹*outline*› marcato; (*alert*) acuto; (*unscrupulous*) senza scrupoli; **~ pain** fitta *f* ● *adv* in punto; *Mus* fuori tono; **look ~!** sbrigati! ● *n Mus* diesis *m inv*. **~en** *vt* affilare ‹*knife*›; appuntire ‹*pencil*›

shatter /'ʃætə(r)/ *vt* frantumare; *fig* mandare in frantumi; **~ed** (*fam: exhausted*) a pezzi ● *vi* frantumarsi

shav|e /ʃeɪv/ *n* rasatura *f*; **have a ~e** farsi la barba ● *vt* radere ● *vi* radersi. **~er** *n* rasoio *m* elettrico. **~ing-brush** *n* pennello *m* da barba; **~ing foam** *n* schiuma *f* da barba; **~ing soap** *n* sapone *m* da barba

shawl /ʃɔːl/ *n* scialle *m*

she /ʃiː/ *pers pron* lei

sheaf /ʃiːf/ *n* (*pl* **sheaves**) fascio *m*

shear /ʃɪə(r)/ *vt* (*pt* **sheared**, *pp* **shorn** *or* **sheared**) tosare

shears /ʃɪəz/ *npl* (*for hedge*) cesoie *fpl*

sheath /ʃiːθ/ *n* (*pl* **~s** /ʃiːðz/) guaina *f*

shed[1] /ʃed/ *n* baracca *f*; (*for cattle*) stalla *f*

shed[2] *vt* (*pt*/*pp* **shed**, *pres p* **shedding**) perdere; versare ‹*blood, tears*›; **~ light on** far luce su

sheen /ʃiːn/ *n* lucentezza *f*

sheep /ʃiːp/ *n inv* pecora *f*. **~-dog** *n* cane *m* da pastore

sheepish /'ʃiːpɪʃ/ *a* imbarazzato. **~ly** *adv* con aria imbarazzata

'sheepskin *n* [pelle *f* di] montone *m*

sheer /ʃɪə(r)/ *a* puro; (*steep*) a picco; (*transparent*) trasparente ● *adv* a picco

sheet /ʃiːt/ *n* lenzuolo *m*; (*of paper*) foglio *m*; (*of glass, metal*) lastra *f*

shelf /ʃelf/ *n* (*pl* **shelves**) ripiano *m*; (*set of shelves*) scaffale *m*

shell /ʃel/ *n* conchiglia *f*; (*of egg, snail, tortoise*) guscio *m*; (*of crab*) corazza *f*; (*of unfinished building*) ossatura *f*; *Mil* granata *f* ● *vt* sgusciare ‹*peas*›; *Mil* bombardare. **shell out** *vi fam* sborsare

'shellfish *n inv* mollusco *m*; *Culin* frutti *mpl* di mare

shelter /'ʃeltə(r)/ *n* rifugio *m*; (*air raid ~*) rifugio *m* antiaereo ● *vt* riparare (**from** da); *fig* mettere al riparo; (*give lodging to*) dare asilo a ● *vi* rifugiarsi. **~ed** *a* ‹*spot*› riparato; ‹*life*› ritirato

shelve /ʃelv/ *vt* accantonare ‹*project*›

shelves /ʃelvz/ *see* **shelf**

shelving /'ʃelvɪŋ/ *n* (*shelves*) ripiani *mpl*

shepherd /'ʃepəd/ *n* pastore *m* ● *vt* guidare. **~'s pie** *n pasticcio m di carne tritata e patate*

sherry /'ʃerɪ/ *n* sherry *m inv*

shield /ʃiːld/ *n* scudo *m*; (*for eyes*) maschera *f*; *Techn* schermo *m* ● *vt* proteggere (**from** da)

shift /ʃɪft/ *n* cambiamento *m*; (*in position*) spostamento *m*; (*at work*) turno *m* ● *vt* spostare; (*take away*) togliere; riversare ‹*blame*› ● *vi* spostarsi; ‹*wind:*› cambiare; (*fam: move quickly*) darsi una mossa

'shift work *n* turni *mpl*

shifty /'ʃɪftɪ/ *a* (**-ier, -iest**) *pej* losco; ‹*eyes*› sfuggente

shilly-shally /'ʃɪlɪʃælɪ/ *vi* titubare

shimmer /ˈʃɪmə(r)/ *n* luccichio *m* ● *vi* luccicare

shin /ʃɪn/ *n* stinco *m*

shine /ʃaɪn/ *n* lucentezza *f*; **give sth a ~** dare una lucidata a qcsa ● *v* (*pt/pp* **shone**) ● *vi* splendere; (*reflect light*) brillare; ‹*hair, shoes:*› essere lucido ● *vt* **~ a light on** puntare una luce su

shingle /ˈʃɪŋgl/ *n* (*pebbles*) ghiaia *f*

shingles /ˈʃɪŋglz/ *n Med* fuochi *mpl* di Sant'Antonio

shiny /ˈʃaɪnɪ/ *a* (**-ier, -iest**) lucido

ship /ʃɪp/ *n* nave *f* ● *vt* (*pt/pp* **shipped**) spedire; (*by sea*) spedire via mare

ship: ~ment *n* spedizione *f*; (*consignment*) carico *m*. **~per** *n* spedizioniere *m*. **~ping** *n* trasporto *m*; (*traffic*) imbarcazioni *fpl*. **~shape** *a & adv* in perfetto ordine. **~wreck** *n* naufragio *m*. **~wrecked** *a* naufragato. **~yard** *n* cantiere *m* navale

shirk /ʃɜːk/ *vt* scansare. **~er** *n* scansafatiche *mf inv*

shirt /ʃɜːt/ *n* camicia *f*; **in ~-sleeves** in maniche di camicia

shit /ʃɪt/ *vulg n & int* merda *f* ● *vi* (*pt/pp* **shit**) cagare

shiver /ˈʃɪvə(r)/ *n* brivido *m* ● *vi* rabbrividire

shoal /ʃəʊl/ *n* (*of fish*) banco *m*

shock /ʃɒk/ *n* (*impact*) urto *m*; *Electr* scossa *f* [elettrica]; *fig* colpo *m*, shock *m inv*; *Med* shock *m inv*; **get a ~** *Electr* prendere la scossa ● *vt* scioccare. **~ing** *a* scioccante; ‹*fam: weather, handwriting etc*› tremendo

shod /ʃɒd/ *see* **shoe**

shoddy /ˈʃɒdɪ/ *a* (**-ier, -iest**) scadente

shoe /ʃuː/ *n* scarpa *f*; (*of horse*) ferro *m* ● *vt* (*pt/pp* **shod**, *pres p* **shoeing**) ferrare ‹*horse*›

shoe: ~horn *n* calzante *m*. **~-lace** *n* laccio *m* da scarpa. **~maker** *n* calzolaio *m*. **~-shop** *n* calzoleria *f*. **~-string** *n* **on a ~-string** *fam* con una miseria

shone /ʃɒn/ *see* **shine**

shoo /ʃuː/ *vt* **~ away** cacciar via ● *int* sciò

shook /ʃʊk/ *see* **shake**

shoot /ʃuːt/ *n Bot* germoglio *m*; (*hunt*) battuta *f* di caccia ● *v* (*pt/pp* **shot**) ● *vt* sparare; girare ‹*film*› ● *vi* (*hunt*) andare a caccia. **shoot down** *vt* abbattere. **shoot out** *vi* (*rush*) precipitarsi fuori. **shoot up** *vi* (*grow*) crescere in fretta; ‹*prices:*› salire di colpo

ˈshooting-range *n* poligono *m* di tiro

shop /ʃɒp/ *n* negozio *m*; (*workshop*) officina *f*; **talk ~** *fam* parlare di lavoro ● *vi* (*pt/pp* **shopped**) far compere; **go ~ping** andare a fare compere. **shop around** *vi* confrontare i prezzi

shop: ~ assistant *n* commesso, -a *mf*. **~keeper** *n* negoziante *mf*. **~-lifter** *n* taccheggiatore, -trice *mf*. **~-lifting** *n* taccheggio *m*; **~per** *n* compratore, -trice *mf*

shopping /ˈʃɒpɪŋ/ *n* compere *fpl*; (*articles*) acquisti *mpl*; **do the ~** fare la spesa. **~ bag** *n* borsa *f* per la spesa. **~ centre** *n* centro *m* commerciale. **~ trolley** *n* carrello *m*

shop: ~-steward *n* rappresentante *mf* sindacale. **~-ˈwindow** *n* vetrina *f*

shore /ʃɔː(r)/ *n* riva *f*

shorn /ʃɔːn/ *see* **shear**

short /ʃɔːt/ *a* corto; (*not lasting*) breve; ‹*person*› basso; (*curt*) brusco; **a ~ time ago** poco tempo fa; **be ~ of** essere a corto di; **be in ~ supply** essere scarso; *fig* essere raro; **Mick is ~ for Michael** Mick è il diminutivo di Michael ● *adv* bruscamente; **in ~** in breve; **~ of doing** a meno di fare; **go ~** essere privato (**of** di); **stop ~ of doing sth** non arrivare fino a fare qcsa; **cut ~** interrompere ‹*meeting, holiday*›; **to cut a long story ~** per farla breve

shortage /ˈʃɔːtɪdʒ/ *n* scarsità *f inv*

short: ~bread *n* biscotto *m* di pasta frolla. **~ ˈcircuit** *n* corto *m* circuito. **~coming** *n* difetto *m*. **~ ˈcut** *n* scorciatoia *f*

shorten /ˈʃɔːtn/ *vt* abbreviare; accorciare ‹*garment*›

short: ~hand *n* stenografia *f*. **~-ˈhanded** *a* a corto di personale. **~hand ˈtypist** *n* stenodattilografo, -a *mf*. **~ list** *n lista f dei candidati selezionati per un lavoro*. **~-lived** /-lɪvd/ *a* di breve durata

short|ly /ˈʃɔːtlɪ/ *adv* presto; **~ly before/after** poco prima/dopo. **~ness** *n* brevità *f inv*; (*of person*) bassa statura *f*

short-range *a* di breve portata

shorts /ʃɔːts/ *npl* calzoncini *mpl* corti

short: ~-ˈsighted *a* miope. **~-ˈsleeved** *a* a maniche corte. **~-ˈstaffed** *a* a corto di personale. **~ ˈstory** *n* racconto *m*, novella *f*. **~-ˈtempered** *a* irascibile. **~-term** *a* a breve termine. **~ wave** *n* onde *fpl* corte

shot /ʃɒt/ *see* **shoot** ● *n* colpo *m*; (*person*) tiratore *m*; *Phot* foto *f inv*; (*injection*) puntura *f*; (*fam: attempt*) prova *f*; **like a ~** *fam* come un razzo. **~gun** *n* fucile *m* da caccia

should /ʃʊd/ *v aux* **I ~ go** dovrei andare; **I ~ have seen him** avrei dovuto vederlo; **I ~ like** mi piacerebbe; **this ~ be enough** questo dovrebbe bastare; **if he ~ come** se dovesse venire

shoulder /ˈʃəʊldə(r)/ *n* spalla *f* ● *vt* mettersi in spalla; *fig* accollarsi. **~-bag** *n* borsa *f* a tracolla. **~-blade** *n* scapola *f*. **~-strap** *n* spallina *f*; (*of bag*) tracolla *f*

shout /ʃaʊt/ *n* grido *m* ● *vt/i* gridare. **shout at** *vi* alzar la voce con. **shout down** *vt* azzittire gridando

shouting /ˈʃaʊtɪŋ/ *n* grida *fpl*

shove /ʃʌv/ *n* spintone *m* ● *vt* spingere; (*fam: put*) ficcare ● *vi* spingere. **shove off** *vi fam* togliersi di torno

shovel /ˈʃʌvl/ *n* pala *f* ● *vt* (*pt/pp* **shovelled**) spalare

show /ʃəʊ/ *n* (*display*) manifestazione *f*; (*exhibition*) mostra *f*; (*ostentation*) ostentazione *f*; *Theat, TV* spettacolo *m*; (*programme*) programma *m*; **on ~** esposto ● *v* (*pt* **showed**, *pp* **shown**) ● *vt* mostrare; (*put on display*) esporre; proiettare ‹*film*› ● *vi* ‹*film:*› essere proiettato; **your slip is ~ing** ti si vede la sottoveste. **show in** *vt* fare accomodare. **show off** *vi fam* mettersi in mostra ● *vt* mettere in mostra. **show up** *vi* risaltare; (*fam: arrive*) farsi vedere ● *vt* (*fam: embarrass*) far fare una brutta figura a

ˈshow-down *n* regolamento *m* dei conti

shower /ˈʃaʊə(r)/ *n* doccia *f*; (*of rain*) acquazzone *m*; **have a ~** fare la doccia ● *vt* **~ with** coprire di ● *vi* fare la doccia. **~proof** *a* impermeabile. **~y** *a* da acquazzoni

ˈshow-jumping *n* concorso *m* ippico

shown /ʃəʊn/ *see* **show**

ˈshow-off *n* esibizionista *mf*

showy /ˈʃəʊɪ/ *a* appariscente

shrank /ʃræŋk/ *see* **shrink**

shred /ʃred/ *n* brandello *m*; *fig* briciolo *m* ● *vt* (*pt/pp* **shredded**) fare a brandelli; *Culin* tagliuzzare. **~der** *n* distruttore *m* di documenti

shrewd /ʃru:d/ *a* accorto. **~ness** *n* accortezza *f*

shriek /ʃri:k/ *n* strillo *m* ● *vt/i* strillare

shrift /ʃrɪft/ *n* **give sb short ~** liquidare qcno rapidamente

shrill /ʃrɪl/ *a* penetrante

shrimp /ʃrɪmp/ *n* gamberetto *m*

shrine /ʃraɪn/ *n* (*place*) santuario *m*

shrink /ʃrɪŋk/ *vi* (*pt* **shrank**, *pp* **shrunk**) restringersi; (*draw back*) ritrarsi (**from** da)

shrivel /ˈʃrɪvl/ *vi* (*pt/pp* **shrivelled**) raggrinzare

shroud /ʃraʊd/ *n* sudario *m*; *fig* manto *m*

Shrove /ʃrəʊv/ *n* **~ ˈTuesday** martedì *m* grasso

shrub /ʃrʌb/ *n* arbusto *m*

shrug /ʃrʌg/ *n* scrollata *f* di spalle ● *vt/i* (*pt/pp* **shrugged**) **~ [one's shoulders]** scrollare le spalle

shrunk /ʃrʌŋk/ *see* **shrink**. **~en** *a* rimpicciolito

shudder /ˈʃʌdə(r)/ *n* fremito *m* ● *vi* fremere

shuffle /ˈʃʌfl/ *vi* strascicare i piedi ● *vt* mescolare ‹*cards*›

shun /ʃʌn/ *vt* (*pt/pp* **shunned**) rifuggire

shunt /ʃʌnt/ *vt* smistare

shush /ʃʊʃ/ *int* zitto!

shut /ʃʌt/ *v* (*pt/pp* **shut**, *pres p* **shutting**) ● *vt* chiudere ● *vi* chiudersi; ‹*shop:*› chiudere. **shut down** *vt/i* chiudere. **shut up** *vt* chiudere; *fam* far tacere ● *vi fam* stare zitto; **~ up!** stai zitto!

ˈshut-down *n* chiusura *f*

shutter /ˈʃʌtə(r)/ *n* serranda *f*; *Phot* otturatore *m*

shuttle /ˈʃʌtl/ *n* navetta *f* ● *vi* far la spola

shuttle: ~cock *n* volano *m*. **~ service** *n* servizio *m* pendolare

shy /ʃaɪ/ *a* (*timid*) timido. **~ness** *n* timidezza *f*

Siamese /saɪəˈmi:z/ *a* siamese

sibling /ˈsɪblɪŋz/ *n* (*brother*) fratello *m*; (*sister*) sorella *f*; **~s** *pl* fratelli *mpl*

Sicil|y /ˈsɪsɪlɪ/ *n* Sicilia *f*. **~ian** *a* & *n* siciliano, -a *mf*

sick /sɪk/ *a* ammalato; ‹*humour*› macabro; **be ~** (*vomit*) vomitare; **be ~ of sth** *fam* essere stufo di qcsa; **feel ~** aver la nausea

sicken /ˈsɪkn/ *vt* disgustare ● *vi* **be ~ing for something** covare qualche malanno. **~ing** *a* disgustoso

sick|ly /ˈsɪklɪ/ *a* (**-ier, -iest**) malaticcio. **~ness** *n* malattia *f*; (*vomiting*) nausea *f*. **~ness benefit** *n* indennità *f* di malattia

side /saɪd/ *n* lato *m*; (*of person, mountain*) fianco *m*; (*of road*) bordo *m*; **on the ~** (*as sideline*) come attività secondaria; **~ by ~** fianco a fianco; **take ~s** immischiarsi; **take sb's ~** prendere le parti di qcno; **be on the safe ~**

andare sul sicuro ● *attrib* laterale ● *vi* **~ with** parteggiare per

side: ~board *n* credenza *f*. **~burns** *npl* basette *fpl*. **~-effect** *n* effetto *m* collaterale. **~lights** *npl* luci *fpl* di posizione. **~line** *n* attività *f inv* complementare. **~-show** *n* attrazione *f*. **~-step** *vt* schivare. **~-track** *vt* sviare. **~walk** *n Am* marciapiede *m*. **~ways** *adv* obliquamente

siding /ˈsaɪdɪŋ/ *n* binario *m* di raccordo

sidle /ˈsaɪdl/ *vi* camminare furtivamente (**up to** verso)

siege /siːdʒ/ *n* assedio *m*

sieve /sɪv/ *n* setaccio *m* ● *vt* setacciare

sift /sɪft/ *vt* setacciare; **~ [through]** *fig* passare al setaccio

sigh /saɪ/ *n* sospiro *m* ● *vi* sospirare

sight /saɪt/ *n* vista *f*; (*on gun*) mirino *m*; **the ~s** *pl* le cose da vedere; **at first ~** a prima vista; **be within/out of ~** essere/non essere in vista; **lose ~ of** perdere di vista; **know by ~** conoscere di vista. **have bad ~** vederci male ● *vt* avvistare

ˈ**sightseeing** *n* **go ~** andare a visitare posti

sign /saɪn/ *n* segno *m*; (*notice*) insegna *f* ● *vt/i* firmare. **sign on** *vi* (*as unemployed*) presentarsi all'ufficio di collocamento; *Mil* arruolarsi

signal /ˈsɪgnl/ *n* segnale *m* ● *v* (*pt/pp* **signalled**) ● *vt* segnalare ● *vi* fare segnali; **~ to sb** far segno a qcno (**to** di). **~-box** *n* cabina *f* di segnalazione

signature /ˈsɪgnətʃə(r)/ *n* firma *f*. **~ tune** *n* sigla *f* [musicale]

signet-ring /ˈsɪgnɪt-/ *n* anello *m* con sigillo

significan|ce /sɪgˈnɪfɪkəns/ *n* significato *m*. **~t** *a* significativo

signify /ˈsɪgnɪfaɪ/ *vt* (*pt/pp* **-ied**) indicare

sign-language *n* linguaggio *m* dei segni

signpost /ˈsaɪn-/ *n* segnalazione *f* stradale

silence /ˈsaɪləns/ *n* silenzio *m* ● *vt* far tacere. **~r** *n* (*on gun*) silenziatore *m*; *Auto* marmitta *f*

silent /ˈsaɪlənt/ *a* silenzioso; ‹*film*› muto; **remain ~** rimanere in silenzio. **~ly** *adv* silenziosamente

silhouette /sɪlʊˈet/ *n* sagoma *f*, silhouette *f inv* ● *vt* **be ~d** profilarsi

silicon /ˈsɪlɪkən/ *n* silicio *m*. **~ chip** piastrina *f* di silicio

silk /sɪlk/ *n* seta *f* ● *attrib* di seta. **~worm** *n* baco *m* da seta

silky /ˈsɪlkɪ/ *a* (**-ier, -iest**) come la seta

sill /sɪl/ *n* davanzale *m*

silly /ˈsɪlɪ/ *a* (**-ier, -iest**) sciocco

silo /ˈsaɪləʊ/ *n* silo *m*

silt /sɪlt/ *n* melma *f*

silver /ˈsɪlvə(r)/ *a* d'argento; ‹*paper*› argentato ● *n* argento *m*; (*silverware*) argenteria *f*

silver: ~-plated *a* placcato d'argento. **~ware** *n* argenteria *f*. **~ ˈwedding** *n* nozze *fpl* d'argento

similar /ˈsɪmɪlə(r)/ *a* simile. **~ity** /-ˈlærətɪ/ *n* somiglianza *f*. **~ly** *adv* in modo simile

simile /ˈsɪmɪlɪ/ *n* similitudine *f*

simmer /ˈsɪmə(r)/ *vi* bollire lentamente ● *vt* far bollire lentamente. **simmer down** *vi* calmarsi

simple /ˈsɪmpl/ *a* semplice; ‹*person*› sempliciotto. **~-ˈminded** *a* sempliciotto

simplicity /sɪmˈplɪsətɪ/ *n* semplicità *f*

simpli|fication /sɪmplɪfɪˈkeɪʃn/ *n* semplificazione *f*. **~fy** /ˈsɪmplɪfaɪ/ *vt* (*pt/pp* **-ied**) semplificare

simply /ˈsɪmplɪ/ *adv* semplicemente

simulat|e /ˈsɪmjʊleɪt/ *vt* simulare. **~ion** /-ˈleɪʃn/ *n* simulazione *f*

simultaneous /sɪmlˈteɪnɪəs/ *a* simultaneo

sin /sɪn/ *n* peccato *m* ● *vi* (*pt/pp* **sinned**) peccare

since /sɪns/ *prep* da ● *adv* da allora ● *conj* da quando; (*because*) siccome

sincere /sɪnˈsɪə(r)/ *a* sincero. **~ly** *adv* sinceramente; **Yours ~ly** distinti saluti

sincerity /sɪnˈserətɪ/ *n* sincerità *f*

sinful /ˈsɪnfl/ *a* peccaminoso

sing /sɪŋ/ *vt/i* (*pt* **sang**, *pp* **sung**) cantare

singe /sɪndʒ/ *vt* (*pres p* **singeing**) bruciacchiare

singer /ˈsɪŋə(r)/ *n* cantante *mf*

single /ˈsɪŋgl/ *a* solo; (*not double*) semplice; (*unmarried*) celibe; ‹*woman*› nubile; ‹*room*› singolo; ‹*bed*› a una piazza ● *n* (*ticket*) biglietto *m* di sola andata; (*record*) singolo *m*; **~s** *pl Tennis* singolo *m* ● **single out** *vt* scegliere; (*distinguish*) distinguere

single: ~-breasted *a* a un petto. **~-handed** *a & adv* da solo. **~-minded** *a* risoluto. **~ ˈparent** *n genitore m che alleva il figlio da solo*

singly /ˈsɪŋglɪ/ *adv* singolarmente

singular /ˈsɪŋgjʊlə(r)/ *a Gram* singolare ● *n* singolare *m*. **~ly** *adv* singolarmente

sinister /ˈsɪnɪstə(r)/ *a* sinistro

sink /sɪŋk/ *n* lavandino *m* ● *v* (*pt* **sank**, *pp* **sunk**) ● *vi* affondare ● *vt* affondare ‹*ship*›; scavare ‹*shaft*›; investire ‹*money*›. **sink in** *vi* penetrare; **it took a while to ~ in** (*fam: be understood*) c'è voluto un po' a capirlo

sinner /ˈsɪnə(r)/ *n* peccatore, -trice *mf*

sinus /ˈsaɪnəs/ *n* seno *m* paranasale. **~itis** *n* sinusite *f*

sip /sɪp/ *n* sorso *m* ● *vt* (*pt*/*pp* **sipped**) sorseggiare

siphon /ˈsaɪfn/ *n* (*bottle*) sifone *m* ● **siphon off** *vt* travasare (*con sifone*)

sir /sɜː(r)/ *n* signore *m*; **S~** (*title*) Sir *m*; **Dear S~s** Spettabile ditta

siren /ˈsaɪrən/ *n* sirena *f*

sissy /ˈsɪsɪ/ *n* femminuccia *f*

sister /ˈsɪstə(r)/ *n* sorella *f*; (*nurse*) [infermiera *f*] caposala *f*. **~-in-law** *n* (*pl* **~s-in-law**) cognata *f*. **~ly** *a* da sorella

sit /sɪt/ *v* (*pt*/*pp* **sat**, *pres p* **sitting**) ● *vi* essere seduto; (*sit down*) sedersi; ‹*committee:*› riunirsi ● *vt* sostenere ‹*exam*›. **sit back** *vi fig* starsene con le mani in mano. **sit down** *vi* mettersi a sedere. **sit up** *vi* mettersi seduto; (*not slouch*) star seduto diritto; (*stay up*) stare alzato

site /saɪt/ *n* posto *m*; *Archaeol* sito *m*; (*building ~*) cantiere *m* ● *vt* collocare

sit-in /ˈsɪtɪn/ *n* occupazione *f* (*di fabbrica ecc*)

sitting /ˈsɪtɪŋ/ *n* seduta *f*; (*for meals*) turno *m*. **~-room** *n* salotto *m*

situat|e /ˈsɪtjʊeɪt/ *vt* situare. **~ed** *a* situato. **~ion** /-ˈeɪʃn/ *n* situazione *f*; (*location*) posizione *f*; (*job*) posto *m*

six /sɪks/ *a* & *n* sei *m*. **~teen** *a* & *n* sedici *m*. **~teenth** *a* & *n* sedicesimo, -a *mf*

sixth /sɪksθ/ *a* & *n* sesto, -a *mf*

sixtieth /ˈsɪkstɪɪθ/ *a* & *n* sessantesimo, -a *mf*

sixty /ˈsɪkstɪ/ *a* & *n* sessanta *m*

size /saɪz/ *n* dimensioni *fpl*; (*of clothes*) taglia *f*, misura *f*; (*of shoes*) numero *m*; **what ~ is the room?** che dimensioni ha la stanza? ● **size up** *vt fam* valutare

sizeable /ˈsaɪzəbl/ *a* piuttosto grande

sizzle /ˈsɪzl/ *vi* sfrigolare

skate[1] /skeɪt/ *n inv* (*fish*) razza *f*

skate[2] *n* pattino *m* ● *vi* pattinare

skateboard /ˈskeɪtbɔːd/ *n* skate-board *m inv*

skater /ˈskeɪtə(r)/ *n* pattinatore, -trice *mf*

skating /ˈskeɪtɪŋ/ *n* pattinaggio *m*. **~-rink** *n* pista *f* di pattinaggio

skeleton /ˈskelɪtn/ *n* scheletro *m*. **~ ˈkey** *n* passe-partout *m inv*. **~ ˈstaff** *n* personale *m* ridotto

sketch /sketʃ/ *n* schizzo *m*; *Theat* sketch *m inv* ● *vt* fare uno schizzo di

sketch|y /ˈsketʃɪ/ *a* (**-ier, -iest**) abbozzato. **~ily** *adv* in modo abbozzato

skewer /ˈskjʊə(r)/ *n* spiedo *m*

ski /skiː/ *n* sci *m inv* ● *vi* (*pt*/*pp* **skied**, *pres p* **skiing**) sciare; **go ~ing** andare a sciare

skid /skɪd/ *n* slittata *f* ● *vi* (*pt*/*pp* **skidded**) slittare

skier /ˈskiːə(r)/ *n* sciatore, -trice *mf*

skiing /ˈskiːɪŋ/ *n* sci *m*

skilful /ˈskɪlfl/ *a* abile

ˈski-lift *n* impianto *m* di risalita

skill /skɪl/ *n* abilità *f inv*. **~ed** *a* dotato; ‹*worker*› specializzato

skim /skɪm/ *vt* (*pt*/*pp* **skimmed**) schiumare; scremare ‹*milk*›. **skim off** *vt* togliere. **skim through** *vt* scorrere

skimp /skɪmp/ *vi* **~ on** lesinare su

skimpy /ˈskɪmpɪ/ *a* (**-ier, -iest**) succinto

skin /skɪn/ *n* pelle *f*; (*on fruit*) buccia *f* ● *vt* (*pt*/*pp* **skinned**) spellare

skin: ~-deep *a* superficiale. **~-diving** *n* nuoto *m* subacqueo

skinflint /ˈskɪnflɪnt/ *n* miserabile *mf*

skinny /ˈskɪnɪ/ *a* (**-ier, -iest**) molto magro

skip[1] /skɪp/ *n* (*container*) benna *f*

skip[2] *n* salto *m* ● *v* (*pt*/*pp* **skipped**) ● *vi* saltellare; (*with rope*) saltare la corda ● *vt* omettere.

skipper /ˈskɪpə(r)/ *n* skipper *m inv*

skipping-rope /ˈskɪpɪŋrəʊp/ *n* corda *f* per saltare

skirmish /ˈskɜːmɪʃ/ *n* scaramuccia *f*

skirt /skɜːt/ *n* gonna *f* ● *vt* costeggiare

skit /skɪt/ *n* bozzetto *m* comico

skittle /ˈskɪtl/ *n* birillo *m*

skive /skaɪv/ *vi fam* fare lo scansafatiche

skulk /skʌlk/ *vi* aggirarsi furtivamente

skull /skʌl/ *n* cranio *m*

skunk /skʌŋk/ *n* moffetta *f*

sky /skaɪ/ *n* cielo *m*. **~light** *n* lucernario *m*. **~scraper** *n* grattacielo *m*

slab /slæb/ *n* lastra *f*; (*slice*) fetta *f*; (*of chocolate*) tavoletta *f*

slack /slæk/ *a* lento; ‹*person*› fiacco ● *vi* fare lo scansafatiche. **slack off** *vi* rilassarsi

slacken /ˈslækn/ *vi* allentare; **~ [off]**

‹*trade:*› rallentare; ‹*speed, rain:*› diminuire ● *vt* allentare; diminuire ‹*speed*›

slacks /slæks/ *npl* pantaloni *mpl* sportivi

slag /slæg/ *n* scorie *fpl* ● **slag off** *vt* (*pt/pp* **slagged**) *Br fam* criticare

slain /sleɪn/ *see* **slay**

slam /slæm/ *v* (*pt/pp* **slammed**) ● *vt* sbattere; (*fam: criticize*) stroncare ● *vi* sbattere

slander /'slɑ:ndə(r)/ *n* diffamazione *f* ● *vt* diffamare. **~ous** /-rəs/ *a* diffamatorio

slang /slæŋ/ *n* gergo *m*. **~y** *a* gergale

slant /slɑ:nt/ *n* pendenza *f*; (*point of view*) angolazione *f*; **on the ~** in pendenza ● *vt* pendere; *fig* distorcere ‹*report*› ● *vi* pendere

slap /slæp/ *n* schiaffo *m* ● *vt* (*pt/pp* **slapped**) schiaffeggiare; (*put*) schiaffare ● *adv* in pieno

slap: ~dash *a fam* frettoloso. **~-up** *a fam* di prim'ordine

slash /slæʃ/ *n* taglio *m* ● *vt* tagliare; ridurre drasticamente ‹*prices*›

slat /slæt/ *n* stecca *f*

slate /sleɪt/ *n* ardesia *f* ● *vt fam* fare a pezzi

slaughter /'slɔ:tə(r)/ *n* macello *m*; (*of people*) massacro *m* ● *vt* macellare; massacrare ‹*people*›. **~house** *n* macello *m*

Slav /slɑ:v/ *a* slavo ● *n* slavo, -a *mf*

slave /sleɪv/ *n* schiavo, -a *mf* ● *vi* **~** [**away**] lavorare come un negro. **~-driver** *n* schiavista *mf*

slav|ery /'sleɪvərɪ/ *n* schiavitù *f*. **~ish** *a* servile

Slavonic /slə'vɒnɪk/ *a* slavo

slay /sleɪ/ *vt* (*pt* **slew**, *pp* **slain**) ammazzare

sleazy /'sli:zɪ/ *a* (**-ier, -iest**) sordido

sledge /sledʒ/ *n* slitta *f*. **~-hammer** *n* martello *m*

sleek /sli:k/ *a* liscio, lucente; (*well-fed*) pasciuto

sleep /sli:p/ *n* sonno *m*; **go to ~** addormentarsi; **put to ~** far addormentare ● *v* (*pt/pp* **slept**) ● *vi* dormire ● *vt* **~s six** ha sei posti letto. **~er** *n Rail* treno *m* con vagoni letto; (*compartment*) vagone *m* letto; **be a light/heavy ~er** avere il sonno leggero/pesante

sleeping: ~-bag *n* sacco *m* a pelo. **~-car** *n* vagone *m* letto. **~-pill** *n* sonnifero *m*

sleep: ~less *a* insonne. **~lessness** *n* insonnia *f*. **~-walker** *n* sonnambulo, -a *mf*. **~-walking** *n* sonnambulismo *m*

sleepy /'sli:pɪ/ *a* (**-ier, -iest**) assonnato; **be ~** aver sonno

sleet /sli:t/ *n* nevischio *m* ● *vi* **it is ~ing** nevischia

sleeve /sli:v/ *n* manica *f*; (*for record*) copertina *f*. **~less** *a* senza maniche

sleigh /sleɪ/ *n* slitta *f*

sleight /slaɪt/ *n* **~ of hand** gioco *m* di prestigio

slender /'slendə(r)/ *a* snello; ‹*fingers, stem*› affusolato; *fig* scarso; ‹*chance*› magro

slept /slept/ *see* **sleep**

sleuth /slu:θ/ *n* investigatore *m*, detective *m inv*

slew¹ /slu:/ *vi* girare

slew² *see* **slay**

slice /slaɪs/ *n* fetta *f* ● *vt* affettare; **~d bread** pane *m* a cassetta

slick /slɪk/ *a* liscio; (*cunning*) astuto ● *n* (*of oil*) chiazza *f* di petrolio

slid|e /slaɪd/ *n* scivolata *f*; (*in playground*) scivolo *m*; (*for hair*) fermaglio *m* (*per capelli*); *Phot* diapositiva *f* ● *v* (*pt/pp* **slid**) ● *vi* scivolare ● *vt* far scivolare. **~-rule** *n* regolo *m* calcolatore. **~ing** *a* ‹*door, seat*› scorrevole. **~ing scale** *n* scala *f* mobile

slight /slaɪt/ *a* leggero; ‹*importance*› poco; (*slender*) esile. **~est** minimo; **not in the ~est** niente affatto ● *vt* offendere ● *n* offesa *f*. **~ly** *adv* leggermente

slim /slɪm/ *a* (**slimmer, slimmest**) snello; *fig* scarso; ‹*chance*› magro ● *vi* dimagrire

slim|e /slaɪm/ *n* melma *f*. **~y** *a* melmoso; *fig* viscido

sling /slɪŋ/ *n Med* benda *f* al collo ● *vt* (*pt/pp* **slung**) *fam* lanciare

slip /slɪp/ *n* scivolata *f*; (*mistake*) lieve errore *m*; (*petticoat*) sottoveste *f*; (*for pillow*) federa *f*; (*paper*) scontrino *m*; **give sb the ~** *fam* sbarazzarsi di qcno; **~ of the tongue** lapsus *m inv* ● *v* (*pt/pp* **slipped**) ● *vi* scivolare; (*go quickly*) sgattaiolare; (*decline*) retrocedere ● *vt* **he ~ped it into his pocket** se l'è infilato in tasca; **~ sb's mind** sfuggire di mente a qcno. **slip away** *vi* sgusciar via; ‹*time:*› sfuggire. **slip into** *vi* infilarsi ‹*clothes*›. **slip up** *vi fam* sbagliare

slipped 'disc *n Med* ernia *f* del disco

slipper /'slɪpə(r)/ *n* pantofola *f*

slippery /'slɪpərɪ/ *a* scivoloso

slip-road *n* bretella *f*

slipshod /'slɪpʃɒd/ *a* trascurato

'slip-up *n fam* sbaglio *m*

slit /slɪt/ *n* spacco *m*; (*tear*) strappo *m*; (*hole*) fessura *f* ● *vt* (*pt*/*pp* **slit**) tagliare
slither /'slɪðə(r)/ *vi* scivolare
sliver /'slɪvə(r)/ *n* scheggia *f*
slobber /'slɒbə(r)/ *vi* sbavare
slog /slɒg/ *n* [**hard**] **~** sgobbata *f* ● *vi* (*pt*/*pp* **slogged**) (*work*) sgobbare
slogan /'sləʊgən/ *n* slogan *m inv*
slop /slɒp/ *v* (*pt*/*pp* **slopped**) ● *vt* versare. **slop over** *vi* versarsi
slop|e /sləʊp/ *n* pendenza *f*; (*ski* ~) pista *f* ● *vi* essere inclinato, inclinarsi. **~ing** *a* in pendenza
sloppy /'slɒpɪ/ *a* (**-ier, -iest**) ‹*work*› trascurato; ‹*worker*› negligente; (*in dress*) sciatto; (*sentimental*) sdolcinato
slosh /slɒʃ/ *vi fam* ‹*person, feet:*› sguazzare; ‹*water:*› scrosciare ● *vt* (*fam: hit*) colpire
sloshed /slɒʃt/ *a fam* sbronzo
slot /slɒt/ *n* fessura *f*; (*time-*~) spazio *m* ● *v* (*pt*/*pp* **slotted**) ● *vt* infilare. **slot in** *vi* incastrarsi
'slot-machine *n* distributore *m* automatico; (*in gambling*) slot-machine *f inv*
slouch /slaʊtʃ/ *vi* (*in chair*) stare scomposto
Slovakia /slə'vækɪə/ *n* Slovacchia *f*
Slovenia /slə'vi:nɪə/ *n* Slovenia *f*
slovenl|y /'slʌvnlɪ/ *a* sciatto. **~iness** *n* sciatteria *f*
slow /sləʊ/ *a* lento; **be ~** ‹*clock:*› essere indietro; **in ~ motion** al rallentatore ● *adv* lentamente ● **slow down**/**up** *vt*/*i* rallentare
slow: ~coach *n fam* tartaruga *f*. **~ly** *adv* lentamente. **~ness** *n* lentezza *f*
sludge /slʌdʒ/ *n* fanghiglia *f*
slug /slʌg/ *n* lumacone *m*; (*fam: bullet*) pallottola *f*
sluggish /'slʌgɪʃ/ *a* lento
sluice /slu:s/ *n* chiusa *f*
slum /slʌm/ *n* (*house*) tugurio *m*; **~s** *pl* bassifondi *mpl*
slumber /'slʌmbə(r)/ *vi* dormire
slump /slʌmp/ *n* crollo *m*; (*economic*) depressione *f* ● *vi* crollare
slung /slʌŋ/ *see* **sling**
slur /slɜ:(r)/ *n* (*discredit*) calunnia *f* ● *vt* (*pt*/*pp* **slurred**) biascicare
slurp /slɜ:p/ *vt*/*i* bere rumorosamente
slush /slʌʃ/ *n* pantano *m* nevoso; *fig* sdolcinatezza *f*. **~ fund** *n* fondi *mpl* neri
slushy /'slʌʃɪ/ *a* fangoso; (*sentimental*) sdolcinato
slut /slʌt/ *n* sgualdrina *f*
sly /slaɪ/ *a* (**-er, -est**) scaltro ● *n* **on the ~** di nascosto
smack¹ /smæk/ *n* (*on face*) schiaffo *m*; (*on bottom*) sculaccione *m* ● *vt* (*on face*) schiaffeggiare; (*on bottom*) sculacciare; **~ one's lips** far schioccare le labbra ● *adv fam* in pieno
smack² *vi* **~ of** *fig* sapere di
small /smɔ:l/ *a* piccolo; **be out**/**work until the ~ hours** fare le ore piccole ● *adv* **chop up ~** fare a pezzettini ● *n* **the ~ of the back** le reni
small: ~ ads *npl* annunci *mpl* [commerciali]. **~ 'change** *n* spiccioli *mpl*. **~-holding** *n* piccola tenuta *f*. **~pox** *n* vaiolo *m*. **~ talk** *n* chiacchiere *fpl*
smarmy /'smɑ:mɪ/ *a* (**-ier, -iest**) *fam* untuoso
smart /smɑ:t/ *a* elegante; (*clever*) intelligente; (*brisk*) svelto; **be ~** (*fam: cheeky*) fare il furbo ● *vi* (*hurt*) bruciare
smarten /'smɑ:tn/ *vt* **~ oneself up** farsi bello
smash /smæʃ/ *n* fragore *m*; (*collision*) scontro *m*; *Tennis* schiacciata *f* ● *vt* spaccare; *Tennis* schiacciare ● *vi* spaccarsi; (*crash*) schiantarsi (**into** contro). **~** [**hit**] *n* successo *m*. **~ing** *a fam* fantastico
smattering /'smætərɪŋ/ *n* infarinatura *f*
smear /smɪə(r)/ *n* macchia *f*; *Med* striscio *m* ● *vt* imbrattare; (*coat*) spalmare (**with** di); *fig* calunniare
smell /smel/ *n* odore *m*; (*sense*) odorato *m* ● *v* (*pt*/*pp* **smelt** *or* **smelled**) ● *vt* odorare; (*sniff*) annusare ● *vi* odorare (**of** di)
smelly /'smelɪ/ *a* (**-ier, -iest**) puzzolente
smelt¹ /smelt/ *see* **smell**
smelt² *vt* fondere
smile /smaɪl/ *n* sorriso *m* ● *vi* sorridere; **~ at** sorridere a ‹*sb*›; sorridere di ‹*sth*›
smirk /smɜ:k/ *n* sorriso *m* compiaciuto
smithereens /smɪðə'ri:nz/ *npl* **to**/**in ~** in mille pezzi
smitten /'smɪtn/ *a* **~ with** tutto preso da
smock /smɒk/ *n* grembiule *m*
smoke /sməʊk/ *n* fumo *m* ● *vt*/*i* fumare. **~less** *a* senza fumo; ‹*fuel*› che non fa fumo
smoker /'sməʊkə(r)/ *n* fumatore, -trice *mf*; *Rail* vagone *m* fumatori
'smoke-screen *n* cortina *f* di fumo
smoking /'sməʊkɪŋ/ *n* fumo *m*; **'no ~'** 'vietato fumare'

smoky /'sməʊkɪ/ *a* (**-ier, -iest**) fumoso; ‹*taste*› di fumo
smooth /smu:ð/ *a* liscio; ‹*movement*› scorrevole; ‹*sea*› calmo; ‹*manners*› mellifluo ● *vt* lisciare. **smooth out** *vt* lisciare. **~ly** *adv* in modo scorrevole
smother /'smʌðə(r)/ *vt* soffocare
smoulder /'sməʊldə(r)/ *vi* fumare; (*with rage*) consumarsi
smudge /smʌdʒ/ *n* macchia *f* ● *vt/i* imbrattare
smug /smʌg/ *a* (**smugger, smuggest**) compiaciuto. **~ly** *adv* con aria compiaciuta
smuggl|e /'smʌgl/ *vt* contrabbandare. **~er** *n* contrabbandiere, -a *mf*. **~ing** *n* contrabbando *m*
smut /smʌt/ *n* macchia *f* di fuliggine; *fig* sconcezza *f*
smutty /'smʌtɪ/ *a* (**-ier, -iest**) fuligginoso; *fig* sconcio
snack /snæk/ *n* spuntino *m*. **~-bar** *n* snack bar *m inv*
snag /snæg/ *n* (*problem*) intoppo *m*
snail /sneɪl/ *n* lumaca *f*; **at a ~'s pace** a passo di lumaca
snake /sneɪk/ *n* serpente *m*
snap /snæp/ *n* colpo *m* secco; (*photo*) istantanea *f* ● *attrib* ‹*decision*› istantaneo ● *v* (*pt/pp* **snapped**) ● *vi* (*break*) spezzarsi; **~ at** ‹*dog:*› cercare di azzannare; ‹*person:*› parlare seccamente a ● *vt* (*break*) spezzare; (*say*) dire seccamente; *Phot* fare un'istantanea di. **snap up** *vt* afferrare
snappy /'snæpɪ/ *a* (**-ier, -iest**) scorbutico; (*smart*) elegante; **make it ~!** sbrigati!
'snapshot *n* istantanea *f*
snare /sneə(r)/ *n* trappola *f*
snarl /snɑ:l/ *n* ringhio *m* ● *vi* ringhiare
snatch /snætʃ/ *n* strappo *m*; (*fragment*) brano *m*; (*theft*) scippo *m*; **make a ~ at sth** cercare di afferrare qcsa ● *vt* strappare [di mano] (**from** a); (*steal*) scippare; rapire ‹*child*›
sneak /sni:k/ *n fam* spia *mf* ● *vi* (*fam: tell tales*) fare la spia ● *vt* (*take*) rubare; **~ a look at** dare una sbirciata a. **sneak in/out** *vi* sgattaiolare dentro/fuori
sneakers /'sni:kəz/ *npl Am* scarpe *fpl* da ginnastica
sneaking /'sni:kɪŋ/ *a* furtivo; ‹*suspicion*› vago
sneaky /'sni:kɪ/ *a* sornione
sneer /snɪə(r)/ *n* ghigno *m* ● *vi* sogghignare; (*mock*) ridere di
sneeze /sni:z/ *n* starnuto *m* ● *vi* starnutire
snide /snaɪd/ *a fam* insinuante
sniff /snɪf/ *n* (*of dog*) annusata *f* ● *vi* tirare su col naso ● *vt* odorare ‹*flower*›; sniffare ‹*glue, cocaine*›; ‹*dog:*› annusare
snigger /'snɪgə(r)/ *n* risatina *f* soffocata ● *vi* ridacchiare
snip /snɪp/ *n* taglio *m*; (*fam: bargain*) affare *m* ● *vt/i* (*pt/pp* **snipped**) **~ [at]** tagliare
snipe /snaɪp/ *vi* **~ at** tirare su; *fig* sparare a zero su. **~r** *n* cecchino *m*
snippet /'snɪpɪt/ *n* **a ~ of information/news** una breve notizia/informazione
snivel /'snɪvl/ *vi* (*pt/pp* **snivelled**) piagnucolare. **~ling** *a* piagnucoloso
snob /snɒb/ *n* snob *mf inv*. **~bery** *n* snobismo *m*. **~bish** *a* da snob
snooker /'snu:kə(r)/ *n* snooker *m*
snoop /snu:p/ *n* spia *f* ● *vi fam* curiosare
snooty /'snu:tɪ/ *a fam* sdegnoso
snooze /snu:z/ *n* sonnellino *m* ● *vi* fare un sonnellino
snore /snɔ:(r)/ *vi* russare
snorkel /'snɔ:kl/ *n* respiratore *m*
snort /snɔ:t/ *n* sbuffo *n* ● *vi* sbuffare
snout /snaʊt/ *n* grugno *m*
snow /snəʊ/ *n* neve *f* ● *vi* nevicare; **~ed under with** *fig* sommerso di
snow: ~ball *n* palla *f* di neve ● *vi* fare a palle di neve. **~-drift** *n* cumulo *m* di neve. **~drop** *n* bucaneve *m inv*. **~fall** *n* nevicata *f*. **~flake** *n* fiocco *m* di neve. **~man** *n* pupazzo *m* di neve. **~-plough** *n* spazzaneve *m inv*. **~storm** *n* tormenta *f*. **~y** *a* nevoso
snub /snʌb/ *n* sgarbo *m* ● *vt* (*pt/pp* **snubbed**) snobbare
'snub-nosed *a* dal naso all'insù
snuff /snʌf/ *n* tabacco *m* da fiuto
snug /snʌg/ *a* (**snugger, snuggest**) comodo; (*tight*) aderente
snuggle /'snʌgl/ *vi* rannicchiarsi (**up to** accanto a)
so /səʊ/ *adv* così; **so far** finora; **so am I** anch'io; **so I see** così pare; **that is so** è così; **so much** così tanto; **so much the better** tanto meglio; **so it is** proprio così; **if so** se è così; **so as to** in modo da; **so long!** *fam* a presto! ● *pron* **I hope/think/am afraid so** spero/penso/temo di sì; **I told you so** te l'ho detto; **because I say so** perché lo dico io; **I did so!** è vero!; **so saying/doing,...** così dicendo/facendo,...; **or so**

circa; **very much so** sì, molto; **and so forth** *or* **on** e così via ● *conj* (*therefore*) perciò; (*in order that*) così; **so that** affinché; **so there!** ecco!; **so what?** e allora?; **so where have you been?** allora, dove sei stato?

soak /səʊk/ *vt* mettere a bagno ● *vi* stare a bagno; **~ into** ‹*liquid:*› penetrare. **soak up** *vt* assorbire

soaking /'səʊkɪŋ/ *n* ammollo *m* ● *a & adv* **~** [**wet**] *fam* inzuppato

so-and-so /'səʊənsəʊ/ *n* Tal dei Tali *mf*; (*euphemism*) specie *f* di imbecille

soap /səʊp/ *n* sapone *m*. **~ opera** *n* telenovella *f*, soap opera *f inv*. **~ powder** *n* detersivo *m* in polvere

soapy /'səʊpɪ/ *a* (**-ier, -iest**) insaponato

soar /sɔ:(r)/ *vi* elevarsi; ‹*prices:*› salire alle stelle

sob /sɒb/ *n* singhiozzo *m* ● *vi* (*pt/pp* **sobbed**) singhiozzare

sober /'səʊbə(r)/ *a* sobrio; (*serious*) serio ● **sober up** *vi* ritornare sobrio

'so-called *a* cosiddetto

soccer /'sɒkə(r)/ *n* calcio *m*

sociable /'səʊʃəbl/ *a* socievole

social /'səʊʃl/ *a* sociale; (*sociable*) socievole

socialis|m /'səʊʃəlɪzm/ *n* socialismo *m*. **~t** /-ɪst/ *a* socialista ● *n* socialista *mf*

socialize /'səʊʃəlaɪz/ *vi* socializzare

socially /'səʊʃəlɪ/ *adv* socialmente; **know sb ~** frequentare qcno

social: ~ se'curity *n* previdenza *f* sociale. **~ work** *n* assistenza *f* sociale. **~ worker** *n* assistente *mf* sociale

society /sə'saɪətɪ/ *n* società *f inv*

sociolog|ist /səʊsɪ'ɒlədʒɪst/ *n* sociologo, -a *mf*. **~y** *n* sociologia *f*

sock¹ /sɒk/ *n* calzino *m*; (*kneelength*) calza *f*

sock² *fam n* pugno *m* ● *vt* dare un pugno a

socket /'sɒkɪt/ *n* (*wall plug*) presa *f* [di corrente]; (*for bulb*) portalampada *m inv*

soda /'səʊdə/ *n* soda *f*; *Am* gazzosa *f*. **~ water** *n* seltz *m inv*

sodden /'sɒdn/ *a* inzuppato

sodium /'səʊdɪəm/ *n* sodio *m*

sofa /'səʊfə/ *n* divano *m*. **~ bed** *n* divano *m* letto

soft /sɒft/ *a* morbido, soffice; ‹*voice*› sommesso; ‹*light, colour*› tenue; (*not strict*) indulgente; (*fam: silly*) stupido; **have a ~ spot for sb** avere un debole per qcno. **~ drink** *n* bibita *f* analcolica

soften /'sɒfn/ *vt* ammorbidire; *fig* attenuare ● *vi* ammorbidirsi

softly /'sɒftlɪ/ *adv* ‹*say*› sottovoce; ‹*treat*› con indulgenza; ‹*play music*› in sottofondo

soft: ~ toy *n* pupazzo *m* di peluche. **~ware** *n* software *m*

soggy /'sɒgɪ/ *a* (**-ier, -iest**) zuppo

soil¹ /sɔɪl/ *n* suolo *m*

soil² *vt* sporcare

solar /'səʊlə(r)/ *a* solare

sold /səʊld/ *see* **sell**

solder /'səʊldə(r)/ *n* lega *f* da saldatura ● *vt* saldare

soldier /'səʊldʒə(r)/ *n* soldato *m* ● **soldier on** *vi* perseverare

sole¹ /səʊl/ *n* (*of foot*) pianta *f*; (*of shoe*) suola *f*

sole² *n* (*fish*) sogliola *f*

sole³ *a* unico, solo. **~ly** *adv* unicamente

solemn /'sɒləm/ *a* solenne. **~ity** /sə'lemnətɪ/ *n* solennità *f inv*

solicit /sə'lɪsɪt/ *vt* sollecitare ● *vi* ‹*prostitute:*› adescare

solicitor /sə'lɪsɪtə(r)/ *n* avvocato *m*

solid /'sɒlɪd/ *a* solido; ‹*oak, gold*› massiccio ● *n* (*figure*) solido *m*; **~s** *pl* (*food*) cibi *mpl* solidi

solidarity /sɒlɪ'dærətɪ/ *n* solidarietà *f inv*

solidify /sə'lɪdɪfaɪ/ *vi* (*pt/pp* **-ied**) solidificarsi

soliloquy /sə'lɪləkwɪ/ *n* soliloquio *m*

solitaire /sɒlɪ'teə(r)/ *n* solitario *m*

solitary /'sɒlɪtərɪ/ *a* solitario; (*sole*) solo. **~ con'finement** *n* cella *f* di isolamento

solitude /'sɒlɪtju:d/ *n* solitudine *f*

solo /'səʊləʊ/ *n Mus* assolo *m* ● *a* ‹*flight*› in solitario ● *adv* in solitario. **~ist** *n* solista *mf*

solstice /'sɒlstɪs/ *n* solstizio *m*

soluble /'sɒljʊbl/ *a* solubile

solution /sə'lu:ʃn/ *n* soluzione *f*

solve /sɒlv/ *vt* risolvere

solvent /'sɒlvənt/ *a* solvente ● *n* solvente *m*

sombre /'sɒmbə(r)/ *a* tetro; ‹*clothes*› scuro

some /sʌm/ *a* (*a certain amount of*) del; (*a certain number of*) qualche, alcuni; **~ day** un giorno o l'altro; **I need ~ money/books** ho bisogno di soldi/libri; **do ~ shopping** fare qualche acquisto ● *pron* (*a certain amount*) un po'; (*a certain number*) alcuni; **I want ~** ne voglio

some: ~body /-bədɪ/ *pron & n* qualcuno *m*. **~how** *adv* in qualche modo; **~how or other** in un modo o nell'altro. **~one** *pron & n* = **somebody**

somersault /'sʌməsɔ:lt/ *n* capriola *f*; **turn a ~** fare una capriola

'something *pron* qualche cosa, qualcosa; **~ different** qualcosa di diverso; **~ like** un po' come; (*approximately*) qualcosa come; **see ~ of sb** vedere qcno un po'

some: ~time *adv* un giorno o l'altro; **~time last summer** durante l'estate scorsa. **~times** *adv* qualche volta. **~what** *adv* piuttosto. **~where** *adv* da qualche parte ● *pron* **~where to eat** un posto in cui mangiare

son /sʌn/ *n* figlio *m*

sonata /sə'nɑ:tə/ *n* sonata *f*

song /sɒŋ/ *n* canzone *f*

sonic /'sɒnɪk/ *a* sonico. **~ 'boom** *n* bang *m inv* sonico

'son-in-law *n* (*pl* **~s-in-law**) genero *m*

sonnet /'sɒnɪt/ *n* sonetto *m*

soon /su:n/ *adv* presto; (*in a short time*) tra poco; **as ~ as** [non] appena; **as ~ as possible** il più presto possibile; **~er or later** prima o poi; **the ~er the better** prima è, meglio è; **no ~er had I arrived than...** ero appena arrivato quando...; **I would ~er go** preferirei andare; **~ after** subito dopo

soot /sʊt/ *n* fuliggine *f*

sooth|e /su:ð/ *vt* calmare

sooty /'sʊtɪ/ *a* fuligginoso

sophisticated /sə'fɪstɪkeɪtɪd/ *a* sofisticato

soporific /sɒpə'rɪfɪk/ *a* soporifero

sopping /'sɒpɪŋ/ *a & adv* **be ~ [wet]** essere bagnato fradicio

soppy /'sɒpɪ/ *a* (**-ier, -iest**) *fam* svenevole

soprano /sə'prɑ:nəʊ/ *n* soprano *m*

sordid /'sɔ:dɪd/ *a* sordido

sore /sɔ:(r)/ *a* dolorante; (*Am: vexed*) arrabbiato; **it's ~** fa male; **have a ~ throat** avere mal di gola ● *n* piaga *f*. **~ly** *adv* ‹*tempted*› seriamente

sorrow /'sɒrəʊ/ *n* tristezza *f*. **~ful** *a* triste

sorry /'sɒrɪ/ *a* (**-ier, -iest**) (*sad*) spiacente; (*wretched*) pietoso; **you'll be ~!** te ne pentirai!; **I am ~** mi dispiace; **be** *or* **feel ~ for** provare compassione per; **~!** scusa!; (*more polite*) scusi!

sort /sɔ:t/ *n* specie *f*; (*fam: person*) tipo *m*; **it's a ~ of fish** è un tipo di pesce; **be out of ~s** (*fam: unwell*) stare poco bene ● *vt* classificare. **sort out** *vt* selezionare ‹*papers*›; *fig* risolvere ‹*problem*›; occuparsi di ‹*person*›

'so-so *a & adv* così così

sought /sɔ:t/ *see* **seek**

soul /səʊl/ *n* anima *f*

sound[1] /saʊnd/ *a* sano; (*sensible*) saggio; (*secure*) solido; ‹*thrashing*› clamoroso ● *adv* **~ asleep** profondamente addormentato

sound[2] *n* suono *m*; (*noise*) rumore *m*; **I don't like the ~ of it** *fam* non mi suona bene ● *vi* suonare; (*seem*) aver l'aria ● *vt* (*pronounce*) pronunciare; *Med* auscoltare ‹*chest*›. **~ barrier** *n* muro *m* del suono. **~ card** *n Comput* scheda *f* sonora. **~less** *a* silenzioso. **sound out** *vt fig* sondare

soundly /'saʊndlɪ/ *adv* ‹*sleep*› profondamente; ‹*defeat*› clamorosamente

'sound: ~proof *a* impenetrabile al suono. **~-track** *n* colonna *f* sonora

soup /su:p/ *n* minestra *f*. **~ed-up** *a fam* ‹*engine*› truccato

soup: ~-plate *n* piatto *m* fondo. **~-spoon** *n* cucchiaio *m* da minestra

sour /'saʊə(r)/ *a* agro; (*not fresh & fig*) acido

source /sɔ:s/ *n* fonte *f*

south /saʊθ/ *n* sud *m*; **to the ~ of** a sud di ● *a* del sud, meridionale ● *adv* verso il sud

south: S~ 'Africa *n* Sudafrica *f*. **S~ A'merica** *n* America *f* del Sud. **S~ American** *a & n* sud-americano, -a *mf*. **~-'east** *n* sud-est *m*

southerly /'sʌðəlɪ/ *a* del sud

southern /'sʌðən/ *a* del sud, meridionale; **~ Italy** il Mezzogiorno. **~er** *n* meridionale *mf*

South 'Pole *n* polo *m* Sud

'southward[s] /-wəd[z]/ *adv* verso sud

souvenir /su:və'nɪə(r)/ *n* ricordo *m*, souvenir *m inv*

sovereign /'sɒvrɪn/ *a* sovrano ● *n* sovrano, -a *mf*. **~ty** *n* sovranità *f inv*

Soviet /'səʊvɪət/ *a* sovietico; **~ Union** Unione *f* Sovietica

sow[1] /saʊ/ *n* scrofa *f*

sow[2] /səʊ/ *vt* (*pt* **sowed**, *pp* **sown** *or* **sowed**) seminare

soya /'sɔɪə/ *n* **~ bean** soia *f*

spa /spɑ:/ *n* stazione *f* termale

space /speɪs/ *n* spazio *m* ● *a* ‹*research etc*› spaziale ● *vt* **~ [out]** distanziare

space: ~ship *n* astronave *f*. **~ shuttle** *n* navetta *f* spaziale

spacious /'speɪʃəs/ *a* spazioso

spade /speɪd/ *n* vanga *f*; (*for child*) paletta *f*; **~s** *pl* (*in cards*) picche *fpl*. **~work** *n* lavoro *m* preparatorio
Spain /speɪn/ *n* Spagna *f*
span[1] /spæn/ *n* spanna *f*; (*of arch*) luce *f*; (*of time*) arco *m*; (*of wings*) apertura *f* ● *vt* (*pt/pp* **spanned**) estendersi su
span[2] *see* **spick**
Span|iard /ˈspænjəd/ *n* spagnolo, -a *mf*. **~ish** *a* spagnolo ● *n* (*language*) spagnolo *m*; **the ~ish** *pl* gli spagnoli
spank /spæŋk/ *vt* sculacciare. **~ing** *n* sculacciata *f*
spanner /ˈspænə(r)/ *n* chiave *f* inglese
spar /spɑː(r)/ *vi* (*pt/pp* **sparred**) (*boxing*) allenarsi; (*argue*) litigare
spare /speə(r)/ *a* (*surplus*) in più; (*additional*) di riserva ● *n* (*part*) ricambio *m* ● *vt* risparmiare; (*do without*) fare a meno di; **can you ~ five minutes?** avresti cinque minuti?; **to ~** (*surplus*) in eccedenza. **~ part** *n* pezzo *m* di ricambio. **~ time** *n* tempo *m* libero. **~ ˈwheel** *n* ruota *f* di scorta
sparing /ˈspeərɪŋ/ *a* parco (**with** di). **~ly** *adv* con parsimonia
spark /spɑːk/ *n* scintilla *f*. **~ing-plug** *n* *Auto* candela *f*
sparkl|e /ˈspɑːkl/ *n* scintillio *m* ● *vi* scintillare. **~ing** *a* frizzante; ‹*wine*› spumante
sparrow /ˈspærəʊ/ *n* passero *m*
sparse /spɑːs/ *a* rado. **~ly** *adv* scarsamente; **~ly populated** a bassa densità di popolazione
spartan /ˈspɑːtn/ *a* spartano
spasm /ˈspæzm/ *n* spasmo *m*. **~odic** /-ˈmɒdɪk/ *a* spasmodico
spastic /ˈspæstɪk/ *a* spastico ● *n* spastico, -a *mf*
spat /spæt/ *see* **spit[1]**
spate /speɪt/ *n* (*series*) successione *f*; **be in full ~** essere in piena
spatial /ˈspeɪʃl/ *a* spaziale
spatter /ˈspætə(r)/ *vt* schizzare
spatula /ˈspætjʊlə/ *n* spatola *f*
spawn /spɔːn/ *n* uova *fpl* (*di pesci, rane ecc*) ● *vi* deporre le uova ● *vt fig* generare
spay /speɪ/ *vt* sterilizzare
speak /spiːk/ *v* (*pt* **spoke**, *pp* **spoken**) ● *vi* parlare (**to** a); **~ing!** *Teleph* sono io! ● *vt* dire; **~ one's mind** dire quello che si pensa. **speak for** *vi* parlare a nome di. **speak up** *vi* parlare più forte; **~ up for oneself** farsi valere
speaker /ˈspiːkə(r)/ *n* parlante *mf*; (*in public*) oratore, -trice *mf*; (*of stereo*) cassa *f*
spear /spɪə(r)/ *n* lancia *f*
spec /spek/ *n* **on ~** *fam* senza certezza
special /ˈspeʃl/ *a* speciale. **~ist** *n* specialista *mf*. **~ity** /-ʃɪˈælətɪ/ *n* specialità *f inv*
special|ize /ˈspeʃəlaɪz/ *vi* specializzarsi. **~ly** *adv* specialmente; (*particularly*) particolarmente
species /ˈspiːʃiːz/ *n* specie *f inv*
specific /spəˈsɪfɪk/ *a* specifico. **~ally** *adv* in modo specifico
specifications /spesɪfɪˈkeɪʃnz/ *npl* descrizione *f*
specify /ˈspesɪfaɪ/ *vt* (*pt/pp* **-ied**) specificare
specimen /ˈspesɪmən/ *n* campione *m*
speck /spek/ *n* macchiolina *f*; (*particle*) granello *m*
speckled /ˈspekld/ *a* picchiettato
specs /speks/ *npl fam* occhiali *mpl*
spectacle /ˈspektəkl/ *n* (*show*) spettacolo *m*. **~s** *npl* occhiali *mpl*
spectacular /spekˈtækjʊlə(r)/ *a* spettacolare
spectator /spekˈteɪtə(r)/ *n* spettatore, -trice *mf*
spectre /ˈspektə(r)/ *n* spettro *m*
spectrum /ˈspektrəm/ *n* (*pl* **-tra**) spettro *m*; *fig* gamma *f*
speculat|e /ˈspekjʊleɪt/ *vi* speculare. **~ion** /-ˈleɪʃn/ *n* speculazione *f*. **~ive** /-ɪv/ *a* speculativo. **~or** *n* speculatore, -trice *mf*
sped /sped/ *see* **speed**
speech /spiːtʃ/ *n* linguaggio *m*; (*address*) discorso *m*. **~less** *a* senza parole
speed /spiːd/ *n* velocità *f inv*; (*gear*) marcia *f*; **at ~** a tutta velocità ● *vi* (*pt/pp* **sped**) andare veloce; (*pt/pp* **speeded**) (*go too fast*) andare a velocità eccessiva. **speed up** (*pt/pp* **speeded up**) *vt/i* accelerare
ˈspeedboat *n* motoscafo *m*
speedily /ˈspiːdɪlɪ/ *adv* rapidamente
speeding /ˈspiːdɪŋ/ *n* eccesso *m* di velocità
ˈspeed limit *n* limite *m* di velocità
speedometer /spiːˈdɒmɪtə(r)/ *n* tachimetro *m*
speedy /ˈspiːdɪ/ *a* (**-ier, -iest**) rapido
spell[1] /spel/ *n* (*turn*) turno *m*; (*of weather*) periodo *m*
spell[2] *v* (*pt/pp* **spelled** *or* **spelt**) ● *vt* **how do you ~...?** come si scrive...?; **could you ~ that for me?** me lo può compitare?; **~ disaster** essere disa-

stroso ● *vi* **he can't ~** fa molti errori d'ortografia
spell³ *n* (*magic*) incantesimo *m*. **~bound** *a* affascinato
spelling /'spelɪŋ/ *n* ortografia *f*
spelt /spelt/ *see* **spell²**
spend /spend/ *vt/i* (*pt/pp* **spent**) spendere; passare ‹*time*›
spent /spent/ *see* **spend**
sperm /spɜ:m/ *n* spermatozoo *m*; (*semen*) sperma *m*
spew /spju:/ *vt/i* vomitare
spher|e /sfɪə(r)/ *n* sfera *f*. **~ical** /'sferɪkl/ *a* sferico
spice /spaɪs/ *n* spezia *f*; *fig* pepe *m*
spick /spɪk/ *a* **~ and span** lindo
spicy /'spaɪsɪ/ *a* piccante
spider /'spaɪdə(r)/ *n* ragno *m*
spik|e /spaɪk/ *n* punta *f*; *Bot, Zool* spina *f*; (*on shoe*) chiodo *m*. **~y** *a* ‹*plant*› pungente
spill /spɪl/ *v* (*pt/pp* **spilt** *or* **spilled**) ● *vt* versare ● *vi* rovesciarsi
spin /spɪn/ *v* (*pt/pp* **spun**, *pres p* **spinning**) ● *vt* far girare; filare ‹*wool*›; centrifugare ‹*washing*› ● *vi* girare; ‹*washing machine:*› centrifugare ● *n* rotazione *f*; (*short drive*) giretto *m*. **spin out** *vt* far durare
spinach /'spɪnɪdʒ/ *n* spinaci *mpl*
spinal /'spaɪnl/ *a* spinale. **~ 'cord** *n* midollo *m* spinale
spindl|e /'spɪndl/ *n* fuso *m*. **~y** *a* affusolato
spin-'drier *n* centrifuga *f*
spine /spaɪn/ *n* spina *f* dorsale; (*of book*) dorso *m*; *Bot, Zool* spina *f*. **~less** *a fig* smidollato
spinning /'spɪnɪŋ/ *n* filatura *f*. **~-wheel** *n* filatoio *m*
'spin-off *n* ricaduta *f*
spiral /'spaɪrəl/ *a* a spirale ● *n* spirale *f* ● *vi* (*pt/pp* **spiralled**) formare una spirale. **~ 'staircase** *n* scala *f* a chiocciola
spire /'spaɪə(r)/ *n* guglia *f*
spirit /'spɪrɪt/ *n* spirito *m*; (*courage*) ardore *m*; **~s** *pl* (*alcohol*) liquori *mpl*; **in good ~s** di buon umore; **in low ~s** abbattuto
spirited /'spɪrɪtɪd/ *a* vivace; (*courageous*) pieno d'ardore
spirit: ~-level *n* livella *f* a bolla d'aria. **~ stove** *n* fornellino *m* [da campeggio]
spiritual /'spɪrɪtjʊəl/ *a* spirituale ● *n* spiritual *m*. **~ism** /-ɪzm/ *n* spiritismo *m*. **~ist** /-ɪst/ *n* spiritista *mf*
spit¹ /spɪt/ *n* (*for roasting*) spiedo *m*
spit² *n* sputo *m* ● *vt/i* (*pt/pp* **spat**, *pres p* **spitting**) sputare; ‹*cat:*› soffiare; ‹*fat:*› sfrigolare; **it's ~ting [with rain]** pioviggina; **the ~ting image of** il ritratto spiccicato di
spite /spaɪt/ *n* dispetto *m*; **in ~ of** malgrado ● *vt* far dispetto a. **~ful** *a* indispettito
spittle /'spɪtl/ *n* saliva *f*
splash /splæʃ/ *n* schizzo *m*; (*of colour*) macchia *f*; (*fam: drop*) goccio *m* ● *vt* schizzare; **~ sb with sth** schizzare qcno di qcsa ● *vi* schizzare. **splash about** *vi* schizzarsi. **splash down** *vi* ‹*spacecraft:*› ammarare
spleen /spli:n/ *n Anat* milza *f*
splendid /'splendɪd/ *a* splendido
splendour /'splendə(r)/ *n* splendore *m*
splint /splɪnt/ *n Med* stecca *f*
splinter /'splɪntə(r)/ *n* scheggia *f* ● *vi* scheggiarsi
split /splɪt/ *n* fessura *f*; (*quarrel*) rottura *f*; (*division*) scissione *f*; (*tear*) strappo *m* ● *v* (*pt/pp* **split**, *pres p* **splitting**) ● *vt* spaccare; (*share, divide*) dividere; (*tear*) strappare ● *vi* spaccarsi; (*tear*) strapparsi; (*divide*) dividersi; **~ on sb** *fam* denunciare qcno ● *a* **a ~ second** una frazione di secondo. **split up** *vt* dividersi ● *vi* ‹*couple:*› separarsi
splutter /'splʌtə(r)/ *vi* farfugliare
spoil /spɔɪl/ *n* **~s** *pl* bottino *msg* ● *v* (*pt/pp* **spoilt** *or* **spoiled**) ● *vt* rovinare; viziare ‹*person*› ● *vi* andare a male. **~sport** *n* guastafeste *mf inv*
spoke¹ /spəʊk/ *n* raggio *m*
spoke², **spoken** /'spəʊkn/ *see* **speak**
'spokesman *n* portavoce *m inv*
sponge /spʌndʒ/ *n* spugna *f* ● *vt* pulire (*con la spugna*) ● *vi* **~ on** *fam* scroccare da. **~-cake** *n* pan *m* di Spagna
spong|er /'spʌndʒə(r)/ *n* scroccone, -a *mf*. **~y** *a* spugnoso
sponsor /'spɒnsə(r)/ *n* garante *mf*; *Radio, TV* sponsor *m inv*; (*god-parent*) padrino *m*, madrina *f*; (*for membership*) socio, -a *mf* garante ● *vt* sponsorizzare. **~ship** *n* sponsorizzazione *f*
spontaneous /spɒn'teɪnɪəs/ *a* spontaneo
spoof /spu:f/ *n fam* parodia *f*
spooky /'spu:kɪ/ *a* (**-ier, -iest**) *fam* sinistro
spool /spu:l/ *n* bobina *f*
spoon /spu:n/ *n* cucchiaio *m* ● *vt* mettere col cucchiaio. **~-feed** *vt* (*pt/pp* **-fed**) *fig* imboccare. **~ful** *n* cucchiaiata *f*
sporadic /spə'rædɪk/ *a* sporadico
sport /spɔ:t/ *n* sport *m inv* ● *vt* sfoggia-

re. **~ing** *a* sportivo; **~ing chance** possibilità *f inv*

sports: ~car *n* automobile *f* sportiva. **~ coat** *n*, **~ jacket** *n* giacca *f* sportiva. **~man** *n* sportivo *m*. **~woman** *n* sportiva *f*

sporty /'spɔ:tɪ/ *a* (**-ier, -iest**) sportivo

spot /spɒt/ *n* macchia *f*; (*pimple*) brufolo *m*; (*place*) posto *m*; (*in pattern*) pois *m inv*; (*of rain*) goccia *f*; (*of water*) goccio *m*; **~s** *pl* (*rash*) sfogo *msg*; **a ~ of** *fam* un po' di; **a ~ of bother** qualche problema; **on the ~** sul luogo; (*immediately*) immediatamente; **in a [tight] ~** *fam* in difficoltà ● *vt* (*pt/pp* **spotted**) macchiare; (*fam: notice*) individuare

spot: ~ 'check *n* (*without warning*) controllo *m* a sorpresa; **do a ~ check on sth** dare una controllata a qcsa. **~less** *a* immacolato. **~light** *n* riflettore *m*

spotted /'spɒtɪd/ *a* ‹*material*› a pois

spotty /'spɒtɪ/ *a* (**-ier, -iest**) (*pimply*) brufoloso

spouse /spaʊz/ *n* consorte *mf*

spout /spaʊt/ *n* becco *m* ● *vi* zampillare (**from** da)

sprain /spreɪn/ *n* slogatura *f* ● *vt* slogare

sprang /spræŋ/ *see* **spring²**

sprawl /sprɔ:l/ *vi* (*in chair*) stravaccarsi; ‹*city etc:*› estendersi; **go ~ing** (*fall*) cadere disteso

spray /spreɪ/ *n* spruzzo *m*; (*preparation*) spray *m inv*; (*container*) spruzzatore *m* ● *vt* spruzzare. **~-gun** *n* pistola *f* a spruzzo

spread /spred/ *n* estensione *f*; (*of disease*) diffusione *f*; (*paste*) crema *f*; (*fam: feast*) banchetto *m* ● *v* (*pt/pp* **spread**) ● *vt* spargere; spalmare ‹*butter, jam*›; stendere ‹*cloth, arms*›; diffondere ‹*news, disease*›; dilazionare ‹*payments*›; **~ sth with** spalmare qcsa di ● *vi* spargersi; ‹*butter:*› spalmarsi; ‹*disease:*› diffondersi. **~sheet** *n Comput* foglio *m* elettronico. **spread out** *vt* sparpagliare ● *vi* sparpagliarsi

spree /spri:/ *n fam* **go on a ~** far baldoria; **go on a shopping ~** fare spese folli

sprig /sprɪg/ *n* rametto *m*

sprightly /'spraɪtlɪ/ *a* (**-ier, -iest**) vivace

spring¹ /sprɪŋ/ *n* primavera *f* ● *attrib* primaverile

spring² *n* (*jump*) balzo *m*; (*water*) sorgente *f*; (*device*) molla *f*; (*elasticity*) elasticità *f* ● *v* (*pt* **sprang**, *pp* **sprung**) ● *vi* balzare; (*arise*) provenire (**from** da) ● *vt* **he just sprang it on me** me l'ha detto a cose fatte compiuto. **spring up** balzare; *fig* spuntare

spring: ~board *n* trampolino *m*. **~-'cleaning** *n* pulizie *fpl* di Pasqua. **~time** *n* primavera *f*

sprinkl|e /'sprɪŋkl/ *vt* (*scatter*) spruzzare ‹*liquid*›; spargere ‹*flour, cocoa*›; **~ sth with** spruzzare qcsa di ‹*liquid*›; cospargere qcsa di ‹*flour, cocoa*›. **~er** *n* sprinkler *m inv*; (*for lawn*) irrigatore *m*. **~ing** *n* (*of liquid*) spruzzatina *f*; (*of pepper, salt*) pizzico *m*; (*of flour, sugar*) spolveratina *f*; (*of knowledge*) infarinatura *f*; (*of people*) pugno *m*

sprint /sprɪnt/ *n* sprint *m inv* ● *vi* fare uno sprint; *Sport* sprintare. **~er** *n* sprinter *mf inv*

sprout /spraʊt/ *n* germoglio *m*; **[Brussels] ~s** *pl* cavolini *mpl* di Bruxelles ● *vi* germogliare

spruce /spru:s/ *a* elegante ● *n* abete *m*

sprung /sprʌŋ/ *see* **spring²** ● *a* molleggiato

spud /spʌd/ *n fam* patata *f*

spun /spʌn/ *see* **spin**

spur /spɜ:(r)/ *n* sperone *m*; (*stimulus*) stimolo *m*; (*road*) svincolo *m*; **on the ~ of the moment** su due piedi ● *vt* (*pt/pp* **spurred**) **~ [on]** *fig* spronare [a]

spurious /'spjʊərɪəs/ *a* falso

spurn /spɜ:n/ *vt* sdegnare

spurt /spɜ:t/ *n* getto *m*; *Sport* scatto *m*; **put on a ~** fare uno scatto ● *vi* sprizzare; (*increase speed*) scattare

spy /spaɪ/ *n* spia *f* ● *v* (*pt/pp* **spied**) ● *vi* spiare ● *vt* (*fam: see*) spiare. **spy on** *vi* spiare

spying /'spaɪɪŋ/ *n* spionaggio *m*

squabble /'skwɒbl/ *n* bisticcio *m* ● *vi* bisticciare

squad /skwɒd/ *n* squadra *f*

squadron /'skwɒdrən/ *n Mil* squadrone *m*; *Aeron, Naut* squadriglia *f*

squalid /'skwɒlɪd/ *a* squallido

squalor /'skwɒlə(r)/ *n* squallore *m*

squander /'skwɒndə(r)/ *vt* sprecare

square /skweə(r)/ *a* quadrato; ‹*meal*› sostanzioso; (*fam: old-fashioned*) vecchio stampo; **all ~** *fam* pari ● *n* quadrato *m*; (*in city*) piazza *f*; (*on chessboard*) riquadro *m* ● *vt* (*settle*) far quadrare; *Math* elevare al quadrato ● *vi* (*agree*) armonizzare

squash /skwɒʃ/ *n* (*drink*) spremuta *f*;

(*sport*) squash *m*; (*vegetable*) zucca *f* ● *vt* schiacciare; soffocare ‹*rebellion*›
squat /skwɒt/ *a* tarchiato ● *n fam* edificio *m* occupato abusivamente ● *vi* (*pt/pp* **squatted**) accovacciarsi; ~ **in** occupare abusivamente. **~ter** *n* occupante *mf* abusivo, -a
squawk /skwɔ:k/ *n* gracchio *m* ● *vi* gracchiare
squeak /skwi:k/ *n* squittio *m*; (*of hinge, brakes*) scricchiolio *m* ● *vi* squittire; ‹*hinge, brakes:*› scricchiolare
squeal /skwi:l/ *n* strillo *m*; (*of brakes*) cigolio *m* ● *vi* strillare; *sl* spifferare
squeamish /'skwi:mɪʃ/ *a* dallo stomaco delicato
squeeze /skwi:z/ *n* stretta *f*; (*crush*) pigia pigia *m inv* ● *vt* premere; (*to get juice*) spremere; stringere ‹*hand*›; (*force*) spingere a forza; (*fam: extort*) estorcere (**out of** da). **squeeze in/out** *vi* sgusciare dentro/fuori. **squeeze up** *vi* stringersi
squelch /skweltʃ/ *vi* sguazzare
squid /skwɪd/ *n* calamaro *m*
squiggle /'skwɪgl/ *n* scarabocchio *m*
squint /skwɪnt/ *n* strabismo *m* ● *vi* essere strabico
squire /'skwaɪə(r)/ *n* signorotto *m* di campagna
squirm /skwɜ:m/ *vi* contorcersi; (*feel embarrassed*) sentirsi imbarazzato
squirrel /'skwɪrəl/ *n* scoiattolo *m*
squirt /skwɜ:t/ *n* spruzzo *m*; (*fam: person*) presuntuoso *m* ● *vt/i* spruzzare
St *abbr* (**Saint**) S; *abbr* **Street**
stab /stæb/ *n* pugnalata *f*, coltellata *f*; (*sensation*) fitta *f*; (*fam: attempt*) tentativo *m* ● *vt* (*pt/pp* **stabbed**) pugnalare, accoltellare
stability /stə'bɪlətɪ/ *n* stabilità *f inv*
stabilize /'steɪbɪlaɪz/ *vt* stabilizzare ● *vi* stabilizzarsi
stable[1] /'steɪbl/ *a* stabile
stable[2] *n* stalla *f*; (*establishment*) scuderia *f*
stack /stæk/ *n* catasta *f*; (*of chimney*) comignolo *m*; (*chimney*) ciminiera *f*; (*fam: large quantity*) montagna *f* ● *vt* accatastare
stadium /'steɪdɪəm/ *n* stadio *m*
staff /stɑ:f/ *n* (*stick*) bastone *m*; (*employees*) personale *m*; (*teachers*) corpo *m* insegnante; *Mil* Stato *m* Maggiore ● *vt* fornire di personale. **~-room** *n Sch* sala *f* insegnanti
stag /stæg/ *n* cervo *m*
stage /steɪdʒ/ *n* palcoscenico *m*; (*profession*) teatro *m*; (*in journey*) tappa *f*; (*in process*) stadio *m*; **go on the ~** darsi al teatro; **by** *or* **in ~s** a tappe ● *vt* mettere in scena; (*arrange*) organizzare
stage: ~ door *n* ingresso *m* degli artisti. **~ fright** *n* panico *m* da scena. **~ manager** *n* direttore, -trice *mf* di scena
stagger /'stægə(r)/ *vi* barcollare ● *vt* sbalordire; scaglionare ‹*holidays etc*›; **I was ~ed** sono rimasto sbalordito ● *n* vacillamento *m*. **~ing** *a* sbalorditivo
stagnant /'stægnənt/ *a* stagnante
stagnat|e /stæg'neɪt/ *vi fig* [ri]stagnare. **~ion** /-'neɪʃn/ *n fig* inattività *f*
'stag party *n* addio *m* al celibato
staid /steɪd/ *a* posato
stain /steɪn/ *n* macchia *f*; (*for wood*) mordente *m* ● *vt* macchiare; ‹*wood*› dare il mordente a; **~ed glass** vetro *m* colorato; **~ed-glass window** vetrata *f* colorata. **~less** *a* senza macchia; ‹*steel*› inossidabile. **~ remover** *n* smacchiatore *m*
stair /steə(r)/ *n* gradino *m*; **~s** *pl* scale *fpl*. **~case** *n* scale *fpl*
stake /steɪk/ *n* palo *m*; (*wager*) posta *f*; *Comm* partecipazione *f*; **at ~** in gioco ● *vt* puntellare; (*wager*) scommettere
stale /steɪl/ *a* stantio; ‹*air*› viziato; (*uninteresting*) trito [e ritrito]. **~mate** *n* (*in chess*) stallo *m*; (*deadlock*) situazione *f* di stallo
stalk[1] /stɔ:k/ *n* gambo *m*
stalk[2] *vt* inseguire ● *vi* camminare impettito
stall /stɔ:l/ *n* box *m inv*; (*in market*) bancarella *f*. **~s** *pl Theat* platea *f* ● *vi* ‹*engine:*› spegnersi; *fig* temporeggiare ● *vt* far spegnere ‹*engine*›; tenere a bada ‹*person*›
stallion /'stæljən/ *n* stallone *m*
stalwart /'stɔ:lwət/ *a* fedele
stamina /'stæmɪnə/ *n* [capacità *f inv* di] resistenza *f*
stammer /'stæmə(r)/ *n* balbettio *m* ● *vt/i* balbettare
stamp /stæmp/ *n* (*postage* ~) francobollo *m*; (*instrument*) timbro *m*; *fig* impronta *f* ● *vt* affrancare ‹*letter*›; timbrare ‹*bill*›; battere ‹*feet*›. **stamp out** *vt* spegnere; *fig* soffocare
stampede /stæm'pi:d/ *n* fuga *f* precipitosa, fuggi-fuggi *m inv fam* ● *vi* fuggire precipitosamente
stance /stɑ:ns/ *n* posizione *f*
stand /stænd/ *n* (*for bikes*) rastrelliera *f*; (*at exhibition*) stand *m inv*; (*in market*)

bancarella *f*; (*in stadium*) gradinata *f*; *fig* posizione *f* ● *v* (*pt*/*pp* **stood**) ● *vi* stare in piedi; (*rise*) alzarsi [in piedi]; (*be*) trovarsi; (*be candidate*) essere candidato (**for** a); (*stay valid*) rimanere valido; **~ still** non muoversi; **I don't know where I ~** non so qual'è la mia posizione; **~ firm** *fig* tener duro; **~ together** essere solidali; **~ to lose/gain** rischiare di perdere/vincere; **~ to reason** essere logico ● *vt* (*withstand*) resistere a; (*endure*) sopportare; (*place*) mettere; **~ a chance** avere una possibilità; **~ one's ground** tener duro; **~ the test of time** superare la prova del tempo; **~ sb a beer** offrire una birra a qcno. **stand by** *vi* stare a guardare; (*be ready*) essere pronto ● *vt* (*support*) appoggiare. **stand down** *vi* (*retire*) ritirarsi. **stand for** *vt* (*mean*) significare; (*tolerate*) tollerare. **stand in for** *vt* sostituire. **stand out** *vi* spiccare. **stand up** *vi* alzarsi [in piedi]. **stand up for** *vt* prendere le difese di; **~ up for oneself** farsi valere. **stand up to** *vt* affrontare

standard /'stændəd/ *a* standard; **be ~ practice** essere pratica corrente ● *n* standard *m inv*; *Techn* norma *f*; (*level*) livello *m*; (*quality*) qualità *f inv*; (*flag*) stendardo *m*; **~s** *pl* (*morals*) valori *mpl*; **~ of living** tenore *m* di vita. **~ize** *vt* standardizzare

'standard lamp *n* lampada *f* a stelo

'stand-by *n* riserva *f*; **on ~** (*at airport*) in lista d'attesa

'stand-in *n* controfigura *f*

standing /'stændɪŋ/ *a* (*erect*) in piedi; (*permanent*) permanente ● *n* posizione *f*; (*duration*) durata *f*. **~ 'order** *n* addebitamento *m* diretto. **~-room** *n* posti *mpl* in piedi

stand: ~-offish /stænd'ɒfɪʃ/ *a* scostante. **~point** *n* punto *m* di vista. **~still** *n* **come to a ~still** fermarsi; **at a ~still** in un periodo di stasi

stank /stæŋk/ *see* **stink**

staple[1] /'steɪpl/ *n* (*product*) prodotto *m* principale

staple[2] *n* graffa *f* ● *vt* pinzare. **~r** *n* pinzatrice *f*, cucitrice *f*

star /stɑ:(r)/ *n* stella *f*; (*asterisk*) asterisco *m*; *Theat, Cinema, Sport* divo, -a *mf*, stella *f* ● *vi* (*pt*/*pp* **starred**) essere l'interprete principale

starboard /'stɑ:bəd/ *n* tribordo *m*

starch /stɑ:tʃ/ *n* amido *m* ● *vt* inamidare. **~y** *a* ricco di amido; *fig* compito

stare /steə(r)/ *n* sguardo *m* fisso ● *vi* **it's rude to ~** è da maleducati fissare la gente; **~ at** fissare; **~ into space** guardare nel vuoto

'starfish *n* stella *f* di mare

stark /stɑ:k/ *a* austero; ‹*contrast*› forte ● *adv* completamente; **~ naked** completamente nudo

starling /'stɑ:lɪŋ/ *n* storno *m*

'starlit *a* stellato

starry /'stɑ:rɪ/ *a* stellato

start /stɑ:t/ *n* inizio *m*; (*departure*) partenza *f*; (*jump*) sobbalzo *m*; **from the ~** [fin] dall'inizio; **for a ~** tanto per cominciare; **give sb a ~** *Sport* dare un vantaggio a qcno ● *vi* [in]cominciare; (*set out*) avviarsi; ‹*engine, car:*› partire; (*jump*) trasalire; **to ~ with,...** tanto per cominciare,... ● *vt* [in]cominciare; (*cause*) dare inizio a; (*found*) mettere su; mettere in moto ‹*car*›; mettere in giro ‹*rumour*›. **~er** *n Culin* primo *m* [piatto *m*]; (*in race: giving signal*) starter *m inv*; (*participant*) concorrente *mf*; *Auto* motorino *m* d'avviamento. **~ing-point** *n* punto *m* di partenza

startle /'stɑ:tl/ *vt* far trasalire; ‹*news:*› sconvolgere

starvation /stɑ:'veɪʃn/ *n* fame *f*

starve /stɑ:v/ *vi* morire di fame ● *vt* far morire di fame

stash /stæʃ/ *vt fam* **~ [away]** nascondere

state /steɪt/ *n* stato *m*; (*grand style*) pompa *f*; **~ of play** punteggio *m*; **be in a ~** ‹*person:*› essere agitato; **lie in ~** essere esposto ● *attrib* di Stato; *Sch* pubblico; (*with ceremony*) di gala ● *vt* dichiarare; (*specify*) precisare. **~less** *a* apolide

stately /'steɪtlɪ/ *a* (**-ier, -iest**) maestoso. **~ 'home** *n* dimora *f* signorile

statement /'steɪtmənt/ *n* dichiarazione *f*; *Jur* deposizione *f*; (*in banking*) estratto *m* conto; (*account*) rapporto *m*

'statesman *n* statista *m*

static /'stætɪk/ *a* statico

station /'steɪʃn/ *n* stazione *f*; (*police*) commissariato *m* ● *vt* appostare ‹*guard*›; **be ~ed in Germany** essere di stanza in Germania. **~ary** /-ərɪ/ *a* immobile

stationer /'steɪʃənə(r)/ *n* **~'s [shop]** cartoleria *f*. **~y** *n* cartoleria *f*

'station-wagon *n Am* familiare *f*

statistic|al /stə'tɪstɪkl/ *a* statistico. **~s** *n & pl* statistica *f*

statue /'stætju:/ *n* statua *f*

stature /'stætʃə(r)/ *n* statura *f*

status /ˈsteɪtəs/ *n* condizione *f*; (*high rank*) alto rango *m*. **~ symbol** *n* status symbol *m inv*

statut|e /ˈstætjuːt/ *n* statuto *m*. **~ory** *a* statutario

staunch /stɔːntʃ/ *a* fedele. **~ly** *adv* fedelmente

stave /steɪv/ *vt* **~ off** tenere lontano

stay /steɪ/ *n* soggiorno *m* ● *vi* restare, rimanere; (*reside*) alloggiare; **~ the night** passare la notte; **~ put** non muoversi ● *vt* **~ the course** resistere fino alla fine. **stay away** *vi* stare lontano. **stay behind** *vi* non andare con gli altri. **stay in** *vi* (*at home*) stare in casa; *Sch restare a scuola dopo le lezioni*. **stay up** *vi* stare su; ‹*person:*› stare alzato

stead /sted/ *n* **in his ~** in sua vece; **stand sb in good ~** tornare utile a qcno. **~fast** *a* fedele; ‹*refusal*› fermo

steadily /ˈstedɪlɪ/ *adv* (*continually*) continuamente

steady /ˈstedɪ/ *a* (**-ier, -iest**) saldo, fermo; ‹*breathing*› regolare; ‹*job, boyfriend*› fisso; (*dependable*) serio

steak /steɪk/ *n* (*for stew*) spezzatino *m*; (*for grilling, frying*) bistecca *f*

steal /stiːl/ *v* (*pt* **stole**, *pp* **stolen**) ● *vt* rubare (**from** da). **steal in/out** *vi* entrare/uscire furtivamente

stealth /stelθ/ *n* **by ~** di nascosto. **~y** *a* furtivo

steam /stiːm/ *n* vapore *m*; **under one's own ~** *fam* da solo ● *vt Culin* cucinare a vapore ● *vi* fumare. **steam up** *vi* appannarsi

ˈ**steam-engine** *n* locomotiva *f*

steamer /ˈstiːmə(r)/ *n* piroscafo *m*; (*saucepan*) pentola *f* a vapore

ˈ**steamroller** *n* rullo *m* compressore

steamy /ˈstiːmɪ/ *a* appannato

steel /stiːl/ *n* acciaio *m* ● *vt* **~ oneself** temprarsi

steep[1] /stiːp/ *vt* (*soak*) lasciare a bagno

steep[2] *a* ripido; ‹*fam: price*› esorbitante. **~ly** *adv* ripidamente

steeple /ˈstiːpl/ *n* campanile *m*. **~chase** *n* corsa *f* ippica a ostacoli

steer /stɪə(r)/ *vt/i* guidare; **~ clear of** stare alla larga da. **~ing** *n Auto* sterzo *m*. **~ing-wheel** *n* volante *m*

stem[1] /stem/ *n* stelo *m*; (*of glass*) gambo *m*; (*of word*) radice *f* ● *vi* (*pt/pp* **stemmed**) **~ from** derivare da

stem[2] *vt* (*pt/pp* **stemmed**) contenere

stench /stentʃ/ *n* fetore *m*

step /step/ *n* passo *m*; (*stair*) gradino *m*; **~s** *pl* (*ladder*) scala *f* portatile; **in ~** al passo; **be out of ~** non stare al passo; **~ by ~** un passo alla volta ● *vi* (*pt/pp* **stepped**) **~ into** entrare in; **~ out of** uscire da; **~ out of line** sgarrare. **step down** *vi fig* dimettersi. **step forward** *vi* farsi avanti. **step in** *vi fig* intervenire. **step up** *vt* (*increase*) aumentare

step: ~brother *n* fratellastro *m*. **~child** *n* figliastro, -a *mf*. **~daughter** *n* figliastra *f*. **~father** *n* patrigno *m*. **~-ladder** *n* scala *f* portatile. **~mother** *n* matrigna *f*

ˈ**stepping-stone** *n* pietra *f* per guadare; *fig* trampolino *m*

step: ~sister *n* sorellastra *f*. **~son** *n* figliastro *m*

stereo /ˈsterɪəʊ/ *n* stereo *m*; **in ~** in stereofonia. **~phonic** /-ˈfɒnɪk/ *a* stereofonico

stereotype /ˈsterɪətaɪp/ *n* stereotipo *m*. **~d** *a* stereotipato

steril|e /ˈsteraɪl/ *a* sterile. **~ity** /stəˈrɪlətɪ/ *n* sterilità *f*

steriliz|ation /sterəlaɪˈzeɪʃn/ *n* sterilizzazione *f*. **~e** /ˈster-/ *vt* sterilizzare

sterling /ˈstɜːlɪŋ/ *a fig* apprezzabile; **~ silver** argento *m* pregiato ● *n* sterlina *f*

stern[1] /stɜːn/ *a* severo

stern[2] *n* (*of boat*) poppa *f*

stethoscope /ˈsteθəskəʊp/ *n* stetoscopio *m*

stew /stjuː/ *n* stufato *m*; **in a ~** *fam* agitato ● *vt/i* cuocere in umido; **~ed fruit** frutta *f* cotta

steward /ˈstjuːəd/ *n* (*at meeting*) organizzatore, -trice *mf*; (*on ship, aircraft*) steward *m inv*. **~ess** *n* hostess *f inv*

stick[1] /stɪk/ *n* bastone *m*; (*of celery, rhubarb*) gambo *m*; *Sport* mazza *f*

stick[2] *v* (*pt/pp* **stuck**) ● *vt* (*stab*) [con]ficcare; (*glue*) attaccare; (*fam: put*) mettere; (*fam: endure*) sopportare ● *vi* (*adhere*) attaccarsi (**to** a); (*jam*) bloccarsi; **~ to** attenersi a ‹*facts*›; mantenere ‹*story*›; perseverare in ‹*task*›; **~ at it** *fam* tener duro; **~ at nothing** *fam* non fermarsi di fronte a niente; **be stuck** ‹*vehicle, person:*› essere bloccato; ‹*drawer:*› essere incastrato; **be stuck with sth** *fam* farsi incastrare con qcsa. **stick out** *vi* (*project*) sporgere; (*fam: catch the eye*) risaltare ● *vt fam* fare ‹*tongue*›. **stick up for** *vt fam* difendere

sticker /ˈstɪkə(r)/ *n* autoadesivo *m*

ˈ**sticking plaster** *n* cerotto *m*

stick-in-the-mud *n* retrogrado *m*

stickler /ˈstɪklə(r)/ *n* **be a ~ for** tenere molto a

sticky /'stɪkɪ/ *a* (**-ier, -iest**) appiccicoso; (*adhesive*) adesivo; (*fig: difficult*) difficile
stiff /stɪf/ *a* rigido; ‹*brush, task*› duro; ‹*person*› controllato; ‹*drink*› forte; ‹*penalty*› severo; ‹*price*› alto; **bored ~** *fam* annoiato a morte; **~ neck** torcicollo *m*. **~en** *vt* irrigidire ● *vi* irrigidirsi. **~ness** *n* rigidità *f*
stifl|e /'staɪfl/ *vt* soffocare. **~ing** *a* soffocante
stigma /'stɪgmə/ *n* marchio *m*
stiletto /stɪ'letəʊ/ *n* stiletto *m*; **~ heels** tacchi *mpl* a spillo; **~s** (*pl: shoes*) scarpe *fpl* coi tacchi a spillo
still[1] /stɪl/ *n* distilleria *f*
still[2] *a* fermo; ‹*drink*› non gasato; **keep/stand ~** stare fermo ● *n* quiete *f*; (*photo*) posa *f* ● *adv* ancora; (*nevertheless*) nondimeno, comunque; **I'm ~ not sure** non sono ancora sicuro
'stillborn *a* nato morto
still 'life *n* natura *f* morta
stilted /'stɪltɪd/ *a* artificioso
stilts /stɪlts/ *npl* trampoli *mpl*
stimulant /'stɪmjʊlənt/ *n* eccitante *m*
stimulat|e /'stɪmjʊleɪt/ *vt* stimolare. **~ion** /-'leɪʃn/ *n* stimolo *m*
stimulus /'stɪmjʊləs/ *n* (*pl* **-li** /-laɪ/) stimolo *m*
sting /stɪŋ/ *n* puntura *f*; (*organ*) pungiglione *m* ● *v* (*pt/pp* **stung**) ● *vt* pungere; ‹*jellyfish:*› pizzicare ● *vi* ‹*insect:*› pungere. **~ing nettle** *n* ortica *f*
stingy /'stɪndʒɪ/ *a* (**-ier, -iest**) tirchio
stink /stɪŋk/ *n* puzza *f* ● *vi* (*pt* **stank**, *pp* **stunk**) puzzare
stint /stɪnt/ *n* lavoro *m*; **do one's ~** fare la propria parte ● *vt* **~ on** lesinare su
stipulat|e /'stɪpjʊleɪt/ *vt* porre come condizione. **~ion** /-'leɪʃn/ *n* condizione *f*
stir /stɜː(r)/ *n* mescolata *f*; (*commotion*) trambusto *m* ● *v* (*pt/pp* **stirred**) ● *vt* muovere; (*mix*) mescolare ● *vi* muoversi
stirrup /'stɪrəp/ *n* staffa *f*
stitch /stɪtʃ/ *n* punto *m*; (*in knitting*) maglia *f*; (*pain*) fitta *f*; **have sb in ~es** *fam* far ridere qcno a crepapelle ● *vt* cucire
stock /stɒk/ *n* (*for use or selling*) scorta *f*, stock *m inv*; (*livestock*) bestiame *m*; (*lineage*) stirpe *f*; *Fin* titoli *mpl*; *Culin* brodo *m*; **in ~** disponibile; **out of ~** esaurito; **take ~** *fig* fare il punto ● *a* solito ● *vt* ‹*shop:*› vendere; approvvigionare ‹*shelves*›. **stock up** *vi* far scorta (**with** di)
stock: ~broker *n* agente *m* di cambio. **~ cube** *n* dado *m* [da brodo]. **S~ Exchange** *n* Borsa *f* Valori
stocking /'stɒkɪŋ/ *n* calza *f*
stockist /'stɒkɪst/ *n* rivenditore *m*
stock: ~market *n* mercato *m* azionario. **~pile** *vt* fare scorta di ● *n* riserva *f*. **~-'still** *a* immobile. **~-taking** *n* *Comm* inventario *m*
stocky /'stɒkɪ/ *a* (**-ier, -iest**) tarchiato
stodgy /'stɒdʒɪ/ *a* indigesto
stoic /'stəʊɪk/ *n* stoico, -a *mf*. **~al** *a* stoico. **~ism** *n* /-sɪzm/ stoicismo *m*
stoke /stəʊk/ *vt* alimentare
stole[1] /stəʊl/ *n* stola *f*
stole[2], **stolen** /'stəʊln/ *see* **steal**
stolid /'stɒlɪd/ *a* apatico
stomach /'stʌmək/ *n* pancia *f*; *Anat* stomaco *m* ● *vt fam* reggere. **~-ache** *n* mal *m* di pancia
stone /stəʊn/ *n* pietra *f*; (*in fruit*) nocciolo *m*; *Med* calcolo *m*; (*weight*) *6,348 kg* ● *a* di pietra; ‹*wall, Age*› della pietra ● *vt* snocciolare ‹*fruit*›. **~-cold** *a* gelido. **~-'deaf** *a fam* sordo come una campana
stony /'stəʊnɪ/ *a* pietroso; ‹*glare*› glaciale
stood /stʊd/ *see* **stand**
stool /stuːl/ *n* sgabello *m*
stoop /stuːp/ *n* curvatura *f* ● *vi* stare curvo; (*bend down*) chinarsi; *fig* abbassarsi
stop /stɒp/ *n* (*break*) sosta *f*; (*for bus, train*) fermata *f*; *Gram* punto *m*; **come to a ~** fermarsi; **put a ~ to sth** mettere fine a qcsa ● *v* (*pt/pp* **stopped**) ● *vt* fermare; arrestare ‹*machine*›; (*prevent*) impedire; **~ sb doing sth** impedire a qcno di fare qcsa; **~ doing sth** smettere di fare qcsa; **~ that!** smettila! ● *vi* fermarsi; ‹*rain:*› smettere ● *int* fermo!. **stop off** *vi* fare una sosta. **stop up** *vt* otturare ‹*sink*›; tappare ‹*hole*›. **stop with** *vi* (*fam: stay with*) fermarsi da
stop: ~gap *n* palliativo *m*; (*person*) tappabuchi *m inv*. **~-over** *n* sosta *f*; *Aeron* scalo *m*
stoppage /'stɒpɪdʒ/ *n* ostruzione *f*; (*strike*) interruzione *f*; (*deduction*) trattenute *fpl*
stopper /'stɒpə(r)/ *n* tappo *m*
stop: ~-press *n* ultimissime *fpl*. **~-watch** *n* cronometro *m*
storage /'stɔːrɪdʒ/ *n* deposito *m*; (*in*

warehouse) immagazzinaggio *m*; *Comput* memoria *f*

store /stɔ:(r)/ *n* (*stock*) riserva *f*; (*shop*) grande magazzino *m*; (*depot*) deposito *m*; **in ~** in deposito; **what the future has in ~ for me** cosa mi riserva il futuro; **set great ~ by** tenere in gran conto ● *vt* tenere; (*in warehouse, Comput*) immagazzinare. **~-room** *n* magazzino *m*

storey /'stɔ:rɪ/ *n* piano *m*

stork /stɔ:k/ *n* cicogna *f*

storm /stɔ:m/ *n* temporale *m*; (*with thunder*) tempesta *f* ● *vt* prendere d'assalto. **~y** *a* tempestoso

story /'stɔ:rɪ/ *n* storia *f*; (*in newspaper*) articolo *m*

stout /staʊt/ *a* ‹*shoes*› resistente; (*fat*) robusto; ‹*defence*› strenuo

stove /stəʊv/ *n* stufa *f*; (*for cooking*) cucina *f* [economica]

stow /stəʊ/ *vt* metter via. **~away** *n* passeggero, -a *mf* clandestino, -a

straddle /'strædl/ *vt* stare a cavalcioni su; (*standing*) essere a cavallo su

straggl|e /'strægl/ *vi* crescere disordinatamente; (*dawdle*) rimanere indietro. **~er** *n* persona *f* che rimane indietro. **~y** *a* in disordine

straight /streɪt/ *a* diritto, dritto; ‹*answer, question, person*› diretto; (*tidy*) in ordine; ‹*drink, hair*› liscio ● *adv* diritto, dritto; (*directly*) direttamente; **~ away** immediatamente; **~ on** *or* **ahead** diritto; **~ out** *fig* apertamente; **go ~** *fam* rigare diritto; **put sth ~** mettere qcsa in ordine; **sit/stand up ~** stare diritto

straighten /'streɪtn/ *vt* raddrizzare ● *vi* raddrizzarsi; **~ [up]** ‹*person:*› mettersi diritto. **straighten out** *vt fig* chiarire ‹*situation*›

straight'forward *a* franco; (*simple*) semplice

strain¹ /streɪn/ *n* (*streak*) vena *f*; *Bot* varietà *f inv*; (*of virus*) forma *f*

strain² *n* tensione *f*; (*injury*) stiramento *m*; **~s** *pl* (*of music*) note *fpl* ● *vt* tirare; sforzare ‹*eyes, voice*›; stirarsi ‹*muscle*›; *Culin* scolare ● *vi* sforzarsi. **~ed** *a* ‹*relations*› teso. **~er** *n* colino *m*

strait /streɪt/ *n* stretto *m*; **in dire ~s** in serie difficoltà. **~-jacket** *n* camicia *f* di forza. **~-'laced** *a* puritano

strand¹ /strænd/ *n* (*of thread*) gugliata *f*; (*of beads*) filo *m*; (*of hair*) capello *m*

strand² *vt* **be ~ed** rimanere bloccato

strange /streɪndʒ/ *a* strano; (*not known*) sconosciuto; (*unaccustomed*) estraneo. **~ly** *adv* stranamente; **~ly enough** curiosamente. **~r** *n* estraneo, -a *mf*

strangle /'stræŋgl/ *vt* strangolare; *fig* reprimere

strangulation /stræŋgjʊ'leɪʃn/ *n* strangolamento *m*

strap /stræp/ *n* cinghia *f*; (*to grasp in vehicle*) maniglia *f*; (*of watch*) cinturino *m*; (*shoulder* ~) bretella *f*, spallina *f* ● *vt* (*pt/pp* **strapped**) legare; **~ in** *or* **down** assicurare

strapping /'stræpɪŋ/ *a* robusto

strata /'strɑ:tə/ *npl see* **stratum**

stratagem /'strætədʒəm/ *n* stratagemma *m*

strategic /strə'ti:dʒɪk/ *a* strategico

strategy /'strætədʒɪ/ *n* strategia *f*

stratum /'strɑ:təm/ *n* (*pl* **strata**) strato *m*

straw /strɔ:/ *n* paglia *f*; (*single piece*) fuscello *m*; (*for drinking*) cannuccia *f*; **the last ~** l'ultima goccia

strawberry /'strɔ:bərɪ/ *n* fragola *f*

stray /streɪ/ *a* (*animal*) randagio ● *n* randagio *m* ● *vi* andarsene per conto proprio; (*deviate*) deviare (**from** da)

streak /stri:k/ *n* striatura *f*; (*fig: trait*) vena *f* ● *vi* sfrecciare. **~y** *a* striato; ‹*bacon*› grasso

stream /stri:m/ *n* ruscello *m*; (*current*) corrente *f*; (*of blood, people*) flusso *m*; *Sch* classe *f* ● *vi* scorrere. **stream in/out** *vi* entrare/uscire a fiotti

streamer /'stri:mə(r)/ *n* (*paper*) stella *f* filante; (*flag*) pennone *m*

'streamline *vt* rendere aerodinamico; (*simplify*) snellire. **~d** *a* aerodinamico

street /stri:t/ *n* strada *f*. **~car** *n Am* tram *m inv*. **~lamp** *n* lampione *m*

strength /streŋθ/ *n* forza *f*; (*of wall, bridge etc*) solidità *f*; **~s** *pl* punti *mpl* forti; **on the ~ of** grazie a. **~en** *vt* rinforzare

strenuous /'strenjʊəs/ *a* faticoso; ‹*attempt, denial*› energico

stress /stres/ *n* (*emphasis*) insistenza *f*; *Gram* accento *m* tonico; (*mental*) stress *m inv*; *Mech* spinta *f* ● *vt* (*emphasize*) insistere su; *Gram* mettere l'accento [tonico] su. **~ed** *a* (*mentally*) stressato. **~ful** *a* stressante

stretch /stretʃ/ *n* stiramento *m*; (*period*) periodo *m* di tempo; (*of road*) tratto *m*; (*elasticity*) elasticità *f*; **at a ~** di fila; **have a ~** stirarsi ● *vt* tirare; allargare ‹*shoes, arms etc*›; ‹*person:*› allungare ● *vi* (*become wider*) allargarsi; (*extend*) estendersi; ‹*person:*› stirarsi. **~er** *n* barella *f*

strew /stru:/ *vt* (*pp* **strewn** *or* **strewed**) sparpagliare

stricken /'strɪkn/ *a* prostrato; **~ with** affetto da ‹*illness*›

strict /strɪkt/ *a* severo; (*precise*) preciso. **~ly** *adv* severamente; **~ly speaking** in senso stretto

stride /straɪd/ *n* [lungo] passo *m*; **take sth in one's ~** accettare qcsa con facilità ● *vi* (*pt* **strode**, *pp* **stridden**) andare a gran passi

strident /'straɪdənt/ *a* stridente; ‹*colour*› vistoso

strife /straɪf/ *n* conflitto *m*

strike /straɪk/ *n* sciopero *m*; *Mil* attacco *m*; **on ~** in sciopero ● *v* (*pt/pp* **struck**) ● *vt* colpire; accendere ‹*match*›; trovare ‹*oil, gold*›; (*delete*) depennare; (*occur to*) venire in mente a; *Mil* attaccare ● *vi* ‹*lightning:*› cadere; ‹*clock:*› suonare; *Mil* attaccare; ‹*workers:*› scioperare; **~ lucky** azzeccarla. **strike off**, **strike out** *vt* eliminare. **strike up** *vt* fare ‹*friendship*›; attaccare ‹*conversation*›. **~-breaker** *n* *persona f che non aderisce a uno sciopero*

striker /'straɪkə(r)/ *n* scioperante *mf*

striking /'straɪkɪŋ/ *a* impressionante; (*attractive*) affascinante

string /strɪŋ/ *n* spago *m*; (*of musical instrument, racket*) corda *f*; (*of pearls*) filo *m*; (*of lies*) serie *f*; **the ~s** *pl Mus* gli archi; **pull ~s** *fam* usare le proprie conoscenze ● *vt* (*pt/pp* **strung**) (*thread*) infilare ‹*beads*›. **~ed** *a* ‹*instrument*› a corda

stringent /'strɪndʒnt/ *a* rigido

strip /strɪp/ *n* striscia *f* ● *v* (*pt/pp* **stripped**) ● *vt* spogliare; togliere le lenzuola da ‹*bed*›; scrostare ‹*wood, furniture*›; smontare ‹*machine*›; (*deprive*) privare (**of** di) ● *vi* (*undress*) spogliarsi. **~ cartoon** *n* striscia *f*. **~ club** *n* locale *m* di strip-tease

stripe /straɪp/ *n* striscia *f*; *Mil* gallone *m*. **~d** *a* a strisce

'striplight *n* tubo *m* al neon

stripper /'strɪpə(r)/ *n* spogliarellista *mf*; (*solvent*) sverniciatore *m*

strip-'tease *n* spogliarello *m*, striptease *m inv*

strive /straɪv/ *vi* (*pt* **strove**, *pp* **striven**) sforzarsi (**to** di); **~ for** sforzarsi di ottenere

strode /strəʊd/ *see* **stride**

stroke[1] /strəʊk/ *n* colpo *m*; (*of pen*) tratto *m*; (*in swimming*) bracciata *f*; *Med* ictus *m inv*; **~ of luck** colpo *m* di fortuna; **put sb off his ~** far perdere il filo a qcno

stroke[2] *vt* accarezzare

stroll /strəʊl/ *n* passeggiata *f* ● *vi* passeggiare. **~er** *n* (*Am: push-chair*) passeggino *m*

strong /strɒŋ/ *a* (**-er** /-gə(r)/, **-est** /-gɪst/) forte; ‹*argument*› valido

strong: ~-box *n* cassaforte *f*. **~hold** *n* roccaforte *f*. **~ly** *adv* fortemente. **~-'minded** *a* risoluto. **~-room** *n* camera *f* blindata

stroppy /'strɒpɪ/ *a* scorbutico

strove /strəʊv/ *see* **strive**

struck /strʌk/ *see* **strike**

structural /'strʌktʃərəl/ *a* strutturale. **~ly** *adv* strutturalmente

structure /'strʌktʃə(r)/ *n* struttura *f*

struggle /'strʌgl/ *n* lotta *f*; **with a ~** con difficoltà ● *vi* lottare; **~ for breath** respirare con fatica; **~ to do sth** fare fatica a fare qcsa; **~ to one's feet** alzarsi con fatica

strum /strʌm/ *vt/i* (*pt/pp* **strummed**) strimpellare

strung /strʌŋ/ *see* **string**

strut[1] /strʌt/ *n* (*component*) puntello *m*

strut[2] *vi* (*pt/pp* **strutted**) camminare impettito

stub /stʌb/ *n* mozzicone *m*; (*counterfoil*) matrice *f* ● *vt* (*pt/pp* **stubbed**) **~ one's toe** sbattere il dito del piede (**on** contro). **stub out** *vt* spegnere ‹*cigarette*›

stubb|le /'stʌbl/ *n* barba *f* ispida. **~ly** *a* ispido

stubborn /'stʌbən/ *a* testardo; ‹*refusal*› ostinato

stubby /'stʌbɪ/ *a* (**-ier, -iest**) tozzo

stucco /'stʌkəʊ/ *n* stucco *m*

stuck /stʌk/ *see* **stick**[2]. **~-'up** *a fam* snob *inv*

stud[1] /stʌd/ *n* (*on boot*) tacchetto *m*; (*on jacket*) borchia *f*; (*for ear*) orecchino *m* [a bottone]

stud[2] *n* (*of horses*) scuderia *f*

student /'stju:dənt/ *n* studente *m*, studentessa *f*; (*school child*) scolaro, -a *mf*. **~ nurse** *n* studente, studentessa infermiere, -a

studied /'stʌdɪd/ *a* intenzionale; ‹*politeness*› studiato

studio /'stju:dɪəʊ/ *n* studio *m*

studious /'stju:dɪəs/ *a* studioso; ‹*attention*› studiato

study /'stʌdɪ/ *n* studio *m* ● *vt/i* (*pt/pp* **studied**) studiare

stuff /stʌf/ *n* materiale *m*; (*fam: things*) roba *f* ● *vt* riempire; (*with padding*) imbottire; *Culin* farcire; **~ sth into a drawer/one's pocket** ficcare qcsa alla rinfusa in un cassetto/in tasca. **~ing** *n* (*padding*) imbottitura *f*; *Culin* ripieno *m*

stuffy /'stʌfɪ/ *a* (**-ier, -iest**) che sa di chiuso; (*old-fashioned*) antiquato

stumbl|e /'stʌmbl/ *vi* inciampare; **~e across** *or* **on** imbattersi in. **~ing-block** *n* ostacolo *m*

stump /stʌmp/ *n* ceppo *m*; (*of limb*) moncone *m*. **~ed** *a fam* perplesso ● **stump up** *vt/i fam* sganciare

stun /stʌn/ *vt* (*pt/pp* **stunned**) stordire; (*astonish*) sbalordire

stung /stʌŋ/ *see* **sting**

stunk /stʌŋk/ *see* **stink**

stunning /'stʌnɪŋ/ *a fam* favoloso; ‹*blow, victory*› sbalorditivo

stunt¹ /stʌnt/ *n fam* trovata *f* pubblicitaria

stunt² *vt* arrestare lo sviluppo di. **~ed** *a* stentato

stupendous /stju:'pendəs/ *a* stupendo. **~ly** *adv* stupendamente

stupid /'stju:pɪd/ *a* stupido. **~ity** /-'pɪdətɪ/ *n* stupidità *f*. **~ly** *adv* stupidamente

stupor /'stju:pə(r)/ *n* torpore *m*

sturdy /'stɜ:dɪ/ *a* (**-ier, -iest**) robusto; ‹*furniture*› solido

stutter /'stʌtə(r)/ *n* balbuzie *f* ● *vt/i* balbettare

sty, stye /staɪ/ *n* (*pl* **styes**) *Med* orzaiolo *m*

style /staɪl/ *n* stile *m*; (*fashion*) moda *f*; (*sort*) tipo m; (*hair~*) pettinatura *f*; **in ~** in grande stile

stylish /'staɪlɪʃ/ *a* elegante. **~ly** *adv* con eleganza

stylist /'staɪlɪst/ *n* stilista *mf*; (*hair-~*) parrucchiere, -a *mf*. **~ic** /-'lɪstɪk/ *a* stilistico

stylized /'staɪlaɪzd/ *a* stilizzato

stylus /'staɪləs/ *n* (*on record player*) puntina *f*

suave /swɑ:v/ *a* dai modi garbati

sub'conscious /sʌb-/ *a* subcosciente ● *n* subcosciente *m*. **~ly** *adv* in modo inconscio

subcon'tract *vt* subappaltare (**to** a). **~or** *n* subappaltatore *m*

'subdivi|de *vt* suddividere. **~sion** *n* suddivisione *f*

subdue /səb'dju:/ *vt* sottomettere; (*make quieter*) attenuare. **~d** *a* ‹*light*› attenuato; ‹*person, voice*› pacato

subhuman /sʌb'hju:mən/ *a* disumano

subject¹ /'sʌbdʒɪkt/ *a* **~ to** soggetto a; (*depending on*) subordinato a; **~ to availability** nei limiti della disponibilità ● *n* soggetto *m*; (*of ruler*) suddito, -a *mf*; *Sch* materia *f*

subject² /səb'dʒekt/ *vt* (*to attack, abuse*) sottoporre; assoggettare ‹*country*›

subjective /səb'dʒektɪv/ *a* soggettivo. **~ly** *adv* soggettivamente

subjugate /'sʌbdʒʊgeɪt/ *vt* soggiogare

subjunctive /səb'dʒʌŋktɪv/ *a & n* congiuntivo *m*

sub'let *vt* (*pt/pp* **-let**, *pres p* **-letting**) subaffittare

sublime /sə'blaɪm/ *a* sublime. **~ly** *adv* sublimamente

subliminal /sə'blɪmɪnl/ *a* subliminale

sub-ma'chine-gun *n* mitraglietta *f*

subma'rine *n* sommergibile *m*

submerge /səb'mɜ:dʒ/ *vt* immergere; **be ~d** essere sommerso ● *vi* immergersi

submiss|ion /səb'mɪʃn/ *n* sottomissione *f*. **~ive** /-sɪv/ *a* sottomesso

submit /səb'mɪt/ *v* (*pt/pp* **-mitted**, *pres p* **-mitting**) ● *vt* sottoporre ● *vi* sottomettersi

subordinate /sə'bɔ:dɪneɪt/ *vt* subordinare (**to** a)

subscribe /səb'skraɪb/ *vi* contribuire; **~ to** abbonarsi a ‹*newspaper*›; sottoscrivere ‹*fund*›; *fig* aderire a. **~r** *n* abbonato, -a *mf*

subscription /səb'skrɪpʃn/ *n* (*to club*) sottoscrizione *f*; (*to newspaper*) abbonamento *m*

subsequent /'sʌbsɪkwənt/ *a* susseguente. **~ly** *adv* in seguito

subservient /səb'sɜ:vɪənt/ *a* subordinato; (*servile*) servile. **~ly** *adv* servilmente

subside /səb'saɪd/ *vi* sprofondare; ‹*ground:*› avvallarsi; ‹*storm:*› placarsi

subsidiary /səb'sɪdɪərɪ/ *a* secondario ● *n* **~ [company]** filiale *f*

subsid|ize /'sʌbsɪdaɪz/ *vt* sovvenzionare. **~y** *n* sovvenzione *f*

subsist /səb'sɪst/ *vi* vivere (**on** di). **~ence** *n* sussistenza *f*

substance /'sʌbstəns/ *n* sostanza *f*

sub'standard *a* di qualità inferiore

substantial /səb'stænʃl/ *a* solido; ‹*meal*› sostanzioso; (*considerable*) note-

vole. **~ly** *adv* notevolmente; (*essentially*) sostanzialmente
substantiate /səb'stænʃɪeɪt/ *vt* comprovare
substitut|e /'sʌbstɪtju:t/ *n* sostituto *m* ● *vt* **~e A for B** sostituire B con A ● *vi* **~e for sb** sostituire qcno. **~ion** /-'tju:ʃn/ *n* sostituzione *f*
subterranean /sʌbtə'reɪmɪən/ *a* sotterraneo
'subtitle *n* sottotitolo *m*
sub|tle /'sʌtl/ *a* sottile; ‹*taste, perfume*› delicato. **~tlety** *n* sottigliezza *f*. **~tly** *adv* sottilmente
subtract /səb'trækt/ *vt* sottrare. **~ion** /-ækʃn/ *n* sottrazione *f*
suburb /'ʃʌbɜ:b/ *n* sobborgo *m*; **in the ~s** in periferia. **~an** /sə'bɜ:bən/ *a* suburbano. **~ia** /sə'bɜ:bɪə/ *n* sobborghi *mpl*
subversive /səb'vɜ:sɪv/ *a* sovversivo
'subway *n* sottopassagio *m*; (*Am: railway*) metropolitana *f*
succeed /sək'si:d/ *vi* riuscire; (*follow*) succedere a; **~ in doing** riuscire a fare ● *vt* succedere a ‹*king*›. **~ing** *a* successivo
success /sək'ses/ *n* successo *m*; **be a ~** (*in life*) aver successo. **~ful** *a* riuscito; ‹*businessman, artist etc*› di successo. **~fully** *adv* con successo
succession /sək'seʃn/ *n* successione *f*; **in ~** di seguito
successive /sək'sesɪv/ *a* successivo. **~ly** *adv* successivamente
successor /sək'sesə(r)/ *n* successore *m*
succinct /sək'sɪŋkt/ *a* succinto
succulent /'ʃʌkjʊlənt/ *a* succulento
succumb /sə'kʌm/ *vi* soccombere (**to** a)
such /sʌtʃ/ *a* tale; **~ a book** un libro di questo genere; **~ a thing** una cosa di questo genere; **~ a long time ago** talmente tanto tempo fa; **there is no ~ thing** non esiste una cosa così; **there is no ~ person** non esiste una persona così ● *pron* **as ~** come tale; **~ as** chi; **and ~** e simili; **~ as it is** così com'è. **~like** *pron fam* di tal genere
suck /ʃʌk/ *vt* succhiare. **suck up** *vt* assorbire. **suck up to** *vt fam* fare il lecchino con
sucker /'ʃʌkə(r)/ *n Bot* pollone *m*; (*fam: person*) credulone, -a *mf*
suction /'sʌkʃn/ *n* aspirazione *f*
sudden /'sʌdn/ *a* improvviso ● *n* **all of a ~** all'improvviso. **~ly** *adv* improvvisamente
sue /su:/ ● *v* (*pres p* **suing**) ● *vt* fare causa a (**for** per) ● *vi* fare causa
suede /sweɪd/ *n* pelle *f* scamosciata
suet /'su:ɪt/ *n* grasso *m* di rognone
suffer /'sʌfə(r)/ *vi* soffrire (**from** per) ● *vt* soffrire; subire ‹*loss etc*›; (*tolerate*) subire. **~ing** *n* sofferenza *f*
suffice /sə'faɪs/ *vi* bastare
sufficient /sə'fɪʃənt/ *a* sufficiente. **~ly** *adv* sufficientemente
suffix /'sʌfɪks/ *n* suffisso *m*
suffocat|e /'sʌfəkeɪt/ *vt/i* soffocare. **~ion** /-'keɪʃn/ *n* soffocamento *m*
sugar /'ʃʊgə(r)/ *n* zucchero *m* ● *vt* zuccherare. **~ basin, ~-bowl** *n* zuccheriera *f*. **~y** *a* zuccheroso; *fig* sdolcinato
suggest /sə'dʒest/ *vt* suggerire; (*indicate, insinuate*) fare pensare a. **~ion** /-estʃən/ *n* suggerimento *m*; (*trace*) traccia *f*. **~ive** /-ɪv/ *a* allusivo. **~ively** *adv* in modo allusivo
suicidal /su:ɪ'saɪdl/ *a* suicida
suicide /'su:ɪsaɪd/ *n* suicidio *m*; (*person*) suicida *mf*; **commit ~** suicidarsi
suit /su:t/ *n* vestito *m*; (*woman's*) tailleur *m inv*; (*in cards*) seme *m*; *Jur* causa *f*; **follow ~** *fig* fare lo stesso ● *vt* andar bene a; (*adapt*) adattare (**to** a); (*be convenient for*) andare bene per; **be ~ed to** *or* **for** essere adatto a; **~ yourself!** fa' come vuoi!
suitabl|e /'su:təbl/ *a* adatto. **~y** *adv* convenientemente
'suitcase *n* valigia *f*
suite /swi:t/ *n* suite *f inv*; (*of furniture*) divano *m* e poltrone *fpl* assortiti
sulk /sʌlk/ *vi* fare il broncio. **~y** *a* imbronciato
sullen /'sʌlən/ *a* svogliato
sulphur /'sʌlfə(r)/ *n* zolfo *m*. **~ic** /-'fju:rɪk/ **~ic acid** *n* acido *m* solforico
sultana /sʌl'tɑ:nə/ *n* uva *f* sultanina
sultry /'sʌltrɪ/ *a* (**-ier, -iest**) ‹*weather*› afoso; *fig* sensuale
sum /sʌm/ *n* somma *f*; *Sch* addizione *f* ● **sum up** ● *v* (*pt/pp* **summed**) ● *vi* riassumere ● *vt* valutare
summar|ize /'sʌməraɪz/ *vt* riassumere. **~y** *n* sommario *m* ● *a* sommario; ‹*dismissal*› sbrigativo
summer /'sʌmə(r)/ *n* estate *f*. **~-house** *n* padiglione *m*. **~time** *n* (*season*) estate *f*
summery /'sʌmərɪ/ *a* estivo
summit /'sʌmɪt/ *n* cima *f*. **~ conference** *n* vertice *m*
summon /'sʌmən/ *vt* convocare; *Jur* ci-

tare. **summon up** *vt* raccogliere ‹*strength*›; rievocare ‹*memory*›
summons /'sʌmənz/ *n Jur* citazione *f* ● *vt* citare in giudizio
sump /sʌmp/ *n Auto* coppa *f* dell'olio
sumptuous /'sʌmptjʊəs/ *a* sontuoso. **~ly** *adv* sontuosamente
sun /sʌn/ *n* sole *m* ● *vt* (*pt/pp* **sunned**) **~ oneself** prendere il sole
sun: ~bathe *vi* prendere il sole. **~-bed** *n* lettino *m* solare. **~burn** *n* scottatura *f* (*solare*). **~burnt** *a* scottato (*dal sole*)
sundae /'sʌndeɪ/ *n* gelato *m* guarnito
Sunday /'sʌndeɪ/ *n* domenica *f*
'sundial *n* meridiana *f*
sundry /'sʌndrɪ/ *a* svariati; **all and ~** tutti quanti
'sunflower *n* girasole *m*
sung /sʌŋ/ *see* **sing**
'sun-glasses *npl* occhiali *mpl* da sole
sunk /sʌŋk/ *see* **sink**
sunken /'sʌŋkn/ *a* incavato
'sunlight *n* [luce *f* del] sole *m*
sunny /'sʌnɪ/ *a* (**-ier, -iest**) assolato
sun: ~rise *n* alba *f*. **~-roof** *n Auto* tettuccio *m* apribile. **~set** *n* tramonto *m*. **~shade** *n* parasole *m*. **~shine** *n* [luce *f* del] sole *m*. **~stroke** *n* insolazione *f*. **~-tan** *n* abbronzatura *f*. **~-tanned** *a* abbronzato. **~-tan oil** *n* olio *m* solare
super /'su:pə(r)/ *a fam* fantastico
superb /sʊ'pɜ:b/ *a* splendido
supercilious /su:pə'sɪlɪəs/ *a* altezzoso
superficial /su:pə'fɪʃl/ *a* superficiale. **~ly** *adv* superficialmente
superfluous /sʊ'pɜ:flʊəs/ *a* superfluo
super'human *a* sovrumano
superintendent /su:pərɪn'tendənt/ *n* (*of police*) commissario *m* di polizia
superior /su:'pɪərɪə(r)/ *a* superiore ● *n* superiore, -a *mf*. **~ity** /-'ɒrətɪ/ *n* superiorità *f*
superlative /su:'pɜ:lətɪv/ *a* eccellente ● *n* superlativo *m*
'superman *n* superuomo *m*
'supermarket *n* supermercato *m*
'supermodel *n* top model *f inv*
super'natural *a* soprannaturale
'superpower *n* superpotenza *f*
supersede /su:pə'si:d/ *vt* rimpiazzare
super'sonic *a* supersonico
superstiti|on /su:pə'stɪʃn/ *n* superstizione *f*. **~ous** /-'stɪʃəs/ *a* superstizioso
supervis|e /'su:pəvaɪz/ *vt* supervisionare. **~ion** /-'vɪʒn/ *n* supervisione *f*. **~or** *n* supervisore *m*
supper /'sʌpə(r)/ *n* cena *f*
supple /'sʌpl/ *a* slogato
supplement /'sʌplɪmənt/ *n* supplemento *m* ● *vt* integrare. **~ary** /-'mentərɪ/ *a* supplementare
supplier /sə'plaɪə(r)/ *n* fornitore, -trice *mf*
supply /sə'plaɪ/ *n* fornitura *f*; (*in economics*) offerta *f*; **supplies** *pl Mil* approvvigionamenti *mpl* ● *vt* (*pt/pp* **-ied**) fornire; **~ sb with sth** fornire qcsa a qcno
support /sə'pɔ:t/ *n* sostegno *m*; (*base*) supporto *m*; (*keep*) sostentamento *m* ● *vt* sostenere; mantenere ‹*family*›; (*give money to*) mantenere finanziariamente; *Sport* fare il tifo per. **~er** *n* sostenitore, -trice *mf*; *Sport* tifoso, -a *mf*. **~ive** /-ɪv/ *a* incoraggiante
suppose /sə'pəʊz/ *vt* (*presume*) supporre; (*imagine*) pensare; **be ~d to do** dover fare; **not be ~d to** *fam* non avere il permesso di; **I ~ so** suppongo di sì. **~dly** /-ɪdlɪ/ *adv* presumibilmente
suppress /sə'pres/ *vt* sopprimere. **~ion** /-eʃn/ *n* soppressione *f*
supremacy /su:'preməsɪ/ *n* supremazia *f*
supreme /su:'pri:m/ *a* supremo
surcharge /'sɜ:tʃɑ:dʒ/ *n* supplemento *m*
sure /ʃʊə(r)/ *a* sicuro, certo; **make ~** accertarsi; **be ~ to do it** mi raccomando di farlo ● *adv Am fam* certamente; **~ enough** infatti. **~ly** *adv* certamente; (*Am: gladly*) volentieri
surety /'ʃʊərətɪ/ *n* garanzia *f*; **stand ~ for** garantire per
surf /sɜ:f/ *n* schiuma *f* ● *vt Comput* **~ the Net** surfare in Internet
surface /'sɜ:fɪs/ *n* superficie *f*; **on the ~** *fig* in apparenza ● *vi* (*emerge*) emergere. **~ mail** *n* **by ~ mail** per posta ordinaria
'surfboard *n* tavola *f* da surf
surfing /'sɜ:fɪŋ/ *n* surf *m inv*
surge /sɜ:dʒ/ *n* (*of sea*) ondata *f*; (*of interest*) aumento *m*; (*in demand*) impennata *f*; (*of anger, pity*) impeto *m* ● *vi* riversarsi; **~ forward** buttarsi in avanti
surgeon /'sɜ:dʒən/ *n* chirurgo *m*
surgery /'sɜ:dʒərɪ/ *n* chirurgia *f*; (*place, consulting room*) ambulatorio *m*; (*hours*) ore *fpl* di visita; **have ~** subire un'intervento [chirurgico]
surgical /'sɜ:dʒɪkl/ *a* chirurgico
surly /'sɜ:lɪ/ *a* (**-ier, -iest**) scontroso
surmise /sə'maɪz/ *vt* supporre
surmount /sə'maʊnt/ *vt* sormontare
surname /'sɜ:neɪm/ *n* cognome *m*

surpass /sə'pɑ:s/ *vt* superare
surplus /'sɜ:pləs/ *a* d'avanzo ● *n* sovrappiù *m*
surpris|e /sə'praɪz/ *n* sorpresa *f* ● *vt* sorprendere; **be ~ed** essere sorpreso (**at** da). **~ing** *a* sorprendente. **~ingly** *adv* sorprendentemente
surrender /sə'rendə(r)/ *n* resa *f* ● *vi* arrendersi ● *vt* cedere
surreptitious /sʌrəp'tɪʃəs/ *a & adv* di nascosto
surrogate /'sʌrəgət/ *n* surrogato *m*. **~ 'mother** *n* madre *f* surrogata
surround /sə'raʊnd/ *vt* circondare. **~ing** *a* circostante. **~ings** *npl* dintorni *mpl*
surveillance /sə'veɪləns/ *n* sorveglianza *f*
survey¹ /'sɜ:veɪ/ *n* sguardo *m*; (*poll*) sondaggio *m*; (*investigation*) indagine *f*; (*of land*) rilevamento *m*; (*of house*) perizia *f*
survey² /sə'veɪ/ *vt* esaminare; fare un rilevamento di ‹*land*›; fare una perizia di ‹*building*›. **~or** *n* perito *m*; (*of land*) topografo, -a *mf*
survival /sə'vaɪvl/ *n* sopravvivenza *f*; (*relic*) resto *m*
surviv|e /sə'vaɪv/ *vt* sopravvivere a ● *vi* sopravvivere. **~or** *n* superstite *mf*; **be a ~or** *fam* riuscire sempre a cavarsela
susceptible /sə'septəbl/ *a* influenzabile; **~ to** sensibile a
suspect¹ /sə'spekt/ *vt* sospettare; (*assume*) supporre
suspect² /'sʌspekt/ *a & n* sospetto, -a *mf*
suspend /sə'spend/ *vt* appendere; (*stop, from duty*) sospendere. **~er belt** *n* reggicalze *m inv*. **~ders** *npl* giarretiere *fpl*; (*Am: braces*) bretelle *fpl*
suspense /sə'spens/ *n* tensione *f*; (*in book etc*) suspense *f*
suspension /sə'spenʃn/ *n Auto* sospensione *f*. **~ bridge** *n* ponte *m* sospeso
suspici|on /sə'spɪʃn/ *n* sospetto *m*; (*trace*) pizzico *m*; **under ~on** sospettato. **~ous** /-ɪʃəs/ *a* sospettoso; (*arousing suspicion*) sospetto. **~ously** *adv* sospettosamente; (*arousing suspicion*) in modo sospetto
sustain /sə'steɪn/ *vt* sostenere; mantenere ‹*life*›; subire ‹*injury*›
sustenance /'sʌstɪnəns/ *n* nutrimento *m*
swab /swɒb/ *n Med* tampone *m*
swagger /'swægə(r)/ *vi* pavoneggiarsi
swallow¹ /'swɒləʊ/ *vt/i* inghiottire. **swallow up** *vt* divorare; ‹*earth, crowd:*› inghiottire
swallow² *n* (*bird*) rondine *f*
swam /swæm/ *see* **swim**
swamp /swɒmp/ *n* palude *f* ● *vt fig* sommergere. **~y** *a* paludoso
swan /swɒn/ *n* cigno *m*
swap /swɒp/ *n fam* scambio *m* ● *vt* (*pt/pp* **swapped**) *fam* scambiare (**for** con) ● *vi* fare cambio
swarm /swɔ:m/ *n* sciame *m* ● *vi* sciamare; **be ~ing with** brulicare di
swarthy /'swɔ:ðɪ/ *a* (**-ier, -iest**) di carnagione scura
swastika /'swɒstɪkə/ *n* svastica *f*
swat /swɒt/ *vt* (*pt/pp* **swatted**) schiacciare
sway /sweɪ/ *n fig* influenza *f* ● *vi* oscillare; ‹*person:*› ondeggiare ● *vt* (*influence*) influenzare
swear /sweə(r)/ *v* (*pt* **swore**, *pp* **sworn**) ● *vt* giurare ● *vi* giurare; (*curse*) dire parolacce; **~ at sb** imprecare contro qcno; **~ by** *fam* credere ciecamente in. **~-word** *n* parolaccia *f*
sweat /swet/ *n* sudore *m* ● *vi* sudare
sweater /'swetə(r)/ *n* golf *m inv*
sweaty /'swetɪ/ *a* sudato
swede /swi:d/ *n* rapa *f* svedese
Swed|e *n* svedese *mf*. **~en** *n* Svezia *f*. **~ish** *a* svedese ● *n* (*language*) svedese *m*
sweep /swi:p/ *n* scopata *f*, spazzata *f*; (*curve*) curva *f*; (*movement*) movimento *m* ampio; **make a clean ~** *fig* fare piazza pulita ● *v* (*pt/pp* **swept**) ● *vt* scopare, spazzare; ‹*wind:*› spazzare ● *vi* (*go swiftly*) andare rapidamente; ‹*wind:*› soffiare. **sweep away** *vt fig* spazzare via. **sweep up** *vt* spazzare
sweeping /'swi:pɪŋ/ *a* ‹*gesture*› ampio; ‹*statement*› generico; ‹*changes*› radicale
sweet /swi:t/ *a* dolce; **have a ~ tooth** essere goloso ● *n* caramella *f*; (*dessert*) dolce *m*. **~ corn** *n* mais *m*
sweet: ~heart *n* innamorato, -a *mf*; **hi, ~heart** ciao, tesoro. **~ness** *n* dolcezza *f*. **~ 'pea** *n* pisello *m* odoroso. **~-shop** *n* negozio *m* di dolciumi
swell /swel/ ● *v* (*pt* **swelled**, *pp* **swollen** *or* **swelled**) ● *vi* gonfiarsi; (*increase*) aumentare ● *vt* gonfiare; (*increase*) far salire. **~ing** *n* gonfiore *m*
swelter /'sweltə(r)/ *vi* soffocare [dal caldo]
swept /swept/ *see* **sweep**

swerve /swɜːv/ *vi* deviare bruscamente

swift /swɪft/ *a* rapido. **~ly** *adv* rapidamente

swig /swɪɡ/ *n fam* sorso *m* ● *vt* (*pt/pp* **swigged**) *fam* scolarsi

swill /swɪl/ *n* (*for pigs*) brodaglia *f* ● *vt* **~** [**out**] risciacquare

swim /swɪm/ *n* **have a ~** fare una nuotata ● *v* (*pt* **swam**, *pp* **swum**) ● *vi* nuotare; ‹*room:*› girare; **my head is ~ming** mi gira la testa ● *vt* percorrere a nuoto. **~mer** *n* nuotatore, -trice *mf*

swimming /ˈswɪmɪŋ/ *n* nuoto *m*. **~-baths** *npl* piscina *fsg*. **~ costume** *n* costume *m* da bagno. **~-pool** *n* piscina *f*. **~ trunks** *npl* calzoncini *mpl* da bagno

ˈswim-suit *n* costume *m* da bagno

swindle /ˈswɪndl/ *n* truffa *f* ● *vt* truffare. **~r** *n* truffatore, -trice *mf*

swine /swaɪn/ *n fam* porco *m*

swing /swɪŋ/ *n* oscillazione *f*; (*shift*) cambiamento *m*; (*seat*) altalena *f*; *Mus* swing *m*; **in full ~** in piena attività ● *v* (*pt/pp* **swung**) ● *vi* oscillare; (*on swing, sway*) dondolare; (*dangle*) penzolare; (*turn*) girare ● *vt* oscillare; far deviare ‹*vote*›. **~-ˈdoor** *n* porta *f* a vento

swingeing /ˈswɪndʒɪŋ/ *a* ‹*increase*› drastico

swipe /swaɪp/ *n fam* botta *f* ● *vt fam* colpire; (*steal*) rubare; far passare nella macchinetta ‹*credit card*›

swirl /swɜːl/ *n* (*of smoke, dust*) turbine *m* ● *vi* ‹*water:*› fare mulinello

swish /swɪʃ/ *a fam* chic ● *vi* schioccare

Swiss /swɪs/ *a & n* svizzero, -a *mf*; **the ~** *pl* gli svizzeri. **~ ˈroll** *n rotolo m di pan di Spagna ripieno di marmellata*

switch /swɪtʃ/ *n* interruttore *m*; (*change*) mutamento *m* ● *vt* cambiare; (*exchange*) scambiare ● *vi* cambiare; **~ to** passare a. **switch off** *vt* spegnere. **switch on** *vt* accendere

switch: ~back *n* montagne *fpl* russe. **~board** *n* centralino *m*

Switzerland /ˈswɪtsələnd/ *n* Svizzera *f*

swivel /ˈswɪvl/ *v* (*pt/pp* **swivelled**) ● *vt* girare ● *vi* girarsi

swollen /ˈswəʊlən/ *see* **swell** ● *a* gonfio. **~-ˈheaded** *a* presuntuoso

swoop /swuːp/ *n* (*by police*) incursione *f* ● *vi* **~** [**down**] ‹*bird:*› piombare; *fig* fare un'incursione

sword /sɔːd/ *n* spada *f*

swore /swɔː(r)/ *see* **swear**

sworn /swɔːn/ *see* **swear**

swot /swɒt/ *n fam* sgobbone, -a *mf* ● *vt* (*pt/pp* **swotted**) *fam* sgobbare

swum /swʌm/ *see* **swim**

swung /swʌŋ/ *see* **swing**

syllable /ˈsɪləbl/ *n* sillaba *f*

syllabus /ˈsɪləbəs/ *n* programma *m* [dei corsi]

symbol /ˈsɪmbl/ *n* simbolo *m* (**of** di). **~ic** /-ˈbɒlɪk/ *a* simbolico. **~ism** /-ɪzm/ *n* simbolismo *m*. **~ize** *vt* simboleggiare

symmetr|ical /sɪˈmetrɪkl/ *a* simmetrico. **~y** /ˈsɪmətrɪ/ *n* simmetria *f*

sympathetic /sɪmpəˈθetɪk/ *a* (*understanding*) comprensivo; (*showing pity*) compassionevole. **~ally** *adv* con comprensione/compassione

sympathize /ˈsɪmpəθaɪz/ *vi* capire; (*in grief*) solidarizzare; **~ with sb** capire qcno/solidarizzare con qcno. **~r** *n Pol* simpatizzante *mf*

sympathy /ˈsɪmpəθɪ/ *n* comprensione *f*; (*pity*) compassione *f*; (*condolences*) condoglianze *fpl*; **in ~ with** ‹*strike*› per solidarietà con

symphony /ˈsɪmfənɪ/ *n* sinfonia *f*

symptom /ˈsɪmptəm/ *n* sintomo *m*. **~atic** /-ˈmætɪk/ *a* sintomatico (**of** di)

synagogue /ˈsɪnəɡɒɡ/ *n* sinagoga *f*

synchronize /ˈsɪŋkrənaɪz/ *vt* sincronizzare

syndicate /ˈsɪndɪkət/ *n* gruppo *m*

syndrome /ˈsɪndrəʊm/ *n* sindrome *f*

synonym /ˈsɪnənɪm/ *n* sinonimo *m*. **~ous** /-ˈnɒnɪməs/ *a* sinonimo

synopsis /sɪˈnɒpsɪs/ *n* (*pl* **-opses** /-siːz/) (*of opera, ballet*) trama *f*; (*of book*) riassunto *m*

syntax /ˈsɪntæks/ *n* sintassi *f inv*

synthesize /ˈsɪnθəsaɪz/ *vt* sintetizzare. **~r** *n Mus* sintetizzatore *m*

synthetic /sɪnˈthetɪk/ *a* sintetico ● *n* fibra *f* sintetica

Syria /ˈsɪrɪə/ *n* Siria *f*. **~n** *a & n* siriano, -a *mf*

syringe /sɪˈrɪndʒ/ *n* siringa *f*

syrup /ˈsɪrəp/ *n* sciroppo *m*; *Br tipo m di melassa*

system /ˈsɪstəm/ *n* sistema *m*. **~atic** /-ˈmætɪk/ *a* sistematico

Tt

tab /tæb/ *n* linguetta *f*; (*with name*) etichetta *f*; **keep ~s on** *fam* sorvegliare; **pick up the ~** *fam* pagare il conto
tabby /ˈtæbɪ/ *n* gatto *m* tigrato
table /ˈteɪbl/ *n* tavolo *m*; (*list*) tavola *f*; **at [the] ~** a tavola; **~ of contents** tavola *f* delle materie ● *vt* proporre. **~-cloth** *n* tovaglia *f*. **~spoon** *n* cucchiaio *m* da tavola. **~spoon[ful]** *n* cucchiaiata *f*
tablet /ˈtæblɪt/ *n* pastiglia *f*; (*slab*) lastra *f*; **~ of soap** saponetta *f*
ˈ**table tennis** *n* tennis *m* da tavolo; (*everyday level*) ping pong *m*
tabloid /ˈtæblɔɪd/ *n* [giornale *m* formato] tabloid *m inv*; *pej* giornale *m* scandalistico
taboo /təˈbuː/ *a* tabù *inv* ● *n* tabù *m inv*
tacit /ˈtæsɪt/ *a* tacito
taciturn /ˈtæsɪtɜːn/ *a* taciturno
tack /tæk/ *n* (*nail*) chiodino *m*; (*stitch*) imbastitura *f*; *Naut* virata *f*; *fig* linea *f* di condotta ● *vt* inchiodare; (*sew*) imbastire ● *vi Naut* virare
tackle /ˈtækl/ *n* (*equipment*) attrezzatura *f*; (*football etc*) contrasto *m*, tackle *m inv* ● *vt* affrontare
tacky /ˈtækɪ/ *a* ‹*paint*› non ancora asciutto; ‹*glue*› appiccicoso; *fig* pacchiano
tact /tækt/ *n* tatto *m*. **~ful** *a* pieno di tatto; ‹*remark*› delicato. **~fully** *adv* con tatto
tactic|al /ˈtæktɪkl/ *a* tattico. **~s** *npl* tattica *fsg*
tactless /ˈtæktlɪs/ *a* privo di tatto. **~ly** *adv* senza tatto. **~ness** *n* mancanza *f* di tatto; (*of remark*) indelicatezza *f*
tadpole /ˈtædpəʊl/ *n* girino *m*
tag¹ /tæg/ *n* (*label*) etichetta *f* ● *vt* (*pt/pp* **tagged**) attaccare l'etichetta a. **tag along** *vi* seguire passo passo
tag² *n* (*game*) acchiapparello *m*
tail /teɪl/ *n* coda *f*; **~s** *pl* (*tailcoat*) frac *m inv* ● *vt* (*fam: follow*) pedinare. **tail off** *vi* diminuire
tail: ~back *n* coda *f*. **~-end** *n* parte *f* finale; (*of train*) coda *f*. **~ light** *n* fanalino *m* di coda
tailor /ˈteɪlə(r)/ *n* sarto *m*. **~-made** *a* fatto su misura
ˈ**tail wind** *n* vento *m* di coda
taint /teɪnt/ *vt* contaminare
take /teɪk/ *n Cinema* ripresa *f* ● *v* (*pt* **took**, *pp* **taken**) ● *vt* prendere; (*to a place*) portare ‹*person, object*›; (*contain*) contenere ‹*passengers etc*›; (*endure*) sopportare; (*require*) occorrere; (*teach*) insegnare; (*study*) studiare ‹*subject*›; fare ‹*exam, holiday, photograph, walk, bath*›; sentire ‹*pulse*›; misurare ‹*sb's temperature*›; **~ sb prisoner** fare prigioniero qcno; **be ~n ill** ammalarsi; **~ sth calmly** prendere con calma qcsa ● *vi* ‹*plant:*› attecchire. **take after** *vt* assomigliare a. **take away** *vt* (*with one*) portare via; (*remove*) togliere; (*subtract*) sottrarre; **'to ~ away'** 'da asporto'. **take back** *vt* riprendere; ritirare ‹*statement*›; (*return*) riportare [indietro]. **take down** *vt* portare giù; (*remove*) tirare giù; (*write down*) prendere nota di. **take in** *vt* (*bring indoors*) portare dentro; (*to one's home*) ospitare; (*understand*) capire; (*deceive*) ingannare; riprendere ‹*garment*›; (*include*) includere. **take off** *vt* togliersi ‹*clothes*›; (*deduct*) togliere; (*mimic*) imitare; **~ time off** prendere delle vacanze; **~ oneself off** andarsene ● *vi Aeron* decollare. **take on** *vt* farsi carico di; assumere ‹*employee*›; (*as opponent*) prendersela con. **take out** *vt* portare fuori; togliere ‹*word, stain*›; (*withdraw*) ritirare ‹*money, books*›; **~ out a subscription to sth** abbonarsi a qcsa; **~ it out on sb** *fam* prendersela con qcno. **take over** *vt* assumere il controllo di ‹*firm*› ● *vi* **~ over from sb** sostituire qcno; (*permanently*) succedere a qcno. **take to** *vt* (*as a habit*) darsi a; **I took to her** (*liked*) mi è piaciuta. **take up** *vt* portare su; accettare ‹*offer*›; intraprendere ‹*profession*›; dedicarsi a ‹*hobby*›; prendere ‹*time*›; occupare ‹*space*›; tirare su ‹*floor-boards*›; accorciare ‹*dress*›; **~ sth up with sb** discutere qcsa con qcno ● *vi* **~ up with sb** legarsi a qcno
take: ~-away *n* (*meal*) piatto *m* da asporto; (*restaurant*) *ristorante m che prepara piatti da asporto*. **~-off** *n Aeron*

decollo *m*. **~-over** *n* rilevamento *m*. **~-over bid** *n* offerta *f* di assorbimento

takings /'teɪkɪŋz/ *npl* incassi *mpl*

talcum /'tælkəm/ *n* **~** [**powder**] talco *m*

tale /teɪl/ *n* storia *f*; *pej* fandonia *f*

talent /'tælənt/ *n* talento *m*. **~ed** *a* [ricco] di talento

talk /tɔ:k/ *n* conversazione *f*; (*lecture*) conferenza *f*; (*gossip*) chiacchere *fpl*; **make small ~** parlare del più e del meno ● *vi* parlare ● *vt* parlare di ‹*politics etc*›; **~ sb into sth** convincere qcno di qcsa. **talk over** *vt* discutere

talkative /'tɔ:kətɪv/ *a* loquace

'talking-to *n* sgridata *f*

talk show *n* talk show *m inv*

tall /tɔ:l/ *a* alto. **~boy** *n* cassettone *m*. **~ order** *n* impresa *f* difficile. **~ 'story** *n* frottola *f*

tally /'tælɪ/ *n* conteggio *m*; **keep a ~ of** tenere il conto di ● *vi* coincidere

tambourine /tæmbə'ri:n/ *n* tamburello *m*

tame /teɪm/ *a* ‹*animal*› domestico; (*dull*) insulso ● *vt* domare. **~ly** *adv* docilmente. **~r** *n* domatore, -trice *mf*

tamper /'tæmpə(r)/ *vi* **~ with** manomettere

tampon /'tæmpɒn/ *n* tampone *m*

tan /tæn/ *a* marrone rossiccio ● *n* marrone *m* rossiccio; (*from sun*) abbronzatura *f* ● *v* (*pt/pp* **tanned**) ● *vt* conciare ‹*hide*› ● *vi* abbronzarsi

tang /tæŋ/ *n* sapore *m* forte; (*smell*) odore *m* penetrante

tangent /'tændʒənt/ *n* tangente *f*

tangible /'tændʒɪbl/ *a* tangibile

tangle /'tæŋgl/ *n* groviglio *m*; (*in hair*) nodo *m* ● *vt* **~** [**up**] aggrovigliare ● *vi* aggrovigliarsi

tango /'tæŋgəʊ/ *n* tango *m inv*

tank /tæŋk/ *n* contenitore *m*; (*for petrol*) serbatoio *m*; (*fish ~*) acquario *m*; *Mil* carro *m* armato

tankard /'tæŋkəd/ *n* boccale *m*

tanker /'tæŋkə(r)/ *n* nave *f* cisterna; (*lorry*) autobotte *f*

tanned /tænd/ *a* abbronzato

tantaliz|e /'tæntəlaɪz/ *vt* tormentare. **~ing** *a* allettante; ‹*smell*› stuzziccante

tantamount /'tæntəmaʊnt/ *a* **~ to** equivalente a

tantrum /'tæntrəm/ *n* scoppio *m* d'ira

tap /tæp/ *n* rubinetto *m*; (*knock*) colpo *m*; **on ~** *fig* a disposizione ● *v* (*pt/pp* **tapped**) ● *vt* dare un colpetto a; sfruttare ‹*resources*›; mettere sotto controllo ‹*telephone*› ● *vi* picchiettare. **~-dance** *n* tip tap *m* ● *vi* ballare il tip tap

tape /teɪp/ *n* nastro *m*; (*recording*) cassetta *f* ● *vt* legare con nastro; (*record*) registrare

'tape: ~ backup drive *n Comput* unità *f* di backup a nastro. **~-deck** *n* piastra *f*. **~-measure** *n* metro *m* [a nastro]

taper /'teɪpə(r)/ *n* candela *f* sottile ● **taper off** *vi* assottigliarsi

'tape: ~ recorder *n* registratore *m*. **~ recording** *n* registrazione *f*

tapestry /'tæpɪstrɪ/ *n* arazzo *m*

'tap water *n* acqua *f* del rubinetto

tar /tɑ:(r)/ *n* catrame *m* ● *vt* (*pt/pp* **tarred**) incatramare

tardy /'tɑ:dɪ/ *a* (**-ier, -iest**) tardivo

target /'tɑ:gɪt/ *n* bersaglio *m*; *fig* obiettivo *m*

tariff /'tærɪf/ *n* (*price*) tariffa *f*; (*duty*) dazio *m*

Tarmac® /'tɑ:mæk/ *n* macadam *m* al catrame. **tarmac** *n Aeron* pista *f* di decollo

tarnish /'tɑ:nɪʃ/ *vi* ossidarsi ● *vt* ossidare; *fig* macchiare

tarpaulin /tɑ:'pɔ:lɪn/ *n* telone *m* impermeabile

tart¹ /tɑ:t/ *a* aspro; *fig* acido

tart² *n* crostata *f*; (*individual*) crostatina *f*; (*sl: prostitute*) donnaccia *f* ● **tart up** *vt fam* **~ oneself up** agghindarsi

tartan /'tɑ:tn/ *n* tessuto *m* scozzese, tartan *m inv* ● *attrib* di tessuto scozzese

tartar /'tɑ:tə(r)/ *n* (*on teeth*) tartaro *m*

tartar 'sauce /tɑ:tə-/ *n* salsa *f* tartara

task /tɑ:sk/ *n* compito *m*; **take sb to ~** riprendere qcno. **~ force** *n Pol* commissione *f*; *Mil* task-force *f inv*

tassel /'tæsl/ *n* nappa *f*

taste /teɪst/ *n* gusto *m*; (*sample*) assaggio *m*; **get a ~ of sth** *fig* assaporare il gusto di qcsa ● *vt* sentire il sapore di; (*sample*) assaggiare ● *vi* sapere (**of** di); **it ~s lovely** è ottimo. **~ful** *a* di [buon] gusto. **~fully** *adv* con gusto. **~less** *a* senza gusto. **~lessly** *adv* con cattivo gusto

tasty /'teɪstɪ/ *a* (**-ier, -iest**) saporito

tat /tæt/ *see* **tit²**

tatter|ed /'tætəd/ *a* cencioso; ‹*pages*› stracciato. **~s** *npl* **in ~s** a brandelli

tattoo¹ /tæ'tu:/ *n* tatuaggio *m* ● *vt* tatuare

tattoo² *n Mil* parata *f* militare

tatty /'tætɪ/ *a* (**-ier, -iest**) ‹*clothes, person*› trasandato; ‹*book*› malandato

taught /tɔ:t/ *see* **teach**

taunt /tɔ:nt/ *n* scherno *m* ● *vt* schernire

Taurus /'tɔːrəs/ *n Astr* Toro *m*
taut /tɔːt/ *a* teso
tawdry /'tɔːdrɪ/ *a* (**-ier, -iest**) pacchiano
tax /tæks/ *n* tassa *f*; (*on income*) imposte *fpl*; **before ~** ‹*price*› tasse escluse; ‹*salary*› lordo ● *vt* tassare; *fig* mettere alla prova; **~ with** accusare di. **~able** /-əbl/ *a* tassabile. **~ation** /-'seɪʃn/ *n* tasse *fpl*. **~ evasion** *n* evasione *f* fiscale. **~-free** *a* esentasse. **~ haven** *n* paradiso *m* fiscale
taxi /'tæksɪ/ *n* taxi *m inv* ● *vi* (*pt/pp* **taxied**, *pres p* **taxiing**) ‹*aircraft:*› rullare. **~ driver** *n* tassista *mf*. **~ rank** *n* posteggio *m* per taxi
'taxpayer *n* contribuente *mf*
tea /tiː/ *n* tè *m inv*. **~-bag** *n* bustina *f* di tè. **~-break** *n* intervallo *m* per il tè
teach /tiːtʃ/ *vt/i* (*pt/pp* **taught**) insegnare; **~ sb sth** insegnare qcsa a qcno. **~er** *n* insegnante *mf*; (*primary*) maestro, -a *mf*. **~ing** *n* insegnamento *m*
tea: ~-cloth *n* (*for drying*) asciugapiatti *m inv*. **~cup** *n* tazza *f* da tè
teak /tiːk/ *n* tek *m*
'tea-leaves *npl* tè *m inv* sfuso; (*when infused*) fondi *mpl* di tè
team /tiːm/ *n* squadra *f*; *fig* équipe *f inv* ● **team up** *vi* unirsi
'team-work *n* lavoro *m* di squadra; *fig* lavoro *m* d'équipe
'teapot *n* teiera *f*
tear[1] /teə(r)/ *n* strappo *m* ● *v* (*pt* **tore,** *pp* **torn**) ● *vt* strappare ● *vi* strappare; ‹*material:*› strapparsi; (*run*) precipitarsi. **tear apart** *vt* (*fig: criticize*) fare a pezzi; (*separate*) dividere. **tear away** *vt* **~ oneself away** andare via; **~ oneself away from** staccarsi da ‹*television*›. **tear open** *vt* aprire strappando. **tear up** *vt* strappare; rompere ‹*agreement*›
tear[2] /tɪə(r)/ *n* lacrima *f*. **~ful** *a* ‹*person*› in lacrime; ‹*farewell*› lacrimevole. **~fully** *adv* in lacrime. **~gas** *n* gas *m* lacrimogeno
tease /tiːz/ *vt* prendere in giro ‹*person*›; tormentare ‹*animal*›
tea: ~-set *n* servizio *m* da tè. **~ shop** *n* sala *f* da tè. **~spoon** *n* cucchiaino *m* [da tè]. **~spoon[ful]** *n* cucchiaino *m*
teat /tiːt/ *n* capezzolo *m*; (*on bottle*) tettarella *f*
'tea-towel *n* strofinaccio *m* [per i piatti]
technical /'teknɪkl/ *a* tecnico. **~ity** /-'kælətɪ/ *n* tecnicismo *m*; *Jur* cavillo *m* giuridico. **~ly** *adv* tecnicamente; (*strictly*) strettamente
technician /tek'nɪʃn/ *n* tecnico, -a *mf*
technique /tek'niːk/ *n* tecnica *f*
technological /teknə'lɒdʒɪkl/ *a* tecnologico
technology /tek'nɒlədʒɪ/ *n* tecnologia *f*
teddy /'tedɪ/ *n* **~ [bear]** orsacchiotto *m*
tedious /'tiːdɪəs/ *a* noioso
tedium /'tiːdɪəm/ *n* tedio *m*
tee /tiː/ *n* (*in golf*) tee *m inv*
teem /tiːm/ *vi* (*rain*) piovere a dirotto; **be ~ing with** (*full of*) pullulare di
teenage /'tiːneɪdʒ/ *a* per ragazzi; **~ boy/girl** adolescente *mf*. **~r** *n* adolescente *mf*
teens /tiːnz/ *npl* **the ~** l'adolescenza *fsg*; **be in one's ~** essere adolescente
teeny /'tiːnɪ/ *a* (**-ier, -iest**) piccolissimo
teeter /'tiːtə(r)/ *vi* barcollare
teeth /tiːθ/ *see* **tooth**
teeth|e /tiːð/ *vi* mettere i [primi] denti. **~ing troubles** *npl fig* difficoltà *fpl* iniziali
teetotal /tiː'təʊtl/ *a* astemio. **~ler** *n* astemio, -a *mf*
telecommunications /telɪkəmjuːnɪ'keɪʃnz/ *npl* telecomunicazioni *fpl*
telegram /'telɪgræm/ *n* telegramma *m*
telegraph /'telɪgrɑːf/ *n* telegrafo *m*. **~ic** /-'græfɪk/ *a* telegrafico. **~ pole** *n* palo *m* del telegrafo
telepathy /tɪ'lepəθɪ/ *n* telepatia *f*
telephone /'telɪfəʊn/ *n* telefono *m*; **be on the ~** avere il telefono; (*be telephoning*) essere al telefono ● *vt* telefonare a ● *vi* telefonare
telephone: ~ book *n* elenco *m* telefonico. **~ booth** *n*, **~ box** *n* cabina *f* telefonica. **~ directory** *n* elenco *m* telefonico. **~ number** *n* numero *m* di telefono
'telephoto /'telɪ-/ *a* **~ lens** tele-obiettivo *m*
telescop|e /'telɪskəʊp/ *n* telescopio *m*. **~ic** /-'skɒpɪk/ *a* telescopico
televise /'telɪvaɪz/ *vt* trasmettere per televisione
television /'telɪvɪʒn/ *n* televisione *f*; **watch ~** guardare la televisione. **~ set** *n* televisore *m*
teleworking /'telɪwɜːkɪŋ/ *n* telelavoro *m*
telex /'teleks/ *n* telex *m inv*
tell /tel/ *vt* (*pt/pp* **told**) dire; raccontare ‹*story*›; (*distinguish*) distinguere (**from** da); **~ sb sth** dire qcsa a qcno; **~ the time** dire l'ora; **I couldn't ~ why...** non sapevo perché... ● *vi* (*produce an effect*) avere effetto; **time will ~** il tempo ce lo dirà; **his age is beginning to**

~ l'età comincia a farsi sentire [per lui]; **you mustn't ~** non devi dire niente. **tell off** *vt* sgridare
teller /'telə(r)/ *n* (*in bank*) cassiere, -a *mf*
telling /'telɪŋ/ *a* significativo; ‹*argument*› efficace
telly /'telɪ/ *n fam* tv *f inv*
temerity /tɪ'merətɪ/ *n* audacia *f*
temp /temp/ *n fam* impiegato, -a *mf* temporaneo, -a
temper /'tempə(r)/ *n* (*disposition*) carattere *m*; (*mood*) umore *m*; (*anger*) collera *f*; **lose one's ~** arrabbiarsi; **be in a ~** essere arrabbiato; **keep one's ~** mantenere la calma
temperament /'temprəmənt/ *n* temperamento *m*. **~al** /-'mentl/ *a* (*moody*) capriccioso
temperate /'tempərət/ *a* ‹*climate*› temperato
temperature /'temprətʃə(r)/ *n* temperatura *f*; **have a ~** avere la febbre
tempest /'tempɪst/ *n* tempesta *f*. **~uous** /-'pestjʊəs/ *a* tempestoso
temple[1] /'templ/ *n* tempio *m*
temple[2] *n Anat* tempia *f*
tempo /'tempəʊ/ *n* ritmo *m*; *Mus* tempo *m*
temporar|y /'tempərərɪ/ *a* temporaneo; ‹*measure, building*› provvisorio. **~ily** *adv* temporaneamente; ‹*introduced, erected*› provvisoriamente
tempt /tempt/ *vt* tentare; sfidare ‹*fate*›; **~ sb to** indurre qcno a; **be ~ed** essere tentato (**to** di); **I am ~ed by the offer** l'offerta mi tenta. **~ation** /-'teɪʃn/ *n* tentazione *f*. **~ing** *a* allettante; ‹*food, drink*› invitante
ten /ten/ *a & n* dieci *m*
tenable /'tenəbl/ *a fig* sostenibile
tenaci|ous /tɪ'neɪʃəs/ *a* tenace. **~ty** /-'næsətɪ/ *n* tenacia *f*
tenant /'tenənt/ *n* inquilino, -a *mf*; *Comm* locatario, -a *mf*
tend[1] /tend/ *vt* (*look after*) prendersi cura di
tend[2] *vi* **~ to do sth** tendere a far qcsa
tendency /'tendənsɪ/ *n* tendenza *f*
tender[1] /'tendə(r)/ *n Comm* offerta *f*; **be legal ~** avere corso legale ● *vt* offrire; presentare ‹*resignation*›
tender[2] *a* tenero; (*painful*) dolorante. **~ly** *adv* teneramente. **~ness** *n* tenerezza *f*; (*painfulness*) dolore *m*
tendon /'tendən/ *n* tendine *m*
tenement /'tenəmənt/ *n* casamento *m*
tenner /'tenə(r)/ *n fam* biglietto *m* da dieci sterline
tennis /'tenɪs/ *n* tennis *m*. **~-court** *n* campo *m* da tennis. **~ player** *n* tennista *mf*
tenor /'tenə(r)/ *n* tenore *m*
tense[1] /tens/ *n Gram* tempo *m*
tense[2] *a* teso ● *vt* tendere ‹*muscle*›. **tense up** *vi* tendersi
tension /'tenʃn/ *n* tensione *f*
tent /tent/ *n* tenda *f*
tentacle /'tentəkl/ *n* tentacolo *m*
tentative /'tentətɪv/ *a* provvisorio; ‹*smile, gesture*› esitante. **~ly** *adv* timidamente; ‹*accept*› provvisoriamente
tenterhooks /'tentəhʊks/ *npl* **be on ~** essere sulle spine
tenth /tenθ/ *a* decimo ● *n* decimo, -a *mf*
tenuous /'tenjʊəs/ *a fig* debole
tepid /'tepɪd/ *a* tiepido
term /tɜ:m/ *n* periodo *m*; *Sch Univ* trimestre *m*; (*expression*) termine *m*; **~s** *pl* (*conditions*) condizioni *fpl*; **~ of office** carica *f*; **in the short/long ~** a breve/lungo termine; **be on good/bad ~s** essere in buoni/cattivi rapporti; **come to ~s with** accettare ‹*past, fact*›; **easy ~s** facilità *f* di pagamento
terminal /'tɜ:mɪn(ə)l/ *a* finale; *Med* terminale ● *n Aeron* terminal *m inv*; *Rail* stazione *f* di testa; (*of bus*) capolinea *m*; (*on battery*) morsetto *m*; *Comput* terminale *m*. **~ly** *adv* **be ~ly ill** essere in fase terminale
terminat|e /'tɜ:mɪneɪt/ *vt* terminare; rescindere ‹*contract*›; interrompere ‹*pregnancy*› ● *vi* terminare; **~e in** finire in. **~ion** /-'neɪʃn/ *n* termine *m*; *Med* interruzione *f* di gravidanza
terminology /tɜ:mɪ'nɒlədʒɪ/ *n* terminologia *f*
terminus /'tɜ:mɪnəs/ *n* (*pl* **-ni** /-naɪ/) (*for bus*) capolinea *m*; (*for train*) stazione *f* di testa
terrace /'terəs/ *n* terrazza *f*; (*houses*) fila *f* di case a schiera; **the ~s** *pl Sport* le gradinate. **~d house** *n* casa *f* a schiera
terrain /te'reɪn/ *n* terreno *m*
terribl|e /'terəbl/ *a* terribile. **~y** *adv* terribilmente
terrier /'terɪə(r)/ *n* terrier *m inv*
terrific /tə'rɪfɪk/ *a fam* (*excellent*) fantastico; (*huge*) enorme. **~ally** *adv fam* terribilmente
terri|fy /'terɪfaɪ/ *vt* (*pt/pp* **-ied**) atterrire; **be ~fied** essere terrorizzato. **~fying** *a* terrificante
territorial /terɪ'tɔ:rɪəl/ *a* territoriale
territory /'terɪtərɪ/ *n* territorio *m*
terror /'terə(r)/ *n* terrore *m*. **~ism**

/-ɪzm/ *n* terrorismo *m*. **~ist** /-ɪst/ *n* terrorista *mf*. **~ize** *vt* terrorizzare
terse /tɜːs/ *a* conciso
test /test/ *n* esame *m*; (*in laboratory*) esperimento *m*; (*of friendship, machine*) prova *f*; (*of intelligence, aptitude*) test *m inv*; **put to the ~** mettere alla prova ● *vt* esaminare; provare ‹*machine*›
testament /ˈtestəmənt/ *n* testamento *m*; **Old/New T~** Antico/Nuovo Testamento *m*
testicle /ˈtestɪkl/ *n* testicolo *m*
testify /ˈtestɪfaɪ/ *vt/i* (*pt/pp* **-ied**) testimoniare
testimonial /testɪˈməʊnɪəl/ *n* lettera *f* di referenze
testimony /ˈtestɪmənɪ/ *n* testimonianza *f*
ˈtest: ~ match *n* partita *f* internazionale. **~-tube** *n* provetta *f*. **~-tube ˈbaby** *n fam* bambino, -a *mf* in provetta
tetanus /ˈtetənəs/ *n* tetano *m*
tether /ˈteðə(r)/ *n* **be at the end of one's ~** non poterne più
text /tekst/ *n* testo *m*. **~book** *n* manuale *m*
textile /ˈtekstaɪl/ *a* tessile ● *n* stoffa *f*
texture /ˈtekstʃə(r)/ *n* (*of skin*) grana *f*; (*of food*) consistenza *f*; **of a smooth ~** (*to the touch*) soffice al tatto
Thai /taɪ/ *a & n* tailandese *mf*. **~land** *n* Tailandia *f*
Thames /temz/ *n* Tamigi *m*
than /ðən/, *accentato* /ðæn/ *conj* che; (*with numbers, names*) di; **older ~ me** più vecchio di me
thank /θæŋk/ *vt* ringraziare; **~ you [very much]** grazie [mille]. **~ful** *a* grato. **~fully** *adv* con gratitudine; (*happily*) fortunatamente. **~less** *a* ingrato
thanks /θæŋks/ *npl* ringraziamenti *mpl*; **~!** *fam* grazie!; **~ to** grazie a
that /ðæt/ *a & pron* (*pl* **those**) quel, quei *pl*; (*before s + consonant, gn, ps and z*) quello, quegli *pl*; (*before vowel*) quell' *mf*, quegli *mpl*, quelle *fpl*; **~ one** quello; **I don't like those** quelli non mi piacciono; **~ is** cioè; **is ~ you?** sei tu?; **who is ~?** chi è?; **what did you do after ~?** cosa hai fatto dopo?; **like ~** in questo modo, così; **a man like ~** un uomo così; **~ is why** ecco perché; **~'s it!** (*you've understood*) ecco!; (*I've finished*) ecco fatto!; (*I've had enough*) basta così!; (*there's nothing more*) tutto qui!; **~'s ~!** (*with job*) ecco fatto!; (*with relationship*) è tutto finito!; **and ~'s ~!** punto e basta! **all ~ I know** tutto quello che so ● *adv* così; **it wasn't ~ good** non era poi così buono ● *rel pron* che; **the man ~ I spoke to** l'uomo con cui ho parlato; **the day ~ I saw him** il giorno in cui l'ho visto; **all ~ I know** tutto quello che so ● *conj* che; **I think ~...** penso che...
thatch /θætʃ/ *n* tetto *m* di paglia. **~ed** *a* coperto di paglia
thaw /θɔː/ *n* disgelo *m* ● *vt* fare scongelare ‹*food*› ● *vi* ‹*food:*› scongelarsi; **it's ~ing** sta sgelando
the /ðə/, *di fronte a una vocale* /ðiː/ *def art* il, la *f*; i *mpl*, le *fpl*; (*before s + consonant, gn, ps and z*) lo, gli *mpl*; (*before vowel*) l' *mf*, gli *mpl*, le *fpl*; **at ~ cinema/station** al cinema/alla stazione; **from ~ cinema/station** dal cinema/dalla stazione ● *adv* **~ more ~ better** più ce n'è meglio è; (*with reference to pl*) più ce ne sono, meglio è; **all ~ better** tanto meglio
theatre /ˈθɪətə(r)/ *n* teatro *m*; *Med* sala *f* operatoria
theatrical /θɪˈætrɪkl/ *a* teatrale; (*showy*) melodrammatico
theft /θeft/ *n* furto *m*
their /ðeə(r)/ *poss a* il loro *m*, la loro *f*, i loro *mpl*, le loro *fpl*; **~ mother/father** la loro madre/il loro padre
theirs /ðeəz/ *poss pron* il loro *m*, la loro *f*, i loro *mpl*, le loro *fpl*; **a friend of ~** un loro amico; **friends of ~** dei loro amici; **those are ~** quelli sono loro; (*as opposed to ours*) quelli sono i loro
them /ðem/ *pron* (*direct object*) li *m*, le *f*; (*indirect object*) gli, loro *fml*; (*after prep: with people*) loro; (*after preposition: with things*) essi; **we haven't seen ~** non li/le abbiamo visti/viste; **give ~ the money** dai loro *or* dagli i soldi; **give it to ~** daglielo; **I've spoken to ~** ho parlato con loro; **it's ~** sono loro
theme /θiːm/ *n* tema *m*. **~ song** *n* motivo *m* conduttore
themˈselves *pers pron* (*reflexive*) si; (*emphatic*) se stessi; **they poured ~ a drink** si sono versati da bere; **they said so ~** lo hanno detto loro stessi; **they kept it to ~** se lo sono tenuti per sé; **by ~** da soli
then /ðen/ *adv* allora; (*next*) poi; **by ~** (*in the past*) ormai; (*in the future*) per allora; **since ~** sin da allora; **before ~** prima di allora; **from ~ on** da allora in poi; **now and ~** ogni tanto; **there and ~** all'istante ● *a* di allora
theolog|ian /θɪəˈləʊdʒɪən/ *n* teologo, -a *mf*. **~y** /-ˈɒlədʒɪ/ *n* teologia *f*
theorem /ˈθɪərəm/ *n* teorema *m*
theoretical /θɪəˈretɪkl/ *a* teorico

theory /'θɪərɪ/ *n* teoria *f*; **in ~** in teoria
therapeutic /θerə'pju:tɪk/ *a* terapeutico
therap|ist /'θerəpɪst/ *n* terapista *mf*. **~y** *n* terapia *f*
there /ðeə(r)/ *adv* là, lì; **down/up ~** laggiù/lassù; **~ is/are** c'è/ci sono; **~ he/she is** eccolo/eccola ● *int* **~, ~!** dai, su!
there: ~abouts *adv* **[or] ~abouts** (*roughly*) all'incirca. **~'after** *adv* dopo di che. **~by** *adv* in tal modo. **~fore** /-fɔ:(r)/ *adv* perciò
thermal /'θɜ:m(ə)l/ *a* termale; **~ 'underwear** *n biancheria f che mantiene la temperatura corporea*
thermometer /θə'mɒmɪtə(r)/ *n* termometro *m*
Thermos® /'θɜ:məs/ *n* **~ [flask]** termos *m inv*
thermostat /'θɜ:məstæt/ *n* termostato *m*
thesaurus /θɪ'sɔ:rəs/ *n* dizionario *m* dei sinonimi
these /ði:z/ *see* **this**
thesis /'θi:sɪs/ *n* (*pl* **-ses** /-si:z/) tesi *f inv*
they /ðeɪ/ *pron* loro; **~ are tired** sono stanchi; **we're going, but ~ are not** noi andiamo, ma loro no; **~ say** (*generalizing*) si dice; **~ are building a new road** stanno costruendo una nuova strada
thick /θɪk/ *a* spesso; ‹*forest*› fitto; ‹*liquid*› denso; ‹*hair*› folto; (*fam: stupid*) ottuso; (*fam: close*) molto unito; **be 5 mm ~** essere 5 mm di spessore ● *adv* densamente ● *n* **in the ~ of** nel mezzo di. **~en** *vt* ispessire ‹*sauce*› ● *vi* ispessirsi; ‹*fog:*› infittirsi. **~ly** *adv* densamente; ‹*cut*› a fette spesse. **~ness** *n* spessore *m*
thick: ~set *a* tozzo. **~-'skinned** *a fam* insensibile
thief /θi:f/ *n* (*pl* **thieves**) ladro, -a *mf*
thieving /'θi:vɪŋ/ *a* ladro ● *n* furti *mpl*
thigh /θaɪ/ *n* coscia *f*
thimble /'θɪmbl/ *n* ditale *m*
thin /θɪn/ *a* (**thinner, thinnest**) sottile; ‹*shoes, sweater*› leggero; ‹*liquid*› liquido; ‹*person*› magro; ‹*fig: excuse, plot*› inconsistente ● *adv* = **thinly** ● *v* (*pt/pp* **thinned**) ● *vt* diluire ‹*liquid*› ● *vi* diradarsi. **thin out** *vi* diradarsi. **~ly** *adv* ‹*populated*› scarsamente; ‹*disguised*› leggermente; ‹*cut*› a fette sottili
thing /θɪŋ/ *n* cosa *f*; **~s** *pl* (*belongings*) roba *fsg*; **for one ~** in primo luogo; **the right ~** la cosa giusta; **just the ~!** proprio quel che ci vuole!; **how are ~s?** come vanno le cose?; **the latest ~** *fam* l'ultima cosa; **the best ~ would be** la cosa migliore sarebbe; **poor ~!** poveretto!
think /θɪŋk/ *vt/i* (*pt/pp* **thought**) pensare; (*believe*) credere; **I ~ so** credo di sì; **what do you ~?** (*what is your opinion?*) cosa ne pensi?; **~ of/about** pensare a; **what do you ~ of it?** cosa ne pensi di questo?. **think over** *vt* riflettere su. **think up** *vt* escogitare
third /θɜ:d/ *a* & *n* terzo, -a *mf*. **~ly** *adv* terzo. **~-rate** *a* scadente
thirst /θɜ:st/ *n* sete *f*. **~ily** *adv* con sete. **~y** *a* assetato; **be ~y** aver sete
thirteen /θɜ:'ti:n/ *a* & *n* tredici *m*. **~th** *a* & *n* tredicesimo, -a *mf*
thirtieth /'θɜ:tɪɪθ/ *a* & *n* trentesimo, -a *mf*
thirty /'θɜ:tɪ/ *a* & *n* trenta *m*
this /ðɪs/ *a* (*pl* **these**) questo; **~ man/woman** quest'uomo/questa donna; **these men/women** questi uomini/queste donne; **~ one** questo; **~ morning/evening** stamattina/stasera ● *pron* (*pl* **these**) questo; **we talked about ~ and that** abbiamo parlato del più e del meno; **like ~** così; **~ is Peter** questo è Peter; *Teleph* sono Peter; **who is ~?** chi è?; *Teleph* chi parla? ● *adv* così; **~ big** così grande
thistle /'θɪsl/ *n* cardo *m*
thorn /θɔ:n/ *n* spina *f*. **~y** *a* spinoso
thorough /'θʌrə/ *a* completo; ‹*knowledge*› profondo; ‹*clean, search, training*› a fondo; ‹*person*› scrupoloso
thorough: ~bred *n* purosangue *m inv*. **~fare** *n* via *f* principale; **'no ~fare'** 'strada non transitabile '
thorough|ly /'θʌrəlɪ/ *adv* ‹*clean, search, know sth*› a fondo; (*extremely*) estremamente. **~ness** *n* completezza *f*
those /ðəʊz/ *see* **that**
though /ðəʊ/ *conj* sebbene; **as ~** come se ● *adv fam* tuttavia
thought /θɔ:t/ *see* **think** ● *n* pensiero *m*; (*idea*) idea *f*. **~ful** *a* pensieroso; (*considerate*) premuroso. **~fully** *adv* pensierosamente; (*considerately*) premurosamente. **~less** *a* (*inconsiderate*) sconsiderato. **~lessly** *adv* con noncuranza
thousand /'θaʊznd/ *a* **one/a ~** mille *m inv* ● *n* mille *m inv*; **~s of** migliaia *fpl* di. **~th** *a* millesimo ● *n* millesimo, -a *mf*
thrash /θræʃ/ *vt* picchiare; (*defeat*) sconfiggere. **thrash out** *vt* mettere a punto
thread /θred/ *n* filo *m*; (*of screw*) filetto

m ● *vt* infilare ‹*beads*›; **~ one's way through** farsi strada fra. **~bare** *a* logoro
threat /θret/ *n* minaccia *f*
threaten /'θretn/ *vt* minacciare (**to do** di fare) ● *vi fig* incalzare. **~ing** *a* minaccioso; ‹*sky, atmosphere*› sinistro
three /θri:/ *a* & *n* tre *m*. **~fold** *a* & *adv* triplo. **~some** /-səm/ *n* trio *m*
thresh /θreʃ/ *vt* trebbiare
threshold /'θreʃəʊld/ *n* soglia *f*
threw /θru:/ *see* **throw**
thrift /θrɪft/ *n* economia *f*. **~y** *a* parsimonioso
thrill /θrɪl/ *n* emozione *f*; (*of fear*) brivido *m* ● *vt* entusiasmare; **be ~ed with** essere entusiasta di. **~er** *n* (*book*) [romanzo *m*] giallo *m*; (*film*) [film *m*] giallo *m*. **~ing** *a* eccitante
thrive /θraɪv/ *vi* (*pt* **thrived** *or* **throve**, *pp* **thrived** *or* **thriven** /'θrɪvn/) ‹*business:*› prosperare; ‹*child, plant:*› crescere bene; **I ~ on pressure** mi piace essere sotto tensione
throat /θrəʊt/ *n* gola *f*; **sore ~** mal *m* di gola
throb /θrɒb/ *n* pulsazione *f*; (*of heart*) battito *m* ● *vi* (*pt*/*pp* **throbbed**) (*vibrate*) pulsare; ‹*heart:*› battere
throes /θrəʊz/ *npl* **in the ~ of** *fig* alle prese con
thrombosis /θrɒm'bəʊsɪs/ *n* trombosi *f*
throne /θrəʊn/ *n* trono *m*
throng /θrɒŋ/ *n* calca *f*
throttle /'θrɒtl/ *n* (*on motorbike*) manopola *f* di accelerazione ● *vt* strozzare
through /θru:/ *prep* attraverso; (*during*) durante; (*by means of*) tramite; (*thanks to*) grazie a; **Saturday ~ Tuesday** *Am* da sabato a martedì incluso ● *adv* attraverso; **~ and ~** fino in fondo; **wet ~** completamente bagnato; **read sth ~** dare una lettura a qcsa; **let ~** lasciar passare ‹*sb*› ● *a* ‹*train*› diretto; **be ~** (*finished*) aver finito; *Teleph* avere la comunicazione
throughout /θru:'aʊt/ *prep* per tutto ● *adv* completamente; (*time*) per tutto il tempo
throw /θrəʊ/ *n* tiro *m* ● *vt* (*pt* **threw**, *pp* **thrown**) lanciare; (*throw away*) gettare; azionare ‹*switch*›; disarcionare ‹*rider*›; (*fam: disconcert*) disorientare; *fam* dare ‹*party*›. **throw away** *vt* gettare via. **throw out** *vt* gettare via; rigettare ‹*plan*›; buttare fuori ‹*person*›. **throw up** *vt* alzare ● *vi* (*vomit*) vomitare
'**throw-away** *a* ‹*remark*› buttato lì; ‹*paper cup*› usa e getta *inv*
thrush /θrʌʃ/ *n* tordo *m*
thrust /θrʌst/ *n* spinta *f* ● *vt* (*pt*/*pp* **thrust**) (*push*) spingere; (*insert*) conficcare; **~ [up]on** imporre a
thud /θʌd/ *n* tonfo *m*
thug /θʌg/ *n* deliquente *m*
thumb /θʌm/ *n* pollice *m*; **as a rule of ~** come regola generale; **under sb's ~** succube di qcno ● *vt* **~ a lift** fare l'autostop. **~-index** *n* indice *m* a rubrica. **~tack** *n Am* puntina *f* da disegno
thump /θʌmp/ *n* colpo *m*; (*noise*) tonfo *m* ● *vt* battere su ‹*table, door*›; battere ‹*fist*›; colpire ‹*person*› ● *vi* battere (**on** su); ‹*heart:*› battere forte. **thump about** *vi* camminare pesantemente
thunder /'θʌndə(r)/ *n* tuono *m*; (*loud noise*) rimbombo *m* ● *vi* tuonare; (*make loud noise*) rimbombare. **~clap** *n* rombo *m* di tuono. **~storm** *n* temporale *m*. **~y** *a* temporalesco
Thursday /'θɜ:zdeɪ/ *n* giovedì *m inv*
thus /ðʌs/ *adv* così
thwart /θwɔ:t/ *vt* ostacolare
thyme /taɪm/ *n* timo *m*
Tiber /'taɪbə(r)/ *n* Tevere *m*
tick /tɪk/ *n* (*sound*) ticchettio *m*; (*mark*) segno *m*; (*fam: instant*) attimo *m* ● *vi* ticchettare. **tick off** *vt* spuntare; *fam* sgridare. **tick over** *vi* ‹*engine:*› andare al minimo
ticket /'tɪkɪt/ *n* biglietto *m*; (*for item deposited, library*) tagliando *m*; (*label*) cartellino *m*; (*fine*) multa *f*. **~-collector** *n* controllore *m*. **~-office** *n* biglietteria *f*
tick|le /'tɪkl/ *n* solletico *m* ● *vt* fare il solletico a; (*amuse*) divertire ● *vi* fare prurito. **~lish** /'tɪklɪʃ/ *a* che soffre il solletico
tidal /'taɪdl/ *a* ‹*river, harbour*› di marea. **~ wave** *n* onda *f* di marea
tiddly-winks /'tɪdlɪwɪŋks/ *n* gioco *m* delle pulci
tide /taɪd/ *n* marea *f*; (*of events*) corso *m*; **the ~ is in/out** c'è alta/bassa marea ● **tide over** *vt* **~ sb over** aiutare qcno a andare avanti
tidily /'taɪdɪlɪ/ *adv* in modo ordinato
tidiness /'taɪdɪnɪs/ *n* ordine *m*
tidy /'taɪdɪ/ *a* (**-ier, -iest**) ordinato; ‹*fam: amount*› bello ● *vt* (*pt*/*pp* **-ied**) **~ [up]** ordinare; **~ oneself up** mettersi in ordine
tie /taɪ/ *n* cravatta *f*; (*cord*) legaccio *m*; (*fig: bond*) legame *m*; (*restriction*) impedimento *m*; *Sport* pareggio *m* ● *v* (*pres p* **tying**) ● *vt* legare; fare ‹*knot*›; **be ~d**

(*in competition*) essere in parità ● *vi* pareggiare. **tie in with** *vi* corrispondere a. **tie up** *vt* legare; vincolare ‹*capital*›; **be ~d up** (*busy*) essere occupato

tier /tɪə(r)/ *n* fila *f*; (*of cake*) piano *m*; (*in stadium*) gradinata *f*

tiff /tɪf/ *n* battibecco *m*

tiger /'taɪgə(r)/ *n* tigre *f*

tight /taɪt/ *a* stretto; (*taut*) teso; (*fam: drunk*) sbronzo; (*fam: mean*) spilorcio; **~ corner** *fam* brutta situazione *f* ● *adv* strettamente; ‹*hold*› forte; ‹*closed*› bene

tighten /'taɪtn/ *vt* stringere; avvitare ‹*screw*›; intensificare ‹*control*› ● *vi* stringersi

tight: ~-'fisted *a* tirchio. **~-fitting** *a* aderente. **~ly** *adv* strettamente; ‹*hold*› forte; ‹*closed*› bene. **~rope** *n* fune *f* (*da funamboli*)

tights /taɪts/ *npl* collant *m inv*

tile /taɪl/ *n* mattonella *f*; (*on roof*) tegola *f* ● *vt* rivestire di mattonelle ‹*wall*›

till[1] /tɪl/ *prep & conj* = **until**

till[2] *n* cassa *f*

tiller /'tɪlə(r)/ *n* barra *f* del timone

tilt /tɪlt/ *n* inclinazione *f*; **at full ~** a tutta velocità ● *vt* inclinare ● *vi* inclinarsi

timber /'tɪmbə(r)/ *n* legname *m*

time /taɪm/ *n* tempo *m*; (*occasion*) volta *f*; (*by clock*) ora *f*; **two ~s four** due volte quattro; **at any ~** in qualsiasi momento; **this ~** questa volta; **at ~s, from ~ to ~** ogni tanto; **~ and again** cento volte; **two at a ~** due alla volta; **on ~** in orario; **in ~** in tempo; (*eventually*) col tempo; **in no ~ at all** velocemente; **in a year's ~** fra un anno; **behind ~** in ritardo; **behind the ~s** antiquato; **for the ~ being** per il momento; **what is the ~?** che ora è?; **by the ~ we arrive** quando arriviamo; **did you have a nice ~?** ti sei divertito?; **have a good ~!** divertiti! ● *vt* scegliere il momento per; cronometrare ‹*race*›; **be well ~d** essere ben calcolato

time: ~ bomb *n* bomba *f* a orologeria. **~-lag** *n* intervallo *m* di tempo. **~less** *a* eterno. **~ly** *a* opportuno. **~-switch** *n* interruttore *m* a tempo. **~-table** *n* orario *m*

timid /'tɪmɪd/ *a* (*shy*) timido; (*fearful*) timoroso

timing /'taɪmɪŋ/ *n Sport, Techn* cronometraggio *m*; **the ~ of the election** il momento scelto per le elezioni

tin /tɪn/ *n* stagno *m*; (*container*) barattolo *m* ● *vt* (*pt/pp* **tinned**) inscatolare. **~ foil** *n* [carta *f*] stagnola *f*

tinge /tɪndʒ/ *n* sfumatura *f* ● *vt* **~d with** *fig* misto a

tingle /'tɪŋgl/ *vi* pizzicare

tinker /'tɪŋkə(r)/ *vi* armeggiare

tinkle /'tɪŋkl/ *n* tintinnio *m*; (*fam: phone call*) colpo *m* di telefono ● *vi* tintinnare

tinned /tɪnd/ *a* in scatola

'tin opener *n* apriscatole *m inv*

tinsel /'tɪnsl/ *n* filo *m* d'argento

tint /tɪnt/ *n* tinta *f* ● *vt* tingersi ‹*hair*›

tiny /'taɪnɪ/ *a* (**-ier, -iest**) minuscolo

tip[1] /tɪp/ *n* punta *f*

tip[2] *n* (*money*) mancia *f*; (*advice*) consiglio *m*; (*for rubbish*) discarica *f* ● *v* (*pt/pp* **tipped**) ● *vt* (*tilt*) inclinare; (*overturn*) capovolgere; (*pour*) versare; (*reward*) dare una mancia a ● *vi* inclinarsi; (*overturn*) capovolgersi. **tip off** *vt* **~ sb off** (*inform*) fare una soffiata a qcno. **tip out** *vt* rovesciare. **tip over** *vt* capovolgere ● *vi* capovolgersi

'tip-off *n* soffiata *f*

tipped /tɪpt/ *a* ‹*cigarette*› col filtro

tipsy /'tɪpsɪ/ *a fam* brillo

tiptoe /'tɪptəʊ/ *n* **on ~** in punta di piedi

tiptop /tɪp'tɒp/ *a fam* in condizioni perfette

tire /'taɪə(r)/ *vt* stancare ● *vi* stancarsi. **~d** *a* stanco; **~d of** stanco di; **~d out** stanco morto. **~less** *a* instancabile. **~some** /-səm/ *a* fastidioso

tiring /'taɪərɪŋ/ *a* stancante

tissue /'tɪʃu:/ *n* tessuto *m*; (*handkerchief*) fazzolettino *m* di carta. **~-paper** *n* carta *f* velina

tit[1] /tɪt/ *n* (*bird*) cincia *f*

tit[2] *n* **~ for tat** pan per focaccia

title /'taɪtl/ *n* titolo *m*. **~-deed** *n* atto *m* di proprietà. **~-role** *n* ruolo *m* principale

tittle-tattle /'tɪtltætl/ *n* pettegolezzi *mpl*

to /tu:/, *atono* /tə/ *prep* a; (*to countries*) in; (*towards*) verso; (*up to, until*) fino a; **I'm going to John's/the butcher's** vado da John/dal macellaio; **come/go to sb** venire/andare da qcno; **to Italy/Switzerland** in Italia/Svizzera; **I've never been to Rome** non sono mai stato a Roma; **go to the market** andare al mercato; **to the toilet/my room** in bagno/camera mia; **to an exhibition** a una mostra; **to university** all'università; **twenty/quarter to eight** le otto meno venti/un quarto; **5 to 6 kilos** da 5 a 6 chili; **to the end** alla fine; **to this day** fino a oggi; **to the best of my recollection** per quanto mi possa ricordare; **give/say sth to sb** dare/dire qcsa a qcno; **give it to me** dammelo; **there's nothing to it** è una cosa da niente ● *verbal constructions*

to go andare; **learn to swim** imparare a nuotare; **I want to/have to go** voglio/devo andare; **it's easy to forget** è facile da dimenticare; **too ill/tired to go** troppo malato/stanco per andare; **you have to** devi; **I don't want to** non voglio; **live to be 90** vivere fino a 90 anni; **he was the last to arrive** è stato l'ultimo ad arrivare; **to be honest,...** per essere sincero,... ● *adv* **pull to** chiudere; **to and fro** avanti e indietro

toad /təʊd/ *n* rospo *m*. **~stool** *n* fungo *m* velenoso

toast /təʊst/ *n* pane *m* tostato; (*drink*) brindisi *m inv* ● *vt* tostare ‹*bread*›; (*drink a ~ to*) brindare a. **~er** *n* tostapane *m inv*

tobacco /tə'bækəʊ/ *n* tabacco *m*. **~nist's [shop]** *n* tabaccheria *f*

toboggan /tə'bɒgən/ *n* toboga *m inv* ● *vi* andare in toboga

today /tə'deɪ/ *a & adv* oggi *m*; **a week ~** una settimana a oggi; **~'s paper** il giornale di oggi

toddler /'tɒdlə(r)/ *n* bambino, -a *mf* ai primi passi

to-do /tə'du:/ *n fam* baccano *m*

toe /təʊ/ *n* dito *m* del piede; (*of footwear*) punta *f*; **big ~** alluce *m* ● *vt* **~ the line** rigar diritto. **~nail** *n* unghia *f* del piede

toffee /'tɒfɪ/ *n* caramella *f* al mou

together /tə'geðə(r)/ *adv* insieme; (*at the same time*) allo stesso tempo; **~ with** insieme a

toilet /'tɔɪlɪt/ *n* (*lavatory*) gabinetto *m*. **~ paper** *n* carta *f* igienica

toiletries /'tɔɪlɪtrɪz/ *npl* articoli *mpl* da toilette

toilet: ~ roll *n* rotolo *m* di carta igienica. **~ water** *n* acqua *f* di colonia

token /'təʊkən/ *n* segno *m*; (*counter*) gettone *m*; (*voucher*) buono *m* ● *attrib* simbolico

told /təʊld/ *see* **tell** ● *a* **all ~** in tutto

tolerabl|e /'tɒl(ə)rəbl/ *a* tollerabile; (*not bad*) discreto. **~y** *adv* discretamente

toleran|ce /'tɒl(ə)r(ə)ns/ *n* tolleranza *f*. **~t** *a* tollerante. **~tly** *adv* con tolleranza

tolerate /'tɒləreɪt/ *vt* tollerare

toll¹ /təʊl/ *n* pedaggio *m*; **death ~** numero *m* di morti

toll² *vi* suonare a morto

tom /tɒm/ *n* (*cat*) gatto *m* maschio

tomato /tə'mɑ:təʊ/ *n* (*pl* **-es**) pomodoro *m*. **~ ketchup** *n* ketchup *m*. **~ purée** *n* concentrato *m* di pomodoro

tomb /tu:m/ *n* tomba *f*

'tomboy *n* maschiaccio *m*

'tombstone *n* pietra *f* tombale

'tom-cat *n* gatto *m* maschio

tomfoolery /tɒm'fu:lərɪ/ *n* stupidaggini *fpl*

tomorrow /tə'mɒrəʊ/ *a & adv* domani; **~ morning** domani mattina; **the day after ~** dopodomani; **see you ~!** a domani!

ton /tʌn/ *n* tonnellata *f* (= *1,016 kg.*); **~s of** *fam* un sacco di

tone /təʊn/ *n* tono *m*; (*colour*) tonalità *f inv* ● **tone down** *vt* attenuare. **tone up** *vt* tonificare ‹*muscles*›

toner /'təʊnə(r)/ *n* toner *m*

tongs /tɒŋz/ *npl* pinze *fpl*

tongue /tʌŋ/ *n* lingua *f*; **~ in cheek** ‹*fam: say*› ironicamente. **~-twister** *n* scioglilingua *m inv*

tonic /'tɒnɪk/ *n* tonico *m*; (*for hair*) lozione *f* per i capelli; *fig* toccasana *m inv*; **~ [water]** acqua *f* tonica

tonight /tə'naɪt/ *adv* stanotte; (*evening*) stasera ● *n* questa notte *f*; (*evening*) questa sera *f*

tonne /tʌn/ *n* tonnellata *f* metrica

tonsil /'tɒnsl/ *n Anat* tonsilla *f*. **~litis** /-sə'laɪtɪs/ *n* tonsillite *f*

too /tu:/ *adv* troppo; (*also*) anche; **~ many** troppi; **~ much** troppo; **~ little** troppo poco

took /tʊk/ *see* **take**

tool /tu:l/ *n* attrezzo *m*

toot /tu:t/ *n* suono *m* di clacson ● *vi Auto* clacsonare

tooth /tu:θ/ *n* (*pl* **teeth**) dente *m*

tooth: ~ache *n* mal *m* di denti. **~brush** *n* spazzolino *m* da denti. **~less** *a* sdentato. **~paste** *n* dentifricio *m*. **~pick** *n* stuzzicadenti *m inv*

top¹ /tɒp/ *n* (*toy*) trottola *f*

top² *n* cima *f*; *Sch* primo, -a *mf*; (*upper part or half*) parte *f* superiore; (*of page, list, street*) inizio *m*; (*upper surface*) superficie *f*; (*lid*) coperchio *m*; (*of bottle*) tappo *m*; (*garment*) maglia *f*; (*blouse*) camicia *f*; *Auto* marcia *f* più alta; **at the ~** *fig* al vertice; **at the ~ of one's voice** a squarciagola; **on ~/on ~ of** sopra; **on ~ of that** (*besides*) per di più; **from ~ to bottom** da cima a fondo ● *a* in alto; ‹*official, floor of building*› superiore; ‹*pupil, musician etc*› migliore; ‹*speed*› massimo ● *vt* (*pt/pp* **topped**) essere in testa a ‹*list*›; (*exceed*) sorpassare; **~ped with ice-cream** ricoperto di gelato. **top up** *vt* riempire

top: ~ 'floor *n* ultimo piano *m*. **~ hat** *n*

cilindro *m*. **~-heavy** *a* con la parte superiore sovraccarica
topic /'tɒpɪk/ *n* soggetto *m*; (*of conversation*) argomento *m*. **~al** *a* d'attualità
top: ~less *a & adv* topless. **~most** *a* più alto
topple /'tɒpl/ *vt* rovesciare ● *vi* rovesciarsi. **topple off** *vi* cadere
top-'secret *a* segretissimo, top secret *inv*
torch /tɔ:tʃ/ *n* torcia *f* [elettrica]; (*flaming*) fiaccola *f*
tore /tɔ:(r)/ *see* **tear**[1]
torment[1] /'tɔ:ment/ *n* tormento *m*
torment[2] /tɔ:'ment/ *vt* tormentare
torn /tɔ:n/ *see* **tear**[1] ● *a* bucato
tornado /tɔ:'neɪdəʊ/ *n* (*pl* **-es**) tornado *m inv*
torpedo /tɔ:'pi:dəʊ/ *n* (*pl* **-es**) siluro *m* ● *vt* silurare
torrent /'tɒrənt/ *n* torrente *m*. **~ial** /tə'renʃl/ *a* ‹*rain*› torrenziale
torso /'tɔ:səʊ/ *n* torso *m*; (*in art*) busto *m*
tortoise /'tɔ:təs/ *n* tartaruga *f*
tortuous /'tɔ:tʃʊəs/ *a* tortuoso
torture /'tɔ:tʃə(r)/ *n* tortura *f* ● *vt* torturare
Tory /'tɔ:rɪ/ *a & n fam* conservatore, -trice *mf*
toss /tɒs/ *vt* gettare; (*into the air*) lanciare in aria; (*shake*) scrollare; ‹*horse:*› disarcionare; mescolare ‹*salad*›; rivoltare facendo saltare in aria ‹*pancake*›; **~ a coin** fare testa o croce ● *vi* **~ and turn** (*in bed*) rigirarsi; **let's ~ for it** facciamo testa o croce
tot[1] /tɒt/ *n* bimbetto, -a *mf*; (*fam: of liquor*) goccio *m*
tot[2] *vt* (*pt/pp* **totted**) **~ up** *fam* fare la somma di
total /'təʊtl/ *a* totale ● *n* totale *m* ● *vt* (*pt/pp* **totalled**) ammontare a; (*add up*) sommare
totalitarian /təʊtælɪ'teərɪən/ *a* totalitario
totally /'təʊtəlɪ/ *adv* totalmente
totter /'tɒtə(r)/ *vi* barcollare; ‹*government:*› vacillare
touch /tʌtʃ/ *n* tocco *m*; (*sense*) tatto *m*; (*contact*) contatto *m*; (*trace*) traccia *f*; (*of irony, humour*) tocco *m*; **get/be in ~** mettersi/essere in contatto ● *vt* toccare; (*lightly*) sfiorare; (*equal*) eguagliare; (*fig: move*) commuovere ● *vi* toccarsi. **touch down** *vi Aeron* atterrare. **touch on** *vt fig* accennare a. **touch up** *vt* ritoccare ‹*painting*›
touch|ing /'tʌtʃɪŋ/ *a* commovente. **~screen** *n* touchscreen *m inv*. **~-tone** *a* a tastiera. **~y** *a* permaloso; ‹*subject*› delicato
tough /tʌf/ *a* duro; (*severe, harsh*) severo; (*durable*) resistente; (*resilient*) forte
toughen /'tʌfn/ *vt* rinforzare. **toughen up** *vt* rendere più forte ‹*person*›
tour /tʊə(r)/ *n* giro *m*; (*of building, town*) visita *f*; *Theat, Sport* tournée *f inv*; (*of duty*) servizio *m* ● *vt* visitare ● *vi* fare un giro turistico; *Theat* essere in tournée
touris|m /'tʊərɪzm/ *n* turismo *m*. **~t** /-rɪst/ *n* turista *mf* ● *attrib* turistico. **~t office** *n* ufficio *m* turistico
tournament /'tʊənəmənt/ *n* torneo *m*
'tour operator *n* tour operator *mf inv*, operatore, -trice *mf* turistico, -a
tousle /'taʊzl/ *vt* spettinare
tout /taʊt/ *n* (*ticket ~*) bagarino *m*; (*horse-racing*) informatore *m* ● *vi* **~ for** sollecitare
tow /təʊ/ *n* rimorchio *m*; **'on ~'** 'a rimorchio'; **in ~** *fam* al seguito ● *vt* rimorchiare. **tow away** *vt* portare via col carro attrezzi
toward[s] /tə'wɔ:d(z)/ *prep* verso; (*with respect to*) nei riguardi di
towel /'taʊəl/ *n* asciugamano *m*. **~ling** *n* spugna *f*
tower /'taʊə(r)/ *n* torre *f* ● *vi* **~ above** dominare. **~ block** *n* palazzone *m*. **~ing** *a* torreggiante; ‹*rage*› violento
town /taʊn/ *n* città *f inv*. **~ 'hall** *n* municipio *m*
tow: ~-path *n* strada *f* alzaia. **~-rope** *n* cavo *m* da rimorchio
toxic /'tɒksɪk/ *a* tossico
toxin /'tɒksɪn/ *n* tossina *f*
toy /tɔɪ/ *n* giocattolo *m*. **~shop** *n* negozio *m* di giocattoli. **toy with** *vt* giocherellare con
trace /treɪs/ *n* traccia *f* ● *vt* seguire le tracce di; (*find*) rintracciare; (*draw*) tracciare; (*with tracing-paper*) ricalcare
track /træk/ *n* traccia *f*; (*path, Sport*) pista *f*; *Rail* binario *m*; **keep ~ of** tenere d'occhio ● *vt* seguire le tracce di. **track down** *vt* scovare
'track: ~ball *n Comput* trackball *f inv*. **~suit** *n* tuta *f* da ginnastica
tractor /'træktə(r)/ *n* trattore *m*
trade /treɪd/ *n* commercio *m*; (*line of business*) settore *m*; (*craft*) mestiere *m*; **by ~** di mestiere ● *vt* commerciare; **~ sth for sth** scambiare qcsa per qcsa ● *vi* commerciare. **trade in** *vt* (*give in*

part exchange) dare in pagamento parziale

'trade mark *n* marchio *m* di fabbrica

trader /'treɪdə(r)/ *n* commerciante *mf*

trade: ~sman *n* (*joiner etc*) operaio *m*. **~ 'union** *n* sindacato *m*. **~ 'unionist** *n* sindacalista *mf*

trading /'treɪdɪŋ/ *n* commercio *m*. **~ estate** *n* zona *f* industriale

tradition /trə'dɪʃn/ *n* tradizione *f*. **~al** *a* tradizionale. **~ally** *adv* tradizionalmente

traffic /'træfɪk/ *n* traffico *m* ● *vi* (*pt/pp* **trafficked**) trafficare

traffic: ~ circle *n Am* isola *f* rotatoria. **~ jam** *n* ingorgo *m*. **~ lights** *npl* semaforo *msg*. **~ warden** *n* vigile *m* [urbano]; (*woman*) vigilessa *f*

tragedy /'trædʒədɪ/ *n* tragedia *f*

tragic /'trædʒɪk/ *a* tragico. **~ally** *adv* tragicamente

trail /treɪl/ *n* traccia *f*; (*path*) sentiero *m* ● *vi* strisciare; ‹*plant:*› arrampicarsi; **~ [behind]** rimanere indietro; (*in competition*) essere in svantaggio ● *vt* trascinare

trailer /'treɪlə(r)/ *n Auto* rimorchio *m*; (*Am: caravan*) roulotte *f inv*; (*film*) presentazione *f* (*di un film*)

train /treɪn/ *n* treno *m*; **~ of thought** filo *m* dei pensieri ● *vt* formare professionalmente; *Sport* allenare; (*aim*) puntare; educare ‹*child*›; addestrare ‹*animal, soldier*› ● *vi* fare il tirocinio; *Sport* allenarsi. **~ed** *a* ‹*animal*› addestrato (**to do** a fare)

trainee /treɪ'ni:/ *n* apprendista *mf*

train|er /'treɪnə(r)/ *n Sport* allenatore, -trice *mf*; (*in circus*) domatore, -trice *mf*; (*of dog, race-horse*) addestratore, -trice *mf*; **~ers** *pl* scarpe *fpl* da ginnastica. **~ing** *n* tirocinio *m*; *Sport* allenamento *m*; (*of animal, soldier*) addestramento *m*

traipse /treɪps/ *vi* **~ around** *fam* andare in giro

trait /treɪt/ *n* caratteristica *f*

traitor /'treɪtə(r)/ *n* traditore, -trice *mf*

tram /træm/ *n* tram *m inv*. **~-lines** *npl* rotaie *fpl* del tram

tramp /træmp/ *n* (*hike*) camminata *f*; (*vagrant*) barbone, -a *mf*; (*of feet*) calpestio *m* ● *vi* camminare con passo pesante; (*hike*) percorrere a piedi

trample /'træmpl/ *vt/i* **~ [on]** calpestare

trampoline /'træmpəli:n/ *n* trampolino *m*

trance /trɑ:ns/ *n* trance *f inv*

tranquil /'træŋkwɪl/ *a* tranquillo. **~lity** /-'kwɪlətɪ/ *n* tranquillità *f*

tranquillizer /'træŋkwɪlaɪzə(r)/ *n* tranquillante *m*

transact /træn'zækt/ *vt* trattare. **~ion** /-ækʃn/ *n* transazione *f*

transatlantic /trænzət'læntɪk/ *a* transatlantico

transcend /træn'send/ *vt* trascendere

transfer[1] /'trænsfɜ:(r)/ *n* trasferimento *m*; *Sport* cessione *f*; (*design*) decalcomania *f*

transfer[2] /træns'fɜ:(r)/ *v* (*pt/pp* **transferred**) ● *vt* trasferire; *Sport* cedere ● *vi* trasferirsi; (*when travelling*) cambiare. **~able** /-əbl/ *a* trasferibile

transform /træns'fɔ:m/ *vt* trasformare. **~ation** /-fə'meɪʃn/ *n* trasformazione *f*. **~er** *n* trasformatore *m*

transfusion /træns'fju:ʒn/ *n* trasfusione *f*

transient /'trænzɪənt/ *a* passeggero

transistor /træn'zɪstə(r)/ *n* transistor *m inv*; (*radio*) radiolina *f* a transistor

transit /'trænzɪt/ *n* transito *m*; **in ~** ‹*goods*› in transito

transition /træn'zɪʃn/ *n* transizione *f*. **~al** *a* di transizione

transitive /'trænzɪtɪv/ *a* transitivo

transitory /'trænzɪtərɪ/ *a* transitorio

translat|e /trænz'leɪt/ *vt* tradurre. **~ion** /-'leɪʃn/ *n* traduzione *f*. **~or** *n* traduttore, -trice *mf*

transmission /trænz'mɪʃn/ *n* trasmissione *f*

transmit /trænz'mɪt/ *vt* (*pt/pp* **transmitted**) trasmettere. **~ter** *n* trasmettitore *m*

transparen|cy /træn'spærənsɪ/ *n Phot* diapositiva *f*. **~t** *a* trasparente

transpire /træn'spaɪə(r)/ *vi* emergere; (*fam: happen*) accadere

transplant[1] /'trænsplɑ:nt/ *n* trapianto *m*

transplant[2] /træns'plɑ:nt/ *vt* trapiantare

transport[1] /'trænspɔ:t/ *n* trasporto *m*

transport[2] /træn'spɔ:t/ *vt* trasportare. **~ation** /-'teɪʃn/ *n* trasporto *m*

transvestite /trænz'vestaɪt/ *n* travestito, -a *mf*

trap /træp/ *n* trappola *f*; (*fam: mouth*) boccaccia *f* ● *vt* (*pt/pp* **trapped**) intrappolare; schiacciare ‹*finger in door*›. **~'door** *n* botola *f*

trapeze /trə'pi:z/ *n* trapezio *m*

trash /træʃ/ *n* robaccia *f*; (*rubbish*) spazzatura *f*; (*nonsense*) schiocchezze *fpl*. **~can** *n Am* secchio *m* della spazzatura. **~y** *a* scadente

trauma /'trɔ:mə/ *n* trauma *m*. **~tic**

/-ˈmætɪk/ *a* traumatico. **~tize** /-taiz/ traumatizzare

travel /ˈtrævl/ *n* viaggi *mpl* ● *v* (*pt/pp* **travelled**) ● *vi* viaggiare; (*to work*) andare ● *vt* percorrere ‹*distance*›. **~ agency** *n* agenzia *f* di viaggi. **~ agent** *n* agente *mf* di viaggio

traveller /ˈtrævələ(r)/ *n* viaggiatore, -trice *mf*; *Comm* commesso *m* viaggiatore; **~s** *pl* (*gypsies*) zingari *mpl*. **~'s cheque** *n* traveller's cheque *m inv*

trawler /ˈtrɔ:lə(r)/ *n* peschereccio *m*

tray /treɪ/ *n* vassoio *m*; (*for baking*) teglia *f*; (*for documents*) vaschetta *f* sparticarta; (*of printer, photocopier*) vassoio *m*

treacher|ous /ˈtretʃərəs/ *a* traditore; ‹*weather, currents*› pericoloso. **~y** *n* tradimento *m*

treacle /ˈtri:kl/ *n* melassa *f*

tread /tred/ *n* andatura *f*; (*step*) gradino *m*; (*of tyre*) battistrada *m inv* ● *v* (*pt* **trod**, *pp* **trodden**) ● *vi* (*walk*) camminare. **tread on** *vt* calpestare ‹*grass*›; pestare ‹*foot*›

treason /ˈtri:zn/ *n* tradimento *m*

treasure /ˈtreʒə(r)/ *n* tesoro *m* ● *vt* tenere in gran conto. **~r** *n* tesoriere, -a *mf*

treasury /ˈtreʒərɪ/ *n* **the T~** il Ministero del Tesoro

treat /tri:t/ *n* piacere *m*; (*present*) regalo *m*; **give sb a ~** fare una sorpresa a qcno ● *vt* trattare; *Med* curare; **~ sb to sth** offrire qcsa a qcno

treatise /ˈtri:tɪz/ *n* trattato *m*

treatment /ˈtri:tmənt/ *n* trattamento *m*; *Med* cura *f*

treaty /ˈtri:tɪ/ *n* trattato *m*

treble /ˈtrebl/ *a* triplo ● *n Mus* (*voice*) voce *f* bianca ● *vt* triplicare ● *vi* triplicarsi. **~ clef** *n* chiave *f* di violino

tree /tri:/ *n* albero *m*

trek /trek/ *n* scarpinata *f*; (*as holiday*) trekking *m inv* ● *vi* (*pt/pp* **trekked**) farsi una scarpinata; (*on holiday*) fare trekking

tremble /ˈtrembl/ *vi* tremare

tremendous /trɪˈmendəs/ *a* (*huge*) enorme; (*fam: excellent*) formidabile. **~ly** *adv* (*very*) straordinariamente; (*a lot*) enormemente

tremor /ˈtremə(r)/ *n* tremito *m*; **[earth] ~** scossa *f* [sismica]

trench /trentʃ/ *n* fosso *m*; *Mil* trincea *f*. **~ coat** *n* trench *m inv*

trend /trend/ *n* tendenza *f*; (*fashion*) moda *f*. **~y** *a* (**-ier, -iest**) *fam* di *or* alla moda

trepidation /trepɪˈdeɪʃn/ *n* trepidazione *f*

trespass /ˈtrespəs/ *vi* **~ on** introdursi abusivamente in; *fig* abusare di. **~er** *n* intruso, -a *mf*

trial /ˈtraɪəl/ *n Jur* processo *m*; (*test, ordeal*) prova *f*; **on ~** in prova; *Jur* in giudizio; **by ~ and error** per tentativi

triang|le /ˈtraɪæŋgl/ *n* triangolo *m*. **~ular** /-ˈæŋgjʊlə(r)/ *a* triangolare

tribe /traɪb/ *n* tribù *f inv*

tribulation /trɪbjʊˈleɪʃn/ *n* tribolazione *f*

tribunal /traɪˈbju:nl/ *n* tribunale *m*

tributary /ˈtrɪbjʊtərɪ/ *n* affluente *m*

tribute /ˈtrɪbju:t/ *n* tributo *m*; **pay ~** rendere omaggio

trice /traɪs/ *n* **in a ~** in un attimo

trick /trɪk/ *n* trucco *m*; (*joke*) scherzo *m*; (*in cards*) presa *f*; **do the ~** *fam* funzionare; **play a ~ on** fare uno scherzo a ● *vt* imbrogliare

trickle /ˈtrɪkl/ *vi* colare

trick|ster /ˈtrɪkstə(r)/ *n* imbroglione, -a *mf*. **~y** *a* (**-ier, -iest**) *a* ‹*operation*› complesso; ‹*situation*› delicato

tricycle /ˈtraɪsɪkl/ *n* triciclo *m*

tried /traɪd/ *see* **try**

trifl|e /ˈtraɪfl/ *n* inezia *f*; *Culin* zuppa *f* inglese. **~ing** *a* insignificante

trigger /ˈtrɪgə(r)/ *n* grilletto *m* ● *vt* **~ [off]** scatenare

trigonometry /trɪgəˈnɒmɪtrɪ/ *n* trigonometria *f*

trim /trɪm/ *a* (**trimmer, trimmest**) curato; ‹*figure*› snello ● *n* (*of hair, hedge*) spuntata *f*; (*decoration*) rifinitura *f*; **in good ~** in buono stato; ‹*person*› in forma ● *vt* (*pt/pp* **trimmed**) spuntare ‹*hair etc*›; (*decorate*) ornare; *Naut* orientare. **~ming** *n* bordo *m*; **~mings** *pl* (*decorations*) guarnizioni *fpl*; **with all the ~mings** *Culin* guarnito

trinket /ˈtrɪŋkɪt/ *n* ninnolo *m*

trio /ˈtri:əʊ/ *n* trio *m*

trip /trɪp/ *n* (*excursion*) gita *f*; (*journey*) viaggio *m*; (*stumble*) passo *m* falso ● *v* (*pt/pp* **tripped**) ● *vt* far inciampare ● *vi* inciampare (**on/over** in). **trip up** *vt* far inciampare

tripe /traɪp/ *n* trippa *f*; (*sl: nonsense*) fesserie *fpl*

triple /ˈtrɪpl/ *a* triplo ● *vt* triplicare ● *vi* triplicarsi

triplets /ˈtrɪplɪts/ *npl* tre gemelli *mpl*

triplicate /ˈtrɪplɪkət/ *n* **in ~** in triplice copia

tripod /ˈtraɪpɒd/ *n* treppiede *m inv*

tripper /ˈtrɪpə(r)/ *n* gitante *mf*

trite /traɪt/ *a* banale

triumph /'traɪʌmf/ *n* trionfo *m* ● *vi* trionfare (**over** su). **~ant** /-'ʌmf(ə)nt/ *a* trionfante. **~antly** *adv* ‹*exclaim*› con tono trionfante

trivial /'trɪvɪəl/ *a* insignificante. **~ity** /-'ælətɪ/ *n* banalità *f inv*

trod, trodden /trɒd, 'trɒdn/ *see* **tread**

trolley /'trɒlɪ/ *n* carrello *m*; (*Am: tram*) tram *m inv*. **~ bus** *n* filobus *m inv*

trombone /trɒm'bəʊn/ *n* trombone *m*

troop /tru:p/ *n* gruppo *m*; **~s** *pl* truppe *fpl* ● *vi* **~ in/out** entrare/uscire in gruppo

trophy /'trəʊfɪ/ *n* trofeo *m*

tropic /'trɒpɪk/ *n* tropico *m*; **~s** *pl* tropici *mpl*. **~al** *a* tropicale

trot /trɒt/ *n* trotto *m* ● *vi* (*pt/pp* **trotted**) trottare

trouble /'trʌbl/ *n* guaio *m*; (*difficulties*) problemi *mpl*; (*inconvenience, Med*) disturbo *m*; (*conflict*) conflitto *m*; **be in ~** essere nei guai; ‹*swimmer, climber:*› essere in difficoltà; **get into ~** finire nei guai; **get sb into ~** mettere qcno nei guai; **take the ~ to do sth** darsi la pena di far qcsa ● *vt* (*worry*) preoccupare; (*inconvenience*) disturbare; ‹*conscience, old wound:*› tormentare ● *vi* **don't ~!** non ti disturbare!. **~-maker** *n* **be a ~-maker** seminare zizzania. **~some** /-səm/ *a* fastidioso

trough /trɒf/ *n* trogolo *m*; (*atmospheric*) depressione *f*

trounce /traʊns/ *vt* (*in competition*) schiacciare

troupe /tru:p/ *n* troupe *f inv*

trousers /'traʊzəz/ *npl* pantaloni *mpl*

trout /traʊt/ *n inv* trota *f*

trowel /'traʊəl/ *n* (*for gardening*) paletta *f*; (*for builder*) cazzuola *f*

truant /'tru:ənt/ *n* **play ~** marinare la scuola

truce /tru:s/ *n* tregua *f*

truck /trʌk/ *n* (*lorry*) camion *m inv*

trudge /trʌdʒ/ *n* camminata *f* faticosa ● *vi* arrancare

true /tru:/ *a* vero; **come ~** avverarsi

truffle /'trʌfl/ *n* tartufo *m*

truism /'tru:ɪzm/ *n* truismo *m*

truly /'tru:lɪ/ *adv* veramente; **Yours ~** distinti saluti

trump /trʌmp/ *n* (*in cards*) atout *m inv*

trumpet /'trʌmpɪt/ *n* tromba *f*. **~er** *n* trombettista *mf*

truncheon /'trʌntʃn/ *n* manganello *m*

trunk /trʌŋk/ *n* (*of tree, body*) tronco *m*; (*of elephant*) proboscide *f*; (*for travelling, storage*) baule *m*; (*Am: of car*) bagagliaio *m*; **~s** *pl* calzoncini *mpl* da bagno

truss /trʌs/ *n Med* cinto *m* erniario

trust /trʌst/ *n* fiducia *f*; (*group of companies*) trust *m inv*; (*organization*) associazione *f*; **on ~** sulla parola ● *vt* fidarsi di; (*hope*) augurarsi ● *vi* **~ in** credere in; **~ to** affidarsi a. **~ed** *a* fidato

trustee /trʌs'ti:/ *n* amministratore, -trice *mf* fiduciario, -a

'trust|ful /'trʌstfl/ *a* fiducioso. **~ing** *a* fiducioso. **~worthy** *a* fidato

truth /tru:θ/ *n* (*pl* **-s** /tru:ðz/) verità *f inv*. **~ful** *a* veritiero. **~fully** *adv* sinceramente

try /traɪ/ *n* tentativo *m*, prova *f*; (*in rugby*) meta *f* ● *v* (*pt/pp* **tried**) ● *vt* provare; (*be a strain on*) mettere a dura prova; *Jur* processare ‹*person*›; discutere ‹*case*›; **~ to do sth** provare a fare qcsa ● *vi* provare. **try on** *vt* provarsi ‹*garment*›. **try out** *vt* provare

trying /'traɪɪŋ/ *a* duro; ‹*person*› irritante

T-shirt /'ti:-/ *n* maglietta *f*

tub /tʌb/ *n* tinozza *f*; (*carton*) vaschetta *f*; (*bath*) vasca *f* da bagno

tuba /'tju:bə/ *n Mus* tuba *f*

tubby /'tʌbɪ/ *a* (**-ier, -iest**) tozzo

tube /tju:b/ *n* tubo *m*; (*of toothpaste*) tubetto *m*; *Rail* metro *f*

tuber /'tju:bə(r)/ *n* tubero *m*

tuberculosis /tju:bɜ:kjʊ'ləʊsɪs/ *n* tubercolosi *f*

tubular /'tju:bjʊlə(r)/ *a* tubolare

tuck /tʌk/ *n* piega *f* ● *vt* (*put*) infilare. **tuck in** *vt* rimboccare; **~ sb in** rimboccare le coperte a qcno ● *vi* (*fam: eat*) mangiare con appetito. **tuck up** *vt* rimboccarsi ‹*sleeves*›; (*in bed*) rimboccare le coperte a

Tuesday /'tju:zdeɪ/ *n* martedì *m inv*

tuft /tʌft/ *n* ciuffo *m*

tug /tʌg/ *n* strattone *m*; *Naut* rimorchiatore *m* ● *v* (*pt/pp* **tugged**) ● *vt* tirare ● *vi* dare uno strattone. **~ of war** *n* tiro *m* alla fune

tuition /tju:'ɪʃn/ *n* lezioni *fpl*

tulip /'tju:lɪp/ *n* tulipano *m*

tumble /'tʌmbl/ *n* ruzzolone *m* ● *vi* ruzzolare. **~down** *a* cadente. **~-drier** *n* asciugabiancheria *f*

tumbler /'tʌmblə(r)/ *n* bicchiere *m* (*senza stelo*)

tummy /'tʌmɪ/ *n fam* pancia *f*

tumour /'tju:mə(r)/ *n* tumore *m*

tumult /'tju:mʌlt/ *n* tumulto *m*. **~uous** /-'mʌltjʊəs/ *a* tumultuoso

tuna /'tju:nə/ *n* tonno *m*

tune /tju:n/ *n* motivo *m*; **out of/in ~** ‹*instrument*› scordato/accordato; ‹*person*› stonato/intonato; **to the ~ of** *fam* per la modesta somma di ● *vt* accordare ‹*instrument*›; sintonizzare ‹*radio, TV*›; mettere a punto ‹*engine*›. **tune in** *vt* sintonizzare ● *vi* sintonizzarsi (**to** su). **tune up** *vi Mus* accordare gli strumenti

tuneful /'tju:nfl/ *a* melodioso

tuner /'tju:nə(r)/ *n* accordatore, -trice *mf*; *Radio, TV* sintonizzatore *m*

tunic /'tju:nɪk/ *n* tunica *f*; *Mil* giacca *f*; *Sch* grembiule *m*

Tunisia /tju:'nɪzɪə/ *n* Tunisia *f*. **~n** *a* & *n* tunisino, -a *mf*

tunnel /'tʌnl/ *n* tunnel *m inv* ● *vi* (*pt*/*pp* **tunnelled**) scavare un tunnel

turban /'tɜ:bən/ *n* turbante *m*

turbine /'tɜ:baɪn/ *n* turbina *f*

turbulen|ce /'tɜ:bjʊləns/ *n* turbolenza *f*. **~t** *a* turbolento

turf /tɜ:f/ *n* erba *f*; (*segment*) zolla *f* erbosa ● **turf out** *vt fam* buttar fuori

Turin /tju:'rɪn/ *n* Torino *f*

Turk /tɜ:k/ *n* turco, -a *mf*

turkey /'tɜ:kɪ/ *n* tacchino *m*

Turk|ey *n* Turchia *f*. **~ish** *a* turco

turmoil /'tɜ:mɔɪl/ *n* tumulto *m*

turn /tɜ:n/ *n* (*rotation, short walk*) giro *m*; (*in road*) svolta *f*, curva *f*; (*development*) svolta *f*; *Theat* numero *m*; (*fam: attack*) crisi *f inv*; **a ~ for the better/worse** un miglioramento/peggioramento; **do sb a good ~** rendere un servizio a qcno; **take ~s** fare a turno; **in ~** a turno; **out of ~** ‹*speak*› a sproposito; **it's your ~** tocca a te ● *vt* girare; voltare ‹*back, eyes*›; dirigere ‹*gun, attention*› ● *vi* girare; ‹*person:*› girarsi; ‹*leaves:*› ingiallire; (*become*) diventare; **~ right/left** girare a destra/sinistra; **~ sour** inacidirsi; **~ to sb** girarsi verso qcno; *fig* rivolgersi a qcno. **turn against** *vi* diventare ostile a ● *vt* mettere contro. **turn away** *vt* mandare via ‹*people*›; girare dall'altra parte ‹*head*› ● *vi* girarsi dall'altra parte. **turn down** *vt* piegare ‹*collar*›; abbassare ‹*heat, gas, sound*›; respingere ‹*person, proposal*›. **turn in** *vt* ripiegare in dentro ‹*edges*›; consegnare ‹*lost object*› ● *vi* (*fam: go to bed*) andare a letto; **~ into the drive** entrare nel viale. **turn off** *vt* spegnere; chiudere ‹*tap, water*› ● *vi* ‹*car:*› girare. **turn on** *vt* accendere; aprire ‹*tap, water*›; (*fam: attract*) eccitare ● *vi* (*attack*) attaccare. **turn out** *vt* (*expel*) mandar via; spegnere ‹*light, gas*›; (*produce*) produrre; (*empty*) svuotare ‹*room, cupboard*› ● *vi* (*transpire*) risultare; **~ out well/badly** ‹*cake, dress:*› riuscire bene/male; ‹*situation:*› andare bene/male. **turn over** *vt* girare ● *vi* girarsi; **please ~ over** vedi retro. **turn round** *vi* girarsi; ‹*car:*› girare. **turn up** *vt* tirare su ‹*collar*›; alzare ‹*heat, gas, sound, radio*› ● *vi* farsi vedere

turning /'tɜ:nɪŋ/ *n* svolta *f*. **~-point** *n* svolta *f* decisiva

turnip /'tɜ:nɪp/ *n* rapa *f*

turn: ~-out *n* (*of people*) affluenza *f*. **~over** *n Comm* giro *m* d'affari; (*of staff*) ricambio *m*. **~pike** *n Am* autostrada *f*. **~stile** *n* cancelletto *m* girevole. **~table** *n* piattaforma *f* girevole; (*on record-player*) piatto *m* (*di giradischi*). **~-up** *n* (*of trousers*) risvolto *m*

turpentine /'tɜ:pəntaɪn/ *n* trementina *f*

turquoise /'tɜ:kwɔɪz/ *a* (*colour*) turchese ● *n* turchese *m*

turret /'tʌrɪt/ *n* torretta *f*

turtle /'tɜ:tl/ *n* tartaruga *f* acquatica

tusk /tʌsk/ *n* zanna *f*

tussle /'tʌsl/ *n* zuffa *f* ● *vi* azzuffarsi

tutor /'tju:tə(r)/ *n* insegnante *mf* privato, -a; *Univ insegnante mf universitario, -a che segue individualmente un ristretto numero di studenti*. **~ial** /-'tɔ:rɪəl/ *n* discussione *f* col tutor

tuxedo /tʌk'si:dəʊ/ *n Am* smoking *m inv*

TV *n abbr* (**television**) tv *f inv*, tivù *f inv*

twaddle /'twɒdl/ *n* scemenze *fpl*

twang /twæŋ/ *n* (*in voice*) suono *m* nasale ● *vt* far vibrare

tweed /twi:d/ *n* tweed *m inv*

tweezers /'twi:zəz/ *npl* pinzette *fpl*

twelfth /twelfθ/ *a* & *n* dodicesimo, -a *mf*

twelve /twelv/ *a* & *n* dodici *m*

twentieth /'twentɪɪθ/ *a* & *n* ventesimo, -a *mf*

twenty /'twentɪ/ *a* & *n* venti *m*

twerp /twɜ:p/ *n fam* stupido, -a *mf*

twice /twaɪs/ *adv* due volte

twiddle /'twɪdl/ *vt* giocherellare con; **~ one's thumbs** *fig* girarsi i pollici

twig[1] /twɪg/ *n* ramoscello *m*

twig[2] *vt/i* (*pt*/*pp* **twigged**) *fam* intuire

twilight /'twaɪ-/ *n* crepuscolo *m*

twin /twɪn/ *n* gemello, -a *mf* ● *attrib* gemello. **~ beds** *npl* letti *mpl* gemelli

twine /twaɪn/ *n* spago *m* ● *vi* intrecciarsi; ‹*plant:*› attorcigliarsi ● *vt* intrecciare

twinge /twɪndʒ/ *n* fitta *f*; **~ of conscience** rimorso *m* di coscienza

twinkle /'twɪŋkl/ *n* scintillio *m* ● *vi* scintillare
twin 'town *n* città *f inv* gemellata
twirl /twɜ:l/ *vt* far roteare ● *vi* volteggiare ● *n* piroetta *f*
twist /twɪst/ *n* torsione *f*; (*curve*) curva *f*; (*in rope*) attorcigliata *f*; (*in book, plot*) colpo *m* di scena ● *vt* attorcigliare ‹*rope*›; torcere ‹*metal*›; girare ‹*knob, cap*›; (*distort*) distorcere; **~ one's ankle** storcersi la caviglia ● *vi* attorcigliarsi; ‹*road:*› essere pieno di curve
twit /twɪt/ *n fam* cretino, -a *mf*
twitch /twɪtʃ/ *n* tic *m inv*; (*jerk*) strattone *m* ● *vi* contrarsi
twitter /'twɪtə(r)/ *n* cinguettio *m* ● *vi* cinguettare; ‹*person:*› cianciare
two /tu:/ *a & n* due *m*
two: ~-faced *a* falso. **~-piece** *a* (*swimsuit*) due pezzi *m inv*; (*suit*) completo *m*. **~some** /-səm/ *n* coppia *f*. **~-way** *a* ‹*traffic*› a doppio senso di marcia
tycoon /taɪ'ku:n/ *n* magnate *m*
tying /'taɪɪŋ/ *see* **tie**
type /taɪp/ *n* tipo *m*; (*printing*) carattere *m* [tipografico] ● *vt/i* scrivere a macchina. **~writer** *n* macchina *f* da scrivere. **~written** *a* dattiloscritto
typhoid /'taɪfɔɪd/ *n* febbre *f* tifoidea
typical /'tɪpɪkl/ *a* tipico. **~ly** *adv* tipicamente; (*as usual*) come al solito
typify /'tɪpɪfaɪ/ *vt* (*pt/pp* **-ied**) essere tipico di
typing /'taɪpɪŋ/ *n* dattilografia *f*
typist /'taɪpɪst/ *n* dattilografo, -a *mf*
typography /taɪ'pɒgrəfɪ/ *n* tipografia *f*
tyrannical /tɪ'rænɪkl/ *a* tirannico
tyranny /'tɪrənɪ/ *n* tirannia *f*
tyrant /'taɪrənt/ *n* tiranno, -a *mf*
tyre /'taɪə(r)/ *n* gomma *f*, pneumatico *m*

Uu

ubiquitous /ju:'bɪkwɪtəs/ *a* onnipresente
udder /'ʌdə(r)/ *n* mammella *f* (*di vacca, capra etc*)
ugl|iness /'ʌglɪnɪs/ *n* bruttezza *f*. **~y** *a* (**-ier, -iest**) brutto
UK *n abbr* **United Kingdom**
ulcer /'ʌlsə(r)/ *n* ulcera *f*
ulterior /ʌl'tɪərɪə(r)/ *a* **~ motive** secondo fine *m*
ultimate /'ʌltɪmət/ *a* definitivo; (*final*) finale; (*fundamental*) fondamentale. **~ly** *adv* alla fine
ultimatum /ʌltɪ'meɪtəm/ *n* ultimatum *m inv*
ultrasound /'ʌltrə-/ *n Med* ecografia *f*
ultra'violet *a* ultravioletto
umbilical /ʌm'bɪlɪkl/ *a* **~ cord** cordone *m* ombelicale
umbrella /ʌm'brelə/ *n* ombrello *m*
umpire /'ʌmpaɪə(r)/ *n* arbitro *m* ● *vt/i* arbitrare
umpteen /ʌmp'ti:n/ *a fam* innumerevole. **~th** *a fam* ennesimo; **for the ~th time** per l'ennesima volta
UN *n abbr* (**United Nations**) ONU *f*
un'able /ʌn-/ *a* **be ~ to do sth** non potere fare qcsa; (*not know how*) non sapere fare qcsa
una'bridged *a* integrale
unac'companied *a* non accompagnato; ‹*luggage*› incustodito
unac'countabl|e *a* inspiegabile. **~y** *adv* inspiegabilmente
unac'customed *a* insolito; **be ~ to** non essere abituato a
una'dulterated *a* ‹*water*› puro; ‹*wine*› non sofisticato; *fig* assoluto
un'aided *a* senza aiuto
unanimity /ju:nə'nɪmətɪ/ *n* unanimità *f*
unanimous /ju:'nænɪməs/ *a* unanime. **~ly** *adv* all'unanimità
un'armed *a* disarmato. **~ combat** *n* lotta *f* senza armi
unas'suming *a* senza pretese
unat'tached *a* staccato; ‹*person*› senza legami
unat'tended *a* incustodito
un'authorized *a* non autorizzato
una'voidable *a* inevitabile
una'ware *a* **be ~ of sth** non rendersi conto di qcsa. **~s** /-eəz/ *adv* **catch sb ~s** prendere qcno alla sprovvista
un'balanced *a* non equilibrato; (*mentally*) squilibrato

un'bearabl|e *a* insopportabile. **~y** *adv* insopportabilmente
unbeat|able /ʌn'bi:təbl/ *a* imbattibile. **~en** *a* imbattuto
unbeknown /ʌnbɪ'nəʊn/ *a fam* **~ to me** a mia insaputa
unbe'lievable *a* incredibile
un'bend *vi* (*pt/pp* **-bent**) (*relax*) distendersi
un'biased *a* obiettivo
un'block *vt* sbloccare
un'bolt *vt* togliere il chiavistello di
un'breakable *a* infrangibile
unbridled /ʌn'braɪdld/ *a* sfrenato
un'burden *vt* **~ oneself** *fig* sfogarsi (**to** con)
un'button *vt* sbottonare
uncalled-for /ʌn'kɔ:ldfɔ:(r)/ *a* fuori luogo
un'canny *a* sorprendente; ‹*silence, feeling*› inquietante
un'ceasing *a* incessante
uncere'monious *a* (*abrupt*) brusco. **~ly** *adv* senza tante cerimonie
un'certain *a* incerto; ‹*weather*› instabile; **in no ~ terms** senza mezzi termini. **~ty** *n* incertezza *f*
un'changed *a* invariato
un'charitable *a* duro
uncle /'ʌŋkl/ *n* zio *m*
un'comfortabl|e *a* scomodo; imbarazzante ‹*silence, situation*›; **feel ~e** *fig* sentirsi a disagio. **~y** *adv* ‹*sit*› scomodamente; (*causing alarm etc*) spaventosamente
un'common *a* insolito
un'compromising *a* intransigente
uncon'ditional *a* incondizionato. **~ly** *adv* incondizionatamente
un'conscious *a* privo di sensi; (*unaware*) inconsapevole; **be ~ of sth** non rendersi conto di qcsa. **~ly** *adv* inconsapevolmente
uncon'ventional *a* poco convenzionale
unco'operative *a* poco cooperativo
un'cork *vt* sturare
uncouth /ʌn'ku:θ/ *a* zotico
un'cover *vt* scoprire; portare alla luce ‹*buried object*›
unde'cided *a* indeciso; (*not settled*) incerto
undeniabl|e /ʌndɪ'naɪəbl/ *a* innegabile. **~y** *adv* innegabilmente
under /'ʌndə(r)/ *prep* sotto; (*less than*) al di sotto di; **~ there** lì sotto; **~ repair/construction** in riparazione/costruzione; **~ way** *fig* in corso ● *adv* (**~** *water*) sott'acqua; (*unconscious*) sotto anestesia
'undercarriage *n Aeron* carrello *m*
'underclothes *npl* biancheria *fsg* intima
under'cover *a* clandestino
'undercurrent *n* corrente *f* sottomarina; *fig* sottofondo *m*
under'cut *vt* (*pt/pp* **-cut**) *Comm* vendere a minor prezzo di
'underdog *n* perdente *m*
under'done *a* ‹*meat*› al sangue
under'estimate *vt* sottovalutare
under'fed *a* denutrito
under'foot *adv* sotto i piedi; **trample ~** calpestare
under'go *vt* (*pt* **-went**, *pp* **-gone**) subire ‹*operation, treatment*›; **~ repair** essere in riparazione
under'graduate *n* studente, -tessa *mf* universitario, -a
under'ground[1] *adv* sottoterra
'underground[2] *a* sotterraneo; (*secret*) clandestino ● *n* (*railway*) metropolitana *f*. **~ car park** *n* parcheggio *m* sotterraneo
'undergrowth *n* sottobosco *m*
'underhand *a* subdolo
'underlay *n strato m di gomma o feltro posto sotto la moquette*
under'lie *vt* (*pt* **-lay**, *pp* **-lain**, *pres p* **-lying**) *fig* essere alla base di
under'line *vt* sottolineare
underling /'ʌndəlɪŋ/ *n pej* subalterno, -a *mf*
under'lying *a fig* fondamentale
under'mine *vt fig* minare
underneath /ʌndə'ni:θ/ *prep* sotto; **~ it** sotto ● *adv* sotto
under'paid *a* mal pagato
'underpants *npl* mutande *fpl*
'underpass *n* sottopassaggio *m*
under'privileged *a* non abbiente
under'rate *vt* sottovalutare
'underseal *n Auto* antiruggine *m inv*
'undershirt *n Am* maglia *f* della pelle
understaffed /-'stɑ:ft/ *a* a corto di personale
under'stand *vt* (*pt/pp* **-stood**) capire; **I ~ that...** (*have heard*) mi risulta che... ● *vi* capire. **~able** /-əbl/ *a* comprensibile. **~ably** /-əblɪ/ *adv* comprensibilmente
under'standing *a* comprensivo ● *n* comprensione *f*; (*agreement*) accordo *m*; **on the ~ that** a condizione che
'understatement *n* understatement *m inv*
'understudy *n Theat* sostituto, -a *mf*
under'take *vt* (*pt* **-took**, *pp* **-taken**)

intraprendere; **~ to do sth** impegnarsi a fare qcsa
'undertaker *n* impresario *m* di pompe funebri; **[firm of] ~s** *n* impresa *f* di pompe funebri
under'taking *n* impresa *f*; (*promise*) promessa *f*
'undertone *n fig* sottofondo *m*; **in an ~** sottovoce
under'value *vt* sottovalutare
'underwater[1] *a* subacqueo
under'water[2] *adv* sott'acqua
'underwear *n* biancheria *f* intima
under'weight *a* sotto peso
'underworld *n* (*criminals*) malavita *f*
'underwriter *n* assicuratore *m*
unde'sirable *a* indesiderato; ‹*person*› poco raccomandabile
undies /'ʌndɪz/ *npl fam* biancheria *fsg* intima (*da donna*)
un'dignified *a* non dignitoso
un'do *vt* (*pt* **-did**, *pp* **-done**) disfare; slacciare ‹*dress, shoes*›; sbottonare ‹*shirt*›; *fig, Comput* annullare
un'done *a* ‹*shirt, button*› sbottonato; ‹*shoes, dress*› slacciato; (*not accomplished*) non fatto; **leave ~** ‹*job*› tralasciare
un'doubted *a* indubbio. **~ly** *adv* senza dubbio
un'dress *vt* spogliare; **get ~ed** spogliarsi ● *vi* spogliarsi
un'due *a* eccessivo
undulating /'ʌndjʊleɪtɪŋ/ *a* ondulato; ‹*country*› collinoso
un'duly *adv* eccessivamente
un'dying *a* eterno
un'earth *vt* dissotterrare; *fig* scovare; scoprire ‹*secret*›. **~ly** *a* soprannaturale; **at an ~ly hour** *fam* a un'ora impossibile
un'eas|e *n* disagio *m*. **~y** *a* a disagio; ‹*person*› inquieto; ‹*feeling*› inquietante; (*truce*) precario
un'eatable *a* immangiabile
uneco'nomic *a* poco remunerativo
uneco'nomical *a* poco economico
unem'ployed *a* disoccupato ● *npl* **the ~** i disoccupati
unem'ployment *n* disoccupazione *f*. **~ benefit** *n* sussidio *m* di disoccupazione
un'ending *a* senza fine
un'equal *a* disuguale; ‹*struggle*› impari; **be ~ to a task** non essere all'altezza di un compito
unequivocal /ʌnɪ'kwɪvəkl/ *a* inequivocabile; ‹*person*› esplicito
unerring /ʌn'ɜ:rɪŋ/ *a* infallibile
un'ethical *a* immorale
un'even *a* irregolare; ‹*distribution*› ineguale; ‹*number*› dispari
unex'pected *a* inaspettato. **~ly** *adv* inaspettatamente
un'failing *a* infallibile
un'fair *a* ingiusto. **~ly** *adv* ingiustamente. **~ness** *n* ingiustizia *f*
un'faithful *a* infedele
unfa'miliar *a* sconosciuto; **be ~ with** non conoscere
un'fasten *vt* slacciare; (*detach*) staccare
un'favourable *a* sfavorevole; ‹*impression*› negativo
un'feeling *a* insensibile
un'finished *a* da finire; ‹*business*› in sospeso
un'fit *a* inadatto; (*morally*) indegno; *Sport* fuori forma; **~ for work** non in grado di lavorare
unflinching /ʌn'flɪntʃɪŋ/ *a* risoluto
un'fold *vt* spiegare; (*spread out*) aprire; *fig* rivelare ● *vi* ‹*view:*› spiegarsi
unfore'seen *a* imprevisto
unforgettable /ʌnfə'getəbl/ *a* indimenticabile
unforgivable /ʌnfə'gɪvəbl/ *a* imperdonabile
un'fortunate *a* sfortunato; (*regrettable*) spiacevole; ‹*remark, choice*› infelice. **~ly** *adv* purtroppo
un'founded *a* infondato
unfurl /ʌn'fɜ:l/ *vt* spiegare
un'furnished *a* non ammobiliato
ungainly /ʌn'geɪnlɪ/ *a* sgraziato
ungodly /ʌn'gɒdlɪ/ *a* empio; **~ hour** *fam* ora *f* impossibile
un'grateful *a* ingrato. **~ly** *adv* senza riconoscenza
un'happi|ly *adv* infelicemente; (*unfortunately*) purtroppo. **~ness** *n* infelicità *f*
un'happy *a* infelice; (*not content*) insoddisfatto (**with** di)
un'harmed *a* incolume
un'healthy *a* poco sano; (*insanitary*) malsano
un'hook *vt* sganciare
un'hurt *a* illeso
unhy'gienic *a* non igienico
unification /ju:nɪfɪ'keɪʃn/ *n* unificazione *f*
uniform /'ju:nɪfɔ:m/ *a* uniforme ● *n* uniforme *f*. **~ly** *adv* uniformemente
unify /'ju:nɪfaɪ/ *vt* (*pt/pp* **-ied**) unificare
uni'lateral /ju:nɪ-/ *a* unilaterale
uni'maginable *a* inimmaginabile
unim'portant *a* irrilevante
unin'habited *a* disabitato

unin'tentional *a* involontario. **~ly** *adv* involontariamente

union /'ju:nɪən/ *n* unione *f*; (*trade* ~) sindacato *m*. **U~ Jack** *n* bandiera *f* del Regno Unito

unique /ju:'ni:k/ *a* unico. **~ly** *adv* unicamente

unison /'ju:nɪsn/ *n* **in ~** all'unisono

unit /'ju:nɪt/ *n* unità *f inv*; (*department*) reparto *m*; (*of furniture*) elemento *m*

unite /ju:'naɪt/ *vt* unire ● *vi* unirsi

united /ju:'naɪtɪd/ *a* unito. **U~ 'Kingdom** *n* Regno *m* Unito. **U~ 'Nations** *n* [Organizzazione *f* delle] Nazioni Unite *fpl*. **U~ States [of America]** *n* Stati *mpl* Uniti [d'America]

unity /'ju:nətɪ/ *n* unità *f*; (*agreement*) accordo *m*

universal /ju:nɪ'vɜ:sl/ *a* universale. **~ly** *adv* universalmente

universe /'ju:nɪvɜ:s/ *n* universo *m*

university /ju:nɪ'vɜ:sətɪ/ *n* università *f inv* ● *attrib* universitario

un'just *a* ingiusto

unkempt /ʌn'kempt/ *a* trasandato; ‹*hair*› arruffato

un'kind *a* scortese. **~ly** *adv* in modo scortese. **~ness** *n* mancanza *f* di gentilezza

un'known *a* sconosciuto

un'lawful *a* illecito, illegale

unleaded /ʌn'ledɪd/ *a* senza piombo

un'leash *vt fig* scatenare

unless /ən'les/ *conj* a meno che; **~ I am mistaken** se non mi sbaglio

un'like *a* (*not the same*) diversi ● *prep* diverso da; **that's ~ him** non è da lui; **~ me, he...** diversamente da me, lui...

un'likely *a* improbabile

un'limited *a* illimitato

un'load *vt* scaricare

un'lock *vt* aprire (*con chiave*)

un'lucky *a* sfortunato; **it's ~ to...** porta sfortuna...

un'manned *a* senza equipaggio

un'married *a* non sposato. **~ 'mother** *n* ragazza *f* madre

un'mask *vt fig* smascherare

unmistakabl|e /ʌnmɪ'steɪkəbl/ *a* inconfondibile. **~y** *adv* chiaramente

un'mitigated *a* assoluto

un'natural *a* innaturale; *pej* anormale. **~ly** *adv* in modo innaturale; *pej* in modo anormale

unneces'sarily *adv* inutilmente

un'necessary *a* inutile

un'noticed *a* inosservato

unob'tainable *a* ‹*products etc*› introvabile; ‹*telephone number*› non ottenibile

unob'trusive *a* discreto. **~ly** *adv* in modo discreto

unof'ficial *a* non ufficiale. **~ly** *adv* ufficiosamente

un'pack *vi* disfare le valigie ● *vt* svuotare ‹*parcel*›; spacchettare ‹*books*›; **~ one's case** disfare la valigia

un'paid *a* da pagare; (*work*) non retribuito

un'palatable *a* sgradevole

un'paralleled *a* senza pari

un'pick *vt* disfare

un'pleasant *a* sgradevole; ‹*person*› maleducato. **~ly** *adv* sgradevolmente; ‹*behave*› maleducatamente. **~ness** *n* (*bad feeling*) tensioni *fpl*

un'plug *vt* (*pt/pp* **-plugged**) staccare

un'popular *a* impopolare

un'precedented *a* senza precedenti

unpre'dictable *a* imprevedibile

unpre'meditated *a* involontario

unpre'pared *a* impreparato

unpre'tentious *a* senza pretese

un'principled *a* senza principi; ‹*behaviour*› scorretto

unpro'fessional *a* non professionale; **it's ~** è una mancanza di professionalità

un'profitable *a* non redditizio

un'qualified *a* non qualificato; (*fig: absolute*) assoluto

un'questionable *a* incontestabile

un'quote *vi* chiudere le virgolette

unravel /ʌn'rævl/ *vt* (*pt/pp* **-ravelled**) districare; (*in knitting*) disfare

un'real *a* irreale; *fam* inverosimile

un'reasonable *a* irragionevole

unre'lated *a* ‹*fact*› senza rapporto (**to** con); ‹*person*› non imparentato (**to** con)

unre'liable *a* inattendibile; ‹*person*› inaffidabile, che non dà affidamento

unrequited /ʌnrɪ'kwaɪtɪd/ *a* non corrisposto

unreservedly /ʌnrɪ'zɜ:vɪdlɪ/ *adv* senza riserve; (*frankly*) francamente

un'rest *n* fermenti *mpl*

un'rivalled *a* ineguagliato

un'roll *vt* srotolare ● *vi* srotolarsi

unruly /ʌn'ru:lɪ/ *a* indisciplinato

un'safe *a* pericoloso

un'said *a* inespresso

un'salted *a* non salato

unsatis'factory *a* poco soddisfacente

un'savoury *a* equivoco

unscathed /ʌn'skeɪðd/ *a* illeso

un'screw *vt* svitare

un'scrupulous *a* senza scrupoli

un'seemly *a* indecoroso
un'selfish *a* disinteressato
un'settled *a* in agitazione; ‹*weather*› variabile; ‹*bill*› non saldato
unshakeable /ʌn'ʃeɪkəbl/ *a* categorico
unshaven /ʌn'ʃeɪvn/ *a* non rasato
unsightly /ʌn'saɪtlɪ/ *a* brutto
un'skilled *a* non specializzato. **~ worker** *n* manovale *m*
un'sociable *a* scontroso
unso'phisticated *a* semplice
un'sound *a* ‹*building, reasoning*› poco solido; ‹*advice*› poco sensato; **of ~ mind** malato di mente
unspeakable /ʌn'spi:kəbl/ *a* indicibile
un'stable *a* instabile; (*mentally*) squilibrato
un'steady *a* malsicuro
un'stuck *a* **come ~** staccarsi; (*fam: project*) andare a monte
unsuc'cessful *a* fallimentare; **be ~** (*in attempt*) non aver successo. **~ly** *adv* senza successo
un'suitable *a* (*inappropriate*) inadatto; (*inconvenient*) inopportuno
unsu'specting *a* fiducioso
unthinkable /ʌn'θɪŋkəbl/ *a* impensabile
un'tidiness *n* disordine *m*
un'tidy *a* disordinato
un'tie *vt* slegare
until /ən'tɪl/ *prep* fino a; **not ~** non prima di; **~ the evening** fino alla sera; **~ his arrival** fino al suo arrivo ● *conj* finché, fino a quando; **not ~ you've seen it** non prima che tu l'abbia visto
untimely /ʌn'taɪmlɪ/ *a* inopportuno; (*premature*) prematuro
un'tiring *a* instancabile
un'told *a* ‹*wealth*› incalcolabile; ‹*suffering*› indescrivibile; ‹*story*› inedito
unto'ward *a* **if nothing ~ happens** se non capita un imprevisto
un'true *a* falso; **that's ~** non è vero
unused[1] /ʌn'ju:zd/ *a* non [ancora] usato
unused[2] /ʌn'ju:st/ *a* **be ~ to** non essere abituato a
un'usual *a* insolito. **~ly** *adv* insolitamente
un'veil *vt* scoprire
un'wanted *a* indesiderato
un'warranted *a* ingiustificato
un'welcome *a* sgradito
un'well *a* indisposto
unwieldy /ʌn'wi:ldɪ/ *a* ingombrante
un'willing *a* riluttante. **~ly** *adv* malvolentieri
un'wind *v* (*pt/pp* **unwound**) ● *vt* svolgere, srotolare ● *vi* svolgersi, srotolarsi; (*fam: relax*) rilassarsi
un'wise *a* imprudente
unwitting /ʌn'wɪtɪŋ/ *a* involontario; ‹*victim*› inconsapevole. **~ly** *adv* involontariamente
un'worthy *a* non degno
un'wrap *vt* (*pt/pp* **-wrapped**) scartare ‹*present, parcel*›
un'written *a* tacito
up /ʌp/ *adv* su; (*not in bed*) alzato; ‹*road*› smantellato; ‹*theatre curtain, blinds*› alzato; ‹*shelves, tent*› montato; ‹*notice*› affisso; ‹*building*› costruito; **prices are up** i prezzi sono aumentati; **be up for sale** essere in vendita; **up here/there** quassù/lassù; **time's up** tempo scaduto; **what's up?** *fam* cosa è successo?; **up to** (*as far as*) fino a; **be up to** essere all'altezza di ‹*task*›; **what's he up to?** *fam* cosa sta facendo?; (*plotting*) cosa sta combinando?; **I'm up to page 100** sono arrivato a pagina 100; **feel up to it** sentirsela; **be one up on sb** *fam* essere in vantaggio su qcno; **go up** salire; **lift up** alzare; **up against** *fig* alle prese con ● *prep* su; **the cat ran/is up the tree** il gatto è salito di corsa/è sull'albero; **further up this road** più avanti su questa strada; **row up the river** risalire il fiume; **go up the stairs** salire su per le scale; **be up the pub** *fam* essere al pub; **be up on** *or* **in sth** essere bene informato su qcsa ● *n* **ups and downs** *npl* alti *mpl* e bassi
'upbringing *n* educazione *f*
up'date[1] *vt* aggiornare
'update[2] *n* aggiornamento *m*
up'grade *vt* promuovere ‹*person*›; modernizzare ‹*equipment*›
upgradeable /ʌp'greɪdəbl/ *a Comput* upgradabile
upheaval /ʌp'hi:vl/ *n* scompiglio *m*
up'hill *a* in salita; *fig* arduo ● *adv* in salita
up'hold *vt* (*pt/pp* **upheld**) sostenere ‹*principle*›; confermare ‹*verdict*›
upholster /ʌp'həʊlstə(r)/ *vt* tappezzare. **~er** *n* tappezziere, -a *mf*. **~y** *n* tappezzeria *f*
'upkeep *n* mantenimento *m*
up-'market *a* di qualità
upon /ə'pɒn/ *prep* su; **~ arriving home** una volta arrivato a casa
upper /'ʌpə(r)/ *a* superiore ● *n* (*of shoe*) tomaia *f*
upper: ~ circle *n* seconda galleria *f*. **~ class** *n* alta borghesia *f*. **~ hand** *n* **have the ~ hand** avere il sopravvento.

~most *a* più alto; **that's ~most in my mind** è la mia preoccupazione principale
'upright *a* dritto; ‹*piano*› verticale; (*honest*) retto ● *n* montante *m*
'uprising *n* rivolta *f*
'uproar *n* tumulto *m*; **be in an ~** essere in trambusto
up'root *vt* sradicare
up'set[1] *vt* (*pt/pp* **upset**, *pres p* **upsetting**) rovesciare; sconvolgere ‹*plan*›; (*distress*) turbare; **get ~ about sth** prendersela per qcsa; **be very ~** essere sconvolto; **have an ~ stomach** avere l'intestino disturbato
'upset[2] *n* scombussolamento *m*
'upshot *n* risultato *m*
upside 'down *adv* sottosopra; **turn ~ ~** capovolgere
up'stairs[1] *adv* [al piano] di sopra
'upstairs[2] *a* del piano superiore
'upstart *n* arrivato, -a *mf*
up'stream *adv* controcorrente
'upsurge *n* (*in sales*) aumento *m* improvviso; (*of enthusiasm, crime*) ondata *f*
'uptake *n* **be slow on the ~** essere lento nel capire; **be quick on the ~** capire le cose al volo
up'tight *a* teso
up-to-'date *a* moderno; ‹*news*› ultimo; ‹*records*› aggiornato
'upturn *n* ripresa *f*
upward /'ʌpwəd/ *a* verso l'alto, in su; **~ slope** salita *f* ● *adv* **~[s]** verso l'alto; **~s of** oltre
uranium /jʊ'reɪnɪəm/ *n* uranio *m*
urban /'ɜ:bən/ *a* urbano
urge /ɜ:dʒ/ *n* forte desiderio *m* ● *vt* esortare (**to** a). **urge on** *vt* spronare
urgen|cy /'ɜ:dʒənsɪ/ *n* urgenza *f*. **~t** *a* urgente
urinate /'jʊərɪneɪt/ *vi* urinare
urine /'jʊərɪn/ *n* urina *f*
urn /ɜ:n/ *n* urna *f*; (*for tea*) *contenitore m munito di cannella che si trova nei self-service, mense ecc*
us /ʌs/ *pers pron* ci; (*after prep*) noi; **they know us** ci conoscono; **give us the money** dateci i soldi; **give it to us** datecelo; **they showed it to us** ce l'hanno fatto vedere; **they meant us, not you** intendevano noi, non voi; **it's us** siamo noi; **she hates us** ci odia
US[A] *n[pl] abbr* (**United States [of America]**) U.S.A. *mpl*
usable /'ju:zəbl/ *a* usabile
usage /'ju:sɪdʒ/ *n* uso *m*
use[1] /ju:s/ *n* uso *m*; **be of ~** essere utile; **be of no ~** essere inutile; **make ~ of** usare; (*exploit*) sfruttare; **it is no ~** è inutile; **what's the ~?** a che scopo?
use[2] /ju:z/ *vt* usare. **use up** *vt* consumare
used[1] /ju:zd/ *a* usato
used[2] /ju:st/ *pt* **be ~ to sth** essere abituato a qcsa; **get ~ to** abituarsi a; **he ~ to live here** viveva qui
useful /'ju:sfl/ *a* utile. **~ness** *n* utilità *f*
useless /'ju:slɪs/ *a* inutile; ‹*fam: person*› incapace
user /'ju:zə(r)/ *n* utente *mf*. **~-'friendly** *a* facile da usare
usher /'ʌʃə(r)/ *n Theat* maschera *f*; *Jur* usciere *m*; (*at wedding*) *persona f che accompagna gli invitati a un matrimonio ai loro posti in chiesa* ● **usher in** *vt* fare entrare
usherette /ʌʃə'ret/ *n* maschera *f*
usual /'ju:ʒʊəl/ *a* usuale; **as ~** come al solito. **~ly** *adv* di solito
usurp /jʊ'zɜ:p/ *vt* usurpare
utensil /jʊ'tensl/ *n* utensile *m*
uterus /'ju:tərəs/ *n* utero *m*
utilitarian /jʊtɪlɪ'teərɪən/ *a* funzionale
utility /jʊ'tɪlətɪ/ *n* servizio *m*. **~ room** *n stanza f in casa privata per il lavaggio, la stiratura dei panni ecc*
utilize /'ju:tɪlaɪz/ *vt* utilizzare
utmost /'ʌtməʊst/ *a* estremo ● *n* **one's ~** tutto il possibile
utter[1] /'ʌtə(r)/ *a* totale. **~ly** *adv* completamente
utter[2] *vt* emettere ‹*sigh, sound*›; proferire ‹*word*›. **~ance** /-əns/ *n* dichiarazione *f*
U-turn /'ju:-/ *n Auto* inversione *f* a U; *fig* marcia *f* in dietro

Vv

vacan|cy /'veɪk(ə)nsɪ/ *n* (*job*) posto *m* vacante; (*room*) stanza *f* disponibile. **~t** *a* libero; ‹*position*› vacante; ‹*look*› assente
vacate /və'keɪt/ *vt* lasciare libero
vacation /və'keɪʃn/ *n Univ & Am* vacanza *f*
vaccinat|e /'væksɪneɪt/ *vt* vaccinare. **~ion** /-'neɪʃn/ *n* vaccinazione *f*
vaccine /'væksi:n/ *n* vaccino *m*
vacuum /'vækjʊəm/ *n* vuoto *m* ● *vt* passare l'aspirapolvere in/su. **~ cleaner** *n* aspirapolvere *m inv*. **~ flask** *n* thermos® *m inv*. **~-packed** *a* confezionato sottovuoto
vagabond /'vægəbɒnd/ *n* vagabondo, -a *mf*
vagina /və'dʒaɪnə/ *n Anat* vagina *f*
vagrant /'veɪgrənt/ *n* vagabondo, -a *mf*
vague /veɪg/ *a* vago; ‹*outline*› impreciso; (*absent-minded*) distratto; **I'm still ~ about it** non ho ancora le idee chiare in proposito. **~ly** *adv* vagamente
vain /veɪn/ *a* vanitoso; ‹*hope, attempt*› vano; **in ~** invano. **~ly** *adv* vanamente
valentine /'væləntaɪn/ *n* (*card*) biglietto *m* di San Valentino
valiant /'vælɪənt/ *a* valoroso
valid /'vælɪd/ *a* valido. **~ate** *vt* (*confirm*) convalidare. **~ity** /və'lɪdətɪ/ *n* validità *f*
valley /'vælɪ/ *n* valle *f*
valour /'vælə(r)/ *n* valore *m*
valuable /'væljʊəbl/ *a* di valore; *fig* prezioso. **~s** *npl* oggetti *mpl* di valore
valuation /væljʊ'eɪʃn/ *n* valutazione *f*
value /'vælju:/ *n* valore *m*; (*usefulness*) utilità *f* ● *vt* valutare; (*cherish*) apprezzare. **~ 'added tax** *n* imposta *f* sul valore aggiunto
valve /vælv/ *n* valvola *f*
vampire /'væmpaɪə(r)/ *n* vampiro *m*
van /væn/ *n* furgone *m*
vandal /'vændl/ *n* vandalo, -a *mf*. **~ism** /-ɪzm/ *n* vandalismo *m*. **~ize** *vt* vandalizzare
vanilla /və'nɪlə/ *n* vaniglia *f*
vanish /'vænɪʃ/ *vi* svanire
vanity /'vænətɪ/ *n* vanità *f*. **~ bag** *or* **case** *n* beauty-case *m inv*
vantage-point /'vɑ:ntɪdʒ-/ *n* punto *m* d'osservazione; *fig* punto *m* di vista
vapour /'veɪpə(r)/ *n* vapore *m*
variable /'veərɪəbl/ *a* variabile; (*adjustable*) regolabile
variance /'veərɪəns/ *n* **be at ~** essere in disaccordo
variant /'veərɪənt/ *n* variante *f*
variation /veərɪ'eɪʃn/ *n* variazione *f*
varicose /'værɪkəʊs/ *a* **~ veins** vene *fpl* varicose
varied /'veərɪd/ *a* vario; ‹*diet*› diversificato; ‹*life*› movimentato
variety /və'raɪətɪ/ *n* varietà *f inv*
various /'veərɪəs/ *a* vario
varnish /'vɑ:nɪʃ/ *n* vernice *f*; (*for nails*) smalto *m* ● *vt* verniciare; **~ one's nails** mettersi lo smalto
vary /'veərɪ/ *vt/i* (*pt/pp* **-ied**) variare. **~ing** *a* variabile; (*different*) diverso
vase /vɑ:z/ *n* vaso *m*
vast /vɑ:st/ *a* vasto; ‹*difference, amusement*› enorme. **~ly** *adv* ‹*superior*› di gran lunga; ‹*different, amused*› enormemente
vat /væt/ *n* tino *m*
VAT /vi:eɪ'ti:, væt/ *n abbr* (**value added tax**) I.V.A. *f*
vault¹ /vɔ:lt/ *n* (*roof*) volta *f*; (*in bank*) caveau *m inv*; (*tomb*) cripta *f*
vault² *n* salto *m* ● *vt/i* **~ [over]** saltare
VDU *n abbr* (**visual display unit**) VDU *m*
veal /vi:l/ *n* carne *f* di vitello ● *attrib* di vitello
veer /vɪə(r)/ *vi* cambiare direzione; *Naut, Auto* virare
vegetable /'vedʒtəbl/ *n* (*food*) verdura *f*; (*when growing*) ortaggio *m* ● *attrib* ‹*oil, fat*› vegetale
vegetarian /vedʒɪ'teərɪən/ *a & n* vegetariano, -a *mf*
vegetat|e /'vedʒɪteɪt/ *vi* vegetare. **~ion** /-'teɪʃn/ *n* vegetazione *f*
vehemen|ce /'vi:əməns/ *n* veemenza *f*. **~t** *a* veemente. **~tly** *adv* con veemenza
vehicle /'vi:ɪkl/ *n* veicolo *m*; (*fig: medium*) mezzo *m*
veil /veɪl/ *n* velo *m* ● *vt* velare

vein /veɪn/ *n* vena *f*; (*mood*) umore *m*; (*manner*) tenore *m*. **~ed** *a* venato
Velcro® /ˈvelkrəʊ/ *n* **~ fastening** chiusura *f* con velcro®
velocity /vɪˈlɒsətɪ/ *n* velocità *f*
velvet /ˈvelvɪt/ *n* velluto *m*. **~y** *a* vellutato
vendetta /venˈdetə/ *n* vendetta *f*
vending-machine /ˈvendɪŋ-/ *n* distributore *m* automatico
veneer /vəˈnɪə(r)/ *n* impiallacciatura *f*; *fig* vernice *f*. **~ed** *a* impiallacciato
venereal /vɪˈnɪərɪəl/ *a* **~ disease** malattia *f* venerea
Venetian /vəˈni:ʃn/ *a* & *n* veneziano, -a *mf*. **v~ blind** *n* persiana *f* alla veneziana
vengeance /ˈvendʒəns/ *n* vendetta *f*; **with a ~** *fam* a più non posso
Venice /ˈvenɪs/ *n* Venezia *f*
venison /ˈvenɪsn/ *n Culin* carne *f* di cervo
venom /ˈvenəm/ *n* veleno *m*. **~ous** /-əs/ *a* velenoso
vent[1] /vent/ *n* presa *f* d'aria; **give ~ to** *fig* dar libero sfogo a ● *vt fig* sfogare ‹*anger*›
vent[2] *n* (*in jacket*) spacco *m*
ventilat|e /ˈventɪleɪt/ *vt* ventilare. **~ion** /-ˈleɪʃn/ *n* ventilazione *f*; (*installation*) sistema *m* di ventilazione. **~or** *n* ventilatore *m*
ventriloquist /venˈtrɪləkwɪst/ *n* ventriloquo, -a *mf*
venture /ˈventʃə(r)/ *n* impresa *f* ● *vt* azzardare ● *vi* avventurarsi
venue /ˈvenju:/ *n* luogo *m* (*di convegno, concerto, ecc.*)
veranda /vəˈrændə/ *n* veranda *f*
verb /vɜ:b/ *n* verbo *m*. **~al** *a* verbale
verbatim /vɜ:ˈbeɪtɪm/ *a* letterale ● *adv* parola per parola
verbose /vɜ:ˈbəʊs/ *a* prolisso
verdict /ˈvɜ:dɪkt/ *n* verdetto *m*; (*opinion*) parere *m*
verge /vɜ:dʒ/ *n* orlo *m*; **be on the ~ of doing sth** essere sul punto di fare qcsa ● **verge on** *vt fig* rasentare
verger /ˈvɜ:dʒə(r)/ *n* sagrestano *m*
verify /ˈverɪfaɪ/ *vt* (*pt/pp* **-ied**) verificare; (*confirm*) confermare
vermin /ˈvɜ:mɪn/ *n* animali *mpl* nocivi
vermouth /ˈvɜ:məθ/ *n* vermut *m inv*
vernacular /vəˈnækjʊlə(r)/ *n* vernacolo *m*
versatil|e /ˈvɜ:sətaɪl/ *a* versatile. **~ity** /-ˈtɪlətɪ/ *n* versatilità *f*
verse /vɜ:s/ *n* verso *m*; (*of Bible*) versetto *m*; (*poetry*) versi *mpl*
versed /vɜ:st/ *a* **~ in** versato in
version /ˈvɜ:ʃn/ *n* versione *f*
versus /ˈvɜ:səs/ *prep* contro
vertebra /ˈvɜ:tɪbrə/ *n* (*pl* **-brae** /-bri:/) *Anat* vertebra *f*
vertical /ˈvɜ:tɪkl/ *a* & *n* verticale *m*
vertigo /ˈvɜ:tɪgəʊ/ *n Med* vertigine *f*
verve /vɜ:v/ *n* verve *f*
very /ˈverɪ/ *adv* molto; **~ much** molto; **~ little** pochissimo; **~ many** moltissimi; **~ few** pochissimi; **~ probably** molto probabilmente; **~ well** benissimo; **at the ~ most** tutt'al più; **at the ~ latest** al più tardi ● *a* **the ~ first** il primissimo; **the ~ thing** proprio ciò che ci vuole; **at the ~ end/beginning** proprio alla fine/all'inizio; **that ~ day** proprio quel giorno; **the ~ thought** la sola idea; **only a ~ little** solo un pochino
vessel /ˈvesl/ *n* nave *f*
vest /vest/ *n* maglia *f* della pelle; (*Am: waistcoat*) gilè *m inv*. **~ed interest** *n* interesse *m* personale
vestige /ˈvestɪdʒ/ *n* (*of past*) vestigio *m*
vestment /ˈvestmənt/ *n Relig* paramento *m*
vestry /ˈvestrɪ/ *n* sagrestia *f*
vet /vet/ *n* veterinario, -a *mf* ● *vt* (*pt/pp* **vetted**) controllare minuziosamente
veteran /ˈvetərən/ *n* veterano, -a *mf*
veterinary /ˈvetərɪnərɪ/ *a* veterinario. **~ surgeon** *n* medico *m* veterinario
veto /ˈvi:təʊ/ *n* (*pl* **-es**) veto *m* ● *vt* proibire
vex /veks/ *vt* irritare. **~ation** /-ˈseɪʃn/ *n* irritazione *f*. **~ed** *a* irritato; **~ed question** questione *f* controversa
VHF *n abbr* (**very high frequency**) VHF
via /ˈvaɪə/ *prep* via; (*by means of*) attraverso
viable /ˈvaɪəbl/ *a* ‹*life form, relationship, company*› in grado di sopravvivere; ‹*proposition*› attuabile
viaduct /ˈvaɪədʌkt/ *n* viadotto *m*
vibrat|e /vaɪˈbreɪt/ *vi* vibrare. **~ion** /-ˈbreɪʃn/ *n* vibrazione *f*
vicar /ˈvɪkə(r)/ *n* parroco *m* (*protestante*). **~age** /-rɪdʒ/ *n* casa *f* parrocchiale
vicarious /vɪˈkeərɪəs/ *a* indiretto
vice[1] /vaɪs/ *n* vizio *m*
vice[2] *n Techn* morsa *f*
vice ˈchairman *n* vicepresidente *mf*
vice ˈpresident *n* vicepresidente *mf*
vice versa /vaɪsɪˈvɜ:sə/ *adv* viceversa
vicinity /vɪˈsɪnətɪ/ *n* vicinanza *f*; **in the ~ of** nelle vicinanze di
vicious /ˈvɪʃəs/ *a* cattivo; ‹*attack*› bru-

tale; ‹*animal*› pericoloso. **~ 'circle** *n* circolo *m* vizioso. **~ly** *adv* ‹*attack*› brutalmente

victim /'vɪktɪm/ *n* vittima *f*. **~ize** *vt* fare delle rappresaglie contro

victor /'vɪktə(r)/ *n* vincitore *m*

victor|ious /vɪk'tɔ:rɪəs/ *a* vittorioso. **~y** /'vɪktərɪ/ *n* vittoria *f*

video /'vɪdɪəʊ/ *n* video *m*; (*cassette*) videocassetta *f*; (*recorder*) videoregistratore *m* ● *attrib* video ● *vt* registrare

video: ~ card *n Comput* scheda *f* video. **~ cas'sette** *n* videocassetta *f*. **~conference** *n* videoconferenza *f*. **~ game** *n* videogioco *m*. **~ recorder** *n* videoregistratore *m*. **~-tape** *n* videocassetta *f*

vie /vaɪ/ *vi* (*pres p* **vying**) rivaleggiare

view /vju:/ *n* vista *f*; (*photographed, painted*) veduta *f*; (*opinion*) visione *f*; **look at the ~** guardare il panorama; **in my ~** secondo me; **in ~ of** in considerazione di; **on ~** esposto; **with a ~ to** con l'intenzione di ● *vt* visitare ‹*house*›; (*consider*) considerare ● *vi TV* guardare. **~er** *n TV* telespettatore, -trice *mf*; *Phot* visore *m*

view: ~finder *n Phot* mirino *m*. **~point** *n* punto *m* di vista

vigil /'vɪdʒɪl/ *n* veglia *f*

vigilan|ce /'vɪdʒɪləns/ *n* vigilanza *f*. **~t** *a* vigile

vigorous /'vɪgərəs/ *a* vigoroso

vigour /'vɪgə(r)/ *n* vigore *m*

vile /vaɪl/ *a* disgustoso; ‹*weather*› orribile; ‹*temper, mood*› pessimo

villa /'vɪlə/ *n* (*for holidays*) casa *f* di villeggiatura

village /'vɪlɪdʒ/ *n* paese *m*. **~r** *n* paesano, -a *mf*

villain /'vɪlən/ *n* furfante *m*; (*in story*) cattivo *m*

vindicate /'vɪndɪkeɪt/ *vt* (*from guilt*) discolpare; **you are ~d** ti sei dimostrato nel giusto

vindictive /vɪn'dɪktɪv/ *a* vendicativo

vine /vaɪn/ *n* vite *f*

vinegar /'vɪnɪgə(r)/ *n* aceto *m*

vineyard /'vɪnjɑ:d/ *n* vigneto *m*

vintage /'vɪntɪdʒ/ *a* ‹*wine*› d'annata ● *n* (*year*) annata *f*

viola /vɪ'əʊlə/ *n Mus* viola *f*

violat|e /'vaɪəleɪt/ *vt* violare. **~ion** /-'leɪʃn/ *n* violazione *f*

violen|ce /'vaɪələns/ *n* violenza *f*. **~t** *a* violento

violet /'vaɪələt/ *a* violetto ● *n* (*flower*) violetta *f*; (*colour*) violetto *m*

violin /vaɪə'lɪn/ *n* violino *m*. **~ist** *n* violinista *mf*

VIP *n abbr* (**very important person**) vip *mf*

virgin /'vɜ:dʒɪn/ *a* vergine ● *n* vergine *f*. **~ity** /-'dʒɪnətɪ/ *n* verginità *f*

Virgo /'vɜ:gəʊ/ *n Astr* Vergine *f*

viril|e /'vɪraɪl/ *a* virile. **~ity** /-'rɪlətɪ/ *n* virilità *f*

virtual /'vɜ:tjʊəl/ *a* effettivo. **~ reality** *n* realtà *f* virtuale. **~ly** *adv* praticamente

virtue /'vɜ:tju:/ *n* virtù *f inv*; (*advantage*) vantaggio *m*; **by** *or* **in ~ of** a causa di

virtuoso /vɜ:tʊ'əʊzəʊ/ *n* (*pl* **-si** /-zi:/) virtuoso *m*

virtuous /'vɜ:tjʊəs/ *a* virtuoso

virulent /'vɪrʊlənt/ *a* virulento

virus /'vaɪərəs/ *n* virus *m inv*

visa /'vi:zə/ *n* visto *m*

vis-à-vis /vi:zɑ:'vi:/ *prep* rispetto a

viscount /'vaɪkaʊnt/ *n* visconte *m*

viscous /'vɪskəs/ *a* vischioso

visibility /vɪzə'bɪlətɪ/ *n* visibilità *f*

visibl|e /'vɪzəbl/ *a* visibile. **~y** *adv* visibilmente

vision /'vɪʒn/ *n* visione *f*; (*sight*) vista *f*

visit /'vɪzɪt/ *n* visita *f* ● *vt* andare a trovare ‹*person*›; andare da ‹*doctor etc*›; visitare ‹*town, building*›. **~ing hours** *npl* orario *m* delle visite. **~or** *n* ospite *mf*; (*of town, museum*) visitatore, -trice *mf*; (*in hotel*) cliente *mf*

visor /'vaɪzə(r)/ *n* visiera *f*; *Auto* parasole *m*

vista /'vɪstə/ *n* (*view*) panorama *m*

visual /'vɪzjʊəl/ *a* visivo. **~ aids** *npl* supporto *m* visivo. **~ dis'play unit** *n* visualizzatore *m*. **~ly** *adv* visualmente; **~ly handicapped** non vedente

visualize /'vɪzjʊəlaɪz/ *vt* visualizzare

vital /'vaɪtl/ *a* vitale. **~ity** /vaɪ'tælətɪ/ *n* vitalità *f*. **~ly** /'vaɪtəlɪ/ *adv* estremamente

vitamin /'vɪtəmɪn/ *n* vitamina *f*

vivaci|ous /vɪ'veɪʃəs/ *a* vivace. **~ty** /-'væsətɪ/ *n* vivacità *f*

vivid /'vɪvɪd/ *a* vivido. **~ly** *adv* in modo vivido

vocabulary /və'kæbjʊlərɪ/ *n* vocabolario *m*; (*list*) glossario *m*

vocal /'vəʊkl/ *a* vocale; (*vociferous*) eloquente. **~ cords** *npl* corde *fpl* vocali

vocalist /'vəʊkəlɪst/ *n* vocalista *mf*

vocation /və'keɪʃn/ *n* vocazione *f*. **~al** *a* di orientamento professionale

vociferous /və'sɪfərəs/ *a* vociante

vodka /'vɒdkə/ *n* vodka *f inv*

vogue /vəʊg/ *n* moda *f*; **in ~** in voga

voice /vɔɪs/ *n* voce *f* ● *vt* esprimere. **~mail** *n* posta *f* elettronica vocale
void /vɔɪd/ *a* (*not valid*) nullo; **~ of** privo di ● *n* vuoto *m*
volatile /'vɒlətaɪl/ *a* volatile; ‹*person*› volubile
volcanic /vɒl'kænɪk/ *a* vulcanico
volcano /vɒl'keɪnəʊ/ *n* vulcano *m*
volition /və'lɪʃn/ *n* **of his own ~** di sua spontanea volontà
volley /'vɒlɪ/ *n* (*of gunfire*) raffica *f*; *Tennis* volée *f inv*
volt /vəʊlt/ *n* volt *m inv*. **~age** /-ɪdʒ/ *n Electr* voltaggio *m*
volubl|e /'vɒljʊbl/ *a* loquace
volume /'vɒlju:m/ *n* volume *m*; (*of work, traffic*) quantità *f inv*. **~ control** *n* volume *m*
voluntar|y /'vɒləntərɪ/ *a* volontario. **~y work** *n* volontariato *m*. **~ily** *adv* volontariamente
volunteer /vɒlən'tɪə(r)/ *n* volontario, -a *mf* ● *vt* offrire volontariamente ‹*information*› ● *vi* offrirsi volontario; *Mil* arruolarsi come volontario
voluptuous /və'lʌptjʊəs/ *a* voluttuoso
vomit /'vɒmɪt/ *n* vomito *m* ● *vt/i* vomitare
voracious /və'reɪʃəs/ *a* vorace
vot|e /vəʊt/ *n* voto *m*; (*ballot*) votazione *f*; (*right*) diritto *m* di voto; **take a ~e on** votare su ● *vi* votare ● *vt* **~e sb president** eleggere qcno presidente. **~er** *n* elettore, -trice *mf*. **~ing** *n* votazione *f*
vouch /vaʊtʃ/ *vi* **~ for** garantire per. **~er** *n* buono *m*
vow /vaʊ/ *n* voto *m* ● *vt* giurare
vowel /'vaʊəl/ *n* vocale *f*
voyage /'vɔɪɪdʒ/ *n* viaggio *m* [marittimo]; (*in space*) viaggio *m* [nello spazio]
vulgar /'vʌlgə(r)/ *a* volgare. **~ity** /-'gærətɪ/ *n* volgarità *f inv*
vulnerable /'vʌlnərəbl/ *a* vulnerabile
vulture /'vʌltʃə(r)/ *n* avvoltoio *m*
vying /'vaɪɪŋ/ *see* **vie**

Ww

wad /wɒd/ *n* batuffolo *m*; (*bundle*) rotolo *m*. **~ding** *n* ovatta *f*
waddle /'wɒdl/ *vi* camminare ondeggiando
wade /weɪd/ *vi* guadare; **~ through** *fam* procedere faticosamente in ‹*book*›
wafer /'weɪfə(r)/ *n* cialda *f*, wafer *m inv*; *Relig* ostia *f*
waffle[1] /'wɒfl/ *vi fam* blaterare
waffle[2] *n Culin* cialda *f*
waft /wɒft/ *vt* trasportare ● *vi* diffondersi
wag /wæg/ *v* (*pt/pp* **wagged**) ● *vt* agitare ● *vi* agitarsi
wage[1] /weɪdʒ/ *vt* dichiarare ‹*war*›; lanciare ‹*campaign*›
wage[2] *n*, & **~s** *pl* salario *msg*. **~ packet** *n* busta *f* paga
waggle /'wægl/ *vt* dimenare ● *vi* dimenarsi
wagon /'wægən/ *n* carro *m*; *Rail* vagone *m* merci
wail /weɪl/ *n* piagnucolio *m*; (*of wind*) lamento *m*; (*of baby*) vagito *m* ● *vi* piagnucolare; ‹*wind:*› lamentarsi; ‹*baby:*› vagire
waist /weɪst/ *n* vita *f*. **~coat** /'weɪskəʊt/ *n* gilè *m inv*; (*of man's suit*) panciotto *m*. **~line** *n* vita *f*
wait /weɪt/ *n* attesa *f*; **lie in ~ for** appostarsi per sorprendere ● *vi* aspettare; **~ for** aspettare ● *vt* **~ one's turn** aspettare il proprio turno. **wait on** *vt* servire
waiter /'weɪtə(r)/ *n* cameriere *m*
waiting: ~-list *n* lista *f* d'attesa. **~-room** *n* sala *f* d'aspetto
waitress /'weɪtrɪs/ *n* cameriera *f*
waive /weɪv/ *vt* rinunciare a ‹*claim*›; non tener conto di ‹*rule*›
wake[1] /weɪk/ *n* veglia *f* funebre ● *v* (*pt* **woke**, *pp* **woken**) **~ [up]** ● *vt* svegliare ● *vi* svegliarsi
wake[2] *n Naut* scia *f*; **in the ~ of** *fig* nella scia di
waken /'weɪkn/ *vt* svegliare ● *vi* svegliarsi
Wales /weɪlz/ *n* Galles *m*
walk /wɔ:k/ *n* passeggiata *f*; (*gait*) andatura *f*; (*path*) sentiero *m*; **go for a ~** andare a fare una passeggiata ● *vi* camminare; (*as opposed to drive etc*) andare a

piedi; (*ramble*) passeggiare ● *vt* portare a spasso ‹*dog*›; percorrere ‹*streets*›. **walk out** *vi* ‹*husband, employee:*› andarsene; ‹*workers:*› scioperare. **walk out on** *vt* lasciare

walker /'wɔ:kə(r)/ *n* camminatore, -trice *mf*; (*rambler*) escursionista *mf*

walking /'wɔ:kɪŋ/ *n* camminare *m*; (*rambling*) fare *m* delle escursioni. **~-stick** *n* bastone *m* da passeggio

'Walkman® *n* Walkman *m inv*

walk: ~-out *n* sciopero *m*. **~-over** *n fig* vittoria *f* facile

wall /wɔ:l/ *n* muro *m*; **go to the ~** *fam* andare a rotoli; **drive sb up the ~** *fam* far diventare matto qcno

wallet /'wɒlɪt/ *n* portafoglio *m*

wallop /'wɒləp/ *n fam* colpo *m*

wallow /'wɒləʊ/ *vi* sguazzare; (*in self-pity, grief*) crogiolarsi

'wallpaper *n* tappezzeria *f* ● *vt* tappezzare

walnut /'wɔ:lnʌt/ *n* noce *f*

waltz /wɔ:lts/ *n* valzer *m inv* ● *vi* ballare il valzer

wan /wɒn/ *a* esangue

wand /wɒnd/ *n* (*magic* ~) bacchetta *f* [magica]

wander /'wɒndə(r)/ *vi* girovagare; (*fig: digress*) divagare. **wander about** *vi* andare a spasso

wane /weɪn/ *n* **be on the ~** essere in fase calante ● *vi* calare

wangle /'wæŋgl/ *vt fam* rimediare ‹*invitation, holiday*›

want /wɒnt/ *n* (*hardship*) bisogno *m*; (*lack*) mancanza *f* ● *vt* volere; (*need*) aver bisogno di; **~ [to have] sth** volere qcsa; **~ to do sth** voler fare qcsa; **we ~ to stay** vogliamo rimanere; **I ~ you to go** voglio che tu vada; **it ~s painting** ha bisogno d'essere dipinto; **you ~ to learn to swim** bisogna che impari a nuotare ● *vi* **~ for** mancare di. **~ed** *a* ricercato. **~ing** *a* **be ~ing** mancare; **be ~ing in** mancare di

wanton /'wɒntən/ *a* ‹*cruelty, neglect*› gratuito; (*morally*) debosciato

WAP /wæp/ *n abbr* (**wireless application protocol**) WAP *m inv*

war /wɔ:(r)/ *n* guerra *f*; *fig* lotta *f* (**on** contro); **at ~** in guerra

ward /wɔ:d/ *n* (*in hospital*) reparto *m*; (*child*) minore *m* sotto tutela ● **ward off** *vt* evitare; parare ‹*blow*›

warden /'wɔ:dn/ *n* guardiano, -a *mf*

warder /'wɔ:də(r)/ *n* guardia *f* carceraria

wardrobe /'wɔ:drəʊb/ *n* guardaroba *m*

warehouse /'weəhaʊs/ *n* magazzino *m*

war: ~fare *n* guerra *f*. **~head** *n* testata *f*

warily /'weərɪlɪ/ *adv* cautamente

'warlike *a* bellicoso

warm /wɔ:m/ *a* caldo; ‹*welcome*› caloroso; **be ~** ‹*person:*› aver caldo; **it is ~** ‹*weather*› fa caldo ● *vt* scaldare. **warm up** *vt* scaldare ● *vi* scaldarsi; *fig* animarsi. **~-hearted** *a* espansivo. **~ly** *adv* ‹*greet*› calorosamente; ‹*dress*› in modo pesante

warmth /wɔ:mθ/ *n* calore *m*

warn /wɔ:n/ *vt* avvertire. **~ing** *n* avvertimento *m*; (*advance notice*) preavviso *m*

warp /wɔ:p/ *vt* deformare; *fig* distorcere ● *vi* deformarsi

'war-path *n* **on the ~** sul sentiero di guerra

warped /wɔ:pt/ *a fig* contorto; ‹*sexuality*› deviato; ‹*view*› distorto

warrant /'wɒrənt/ *n* (*for arrest, search*) mandato *m* ● *vt* (*justify*) giustificare; (*guarantee*) garantire

warranty /'wɒrəntɪ/ *n* garanzia *f*

warring /'wɔ:rɪŋ/ *a* in guerra

warrior /'wɒrɪə(r)/ *n* guerriero, -a *mf*

'warship *n* nave *f* da guerra

wart /wɔ:t/ *n* porro *m*

'wartime *n* tempo *m* di guerra

wary /'weərɪ/ *a* (**-ier, -iest**) (*careful*) cauto; (*suspicious*) diffidente

was /wɒz/ *see* **be**

wash /wɒʃ/ *n* lavata *f*; (*clothes*) bucato *m*; (*in washer*) lavaggio *m*; **have a ~** darsi una lavata ● *vt* lavare; ‹*sea:*› bagnare; **~ one's hands** lavarsi le mani ● *vi* lavarsi. **wash out** *vt* sciacquare ‹*soap*›; sciacquarsi ‹*mouth*›. **wash up** *vt* lavare ● *vi* lavare i piatti; *Am* lavarsi

washable /'wɒʃəbl/ *a* lavabile

wash: ~-basin *n* lavandino *m*. **~ cloth** *n Am* guanto *m* da bagno

washed 'out *a* (*faded*) scolorito; (*tired*) spossato

washer /'wɒʃə(r)/ *n Techn* guarnizione *f*; (*machine*) lavatrice *f*

washing /'wɒʃɪŋ/ *n* bucato *m*. **~-machine** *n* lavatrice *f*. **~-powder** *n* detersivo *m*. **~-'up** *n* **do the ~-up** lavare i piatti. **~-'up liquid** *n* detersivo *m* per i piatti

wash: ~-out *n* disastro *m*. **~-room** *n* bagno *m*

wasp /wɒsp/ *n* vespa *f*

wastage /'weɪstɪdʒ/ *n* perdita *f*

waste /weɪst/ *n* spreco *m*; (*rubbish*) rifiuto *m*; **~ of time** perdita *f* di tempo ● *a* ‹*product*› di scarto; ‹*land*› desolato; **lay ~** devastare ● *vt* sprecare. **waste away** *vi* deperire

waste: ~-di'sposal unit *n* eliminatore *m* di rifiuti. **~ful** *a* dispendioso. **~ 'paper** *n* carta *f* straccia. **~-'paper basket** *n* cestino *m* per la carta [straccia]

watch /wɒtʃ/ *n* guardia *f*; (*period of duty*) turno *m* di guardia; (*timepiece*) orologio *m*; **be on the ~** stare all'erta ● *vt* guardare ‹*film, match, television*›; (*be careful of, look after*) stare attento a ● *vi* guardare. **watch out** *vi* (*be careful*) stare attento (**for** a). **watch out for** *vt* (*look for*) fare attenzione all'arrivo di ‹*person*›

watch: ~-dog *n* cane *m* da guardia. **~ful** *a* attento. **~maker** *n* orologiaio, -a *mf*. **~man** *n* guardiano *m*. **~-strap** *n* cinturino *m* dell'orologio. **~word** *n* motto *m*

water /'wɔ:tə(r)/ *n* acqua *f* ● *vt* annaffiare ‹*garden, plant*›; (*dilute*) annacquare ● *vi* ‹*eyes:*› lacrimare; **my mouth was ~ing** avevo l'acquolina in bocca. **water down** *vt* diluire; *fig* attenuare

water: ~-colour *n* acquerello *m*. **~cress** *n* crescione *m*. **~fall** *n* cascata *f*

'watering-can *n* annaffiatoio *m*

water: ~-lily *n* ninfea *f*. **~ logged** *a* inzuppato. **~-main** *n* conduttura *f* dell'acqua. **~ polo** *n* pallanuoto *f*. **~-power** *n* energia *f* idraulica. **~proof** *a* impermeabile. **~shed** *n* spartiacque *m inv*; *fig* svolta *f*. **~-skiing** *n* sci *m* nautico. **~tight** *a* stagno; *fig* irrefutabile. **~way** *n* canale *m* navigabile

watery /'wɔ:tərɪ/ *a* acquoso; ‹*eyes*› lacrimoso

watt /wɒt/ *n* watt *m inv*

wave /weɪv/ *n* onda *f*; (*gesture*) cenno *m*; *fig* ondata *f* ● *vt* agitare; **~ one's hand** agitare la mano ● *vi* far segno; ‹*flag:*› sventolare. **~length** *n* lunghezza *f* d'onda

waver /'weɪvə(r)/ *vi* vacillare; (*hesitate*) esitare

wavy /'weɪvɪ/ *a* ondulato

wax[1] /wæks/ *vi* ‹*moon:*› crescere; (*fig: become*) diventare

wax[2] *n* cera *f*; (*in ear*) cerume *m* ● *vt* dare la cera a. **~works** *n* museo *m* delle cere

way /weɪ/ *n* percorso *m*; (*direction*) direzione *f*; (*manner, method*) modo *m*; **~s** *pl* (*customs*) abitudini *fpl*; **be in the ~** essere in mezzo; **on the ~ to Rome** andando a Roma; **I'll do it on the ~** lo faccio mentre vado; **it's on my ~** è sul mio percorso; **a long ~ off** lontano; **this ~** da questa parte; (*like this*) così; **by the ~** a proposito; **by ~ of** come; (*via*) via; **either ~** (*whatever we do*) in un modo o nell'altro; **in some ~s** sotto certi aspetti; **in a ~** in un certo senso; **in a bad ~** ‹*person*› molto grave; **out of the ~** fuori mano; **under ~** in corso; **lead the ~** far strada; *fig* aprire la strada; **make ~** far posto (**for** a); **give ~** *Auto* dare la precedenza; **go out of one's ~** *fig* scomodarsi (**to** per); **get one's [own] ~** averla vinta ● *adv* **~ behind** molto indietro. **~ 'in** *n* entrata *f*

way'lay *vt* (*pt/pp* **-laid**) aspettare al varco ‹*person*›

way 'out *n* uscita *f*; *fig* via *f* d'uscita

way-'out *a fam* eccentrico

wayward /'weɪwəd/ *a* capriccioso

WC *n abbr* WC; **the WC** il gabinetto

we /wi:/ *pers pron* noi; **we're the last** siamo gli ultimi; **they're going, but we're not** loro vanno, ma noi no

weak /wi:k/ *a* debole; ‹*liquid*› leggero. **~en** *vt* indebolire ● *vi* indebolirsi. **~ling** *n* smidollato, -a *mf*. **~ness** *n* debolezza *f*; (*liking*) debole *m*

wealth /welθ/ *n* ricchezza *f*; *fig* gran quantità *f*. **~y** *a* (**-ier, -iest**) ricco

wean /wi:n/ *vt* svezzare

weapon /'wepən/ *n* arma *f*

wear /weə(r)/ *n* (*clothing*) abbigliamento *m*; **for everyday ~** da portare tutti i giorni; **~ [and tear]** usura *f* ● *v* (*pt* **wore**, *pp* **worn**) ● *vt* portare; (*damage*) consumare; **~ a hole in sth** logorare qcsa fino a fare un buco; **what shall I ~?** cosa mi metto? ● *vi* consumarsi; (*last*) durare. **wear off** *vi* scomparire; ‹*effect:*› finire. **wear out** *vt* consumare [fino in fondo]; (*exhaust*) estenuare ● *vi* estenuarsi

wearable /'weərəbl/ *a* portabile

wear|y /'wɪərɪ/ *a* (**-ier, -iest**) sfinito ● *v* (*pt/pp* **wearied**) ● *vt* sfinire ● *vi* **~y of** stancarsi di. **~ily** *adv* stancamente

weasel /'wi:zl/ *n* donnola *f*

weather /'weðə(r)/ *n* tempo *m*; **in this ~** con questo tempo; **under the ~** *fam* giù di corda ● *vt* sopravvivere a ‹*storm*›

weather: ~-beaten *a* ‹*face*› segnato dalle intemperie. **~cock** *n* gallo *m* segnavento. **~ forecast** *n* previsioni *fpl* del tempo

weave[1] /wi:v/ *vi* (*pt/pp* **weaved**) (*move*) zigzagare

weave² *n* tessuto *m* ● *vt* (*pt* **wove**, *pp* **woven**) tessere; intrecciare ‹*flowers etc*›; intrecciare le fila di ‹*story etc*›. **~r** *n* tessitore, -trice *mf*

web /web/ *n* rete *f*; (*of spider*) ragnatela *f*; **W~** *Comput* Web *m inv*, Rete *f*. **~bed feet** *npl* piedi *mpl* palmati. **~cam** *n* webcam *f inv*. **~ page** *n Comput* pagina *f* web. **~ site** *n Comput* sito *m* web

wed /wed/ *vt* (*pt/pp* **wedded**) sposare ● *vi* sposarsi. **~ding** *n* matrimonio *m*

wedding: ~ cake *n* torta *f* nuziale. **~ day** *n* giorno *m* del matrimonio. **~ dress** *n* vestito *m* da sposa. **~-ring** *n* fede *f*

wedge /wedʒ/ *n* zeppa *f*; (*for splitting wood*) cuneo *m*; (*of cheese*) fetta *f* ● *vt* (*fix*) fissare

wedlock /ˈwedlɒk/ *n* **born out of ~** nato fuori dal matrimonio

Wednesday /ˈwenzdeɪ/ *n* mercoledì *m inv*

wee¹ /wiː/ *a fam* piccolo

wee² *vi fam* fare la pipì

weed /wiːd/ *n* erbaccia *f*; (*fam: person*) mollusco *m* ● *vt* estirpare le erbacce da ● *vi* estirpare le erbacce. **weed out** *vt fig* eliminare

ˈ**weed-killer** *n* erbicida *m*

week /wiːk/ *n* settimana *f*. **~day** *n* giorno *m* feriale. **~end** *n* fine *m* settimana

weekly /ˈwiːklɪ/ *a* settimanale ● *n* settimanale *m* ● *adv* settimanalmente

weep /wiːp/ *vi* (*pt/pp* **wept**) piangere

weigh /weɪ/ *vt/i* pesare; **~ anchor** levare l'ancora. **weigh down** *vt fig* piegare. **weigh up** *vt fig* soppesare; valutare ‹*person*›

weight /weɪt/ *n* peso *m*; **put on/lose ~** ingrassare/dimagrire. **~ing** *n* (*allowance*) indennità *f inv*

weight: ~lessness *n* assenza *f* di gravità. **~-lifting** *n* sollevamento *m* pesi

weighty /ˈweɪtɪ/ *a* (**-ier, -iest**) pesante; (*important*) di un certo peso

weir /wɪə(r)/ *n* chiusa *f*

weird /wɪəd/ *a* misterioso; (*bizarre*) bizzarro

welcome /ˈwelkəm/ *a* benvenuto; **you're ~!** prego!; **you're ~ to have it/to come** prendilo/vieni pure ● *n* accoglienza *f* ● *vt* accogliere; (*appreciate*) gradire

weld /weld/ *vt* saldare. **~er** *n* saldatore *m*

welfare /ˈwelfeə(r)/ *n* benessere *m*; (*aid*) assistenza *f*. **W~ State** *n* Stato *m* assistenziale

well¹ /wel/ *n* pozzo *m*; (*of staircase*) tromba *f*

well² *adv* (**better, best**) bene; **as ~** anche; **as ~ as** (*in addition*) oltre a; **~ done!** bravo!; **very ~** benissimo ● *a* **he is not ~** non sta bene; **get ~ soon!** guarisci presto! ● *int* beh!; **~ I never!** ma va!

well: ~-behaved *a* educato. **~-being** *n* benessere *m*. **~-bred** *a* beneducato. **~-heeled** *a fam* danaroso

wellingtons /ˈwelɪŋtənz/ *npl* stivali *mpl* di gomma

well: ~-known *a* famoso. **~-meaning** *a* con buone intenzioni. **~-meant** *a* con le migliori intenzioni. **~-off** *a* benestante. **~-read** *a* colto. **~-to-do** *a* ricco

Welsh /welʃ/ *a & n* gallese; (*language*) gallese *m*; **the ~** *pl* i gallesi. **~man** *n* gallese *m*. **~ rabbit** *n* toast *m inv* al formaggio

went /went/ *see* **go**

wept /wept/ *see* **weep**

were /wɜː(r)/ *see* **be**

west /west/ *n* ovest *m*; **to the ~ of** a ovest di; **the W~** l'Occidente *m* ● *a* occidentale ● *adv* verso occidente; **go ~** *fam* andare in malora. **~erly** *a* verso ovest; occidentale ‹*wind*›. **~ern** *a* occidentale ● *n* western *m inv*

West: ~ ˈGermany *n* Germania *f* Occidentale. **~ ˈIndian** *a & n* antillese *mf*. **~ ˈIndies** /ˈɪndɪz/ *npl* Antille *fpl*

ˈ**westward[s]** /-wəd[z]/ *adv* verso ovest

wet /wet/ *a* (**wetter, wettest**) bagnato; fresco ‹*paint*›; (*rainy*) piovoso; ‹*fam: person*› smidollato; **get ~** bagnarsi ● *vt* (*pt/pp* **wet, wetted**) bagnare. **~ ˈblanket** *n* guastafeste *mf inv*

whack /wæk/ *n fam* colpo *m* ● *vt fam* dare un colpo a. **~ed** *a fam* stanco morto. **~ing** *a* (*fam: huge*) enorme

whale /weɪl/ *n* balena *f*; **have a ~ of a time** *fam* divertirsi un sacco

wham /wæm/ *int* bum

wharf /wɔːf/ *n* banchina *f*

what /wɒt/ *pron* che, [che] cosa; **~ for?** perché?; **~ is that for?** a che cosa serve?; **~ is it?** (*what do you want*) cosa c'è?; **~ is it like?** com'è?; **~ is your name?** come ti chiami?; **~ is the weather like?** com'è il tempo?; **~ is the film about?** di cosa parla il film?; **~ is he talking about?** di cosa sta parlando?; **he asked me ~ she had said** mi ha chiesto cosa ha detto; **~ about going to the cinema?** e se andassimo al cinema?; **~ about the children?** (*what will they do*) e i bambini?; **~ if it rains?** e se piove? ● *a* quale, che; **take ~ books you want** prendi tutti i libri che vuoi; **~ kind of a** che tipo di; **at ~ time?** a che ora? ● *adv* che; **~ a lovely day!** che bella giornata! ● *int* **~!** [che] cosa!; **~?** [che] cosa?

what'ever *a* qualunque ● *pron* qualsiasi cosa; **~ is it?** cos'è?; **~ he does** qualsiasi cosa faccia; **~ happens** qualunque cosa succeda; **nothing ~** proprio niente

whatso'ever *a & pron* = **whatever**

wheat /wi:t/ *n* grano *m*, frumento *m*

wheedle /'wi:d(ə)l/ *vt* **~ sth out of sb** ottenere qcsa da qualcuno con le lusinghe

wheel /wi:l/ *n* ruota *f*; (*steering ~*) volante *m*; **at the ~** al volante ● *vt* (*push*) spingere ● *vi* (*circle*) ruotare; **~ [round]** ruotare

wheel: ~barrow *n* carriola *f*. **~chair** *n* sedia *f* a rotelle. **~-clamp** *n* ceppo *m* bloccaruote

wheeze /wi:z/ *vi* ansimare

when /wen/ *adv & conj* quando; **the day ~** il giorno in cui; **~ swimming/reading** nuotando/leggendo

when'ever *adv & conj* in qualsiasi momento; (*every time that*) ogni volta che; **~ did it happen?** quando è successo?

where /weə(r)/ *adv & conj* dove; **the street ~ I live** la via in cui abito; **~ do you come from?** da dove vieni?

whereabouts[1] /weərə'baʊts/ *adv* dove

'whereabouts[2] *n* **nobody knows his ~** nessuno sa dove si trova

where'as *conj* dal momento che; (*in contrast*) mentre

where'by *adv* attraverso il quale

whereu'pon *adv* dopo di che

wher'ever *adv & conj* dovunque; **~ is he?** dov'è mai?; **~ possible** dovunque sia possibile

whet /wet/ *vt* (*pt/pp* **whetted**) aguzzare ‹*appetite*›

whether /'weðə(r)/ *conj* se; **~ you like it or not** che ti piaccia o no

which /wɪtʃ/ *a & pron* quale; **~ one?** quale?; **~ one of you?** chi di voi?; **~ way?** (*direction*) in che direzione? ● *rel pron* (*object*) che; **~ he does frequently** cosa che fa spesso; **after ~** dopo di che; **on/in ~** su/in cui

which'ever *a & pron* qualunque; **~ it is** qualunque sia; **~ one of you** chiunque tra voi

whiff /wɪf/ *n* zaffata *f*; **have a ~ of sth** odorare qcsa

while /waɪl/ *n* **a long ~** un bel po'; **a little ~** un po' ● *conj* mentre; (*as long as*) finché; (*although*) sebbene ● **while away** *vt* passare ‹*time*›

whilst /waɪlst/ *conj see* **while**

whim /wɪm/ *n* capriccio *m*

whimper /'wɪmpə(r)/ *vi* piagnucolare; ‹*dog:*› mugolare

whimsical /'wɪmzɪkl/ *a* capriccioso; ‹*story*› fantasioso

whine /waɪn/ *n* lamento *m*; (*of dog*) guaito *m* ● *vi* lamentarsi; ‹*dog:*› guaire

whip /wɪp/ *n* frusta *f*; (*Pol: person*) *parlamentare mf incaricato, -a di assicurarsi della presenza dei membri del suo partito alle votazioni* ● *vt* (*pt/pp* **whipped**) frustare; *Culin* sbattere; (*snatch*) afferrare; (*fam: steal*) fregare. **whip up** *vt* (*incite*) stimolare; *fam* improvvisare ‹*meal*›. **~ped 'cream** *n* panna *f* montata

whirl /wɜ:l/ *n* (*movement*) rotazione *f*; **my mind's in a ~** ho le idee confuse ● *vi* girare rapidamente ● *vt* far girare rapidamente. **~ pool** *n* vortice *m*. **~ wind** *n* turbine *m*

whirr /wɜ:(r)/ *vi* ronzare

whisk /wɪsk/ *n Culin* frullino *m* ● *vt Culin* frullare. **whisk away** *vt* portare via

whisker /'wɪskə(r)/ *n* **~s** baffi *mpl*; (*on man's face*) basette *fpl*; **by a ~** per un pelo

whisky /'wɪskɪ/ *n* whisky *m inv*

whisper /'wɪspə(r)/ *n* sussurro *m*; (*rumour*) diceria *f* ● *vt/i* sussurrare

whistle /'wɪsl/ *n* fischio *m*; (*instrument*) fischietto *m* ● *vt* fischiettare ● *vi* fischiettare; ‹*referee*› fischiare

white /waɪt/ *a* bianco; **go ~** (*pale*) sbiancare ● *n* bianco *m*; (*of egg*) albume *m*; (*person*) bianco, -a *mf*

white: ~ 'coffee *n* caffè *m inv* macchiato. **~-'collar worker** *n* colletto *m* bianco

'Whitehall *n strada f di Londra, sede degli uffici del governo britannico*; *fig* amministrazione *f* britannica

white 'lie *n* bugia *f* pietosa

whiten /'waɪtn/ *vt* imbiancare ● *vi* sbiancare

whiteness /'waɪtnɪs/ *n* bianchezza *f*

'whitewash *n* intonaco *m*; *fig* copertura *f* ● *vt* dare una mano d'intonaco a; *fig* coprire

Whitsun /'wɪtsn/ *n* Pentecoste *f*

whittle /'wɪtl/ *vt* **~ down** ridurre

whiz[z] /wɪz/ *vi* (*pt/pp* **whizzed**) sibilare. **~-kid** *n fam* giovane *m* prodigio

who /hu:/ *inter pron* chi ● *rel pron* che; **the children, ~ were all tired,...** i bambini, che erano tutti stanchi,...

who'ever *pron* chiunque; **~ he is** chiunque sia; **~ can that be?** chi può mai essere?

whole /həʊl/ *a* tutto; (*not broken*) intatto; **the ~ truth** tutta la verità; **the ~ world** il mondo intero; **the ~ lot** (*everything*) tutto; (*pl*) tutti; **the ~ lot of you** tutti voi ● *n* tutto *m*; **as a ~** nell'insieme; **on the ~** tutto considerato; **the ~ of Italy** tutta l'Italia

whole: ~food *n* cibo *m* macrobiotico. **~-'hearted** *a* di tutto cuore. **~meal** *a* integrale

'wholesale *a & adv* all'ingrosso; *fig* in massa. **~r** *n* grossista *mf*

wholesome /'həʊlsəm/ *a* sano

wholly /'həʊlɪ/ *adv* completamente

whom /hu:m/ *rel pron* che; **the man ~ I saw** l'uomo che ho visto; **to/with ~** a/con cui ● *inter pron* chi; **to ~ did you speak?** con chi hai parlato?

whooping cough /'hu:pɪŋ/ *n* pertosse *f*

whopping /'wɒpɪŋ/ *a fam* enorme

whore /hɔ:(r)/ *n* puttana *f vulg*

whose /hu:z/ *rel pron* il cui; **people ~ name begins with D** le persone i cui nomi cominciano con la D ● *inter pron* di chi; **~ is that?** di chi è quello? ● *a* **~ car did you use?** di chi è la macchina che hai usato?

why /waɪ/ *adv* (*inter*) perché; **the reason ~** la ragione per cui; **that's ~** per questo ● *int* diamine

wick /wɪk/ *n* stoppino *m*

wicked /'wɪkɪd/ *a* cattivo; (*mischievous*) malizioso

wicker /'wɪkə(r)/ *n* vimini *mpl* ● *attrib* di vimini

wide /waɪd/ *a* largo; ‹*experience, knowledge*› vasto; ‹*difference*› profondo; (*far from target*) lontano; **10 cm ~** largo 10 cm; **how ~ is it?** quanto è largo? ● *adv* (*off target*) lontano dal bersaglio; **~ awake** del tutto sveglio; **~ open** spalancato; **far and ~** in lungo e in largo. **~ly** *adv* largamente; ‹*known, accepted*› generalmente; ‹*different*› profondamente

widen /'waɪdn/ *vt* allargare ● *vi* allargarsi

'widespread *a* diffuso

widow /'wɪdəʊ/ *n* vedova *f*. **~ed** *a* vedovo. **~er** *n* vedovo *m*

width /wɪdθ/ *n* larghezza *f*; (*of material*) altezza *f*

wield /wi:ld/ *vt* maneggiare; esercitare ‹*power*›

wife /waɪf/ *n* (*pl* **wives**) moglie *f*

wig /wɪg/ *n* parrucca *f*

wiggle /'wɪgl/ *vi* dimenarsi ● *vt* dimenare

wild /waɪld/ *a* selvaggio; ‹*animal, flower*› selvatico; (*furious*) furibondo; ‹*applause*› fragoroso; ‹*idea*› folle; (*with joy*) pazzo; ‹*guess*› azzardato; **be ~ about** (*keen on*) andare pazzo per ● *adv* **run ~** crescere senza controllo ● *n* **in the ~** allo stato naturale; **the ~s** *pl* le zone sperdute

wilderness /'wɪldənɪs/ *n* deserto *m*; (*fig: garden*) giungla *f*

'wildfire *n* **spread like ~** allargarsi a macchia d'olio

wild: ~-'goose chase *n* ricerca *f* inutile. **~life** *n* animali *mpl* selvatici

wilful /'wɪlfl/ *a* intenzionale; ‹*person, refusal*› ostinato. **~ly** *adv* intenzionalmente; ‹*refuse*› ostinatamente

will[1] /wɪl/ *v aux* **he ~ arrive tomorrow** arriverà domani; **I won't tell him** non glielo dirò; **you ~ be back soon, won't you?** tornerai presto, no?; **he ~ be there, won't he?** sarà là, no?; **she ~ be there by now** sarà là ormai; **~ you go?** (*do you intend to go*) pensi di andare?; **~ you go to the baker's and buy...?** puoi andare dal panettiere a comprare...?; **~ you be quiet!** vuoi stare calmo!; **~ you have some wine?** vuoi del vino?; **the engine won't start** la macchina non parte

will[2] *n* volontà *f inv*; (*document*) testamento *m*

willing /'wɪlɪŋ/ *a* disposto; (*eager*) volonteroso. **~ly** *adv* volentieri. **~ness** *n* buona volontà *f*

willow /'wɪləʊ/ *n* salice *m*

'will-power *n* forza *f* di volontà

willy-'nilly *adv* (*at random*) a casaccio; (*wanting to or not*) volente o nolente

wilt /wɪlt/ *vi* appassire

wily /'waɪlɪ/ *a* (**-ier, -iest**) astuto

wimp /wɪmp/ *n* rammollito, -a *mf*

win /wɪn/ *n* vittoria *f*; **have a ~** riportare una vittoria ● *v* (*pt/pp won*; *pres p* **winning**) ● *vt* vincere; conquistare ‹*fame*› ● *vi* vincere. **win over** *vt* convincere

wince /wɪns/ *vi* contrarre il viso
winch /wɪntʃ/ *n* argano *m*
wind[1] /wɪnd/ *n* vento *m*; (*breath*) fiato *m*; (*fam: flatulence*) aria *f*; **get/have the ~ up** *fam* aver fifa; **get ~ of** aver sentore di; **in the ~** nell'aria ● *vt* **~ sb** lasciare qcno senza fiato
wind[2] /waɪnd/ *v* (*pt/pp* **wound**) ● *vt* (*wrap*) avvolgere; (*move by turning*) far girare; caricare ‹*clock*› ● *vi* ‹*road:*› serpeggiare. **wind up** *vt* caricare ‹*clock*›; concludere ‹*proceedings*›; *fam* prendere in giro ‹*sb*›
wind /wɪnd/: **~fall** *n fig* fortuna *f* inaspettata
winding /'waɪndɪŋ/ *a* tortuoso
wind: ~ instrument *n* strumento *m* a fiato. **~mill** *n* mulino *m* a vento
window /'wɪndəʊ/ *n* finestra *f*; (*of car*) finestrino *m*; (*of shop*) vetrina *f*
window: ~-box *n* cassetta *f* per i fiori. **~-cleaner** *n* (*person*) lavavetri *mf inv*. **~-dresser** *n* vetrinista *mf*. **~-dressing** *n* vetrinistica *f*; *fig* fumo *m* negli occhi. **~-pane** *n* vetro *m*. **~-shopping** *n*: **go ~-shopping** andare in giro a vedere le vetrine. **~-sill** *n* davanzale *m*
'windscreen *n*, *Am* **'windshield** *n* parabrezza *m inv*. **~ washer** *n* getto *m* d'acqua. **~-wiper** *n* tergicristallo *m*
wind: ~ surfing *n* windsurf *m inv*. **~swept** *a* esposto al vento; ‹*person*› scompigliato
windy /'wɪndɪ/ *a* (**-ier, -iest**) ventoso
wine /waɪn/ *n* vino *m*
wine: ~-bar *n* ≈ enoteca *f*. **~glass** *n* bicchiere *m* da vino. **~-list** *n* carta *f* dei vini
winery /'waɪnərɪ/ *n Am* vigneto *m*
'wine-tasting *n* degustazione *f* di vini
wing /wɪŋ/ *n* ala *f*; *Auto* parafango *m*; **~s** *pl Theat* quinte *fpl*. **~er** *n Sport* ala *f*
wink /wɪŋk/ *n* strizzata *f* d'occhio; **not sleep a ~** non chiudere occhio ● *vi* strizzare l'occhio; ‹*light:*› lampeggiare
winner /'wɪnə(r)/ *n* vincitore, -trice *mf*
winning /'wɪnɪŋ/ *a* vincente; ‹*smile*› accattivante. **~-post** *n* linea *f* d'arrivo. **~s** *npl* vincite *fpl*
wint|er /'wɪntə(r)/ *n* inverno *m*. **~ry** *a* invernale
wipe /waɪp/ *n* passata *f*; (*to dry*) asciugata *f* ● *vt* strofinare; (*dry*) asciugare. **wipe off** *vt* asciugare; (*erase*) cancellare. **wipe out** *vt* annientare; eliminare ‹*village*›; estinguere ‹*debt*›. **wipe up** *vt* asciugare ‹*dishes*›
wire /'waɪə(r)/ *n* fil *m* di ferro; (*electrical*) filo *m* elettrico
wireless /'waɪəlɪs/ *n* radio *f inv*
wire 'netting *n* rete *f* metallica
wiring /'waɪərɪŋ/ *n* impianto *m* elettrico
wiry /'waɪərɪ/ *a* (**-ier, -iest**) ‹*person*› dal fisico asciutto; ‹*hair*› ispido
wisdom /'wɪzdəm/ *n* saggezza *f*; (*of action*) sensatezza *f*. **~ tooth** *n* dente *m* del giudizio
wise /waɪz/ *a* saggio; (*prudent*) sensato. **~ly** *adv* saggiamente; ‹*act*› sensatamente
wish /wɪʃ/ *n* desiderio *m*; **make a ~** esprimere un desiderio; **with best ~es** con i migliori auguri ● *vt* desiderare; **~ sb well** fare tanti auguri a qcno; **I ~ you every success** ti auguro buona fortuna; **I ~ you could stay** vorrei che tu potessi rimanere ● *vi* **~ for sth** desiderare qcsa. **~ful** *a* **~ful thinking** illusione *f*
wishy-washy /'wɪʃɪwɒʃɪ/ *a* ‹*colour*› spento; ‹*personality*› insignificante
wisp /wɪsp/ *n* (*of hair*) ciocca *f*; (*of smoke*) filo *m*; (*of grass*) ciuffo *m*
wistful /'wɪstfl/ *a* malinconico
wit /wɪt/ *n* spirito *m*; (*person*) persona *f* di spirito; **be at one's ~s' end** non saper che pesci pigliare
witch /wɪtʃ/ *n* strega *f*. **~craft** *n* magia *f*. **~-hunt** *n* caccia *f* alle streghe
with /wɪð/ *prep* con; (*fear, cold, jealousy etc*) di; **I'm not ~ you** *fam* non ti seguo; **can I leave it ~ you?** <*task*> puoi occupartene tu?; **~ no regrets/money** senza rimpianti/soldi; **be ~ it** *fam* essere al passo coi tempi; (*alert*) essere concentrato
with'draw *v* (*pt* **-drew**, *pp* **-drawn**) ● *vt* ritirare; prelevare ‹*money*› ● *vi* ritirarsi. **~al** *n* ritiro *m*; (*of money*) prelevamento *m*; (*from drugs*) crisi *f inv* di astinenza; *Psych* chiusura *f* in se stessi. **~al symptoms** *npl* sintomi *mpl* da crisi di astinenza
with'drawn *see* **withdraw** ● *a* ‹*person*› chiuso in se stesso
wither /'wɪðə(r)/ *vi* ‹*flower:*› appassire
with'hold *vt* (*pt/pp* **-held**) rifiutare ‹*consent*› (**from** a); nascondere ‹*information*› (**from** a); trattenere ‹*smile*›
with'in *prep* in; (*before the end of*) entro; **~ the law** legale ● *adv* all'interno
with'out *prep* senza; **~ stopping** senza fermarsi
with'stand *vt* (*pt/pp* **-stood**) resistere a
witness /'wɪtnɪs/ *n* testimone *mf* ● *vt* autenticare ‹*signature*›; essere testimone di ‹*accident*›. **~-box**, *Am* **~-stand** *n* banco *m* dei testimoni

witticism /'wɪtɪsɪzm/ *n* spiritosaggine *f*
wittingly /'wɪtɪŋlɪ/ *adv* consapevolmente
witty /'wɪtɪ/ *a* (**-ier, -iest**) spiritoso
wives /waɪvz/ *see* **wife**
wizard /'wɪzəd/ *n* mago *m*. **~ry** *n* stregoneria *f*
wobb|le /'wɒbl/ *vi* traballare. **~ly** *a* traballante
wodge /wɒdʒ/ *n fam* mucchio *m*
woe /wəʊ/ *n* afflizione *f*
woke, woken /wəʊk, 'wəʊkn/ *see* **wake**[1]
wolf /wʊlf/ *n* (*pl* **wolves** /wʊlvz/) lupo *m*; (*fam: womanizer*) donnaiolo *m* ● *vt* **~** [**down**] divorare. **~ whistle** *n* fischio *m* ● *vi* **~-whistle at sb** fischiare dietro a qcno
woman /'wʊmən/ *n* (*pl* **women**) donna *f*. **~izer** *n* donnaiolo *m*. **~ly** *a* femmineo
womb /wu:m/ *n* utero *m*
women /'wɪmɪn/ *see* **woman**. **W~'s Libber** /'lɪbə(r)/ *n* femminista *f*. **W~'s Liberation** *n* movimento *m* femminista
won /wʌn/ *see* **win**
wonder /'wʌndə(r)/ *n* meraviglia *f*; (*surprise*) stupore *m*; **no ~!** non c'è da stupirsi!; **it's a ~ that...** è incredibile che... ● *vi* restare in ammirazione; (*be surprised*) essere sorpreso; **I ~** è quello che mi chiedo; **I ~ whether she is ill** mi chiedo se è malata?. **~ful** *a* meraviglioso. **~fully** *adv* meravigliosamente
won't /wəʊnt/ = **will not**
woo /wu:/ *vt* corteggiare; *fig* cercare di accattivarsi ‹*voters*›
wood /wʊd/ *n* legno *m*; (*for burning*) legna *f*; (*forest*) bosco *m*; **out of the ~** *fig* fuori pericolo; **touch ~!** tocca ferro!
wood: ~ed /-ɪd/ *a* boscoso. **~en** *a* di legno; *fig* legnoso. **~ wind** *n* strumenti *mpl* a fiato. **~work** *n* (*wooden parts*) parti *fpl* in legno; (*craft*) falegnameria *f*. **~worm** *n* tarlo *m*. **~y** *a* legnoso; ‹*hill*› boscoso
wool /wʊl/ *n* lana *f* ● *attrib* di lana. **~len** *a* di lana. **~lens** *npl* capi *mpl* di lana
woolly /'wʊlɪ/ *a* (**-ier, -iest**) ‹*sweater*› di lana; *fig* confuso
word /wɜ:d/ *n* parola *f*; (*news*) notizia *f*; **by ~ of mouth** a viva voce; **have a ~ with** dire due parole a; **have ~s** bisticciare; **in other ~s** in altre parole. **~ing** *n* parole *fpl*. **~ processor** *n* programma *m* di videoscrittura, word processor *m inv*
wore /wɔ:(r)/ *see* **wear**
work /wɜ:k/ *n* lavoro *m*; (*of art*) opera *f*; **~s** *pl* (*factory*) fabbrica *fsg*; (*mechanism*) meccanismo *msg*; **at ~** al lavoro; **out of ~** disoccupato ● *vi* lavorare; ‹*machine, ruse:*› funzionare; (*study*) studiare ● *vt* far funzionare ‹*machine*›; far lavorare ‹*employee*›; far studiare ‹*student*›. **work off** *vt* sfogare ‹*anger*›; lavorare per estinguere ‹*debt*›; fare sport per smaltire ‹*weight*›. **work out** *vt* elaborare ‹*plan*›; risolvere ‹*problem*›; calcolare ‹*bill*›; **I ~ed out how he did it** ho capito come l'ha fatto ● *vi* evolvere. **work up** *vt* **I've ~ed up an appetite** mi è venuto appetito; **don't get ~ed up** (*anxious*) non farti prendere dal panico; (*angry*) non arrabbiarti
workable /'wɜ:kəbl/ *a* (*feasible*) fattibile
workaholic /wɜ:kə'hɒlɪk/ *n* stacanovista *mf*
worker /'wɜ:kə(r)/ *n* lavoratore, -trice *mf*; (*manual*) operaio, -a *mf*
working /'wɜ:kɪŋ/ *a* ‹*clothes etc*› da lavoro; ‹*day*› feriale; **in ~ order** funzionante. **~ class** *n* classe *f* operaia. **~-class** *a* operaio
work: ~man *n* operaio *m*. **~manship** *n* lavorazione *f*. **~-out** *n* allenamento *m*. **~shop** *n* officina *f*; (*discussion*) dibattito *m*
world /wɜ:ld/ *n* mondo *m*; **a ~ of difference** una differenza abissale; **out of this ~** favoloso; **think the ~ of sb** andare matto per qcno. **~ly** *a* materiale; ‹*person*› materialista. **~-'wide** *a* mondiale ● *adv* mondialmente
worm /wɜ:m/ *n* verme *m* ● *vt* **~ one's way into sb's confidence** conquistarsi la fiducia di qcno in modo subdolo. **~-eaten** *a* tarlato
worn /wɔ:n/ *see* **wear** ● *a* sciupato. **~-out** *a* consumato; ‹*person*› sfinito
worried /'wʌrɪd/ *a* preoccupato
worr|y /'wʌrɪ/ *n* preoccupazione *f* ● *v* (*pt/pp* **worried**) ● *vt* preoccupare; (*bother*) disturbare ● *vi* preoccuparsi. **~ing** *a* preoccupante
worse /wɜ:s/ *a* peggiore ● *adv* peggio ● *n* peggio *m*
worsen /'wɜ:sn/ *vt/i* peggiorare
worship /'wɜ:ʃɪp/ *n* culto *m*; (*service*) funzione *f*; **Your/His W~** (*to judge*) signor giudice/il giudice ● *v* (*pt/pp* **-shipped**) ● *vt* venerare ● *vi* andare a messa
worst /wɜ:st/ *a* peggiore ● *adv* peggio [di tutti] ● *n* **the ~** il peggio; **get the ~**

of it avere la peggio; **if the ~ comes to the ~** nella peggiore delle ipotesi

worth /wɜ:θ/ *n* valore *m*; **£10 ~ of petrol** 10 sterline di benzina ● *a* **be ~** valere; **be ~ it** *fig* valerne la pena; **it's ~ trying** vale la pena di provare; **it's ~ my while** mi conviene. **~less** *a* senza valore. **~while** *a* che vale la pena; ‹*cause*› lodevole

worthy /ˈwɜ:ðɪ/ *a* degno; ‹*cause, motive*› lodevole

would /wʊd/ *v aux* **I ~ do it** lo farei; **~ you go?** andresti?; **~ you mind if I opened the window?** ti dispiace se apro la finestra?; **he ~ come if he could** verrebbe se potesse; **he said he ~n't** ha detto di no; **~ you like a drink?** vuoi qualcosa da bere?; **what ~ you like to drink?** cosa prendi da bere?; **you ~n't, ~ you?** non lo faresti, vero?

wound¹ /wu:nd/ *n* ferita *f* ● *vt* ferire

wound² /waʊnd/ *see* **wind²**

wove, woven /wəʊv, ˈwəʊvn/ *see* **weave²**

wrangle /ˈræŋgl/ *n* litigio *m* ● *vi* litigare

wrap /ræp/ *n* (*shawl*) scialle *m* ● *vt* (*pt/pp* **wrapped**) **~ [up]** avvolgere; incartare ‹*present*›; **be ~ped up in** *fig* essere completamente preso da ● *vi* **~ up warmly** coprirsi bene. **~per** *n* (*for sweet*) carta *f* [di caramella]. **~ping** *n* materiale *m* da imballaggio. **~ping paper** *n* carta *f* da pacchi; (*for gift*) carta *f* da regalo

wrath /rɒθ/ *n* ira *f*

wreak /ri:k/ *vt* **~ havoc with sth** scombussolare qcsa

wreath /ri:θ/ *n* (*pl* **~s** /-ðz/) corona *f*

wreck /rek/ *n* (*of ship*) relitto *m*; (*of car*) carcassa *f*; (*person*) rottame *m* ● *vt* far naufragare; demolire ‹*car*›. **~age** /-ɪdʒ/ *n* rottami *mpl*; *fig* brandelli *mpl*

wrench /rentʃ/ *n* (*injury*) slogatura *f*; (*tool*) chiave *f* inglese; (*pull*) strattone *m* ● *vt* (*pull*) strappare; slogarsi ‹*wrist, ankle etc*›

wrest /rest/ *vt* strappare (**from** a)

wrestl|e /ˈresl/ *vi* lottare corpo a corpo; *fig* lottare. **~er** *n* lottatore, -trice *mf*. **~ing** *n* lotta *f* libera; (*all-in*) catch *m*

wretch /retʃ/ *n* disgraziato, -a *mf*. **~ed** /-ɪd/ *a* odioso; ‹*weather*› orribile; **feel ~ed** (*unhappy*) essere triste; (*ill*) sentirsi malissimo

wriggle /ˈrɪgl/ *n* contorsione *f* ● *vi* contorcersi; (*move forward*) strisciare; **~ out of sth** *fam* sottrarsi a qcsa

wring /rɪŋ/ *vt* (*pt/pp* **wrung**) torcere ‹*sb's neck*›; strizzare ‹*clothes*›; **~ one's hands** torcersi le mani; **~ing wet** inzuppato

wrinkle /ˈrɪŋkl/ *n* grinza *f*; (*on skin*) ruga *f* ● *vt/i* raggrinzire. **~d** *a* ‹*skin, face*› rugoso; ‹*clothes*› raggrinzito

wrist /rɪst/ *n* polso *m*. **~-watch** *n* orologio *m* da polso

writ /rɪt/ *n Jur* mandato *m*

write /raɪt/ *vt/i* (*pt* **wrote**, *pp* **written**, *pres p* **writing**) scrivere. **write down** *vt* annotare. **write off** *vt* cancellare ‹*debt*›; distruggere ‹*car*›

ˈwrite-off *n* (*car*) rottame *m*

writer /ˈraɪtə(r)/ *n* autore, -trice *mf*; **she's a ~** è una scrittrice

ˈwrite-up *n* (*review*) recensione *f*

writhe /raɪð/ *vi* contorcersi

writing /ˈraɪtɪŋ/ *n* (*occupation*) scrivere *m*; (*words*) scritte *fpl*; (*handwriting*) scrittura *f*; **in ~** per iscritto. **~-paper** *n* carta *f* da lettera

written /ˈrɪtn/ *see* **write**

wrong /rɒŋ/ *a* sbagliato; **be ~** ‹*person:*› sbagliare; **what's ~?** cosa c'è che non va? ● *adv* ‹*spelt*› in modo sbagliato; **go ~** ‹*person:*› sbagliare; ‹*machine:*› funzionare male; ‹*plan:*› andar male ● *n* ingiustizia *f*; **in the ~** dalla parte del torto; **know right from ~** distinguere il bene dal male ● *vt* fare torto a. **~ful** *a* ingiusto. **~ly** *adv* in modo sbagliato; ‹*accuse, imagine*› a torto; ‹*informed*› male

wrote /rəʊt/ *see* **write**

wrought'iron /rɔ:t-/ *n* ferro *m* battuto ● *attrib* di ferro battuto

wrung /rʌŋ/ *see* **wring**

wry /raɪ/ *a* (**-er, -est**) ‹*humour, smile*› beffardo

Xmas /'krɪsməs/ *n fam* Natale *m*
'X-ray *n* (*picture*) radiografia *f*; **have an ~** farsi fare una radiografia ● *vt* passare ai raggi X

yacht /jɒt/ *n* yacht *m inv*; (*for racing*) barca *f* a vela. **~ing** *n* vela *f*
Yank /jæŋk/ *n fam* americano, -a *mf*
yank *vt fam* tirare
yap /jæp/ *vi* (*pt/pp* **yapped**) ‹*dog:*› guaire
yard[1] /jɑ:d/ *n* cortile *m*; (*for storage*) deposito *m*
yard[2] *n* iarda *f* (= *91,44 cm*). **~stick** *n fig* pietra *f* di paragone
yarn /jɑ:n/ *n* filo *m*; (*fam: tale*) storia *f*
yawn /jɔ:n/ *n* sbadiglio *m* ● *vi* sbadigliare. **~ing** *a* **~ing gap** sbadiglio *m*
year /jɪə(r)/ *n* anno *m*; (*of wine*) annata *f*; **for ~s** *fam* da secoli. **~-book** *n* annuario *m*. **~ly** *a* annuale ● *adv* annualmente
yearn /jɜ:n/ *vi* struggersi. **~ing** *n* desiderio *m* struggente
yeast /ji:st/ *n* lievito *m*
yell /jel/ *n* urlo *m* ● *vi* urlare
yellow /'jeləʊ/ *a & n* giallo *m*
yelp /jelp/ *n* (*of dog*) guaito *m* ● *vi* ‹*dog:*› guaire
yen /jen/ *n* forte desiderio *m* (**for** di)
yes /jes/ *adv* sì ● *n* sì *m inv*
yesterday /'jestədeɪ/ *n & adv* ieri *m inv*; **~'s paper** il giornale di ieri; **the day before ~** l'altroieri
yet /jet/ *adv* ancora; **as ~** fino ad ora; **not ~** non ancora; **the best ~** il migliore finora ● *conj* eppure
yew /ju:/ *n* tasso *m* (*albero*)
yield /ji:ld/ *n* produzione *f*; (*profit*) reddito *m* ● *vt* produrre; fruttare ‹*profit*› ● *vi* cedere; *Am Auto* dare la precedenza
yodel /'jəʊdl/ *vi* (*pt/pp* **yodelled**) cantare jodel
yoga /'jəʊgə/ *n* yoga *m*
yoghurt /'jɒgət/ *n* yogurt *m inv*
yoke /jəʊk/ *n* giogo *m*; (*of garment*) carré *m inv*
yokel /'jəʊkl/ *n* zotico, -a *mf*
yolk /jəʊk/ *n* tuorlo *m*
you /ju:/ *pers pron* (*subject*) tu, voi *pl*; (*formal*) lei, voi *pl*; (*direct/indirect object*) ti, vi *pl*; (*formal: direct object*) la; (*formal: indirect object*) le; (*after prep*) te, voi *pl*; (*formal: after prep*) lei; **~ are very kind** (*sg*) sei molto gentile; (*formal*) è molto gentile; (*pl & formal pl*) siete molto gentili; **~ can stay, but he has to go** (*sg*) tu puoi rimanere, ma lui deve andarsene; (*pl*) voi potete rimanere, ma lui deve andarsene; **all of ~** tutti voi; **I'll give ~ the money** (*sg*) ti darò i soldi; (*pl*) vi darò i soldi; **I'll give it to ~** (*sg*) te/(*pl*) ve lo darò; **it was ~!** (*sg*) eri tu!; (*pl*) eravate voi!; **~ have to be careful** (*one*) si deve fare attenzione
young /jʌŋ/ *a* giovane ● *npl* (*animals*) piccoli *mpl*; **the ~** (*people*) i giovani. **~ lady** *n* signorina *f*. **~ man** *n* giovanotto *m*. **~ster** *n* ragazzo, -a *mf*; (*child*) bambino, -a *mf*
your /jɔ:(r)/ *poss a* il tuo *m*, la tua *f*, i tuoi *mpl*, le tue *fpl*; (*formal*) il suo *m*, la sua *f*, i suoi *mpl*, le sue *fpl*; (*pl & formal pl*) il vostro *m*, la vostra *f*, i vostri *mpl*, le vostre *fpl*; **~ mother/father** tua madre/tuo padre; (*formal*) sua madre/suo padre; (*pl & formal pl*) vostra madre/vostro padre
yours /jɔ:z/ *poss pron* il tuo *m*, la tua *f*, i tuoi *mpl*, le tue *fpl*; (*formal*) il suo *m*, la

sua *f*, i suoi *mpl*, le sue *fpl*; (*pl & formal pl*) il vostro *m*, la vostra *f*, i vostri *mpl*, le vostre *fpl*; **a friend of ~** un tuo/suo/vostro amico; **friends of ~** dei tuoi/vostri/suoi amici; **that is ~** quello è tuo/vostro/suo; (*as opposed to mine*) quello è il tuo/il vostro/il suo

your'self *pers pron* (*reflexive*) ti; (*formal*) si; (*emphatic*) te stesso; (*formal*) sé, se stesso; **do pour ~ a drink** versati da bere; (*formal*) si versi da bere; **you said so ~** lo hai detto tu stesso; (*formal*) lo ha detto lei stesso; **you can be proud of ~** puoi essere fiero di te/di sé; **by ~** da solo

your'selves *pers pron* (*reflexive*) vi; (*emphatic*) voi stessi; **do pour ~ a drink** versatevi da bere; **you said so ~** lo avete detto voi stessi; **you can be proud of ~** potete essere fieri di voi; **by ~** da soli

youth /ju:θ/ *n* (*pl* **youths** /-ð:z/) gioventù *f inv*; (*boy*) giovanetto *m*; **the ~** (*young people*) i giovani. **~ful** *a* giovanile. **~ hostel** *n* ostello *m* [della gioventù]

Yugoslav /'ju:gəslɑ:v/ *a & n* jugoslavo, -a *mf*

Yugoslavia /-'slɑ:vɪə/ *n* Jugoslavia *f*

Zz

zany /'zeɪnɪ/ *a* (**-ier, -iest**) demenziale

zeal /zi:l/ *n* zelo *m*

zealous /'zeləs/ *a* zelante. **~ly** *adv* con zelo

zebra /'zebrə/ *n* zebra *f*. **~-'crossing** *n* passaggio *m* pedonale, zebre *fpl*

zero /'zɪərəʊ/ *n* zero *m*

zest /zest/ *n* gusto *m*

zigzag /'zɪgzæg/ *n* zigzag *m inv* ● *vi* (*pt/pp* **-zagged**) zigzagare

zilch /zɪltʃ/ *n fam* zero *m* assoluto

zinc /zɪŋk/ *n* zinco *m*

zip /zɪp/ *n* **~ [fastener]** cerniera *f* [lampo] ● *vt* (*pt/pp* **zipped**) **~ [up]** chiudere con la cerniera [lampo]

'Zip code *n Am* codice *m* postale

zipper /'zɪpə(r)/ *n Am* cerniera *f* [lampo]

zodiac /'zəʊdɪæk/ *n* zodiaco *m*

zombie /'zɒmbɪ/ *n fam* zombi *mf inv*

zone /zəʊn/ *n* zona *f*

zoo /zu:/ *n* zoo *m inv*

zoolog|ist /zəʊ'ɒlədʒɪst/ *n* zoologo, -a *mf*. **~y** zoologia *f*

zoom /zu:m/ *vi* sfrecciare. **~ lens** *n* zoom *m inv*

I dizionari più autorevoli al mondo

Altri dizionari bilingui

Minidizionario Oxford

italiano-inglese/inglese-italiano
ISBN 0-19-860545-5
50.000 voci e locuzioni
70.000 traduzioni

Con trovafrasi (sezione fraseologica tematica). Ideale per chi viaggia.

Dizionario Oxford

MINORE

italiano-inglese/inglese-italiano
ISBN 0-19-860566-8
80.000 voci e locuzioni
115.000 traduzioni

Il compagno ideale per gli studenti, per il mondo degli affari e per tutti coloro che desiderano un'opera di consultazione completa e aggiornata.

••••➤

I dizionari più autorevoli al mondo

Dizionari inglesi monolingui

Concise Oxford English Dictionary

ISBN 0-19-860572-2
Con indice a unghiatura 0-19-860436-X
240.000 parole, locuzioni e definizioni

La decima edizione di questo dizionario di fama internazionale, sempre aggiornatissimo in virtù delle costanti revisioni a cui è sottoposto, include utilissimi appendici quali, ad esempio, le abbreviazioni utilizzate nei messaggi di testo sui cellulari e una indispensabile *Guide to good English*.

New Oxford Dictionary of English

ISBN 0-19-860441-6
350.000 parole, locuzioni e definizioni

Di facilissima consultazione grazie a una nuova impostazione grafica chiara e precisa, questo dizionario è un'opera di riferimento essenziale sull'inglese contemporaneo. Uno strumento indispensabile non solo per gli studenti ma anche per i professionisti, gli insegnanti e i traduttori.